P
V

PROPYLÄEN WELTGESCHICHTE

EINE UNIVERSALGESCHICHTE

Herausgegeben von Golo Mann
und August Nitschke

Fünfter Band

IM PROPYLÄEN VERLAG

BERLIN · FRANKFURT AM MAIN

Der Text dieser Sonderausgabe ist identisch mit der 1960 bis 1964 in zehn Bänden erschienenen,
von Golo Mann, Alfred Heuß und August Nitschke herausgegebenen
PROPYLÄEN WELTGESCHICHTE

Einband: Theodor Bayer-Eynck
unter Verwendung von:
Muttergottes mit Kind. Farbig gefaßte Holzskulptur aus Latium, um 1200. Rom, Museo di
Palazzo Venezia. Foto: SCALA Istituto Fotografico Editoriale, Florenz

Druck und Bindung: Franz Spiegel Buch GmbH, Ulm

Printed in Germany 1986
ISBN für das Gesamtwerk: 3 549 05731 8

BAND I
Vorgeschichte · Frühe Hochkulturen

BAND II
Hochkulturen des mittleren und östlichen Asiens

BAND III
Griechenland · Die hellenistische Welt

BAND IV
Rom · Die römische Welt

BAND V
Islam · Die Entstehung Europas

BAND VI
Weltkulturen · Renaissance in Europa

BAND VII
Von der Reformation zur Revolution

BAND VIII
Das neunzehnte Jahrhundert

BAND IX
Das zwanzigste Jahrhundert

BAND X
Die Welt von heute

FÜNFTER BAND

ISLAM

DIE ENTSTEHUNG EUROPAS

Die Mitarbeiter

GUSTAV EDMUND VON GRUNEBAUM
Dr. phil., Professor of History, Director Near Eastern Center,
University of California, Los Angeles

BERTHOLD RUBIN
Dr. phil., Professor für Byzantinistik und Osteuropäische Geschichte
an der Universität Köln

WERNER PHILIPP
Dr. phil., Professor für Osteuropäische Geschichte
an der Freien Universität Berlin

AUGUST NITSCHKE
Dr. phil., Professor für Geschichte
an der Technischen Hochschule Stuttgart

FRANÇOIS LOUIS GANSHOF
em. Professor für Mittelalterliche Geschichte
an der Universität Gent

ARNO BORST
Dr. phil., Professor für Geschichte
an der Universität Erlangen-Nürnberg

A. R. MYERS
Professor für Mittelalterliche Geschichte
an der University of Liverpool

INHALTSVERZEICHNIS

Textredaktion: *Dr. Ernst Wilhelm Graf Lynar*

Bildredaktion: *Dr. Karl Danz, Wolfram Mitte*

Die Beiträge von *François Louis Ganshof* und von *A. R. Myers* sind von *Alice Pollakowsky*, Raibach über Dieburg, und von Dr. A. R. L. Gurland, Darmstadt, in die deutsche Sprache übertragen worden. Die Stammtafeln hat der Verlag zusammengestellt.

August Nitschke

EINLEITUNG

Dieser Band unserer Weltgeschichte führt den deutschen Leser in heimatlich vertraute Räume. Ob die politischen Formen, zu denen hier Menschen in Tat und Bekenntnis fanden, uns späte Bewohner desselben Gebietes zu Stolz oder auch nur zur Freude berechtigen, kann allein sagen, wer sich Klarheit verschafft hat, inwieweit er sich mit jenen handelnden Personen noch in einer Tradition verbunden fühlt. Hier muß daher die Feststellung genügen: Seit dem 7. Jahrhundert wurden Zentral- und Westeuropa für den Fortgang der Weltgeschichte bedeutsam; denn seit jener Zeit gingen von diesen Ländern weitreichende, prägende Impulse aus.

Trotz der verheerenden Kriege der letzten Jahrzehnte erhalten unsere alten Städte immer noch Bilder jener frühen Blüte. Mögen die Kirchen dieser Städte, Dome, Kathedralen trutzig und gelassen wie Burgen in der Landschaft lagern, oder mögen sie später unter dem Einfluß gotischer Stilformen reich gegliedert steil aufwärts streben, immer überragen sie die Häuser der Bürger, um von ihrem Reichtum, aber auch von der stetigen Intensität ihres Glaubens zu zeugen. Und doch war das Verhältnis des modernen Bürgers zum Mittelalter lange Zeit kühl, fast reserviert.

Entsprechend dem Bildungsideal des 19. Jahrhunderts lernt ein Besucher der höheren Schule die Tragödien von Sophokles und Euripides, das Epos Vergils, Horaz' strenge Schönheit zu bewundern. Hingegen bleiben ihm die Sequenzen Notkers und Abaelards Hymnen unbekannt. Kaum einer weiß um die Namen dieser Dichter.

Dem heranwachsenden Menschen wird das Mittelalter eher von der politischen Geschichte her nahegebracht. Hatte doch die am Nationalen interessierte Historiographie des 19. Jahrhunderts gemeint, im Mittelalter erste Ansätze des Nationalstaates aufspüren zu können, zu dem sie sich – meist voller Leidenschaft – bekannte. So glaubten Geschichtsforscher, ihre eigenen politischen Interessen im Mittelalter vorgebildet zu finden, und ergriffen in Bewunderung, Abneigung und Haß Partei – für oder gegen Karl den Großen, für oder gegen die Stauferkaiser. Selbst Politiker fanden ihre Auseinandersetzungen – etwa mit der katholischen Kirche – in jenen frühen Jahrhunderten vorgezeichnet. So konnte noch Bismarck im Kulturkampf versprechen, nicht »nach Canossa« zu gehen. Schließlich ernannten Historiker und Politiker, das gebildete Bürgertum überhaupt, das Römische

Reich der Karolinger und Ottonen zum »Ersten Reich«, das sie vorbildhaft vor das eigene »Zweite« und »Dritte Reich« setzen zu können glaubten.

Dieser naive Glaube an eine ungebrochene Tradition, der allzuoft dazu verleitete, gegenwärtig bedeutsame Linien unbedenklich in die Vergangenheit hinein zu verlängern, blieb uns nicht erhalten. Die Zweifel an einer Menschen und Zeiten verbindenden Tradition wuchsen mit der Erkenntnis, daß Herrscher und Politiker früherer Jahrhunderte sich weder an unsere politischen Gemeinschaften noch an unsere politischen Ziele gebunden wußten. So haben Historiker sehen gelernt, daß es im Mittelalter den modernen Unterschied zwischen Staat und Gesellschaft nicht gab, daß nicht, wie in unserer Zeit, Staat und Kirche voneinander geschieden wurden, daß »Staat« im modernen Sinne überhaupt nicht existierte. Sie mußten neu fragen, nach welchen Maximen Herrscher und Politiker in einer so andersgearteten Welt zu handeln gewohnt waren. Der vorliegende Band bezeugt diese Situation.

Der Blick für die Andersartigkeit mittelalterlicher Welt wurde den Historikern im Umgang mit der bildenden Kunst geschärft. Kunsthistoriker waren es auch, die ganz ausdrücklich vom Fremden her, das keine Anlehnung an naturgegebene organische Formen sucht, in das wir uns nicht einschmiegend einzufühlen vermögen, sich der mittelalterlichen Kunst zu nähern bemühten. Und das Fremdartige in der bildenden Kunst des Mittelalters übt gerade heute wieder einen spürbaren Reiz aus.

Der Historiker braucht jedoch nicht den Umweg über die Kunst einzuschlagen, wenn er vermeiden will, Modernes in die Vergangenheit hineinzutragen. Besser ist: er bemüht sich, jeder Zeit von der ihr eigenen Vergangenheit her nahezukommen, also in unserem Falle von der Antike ausgehend voranzuschreiten und so dem Gang der Weltgeschichte sich anzuschließen. Von vornherein ist er allerdings verpflichtet, sein Interesse nicht auf Europa einzuschränken; denn in dem Augenblick, in dem die nördlichen Gebiete Europas weltgeschichtliche Bedeutung erlangten, entsteht mit den Anfängen des Islams ein zweites machtvolles Zentrum. So ist der »Islam« mit der »Entstehung Europas« in diesem Band vereinigt; beide Bewegungen weisen Ähnlichkeiten auf, welche eine nur auf das christliche Europa gerichtete Geschichtsschreibung lange übersehen hat.

Eine Äußerlichkeit: Überraschend sind bei beiden Bewegungen die Länder der ursprünglichen Lebendigkeit. Arabien, das Land vereinzelter Oasen und weiter Wüstenflächen, hatte für frühere Kulturen kaum Bedeutung. Auch die unwirtlichen Gegenden Englands, Frankreichs und Deutschlands waren in der Weltgeschichte bisher nicht hervorgetreten. Gemeinsam war diesen Zentren einer neu erwachenden Initiative höchstens, daß dort menschliches Leben durch klimatische Bedingungen erschwert wurde. Dem Menschen und seiner Kultur konnte weder das feuchtkühle Wetter des Nordens noch die brennende Sonne Arabiens wohlgesonnen sein.

In beiden Gebieten trat – eine andere Gemeinsamkeit – die neue Bewegung im Laufe des 7. Jahrhunderts wider alles Erwarten auf. Das Leben der arabischen Stämme und Kaufleute ließ damals nicht das Kommen eines Propheten vermuten, dessen Lehre innerhalb einer Generation fast alle Stämme Arabiens vereinte und auf dessen Befehl Jahrzehnte später die Araber ein weites Imperium errichteten.

Unruhiger war es in Europa zugegangen. Doch die Zeit der eigentlichen Völkerwanderung schien im 7. Jahrhundert abgeschlossen. Germanische Stämme hatten Italien, Gallien, Spanien, Nordafrika unterworfen. Sie galten schon den Römern als unverbrauchte Völker, aber wer gehofft hatte, sie würden der antiken Kultur neues Leben einhauchen, sah sich bald enttäuscht. Die Goten, Vandalen, die Franken unter ihren merowingischen Königen, sie alle übernahmen bald das antike Erbe ohne Vorbehalte. Aber sie befruchteten es kaum, handhabten es eher ungeschickt, so daß die Gebildeten im 6. Jahrhundert mit Recht fürchten mußten, die alte Kultur würde in den verschiedenen neuen germanischen Reichen allmählich ermattet ausklingen.

Da trat im 7. Jahrhundert der große Umschwung ein. Von England aus breitete sich zuerst über das Frankenreich, dann über West- und Südeuropa eine neue christliche Religiosität aus. Schon in der übernächsten Generation faßte Karl der Große alle von ihr ergriffenen Gläubigen in einem Reich zusammen, das bis ins 20. Jahrhundert hinein Vorbild für europäische Politiker werden konnte.

Das Reich Muhammads und das Reich der Karolinger lebten aus erwachter religiöser Gewißheit. Auch hier scheint manches verwandt. Die Anhänger Jesu und die Anhänger Muhammads bekannten sich zu einem Gott, der sich in einer historisch eindeutig festgelegten Situation den Menschen offenbart hatte. Dies schuf für die Christen und Muslims eine eigentümliche Stellung zur Zeit. Beide fanden nicht in der ständigen Wiederkehr vom Wachsen, Blühen und Verwelken ihr Leben eingeordnet, sondern in dem einmaligen, unumkehrbaren zeitlichen Ablauf, den durch Offenbarungen und Eingriffe Gott gliederte. Ein Verständnis von »Geschichte« setzte sich hier durch, das in diesem Sinne Griechen und Römern fremd gewesen war. Dieser neue Blick auf die Zeit und ihr Ende hinderte die Menschen des frühen Mittelalters nicht, sich an der Vergangenheit zu orientieren; an den heiligen Ursprüngen, an Jesus und Muhammad; selbst an rechtlichen und politischen Formen, die einst existiert hatten oder existiert haben sollten. Daher die immer wiederkehrenden Bemühungen um *re-novatio* und *re-formatio*, Bemühungen, mit denen wir wohl das Bild eines verbessernden Fortschritts verbinden, die sich aber gerade darauf richteten, das Alte, Wahre und Gute gereinigt wiederherzustellen.

Jesus und Muhammad verkündeten das kommende Gericht Gottes, warnten und forderten die Menschen zur Buße auf. Die Worte Jesu waren damals bereits mehrere hundert Jahre lang verbreitet worden. Bisher hatten die christlichen Gläubigen gesorgt, diese Lehre in klarer Reinheit zu definieren und im Glauben sich an die gewonnene Definition zu halten. Die Streitigkeiten zwischen den verschiedenen Richtungen in der Spätantike galten den Auslegungen des Definierten. In diese geistige Welt hatten sich die Germanen ungefähr eingefügt, ohne daß aber zunächst eines der ernstesten Anliegen der frühen Christenheit, ihr Schicksal nach dem Tode, sie sonderlich beschäftigt hätte. Dies änderte sich nun im 7. Jahrhundert. Erst die Angelsachsen, dann die Franken beunruhigte die Sorge, was nach ihrem Tode geschehen würde. Statt sich jetzt erneut um klare Definitionen der Lehre zu bemühen, suchten sie – und das war für die Zukunft entscheidend – sich durch persönliche Bindung an Petrus, den »Himmelspförtner«, den Zugang zum ewigen Leben zu sichern.

Im Islam verband sich die Sorge, das Jüngste Gericht zu bestehen, mit dem Glauben, daß eine Person, Muhammad, für den einzelnen Gläubigen Fürsprache einlegen könnte. Dieser eigentümlich »personale« Charakter der Frömmigkeit bildet kein zusätzliches Element, sondern ist bereits in den Aussagen der Gläubigen über Gott angelegt. Gott selbst war Person, ansprechbar in Gebeten.

Wer sich, wie der Leser, der Weltgeschichte von der Antike her dem Mittelalter nähert, muß immer wieder überrascht sein, daß Menschen nach einer Zeit erfüllter Diesseitigkeit so nachhaltig sich von einem Gott überzeugen ließen, der entscheidende Bedeutung für sie erst nach ihrem Tode, eben beim Jüngsten Gericht, bekommen konnte. Ein Bekenntnis zu diesem Gott jedoch schloß den Glauben mit ein, von einer besonderen Macht gestärkt zu werden.

Jesus und Muhammad bezeugten die Allmacht Gottes. Vor Gott war jeder schwach – selbst der Tod. Götter vermochten seiner Kraft keinen Widerstand zu leisten, und kein »Schicksal« schränkte sie ein. Von dieser Allmacht wußten sich die Gläubigen abhängig, an ihr hatten sie gleichzeitig teil. Diese Überzeugung verlieh ihren politischen Handlungen jenen Schwung, der vom Vertrauen auf einen letztlich gewissen, immerwährenden Sieg ausgeht. Die eigentümliche Scheu eines Griechen in der klassischen Zeit, der seine Bewegungen im Ausgreifen wieder zurücknimmt – seine Furcht vor menschlicher Hybris –, schien vergessen. Statt dessen wiesen jetzt die Gesten der christlichen Gläubigen über den Menschen hinaus, erfüllten jeden Raum mit der einen, von ihnen bezeugten Wahrheit.

In der Unbedingtheit dieses Glaubens waren die Muslims den Christen noch überlegen. Die Christen konnten nicht so gewiß sein, die Folgen göttlicher Allmacht bereits hier auf Erden zu erfahren. Sie, deren »Reich nicht von dieser Welt« sein sollte, mußten größere Spannungen ertragen.

Gott, der Vollkommene, soll nach christlicher Lehre auf Erden als Armer, Leidender, Verfolgter erschienen sein. Er selbst hatte verkündet, nur der könne in der Christenheit der erste sein, der aller Knecht sei. Diesen Gegensatz mußte jeder führende Christ in sein Leben mit einbeziehen. Ein christlicher Kaiser hatte – war er ein siegreich Triumphierender – zugleich ein demütig Gehorchender zu sein. Wollte er schöpferisch gestalten, mußte er sich als dienendes Geschöpf selber formen lassen. So verstanden sich noch die Herrscher im hohen Mittelalter. »Herren« über Reiche waren sie »Diener« einer Dame. Diese Spannung ließ sich schließlich nicht mehr mit dem Leben eines Herrschers vereinen. Franziskus und seine Bettelmönche weihten ihr Leben der Armut, um nach dem Tode am Reichtum der göttlichen Gaben teilzuhaben. Ihre Gebote konnte ein Fürst am Hof nicht einhalten. Damals blühte eine verhaltene, gemütvoll zarte Innigkeit auf, der weite politische Schwung ging verloren.

Auch der Islam barg seine Grenzen von Anfang an in sich. Verstand sich der gläubige Christ von der Nachfolge Jesu her, die ihm nur gelang, wenn er, erfüllt von Gottes Geist, Gottes Wesen – etwa als Bettelmönch: Gottes Armut und Not – verkörperte, so wußte sich der gläubige Muslim von Gott nur angesprochen. Gott verlieh ihm keinen besonderen Geist, wohl aber zeigte er ihm Ziele, denen er sich zuzuwenden hatte. Er hatte gegen die Ungläubigen zu kämpfen, die er, Künder göttlicher Allmacht, der Herrschaft dieses Gottes unterwerfen mußte. Er hatte sich zum anderen – oft gerade in diesen Kämpfen – den Weg ins Paradies zu bereiten.

Führte der Kampf in die Fremde und setzte er den Gläubigen einer Bedrohung aus, so glich das Paradies den Gärten einer Oase in üppiger Fruchtbarkeit, in erfrischender Kühle. In der Spannung zwischen diesen beiden Sphären verlief das Dasein eines Muslims. Von ihr zeugen seine Häuser und Städte – abwehrend nach außen, blühte innen, auf den abgeschlossenen Straßen, den »Sackgassen«, auf den schattigen, gern mit Brunnen versehenen Höfen das Leben auf. Hier fand die Kunst des Islams Aufgabe und Vollendung. Bögen und Tore empfangen den Besucher der Moscheen, Dichter schildern das Innenleben der Menschen, seine Liebe, seine Trauer, Blüten eines verzauberten Gartens. Je verfeinerter die Pflege und Kultur dieses inneren Raumes wurde, um so mehr verloren die Gläubigen ihre ursprüngliche politische Energie.

Wir sprechen nun schon vom Ende unserer Epoche – von ihrem Anfang waren wir ausgegangen, vom Weg, der aus dem Bereich der Antike hinausführte. Wir sahen, welche Machtsteigerung den Gläubigen ihr Bekenntnis zu dem einen Gott brachte. Je leidenschaftlicher sie zu ihm standen, um so selbstverständlicher war ihnen, die gesamte Wirklichkeit von diesem Gott her, das heißt religiös, zu sehen. Diese Sicht hatte entscheidende Folgen für ihr politisches Handeln.

Christen und Muslime erkannten als maßgebliche menschliche Gemeinschaft hier auf Erden – vor allem im 7. Jahrhundert und in den unmittelbar darauffolgenden Zeiten – nur das Gottesreich an. An der Spitze dieses Reiches standen im Islam der Prophet und seine Nachfolger, für die daneben ein weltlicher »Staat« nicht existierte. Selbst Kaiser und Papst verstanden sich, wie noch Gregor VII. es formulierte, als zwei Augen eines Körpers.

In denselben frühen Jahrhunderten führte der Monotheismus beider Religionen zu einer Verherrlichung des Einheitsgedankens. Muslim und Christ bemühten sich jeweils, die Herrschaft ihres einen Gottes in einem Reich zu verwirklichen. Sie konnten im Kampf um dieses Ziel an die Gedanken des spätantiken Weltreiches anknüpfen. Karl der Große hat sich in der Tat dessen Formen angeschlossen.

Die antike Vergangenheit blieb auch in den folgenden Jahrhunderten nicht ohne Einfluß. Zuerst war es vor allem die Philosophie, die das Interesse gelehrter Gläubiger weckte. Am Anfang schienen die Araber den Christen überlegen, ihr Philosoph Averroës wurde für die Christen der »Kommentator« des Aristoteles. Nachhaltiger wirkte dann die Antike auf Europa über die Kunst, zumal sich dank der christlichen Lehre eine Möglichkeit bot, die diesseitige Welt des vergangenen Heidentums mit einzubeziehen. Die Christen lernten im hohen Mittelalter, im Natürlichen das von Gott Geschaffene zu sehen und gutzuheißen. Alles, was die antike Kunst geformt, was die antike Wissenschaft erarbeitet hatte, konnte mit einbezogen werden. Die plastischen Gestalten von Chartres, von Bamberg, die Systeme der Hochscholastik – Thomas von Aquin – bezeugen die geglückte Vereinigung, zu der sich noch heute Philosophen bekennen. Auch in der Politik versuchten jetzt Herrscher und Theoretiker natürliche Ordnungen und damit »weltliche« Bereiche in ihrer Besonderheit zu verstehen.

Im Hochmittelalter bemühten sich noch geistliche und weltliche Fürsten, gebunden an die von Gott geschaffene allgemeine menschliche Ordnung, die Christenheit zu einen. Seit dem 13. Jahrhundert traten immer deutlicher, vor allem in Frankreich, die Unterschiede der verschiedenen Nationen, der verschiedenen Stände, ja sogar der verschiedenen Zünfte in einer Stadt hervor. Ein individualistischer Kult der Persönlichkeit blieb diesen Menschen zwar fremd, doch ein unaufhaltsamer Differenzierungsprozeß setzte ein, der Gruppe von Gruppe, Stand von Stand unterschied. Dante hat dieser Mannigfaltigkeit in seiner »Göttlichen Komödie« wohl den vollkommensten Ausdruck verliehen. In der Hölle wie im Paradies leiden und handeln die Menschen, auf verschiedensten Stufen, ihrem Verhalten, ihren Aufgaben entsprechend geordnet, und alle beziehen sich dabei auf den einen Gott, der diese Ordnung schuf.

Einen vergleichbaren Wandel erfuhr die islamische Welt nicht. Der Muslim, nicht von Gottes Geist erfüllt und getrieben, gelangte auch nicht zu einer Bejahung der natürlichen Ordnung. Er blieb seinem Gegenüber zugewandt: Gottes Wort, dem Feind, dem Paradies. Im politischen Bereich hatte das entscheidende Folgen. Je weiter in Europa der Differenzierungsprozeß ging, um so schwächer wurde die Verpflichtung, für die Einheit des christlichen Reiches zu sorgen. Im Islam hingegen blieb die Forderung, alle Gläubigen in einem Reich zusammenzufassen, bis zum Schluß erhalten. Auch gelegentliche Spaltungen änderten daran nichts. Wer behauptete, die wahre Nachfolge Muhammads zu vertreten, mußte den Anspruch erheben, alle Muslime zu vereinen.

Diese Unterschiede haben die Gestaltung des vorliegenden Bandes bestimmt. Die Welt des Islams konnte von einem Gesichtspunkt aus dargestellt werden. Hingegen mußten innerhalb der Geschichte Europas verschiedene Etappen unterschieden sein. Bis in das 11. Jahrhundert hinein dominierte der Einheitsgedanke. So war es geboten, vom Zentrum her die Geschichte lebendig werden zu lassen, von Papst und Kaiser. Im hohen Mittelalter traten an die Stelle überwiegend religiös geprägter die natürlichen Ordnungen. So wurde es notwendig, die Geschicke der einzelnen Länder ausführlicher zu beschreiben. Zur selben Zeit gewannen auch schon verschiedene Stände an Konturen, das Verhalten von Bürger und Bauer galt es neben der Lebensweise von Geistlichen und Rittern eingehender zu besprechen. Außerdem verdiente der Prozeß der geistigen und künstlerischen Auseinandersetzung mit der Antike eine gesonderte Darstellung. Im Spätmittelalter gar, wo Mannigfaltigkeiten verschiedenartiger Mächte eine farbige Fülle erblühen lassen, mußte die Erzählung den Ländern und Ständen eigener Lebendigkeit folgen.

Für den Beitrag über den Islam gelang es, Gustav Edmund von Grunebaum zu gewinnen. Für ihn steht die Person Muhammads im Zentrum, und »das Wesen am Auftreten Muhammads ist die Kristallisierung eines neuen Heiligkeitserlebnisses, das diejenigen, die es teilten, zu einer neuartigen Gemeinschaft zusammenschweißte«. Doch geht von Grunebaum genauso ausführlich auf wirtschaftliche, ethnische, kulturelle Gegebenheiten ein. So entsteht ein fast verwirrend reiches Bild von der Lebendigkeit dieses Kulturkreises.

Anders verläuft die Entwicklung in Osteuropa, in Byzanz, dessen lange verkannte Geschichte Berthold Rubin bis zu deren dramatischem Ende 1453 verfolgt, und in Altrußland, das in dem so knappen wie beteiligten Bericht Werner Philipps vor unseren Augen ersteht.

Hier, in ständiger Auseinandersetzung mit dem Islam, später mit den Mongolenreichen – auf sie wird der nächste Band eingehen – bekannten sich die Christen noch weiterhin zu dem alten Einheitsgedanken. Das verpflichtete uns, diese Räume in eigenen Kapiteln schildern zu lassen.

Die frühen christlichen Reiche sollten modern, ohne Umdeutungen der Motive ihres politischen Handelns beschrieben werden. Handelnde Personen wurden in die Wirklichkeit hineingestellt, wie sie von ihnen selber – ihren Zeugnissen ist es zu entnehmen – wahrgenommen werden konnte. Die Voraussetzung für dieses Vorgehen beruht auf der Annahme, daß moderne Psychologie und Soziologie dem Menschen jener frühen Zeit nicht gerecht werden und daß deswegen der Sinn ihrer Taten nur demjenigen begreifbar wird, der sich ihre »Psychologie«, die selbstverständlich in ihre Sicht der Realität eingebettet ist, vergegenwärtigt hat. Dieses Vorgehen – daraus sei kein Hehl gemacht – ist gleichermaßen Frucht einer ausgeprägten Skepsis und einer Bereitschaft zu vertrauen. Die Skepsis fordert, sich nicht darauf zu verlassen, daß unsere Sicht der Realität und die in sie eingefügte wissenschaftliche Erkenntnis allein der Wirklichkeit gerecht wird. Das Vertrauen nötigt, die Aussagen früher lebender Personen, dort, wo sie einfach deren Realität spiegeln, unbedingt ernst zu nehmen. Daß andere Interpretationen, andere wissenschaftliche Voraussetzungen möglich sind, war dem Autor bekannt: auf sie wurde verwiesen, um dem Leser die eigene Stellungnahme zu erleichtern.

Die Darstellung des hohen Mittelalters hat François Louis Ganshof übernommen. Nach seinen zahlreichen Arbeiten und Veröffentlichungen aus allen Perioden des Mittelalters gibt er hier eine Zusammenfassung seiner Forschung. Neben der Wirkung »starker Persönlichkeiten« beschäftigen ihn besonders die Bedeutung der wirtschaftlichen und sozialen Tatsachen. Ausführlich werden Neulandgewinnung, die Bodenbenutzung und ihre rechtlichen Formen, das Aufblühen des städtischen Lebens, Handel und Industrie geschildert.

Den deutschen Leser werden besonders die meisterhaften Schilderungen der aufkommenden Zentralverwaltung in West- und Südeuropa interessieren – und auch: wie kritisch der Gelehrte gegenüber den Stauferkaisern ist. Selbst Friedrich Barbarossa wird nicht geschont. Seinem Sohn, Heinrich VI., sagt er einen »Hang zu phantastischer Größe« nach, während ihm der letzte Kaiser dieses Geschlechts, Friedrich II., in seiner »Skrupellosigkeit« mehr einem »Renaissancefürsten« zu gleichen scheint. Der Herausgeber bekennt, auf Grund seiner Interpretation persönlicher Äußerungen dieses Herrschers, eher dazu zu neigen, in ihm einen späten, überwachen Repräsentanten der ritterlichen als einen Vorläufer der Renaissancewelt zu sehen.

An den Beitrag Ganshofs schließt sich chronologisch das Kapitel an, das der englische Historiker Alexander R. Myers über die politische Welt Europas im späten Mittelalter schrieb. Auch hier die Spannung zwischen der alten, christlichen Einheit und der neuen Mannigfaltigkeit politischen und ständischen Lebens, Staaten und Nationen, Fürsten und Geistlichen, Rittern, Kaufleuten, Bauern. Aber schon mußten die Akzente verschoben werden: der Leser ahnt, daß hier eine Welt im Werden ist, die bald anders und neu empfinden wird.

Den geistigen Entwicklungen derselben Zeit folgt Arno Borst. Er berichtet, unmittelbar vom »heiligen Ernst« der Menschen angesprochen, deren Dienst für Gott sich ihnen in lauter irdische Aufgaben verwandelte, unter denen »selten skeptisches Lächeln oder verspielte Resignation begegnet«, über klösterliche Gemeinschaften, Kultur bei Hofe, über Bemühungen der Wissenschaftler und über die von religiöser Ekstase Ergriffenen, und so entsteht Zug um Zug ein Bild jener Epoche, deren Spannungen nichts von jener Ruhe aufkommen lassen, »die im Paradies und im Gefängnis herrscht«.

Schon diese knappe Skizze der Beiträge läßt ahnen, wie unterschiedlich ihre Autoren zu der von ihnen geschilderten Zeit stehen. So zeichnen sie nicht nur Bilder der Vergangenheit, sondern bezeugen – in Bindung an Traditionen oder in Scheu vor falscher Verbundenheit – unsere eigene Situation. Vielleicht vermag gerade dieser Band »Islam – Entstehung Europas« – die Herausgeber wären froh darüber – auf diese Weise auch dazu zu verhelfen, ein wenig über sich selbst Klarheit zu gewinnen, denn:

Wer sich selbst und andere kennt,
wird auch hier erkennen:
Orient und Okzident
sind nicht mehr zu trennen.

Sinnig zwischen beiden Welten
sich zu wiegen, laß' ich gelten;
also zwischen Ost- und Westen
sich bewegen, sei's zum Besten!

Gustav Edmund von Grunebaum

DER ISLAM

Das vorislamische Arabien

»Wer die Nachrichten von den Altvordern studiert, wird gleichsam ihr Zeitgenosse; besinnt man sich ihrer Umstände und erwägt man sie, so ist es, als würde man ihr Zeuge und erlebe sie mit. So nimmt denn solch Studium die Stelle langen Lebens ein, sollte der Tod einen auch vorschnell dahinraffen.« (Abū Schāma von Damaskus, gestorben 1267.)

Dem gläubigen Muslim will Auftreten und Aufstieg seiner Religion als ein Wunder erscheinen; der überwältigende Erfolg der Sendung des Propheten ist ihm die schlagendste Bekräftigung ihrer Wahrheit. Auch der Außenstehende ist bereit, wenn nicht ein Wunder, so doch etwas Wunderbares darin zu finden, daß sich ein so hochragendes und fein durchgeformtes Gebilde auf einer bevölkerungsmäßig und zivilisatorisch so schmalen Basis wie dem heidnischen Zentral- und Nordarabien erheben konnte, ein Gebilde, dessen Überleben und dessen Größe aus seiner Fähigkeit abzuleiten sind, aus einer nationalpolitischen Religionsgemeinschaft in eine übernationale religiöse Kulturgemeinschaft überzugehen, ohne doch die Richtung auf staatliche Geltung aufzugeben. So wird denn die politische Geschichte des Islams mit einem nur dieser Religion eigenen Paradox zur Geschichte der Wandlung eines arabischen Konventikels zur Führergemeinschaft eines Weltreiches und weiter zu einer universalen Religionsgemeinde, die weithin unpolitisch, gleichwohl das politische Geschehen bestimmte und ganzen Kulturen ihren Stempel aufdrückte. Anders gewendet, waren es eben nicht die Herrschgewalt, sondern die Kulturfähigkeit der neuen Lehre, nicht ihre ursprüngliche Bezogenheit auf eine bestimmte geographische und geistige Zone, sondern ihr immanenter Universalismus, die sich als maßgebende Entwicklungsfaktoren erweisen sollten, wie denn auch die neuartige Erfahrung des Heiligen, die sie trug, sich als zündender erwies denn die Identifizierung mit dem sie vorwärtstreibenden Arabertum, welches dennoch – ein weiteres Paradox – bis auf den heutigen Tag eine Art privilegierter Sonderstellung in der islamischen Gemeinschaft beansprucht und zugebilligt erhält.

Der arabische Stolz und bisweilen die Wüstenromantik der Städter haben die der Bekehrung folgende Abwertung des vorislamischen Heidentums und seiner Werke zwar in Grenzen gehalten, doch hat sich die Animosität der Unterworfenen, die sich ja nur gegen das vorislamische Arabertum Luft machen konnte, zusammen mit dem Fortschrittsbewußtsein des arabischen Muslims und dem offensichtlichen Kulturgefälle zwischen den syrischen und mesopotamischen Randgebieten und der Halbinsel dahin ausgewirkt, daß im Empfinden sowohl der islamischen Gemeinschaft wie der westlichen Wissenschaft die Heidenzeit als eine von allgemeiner Barbarei nicht allzu weit entfernte Periode erscheint. Von diesem Urteil ist freilich Südarabien, die *Arabia felix* der Alten, mit seinen Stadtstaaten und den von den oft priesterlichen Königen in Zaum gehaltenen Nomaden ausgeschlossen. Seit Jahrhunderten in die Weltpolitik eingeschaltet, Handelsstützpunkt für den Landverkehr wie für die Schiffahrt im Roten Meer und im Indischen Ozean und Ausgangszentrum der Karawanenstraße nach Syrien und Ägypten, mit Nahrung versorgt durch eine von kühnen Bewässerungsanlagen erhaltene Landwirtschaft, waren die Reiche des Jemen von der übrigen Halbinsel geistig und politisch, bis zu einem gewissen Grad auch sprachlich, abgeschlossen, obzwar sich südarabische Kolonien entlang der Karawanenstraße aufzeigen lassen und die Geschichte mehr als einen siegreichen Ausgriff des Südens auf die Mitte in Erinnerung behalten hat. Doch ist es nicht der Jemen, mit dem sich das vorislamische Arabertum eins gefühlt hat. Ungeachtet gewisser Gleichläufigkeiten oder Einflüsse vom Süden her ist der Islam eine Schöpfung Mittel- und Westarabiens, wie denn auch sein Prophet in der wichtigsten Siedlung dieses Gebietes zur Welt gekommen ist.

Wenn im Süden die Stadt die Führung in Händen hat, so liegt auf der übrigen Halbinsel das Heft in der Hand der Nomaden; wenn im Süden die Tendenz auf staatliche Konzentration überwiegt, herrscht überall sonst die Zersplitterung der Stämme und einiger kleiner stadtartiger Einheiten. Die Lebensbedingungen im dürftigen Steppenland halten die ständig miteinander zeltenden Nomaden bei einer durchschnittlichen Höchstzahl von etwa sechshundert; die Städte freilich sind größer und leben weitgehend vom Handel und von Pilgergeldern, sofern sie nicht wie Tā'if im Südwesten und Jathrib im Nordwesten in einer für die arabische Umwelt ungewöhnlich günstigen Umgebung angelegt sind. Die Nomaden scheinen autark zu sein, sind aber auf die von ihnen verachteten Bauern und Städter angewiesen, die, vielfach unter ihren Plünderzügen leidend, ihnen die gleiche Verachtung entgegenbringen, obwohl sie selbst weitgehend dieselbe Menschensicht haben und die gleichen Vorurteile hegen, sind sie doch vielfach selbst nur wenige Generationen vom Nomadentum entfernt. Selbst die Stammesorganisation bleibt bei den Seßhaftgewordenen auf der Halbinsel erhalten. Nur in der bäuerischen oder verbauerten Bevölkerung der Randgebiete läuft die Herkunftsbezeichnung nach dem Wohnort der nach dem Stamm den Rang ab.

Der Einzelne, in den Oasen wie in der Steppe, erlebt sich also in erster Linie als Stammesmitglied. Nur in und durch die Stammesgemeinschaft ist ihm das Dasein möglich und ein unerläßliches Minimum an persönlicher Sicherheit gewiß. Nicht nur die Achtung, die er nach außen genießt, hängt von der Stellung seines Stammes und in dessen Verband seiner Untergruppe ab; er gilt auch noch nicht so sehr als Individuum, daß er nicht für das Gesetz der Blutrache – des einzigen Hemmschuhs zwischenstammlicher Zügellosigkeit – gegen jedes andere Sippenmitglied gleichen Ansehens austauschbar wäre. Der Stamm ist zwar eine wirkungsfähige, jedoch keine festgefügte Einheit. Abspaltungen wie Amalgamierungen von ursprünglich blutsfremden Zeltgruppen sind häufig und festen Rechtsformen unterworfen; ihr Vollzug spiegelt sich früher oder später in der offiziellen Genealogie, die

Reiter auf der Straußenjagd
Beduinische Steingravierung aus vorislamischer Zeit
Amman, Altertumsmuseum

Die Wüste in der Umgebung von Mekka

ebensosehr die Vorgeschichte des Stammes wie seine augenblicklichen politischen Verbindungen reflektiert. Der losen Organisationsform entspricht der Mangel an autoritärer Führung. Der Häuptling (*sajjid*, eigentlich »Sprecher«) übt Gastfreundschaft und Fürsorge für den Stamm; er leitet die im allgemeinen nach Gebiet und Zeitrhythmus traditionell festgelegten Wanderungen, ist oft, aber nicht immer, Führer im Krieg. Er wirkt eher durch Einfluß und Ansehen als durch Macht. Ohne Erbfolgerecht, jedoch vielfach derselben Familie entstammend, repräsentiert der Sajjid den Stamm nach außen, wobei ihm für seine verschiedenen Verpflichtungen außer einem Viertel der Kriegsbeute keine Einkünfte zur Verfügung stehen.

In ihrem Verhältnis zueinander sind die Stämme autonom, um nicht zu sagen souverän; Bündnisse werden so leicht geschlossen wie gelöst. Die Aristokratie der »großen Familien« überschneidet freilich die Trennungslinien; die nord- und mittelarabische Welt ist in gewissem Sinn bei aller Zerrissenheit und Verschiedenheit der Gebräuche eine Einheit, deren Teile sich in hierarchischer Abstimmung untereinander verbunden fühlen, auch außerhalb der Stammesgruppe heiraten, wobei allerdings die Frau niemals ganz in des Mannes Sippe eingeht und die Kinder der Gefahr von Treuekonflikten ausgesetzt sein können. Die Eheformen variieren, Spuren mutterrechtlicher Organisation sind schwer zu verkennen; doch scheint in den uns greifbaren Zeiten mehr und mehr das Vaterrecht überwogen zu haben. Polygamie ist ebenso gang und gäbe wie leichte Scheidung; die Nachrichten von Polyandrie gehören in den Bereich der ethnologischen Legende. Die harten Lebensumstände führten zu harten Sitten, in Streitsachen stand dem Schiedsrichter (*hakam*) allein sein Prestige und der Druck der Meinung zur Verfügung.

Es ist zum mindesten höchst unwahrscheinlich, daß die Araber auf der Halbinsel, der sie den Namen gegeben haben, autochthon sind. Doch sind sie jedenfalls längst vor ihrem Eintritt in die Geschichte dort heimisch gewesen und haben sich unter internem Druck oder verlockt von der politischen Schwäche des Fruchtlandes in größeren oder kleineren Strömen vielfach in den syro-mesopotamischen Randgebieten ausgebreitet. Verschiebungen in den Machtverhältnissen und Bebauungsmöglichkeiten insonderheit Südarabiens – wobei die Frage offenbleiben darf, ob politischer oder wirtschaftlicher Niedergang dabei entscheidend war – führten regelmäßig zu einer Verdichtung der an und für sich häufigen Binnenwanderungen, die, wie es scheint, im allgemeinen die südnördliche Achse vor der westöstlichen bevorzugten.

Man darf wohl annehmen, daß sich die Araber, ein Name, der sich etwa mit »Passanten«, »Nomaden« übersetzen ließe, die Halbinsel in nicht allzu weit zurückliegender Zeit erschlossen haben. Als Kleinvieh- und (später?) Eselnomaden waren die Stämme an den Steppenrand gebunden; die Lebensform des Kamelbeduinen, die nach alter Tradition in unvordenklichen Zeiten entstanden sein soll, ist in Wirklichkeit verhältnismäßig jung und mit Sicherheit erst etwa im 11. Jahrhundert v. Chr. nachzuweisen. Erst das Kamel hat die Wüste passierbar gemacht; es vermag zweihundertfünfzig Kilogramm – nach manchen Autoren sogar bis über sechshundert Kilogramm – zu tragen, eine Distanz von bis einhundertsechzig Kilometer an einem Tag zurückzulegen (der Tagesdurchschnitt des beladenen Tieres liegt bei vierzig Kilometer) und es bei einer Maximaltemperatur von siebenundfünfzig Grad bis zu acht Tagen ohne Wasseraufnahme auszuhalten. Dank diesen Fähigkeiten wurden die Wanderungen der Stämme wie auch ihre Ausbrüche aus der Wüste möglich, und so haben sie den »Beduinen« zum Herrn der Halbinsel gemacht. Doch dürfte sich das Kamel verhältnismäßig rasch und gleichzeitig bei allen interessierten Stämmen durchgesetzt haben. Seine Einführung scheint mit keinem sonstigen Fortschritt militärischer Technik verbunden gewesen zu sein, so daß die erhöhte Beweglichkeit der Kamelnomaden hier nicht zur Bildung von Großreichen führte, wie dies in nur wenig früherer Zeit die Übernahme von Pferd und Streitwagen in Vorderasien zur Folge hatte. Denn in den etwa eintausendsechshundert Jahren, in denen sich die Geschichte des nördlichen und mittleren Arabiens (vor dem Islam) nachzeichnen läßt, ist außerhalb der Randgebiete – abgesehen von den sich selbst verwaltenden stadtartigen Siedlungen – keine Staatsbildung irgendwelcher Art nachzuweisen, die von den einheimischen Beduinen aus eigenem Antrieb unternommen worden wäre.

Das Königtum der Nabatäer (106 dem Römischen Reich eingegliedert) und der Stadtstaat von Palmyra (Höhepunkt um 260, liquidiert von Aurelian 272–273) reichen zwar in die Halbinsel hinein, sind aber keine Beduinengründungen. Eher sind die drei Pufferstaaten als solche anzusprechen, die auf byzantinische, persische und jemenitische Initiative im 4. und 5. Jahrhundert unserer Zeitrechnung entstanden sind. Als Wall gegen die Wüste und die Expansionsgelüste des persischen Rivalen waren die Dadschā'ima und seit 502 ihre berühmteren Nachfolger, die Ghassāniden – in byzantinischen Diensten als die »Araber der Rhomäer« gegenüber den Lachmiden als den »Arabern der Perser« – vielfach bemüht, sich zu einer eigenen Geschichte durchzuringen, was im ganzen jedoch eher kulturell als politisch glückte; schließlich wichen sie um 582 direkter byzantinischer und 602 direkter persischer Verwaltung, eine Veränderung, die den Suzeränstaaten freilich nicht zum Guten ausschlug. Entsprechend der größeren Stabilität ihrer Beschützer hatten Ghassāniden und Lachmiden längeren Bestand (und tieferen Einfluß) als der zentralarabische Staat, der unter Führung der südarabischen Kinda das Innere der Halbinsel für den Jemen im Zaume halten sollte, doch kaum zehn Jahre nach dem Zusammenbruch des jemenitischen Königshauses durch Revolution in seine einzelnen Stämme zerfiel, worauf die Kinda-Aristokratie in ihre südarabische Heimat zurückwanderte. Den Plan eines Kindaprinzen, mit byzantinischer Hilfe die Herrschaft seines Hauses wiederaufzurichten, bekämpft der einem der Rebellenstämme angehörige Dichter 'Abīd ibn al-Abras zwischen 535 und 540 mit den bezeichnenden Versen:

> Hast du behauptet, du wollest den Kaiser um Hilfe angehen? Dann wirst du gewiß als ein Syrer (das heißt, als kaiserlicher Untertan) sterben!
> Wir jedoch weigern uns, uns irgend jemandes Führung zu ergeben, bis wir selbst die Menschen führen ohne Zügel.

Keines dieser Staatswesen, nicht einmal die lachmidischen Prinzen von Hīra (eigentlich »Heerlager«), die gelegentlich als Repräsentanten des Arabertums gegenüber den Persern auftauchen, vertraten eine Idee, die angetan gewesen wäre, die Beduinen ihrer anarchischen Neigungen zu entwöhnen. Die Wogen der Weltpolitik und der großen geistigen

Bewegungen erfaßten in merklicher Weise nur die eigentlichen Staaten und unter den städtischen Siedlungen wohl einzig und allein Mekka.

Der Ton, in dem berichtet wird, daß sich in Mekka nicht lange vor der Geburt des Propheten ein Mann beinahe zum König aufgeschwungen hätte, wie denn auch später einem der Widersacher Muhammads in Medina ähnliches nachgesagt wurde, deutet auf den Widerwillen hin, den der Alleinherrscher, König *(malik)* oder Herr *(rabb)* genannt, allenthalben auf arabischem Boden auslöste. Wohl rechnete ein Stamm es sich zum Ruhme an, zum Meister anderer Gruppen sich aufgeschwungen zu haben, doch das Joch der Stammfremden, ja des heimischen Tyrannen abgeschüttelt zu haben, weckte ebenso den Stolz und war dabei dem arabischen Temperament kongenialer. Al-Quṭāmī beschreibt um 700 die Einstellung der Beduinen zur Autorität in bezeichnender Kürze: »Einmal gehorchen wir unserem *amīr*, dann wieder widersetzen wir uns ihm; wir fühlen uns nicht gebunden, allezeit seine Meinung einzuholen.« Die Anarchie, an der das arabische Reich dereinst verbluten sollte, mochte noch als erstrebenswerter Zustand gelten, solange im politischen Ringen keine Idee auf dem Spiele stand; doch trug sie zweifellos die Schuld, daß sich in dem Jahrhundert vor dem Auftreten des Islams die Kraft der Stämme in belanglosen Kleinkriegen aller gegen alle verzettelte, ein Zustand, der das Seinige zu jenem Unbehagen an sich selbst beitrug, aus dem heraus allein der rasche Erfolg der muslimischen Botschaft verständlich wird. Die südarabische Sage kennt Wunschträume von Weltherrschaft, die in islamischer Zeit die Entwicklung eines historischen Sinnes erschweren sollten, die jedoch sowohl den Willen zur Entfaltung und Organisierung der Macht als auch ein gewisses Verständnis für die militärische Mechanik damaliger Staatsgründungen bekunden. Die darstellerisch viel anziehenderen, weil wirklichkeitsnäheren und von kollektivem Größenwahn freien nordarabischen Berichte von den »Kampftagen der Araber« spiegeln demgegenüber die eingeschränkte Welt eines raffinierten Halbbarbarentums, das die Abgeschlossenheit seines Daseins durch übertriebene Wichtignahme des kleinsten Zwischenfalls wettzumachen sucht.

Wo sich im nördlichen und mittleren Arabien Sippengruppen auf längere Sicht zusammenschlossen, geschah das unter dem Schutz kultischer Zwecksetzung. Die für das Mekka des ausgehenden 6. Jahrhunderts nachweisbaren »Eidgenossenschaften« scheinen sogar Angehörige derselben Sippen gewissermaßen gegeneinander vereinigt zu haben. In anderen Teilen der Halbinsel, zumal im mesopotamischen Grenzgebiet, führte eidliche Verbrüderung *(taḥāluf)* gelegentlich zu Überstämmen, die, ohne eine einheitliche politische Schlagkraft zu gewinnen, sich doch als eng verbunden und zu gemeinsamem Handeln berufen empfanden.

Wirtschaftlich war das Beduinendasein bei generell niedrigem Niveau der materiellen Kultur weniger von Armut als von Unsicherheit geplagt. Den Launen des Klimas stand man gerade bei den aus den Wergeldgepflogenheiten ersichtlichen, recht erheblichen Viehbeständen begreiflicherweise hilflos gegenüber; Lebensbasis und Lebensführung machten die Ansammlung von Reserven unmöglich. Die kulturell wie ökonomisch wichtigen Märkte, unter dem Schutz eines verhältnismäßig langfristigen Gottesfriedens, erlaubten den Beduinen den Güteraustausch, konnten nennenswerte Gewinne aber nur den relativ stabilen städtischen Lieferanten einbringen, die den Karawanenfernhandel organisierten und in der Hand hielten. Die stärkeren Stämme vermochten freilich durch Zollerhebung bei den Kaufleuten, die unter ihrem Schutz ihr Wandergebiet passierten, einen gewissen Anteil an den offenbar erheblichen Einnahmen des transarabischen Handels zu erzwingen. Aufs Ganze gesehen stand jedoch den Stämmen, von Abwanderung auf byzantinisches oder persisches Gebiet abgesehen, wo sie sich etwa als Hilfssoldaten staatliche Unterstützung sichern konnten, nur die Ausplünderung der Seßhaften oder der *ghazw*, die »Razzia«, zu Gebot, bei der dann zwar des öfteren erheblicher Herdenbestand unmittelbar oder durch Auslösung der Gefangenen den Besitzer wechselte. Das Gesamtvermögen der beteiligten Stämme erhöhte sich natürlich nicht, und im Grunde blieb alles beim alten.

Dabei wäre zu bemerken, daß, einer weitverbreiteten Ansicht zum Trotz, das erste Jahrtausend unserer Zeitrechnung ein allmähliches Ansteigen der Niederschläge brachte, wobei sie allerdings gelegentlich zurückgingen, wie etwa gerade zwischen 591 und 640, also während der Gründung und den ersten Eroberungen der muslimischen Gemeinde. Im übrigen konnten die Steppenbewohner nur dann ihrer Notlage durch Einbruch in die Kulturgebiete abhelfen, wenn deren Regierung gerade mit einem Schwächeanfall zu kämpfen hatte. Mit anderen Worten, der politische Faktor scheint bei diesen Völkerbewegungen intensiver mitgespielt zu haben als die klimatisch-ökonomische Situation. Genauere Daten stehen allerdings nur für Südarabien zur Verfügung. Dort brach im Jahre 450 der außerordentlich wichtige sagenumwobene Staudamm von Ma'rib; das Königtum war aber stark genug, die umliegenden Stämme ohne Verzug zur Wiederherstellung aufrufen zu können. Als sich das Unheil 542 wiederholte, mußte sich der Herrscher in mühseligen Verhandlungen mit den lokalen Feudalherren die freiwillige Zusammenarbeit für den Wiederaufbau sichern. Eine Generation später war der politische Zerfall derart fortgeschritten, daß der dritte Dammbruch um 570 nicht mehr reparabel war und die Katastrophe mit einem einschneidenden Verlust an Fruchtland endete. Die Rebeduinisierung weiter Landstriche scheint dem ausgehenden 6. Jahrhundert zumindest im Süden das Gepräge gegeben zu haben, wodurch natürlich ein Element der Unruhe, vielleicht sogar der Barbarisierung in das Leben der ganzen Halbinsel getragen wurde. In diesem Zusammenhang sei darauf hingewiesen, daß auch in glücklichen Zeiten die Herrscherfamilien der arabischen Fürstentümer ausnahmslos südlicher Abkunft, also durch Zuwanderung und »Kolonisierung«, zu ihrem Machtgebiet gekommen waren.

Von der Krise der Rebeduinisierung, die eher als Machtverschiebung zugunsten der Nomaden denn als Rückkehr größerer Bevölkerungsteile zum nomadischen Leben zu verstehen ist, blieben anscheinend die städtischen Siedlungen des Nordwestens verschont. Obzwar schon von Ptolemaeus genannt und dank der bei ihm angeführten Namensform als südarabische Gründung um ein Heiligtum identifizierbar, hat Mekka als Marktort und religiös-geistiges Pilgerzentrum wohl nicht lange vor 500 die ihm traditionell zugeschriebene Bedeutung erlangt, nachdem der Stamm der *Koraisch* sich seiner bemächtigt und mit den möglicherweise erst von ihm aus ihrer Vormachtstellung verdrängten Kināna-Beduinen der Umgegend eine Art Arbeitsabkommen abgeschlossen hatte. An der Kreuzung des südnördlichen Handelsweges mit der das Rote Meer mit dem heutigen Irak verbindenden

Straße, in einem heißen, unfruchtbaren, von unwirtlichen Bergen umsäumten Talgrund, war Mekkas Existenz ursprünglich nur durch den Wasservorrat des später den Muslimen heiligen Zemzem-Brunnens möglich geworden. Die Oligarchie der koraischitischen Sippenhäupter regierte und bestimmte auch die internen Angelegenheiten der Sippen. Der militärische Schutz der Stadt war weitgehend den *ahābīsch* anvertraut, ursprünglich abessinischen Söldnern, die später anscheinend durch Rekruten aus Kleinstämmen, die in der Umgebung Mekkas zelteten, verstärkt wurden. Nichtkoraischitische Araber, Landfremde aller Art, vorwiegend ausländische Sklaven, stellten wohl die Mehrheit der Bevölkerung, der das gemeinsame Interesse an Handel und Pilgergewerbe einen für das zeitgenössische Arabien starken Zusammenhalt gab, um nicht zu sagen: eine »Staatsgesinnung« einflößte. Die Hauptkarawanen, eine zur Sommerszeit und eine im Winter nach Norden entsandt, waren Gemeinschaftsunternehmen, zu denen weite Bevölkerungskreise beisteuerten und die ihnen auch Gewinne einbrachten: ein nachhaltiger Ansporn zur Annahme einer gewissen politischen Disziplin und zur Heranbildung einer Führerschicht mit einem auf Erfahrung gegründeten Ausblick in die außerarabische Welt. Diese Verhältnisse führten überdies zu einer gewissen Vertrautheit mit der Geldwirtschaft; obwohl der Tauschhandel überwog, zirkulierten in Mekka doch byzantinische und persische Münzen. Das allgemeine Bildungsniveau stieg, damit wuchs freilich auch eine gewisse Entfremdung von der gemeinarabischen Kultur, deren beduinische Vertreter ihrerseits auf die mekkanischen Händler herabsahen; und vor allem war man jetzt den geistigen – und das hieß damals: den religiösen – Strömungen ausgesetzt, die draußen zur Herrschaft gelangt waren.

Hinzu kam, daß die Stadt ihrer Bedeutung wegen unvermeidlich mit dem Spiel der Weltmächte in Berührung kam, obzwar die Mekkaner hinreichend geschickt – oder eben doch so unwichtig – waren, daß sie sich von einer aktiven Teilnahme fernhalten konnten. Durch die Neutralität und durch die Einheitlichkeit der Führerschicht begünstigt, entging Mekka ebenso dem Schicksal des Südens wie den internen Kämpfen seines etwa vierhundertfünfzig Kilometer entfernten nördlichen Nachbarn, Jathrib, wo in den letzten Jahrzehnten des 6. Jahrhunderts Zwistigkeiten unter den arabischen Siedlerstämmen ausbrachen, die durch die Beziehungen zu einer Reihe ebenfalls in der Oase ansässiger jüdischer Stämme noch verwickelter wurden und die im Laufe der Zeit den Fortbestand der Stadt ernstlich bedrohen sollten.

Seit der Mitte des 3. Jahrhunderts beherrschte der Konflikt zwischen dem Römischen Reich, später seinem oströmischen Teil und schließlich seinem byzantinischen Nachfolger und dem sasanidischen Iran mit der Hauptstadt Ktesiphon im semitischen Mesopotamien die Geschichte des Vorderen Orients. Wie immer in derartigen Situationen griff der Gegensatz auf Gebiete über, die an und für sich dem Widerstreit der Interessen und Kulturen fernstanden. Die Einflußsphäre der Perser in Arabien wird im allgemeinen östlich einer Linie angesetzt, die von Palmyra bis zur Ostgrenze von Hadramaut verläuft, so daß die Handelswege durch das sasanidische Zweistromland zum Persischen Golf und durch das eigentliche Persien nach Zentralasien persischer Kontrolle unterstanden. Diese Tatsache zwang die Byzantiner, den Seeweg durch das Rote Meer zu benutzen, dessen Eingang sie ja in der Hand hatten und dessen östliches Ufer von keiner sie bedrohenden Macht besetzt war. Der Ausgang zum Indischen Ozean jedoch unterstand den Jemeniten, und am Westufer machte das Reich von Axum, der Kern des späteren Abessiniens, seine Interessen geltend.

Vom byzantinischen Standpunkt war es daher geboten, sich des guten Willens der Abessinier und der Jemeniten zu versichern; den Persern wiederum mußte daran gelegen sein, das byzantinische Einverständnis mit diesen Völkern zu stören, wobei noch daran zu erinnern wäre, daß Südarabien und der Irak seit alters durch eine vielbenutzte Straße in enger Verbindung standen. Das südarabische Königtum scheint seit dem 1. Jahrhundert n. Chr. langsam abgesunken zu sein und seine Macht mehr und mehr mit den lokalen »Feudalherren« geteilt zu haben. Als Folge davon geriet schon in der ersten Hälfte des 4. Jahrhunderts der südöstliche Jemen unter abessinische Herrschaft.

Die Bekehrung Abessiniens zum monophysitischen Christentum von Ägypten aus begann eben um jene Zeit, war freilich erst im 6. Jahrhundert vollendet. Höchstwahrscheinlich setzte sich das Christentum dank den politischen Verhältnissen gleichzeitig auch in Südarabien fest. Die Assoziation mit den verhaßten »Schwarzen« war der christlichen Mission allerdings nicht günstig und mag auch dem Ausgreifen der von Syrien kommenden monophysitischen Prediger Eintrag getan haben. Die nationale Reaktion, die gegen Ende des Jahrhunderts die Abessinier vertrieb, brachte zwar das einheimische Heidentum nicht wieder in die Höhe, sondern führte allmählich zu einem eindrucksvollen Aufstieg des Judentums, das in den seit den beiden Zerstörungen des Tempels zu Jerusalem nach Südarabien ausgewanderten Juden einen im 4. und 5. Jahrhundert immer stärker spürbaren Rückhalt fand. Der persische Mazdakismus war zu sehr national gebunden, um auf fremdsprachlichem Gebiet Verbreitung zu finden; die byzantinische Intoleranz gegenüber den Juden machte diese zu akzeptablen Bundesgenossen der Sasaniden.

Im Einverständnis mit Byzanz, das in der Außenpolitik bereit war, mit den monophysitischen Sektierern gemeinsame Sache zu machen, nahmen die Abessinier zu Anfang des 6. Jahrhunderts ihre Expansionspolitik wieder auf. Ihr erster Erfolg veranlaßte den ins Innere des Landes fliehenden jemenitischen König, den jüdischen Glauben anzunehmen, und führte bei einem Umschwung der Kriegslage zu einer grausamen Verfolgung der Christen, deren Kultmittelpunkt in Nadschrān sich freilich bald wieder erholte. Erneute Anstrengungen der Abessinier endeten 525 mit dem Tode des jüdischen Königs Dhū Nuwās und der Umwandlung seines Reiches in eine abessinische Satrapie, die der legendenumwobene Abraha wenig später zu einem fast selbständigen Staat unter abessinischer Herrenschicht machte. Er förderte das Christentum und scheint auch den Versuch unternommen zu haben, Mekka in seine Gewalt zu bekommen oder es zumindest aus dem persischen Einflußbereich herauszulösen, in den es dank den Sympathien der führenden Kreise geraten war. Dieser Feldzug, der sich wenigstens zehn Jahre früher als überliefert abgespielt haben muß (560), schlug fehl; seine Abwehr stärkte den »nationalen« Stolz der Mekkaner.

Nicht viel später erhoben sich die Jemeniten gegen die Abessinier, die sie denn auch mit persischer Billigung vertrieben. Im Jahre 597 machten dann die Perser der von inneren Fehden gefährdeten Unabhängigkeit des Jemen ein Ende. Dem jemenitischen Christentum brachte die persische Herrschaft die Bekehrung zum Nestorianismus. Er galt dank seiner Unversöhnlichkeit sowohl gegenüber der byzantinischen Reichskirche wie gegenüber dem im semitischen Grenzgebiet und in Ägypten starken Monophysitismus bei den Persern als zuverlässig und wurde gleichsam zu einer Staatsreligion zweiter Ordnung. Es waren also wohl Nestorianer, die eine Generation später sich mit Muhammad über das Schicksal der Christenstadt Nadschrān verständigten.

Das Eindringen des Judentums in die Halbinsel und mehr noch die Christianisierung der Randgebiete, die sich als vage Bekanntschaft mit Christen und Christlichem in den heidnisch gebliebenen Gebieten niederschlug, waren die bedeutendsten geistigen Faktoren, die auf einen Kulturwandel unter den Arabern hinwirkten. Die griechische Reichskirche stand zumeist in schroffem Gegensatz zu den häretischen Gemeinden der nichtgriechischen Untertanen, von denen wiederum Splittergruppen in die äußersten Grenzgebiete abgedrängt wurden. So lernte die beduinische Welt das Christentum vielfach in einer Gestalt kennen, die von dem Bild, das wir von dieser Religion in uns tragen, erheblich abweicht. Die altarabische Poesie vermittelt nicht den Eindruck, als hätten in der Zeit dogmatische Fragen interessiert; was Eindruck machte, waren die Eremiten und die kirchlichen Prozessionen. Die Pilgerzüge waren Verszeugnissen zufolge auch den Heiden eine geläufige Form der Gottes- oder Heiligenverehrung. Ebenso beteiligten sich Christen an der Pilgerfahrt zum mekkanischen Heiligtum, dessen Herr wohl für sie einfach »Gott« war; die Weigerung, bei diesem Ritual mitzumachen, trug gewissen Stämmen den Vorwurf der Gottlosigkeit ein.

Systematisch scheinen sich der Beduinen nur die Monophysiten, zumal nach ihrer Reorganisation durch Jakob Barde'ānā (Baradaeus; Bischof von Edessa, um 542–578), angenommen zu haben; den großen Nomadenlagern wurden Bischöfe beigegeben. Von den Monophysiten, die sich seit der Mitte des 6. Jahrhunderts zu einigen suchten, übernahmen die ghassānidischen Fürsten einen neuen politischen Leitgedanken, der sie freilich in Gegensatz zur byzantinischen Zentralregierung bringen und ihren Fall beschleunigen sollte. Die Enthellenisierung war jedoch nicht aufzuhalten, das Griechische trat allmählich zurück. Als die Perser zu Anfang des 7. Jahrhunderts Syrien eroberten, verfolgten sie die Griechen, beschützten aber die Syrer; die monophysitischen Kirchen erreichten unter persischer Aufsicht im Jahr 610 ihre Einigung.

Das Vordringen der Nestorianer in Mesopotamien hatte die Errichtung eines Bistums in Hīra zur Folge gehabt, dessen Inhaber Hosea bereits 410 auf einer Synode erscheint. Während die monophysitischen Araber ihr Nomadenleben weiterführten, sammelten sich die Nestorianer Zentralmesopotamiens und zumal Hīras in einer die Stammesunterschiede auflösenden Gemeinde der »Gottesdiener« (*'ibād*) die im 6. Jahrhundert dem lachmidischen Staat kulturell das Gepräge gab, obzwar die Dynastie selbst – im Gegensatz zu den Ghassāniden – erst unter ihrem letzten Herrscher zum Christentum übertrat. Die *'ibād* dürfen als eine Vorstufe der islamischen *umma*, »Gemeinschaft«, angesehen werden, da sie das erste bekannte Beispiel für eine ideologisch definierte Gruppe arabischer Zunge darstellen, die, ähnlich der muslimischen Gemeinde in ihren ersten Jahren, die organisatorischen Funktionen des Stammes mit denen der Religionsgemeinschaft verband. Im ganzen scheint der Kontakt West- und Zentralarabiens mit dem lachmidischen Zentrum stärker als mit den Ghassāniden gewesen zu sein. Das stabile Hīra beherbergte in der ausgehenden Heidenzeit über kürzere oder längere Zeit fast alle bedeutenderen Dichter; deshalb hat aber die Entwicklung des Islams keineswegs stärkere Impulse von den östlichen Kulturmittelpunkten als von den nördlichen empfangen.

Doch war es auf jeden Fall der Gegensatz zu den Persern, der 611 (nach anderen schon um 604) zur Schlacht bei Dhū Qār führte, in der die Banū Bakr und einige mit ihnen verbündete Stämme die mit anderen Arabern verbündeten Perser aufs Haupt schlugen, ein Ereignis, das im Augenblick keine wesentlichen Folgen hatte, rückblickend aber den Arabern als Durchbruch eines nationalen Bewußtseins und als Kraftprobe für eine Eroberungspolitik erschien.

Obzwar das Christentum eine ganze Reihe von verschiedenen Stämmen berührt oder gar erfaßt hatte und auch das Judentum, etwa in Jathrib, arabische Proselyten gewinnen konnte, hatte im nordarabischen Kulturgebiet das Heidentum keine wesentliche Einbuße erfahren. Man kann sich zwar dem Eindruck nicht entziehen, daß sein Fortbestand mehr dem Traditionalismus und vor allem dem Fehlen organisierter Gegnerschaft zuzuschreiben war als tiefgefühlter Hingabe; freilich haben die Gelehrten, denen die Überlieferung vorislamischer Zeugnisse zu danken ist, eine gewisse Zensur bei der Bewahrung oder Stilisierung der Nachrichten ausgeübt. Baudenkmäler, deren Reste Rückschlüsse gestatteten, gab es nicht; das vermutlich einzige aus Stein errichtete Heiligtum, die Ka'ba (eigentlich »Würfel«) von Mekka, wurde vom Islam übernommen. Literarischen Quellen ist aber zu entnehmen, daß, zumal in der nördlichen Halbinsel, eine recht einheitliche religiöse Atmosphäre vorherrschte: die gleiche Religiosität spiegelt sich in dem »Roten Stein«, der Gottheit der südarabischen Stadt Ghaimān, in dem »weißen« in der Ka'ba von al-'Abalāt (bei Tabāla südlich von Mekka) und in dem »schwarzen« von Mekka selbst; aber ebenso in den Ka'bas von Nadschrān, al-'Abalāt und Mekka als solchen. Überhaupt ist festzuhalten, daß die Erfahrung des Heiligen für die Menschen jener Tage besonders intensiv mit Steinfetischen verbunden war oder sich an Bergen, besonderen Felsbildungen oder mißgestalteten Bäumen entzündete. Diese Erlebnisweise hat sich übrigens bis in die Gegenwart erhalten; diese Stellen spielen bis heute als Heiligen- oder Prophetengräber eine Rolle.

Es ist nun aber gewiß nicht den islamischen Überlieferern zuzuschreiben, wenn sich die Religion der Dschāhilijja, der »Zeit der Unwissenheit«, als auffallend mythenarm erweist und sich kein Anzeichen eines Versuches findet, die zahlreichen Götterfiguren in einem Pantheon zusammenzufassen. Das Fehlen einer eigentlichen Priesterschicht mag hierfür zumindest teilweise verantwortlich gewesen sein. Zwar gab es Heiligtümer, die gleichsam das Eigentum und jedenfalls Kultbesitz bestimmter Familien waren – Spuren solcher Organisation sind auch in Mekka zu finden –, doch waren diese Familien nicht über weitere Gebiete hin zusammengefaßt. Nur einmal erscheint ein Priesterhäuptling als Führer einer großen Stammesgruppe, der Rabī'a, mit dem als Eigennamen mißverstandenen, ursprünglich babylonischen Titel *afkal*. Die Nomaden selbst, die gewisse sakral bedeutsame Objekte oder Gottheiten mit sich führten (und noch führen), hatten zu den lokalen Gottheiten wenig Beziehungen. Der gemeinsemitische Gestirnkult dürfte auch in Arabien wichtig gewesen sein; davon legt der Koran indirekt Zeugnis ab, wenn er etwa Abraham sich durch die Gestirnanbetung zur Erkenntnis des wahren Gottes durchkämpfen läßt.

Gestirnreligion und Schicksalsglaube sind in der ganzen Antike eng miteinander verknüpft; in Arabien erscheint, noch im Koran, die Schicksalsgöttin gemeinsam mit der Venus des Morgensterns und einer dritten, schlechthin als »die Göttin« bezeichneten Gestalt. Es sind die von den Heiden bevorzugten »Töchter Allāhs«. Während Manāt sprachlich eine Verwandte der hellenistischen Tychē ist, läßt sich Dahr, die schicksalhaft dahinraffende, dem Dasein des Menschen Sinn und Wert raubende »Zeit«, die von den letzten heidnischen Generationen, zumal von den Dichtern, bevorzugt wurde, mit dem alles beherrschenden und alles verschlingenden, dem unendlichen Chronos des Mithraismus und der Zurvāntheologie in Verbindung bringen.

Die ebenfalls gemeinsemitische Vorstellung von der (lokal) höchsten Gottheit als König findet sich auf arabischem Boden etwa bei den Thamudenern, scheint aber später im Abklingen gewesen zu sein; wenigstens findet sich *malik* nicht mehr unter den auf uns gekommenen Götternamen, obzwar sich die Bezeichnung dank ihrer Übertragung auf den einen Gott des Islams in die muslimische Namengebung gerettet hat – man denke nur an den Kalifen ʿAbd al-Malik, den »Königsknecht«. Vergleichbar ist die Hochgottbezeichnung *Raḥmān* oder *Raḥīm*, »der Barmherzige«, der wir im Safaitischen, Palmyrenischen und Sabäischen begegnen und die durch Übertragung auf Allāh in markanter Form gerettet worden ist. Daß der islamische Gott die abstrakteste aller möglichen Benennungen *al-ilāh* > Allāh, »*der* Gott«, empfing, ist wohl weitgehend dem Sprachgebrauch von Muhammads Umgebung, aber auch eben dieser von allen Assoziationen freien Wortbedeutung und einem gewissen Widerstreben gegen eine importierte Nomenklatur zuzuschreiben. Es erscheint durchaus vertretbar, daß die Kaʿba schon vor Muhammad in erster Linie das Heiligtum Allāhs war und nicht das des aus der Nabatene stammenden Hubal und der übrigen 359 dort astrologisch-synkretisch versammelten Götzen. Umwandlung *(ṭawāf)*, verehrendes Stehen *(wuqūf)*, unblutige und blutige Opfer waren die wesentlichen Elemente des Kultus auf der Halbinsel; ebenso gemeinarabisch war das profaner Nutzung entzogene Landstück *(ḥimà)*, das Götterland mit Asylrecht für alles Lebende; der die mekkanische Kaʿba umgebende *ḥaram* ist wohl nur ein besonders eindrucksvoller Spezialfall davon.

Im Bewußtsein der Muslime lebt eine dünne Schicht von Gottsuchern, deren einer als Verwandter von Muhammads erster Frau direkt in die Gründungsgeschichte des Islams hineingestellt ist. Abwechselnd dem Judentum, dem Christentum und einem unorganisierten Monotheismus zugewandt, sind diese Persönlichkeiten bei aller Individualisierung, die ihnen die Legende verliehen hat, nicht als Einzelschicksale, sondern als Marksteine einer Strömung zu verstehen. Sie scheinen sich zwar von ihrer Umgebung abgehoben zu haben, sind jedoch offenbar nicht angefeindet worden. Ihnen allen eignet ein asketischer Zug. Bemerkenswerterweise ist von keinem die erfolgreiche Eingliederung in die muslimische Gemeinde überliefert. Die Zeitgenossen kannten sie als *ḥunafāʾ* (Singular: *ḥanīf*), einer Arabisierung des syrischen *ḥanpā*, »Heide«. In der Kirchensprache wurde das Wort auch auf Häretiker angewandt, die geradezu als hellenisch-heidnische Renegaten empfunden wurden. Auch die Manichäer wurden als »Heiden« verdammt. Die arabische Bedeutung

– etwa: konfessionell ungebundener Monotheist – ist wohl am ehesten verständlich, wenn man den *hanpā* oder *hanīf* in erster Linie als *dissenter* auffaßt; und Dissenters, Einzelgänger, sind die Hanīfen denn auch geblieben. Die ihnen von Zeitgenossen und Nachfahren entgegengebrachte Anteilnahme beleuchtet das um sich greifende Ungenügen an der ererbten Religion, deren Aufrechterhaltung mit der vollen Eingliederung in den vorderasiatischen Kulturbereich unvereinbar war.

Islamisches Vorurteil gegen eine überwundene Entwicklungsstufe, die relative Rückständigkeit der Halbinsel – und selbst des Jemen – gegenüber der persischen und der griechisch-römischen Kultur und nicht zuletzt das neuerliche Absinken der Halbinsel in politische Bedeutungslosigkeit und Rückständigkeit im Verhältnis zum muslimischen Ägypten, Syrien oder Irak haben vielleicht zu einer Unterschätzung des zivilisatorischen Niveaus Altarabiens geführt. Hinzu kommt die Einseitigkeit seiner Kulturbetätigung, die auf künstlerischem Gebiet nichts, auf literarischem nur auf engem Raum Nennenswertes geleistet hat. Man geht nicht fehl, wenn man sich die Kultur der Zeit durchaus mündlich überliefert vorstellt; doch darf man aus diesem Sachverhalt nicht auf mangelnde Schriftkenntnis schließen, gibt es doch Inschriften in nordarabischer Schrift aus den Jahren 512 und 568. Eine gewisse Vertrautheit mit der Schreibkunst spricht auch aus manchen dschāhilitischen Versen, und wahrscheinlich haben die Mekkaner im diplomatisch-kommerziellen Verkehr arabisch abgefaßte Schriftstücke verwendet. Gewiß ist jedenfalls, daß die arabischen Juden ihre heiligen Bücher hatten, womit freilich über den Stand ihrer Gelehrsamkeit noch nichts gesagt ist. Das gleiche gilt für die Christen; doch ist die Streitfrage über die Existenz einer arabischen Bibelübersetzung aus der Zeit vor dem Islam ohne Zweifel negativ zu beantworten; ebensowenig ist die Annahme haltbar, im Gebiet von Hīra sei um 620 eine arabische Bibel entstanden. Die Psalmen und die Evangelien waren frühestens im 8. Jahrhundert vollständig auf arabisch zugänglich, eine allgemein gebräuchliche, verbindliche Übersetzung der biblischen Bücher gab es jedoch selbst im 10. Jahrhundert noch nicht. Der Koran blieb das erste heilige Buch in arabischer Sprache und zugleich – ungeachtet der reifen Durchbildung gewohnheitsrechtlicher Satzungen – der erste Versuch einer Rechtskodifikation. Wissenschaft gab es nicht, aber die Dichtkunst stand hoch im Kurs. Und Dichtersprache und Dichtertradition (auch diese nicht so starr, wie die Nachfahren sie interpretierten) schufen wohl eine kulturelle Gemeinsamkeit; daneben scheint der mekkanische Dialekt die Rolle einer professional-wirtschaftlichen *lingua franca* gespielt zu haben.

Das Nomadenleben setzte der Kulturentwicklung sehr bestimmte Grenzen. Erst der Übergang zur Seßhaftigkeit oder doch die normative Anerkennung der den Seßhaften eigenen Leitideen konnten über diese Grenzen hinausführen. Bemerkenswerterweise haben aber die von späteren Muslimen wie Ibn Chaldūn (gestorben 1406) so präzise analysierten zersetzenden Tendenzen des Beduinentums, seine Disziplinlosigkeit und seine Unfähigkeit, auf lange Sicht zu planen, den Aufstieg der Halbinsel bis an die Schwelle des Umbruchs nicht nur nicht behindert, sondern ließen sich sogar unter geeigneter Leitung, wenn auch nur auf kurze Frist, in weltgeschichtlich bedeutsames Handeln umlenken.

Muhammad

In jüngster Zeit haben arabische Nationalisten dagegen Einspruch erhoben, daß man die arabische Geschichte erst mit dem Auftreten Muhammads beginnen lasse; und Perser haben aus einer vergleichbaren Einstellung heraus dagegen protestiert, daß der Islam als epochaler Neuanfang und nicht einfach als politisch-religiöser Einbruch in eine ältere Kulturentwicklung dargestellt wird. Trotz allen durchaus vertretbaren Akzentverschiebungen im Dienste einer neuen Selbstsicht ist an der Doppeltatsache nicht zu rütteln, daß die Araber nur durch die Sendung des Propheten befähigt wurden, an der Weltgeschichte initiativ-formend teilzunehmen, und daß darüber hinaus die Entwicklungsfäden Vorderasiens samt und sonders, wie Strahlen durch ein Brennglas, durch den Islam hindurchgegangen sind und selbst da, wo sie sich seinen Lockungen und seinem Druck gegenüber als unnachgiebig erwiesen haben, durch Einordnung in ein neues geschichtliches Bezugssystem zutiefst berührt, wenn nicht gewandelt wurden.

Der Reichtum des Geschehens, die Vielschichtigkeit der historischen Wirklichkeit, geben jeder Periode die Möglichkeit an die Hand, der Vergangenheit einigermaßen stichhaltige Antworten auf die ihr selbst dringlichen Probleme abzuverlangen. Doch auch wenn die Rückprojektion des eigenen Erlebens gelingt, wird man dem für die damaligen Zeitgenossen Entscheidenden kaum gerecht. So trifft es denn ohne Zweifel zu, daß Muhammad mit den wirtschaftlich-sozialen Verhältnissen in Mekka nicht einverstanden war; ihn darum als Gesellschaftsreformer oder gar als Wirtschaftstheoretiker hinzustellen hieße aber die Triebkräfte und zumal die Artikulationsformen der Zeit völlig verkennen. Bis auf den heutigen Tag haben sich die Gesellschaftskritiker und Politiker der islamischen Welt vergeblich bemüht, ein geschlossenes, konkretes System der ökonomischen und sozialen Organisation aus der koranischen Offenbarung herauszuarbeiten, ohne zu begreifen, daß im Religiösen nur Blick- und Erlebnislinien bindend vorgegeben werden können, da das Konkret-Augenblicksbezogene gleichsam über Nacht zum Hemmschuh wird. Ein gut Teil der überzeitlichen Wirksamkeit des Islams liegt doch darin, daß er sich nur an wenigen Stellen an die Wissenschaft oder an deren Stand auf der arabischen Halbinsel des 7. Jahrhunderts angelehnt hat, und wo er dies doch tat, haben Einpassung und Umdeutung veralteter Daten dem gläubigen Gewissen arg zugesetzt.

Das Wesentliche am Auftreten Muhammads ist die Kristallisierung eines neuen Heiligkeitserlebnisses, daß diejenigen, die es teilten, zu einer neuartigen Gemeinschaft zusammenschweißte. Der Bezug dieses Erlebnisses auf zeitgenössische Verhältnisse ist an sich selbstverständlich und in Sprache und Vorstellungsmaterial unverkennbar. Vor allem: wäre Muhammads Verständnis des Göttlichen den Zeitgenossen unzugänglich gewesen, so hätte er keine Gefolgschaft gefunden, und Bote wie Botschaft wären, wie Person und Wort der meisten Neukünder des Heiligen, frühem Vergessen anheimgefallen. Muhammad und sein Werk aber überlebten, weil er, wenn man so sagen darf, nicht nur für Gott, sondern auch für die Araber sprach, oder, um seinem eigenen Empfinden gerecht zu werden, weil er als ein arabischer Prophet zu den Seinen kam.

In einem aus Muhammads mittlerer Periode stammenden Vers gebietet Gott ihm also zu sprechen: »Siehe, mein Gebet, meine Verehrung und mein Leben und mein Tod gehören Allāh, dem Herrn der Welten. Er hat keinen Gefährten, und solches ist mir geheißen, und ich bin der erste der Muslime« (6, 163). Diese wenigen Worte enthalten das eigentlich Neue, das Muhammad seinem Volk gebracht hat. Der Aufstieg von einer primitiven zu einer höheren Religion besteht grundsätzlich in einer Beschränkung der Objekte und Vorstellungen, an denen das Heilige unmittelbar erfahrbar ist. Die Übergänge zwischen dem Natürlichen und dem Übernatürlichen werden weniger, die Distanz zwischen der sichtbaren und der unsichtbaren Welt wird größer. Die spontane Dämonisierung eines jeden Umweltelements ist nicht mehr möglich; die religiösen Kraftzentren verdichten sich zu dem einen Mittelpunkt des allmächtigen Schöpfergottes, dessen unwiderstehlicher, nicht einmal sich selber Schranken setzender Wille das Ordnungsprinzip wird, das die Erscheinungen zusammenhält und ihnen Sinn verleiht.

Gewisse Schichten in Mekka und Jathrib, vielleicht auch in der Steppe, hatten angefangen, die Ziel- und Zügellosigkeit übersinnlicher Wesen ohne Weltregiment als naiv in Frage zu stellen. Auf die dadurch aufgerissenen Fragen wußte Muhammad eine Antwort. Ihre Bestandteile waren im einzelnen fast ausschließlich dem Judentum und Christentum entnommen, versinnbildlichten als Ganzes jedoch den Durchbruch eines neuen Lebensgefühls.

In einen der adligen Klans von Mekka hineingeboren, früh verwaist und bis zu seiner Heirat wirtschaftlich ungünstig gestellt, lebte Muhammad ibn ʿAbdallāh, Koraischit aus der Sippe Hāschim, gleichsam neben dem Reichtum und der Macht seiner Vaterstadt, eine Klassenlage, die auch in anderen Fällen zu Unbehagen, schärferer Sicht der Umwelt und Drang nach Neuerung geneigt gemacht hat. Die Tradition hat seine Geburt in das »Jahr des Elefanten« gelegt, in dem Abraha, der abessinische Herrscher des Jemens, wohl im byzantinischen Interesse Mekka angegriffen hatte, aber auf wunderbare Weise zum Abzug gezwungen worden war. Das von der Überlieferung genannte Jahr 570 läßt sich freilich nicht aufrechterhalten, und damit fällt wohl auch das Datengerüst der Prophetenbiographie. Da man begreiflicherweise auf die Jugendgeschichte des noch Unberühmten wenig achtete, hatte die Legende leichtes Spiel, die Lücken nach dem Geschmack der Späteren und nach dem Prophetenbild des Nahen Ostens aufzufüllen.

Vor und bei seiner Geburt begeben sich Zeichen und Wunder. Wo das Kind sich aufhält, bringt es Segen. Schon früh steht es in Berührung mit der übersinnlichen Welt, aus der Engel kommen, sein Herz zu reinigen. Ein Prophet hütet die Herden; doch ein Mekkaner aus guter Familie betätigt sich im Karawanenhandel. Es ist durchaus möglich, daß Muhammad mit Karawanen gereist ist; er mag auch bis nach Syrien gekommen sein, wo die Legende einen christlichen Einsiedler ihn gewissermaßen entdecken läßt; doch kann mit Sicherheit behauptet werden, er habe keinen engen Kontakt mit den dortigen Christen gehabt, auch keinem christlichen Gottesdienst mit vollem Verständnis beigewohnt, sonst wären die sachlichen Irrtümer über die christlichen Lehren und Bräuche, etwa die Vorstellung vom Abendmahl als einer Mahlzeit (Koran 5, 114), kaum zu erklären. Die Ehe mit Chadīdscha, einer reichen Kaufmannswitwe, fünfzehn Jahre älter als er (bei ihrer

Wiederverheiratung erreicht sie das im Orient so beliebte »runde« Alter von vierzig Jahren, das durch die sieben der Verbindung mit Muhammad entstammenden Kinder nicht wahrscheinlicher wird), kommt auf ihre Initiative zustande und gibt ihm die Bewegungsfreiheit und Muße, deren das Ausreifen seiner Gedanken bedarf. Jedes Jahr verbringt er geraume Zeit in einsamer Zurückgezogenheit auf dem Berge Hirā', an dessen Fuß sich Mekka ausbreitet.

Im Jahre 610, im Alter von etwa vierzig Jahren, erlebt Muhammad nach der Überlieferung seine Berufung. Es ist sonderbar, daß die frühen Quellen in diesem Kernstück der islamischen Geschichte nicht übereinstimmen. Aus den Berichten wie aus dem Text des Korans geht hervor, daß Muhammad nur zu Anfang seiner Prophetenlaufbahn, und auch da nur selten, eigentliche Visionen hatte, daß also im ganzen der Verkehr mit dem Übersinnlichen sich auf akustische Erfahrungen beschränkte. Manches deutet darauf hin, daß Muhammad zuerst meinte, Gott selbst zu schauen, doch sein Gesicht später selber als eine ungenannte Gestalt deutete, die schließlich als Gabriel identifiziert wurde. Auf die erste Aufforderung des englischen Boten, etwas herzusagen – die Phrasierung erinnert an Jesaja 40, 6 –, reagiert Muhammad mit einer Weigerung; der zweiten entgegnet er mit der Frage, was er rezitieren solle, und beim dritten Male spricht er die Verse, die im Koran als Sūra 96, 1–5 verzeichnet sind:

> Sag her *(iqra')*! Im Namen deines Herrn, der erschuf.
> Erschuf den Menschen aus klebrigem Tropfen.
> Sag her! denn dein Herr ist der Edle,
> Der mit Hilfe des Schreibrohrs gelehrt,
> Gelehrt den Menschen, was er nicht gewußt.

Aus *qr'*, der Wurzel des angeblich ersten geoffenbarten Wortes, was sowohl »rezitieren« wie »lesen« bedeuten kann, ist das dem syrischen *qerjānā, lectio*, »Schriftlesung«, nachgebildete *Qur'ān* (Koran) abgeleitet, das sich sowohl auf die einzelnen Verkündigungen wie auf ihre buchartige Zusammenfassung bezieht.

Nach einer von Muhammad schmerzlich empfundenen Unterbrechung *(fatra)*, wie sie auch andere Visionäre als Gottverlassenheit erlebt haben, begannen die Offenbarungen wieder und versiegten bis an sein Lebensende nicht mehr. Die gläubige Unterstützung seines Haushalts und zumal Chadīdschas fiel ihm sofort zu. Drei Jahre lang tat er die ihm geoffenbarten Botschaften nur im vertrauten Kreis kund. Erst dann entschloß er sich, als Gesandter Gottes vor die Mekkaner zu treten.

Was ihm die Verpflichtung eingab, die Seinen zu warnen, war die Gewißheit des Jüngsten Gerichts. Zusammen mit dem Glauben an die Einzigkeit des Schöpfer- und Richtergottes ist diese Gewißheit das eigentliche Kernstück seiner Botschaft. In heftiger, prägnanter Sprache, in sich überstürzenden Bildern verkündigt er den Weltuntergang. Die Toten werden in die schauerliche Verzweiflung des Letzten Tages auferweckt, einzeln nach ihren Taten gerichtet und je nach Verdienst zum ewigen Feuer verdammt oder zur ewigen Seligkeit des Paradieses zugelassen. Obgleich die Lebhaftigkeit der Darstellung den Eindruck erweckt, daß die Krisis nahe sei, wird doch nirgends gesagt, daß schon die Generation des Propheten die Katastrophe erleben werde. Die koranische Schilderung unterscheidet sich auch von vergleichbaren durch das Fehlen von Selbstgefälligkeit und Schadenfreude und durch den Verzicht auf jede mythologische Spekulation.

Die Gerichtsgewißheit bestimmt das Ethos und die Gefühlslage. Es genügt nicht, an das Gericht zu glauben. Fromm ist, wer den Herrn fürchtet und vor der »Stunde« bangt (Koran 21, 50). Glaube und Werke werden in der Endzeit angerechnet werden. Die Hilflosigkeit des Menschen dem göttlichen Entscheid gegenüber, die der unumschränkten Allmacht Allāhs entspringt und – nach irdischen Maßstäben – die göttliche Gerechtigkeit der göttlichen Majestät unterordnet, scheint Muhammad als Konsequenz seines Gotteserlebnisses erst allmählich zum Bewußtsein gekommen zu sein. Seine Warnung aber – und er war Warner, ehe er Prophet wurde – stand in unverkennbarem Gegensatz zu der gierigen, besitzstolzen Diesseitigkeit der mekkanischen Atmosphäre. Es scheint, daß die Mekkaner Muhammads Predigt im Anfang mit nachsichtiger Gleichgültigkeit hinnahmen; vielleicht hat sein Wort eher unter den stadtfremden Beduinen gezündet. Die Überlieferung besteht jedenfalls darauf, daß der Konflikt zwischen dem nicht eben zahlreichen Anhang Muhammads, der im ganzen aus einflußlosen Kreisen stammte, und den Unbekehrten erst akut wurde, als der Prophet sich entschieden gegen die Gottheiten der Mekkaner wendete. Er hatte zwar der Überlieferung nach die drei großen Göttinnen – die in Tā'if verehrte al-Lāt, die in Nachla bei Mekka angebetete al-'Uzzà und Manāt, deren Heiligtum in Qudaid zwischen Mekka und Medina lag – als »Töchter Allāhs« anerkannt. Das widerrief er nun und zog einen scharfen Trennungsstrich zwischen den Gläubigen und denen, die Allāh andere Götter zugesellten. Da Zwischenwesen, die über dem Menschen, aber unter Gott stehen, sich durchaus mit striktem Monotheismus vertragen und in in der Tat auch etwa als Engel oder Dämonen *(dschinn)* vom Islam sanktioniert wurden, liegt der Gedanke nahe, daß die Ausschaltung dieser Göttinnen und anderer, im Koran zum Teil namentlich erwähnter Gottheiten dazu dienen sollte, den Kultus in der Ka'ba zu konzentrieren und darüber hinaus Vorstellungen von der selbständigen Aktivität und daher Verehrungswürdigkeit göttlicher Wesen zu beseitigen.

Die Tradition läßt nach zwei Jahren öffentlicher Tätigkeit die Spannungen zwischen den Muslimen, den »sich Gott völlig Hingebenden«, und ihren Landsleuten derart anwachsen, daß Muhammad sich veranlaßt fühlte, diejenigen Gläubigen zur Auswanderung in das christliche Abessinien anzuregen, die einer direkten Behelligung ausgesetzt waren. Woraufhin denn dreiundachtzig männliche Mitglieder der Gemeinschaft, vielfach mit ihren Familien, auf kürzere oder längere Frist sich jenseits des Roten Meeres ansiedelten. Wenn aus der Anzahl derer, die einige Jahre später Muhammad nach Medina folgten, auf die Größe der frühen Gemeinde geschlossen werden darf, so muß diese Abwanderung einen erheblichen Teil der Bekehrten betroffen haben. Wahrscheinlich war die *hidschra*, die Auswanderung, nach Abessinien weitgehend von dem Bestreben motiviert, einer beginnenden Spaltung in der Gemeinde – vielleicht zwischen Muhammad und einer von seinem Standpunkt aus hyperasketischen Gruppe – die Spitze abzubrechen. Als Zeitpunkt für die abessinische Auswanderung muß wohl das Jahr 615 beibehalten werden. So wird man entweder die erste Offenbarung vor 610 ansetzen oder die »private« Verkündigung auf weniger als die traditionellen drei Jahre abkürzen müssen.

Auf jeden Fall führte die zahlenmäßige Verringerung von Muhammads Anhängerschaft nicht zu einer Besänftigung des innermekkanischen Konflikts. Religiöse Widerstände und Anhänglichkeit an die alten Götter und Riten, ideologische Schwierigkeiten, wie sie sich etwa aus der Lehre von der körperlichen Erweckung der Toten ergaben, Mekkanern wie seinerzeit den Griechen gleichermaßen eine Torheit, für uns nicht mehr konkret greifbare, jedoch noch heute spürbare wirtschaftliche und soziale Bedingungen, die etwas später zu der scharfen Ablehnung seiner Botschaft in Tā'if führen sollten, schließlich politische Konsequenzen, die Muhammad ursprünglich wohl weder gewollt noch vorhergesehen hatte, machten die relativ kleine Gemeinde zu einem störenden und gefährlichen Fremdkörper.

Nichts deutet darauf hin, daß Muhammad es darauf abgesehen hatte, sich in Mekka der Führung zu bemächtigen. Doch lag es in der Natur der Sache, daß er – als der geistige Mittelpunkt einer »Reform«-Gruppe und für deren Mitglieder die höchste, gottgesandte Autorität – zu einem Machtfaktor wurde, der, zumal bei der Verwirklichung einschneidender religiöser Forderungen, zwangsläufig in die politische Sphäre übergreifen mußte. Selbst Jesus hat es nicht vermeiden können, daß seine Sendung – man darf sagen zu Recht – politisch verstanden wurde. Dabei ist daran zu erinnern, daß bei der losen Struktur der »Stadtverwaltung« die persönliche Geltung eines Propheten nur allzu leicht zu einem »Prophetenamt« werden konnte. In diesem Umstand mag eine der Ursachen dafür gelegen haben, daß die mekkanischen Heiden sich nicht dazu verstehen wollten, Muhammad als Gottesboten anzuerkennen. Mit solcher Anerkennung wäre für das allgemeine Empfinden zugleich seine legitime Führerrolle anerkannt worden. Hinzu kommt, daß der Prophet als Typus im Erfahrungsbereich der Mekkaner keinen Halt hatte. Vielen widerstrebte der Gedanke, daß Gott sich einen so wenig prominenten Mann zum Gesandten auserkoren hatte. Phänomenologisch lag es am nächsten, Muhammad, dem man ohne Zögern eine intime Verbindung mit der übersinnlichen Welt zugestand, als Dämonenbesessenen (*madschnūn*) einzuordnen, oder als Dichter, der als Spezialfall des *madschnūn* gelten konnte. Der Stil der Offenbarungen mit ihrer kurzzeiligen scharfen Rhythmik und den einleitenden eidartigen Beteuerungen fordert ein derartiges Mißverständnis geradezu heraus. In entschiedenstem Ton weist Gott solche Identifizierungen zurück: ist der Prophet verkannt, verfällt dessen Botschaft.

Doch abgesehen von physischer Vernichtung des Propheten und seiner Anhänger, hatten die Mekkaner schon damals keine Chance mehr, sich gegen die neue Lehre durchzusetzen. Dabei hatten nicht einmal so sehr Muhammads Ausdauer und Klugheit, die Unbeugsamkeit seines Sendungsbewußtseins und sein in den Quellen vielfach durchscheinender persönlicher Zauber den Ausschlag gegeben. Entscheidend war die Tatsache geworden, daß der Prophet ein Ideensystem besaß, das seine Stärke aus einem Gotteserleben zog. Es leuchtete selbst den Gegnern ein, wenngleich es ihnen vielleicht nicht zugänglich war. Alle maßgeblichen religiösen Motive, die seit Jahr und Tag im Vorderen Orient Widerhall gefunden hatten, waren vielfach entstellt und vereinfacht, doch in gewissem Sinn vollzählig in seiner Predigt gegenwärtig. Wo diese Motive gewissermaßen in einer Abfolge widersprüchlicher Behandlungsweisen die religiöse Geschichte geprägt hatten, nahm Muhammad entschieden Stellung.

Sein war der eine Gott gegenüber der Vielfalt der heidnischen Götterwelt, aber auch gegenüber den zwei Schöpfern Markions und Manis und gegenüber der trinitarischen Gotteserfahrung der Christen. Sein war der menschliche Botschafter des Herrn gegenüber dem sich vermenschlichenden göttlichen Mittler. Sein war auch das Buch als das die Echtheit der Sendung bezeugende Wunder, die Lehre vom Gericht in individueller Ausprägung gegenüber der kollektiven Verantwortung einer Phase der jüdischen Entwicklung, zu der übrigens die islamische Gemeinde zurückzukehren Neigung zeigte. Dazu die ethisierten Vorstellungen von Paradies und Hölle, von Belohnung und Strafe, Gesetz und Freiheit, worin es freilich vor allem um die Freiheit des allmächtigen Gottes ging. Der Abstand der Kreatur von ihrem Schöpfer, den manche zu verringern und durch Vergottung des noch Lebenden durch Gnosis und Heiligung zu überwinden suchten, wurde als grenzenlos und unwiderruflich festgelegt, der Mensch war von erbsündlicher Korruption frei und nur durch Irrtum und Nachlässigkeit – und gegebenenfalls durch göttlichen Willen – von der Wahrheit und dem rechten Weg ferngehalten.

Wie im Calvinismus wirkte das Paradox der Gnadenwahl, die doch die menschliche Verantwortlichkeit nicht ausschließt, in den ersten Jahrhunderten aktivierend. Im Widerstreit von Maria und Martha stand Muhammad auf seiten der Martha; die Frage des Wertes dieser Welt war ins Auge gefaßt worden, und obwohl ihr Wertautonomie aberkannt wurde, hatte man doch von ihrer unbedingten Abwertung als böse und gottwidrig abgesehen, wodurch denn auch der Askese Grenzen gezogen waren. Dieselbe Wirklichkeitsnähe zeigt sich in der Auffassung des Individuums, das zwar religiös und sittlich auf sich allein gestellt ist, doch seine religiöse und sittliche Aufgabe, zumal den *dschihād*, die »Bemühung auf dem Wege Gottes« oder den heiligen Krieg, nur durch und für die Gemeinde erfüllen kann. Darum gab es zwar Kontemplation und vorübergehende Weltabkehr, aber kein Mönchtum. Nicht eigentlich zur Doktrin, doch zur Geisteshaltung Muhammads gehört seine Stellungnahme gegen die Anmaßung und Unwirtschaftlichkeit des Beduinentums; seine Religiosität ist ganz auf die städtische Lebensform zugeschnitten.

Nachhaltige Zwangsmaßregeln ließen sich schon deshalb nicht gegen den Propheten und die frühe Gemeinde anwenden, weil die Gegner nicht entsprechend organisiert, oder besser, weil sie nur ungenügend organisierbar waren. Wie heute die Kommunisten in einer liberalen Gesellschaft durch die Garantien geschützt werden, die sie selbst auszuschalten sich bemühen, waren die Muslime, die der Stammesgesellschaft ihre eigene Gemeinschaft gegenüberstellten, durch die Stammesethik geschützt. Muhammad selbst war durch die Protektion seiner Sippe schweren Belästigungen enthoben; das gleiche galt von seinen durch Geburt der mekkanischen Gesellschaft zugehörenden Anhängern; nur innerhalb der Sippe war intensiver Druck möglich. Auch der Boykott der Häschimiten durch die übrigen Koraischiten, vermochte die Gemeinde nicht zu brechen. Unglücklicherweise starben aber gegen Ende des Boykotts (619) das heidnisch gebliebene Oberhaupt der Sippe Muhammads, sein Onkel Abū Tālib, und Chadīdscha, deren Unterstützung er offenbar schmerzlich vermißte. Beides traf ihn um so härter, als Abū Tālibs Bruder und Nachfolger bald seinem Neffen den Schutz entzog, angeblich, weil er darauf bestanden hatte, daß der Verstorbene als Heide zur Hölle gefahren sei.

Höhle am Berg Hirā' bei Mekka, an der Stätte der Berufung Muhammads

Die Ka'ba in Mekka

Die Gemeinde scheint unter dieser Schwächung von Muhammads Position nicht direkt gelitten zu haben. Doch lag offen zutage, daß der Entfaltung einer auf geistliche Verwandtschaft gegründeten Gemeinde in Mekka erstickend enge Grenzen gesetzt waren. Was aber die Mekkaner und wohl auch die Bewohner von Tā'if, bei denen Muhammad um diese Zeit Anschluß suchte, so sehr erschreckte, nämlich das Aufkommen eines neuen, potentiell außerordentlichen Machtfaktors, erschien den Arabern in Jathrib als Möglichkeit, die drohende Selbstzerstörung zu überwinden.

Mekka war der Organisation nach eine einheitliche Stadt. Die Oase von Jathrib, etwa fünfundfünfzig Quadratkilometer von Feld- und Wüstenboden umgebenes Fruchtland, das in zum Teil mit Türmen befestigte dorfartige Siedlungen aufgeteilt war, war um die Mitte des 6. Jahrhunderts unter die Herrschaft der ursprünglich südarabischen Banū Qaila geraten, deren Untergruppen, Aus und Chazradsch, sich seit Generationen in einem nicht abreißenden Kleinkrieg befehdeten. Der Name Jathrib taucht schon in minäischen Inschriften auf; die Bezeichnung Medina, ein aramäisches Wort für »Gerichtsbezirk, Jurisdiktion, Stadt«, stammt zweifellos von den Juden, wurde aber später von den Muslimen auf *madīnat an-nabī*, »die Stadt des Propheten«, umgedeutet. Die übrigen Bewohner, darunter drei größere jüdische Stämme, fanden sich in den Zwiespalt hineingezogen, der im Jahre 617 in der »Schlacht von Bu'āth« seinen blutigen Höhepunkt erlebte, aber dank der Erschöpfung der Protagonisten in einem von Racheüberfällen gelegentlich gestörten Waffenstillstand allmählich verdämmerte.

Die schwelende Krise tat der Landwirtschaft Abbruch, beraubte die Bewohner der persönlichen Sicherheit und unterminierte die »außenpolitische« Geltung der Oase. Nirgends läßt sich so deutlich wie in Jathrib erkennen, daß die Stammesethik in städtischen Verhältnissen nichts taugte, daß die Souveränität der Verwandtschaftseinheiten mit der Verwaltung eines komplexen Gebietes unvereinbar war. Es ist schwer vorzustellen, wie selbst die rücksichtslose Vorherrschaft eines Stammes die Desorganisation hätte überwinden können. Die latente Rivalität der Unterdrückten und die lockere Loyalität der Sippen dem Ganzen gegenüber schlossen eine Stabilität geradezu aus. Die Gemeinde der Muslime dagegen, mit ihrem Propheten und dessen Gott als Kristallisationspunkten, verkörperte, da sie auf Grund persönlicher Entscheidung zugänglich und darum unbegrenzt erweiterungsfähig war, ein sozialpolitisches Ordnungsprinzip, das die Stammesorganisation grundsätzlich aufheben oder doch in sich einbeziehen konnte. Auf jeden Fall mußte die Anwesenheit der Muslime einen stabilisierenden Einfluß auf die vergeblich nach Verständigung suchenden arabischen Stämme ausüben.

Die Einladung an Muhammad, sich von Mekka loszusagen und nach Jathrib zu übersiedeln, bedeutete selbstverständlich seine Anerkennung als Prophet, wobei freilich nicht ganz klar ist, ob damit auch das Zugeständnis politischer Rechte verbunden war. Nach etwa zweijährigen Verhandlungen mit Vertretern von immer zahlreicher zum Islam übergetretenen Individuen und Untergruppen der Aus und der Chazradsch entschloß sich Muhammad zur *hidschra*, zur Auswanderung (auch: Loslösung, Ausscheiden aus dem Stammesverband). Im Sommer 622 zogen etwa siebzig Mitglieder seiner Gemeinde nach Jathrib (Medina) voraus, so daß er gewissermaßen eine Hausmacht von *muhādschirūn*,

Emigranten, vorfand, als er mit seinem Vertrauten Abū Bakr um den 4. September 622 in der Oase ankam. Das in jedem Sinne Epochemachende dieses Ereignisses wurde sechzehn Jahre später festgehalten, als der auf den 16. Juli fallende Anfang des arabischen Jahres, in dem es sich zugetragen hatte, zum Beginn der muhammadanischen Zeitrechnung bestimmt wurde.

Seine Wohnstätte ließ Muhammad durch übernatürliche Fügung wählen, der Form nach heidnischer Übung folgend. Wo seine Kamelin sich niederließ – den Platz kaufte er seinen Besitzern, zwei verwaisten Knaben, ab –, errichtete er einen Betplatz, der möglicherweise erst später Gepräge und Form der sich bald nach dem Muster der jüdischen Synagoge entwickelnden Moschee (*masdschid*) annahm. Daneben baute er die Hütten für seine beiden Frauen, deren eine, die damals erst neunjährige 'Ā'ischa (geboren um 614), Abū Bakrs Tochter, als seine Favoritin und dank der politischen Rolle, die sie nach seinem Tode spielte, in die Geschichte eingegangen ist. Es ist ihre Hütte, um die als Sterbe- und Begräbnisstätte des Propheten die weltberühmte Wallfahrtsmoschee erstehen sollte. Im Laufe der Zeit entwickelte sich aus diesen Anfängen Muhammads *dār*, ein von Wohnungen umgebener Hofraum, der als Versammlungsplatz diente, das Ganze in größter Einfachheit aus Luftziegeln mit Palmbalken aufgeführt.

Die Lösung der Hauptaufgabe Muhammads, die auseinanderstrebende Bevölkerung zu einer Einheit zusammenzufassen, erforderte die harmonische Zusammenarbeit der *muhādschirūn* mit den medinensischen »Helfern«, den *ansār*, was wiederum die wirtschaftliche Unabhängigkeit der Eingewanderten voraussetzte. Unter den gegebenen Umständen gab es für Muhammad wohl keine andere Möglichkeit, diese Unabhängigkeit sicherzustellen, als die »Razzia« gegen mekkanische Karawanen, eine den Zeitgenossen keineswegs anstößige Handlungsweise, deren Aggressivität auch vom politischen Standpunkt begrüßenswert schien. Der erste erfolgreiche Streifzug dieser Art fiel in einen der heiligen Monate, was die Gewissen der Gemeindemitglieder eine Zeitlang beschwerte, schließlich aber als Rechtens hingenommen wurde, nachdem die Folgerichtigkeit des wirtschaftlichen Zwangs und des bewußten Bruchs mit heidnischen Bräuchen ihren Eindruck nicht verfehlt hatte und überdies in einer Offenbarung bestätigt worden war, nach der die Versündigung der Mekkaner in ihrem Unglauben schwerer wog als die Friedensstörung zu geweihter Zeit (Koran 2, 218).

Der Übergriff führte denn auch dazu, die ohnedies unvermeidliche kriegerische Auseinandersetzung mit den Mekkanern zu beschleunigen. Um von einer besonders reichen Karawane abzulenken, sandten die Mekkaner ein Heer, oder genauer, eine Anzahl Heerhaufen gegen Medina, die nach Sicherung der Karawane bei Badr, einem kleinen Marktort südwestlich von Medina, am 15. März 624 (vielleicht auch am 13. oder 17.) auf die Muslime stießen. Strategisches Geschick, Disziplin und ihre Hingabe an die Sache des Islams schenkten den etwas über dreihundert Muslimen (davon etwa drei Viertel Medinenser) einen eindrucksvollen Sieg über die fünf- bis sechshundert Mekkaner; ein Drittel der annähernd neunhundertfünfzig mekkanischen Krieger war bereits vor dem Zusammenstoß abgezogen.

Die geringfügigen Zahlen dürfen über die Bedeutung der Schlacht nicht hinwegtäuschen. Unter den etwa fünfzig Toten, die die Mekkaner auf dem Felde lassen mußten, befanden sich einige ihrer einflußreichsten Führer; wichtiger noch war es, daß die junge Gemeinde Muhammads ihre Stärke unter Beweis gestellt hatte: die politische Lage in Arabien begann sich gleichsam auf eine entscheidende Auseinandersetzung hin zu polarisieren. Die Muslime selbst fühlten sich in dem Bewußtsein erhoben, von Engelsscharen unterstützt worden zu sein; die für unser Bewußtsein in der Berufung auf Wunderhilfe liegende Herabsetzung menschlichen Heldentums wurde mehr als aufgewogen durch die Überzeugung, als Gesamtheit erwählt zu sein und auf Gottes Seite zu stehen. »Ihr selber«, so wurde Muhammad geoffenbart, »habt sie (die Mekkaner) nicht getötet, sondern Gott hat sie getötet« (Koran 8, 18). Die Stimmung unter den Gläubigen spiegelt sich grausig-packend in den Versen des Totenliedes, dessen Anfang in der selbstverständlich freien Wiedergabe Goethes (Westöstlicher Divan, Chuld Nameh) zitiert sei:

> Seine Toten mag der Feind betrauern,
> Denn sie liegen ohne Wiederkehren;
> Unsre Brüder sollt ihr nicht bedauern,
> Denn sie wandeln über jenen Sphären.

Muhammad nutzte die Woge der Begeisterung und des Prestigezuwachses und schaltete kaum einen Monat nach Badr den ersten der drei jüdischen Stämme aus, indem er einen wenig bedeutsamen Zwischenfall aufbauschte. Nach kurzer Belagerung mußten die Banū Qainuqā' unter Zurücklassung ihrer Waffen und unbeweglichen Habe, die die *muhādschirūn* übernahmen, Medina verlassen. Die arabische Opposition gegen Muhammad, in der Hauptsache die vom Koran als *munāfiqūn*, »Heuchler« (eigentlich: »Unschlüssige, Laue«) gebrandmarkten Nennmuslime ließen diese Schwächung ihrer Sache geschehen, wie denn ihr Widerstand auch in der Zukunft wirkungslos zu bleiben bestimmt war, in erster Linie wohl, weil sie keine andere Alternative als die zu bieten hatten, in der sich immer universaler ausrichtenden muslimischen Gemeinde aufzugehen. Die Juden hatten sich als religiös und daher politisch unassimilierbar erwiesen, und da sie Muhammads Rolle als Gottgesandten leugneten, schienen sie sogar noch gefährlicher als die arabischen Konservativen und Nörgler.

Der Begriff, den sich Muhammad von seinem Amt gemacht hatte, war zumindest analog, wenn nicht identisch mit der Aufgabe, die vor ihm einer langen Reihe Gottesboten anvertraut worden war: ihr Volk in dessen eigener Sprache zu warnen und ihm den Weg zur Rettung zu weisen. Nur einmal wird Muhammad im Koran als das Siegel der Propheten, also wohl als der letzte in der Kette, bezeichnet (33, 41). Im einzelnen hat Muhammads Selbstverständnis Veränderungen erfahren; doch wird die innere Konsequenz seiner Position durch diese Wandlungen eher herausgearbeitet denn verwischt. Die koranische Offenbarung nennt eine Anzahl von Gesandten Gottes mit Namen, darunter mit besonderer Betonung Abraham, Moses und Jesus. Es versteht sich beinahe von selbst, daß die Gesandten sowohl typologisch und ihrem Schicksal nach als auch im Inhalt ihrer Botschaft einander außerordentlich ähnlich sind. So durfte Muhammad erwarten, daß etwa die Juden in Medina ihn an seiner Botschaft erkennen und ihn anerkennen würden, zumal er gewiß war, in ihren heiligen Schriften angekündigt worden zu sein. Vom jüdischen Standpunkt aus traf aber diese Erwartung nicht zu. Obwohl Muhammad die tatsächlich bestehenden Gleichläufigkeiten seiner Lehre gegenüber der jüdischen noch zu unterstreichen suchte, indem er in der ersten medinensischen Epoche die gottesdienstliche Praxis der jüdischen anglich und die Gebete in Richtung auf Jerusalem abhalten ließ, mußte seine Lehre fragmentarisch, verbogen, wenn nicht karikierend wirken. Die Diskrepanzen, auch gegenüber dem Christentum, wie sie sich ihm allmählich enthüllten, erklärte sich der Prophet mit der Annahme, daß die anderen Religionsgemeinschaften durch Irrtum oder Verfälschung die ursprüngliche Überlieferung verlassen hätten und ihm deshalb die zusätzliche Aufgabe gestellt sei, das Falsche zu korrigieren und das Echte zu beglaubigen. Demnach hätten sich die Juden vom Monotheismus, der noch bei dem gemeinsamen Stammvater Abraham rein ausgeprägt war, abgekehrt, und der Islam kehre nun, recht besehen, zu dieser unversehrten Uroffenbarung zurück, als deren kultischen Mittelpunkt Muhammad Mekka erkannte. Dort hatte Abraham mit Hilfe seines Sohnes Ismā'īl, der jetzt aus der Blässe des biblischen Berichts ins Zentrum rückte, die erste Ka'ba erbaut und die reine Religion der Hanīfen geübt. Nichts selbstverständlicher, als daß die Gebete fortan nach Mekka gerichtet wurden. Damit war die »Arabisierung« der Offenbarung vollendet, die in ihrer Struktur bereits angelegt war, und die Kontinuität der mekkanischen Tradition gewährleistet, unbeschadet der Verpflichtung, das Heidentum aus dem heiligen Bezirk zu verweisen.

Die Vorstellung einer Wahrheit, die immer wieder den Menschen geschenkt wird, gemahnt an Gedanken, die spätestens seit dem 1. Jahrhundert unserer Zeitrechnung in letztlich unerheblichen Variationen immer wieder auftauchen. Der Prophet Elxai, der unter Trajan im Ostjordanland wirkte, verkündete Christus als ein vielfach in verschiedenen Menschen eingeborenes Wesen, das zu manchen Zeiten nicht selbst, sondern durch Propheten zu der Menschheit spricht. Die Pseudo-Klementinen nehmen das Doppelmotiv des sich stets aufs neue, aber im Dienst derselben ewigen Wahrheit manifestierenden Christus auf, das von vielen gnostischen Denkern zum Instrument der geistlichen Einheit der Menschheitsgeschichte entwickelt wurde. Muhammad näher steht die Umbildung des Gedankenkomplexes, mit der Mani (gestorben 276) sein Auftreten erklärte. Ihm war im Alter von vierundzwanzig Jahren ein Engel erschienen, der ihm seine Erwählung zum Gottesboten kundtat. Solche Boten, die die Weisheit des Herrn predigen, seien schon vor ihm aufgetreten. So habe Gott einmal in Indien durch den Buddha, in Persien durch Zarathustra gesprochen, und dann wieder durch Jesus zum Westen. Nun aber, in der Hochzeit der besten Generation, sei das Amt durch Mani ins Land Babylon gekommen.

Daß die Anklage der Schriftverfälschung eine geradezu ehrwürdige Vorgeschichte hat, an der verschiedentlich Judenfeinde, gnostische Sektierer und ihre Bekämpfer ebenso eifrig mitgearbeitet haben wie die christlichen Gegner der Manichäer, ist vielleicht weniger bemerkenswert, da dieses Argument jeder Polemik naheliegen muß. Wichtiger, ja in ihren Konsequenzen geradezu entscheidend, war die Nivellierung aller Glaubenslehren der »Schriftbesitzer«, die sich zwangsläufig aus der Identität der Gottesbotschaften ergab. Auf die lückenhafte Kenntnis Muhammads vom Christentum ist oft hingewiesen worden. Die Verflüchtigung des Opfertodes Jesu, an dessen Stelle wie bei doketischen Sektierern ein Scheinbild ans Kreuz geheftet wird, die Ablehnung der Gottessohnschaft, die Verwerfung der (aus Gott, Jesus und Maria vorgestellten) Trinität, während gleichzeitig, kaum bewußt, charakteristische Vorstellungen eschatologischer Natur und selbst auffällige Einzelheiten wie die Auffassung von der Komplexität des jüdischen Gesetzes als einer Strafe übernommen wurden, dies alles hat eine theologische Verständigung von vornherein unmöglich gemacht. Die christliche Verlästerung des Propheten als eines ehrgeizigen Schismatikers kam schließlich noch hinzu.

Trotzdem duldet es keinen Zweifel, daß weitaus die meisten Vorstellungen und Bilder, die uns in Muhammads Predigt entgegentreten, jüdischen oder christlichen Ursprungs sind. Doch ist diese Tatsache für die Frage der Originalität des Islams nur wenig relevant. Originalität ist schließlich kein religiöser Wert. Religiöse Wahrheit wird erlebt und ihrem Sachgehalt nach »wiedergefunden«; sie hat vom Uranfang an unwandelbar »existiert«. Im eigenen Bewußtsein wie in dem der Gemeinde ist der Prophet nicht ein Ersinner von Lehren, sondern ein Wecker und Warner und gegebenenfalls der Schöpfer einer Lebens- und Gemeinschaftsform, die diesem wiedereroberten Gottesverständnis angemessen ist, das sich ja nur in der Ausführung von Geboten und Verboten konkretisieren kann. So verstanden aber war Muhammad ein schöpferischer religiöser Geist und ein Gottesbote.

Doch fehlte selbst nach Badr noch viel zur Sicherung des Fortbestands seiner Offenbarung. Im Grunde bedeutete der Sieg der jungen Gemeinde nur eine Kampfansage. Die Mekkaner waren es ihrem Prestige und ihrem Fernhandel, der ohne Prestige nicht aufrechtzuerhalten war, schuldig, Muhammad in die Schranken zu verweisen, nicht zu reden von der Notwendigkeit einer Rache. So brachten sie denn ein sorgfältig ausgerüstetes Heer zusammen, dessen dreitausend Mann alle in der Stadt und bei den benachbarten Beduinen verfügbare Mannschaft umfaßten. Kurz nach dem Jahrestag von Badr kam es am Nordwestrand des Siedlungsgebiets von Medina zur Schlacht, die nach dem Bergrücken von Uhud, wo die Muslime Stellung bezogen hatten, benannt zu werden pflegt. Muhammad soll die Hilfe der jüdischen Banū Nadīr ausgeschlagen haben; der Führer der »Heuchler« zog sich vor Kampfbeginn mit den Seinen ins Oaseninnere zurück, wohl um im Fall eines Durchbruchs eine zweite Verteidigungslinie zu organisieren. Die allzusehr an Ruhm und Schande einzelner Kämpfer interessierten Quellen machen es schwer, den Hergang der Schlacht zu rekonstruieren; doch ist gewiß, daß Muhammad verwundet wurde, daß die Disziplin der Gläubigen zu wünschen übrig ließ und am Ende die mekkanische Reiterei den Tag entschied. Nimmt man Badr und Uhud zusammen, so halten sich die Verluste der beiden Parteien ungefähr die Waage. Viele Mekkaner mochten das Gefühl haben, daß der kollektiven Rachepflicht Genüge getan war, vielleicht war das Heer auch vom Kampf stärker mitgenommen, als die Verlustziffern vermuten lassen, jedenfalls ließ man Medina unbehelligt und trat ohne weitere Feindseligkeiten den Rückmarsch an.

Der militärische Erfolg war politisch ein Fehlschlag. Die Sinnlosigkeit einer auf den Status quo abzielenden Politik trat deutlich zutage, zumal es Muhammad gelang, das theologische Problem des Mißerfolges zu lösen. Er machte dafür den Ungehorsam eines Truppenteils verantwortlich und verwies andererseits auf den Ratschluß Gottes, nach dem eine Gnadenfrist die Ungläubigen noch tiefer in Schuld verstricken sollte. Seine Position in Medina wußte er dadurch zu stärken, daß er einen zweiten jüdischen Stamm, die Banū

Nadīr, nach einer fadenscheinig begründeten Belagerung, die durch Beseitigung eines Teils ihrer Palmenbestände beschleunigt wurde, im August oder September 625 zwang, nach der nördlich von Medina gelegenen Oase Chaibar auszuwandern, an deren Grund und Boden die Nadīr einen gewissen Anteil besaßen. Die Bemühungen, die Neutralen durch Einschüchterung zu gewinnen, was Muhammad schon nach Badr mit drastischen Mitteln betrieben hatte, wurden intensiviert; die Mekkaner ihrerseits gingen systematisch daran, die Stämme an sich zu ziehen, um mit Hilfe eines überwältigenden Aufgebots dem muslimischen Gemeinwesen doch noch ein Ende zu bereiten.

Zwei Jahre dauerte es, bis die Mekkaner soweit waren. Dann aber zogen sie mit zehntausend Mann – von denen freilich nur etwa siebeneinhalbtausend mit Bestimmtheit nachgewiesen werden können – gegen Medina. Muhammad vermochte ihnen nur etwa dreitausend entgegenzustellen. Um die ungedeckte Nordwestgrenze des Stadtgebiets gegen die gefürchtete mekkanische Reiterei abzuschirmen, ließ Muhammad auf Anraten eines konvertierten persischen Sklaven einen Graben *(chandaq)* ausheben, ein in Arabien anscheinend neues Strategem, von dem der Feldzug seinen Namen hat. Trotz der geringen Tiefe dieses Grabens legte er die Reiter so gut wie völlig lahm. Die Unbilden der Witterung, Verpflegungsschwierigkeiten, vor allem aber der mangelnde Zusammenhalt der Angreifer, die sich höchstens zur Hälfte aus Mekkanern und Engverbündeten zusammensetzten, ermöglichten es Muhammad, die Front gleichsam auf diplomatischem Wege zu sprengen. Die Stammeskontingente bröckelten ab, der Versuch, die neutral gebliebenen Banū Quraiza zur Eröffnung einer Front im Süden zu gewinnen, schlug fehl; ein Gefühl der Vergeblichkeit und Lustlosigkeit ließ die Belagerer nach zwei Wochen wieder abziehen; die Quellen berichten von sechs Todesopfern unter den Ansār und drei unter den Mekkanern.

Mit dem Scheitern des »Grabenkrieges« im April 627 hatte das alte System ausgespielt. Es fragte sich nur noch, ob und wann Muhammad die Erbschaft würde antreten können. Die dem Abzug der Verbündeten unmittelbar folgende Vernichtung der Quraiza, des dritten und letzten jüdischen Stammes von politischer Bedeutung, zur Strafe für ihre zweideutige Haltung während der Belagerung – etwa sechshundert Männer wurden hingerichtet, die Frauen und Kinder verkauft – machte Medina zu einem beinahe einheitlichen »Hoheitsgebiet« der muslimischen *umma*.

Das Wort *umma*, das schon bei dem vorislamischen Dichter Nābigha im Sinne von »Religionsgemeinschaft« nachweisbar ist, kommt als Bezeichnung der Gemeinde – ein Wort für »Staat« gibt es bis in die Moderne nicht; das vom 8. Jahrhundert an verwendete *daula* bedeutet Dynastie oder Regime – mit der *hidschra* in Gebrauch. Das von dem Hauptwort abgeleitete Adjektiv *ummī*, dem lateinischen *gentilis* entsprechend, wurde Muhammad beigegeben und sollte ihn als den Propheten der (heidnisch-arabischen) *gentes* identifizieren. *Ummī* wurde nun aus dogmatischen Gründen als *vulgaris*, das heißt als *incultus* gedeutet, um so das unvergleichliche Wissen von menschlichen und göttlichen Dingen, das der Prophet an den Tag legte, zu schützen. Diese Umdeutung ist bis auf den heutigen Tag als Dogma erhalten geblieben und hat sich etwa dem Entstehen einer der biblischen Quellenkritik entsprechenden Koranerforschung, überhaupt einer kritischen Islamwissenschaft in den Weg gestellt.

Es ist nun bemerkenswert, daß das erste und in seiner Art einzige Dokument, das über die Organisation Medinas zur Zeit Muhammads Auskunft gibt – es ist entweder vor der Schlacht von Badr entstanden oder in der erhaltenen Fassung den wechselnden Geschicken der Stadt angepaßt, nach der Ausschaltung der Quraiza abgeschlossen worden –, die sogenannte »Gemeindeordnung« von Medina, die drei großen jüdischen Stämme nicht berücksichtigt, kleinere jüdische Gruppen dagegen als zur *umma* gehörig behandelt. Diese Gesamtheit wird als *umma wāhida min dūn an-nās*, »eine einzige Gemeinde, unterschieden von den anderen Menschen«, bezeichnet. Ihre gegenseitigen Pflichten und Rechte – innerhalb der *umma* bleiben Stämme und Sippen erhalten – werden in freiem Abkommen mit dem Propheten Muhammad festgesetzt. Er erscheint als eine Art Stammeshäuptling, der die Beziehungen zur heidnischen Umwelt bestimmt und über den einzelnen Gruppen der *umma* als eine Art Richter die erforderlichen Anordnungen trifft. Bei ihm liegt auch die Führung im Kampf. Die Sicherheitsgarantie, *dhimma*, Gottes gilt für alle Gläubigen; die Juden werden ausdrücklich als *umma ma' al-muslimīn*, als »Gemeinschaft mit (oder: neben) den Muslimen« bezeichnet. Diese Formulierung hebt die Juden von der *umma Muhammadijja* ab, entwickelt also das Konzept weiter, nach dem der Glaube den Zugang zur Gemeinschaft öffnet, wie dies für die islamische Staatsauffassung grundlegend blieb. Der Anschluß an Gott und seinen Propheten macht den Muslim; die Muslime leben in der *umma*, sollten sie sich auch zufällig unter Ungläubigen aufhalten; nach traditionellem Recht war das Eigenleben von Gemeinschaften garantiert, die gewissermaßen kraft gemeinsamer geistlicher Abstammung ein Eigenleben führten. Es sollte nicht lange dauern, bis auch die mekkanischen *muschrikūn*, die »Polytheisten«, die *umma* als eigenständiges politisches Gebilde anerkannten.

Seit dem »Grabenkrieg« verspürten die Beduinen immer stärker die Anziehungskraft und den Druck der Macht des Propheten. Allmählich wurden sie in die Auseinandersetzungen zwischen Mekka und Medina hineingezogen, und man kann sich des Eindrucks nicht erwehren, daß die vielfach noch kleinlichen und amoralischen Streitigkeiten der Nomaden dadurch einen höheren Sinnbezug und eine höhere Würde erhielten. Zum erstenmal seit Menschengedenken ging es um Sieg oder Niederlage einer Idee, die eine Gesellschaftsordnung begründete und deren Schicksal mehr und mehr das gesamte Mittel- und Nordarabien in Mitleidenschaft zog. So lag es denn auch in der Logik der Entwicklung, daß von etwa 628 an Muhammad den Abschluß eines Bündnisses von der Annahme des Islams durch den Vertragspartner abhängig machte.

Muhammad scheint es darauf abgesehen zu haben, den Fernhandel der Mekkaner nach dem Norden zu unterbinden und damit ihre Wirtschaftskraft zu schwächen. Um diese Zeit muß ihm auch klargeworden sein, daß die *pax Islamica* als Ziel und Folge des Verbots, Muslime zu bekämpfen, sich nur durch fortgesetzte Expansion würde aufrechterhalten lassen können. Eine Intensivierung der arabischen Wirtschaft lag außerhalb der Möglichkeiten, jedenfalls außerhalb des Gesichtskreises der Zeit. So erklärt es sich, daß in den Jahren nach der Belagerung die Kriegszüge nach dem Norden zahlreicher wurden. 629 traf eine Expedition von dreitausend Mann bei Mu'ta, das wohl schon als byzantinisch betrachtet wurde, mit einem kaiserlichen Heer zusammen, zog sich aber trotz des Verlusts von nur acht oder zwölf

Toten anscheinend besiegt wieder nach Medina zurück. Zweck und Ablauf der Unternehmung werden im einzelnen wohl immer dunkel bleiben. Um dieselbe Zeit soll Muhammad sechs Machthaber von höchst ungleicher Stellung – den persischen König, den byzantinischen Kaiser, den Negus von Abessinien, den Regenten (?) von Ägypten, einen Ghassānidenprinzen und einen Häuptling der Banū Hanīfa in Südost-Arabien – schriftlich aufgefordert haben, den Islam anzunehmen; nur vom Perserkönig sollen die Gesandten unfreundlich aufgenommen worden sein; die anderen entließen sie mit ermunternden Worten und wertvollen Gaben. Die Geschichtlichkeit der Botschaften kann im Ernst nicht behauptet werden. Was der Bericht jedoch anzeigt, ist Muhammads offenbar erfolgreiches Bestreben, mit der Außenwelt in diplomatische Beziehungen zu treten, und der Wunsch der Nachfahren, die den Text der Briefe ersannen, einen dokumentarischen Beleg dafür zu schaffen, daß Muhammad an alle Völker und nicht nur zu den Arabern gesandt war.

Mittlerweile hatte sich in den ersten Monaten des Jahres 628 in der Auseinandersetzung zwischen Muhammad und den Mekkanern eine Episode abgespielt, die für unser Empfinden den Höhepunkt der staatsmännischen Leistung des Propheten darstellt. Unter dem Eindruck eines Traumgesichts beschloß Muhammad plötzlich, mit fünfzehnhundert Freiwilligen, zum größten Teil Beduinen, die »kleine Pilgerfahrt« (*'umra*) nach Mekka anzutreten. Nur leicht bewaffnet und die Tiere für das Abschlußopfer mit sich treibend, zogen die Muslime zum heiligen Gebiet. Die Mekkaner vermuteten feindselige Absichten und suchten Muhammad den Weg abzuschneiden. Doch erreichte er bei al-Hudaibija die Grenze des *haram*, von wo aus er Verhandlungen einleitete, als deren Ergebnis die Pilgerfahrt für dieses Jahr aufgegeben wurde. Dafür versprachen die Mekkaner, ihn im nächsten Jahr zur Wallfahrt für drei Tage einzulassen; in der Zeit wollten sie die Stadt räumen. Ein Vertrag wurde aufgesetzt, der Muhammad sehr zum Mißfallen der Muslime nicht als Propheten, sondern mit seinem einfachen Namen anführte und die übliche muslimische Eingangsformel »Im Namen Allāhs, des Barmherzigen, des Erbarmenden« durch das konventionelle »In deinem Namen, o Gott!« ersetzte. Er garantierte den Beduinen Bündnisfreiheit und verpflichtete die Muslime, bekehrte Mekkaner, die nach Medina kamen, ohne entsprechende Gegenleistung unverzüglich wieder auszuliefern. Der Prophet erklärte daraufhin die Pilgerfahrt für vollendet, gebot, die Opfertiere zu schlachten, und trat den Heimweg an.

Die Gläubigen waren zutiefst enttäuscht, fühlten sich gedemütigt und beirrt in ihrem Glauben an den Propheten, dem sie sich eben erst in der »gottgefälligen Huldigung« noch einmal ausdrücklich auf Gedeih und Verderb ergeben hatten. Muhammad jedoch blieb unbeirrt, und es dauerte nicht lange, bis der Nutzen dieses scheinbaren Zurückweichens offenbar wurde. Der Vertrag hatte die politische Existenz der *umma* als gleichwertigen Partner Mekkas anerkannt. Die Bündnisfreiheit der Beduinen wirkte sich zu ihren Gunsten aus, da nur sie den Anschluß an ein aufsteigendes Machtsystem zu bieten hatte; eine Rückkehr in die Wirrnis des mekkanischen Gemeinwesens hatte Muhammad nicht zu befürchten; die Anziehungskraft des Islams aber konnte ein Stück Papier nicht unterbinden.

Mehr und mehr Stammesgruppen suchten sich mit Medina zu verständigen; der Strom der Überläufer aus Mekka riß nicht mehr ab. Die führenden Kreise Mekkas hatten eingesehen, daß das Spiel verloren war und sie die Stellung der Stadt, soweit noch angängig, durch Integrierung in die muslimische Gemeinschaft retten mußten. Muhammad seinerseits bedurfte der weltläufigen mekkanischen Oberschicht; die Ausbreitung und vor allem die gründliche Organisation der *umma* war nur mit Hilfe der Städter zu vollenden.

Die verschobene »kleine Pilgerfahrt« wurde 629 pünktlich durchgeführt. Vorher schon hatte sich Muhammad die Straßen nach dem Norden durch die Eroberung der jüdischen Oase Chaibar gesichert. Indem er deren Bewohner, ohne ihren Übertritt zum Islam zu fordern, gegen Abgabe des halben Ernteertrags als eine Art Pächter auf ihrem Land beließ, legte Muhammad den Grund für eine später oft angewandte Methode, nichtmuslimische Gruppen in das Reich der *umma* einzugliedern. Der Mekkaner, der etwa noch Zweifel über den Ausgang hegen mochte, wurde beim Anblick des Pilgerheers eines Besseren belehrt. Führende Köpfe Mekkas, wie der künftige Eroberer Ägyptens 'Amr ibn al-'Āṣ und der große General Chālid ibn al-Walīd, stellten sich in Medina Muhammad zur Verfügung. Abū Sufjān, der erste Bürger seiner Stadt, bemühte sich als Gesandter, Schwierigkeiten, die sich aus dem Abkommen von al-Hudaibija ergeben hatten, zu bereinigen. Dies gelang ihm zwar nicht, doch fanden er und sein Haus vor seiner Rückkehr den Anschluß an den Propheten. Auch al-'Abbās, ein Onkel Muhammads und Ahn der Abbasidendynastie, der freilich in Mekka keine ausschlaggebende Rolle spielte, scheint sich um diese Zeit zum Islam bekehrt zu haben.

Der Anlaß, der Muhammad bewog, Mekka zu besetzen, war wie stets in solchen Fällen unerheblich. Mekka war ausgehöhlt und bereit, durch Eingliederung in die *umma* zu retten, was noch zu retten war. Nachdem eine allgemeine Amnestie für alle verkündet worden war, die sich unter den Schutz Abū Sufjāns begeben oder in ihren Häusern bleiben würden, erschien Muhammad in den ersten Januartagen 630 mit einem weitgehend aus beduinischen Verbündeten bestehenden Heer vor der Stadt. Der Widerstand einer kleinen Koraischitengruppe wurde rasch gebrochen, und am 11. Januar zog er in Mekka ein. Die Umwälzung ging bemerkenswert glimpflich vor sich. Eine Handvoll Personen, die sich Übergriffe hatten zuschulden kommen lassen, wurde hingerichtet – wobei die Empfindlichkeit, mit der Muhammad wie auch sonst auf ideelle oder besser: propagandistische Gegnerschaft reagierte, bemerkenswert war –; im übrigen wurden aber selbst die Extremistenführer in Gnaden angenommen. Plündern war verboten; einigen Reichen wurden Zwangsanleihen auferlegt, um die ärmeren Gefolgsleute für die entgangene Beute zu entschädigen. Es ist beachtlich, mit welch geringem Widerstand die Zerstörung der Heiligtümer außerhalb Mekkas und die Übernahme der Ka'ba in den neuen Glauben vor sich gingen; noch auffallender ist vielleicht, wie viele »heidnische« Führer mit vollem Einsatz ihrer Person sich Muhammad anschlossen, um der *umma* als hohe Beamte oder Offiziere zu dienen; in manchen Fällen fanden sie in den Expansionskriegen der nächsten Jahrzehnte sogar den Märtyrertod.

Mekka konnte seine frühere Bedeutung nach der Übernahme des Islams nicht völlig wiedergewinnen; Medina blieb Mittelpunkt der *umma*. Dieser Umstand schien den umwohnenden Stämmen der Hawāzin und der Thaqīf – diese suchten auch ihre an die Koraischiten verlorene Vormachtstellung in Ṭā'if wiederzugewinnen – die Gelegenheit zu bieten, dem Nomadentum die Kontrolle über die Handelsstraßen zu sichern. Unter ihrem

Häuptling Mālik sammelten die Hawāzin ein Heer von vielleicht zwanzigtausend Mann. Als Ansporn nahmen sie Frauen, Kinder und Herden mit ins Feld. Ihre Ziele sind aber nicht ganz klar; immerhin wirft die Tatsache, daß die Mekkaner selbst in letzter Bedrängnis keinen Versuch machten, sich mit diesen Beduinen in Verbindung zu setzen, ein Schlaglicht auf die Tiefe der bestehenden Gegensätze. Auf jeden Fall kam es kaum drei Wochen nach der Übergabe von Mekka bei Hunain zur Entscheidungsschlacht, deren Ausgang den Vorrang der Stadtkultur und der auf die Städter gegründeten politischen Organisation sicherstellte. Die Belagerung von Tā'if, in das sich der flüchtige Hawāzinhäuptling geworfen hatte, brach Muhammad nach zwei Wochen ab; die Stadt unterwarf sich einige Monate später freiwillig. Bei der Beuteverteilung erhielt die neubekehrte mekkanische Prominenz mehr, als den Altgläubigen gerechtfertigt erschien; von wenig durchsichtigen politischen Augenblicksgesichtspunkten abgesehen, mußte Muhammad daran gelegen sein, die mekkanische Aristokratie bei Kräften zu erhalten; sie war sein stärkstes Bollwerk gegen das unbändige Nomadentum und die einzige Schicht, aus der sich in größerem Maßstab das für militärische und zivile Aufgaben erforderliche Personal schöpfen ließ.

Die Eroberung von Mekka war an sich ideologisch und emotionell die Erfüllung von Muhammads innerarabischer Sendung. Sie war der eigentliche Sieg, den der Koran in der schönen 110. Sūra festhält:

> Da Allāhs Hilfe und der Sieg gekommen ist
> Und da du die Menschen scharenweise in Allāhs Religion eingehen siehst,
> So singe deinem Herrn Lob
> Und rufe ihn um Vergebung an, denn er wendet sich nicht ab.

Doch die Dynamik der politischen Situation erlaubte dem Propheten keinen Stillstand. Die *umma* schien nur fortbestehen zu können, wenn es Muhammad gelang, die arabische Volkskraft weiter unter dem wahren Glauben zu versammeln. Schon im Spätsommer 630 zog er an der Spitze eines stattlichen Heeres gegen das arabisch-byzantinische Grenzgebiet. Ob ihm die Unterwerfung der unter Byzanz zeltenden christlichen Araber oder, als Vorbedingung dazu, die Ausschaltung der kaiserlichen Truppen als Ziel vorschwebte, ist nicht auszumachen. Tatsache ist, daß nach zehntägigem kampflosem Aufenthalt in der Grenzoase Tabūk der Heimweg angetreten wurde, auf dem dann der christliche Fürst von Aila (Elath) und einige kleine christliche Siedlungen durch Verpflichtung zu jährlicher Tributzahlung (eine jüdische Siedlung hatte zusätzlich Waffen abzuliefern) sich den Schutz des Propheten und freie Religionsausübung sicherten; die Vereinbarungen wurden als Präzedenzfälle für die Zukunft bedeutsam. Bei seiner Rückkehr ließ Muhammad eine Moschee zerstören, die nach der Persönlichkeit ihres Erbauers zu schließen, von einer extrem weltflüchtigen Gruppe in al-Qubā', einem Vorort Medinas, errichtet worden war, eines der seltenen Indizien für religiöse Uneinigkeit zu Lebzeiten des Propheten. Ideen, die in späteren internen Zerwürfnissen zum Vorschein kommen sollten, müssen freilich schon damals Vertreter gehabt haben, so vor allem die Vorstellungen, die später dem alidischen Legitimismus die religiöse Verankerung gaben.

Schon vor dem Fall Mekkas hatte Muhammad über das zentralarabische Kulturgebiet hinaus nach Süden Beziehungen angeknüpft; doch konnte er erst an eine wirksamere Eingliederung jemenitischer Distrikte denken, als das mekkanische Handels- und Verkehrsnetz ganz in muslimischer Hand war.

Die Ermordung des Perserkönigs Chusrō Parwēz im Jahre 628 hatte die Perser in ihrer jemenitischen »Kolonie« völlig auf sich selbst gestellt; sie und die *abnā'*, die Abkömmlinge iranischer Väter und arabischer Mütter, hatten alle Hände voll zu tun, sich zu behaupten. Es ist daher nicht zu verwundern, daß sie – und übrigens auch eine Reihe arabischer Stämme – im Wirrsal der Machtkämpfe Anlehnung an Muhammad suchten. Muslimische Regierungsbeamte und Steuereinnehmer kamen im Gefolge kleiner Kriegszüge in den Jemen, und es ist nicht zuletzt dem willkürlichen und rücksichtslosen Gehabe dieser Steuereinzieher zu verdanken, daß nach Muhammads Tod die Abfallbewegung im Jemen weite Kreise zog.

Im ganzen waren die Heiden zum Anschluß an den Islam bereit, Christen und Juden jedoch nicht. So kam es zu einem wichtigen Vertrag *('ahd)* zwischen Muhammad und der nestorianischen Gemeinde von Nadschrān, der im wesentlichen darauf hinauslief, daß die Nestorianer nebst den in der Stadt ansässigen Juden gegen Zahlung einer Abgabe, *dschizja*, ihren Glauben behalten durften und vom Militärdienst und anderen Auflagen befreit waren. Ihre von 'Umar I. wenige Jahre später vorgenommene Zwangsumsiedlung, bei der sie für die enteigneten Ländereien entschädigt wurden, brachte sie teils nach Syrien, teils in die Nähe von Kūfa. Aber die auferlegte Steuerlast blieb. Um ihre Höhe wurde denn auch bis zum Ende des 8. Jahrhunderts immer wieder vor dem Kalifen gestritten.

Während der letzten Jahre Muhammads bildeten sich allmählich die Züge des religiösen Personenrechts – beschränkte Polygamie der patriarchalischen Familie, eine dem neuen Individualismus Rechnung tragende Erbordnung – und des religiösen Brauchtums heraus, die in muslimischen Augen für die neue Religion charakteristisch sein sollten. Zur selben Zeit etwa wurde das Verbot verschiedener heidnischer Gepflogenheiten eingeführt, so das des Weingenusses (Koran 2, 220); ebenso das Verbot von Schweinefleisch (Koran 2, 174) und die ohne koranische Stütze aus der Heidenzeit übernommene Beschneidung; die letzteren entwickelten sich bald zu außerordentlich wichtigen Zeichen der Zugehörigkeit. Doch nicht diese Sitten, sondern die eigentlichen Riten verliehen der Gemeinde ihren Lebensrhythmus, vor allem das koranische Verbot des Schaltmonats, der den Arabern als Ausgleich zwischen ihrem Mondkalender mit dem Sonnenjahr gedient hatte, allerdings, wie es scheint, mit geringem Geschick gehandhabt worden war (Koran 9, 36–37). Neben der Tendenz, sich vom Heidentum abzusetzen, dürfte bei dieser zu allerlei Unbequemlichkeiten Anlaß gebenden Maßnahme ein gewisser Begriffsrealismus gegenüber den von Gott eingesetzten Zeitabschnitten mitgespielt haben.

Die vornehmste der religiösen Übungen war – und ist – das vorgeschriebene Ritualgebet *(salāt)*, das von der persönlichen Anrufung *(du'ā')* sorgsam zu unterscheiden ist.

Die *salāt* besteht aus einer festen Sequenz von einander zugeordneten Gebärden und Formeln und ist, womöglich in Gemeinschaft unter einem Vorbeter *(imām)* fünfmal, täglich zu verrichten. Diese Fünfzahl ist für Muhammads Lebzeiten allerdings noch nicht nachzuweisen. Die Erhöhung der im Koran belegten Zwei- oder Dreizahl ist wohl unter jüdischem Einfluß vor sich gegangen, wobei zu bemerken ist, daß auch die Zarathustrier fünf tägliche

Gebete vorschreiben. Aus dem Grundverhältnis des Islams zu den älteren Schriftbesitzern wurden gleiche, wenn auch in der Praxis modifizierte rituelle Vorschriften erlassen: das Gemeinschaftsgebet *salāt* wird am Freitag (übrigens kein Ruhetag) vollzogen, die Gläubigen werden von der Stimme des *mu'adhdhin*, nicht durch Glocke oder Klapper, zur *salāt* geboten. Die Fastenvorschriften sehen Nahrungsenthaltung vom ersten bis zum letzten Lichtschimmer des Tages während eines ganzen Monats vor – gegenüber dem kurzen Vollfasten der Juden, der sechswöchigen Fastenzeit der Christen und der vierzigtägigen der Manichäer. Eigenständig aber ist, wenn man ihn nicht einfach in die Kategorie der Pilgerfahrten einordnet, der *haddsch*, in dem verschiedenste Elemente vorislamischer Pilgerfahrten in energischer Umdeutung zusammengefaßt und miteinander in eine komplexe, von der mekkanischen Ka'ba ausgehende und zu ihr zurückführende Zeremonienkette verflochten worden sind.

Die Überarbeitung heidnischer Bräuche scheint den Propheten in seinen letzten Jahren sehr beschäftigt zu haben; jedenfalls ist der *haddsch* in seiner endgültigen Gestalt von ihm selbst im Jahre 632 gleichsam vorgeführt worden. Die Riten, die übrigens im Koran nicht beschrieben sind, haben durch die Sanktionierung alten Sakralguts wie des Küssens des Schwarzen Steins, der Umläufe um die Ka'ba, der »Steinigung der Satane« zu Minà und der dort dargebrachten Tieropfer den Übergang zur neuen Religion erleichtert; diese archaische Religiosität hat zusammen mit der Verpflichtung, den *haddsch* mindestens einmal im Leben zu unternehmen, dem Islam ein geistig-zeremonielles Zentrum gegeben, dessen funktionelle Bedeutung als Integrationspunkt um so wichtiger wurde, je weiter sich der Kreis der Gläubigen über die arabische Welt hinaus ausdehnte. Die gemeinsame Blickrichtung auf den »Nabel der Welt« ersetzte bis zu einem gewissen Grad die kirchliche Organisation. Dieselbe Wirkung hatte auch der von Muhammad dekretierte Ausschluß der Nichtmuslime von der Pilgerfahrt, der später als Ausschluß von Mekka und von der Halbinsel überhaupt verstanden wurde. Die Reinigung des *haddsch* und das Gebot rücksichtsloser Bekämpfung der Heiden bedeutete unter den damaligen Umständen, daß Arabertum und Islam zusammenfallen sollten, wie denn später bloß außerhalb der Halbinsel und auch da nur widerwillig größere Gruppen christlicher Araber geduldet wurden.

Diese scharfe Trennung gegenüber den Andersgläubigen gerade in der Vorbereitung der endgültigen Form der Wallfahrt zu vollziehen wurde wohl als besonders sinnvoll empfunden. Nur der Muslim soll (nach Koran 9, 18) die »Moschee Allāhs« besuchen. Den Götzendienern, »die Allāh andere Götter zugesellen«, war schon nach al-Hudaibija die Heirat mit Rechtgläubigen verboten worden. Sie »sind unrein« und dürfen sich künftig der heiligen Moschee in Mekka nicht nähern (9, 28). Und die früher geoffenbarten freundwilligen Aussagen über die »Schriftbesitzer«, zumal über die Christen (9, 85), deren Lehre freilich schon zurückgewiesen worden war, werden jetzt durch die generelle Weisung ersetzt: »Kämpfet wider jene von denen, welchen die Schrift gegeben ward, die nicht glauben an Allāh und an den Jüngsten Tag und nicht verwehren, was Allāh und sein Gesandter verwehrt haben, und die wahre Religion nicht üben, bis sie unterwürfig (*'an jad*) und gedemütigt den Tribut (*dschizja*) entrichten. Die Juden sagen: Ezra ist der Sohn Gottes; und die Christen sagen: der Messias ist der Sohn Gottes. So sprechen sie mit ihrem Mund gleichlautend dem, was die Ungläubigen vormals gesagt haben. Möge Gott sie bekämpfen! Wie lügen sie doch!« (Koran 9, 29–30.)

Die Verschärfung der antichristlichen Position hatte ihren Grund in der fortschreitenden Präzisierung der islamischen Botschaft, entsprach aber auch dem Ausgreifen Medinas nach dem byzantinischen Norden. Kaum von der Wallfahrt zurück, ging Muhammad daran, zu einem Kriegszug nach Südpalästina und ins Ostjordanland zu rüsten. Da wurde der Prophet plötzlich von einem Fieber ergriffen, das ihn nach kurzer Krankheit zur maßlosen Bestürzung der Gläubigen am 8. Juni 632 dahinraffte.

Über die Nachfolge hatte er keine Bestimmung getroffen. Auch die Beziehungen zu den Stämmen waren noch längst nicht konsolidiert, und die Auseinandersetzung mit religiösen Bewegungen, die dem Islam verwandt sich auf arabischem Boden ausgebreitet hatten, stand bevor. Was Muhammad der verwaisten Gemeinde hinterließ, war dreierlei: eine auf einem universalen Ordnungsprinzip aufgebaute, von der Autorität Gottes getragene Organisation; eine lange Reihe von – noch nicht systematisch zusammengefaßten – Offenbarungen, die richtunggebend in jede Lebenssphäre eingriffen und deren Formulierung eine sprachlich-ästhetische Faszination ausübten, die die Autorität des Inhalts nur stützen konnte; schließlich die Erinnerung an eine Persönlichkeit, wie sie in Arabien weder vorher noch nachher in Erscheinung getreten war: ein Denker und Richter, Feldherr und Organisator, Gottesbote und Erzieher, seinem Volk verständlich in Tugenden und in Schwächen, das Arabertum in ein religiös-politisches Schicksal einweisend, in dem seine Größe sich entfalten konnte, das aber als Staatsnation einer *civitas Dei* schließlich am Überdimensionalen der ihm gestellten Forderungen zerbrach.

Äußere Macht und innerer Zwiespalt

Vom klassischen muslimischen Standpunkt war mit dem Tode des Propheten der Gipfel der Weltgeschichte überschritten. Die ungebrochene *umma*, seit den letzten Jahren Muhammads üblicherweise als *dschamā'a* bezeichnet, griff in den nächsten Jahrzehnten weiter aus und brachte die teilweise Realisierung der gottgewollten Ordnung außerhalb ihres Heimatbodens, die der Welt, in muslimischer Sicht, eine beispiellose Segenszeit bescherte. Aber die in der Botschaft angelegte Antinomie von Theokratie und Staatshoheit, vom Ideal der »besten« Gemeinschaft und den daraus resultierenden Maßnahmen, entwickelte Spannungen, die sowohl die geistliche als auch die politische Einheit sprengten. Von der Mitte des Jahrhunderts an war dem Glücksgefühl über einen Geschichtsablauf, der die Erwählung zu bestätigen schien, ein Leiden an der Geschichte beigemengt, das bis heute in den Selbstdarstellungen der Muslime nur allzu deutlich spürbar ist. Um so eindringlicher muß die Ursprungszeit durchforscht werden, als der Bruch zwischen Norm und Wirklichkeit die Herzen noch nicht vergiftet hatte; um so sorgsamer muß der Nachgeborene die Weisungen aus dieser kurzen richtunggebenden Epoche herausfiltern. Und wenn auch die Empfindung übertrieben ist, in jenen ersten Tagen sei das rechte Leben in allen Stücken vorgelebt worden, so sind damals in der Tat – in Verbindung mit den koranischen Einsichten und Geboten – die Grenzen eines korrekten Daseins abgesteckt und die Kategorien aufgezeigt worden, mit deren Hilfe die Probleme der Nachkommen zu erfassen und zu lösen waren.

Die Glorifizierung der Handlungen des Propheten, zu der sich der Muslim gedrängt fühlt, um sich eine fleckenlose Lebensbasis zu sichern, ist uns ebenso fremd, wie die polemische Anzweiflung seiner subjektiven Aufrichtigkeit peinlich ist. Es fällt nicht leicht, eine in die Hunderte gehende Serie von »Offenbarungen« hinzunehmen. Aber die Grenze zwischen Bewußtsein und Unterbewußtsein verläuft für eine Gesellschaft, die der Trance den Charakter einer übernatürlichen Erkenntnisquelle zuspricht, zweifellos nicht dort, wo wir sie ziehen würden. Gewiß ist jedenfalls, daß an der Möglichkeit derartiger Inspirationen keinerlei Zweifel aufkamen, nur Person und Quellen waren in der Frühzeit umstritten. Wahrscheinlich hat auch das Auftreten Muhammads Normen gesetzt: gegen Ende seines Lebens war in Ost- und Südarabien »der Prophet« der politische Führer *par excellence* und wäre es wohl auch auf längere Sicht geblieben, wenn nicht der Sieg des Islams das spontane Fortleben dieses Typus unmöglich gemacht hätte.

Als charismatischer Führer war Muhammad unersetzlich; als Verweser der Gemeinde aber wollten *muhādschira* wie *ansār* einen der Ihren sehen. Die *ansār*, die »Helfer«, stellten fraglos die Majorität. Die *muhādschira*, die »Fluchtgenossen«, waren in der Hauptsache Mekkaner verschiedenen Bekehrungsdatums, doch wurde auch den von anderen Stämmen zugezogenen Konvertiten der Titel eines *muhādschir* verliehen; anscheinend hatte der Prophet eine *bai'a 'arabijja*, den einfachen Anschluß an die Gemeinde, von einer *bai'at al-hidschra*, dem Anschluß mit Übersiedlung nach Medina, unterschieden. Es entbehrt nicht eines gewissen Interesses, daß zwar von *ansār* ein Adjektiv gebildet und den Namen zahlreicher Individuen angefügt wurde, nicht aber von *muhādschir*, trotz dem hohen Ansehen und engen Zusammenhalt der »Fluchtgenossen«. In einer stürmischen Sitzung ließen sich schließlich die *ansār* überreden, weder auf der Nachfolge eines der Ihren noch auf der Doppelherrschaft je eines Fluchtgenossen und eines Helfers zu bestehen, und huldigten, zum Teil unter dem Druck der in die Stadt strömenden Beduinen, dem Abū Bakr, einem der ältesten Anhänger des Propheten, also einem Repräsentanten der geistlichen Aristokratie, der einem der kleineren Koraischiten-Klans entstammte.

Abū Bakr war von Muhammad während dessen letzter Krankheit mit der Vertretung beim Gemeinschaftsgebet betraut worden. Und als »Vertreter« des Gesandten Gottes, *chalīfat rasūl Allāh* (bald zu *chalīfa*, Kalif, vereinfacht) sah sich Abū Bakr in seinem Amt. Im Sinne des sich allmählich ausbildenden islamischen Rechts war die Nachfolge Abū Bakrs durch Wahl zustande gekommen, die durch *bai'a*, Huldigung durch Handschlag, rechtsgültig wurde, wobei die Anwesenden die Abwesenden mitverpflichteten. Aus Abū Bakrs Konzeption seines Amtes ist es wohl zu erklären, daß er sich in der mittlerweile zuungunsten der Medinenser veränderten politischen Lage nicht davon abbringen ließ, den von Muhammad geplanten Zug nach Norden anzutreten, obwohl sich dadurch bei der ständigen Bedrohung des muslimischen Gemeinwesens der militärische Schutz fühlbar verschlechterte. Aber die Truppen kehrten zwei Monate später ohne erkennbares Ergebnis wieder zurück.

Auf die Nachricht von Muhammads Tod hin war das von ihm errichtete politische Gefüge allgemein ins Wanken geraten. Eine Reihe der wichtigsten Stämme hielt sich durch das Hinscheiden des Propheten für ihrer Vertragspflichten entbunden, vertrieb die Steuereinnehmer und kehrte zu ihrem alten Leben zurück. Mit diesem Abfall (*ridda*) war aber bemerkenswerterweise keine Wiederbelebung der heidnischen Religionen verbunden. Die aufsässigen Beduinen schieden einfach durch einseitige Kündigung aus dem Bündnisverband aus, der den Medinensern den beherrschenden Einfluß über den größten Teil der Halbinsel verschafft hatte. Der Staat Muhammads war keineswegs eine politische Einheit, sondern, dem Römischen Reich und seinen hellenistischen Vorgängern vergleichbar, ein Aggregat von Territorien oder Bevölkerungsgruppen, die individuell in unterschiedliche Abhängigkeit zur *umma* oder, ihrer Auffassung nach, zum Propheten getreten waren. Nur hie und da war ein Gebiet direkt in den Hoheitsbereich Medinas einbezogen worden; das gilt vor allem von Mekka, das Muhammad von einem Statthalter verwalten ließ. Der kollektive Eintritt in den Islam, der zu Gebet und Steuer verpflichtete, ging der eigentlichen religiösen Bekehrung voraus. Muhammad selbst war sich ganz darüber im klaren, daß die Beduinen nur oberflächlich gewonnen waren. »Die Araber (das heißt die Beduinen) sagen: ›Wir haben den Glauben angenommen (*āmannā*).‹ Sprich (zu ihnen): ›Den Glauben habt ihr nicht. Sagt lieber: Wir sind Muslime geworden (*aslamnā*). Denn der Glaube ist noch nicht in eure Herzen eingekehrt« (Koran 49, 15).

Vielleicht die bedeutsamste Phase der *ridda*, wenn auch nicht ganz in sie einzuordnen, ist das Auftreten des Maslama, von den Muslimen verächtlich Musailima, der kleine oder jämmerliche Maslama, genannt. Dieser war von den Banū Hanīfa in der Jamāma noch zu Muhammads Lebzeiten als Prophet anerkannt worden, hatte wie Muhammad Offenbarungen, die er in Reimprosa wiedergab, predigte den Monotheismus und unterschied sich von Muhammad allein durch eine extrem asketische Note. Daß Maslama vor Muhammad erschienen wäre, wie dies gelegentlich vermutet wird, ist außerordentlich unwahrscheinlich; mit Sicherheit später sind die anderen Propheten dieser aufgeregten Tage aufgetreten: ʻAihala al-Aswad im Jemen, dem es in erster Linie um die Lösung lokaler politischer Fragen ging und dessen Verhalten etwas Archaisches an sich hat; Talha (den Muslimen Tulaiha) bei den Asad; und die Sadschāh, die nach kurzem Wirken unter den Tamīm sich vor den muslimischen Waffen wieder nach Mesopotamien zurückzog. Musailima allein leistete nennenswerten Widerstand, weshalb die eine Zeitlang mit den Tamīm durch eine (symbolische?) Ehe ihrer Propheten verbundenen Hanīfa grausam unterdrückt wurden. Al-Aswad war noch vor Muhammads Tod ermordet worden. Wenig mehr als ein Jahr nach Abū Bakrs Amtsübernahme war die *ridda* niedergeworfen; der Stammespartikularismus hatte als Staatsprinzip ausgespielt; weitere, wiederum partikularistische Interessen verfolgende theokratische Experimente blieben zum Scheitern verurteilte Nachahmungen. Die notwendige Neuorganisation Arabiens und der *umma* sollte zwar von Medina aus erfolgen, jedoch in einem von Abū Bakr nicht voraussehbaren geographisch-politischen Zusammenhang.

106 Das Königtum der Nabatäer wird dem Römischen Reich eingegliedert.

273 Der Stadtstaat Palmyra wird von Aurelian vernichtet.

seit 502 Die Ghassāniden als »Araber der Rhomäer« in byzantinischen Diensten.

525 Tod des jüdischen südarabischen Königs *Dhū Nuwās;* Südarabien wird abessinische Satrapie.

um 570 Dritter Dammbruch in Ma'rib; endgültiger Zerfall der altsüdarabischen Hochkulturen.

um 570 Geburt *Muhammads.*

597 Der Jemen unter sasanidischer Herrschaft.

602 Ende der den Persern als Grenzwacht dienenden Lachmiden-Dynastie in Hīra.

um 610 Berufungserlebnis *Muhammads.*

um 611 Die Araber fügen den Persern bei Dhū Qār eine Niederlage zu.

um 615 Auswanderung eines Teils der muslimischen Gemeinde nach Abessinien.

622 Hidschra *Muhammads* mit seinen Anhängern von Mekka nach Medina; Beginn der muslimischen Zeitrechnung.

624 *Muhammad* erringt bei Badr einen Sieg über die Mekkaner.

625 Niederlage *Muhammads* gegen die Mekkaner am Berge Uhud.

627 Ergebnisloser »Grabenkrieg« vor Medina.

628 *Muhammads* Zug nach la-Hudaibija und Vertrag mit den Mekkanern.

629 Expedition in byzantinisches Gebiet und Niederlage bei Mu'ta.

630 Eroberung von Mekka.

632 Tod *Muhammads* (8. Juni).

632–634 Kalif *Abū Bakr;* Niederwerfung von Aufständen in Arabien, Einbruch in Mesopotamien und Palästina.

634 Sieg bei al-Adschnādain über die Byzantiner (Juli).

634–644 Kalif *'Umar;* Hauptepoche der Eroberungen der muslimischen Araber.

635 Damaskus ergibt sich den Muslimen (Sept.).

636 Niederlage der Byzantiner am Jarmūk; Entscheidungsschlacht gegen die Perser bei Qādisijja.

639 Der Feldherr *'Amr ibn al-'Āṣ* überschreitet die ägyptische Grenze.

642 Das byzantinische Alexandreia wird geräumt; der Sieg von Nihāwend gibt den Muslimen Persien in die Hände.

644–656 Kalif *'Uthmān.*

649 Beginn des Seekriegs gegen Byzanz und Eroberung Cyperns.

651 Der letzte Sasanide *Jazdgard* wird in Merv ermordet.

653 Sammlung der Offenbarungen des Propheten und offizielle Ausgabe des Korans.

656–661 *'Alī,* der letzte der vier »rechtgeleiteten« Kalifen.

656 *'Alī* siegt in der »Kamelschlacht« bei Basra über politische Gegner (9. 12.).

657 Schlacht bei Siffīn; machtpolitische Auseinandersetzung mit den Syrern unter *Mu'āwija.*

658 Die Chāridschiten (Sezessionisten) werden von der Armee *'Alīs* niedergemacht (17. Juli).

661 Ermordung *'Alīs* (24. Januar); sein Sohn *Hasan* verzichtet auf das Kalifat; Beginn der Herrschaft der arabischen Umajjaden-Dynastie (bis 750).

661–680 *Mu'āwija I.;* Anfang der zweiten großen Expansionsperiode.

662 *Zijād ibn Abīhi* Statthalter im Irak.

667 Die Araber besetzen Chalkedon, bedrohen Byzanz und überfallen Sizilien.

670 Beginn der Operationen gegen die Berber und der Eroberung Nordafrikas durch *'Uqba ibn Nāfi'.*

680–683 *Jazīd I.;* Aufstände und Gegenregierung in Mekka.

680 *Husain ibn 'Alī* wird bei Karbalā' getötet (10. Okt.); sein Martyrium macht ihn zur Zentralgestalt der Schī'a.

683–684 *Mu'āwija II.*

684–685 *Marwān I.;* verschärfte Stammesfehden führen zum Kampf zwischen Qaisiten und Kalbiten bei Mardsch Rāhit (684); fortschreitende Schwächung des Arabertums.

685–705 *'Abd al-Malik;* Epoche innerer Reformen: arabische Münzprägungen; Arabisch als Kanzleisprache.

685–687 Religiös und sozial motivierter Aufstand des *al-Muchtār* im Irak.

691 Bau der 'Umar-Moschee (des »Felsendoms«) in Jerusalem.

692 Einnahme Mekkas durch *al-Haddschādsch ibn Jūsuf;* Ende des »frommen« Gegenkalifats des *'Abdallāh ibn az-Zubair.*

695–714 *al-Haddschādsch ibn Jūsuf* Statthalter im Irak.

698 Endgültige Vertreibung der Byzantiner aus Karthago.

705–715 *Walīd I.;* Eroberung und Islamisierung der zentralasiatischen Kulturzentren Buchārā und Samarkand durch die Feldzüge des *Qutaiba ibn Muslim.*

705 Umbau der Johanneskirche in Damaskus und Ausgestaltung zur Umajjaden-Moschee.

711 *Tāriq* fällt in das südliche Spanien ein; Beginn der Eroberung des Landes; erste Expedition nach Sindh.

715–717 *Sulaimān;* erfolglose Belagerung von Byzanz.

717–720 *'Umar II.;* Steuerreform: Befreiung der Bekehrten von der Kopfsteuer, aber Beteiligung an der Aufbringung der Grundsteuer.

720–724 *Jazīd II.*

724–743 *Hischām,* der letzte umajjadische Staatsmann.

728 Tod des *Hasan al-Basrī*, des bedeutendsten Mystikers der Frühzeit des Islams.

733 Die arabische Expedition nach dem Norden wird von *Karl Martell* bei Poitiers vereitelt.

740 Rebellion des Fātimiden *Zaid ibn 'Alī* in Kūfa.

743—744 *Walīd II.;* Zwistigkeiten und Kämpfe in der Umajjaden-Dynastie; Bau des Wüstenschloßes Mschattā in Transjordanien.

744 *Jazīd III.; Sālih* verkündet in Nordafrika eine Religion, der ein berberisch geoffenbarter Koran zugrunde liegen soll.

744—745 *Ibrāhīm.*

745—750 *Marwān II.;* nominelle Wiederherstellung der Einheit des Kalifats und Neuordnung des Heerwesens.

746 *Abū Muslim* koordiniert die schī'itische Opposition und agitiert für die Abbasiden in Chorasan.

747 Die Schī'iten entfalten in Chorasan das schwarze Banner der Abbasiden.

750 *Marwān* wird in der Entscheidungsschlacht am Großen Zāb vernichtend geschlagen.

750—1258 Die Dynastie der Abbasiden; Zurückdrängen der Araber, Ost- und Nordostwendung der Kalifenpolitik.

750—754 *Abū 'l-'Abbās as-Saffāh;* Ausrottung der Umajjaden und ihrer hohen Beamten.

751 In der Schlacht am Talas wird die letzte nach Zentralasien ausgesandte chinesische Armee vernichtend geschlagen.

754—775 *al-Mansūr;* Loslösung von der radikalen Schī'a; Aufstände alidischer Prätendenten.

755—788 *'Abd ar-Rahmān I.*, Emir von Córdoba, Begründer der spanischen Umajjaden-Dynastie.

757 Tod des arabischen Schriftstellers und Übersetzers aus dem Iranischen *Ibn al-Muqaffa'*.

762 Das neugegründete Bagdad wird Reichshauptstadt.

767 Tod des *Abū Hanīfa*, des Begründers einer der vier orthodoxen Rechtsschulen.

775—785 *al-Mahdī;* die Barmakiden als Wezire (bis 803); Kampf gegen neue mazdakitische und manichäische Sekten.

778 Fehlschlag der Expedition *Karls des Großen* im Baskenland und Vernichtung von Teilen seines Heeres unter *Roland* bei Roncesvalles.

785—786 *al-Hādī.*

785 Baubeginn der Umajjaden-Moschee in Córdoba.

786—809 *Hārūn ar-Raschīd;* Höhepunkt des Kalifats und Blüte der arabischen Literatur.

793 Tod des *Mālik ibn Anas*, des Begründers einer bedeutenden, weitverbreiteten Rechtsschule.

806 Eroberung von Tyana und Vorstoß bis nach Ankyra.

808 Gründung von Fez durch die schī'itischen Idrīsiden (788—985).

809—813 *al-Amīn;* Ende des politischen Einflusses der Araber.

um 810 Systematisierung der Rechtsquellen durch *asch-Schāfi'ī* (767—820).

813—833 *al-Ma'mūn;* kulturelle und wissenschaftliche Blütezeit; Tendenzen zur Selbständigkeit in den Provinzen.

816—838 Die mazdakitisch-kommunistische Sekte *Bābaks* behauptet sich in Āserbāidschan und Westpersien.

821—873 Ostiran wird unter den Tāhiriden als Statthaltern nahezu selbständig.

827 *al-Ma'mūn* verfügt die »mihna«: er erklärt die theologische Lehre der »Mu'tazila«, die die spekulative Dogmatik im Islam begründete, für verbindlich; die Staatsgewalt tritt für die »Erschaffenheit« des Korans ein.

829—830 Aufstand der unterdrückten Kopten.

833—842 *al-Mu'tasim;* Verlegung des Regierungssitzes nach Samarrā; der Kalif wird zum Werkzeug seiner türkischen Prätorianer.

842—847 *al-Wāthiq.*

844 Die Normannen fallen in Spanien ein und besetzen Sevilla.

847—861 *al-Mutawakkil;* Rückkehr zur sunnitischen Orthodoxie, Entlassung des mu'tazilitischen Oberrichters.

855 Tod des *Ahmad ibn Hanbal*, des Begründers der alttraditionellen, streng orthodoxen Rechtsschule.

857 Tod des *al-Muhāsibī*, eines bedeutenden Vertreters frühislamischer Frömmigkeit und Theologie.

861—862 *al-Muntasir;* ein Jahrzehnt türkischer Soldatenherrschaft beginnt.

862—866 *al-Musta'īn.*

866—869 *al-Mu'tazz;* die Tūlūniden als Statthalter in Ägypten (868—905).

869—870 *al-Muhtadī;* Aufstand der Negersklaven im Südirak unter einem alīdischen Führer (883 niedergeworfen).

870—892 *al-Mu'tamid;* die großen klassischen Traditionssammlungen des *Buchārī* (gest. 870) und *Muslim* (gest. 875).

873 verschwindet der 12. Imām, der nach schī'itischem Glauben als »Herr der Zeit« bis zu seiner Rückkehr in der Verborgenheit wirkt.

873 Tod des ersten großen arabischen Philosophen *al-Kindī;* Tod des *Hunain ibn Ishāq*, unter dem die Übersetzungstätigkeit aus dem Griechischen ihren Höhepunkt erreichte.

873 Beseitigung der Tāhiriden in Chorasan durch *Ja'qūb as-Saffār*, dessen Dynastie (die Saffāriden) sich bis 903 behauptet.

875—999 Die Sāmāniden in Buchārā; kulturelle Hochblüte und Erwachen des persischen Nationalbewußtseins.

877 Baubeginn der Moschee des *Ibn Tūlūn* in seiner Lagerstadt al-Qatā'i' (in Alt-Kairo).

878 Der Fall von Syrakus entreißt den Byzantinern Sizilien.

879–928 *'Umar ibn Hafsūn* und seine Söhne halten den spanischen Umajjadenstaat in Unruhe.

890 Im Irak Hervortreten der Qarmaten, einer Geheimsekte mit Gütergemeinschaft.

890–1008 Die arabische Dynastie der Hamdāniden im Nordirak und in Nordsyrien als Vorposten gegen Byzanz.

892–902 *al-Mu'tadid;* religiöse und politische Unruhen.

897 Gründung des zaiditischen Staatswesens im Jemen.

902–908 *al-Muktafī;* Kämpfe mit den Qarmaten.

908–932 *al-Muqtadir;* fortschreitende Entmachtung des Kalifats.

909 Ende der Aghlabiden (seit 800) und Ausschaltung des abbasidischen Einflusses in Nordafrika.

910 Annahme des Kalifentitels durch den Fātimiden *'Ubaidallāh.*

912–961 *'Abd ar-Rahmān III.;* das spanische Umajjadenreich steht auf seinem Höhepunkt.

922 Hinrichtung des Mystikers *al-Hallādsch.*

923 Tod des Historiographen und Korankommentators *at-Tabarī.*

929 Annahme des Kalifentitels durch den Emir von Córdoba, *'Abd ar-Rahmān III.*, als Hort der Rechtgläubigkeit im Westen.

930 Die Qarmaten entführen den schwarzen Stein der Ka'ba in Mekka.

932–934 *al-Qāhir.*

934–940 *ar-Rādī;* der Theologe *al-Asch'arī* (gest. 935) führt die Methodik der Mu'tazila in der Orthodoxie ein und erschließt den Weg zu einer intellektualistischen Scholastik.

937 Dem türkischen Statthalter in Ägypten *Muhammad ibn Tughdsch* (935–946) wird die Führung des sogdischen Herrschertitels »Ichschīd« zugestanden.

940–944 *al-Muttaqī;* der Hamdānide *Nāsir ad-Daula* (942–945) letzter arabischer Hausmeier der Kalifen.

941 Tod *al-Māturīdīs*, des zweiten großen Theologen der Sunniten, der die orthodoxe Lehre mit den Mitteln der Logik verteidigte.

944–946 *al-Mustakfī;* die schī'itischen Būjiden (945 bis 1055) übernehmen die militärisch-administrative Gewalt im Kalifenreich.

944–947 Revolution der Berber gegen die Fātimiden.

945–967 der Hamdānide *Saif ad-Daula*, gefeierter Glaubensheld in den Kämpfen gegen Byzanz.

946–974 *al-Mutī';* der Philosoph *al-Fārābī* (gest. 950), Verfasser eines »Idealstaates«.

961–976 *Hakam II.* von Córdoba; nach ihm innerer Zerfall des Kalifats.

962 Der Türkengeneral *Alptegin* gründet nach der Eroberung von Ghazna einen unabhängigen Staat.

965 Tod des Hofpoeten der Hamdāniden *Mutanabbī*, eines der letzten großen arabischen Dichter.

969 Der Freigelassene *Dschauhar* erobert Ägypten für die Fātimiden; Gründung von Kairo.

um 970 die »Sendschreiben der Lauteren Brüder«, eine ismā'īlische Enzyklopädie der Wissenschaften.

973 An der al-Azhar-Moschee in Kairo wird eine theologische Hochschule gegründet, die zum Zentrum des schī'itischen Geisteslebens wird.

974–991 *at-Tā'i'.*

977–997 Konsolidierung des Besitzes der Ghaznawiden unter *Subuktegin.*

991–1031 *al-Qādir;* Gesamtdarstellung der islamischen politischen Institutionen durch *al-Māwardī* (gest. 1058).

996–1021 Der Fātimide *Hākim* betrachtet sich als Inkarnation des göttlichen Intellekts; Verfolgung der Juden und Christen.

998–1030 *Mahmūd* von Ghazna; Eroberung Nordwestindiens.

999 Beseitigung der Sāmāniden durch die Ilchāne von Turkestan und die Ghaznawiden.

um 1010 *Firdausī* (934–1020) vollendet das persische Nationalepos, das »Schāh-Nāma«.

um 1030 Das Indienbuch des Natur- und Kulturforschers *Bērūnī* (973–1048).

1031 Beseitigung der Umajjaden in Spanien; Zerfall in Kleinstaaten.

1031–1075 *al-Qā'im;* der Dichter *Abū 'l-'Alā' al-Ma'arrī* (gest. 1058).

1036–1094 *al-Mustansir;* politische und religiöse Zersetzung der Fātimidenmacht.

1037 Tod des persischen Philosophen und Arztes *Ibn Sīnā (Avicenna).*

1040 Die Seldschuken unter *Tughril Beg* besiegen das Heer der Ghaznawiden bei Dandāqān.

1055 *Tughril Beg* zieht in Bagdad ein und übernimmt das Amt der Būjiden.

1059 Unter dem Būjidengeneral *Basāsīrī* ist der Irak für ein Jahr den Fātimiden unterstellt.

1063–1072 Seldschukensultan *Alp Arslan;* die Türken brechen in das östliche Kleinasien ein.

1064 Tod des spanischen Politikers, Juristen, Prosaisten und Religionsphilosophen *Ibn Hazm.*

1071 Die Schlacht bei Manzikert leitet die Türkisierung Kleinasiens ein.

1075–1094 *al-Muqtadī.*

1076 Damaskus fällt an die Seldschuken.

1082 Der Führer der religiösen Reformpartei der Almoraviden *Jūsuf ibn Tāschfīn* hat in Nordafrika ein geschlossenes Herrschaftsgebiet geschaffen.

1085 Eroberung Toledos durch König *Alfons VI.* von Kastilien.

1090 *Jūsuf ibn Tāschfīn* beseitigt die spanischen Kleinfürsten.

um 1090 Gründung des Geheimbundes der Assassinen durch den Nizārī *Hasan as-Sabbāh* (gest. 1124).

1092 *Nizām al-Mulk*, Wezir der Seldschukensultane, von den Assassinen ermordet.

1094—1118 *al-Mustazhir;* die »Wiederbelebung der religiösen Wissenschaften« des *al-Ghazzālī* (gest. 1111), Synthese von Religionsgesetz und Mystik.

1096 Aufbruch zum Ersten Kreuzzug.

1099 Jerusalem von den Kreuzfahrern erobert; es wird lateinisches Königreich.

um 1100—1130 *Ibn Tūmart* begründet in Nordafrika die religiöse Reformpartei und das Reich der Almohaden, der »Einheitsbekenner«.

nach 1100 *Harīrī* (gest. 1122) bringt das neue literarische Genre der »Maqāme« zu höchster Blüte.

1105—1118 Neueinigung des Seldschukenreichs unter *Muhammad ibn Malikschāh.*

1118—1135 *al-Mustarschid;* Auflösung des Seldschukenreiches in einzelne Fürstentümer unter den Atabegs und schließlicher Verfall.

1118—1157 *Sandschar* behauptet die persischen Besitzungen der Seldschukendynastie.

1127 Übertragung des Emirats von Mosul an *Zankī* (ermordet 1146).

1132 Bau der Palatina von Monreale bei Palermo durch *Roger II.* (bis 1140).

1133—1163 Unter *ʿAbd al-Muʾmin* konsolidieren die Almohaden ihre Macht in Nordafrika. Baubeginn der Kutubijja-Moschee in Marrākesch.

1135—1136 *ar-Rāschid.*

1136—1160 *al-Muqtafī II.;* der Sūfī *ʿAbd al-Qādir al-Dschīlī* (gest. 1166) verbindet Gesetzesreligion und ekstatischen Individualismus.

1140 Begründung der Dynastie der Chwārezmschāhs.

1144 *Zankī* erobert Edessa von den Christen zurück.

1145 Tod des letzten Almoravidenfürsten *Tāschfīn ibn ʿAlī;* die Almohaden fassen auf der Iberischen Halbinsel Fuß.

1147 Zweiter Kreuzzug.

1150 Der Bergstamm der Ghūriden zerstört Ghazna.

1154 *Nūr ad-Dīn*, *Zankīs* Sohn, erobert Damaskus; *Idrīsī* (gest. 1162) vollendet in Sizilien seine berühmte Erdbeschreibung.

1160—1170 *al-Mustandschid; Ibn Tufail* (gest. 1185) bemüht sich in seinem philosophischen Roman um eine Harmonie zwischen Vernunft und Offenbarung.

1164 Die persische Nizārijja proklamiert die »große Auferstehung«: das Paradies auf Erden und die Abschaffung des Gesetzes.

1170—1180 *al-Mustadīʾ;* der große spanische Philosoph und Aristoteleskommentator *Ibn Ruscha* (*Averroës;* gest. 1198). Bau der Almohaden-Moschee in Sevilla mit ihrem Minarett, der jetzigen Giralda.

1171 Der Ajjūbide *Salāh ad-Dīn* beseitigt die Fātimidendynastie in Ägypten.

1175 Anerkennung des Sultanats *Salāh ad-Dīns* über Ägypten, Palästina und Syrien durch den Kalifen.

1180—1225 *an-Nāsir;* letzter Aufstieg der Kalifenmacht.

1187 *Saladin* bringt den Franken bei Hattīn eine vernichtende Niederlage bei und erobert Jerusalem.

1189—1192 Der deutsche Kaiser und die Könige von Frankreich und England beteiligen sich am Dritten Kreuzzug in das Heilige Land.

1193 *Saladins* Tod; Teilung seines Reiches.

1194 Der Chwārezmschāh *Tukusch* besiegt die letzten persischen Seldschuken.

1195 Der Almohade *Jaʿqūb al-Mansūr* (1184—1199) erringt bei Alarcos einen bedeutenden Sieg über die Kastilier.

1199—1220 Unter dem Chwārezmschāh *Muhammad II.* erlebt sein Reich höchste Blüte und seinen Zusammenbruch.

1220 Die Mongolen besiegen die Chwārezmier und erobern Buchārā und Samarkand.

1223 Bürger- und Thronfolgekriege leiten den Zerfall der Almohadendynastie ein.

1225—1226 *az-Zāhir.*

1226—1242 *al-Mustansir; Ibn ʿArabī* (gest. 1240) leitet die Mystik in die Bahnen eines pantheistischen Monismus.

1229 Sultan *al-Malik al-Kāmil* (1218—1238) von Ägypten übergibt in seinem Friedensschluß mit *Friedrich II.* Jerusalem den Christen.

1229 Tod des Kompilators *Jāqūt*, dessen biographisches Handbuch einen Höhepunkt der Wissenschaft darstellt.

1234 Tod des *Ibn al-Athīr*, des Verfassers einer monumentalen Weltgeschichte.

1236 Dank der Zwietracht der Muslime kann sich *Ferdinand III.* von Kastilien Córdobas bemächtigen.

1238 Die Nasriden als letzte islamische Dynastie in Spanien behaupten sich in Granada (bis 1492).

1242—1258 *al-Mustaʿsim*, der letzte Abbasidenkalif.

1244 Jerusalem endgültig den Christen entrissen.

1248 Sevilla fällt den Kastiliern zu.

1249 *Ludwig IX.* von Frankreich besetzt beim Sechsten Kreuzzug Damiette.

1250 Beginn der Herrschaft der Mamlūken, der türkischen Kriegssklaven, in Ägypten (bis 1517).

1256 *Tschinghiz Chans* Enkel *Hülāgü* setzt den Vormarsch nach Westen fort; Zerstörung der Assassinenfeste Ālamūt.

1258 Die Mongolen unter *Hülāgü* erobern Bagdad; Ende des Abbasidenkalifats.

Der Krieg des Sasanidenreiches mit Byzanz, der die Perser 615 nach Jerusalem, 619 nach Ägypten und 626 in einer letzten Anstrengung vor die Tore Konstantinopels geführt hatte, war nach einer inneren Krise, die von den wiedererstarkten byzantinischen Waffen noch verschärft wurde, mit einer Niederlage Persiens zu Ende gegangen. Mit sicherem Gefühl für die beginnende Zersetzung des sasanidischen Grenzschutzes begann al-Muthannà ibn Hāritha, ein Häuptling der Banū Schaibān, im Jahre 633 auf eigene Faust den Einbruch in das Sawād, das Fruchtland Mittelmesopotamiens. Bezeichnenderweise nahm er vor seinem Auszug den Islam an, was ihm aber erst nach einigen Monaten die Unterstützung Medinas einbrachte; der große Feldherr Chālid ibn al-Walīd erschien mit einer kleinen *ansār*-Truppe. Aber schon vor seinem Eintreffen war das überwiegend arabische Hīra gefallen. Erst allmählich raffte sich Persien zum Widerstand auf, während gleichzeitig Medina einen Feldzug gegen das byzantinische Syrien unternahm.

Verfolgt man die Kampfhandlungen im einzelnen, so scheinen sie schwieriger, die Gegenwehr stärker gewesen zu sein, als die raschen Erfolge vermuten lassen. Die Beweglichkeit der auf der inneren Linie kämpfenden Araber, denen das Kamel rasche Verschiebungen von Front zu Front gestattete, auf persischer Seite die mangelnde Koordination der von isolierten »Markgrafen« geleiteten Verteidigung, auf byzantinischer die Entfremdung der griechisch-orthodoxen von der semitisch-monophysitischen Bevölkerung, der griechischen Kultur der Küstenstädte von den (re-)orientalisierten Landbezirken, allenthalben die Gleichgültigkeit einer an Fremdherrschaft gewöhnten Untertanenschaft gegenüber der alten Herrenschicht, all dies trug zu den außerordentlichen Erfolgen der Araber bei. Ebenso bedeutsam, wenn nicht wichtiger, war der von Medina geleitete und von der koranischen Aufforderung, die Ungläubigen zu bekämpfen, sittlich gerechtfertigte Drang der mit dem Arabertum identifizierbaren muslimischen Gemeinde nach großstaatlicher Existenz. Hinzu kommt, was häufig übersehen wird, daß die Araber gewissermaßen ein Volksheer unter Waffen hielten, daß jeder Muslim ein Krieger war, während Byzantiner und Perser mit Ausgehobenen verstärkte Berufsheere ins Feld führten, wodurch die Kriegführung verlangsamt und verteuert wurde. Den Anteil der Religion an dem unwiderstehlichen Angriff der Muslime darf man gewiß nicht unterschätzen; doch ist darin weniger das Bestreben zu sehen, die wahre Botschaft fremden Völkern aufzudrängen – an die Bekehrung der Nichtaraber dachte niemand –, als das Verlangen, die Gesamtheit der Araber als Muslime zu Herren auch der angrenzenden alten Kulturländer zu machen. Damit freilich wäre der Islam als Religion der neuen Herren die herrschende Religion geworden. Ein Ausgreifen der *dār al-islām*, des islamischen Herrschaftsbereichs, als Konsequenz des muslimischen Universalismus, vergleichbar etwa der *dilatatio imperii Christiani* des ottonischen Kaisertums, gab es erst später, obgleich in der Rückschau bereits die ersten Eroberungszüge diesen Charakter anzunehmen scheinen.

Jedenfalls ging die Expansion mit Riesenschritten voran. Gleichzeitig mit Hīra fiel das südliche Palästina (633), der Sieg von al-Adschnādain (Juli 634) öffnete den Rest der Provinz. Damaskus ergab sich im September 635 nach sechsmonatiger Belagerung, die Niederlage der Kaiserlichen am Jarmūk (August 636) entschied das Schicksal Syriens auf Jahrhunderte; Jerusalem hielt noch zwei, das hellenisierte Caesarea noch vier Jahre aus.

Schon 639 überschritt ʿAmr ibn al-ʿĀs die ägyptische Grenze. Vor Babylon, nordwestlich des heutigen Kairo, wurden die Byzantiner im Juli 640 entscheidend geschlagen; die Festung selbst verteidigte sich noch bis ins nächste Jahr. In Babylon schloß der Patriarch Cyrus im Namen des Kaisers mit den Muslimen einen Vertrag, demzufolge Alexandreia, der eigentliche byzantinische Stützpunkt, im September 642 geräumt wurde. Ein Handstreich gab Ende 645 die Stadt den Byzantinern auf ein paar Monate wieder in die Hände, ihr zweiter Fall aber brachte den endgültigen Abschluß der byzantinischen Herrschaft in Ägypten. Die erst im 13. Jahrhundert bei einem arabischen Schriftsteller auftauchende Legende, die alexandrinische Bibliothek sei auf Befehl des Kalifen verbrannt worden, ist in ihrer Entstehung nicht völlig geklärt; sie geht wahrscheinlich auf eine Erinnerung an die bei der Eroberung von Caesarea zerstörte Büchersammlung zurück.

Mittlerweile waren nach der Schlacht von Qādisījja südwestlich von Hīra, 636, und der Besetzung der Hauptstadt Ktesiphon (al-Madāʾin) die nichtiranischen Provinzen der Sasaniden in die Hände der Muslime gefallen. Zwei Jahre nach der von Syrien ausgegangenen Eroberung des oberen Mesopotamiens, der »Dschazīra«, hatte mit dem Sieg von Nihāwend 642 der Angriff das eigentliche Persien erreicht. Dieser Siegeszug der Muslime bestätigte aufs neue, daß das Kernland Persien wegen seiner geringen Wirtschaftskraft und der Sonderinteressen seiner Provinzen nur unter günstigen Verhältnissen die Grundlage für ein Großreich abgeben konnte. Mehrmals war es ja – wie jetzt – unter dem Ansturm eines verhältnismäßig kleinen Heeres oder eines kulturell rückständigen Volkes rasch zusammengebrochen. Die Niederlage von Nihāwend führte denn auch zu einem neuen Ausbruch des persischen Separatismus, der den letzten Sasaniden Jazdgard III. zwang, immer weiter nach Nordosten auszuweichen, wo er schließlich in Merv 651 ermordet wurde. Die Bestrebungen seines Sohnes, mit zentralasiatisch-türkischer und sogar chinesischer Hilfe von der Peripherie her das Sasanidenreich wiederherzustellen, schlugen fehl.

Die entscheidenden Ereignisse hatten sich unter dem Kalifen ʿUmar ibn al-Chattāb abgespielt, der von Abū Bakr auf dem Totenbett zu seinem Nachfolger bestimmt worden war. Ohne Zweifel war er die größte Herrschergestalt seiner Zeit; wie sein Vorgänger gehörte er zur »islamischen Aristokratie« und entstammte ebenso einer der weniger einflußreichen Koraischitensippen. Er fügte dem Kalifentitel den eines *amīr al-muʾminīn* an, eines »Gebieters der Gläubigen« (*amīr* schwankt zwischen »Fürst« und »General«). Man kann das Regierungssystem, zu dessen Entwicklung ʿUmar mehr als irgendein anderer beigetragen hat, als eine arabisch-muslimische Theokratie beschreiben, die von Medina als moralisch-administrativem Mittelpunkt aus geleitet wurde und den Provinzialverwaltungen weitgehende Selbständigkeit beließ. Die Bevölkerung war in zwei »Klassen« geteilt, die herrschenden Muslime und die beherrschten Andersgläubigen.

Der junge Staat war insofern eine Theokratie, als seine Zielsetzung, Struktur, Aufnahmebedingungen und die Elemente der Verwaltungstechnik auf göttliche Offenbarung oder auf ein vom Gesandten Gottes gesetztes Präzedenz zurückgingen. Letzten Endes war die religiöse Integrität der *umma* zu sichern, die freilich von ihrer politischen Integrität von Anfang an nicht zu trennen war. Muhammad hatte geboten: im Islam dürfe es kein *hilf*, keine Föderation genealogisch-politischer Gebilde unter den Gläubigen geben. Trotzdem blieben die Stämme und Klans als tatsächliche Lebenseinheiten bestehen, so daß sich folgenschwere Widersprüche zwischen zwei den ganzen Menschen in Anspruch nehmenden ethisch-politischen Prinzipien ergaben. Die Eroberungen lenkten aber die Aufmerksamkeit auf andere Dinge und machten diese Spannungen für den Augenblick gegenstandslos.

Die Stämme wurden ermuntert, mit Sack und Pack in die Provinzen abzuwandern; als Grundbesitzer auf den Dörfern sollten sie sich jedoch nicht der ansässigen Bevölkerung anpassen, sondern sie wurden in *amsār* (etwa: Militärzentren, Provinzhauptstädten) zusammengezogen. Der Kalif ernannte den Statthalter, der sowohl die Armee befehligte als auch für die innere Ordnung verantwortlich war. Erst gegen Ende des Jahrhunderts wird es üblich, daß ein vom Statthalter bestellter Richter *(qādī)* ihm die Bürde der Rechtsprechung abnimmt. Hier und da steht dem Gouverneur ein Finanzbeamter zur Seite, der für Abführung der Überschüsse nach Medina zu sorgen hat. Die frühe Gemeinde wurde durch Kriegsbeute erhalten, von der ein Fünftel dem Propheten, das hieß dem Staat, oder nach der Ausdrucksweise der Zeit, Allāh, zufiel; hinzu kamen zunächst freiwillige, später nach dem Eintritt von Beduinen in den Gemeinschaftsverband vertraglich festgelegte Beiträge, *sadaqāt*, gelegentlich auch *zakāt* genannt. *Zakāt* nahm nach des Propheten Tod, zu dessen Zeit es wahrscheinlich die Abgabe der wichtigsten Nahrungsmittel bezeichnet hatte, die Bedeutung von »gesetzlichem Almosen« oder »Armensteuer« an, die sich jährlich auf etwa zweieinhalb Prozent des Besitzes (nicht des Einkommens) belief. Im eroberten Land bezahlten natürlich die Unterworfenen. Das sich allmählich entwickelnde öffentliche Recht unterscheidet sorgfältig zwischen Territorien, die friedlich, also nach freiwilliger Übergabe *(sulhan)*, und solchen, die durch Gewalt *('anwatan)* muslimisch geworden waren. Jene behielten ihr Eigentum und entrichteten davon eine Kollektivsteuer, die von der Regierung nicht willkürlich erhöht werden durfte – daher die vielen, nicht immer echten Vertragsdokumente, die einer Stadt diesen Status sicherten –, diese dagegen hatten das Eigentumsrecht verwirkt, erhielten ihr Land aber gegen Abgabe einer im Ermessen der Regierung liegenden Steuer zur Bestellung zurück.

In praxi war der Unterschied nicht so groß, wie man denken möchte; der unterworfenen Bauernschaft ging es im ganzen weder besser noch schlechter als unter ihren früheren Herren. Strenggenommen hätte das eroberte Land unter die Eroberer, also unter die es besetzenden Soldaten, verteilt werden müssen, wodurch freilich die Gesamtgemeinde in kürzester Zeit zugrunde gegangen wäre. So gingen denn die Staatsdomänen der Besiegten, aber auch das etwa durch Flucht der Besitzer freigewordene Privateigentum an Grund und Boden in den Besitz der *umma* über, und das davon eingehende Geld floß, im allgemeinen auf dem Umweg über die Provinzialkasse, in das Schatzhaus von Medina, das *māl Allāh*. Wie die persischen und byzantinischen Provinzen, so waren die der Muslime nur auf dem Amtsweg über die Zentralregierung miteinander verbunden. Die Eroberungen der Truppen einer Provinz wurden in der Regel Teil dieser Provinz und von ihr verwaltet und ausgebeutet. Daher die enge Verbindung von Chorasan und Basra und der Dschazīra mit Syrien.

Die Araber, soweit sie dem aktiven Heer angehörten, galten als »Kämpfer« *(muqātila)* oder »Auswanderer« *(muhādschira*, in die muslimischen Provinzen!), oder zählten nach 'Umars Verfügung von 636 dank ihrer frühen Bekehrung, weil sie an den Schlachten der heroischen Zeit wie Badr oder Uhud teilgenommen hatten oder mit dem Propheten verwandt waren, zur »islamischen Aristokratie«. Sie erhielten nach (religiösem) Verdienst abgestufte Pensionen, die eben aus den Erträgen der Grundsteuer und der *dschizja* bestritten wurden. Damit waren sie natürlich in gewissem Sinne vom Staat abhängig, was um so spürbarer werden mußte, je mehr sich die direkten Beuteeingänge dank der Ausbreitung und Konsolidierung der *dār al-islām* verringerten. Pensionsansprüche erwuchsen aus nachweisbaren Vertragsbeziehungen eines Stammes mit dem Propheten. Daher legen die Historiker so großen Wert auf die *wufūd*, die gegen Ende von Muhammads Tätigkeit von allen Seiten nach Medina strömten, um die Eingliederung der delegierenden Stämme in das System der *umma* zu erwirken. Daher aber auch die Notwendigkeit für die Neubekehrten, Anschluß an einen »pensionsberechtigten« Stamm zu finden, um dadurch – gewöhnlich als Klient *(maulà)* – das »Vollbürgertum« zu erlangen, will sagen in die Liste der Staatspensionäre aufgenommen zu werden.

Dieses System konnte verständlicherweise nur so lange funktionieren, wie die Privilegierten sich als Kriegerkaste von der unterworfenen Bevölkerung fernhielten. Der Prophet soll denn auch gesagt haben: »Der Unterhalt meiner Gemeinde beruht auf den Hufen ihrer Rosse und den Spitzen ihrer Lanzen, solange sie nicht den Acker bestellen; wenn sie aber anfangen, das zu tun, so werden sie wie die übrigen Menschen.« Hierher gehört auch der angebliche Ausspruch ʿUmars: »Studiert eure (Stammes-)Genealogien und werdet nicht wie die Nabatäer der mesopotamischen Ebene. Fragt man einen von ihnen nach seinem Ursprung, so antwortet er: ›(ich stamme) aus dem und dem Dorf‹.« Es wäre jedoch irrig, daraus zu folgern, daß den Arabern die Erwerbung von Grundbesitz außerhalb der Halbinsel überhaupt verwehrt war. Die Eroberer schalteten sich vielfach als Grundherren zwischen Regierung und Bauernschaft, wie das auch die früheren Grundherren getan hatten, wobei zu bemerken ist, daß die meisten byzantinischen Grundbesitzer vor den andringenden Arabern das Land verließen, die persische Gentry aber ihre Stellung im großen und ganzen zu erhalten wußte. Die Kalifen nahmen sich das (von niemand bestrittene) Recht, Staatsdomänen als *qaṭā'iʿ*, was damals Allod und nicht wie später Lehensgut bedeutete, an verdiente Männer zu vergeben; auf diese Weise kamen beispielsweise Prophetengenossen, wie ʿAlī, Talha und Zubair, zu recht beachtlichen Vermögen. Der einzige, aber wesentliche Unterschied zu der byzantinischen Rechtspraxis lag darin, daß der islamische Grundbesitzer keine öffentlichen Rechte, wie etwa die niedere Gerichtsbarkeit innehatte und die Regierungsbeamten seinen Besitz jederzeit von Amts wegen betreten durften. Auf persischem Boden verstärkte sich allmählich die Stellung der großen Grundherren durch die an das mittelalterliche Lehnswesen erinnernde Abtretung der Eigentumsrechte gegen Übernahme von Schutz- und Fürsorgepflichten.

Es ist durchaus verständlich, daß mit dem Versiegen der Beute das Bestreben laut wurde, das *māl al-muslimīn*, die den Muslimen direkt zufließenden Einkünfte, zu ungunsten des *māl Allāh*, der Gemeinschaftskasse, zu erhöhen. Eine solche Tendenz mußte aber den ohnehin starken Partikularismus der Provinzen und Stämme zum Nachteil der *umma* oder des Gesamtreiches noch verstärken. Dazu ist zweierlei im Auge zu behalten. Fürs erste war das antike und mittelalterliche Großreich schon aus verkehrstechnischen Gründen im heutigen

Sinne kein zentralistischer Staat. Man übertreibt nur wenig, wenn man feststellt, daß sein Bestand die Existenz von Provinzen als autarker und daher potentiell autonomer Einheiten geradezu voraussetzte. Der Statthalter, vielfach auch im Islam (wenngleich nicht zu Beginn) ein eingesessener Dynast, mußte fähig sein, in normalen Zeiten Ordnung und Sicherheit seiner Provinz aus eigenen Mitteln aufrechtzuerhalten, gegebenenfalls sogar selbst Eroberungen in die Wege zu leiten. In günstigen Zeitläufen strahlte die Legalität des Kalifen auf den Statthalter aus, die Kontrolle durch die Zentralmacht brachte gelegentliche Finanz- und Militärhilfe und stärkte vor allem das Bewußtsein, eine feste Stelle in der islamischen *dschamā'a* einzunehmen. Doch konnten zumal die großen, auf traditionelle Grenzziehungen zurückgehenden Provinzen bei einem Versagen des Kalifats für sich weiterbestehen; ganz allgemein wurde aus der Einheit der *dschamā'a* keine Forderung nach einer einheitlichen Verwaltung konstruiert. Ganz im Gegenteil. Der Regionalismus wurde mit Hilfe vorgeschützter Aussprüche des Propheten gerechtfertigt, der sich etwa dahin geäußert habe, er hätte den einzelnen Ländern ihre eigenen Münzen und Gewichte belassen.

Zum andern ergab sich eine Stärkung des Partikularismus aus der Neugruppierung der Stämme, die in den neuen Garnisonstädten – vor allem Kūfa und Basra im Irak, Fustāt (Alt-Kairo) in Ägypten, später Kairuan im heutigen Tunesien – in eigenen Quartieren angesiedelt worden waren. Getrennt von ihren in andere Gegenden gewanderten Stammesgefährten schlossen sie sich enger den Arabern an, die derselben, dem Einzelstamm übergeordneten genealogischen Einheit angehörten. Auf diese Weise wurde ein Zusammengehörigkeitsgefühl etwa der »Überstämme« Tamīm, Rabī'a, Mudar oder Qudā'a gefördert, das sich mit einem gewissen Lokalstolz der Kūfier oder der Basrier verband, aber die primäre Ergebenheit an den eigenen Stamm nur überlagerte, nicht verdrängte. Jedenfalls dauerte es nicht lange, bis die Kūfier oder Basrier als Städter zu politischen Faktoren wurden. Überhaupt ging infolge der Expansion die militärische und damit die politische Macht rasch vom Zentrum auf die Außenbezirke über. Die fortgesetzte *hidschra* der Beduinen ließ die Halbinsel nach wenigen Jahrzehnten nicht nur politisch belanglos werden, sondern demographisch und wirtschaftlich unter das Niveau der ausgehenden *dschāhilijja* absinken.

Von alledem war allerdings noch nichts zu spüren, als 'Umar 644 von einem persischen Sklaven aus Privatrache erdolcht wurde. Er hatte lange genug gelebt, um eine *schūrā*, ein Wahlkomitee, einzusetzen, das aus den sechs geachtetsten Vertretern der islamischen Aristokratie, übrigens samt und sonders Koraischiten, bestand. Es einigte sich auf eines seiner Mitglieder, den in vorgerücktem Alter stehenden 'Uthmān ibn 'Affān, einen Schwiegersohn des Propheten, der möglicherweise als der Schwächste galt. Unter ihm sollten die latenten Spannungen in der *dschamā'a* zu einem nie wieder ganz geheilten Bruch führen.

Man hat es 'Uthmān immer wieder vorgeworfen, daß er das muslimische Gemeinwesen seiner Sippe, aus der die letzten und hartnäckigsten Führer der mekkanischen Heiden im Kampf gegen den Propheten hervorgegangen waren, geradezu ausgeliefert habe, indem er die entscheidenden Posten im Staat seinen Verwandten übertrug. Diese Politik, von den Begünstigten vielfach unverhüllt und rücksichtslos zu ihrem eigenen Vorteil benutzt, verlieh dem Gegensatz zwischen islamischer und weltlich-»heidnischer« Aristokratie einen vom Standpunkt der Prophetengenossen propagandistisch günstigen Kristallisationspunkt. Der

Riß im islamischen Adel, zwischen den Koraischiten, deren Verwandtschaft mit Muhammad ihnen eine freilich allzu intensiv genutzte Vorrangstellung innerhalb der *umma* gab, und den *ansār*, die nicht ganz zu Unrecht das Empfinden hatten, sie seien es gewesen, die wenn auch unter koraischitischen Führern im Ernstfall die Kastanien aus dem Feuer geholt hätten, wurde für den Augenblick durch die gemeinsame Abneigung gegen das »verweltlichte« Regime überdeckt. Die Medinenser sahen nicht, daß die reale Macht mit jedem Jahr mehr auf die Provinzen überging und ihre eigene Vorzugsposition eher auf dem Prestige der Zentralregierung als auf der Erinnerung an den Propheten beruhte. Sie waren auch der Tatsache gegenüber blind, daß dem Kalifen zur Bändigung der Eigenwilligkeit der Provinzen kaum ein anderes Mittel zur Verfügung stand, als Beamte auszusenden, die dem Gesamtinteresse der Gemeinde verpflichtet waren.

Die Provinzen ihrerseits, allen voran Kūfa und Ägypten, fühlten sich übervorteilt und hatten keinen Sinn für die Notwendigkeit, dem Reich eine neutrale Verwaltung zu geben. Als dann noch 'Uthmān 653 die Offenbarungen des Propheten von einer Kommission sammeln und ordnen ließ und sie unter Vernichtung oder Verdrängung anderer Sammlungen von Staats wegen als die allein zulässige Ausgabe des Korans deklarierte, war die Empörung groß. Um diese Zeit läßt sich der später so oft gehörte Ruf vernehmen, die Regierung handle dem Koran und der Tradition zuwider, der Staat verhindere die Durchführung des »Wortes«, die Macht, *sultān* (ein schon in thamudenischen Inschriften vorkommender Aramäismus, der erst später »Machthaber« bedeutet), stelle sich gegen Allāh. Darin äußerte sich wohl der sittliche Totalitätsanspruch der Religion, den jede Konkretisierung enttäuschen mußte, zum anderen aber auch die Unfähigkeit, die Prinzipien der Stammesautonomie mit denen der Staatshoheit zu versöhnen.

Vom Ehrgeiz angesehener Prophetengenossen und kaltgestellter Politiker geschürt, aber auch getragen von den Frommen in Medina und den durch das zeitweilige Abnehmen der Eroberungszüge wenig beschäftigten *muqātila* von Kūfa und Ägypten, brach die Empörung aus: 655 in Kūfa, wo sie beigelegt werden konnte, und 656 in Ägypten. Im heiligen Krieg gegen den inneren Feind besetzte eine Truppe von nur fünfhundert Mann Medina, dessen Einwohnerschaft mit ihr sympathisierte, es aber den Auswärtigen überließ, sich (am 17. Juni 656) mit dem Blut des Kalifen zu beflecken. Das Bild des hochbetagten 'Uthmān, wie er über den Koran gebeugt den Todesstreich empfängt, blieb dem Gedächtnis der Gemeinde unauslöschlich eingeprägt. Die großen »Genossen« hatten die Bewegung desavouiert, ohne aber 'Uthmān zu Hilfe zu kommen, und waren ebenso wie die höchst einflußreiche Lieblingsfrau Muhammads, 'Ā'ischa, vor der Katastrophe nach Mekka gereist. Nur 'Alī war geblieben, der noch am Todestag 'Uthmāns die Huldigung empfing.

Der revolutionäre Elan in Medina schlug in Unbehagen um, wie denn die gesamte Regierungszeit 'Alīs von einer Stimmung der Enttäuschung und der Gewissensnot gekennzeichnet ist. Die nach Mekka gegangenen »Genossen« Talha und Zubair verbanden sich mit 'Ā'ischa gegen 'Alī als den Mörder 'Uthmāns; man darf annehmen, daß dieser durchsichtige Frontwechsel dazu beitrug, 'Alī den Sieg in der unfern Basra ausgetragenen »Kamelschlacht« (9. Dezember 656) zu sichern. Die beiden Prätendenten Talha und Zubair fielen; 'Ā'ischa, deren Kamel nach alter Sitte gleichsam Banner und Mittelpunkt des

Heeres gewesen war, lebte noch bis 678 abseits der Politik. ʻAlī nahm nun die Zügel der Regierung in die Hand. Die hauptstädtische Rolle Medinas war ausgespielt. Von Kūfa aus beherrschte ʻAlī das ganze Reich mit Ausnahme von Syrien, dessen Statthalter, der noch von ʻUmar 636 ernannte Muʻāwija ibn abī Sufjān, ihm die Anerkennung versagte und, ohne das Kalifat für sich in Anspruch zu nehmen, im Namen der Legitimität zur Rache für ʻUthmān aufrief. Der unvermeidliche Kampf wurde nach langem Zaudern an der syrischen Grenze bei Siffīn (am rechten Euphratufer) ausgetragen; als er sich zugunsten ʻAlīs zu wenden schien, steckten die Syrer Korane auf Lanzenspitzen, um an Stelle der Waffen die Entscheidung durch das heilige Buch zu erzwingen. Die dem Blutvergießen innerhalb der *dschamāʻa* abgeneigte Armee zwang ʻAlī, sich auf ein Schiedsgericht einzulassen.

Daß man auf dem Heimweg bald einsah, einen Fehler begangen zu haben, half nichts. Die sich am schuldigsten fühlten, wollten ʻAlī zum sofortigen Widerruf des Zugeständnisses zwingen. Als er begreiflicherweise nicht einwilligte, trennten sie sich von ihm; daher ihr Name *chawāridsch* (Chāridschiten), »Sezessionisten«, Rebellen. Ihre Parole war die berühmt gewordene Formel *lā tahkīm illā lillāh,* »die Entscheidung gebührt Gott allein«. Nach längeren Verhandlungen gelang es ʻAlī, die Mehrzahl der Rebellen wieder an sich zu ziehen. Zum endgültigen Bruch mit den unnachgiebigen Extremisten kam es, als ʻAlī in der Tat seine Vertreter zum Schiedstag nach Dūmat al-Dschandal (oder Adhruh?) schickte. Etwa viertausend Mann sammelten sich in Nahrawān, auf der linken Tigrisseite, unter ihrem Kalifen. Mittlerweile war die Tagung zu einem für ʻAlī unannehmbaren Entscheid gelangt, und er appellierte an die Chāridschiten, zu ihm zu stoßen und gegen den gemeinsamen Feind zu ziehen. Auf ihre Weigerung wurden sie von der kūfischen Armee bis auf acht Mann niedergemacht (17. Juli 658). Den Kūfiern war damit aber wieder die Lust zu weiteren Kriegshandlungen vergangen, und Muʻāwija hatte leichtes Spiel, Ägypten in seine Hand zu bringen, zumal das Schiedsgericht indirekt seine politische Stellung gestärkt hatte.

Worum es sich in Dūmat handelte, war sachlich zwar die Person des rechtmäßigen Kalifatsinhabers, juridisch jedoch die Frage, ob das Blut ʻUthmāns zu Recht vergossen worden sei. Als die Frage verneint wurde, ergab sich fast unvermeidlich der Vorschlag, eine neue *schūrā* den rechtmäßigen Kalifen bestellen zu lassen. Die eindrucksvolle Erzählung, nach der ʻAlīs Bevollmächtigter die Absetzung beider Gegner aussprach, Muʻāwijas hingegen nur die ʻAlīs, kann schon deshalb nicht richtig sein, weil Muʻāwija erst zwei Jahre später in Jerusalem den Kalifentitel annahm. Nichtsdestoweniger war der Boden der Legitimität unter ʻAlīs Füßen ins Wanken geraten. Dieser Umstand in Verbindung mit der mangelnden Einhelligkeit der Iraker und ihrer Disziplinlosigkeit hätte den Kampf zweifellos für Muʻāwija entschieden. Nachdem aber ʻAlī von einem Chāridschiten ermordet worden war (24. Januar 661) und dessen Sohn Hasan (gestorben 669) gegen finanzielle Kompensation zugunsten Muʻāwija auf seine Thronrechte verzichtet hatte, fand der Bürgerkrieg wenige Monate später ein rasches Ende.

Es nimmt wunder, wie wenig sich die Unterworfenen diesen Zwist zunutze machten, die arabische Herrschaft abzuschütteln; nur in Iran und in Bahrain kam es zu Unruhen. Dafür war die *dschamā'a* selbst zwar formal wieder geeint, doch unter der Oberfläche für immer in Parteien zerfallen. Die *schī'at 'Alī*, die »Partei 'Alīs«, die Schi'iten, fanden zu dieser Zeit ihren Rückhalt im irakischen Lokalpatriotismus, dagegen hatten die Umajjaden, die nun auf fast hundert Jahre das Kalifat innehaben sollten, im wesentlichen die Syrer hinter sich. Aber auch diese Parteien waren nicht weniger als die Chāridschiten religiös gebunden und verstrickt. Die brennende Frage war: Wer ist der legitime Kalif? – und nicht etwa: Was ist der Kalif oder was soll er im Verhältnis zur muslimischen Gemeinde und ihrem Reich sein? Daß jede Partei auf ihre Art die Konsequenzen aus den vom Propheten vorgelebten oder festgelegten Prinzipien zog, machte den Bürgerkrieg zu einer sittlichen Erprobung und Versuchung, *fitna*, unter welchem Namen er auch in die islamische Geschichtsschreibung eingegangen ist. Jeder Gläubige war für die Gemeinde mitverantwortlich. Das Blut der Glaubensgenossen zu vergießen war unendschuldbar; doch sich der Stellungnahme zu enthalten widersprach der grundlegenden Verpflichtung des Muslims, die Wahrheit zu bekennen und ihr zum Sieg zu verhelfen.

Es waren die Chāridschiten, die mit dem koranischen Grundsatz Ernst machten, die persönliche Frömmigkeit entscheide über den Rang des Einzelnen in der Gemeinschaft. Individualethik und Staatsethik deckten sich. Die Führung der *umma* gebührte dem besten Muslim; der Gnadenstand des Einzelnen war an seinen Handlungen zu ersehen; die Masse der Lauen war nicht besser als die Heiden; ihre Verwerfung der chāridschitischen Auffassung des Islams schloß sie aus der wahren Gemeinde aus und rechtfertigte ihre Tötung. Aber auch der Chāridschit, der sich schwer verging, wurde aus der Gemeinde ausgeschlossen. Abstammung zählte nicht. Das bedeutete zu Anfang nur, daß das Vorrecht der Koraischiten auf die Kalifenwürde abgelehnt wurde; die von den Chāridschiten gewählten Kalifen kamen denn auch aus den verschiedensten Stämmen. Die Verknüpfung von sittlichem Absolutismus und Herrscherrecht machte die Absetzung eines Kalifen, der in schwere Sünde verfallen war und nicht öffentlich bereuen wollte, zur Pflicht, womit freilich der innere Zwist und der Zerfall in Sekten, kurzum die Unfähigkeit zur Staatsbildung geradezu dogmatisch festgelegt war. Bald kamen die Chāridschiten dazu, die Gleichwertigkeit und daher die politische Gleichberechtigung von Arabern und Nichtarabern im Islam zu behaupten: sie sind die ersten *Schu'ūbiten*, Vorkämpfer der Gleichachtung aller, die dem Propheten und dem Buche Gottes Gefolgschaft leisten; diese Konsequenz verschaffte ihnen immer wieder Anhang unter den Unterdrückten und Enttäuschten. Als ewige Revolutionäre, unfähig und vielleicht auch nicht willens, eine weltweite Gemeinde aufzubauen, waren sie bereit, ihr Leben für das Paradies zu »verkaufen«, und wurden funktionell zum Sammelbecken all derer, denen es wichtiger war, die politischen und sozialen Ungerechtigkeiten dadurch abzustellen, daß sie die engmaschige Wirklichkeit im Namen eines niemals ganz durchdachten göttlichen Gesetzes zerschlugen, als die allumspannende *umma* zu erhalten, deren Universalität sie durch eben ihre Vorstellung von der Gleichheit aller Gläubigen bestätigten.

Die Gemeinde, die im Laufe der Jahrhunderte als »sunnitische« die im Islam vorherrschende wurde, war wohl am deutlichsten bei den Syrern vertreten. Der Einheitsstaat als Herrschaftsbereich der Gemeinde, der Anschluß an die Gemeinde als Grund für politische und soziale Überlegenheit, eine auf Realisierbarkeit und Universalität der Gemeinde gerichtete Auffassung von den religiösen Gegebenheiten, der unbestrittene, zu dieser Zeit gar nicht diskutierte Ausschluß der Nichtaraber von der Staatsführung, dies alles gipfelte in dem im altarabischen Empfinden verankerten Glauben an das Recht der Koraischiten, des Stammes des Propheten, auf das Kalifat. Diese Einstellung sollte, herausgelöst aus der Gesamtideologie, von der überwältigenden Mehrzahl der nichtarabischen Muslime übernommen werden und mag als Element eines zaghaft-formalen Zentralismus in der ja niemals als Kirche organisierten *dschamāʿa* gelten. Den Umajjaden gegenüber sah sich die Schīʿa mehr und mehr genötigt, den naiven, von Persien übernommenen Legitimismus der Prophetenfamilie, der das Kalifat nur den Nachfahren der engeren Familie des Propheten vorbehalten wollte, theologisch zu unterbauen. In der arabischen Tradition fand aber diese Forderung kaum eine Stütze. So mußten islamfremde Motive herangezogen werden, etwa die Vererbung eines göttlichen Elements von Adam auf Muhammad und ʿAlī und dessen Nachkommen, eine Rechtfertigung, die es erlauben würde, den Einfluß der Schīʿa über den Irak hinaus auf die Syrer auszudehnen.

Entscheidend aber war, daß alle Parteien, damals wie später, an der Absolutheit und Verbindlichkeit der koranischen Offenbarung und ihrer zur Zeit der *fitna* natürlich noch kaum begonnenen Verkörperung in der *scharīʿa*, dem konkret ausgearbeiteten Gesetz, festhielten. Damit war die religiöse Färbung der politischen Auseinandersetzungen für alle Zukunft gegeben und die Geschichte als solche in weit höherem Maße ein theologisches Problem als in jeder anderen großen Religion. Neutralität im Streit zwischen ʿUthmān und ʿAlī, das bedeutete Aufschub (*irdschā*', daher Murdschi'iten) des Urteils auch über den zum Sünder gewordenen Gläubigen auf den Tag des Gerichts und wurde das theologisch-politische Bekenntnis zur umajjadisch beherrschten *dschamāʿa*; dagegen Parteinahme für ʿAlī die Anerkennung einer individuellen und kollektiven Verpflichtung zur Rebellion im Dienste des »rechten« Imām, des Symbols für die »rechte«, mit dem Gottesgesetz übereinstimmende Ordnung der Gemeinde.

Die Umajjaden

Die Zeit der Umajjaden (661–750) läßt sich zusammenfassend bezeichnen als die mediterrane Epoche des Kalifats, die Epoche der zweiten großen Expansion der *dār al-islām*, in der die geistigen und organisatorischen Bedingungen seiner Bewahrung und Ausgestaltung deutlich sichtbar werden, und schließlich als die Geschichte der Selbstzerstörung der Araber als Staatsnation.

Araber und arabisierte Muslime haben sich bei diesen Vorgängen recht genau im Spiegel betrachtet, sich freilich in der Erinnerung allerlei politisch motivierte Stilisierungen gestattet. Gelegentlich gibt es sogar eine Art Mythenbildung, deren Dokumente sich allerdings, gleichsam als Bruchstücke eines prosimetrischen, niemals zu Ende gedichteten Epos, nicht allzuschwer aus der eigentlichen Historie ausscheiden lassen. Es sind Gedichte, den

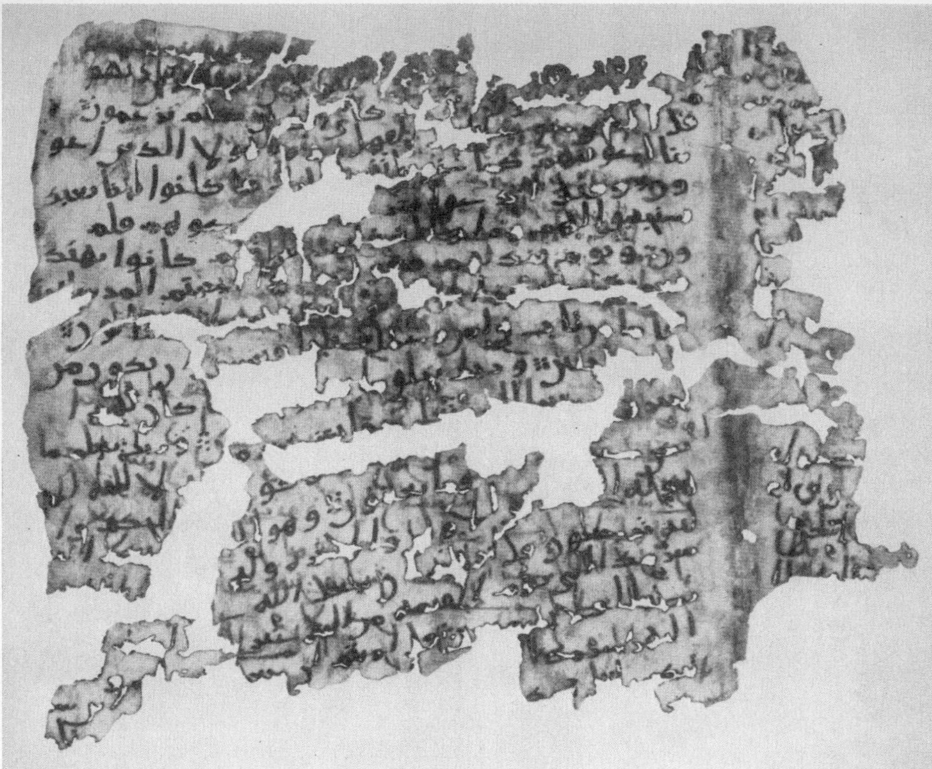

Koran-Fragment aus dem 7. Jahrhundert
Sure 28, 61–73
Wien, Österreichische Nationalbibliothek, Papyrussammlung

Ein Blatt aus einem Steuerkataster aus dem Jahr 764
Tunis, Privatsammlung

Helden in den Mund gelegt, und andererseits eine sich als ernsthafte Darstellung gebende chronologische Schilderung der Eroberungen, nach der Oxus und Indus schon 640 erreicht und Spanien bereits unter 'Uthmān unterworfen worden waren. Doch sind im ganzen die arabischen Berichterstatter an Reichhaltigkeit und erzählerischer Technik der zeitgenössischen westlichen Geschichtsschreibung weit voraus (Einhards »Leben Karls des Großen« vielleicht ausgenommen).

Die Islamisierung der Unterworfenen ging allenthalben nur langsam voran; einzig in Arabien wurde schon unter 'Umar der übrigens nicht restlos zu Ende geführte Versuch gemacht, die Nichtmuslime auszusiedeln. In den vormals byzantinischen Provinzen waren aber die Beziehungen zwischen den regierenden Arabern und ihren Untertanen besser als anderswo. Dabei darf man sich nicht vorstellen, daß sich die syrisch-christliche Bevölkerung im Niedergang befunden hätte; das 7. Jahrhundert war ganz im Gegenteil eine Periode reger geistiger Aktivität. Die Muslime mischten sich in das kulturelle Tun und Lassen der Christen nicht ein; nur sporadisch ging die Regierung gegen religiöse Bräuche vor, wie anscheinend um 690 in Ägypten gegen eine allzu aufdringliche Kreuzesfrömmigkeit und, eine Generation später in Syrien selbst, gegen den kultischen Gebrauch von Bildern. Diesen Eingriffen fehlte aber im Grunde die zielbewußte Absicht. Das christliche Geistesleben in Syrien, Ägypten und im Zweistromland war von den Zentren des christlichen Denkens isoliert und aus der Reichspolitik – nicht der Verwaltung – ausgeschaltet. Die natürliche Folge davon war, daß es allmählich auch aus den großen intellektuellen Strömungen abgedrängt wurde. Trotzdem beschleunigte die bloße Tatsache ihres Daseins, ihrer größeren denkerischen Bildung und Reife den unaufhaltsamen Prozeß der Entfaltung und Systematisierung der muslimischen Glaubenswahrheiten.

Jedenfalls brauchte sich die Regierung um Rückendeckung in Syrien nicht zu sorgen, obgleich sie schon seit 'Uthmān, dessen Generälen es 646 gelungen war, Armenien unter die noch recht umstrittene Oberhoheit Medinas zu bringen, in häufige Kämpfe mit der christlichen Vormacht Byzanz verwickelt war. Ein Vorstoß über die ägyptische Westgrenze hinaus hatte bereits 647 zu erstmaliger Besetzung der Cyrenaica geführt; 649 folgte die Eroberung Cyperns; 654 besiegte die im wesentlichen aus ägyptischen Schiffen bestehende muslimische Flotte die Byzantiner an der Südküste Kleinasiens. Die für das ganze Mittelalter so bezeichnende Lückenhaftigkeit, in der Byzanz seine Macht, selbst in geschlossenen, ihm loyalen Staatsgebieten zur Geltung brachte, ermöglichte es innerhalb von wenig mehr als fünfzig Jahren, dreimal bis zur Hauptstadt vorzustoßen. 667 besetzten die Araber Chalkedon, bedrohten Konstantinopel, überfielen Sizilien ein erstes Mal; 674 bis 680 wurde Konstantinopel von Kyzikos aus bedrängt, doch vereitelten die Niederlage des Landheeres und das »Griechische Feuer« die dank der vorgeschobenen Flottenposition vielversprechenden Aussichten auf den Fall der Stadt. Inzwischen hatten Kreta und Rhodos mehrmals ihre Herren gewechselt. Der letzte und größtangelegte Versuch, dem byzantinischen Reich durch Einnahme seiner Hauptstadt ein Ende zu bereiten, wurde 716/17 unternommen, scheiterte aber wiederum an der defensiven Kriegskunst der byzantinischen Ingenieure und den Verwicklungen in der Außenpolitik, in deren Zusammenhang die Bulgaren zur Abwehr der Araber auf den Plan traten.

Aber längst schon waren zu der Zeit die letzten Spuren byzantinischer Souveränität aus Nordafrika verschwunden. ʿUqba ibn Nāfiʿ, der als Sidi Okba einer der großen Heiligen Nordafrikas werden sollte, hatte im Jahr 670 Kairuan als Operationsbasis gegen die Berber angelegt; als Siedlung und bald auch als Kulturzentrum den irakischen Garnisonsstädten Kūfa und Basra zu vergleichen. (Die neuen Binnenhauptorte Fustāt und Kairuan zeigen – im Gegensatz zu den Hafenstädten Alexandreia und Karthago – den Kalifenstaat als Landmacht.) Aber nicht ʿUqba, der 683 bei einem Kriegszug in der Nähe von Biskra im heutigen Algerien ums Leben kam, sondern der weniger berühmte Hassān ibn an-Nuʿmān al-Ghassānī vertrieb 698 die Byzantiner endgültig aus Karthago – bei dieser Gelegenheit wurden die Gebeine des heiligen Augustinus von Emigranten nach Padua übergeführt – und brach den Widerstand der von einer »Prophetin«, der Kāhina, angeführten Berber zumindest so weit, daß die Araber ihren Vormarsch an der Küste fortsetzen konnten; beträchtliche Berberkontingente schlossen sich den arabischen Heeren an. Dennoch wollten die Feindseligkeiten nicht enden, zumal die Berber in der muslimischen Armee allen Anlaß hatten, sich von den Arabern zurückgesetzt zu fühlen.

Die lateinische Patina in den Küstenstädten verlor sich überraschend schnell; die Berber waren von der antiken Kultur nicht ernstlich berührt worden; die Träger der christlich-lateinischen Geisteswelt wanderten zum größten Teil aus, und die eingeborenen Christen verloren sich rasch im Islam. Hassāns Nachfolger Mūsà ibn Nusair unterstand nicht mehr dem Gouverneur von Ägypten, sondern dem Kalifen direkt als Statthalter einer Provinz, die er an der Küste bis nach Tanger zu erweitern vermochte. Damit war die Möglichkeit eines Übertritts nach Europa gegeben. 711 unternahm ein Unterführer des Mūsà, sein Berber-»Klient« Tāriq, einen Beutezug in das südliche Spanien, der, wie an anderer Stelle zu berichten sein wird, binnen weniger Jahre zur Eroberung von etwa vier Fünfteln der Halbinsel führen sollte. Die Stoßkraft der vereinten Araber und Berber war aber damit noch nicht erschöpft; die Pyrenäen wurden umgangen und Narbonne dem muslimischen Bereich einverleibt. Eine Expansion nach Nordosten wurde aber von Karl Martell unweit Poitiers vereitelt, wahrscheinlich im Jahre 733 (nicht, wie gewöhnlich angenommen, 732). Dieser Rückschlag mag vom europäischen Standpunkt aus wichtig gewesen sein, für den muslimischen Zeitgenossen aber, der wohl keinen *master plan* durch ihn gefährdet sah, hatte er keine weitere Bedeutung.

An beiden Grenzen gegen die Christenheit, der kleinasiatisch-syrischen gegen Byzanz und der nordspanischen gegen die »Restfürstentümer« von Asturien und Kantabrien, wurde der Krieg oder besser der Sommerfeldzug *(sāʾifa)* zum Normalzustand. Auf byzantinischer wie auf muslimischer Seite entwickelten sich »Grenzer«, Militärsiedler, die den Status quo – die Tauruskette als Grenze – aufrechterhalten sollten, Haudegen, denen die Legende einen romantischen Zug ins Große verliehen hat und die die professionelle Feindschaft mit friedlichen Beziehungen und gegenseitiger Achtung, selbst mit Konnubium zu verbinden wußten. Diese Berufssoldaten sind wohl zu unterscheiden von den Glaubenskämpfern, die in den Grenzkastellen *(ribāt)* Askese und Mission übten und den Glaubenskrieg propagierten und wohl die eigentlichen Werkzeuge der Islamisierung und, obzwar oft selbst nichtarabischer Herkunft, auch der Arabisierung waren.

Die islamische Besetzung der südlichen Mittelmeerküsten hatte die mediterrane, auf der Antike beruhende Einheit zerstört (Henri Pirenne). Dieser Tatbestand ist vornehmlich auf Grund handelsgeschichtlicher Forschungsergebnisse angefochten worden. In der Tat war die Handelsfreiheit innerhalb eines mehr oder weniger einheitlich verwalteten Gebietes zu Ende. Nach der erfolgreichen Expansion der *dār al-islām* teilten sich drei verwandte und aufeinander bezogene Kulturbereiche in das mittelmeerische Bassin, die jedoch in ihrem Leben autark, sich durch politische Gegensätze und Sprachbarrieren gegeneinander abgeriegelt hatten. Das Kulturgefälle zwischen der europäischen und der ägypto-syrischen Küste (und ihrem unmittelbaren Hinterland), das schon gegen Ende der Antike erheblich war, steigerte sich durch den Rückzug Europas und das Aufblühen der islamischen Kultur in den ersten Jahrhunderten nach Muhammads Tod; bei allem wechselseitigen Einfluß vertiefte sich noch die faktische wie die psychologische Trennungslinie nach 750 infolge der Ost- und Nordostwendung der Kalifenpolitik.

Diese Wendung hatte sich mit den Fehlschlägen bei der letzten Belagerung von Konstantinopel angebahnt. Hischām (724–743), der letzte Staatsmann unter den Umajjaden von Damaskus, scheint – nach der veränderten Symbolsprache der Hofkunst zu urteilen – die Idee, der Kalif werde das Erbe des Kaisers antreten, aufgegeben und begonnen zu haben, persische Herrschaftstraditionen neu zu beleben. Der Einfluß der Kalifen hatte sich längst schon über das eigentliche Iran hinaus ausgebreitet. 664 war Kabul im heutigen Afghanistan erreicht, zehn Jahre später nach Überschreiten des Oxus Buchārā, von wo aus sich der Sieger eine Leibgarde von zweitausend Bogenschützen nach Basra mitbrachte, und kurz darauf Samarkand. Diese Eroberungen und die anschließende arabische Besiedlung Chorasans ging denn auch weitgehend von Basra aus. Sie brachten die Muslime in Berührung mit einer hochkultivierten Welt verhältnismäßig kleiner Stadtstaaten, im wesentlichen sogdischer Sprache und Kultur, im Westen angrenzend an die ebenfalls den Iraniern verwandten Chwārezmier (Chorizmier) des heutigen Chiwa und überall durchsetzt und vielfach überlagert von Turk-Stämmen, die häufig die Herrscherfamilien stellten.

Dem Völkergemenge entsprach das bunte Nebeneinander der Religionen. Das schamanistische Heidentum der Türken, das Christentum in nestorianischer Version, aber auch der Buddhismus mit dem großen Tempelzentrum Balch (Baktra) – die später so gefeierte Wezirsfamilie der Barmakiden hat ihren Namen von der Funktion eines *parmak* oder Vorstehers (vom Sanskrit *pramukha*) des buddhistischen Klosters Nava Vihāra (Naubahār), die ihre Ahnen dort innegehabt hatten – und dem Kloster *(vihāra)*, dem wohl Buchārā seinen Namen verdankt, von Zarathustriern und Manichäern ganz zu schweigen, lebten wie es scheint ohne ernsthafte Reibungen nebeneinander. Der Reichtum des Landes beruhte neben der Fruchtbarkeit der damals wohl dichter bevölkerten Oasen vornehmlich auf dem Transithandel, der durch den ständigen Kleinkrieg zwischen Türken und Iraniern, zwischen Steppe und Ackerland, nicht merklich beeinträchtigt wurde. Die Niederringung der Sogdiane und die Islamisierung der Kulturzentren begann freilich erst mit den Feldzügen des Qutaiba ibn Muslim (705–715), unter dem in Chwārezm, Buchārā, Samarkand arabische Heeresplätze eingerichtet wurden, wie das schon früher in Chorasan mit Merv, Nīschāpūr und Herāt geschehen war. Die lokalen Kleinfürsten hielten sich allerdings in manchen Gebieten noch geraume Zeit als Verbündete oder als Instrumente einer indirekt geübten Herrschaft.

Parallel dazu ging die Ausweitung der islamischen Herrschaft in Sindh (im Jahr 711/712), wohin freilich schon unter ʿUmar eine Erkundungsexpedition gelangt war. Der Seehafen Daibul (heute Karachi) und Nīrūn (heute Haidarābād) mit seiner »vierzig Ellen hohen« Buddhastatue fielen in die Hände des wie Qutaiba vom Statthalter des Iraks entsandten Muhammad ibn al-Qāsim. Obgleich man noch im 8. Jahrhundert verschiedenen Dichtern und Gelehrten sindhischer Abkunft im Islam begegnet, hat diese Provinz doch auf das Geistesleben keinen nennenswerten Einfluß ausgeübt. Im Gegensatz dazu wurden Chwārezm und vor allem Buchārā und Samarkand im Gefolge ihrer »Kolonisierung« und der Dezimierung der sogdischen und besonders der chwarezmischen Eliten zu Zentren der Mission und eines eigentümlichen und höchst intensiven islamischen Geisteslebens. In den iranischen Gebieten waren die Araber eine kleine Minorität. Nach den arabischen Quellen belief sich die arabische Bevölkerung von Chorasan auf schätzungsweise zweihunderttausend, davon etwa vierzigtausend Wehrfähige. Es ist daher verständlich, wenn sich hier die zum Islam bekehrten Einheimischen, die auch die arabische Sprache übernommen hatten, sehr viel eher und weit stärker zur Geltung bringen als etwa in Syrien. Schon um 700 beginnen iranische Offiziere eine Rolle zu spielen, deren Bedeutung von Jahrzehnt zu Jahrzehnt wuchs. Qutaiba selbst dürfte die Heranbildung einer persischen, ihm persönlich ergebenen Armee ins Auge gefaßt haben.

Vom Standpunkt der Iranier, besonders in Chorosan, hatten die Araber sie vor allem gegen die Turkvölker zu schützen, was sie im großen und ganzen mit besserem Erfolg leisteten als die iranischen Kleinfürsten, ja selbst als die Sasaniden. Zwar war dem Bollwerk, das die Araber errichteten, keine lange Dauer beschieden. Mit dem Zerbröckeln der Kalifenmacht verebbte die Defensivkraft des Reiches, und die Türken, jetzt selbst weitgehend innerhalb der *dār al-islām*, gewannen alsbald ihre Suprematie zurück. Trotzdem verstärkte der Islam als herrschende und als geistig produktive Religion unbeschadet der wechselnden politischen Umstände seine Position. Die ehedem vorwaltende geistig-politische Orientierung nach Osten auf China hin machte einer solchen nach Süden, an die islamische Welt, Platz. Die Schlacht am Talas (Juli 751), in der westliche Türken und Araber die letzte nach Zentralasien ausgesandte chinesische Armee vernichtend schlugen, bezeichnet das Ende direkter chinesischer Einflußnahme und zugleich der Hoffnung auf eine Restauration der sogdischen Macht.

Obgleich sich die Araber ihre Herrschaft von den in fremde Kulturländer vorgeschobenen Posten aus nicht überall zu erhalten vermochten, ist ihr Vordringen im 8. Jahrhundert ein um so eindrucksvolleres Phänomen, als es sich in Zeitläuften von beinahe ununterbrochenem inneren Zwist vollzog. Muʿāwija (661–680) und später ʿAbd al-Malik (685–705) konnten sich in Krisenzeiten den Frieden mit Byzanz durch jährliche Zahlungen erkaufen, aber der innere Friede war auf gütlichem Wege nicht zu haben. Muʿāwija war allenthalben als Kalif anerkannt, doch verdachten es ihm die Frommen, daß seine Herrschaft mehr arabisch als islamisch war, daß er, um ihre Worte zu gebrauchen, das Kalifat zum Königtum herabwürdigte; und die Iraker wiederum warfen ihm vor, daß er sich auf die Syrer stützte, und verhielten sich so, daß er sich immer mehr auf diese Kernprovinz angewiesen sah. Die Chāridschiten als anarchische Vorkämpfer und als Sammelbecken all derer, die soziale Mißstände und die »unislamische« Handlungsweise der Obrigkeit geschädigt hatten, waren nicht auszurotten. Mehr und mehr zog der alidische Legitimismus nichtarabische Malkontente in seinen Bann; vor allem aber konnten sich die arabischen Stämme mit dem Vorhandensein einer ausgreifenden und sie in ihrer Aktionsfähigkeit beschränkenden Staatsgewalt nicht abfinden. Das Jahrhundert des arabischen Reiches führte nicht zur Bildung von gesamtarabischen Interessen in der Politik – die verstand im Grunde nur die syrische Regierung –, sondern zur Wiederherstellung der vorislamischen Verhältnisse der Halbinsel auf der überdimensionalen Bühne der *dār al-islām*. Die Stammesrivalitäten verschärften sich mit dem erhöhten Einsatz, um den es ging; die Stämme schlossen sich zusammen; oder besser: die genealogischen Einheiten, traditionell den Einzelstämmen übergeordnet, wurden zu politisch bedeutsamen Mächtegruppen, die allmählich trotz innerer Brüchigkeit feste Positionen gegeneinander einnahmen. Überall im Kalifenreich hielten etwa die Rabī'a und die Azd gegen die Tamīm und Bakr zusammen. Dieser Gegensatz erweiterte sich im Laufe der Zeit zu einem Gegensatz zwischen Nord- und Südarabern, zwischen den Qais und den Kalb, der mit einem uns nicht mehr verständlichen Haß ausgetragen wurde. Diese Spannungen stammen nicht etwa aus grauer Vorzeit oder spiegeln rassische Unterschiede wider, sondern sind die Folge der Übertragung vorislamisch-primitiver Staatsvorstellungen und Rechtsgepflogenheiten auf die Verwaltung eines Weltreiches.

In Sicherheit gewiegt durch die verhältnismäßig leicht errungenen Anfangserfolge, unwillig, ihr Machtmonopol durch die volle Zulassung von fremden Muslimen zu gefährden, dabei blind gegen die Schwäche ihrer eigenen Stellung als Minorität, verhielten sich die Araber, als könnte kein Bruderkrieg, kein Massaker, keine Rebellion ihrer Hegemonie etwas anhaben. Je mehr sich die Umajjadenzeit ihrem Ende näherte, desto weniger war ein überparteiliches Regime möglich. Wen die Qais unterstützten, der hatte *eo ipso* die Kalb gegen sich. Die Stärke der Koraischiten lag darin, daß sie zu keiner der beiden Gruppen gerechnet wurden, die Verwendbarkeit mancher Beamten richtete sich sogar oft nach der Bedeutungslosigkeit oder der traditionellen Neutralität ihrer Stämme; eine Reihe der hervorragendsten Reichsbeamten entstammte den Thaqīf, die trotz qaisitischer Verwandtschaft sich gleichsam auf eine Art »übernationaler« Staatsgesinnung spezialisiert hatten.

Unter Mu'āwija ging alles noch verhältnismäßig ruhig vor sich. Er verstand es, bei den Stammeshäuptern den richtigen Ton zu treffen, ließ den byzantinischen und persischen Verwaltungsapparat ungestört und verließ sich auf die überlegene Disziplin und die persönliche Loyalität seiner Syrer, deren dynastische Anhänglichkeit zu fördern er sich alle Mühe gab; die Ermattung, die auf den Bürgerkrieg folgte, und der nach dem Zusammenschweißen ungeheurer Territorien sich anbahnende Wirtschaftsaufschwung boten ihm die Möglichkeit, die Unversöhnlichen mit vergleichsweise geringer Gewaltanwendung eine Zeitlang in Schach zu halten. Die Disziplinlosigkeit der primär von Stammesinteressen geleiteten Basrier und der in politische Parteien gespaltenen Kūfier schwächte die Schlagkraft der Opposition, ohne fürs erste den Reichsbelangen zu schaden. In Basra (später auch in Kūfa) saß sein adoptierter Halbbruder Zijād ibn Abīhi (gestorben 673), dessen

Antrittsrede dank ihrer vollendeten arabischen Ausdrucksweise berühmt geworden ist; vor allem spiegelt sie die irakische Atmosphäre und den mit Hilfe einer neuorganisierten Polizeitruppe erzwungenen Regierungsstil wider. Sie zeigt dabei in unübertrefflicher Knappheit, was eine Provinz von der Regierung erwarten durfte, und anderseits die Einstellung, die ein geordnetes Verhalten so überaus schwierig gestaltete.

Trotz allem gärte es gewaltig unter der Oberfläche. Was immer die Regierung tat, die Frommen von Medina betrachteten Mu'āwija als Usurpator, die irakische Schī'a blieb unversöhnlich, und der religiöse Individualismus der Chāridschiten war stets bereit loszuschlagen. Entgegen arabischen Gepflogenheiten hatte Mu'āwija sich darum bemüht, daß sein Sohn Jazīd als Thronerbe anerkannt wurde; die Provinzen huldigten ihm, die vornehmsten Repräsentanten der »islamischen Aristokratie« jedoch nicht. So gab der Tod Mu'āwijas das Signal zu Aufständen, als deren Folge sich letztlich eine Gegenregierung in Mekka etablierte.

Jazīd (680–683) haben seine Gegner ein schlechtes Andenken bewahrt. Er hatte das Unglück, einen von der kūfischen Schī'a provozierten Aufstand des Husain ibn 'Alī unterdrücken zu müssen, wobei der Enkel des Propheten in einem militärisch wenig bedeutsamen Gefecht bei Karbalā', etwa vierzig Kilometer nordwestlich von Kūfa, am 10. Oktober 680 getötet wurde. So erwuchs der Schī'a binnen weniger Jahre eine menschlich-metaphysische Zentralfigur, um deren Martyrium das emotionelle Leben dieser Bewegung bis auf unsere Tage kristallisiert blieb. Das Motiv des leidenden Mittlers, des sich freiwillig für die Gemeinde opfernden übermenschlich-menschlichen Gerechten, ist an Husain wiedererstanden. Die sich ideologisch um seine Nachfahren scharende Schī'a fand darin zwar nicht die Einigkeit eines politischen Programms, jedoch die Einheit einer kompromißlosen Haltung, aus der heraus der Grundgehalt der islamischen Lehre anders als von der *dschamā'a* erlebt wurde. Der Imām als der wahre charismatische Herrscher – auch ohne politische Macht – und als Mittler, von Extremisten als der göttlichen Substanz teilhaftig und eine Art Prophetenfigur gedacht, ist strenggenommen mit der koranischen Prophetologie ebensowenig vereinbar wie mit der sunnitischen Kalifatsidee.

Es dauerte nicht lange, bis sich die gesteigerte schī'itische Erregung politisch auswirkte. Al-Muchtār, ein vornehmer Thaqafit, erhob sich im Namen des einzig überlebenden Sohnes 'Alīs, Muhammad ibn al-Hanafijja, und schob sich als dessen Vertreter in den Vordergrund. Er predigte den »verborgenen Imām«, der in der Endzeit als »Mahdī« sich enthüllen und das Reich der Gerechtigkeit errichten würde, wodurch die Bewegung (auf lange Sicht) weitgehend von den Wechselfällen der jeweiligen Gegenwart unabhängig wurde. Muchtār kämpfte mit dem Wahlspruch »Rache für Husain!« und hielt sich zwei Jahre lang (685 bis 687) in Kūfa, gestützt auf chiliastisch begeisterte Araber und Perser. Ihn zu bekämpfen fiel dem Zubairiden Mus'ab zu. Als Jazīd nach der Eroberung Medinas auf dem besten Weg war, auch Mekka wieder in seine Gewalt zu bringen und dem »frommen« Gegenkalifat des 'Abdallāh ibn az-Zubair (eines Sohnes des in der Kamelschlacht umgekommenen Prophetengenossen) ein Ende zu bereiten, starb er. Die daraufhin ausbrechenden Thronwirren verschärften sich zu Stammesfehden in Syrien und stellten das Weiterbestehen der Dynastie in Frage. Da wurden die von den Umajjaden zu Ibn az-Zubair abgeschwenkten

Qaisiten bei Mardsch Rāhit (684) besiegt. Sie wiederum ließen es sich nicht nehmen, für ihre Verluste Blutrache an den Kalbiten zu nehmen – Reichskrieg und Stammesfehde blieben also ungeschieden –, was den letzten Anstoß für die fortschreitende Schwächung des Arabertums gab. Daß aber der arabische Staat überhaupt bestehenblieb, erklärt sich nur daraus, daß selbst nach der umajjadischen Restauration unter 'Abd al-Malik die regionalen Interessen an der Führung im islamischen Reich und eine gewisse Loyalität gegenüber der Dynastie den zersetzenden Tendenzen die Waage hielten. Hinzu kam, daß sich nur in Syrien ein Berufsheer entwickelte, das sich wenigstens bis zum Tod Hischāms gegenüber den Stammeskonflikten indifferent verhielt.

'Abd al-Malik bemühte sich um die religiöse Autarkie Syriens, indem er die Moschee des Felsendoms zu Jerusalem ausbaute (691) und die Wallfahrt dorthin als Ersatz für den *haddsch* nach Mekka förderte. Die Einheit des Reiches konnte freilich erst wiederhergestellt werden, nachdem der Thaqafit al-Haddschādsch ibn Jūsuf 692 Mekka erstürmt und der Gegenkalif im heiligen Bezirk den Tod gefunden hatte. Als Vizekönig nach dem Irak versetzt und bald auch mit der Statthalterschaft von Chorasan betraut, trieb Haddschādsch die Aufsässigen zu Paaren, nachdem er 704 einen weiteren Aufstand unterdrückt hatte, der um ein Haar den ganzen Osten ergriffen hätte. Haddschādsch ist als Popanz der Frommen und der irakischen Partikularisten in die Geschichtsschreibung eingegangen, die ihm seine Rücksichtslosigkeit gegen die Stämme ebensowenig verzieh wie seine Schärfe gegen die das Reich gefährdenden frommen Ideologen, trotz der großen Eroberungen seiner Generäle und des wirtschaftlichen Aufschwungs, den seine Amtsführung dem Irak gebracht hatte. Bezeichnend für die Atmosphäre selbst im »befriedeten« Irak ist es, daß er es notwendig fand, seine Residenz in die Militärstadt Wāsit – auf etwa halbem Wege zwischen Kūfa und Basra am Westufer des Tigris – zu verlegen und sich in erster Linie auf die dort stationierten, von den ansässigen Arabern möglichst getrennt gehaltenen syrischen Truppen zu stützen.

Ein gut Teil der dort und in den persischen Gebieten, zumal in Chorasan um sich greifenden Unruhe ist allerdings nicht der Zwietracht der Stämme, sondern der arabischen Herrschaftsstruktur zuzuschreiben. Auf die einfachste Formel gebracht: die arabisch-muslimische Herrenschicht – Staatspensionäre, soweit sie dem Heeresverband angehörten, und vielerorts Grundbesitzer – wurde von den Nichtmuslimen erhalten. In dieser Hinsicht setzte das arabische Reich nur fort, was im Vorderen Orient seit Menschengedenken der Brauch war; die Ausbeutung der *contribuens plebs* war aber, wie es scheint, erträglicher als zuvor. Die byzantinische Oberklasse hatte zum großen Teil das Land verlassen, die persische war geblieben und allmählich in der muslimischen Oberklasse aufgegangen. Obwohl im ganzen unbehelligt und auch weiterhin als Zwischeninstanz zwischen Regierung und Einwohnerschaft fungierend, waren die *dihqāne* (der niedere Adel) dennoch von einem langsamen Absinken ihres Prestiges bedroht, was nebst ihrem Wunsch, sich in die politische Leitung ihrer Geschicke einzuschalten, die Islamisierung je länger, desto mehr beförderte. Doch gerade ihre Islamisierung und vor allem natürlich die Bekehrung der sehr viel zahlreicheren nichtadeligen Iranier verdeutlichte den Widerspruch zwischen der politischen Exklusivität des Arabismus und der egalitären islamischen Religion, wie sie nicht nur von den Neumuslimen, sondern auch von den »Frommen« außerhalb der *Chawāridsch* verstanden wurde.

Die Bekehrung brachte dem *maulà* (Plural *mawālī*) weder gesellschaftliche noch ökonomische Gleichberechtigung, auf die ihm der »Demokratismus« der Botschaft des Propheten ein Anrecht zu geben schien. Die *mawālī*-Truppen erhielten Unterhaltsgeld und Anteil an der Beute, aber keine Pension; oft dienten sie zu Fuß, während die Araber beritten waren; der Islam befreite sie auch nicht von der Grundsteuer, *charādsch*, oder erhob statt dessen den Zehnten, *'uschr*, vom Ernteertrag. Der verhältnismäßig zahlreiche Mittelstand der *mawālī* von bedeutender Bildung und erheblichem Besitz genoß im Kreise der »Frommen« hohes Ansehen; das Richteramt beispielsweise stand ihnen vor 700 offen. Dies und der Umstand, daß ihre soziale Stellung so gar nicht ihrer Leistung entsprach, verschärfte noch die Explosivität dieses Mißstandes, wobei die Zwietracht unter den Stämmen dem Aufstieg der Nichtaraber nur förderlich sein konnte.

Die Konsolidierung der Reichsgrenzen und die deshalb geringere Kriegsbeute, das Anschwellen der Pensionslisten und die Unsummen verschlingenden inneren Kämpfe hätten es auch der »frömmsten« Regierung schwergemacht, auf den *charādsch* der Neubekehrten zu verzichten. Die Unzulänglichkeit der Verwaltung, gelegentlich einfach Mißwirtschaft, befreite die Konvertiten noch nicht einmal regelmäßig von der den Nichtmuslimen auferlegten Kopfsteuer, die – übrigens auch auf römisch-byzantinischem Gebiet, wo eine entsprechende Steuer geradezu *iniuria* hieß – als demütigend galt. Um dem zu entgehen, strömten die Neumuslime aus den Dörfern in die Städte, wodurch sie sowohl den Staat schädigten als auch ihre für die Steuersumme kollektiv haftbaren ehemaligen Glaubensgenossen überlasteten. Man kennt die drastischen Maßnahmen eines Haddschädsch, der die Zuwanderer mit Gewalt in ihre Dörfer zurückbrachte und ihnen den Namen des Heimatorts auf die Hand brennen ließ, um neuerliches Entweichen zu verhindern.

Mit diesen Gewaltmaßregeln gingen freilich energische Bemühungen einher, die in den Bürgerkriegen angeschlagene Produktivität des Landes zu heben. Im Irak bedeutete das die Wiederherstellung des vernachlässigten Kanalsystems und die Neugewinnung von Ackerland durch dessen Erweiterung. Die Bevölkerung freilich sah die Ausdehnung des Fruchtlandes mit gemischten Gefühlen, da auf diese Weise, vielfach mit Hilfe des Privatkapitals des Kalifen oder Statthalters, zu ihren Ungunsten neuer Großgrundbesitz entand. Die damit verbundene persönliche Bereicherung führte unter dem letzten großen umajjadischen Statthalter des Iraks, Chālid al-Qasrī (724–739), zu einer solchen Mißstimmung, daß der Kalif Jazīd III. (744) es noch für angezeigt hielt, in seiner Antrittsrede zu versprechen, er werde keine Kanäle anlegen (übrigens auch keine Bauten aufführen). Das Aufblühen der Städte, besonders im iranischen Sprachgebiet, fällt zwar hauptsächlich in die Abbasidenzeit, stärkte aber schon unter den Umajjaden die Wirtschaftskraft des Reiches und begünstigte *mawālī* und Nichtmuslime.

Versuche, die Untertanensteuer mit den Geboten des Islams zu versöhnen, sind in der ausgehenden Umajjadenzeit mehrfach unternommen worden. Das Muster dafür lieferte der fromme Kalif 'Umar (II.) ibn 'Abd al-'Azīz (717–720): die Bekehrten wurden von der Kopfsteuer befreit, aber hatten die Grundsteuer zu entrichten, obwohl sie das Eigentum

Der Felsendom ('Umar-Moschee) in Jerusalem
Bau des 'Abd al-Malik aus dem Jahr 691

Hof der Umajjaden-Moschee in Damaskus, 705

am Boden mit der Bekehrung verwirkt hatten; der Neumuslim sollte als Pächter weiterwirtschaften. Das System setzte sich zwar nicht sogleich durch – der Kalif starb nach weniger als dreijähriger Regierung –, bot aber die Prinzipien, die allmählich maßgebend werden sollten. Wenn den Reformen 'Umars vorgeworfen wurde, daß sie das Interesse des Islams den Notwendigkeiten des Reiches voranstellten und eine Finanzkatastrophe heraufbeschworen, so ist das zweifellos übertrieben; eine Besteuerung des städtischen Kapitals oder des Handels hätte die entgangenen ländlichen Steuern weitgehend ersetzen können. Schließlich war bei der Islamisierung immer weiterer Bevölkerungsteile ein Steuersystem nicht mehr tragbar, das auf die Ausbeutung der nichtarabischen Untertanen hinauslief, ob seine Umgestaltung nun den »arabischen« Staat schädigte oder nicht.

Diese Schwächung des arabischen Staates wurde andererseits durch die Arabisierung des Verwaltungssystems wettgemacht. Das gilt besonders von der Umgestaltung des Münzwesens. Die Eroberungen hatten der Zirkulation byzantinischer und persischer Münzen keinen Eintrag getan; nur gelegentlich wurde den Herrscherfiguren und christlichen Symbolen eine koranische Wendung zugestempelt. Der *dirham*, die Silbereinheit, folgte in seiner Gestaltung dem sasanidischen *drahm* (von griechisch *drachme*), der *dīnār*, die Goldeinheit, dem römisch-byzantinischen *denarius*. Vereinzelten Prägungen unter Mu'āwija folgte unter 'Abd al-Malik eine Periode des Experimentierens, dessen Ergebnis 698/699 rein epigraphische Münzen waren. Erst im zweiten und dritten Jahrhundert der Hidschra (8. und 9. Jahrhundert) wurden die Namen der verantwortlichen Kalifen oder Statthalter beigefügt. *Dirhams* wurden vornehmlich auf ehemals sasanidischem Boden geprägt; Wāsit scheint das Zentrum der Produktion gewesen zu sein. Der in Damaskus geschlagene *dīnār*-Typus verdrängte im Westen des Reiches erst um 720 die zweisprachigen (lateinisch-arabischen) Goldmünzen; das vom Kalifat unabhängige umajjadische Spanien prägte eigene Golddinare erst nach der Annahme des Kalifentitels durch den Fürsten von Córdoba 929.

Gleichzeitig mit der Einführung der arabischen Münze wurde das Arabische Kanzleisprache. Obzwar eine zweisprachige griechisch-arabische Urkunde schon 643 in Ägypten nachzuweisen ist, blieben doch das Griechische und daneben das Koptische die Sprachen der Verwaltung; im Irak übernahm man mit den persischen Verwaltungsmethoden das Pahlawī, die »mittelpersische« Reichssprache. Die Assimilation der fremdsprachigen Schriftkundigen, vielleicht auch die Heranziehung von Kanzleipersonal arabischer Zunge und das steigende Selbstbewußtsein des Staatsvolkes machten die sprachliche Umstellung notwendig und möglich. Daß nichtarabische und zweisprachige Urkunden auch nach der offiziellen Einführung des Arabischen (in Damaskus im Jahre 705) vorkommen, ist bei der Zählebigkeit des Griechischen und zumal des Koptischen in Ägypten nicht zu verwundern. Es paßt zu dem Bild dieser Reformen, daß sich die gewöhnlich als »Mittelarabisch« bezeichnete Vulgärform des Arabischen in Städten wie Alexandreia schon um 700 nachweisen läßt; mit anderen Worten: Arabisch war zu dieser Zeit bereits zur Verkehrssprache geworden; das Idiom des bürgerlichen Lebens hatte begonnen, sich scharf von der »Schriftsprache« der Literaten und Gelehrten abzuheben. Das Eindringen des Arabischen in die nichtmuslimischen Gemeinden führte zu leichten Differenzierungen unter den regionalen Dialekten. Die zumindest teilweise Arabisierung der Nichtmuslime war schon um 700 die unerläßliche

Vorbedigung für die Mitarbeit im islamischen Reich und selbstverständlich auch für jeglichen Kulturaustausch geworden.

Es liegt in der Natur der Sache, daß eine auf (rassisch-)religiöse Zugehörigkeit aufgebaute Gemeinschaft Andersgläubige nicht zu gleichberechtigter Mitarbeit heranziehen kann. Wenn überdies die herrschende Gemeinschaft eine Minorität ist und sich kulturell und wirtschaftlich auf die Andersgläubigen angewiesen findet, so wird die Volleingliederung allein vom Gesichtspunkt der Selbstbehauptung aus eine Unmöglichkeit. Aber die islamische Welt fand eine Lösung für das Zusammenleben der verschiedenen Religionsgemeinschaften. Das Eigenleben der »Schriftbesitzer«, zunächst der Juden und Christen, dann auch der Zarathustrier, wurde unter der Bedingung respektiert, daß sie keinen Anspruch auf eine Beteiligung an der Staatsführung, zumal an der Exekutive erhoben. Das Recht bekräftigte die Minderwertigkeit des Nichtmuslims im wörtlichsten Verstande; das für ihn zu zahlende Wergeld betrug nur die Hälfte des für einen Muslim zu fordernden, sein Zeugnis galt nichts gegen einen Rechtgläubigen, und er hatte, wie gesagt, die Kopfsteuer zu entrichten.

Der Nichtmuslim hielt sich nun an die im einzelnen wechselnden Beschränkungen oder Auflagen, die aber immer seine soziale Schwäche betonten; dafür garantierte ihm die Rechtsfiktion der *dhimma*, des Schutzverbandes, Leben und Eigentum, freie Religionsausübung und die Autonomie seiner Religionsgemeinschaft. Sie wiederum bestimmte die Rechte und Pflichten des Einzelnen. Wie in der germanischen Welt der Völkerwanderungszeit, ja weitgehend in der Antike und im frühen Mittel, war im Islam das Recht personal und nicht, wie in der Moderne, territorial. Es war der Zeit selbstverständlich, daß Menschen verschiedenen Glaubens und Ritus, selbst wenn sie derselben Staatsgewalt unterstanden, sich ihrer rechtlichen Einstufung nach unterschieden; man mochte sich gegen einzelne Beschränkungen wehren, im Prinzip war die Differenzierung etwas ganz Natürliches. Von Toleranz oder Intoleranz dabei zu reden wäre kaum angebracht. Dies wird erst sinnvoll, wenn es sich um die Bereitschaft der Herrschenden handelt, Fremdgemeinden in ihrer Andersartigkeit zu dulden. Und hier wird man feststellen müssen, daß der Muslim im Mittelalter im ganzen eher dazu bereit war als sein europäischer oder byzantinischer Zeitgenosse und das Fremdartige sogar konstruktiv einsetzte, solange es nicht soziale Gewohnheiten, die leicht mit der göttlichen Ordnung verwechselt wurde, umzustoßen trachtete.

Die Verträge, die das Verhältnis der Muslime mit Juden und Christen regelten, *'ahd*, werden gern in die Zeit des ersten 'Umar zurückverlegt, spiegeln aber im allgemeinen spätere, selbst nach der Umajjadenzeit liegende Verhältnisse wider. Man darf vielleicht verallgemeinernd formulieren, daß die Stellung der Schriftbesitzer, zumal in der höheren Gesellschaft, um so günstiger, die Bereitschaft, sie zu zivilisatorischer Mitarbeit heranzuziehen, um so größer war, je mehr die Muslime selbst ihrer kulturellen und staatsgestaltenden Kraft sicher waren. Daher die relative Prominenz der *dhimmī* im geistigen und administrativen Leben des 9. und 10. Jahrhunderts, daher auch wurden die Andersgläubigen unterdrückt, als im 11. Jahrhundert die große Krise des sunnitischen Islams heraufzog.

Hischām hatte begriffen, daß Verwaltungsreformen nötig waren; doch hätte sich nur dann ein zufriedenstellendes Ergebnis erzielen lassen, wenn die nichtmuslimischen Untertanen den muslimischen gleichgestellt worden wären, womit die Umajjaden, um nicht alle Unterstützung zu verlieren, dem Gesetz, nach dem sie angetreten, drastisch zuwidergehandelt hätten. Gerade in den letzten Jahren Hischāms kam es zu einem sich chāridschitisch gebärdenden Aufstand der Berber, die trotz ihrer Teilnahme am *dschihād*, dem »heiligen Krieg«, sich fast wie Heiden behandelt sahen; sie hatten sogar den Arabern einen Kindertribut leisten müssen, worin sich wohl eine gewisse Verärgerung über die politische Unzuverlässigkeit der Berber niedergeschlagen hatte. Die Gewohnheit – nach islamischem Staatskonzept eher »die Notwendigkeit« –, politische Forderungen und Beschwerden religiös zu umkleiden, brachte in die Zwistigkeiten ein Element der Unversöhnlichkeit und Kompromißlosigkeit, das die Verbissenheit der Stammesfeindschaften noch übertraf. Mit dem Regierungsantritt von Hischāms dichterisch hochbegabtem, aber als Politiker völlig unzulänglichem Neffen Walīd II. zerbrach die bisher zumindest nach außen gewahrte Einigkeit der Umajjadenfamilie; drei Kalifen folgten einander in wenig mehr als einem Jahr, und erst nach langen Kämpfen, in denen das syrische Fundament der Dynastie zersplitterte, gelang es Marwān II., einem Berufssoldaten (ihm wird eine moderne Heeresordnung zugeschrieben), im Jahre 747, die Einheit des Kalifats nominell wiederherzustellen, nachdem noch ein äußerst bedrohlicher Chāridschitenaufstand im Irak niedergerungen worden war. Doch im selben Augenblick, als im Zentrum der Friede einziehen sollte, brach in Chorasan eine Verschwörung aus, der Marwān fürs erste keine entsprechenden Machtmittel entgegensetzen konnte: am 9. Juni 747 entfalteten die Schī'iten in Sikādang das schwarze Banner der Abbasiden.

Die extreme Schī'a hatte sich Muchtārs Lehre von der Wiederkehr des prophetischen Funkens in 'Alī und dessen Nachfahren in der Linie des Muhammad ibn al-Hanafijja zu eigen gemacht und war schon seit langem in konspiratorischer Absicht lose um Imāme gruppiert; wie alle religiöse Opposition hatte sie ihren Rückhalt im Irak. Schon bald nach dem Ableben des Imām 'Abdallāh Abū Hāschim (698–716) wurde verbreitet, er habe seine Funktion an Muhammad ibn 'Alī (gestorben 743), einen Urgroßenkel von Muhammads Onkel al-'Abbās, vererbt. In der Tat schlossen sich seine Parteigänger Muhammad ibn 'Alī an; dieser intensivierte die antiumajjadische Propaganda und schickte ab etwa 720 Werber nach Chorasan. Aber das eigentliche Zentrum blieb Kūfa; die in Chorasan tätigen Agenten waren Kaufleute, die Sektenführer in Merv Handwerker und ebenfalls Kaufleute, und alle so gut wie ausschließlich iranische *mawālī*; doch fehlten auch arabische Schī'iten nicht. Den Beteiligten ging es vor allem darum, das arabische Staatsmonopol oder, wenn man will, den arabischen Nationalismus zu überwinden und eine Theokratie unter einem Sproß des Prophetenhauses zu errichten; der Islam, nicht die arabische Geburt, sollte zur Teilnahme am theokratischen Staat berechtigen.

Um der umajjadischen Regierung auszuweichen, hatte schon Abū Hāschim sich in Humaima, einem kleinen Ort südlich des Toten Meeres, angesiedelt, von wo aus sich die Aktivität seiner Familie, seltsamerweise fast unbehindert, entfalten konnte. Erst 748 schritt Marwān gegen den damaligen Imām Ibrāhīm ein und deportierte ihn kurz vor dessen Tode nach Harrān, das der Kalif sehr zum Schaden seiner Popularität an Stelle von Damaskus zu seiner Hauptstadt gemacht hatte.

Unabhängig von den Abbasiden hatte der Fātimide (der Abkömmling von ʿAlī und Fātima, der Tochter Muhammads) Zaid ibn ʿAlī in Kūfa einen Aufstand vorbereitet, durch den das Buch Gottes und die Tradition, *sunna*, des Propheten wieder in ihre Rechte eingesetzt (aber auch die Staatseinkünfte ganz verteilt) werden sollten. Von der Regierung entdeckt, mußte Zaid am 6. Januar 740 vorzeitig losschlagen. Die Rebellion wurde innerhalb weniger Tage unterdrückt. Sein Sohn Jahjà rettete sich nach Chorasan, wurde aber unter Walīd II. aufgespürt und getötet. Die Zaiditen selbst, die bemerkenswerterweise die neuplatonisch-iranischen Imām-Spekulationen ablehnten, konnten sich später am Rand der *dār al-islām* politisch zur Geltung bringen; ein Zaiditenstaat erstand an dem recht eigentlich erst von ihnen ganz islamisierten Südufer des Kaspischen Meeres (864–928), ein weiterer 897 im Jemen, der bis auf den heutigen Tag sich gehalten hat. Die unmittelbare Bedeutung von Zaids und Jahjàs »Märtyrertod« lag freilich darin, daß sie der Entfremdung der irakischen Araber von den Umajjaden weiter vertiefte und dem Abū Muslim eine wirksame Racheparole in die Hände spielte.

Es war die große Leistung des Abū Muslim, den Ibrāhīm als Vertreter der *ahl al-bait*, der »Familie des Propheten«, nach Chorasan entsandte, die verschiedenen Gruppen der schīʿitischen Opposition zu koordinieren und die nichtschīʿitischen Araber in Sicherheit zu wiegen, bis es für einen wirksamen Widerstand zu spät war. Der letzte umajjadische Statthalter Chorasans durchschaute zwar das Spiel, konnte aber ohne Unterstützung des Kalifen – der seinerseits im Innern des Reiches völlig in Anspruch genommen war – nichts ausrichten. In berühmt gewordenen Versen rief er die chorasanischen Araber zur Einigung auf und appellierte an die Hilfsbereitschaft Syriens, indem er für den Fall einer Niederlage das Ende der arabischen Herrschaft voraussagte. »(Die Rebellen) haben eine Religion, die nicht vom Boten Gottes stammt und nicht in den heiligen Büchern steht; und wer mich nach der Wurzel ihrer Religion fragt – (dem sage ich) ihre Religion läuft darauf hinaus, daß die Araber getötet werden sollen.« Doch hörten die Araber nicht auf ihn. Abū Muslim, ein von der Prophetenfamilie adoptierter iranischer *maulà* und schīʿitischer »Extremist«, zog als Schiedsrichter in Merv ein und besetzte im Juni 748 Nīschāpūr. Nasr ibn Sajjār, der Chorasan hatte aufgeben müssen, starb vor der entscheidenden Schlacht von Dschabalq bei Isfahān (18. März 749), die den *musawwida*, den »Schwarzgewandeten« – die schwarze Farbe, schon von früheren Umajjadengegnern verwendet, rief messianische Assoziationen hervor –, den Weg über Nihāwend nach dem Irak frei machte. Schon am 2. September zogen die Chorasaner in Kūfa ein, wo sich einen Monat später auch die Abbasiden einfanden. Der Führer der Bewegung im Irak, Abū Salama, sah sie nicht gern; er hätte – so wurde wenigstens nach seiner Ermordung ausgestreut – die Regierung den Aliden zugespielt, wäre er nicht von Abū Muslim daran gehindert worden. So huldigte man denn am 28. November 749 Abū ʾl-ʿAbbās, dem ältesten Sohn Muhammads ibn ʿAlī, in der Hauptmoschee von Kūfa.

Zum Verständnis der Situation muß man sich vergegenwärtigen, daß Abū Muslim in Merv seinem Heer einen Treueid auf einen künftigen Kalifen abnahm; die Soldaten wurden nur »auf denjenigen von der Familie des Gottesboten, auf den man sich einigen« würde, verpflichtet. Die »Thronrede« des Abū ʾl-ʿAbbās begründete den Herrschafts-

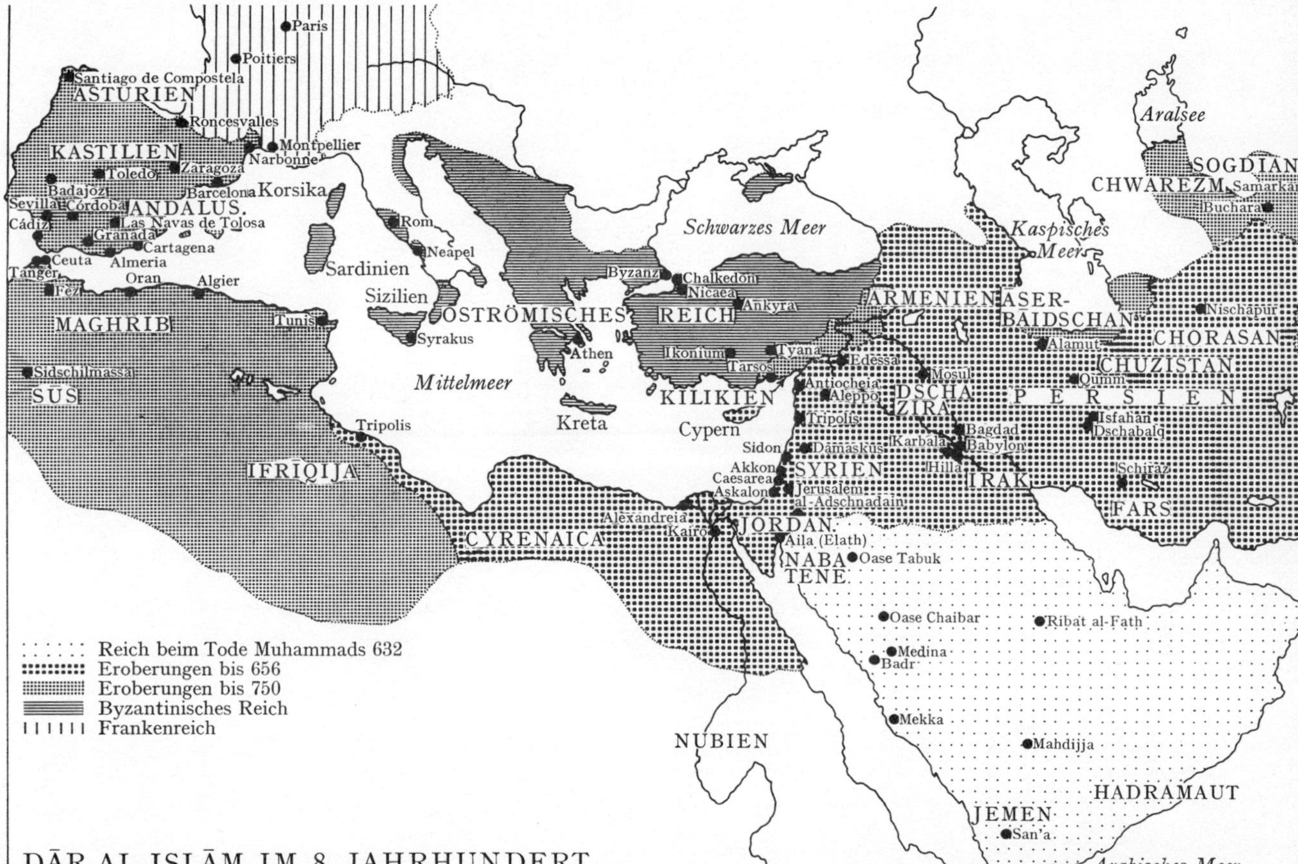

DĀR AL-ISLĀM IM 8. JAHRHUNDERT

anspruch der Abbasiden aus dem Koran; sie wendete sich gegen alle, die den Aliden als den dem Propheten nächstverwandten das Thronrecht zusprechen wollten, und erklärte Irak zum Zentrum des neuen Regimes. Doch war dieses Regime erst gesichert, nachdem Marwān selbst am 25. Januar 750 am Großen Zāb entscheidend geschlagen worden war. Schon ehe Marwān im August desselben Jahres in Oberägypten mit ein paar Getreuen getötet wurde, hatten die Abbasiden (nach außen hin als Rächer der Aliden; ihnen selbst war ja nichts widerfahren) mit grausamer Gründlichkeit die Umajjaden und ihre hohen Beamten auszurotten begonnen. Selbst den toten Kalifen (mit Ausnahme von Mu'āwija und 'Umar II.) gönnten sie keine Ruhe. Die Syrer, deren Uneinigkeit den Zusammenbruch beschleunigt hatte, erhoben sich 751 nachträglich, selbstverständlich ohne Erfolg. Doch überlebte die traditionelle Anhänglichkeit an die gestürzte Dynastie, die nun kein konkreter Konflikt mehr trüben konnte, und war in Syrien noch hundertfünfzig Jahre später stark genug, um den Abbasiden Sorge zu machen und sich in der eschatologischen Hoffnung auf den Sufjānī zu verdichten, der als ein umajjadischer Mahdī das Endreich der Gerechtigkeit heraufführen würde. Die abbasidische Geschichtsschreibung hat sich aber alle Mühe gegeben, die Mit- und Nachwelt von der Gottlosigkeit der gefallenen Dynastie zu überzeugen.

Die Abbasiden
Griechisches Erbe und persischer Aufstieg

Der Sieg der Abbasiden bedeutete das Zurückdrängen, nicht jedoch die Ausschaltung der Araber. Doch hoben sich je länger, desto deutlicher die regionalen Verschiedenheiten ab; im Übergang zum Nationalitätenstaat sank zusehends die Bedeutung der Araber als völkisch-militärische Einheit. Die Ausbreitung der arabischen Sprache als Kulturmedium, die Übernahme der arabischen Namengebung durch die islamisierten Nichtaraber und nicht zuletzt der arabische Ursprung der Dynastie verdeckten das allmähliche Verschwinden einer spezifisch arabischen Dominante aus der abbasidischen Zentralverwaltung; die Pensionen wurden langsam abgebaut, bis 831 die *muqātila* als eigener Truppenkörper aufgelöst und Pensionen nicht mehr an die arabischen Wehrpflichtigen, sondern nur noch an Hāschimiden und Aliden, den islamischen »Adel« der Abkömmlinge des Propheten, ausgezahlt wurden. Obwohl aber der politische Einfluß der Araber aufgehoben war, blieb ihr soziales oder sozial-religiöses Ansehen erhalten. Die Perser und zumal die Chorasanier, von denen eine nicht unerhebliche Anzahl als »Söhne« *(abnā')* durch Adoption in die abbasidische Familie aufgenommen wurde, bildeten zu Beginn der Abbasidenherrschaft den militärischen Kern des Reiches; die Abbasiden hatten aber nicht als Vorkämpfer der Iranier die Macht übernommen, sondern als Träger des Religionsgesetzes und der islamischen Lebens- und Regierungsform.

Der Unterschied zwischen Arabern und *mawālī* verlor damit prinzipiell seine Bedeutung. Die Gläubigen rückten alle in die gleiche Entfernung zum Herrscher, der nicht mehr als *primus inter pares* (als *protosymboulos*, wie es die byzantinischen Historiker ausdrücken) durch seinen Stand, die arabische Aristokratie, wirkte, sondern der mit der Gestik eines Gottkönigs, als Repräsentant der geoffenbarten Ordnung, aus hieratischer Distanz und Isolierung die Untertanen dem Religionsgesetz unterwarf. Mit dieser veränderten Stellung des Kalifen hängt es auch zusammen, daß eheliche Verbindungen mit dem arabischen Adel aufhörten. Niemand war den Abbasiden ebenbürtig; eben darum heirateten sie nur Sklavinnen; nach 800 ist kein einziger Kalif als Sohn einer freien Mutter geboren worden. Die persönliche Zuchtlosigkeit manches Kalifen änderte nichts daran, daß er für das Volksempfinden »der Schatten Gottes auf Erden«, »der Kalif Gottes« war, nicht des Propheten, eine von den Frommen freilich als lästerlich abgelehnte Formel. Was das Reich zusammenhielt, war nicht mehr die »arabische Nation«, die Araber in führenden Stellungen, sondern die Dynastie als Verwalter der islamischen Einheit, letzten Endes also der Islam selbst. Er erfüllte diese Aufgaben denn auch so lange und in dem Maße, als das freie Fortleben der Religionsgemeinschaft mit der im Kalifat verkörperten Einheit der legitimen Staatsgewalt verbunden schien. Was der große Schriftsteller Dschāhiz (gestorben 869) in einer berühmten Stelle von den Chāridschiten gesagt hat, gilt mit vollem Recht auch für die Gesamtgemeinde oder den islamischen Staat: »Wenn wir die Leute von Sidschistān, der Dschazīra, vom Jemen, dem Maghrib und ʿUmān, den Azraqī, den Nadschdī, den Ibādī und den Sufrī (vier chāridschitische Untersekten), *maulà* und Araber, Perser und Nomaden, Sklaven und Frauen, Weber und Bauern, trotz ihrer unterschiedlichen Abkunft und der Verschiedenheit ihrer Heimatländer auf derselben Seite kämpfen sehen, so begreifen wir, daß es die Religion ist, die diesen Ausgleich zwischen ihnen schafft und die Gegensätze miteinander versöhnt.« Hier ist es die Religion, die allen offensteht und, wie im Römischen Reich der Staatsgedanke, die Universalität verbürgt.

Daraus ergibt sich freilich eine gesteigerte Empfindlichkeit für die politische Bedeutung religiöser Lehrmeinungen und Dispute. Das Konventikelwesen und die religiöse Spekulation waren schon unter den Umajjaden, besonders im südlichen Irak und in Iran, sehr lebhaft gewesen; in mannigfacher Verknüpfung fanden vor- und außerislamische Vorstellungen Einlaß; je weiter eine religiöse Partei sich von der Gemeinde entfernte, desto ungezügelter wurden die Theologeme und desto größer die Neigung zu weiterer Zersplitterung. Den Umajjaden hatte dieses Sektierertum wenig anhaben können, zumal es sich in Kreisen entwickelte, die ohnehin schon oppositionell eingestellt waren. Die Umajjaden sahen sich erst zu gelegentlichem Eingreifen veranlaßt, als etwa unter Hischām bei den »Sunniten«, der prinzipiell obrigkeitstreuen Gemeindemehrheit, die sich auf das Vorbild des Propheten berief und den engen Legitimismus der Schīʿiten ebenso ablehnte wie die Werkfrömmigkeit der Chāridschiten, die erste systematisierende theologische »Schule« von sich reden machte: die »Qadariten«, die den freien Willen im Gegensatz zum verhängten Geschick *(qadar)* propagierten. In dem Bestreben, als gottgewollt und vorherbestimmt anerkannt zu werden, hatten die Abbasiden fortgesetzt gegenüber religiösen Richtungen und Streitfragen Stellung zu beziehen. Sie waren durch die Schīʿa, anfänglich sogar als »extreme Schīʿiten«, emporgekommen. Doch begriffen sie bald, daß deren Extremismus, der bei manchen bis zur Vergottung des abbasidischen Herrschers ging, ihnen die *umma* unwiderruflich entfremden würde. Die Ermordung des Abū Muslim, eine der ersten Taten des zweiten und wohl größten Abbasiden, al-Mansūr (754–775), war vielleicht nicht nur ein Versuch, sich von der Bevormundung durch den gewaltigen chorasanischen Führer zu befreien, sondern sollte auch die Bande durchschneiden, die die Dynastie mit der radikalen Schī'a verknüpften. Die »gemäßigte« Schī'a fühlte sich daraufhin in ihrem Einsatz betrogen und zettelte immer neue Aufstände zugunsten alidischer Prätendenten an.

Die Wendung zur *dschamā'a*, zur Mehrheitsgemeinde, war also wohl politisch vorgegeben; sie mußte aber vollzogen werden, und die Abbasiden taten es mit einem Geschick, daß sie die fromme Opposition, die den Umajjaden so viel zu schaffen gemacht hatte, fürs erste zu neutralisieren und gelegentlich auch zu gewinnen vermochten.

Bemerkenswerterweise verstärkte sich unter den Abbasiden noch das Gefühl von der Sündhaftigkeit der Macht, der Wunsch, sich der Mitarbeit an der Lenkung der Gemeinde zu entziehen. Obgleich die Frommen das »Salz« der *umma* waren, um derentwillen der Staat *ex professo* bestehen durfte, frönten sie doch einer parasitären Haltung, die eben die politische Struktur bekämpfte oder sich ihr entzog, von der ihre eigene Existenz abhing. Die Parole, im »recht verstandenen« Koran und in der »recht verstandenen« *sunna* des Propheten seien alle Details zum Heile aller erschöpfend geregelt, hat manche Regierung in muslimischen Landen bis auf den heutigen Tag verfolgt. Die Verwechslung von gebotener Einstellung und verordnetem Reglement, der unwandelbaren Gültigkeit der Offenbarung mit den Wünschen der jeweiligen Interpreten, des Komplexen mit dem Sündhaften, das mit der Ausrichtung auf das Zeitlose so oft mitgesetzte Unverständnis für das Zeitliche, diese Verwechslungen und Mißverständnisse sind nicht auf die »Frommen« des Islams beschränkt. Da aber die weltlichen und die geistlichen Belange in der ein und derselben göttlichen Weisung unterworfenen *umma* ungeschieden sind, sind diese Verwechslungen kaum – wie etwa in der christlichen Welt – durch Kompromiß im alltäglichen Dasein aufzuheben. Letzten Endes sind sie nur zu ertragen, indem der Staat von der auf sich selbst zurückgezogenen Religionsgemeinschaft passiv hingenommen wird.

Hinzu kommt im Islam das Fehlen einer kirchlichen Organisation, wodurch die Vertretung der spezifisch religiösen Interessen dem Konsensus der Gemeinde, tatsächlich aber der Fürsprache angesehener Religionsgelehrten überlassen bleibt. Die Gemeinde als Religionsgemeinschaft hat sich also nirgends mit der Wirklichkeit auseinanderzusetzen, wodurch wiederum in der Verfechtung abstrakter Prinzipien die Erfüllung der sittlichen Glaubensverpflichtung gesehen und gleichzeitig mit jeder bestehenden Staatsordnung Friede geschlossen werden kann. Das Fehlen einer Kirche bedeutet freilich nicht, daß es auch keinen Klerus gibt; nur darf man keine sakramental von der Laienwelt geschiedene, als Mittler zu Gott vorgeschobene Priesterschaft erwarten. Die zu dieser Zeit noch nicht hierarchisch, sondern nur nach persönlichem Ansehen gegliederten muslimischen '*ulamā*' besitzen das spezialisierte Wissen, ohne das der Islam nicht fortwirken könnte; als Rechtsgelehrte überliefern und entwickeln sie die Ordnung der *umma*, die als normative Selbstdarstellung deren eigentliche Existenzgrundlage abgibt und zugleich ihre größte intellektuelle Leistung ist: die im *fiqh* niedergelegte *scharī'a*, die »Straße«, das durch Ursprung und Zweck geheiligte Recht.

Aber weder brachte die Entwicklung der *scharī'a* eine Zentralisierung der Rechtsübung und Staatsverwaltung, noch hat sonderbarerweise der kalifale Absolutismus eine solche Zentralisierung auch nur ernstlich angestrebt. Was geschah und auch der abbasidischen Auffassung entsprach, war die Unterbauung der lokalen Rechtsübung durch die prophetische Tradition, die zu besitzen sich Medina rühmte, die Stadt der Frommen und der müßigen islamischen Aristokratie. Konkret bedeutete dies, daß jeder positive Rechtssatz mit Zeugnissen des Propheten oder mit zeitgenössischen Berichten über dessen Verhalten zu belegen war. Damit wurde zwar die Rechtsgrundlage vereinheitlicht, aber die Gepflogenheiten in den Provinzen wurden keineswegs verdrängt. Eine weitere Verfestigung der Rechtsstruktur, die ebensowenig in die Nivellierung regionaler Verschiedenheiten ausmündete, ergab sich aus der Systematisierung der Rechtsquellen und der Sammlung ihrer Inhalte, die der in Medina ausgebildete Palästinenser asch-Schāfi'ī (820 in Ägypten gestorben) vornahm.

An der Oberfläche überwiegt das Übereinstimmende der Rechtsschulen. Koran und *sunna*, Analogie und selbständige Weiterbildung des gesicherten Schulbesitzes sind, ob nun eingestanden oder nicht, überall als Quellen oder »Wurzeln« der Rechtsbildung anerkannt, obgleich etwa die Hanbaliten, nach Ahmad ibn Hanbal (gestorben 855) benannt, die Beiträge einzelner Schulrepräsentanten sorgfältiger zu verschleiern trachteten als beispielsweise die Anhänger der irakischen Schule des Abū Hanīfa (gestorben 767); auch koranische und prophetische Belege wurden nicht überall mit gleicher Ausschließlichkeit herangezogen. Die gegen Ende des 9. Jahrhunderts begründeten Zāhiriten schließlich vermieden es peinlich, ihre Rechtssätze offen abzuleiten. Das häufig geübte Verfahren, zeitgenössische Verhältnisse zurückzuverlegen und prophetische Entscheidungen zu erfinden, trug freilich nicht eben dazu bei, eine einheitliche Rechtspraxis zu schaffen. Letzten Endes war der *idschmā'*, die Übereinstimmung der Rechtskundigen, vergleichbar dem *consensus prudentum* in Rom, das wahre Fundament des *fiqh*. Von allen Schulen anerkannt, normbildend durch die Feststellung dessen, was Rechtens war, autorisiert durch das Prophetenwort, daß Gottes Gemeinde nicht im Irrtum übereinstimmen könne, verlieh der *idschmā'* dem religiösen Recht die Schmiegsamkeit, ohne die es schnell zu einer antiquarischen Kuriositätensammlung geworden wäre. Der *idschmā'* legalisierte regionale Differenzierungen; was in Bagdad Recht war, brauchte nicht in Fez erzwungen zu werden.

Der *fiqh* gibt also keine systematische Kodifikation des positiven Rechts auf der Grundlage einiger weniger axiomatischer Prinzipien; er ist nach Bedarf und Übung ausgebaut und umfaßt sowohl den Kult als auch die zwischenmenschlichen Beziehungen. Die allgemeine Auffassung von der Natur des *fiqh* gab und gibt mithin dem islamischen Recht und dem islamischen Leben die Einheit, nicht die Übereinstimmung in den einzelnen Rechtssätzen. Bei genauem Hinsehen lassen jedoch die Schulentscheidungen die soziologischen Verhältnisse erkennen, denen sie gerecht werden sollten. Die Praxis der Rechtsprechung geriet erst allmählich (und vor allem unter den ersten Abbasiden) in die Hände der in den Schulen ausgebildeten Juristen. Es stand dem Herrscher frei, die Befugnisse des Richters örtlich, zeitlich und sachlich zu begrenzen; dem Beispiel der ersten Kalifen und der uralten Tradition des Ostens folgend, konnte er gewisse Gebiete der Rechtsprechung sich selbst vorbehalten.

Demselben, vorzüglich auf Gemeinschaftserhaltung und -stärkung bedachten Geist verpflichtet, ist auch die politische Theorie der *sunna* wenig mehr als eine Rationalisierung der Geschichte, die Verabsolutierung des Gewordenen, das als von jeher bestehend begriffen wurde. Die Interpretation zielte im Grunde nur darauf ab, die vom *idschmā'* ratifizierten Präzedenzfälle nachträglich zu rechtfertigen. Bei der ungeheuren Wichtigkeit, die dem Geschichtlich-Tatsächlichen bei der Aufzeigung des göttlichen Willens und der Natur seiner charismatischen Gemeinde zukam, ließen sich die Kernbegriffe des politischen Denkens nur in Form einer aus der Analyse der Vergangenheit gewonnenen Typologie erarbeiten. In der Praxis ist es vor allem die Idee des Kalifats gewesen, an deren Durchbildung sich die ideologische Bestimmtheit der muslimischen Gemeinde ablesen läßt.

Der Kalif – die Diskussion dreht sich zumeist um die Person, nicht um die Institution – hat nach Wandel und Einsichtsfähigkeit fleckenlos zu sein; im Grunde wird die Legitimität seiner Amtsführung nicht von der Form der Amtsübernahme berührt. Von ihm wird die Qualität eines *mudschtahid*, eines Gesetzeskundigen, erwartet, ohne daß die Ausbildung der Lehre seine Sache wäre. Genauer: der Kalif ist ein *muftī*, ein Rechtsgutachter, wie ihn etwa ein *scharī'at*-Richter, ein *qādī*, zur Unterstützung heranzieht, freilich von höchster Autorität in der politischen Sphäre. Deshalb konnte auch später ein Usurpator dem Kalifen seinen »Fall« vorlegen und der Kalif ihn legitimieren, also ihm erlauben, unter gewissen Voraussetzungen die Regierung auszuüben.

Die Einheit des Kalifats entspricht der Einherrschaft Gottes und symbolisiert die Einheit der *umma*. Es ist darum der Theorie schwergefallen, die tatsächliche Mehrzahl der Träger des Kalifentitels (seit 929 auch innerhalb der sunnitischen Gemeinde) zur Kenntnis zu nehmen. Die erforderliche direkte Verwandtschaft mit dem Propheten ist das Problem, an dem sich die Geister scheiden, wobei die »Ultralegitimisten« ihrerseits wieder in der Beantwortung der Frage auseinandergehen, ob diese Verwandtschaft einen »göttlichen Funken« überträgt und damit die Fortsetzung der prophetischen Mittlerfunktion zur Folge hat.

Tatsächlich nahm der abbasidische Kalif die Funktion eines Seelsorgers in Anspruch; er schützte die Religion vor Irrtum und Ausartung. Obgleich die Vorstellung von der bestätigenden Wahl gewahrt bleibt, stammt die Autorität des Kalifen nicht von der Gemeinde. Der Kalif ist unbedingt und notwendig, er ist im Gesetz mitgegeben, daher in seiner Exekutivgewalt unbeschränkt, sofern das Gesetz ihm keine Schranken setzt – eine Zweideutigkeit, der die Theorie niemals gänzlich Herr geworden ist. Ebensowenig ist es ihr gelungen, ein Nachfolgerecht zu entwickeln. Auch in dieser praktisch so wichtigen Frage hat sie nicht mehr geleistet als der *idschmā'* überhaupt, nämlich die *faits accomplis* festzustellen und zu klassifizieren. Sie ist nicht imstande gewesen und hat es auch gar nicht erst versucht, die dem inneren Frieden des Reiches so abträglichen Thronfolgebestimmungen der einzelnen Kalifen – etwa die Wahl der nächsten zwei oder drei Nachfolger unter den Söhnen, Brüdern oder Onkeln – im Interesse der *umma* zu verhindern; auch zu Reichsteilungen kam es trotz schlechten Erfahrungen immer wieder.

Mit der Herrschaftsbasis ändert sich auch der Herrschaftsstil. Das altorientalische Hofzeremoniell in seiner sasanidischen Ausformung bricht sich Bahn. Der Kalif schließt sich von den Untertanen ab, der Zugang zu ihm wird vom Kämmerer *(hādschib)* verwaltet;

der Allgemeinheit zeigt sich der Kalif nur bei öffentlichen Audienzen, die häufig zugleich Gerichtssitzungen sind – der Kalif ist die eigentliche Appellationsinstanz –, und bei bestimmten zeremoniellen Handlungen. Der Hof, die Familie des Kalifen, Gesinde, Garde und Zentralverwaltung, wird Mittelpunkt des Reiches; die Stellung zum Gebieter entscheidet über Rang und Einfluß. Seine Gnade erhebt den Knecht aus dem Nichts, seine Ungnade stürzt ihn ins Nichts zurück. In plötzlichem Auftritt erscheint der Kalif und zerschmettert seinen Feind, zuweilen auf der Stelle in öffentlicher Exekution in der Thronhalle. »Sobald man ihnen verdächtig ist, ist man nicht mehr schuldlos.« (Racine)

Die religiös begründete Sittenpredigt wurde zwar in der Öffentlichkeit hingenommen, aber im Palast – und das entsprach ganz dem Stil der Zeit – nicht notwendigerweise immer befolgt. So ließ sich Hārūn ar-Raschīd von Sufjān ibn ʿUjaina wegen des Gebrauchs eines Löffels auf Grund eines recht subjektiv ausgelegten Koranverses zur Rede stellen; und derselbe Herrscher belohnte einen anderen Frommen, der ihm auf die Fangfrage, ob die Umajjaden oder die Abbasiden die besseren Kalifen gewesen seien, zur Antwort gab: »Die Umajjaden taten mehr für die Leute; ihr haltet das Gebet gewissenhafter.«

Die Stärke der Rechtsgelehrten wie überhaupt der Vertreter des religiösen Lebens lag schon in der frühen Abbasidenzeit vor allem darin, daß sie eng mit der Bevölkerung verbunden waren, in deren Mitte sie wirkten; die Richter waren häufig »Honoratioren« ihres Bezirks und mußten übrigens der in ihrem Amtsbereich maßgebenden Schule angehören. Diese Verbundenheit mit Lokalinteressen, die auch in der gewöhnlich dem *qāḍī* übertragenen Verwaltung der frommen Stiftungen (*auqāf*, Singular *waqf*) seines Sprengels zur Geltung kam, hob die Klasse der Rechts- und Gottesgelehrten deutlich von den Beamten der Reichsverwaltung ab. In den Verwaltungsbehörden (*dīwān*), die etwa modernen Staatskanzleien oder Ministerien zu vergleichen sind und sich nach sasanidischem Vorbild in der Reichshauptstadt, seit 762 dem neugegründeten Bagdad, aber auch in den Provinzhauptstädten entwickelten, schalteten die *kuttāb*, die »Schreiber«. Sie waren nicht in der *scharīʿa* geschult, und, was das Entscheidende war, sie waren Kreaturen des Herrschers, meistens Iranier, deren Familie eine Zeitlang *mawālī* gewesen waren, dazu auch Christen, kurzum Repräsentanten der traditionellen Regierungstechnik. Sie dachten nicht notwendigerweise antiislamisch, denn sie hatten sich gleichsam mit der der Religion abgewandten Seite des Staatslebens zu befassen, standen aber doch in einem gewissen Gegensatz zu den *fuqahā'*, den Vertretern der *umma*. Weltoffener vielleicht, jedenfalls literarisch und humanistisch gebildeter als jene, formten die *kuttāb* bald eine Art Kaste, die von der Bevölkerung verhältnismäßig isoliert lebte und daher im Notfall von ihr keinen Rückhalt erhoffen durfte. Dennoch oder gerade deshalb waren es die *kuttāb*, auf die neben der bewaffneten Macht die Kalifen den Reichszusammenhalt gründeten. Die Dezentralisation der Rechtsprechung, der »Sitten und Gebräuche« und die bei den Verkehrsverhältnissen unvermeidliche Selbständigkeit der Statthalter sollten durch die zentralisierte Verwaltung ausgeglichen werden.

Erst allmählich wurde der im allgemeinen aus den *kuttāb* hervorgehende *wazīr* zum ersten Minister und *alter ego* des Fürsten – damit auch zum Oberhaupt der administrativen *maẓālim*-Gerichtsbarkeit, die das *scharīʿa't*-Gericht ergänzte und vielfach als durchgreifender verdrängte –; ihn vor allem haben literarische Reminiszenzen dem westlichen Bewußtsein eingeprägt. Sprachlich und sachlich ist der *wazīr* arabischen Ursprungs. Zuerst war er der Helfer und Repräsentant des Kalifen, der überall nach dem Rechten zu sehen hatte, und dann übernahm er auch das eine oder andere Regierungsamt. In der frühen Abbasidenzeit, in der ja der Herrscher noch durchaus die Zügel in der Hand hielt, wurde er schließlich nach mittelpersischen Idealvorstellungen (in denen sich wohl vielfach zeitgenössische Bestrebungen widerspiegelten) zu dem allmächtigen Minister, in dessen Rolle die großen Wezire des späten 9. und beginnenden 10. Jahrhunderts in ständigem Kampf mit dem Militär verstrickt waren. Die berühmten Wezire der Barmakidenfamilie, die unter Mahdī (775–785) und besonders Hārūn ar-Raschīd (786–809) das Reich beherrschten, und der ebenso berühmte Fadl ibn Sahl, der in der ersten Zeit Ma'mūns (813–833) eine ähnliche Rolle spielte, hatten in Verbindung mit der Statthalterschaft von Chorasan die Oberaufsicht über die wichtigsten Ämter der Zentralregierung und damit zeitweise die eigentliche Macht in der Hand, ohne doch allen Ressortvorständen *ex officio* übergeordnet zu sein.

Dem Zwiespalt der Mentalitäten, für die *fuqahā'* und *kuttāb* als repräsentativ angesehen werden dürfen, entsprachen die Bildungsformen, die sich bald im Kampf miteinander finden sollten – die arabisch-grammatische Richtung, die sich mit dem Studium der Schrift, aber auch mit der Beduinentradition, vor allem ihrer klassischen Poesie befaßte, und die persisch (oder perso-indisch) inspirierte Richtung, die in elegant-zeitgenössischem, städtischem Arabisch vor allem aus der iranischen Geschichtslegende schöpfte und sich in der Neugestaltung verfeinerter Liebesmotive von sentimental-»platonisierendem« Gepräge gefiel. Die Spannung zwischen diesen Sphären, die im groben den Grad ihrer Verwurzelung im Islam (und das Maß ihrer Arabisierung) spiegelt, verdichtete sich im 9. Jahrhundert zu einer deutlichen Trennungslinie, die, zumal unter den *kuttāb*, überhaupt unter den Intellektuellen, Araber und Nichtaraber in einem Wettstreit der ererbten Kulturleistungen gegeneinander absetzte. Trotz den eher kindlich zu nennenden Argumenten hatte die Bewegung der *schu'ūbijja*, der »Volksbewußtheit«, große Bedeutung, weil sie das kulturelle Monopol der Araber zu brechen suchte, nachdem das politische schon mehr als ein halbes Jahrhundert zuvor nach dem Dynastienwechsel ausgeschaltet worden war. Beide Parteien hielten sich im Rahmen des Islams und bedienten sich des Arabischen. Auch die Perser oder die ihrem Beispiel folgenden Nabatäer, Kopten, Berber, Abessinier gaben sich nicht als politische Revolutionäre, sondern fühlten sich allein als Vorkämpfer und Verteidiger ihres Ansehens innerhalb der *umma*. Es ist durch nichts belegt, daß die iranischen *schu'ūbī* etwa die persische Sprache kultiviert hätten, obzwar die iranischen Provinzen im 9. Jahrhundert vielfach dem direkten Zugriff der Zentralregierung entwachsen waren und bewußt ihren Sondercharakter pflegten und zur Schau stellten.

Ebensowenig läßt sich ein Zusammenhang zwischen den schu'ūbitischen *kuttāb* und den antiislamischen Bewegungen aufzeigen, die sich in Iran immer wieder regten. Sie waren zweifellos loyal gegenüber dem Kalifenreich, in das sie aber durch die Propagierung persischer Ideen, persischer Staats- und Individualethik ein die Einheit von Staat und Gemeinde gefährdendes Element hineintrugen. Vermutlich war der Wunsch, der persischen Infiltration mit überlegenen geistigen Waffen zu begegnen, einer der Gründe des Kalifen Ma'mūn, die allmählich einsetzende Übersetzungsarbeit an griechischer Philosophie und

Wissenschaft durch die Gründung der *dār al-hikma*, eines Übersetzungszentrums mit Bibliothek und Sternwarte, im großen Stil zu unterstützen. Der vorzüglich an den Namen des großen Literaten und Publizisten Dschāhiz geknüpfte Aufstieg des Prosaschrifttums und die Kodifizierung der iranischen Geschichte und Legenden durch Ibn Qutaiba (gestorben 889) – beide bewußt im Dienst der arabischen (Gegen-)Schu'ūbijja – schob weiterem persischem Einfluß einen Riegel vor: die Werke der persischen Renaissance des 10. und 11. Jahrhunderts blieben im arabischen Sprachgebiet so gut wie unbekannt, damit aber auch ohne Wirksamkeit auf den Islam als Ganzes. Sie wurden freilich zur Grundlage einer zweiten großen Kultureinheit innerhalb der *umma Muhammadijja*.

Die Unterstützung der »Hellenisten« war weniger die Reaktion auf die iranische Schu'ūbijja als das Resultat von Erwägungen, die sich aus der religiösen Situation ergaben. Und religiös motiviert waren auch die zahlreichen Aufstände, die das Reich immer wieder erschütterten. Selbst unter den ersten Abbasiden, die nun wirklich das Heft fest in der Hand hatten, verging kein Jahr, ohne daß es zu Rebellionen kleineren oder größeren Stils gekommen wäre. Doch beeinträchtigten diese Konflikte in den ersten hundert Jahren weder das außenpolitische Ansehen des Kalifats noch die kulturelle Hochblüte; sie störten aufs Ganze gesehen auch das Staatsleben weniger, als man es erwarten sollte. Die Kraft des kulturellen Lebens, der Reichtum der irakischen Hauptprovinzen und der iranischen Städte ließen die Zersetzung im Innern und das Abbröckeln einzelner Territorien fürs erste übersehen. In zunehmendem Maß ergaben sich selbst die »loyalen« Sunniten allen möglichen Schulen und Lehrmeinungen. Ohne eine kirchliche Organisation hatten sich keine verbindlichen orthodoxen Glaubenslehren herausbilden können, was das Eindringen unislamischer Ideen und Ideenverbindungen in eine gedanklich ungeschulte und ihrer Herkunft nach uneinheitliche Bevölkerung nur allzu leicht machte.

Prophetische oder mahdistische Erneuerung persischer Lehren, sei es durch Belebung der zarathustrischen Orthodoxie, der wegen ihrer kommunistischen Tendenzen oft unterdrückten, nie ganz ausgerotteten mazdakistischen Bewegung oder durch Verbindung islamischer und traditionell iranisch-vorderasiatischer Motive, schaffte einer Reihe von antiabbasidischen Aufrührern bis nach Transoxanien einen immer wieder besiegten, doch immer wieder kampfbereiten Anhang. Die zarathustrische Kirche, die erst im 10. Jahrhundert entscheidend an Boden verlor, fand sich in ihrem Streben nach politischer Einheit und religiösem Frieden auf der Seite der Kalifen.

Besonders bezeichnend für diese religiöse Stimmung ist der Aufstand al-Muqanna's, des »Verschleierten« – das Strahlen seiner heiligen Kraft *(baraka)* hätte den Anblick seines Antlitzes unerträglich gemacht –, der seine Anhänger in eine nach Einweihungsgraden gestufte geheime Gesellschaft zusammenfaßte, die Seelenwanderung lehrte und sich als eine Verkörperung derselben göttlichen Substanz begriff, die sich vordem schon in Adam, Abraham, Moses, Jesus, Muhammad, 'Alī und Abū Muslim inkarniert hatte. Die Türken unterstützten ihn. Darin den extremen Chāridschiten ähnlich, erklärte er es für statthaft, das Blut der Muslime als halsstarriger Ungläubiger zu vergießen. Sein selbstgewählter Tod auf dem Scheiterhaufen im Jahre 783/784 machte zwar der Wirksamkeit seiner »Weißgewandeten« *(mubajjida)* ein Ende, nahm der Sekte jedoch nicht ihre Lebenskraft;

»Tausendundeine Nacht«
Vorder- und Rückseite des Fragments
der ältesten bekannten Handschrift, um 800
Chicago, University, Oriental Institute

Verhandlung des Bābak von Āserbaidschān mit Afschīn
Miniatur in einer persischen Bearbeitung der Universalgeschichte des at-Tabarī, um 1300
Washington, Freer Gallery of Art

fünfhundert Jahre lang hielt sie unter dem Schutz zusammen, den ihr das äußerliche Befolgen der islamischen Bräuche bot.

Der Mazdakite Bābak von Āserbaidschān vermochte es, länger als zwanzig Jahre lang (816–838) die Macht des Kalifen bis nach Westpersien hinein auszuschalten. Aber auch der Sieg der Regierungstruppen unter Afschīn, einem transoxanischen iranisierten Kleinfürsten, dessen Urgroßvater noch den türkischen Namen Charabogha getragen hatte, konnte das jahrhundertelange Weiterbestehen seiner »Roten« *(muhammira)* nicht verhindern. Bezeichnenderweise fiel Afschīn, der gefeierte Retter des Reiches, wenig später einem politischen Prozeß zum Opfer, dessen Anklagepunkte die Widerstandskraft vorislamischer Religionen im sogdischen Kulturgebiet spiegeln.

Zu den zahlreichen »Sezessionisten«-Führern gehört auch Hasan Āzarak, der sich lange Zeit (795–828) in Sidschistān und im Südwesten des heutigen Afghanistan zu behaupten vermochte. Sie fanden unter den frühen Abbasiden im Irak ebenso wie in der Dschazīra, in 'Umān (wo die Chāridschiten bis heute dominieren), ebenso wie auf der Arabischen Halbinsel streitbaren Anhang, aber auch in Syrien und selbst in Chorasan. Im Maghrib verlieh die Identifizierung von Berbertum und Chāridschismus, die freilich die Berber in Spanien nicht mitmachten, der Bewegung eine geradezu unwiderstehliche Anziehungskraft. Zeitweise besetzten die Chāridschiten sogar Kairuan; und obzwar die abbasidischen Heere nach längeren Kämpfen den Status quo der Umajjadenzeit fürs erste zu behaupten vermochten, ließ sich die Errichtung unabhängiger Chāridschitenstaaten in Tāhert, dem heutigen Tiaret in Algerien, um 777, Sidschilmāssa (757) an der ins Nigergebiet führenden Straße und Tlemcen (von den Idrīsiden 786 vereinnahmt) nicht verhindern. 787 machte der Abbasidenstatthalter in Kairuan seinen Frieden mit dem aus Persien stammenden Imām von Tāhert, anerkannte also dessen politische Sonderexistenz. Die schī'itischen Idrīsiden in Zentralmarokko, deren zweiter Herrscher 808 Fez gründete, das spätere Zentrum und Ausstrahlungspunkt islamischen Lebens, gehören als fremdbürtige Organisatoren der Berberstämme ebenfalls in diesen Zusammenhang.

Aber die größte Gefahr in den Augen der Abbasiden waren die Aliden und deren Einfluß auf weite Kreise gerade in den Kerngebieten des Kalifats. Der zweite Abbaside, Abū Dscha'far – als Vorbild aller späteren Herrscher seiner Familie hatte er sich einen theophoren Thronnamen zugelegt: al-Mansūr (bi'llāh), der »(von Gott) mit Sieg Unterstützte« –, mußte zwei bedeutende hasanidische Aliden aus dem Felde schlagen, den als »die reine Seele«, *an-Nafs az-zakijja*, berühmten Muhammad ibn 'Abdallāh (gestorben 762) und seinen Bruder Ibrāhīm (gestorben 763), denen sich die heiligen Städte Mekka und Medina, aber auch Basra und Südpersien angeschlossen hatten. Die Rebellen vermeinten, in ihrer Kampfesweise koranischen Anordnungen zu folgen, und nahmen sich die Taktik des Propheten zum Vorbild – man fühlt sich an die »Kriegsrolle« der Gemeinde von Qumrān erinnert –; so war es vielleicht nicht allzu schwierig, sie niederzuringen, aber den latenten alidischen Legitimismus auszurotten war unmöglich. Bei jeder Gelegenheit erhoben sich alidische Prätendenten oder wurden von Revolutionären vorgeschoben, falls sie selbst sich nicht wie der Berber Schākija in Spanien eine alidische Genealogie glaubhaft beizulegen vermochten.

In der Erinnerung der Gemeinde bildet die Regierung Hārūn ar-Raschīds (786–809) den Höhepunkt des Kalifats, eine Bewertung, mit der man sich einverstanden erklären darf, ohne ihn darum zu einem großen Herrscher hochzustilisieren, denn es fehlte ihm ebenso die brutale Energie eines Mansūr wie die intellektuelle Finesse eines Ma'mūn. Man müßte auch wie die Zeitgenossen übersehen, daß eben unter ihm der aghlabidische Statthalter der Ifrīqija (Tunesien) sich gleichsam von der Zentralregierung freispielte und der langjährige Aufstand Transoxaniens, der erst nach seinem Tod beigelegt werden konnte, mit peinlicher Deutlichkeit die Unmöglichkeit unterstrich, die abgelegenen Grenzprovinzen von Bagdad aus zu regieren. Erst siebzehn Jahre nach seinem Regierungsantritt, nachdem er sowohl seinen Milchbruder Dscha'far hingerichtet als auch die übrigen Barmakiden aus den wichtigsten Reichsämtern verdrängt und eingekerkert hatte, gelangte der Kalif in den vollen Besitz der Macht. Was ihm vorgeschwebt haben mochte, als er sieben Jahre vor seinem Tode (802) das Reich testamentarisch unter seinen Söhnen aufteilte, ist freilich unklar. Der älteste Sohn, Muhammad al-Amīn, von einer arabischen Mutter geboren, erhielt das Kalifat und die arabischen Länder zugewiesen, der Sohn einer persischen Sklavin, Ma'mūn, das iranische Gebiet. Vielleicht sollte damit nur die sich deutlich abhebende Spaltung legalisiert werden. Jedenfalls zeigte es sich bald, daß die Teilung der Autorität nicht tragbar war.

Wie zu Ende der Umajjadenherrschaft marschierte ein chorasanisches Heer nach dem Irak; doch im Gegensatz zu Abū Muslims Tagen war diesmal der Antagonismus zwischen Iraniern und Arabern offenkundig das Leitmotiv. Amīns Versuch, während der Belagerung Bagdads das niedere Volk zu bewaffnen, gelang zwar, beschleunigte aber wohl eher seinen Fall. Die Araber hatten mit seinem Tod (813) als politischer Faktor ausgespielt. Ma'mūn versuchte, das Kalifat von Merv aus zu verwalten und durch Designation eines Aliden, 'Alī Ridā, zum Thronfolger Aliden und Abbasiden zu versöhnen. Beide Experimente mißlangen. Einem Onkel Ma'mūns, Ibrāhīm ibn al-Mahdī, vielgerühmt als Sänger und Bonvivant, wurde in Bagdad als Gegenkalifen gehuldigt. Nun zog Ma'mūn selbst gegen Bagdad, das sich ihm rasch ergab; schon vorher war 'Alī Ridā, wie es heißt an Gift, gestorben; sein Grab wurde zur berühmten schī'itischen Pilgerstadt von Maschhad. Erst nach empfangener Huldigung vertauschte Ma'mūn das Grün der Aliden wieder mit dem Schwarz seines Hauses.

Eine Familie aus der islamisierten Aristokratie bekam in Chorasan die Zügel in die Hand: die Tāhiriden wurden in ihrer Provinz nahezu selbständig und stellten dazu den Polizeiobersten in der Hauptstadt Nīschāpūr. Ein Tāhiride war es auch, der Alexandreia Bagdad wieder unterwarf (827), nachdem es von Muslimen, die aus Spanien geflüchtet waren, etwa elf Jahre lang besetzt gehalten worden war.

Selbst wenn man davon hätte absehen können, daß die Abbasiden den Thron einer religiösen Parole verdankten, so hätte allein die religiöse Erregbarkeit der Zeit, die mit innerer Notwendigkeit politische und soziale Beschwerden als religiöse Mißstände erlebte und in religiös-eschatologischem Handeln abzustellen suchte, die Religion und damit auch die sich entwickelnde Philosophie zu einer öffentlichen Angelegenheit gemacht. Anderseits war es für die damalige islamische Welt charakteristisch – und daran hat sich im Grunde bis heute wenig geändert –, daß theologisch-philosophische Untersuchungen und Richtungen an politische Situationen oder Probleme anzuknüpfen pflegten.

Als bezeichnendes Beispiel bietet sich die Schule dar, der in Zustimmung und Widerstreit die Formulierung der Glaubenswahrheiten zu danken ist: die »Muʿtaziliten«, etwa »die sich Zurückhaltenden«. Sie erhielten gegen Ende der Umajjadenzeit ihren Namen, weil sie für den Bruch in der *dschamāʿa* keine der Parteien als schuldlos freisprachen. Die bloße Tatsache, an diesem Skandalon beteiligt gewesen zu sein, befleckte; doch schloß solche Befleckung weder aus der Gemeinde aus, noch entschuldigte sie ein gewaltsames Vorgehen gegen die schuldig gewordene Regierung, wodurch ja doch nur die Gemeinde als Ganzes zu leiden gehabt hätte. Dennoch galten die Sympathien der ersten Muʿtaziliten, die in Basra wirkten, dem bis ins 9. Jahrhundert hinein regsten geistigen Zentrum der islamischen Welt, eher der alidischen und später der abbasidischen Seite, wie denn auch die Abbasiden (mit Ausnahme Hārūn ar-Raschīds) ein Jahrhundert lang mit ihnen gute Beziehungen unterhielten. Diese Haltung der Kalifen ging aber letzten Endes darauf zurück, daß allein die Muʿtaziliten in der Lage waren, die wegen des hemmungslosen Sektenwesens notwendig gewordene Disziplinierung des religiös-theologischen Denkens vorzunehmen und so den Islam auch gegen rivalisierende Glaubens- oder Gedankengebäude zu schützen.

Die späteren Angriffe der »Orthodoxie« gegen sie dürfen nicht darüber hinwegtäuschen, daß die Muʿtaziliten durchaus auf dem Boden der muslimischen Offenbarung standen. Es war ihnen um die aus dem Koran erweisliche absolute Einheit und Gerechtigkeit Gottes zu tun. Sie waren keineswegs Freidenker oder Aufklärer, sondern disziplinierten die Denkmethoden, bemühten sich um klare theologische Begriffe und, wenn man so will, humanisierten die Lehre, indem sie die *ratio (ʿaql)* als ein Gott und Menschen in einer Art prästabilierter Harmonie verbindendes Element zum entscheidenden Kriterium der Wahrheit erhoben. Das moralisch Gute und das Vernünftige sind ihrem Wesen nach von Gott eingesetzt und nicht erst durch göttliche Verordnung gut oder vernünftig. Dank der Gott und Menschen gemeinsamen Vernunft hat der Mensch Einsicht in den Weltlauf und moralisches Urteil und damit – unbeschadet des göttlichen Wissens um die Totalität des Seienden – Entscheidungsfreiheit und sittliche Verantwortung. Das Böse gibt es nur in der menschlichen Sphäre, als Ergebnis des freien Willens; auf der kosmischen Ebene kann Gott nur das Gute wollen. Die Trennung von Schöpfer und Geschöpf ist absolut; die koranischen Anthropomorphismen sind allegorisch zu verstehen. Traditionen und *idschmāʿ*, die diese zu stützen scheinen, sind unecht, ohne Autorität; nicht der *consensus*, sondern die *ratio* ist maßgebend. Der Gläubige hat die Pflicht, dem Richtigen zum Sieg zu verhelfen und das Falsche abzustellen – übrigens eine fast allen muslimischen Strömungen gemeinsame Haltung –, woraus sich jedoch keine Pflicht zur Rebellion ableiten läßt, was aber das Bündnis mit der Staatsgewalt zu dem Zweck rechtfertigt, den korrekten Glauben durchzusetzen.

Der »Orthodoxie« war zweierlei an der muʿtazilitischen Position peinlich: einmal die Bemühung, die religiöse Erfahrung begrifflich zu umschreiben; zum anderen die Einschränkung der Allmacht Gottes, der »Humanismus«, der Allāh als an sein Sittengesetz, seine Naturordnung gebunden erachtete und in der Gott und Mensch wesensmäßig gemeinsamen Vernunft den Schlüssel zu Gottes Handlungen und Motiven sah.

Fürs erste waren aber die Muʿtaziliten bei ihrer »Mission« in allen Teilen des Reiches erfolgreich, ohne jedoch eine einheitliche Schule zu bilden. Sie dienten auch der Orthodoxie als nützliche Sturmtruppe gegen eine dualistische Strömung, die sich in der Intelligenz und der höheren iranisch beeinflußten Gesellschaft geltend machte. Der Glaube an eine doppelte Schöpfung, die den »guten« Gott von jeder Verantwortung für das Böse befreit und dem Menschen seine Rolle im Weltganzen zuweist, ist den Zarathustriern und den Manichäern gemeinsam und hat allen Verfolgungen zum Trotz auch im mittelalterlichen Christentum neben der den Manichäern eigenen extremen Askese immer wieder Anklang gefunden. Wieweit die Regierung den nach dem Ende der sasanidischen Unterdrückung wieder hochkommenden Manichäismus auszuschalten suchte und wieweit es ihr nur um die Verhinderung des offenen Rückfalls islamisierter Kreise zu tun war, ist nicht völlig auszumachen. Tatsache ist, daß al-Mahdī sich genötigt fühlte, gegen die Manichäer *(zindīq)* einzuschreiten, in einer Reihe von Prozessen kam es sogar zu Hinrichtungen. Der Begriff der *zandaqa* ging über den eigentlichen »Dualismus« hinaus und bezeichnete eine der offenbarten Religion gegenüber unabhängige Einstellung, die subjektiv und leichtfertig den Bezug auf bestimmte Lehren ablehnte. Daß ein Unterton politischer Dissonanz mitschwang, versteht sich im islamischen Milieu eigentlich von selbst.

Das Arsenal an geistigen Waffen, mit denen man den Manichäern zu Leibe rücken, und die Methoden, mit denen die muslimische Offenbarung in eine den Zeitbedürfnissen angemessene Form gebracht werden konnte, standen nur an einer Stelle zur Verfügung: im Erbe der Antike. Es hatte bereits der christlichen Theologie eben den Dienst erwiesen, auf den es nun dem Islam ankam. Die Materialien waren zur Hand. Die alexandrinische Akademie, die sich bis zu ihrem Ende mit Aristoteles beschäftigt hatte, war über Antiocheia und Harrān – dem Sitz eines hellenistisch durchgeformten zählebigen Sternkults – nach Bagdad gekommen; die dortigen (in der Hauptsache nestorianischen) Christen waren mit griechischer Philosophie und Wissenschaft im Urtext oder in älteren syrischen Übersetzungen vertraut; und das Interesse der islamischen Bildungsschicht war außerordentlich groß, freilich nur insoweit, als die antiken Schriften geeignet waren, den Glauben philosophisch zu untermauern und naturwissenschaftliche, vor allem medizinische Fakten zugänglich zu machen. Schöne Literatur und Geschichte weckten keinerlei Echo, zum Teil wohl wegen des so ganz andersgearteten Hintergrunds, auf dem diese Leistungen der Antike erst verständlich geworden wären.

Hinzu kam, daß es ja eine anziehende und hochangesehene einheimische Tradition in der Poesie gab und sich rasch eine eigenständige Historiographie entfaltete, die auf das Auftreten des Propheten und das Werden des islamischen Reiches ausgerichtet war. Schließlich hatten auch persönliche Lebensgestaltung und Staatsethik bereits entscheidend aus iranischen Quellen geschöpft. Manche antiken Einflüsse erreichten das Arabische auch über das Mittelpersische. Im Gegensatz dazu blieb die römische Tradition dank der Randstellung Spaniens und dem niedrigen Kulturniveau der romanischen Welt zur Zeit der arabischen Eroberung völlig beiseite. Für den Islam waren die Griechen die Antike, und da an erster Stelle der neuplatonisch verstandene Platon und Aristoteles.

Die Übersetzungen, mit beachtlicher Sachkenntnis und für die damalige Zeit mit außerordentlicher philologischer Akribie durchgeführt, erreichten ihren Höhepunkt unter dem Nestorianer Hunain ibn Ishāq (gestorben 873), wurden aber bis ins 11. Jahrhundert unter großer Anteilnahme des Publikums fortgesetzt. Die Ausbildung einer arabischen Terminologie für die philosophischen Wissenschaften und die Bereicherung des verfügbaren Wissensstoffs waren in ihren Auswirkungen fast weniger wichtig als die nun gegebene Möglichkeit, mit Hilfe neuer Begriffe Ideen nicht nur auszudrücken, sondern sie überhaupt erst zu konzipieren, analog etwa der Geistesentwicklung im Europa des 16. bis 18. Jahrhunderts, als mit der Ausweitung der Sprachmittel sich erweiterte Denkmöglichkeiten eröffneten. Noch 1654 beklagte sich Pascal, daß man ein mathematisches Problem auf französisch nicht formulieren könne. Daß die arabischen Übersetzer dem Westen ein hochbedeutsames Erbe erhielten, sei nur am Rande, doch darum nicht weniger dankbar erwähnt.

Die Spannung zwischen den »Rationalisten« und der von der Bewegung unberührten Masse der Frommen kam an besonders empfindlicher Stelle zum Austrag. Den um die unversehrte Einheit Gottes *(tauhīd)* bemühten Mu'taziliten erschien sein Wort – wie sein Wissen – als ein Akzidenz und in diesem Sinn nicht als gleichzeitig mit der göttlichen Substanz, nicht als ewig. Jede andere Auffassung kam einer Vergöttlichung des Wortes gleich, mithin der Zugesellung *(schirk)* einer zweiten Gott-Substanz und der Zerstörung des islamischen Gottesbegriffs. Die Religiosität der Menge war aber zu sehr dem Gotteswort, dem *kalām Allāh*, verpflichtet, um sich nicht durch die begrifflich zweifellos zu Recht bestehende Position der Mu'taziliten verletzt zu fühlen; sie konnte es, wenn man so will, nicht akzeptieren, daß man aus dem Wort Gottes einen »Logos« machte.

Der Streit wurde unter den Schlagwörtern vom geschaffenen und ungeschaffenen Koran ausgetragen. Die Staatsgewalt ließ sich für den »geschaffenen Koran« *(chalq al-Qur'ān)* gewinnen. 827 verfügte Ma'mūn die *mihna* (oft Inquisition, richtiger *test*, Glaubensprüfung); die theologisch-richterlichen Funktionäre mußten sich schriftlich zum »geschaffenen Koran« bekennen. Die Mehrzahl der Theologen fügte sich, blieb aber im Herzen auf der Seite des unnachgiebigen Ahmad ibn Hanbal, den die Regierung allerdings nicht, wie dies in einigen Fällen geschah, hinzurichten wagte. Der Anthropomorphismus mancher koranischen Verse störte weniger als das Deuteln am Gotteswort; die gräzisierende Systematik erschien als Entfremdung von der lebendigen Frömmigkeit. Als der dritte Nachfolger Ma'mūns, al-Mutawakkil (847–861), sich bemühte, in seinem Kampf um die Autorität des Kalifats die *dschamā'a* für sich zu gewinnen, bekannte er sich 849 öffentlich zum »ungeschaffenen Koran«, schaffte die *mihna* ab und entließ den mu'tazilitischen Oberrichter. Gleichzeitig schritt er charakteristischerweise gegen den Kult Husains in Karbalā' ein, dessen Grabmoschee er dem Boden gleichmachen ließ, und verschärfte die äußeren Zeichen der den Juden und Christen anhaftenden Inferiorität.

Die eigentliche Bedeutung des Konflikts und seines Ausganges lag nicht im Sturz der Mu'tazila, die ja als Schule und vor allem als Geisteshaltung weiterbestand, sondern in der Einsicht von Regierung und *umma*, daß dem Islam wie dem Kalifat am besten gedient wäre, wenn die öffentliche Gewalt ihre Einmischung in das religiöse Leben auf die Garantie von deren äußeren Bedingungen beschränkte. Die Folge war, daß das Politische sich vom Religiösen schied und die universale *umma*, nun mehr und mehr von der dem Aktuellen verpflichteten Regierung unabhängig, einen neuen Aufschwung nahm.

Aus dieser Verselbständigung ergab sich für die Theologie die Notwendigkeit, mit der Verläßlichkeit ihrer Argumentation die Selbstsicherheit der Gläubigen zu fördern. Das geschah einerseits durch oft widerwillige Annahme der Begriffe und Denkmethoden der Kritiker, womit ja den Theologen bis zu einem gewissen Grad auch die zu lösenden Probleme vorgeschrieben wurden: Willensfreiheit und Vorherbestimmung, Wesen und Attribute Gottes, der Sinn der anthropomorphen Epitheta Allāhs in der Offenbarung, die *visio dei*, der Logoskomplex. Andererseits veränderte sich dadurch die Einstellung zu den Prophetentraditionen, die als allein schlüssige Beweismittel geradezu zwangsläufig von allen Parteien immer neu erfunden wurden, um damit ihre jeweiligen Zwecke durchzusetzen: ein oft gerügtes, aber nie wirklich verdammtes Verfahren.

Als im 9. Jahrhundert das Traditionsmaterial übermäßig angeschwollen war, wurde seine kritische Sichtung unvermeidlich. Es lag nun in der Natur der Sache, nebenbei natürlich auch an dem ungenügend entwickelten Spürsinn für Anachronismen, daß sich eine inhaltliche Unterscheidung der Prophetenworte von selbst verbot. So heftete sich die Untersuchung an die Kette der Gewährsleute, an den Überlieferungsprozeß, der zum Propheten oder dessen Zeitgenossen zurückführte. Nur allzu häufig ließ sich nachweisen, daß die Überlieferung nur einmal oder nur von unzuverlässigen Zeugen beglaubigt war. So ist es für die Absicht dieser neuen Wissenschaft bezeichnend, daß die ersten großen Sammlungen von Männern stammen, die der Nachwelt vor allem als Gründer von Rechtsschulen im Gedächtnis geblieben sind: Mālik ibn Anas (gestorben 795) und Ahmad ibn Hanbal. Mit dem Übergang von personaler Anordnung – nach den dem Propheten zunächststehenden Gewährsleuten – zu sachlicher Systematisierung verfeinerte sich auch deutlich spürbar die Kritik. Dieser Umstand verschaffte den Sammlungen eines Buchārī (gestorben 870) und eines Muslim (gestorben 875) eine ungeheure Autorität. Die übrigen vier Sammlungen, die gleichsam kanonische Gültigkeit erlangt haben, entstammen ebenfalls dem späten 9. Jahrhundert.

Aus den lakonischen Notizen über die Überlieferer entwickelte sich die für das islamische Mittelalter so überaus bezeichnende Biographie. Ihren umfassenden Handbüchern, die Dichter, Gelehrte und Prominente jeder Art behandelten, hat der Westen bis ins 16. Jahrhundert hinein nichts entfernt Gleichwertiges gegenüberzustellen. In diesen biographischen Sammlungen, vielleicht noch mehr als in seiner Geschichtsschreibung, hat die islamische Zivilisation sich zu eigenem Nutz und Frommen ihr Porträt geschaffen.

Die Hellenisierung nahm ihren Fortgang. Bevor das 9. Jahrhundert zu Ende ging, unterstützte der Kalif al-Mu'tadid wieder Gelehrte und zog sie in seinen Palast. Bemerkenswert rasch setzte auch außerhalb der Theologie die Rezeption griechischen Denkens ein. Noch unter al-Mu'tasim (833–842) begann der »erste arabische Philosoph«, Ja'qūb al-Kindī aus Basra, seine Arbeit an einer den islamischen Voraussetzungen gerechten Synthese der griechischen Gedankenwelt; in ihr erwies sich das platonische Element dem aristotelischen gegenüber als das wirksamere. Für das gelegentlich spürbare Ungeschick in der Handhabung der neuen Begriffe und eine gewisse Unempfindlichkeit für die Widersprüche zwischen der griechischen und der islamischen Axiomatik entschädigen der Ernst und die stolze Sicherheit des großen Wahrheitssuchers. »Die Wahrheit setzt niemand herab, der sie sucht, sondern adelt einen jeglichen ... Man muß sie nehmen, wo immer sie zu finden ist, sei es in der Vergangenheit oder bei fremden Völkern. Mir scheint es richtig, zuerst vollständig aufzuführen, was die Alten über einen Gegenstand gesagt haben, und sodann, was sie zu sagen unterlassen haben, entsprechend (unserem) Sprachgebrauch und den Gepflogenheiten unserer Zeit zu vervollständigen.«

Kindī arbeitete für »die Menschen unserer Zunge«, *ahl lisāni-nā*, ein bedeutsames Zeugnis für das Aufkommen eines neuen Bewußtseins kultureller Zusammengehörigkeit, das zumindest in manchen Zirkeln sogar den religiösen Separatismus ausglich. Dieses Kulturbewußtsein dokumentiert sich in den großen muslimischen Philosophen, al-Fārābī (gestorben 950) und Ibn Sīnā (Avicenna; gestorben 1037), die sich – der eine türkischer, der andere persischer Abkunft – in einem gemeinsamen philosophischen Idiom zusammenfanden. Auch das Judentum fand erst jetzt, durch die Vermittlung des Islams, jenen intellektuellen Kontakt zu den Griechen, dem es sich, von einem Philon abgesehen, während des ganzen Hellenismus so hartnäckig verweigert hatte. Das griechische Denken jener Zeit war unwiderstehlich; es schaffte eine geistige Gemeinsamkeit, daß selbst die Zarathustrier des 9. und 10. Jahrhunderts von aristotelisierender Scholastik ergriffen wurden. Das Empfinden, intellektuell zum griechischen Westen zu gehören, hat die führenden Geister des islamischen Mittelalters nie verlassen.

Aber während sich diese geistige Wendung zum Hellenismus vollzog, verlegte das Kalifat, bislang vorwiegend auf das Mittelmeer ausgerichtet, seinen politischen Schwerpunkt nach Zentralirak und orientierte sich damit auf den asiatischen Norden und Osten. Das bedeutete natürlich nicht, daß es an der byzantinischen Grenze still geworden wäre. Das labile Gleichgewicht der Kräfte, das sich zwischen 750 und 850 etwas zugunsten der Muslime verschob, ließ den *dschihād*, den »Kampf auf dem Pfade Gottes«, der das unbezwungene »Kriegsgebiet« *(dār al-harb)* der Ungläubigen der *dār al-islām* einzugliedern hatte, nicht zur Ruhe kommen. Der Kleinkrieg wurde, von einigen größeren Expeditionen abgesehen, ohne Unterbrechung fortgesetzt. Hārūn ar-Raschīd besiegte Kaiser Nikephoros bei Dorylaeum, eroberte 806 Tyana und erreichte Ankyra (Ankara); Ma'mūn starb 833 im Feldlager bei Tarsus; al-Mu'tasim nahm 838 Amorium und bereitete eine neue Belagerung Konstantinopels vor, mußte aber den Plan aufgeben, als ein Sturm die arabische Flotte zerstörte. Derselbe Kalif deportierte 835 die Zutt oder Dschatt, die schon in vorislamischer Zeit aus Indien in das untere Tigrisgebiet eingewanderten Ahnen der Zigeuner, nach einem dreijährigen Aufstand nach Kilikien und machte sie dadurch unschädlich. Dennoch wurde der Status quo im wesentlichen aufrechterhalten, wichtiger noch, die kulturellen Beziehungen wurden durch die politischen Spannungen keineswegs abgeschnitten. Wie der byzantinische Kaiser dem Umajjaden 'Abd al-Malik aller Feindseligkeit ungeachtet Handwerker und Künstler zum Bau des Felsendoms in Jerusalem zur Verfügung gestellt hatte (691), so war jetzt Byzanz den Arabern bei der Sammlung griechischer Manuskripte behilflich.

Spanien war der Botmäßigkeit Bagdads offiziell entwachsen; Ägypten stand innerhalb des Reichsverbandes im Hintergrund; Ma'mūn besuchte die Provinz nur im Zusammenhang mit dem großen Koptenaufstand von 829/830. Obwohl die orientalischen Quellen darüber schweigen, dürften die Beziehungen zwischen Hārūn ar-Raschīd und Karl dem Großen geschichtlich sein – haben sich doch auch beispielsweise die buddhistischen Missionen, die König Ashoka 255 v. Chr. an die hellenistischen Höfe entsandte, trotz ihrer unbezweifelbaren Historizität in keiner griechischen Quelle niedergeschlagen. Der dem Kaiser vom Kalifen geschickte Elefant erregte großes Aufsehen; auch der »Ehrenschutz«, der, wie es scheint, Karl für die Pilgerfahrt ins Heilige Land eingeräumt wurde, beschäftigte die Phantasie des zeitgenössischen Westens intensiv. Noch Notker Balbulus (gestorben 912) läßt Hārūn als Argument gegen die von ihm ins Auge gefaßte Donation Palästinas (wie sich dem Mönch von St. Gallen das Schutzrecht darstellte) erwägen, daß es Karl schwerfallen würde, das Land zu verteidigen, sollte er dies in seiner *magnanimitas* zu tun begehren. Selbst das geschwächte Kalifat des 10. Jahrhunderts schien europäischen Höfen noch wichtig genug, um diplomatische Beziehungen anzuknüpfen; man denke nur an die zu allerhand Ausschmückungen Anlaß gebende »Gesandtschaft« der Bertha von Toscana an den Kalifen al-Muqtafī im Jahre 906.

Die Niederlage Amīns (813) hatte die Araber endgültig auf ein Nebengleis geschoben und sie auch aus dem Reichsheer ausgeschaltet. Trotzdem spielten arabische und besonders beduinische Truppen auch späterhin, vor allem in lokalen Machtkämpfen, eine große Rolle. Sich allein auf die Chorasanier zu verlassen schien dem Kalifen Ma'mūn so unmöglich wie untunlich. So wurden mehr und mehr halbzivilisierte oder halbislamisierte Randvölker, Kurden, Dailamiten, christliche Armenier, vor allem aber zentralasiatische Türken – die einzige Volksgruppe, die leicht zugänglich und zahlreich genug war –, in die zu einem Berufsheer ausgebaute Kalifenarmee eingezogen. Das unvermeidliche Ergebnis waren Spannungen in Bagdad und das erstaunlich rasche Überhandnehmen türkischen Einflusses bei Hofe. Wohl um sich von den fortgesetzten Unruhen zwischen Türken und eingeborener Bevölkerung in Bagdad zu befreien, verlegte al-Mu'tasim 838 den Regierungssitz in das etwa hundertzwanzig Kilometer nördlich gelegene Samarrā, das nach außerordentlich großzügigen Plänen aufgebaut wurde. Wie kaum anders zu erwarten, wurde der Kalif dank seiner Isolierung immer mehr zum Spielball der türkischen Offiziere, deren eigensüchtiger Willkür selbst kühne politische Manöver wie die Religionspolitik Mutawakkils nicht beikommen konnten. Ihrer militärischen Tüchtigkeit waren auch die anderen Gardetruppen nicht gewachsen. Al-Mutawakkil selbst wurde von ihnen 861 ermordet, dasselbe Schicksal ereilte drei seiner vier Nachfolger, die in den nächsten neun Jahren von der Soldateska auf den Thron gesetzt wurden. Der Versuch des al-Mu'tazz (866–869), mit afrikanischer Garde ein Gegengewicht gegen die der irakischen Bevölkerung tief verhaßten Türken zu schaffen, schlug fehl. Daß mittlerweile der größere Teil des persischen Sprachgebiets praktisch selbständig geworden war, ergänzt das Bild eines politischen Niedergangs, dem jedoch ein außerordentlicher religiös-kultureller Aufschwung gegenüberstand.

Islamische Gesellschaft und sozial-religiöse Bewegungen

Das Reich und seine Kultur ruhten auf den Schultern der Bauern, wurden aber von den Städtern beherrscht; das von der Stadt organisierte Land wurde von Fürsten, Bürgern und Söldnern ausgebeutet. Der islamische Osten vom Eindringen der Türken im 9. Jahrhundert bis zum Fall Bagdads (1258) ist die Geschichte einer überwiegend türkischen grundbesitzenden Militäraristokratie, die den Sieg über die ebenfalls grundbesitzende, aber primär kaufmännische, in der Zivilverwaltung dominierende arabische oder arabisierte Aristokratie davontrug. Beide Schichten aber waren, wie überhaupt die Herrenklassen der islamischen Welt, stadtsässig. Die Fātimiden vermochten diesen Prozeß in Ägypten zu verzögern, doch setzten sich die beiden führenden Klassen auch dort mit der schon zuvor im Osten typisch gewordenen Machtverteilung durch. Nur im nordafrikanischen und im spanischen Westen konnte sich die Staatsgewalt ohne die Türken behaupten; dort nahm das Zurückdrängen der merkantilen arabisierten Aristokratie durch die politisch-militärische Exekutive andere, für die einheimische Bevölkerung wohl günstigere Formen an. Aber auch dort bildete die Stadt das eigentliche Machtzentrum.

Dieser Gegensatz von Stadt und Land geht so weit, daß unsere Quellen das Land fast völlig übergehen – für den städtischen Beamten und Geschichtsschreiber existiert es überhaupt nicht –; er hat auch im Gesetz keinen Niederschlag gefunden. Die *scharī'a* kennt keine Ausnahmezonen, keine Privilegien, die ein Gebiet (oder einen Stand) aus der Gemeinschaft der Gläubigen herausheben oder von Lasten und Leistungen prinzipiell befreien. Immerhin beschäftigen sich die Rechtsgelehrten sporadisch mit städtischen Fragen. Die muslimische Stadt ist also, obwohl von Anbeginn und überall Mittelpunkt der politischen Macht, nicht wie die griechische politisch autonom und im Besitz eines ihr zugehörenden Landgebiets; das flache Land »gehört« dem Staat, dessen Verwaltungssitz zwar die Stadt ist, oder deren Einwohnern als Privatpersonen, nicht aber der Stadt, die keine juristische Person ist. Hierin eben unterscheidet sie sich von der Stadt des europäischen Mittelalters, die vom landsässigen Herrscher ins Leben gerufen, eine rechtlich genau umschriebene Position innerhalb des Souveränitätsbereichs innehat. Die islamische Stadt ist allenfalls, wie Claude Cahen hervorgehoben hat, mit der spätantik-byzantinischen zu vergleichen, die, jeder Souveränität über das umliegende Land wie der Selbstverwaltung beraubt, dem zentralistischen Staat völlig eingegliedert war. Aber trotz der ungeheuren Bedeutung, die der Stadt im byzantinischen wie im islamischen Bereich zukam, sind in vielen Provinzen – beispielsweise in der Dschazīra (Mesopotamien) und Ägypten – die Städte spärlich gesät.

Der Hinweis auf die spätantik-byzantinische Stadt ist auch unter anderen Gesichtspunkten förderlich. Während sie, zumal als geplante Neugründung, schachbrettartig mit reichlichen Durchzugsstraßen und rechteckigen Plätzen angelegt war, war die typisch muslimische Stadt winklig verbaut, mit wenigen, engen Verkehrsadern, die einzelnen Quartiere waren gegeneinander mit Toren geschlossen und mit eigenem Markt und eigener Moschee gewissermaßen autark. Den Mittelpunkt bildete die Moschee, bei der sich gewöhnlich das Haus des Statthalters oder Fürsten erhob, falls er nicht in der Festung *(qasba)* residierte. Die Tuchhalle *(qaisarijja)*, der ihrer Lagerbestände wegen wertvollste Teil der

Marktanlagen, lag ebenfalls zentral und war leicht zu bewachen. Die Kleinproduzenten, die gleichzeitig auch Kleinhändler waren, hatten ihre Verkaufsstände jeweils nach Branchen geordnet in einer Gasse. Das Wirrsal der Anlage bleibt unverständlich, wenn man die islamische Stadt schlechthin als Nachfolgerin der hellenistischen ansieht und vergißt, daß in den letzten Jahrhunderten vor der arabischen Besetzung die Griechenstädte bereits in ihrer Bevölkerung, also auch in ihrer Siedlungsweise, weitgehend orientalisiert waren, so daß der arabisch-islamische Urbanismus in der Tat organisch an die vorangegangene Periode anschließt.

Die überlieferten Bevölkerungszahlen sind außerordentlich unpräzise. Wahrscheinlich hatte Bagdad in seiner Glanzzeit im 9. Jahrhundert etwa dreihunderttausend Einwohner und überflügelte damit Konstantinopel und selbstverständlich die westlichen Städte auch des Spätmittelalters bei weitem; Paris hatte um 1380 etwa fünfundachtzigtausend, Köln im 13. Jahrhundert fünfundvierzigtausend, Bologna 1206 ungefähr vierundsechzigtausend, Rom zur selben Zeit etwa fünfunddreißigtausend Einwohner. Die spanisch-arabische Hauptstadt Córdoba erreichte mit ihren Vororten, selbst zur Zeit ihrer Hochblüte um 1000, niemals mehr als hunderttausend Einwohner.

Die Handwerker und Kaufleute sind in »Gilden« *(sinf)* zusammengefaßt, die den Charakter juristischer Personen haben und etwa die einem minderjährigen Erben zustehende Schadenssumme für den Totschlag des Vaters entgegennehmen konnten. In diesem Punkt entsprach die Gilde dem Stamm, dem sie auch darin ähnelte, daß die Bezeichnung von Herkunft oder Zugehörigkeit *(nisba)* im Namen der Erwerbstätigen vom Beruf abgeleitet zu werden pflegte, im traditionellen Sippenverband wurde sie vom Stamm gebildet. Das Gildenoberhaupt war ein durch den Consensus bezeichnetes und vom Staat bestätigtes Mitglied. Das gesamte Erwerbsleben stand unter der Aufsicht eines von der Regierung ernannten Beamten; seine ursprüngliche Bezeichnung Marktmeister *(sāhib as-sūq)* verrät die Herkunft vom byzantinischen *agoranómos*. Sie wird um 700 in *muhtasib* (spanisch *almotacén*) umbenannt, worin sich die Islamisierung des Amtes andeutet. Zugleich wird sein Aufgabenbereich erweitert; ihm fällt die Sittenaufsicht mit schnellrichterlichen Befugnissen *(hisba)* zu, die sich vor allem auf die traditionelle Überwachung von Maßen und Gewichten, von Herstellungsverfahren und Qualität, gelegentlich auch der Preisbildung als einer sittlich-religiösen Aufgabe erstreckte. Die für den *muhtasib* abgefaßten Handbücher – das älteste auf uns gekommene stammt aus dem 9. Jahrhundert – sind eine längst nicht ausgeschöpfte Fundgrube für die Kulturgeschichte im weitesten Sinne des Wortes. Allen sich zumal aus der Islamisierung ergebenden Unterschieden zum Trotz ist die Verwandtschaft der Gilden mit den spätantiken, staatlich verordneten und beaufsichtigten *collegia* (und ihren sasanidischen Gegenstücken) nicht zu verkennen. Daß die Korporationen etwa in der Ifrīqija erst im 11. Jahrhundert auftreten, gibt dieser Auffassung weiteren Rückhalt. Die Berufe tendierten dazu, sich zu vererben, worin ebenfalls ein Stück spätantiker, freilich auch generell altorientalischer Tradition zu sehen ist.

Der Anteil der Sklavenarbeit war nicht unbeträchtlich. Der Sklave arbeitete direkt für seinen Herrn oder wurde »vermietet«. Er konnte aber auch auf eigene Rechnung arbeiten; Beträge, die er über die mit dem Eigentümer vereinbarte tägliche Abgabe hinaus verdiente, wurden sein (nicht vererbbares) Eigentum, das gegebenenfalls auf seinen Freikauf angerechnet wurde. Muslime durften nicht versklavt werden, wurden aber oft als Sklaven geboren. Die bei der zunehmenden Befriedung in der *dār al-islām* abnehmenden Möglichkeiten, sich mit Sklaven zu versorgen, schränkten den Bezug allmählich auf die Slawen, Neger (Afrikaner überhaupt, die *Zandsch*) und auf die Türken ein, die, wie angedeutet, vorwiegend zu Soldaten ausgebildet wurden. Sklavenarmeen, wie sie auf den römischen Latifundien stationiert waren, gab es nur im südlichen Irak.

Zweifellos überwog die freie Lohnarbeit sowohl auf dem Lande als auch in der Stadt. In den ersten Jahrhunderten der Abbasidenzeit entwickelte sich eine mittellose Arbeiterklasse, gleichzeitig aber auch eine wohlhabende Bürgerschicht. Ein Industrialisierungsprozeß setzte ein, die gewerblichen Techniken, vor allem in der Textilindustrie und der Waffenherstellung, wurden verbessert und neue Produktionszweige entwickelt, etwa die Herstellung von Papier, die sich zwischen 751 und dem 11. Jahrhundert – nach heutigen Begriffen also recht langsam – von Samarkand aus bis nach Spanien ausbreitete und im 10. Jahrhundert der ägyptischen Papyrusindustrie ein Ende setzte.

Auch der kulturelle Aufstieg einer verhältnismäßig zahlreichen »international« ausgerichteten Mittelklasse läßt sich nicht verkennen. Der Aufschwung des Fernhandels ging mit dem des Bankwesens Hand in Hand. Seine Ausmaße und die Größenordnung der akkumulierten Kapitalien sind aus den Beziehungen einiger Bankiers zur abbasidischen Regierung und auch aus Konfiskationen zu ersehen. Überschüsse wurden in Grundbesitz angelegt, sofern man sie nicht durch Vergraben oder Deponieren bei Freunden und Klienten dem stets möglichen Zugriff der Regierung zu entziehen suchte.

Die islamische Steuertheorie machte die legale Erfassung städtischer Einkommen schwierig. Zölle, Verkaufssteuern und sonstige Abgaben waren strenggenommen ungesetzlich. Der »Staatskredit« war unbekannt, und so waren in Krisenzeiten gewaltsame Eingriffe in den Privatbesitz fast unvermeidlich, zumal sich diese Pressionen zumeist gegen Beamte richteten, die nach allgemeiner Ansicht ihre Reichtümer nur auf illegale Weise hatten erwerben können. Die den Zeitverhältnissen entsprechend beschränkte Verwaltung nötigte den Staat, die Steuern zu verpachten, wobei die Bevölkerung nicht eben glimpflich wegkam. Sie hatte nämlich nicht nur den üblichen Steuerbetrag zu entrichten, der wegen des – auch die byzantinische Verwaltung plagenden – Rückgangs der Landvermessungskunst seit der Spätantike ohnehin recht willkürlich errechnet war, sondern mußte darüber hinaus auch den Gewinn für den Steuerpächter zahlen. Dem Steuereintreiber gegenüber war der Städter besser daran als der Bauer, dem übrigens das Land gemeinhin nicht gehörte, sondern der es in *muzāra'a* bewirtschaftete: die Betriebsmittel erhielt er vom Eigentümer und mußte ihm dafür einen bestimmten, oft sehr hohen Prozentsatz der Ernte abtreten. Die Steuersätze waren sorgfältig nach Bodenbeschaffenheit – ob künstlich oder natürlich bewässert, ob wasserreich, Garten- oder Ackerland – und nach Produkten abgestuft.

Aber die zunehmende Geldnot des Staates und der militärischen Machthaber durchkreuzte nur allzuoft die Absicht des Gesetzgebers. Mit dem Übergang zur Militärregierung ging der Grundbesitz in den Provinzen immer weiter in die Hände von nicht ansässigen, an einer Planung auf lange Sicht also uninteressierten Offizieren über. Oft genug verstanden sie es, ihre Steuerpflicht von *charādsch* in *'uschr* umzuwandeln, wodurch ihnen die Differenz, etwa vier Fünftel des *charādsch*-Betrags, zufloß. Diese Entwicklung tat vom späten 9. Jahrhundert an der Produktivität des Landes ebenso wie der Staatskasse erheblichen Abbruch. Um 920 müssen die Militärausgaben, soweit sich das aus dem erhaltenen kalifalen Budget von 918/919 und verschiedenen Nachrichten über die Entlohnung von Soldaten schließen läßt, bereits wenigstens ein Drittel der Staatseinnahmen ausgemacht haben. Der Fußsoldat erhielt rund dreimal, der Reiter etwa sechsmal soviel wie ein ungelernter Arbeiter. Bei der höchst verschwenderischen Hofhaltung waren Ausgaben für öffentliche Arbeiten, wie Instandhaltung der Straßen und Grenzbefestigungen, verschwindend gering.

Das Kalifat hatte zu Anfang eine Doppelwährung: Goldstandard im byzantinischen Westen, Silberstandard im sasanidischen Osten; das Verhältnis zwischen Dīnār und Dirham betrug 10:1, später gewöhnlich 12:1, doch sank der Silberwert hin und wieder auf ein Zwanzigstel (und selbst ein Fünfzigstel) des Goldpreises ab. Um 900 hatte sich der Goldstandard durchgesetzt; die Stabilität des Dīnār nach außen war ebenso bemerkenswert wie die des byzantinischen Solidus. Der Einfluß der islamischen Währung ist bis in die Karolingerzeit hinein zu spüren; ihr Ansehen spiegelt sich in den Münzhorten, die sich bis nach Skandinavien gefunden haben. Die Umstellung auf den Goldstandard war jedoch nicht ohne eine gewisse Schädigung der Ostprovinzen abgegangen, die überhaupt zugunsten der Zentrale wirtschaftlich ausgelaugt wurden, eine Folge der Zersplitterung des Kalifenreiches. Immerhin gewährte Bagdad dafür die Vorteile eines einheitlichen Reichsregiments und trug im wesentlichen die Ausgaben für Heer und Verwaltung. Je mehr aber der Machtbereich des Kalifen abbröckelte, desto stärker wurden die restlichen Provinzen belastet. Man muß sich diesen Teufelskreis vorstellen: die zunehmende Unzuverlässigkeit der Provinzen machte den Ausbau des Heeres notwendig, der nur aus höheren Steuern zu finanzieren war, was wiederum den Separatismus der Provinzen anspornen mußte. Hinzu kam der Ausfall der Einnahmen aus den Staatsdomänen und den staatlich verwalteten Industrien – die berühmteste die von Luxustextilien, die ein Staatsmonopol war –, die zumal in Ägypten eine außerordentliche wirtschaftliche Bedeutung hatten, sei es für den Fall einer Empörung, sei es, daß eine Provinz, wie im 10. Jahrhundert häufiger, einem Statthalter-General abgetreten wurde, der sich dafür verpflichtete, sein Heer aus den örtlichen Einnahmen zu unterhalten.

Bürger und »Schreiber« *(kātib)* waren den Soldaten gegenüber natürliche Verbündete. Doch ist fraglich, bis zu welchem Grade das Lebensinteresse dieser beiden Stände mit dem Bestand des zentralisierten Reiches verbunden war. Die Provinzialverwaltungen repräsentierten im wesentlichen verkleinerte, autarke Abbilder der Reichsverwaltung; sie waren nicht auf Zuschüsse von der Residenz angewiesen, sondern führten nach Bestreitung ihrer eigenen Ausgaben die Überschüsse nach Bagdad ab. Nur das Reichsheer mochte von Nutzen sein zum Grenzschutz und zur Niederhaltung von Rivalitäten in oder zwischen den Provinzen. Die Zölle, die an den sich mehrenden Provinzgrenzen erhoben wurden, waren zwar für Handel und Verkehr lästig, scheinen aber fürs erste die Wirtschaft nicht ernstlich behindert zu haben. An sich hätte der Zerfall des Reiches in Partikularstaaten

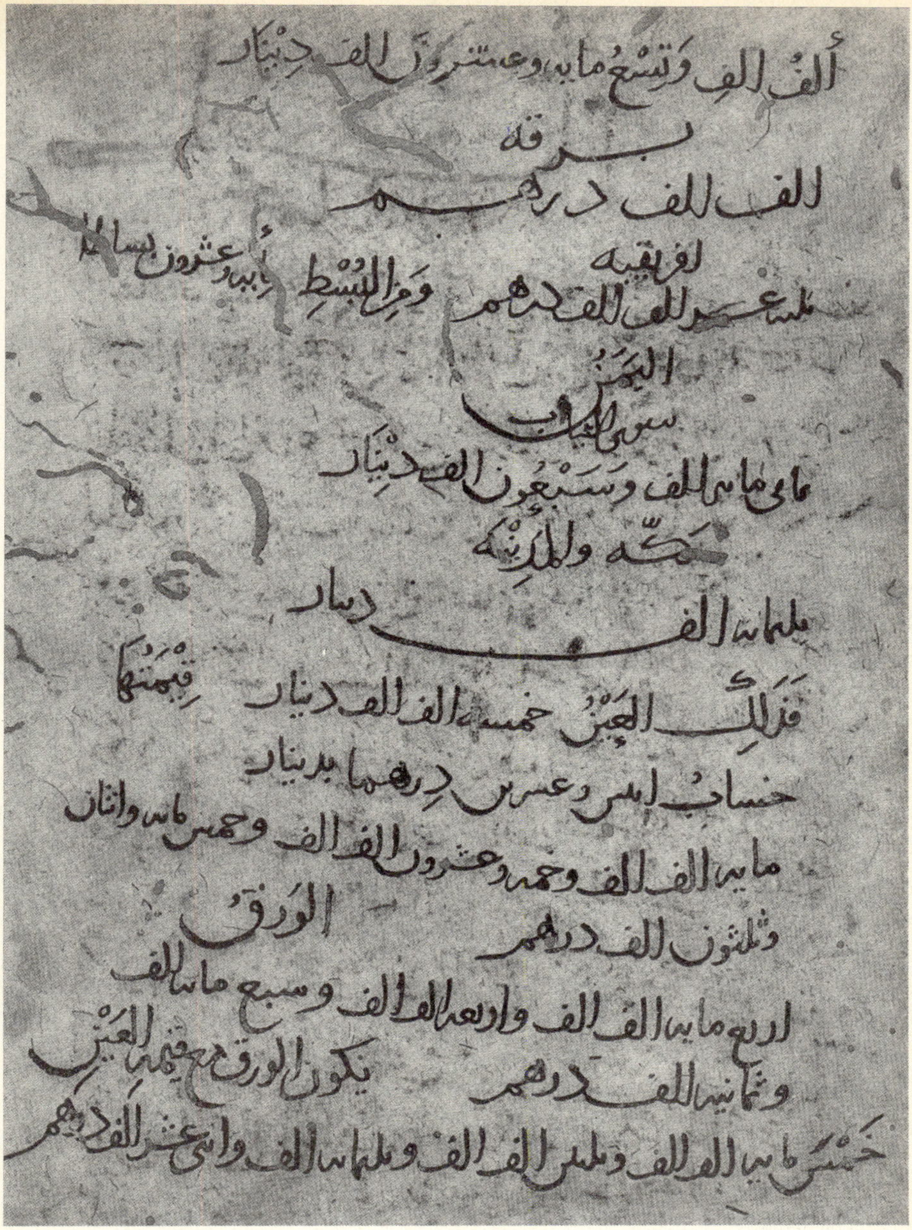
ألف ألف وتسع مائة وعشرون ألف دينار
برقة
ألف ألف درهم
إفريقية
ثلاثة عشر ألف ألف درهم ومن البسط مائة وعشرون بساطا
اليمن
سوى الثياب
ثماني مائة ألف وسبعون ألف دينار
مكة والمدينة
ثلاثمائة ألف دينار
فذلك العين خمسة ألف ألف دينار قيمتها
حساب اثنين وعشرين درهما بدينار
ألف ألف وخمس مائة واثنان
مائة ألف ألف وخمسة وعشرون
الورق
وثلاثون ألف درهم
ألف ألف وسبع مائة ألف
أربع مائة ألف ألف وأربعة ألف ألف
يكون الورق مع قيمة العين
وثمانية ألف درهم
خمس مائة ألف ألف وثلاثون ألف ألف وثلاثمائة ألف واثني عشر ألف درهم

Staatseinnahmen aus Ägypten, Barka, Ifrīqija, dem Jemen und Mekka-Medina in den Jahren 786 bis 793/4
Das letzte Blatt aus der vom Staatssekretär Ibn Mutarrif für den Barmakiden Jahjà ibn Chālid,
Wezir des Kalifen Hārūn ar-Raschīd, zusammengestellten Übersicht
in dem »Buch der Wezire und Staatssekretäre« des al-Dschahschijārī
Wien, Österreichische Nationalbibliothek

Arabische Bibliothek
Miniatur des Malers al-Wāsitī zu einer Maqāma in der Schwanksammlung des al-Harīrī, 1237
Paris, Bibliothèque Nationale

– gegen Ende der ersten Hälfte des 10. Jahrhunderts eine vollzogene Tatsache – nicht in Niedergang und Verarmung enden müssen; es waren vor allem die mangelnde Stabilität und die Wirtschaftsblindheit der landfremden militärischen Oberschicht, die den Wohlstand des Iraks, aber auch Südpersiens und der Dschazīra unaufhaltsam untergruben. Die großen Wezire des beginnenden 10. Jahrhunderts, allen voran Abū 'l-Hasan ibn al-Furāt (hingerichtet 924) und 'Alī ibn 'Isā (gestorben 946), vermochten zwar das Ansehen ihres Amtes, das nun den Charakter eines Ministerpräsidenten oder gar eines Zivilregenten angenommen hatte, außerordentlich zu steigern. Letzten Endes wurden sie aber zwischen der Armee und dem Hof erdrückt, ohne deren Hilfe die weitgehend von diesen selbst verschuldete Geldknappheit nicht zu beheben war. Der wahre Herr des Reiches war schon nach 908 der Gardegeneral Mu'nis als *amīr al-umarā'*, als »Obergeneral«; keine dreißig Jahre später überantwortete der Kalif ausdrücklich die gesamte Exekutivgewalt einem anderen General, Muhammad ibn Rā'iq (936), der freilich ebensowenig aus Steinen Gold machen konnte wie seine Vorgänger. Eine gewisse Stabilisierung der Verhältnisse trat erst ein, als eine Dynastie dailamitischer Abenteurer, die Būjiden, die sich auf eine Hausmacht in Nordwest- und Zentraliran stützen konnte, 945 Bagdad besetzte und die Zweiteilung der öffentlichen Gewalt, der militärisch-administrativen des Sultāns und der geistlich-legitimierenden des Kalifen, regelte. Daß die Būjiden Schī'iten waren, machte ihnen das Durchgreifen leichter, dem sunnitischen Kalifat aber die Zusammenarbeit um so schwerer.

Die Schwächung der Zentralgewalt und die sich immer weiter ausbreitende Fremdherrschaft der Söldner und Sklaventruppen führten im östlichen Islam zu eigentümlichen Entwicklungen in den Städten. Sie lassen sich aus dem Aufschwung von Organisationsformen erklären, wie sie bereits früher, möglicherweise in Weiterbildung sasanidischer Traditionen, nachweisbar sind. Vor dem 13. Jahrhundert ist in Ägypten nichts Derartiges zu verzeichnen, ganz zu schweigen von Nordafrika und Spanien. Schon früh – eine genaue Datierung ist noch nicht möglich – treten zumal in irakischen und chorasanischen Städten Verbindungen unverheirateter junger Männer in Erscheinung, die, halb und halb ihrem gesellschaftlichen und religiösen Standort entfremdet, ein der Pflege der sozialen Tugenden (Großzügigkeit, Nächstenliebe, Mut) gewidmetes Dasein führen. Diese Verbindungen der *fitjān* (Singular *fatà*, junger Mann, Junker), vom 9. Jahrhundert an *futuwwa*, »Jugend«, genannt, scheinen in den einzelnen Orten keine große Mitgliedschaft gehabt zu haben, unterhielten aber von Stadt zu Stadt Beziehungen über weite Landstriche hinweg.

Eine ähnliche, in zahlreichen Städten nachweisbare Verbindung von *'ajjārūn*, etwa »Landstreicher«, rekrutierte sich aus dem Bodensatz der Gesellschaft und nahm in unruhigen Zeitläuften den Bessergestellten mehr oder weniger freiwillige Beträge ab. Gelegentlich wurden sie, wie bei der Belagerung Bagdads unter Amīn, von der Regierung bewaffnet; im allgemeinen aber lebten sie in Verruf, was auch in der gehässigen Unzuverlässigkeit der historischen Berichte zum Ausdruck kommt. Nicht selten neutralisierte die Obrigkeit die *'ajjārūn*, indem sie ihnen einen Platz in der *schurta* (Polizei) verschaffte. Auf eine Weise, die im einzelnen unklar bleibt, kommt es im 9. Jahrhundert zu einer Vereinigung von *fitjān* und *'ajjārūn*, die sich sozial höheren Schichten im gemeinsamen Widerstand gegen die auf fremdländische Soldateska gestützte Regierung unterstellen. Im wesentlichen suchen sie auf die Stadtverwaltung Einfluß zu gewinnen, was übrigens nicht selten glückt, besonders im 11. und 12. Jahrhundert in den syrischen Städten, wo diese Art Stadtmiliz *ahdāth* genannt wurde und ihr Hauptmann *(ra'īs)* sich hin und wieder mit dem Gouverneur praktisch in die Macht teilte. Obgleich die *futuwwa*-Verbände keine vorgegebene religiöse Bindung in sich trugen, begannen sie doch, sich vom späten 10. Jahrhundert an mit den immer bedeutsamer werdenden *sūfī*, den »Wollträgern« oder »Mystikern«, wie man sie zu nennen pflegt, zu vereinigen. Die *futuwwa* als Organisationsmuster, die Mystik *(tasawwuf)* als geistiges Band, die Opposition gegen die Mißbräuche der Herrschenden und die Unzufriedenheit mit der starren Gesetzlichkeit des offiziellen Islams und den sozialen Verhältnissen, die er zu decken schien, dies alles gab ein Programm ab, für das sich geistig ebenso wie auf der Straße kämpfen ließ.

Soziale Fragen, mit religiöser Ideologie untrennbar verquickt, hatten sich bereits zu Ende des 9. Jahrhunderts den Regierenden in peinlichster Weise aufgedrängt. Solange in der Hauptstadt der Wirtschaftsaufschwung anhielt, barg die zunehmende Spaltung zwischen reich und arm keine unmittelbar drängende Gefahr; *'ajjārūn* auf der einen, Weltflucht und Bettelhaftigkeit auf der anderen Seite genügten als Ventile, obzwar vermutlich die um sich greifende Enttäuschung an Staat und offiziellem Islam das ihre zur Schwächung des Kalifats beitrug. Die großen sozialen Revolten des 9. Jahrhunderts hatten ihren Herd außerhalb des Regierungszentrums, in Ägypten, in den Sumpfgebieten Südmesopotamiens und in der von Natur und Regierung stiefmütterlich behandelten persischen Südostprovinz Sidschistān.

In Südmesopotamien, unfern von Basra, suchte man das Land für die Zuckerrohrkultur zu entsalzen und stickstofffrei zu machen, wobei Salpeter als Nebenprodukt der von großen afrikanischen Sklavenheeren unternommenen Arbeit gewonnen wurde. Die auch hier spürbare Schwächung der Reichsgewalt brachte einen vielleicht nicht zu Unrecht sich als Aliden ausgebenden Aufseher dazu, die Zandsch, die Afrikaner, am Unterlauf des Tigris zum Aufstand zu bewegen. Mit äußerster Disziplin vermochten die schwarzen Truppen, ohne jede Vorbereitung, einen Staat zu organisieren und zu erhalten. Sie verloren sich nicht in utopischen Experimenten, behielten sogar die Sklaverei bei und widerstanden der Versuchung, ihren Wohnsitz in die mehrmals erstürmten Städte wie Wāsit und Basra zu verlegen. Die Schwäche der Regierung und vor allem die Unzuverlässigkeit ihrer Truppen waren beträchtlich. Selbst der Schock eines Massakers in Basra (871) und eines Streifzugs in die Nähe von Bagdad (879) konnten das Kalifenheer nicht dazu bewegen, sich zu einem Gegenstoß aufzuraffen. Dank dem Charisma ihres alidischen Führers und ihrer chāridschitischen Ideologie wußte sich das Zandsch-Regime gegen schärfsten Druck von außen und den zersetzenden Moralismus der chāridschitischen Sündenlehre zu behaupten.

Nach vierzehn Jahren zäher Kämpfe rangen die Truppen des Reichsverwesers al-Muwaffaq, des Bruders des Kalifen al-Mu'tamid, den Sklavenstaat nieder (883). Doch scheint sich an der Wirtschaftsstruktur der Gegend nichts Entscheidendes geändert zu haben. Die überlebenden Zandsch wurden in die Kalifenarmee eingegliedert, mußten also nicht mehr zu den verhaßten Trockenlegungsarbeiten zurückkehren. Man darf sich fragen, ob es Muwaffaq gelungen wäre, der Zandsch Herr zu werden, wenn nicht der Führer der sidschistänischen *'ajjārūn* im entscheidenden Augenblick das ihm von den Zandsch angetragene Bündnis ausgeschlagen hätte.

Ja'qūb ibn Laith, der Kupferschmied *(as-Saffār)*, repräsentierte die niedere städtische Bevölkerung im Kampf gegen die in seiner Heimat noch immer einflußreichen Chāridschiten, die im flachen Land ihren Rückhalt hatten; doch stießen mit wachsenden Erfolgen des Kupferschmieds Beduinen und ländliches Proletariat *(sa'ālīk)* zu ihm. Sein Machtbereich dehnte sich nach Westen bis nach Fārs, nach Norden bis Chorasan aus, wo er 873 der Herrschaft der Tāhiriden ein Ende bereitete. Drei Jahre später wurde er aber unweit Bagdads von der Kalifenarmee besiegt. Nichtsdestoweniger war die Regierung bereit, Ja'qūb als tatsächlichen Herrscher von Sidschistān unter der Oberhoheit des Kalifen anzuerkennen; doch starb er vor Abschluß der Verhandlungen (879). Sein Bruder 'Amr unterwarf sich nicht dem Kalifen, sondern einer Partikulardynastie. Die »Saffāriden« hielten sich jedoch in Sidschistān mit wechselndem Glück bis ins 10. Jahrhundert.

Im Gegensatz zu den Saffāriden (867–903) hatten die nicht mehr in der alten Hauptstadt Merv, sondern im südlichen und damit dem Irak näher gelegenen Nīschāpūr residierenden Tāhiriden (821–873) ihren Rückhalt an der islamisierten Aristokratie und dem Bürgertum. Ihrer Herkunft nach waren sie chorasanische *mawālī*. Man pflegt mit den Tāhiriden die Reihe der unabhängigen Dynastien beginnen zu lassen. Zwar war die Stellung der Tāhiriden dem Kalifat gegenüber höchst selbständig und dazu noch erblich. Doch ihre Stärke bezogen sie gerade aus dem kalifalen Machtsystem, das sie im Irak aufrechterhielten und von dem sie in Chorasan allerhand Unterstützungen empfingen. Ihrem Glauben und ihrer politischen Überzeugung lag auch die Auflehnung gegen Bagdad ganz fern. Der religiös fundierte Paternalismus des ersten Tāhiriden, der in einem berühmten, Gewissenhaftigkeit und Pflichtgefühl ausstrahlenden Brief an seinen Sohn, den Statthalter der Dschazīra, eindringlich formuliert ist, sprach den Kalifen Ma'mūn dergestalt an, daß er Abschriften davon an alle Provinzialbeamten schicken ließ.

Für die Stimmung in Ostiran und Transoxanien ist es bezeichnend, daß sowohl Tāhiriden und Saffāriden als auch die Sāmāniden von Buchārā (875–999) sich genealogisch auf die Sasaniden zurückführten, also als national-iranische Herrscher muslimischer Konfession auftraten. Man fühlt sich an die Legende von der Heirat Husains mit einer Tochter des letzten Sasaniden erinnert, die den schī'itischen Legitimismus iranisch verankern sollte; freilich ist die Legende auch in einer anderen, den persischen Stolz noch stärker widerspiegelnden Form erhalten, derzufolge die Prinzessin dem Kalifen 'Alī gegenüber die Heirat mit dessen Sohn (diesmal Hasan) ausschlug, da sie nur einen regierenden Fürsten zum Mann nehmen könne.

Die »gemäßigte« Schī'a, die Partei also, die sich von der Sunna im wesentlichen durch die Lehre von der Einzigartigkeit des Prophetenhauses und dessen daraus fließenden Thronrechts unterschied, hatte, zweifellos arabischem Milieu entstammend, allmählich in Iran und Irak Einfluß und Ansehen gewonnen. In der Auseinandersetzung zwischen Aliden und Abbasiden wurde die persische Opposition gegen das Kalifat weitgehend in das alidische Lager gezogen. Das persische Nationalgefühl war aber konfessionell nicht gebunden. Es hatte vielmehr im Neupersischen als Schriftsprache einen gleichsam überkonfessionellen

Kristallisationspunkt entwickelt. In der Poesie war bereits Rūdagī (gestorben 940/941) hervorgetreten; in den sechziger Jahren des 10. Jahrhunderts übte sich dann die Prosa in Übersetzungen (auch des Korans) und in Bearbeitungen arabischer Werke. Der Versuch der Sāmāniden, Persisch zur Staatssprache zu erheben, wurde allerdings von den Ghaznawiden nicht fortgesetzt. Der Zarathustrismus, der als die eigentlich nationale Religion am meisten hätte gewinnen müssen, erlebte nur eine Renaissance von kurzer Dauer. Die schriftliche Niederlegung seiner Lehre im 10. Jahrhundert – um sowohl die Tradition zu festigen als auch den »Schriftbesitz« den Muslimen gegenüber nachzuweisen – und ihre mit Geschick durchgeführte apologetische Adaptierung hielten den Niedergang der Gemeinschaft nicht auf. Wo zu Anfang des 10. Jahrhunderts die Zarathustrier noch eine Macht waren – etwa in Fārs, der kulturellen Kernprovinz Mittel- und Südpersiens –, spielen sie hundert Jahre später keine nennenswerte Rolle mehr. Das Hauptmotiv, am Zarathustrismus festzuhalten, war aufgegeben worden, seitdem man verstanden hatte, daß der »Iranismus« auch innerhalb des Islams unversehrt, ja universaler zur Geltung gebracht werden konnte, und vor allem, daß die Islamisierung kein fremdes Joch bedeutete. Der wehmütige und stolze Rückblick auf den Väterglauben erlaubte bei aller Romantik einen reibungslosen Übertritt zum Islam.

Die Sāmāniden zeigten sich den Kalifen gegenüber geradezu demonstrativ loyal und begnügten sich mit dem Titel eines *maulà amīr al-mu'minīn*. Mit kurzen Abirrungen hielten sie die sunnitische Richtung und übernahmen nicht ohne Erfolg die sasanidisch-kalifale Mission, das iranische Kulturland (mit Hilfe türkischer Truppen) gegen die zentralasiatischen Türken zu schützen. Von Buchārā aus beherrschten sie Chorasan (mit dem heutigen Afghanistan) und Sidschistān und förderten die Bestrebungen ihrer leitenden Beamten, die gebrechliche politische Einheit durch Stärkung des Kulturbewußtseins zu festigen. Unter ihnen nahm die persische Geschichtstradition ihre für das spätere Persertum endgültige Form an. Sie ist den Arabern aus Übersetzungen oder Bearbeitungen des *Chwatāj-Nāmak* durch Ibn al-Muqaffa' (hingerichtet 757 oder 758) und Tha'ālibī (um 1021) bekannt, den Persern wurde sie in der metrisch-epischen Fassung, die Daqīqī (gestorben zwischen 976 und 980) begann und der große Firdausī (aus Tūs in Chorasan, 934–1020) vollendete, zur maßgeblichen Gestalt: das »Buch der Könige«, *Schāh-Nāma* (das Pahlawī-Wort *chwatāj*, »König«, bedeutet in seiner neupersischen Form *chudā* nur noch Gott). In sechzigtausend Verspaaren reimender Elfsilbler abgefaßt, ist es wie die homerischen Epen zugleich Anfang und Höhepunkt des persischen Epos, wie der persischen Nationalliteratur überhaupt, dazu Brennpunkt und materiales Fundament des geschichtlichen Selbstbewußtseins Persiens. Wie der Dichter und sein Kreis hat es sich bis zum heutigen Tag mit dem Paradox auseinanderzusetzen, daß die Zerstörung des glorreichen sasanidischen Nationalstaats durch die arabischen Barbaren die Voraussetzung war für eine Wiedergeburt zum Heil und zu einer universal bedeutsamen Kulturleistung. Der Überlieferung zufolge erhielt der Dichter für das um 1010 unter dem orthodoxen ersten Ghaznawiden, einem Fürsten türkischen Geblüts, beendete Meisterwerk nur kärglichen Lohn. Das dürfte jedoch dem nationalistischen, im Grund unislamischen Unterton und nicht den Firdausī nachgesagten schī'itischen Neigungen zur Last zu legen sein.

Mit dem Aufstieg der neupersischen Schriftsprache war aber das Arabische keineswegs ausgeschaltet. Als Sprache des heiligen Buches, der arabisch-islamischen Wissenschaft, der Reichsverwaltung und der internationalen Verständigung innerhalb der *dār al-islām* blieb es unentbehrlich, ganz abgesehen davon, daß es dem für arabische Fremdwörter und Wendungen höchst aufgeschlossenen Persischen in der Ausbildung philosophisch-wissenschaftlicher Begriffe vorausgegangen war und ihm wegen seiner Geschmeidigkeit im Ausdruck noch geraume Zeit überlegen blieb.

Die »gemäßigte« Schī'a war zu keiner Zeit wirklich organisiert; wie die sunnitische *dschamā'a* stellte sie eine dank einem intensiven Zusammengehörigkeitswillen lebendig erhaltene Gemeinschaft dar, die sich übrigens erst allmählich von jener abhob. Die Verehrung der Sunniten für das Prophetenhaus und die bei aller Feindseligkeit und Exklusivität die Regel bildende Mitarbeit einzelner Schī'iten an der Erhaltung der *dschamā'a* verschleierte noch im Bagdad des 10. Jahrhunderts vielfach die Übergänge. Als im Jahr 873/874 der zwölfte der schī'itischen Imāme, Muhammad ibn al-Hasan al-'Askarī al-Mahdī im Alter von kaum zehn Jahren (nach der Legende noch jünger) aus dem Keller seines Hauses in Samarrā verschwand, fand die Linie der »sichtbaren« Mittler ihr Ende. Bis 939 übernahmen vier Stellvertreter (*wakīl*) die Führung der Bewegung, soweit diese Begriffe anwendbar sind. Mit diesem Jahr beginnt nach schī'itischer Anschauung die »große Abwesenheit« (oder: Verhüllung; *ghaiba*). Der Imām, der eigentliche Herrscher der Welt, wirkt nun aus dem verborgenen; bis zu seiner Rückkehr (*radsch'a*) sind es noch mehr als im sunnitischen Islam die Gelehrten (*mudschtahidūn*), die ihn den Gläubigen gegenüber vertreten. Sie sorgen für die Harmonisierung von Leben und Lehre und garantieren, ohne selbst organisiert zu sein, gewissermaßen von den theologisch-juristischen Traditionszentren der Schī'a aus (wie Hilla im Irak oder Qumm in Iran) die Lebensordnung der Gemeinde. Damit ist zugleich die größere Flexibilität der »Zwölfer-Schī'a« (*Ithnā'ascharijja*) und ihre der Sunna gegenüber organisatorische Schwäche in nichtschī'itischen Gebieten vorgezeichnet. Gegenüber politischen Wechselfällen, den Zufälligkeiten politischer Launen war sie unverwundbar geworden, ohne sich damit schon gegen die Verfolgungen Andersdenkender schützen zu können; diese Absolutheit der religiösen Existenz, der die Sunna nur langsam und zaghaft entgegenging, war erst mit der Verstaatlichung der »Zwölfer«-Schī'a in der Safawidenzeit wieder in Frage gestellt. Symptomatisch für die Anziehungskraft von, genaugenommen, unislamischen, jedenfalls unkoranischen Motiven ist die beschleunigte Ausbreitung der »Zwölfer«-Schī'a schon während der »kleinen *ghaiba*«; es sei nur auf den Aufstieg der Būjiden in Iran und der Hamdāniden im arabischen Syro-Mesopotamien hingewiesen. Die Konvergenz von Mahdī und verborgenem Imām und das Mysterium der aus der Entrückung geleiteten Gemeinde entsprachen offenbar der Stimmung weiter Kreise und vertrugen sich mit verhältnismäßig weitreichender Rationalisierung, ja hellenisierender Begriffsüberfremdung des islamischen Lehrgebäudes.

Motivisch verwandt und doch in Absicht und Denkformen völlig verschieden ist die Bewegung, die sich, vielfältig in sich gespalten und doch eine Einheit, vom 9. bis zum 11. Jahrhundert der muslimischen Welt als eine Alternative religiöser Existenz darbot. Aus dem Schoß der *umma* geboren, an der Oberfläche wenigstens sorgsam an die Schrift anknüpfend, ist die *Ismā'ilijja*, wie sich die Totalität dieser Lehren am einfachsten nennen läßt, ein vollständiges religiös-philosophisches, politisches und soziales System, das die islamische Orthodoxie gleichsam von innen her zu erfüllen, zu sprengen und zu ersetzen suchte. Die Hauptgedanken sind auch der Schī'a vertraut, die Ismā'īlijja ist ja als ein Zweig oder eine konsequente Ausgestaltung der zum »Zwölfertum« führenden Ideologie entstanden. Ismā'īl, der älteste (?) Sohn des sechsten Imām, des auch von der Sunna geachteten Dscha'far as-Sādiq (gestorben 765), starb vor seinem Vater, der ihn zum Nachfolger bestimmt hatte. Die Majorität der Anhängerschaft übertrug ihre Loyalität auf einen anderen Sohn Dscha'fars; eine Minderheit hielt aber an Ismā'īl fest und erklärte, er sei nicht gestorben und würde dereinst als Mahdī wiederkehren; andere wieder anerkannten Ismā'īls Sohn Muhammad als den letzten der Imāme, den »Herrn der Zeit« *(qā'im az-zamān)*.

Auf alle diese »Siebener«-Gruppen blieb in zeitgenössischen Augen die Bezeichnung Ismā'īlijja anwendbar. Warum sich gerade die Radikalen, die »Übertreiber« *(ghulāt)*, dieser Imām-Kette anschlossen, ist nicht ersichtlich. Mit dem Gesamtislam teilten sie den Glauben an die Einheit Gottes *(taūhīd)*, die göttliche Sendung Muhammads, den Koran als Offenbarung Gottes und weitgehend die Überzeugung von der Allgemeinverbindlichkeit der kultischen Gesetzesvorschriften; gemeinsam mit der Gesamtschī'a glaubten sie an die Notwendigkeit der göttlichen Weltleitung durch einen Imām, an die Hypostase des Schöpfungsaktes oder -wortes, des Logos, an die Doktrin vom inneren *(bātin)*, durch Allegorese zugänglichen Sinn des Korans und an die Funktion des Imām, »die Welt mit Gerechtigkeit zu erfüllen, wie sie jetzt mit Ungerechtigkeit erfüllt ist«.

Die »Siebener«-Gruppen vertraten eine zyklische Geschichtsauffassung, eine plotinisierende Emanationslehre verbunden mit der These von der Entsprechung von Makrokosmos und Mikrokosmos – sieben Emanationsphasen: sieben »Sprecher« in der Erlösungsgeschichte, darunter Adam, Muhammad und Muhammad ibn Ismā'īl, begleitet von sieben »Schweigern«, darunter Seth, 'Alī und der jeweilige Sektengründer. Eine Tendenz zur Vergottung des Imām ist erkennbar, wurde aber nur hin und wieder ausdrücklich postuliert. Gnostische Gedankengänge tauchen auf, in deren Gefolge Astrologie und Buchstabenmystik ihren Einzug hielten.

Während die gemäßigte Schī'a auf Umsturz hinarbeitete, sich aber je länger, desto mehr der Welt anpaßte, gingen die »Siebener« aller Richtungen mit erstaunlicher Zielstrebigkeit auf eine universale Neuordnung der islamischen Gesellschaft aus. Geheimorganisationen mit hierarchischer Gliederung, bei der Rang und Initiationsgrad zusammenfielen, durchsetzten die *dār al-islām* von Nordafrika bis Indien, von Südarabien bis Chorasan. Die Methodik der Einweihung in die sieben- oder neunstufige Organisation mag von unseren nichtismā'īlischen Berichterstattern großzügig ausgeschmückt worden sein, die zentralgeleitete Propaganda, oft im Namen des unbekannten oder ungenannten Imām, ist eine Tatsache. Tatsache ist auch ein sich aus der Überzeugung von der Allgemeingültigkeit der Geheimlehre ergebender toleranter Relativismus den übrigen Religionen als gleichwertigen »Vorformen« gegenüber. Die Ismā'īlijja hat nie und nirgends versucht, eine Massenbewegung zu werden und etwa alle Untertanen zu ihrer Doktrin zu bekehren. Das System erlaubte die Einbeziehung der hellenistischen Philosophie und Wissenschaft, die im

Zeitgeschmack lag, ohne Gefährdung der Grundannahmen und daher sozusagen ohne schlechtes Gewissen: die einzige »Enzyklopädie der Wissenschaften«, die uns aus der Epoche überliefert ist, stammt aus einem ismā'īlischen Konventikel, den »Lauteren Brüdern« von Basra (wohl in den 970er Jahren entstanden, jedenfalls schon 983/984 außerhalb des Zirkels bekannt).

Energisch im Durchgreifen gegen soziale Übelstände, von Geheimnis umwittert und doch auf der Höhe der Zeit, getragen von einem Gefühl jugendlicher Kraft und ohne jede Hemmung dem traditionellen Islam gegenüber, den zu verdrängen sie sich vorgenommen hatten, so erstanden in vielfältiger Gestaltung die ismā'īlischen Strömungen und wurden die größte, um nicht zu sagen die einzig wirkliche Bedrohung des orthodoxen Islams sunnitischer wie schī'itischer Observanz, totalitär und theokratisch wie er selbst, aber noch ungeschwächt von geschichtlicher Verwirklichung und anziehend in der Vollkraft ihrer Lehrautorität.

Es kann nicht genug betont werden, daß unbeschadet der etwaigen Nachweisbarkeit der einzelnen Motive außerhalb der Ismā'īlijja die Strömung in Geist und Ausdrucksweise eigenständig war und auch so von den Zeitgenossen empfunden wurde. Wo sonst hätten sie eine Sprache hören können wie die zu einem Qarmatenführer, dem »Sendboten des Messias, welcher ist Jesus, welcher ist das Wort, welcher ist der Mahdī, welcher ist Ahmad ibn Muhammad ibn al-Hanafijja, welcher ist Gabriel«, gesprochenen Worte: »Du bist der Sendbote, du bist der Beweis, du bist das weibliche Kamel (des Propheten Sālih, an dem sich laut Koran 7, 74–80 die Ungläubigen vergriffen), du bist das Tier (das Gott nach Koran 27, 83 in der Endzeit aus der Erde hervorkommen lassen wird), du bist der Heilige Geist, du bist Johannes, Sohn des Zacharias.« Wie zündend diese Symbolik, diese typologische Reihung der Epochen, dieses Operieren mit dem Gefüge von Zeit und Endzeit damals gewirkt hat, läßt sich kaum noch nachfühlen. An der Geschichte jener Jahrhunderte ist es nur allzu deutlich abzulesen.

Die erste politische Manifestation der Bewegung ist mit dem Namen des Hamdān Qarmat (wohl aramäisch, »Geheimlehrer«) verbunden, der 890 unweit von Kūfa eine *dār al-hidschra*, eine »Stätte der Auswanderung«, errichtete, was im Anklang an Medina als die *dār al-hidschra* des Propheten soviel besagen will wie »Residenz des Mahdī, Gründungsstätte seiner Religion«. Die nabatäischen Bauern, aus denen er selbst hervorgegangen war, aber auch Araber schlossen sich ihm an. Gütergemeinschaft an Vieh, Mobiliar, Juwelen wurde eingeführt, Einkünfte und Arbeitsertrag der Gemeinde abgeliefert, die Bedürftigen aus dem Gesamtbesitz versorgt; die den Qarmaten nachgesagte Weibergemeinschaft bleibt allerdings bei der Quellenlage fraglich. Die Regierung zwang Qarmat zur Abwanderung nach Syrien, wo er bald darauf starb. Die Bewegung aber blieb dort weiterhin aggressiv, bis das Kalifat sie nach grausamen Kämpfen 903 unterdrückte, was ihm 906 auch in Südmesopotamien gelang. Das nordsyrische Qarmatenzentrum Salamijja konnte sich freilich halten. Mittlerweile hatten sich die Qarmaten aber 894 unter dem »Propagandisten« Abū Sa'īd al-Dschannābī in al-Ahsā (Bahrain) festzusetzen begonnen. Schon fünf Jahre später gelang es ihm, das ganze Land in seine Gewalt zu bringen und einen Staat zu gründen. Ähnliche Versuche in Chorasan und im Jemen führten eher zu Gemeinden als zu Staaten; ein anderer Qarmatenstaat entstand auf indischem Boden in Multān. Weder Hamdān noch Abū Sa'īd noch auch Dhikrawaih, der Führer des syrischen Aufstands von 900 und wie Abū Sa'īd iranischer Herkunft, handelten aus eigener Autorität; sie waren von »Fātimiden« eingesetzt, vom *sāhib an-nāqa* (Herr der Kamelin) und seinem Bruder *sāhib al-chāl* (der mit dem Muttermal). Der gemeinsame Feind waren die Abbasiden und mit ihnen die Repräsentanten der orthodoxen Ordnung. Eine Generation später faßt ein Gegner ihr Programm zusammen: »Sie sagten: ›Die Wahrheit ist erschienen, der Mahdī hat sich erhoben, die Herrschaft der Abbasiden, der Rechtsgelehrten, der Koranleser und Traditionsgelehrten ist zu Ende. Es bleibt nichts mehr zu erwarten; wir sind nicht gekommen, eine Herrschaft zu errichten, sondern ein Gesetz aufzuheben.‹« (Übersetzung Madelung.)

Die Schlagkraft der Bahrain-Qarmaten war außerordentlich. Die Gegenwehr der Kalifen reichte nicht aus, die Sicherheit Südmesopotamiens, der Durchzugsstraßen nach Syrien, ja der Pilgerfahrt zu gewährleisten. Wie so vielen Häretikern galten auch den Qarmaten die unbekehrten Muslime als Ungläubige, deren Besitz und Leben vogelfrei waren. Die Massaker der Mekkapilger, die sich mehrmals ereigneten, ebenso die Entführung des Schwarzen Steins aus der Ka'ba (930) sollten wohl demonstrieren, daß Gott nicht mehr mit der Orthodoxie sei, daß die Tage des konventionellen Islams, dem der Herr sein Charisma entzogen habe, gezählt seien und die Ära des Mahdī unmittelbar bevorstehe. Anscheinend lösten sich die Bahrain-Qarmaten allmählich aus der Abhängigkeit von den Fātimiden. Daß der Schwarze Stein 951 auf fātimidisches Geheiß (übrigens gegen ein hohes Lösegeld) zurückgegeben wurde, geht wohl auf fātimidische Propaganda zurück; doch war die sunnitische Welt von der einheitlichen Leitung des gegen sie gerichteten »Doppelkomplotts« überzeugt. Dabei war sie sich freilich bewußt, daß die Qarmaten, vor allem in ihrer Sozialstruktur, eine verhältnismäßig konventionelle, respektable Version der »Siebener«-Häresie darstellten.

Kurz vor 930 erreichte die mahdistische Erregtheit ihren Höhepunkt. Man weiß von Kūfiern, die eilends nach Bahrain auswanderten, um vor dem Erscheinen des Mahdī sein Land zu betreten. 931 übergab denn auch der Qarmatenfürst Abū Tāhir die Herrschaft einem jungen Perser, der sich durch Geheimzeichen als der Mahdī ausgewiesen hatte. Gleichzeitig erklärte Abū Tāhir, die eigentliche Religion, die Religion Adams, sei nun erschienen; aller Glaube bisher sei falsch gewesen; die Lehren von Moses, Jesus und Muhammad seien Lügen, sie selbst nichts als Betrüger. Es ist freilich mehr als unwahrscheinlich, daß Abū Tāhir sich derartig ausgedrückt hat. Man kann mit Sicherheit annehmen, daß die recht zählebige, polemisch wirksame Formel von den »Drei Betrügern« von Gegnern des Mahdī stammt. Das Islamfremde dieser ganzen Episode ist nicht zu leugnen; sie endete denn auch bald dank der grausamen Herrschaft des Mahdī.

Der Schock der Enttäuschung führte in den nächsten Jahren Qarmaten und Abbasiden zusammen, ohne daß im Religiösen ausdrücklich Konzessionen gemacht worden wären. Das qarmatische Bahrain bewahrte jedoch seine Unabhängigkeit und seine Organisation bis weit ins 11. Jahrhundert hinein. Zwei sympathisierende Beobachter haben uns Berichte hinterlassen, in denen der Staat beschrieben wird: eine Oligarchie, der Rat der *'iqdānijja* mit dem Herrscher als Vorsitzenden, regierte ihn; etwa zwanzigtausend Waffenträger hielten

Hof der Moschee Ahmad ibn Tūlūn in Kairo, 877–879

Arabisches Astrolabium
Messingtreibarbeit aus Toledo, 1029. Marburg, Stiftung Preußischer Kulturbesitz, Staatsbibliothek

rund dreißigtausend Negersklaven. Steuern gab es nicht; der Staat kam offenbar selbst für die wirtschaftliche Existenz seiner Glieder auf. Die Qarmaten hatten keine Moschee, beteten nicht und hielten keine Fasten, ließen aber die in ihrer Mitte lebenden »Orthodoxen« ihren Gebräuchen folgen. Der interne Handel wurde mit einer Binnenwährung betrieben. Wie sich der Staat die nötigen »Devisen« verschaffte, wissen wir nicht. Isolierung und politische Bedeutungslosigkeit brachten Stabilität: die qarmatische Ordnung scheint sich in al-Ahsā bis ins 18. Jahrhundert erhalten zu haben.

Ägypten unter Fātimiden und Tūlūniden

Bedeutsamer für die gesamtislamische Geschichte wurden die Fātimiden, deren Schicksal die Abgelöstheit der »Siebener« von jeglicher territorialer oder nationaler Bindung dramatisch illustriert. Ihrem umstrittenen Anspruch nach durch Fātima und Husain Deszendenten des Propheten, legten sie um 860 ihr Organisationszentrum nach Salamijja in Syrien, von wo aus sie, wie bereits bemerkt, einen Stützpunkt im Jemen errichteten. Der »Propagandist« Abū ʻAbdallāh aus Sanʻā' im Jemen faßte 894 bei den Kutāma-Berbern (in der Kleinen Kabylei, westlich von Constantine) Fuß und griff damit auf ein Gebiet über, in das sich bis dahin Sunna und Chāridschiten geteilt hatten. Die Unzufriedenheit mit den in Kairuan residierenden Aghlabiden und die chronischen Spannungen zwischen den städtischen Machthabern und den Berbern der Berg- und Steppenzonen erlaubten es Abū ʻAbdallāh, seine Stellung als Vorläufer des Mahdī ʻUbaidallāh zu konsolidieren und schließlich den letzten Aghlabiden 909 entscheidend zu schlagen, womit auch der letzte Rest abbasidischen Einflusses in Nordafrika ausgeschaltet war. Der Zusammenbruch der syrischen Revolte hatte mittlerweile ʻUbaidallāh gezwungen, auf gefährlichen Umwegen über Ägypten nach Südwestmarokko zu fliehen, wo er in Sidschilmāssa auf aghlabidisches Geheiß eine Zeitlang gefangengehalten wurde. Abū ʻAbdallāh ließ ihn dort befreien, und so zog der Mahdī als Herrscher in die Ifrīqija (Tunesien) ein, wo er nach kurzer Frist seinen Wegbereiter, der wohl zum Teil wegen seiner drückenden Finanzmaßregeln an ihm irre geworden war, ermorden ließ und die Zügel der Regierung selbst in die Hände nahm.

Den Fātimiden aber stand der Sinn nicht danach, nordafrikanische Kleinkönige zu bleiben. Das Wechselspiel der Politik hatte sie in dieses, vom gesamtislamischen Standpunkt provinzielle Gebiet verschlagen. Was sie anstrebten, war die Verdrängung der Abbasiden, die Herrschaft eines Fātimiden-Kalifen, des *amīr al-mu'minīn;* diesen Titel hatte ʻUbaidallāh mit dem des Mahdī am 15. Januar 910 angenommen; von allem Anfang an war daher ihre Politik nach Osten gerichtet. Schon 914 wurde Alexandreia ein erstes Mal besetzt. Die Berber wollten sich indessen nicht zu Werkzeugen einer imperialen Politik erniedrigen lassen; der Chāridschismus bot die nötige ideologische Handhabe für eine Revolution, die 944 bis 947 die Fātimidenherrschaft aufs schwerste erschütterte und sich erst an den Mauern ihrer neuen Hafenhauptstadt Mahdijja (Tunesien) brach.

Nach der Niederwerfung dieses letzten chāridschitisch unterbauten Berberaufstands dauerte es noch mehr als zwanzig Jahre, bis die Eroberung Ägyptens ins Auge gefaßt werden konnte. Nach guter diplomatischer Vorbereitung zog der (in Sizilien geborene) Freigelassene Dschauhar 969 in Fustāt (heute Alt-Kairo) ein. In unmittelbarer Nähe legte er eine Siedlung an, die er nach dem Kalifen al-Mu'izzijja al-Qāhira die »sieghafte (Stadt) des Mu'izz« (Kairo) nannte und die in kürzester Zeit eines der größten islamischen Kulturzentren werden sollte. Eine fātimidisch-theologische Hochschule wurde an der von Dschauhar noch vor dem Einzug des Fātimidenkalifen (973) errichteten al-Azhar-Moschee gegründet und gab dem schī'itischen Geistesleben sogleich einen festen Mittelpunkt. Die Ifrīqija erhielten die berberischen Zīriden, die als selbständige Vertreter der Fātimiden die Blüte des Landes aufrechterhielten. Obwohl die Fātimiden letzten Endes nur geringes Interesse an ihrem ersten Territorialbesitz hegten, hatten sie das aghlabidische Erbe, freilich unter Verschärfung des vordem schon erheblichen Steuerdrucks, gut verwaltet und zumal die Flotte bei Kräften erhalten; Sardinien, Korsika, die Balearen, von Sizilien, das bereits seit 827 immer mehr in muslimische Hände geraten war, ganz zu schweigen, wurden und blieben unter fātimidischem Einfluß. Wie später in Ägypten, so beruhte auch in der Ifrīqija ein gut Teil der Stärke der Dynastie auf der Wirtschaftskraft, die von aufblühenden Handelsbeziehungen mit der christlichen Mittelmeerwelt, besonders mit Italien, gespeist wurde.

Der Übergang eines Staatswesens oder besser einer regierenden Schicht und ihres Söldnerheeres von einem Land in ein anderes ist ein Schauspiel, das nur verständlich wird, wenn man sich die ausschließlich ideologische Bindung der »Elite« vor Augen hält, ihre innere Beziehungslosigkeit gegenüber allem Irdischen, das nur als Hebel und Stütze galt, und sich dazu der Tatsache erinnert, daß Minoritätenherrschaft eine seit langem selbstverständliche politische Daseinsform war. In Spanien hatten zweihunderttausend Westgoten geherrscht, die Vandalen in Afrika werden auf achtzigtausend geschätzt; etwa zwölftausend Muslime eroberten Spanien; die Ajjūbiden hielten um 1200 Ägypten mit rund achttausend Mann in Schach. Und die Stellung der Muslime als Minderheit im Nahen und Mittleren Osten in den ersten Jahrhunderten der Hidschra braucht nicht noch einmal betont zu werden. Die Fātimiden haben übrigens niemals versucht, Ägypten schī'itisch zu machen; die esoterische Lehre vertrug sich nur zu gut mit den politischen Erfordernissen; doch gaben sie den Nichtmuslimen mehr Spielraum, als diese jemals seit der arabischen Eroberung besessen haben. Auf diese Weise sicherten sie sich die aktive Sympathie der wirtschaftlich und administrativ wichtigen Kreise.

Das Ägypten, in das die Fātimiden kamen, hatte hundert Jahre zuvor nach einer Zeit kolonialer Ausbeutung eine gewisse Selbständigkeit erlangt. Wie so oft in der ägyptischen Geschichte hatte es den Aufschwung einem Fremden zu danken gehabt. Ahmad ibn Tūlūn, der Sohn eines türkischen Militärsklaven, hatte es als Vertreter eines türkischen Generals betreten, dem 868 die Statthalterschaft des Landes verliehen worden war, der es aber einer eingebürgerten Gepflogenheit folgend vorgezogen hatte, die Kalifenstadt Samarrā, den eigentlichen Quell seiner Machtstellung, nicht zu verlassen. Die Wirrnisse türkischer Söldneraufstände, die schwelenden Zerwürfnisse zwischen dem Kalifen Mu'tamid (870 bis 892) und seinem Bruder, dem Reichsverweser (und Reichsretter) al-Muwaffaq (gestorben 891), die Unzuverlässigkeit der Provinzstatthalter und vor allem die Rebellion der Zandsch erlaubten es Ibn Tūlūn, sich praktisch selbständig zu machen. Er verwendete das Steueraufkommen Ägyptens, von einer verhältnismäßig kleinen Pauschalleistung an den Kalifen abgesehen, für den wirtschaftlichen Ausbau des Landes und setzte damit einen Wirtschaftsaufschwung fort, der auch in den Jahrzehnten zuvor das Land ausgezeichnet hatte. Im Grunde war es schon seit der Ptolemäer-Zeit durch das staatliche Getreidemonopol vor Hungersnot bewahrt worden; die Araber hatten dazu noch die Reis- und Zuckerkultur gebracht. Trotz einer gewissen Steuersenkung vermochte Ibn Tūlūn ein vorwiegend aus Griechen, Sudanesen, Berbern und Türken zusammengesetztes (Sklaven-)Heer zu unterhalten und nordöstlich von Fustāt eine neue Hauptstadt zu errichten, deren Grundstücke parzelliert an Offiziere und Beamte verteilt wurden: al Qatā'i', »Parzellen« (oder: »Lehen«), wurde sie genannt.

Allem Widerstand der Zentralregierung zum Trotz wußte sich Ibn Tūlūn nicht nur in Ägypten zu behaupten, sondern dehnte seine Macht auch auf Syrien aus, dem begehrten »Schutzglacis« aller starken Herrscher Ägyptens. Ein Versuch des Kalifen, sich der Vormundschaft seines Bruders durch Flucht nach Ägypten zu entziehen (882), mißlang; doch tat dieser Fehlschlag der Anbahnung friedlicher Beziehungen mit Samarrā keinen Abbruch. Nach Ibn Tūlūns Tod (884) bestätigte die kalifische Regierung auf dreißig Jahre die Statthalterschaft von Ägypten und Syrien für dessen Sohn Chumārawaih und die Tūlūnidenfamilie (886). In den nächsten Jahren drang die Tūlūnidenmacht ins nördliche Mesopotamien vor; 895 heiratete der Kalif al-Mu'tadid Chumārawaihs zwölfjährige Tochter, deren luxuriöse Ausstattung das Gerücht hervorrief, der Kalif habe Chumārawaih durch diese Ehe ruinieren wollen. Die Verschwendungssucht des jungen Herrschers, der schon 896 ermordet wurde, führte zur raschen Schwächung des tūlūnidischen Ägyptens. Bei der Erneuerung des Lehensvertrags für seinen Nachfolger sah sich der Kalif bereits in der Lage, den Tribut zu erhöhen. Die rapide Zersetzung der Dynastie erlaubte es dem Kalifen schon acht Jahre später, an die Wiedereroberung Ägyptens zu denken. 905 fiel Fustāt, und Qatā'i' wurde dem Erdboden gleichgemacht.

Als einziges Monument aus der Tūlūnidenzeit ist die Moschee erhalten, die Ahmad ibn Tūlūn zwischen 876 und 879 erbauen ließ – eine Nachahmung in halber Größe von der Hauptmoschee in Samarrā, wie denn überhaupt künstlerisch und kulturell die Kalifenstadt das Muster für den Tūlūnidenhof abgab. So fand die für Samarrā charakteristische Verbindung von hellenistischen und (überwiegend) persischen Stilelementen in Ägypten Eingang. Samarrā war auch das organisatorische Vorbild: dieselbe Armeestruktur, die das Kalifat an den Rand der Machtlosigkeit gebracht und Ibn Tūlūns Aufstieg ermöglicht hatte, wurde in Ägypten eingeführt und war zweifellos die Hauptursache, daß diese erste Epoche faktischer (obzwar nicht rechtlicher) Unabhängigkeit, die Ägypten seit weit über tausend Jahren erlebt hatte, so bald ein Ende nahm.

Nach dreißig Jahren abbasidischer Restauration wiederholte sich die Entwicklung. Das geschwächte Kalifat gestand dem türkischen Statthalter Muhammad ibn Tughdsch (935 bis 946) 937 die Führung des sogdischen Herrschertitels *Ichschīd* zu, den seine Familie in ihrer zentralasiatischen Heimat getragen hatte, ein Symbol für die faktische Selbständigkeit.

Dieselbe Bedeutung sollte neunhundert Jahre später der nordiranische Titel *Khediv* haben, der dem osmanischen Statthalter Ägyptens, Muhammad 'Alī, die Unabhängigkeit im osmanischen Staatsverband bestätigte. Fast wäre dem großen Finanzier Abū Bakr Muhammad al-Mādharā'ī (872–957) die Herrschaft über Ägypten zugefallen. Er war der wohl bedeutendste Repräsentant einer Beamten- und Bankiersfamilie, die seit dem Tod Ahmad ibn Tūlūns die eigentliche Macht in Ägypten (und mehrmals auch in Syrien) in Händen hielt. In jener Zeit beteiligten sich übrigens in Bagdad ebenso wie in Fustāt die Fürsten und ihre Familien aktiv an wirtschaftlichen Unternehmungen, was zwar ein gewisses Maß an Korruption unvermeidlich machte, im ganzen aber der Entwicklung nicht abträglich war. Der Griff nach Syrien wiederholte sich, sogar Damaskus konnte besetzt werden. Der abessinische Hausmeier Kāfūr führte das Regiment für Muhammads Nachkommen, bis er selbst kurz vor seinem Tod mit Ägypten belehnt wurde. Die ichschīdische Macht hatte ihre Grundlage allein in der Ohnmacht der Umwelt; kaum ein Jahr nach dem Hinscheiden Kāfūrs (968) verlor der Enkel des Gründers sein Land an die Fātimiden.

Fast unbemerkt, jedenfalls ohne Einfluß auf das Geschehen in den Kernländern, hatte sich mittlerweile der Islam in den Sudan und an die Küste Ostafrikas auszubreiten begonnen. Doch handelte es sich hierbei, zumindest bis zum Ende des ersten Jahrtausends, nur um Zuwanderung arabischer Kolonisten oder Kaufleute, nicht um eine Bekehrung der nubischen Christen im Sudan oder der heidnischen Volksgruppen am Indischen Ozean. Nubien stand seit 652 in einem als tributär auslegbaren Vertragsverhältnis mit dem Kalifat, wobei die Araber als Gegenleistung für Sklaven Getreide und Öl zu liefern hatten. Die erste folgenreiche muslimische Niederlassung an der ostafrikanischen Küste scheint auf Anhänger des Zaid ibn 'Alī zurückzugehen, die nach ihres Prätendenten Niederlage und Tod (740) fern vom Zugriff des Kalifen Zuflucht gesucht und, im Laufe der Zeit von anderen Landflüchtigen verstärkt, einige wenige Küstenstationen gegründet hatten. Maqdischū (Mogadiscio), der erste bedeutende Platz, entstand freilich erst um die Mitte des 10. Jahrhunderts; um die Jahrtausendwende folgte südlich davon das von Sunniten besiedelte Kilwa. Diese Kolonien ohne Mutterland erhielten sich wirtschaftlich – in der Heimat der Zandsch – vor allem durch Sklavenhandel. Man hat Grund zu der Vermutung, daß der Islam hier und dort eingeborene Herrscher ergriff; Afrika südlich der Sahara hat aber weder damals noch später etwas zur Entwicklung der Lehre beigetragen oder zivilisatorisch auf die Ursprungsländer zurückgewirkt.

Strenggenommen ließe sich dieses Urteil auch auf den nordafrikanischen Islam jener Zeit ausdehnen, sofern man die Ostwendung der Fātimiden auszunehmen gesonnen ist. Nordafrika war islamisches Kolonialgebiet, die Bekehrung mühselig vonstatten gegangen. Trotz der Zähigkeit, mit der an der einmal angenommenen Lehre festgehalten wurde, stellte sich die volle Identifizierung mit dem Islam erst ein, als im 11. Jahrhundert berberische Dynastien die Macht an sich zogen. Versuche, einen berberischen Glauben in Abwandlung des islamischen Modells zu schaffen, sind mehrfach unternommen worden.

Der bemerkenswerteste war ohne Zweifel der Versuch von Sālih um 744, dessen Vater sich schon in antiarabischen Kämpfen ausgezeichnet hatte und der selbst ein aus dem Chāridschitentum hervorgegangener Führer der Barghwāta war. Die von ihm verkündete

Religion fußte auf einem berberischen Koran von achtzig Sūren gegenüber den hundertvierzehn Sūren des muslimischen. Er gab sich als *Sālih al-mu'minīn,* den im muslimischen Koran (66, 5) vorausgesagten »Aufrechten unter den Gläubigen« aus und fühlte sich als der Mahdī, der vor dem Ende der Zeiten wiederkehren werde. Die muslimischen Festzeiten wurden verlegt, die Gebetsformeln und Speiseregeln modifiziert. Im wesentlichen wurden aber alle muslimischen Religionsvorschriften in nur leichter Veränderung beibehalten; vermutlich wurden sie den lokalen Sitten angeglichen.

Wie Sālih verkündete Hāmīm im Rīf einen berberischen Koran; er ist 927 im Kampf gegen die spanischen Umajjaden ums Leben gekommen. Auch er veränderte Speisegebote und Gebetszeiten. Man hat den Eindruck, daß Hāmīms Predigt einen schwachen Abglanz der »Häresie« der Barghwāta darstellt. Die Barghwāta übrigens konnten sich aller Anfeindung zum Trotz bis ins 11., ja in Splittergemeinden bis ins 12. Jahrhundert hinein erhalten, während Hāmīms Botschaft nur eine kurze Dauer beschieden war. Das Entscheidende an diesen Randphänomenen ist zweifellos ihr »nationaler« Charakter. Erst als die politische und intellektuelle Führung des berberischen Islams an Einheimische überging, konnte sich der besondere Charakter der Bevölkerung innerhalb der »Orthodoxie« zur Geltung bringen, eine Entwicklung, die sich zumal an der almohadischen Bewegung des 12. Jahrhunderts ablesen läßt.

Der arabische Westen

Vom abendländischen Standpunkt aus ist das muslimische Nordafrika vor allem als Basis für die Eroberung Spaniens bedeutsam geworden, jenes hochzivilisierten Außenpostens muslimischer Kultur, der sich auf die Länge freilich nur durch den stets neuen Einsatz berberischer, »barbarischer« Kräfte behaupten konnte. Es läßt sich kaum sagen, daß das muslimische Spanien in seiner politisch gefestigten Zeit auf das übrige Europa eingewirkt habe; was der christliche Westen ihm verdankt, war antikes Erbe in Philosophie und Wissenschaft, islamisch neu durchdacht und arabisch formuliert, das vom 12. Jahrhundert an, gefiltert in den wieder christlich gewordenen Zentren – zumal Toledo, dem Sitz umfassender Übersetzungsarbeit –, auf lateinisch zugänglich wurde. Auch die weniger sicher zu fassenden, doch unverkennbaren formalen und stimmungsmäßigen Einflüsse auf den Troubadourgesang gehören dieser politischen Verfallszeit an. Man muß sich wohl überhaupt vor Augen halten, daß die politisch-militärische Kraft der spanischen Umajjaden geringer war, als der höfische Glanz und die kulturelle Blüte Córdobas vermuten lassen. Die Umajjaden hatten das Glück, in einem geographisch weitgehend geschützten Land zu regieren, dessen fränkische Nachbarn vor allem nach dem Tod Karls des Großen politische Auflösungserscheinungen erkennen ließen, dabei aber nur in der Ifrīqija unter den Aghlabiden, hauptsächlich aber unter den aggressiven Fātimiden einen potentiell gefährlichen Gegner hatten.

Die Abbasiden fanden sich verhältnismäßig bald mit dem Verlust der Außenprovinz Spanien ab; nach 763 läßt sich keine von den Abbasiden angestiftete Rebellion mehr nachweisen. Die fortan traditionelle Erbfeindschaft mit den Abbasiden verhinderte schon unter 'Abd ar-Rahmān II. (822–852) nicht mehr das sogar offiziell geförderte Einströmen östlich-islamischer Kultur, die bald das syrische Kolorit des spanisch-islamischen Lebens wirksam übertünchte, wie denn überhaupt bis gegen Ende des 10. Jahrhunderts und darüber hinaus Spanien kulturell als eine Art Kolonialgebiet anzusprechen ist. Seine beträchtliche künstlerische Eigenleistung wurde in der Architektur gar nicht, in der Dichtung, die allem Volkstümlichen, der klassischen Norm Zuwiderlaufenden aufgeschlossen war, erst in der zweiten Hälfte des 12. Jahrhunderts vom Osten rezipiert und dort, wenn auch nicht schöpferisch fortentwickelt, so doch theoretisch erfaßt und systematisiert.

Wachsamer, als es die Westgoten gewesen waren, schützten sich die Umajjaden gegen eine Wiederholung der Invasion vom afrikanischen Ufer durch Hafenanlagen und Flottenbau, so daß die Rivalität mit den Fātimiden fast ausschließlich auf nordafrikanischem Boden ausgetragen wurde. Die Schwankungen der Machtverhältnisse sind am besten an der Entwicklung der umajjadischen Einflußsphäre im heutigen Marokko zu verfolgen, die ganz im Stil der Gegenwart sich oft in finanzieller Unterstützung eindrucksvoller Projekte niederschlug: so half 'Abd ar-Rahmān III. 955 dem ihm ergebenen Berber-Emir von Fez beim Neubau der Qarawijjīn-Moschee. Bezeichnenderweise setzten diplomatische Beziehungen mit Byzanz 839/840 ein und wurden im 10. Jahrhundert gelegentlich wieder aufgenommen, ohne eigentlich politische Ergebnisse zu zeitigen: allerdings gingen von byzantinischen Künstlern oder Kunsthandwerkern recht bedeutende Einflüsse auf die Entwicklung der spanisch-arabischen Architektur und Baudekoration aus.

Die christlichen Staaten im Norden waren zwar in ihrer geographischen Abgeschlossenheit unbezwingbar und vermochten überdies zwischen der Schlacht von Covadonga, die 718 (oder zwischen 721 und 726) der muslimischen Eroberung ein Ende setzte, und dem ausgehenden 9. Jahrhundert nach Süden bis an den Duero vorzudringen. Sie waren aber doch zu schwach, um ernsthaften Gegenschlägen zu widerstehen oder gar die kulturell führende und wirtschaftlich ungleich stärkere Position der Muslime zu erschüttern. Der Fehlschlag der Expedition Karls des Großen im Baskenland – die Vernichtung eines Teils seiner Armee bei Roncesvalles 778 unter dem Grafen Roland war nicht nur für die Literaturgeschichte bedeutsam – stabilisierte die Nordostgrenze auf lange Zeit; das frühe Vordringen im katalanischen Raum führte zu einer für die Christen günstigen Grenzziehung – Barcelona war schon 803 zurückerobert worden; im Südosten blieb generationenlang das Gleichgewicht erhalten. Die Einbrüche der Normannen, von den Arabern seltsamerweise als *madschūs* (eigentlich: Feueranbeter) bezeichnet, waren zwar sensationell, der Fall Sevillas 844 bedeutete einen regelrechten Schock; im Grunde aber bestand keine Gefahr für den umajjadischen Staat selbst.

Dabei war das politische Gebäude, das die Umajjaden errichtet hatten, durchaus nicht fest gefügt. Die Eroberer waren wenig zahlreich und in Araber und Berber gespalten; die arabische Minorität vermochte erst im 10. Jahrhundert die aus der alten Heimat mitgebrachten, in Spanien aber gegenstandslosen Spannungen zwischen den Stämmen zu überwinden. In der großen Mehrzahl Syrer, die sich besonders in Südspanien bald zu Hause fühlten, gliederten sie sich auch in der neuen Heimat nach den fünf Heeresdistrikten *(adschnād)* ihrer Herkunftsprovinz. Nachdem in den fünfziger Jahren des 8. Jahrhunderts Anhänger der Umajjaden-Dynastie in größerer Zahl ihren Weg nach Spanien gefunden hatten, kam es zu keinem statistisch erheblichen Nachschub von Arabern mehr. Daß ʻAbd ar-Rahmān I. (755/756–788) die Paläste vor den Toren Córdobas nach der berühmten Umajjaden-Residenz bei Palmyra Rusāfa nannte, war wohl nicht nur ein Ausdruck persöhnlicher Sehnsucht nach der syrischen Heimat, sondern kam auch der Stimmung der führenden Kreise entgegen.

Die unvermeidliche Vermischung mit der einheimischen Bevölkerung konsolidierte den Halt, den das Arabertum und zumal die arabische Sprache in weiten Kreisen gewonnen hatten; arabische, besonders syrische Abstammung wurde zu einem immer seltener nachweisbaren Grund für Adligkeit. Die Anziehungskraft des Arabertums als einer der romanischen Überlieferung überlegenen Kultur – von seinem Prestige als der Lebensform der Machthaber ganz zu schweigen – zeigt sich besonders deutlich in dem Fehlen romanischer Literaturdokumente. Auch die verzweifelte Scheltrede des Priesters Eulogius (hingerichtet 859) gibt dafür beredtes Zeugnis: in herben Worten wirft er seinen christlichen Landsleuten die Sucht vor, das Lateinische zugunsten des Arabischen zu vernachlässigen. Doch darf ein solcher Ausbruch nicht darüber hinwegtäuschen, daß trotz allem das Romanische im täglichen Leben seinen Platz behielt, ja daß die arabisch-berberische Herrenschicht selbst sich allmählich zweier Umgangssprachen bediente.

Angleichung, gefördert durch die Islamisierung weiter Kreise, dazu die im ganzen versöhnliche Politik den Nichtmuslimen gegenüber – die jüdischen Gemeinden insbesondere erlebten eine Blütezeit, die erst mit den almohadischen Verfolgungen im 12. Jahrhundert ihr Ende fand – bedeutete freilich nicht notwendigerweise auch politische Harmonie. Rebellionen waren an der Tagesordnung. Die Araber wußten sich nicht zu vertragen, vor allem die Berber erwiesen sich als störendes Element. Die aufblühenden Städte, allen voran die Hauptstadt Córdoba, waren aufsässig; die *fuqahā'* der (seit etwa 800) herrschenden mālikitischen Rechtsschule, die der Regierung nur allzuleicht Gottlosigkeit vorwarfen, boten den Unzufriedenen moralischen Rückhalt. Die grausame Unterdrückung der »Vorstadtaffäre«, einer hartnäckigen Revolte gegen al-Hakam I. (818), leitete die erste Welle andalusischer Ein- oder Rückwanderung nach Nordafrika ein, die kulturell von großer Bedeutung werden sollte. Andere »Vorstädter« besetzten Alexandreia und bemächtigten sich nach der Vertreibung aus Ägypten Kretas, wo sich eine spanisch-islamische Dynastie bis zur Wiedereroberung der Insel durch die Byzantiner im Jahre 961 hielt.

Nach diesem Aufstand erwuchsen in den ländlichen Distrikten neue Unruheherde. Von 879 bis 928 behaupteten sich der wieder zum Christentum übergetretene »Mozaraber«, (von *musta'rib*, der »arabisierte« [Spanier]) ʻUmar ibn Hafsūn – man beachte den arabischen Namen mit der romanischen Endung *ūn/ōn* – und seine Söhne von ihrer Burg Bobastro in den Bergtälern westlich von Málaga aus. Nach der Wiedereingliederung der aufständischen Gebiete tat ʻAbd ar-Rahmān III., wohl der imposanteste »rechtgläubige« Herrscher seiner Zeit, 929 den unerhörten Schritt, seinen Titel *amīr*, »Befehlshaber«, gegen den eines Kalifen und *amīr al-mu'minīn* einzutauschen; das Freitagsgebet wurde nun in seinem Namen, nicht mehr in dem des Abbasidenkalifen, verrichtet. Es ist erstaunlich, mit welcher Ruhe diese revolutionäre Handlung vom streng mālikitischen Spanien hingenommen wurde. Mehr als die Spätergeborenen, denen das Auseinanderbrechen einer ihrem Wesen nach unteilbaren Autorität immer ein Stein des Anstoßes blieb, begriffen die Zeitgenossen, zumindest aber 'Abd ar-Rahmāns andalusische Untertanen, daß ihr Fürst mit der Annahme des Kalifentitels dem älteren Kalifat nicht eigentlich Abbruch tun und die *umma* spalten wollte, sondern daß er nur die Konsequenz aus der tatsächlichen Lage zog und sich als den wahren Hort der Rechtgläubigkeit im Westen des islamischen Gebiets präsentierte. Die moralische Rechtfertigung fand 'Abd ar-Rahmān III. in dem latenten Zweifrontenkrieg mit den fātimidischen Häretikern und den trotz aller arabischen Erfolge letzten Endes unbezwingbaren Christen, und er sah die materielle Bestätigung der für die umajjadische Dynastie errungenen Selbständigkeit in dem Ruhm, den die spanisch-arabische Kultur in Europa genoß, in der blendenden Anziehungskraft Córdobas mit seiner großartigen Moschee und der von 'Abd ar-Rahmān errichteten, Versailles ähnlichen Residenzstadt vor seinen Toren. Diese Anmaßung des Kalifats hat im christlichen Nordeuropa sein Gegenstück in der Annahme der Kaiserkrone durch Karl den Großen, die in ihren Folgen freilich nicht ganz vergleichbar ist.

Auf Karls Machtfülle folgte nur zu bald Reichsteilung und Niedergang; so war auch dem Umajjadenstaat keine Dauer beschieden. Der hochkultivierte al-Hakam II. (961–976) konnte noch das Erbe seines Vaters erhalten. Nach seinem Tod aber bemächtigte sich des Staates eine »Hausmeier«-Dynastie. Der sagenumwobene »Kämmerer« *(hādschib)* Ibn abī 'Āmir al-Mansūr (978–1002) war schon gezwungen, die Unterstützung der religiösen Kreise mit der Zerstörung eines Teils der großartigen Bibliothek al-Hakams zu erkaufen, womit er symbolisch den Anspruch auf eine weltliche Kultur preisgab. Er konnte zwar nach Willen und Laune christliches Gebiet durchziehen und besetzte sogar Santiago de Compostela, mußte aber die Machtverhältnisse im Grunde unverändert bestehenlassen. Nach seinem Tod verfiel dann das Kalifat rasch inneren Zwistigkeiten, in denen »Andalusier« (Araber und Einheimische), Berber und »Slawen«, das heißt als Sklaven importierte Europäer verschiedener Herkunft, sich in immer heftigeren Kämpfen gegenseitig mattsetzten.

Selbst im Glanz des 10. Jahrhunderts hatte die Erhaltung eines Heeres, mit dessen Hilfe allein der Partikularismus der Reichsteile hätte überwunden werden können, vielleicht zu den Hauptschwierigkeiten der cordobanischen Regierung gehört. Der Wohlstand des Landes war zwar beträchtlich – der Export von Textilien, Lederprodukten, Töpferwaren, Juwelen und Waffen vor allem nach Ägypten hatte für jene Zeit recht erhebliche Dimensionen angenommen – und erlaubte Anwerbung beziehungsweise »Ankauf« berberischer, christlich-spanischer und »slawischer« Truppen. Aber die Überfremdung der bewaffneten Macht hatte ähnlich wie im Osten ausgesprochen zersetzende Wirkung; und die Christen und Juden, deren Mitarbeit sich die Umajjaden vielfach zu versichern wußten, ließen sich wohl wirtschaftlich, nicht aber militärisch einsetzen.

Kaum siebzig Jahre nach 'Abd ar-Rahmāns III. Tod verlor sein Haus den letzten Anteil an der Macht; nach dem Sturz der Umajjaden war es keinem spanischen Muslim mehr beschieden, den Kalifentitel zu führen. Sosehr das doppelte Kalifat dem Solidaritätsgefühl

Kuppelraum im Erweiterungsbau der Moschee in Córdoba, um 970

Saal in der Residenz des 'Abd ar-Raḥmān III. bei Córdoba, Ende 10. Jahrhundert

und dem Traditionalismus der Gläubigen widerstrebte, sowenig ist zu verkennen, daß dieser herausfordernde Tatbestand die Loslösung der *umma* von den politischen Institutionen förderte und jene Eigenständigkeit geradezu begünstigte, die allein einer übernationalen Religionsgemeinschaft auf die Dauer eine eigengesetzliche Entwicklung und die absolute, überzeitliche Gültigkeit zu gewährleisten vermag. Die Gemeinde hat diese Befreiung von den Zufälligkeiten politischen Wechsels stets angestrebt, sich aber gleichzeitig den staatsrechtlich-theoretischen Konsequenzen dieser Tendenz entschieden widersetzt.

Im Panorama der islamischen Hochkultur des 9. und 10. Jahrhunderts ist die Leistung al-Andalus' (Spaniens) zwar vielfach originell, etwa in der Erfindung neuer Bogenformen und in der Ausbildung strophischer Gedichte von oft komplizierter Metrik mit bisweilen volkssprachlichem Refrain. Doch aufs Ganze gesehen blieb sie isoliert und gleichsam kolonial, was auch in der großen Autorität zum Ausdruck kommt, die die orientalisch-muslimischen Gelehrten genossen. In der Gefühlsanalyse, aber auch in der Naturlyrik wird nun ein neuer Ton erkennbar, der vielleicht, weil dem europäischen Empfinden verwandt, im Troubadourgesang ein Echo erweckte. Im 11. Jahrhundert gewinnt die spanisch-islamische Kultur ihre wirkliche Selbständigkeit und findet zu sich selbst, verkörpert in den großen Prosaisten und Politikern Ibn Schuhaid (992–1034) und Ibn Hazm (994–1064); Ibn Hazm hat sich überdies als Jurist und als vergleichender Religionshistoriker zumal der islamischen Häresien ausgezeichnet. Es ist, als hätte die politische Disintegration die Kräfte freigesetzt und die Vielfalt der kleinen Machtzentren der Vielfalt der Talente den größeren Spielraum geboten.

Die Schwäche der europäischen Staaten, denen die Verteidigung der Mittelmeerküste oblag, überhaupt die Wendung des politischen Lebens nach Norden, dazu die Unfähigkeit von Byzanz, die Überlegenheit der Araber zur See auszugleichen, ermöglichten es den Muslimen, fast dreihundert Jahre lang beinahe nach Belieben sich auf den Inseln des westlichen Mittelmeers festzusetzen und die Küstenstriche der Provence und Süditaliens, ja selbst der adriatischen Küste bis über Ancona hinaus zu plündern und zum Teil von Stützpunkten aus zu beherrschen. Kulturell trug freilich die Anwesenheit der Muslime zur Entwicklung der betroffenen Gebiete wenig bei. Nur auf Sizilien, dessen Eroberung (nach verschiedenen Überfällen, der erste schon 652) 827 im Ernst begonnen, das den Byzantinern aber erst 878 mit dem Fall von Syrakus (wenn man will, sogar erst 902 mit der Übergabe von Taormina) entrissen wurde, kann man von einer spezifisch islamischen Kulturverpflanzung sprechen, die freilich paradoxerweise ihren Höhepunkt erst erreichte, als Sizilien nach Brechung der muslimischen Macht im 11. Jahrhundert unter den Normannen gleichsam zu einem integrierten Dreikulturenland geworden war. Noch die Umajjaden hatten auf Sardinien und Korsika Flottenbasen errichtet, 870 fiel Malta, das bis heute ein Ableger des arabischen Sprachgebiets geblieben ist. Die Narbonensis, die 717 und nach einem Rückschlag wieder 719 besetzt worden war, mußte allerdings schon 759 aufgegeben werden; doch im italienischen und provenzalischen Raum schalteten sich die Araber maßgeblich in das lokale Mächtespiel ein. Von 837 an, als sie auf den Ruf der Neapolitaner gegen Benevent auftraten, setzten sie sich auf dem Festland fest. 846 brach sich ihr Ansturm an den Mauern Roms, aber erst nachdem Ostia und selbst die Kirche von San Paolo fuori le mura geplündert worden waren. Die Niederlage zur See von 849 ließ ihre Stützpunkte intakt; ihr wichtigster, Bari, bildete bis zu seiner Übergabe an Byzanz 871 das Zentrum für die Angriffe in der Adria, aber auch im Inland.

Die politische Eigensucht und Eifersucht der süditalienischen Dynasten auf der einen, die wirtschaftliche Zwangslage der Seestädte auf der anderen Seite sicherten den Muslimen immer wieder christliche Bundesgenossen. So schlossen sich beispielsweise 876/877 Neapel, Salerno und Amalfi dem in Neapel organisierten sarazenischen Raubzug an die Küste von Rom an. Erst 915 vertrieb Papst Johannes X. die Araber von ihrem Stützpunkt am Garigliano, von dem aus sie fast dreißig Jahre lang das römische Stadtgebiet unsicher gemacht hatten. 888 hatten die Muslime sich die Zwingburg von Fraxinetum (La Garde-Freinet) in der Provence gesichert, von der aus sie 972 sogar den Abt von Cluny auf dem Großen Sankt Bernhard gefangennahmen. Erst 983 vermochte der Graf von Provence mit seinen oberitalienischen Verbündeten die Araber niederzuzwingen. 1015/1016 gelang die Rückeroberung Sardiniens, und 1034 waren die italienischen Seestädte, zumal Pisa und Genua, stark genug, den Krieg nach Nordafrika zu tragen und Cluny mit der in Bona (Bône) gemachten Beute für das seinerzeit zugunsten seines Abts entrichtete Lösegeld zu entschädigen.

Bedeutsamer als die Territorialgewinne aber wurden sowohl die Sicherung des Westens gegen Einfälle von außen – in ihrer Wirkung der Ausschaltung der wikingischen und ungarischen Einbrüche vergleichbar – als auch und vor allem die Wiederherstellung der Freiheit der Schiffahrt im westlichen Mittelmeer. Die italienischen Seestaaten gewannen an Einfluß, und die islamischen Mächte verzichteten darauf, nach der Wendung ihrer Weltsicht nach innen, Handelsstützpunkte im christlichen Süd- und Westeuropa zu unterhalten. Der westliche Handel auf muslimischem Gebiet fand den Anschluß an den Welthandel. Enklavenartige Handelsniederlassungen, wie sie die italienischen Seestädte in der Levante zugestanden erhielten – in Byzanz als *mitata* für fremde Kaufleute schon lange üblich –, wurden allem Anschein nach nicht einmal von den Fātimiden, der flottenmächtigsten unter den islamischen Mächten, ins Auge gefaßt. Damit sollte zwar nicht der Reichtum des Orienthandels, wohl aber die maritime Initiative auf dem Mittelmeer bald endgültig in die Hände der christlichen Kaufherren und Regierungen fallen. Zugleich entwickelte sich die Seeräuberei zu einem geradezu wirtschaftsnotwendigen Erwerbszweig der nordafrikanischen Küstenstaaten, vor allem der Ifrīqija, der von den einheimischen Herrschern je nach Umständen geduldet oder gefördert wurde. Diese »Lebensform« vermochte dem Druck der betroffenen Mächte bis ins 19. Jahrhundert hinein zu widerstehen.

Um die Mitte des 10. Jahrhunderts gab es also drei Kalifate, zwei »rechtgläubige« und ein heterodoxes, von verschiedenen kleinen Potentaten zu schweigen, die sich wie der 958 von den Fātimiden getötete Midrāriden-Prinz von Sidschilmāssa mit dem ehrwürdigen Titel eines »Fürsten der Gläubigen« schmückten. Der muslimische Einheitsstaat hatte sich überlebt, war aber noch nicht ausgeträumt. Die sakrale Stellung des Kalifen fiel nur noch bei den Fātimiden mit der Spitze einer funktionierenden Hierarchie zusammen; im sunnitischen Gemeingefühl stand sie allein dem Abbasidenherrscher in Bagdad zu und konnte weder übertragen noch vermehrt werden. Deshalb mag die Erhebung eines nichtabbasidischen Herrschers zum Kalifen nicht mehr bedeutet haben als einen regionalen Anspruch auf Autokephalie, eine demonstrative Unterstreichung der errungenen Führer- und Beschützerrolle gegenüber den Ungläubigen. Das Einheitsgefühl der *umma* war zwar, soweit sich das beurteilen läßt, durch das Sektenwesen, nicht aber durch kulturelle Unterschiede gefährdet. Damals wie später lebte der Muslim gleichsam in einer einzigen islamischen Kultur, die sich jedoch zumindest in zweierlei (einer arabischen und einer iranischen) Gestalt manifestierte. Der Blick des Durchschnittsgläubigen war aber von jeher mehr auf die verbindenden als auf die trennenden Elemente gerichtet, der Schleier der Entfernung beförderte paradoxerweise noch das Erlebnis der muslimischen Einheit. Objektiv gesehen, fußte das Einheitsempfinden auf zwei Grundlagen: der arabisch formulierten Lehre in ihren theologisch-rechtlichen Ausgestaltungen und der arabischen oder persischen, religiös neutralen Bildung der »Sekretäre« und Literaten, die ebensosehr als Lebensstil wie als Summe der literarisch-historischen Kenntnisse verstanden werden konnte. Die philologischen Wissenschaften schufen die Verbindung; die Philosophie und die Naturwissenschaften gehörten wohl eher in die areligiöse Sphäre, wurden aber (zumal die Philosophie) vorwiegend von der religiösen Orientierung aus angepackt; auf jeden Fall erweiterten sie den Fragen- und Stoffbereich, der die islamische Hochkultur aller Sprachräume verband.

Es läuft den nationalistischen Theorien des heutigen Arabertums, nicht aber der allgemeinen Menschheitserfahrung zuwider, daß der Höhepunkt der arabisch-islamischen Kultur in eine Zeit des politischen Niedergangs fiel, in der die Kleinstaaterei selbstverständlich war und die verschiedenen politischen Zentren einander ohne Unterlaß bedrohten und bekämpften. Dabei wurden aber die kulturellen Interessen nicht nur von den meist kurzlebigen Dynasten gepflegt, sondern auch von einem klugen Mäzenatentum in bleibende Leistungen umgesetzt. Die italienische Renaissance bietet sich als Parallele an, auch die von Goethe mitgeteilte Anschauung Justus Mösers (1720–1794), derzufolge sich »gerade die Menge kleiner Staaten als höchst erwünscht zur Ausbreitung der Kultur im Einzelnen« erweise. Möser setzte allerdings die friedlichen Beziehungen der im Reich zusammengeschlossenen Fürsten und Stände voraus. Damit konnten die islamischen Nationalstaaten des Hoch- und Spätmittelalters nun keineswegs rechnen. Es fehlte die Bereitschaft, die Verschiedenheit der muslimischen Staaten in ihrer Herrschafts- und Verwaltungsstruktur anzuerkennen. Die politische Labilität hing nicht zum wenigsten mit dem Einströmen von Randvölkern in die islamischen Kernländer zusammen. Diese Türken, Dailamiten und Berber konfrontierten die *umma* mit Assimilationsproblemen, die zwar vielfach bewundernswürdig gelöst wurden, aber der kulturtragenden Schicht keinen Zuwachs brachten und speziell vom 11. Jahrhundert an zu einem Absinken des Niveaus zu führen begannen. Mehr und mehr standen ungebildete Fremdstämmige in führender Position einer politisch mehr oder weniger entrechteten einheimischen Bildungsschicht gegenüber. Die staatliche Zersplitterung und das kulturelle Abseitsstehen der neuen Herren konnten aber der geistigen Freizügigkeit ebenso wie der Monopolstellung der Gebildeten im höfisch-administrativen Bereich fürs erste nur förderlich sein. Am Rande sei vermerkt, daß von der Mitte des 10. Jahrhunderts an für drei oder vier Generationen die intellektuelle Initiative weitgehend auf schī'itisch angehauchte, hellenisierende oder iranisierende Zirkel überging.

Der Horizont des Islams: Theologie, Philosophie, Literatur

Der Horizont des Islams ging nur wenig über das islamisierte Gebiet hinaus, genauer: der nichtislamische Teil der Erde, von den umkämpften oder umworbenen Grenzlanden abgesehen, war zwar streckenweise in den Handelsverkehr einbezogen, so Ceylon, Malakka und das südliche China, wurde auch von Reisenden in kaufmännischer und diplomatischer Mission besucht, etwa das südliche Rußland der Chazaren und Wolgabulgaren und das zentrale Rußland der Waräger, oder war zumindest der Phantasie zugänglich, beispielsweise Tibet und Kaschmir. Trotzdem galt ihm nicht das eigentliche Interesse der Bildungsschicht am Rande der *dār al-islām*. Und wie es sich bei der Ausdehnung und weitgehenden regionalen Autarkie des islamischen Kulturbereichs fast von selbst verstand, konzentrierte sich die aktive Anteilnahme je nach religiös-politischem Standort auch nur auf einen Bruchteil seiner mannigfachen Ausprägungen. Diese Eingrenzung gilt sowohl für Geographen wie für Historiker. Nur wenige haben sich ernsthaft an die Grenzen der islamischen Ökumene oder gar darüber hinaus gewagt; nur hin und wieder durchbrach ein abenteuernder Forscher wie al-Muqaddasī (schrieb 985), hervorragend auch als Meister des arabischen Stils, die selbstgezogenen Grenzen. Trotzdem hielt selbst er es für unnütz, sich mit nichtislamischen Gebieten zu beschäftigen. Das universale geographisch-kulturelle Interesse eines Idrīsī (sein »Buch des Königs Roger [II.]« ist in dessen Todesjahr, 1154, vollendet) oder gar eines Berufsreisenden wie Ibn Battūta (gestorben 1369) kündigte sich in dieser Zeit nur hinter einem Schleier von Seemannserzählungen und Berichten seltsamer Einzelschicksale an.

Selbst einem universalhistorisch eingestellten Geschichtsschreiber, wie dem auch als Korankommentator berühmt gewordenen Tabarī (gestorben 923) waren Nordafrika und Spanien keine Lebenswirklichkeiten. Transoxanien, Iran bis zum Hindukush, das byzantinische Kleinasien und der Kaukasus, die arabischen Kernländer und Ägypten – auch diese mit Nachrichten ungleich versorgt – steckten den Raum ab, der im Toynbeeschen Sinn ein in sich verständliches Ganzes bildete, mit dem der Historiker sich identifiziert und den er zu erfassen vermag. Die Periode erlebte sich nicht im Ost-West-Gegensatz; das konkret Konfessionelle, vom Nationalen nicht immer säuberlich zu scheiden, überwog in der Ausgliederung der Kulturräume. Erst im 11. Jahrhundert sah der große Chwārezmier al-Bērūnī (973–1048) seine islamische Welt als zwischen Inder und Griechen gestellt, doch den Griechen näher und vom Geist des Arabischen zusammengehalten; von ihm sagt er, er wolle lieber in dieser Sprache geschmäht, als auf persisch gepriesen werden.

Als Bērūnī dem Arabischen huldigte, war die arabische Renaissance, in deren Gefolge die Hamdāniden ihre denkwürdige Herrschaft in Nordmesopotamien, zumal im Gebiet von Aleppo, um die Mitte des 10. Jahrhunderts errichtet hatten, wieder in sich zusammengesunken. Sie hatte aber das arabische Erbe um das Werk des Mutanabbī (gestorben 965) bereichert und der vielleicht noch größeren Leistung des Abū 'l-ʿAlāʾ al-Maʿarrī (gestorben 1058) gleichsam den Weg bereitet, beides Dichter von anfechtbarer Orthodoxie, wie sie nur in dem schīʿitisch getönten Milieu Nordsyriens sich entwickeln konnten. Der Kulturaufstieg war von neuem Glaubenseifer gegen das wiedererstarkende Byzanz begleitet gewesen, im wesentlichen getragen von Beduinen, deren Streitbarkeit den Aleppinerprinzen Saif ad-Daula (gestorben 967) als Glaubensheld im muslimischen Gedächtnis weiterleben ließ. Zwar waren seine Bemühungen wie die der Hamdāniden überhaupt vergeblich; Byzanz gewann 968 Antiocheia und im weiteren Kriegsverlauf die armenischen Provinzen und weite Landstriche Nordmesopotamiens zurück; die militärische Basis war zu schmal, und die Būjiden, die von Persien aus die Herrschaft über Bagdad errungen hatten, sahen in den Hamdāniden gefährliche Rivalen, deren Unabhängigkeit in Mesopotamien sie schon 980 ein Ende bereiteten; in Aleppo regierten die Hamdāniden seit 991 als fātimidische Vasallen und verloren erst 1008 alle Selbständigkeit. Ein halbes Jahrhundert lang blieben noch Kulturzentren erhalten, deren Glanz im arabischen Selbstbewußtsein bis heute nicht verblaßt ist.

Die kulturelle Bewegtheit jener Tage ist kaum zu überschätzen. Konventikel von Denkern aller Richtungen tauchten auf und stritten um Anerkennung; die monolithische Orthodoxie, die wohl nur in der Gedankenwelt halsstarriger Frommer existierte, machte einem üppigen Wuchern der verschiedensten Ideen und schwelenden Glaubenskrisen Platz. Trotzdem ist die Tendenz nicht zu verkennen, islamisches Denken und islamische Lebensform zu standardisieren. Die kleineren Rechtsschulen sind erloschen oder nähern sich dem Untergang, und die vier überlebenden »Riten« *(madhāhib)* beginnen sich gegenseitig als orthodox anzuerkennen, obzwar oft gewalttätige Streitigkeiten zwischen den Schulen noch Jahrhunderte andauern. Die Mālikiten, nach dem 795 verstorbenen Medinenser Mālik ibn Anas benannt, sind aus Nordafrika und Spanien nicht mehr zu verdrängen, die Hanafiten dominieren in gemischt-kulturellen Gebieten, wie denn ihr Stifter, Abū Hanīfa (gestorben 767), am Schnittpunkt von Arabismus und Iranismus aufgetreten war, die Methodik Schāfi'īs (gestorben 820), vielfach, zumal von Mālikiten angefeindet, machte allenthalben den *fiqh* erst zur echten Jurisprudenz und erzwang ein formales Niveau, dem sich sogar die Nachfolger Ibn Hanbals, allem neumodischen Theoretisieren abhold und gewissermaßen Vertreter echter Altgläubigkeit, nicht zu entziehen vermögen. Das schāfi'itische Postulat, daß die gesamte *scharī'a* prinzipiell ihre Autorität von Gotteswort und Prophetenvorbild herleite, daß also nur die medinensische *sunna* (»Tradition«) gültig und verbindlich sei, trägt ebenso zu dieser Standardisierung bei wie die Gewöhnung der Gemeinde an die gemischte Rechtsverwaltung, die zum Teil von der Exekutive, zum anderen von den *scharī'a*-Richtern versehen wird.

Einheit in die Mannigfaltigkeit zu bringen ist auch das Ziel der *'ulamā'* von Bagdad, die sieben Variationen der Koranüberlieferung in gleicher Weise als korrekt und gültig anerkannten; alle weiteren Varianten seien zu verwerfen und auszumerzen, weshalb denn der »Leser« Ibn Schannabūdh 935 seine »unkanonischen« Lesarten abschwören mußte. In einem etwas anderen Sinn verfolgte die Theologie des Abū 'l-Hasan al-Asch'arī (873/874 bis 935/936) dasselbe Ziel, wenn sie von der mu'tazilitischen Strömung, aus der sie hervorgegangen war, abrückte, sich aber ihrer Methodik bediente, also Vernunftbeweis neben Schriftbeweis verwendete und damit den Weg zu einer intellektualistischen Scholastik innerhalb der Orthodoxie eröffnete. Obzwar zu seinen Lebzeiten von der Orthodoxie angefeindet, stand Asch'arī ihr doch in seiner Behandlung der großen Streitpunkte sachlich nahe. Gemeinsam mit ihr tritt er aus Verehrung für das Gotteswort für die Ungeschaffenheit des Korans ein und spricht dem Menschen vor der Allmacht Gottes die »Schöpfung« seiner Handlungen (nicht ihre »Erwerbung« durch innere Zustimmung) ab. Er weigert sich, die Anthropomorphismen in der Offenbarung metaphorisch zu erklären, hebt allerdings die Unmöglichkeit hervor, die auf Gott bezogenen Ausdrücke, wie Auge, Hand und Thron, der menschlichen Erfahrung entsprechend gegenständlich zu verstehen.

Das Bestreben, die orthodoxe Lehre mit den Mitteln der Logik zu verteidigen, verfolgte auch der zweite große »Kirchenvater« der sunnitischen Theologie, der in Samarkand wirkende al-Māturīdī (gestorben 941), dessen Schule gleichsam den theologischen Arm des hanafitischen Ritus darstellt. Im Gegensatz zu Asch'arī gesteht Māturīdī dem Menschen den freien Willen zu, der Lohn und Strafe sittlich fundiert, aber auch die Bindung Gottes an eine absolute Moral mitsetzt. Dabei bleibt er darin der Tradition (und der wirksamen Religiosität) verbunden, daß er ohne jeden Ausgleichsversuch das Faktum der Prädestination neben die Freiheit des Menschen stellt. In der Folge drang die sittliche Auffassung, die Abū Hanīfa, die Mu'taziliten im allgemeinen und im Grunde eben auch Muhammad beseelte, unbemerkt in den Asch'arismus ein, so daß man wohl von einer »Humanisierung« der Orthodoxie in den folgenden Jahrhunderten sprechen kann.

Als ein Sich-Aufbäumen gegen das Überhandnehmen einer Gesetzesreligiosität – unerläßlich zwar als Gerüst einer universalistischen Glaubensgemeinschaft – und gegen den von ihren Trägern ausgeübten Druck ist das Werden der Mystik *(tasawwuf)* zu verstehen. Wie jede Schattierung des religiösen Lebens im Islam war auch sie fest im Gotteswort verankert, aus dessen Vielfalt sie die Aufforderung herausgriff, die Beziehungen zum Schöpfer zu verinnerlichen, und sie in einem erstaunlich kurzen Entwicklungsgang von Askese über verfeinerte Gewissenszergliederung zum Streben nach liebegetragener Gottesvereinigung ausgestaltete, eine Entwicklung, deren Hauptphasen sich im wesentlichen an die Namen von Hasan al-Basrī (gestorben 728), al-Muhāsibī (gestorben 857) und Dschunaid (gestorben 909) knüpfen lassen.

Die zweite Hälfte des 9. Jahrhunderts kennt bereits alle im Rahmen eines strikten Monotheismus denkbaren Richtungen der Gottesminne, der ausschließlichen, dabei nicht notwendig weltflüchtigen Hingabe an den Einen, vielfach unter Abwertung des Gesetzes und der Hinneigung zu einer (zumindest intellektuellen) Zügellosigkeit des Illuminaten. Ekstatiker, wie die Perser Bājazīd Bistāmī (gestorben 874) und al-Hallādsch, brachten die mit der Sūfīk sympathisierenden Kreise in Verlegenheit, wenn sie ihr Persönlichkeitsbewußtsein zu völliger Identifizierung mit der Gottheit ausweiten oder doch in ihren trancegeborenen Aussagen auszuweiten vorgeben. Bistāmīs Weltabgekehrtheit schützte ihn vor behördlichem Zugriff, Hallādsch aber geriet nicht ohne eigenes Zutun in die schī'itischen Wirren um den schwankenden Kalifenthron und wurde 922 nach jahrelanger Haft hingerichtet, in sūfīschen Augen schuldig als Verräter göttlicher Geheimnisse an die Profanen, in den Augen seiner theologischen Gegner als Verfechter eines Gotteserlebnisses, das mit der absoluten Scheidung von Schöpfer und Geschöpf und der daraus abgeleiteten unabdingbaren Gültigkeit des Gesetzes unvereinbar schien.

Man kann hier von einer Schärfung des Sinnes für die Grenzen dessen sprechen, was in der Offenbarung angelegt und also mit dem ursprünglichen, wahren Islam vereinbar war; dies um so eher, als die große Mehrzahl selbst der ekstatisch eingestellten Ṣūfī-Lehrer sich mit Recht innerhalb dieser Grenzen wußte. Bezeichnenderweise verursachte aber, zumal im persisch-türkischen Kulturraum, die Gestalt des Hallādsch auf Jahrhunderte hinaus Versuchung *(fitna)*, innere Konflikte; sie blieb ein Phänomen, an dem sich die Geister schieden. Seine Durchgeistigung war für viele das Höchste an Selbstverwirklichung, das der Gläubige im Verdrängen des Selbst in die absolute Transzendenz erreichen konnte. Immer breiteren Schichten wurde die individualistische Religion des Mystikers – individualistisch selbst da, wo sie später in der Form von Bruderschaften oder »Orden« auftrat, die durch Initiation zugänglich, sich um einen Meister scharten – zum eigentlichen Islam. Eine Entfremdung bereitete sich vor zwischen der Religion der *ʿulamāʾ*, des religiösen Rechts und in gewissem Sinne des Staates, und andererseits der freizügigen, im Erlebnis Autorität und Erfüllung findenden, der Führung von Adepten sich anvertrauenden Religiosität der Ungelehrten; das intuitive Wissen *(maʿrifa)* des sich zu Gott durchringenden Einzelnen im Widerstreit mit der systematischen, der Gelehrtenüberlieferung verpflichteten, die Gemeinde zügelnden und schützenden Kenntnis der göttlichen Direktiven und ihrer Grundlagen in Offenbarung und Prophetenbild. Nicht die Einstellung zu Buch und Mittler bildete die Scheidelinie, sondern der Primat der Erlösungserfahrung des Einzelnen gegenüber dem Primat der im Gesetz gewährleisteten Kollektiverlösung der Gemeinde, aus der sich zwar die geistlichen Heroen herauslösen durften, deren Sicherung durch lehrbare, unantastbare Überlieferung jedoch als Grundbedingung des muslimischen Lebens und als erste Aufgabe der religiös Verantwortlichen anerkannt bleiben mußte.

Bei der Betrachtung der arabischen Philosophie hat man sich die Frage zu stellen, ob in ihr aufs Ganze gesehen hellenische Gedanken und Motive islamisiert oder islamische hellenisiert worden sind. Die griechische Zuversicht in die Kraft des menschlichen Verstandes, den Welträtseln auf die Spur zu kommen – eine Gewißheit, die das Verständnis für das Irrationale gleichsam in sich einbezog –, war in den Rahmen einer Offenbarungsreligion nicht einzupassen. Was die Vernunft leisten konnte, war ganz wie im Judentum und Christentum eine »natürliche Theologie«, die Demonstration der Glaubenswahrheiten durch die menschliche Vernunft. Entscheidend war aber, ob Vernunft an Offenbarung oder Offenbarung an Vernunft zu messen war. Die neuplatonische Form, in der das griechische Erbe zu den Muslimen kam, erlaubte die Identifizierung Gottes mit der *prima causa* und die Eingliederung übernatürlicher Einsichten (also auch der Prophetenfunktion) in die Erkenntnistheorie. Doch was im Christentum »den Griechen eine Torheit« erschienen war, die körperliche Auferstehung und die Schöpfung aus dem Nichts *(creatio ex nihilo)* blieb letzten Endes auch für den islamischen Denker ein unüberwindlicher Stein des Anstoßes. Wenn sich der muslimische Philosoph nicht wie Abaelard dazu verstehen konnte, »kein Aristoteles zu sein, wo ihn dies von Christus scheide«, verlor er die Verbindung mit der Gemeinde, wo nicht die persönliche Sicherheit. Dennoch war die Rationalisierung auch der islamischen Theologie nur mit Hilfe der antiken Philosophie möglich, eine Widersprüchlichkeit, die verhüllt, aber nie ganz beseitigt werden konnte.

Ähnlich wie das Christentum verdankt der Islam der Bekanntschaft mit griechischem Denken eine Vertiefung des Selbstverständnisses; die Wirksamkeit des Hellenentums blieb aber auf kleinere Kreise beschränkt; die christlichen Kirchenväter waren an antikem Denken gereift, während dem Islam der Kontakt mit der Antike gewissermaßen erst in einem späteren Lebensstadium zuwuchs. Das Verdienst der muslimischen Philosophie erschöpfte sich keineswegs, wie es nicht selten behauptet wird, darin, das antike Erbe bewahrt und an den Westen weitergeleitet zu haben. Ihre Leistung ist selbstverständlich aus der islamischen Situation heraus zu bewerten, wie dies schon der erste große arabische Philosoph al-Kindī (gestorben 873) getan hat, wenn er die Griechen um der Brocken Wahrheit willen studierte, die seine Zeit von ihnen lernen konnte. Seine Aufgabe sieht er darin, ihr Werk zu vervollständigen und nach arabischer Art und Denkgewohnheit darzustellen. Auf jeden Fall aber reicht für ihn das Wissen des Propheten über das des Philosophen hinaus; der Wahrheitsgehalt des Korans ist von höherer Art als die Einsichten der Philosophie. Dem Araber Kindī folgte die reifere Figur des arabisierten Türken Fārābī (gestorben 950), für den Philosophie die größere Reichweite besaß. Die Griechen sind nicht mehr; doch erlauben die erhaltenen Werke Platons und Aristoteles' eine philosophische Weltkonstruktion, innerhalb deren die natürliche, mit aristotelischer Logik arbeitende Theólogie der Offenbarungsreligion überlegen ist. Die Theologie des Korans entspricht in ihrer Wirkung der Dichtung, die mit rhetorischen Beweisgründen die Einbildungskraft überzeugt. Die einzelnen Religionen sind symbolische Verkörperungen der einen universalen Wahrheit; der eine Gott trägt mancherlei Namen. Doch stehen nicht alle Symbole der philosophisch erweislichen Wahrheit gleich nahe. Der ideale Staat, dem Fārābī einen großen Teil seiner Arbeit gewidmet hat und dessen Vision die politischen Schwierigkeiten und Träume seiner Zeit unausgesprochen spiegelt, repräsentiert in der sozialen Sphäre dieselbe Ordnung, die Universum und Individuum gleichermaßen durchwaltet. Das Universum wird von Gott regiert, der Staat sollte vom Philosophen als dem vollkommenen, die reine Vernunft repräsentierenden Menschen regiert werden: als König und geistlicher Führer, als Imām, Gesetzgeber und Prophet. Vom muslimischen Standpunkt aus konnte allein Muhammad diese Rolle gespielt haben. Die Krise seiner Epoche schreibt Fārābī der Ausschaltung des Philosophen von der Staatsführung zu. Kann sein Einfluß sich nicht durchsetzen, so ist dem Staat der Untergang gewiß. Kindī war persönlich zweifellos ein frommer Muslim, auch Fārābīs Gedanken waren mit schī'itischen Vorstellungen vereinbar, und es ist wohl kein Zufall, daß er bei Saif ad-Daula sein Leben beschloß. Die einzige große Denkerfigur aber, die sich die Areligiösität der griechischen Tradition offen zu eigen machte, war der hervorragende Arzt Muhammad ibn Zakarijjā ar-Rāzī (Rhazes; gestorben 925 oder 934), seiner Abkunft nach ein Perser.

Rāzī mag in seiner Zeit geistig weniger isoliert gewesen sein, als die Überlieferung ihn uns vorstellt; die Gesellschaft hätte ihn kaum geduldet oder gar gefördert, wenn er wirklich ein Einzelgänger gewesen wäre. Mit Kindī verbindet ihn das Gefühl für den erzieherischen, adelnden Einfluß der Philosophie, des wissenschaftlichen Bemühens überhaupt; sein Empirismus setzt ihn freilich von den spekulativen Denkern seiner Epoche ab. Die Sicherheit seines diagnostischen Auges, die kühle Präzision seiner Krankheitsbeschreibungen hat die arabische Medizin für immer geprägt, auf einem Niveau allerdings, auf dem ihm nur die wenigsten zu folgen vermochten. In seiner der Tradition verhafteten Zeit stand Rāzī mit seinem wahrhaft antiken Selbstbewußtsein so gut wie allein. Eigenruhm entsprach zwar von jeher arabischem Stil; schon die vorislamischen Poeten ließen der Begeisterung über sich selbst die Zügel schießen. Aber es bedeutete doch etwas gänzlich Neues, wenn Rāzī sich der Autorität eines Aristoteles entgegengestellt und in der Erkenntnis, sich der wissenschaftlichen Wahrheit nur annähern zu können, ein erstes und, wie uns scheinen will, letztes Mal im klassisch-islamischen Bereich den Sinn forschenden Denkens im Überholen und Überholtwerden erblickt. Was uns seit der Renaissance allmählich selbstverständlich geworden ist, daß geistiges Leben sich im weitenden Ausgriff erfüllt und die Leistung des Einzelnen erst ihren Sinn im unübersehbaren Zusammenhang zukünftiger Einsichten gewinnt, ist bei Rāzī im Rahmen einer Geistigkeit neu und unerhört, der alles Neue anrüchig ist, der Tradition Autorität bedeutet und die Generation des Propheten als die unwiederbringlich beste gilt, die kurzum fast zwangsläufig einem gewissen Kulturpessimismus ausgesetzt ist. Das Kraftgefühl Rāzīs, das an Sophokles' Wort vom »Menschen als dem Gewaltigsten, das da auf Erden wandelt« gemahnt, ist verklungen; es hat aber in einer originalitätsbewußten Selbstbiographie seinen bleibenden Ausdruck gefunden.

Bezeichnend für die wachsende Bedeutung der Sekten ist die Tatsache, daß der einzige Versuch, alle Wissenschaft enzyklopädisch zu erfassen, von gebildeten Ismā'īliten unternommen wurde. In einer berühmt gewordenen Sammlung von dreiundfünfzig Traktaten *(Rasā'il Ichwān as-Safā)* suchten sie das gesamte Wissen ihrer Zeit einzufangen und unter einem einheitlichen Gesichtspunkt zu verarbeiten.

Im Widerstreit zwischen Wirklichkeitssinn und Autoritätsglauben legten die Unzulänglichkeit der experimentellen Methoden und der Mangel an kontrollierbaren Grenzen zwischen subjektiver und objektiver Realität, zwischen dem empirisch Möglichen und Unmöglichen in einer dem Wunder verhafteten Welt dem Wirklichkeitssinn unerwartete Hindernisse in den Weg. Dieser Widerstreit bestimmte auch die Aufnahme und Weiterbildung der antiken Wissenschaft. Wo Theorie nicht gefährlich werden konnte, ging es voran: Optik, Botanik, Pharmakologie, auch empirische Medizin sind der islamischen Forschung tief verpflichtet. Doch der begriffliche Rahmen spätantiken Denkens, aber auch galenische Anatomie und hellenistische Sterndeutung blieben selbst da unberührt, wo einzelne Einsichten über sie hinauswiesen. Man hatte sich mit dem (außerphilosophischen) Weltbild der Alten einigermaßen abgefunden; so ergänzte man sie, ohne sich am Neuaufbau der natürlichen Welt oder am Ausgleich mit dem religiös garantierten Wissen zu versuchen.

Ein vergleichbarer Widerstreit findet sich auch in der Literatur oder genauer: in der den Zeitgenossen einzig bedeutsamen Dichtung. Auch hier geht es um den Ausgleich zwischen Tradition und Originalität, die über den formalen Ausdruck hinaus sich an Natur- und Selbstbeobachtung versucht und überhaupt die zulässige Thematik zu erweitern trachtet, etwa in der Beschreibung von Bauwerken und Seeschlachten, aber auch in der historischen Biographie. Die Auflösung der vorislamischen Ode in thematisch selbständige Abschnitte führte zu spezialisiert verfeinerter Liebesdichtung und preziöser Naturpoesie. Als Sprecher der Großen erwarb der Poet eine gewisse gesellschaftliche Sicherung, die uns freilich mit einem Übermaß an panegyrischer und polemisch-satirischer Produktion schier zu teuer erkauft scheint. Es dauerte fast zwei Generationen, ehe sich – zuerst in Sektenkreisen – echte religiöse Dichtung bemerkbar machte, ein Zögern, das bei der ablehnenden Haltung des Korans den Dichtern gegenüber wohl verständlich ist. Dann aber zeigten sich asketische und mystische Stimmungen in oft eindrucksvollen Versen, während der Stil des höfischen Lebens Wein- und Jagdliedern ein Publikum verschaffte. Die Verfeinerung des Liebesempfindens gegenüber dem klassischen Vorbild der vorislamischen Poesie läßt sich an den Werken eines ʿUmar ibn abī Rabīʿa (gestorben 719), Dschamīl (gestorben 701) und al-ʿAbbās ibn al-Ahnaf (gestorben 806) ablesen; neben ihren delikaten, die Liebe und die Frau verehrenden Versen stehen allerdings die grellsten Obszönitäten einer Gesellschaft, die als Gefährtin und Liebesobjekt im Grunde nur Sklavin und Hetäre kennt. Obzwar die Dichtung weitgehend mit der ebenfalls aufblühenden Musik verbunden ist, beschäftigt sich die um 900 zu einer echten Wissenschaft werdende Theorie stets nur mit der Poesie; sie analysiert die Sprach- und Sinnfiguren, verfeinert die Kriterien der Bewertung und bricht bisweilen auch eine Lanze für Originalität. Trotz der Bekanntschaft mit der griechischen Theorie bleibt sie aber im Formalen stecken.

Der Literaturtheorie um ein weniges voraus, entwickelt sich im 9. und 10. Jahrhundert die Literaturgeschichte; vorwiegend stellt sie biographische Anekdoten zusammen und betrachtet kritisch zumeist einzelne Verse oder Gedichtteile. Die Einzelbiographien werden chronologisch nach »Klassen« *(tabaqāt)* geordnet; so werden etwa die vorislamischen Dichter, unter ihnen die »Großen« von den weniger bedeutenden Poeten geschieden, und die Dichter der Übergangszeit zum Islam als eigene Klassen aufgeführt. Das umfänglichste Werk dieser Art freilich, das »Buch der Lieder« *(Kitāb al-aghānī)* des Abū 'l-Faradsch al-Isfahānī (gestorben 967), geht von hundert Melodien aus, bringt die vertonten Verse und schließt Nachrichten über ihre Verfasser an. Neben der biographisch orientierten Sammlung steht die themengeschichtliche, in der die Einzelmotive innerhalb der großen Gattungen (Satire, Elegie, Panegyrik) wertend behandelt werden. Gelegentlich verbinden sich die beiden Typen in der Kritik eines berühmten Autors wie des Mutanabbī oder in der vergleichenden Analyse charakteristischer Verse zweier als stilistisch gegensätzlich empfundener Dichter, beispielsweise des als Bannerträger der Moderne betrachteten Abū Tammām und des jüngeren, thematisch reicheren, aber formal gemäßigteren Buhturī (gestorben 897).

Die einzige neue Gattung, die im 10. Jahrhundert heranwächst und gegen 1100 mit al-Harīrī zur Blüte reift, die *maqāma* (eigentlich »Standpredigt«), die kleine erzählerisch-dramatische Skizze oft witziger, stets anmutiger Natur, wird zu einem Schaustück sprachlicher Virtuosität und Gelehrsamkeit, wie denn überhaupt der esoterische Charakter der Dichtersprache ins Auge fällt. Die Vorliebe für kürzere Metren gibt ihr häufig eine vordem nur selten verspürte Leichtigkeit; Versmaß und Reimtechnik dringen aus dem Arabischen in die sich im 10. Jahrhundert gewissermaßen neu konstituierende persische Poesie, deren besondere Leistung, das Epos – zunächst mit historischen, dann romantischen, schließlich mit mystischen Themen –, allerdings auf den arabischen Kulturkreis nicht zurückwirken sollte, sich dafür aber im türkischen und indischen Bereich schadlos hielt. Länger als die arabische Welt vermochte sich Persien der Dekadenz eines aufs rein Formale ausgerichteten Originalitätskonzepts zu entziehen, das den Dichter nötigte, einen begrenzten Motivschatz endlos zu verfeinern und die geistreichelnden Einfälle seiner Vorgänger noch zu übertrumpfen. Doch war auch in der *'arabijja* zur Zeit der Machtübernahme von Būjiden und Fātimiden der Niedergang kaum zu ahnen. Noch hatte der literarische Neuerer kein schlechtes Gewissen, noch gab es in der islamischen Welt die Lebensangst nicht, die im Gedränge einer politischen, wirtschaftlichen und vor allem religiösen Krisenlage im 11. Jahrhundert dem Ausgriff ins Weite Einhalt gebieten sollte.

Auch in der Kunst klaffen die arabische und die iranisch bestimmte Kulturwelt auseinander. Die Arabeske, die Verwertung der Schrift als Mittel und vielfach als unmittelbarer Zweck künstlerischer Bemühung, überhaupt das Ornamental-Dekorative und die damit gegebene Tendenz zur Entgegenständlichung selbst religiös unanstößiger, etwa pflanzlicher Motive, die Moschee oder das Moschee-Lehrhaus *(madrasa)* als vordringlichste Aufgabe der Architektur, und da vor allem Stalaktitenbogen *(muqarnas)* und Kuppeln als technische Lösungen von Raumproblemen, diese Elemente sind der islamischen Kunst allenthalben eigen, wenn auch Art und Funktion nach Ort und Zeit variieren. Doch unterscheidet sich die typisch persische Moscheeanlage mit der Dominante des Binnenhofs, dem verhältnismäßig kleinen überdachten Teil und der Neigung zu kühnem Gewölbe- und Kuppelbau unverkennbar von der »arabischen«, deren viereckiger Grundriß weit weniger durch Überwölbungen und Verzierungen verschleiert ist, die gleichsam gedrungener und solider auf dem Boden zu stehen scheint, selbst wenn ein ehrgeiziges Minarett den Blick aufwärts zieht und die oft phantastischen optischen Verführungen des unter dem flachen Dach kauernden Säulenwaldes die Aufmerksamkeit von der strengen Zweckrichtung des Gebäudes abziehen. Die altorientalisch-persische Bauidee scheint gegen die hellenisch-mediterrane zu stehen. Aber die Eleganz der griechischen Spätform ist verloren, oder besser, gegen die dem Hause Allāhs geziemende Strenge eingetauscht.

Die Moschee mit ihrem Hof ist zumal in der Frühzeit politischer ebenso wie religiöser Versammlungsort, auch geselliger Treffpunkt und Unterrichtszentrum, wo der Professor an eine Säule gelehnt sitzt und den Studenten das Recht oder die Tradition vorträgt; schon früh, jedenfalls im 10. Jahrhundert, entstehen deshalb Studentenzellen auf dem Boden der Moschee, in baulichem Anschluß an das eigentliche Gotteshaus. Die rituelle Waschung erfordert Brunnen mit fließendem Wasser. Die Engschiffigkeit so vieler christlicher Kirchen wäre untauglich für die lang ausgezogene Reihe der hinter dem Imām Betenden; und die Absonderung der Frauen (und vielfach des Herrschers) bestimmt eine besondere Gliederung im Innern. Neben der Gebetsnische *(mihrāb)* erhebt sich die oft bewegliche Kanzel *(minbar)* mit ihrer steilen Treppe, von der herab der Prediger *(chatīb)* beim freitäglichen Hauptgottesdienst den Segen des Herrn auf den regierenden Herrscher herabfleht, das konventionelle Zeichen seiner Anerkennung durch die Gemeinde, dessen Unterdrückung einer Revolution gleichkäme.

Es entspricht zwar keineswegs den Tatsachen, daß der Islam der bildlichen Darstellung des Menschen ein entschiedenes Verbot entgegengesetzt hat. Unleugbar gewinnt aber zumal nach dem 9. Jahrhundert in immer weiteren Kreisen, besonders des Islams arabischer

Zunge, ein gewisses Unbehagen, ja eine deutliche Feindseligkeit gegen die figurale Kunst die Oberhand. Der Ursachen sind viele: altorientalisches Empfinden, wie es im Alten Testament zum Ausdruck kommt, Vorstellungen von der magischen Identität von Wesen und Abbild, spezifisch religiöse Scheu, das Heilige sichtbar zu machen. Das theologisch unterstützte Empfinden ist zwar stark genug, die figurale Skulptur, nicht aber die figurale Malerei zu unterbinden. Noch in Samarrā waren die privaten Gemächer mit Wandgemälden geschmückt, deren Überreste, nebenbei bemerkt im Gegensatz zu den in den Umajjadenschlössern, starke iranisch-asiatische Einflüsse erkennen lassen. Antike Muster auf islamische Situationen umstilisiert, überleben freilich in der arabischen Buchmalerei des 11. und 12. Jahrhunderts, doch geht im ganzen eine gewisse Orientalisierung des Kunstwollens dem endgültigen Niedergang der figuralen Illustration im ausgehenden Mittelalter voraus. Auf persischem Kulturgebiet nimmt jedoch gleichzeitig die Miniatur einen ungeahnten Aufschwung, in ihrer Thematik der Entwicklung des Epos in kurzem Zeitabstand folgend. Hin und wieder sogar durch theologische Billigung gefördert, bleibt die Buchillustration bis über das Mittelalter hinaus auf persisch beeinflußtem Boden eine der gesuchtesten und objektiv eindrucksvollsten Leistungen der iranischen Ausprägung der islamischen Kultur.

Die *dār al-islām*, deren Wandel aus einer politischen in eine kulturelle Einheit sich mit zunehmender staatlicher Zersplitterung beschleunigte, übertrug den nichtislamischen Schriftbesitzergemeinden eine Doppelrolle, indem sie ihnen als Institutionen des öffentlichen Rechts die Eigengeschichtlichkeit beließ und sie gleichzeitig in die (unpolitische) Mitarbeit am Kulturganzen einbezog. Nachdem der Islam allmählich alle anderen Religionsgemeinschaften an Zahl überflügelt hatte, brauchten Staat und Gesellschaft auf die nunmehrigen Minoritäten keine Rücksicht mehr zu nehmen. Der Aufschwung einer arabisch artikulierten Zivilisation, gelegentlich mit Intoleranz gepaarte Wellen religiöser Erneuerung, die Aus- und Abrundung einer islamischen Lebensform und schließlich die politischen Spannungen mit der unbekehrten Welt verschärften allmählich die Gegensätze; insbesondere isolierten sie die Ungläubigen. Doch ging, zumal im Fall der Juden, dem Niedergang eine mehrhundertjährige Epoche voraus, in der die ökonomische und kulturelle Ausbreitung des Islams genügend Spielraum für gemeinsame Arbeit ließ, die schließlich die Arabisierung der Schriftbesitzer zur Folge hatte.

Die arabische Eroberung erst hatte im Irak die Juden aus einem überwiegend landwirtschaftlich tätigen zu einem Handelsvolk gemacht. Als um 950 die Stille einer dokumentenarmen Zeit zu Ende geht, finden wir jüdische Gemeinden im Fernhandel auf islamischem Gebiet und darüber hinaus bis nach Indien. Das fātimidische Ägypten erscheint als Zentrum ihrer Wirtschaftskraft, doch gibt es ansehnliche Siedlungen beinahe überall auf muslimisch beherrschtem Boden; überhaupt hat bis in die jüngste Zeit hinein eine tiefgehende religiöse Verwandtschaft und die mangelnde politische Rückendeckung im Ausland die Symbiose zwischen Juden und Muslimen müheloser gestaltet als zwischen Muslimen und Christen. Trotz der immer wieder prekären äußeren Situation der jüdischen Gemeinden, die freilich erst mit den Almohaden eine definitive Wendung zum Schlechteren nehmen sollte, hat die Aufnahme in den islamischen Kulturbereich den Juden vor allem in

Spanien und in Ägypten, zeitweise aber auch im Irak und in Nordafrika eine Blütezeit gebracht. Sie wurden in jedem Sinn entprovinzialisiert und fanden sogar, sonderbarerweise auf dem Umweg über die arabische Philosophie, fruchtbareren Anschluß an das antike Denken, als er ihnen nach dem raschen Versickern philonischer Impulse im Altertum zuteil geworden war.

Von den christlichen Enklaven ist mit einigem Vorbehalt das Gegenteil zu sagen. Gewiß waren es Christen, die den Muslimen den Zugang zum Altertum und zu den Wissenschaften eröffneten, soweit sie nicht aus Indien kamen, und das 9. und 10. Jahrhundert sah Christen und Muslime vereint in den intellektuellen Zirkeln und selbst in der Bürokratie. Das Selbstbewußtsein der christlichen Kirchen scheint auch im 11. Jahrhundert noch weitgehend intakt. Dennoch begann sich schon früh das Abgeschnittensein von den eigentlichen Zentren christlichen Lebens fühlbar zu machen. Die großen Bewegungen, die in Byzanz und im Westen Kirche und Staat auch zu geistiger Auseinandersetzung zwangen, die jenseits der Grenze den Glaubensinhalt und das Glaubensleben immer wieder in Frage stellten und neu erringen ließen, brandeten nur schwächlich hinüber in die orientalischen Gemeinden, von denen auch keine die ganze Kirche beschäftigende Problematik ausging. Christliche Historiker, Wissenschaftler, Denker, ja Staatsmänner und selbst Soldaten gab es genug; aber ihre Leistung galt, wo sie nicht einfach in die islamische Kulturwelt einmündete, nur der Bewahrung, der Verteidigung, kaum der Erneuerung von Enklaven, die vom Standpunkt der lateinischen wie der griechischen Christenheit Außenposten und für die Entwicklung »tangential«, um nicht zu sagen irrelevant, geworden waren. Die Provinzialisierung der christlichen Minoritäten stand in schlagendem Gegensatz zu der Entfaltung der Juden, die auf islamischem Boden und in der Teilhabe am gemeinsamen Kulturbesitz sich für die Jahrhunderte von 900 bis 1200 einen neuen Mittelpunkt schufen und mit berechtigtem Stolz auf die zurückgebliebenen Glaubensgenossen in Europa hinunterblickten.

Der Niedergang des Kalifats
Fātimiden, Būjiden, Ghaznawiden, Seldschuken

Die fortschreitende Entmachtung des Kalifats, die sich mit dem Tod al-Muqtadirs (908 bis 932) im Kampf mit dem Generalissimus Mu'nis als unwiderruflich herausstellte, zwang den zentralirakischen Kleinfürsten, zu dem der Abbasidenherrscher abgesunken war, immer wieder, sich nach einem militärischen Beschützer umzusehen, eine Rolle, die verschiedenen türkischen Söldnerführern, dann aber auch für drei Jahre (März 942 bis Januar 945) dem der Schī'a zuneigenden Hamdāniden Hasan, dem letzten arabischen Hausmeier, zufiel (besser bekannt unter dem Ehrennamen Nāsir ad-Daula, *defensor imperii*, einem der in dieser Zeit aufkommenden Titel, dessen erster prominenter Träger er war). Wenige Monate nach seiner Rückkehr in sein nordmesopotamisches Hausmachtgebiet wurde er von den dailamitischen Būjiden abgelöst, wodurch denn eine auf Mittel- und Südpersien gestützte, nur dürftig arabisierte »Barbarendynastie« zwölferschī'itischen Bekenntnisses auf

Einladung des Kalifen die tatsächliche Macht im Irak übernahm. Die Būjiden waren Kondottieri, hochgekommen im Dienst der Sāmāniden und später des Mardāwīdsch ibn Zijār, eines gīlānischen Prinzen, der es in Zentralpersien zu einer einflußreichen Stellung gebracht hatte und anscheinend von der Wiederaufrichtung eines zarathustrischen iranischen Großstaates träumte, aber an dem für jene Tage charakteristischen Zwiespalt zwischen angestammten dailamitischen Truppen und Söldnerscharen verschiedener Herkunft 943 durch Meuchelmord zugrunde ging. Die Būjiden setzten sich in Persien südlich des Sāmānidenterritoriums fest und vermochten die oft befehdeten, aber nicht eigentlich bezwungenen Balutschen von Kirmān zum erstenmal in die *dār al-islām* einzugliedern.

Das Staatsgebiet wurde als Familienbesitz behandelt; die Oberleitung hatte in der ersten Generation der in Schīrāz residierende älteste Bruder ʻImād ad-Daula, die »Säule des Reiches« (gestorben 949), später sein Neffe ʻAdud ad-Daula, der »Arm des Reiches«, der zweifellos die größte Persönlichkeit der Dynastie war und zwischen 977 und 982 das gesamte Gebiet des Hauses unmittelbar beherrschte. Außerhalb des Iraks folgte das Būjidenregime dem eingebürgerten Muster selbständig gewordener Provinzialstatthalter; in Bagdad nahm die būjidische Militärregierung die Verwaltung aus den Händen des Kalifen, dem sie Ländereien und ein Gehalt zuwies, aber den Wezir entzog. Als sunnitischer »Kirchenfürst« blieb der Kalif auch dem schīʻitischen *amīr al-umarā'* unentbehrlich; ein alidischer Kalif hätte Gehorsam beanspruchen, ein sunnitischer Exilkalif große Schwierigkeiten bereiten können; an eine schīʻitische Majorität war kaum zu denken. Die legale Kontinuität des Gemeindelebens und der Gerichtsverwaltung blieb die Aufgabe der Kalifen, die, obzwar vielfach gedemütigt, sich unter den Būjiden im ganzen größerer persönlicher Sicherheit erfreuten als im vorausgegangenen Jahrhundert. Politische Erwägungen machten zeitweise die Būjiden geradezu zu Vorkämpfern der Sunna. Die Furcht, Syrien an die Fātimiden zu verlieren, zwang die Būjiden zu einer Politik der Abriegelung gegen die Ismāʻīliten, die dem Kalifat nur willkommen sein konnte, wie denn überhaupt Versuche der »Siebener«, die Būjiden für sich zu gewinnen, erst gegen Ende ihrer Herrschaft einen gewissen Erfolg zu verzeichnen hatten. Die berühmte antifātimidische Erklärung, die 1011 vor dem Kalifen abgegeben wurde, war sowohl von »orthodoxen« wie von »Zwölfer«-Theologen unterzeichnet. Dabei ist freilich nicht zu verkennen, daß die būjidische Regierung, die sich in Bagdad vorwiegend auf die reiche schīʻitische Kaufmannschaft und die von ihr organisierten, ihr allerdings gelegentlich durch ihre Turbulenz unbequemen »Tālibiden« (das heißt Aliden) stützte, ihren Religionsgenossen nach Möglichkeit Vorschub leistete. Die mit Selbstkasteiungen verbundenen Trauerprozessionen zum Todestag Husains, an denen auch die Frauen entschleiert teilnehmen durften, wurden von ʻAdud ad-Daula sanktioniert, gaben aber immer wieder zu blutigen Ausschreitungen zwischen den Sekten Anlaß, so daß sie nicht regelmäßig abgehalten werden konnten.

Die Hanbaliten erwiesen sich in jenen Zeitläuften als die energischsten Vorkämpfer der Sunna; ihrer Zähigkeit ist es wohl in erster Linie zu danken, wenn sich gegen Ende des 10. Jahrhunderts die ersten Anzeichen einer orthodoxen Restauration zeigten, deren Aufstieg freilich mit dem Auseinanderbrechen der Eintracht und damit der Schlagkraft der Būjiden zusammenfiel. Schon um 1020 waren die Būjiden außerstande, schīʻitische Prediger in Basra vor Maßregelungen des Kalifen zu schützen. 1015 steckten die Hanbaliten das Mausoleum Husains in Karbalā' in Brand; in Bagdad und Samarrā, aber auch in Mekka, Medina und Jerusalem kam es zu Revolten, die weniger die Verdrängung der Būjiden als die Abschaffung des öffentlichen Gottesdienstes der Schī'a zum Ziel hatten. Der Aufstieg der sunnitischen Ghaznawiden, die sich 1027 zu Beschützern des Kalifen aufwarfen, stärkte diesem durch die programmatische Geste den Rücken, und wenige Jahre später erlangte der Abbaside das Recht auf einen eigenen Wezir zurück. Die Hoffnung auf eine echte Wiederherstellung des Kalifats ergriff die führenden sunnitischen Kreise. Die in ihrer Art großartige Darstellung der politischen Institutionen des Islams, die der schāfi'itische Oberrichter Māwardī (gestorben 1058) in jenen Tagen erscheinen ließ, spiegelt in ihren Thesen, die die Prärogativen des Kalifen in anspruchsvollen, die Wirklichkeit der letzten Jahrhunderte wie der eigenen Gegenwart konsequent ignorierenden normativen Postulaten beschreiben, die Atmosphäre dieser dem Hof nahestehenden Zirkel.

Zugleich kündigte sich in der Intoleranz der Hanbaliten gegenüber der Mu'tazila und der scholastischen Theologie eines Asch'arī eine mit der Intensivierung der sunnitischen Religiosität verbundene Einengung des intellektuellen Gesichtskreises an. Am bedeutsamsten aber wurde, daß die Gemeinde ihr Eigenleben nun ohne, ja gegen die Staatsgewalt zu behaupten vermochte; das Kalifat fungierte zwar als administrative und politische Stütze der Rechtgläubigkeit; genau besehen war es aber die militante Orthodoxie, die es dem Kalifat gestattete, ja die es dazu drängte, diese Funktion auf sich zu nehmen. In dieser Zeit entwickelten die vier großen sunnitischen Rechtsschulen die Tendenz, sich gegenseitig anzuerkennen; der Gedanke, der noch im 18. Jahrhundert wiederkehrt, tauchte auf, die gemäßigte Schī'a als fünften »Ritus« in ein umfassendes Rechtsgebäude einzugliedern; schließlich hatten die »Zwölfer« gerade unter den Būjiden ihre theologischen und juridischen Anschauungen systematisch formuliert, mehr denn je fungierten jetzt die *'ulamā'* als Mittler der politischen Willensbildung der Parteien. Das Fehlschlagen der »Unionsgedanken« war wohl in erster Linie dem Radikalismus der sunnitischen Reformer in Bagdad und ihrer auswärtigen politischen Verbündeten zuzuschreiben.

Die Hemmungslosigkeit des politischen und geistigen Parteienhaders und die aus der dynastischen Konzeption sich ergebenden Erbteilungen, die in Bruderzwist und Kleinstaaterei ausarteten und schließlich das Abbröckeln des Herrschaftsgebietes zur Folge hatten, darf die großen Leistungen nicht vergessen machen, die unter und weitgehend dank den Būjiden auf arabischem wie auf persischem Sprachgebiet vollbracht wurden. Der Byzantiner Michael Psellos hatte die Epoche der Būjiden und Fātimiden im Auge, als er um 1060 erklärte, die Araber hätten die auf die Weisheit ihrer Väter stolzen Griechen weit hinter sich gelassen, wobei er sich freilich mehr auf die antikisierende Philosophie und Wissenschaft und den allgemeinen Eindruck stützt als auf die Kenntnis arabischer Schriften. Nichtsdestoweniger war das Verdienst der Būjiden um die islamische Kultur beträchtlich. Der Schwerpunkt ihrer Macht lag aber in Persien, und so nimmt es nicht wunder, daß sie sich eine sasanidische Stammtafel zusammenstellen ließen; ihre persische Orientierung kommt noch deutlicher in der Übernahme des mittelpersischen Titels eines »Königs der Könige«, *schāhānschāh*, zum Ausdruck, der freilich fürs erste nur die Stellung des Familienoberhaupts gegenüber den anderen Būjidenprinzen bezeichnen sollte. Diese Titulatur rief im arabischen Bagdad helle Empörung hervor und wurde deshalb vom Kalifen erst 1037, nachdem sie schon mehr als ein halbes Jahrhundert im Gebrauch gewesen, offiziell gebilligt. (*Sulṭān* jedoch, schon vom Kalifen Manṣūr verwendet, wird erst bei den Seldschuken regelrechter Bestandteil der Titulatur.)

Der Niedergang des Zarathustrismus unter den Būjiden ist wohl zum Teil dem Umstand zuzuschreiben, daß man sich unter einer »persisch-national« orientierten Dynastie eher von der angestammten Religion lösen konnte als unter »arabischer« Fremdherrschaft. Die būjidischen Herrscher entfalteten sowohl in Bagdad wie auf iranischem Boden eine kulturfördernde Tätigkeit. Krankenhäuser wurden in Bagdad und Schīrāz eingerichtet, eine Sternwarte in Bagdad gebaut, dafür Bibliotheken in Schīrāz, Rajj und Isfahān gegründet. Der Perser Avicenna fand wie schon vor ihm Firdausī freundliche Aufnahme am Hof eines der Būjidenfürsten; der Historiker Miskawaih, der Geograph Istachrī, der Mathematiker Nasawī, der die indischen Ziffern im arabischen Sprachgebiet heimisch machte, alles Koryphäen arabischer Gelehrsamkeit, waren Protegés der Būjiden. Ungebildet, aber bildungsbeflissen, wie sie waren, setzten sie Männer von höchster literarischer Verfeinerung als Wezire ein, die, wie der Sāhib ibn 'Abbād (gestorben 971) selbst hochgeschätzte Schriftsteller, das Zentrum eines Mäzenatentums in der Persis und in Rajj (nahe dem heutigen Teheran) bildeten. Der große Literat Tauhīdī, vielleicht der einzige humanistische »Existenzialist« seiner Zeit, den Originalität und böse Zungen freilich um seine bevorzugte Stellung brachten, hat die Diskussionen festgehalten, die auf den Zusammenkünften bei einem eher unbedeutenden Minister geführt wurden. Sie gewähren einen unübertrefflichen Einblick in die damalige interkonfessionelle Bildungsschicht mit ihrem Interesse an hellenisierender Philosophie, Ethnographie, biographisch analysierter Politik und Geschichte.

Die Būjiden hatten den Übergang vom Söldnerführer, wo nicht gar Räuberhauptmann zum Reichsverweser erstaunlich rasch bewerkstelligt. Bis zum Ende verkörperten sie aber, wie später die Seldschuken auch, eine Militärregierung. Die Beamten- und Kaufmanns-Aristokratie der jüngsten Vergangenheit verschwand unaufhaltsam aus den politisch entscheidenden Positionen, der Großgrundbesitz ging zu einem guten Teil in die Hände hoher Offiziere über. Für militärische Dienste gab es nichtvererbbare Ländereien oder das Steueraufkommen bestimmter Distrikte. Als Notstandsmaßnahme war dies schon im späten 9. Jahrhundert vorgekommen (und ähnlich auch in Byzanz gebräuchlich); die Būjiden erhoben es zum System. Die verliehenen Güter *(iqṭā')* waren im Gegensatz zu früher von der üblichen Grundsteuer befreit. Ganze Distrikte wurden verteilt, deren Finanzkraft der Zivilverwaltung nicht nur verlorenging, sondern ihr sogar unbekannt blieb; die Parallele zur byzantinischen Entwicklung der *prónoia* ist offenkundig. Ein Teil der Löhnung vor allem der unteren Chargen wurde allerdings noch direkt aus dem Staatsschatz, vielfach auch in natura ausgezahlt, wie man sich überhaupt hüten muß, das *iqṭā'* mit dem feudalen Lehen zu verwechseln; vor allem vertrat der *muqṭa'* in seinem Gebiet nicht die Staatsgewalt, und die »Lehen« waren auf Regierungsbefehl austauschbar und konnten weder vererbt noch weiterbelehnt werden. Der auf den Zivilisten lastende Steuerdruck wurde von den Būjiden eher erhöht als verringert; die Besteuerung der Gewerbe zweifellos verschärft.

Ein verhältnismäßig stabiler innerer Friede, Neuanlagen oder die Wiederherstellung verfallener Bewässerungsanlagen, Brücken und Straßen, kurzum die geordnete Verwaltung brachte einen gewissen Wohlstand und eine Währungsstabilisierung, die dem von den Būjiden auf jegliche Weise geförderten Fernhandel zugute kam. Der Sicherung des Seewegs nach Indien dienten die Annexionen der Küste von ʻUmān und der ständige Kleinkrieg gegen die Qarmaten in Bahrain. Die vielfach den Städten gewährte größere Freiheit zeigte im Grunde schon die Schwäche der būjidischen Macht, wurde aber, wo sie bedrohlich erschien, mit blutigem Eingriff unterdrückt. Dennoch erlebte das 11. Jahrhundert sowohl auf būjidischem Gebiet wie in Syrien und Spanien ein bemerkenswertes Aufblühen städtischer Kräfte, das freilich ebensosehr der gesteigerten Wirtschaftstätigkeit wie der Auflösung des Territorialstaats zu danken war.

Die Neuregelung des *iqṭāʻ* wie die Disziplinierung der Armee und die Sorge um die öffentliche Ordnung bewahrten die Būjiden jedoch nicht vor dem Niedergang, den Familienzerwürfnisse – politisch gefährlich als Werkzeug des regionalen Separatismus – und Übergriffe der aus dailamitischen Fußtruppen, türkischen Reitern und kleineren kurdischen oder balutschischen Barbarenkontingenten zusammengesetzten und von internen Rivalitäten zerrissenen Soldatenschicht beschleunigten, wenn nicht sogar erst hervorriefen. Schwerer greifbar, doch wohl noch wichtiger war der Umstand, daß die Bedingungen des Welthandels sich zum Nachteil der Būjiden und der von ihnen beherrschten Länder entwickelten.

Die Būjidenstaaten waren ständig in eine Art Zweifrontenkrieg verstrickt. Die Fāṭimiden drohten sich in Syrien festzusetzen, und die zentralasiatischen Türken – autonome Stämme übrigens, keineswegs zu verwechseln mit den türkischen Söldnern und Militärsklaven – drangen, nachdem sie erst in die islamische Gemeinschaft eingegliedert waren, sehr viel ungehinderter in die iranisch-arabische Welt vor. Während sich die Būjiden den Türken je länger, desto weniger gewachsen zeigten, zumal nachdem das Sāmānidenreich kurz vor der Jahrtausendwende als Schutzwall ausgefallen war, gelang es ihnen, die fāṭimidischen Armeen wenn nicht aus Palästina und Syrien zu verdrängen, so doch ihren Griff nach dem nördlichen Zweistromland zu vereiteln.

Bis in die Mitte des 11. Jahrhunderts schien die fāṭimidische Macht ungebrochen und von einer Woge wirtschaftlichen Wohlstands getragen. Die Unruhen in Südmesopotamien, die zunehmende Unsicherheit im Persischen Golf, die die Būjiden, letzten Endes ohne Erfolg, zu unterdrücken bestrebt waren, die gefährdeten Grenzen gegen byzantinisches und fāṭimidisches Gebiet, andererseits der steile Aufschwung des ägyptischen Europahandels, den die Fāṭimiden durch Flottenbau zielbewußt förderten, und ihre Einflußnahme im Roten Meer, alles dies gemeinsam machte Ägypten zum Mittelpunkt und Umschlagplatz des internationalen Seehandels. Die Folgen dieser Neuorientierung zeigten sich schon um 1100, als die būjidische Silberwährung an Wert verlor, als Steuerpacht und Ämterkauf um sich griffen und der Mangel an Bargeld mit naturalwirtschaftlichen Maßnahmen ausgeglichen werden mußte.

Die militärische Macht in Iran reichte auch offenbar nicht aus, gleichzeitig die Türkenflut abzudämmen, die arabischen Grenzländer im Zaum zu halten und die zwischen 960 und 1020 neu erstarkenden und in die alten Grenzprovinzen zurückströmenden Byzantiner abzuwehren – um diese Zeit fiel die Oberhoheit über Armenien an Byzanz zurück –, dazu noch als Hauptstützpunkt eine Provinz anerkennen zu müssen, deren Bevölkerung die für sie fremdsprachigen und andersgläubigen Repräsentanten der iranischen Macht mit lauernder Indifferenz beobachtete. In den Augen der Iraker hatten sich die Būjiden, die sich mehr und mehr auf fremdstämmige Truppen angewiesen sahen, durch ihren Glauben als Beschützer der Orthodoxie disqualifiziert; überdies waren sie selbst gespalten und vermochten deshalb den Türken, die sich mit der Orthodoxie identifizierten, keinen wirksamen Widerstand entgegenzusetzen. Ein Frontwechsel zu den »Siebenern«, wie ihn die Fāṭimiden herbeizuführen trachteten, hätte bei der beginnenden Schwäche Ägyptens um die Mitte des 11. Jahrhunderts auch nicht mehr geholfen, zumal da der Rückhalt in der hauptstädtischen Bevölkerung fehlte. Gleichsam in letzter Stunde stellte sich den Seldschuken ein (übrigens türkischer) Būjiden-General, al-Basāsīrī (gestorben 15. Januar 1060), mit einem fāṭimidischen Heer und fāṭimidischen Subventionen entgegen. Aber das Abenteuer scheiterte an der Realität der Seldschukenmacht und der eigenen Isoliertheit. Dieses letzte, großangelegte imperialistische Unternehmen der Fāṭimiden ist übrigens der einzige Fall einer ägyptischen oder doch ägyptisch unterstützten Eroberung Zentraliraks und dazu ein bedeutsames Zeichen für das Prestige des Fāṭimidenstaates, dessen erste achtzig Jahre in Ägypten, zusammen mit dem frühabbasidischen Bagdad und der Blüte Córdobas unter ʿAbd ar-Raḥmān III. bis zum Sturz der ʿĀmiriden zu den goldenen Zeitaltern islamischer Kultur gehören, dazu das einzige unter heterodoxer Führung.

Unbestreitbar waren die Fāṭimiden Imperialisten und sahen in der Verdrängung des sunnitischen Kalifats ihr letztes Ziel; die politische Lage beschränkte sie jedoch auf die übliche »Glacis-Sicherung« in Syrien, die sich freilich zuweilen bis über Aleppo hinaus und auf mesopotamische Städte wie Ḥarrān und Raqqa ausweitete, und auf die Sicherung des Indienhandels durch ihren Einfluß im Jemen (ein Stützpunkt im Indusbecken mit Multān als Zentrum ging an die Ghaznawiden verloren). Diese in der Natur der ägyptischen Wirtschaft liegende Tendenz überdauerte die Dynastie und machte sich auch heute wieder bemerkbar. Mekka und Medina, die auf ägyptische Getreidelieferungen angewiesen waren, fügten sich ohne Widerstreben der profitablen Oberhoheit der schīʿitischen Machthaber. Die in der *genizah*, dem »Archiv« einer jüdischen Synagoge in Kairo gefundenen Dokumente, vor allem aus dem 9. bis 12. Jahrhundert, die umfänglichste Sammlung ihrer Art aus dem islamischen Mittelalter, illustrieren eindrucksvoll die wirtschaftliche Tätigkeit der Zeit; sie werfen auch ein Licht auf die Situation der jüdischen Gemeinde, deren Position unter den Fāṭimiden günstiger war als jemals in den ersten tausend Jahren der muslimischen Geschichte. Diese über Toleranz weit hinausgehende Haltung beruhte wohl auch auf der Indifferenz des inneren Zirkels der Ismāʿīliten gegenüber den Äußerlichkeiten der Religionen, eine Einstellung, die ihnen auch die Auslandspropaganda in nichtmuslimischen Kreisen und den um 1040 mit Byzanz geschlossenen Frieden psychologisch erleichterte. Nachdem aber der dritte Kalif, al-Ḥākim biʾamr Allāh (996–1021), eine Zeitlang gegen die Sunniten vorgegangen war, wendete er sich plötzlich gegen Christen und Juden und zerstörte zahlreiche Gotteshäuser, darunter die Grabeskirche in Jerusalem.

Diese Verfolgung, von 1008 bis 1015, mag wohl ebenso von sunnitischem Gegendruck wie von dem gewandelten religiösen Selbstverständnis des Kalifen ausgelöst worden sein. Jedenfalls fühlte sich der Herrscher wenige Jahre später als Inkarnation der göttlichen Vernunft oder ließ sich zumindest als solche verehren. Ein Zornausbruch des Volkes wurde kaltblütig und grausam unterdrückt. Der Kalif griff auch sonst aus nicht ganz faßbaren religiösen Motiven tief ins Privatleben seiner Untertanen ein; bald nach seinem Regierungsantritt verbot er den Frauen bei Todesstrafe jegliches Ausgehen und den Männern das Ausgehen bei Nacht. Schließlich verschwand er 1021 auf bis heute ungeklärte Weise bei einem nächtlichen Gang durch die Stadt.

Sein Nachfolger schaltete die Extremisten aus, die al-Hākim vergottet hatten; sie fanden jedoch im Libanon ein Echo, dem die nach ihrem Vorkämpfer ad-Darazī (gestorben wahrscheinlich 1019) benannten, noch heute regen Drusen ihre Entstehung verdanken. Diese eigentümliche Sonderentwicklung hat in den etwas früher etwa in derselben Gegend sich konstituierenden Nusairī insofern eine Parallele, als beide Gruppen eine Anzahl vom Islam verschütteter Motive aufgriffen und mit Hilfe islamischer Symbole miteinander verwoben.

Die religiöse Ideologie, die, im Laufe der Zeit philosophisch und juridisch unterbaut, dem Fātimidentum eine seltene Einheitlichkeit und die innerislamische Eroberungsdynamik verliehen, erweckte der Dynastie freilich auch unversöhnliche Gegnerschaft in der »Orthodoxie« und, was im Grunde gefährlicher war, von Parteigängern, die aus persönlichen Divergenzen gewissermaßen zu Sektierern innerhalb der Sekte wurden und durch Anschluß an einen bestimmten Imām die Möglichkeit fanden, ihren dogmatischen Abweichungen einen organisatorischen Rückhalt zu geben. Der Tod des Kalifen al-Mustansir, unter dessen langer Regierung (1036–1094) die Zersetzung der Fātimidenmacht ans Licht gekommen war, hatte die Getreuen gespalten: in Nizārī, die Anhänger seines zum Nachfolger designierten Sohnes Nizār, und in Musta'lī, die Gefolgsleute seines zweiten Sohnes, den die Armee auf den Thron setzte, wobei Nizār und sein Sohn im Gefängnis einen gewaltsamen Tod fanden. Aus Ägypten vertrieben, übernahmen die Nizārī die Führung der »Auslands«-Ismā'īlijja, die sich in Syrien und, unter der Leitung des berühmten Hasan-i Sabbāh (gestorben 1124), vor allem in den Bergen Westpersiens zusammenfanden.

Von ihren unzugänglichen Stützpunkten aus übten diese fanatischen Gruppen, vor allem die persische, dank ihrer terroristischen Praktiken und der sie umgebenden Aura des Geheimnisvollen einen durch die geringe Zahl ihrer Mitglieder keineswegs gerechtfertigten Einfluß aus. Die persische Nizārijja proklamierte am 8. August 1164 in ihrem Sitz Ālamūt, dem »Adlernest«, die »große Auferstehung«, das Paradies auf Erden, das kein Gesetz mehr kennt. Dies scheint (nach der plausiblen Vermutung Massignons) der Kern einer vielzitierten Legende über die »Assassinen« zu sein; danach errangen ihre Oberen die Ergebenheit ihrer Gefolgsleute, indem sie sie in Haschischrausch versetzten und das Paradies – nach koranischer Beschreibung – erleben ließen. In die Alltagswelt zurückversetzt, erwarteten sie in höchster Ungeduld den Tod, um die vorgekostete Seligkeit wiederzuerlangen.

Erst die Mongolen vermochten der Nizārī nach der Zerstörung ihrer Burgen 1256 Herr zu werden; doch lebte die Sekte, nachdem sie ihre politisch-apokalyptischen Zielsetzungen abgestreift hatte, vor allem in Indien weiter und hat hier und in Ostafrika unter der Leitung des berühmten Agha Khan, ohne ihre fundamentalen Dogmen aufzugeben, den Übergang in die Moderne in wahrhaft staunenswerter Weise zuwege gebracht. Die Musta'lī-Kalifen in Ägypten scheinen nur in geringem Maße die Gabe besessen zu haben, religiöse Begeisterung zu wecken. Mit der Ermordung von Musta'līs Sohn im Jahre 1130 verlor die Fātimidendynastie zwar nicht den Thron, doch galten die letzten vier Herrscher des Hauses nicht mehr als Imāme, sondern bloß als Statthalter des verheißenen »Herrn der Zeit« aus dem Stamm des als Kind entrückten Enkelsohns Musta'līs, der am Ende der Tage aus der Verborgenheit hervortreten werde.

Dieser religiösen Zersetzung war die innenpolitische vorausgegangen. Überall im islamischen Gebiet wirkte sich die Fremdstämmigkeit der Regierung und damit der Minoritätscharakter ihrer Anhängerschaft und die mehr oder minder negativ gefärbte Apathie der Bevölkerung dahin aus, daß die Herrscher zum Spielball ihrer Soldaten wurden. Die Fātimiden hatten Berber, Neger und Türken angeworben, dazu kleinere Einheiten grenzsässiger Araber; doch anstatt einander die Waage zu halten, nagte deren Rivalität an der Autorität des Kalifen. Die nordafrikanischen Stammlande waren beim Abmarsch nach Ägypten den Zīriden anvertraut worden, die sich in ihrem Bestreben nach Unabhängigkeit auf die Abneigung der rechtgläubigen Bevölkerung gegen die Fātimiden stützen konnten und auch alsbald auf Sizilien übergriffen, das die Fātimiden sich selbst vorbehalten hatten. 1047 sahen sie den Augenblick gekommen, sich ungestraft von den Fātimiden loszusagen. In der Tat waren die Fātimiden nicht imstande, sie mit Waffengewalt zum Gehorsam zu zwingen. Sie lenkten aber aus Rache die Beduinen der Banū Hilāl, Störenfriede an der ägyptischen Grenze seit Jahrzehnten, nach Nordafrika ab; etwas später auch die der Banū Sulaim, die gleich den Banū Hilāl wegen ihrer qarmatischen Sympathien aus Syrien umgesiedelt worden waren. Diese Stämme setzten sich schrittweise im heutigen Tunesien und weiter nach Westen bis nach Marokko fest und förderten entscheidend die Arabisierung dieser Gebiete, gleichzeitig übertrugen sie aber ihre nomadische Lebensweise auf diese landwirtschaftlich hochentwickelten Gebiete und leiteten damit eine Wirtschaftskatastrophe ein, von der sich Nordafrika bis heute nicht wirklich erholt hat. Der »Araber« als der Zerstörer, der den jahrhundertelangen Niedergang Nordafrikas verschuldet hat, diese Vorstellung beherrscht noch mehr als dreihundert Jahre später das Geschichtsbild des Ibn Chaldūn (um 1377) ebenso wie die Reisebeschreibungen des späten Mittelalters.

Durch den Abfall der Zīriden wurde die Rekrutierung von Berbern unmöglich; darüber freuten sich zwar die Kairener, die Regierung aber sah sich um so hilfloser im Netz der Prätorianer gefangen. Der Fall von Damaskus an die Seldschuken im Jahre 1076 brachte das Ende einer großsyrischen Politik der Fātimiden; schon vorher, im Jahre 1071, hatten sie Jerusalem verloren, eroberten es freilich 1098 wieder zurück, gerade zur rechten Zeit, um den Kreuzfahrern in die Quere zu kommen. Was dem Staat im ausgehenden 11. Jahrhundert die Widerstandskraft nach außen verlieh und eine politische Nachblüte im Innern ermöglichte, waren armenische Söldner, an ihrer Spitze der Wezir und höchste Richter Badr al-Dschamālī (1073–1094); der Konvertit hatte als Militärsklave angefangen und war in Syrien bis zum Oberkommandierenden aufgestiegen. Zu Beginn seiner Tätigkeit tötete er die aufsässigen türkischen Beamten und Offiziere und stellte die öffentliche

Ordnung wieder her. Sein Sohn al-Afdal wußte sie bis zu seiner Ermordung 1121 aufrechtzuerhalten.

Es ist bemerkenswert, wie wenig die geistige Aktivität der Hauptstadt und der Fernhandel von dem Schwinden der fātimidischen Macht in Mitleidenschaft gezogen wurden. Trotz aller politischen Unsicherheit blieb die ägyptische Gesellschaft von »Bürgern«, Handwerkern und Kleinhändlern, auch weiterhin von Heer und Exekutive ausgeschlossen, im wesentlichen unerschüttert und bestimmte das kulturelle Leben des Landes bis ins ausgehende Mittelalter hinein; ihr freilich etwas einseitiges Denkmal wurden die pikaresken Abschnitte von »Tausend und eine Nacht«.

Das 11. Jahrhundert bildet gewissermaßen, wenn solch ein Ausdruck für eine geschichtliche Entwicklungsfolge statthaft ist, eine Zäsur im Werdegang der islamischen Welt. Die iranischen Akteure treten ab, die Türkisierung der Führerschichten in den neuerstehenden Teilstaaten der *dār al-islām* ist unwiderruflich geworden; Türken führen die neue große Welle muslimischer Expansion, die sich vor allem nach Osten wendet, dem Islam Afghanistan und das Industal erschließt. Obwohl vielfach selbst erst kürzlich bekehrt und persischen Einflüssen ausgesetzt, treten sie als kulturelle (nicht sprachliche) Vertreter Irans auf. Das Vordringen der Türken, weitgehend von Völkerbewegungen im östlichen Mittelasien veranlaßt und begleitet vom Niedergang älterer Staaten mit türkischer Herrenschicht, wie der Wolgabulgaren und der Chazaren, bedeutet ein Vordringen des Nomadentums; es ist zugleich Symptom und Ursache für die wiederaufkommende Naturalwirtschaft, Ursache auch für das Versiegen des arabischen Nordwesthandels, zu dem die gleichzeitigen Reichsgründungen der Berber im Westen eine sonderbare Parallele bilden.

Türken wie Berber sind Sunniten; starre und dabei aggressive Rechtgläubigkeit ist die Quelle ihrer Kraft. Die Schīʿa als Träger politischer Willensbildung wird bald auf Jahrhunderte hinaus von der Lenkung größerer Staatsgebilde ausgeschlossen. Allenthalben regieren die Armeen, die sich mehr oder weniger als Eigentümer des Territoriums fühlen; Machtzentrum aber ist nicht das Territorium, sondern der Dynast, der mit bewaffnetem Anhang bald hier, bald dort regiert und dessen Haus die Einheitlichkeit des politischen Gebildes repräsentiert. Das schon vordem charakteristische Schema wiederholt sich: ein Großreich, auf ein unverbrauchtes, zahlenmäßig schwaches, doch kriegerisch gesinntes Volk gestützt, erreicht in raschem Aufstieg seinen Höhepunkt und zerfällt ebenso rasch in von Prinzen des fürstlichen Hauses oder dessen Söldnergeneralen regierte Kleinstaaten, die ihrerseits neuen Großreichen erliegen. Erst mit dem Aufstieg der Osmanen, Safawiden und Großmogulen im 15. und 16. Jahrhundert findet dieser verheerende, im ganzen auf das Kulturniveau drückende Teufelskreis sein Ende. Der Ausbreitung des Islams tut die Labilität der Staatswesen jedoch keinen Abbruch. Die Dynastien bedürfen der Unterstützung der *umma*; wenn ihre Macht zerschellt, bleiben die neugewonnenen Gebiete innerhalb der Gemeinschaft. Die Religionsgelehrten und, soziologisch freilich zum Teil anders gelagert, die mystischen Scheiche bilden die zweite Säule, deren die Exekutive bedarf. Mehr und mehr finden sich Herrscher und Beherrschte nur in der Teilhabe an der Religion und am religiösen Leben zusammen. Deshalb gilt die staatliche Fürsorge seit der ausgehenden Sāmānidenzeit, in verstärktem Maß unter den Ghaznawiden und entscheidend schließlich unter den Seldschuken, Ajjūbiden und Mamlūken, vor allem der theologisch-juridischen Bildung und den Zöglingen der »geistlichen« Schulen und ihrer Aufnahme in die Zivilbeamtenschaft.

Den Übergang in die neue Zeit bilden die Ghaznawiden, deren kurze Geschichte auf altislamischem Boden die meisten Charakteristika der neuen Staatenbildungen erkennen läßt. Alptegin, ein türkischer Gardegeneral der Sāmāniden, dem die Statthalterschaft von Chorasan übertragen worden war, fällt bei einem Regierungswechsel in Ungnade, sichert sich aber 962 durch Eroberung von Ghazna einen eigenen unabhängigen Staat, der nach seinem Tod als eine Art Gemeinbesitz der Soldaten, allerdings unter sāmānidischer Oberhoheit, weiterbesteht und das bislang heidnisch gebliebene zentrale und östliche Afghanistan dem Islam erschließt. Unter Subuktegin, dem 977 von der Armee zum Herrscher bestimmten Schwiegersohn Alptegins, wird die Eroberung konsolidiert, Chorasan zugunsten der Sāmāniden einem Rebellen entrissen und die Grundlage für weiteres Ausgreifen, zumal nach Osten, geschaffen. Die freiwilligen Glaubenskämpfer der Grenzgebiete *(ghuzāt)*, die vordem zumeist gegen die Türken eingesetzt waren, schließen sich mehr und mehr den Truppen des Soldatenstaates an, der jedoch, um der zersetzenden Wirkung interner Rivalitäten zwischen den Heeresteilen zu begegnen, zu neuem Expansionskrieg gezwungen wird. Subuktegins Sohn Mahmūd – man beachte den muslimischen Namen! – verwirklicht die in der Struktur des zeitgenössischen Staatensystems angelegten Möglichkeiten und schafft in einer Anzahl großangelegter Feldzüge einen ungeheuren Nationalitätenstaat. Er wird zusammengehalten von einem Heer, das aus den erheblichen Beuteeingängen in bar (nicht in Militärlehen) bezahlt wird und daher vom Herrscher direkt abhängig und stets verfügbar ist; von aggressiver Hingabe an die sunnitische Form des Islams und die kulturelle Iranisierung. 999 sind die Sāmāniden »liquidiert«, 1009 wird Sidschistān dem letzten Saffāriden abgenommen und ghaznawidischer Verwaltung unmittelbar unterstellt; in den folgenden Jahren werden die Balutschen in Mukrān unterworfen; wichtiger ist das Einverständnis mit den türkischen Karachaniden, denen Transoxanien überlassen bleibt, während die Länder südlich des Amū Darjā (Oxus) einschließlich Chwārezms (Chiwa), wo er eine neue Dynastie einsetzt, Mahmūd zufallen. Ein türkisches Kontingent von Oghuzen unter Führung der Familie Seldschuk wird am Südufer des Oxus angesiedelt, um etwaige Übergriffe der Karachaniden abzuwehren. Gleichzeitig fallen mehr und mehr būjidische Territorien in Mahmūds Hand; 1029 wird Rajj eingenommen, und wenig später bleiben den būjidischen Teilfürsten nur noch Fārs und Kirmān. Schon 1019 verleiht der Kalif dem Ghaznawiden den Titel der »Rechten Hand des Reiches«, *Jamīn ad-Daula*, und der Plan wird erwogen, durch Übernahme des irakischen Sultanats dem Kalifen wieder einen sunnitischen Schutzherrn zu geben; er kommt aber nicht zur Ausführung.

Von höchster historischer Bedeutung wurden schließlich die Feldzüge nach Indien, die von 1001 bis gegen Ende der Regierung Mahmūds den Heiligen Krieg bis ins südliche Gujarat und ins zentralindische Kanauj vortragen. Trotz gelegentlich heldischer Gegenwehr sind die untereinander verfeindeten indischen Fürsten den ghaznawidischen Reitern und Bogenschützen nicht gewachsen. Der islamische Imperialismus feiert einen seiner größten Triumphe; Tempelfestungen werden gebrochen, Idole zerstört, Tempelschätze geplündert. Die religiöse Erregung der Truppen trägt unverkennbar Züge unversöhnlichen Heidenhasses. Mahmūd legte zwar den Grund für die Größe des indischen Islams, er ist aber ebenso mitverantwortlich für die noch heute virulenten Spannungen zwischen Muslimen und Hindus, obwohl er nach der Befriedung der eroberten Gebiete die Andersgläubigen korrekt behandelte und es sich sogar erlauben konnte, Inder in sein Heer aufzunehmen. Erst spätere Herrscher haben sich zu den hemmungslosen Grausamkeiten hinreißen lassen, die sich dem Gedächtnis der Unterworfenen unaustilgbar eingruben. Die blutrünstigen Berichte, in denen zeitgenössische und selbst spätere Literaten wie Sa'dī (gestorben 1292) die Erstürmung der Tempelstadt von Sumnath (1026) schildern, fußen weniger auf den Tatsachen als auf der allgemeinen Stimmung der Zeit.

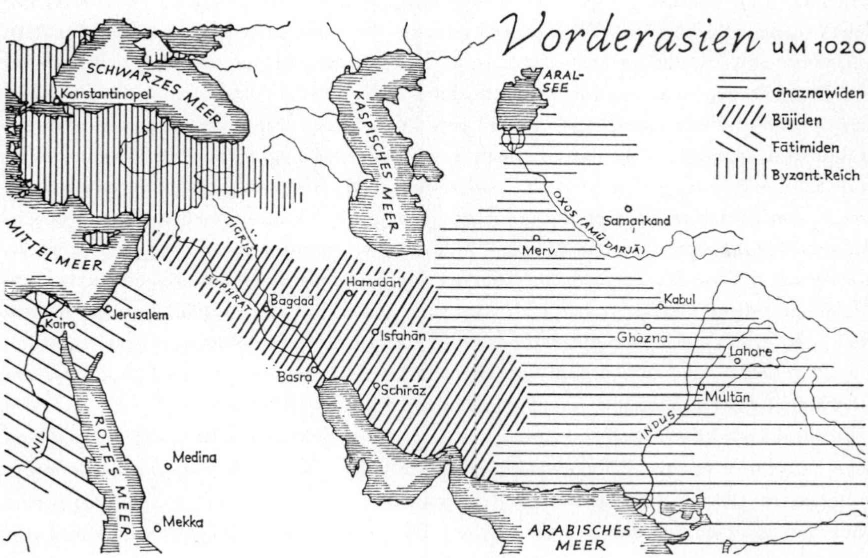

Während Mahmūd sich aber mit dem Weiterbestehen nichtmuslimischer Religionsgemeinschaften abzufinden wußte, fanden nichtsunnitische Gemeinschaften innerhalb des Islams vor seinen Augen keine Gnade. Die »Siebener«-Gemeinden im Industal wurden zerschlagen und die Schī'iten auf iranischem Boden energisch bekämpft; bei der Eroberung von Rajj wurde die große Bibliothek der Būjiden, eben wegen ihres schī'itischen Charakters, den Flammen übergeben. Mahmūd entwickelte einen Eifer gegen das Sektenwesen, wie ihn muslimische und zumal sunnitische Herrscher sonst nur bei politischer Bedrohung zeigten. Seine Autokratie suchte an dem Prinzip des *cuius regio, eius religio*, der byzantinischen Identifizierung von Staatsgefühl und Glaube vergleichbar, eine Stütze, was ganz der bestimmenden Bindung weitester Kreise an die Religionsgemeinschaft, nicht an Dynastie oder gar »Nation«, entsprach.

Das neue Großreich bot indes dem Historiker ungewöhnliche Möglichkeiten. Unter Mahmūd verfaßte der größte aller muslimischen Gelehrten, Naturwissenschaftler, Astronom,

Chronologe und Kulturforscher in einer Person, der Chwārezmier Abū Raihān al-Bērūnī (973–1048), seine in der islamischen Wissenschaft einzig dastehende Schilderung Indiens. Sie ist, wie auch andere seiner Schriften, über den sachlichen Bericht hinaus deshalb von einzigartiger Bedeutung, weil al-Bērūnī darin seine eigene Position und die kulturelle Stellung der islamischen Welt überhaupt einer kritischen Betrachtung unterzieht.

Mahmūd, die gewaltigste muslimische Herrscherpersönlichkeit seiner Zeit, vermochte das Gleichgewicht zwischen den iranischen und den afghano-indischen Besitzungen der Dynastie aufrechtzuerhalten. Mit seinem Tod begann die Ghaznawidenmacht in Persien dahinzuschwinden. Hauptsächlich an Indien interessiert, versäumte Mahmūds Sohn und Nachfolger Mas'ūd, den Ambitionen der Seldschuken rechtzeitig in den Weg zu treten. Unter der Führung der Brüder Tughril Beg und Tschaghri Beg besetzten die Ghuzz, von den Arabern »Turkumān« (Turkmenen) genannt, binnen wenigen Jahren Zentralpersien und Westchorasan, ehe sie 1040 das zu spät und zu hastig eingesetzte Heer Mas'ūds bei Dandāqān in der Nähe von Merv entscheidend schlugen, die Ghaznawiden aus Chorasan verdrängten und bald ihre Nachfolger auf persischem Boden wurden. Von Isfahān als ihrem Hauptort drangen sie unaufhaltsam nach Süden vor, und Tughril Beg konnte schließlich, vom Kalifen herbeigerufen, 1055 in Bagdad einziehen. Nur wenig später vermochten sie Nordsyrien zu den iranischen und irakischen Provinzen des traditionellen Kalifats hinzuzufügen. Wenngleich unter landfremder Führung, war zum erstenmal seit drei Jahrhunderten das östliche Kalifenreich auf bald sechzig Jahre als Staatswesen wiedererstanden. Die Einheit dieses Staates war freilich von Anbeginn durch die Ausdehnung über heterogene Territorien, mehr noch durch die traditionelle türkische Organisationsform gefährdet, die schon den Karachaniden zum Verhängnis geworden war, weil sie das Reich unter der Oberhoheit des Familienoberhaupts den Prinzen zur Verwaltung zuwies.

Obwohl sorgfältige Administratoren und energische Soldaten, hätten die Seldschuken doch kaum ihre raschen Erfolge erzielt, wenn sie sich nicht entschieden auf die Seite der sunnitischen Doktrin gestellt und die Ghaznawiden mit ihrem nach Indien gerichteten Blick dergestalt entbehrlich gemacht hätten. Wo Subuktegin und seine Nachfahren den Islam gen Osten getragen hatten, breiteten die Seldschuken die Lehre nach Westen aus. Schon vor Mahmūds Tod hatten sich die Turkmenen 1029 im Heiligen Krieg gegen die byzantinischen Armenier gewandt. Unter Alp Arslan (1063–1072), dem zweiten Seldschukenherrscher in Bagdad, durchbrachen die Türken die byzantinische Befestigungslinie im östlichen Kleinasien. Die Schlacht von Manāzkart (Malāzgard, Manzikert) öffnete 1071 den Pfad zur Türkisierung Kleinasiens, dessen größere Hälfte zuerst (1077) von Nicaea und nach dessen Verlust (1097) von Konja (Ikonion) aus als ein faktisch selbständiger seldschukischer (Teil-)Staat zusammengefaßt wurde. Um die Jahrhundertwende sollten es die Kreuzfahrerstaaten von Antiocheia und Edessa auch geographisch von den seldschukischen Kernländern isolieren. Trotz der Kulturblüte der Rūm-Seldschuken, die freilich erst später, etwa im letzten Viertel des 12. Jahrhunderts und gleichzeitig mit dem lateinischen Kaisertum in Konstantinopel, ihren Höhepunkt erreichte, hatte das Eindringen der türkischen Nomaden auf lange Sicht den wirtschaftlichen Niedergang Kleinasiens, den Verfall der Landwirtschaft und vor allem ein Absinken der Stadtkultur zur Folge. Der

Machtverlust des Griechentums leitete auch in dem noch christlich gebliebenen, langsam, aber stetig dem Islam zufallenden Gebiet unaufhaltsam eine wirtschaftliche und außerhalb der Hauptstadt auch kulturelle Dekadenz ein. Byzanz zu vernichten, haben die Rūm-Seldschuken niemals ernsthaft versucht; ihr weltpolitisches Ideal scheint in dem Sinn dualistisch gewesen zu sein, daß die *dār al-islām* ihnen unterstehen sollte, die Christenheit der *dār al-harb* aber dem Kaiser von Konstantinopel.

Die etwa vierzig Jahre währende Blüte eines seldschukischen Einheitsstaats blieb im Grunde auf Irak und Persien beschränkt. Die besseren administrativen Methoden, die führende Rolle, die das Regime in der Konsolidierung des sunnitischen Islams übernahm, die Förderung der Wissenschaften und vor allem die überragende Erscheinung des Wezirs Nizām al-Mulk, der fast dreißig Jahre lang, vielfach gegen den Widerstand des Kalifen, selbst des Seldschukensultans, dessen Atabeg (Vormund und Erzieher) er ursprünglich gewesen war, das Heft in der Hand hielt, dies alles konnte doch die Quellen permanenter Schwäche nicht verstopfen. Die wirtschaftlich stärksten Gebiete des damaligen Islams, die Stadtoasen Zentralasiens und Ägypten, entzogen sich der Seldschukenmacht; die Kluft zwischen der herrschenden türkischen Soldateska und der persisch oder arabisch sprechenden Bevölkerung blieb unüberbrückbar. Die Disziplinlosigkeit innerhalb der Dynastie führte nicht nur bei jedem Thronwechsel, sondern bei jeder günstig erscheinenden Gelegenheit zu Erhebungen der Prinzen, die als Generäle und Statthalter Schlüsselstellungen innehatten. Der Perser Nizām al-Mulk bemühte sich zwar, die lose Familienföderation durch einen zentralisierenden Absolutismus sasanidischen Stils zu ersetzen; er scheiterte aber in den Kernländern an der politischen Schwäche der Zivilverwaltung und am Geldmangel, in den außenliegenden Gebieten arabischer Zunge an der geringen Reichweite der Seldschukenhoheit, der sich die lokalen Machthaber der verschiedensten Herkunft und Legitimierung immer wieder zu entziehen wußten. So zeigten sich Mesopotamien und Syrien als flimmerndes Kaleidoskop von Kleinmächten – Stadtstaaten, Beduinen- und Soldatenfürsten – in dem mehr oder weniger stabilen geographischen Rahmen eines seldschukischen »Großkönigtums«, in stetem Widerstreit untereinander, mit der Zentralgewalt und mit den langsam absinkenden Fātimiden.

1087 sah sich Nizām al-Mulk gezwungen, die innere Logik der *iqtā'*-Entwicklung anzuerkennen und die »Militärlehen« den Offizieren steuerfrei zu überlassen, wobei er sich der Hoffnung hingab, daß diese Befreiung die »Lehensträger« zu glimpflicherer Behandlung der Landbevölkerung veranlassen würde. Noch bestand man auf kurzfristiger Belehnung und billigte dem *muqta'* offiziell nur den Vermögensanspruch zu. Doch blieb mit dem Einsatz der Feudalkontingente nicht aus, daß auch öffentliche Rechte usurpiert und nicht lehensmäßig entziehbarer Grundbesitz hinzuerworben wurde. Die Entwicklung einer grundbesitzenden Militäraristokratie zugunsten der lokalen Stabilität, gleichzeitig aber der staatlichen Dekomposition, vollendete sich paradoxerweise gerade unter der geregelten Verwaltung der frühen Seldschuken. Der Zusammenhang dieser Entwicklung mit Geldknappheit wird nicht nur in einem ähnlichen, wenn auch sehr viel langsameren Prozeß in Ägypten deutlich, sondern ebenso in dem Erfolg, den die etwa ein Menschenalter nach Nizām al-Mulks Tod (1092) von Osten in Transoxanien einbrechenden mongolischen

Karachitai zu verzeichnen hatten, als sie mit Hilfe von Soldzahlungen die »Feudalisierung« unterbanden und so die Schlagkraft ihres Heeres, vor allem nach der endgültigen Eliminierung der Seldschuken nördlich des Oxus (1141), zu erhalten vermochten. Die Staatsauffassung des Seldschukenreiches, die Nizām al-Mulk in seinem berühmten, kurz vor seinem Tode verfaßten *Sijāsat-Nāma* (»Buch des politischen Verhaltens«), übrigens im Einklang mit der allgemein muslimischen Auffassung, niederlegte, daß nämlich »das Reich mitsamt den Untertanen dem Sultan gehört«, die Lehensträger also nur Schirmherren seien, ist zwar theoretisch nie bestritten worden, hat sich aber nicht als stark genug erwiesen, diesen »väterlichen Despotismus« in die Wirklichkeit umzusetzen.

Die Seldschuken haben sich dank ihrem Durchbruch in Kleinasien und ihrer Verstrickung in den Ersten Kreuzzug tief in das Gedächtnis des Abendlandes eingegraben. Vom islamischen Standpunkt war es wohl aber noch bedeutsamer, daß sie das Sultanat in Bagdad übernahmen und so den Erfolg der »Wiederbelebung« des sunnitischen Islams politisch vorbereiteten. Gewiß wäre auch ohne die seldschukische Vormachtstellung im Irak die »Siebener«-Heterodoxie zu einem imperialistischen Ausgreifen nicht mehr imstande gewesen; und gewiß auch waren es am Ende des 11. Jahrhunderts die Kreuzfahrer, die einen Keil zwischen das fātimidische Ägypten und seine Außenposten trieben und der bātinitischen Opposition die Verbindung mit ihren Kalifen wenn nicht abschnitten, so doch erschwerten. Dennoch bleibt es unverkennbar, daß das Seldschukenregime sich die Konsolidierung der Sunna als Ziel gesetzt hatte und auf dieses Ziel vor allem mit geistigen Mitteln hinarbeitete. Daß der Kalif am 1. Januar 1060 den Ehrennamen Tughril-Begs, Rukn ad-Daula, »Säule des Reiches«, in Rukn ad-Dīn, »Säule der Religion«, abwandelte, hat also nicht nur formale Bedeutung.

Die Auflösung der Gesetzesreligion, die eine im 10. und beginnenden 11. Jahrhundert die breiten Massen, aber auch die Gebildeten ergreifende mystische Bewegung nicht immer absichtsvoll begünstigte, die Scheidung der Religiosität der Gelehrten von der der einfachen Gläubigen, das religiöse Unbehagen im Gefolge der anhaltenden politischen und wirtschaftlichen Krisen, die öde Monotonie der antischolastischen, antiphilosophischen, kurz antiintellektuellen Hanbalitenorthodoxie, diese Phänomene, im Bündnis mit der zielbewußten Stoßkraft der ismā'īlischen Propaganda, hatten schon gegen Ende der būjidischen Periode mystische Kreise veranlaßt, die *scharī'a* als eine unabdingbare Voraussetzung sūfischer Erleuchtung zu betonen, und die Theologen für die Anerkennung mystischer Frömmigkeitsformen erwärmt. Der Umschwung kam aber dann doch von oben. Nizām al-Mulk beendete die Verfolgung der asch'aritischen »Kompromißtheologie«, die methodisch der Mu'tazila, sachlich der hanbalitischen Orthodoxie nahestand, befreite die Hauptstadt vom politischen Druck der Hanbaliten und beförderte nach Kräften das Studium des *fiqh* unter Betonung seines eigenen, schāfi'itischen Ritus.

Der Perser Ghazzālī aus Tūs (1058–1111) wurde an die Nizāmijja berufen, und obzwar er seine tiefschürfende Widerlegung der Bātinijja und seine enzyklopädische »Wiederherstellung der religiösen Wissenschaften« erst nach dem Tod des Wezirs schrieb (er war 1092 dem Dolch eines »Assassinen« zum Opfer gefallen), sind diese Werke doch in dessen Geist verfaßt. Die Synthese von Religionsgesetz und verinnerlichtem Gotteserlebnis mystischer

Prägung, wie Ghazzālī sie nicht nur in feinsinnigster Analyse beschrieb, sondern auch in zehn Jahren der Weltflucht und Lehrtätigkeit gleichsam vorlebte, sollte die Grundlage des sunnitischen Islams werden, wie er, unerschüttert von sektiererischer Anfechtung, bis in unsere Tage der theologischen Rationalisierung der Glaubenswahrheiten ebenso wie dem volkstümlichen Frömmigkeitsbedürfnis eine großherzige Heimstatt geboten hat. Das Schließen der Reihen in der muslimischen Gemeinde war freilich nur zu erkaufen durch die Legitimierung populärer Kultformen, zumal in der Propheten- und Heiligenverehrung, und durch die Aufgabe säkularwissenschaftlicher Bestrebungen.

Aber die Ghazzālīsche Synthese setzte sich erst allmählich durch; noch 1150 kam es zur öffentlichen Verbrennung seines Hauptwerks, einer in jenem Jahrhundert nicht selten verhängten Maßregelung, die beispielsweise auch die bātinitische Enzyklopädie der »Lauteren Brüder« traf. Entsprechend machte sich auch der Rückgang wissenschaftlichen Denkens erst langsam bemerkbar. Nizām al-Mulk förderte den großen Mathematiker und Astronomen 'Umar Chajjām (gestorben 1122), der im Westen wegen seiner Vierzeiler (viele sind ihm fälschlich zugeschrieben) berühmt geworden ist. Auch Ghazzālī selbst war ein Meister der griechischen Philosophie, die er in der Person Avicennas scharfsinnig bekämpfte. Das Zeitalter aber drängte mehr und mehr auf Geborgenheit und Gottesnähe, auf Ekstase und Zerknirschung und suchte das Frohlocken über menschliche Ohnmacht und den Gotteswahn der Illuminaten. Dabei war es auf Ordnung und Autorität bedacht; der Disziplinlosigkeit des politischen Lebens und der unausgesetzten wirtschaftlichen und militärischen Bedrohung trachtete es durch den Rückgriff auf die Gemeinde zu begegnen, um derentwillen und aus deren Kraft allein das Leben zu bestehen war.

In dieser Atmosphäre war zumal die Naturwissenschaft fehl am Platz; eine immer raffiniertere Wortkunst und die ihr kongruente Grammatik etwa konnten sich jedoch halten. Die kleinen prosimetrischen Szenen *(maqāmāt)*, in denen Harīrī von Basra (gestorben 1122) einem Vorbild des 10. Jahrhunderts nacheiferte und gelehrte Formen mit populären Motiven verband, bildeten einen Höhepunkt gemeisterter, ja gekünstelter Dichtung. Sūfische Verwendung rettete die Liebesdichtung; die Zeit der großen Prediger und mystischen Dichterphilosophen rückte näher. Man darf nicht übersehen, daß Ghazzālī auch ein ausgezeichneter Schriftsteller war. Nur in Persien entwickelte sich selbst die weltliche Literatur, von politischer Bedrängnis unberührt, weiter. Der große Historiker des zweiten Ghaznawiden, Baihaqī, starb in der Seldschuken-Ära (1078); und wenig später trat die originelle Schöpfung des romantischen Epos neben das historisch-legendäre.

Unausweichlich war Ketzerverfolgung mit religiöser Konsolidierung verknüpft; ebenso unausweichlich aber folgte der Gegenschlag, der vielleicht mit Wissen seines Sultans Nizām al-Mulk hinwegraffte. Mit Sultan Malikschāhs Tod nur zwei Monate später begann eine lange Reihe von Familienkriegen, die erst 1104 sein Sohn Muhammad durch Wiedervereinigung des Reiches, freilich in engeren Grenzen, beendete. Nach seinem Hinscheiden begann 1118 dasselbe blutige Spiel um den Thron, aus dem Sandschar, der letzte bedeutende Seldschukenfürst und »Großsultan« (*sulṭān mu'azzam*, außerhalb Kleinasiens), die persischen Besitzungen der Dynastie im ganzen ungeschmälert, wenn auch unter wechselndem Glück, an sich ziehen und bis zu seinem Tod (1157) behaupten konnte. Ein anderer Zweig der Familie bewahrte die Macht in Bagdad und die Schutzaufsicht über den Kalifen. In Syrien aber waren die Seldschuken als direkte Herrscher schon 1117/1118 endgültig ausgeschaltet.

Die lateinischen Staaten

Die Kreuzzüge waren im Grunde ein Monolog der lateinischen Christenheit. Ihre Ideologie, aber auch die politischen Realitäten und praktischen Motive, die bei ihrer Realisierung mitspielten, sind nur in geringem Maße als Reaktionen auf muslimische Initiative zu verstehen; und erst mit der Festsetzung der Franken im Heiligen Land entstand eine Situation, in der, wie etwa im Kalten Krieg von heute, die gegnerischen Impulse sich mehr und mehr wechselseitig bedingten. Doch blieb bis zu ihrem Ende das Geschick der lateinischen Staaten in der Levante von Entwicklungen bestimmt, die, obzwar von den praktischen Erfahrungen der Kreuzfahrer und den Gegenschlägen der muslimischen Fürsten beeinflußt, doch einzig und allein als Wandlungen in der abendländischen Seelenhaltung zu erklären sind. Selbst da, wo demographische oder ganz allgemein wirtschaftliche Gesichtspunkte für uns in den Vordergrund rücken, wirkten beim Aufflammen und Erlahmen des Kreuzzugsinteresses eben doch fast ausschließlich innerwestliche und nur entfernt und indirekt aus der islamischen Wirklichkeit resultierende Antriebe.

Nicht jeder Kampf gegen Ungläubige ist ein Kreuzzug. Der Kreuzfahrer zieht aus, um das Heilige Grab unter christliche Obhut zu bringen, angespornt von der Kirche, die ihm Ablaß gewährt und im Todesfall das Himmelreich verspricht. Pilgerfahrt und *dilatatio regni Christi et ecclesiae* (Ausbreitung der Herrschaft Christi und der Kirche) als Ziel und spezifische geistliche Privilegien als Belohnung sind die Merkmale des echten Kreuzzugs. Wie im muslimischen *dschihād* ist der Zweck der Kriegshandlung nicht die Zwangsbekehrung. Die Errichtung der christlichen Herrschaft bietet freilich den passenden Rahmen für die spätere Mission. Die entscheidende Wandlung, die das vom heiligen Augustin gerechtfertigte defensive *bellum iustum* zum religiösen Angriffskrieg machte, tritt um die Jahrtausendwende ein.

Unter dem Eindruck der Sarazeneneinfälle in Italien und zumal der Zerstörung der Grabeskirche durch al-Hākim rief Papst Sergius IV. 1011 zum erstenmal zu einer »Schlacht des Herrn« auf und versprach sogar, selbst über das Meer gen Syrien zu ziehen. Sergius' Enzyklika aber war ein Schlag ins Wasser. Die wesentlichen Züge einer Kreuzfahrt tauchen erst bei den Kämpfen der Normannen gegen die Griechen in Apulien und Kalabrien und gegen die Muslime auf Sizilien auf; die päpstliche Lehnshoheit über die Insel hatte zwei Jahre vor der Überfahrt den normannischen Besitzanspruch legitimiert. Die normannischen Könige beließen aber ihren muslimischen Untertanen den angestammten Glauben. Auch auf Sizilien wie in Syrien und in Spanien, dem dritten Gebiet, in dem der Kontakt mit den muslimischen »Heiden« zu Glaubenskämpfen führte, war es fürs erste genug, den Christen wieder die ihnen zukommende führende Stellung zu verschaffen. Dabei galt

Verleihung eines Ehrenkleides an Mahmūd ibn Subuktegin und sein Tod
Miniaturen in einer persischen Handschrift, um 1314
Edinburgh, Universitätsbibliothek

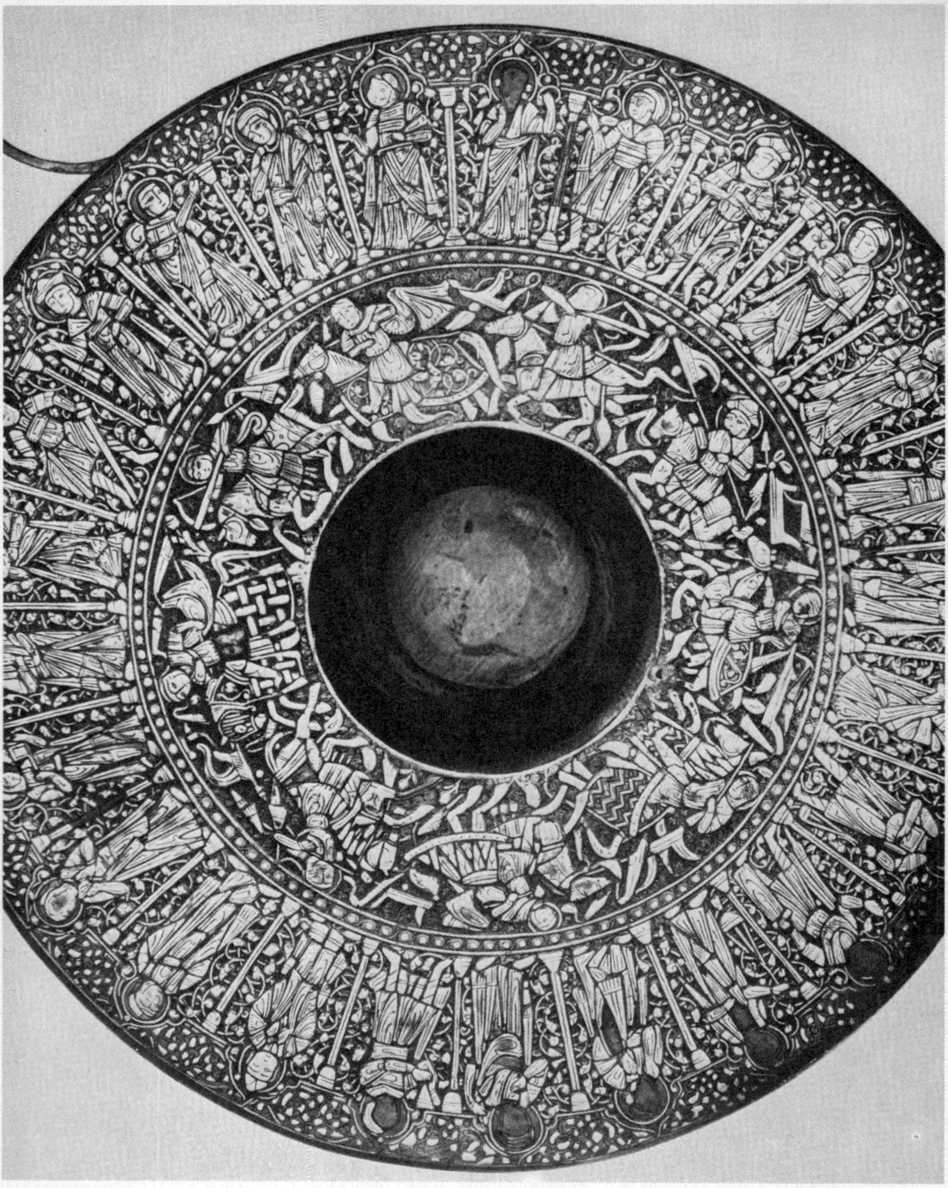

Kampf eines muslimischen Reiters mit berittenen Kreuzfahrern
Aus der Silbereinlegearbeit auf einer Feldflasche, erste Hälfte 13. Jahrhundert
Washington, Freer Gallery of Art

diese Politik ebenso den nichtlateinischen Christen wie den eigentlichen Ungläubigen. Es ist in der Tat sehr wahrscheinlich, daß das Papsttum unter Urban II. (1088–1099) mit der Kreuzespredigt zwar vor allem die Befreiung, aber auf lange Sicht eben auch die Rückgewinnung der orientalischen Christenheit bezweckte, ein gewichtiger Grund mehr für das Mißtrauen, mit dem Byzanz der Bewegung gegenüberstand.

1063 war es auf Sizilien bei der Schlacht von Cerami zu dem für Kreuzzugsschlachten so bezeichnenden Eingreifen des heiligen Georg gekommen; 1064 schlossen sich zum erstenmal größere französische Ritterkontingente den gegen Barbastro ziehenden christlichen Spaniern an, »damit die christlichen Glaubenswahrheiten erfüllt und der verruchte Wahnsinn der Sarazenen vernichtet werde«. Nach errungenem Sieg gingen freilich die Spanier den Franzosen zu glimpflich mit den Besiegten um, wie denn überhaupt in den unaufhörlichen Zwistigkeiten der spanischen Kleinstaaten beider Religionen die Bündnislinien keineswegs immer mit den Bekenntnisgrenzen zusammenfielen. Selbst der Cid (von arabisch *qā'id*, Führer) Rodrigo Díaz, der spanische Nationalheld, errang ein gut Teil seines Ruhms im Dienst muslimischer Fürsten und im Kampf gegen Christen. Die katholischen Fürsten, zumal nachdem ihnen seit etwa der Mitte des 11. Jahrhunderts die *reconquista* größere Gebietsgewinne eingebracht hatte, verlangte es nicht danach, durch radikale Religionspolitik Bürgerkrieg und Elend zu säen. Erst mit dem antichristlichen Rigorismus der Almoraviden gegen Ende des 11. Jahrhunderts versteifte sich auch die antiislamische Haltung der christlichen Herren.

Die Kreuzfahrer waren zwar unzweifelhaft dem von den Seldschuken ständig bedrängten byzantinischen Reich eine Quelle potentieller Entlastung, aber die Ideologie der militanten Kirche, der Anblick kämpfender Geistlicher und nicht zuletzt das Gespenst eines *Christo rege*, unter der Herrschaft Christi, geeinten Europas erfüllten die Griechen mit Widerwillen. Anna Komnena, die Tochter des Kaisers Alexios, der sich an Urban II. mit der Bitte um Hilfe gewandt hatte, sah in den Kreuzfahrern irregeleitete Pilger, in den Führern Heuchler, die es in Wahrheit auf Konstantinopel abgesehen hatten. Unter den christlichen Gemeinschaften des Ostens waren es allein die Armenier und die Maroniten des Libanons, die im Anliegen des Kreuzfahrerheeres die eigene Sache erblickten. Die Monophysiten Syriens, den Muslimen in Sprache und Kultur verbunden, blieben weitgehend passiv, die griechischen Christen voller Mißtrauen. Der Westen hatte die tatsächliche Position der Christen unter muslimischer Herrschaft nicht richtig eingeschätzt. Die Mißhelligkeiten, denen die Pilger gelegentlich, und, wie es scheint, seit dem Aufstieg der Seldschuken in steigendem Maß ausgesetzt waren, dann der übrigens nicht der Regierung, sondern den Beduinen anzulastende Überfall von 1064 und schließlich die Schwierigkeiten der Griechen in Kleinasien hatten eine übertriebene Vorstellung von der Bedrückung der Christen in muslimischen Landen hervorgerufen. Dabei war es gerade auf fāṭimidischem Gebiet zu einem recht annehmbaren Modus vivendi gekommen. Die ihrem eigenen *dschihād*-Begriff analogen Züge des Kreuzfahrtsgedankens sahen die Muslime nicht. In Syrien und Ägypten war der *dschihād* schon geraume Zeit nicht mehr aktuell; die Rūm-Seldschuken freilich fühlten sich als Glaubenskämpfer; Indien und Zentralasien, der Süden Marokkos waren die eigentlichen Länder des *dschihād*. Man kannte in Syrien die Franken als byzantinische Hilfsvölker;

ihr Kommen erweckte kein sonderliches Staunen. Selbst daß sie sich als autonome Mächte in das Gewirr der Kleinstaaten unter seldschukischer und fātimidischer Oberhoheit einschalteten, ließ sie fürs erste manchem Fürsten als nützliche Verbündete erscheinen. Die Wirklichkeit der Kreuzfahrerheere gab den muslimischen Führern immerhin ein gewisses Recht, die ideologischen Triebkräfte zu übersehen.

Daß der Kreuzzug ein eschatologisches Unternehmen war, der seinem wahren Sinne nach letzte Krieg, der das Reich universalen Friedens einleitete, der endgültige Einsatz der Gläubigen, ewiger Aufbruch in den Gottestraum, tatgewordene Sehnsucht, der einen Wahrheit die eine, allumfassende Heimstatt zu schaffen – eben darin dem *dschihād* eng verwandt –, dieses Ziel ließ sich an dem Blutbad von Jerusalem und an der kalten Effizienz der Besitzübernahme nach der Eroberung der Heiligen Stadt nicht ablesen. Eher schon wäre die Durchdringung der irdischen und der himmlischen Ebene im kollektiven Monolog bei der Belagerung Antiocheias (1097–1098) zu erkennen gewesen, da die Auffindung der Heiligen Lanze und das Eingreifen des heiligen Drachentöters die irrationalen Elemente im Dienste des Sieges deutlich aufzeigten. Der augustinische Begriff des gerechten Glaubenskrieges war am Kampf gegen die aggressiven Donatisten konkretisiert, später zum Konzept des Heidenkampfes erweitert worden und diente beim Absinken der Kreuzzugsstimmung wieder als Rechtsgrund für die Bekämpfung von Häretikern oder gar von politischen Gegnern der Kurie. Der *dschihād* hatte dagegen im allgemeinen seinen ursprünglichen, nach außen gerichteten Charakter bewahrt; erst im Abwehrkampf gegen die »Siebener«-Schī'a wurde er von der Orthodoxie auf innerislamische Konflikte bezogen, was die chāridschitischen Sektierer, denen er der sechste »Pfeiler« des Glaubens war, allerdings von jeher getan hatten. Man kann zwar nicht so weit gehen und sagen, die Fātimiden hätten in den lateinischen Truppen bei ihrer Ankunft Werkzeuge eines antiseldschukischen *dschihād* erblickt. Unverkennbar sahen sie aber den Fall Antiocheias nach der Niederlage eines Entsatzheeres unter dem Seldschukenemir von Mosul nicht ungern und nutzten diesen Schwächeanfall ungesäumt zur Wegnahme Jerusalems. Als sich die Kreuzfahrer dann gegen Jerusalem wandten, änderte sich natürlich ihre Haltung; das neugegründete Königreich Jerusalem mußte sich sogleich einer ägyptischen Gegenoffensive erwehren.

Jerusalem behauptete fürs erste einen gewissen Primat über die anderen drei lateinischen Staaten: die weit vorgeschobene Grafschaft Edessa, Bollwerk gleichermaßen gegen die kleinasiatischen wie gegen die irakischen Seldschuken, das Fürstentum Antiocheia, das wie Edessa Jerusalem zunächst an Bedeutung überragte, und die bis in die 1170er Jahre lehensabhängige Grafschaft Tripolis. Die Zahl der fränkischen Siedler, auch der fränkischen Truppen war, obzwar von bewaffneten Pilgern, eingeborenen Soldaten, den *Turcopolae*, und je länger, desto mehr auch von Söldnern verstärkt, allezeit gering, zu gering, um das Land in Frieden zu behaupten. Geregelte Verwaltung und geordnete Rechtspflege scheinen den Kreuzfahrerstaaten selbst bei ihren muslimischen Untertanen gewisse Sympathien erworben zu haben, wie dies etwa aus einer vielzitierten Stelle in der Reisebeschreibung des spanischen Muslims Ibn Dschubair (er besuchte Syrien 1184/1185) hervorgeht. Aber die religiöse Bindung erwies sich als stärker denn die gern getragene Untertanenpflicht, und selbst die einheimischen Christen sahen in der Rückkehr unter muslimische Herrschaft kein Schrecknis. Die Ähnlichkeit in Struktur und Interessen (Kampf, Jagd, Pferde) des führenden Militäradels christlichen wie muslimischen Glaubens ließ über das von Symbiose und gelegentlichem Bündnis gebotene Maß hinaus sogar hin und wieder freundschaftliche Beziehungen zu. Doch die Verschiedenheit der Sitten, das trotz teilweise überlegener Militärtechnik der Abendländer fühlbare Kulturgefälle zugunsten der Muslime und die Unrast der politischen Lage sorgten dafür, daß der religiöse Gegensatz als Dominante blieb.

Die Zersplitterung der muslimischen Macht brachte nicht nur die Fātimiden gegen die Seldschuken auf, sondern auch innerhalb des seldschukischen Bereichs den Großsultan gegen die Angehörigen seines Hauses, die einzelnen Prinzen gegen ihre Atabegs und die kleineren Distriktgouverneure gegeneinander und vielfach auch gegen die anderen lokalen Gewalten, Beduinenverbände und größere Städte. Das endlose Auf und Ab von ständigem Kleinkrieg voller Mißtrauen und Haß gab den Kreuzfahrern die Chance, das Küstenland zu besetzen und für Nachschub von Menschen und Gütern offenzuhalten. Die von der Geschichtsschreibung herausgegriffenen, gesondert bezifferten sieben Kreuzzüge zwischen 1096 und 1270 haben vornehmlich ihre spezielle Bedeutung im Licht innereuropäischer und abendländisch-byzantinischer Beziehungen. Die Selbstbehauptung der lateinischen Staaten wird aber nur verständlich, wenn man den das ganze 12. Jahrhundert hindurch niemals abreißenden, freilich dünnen Strom von Zuwanderern berücksichtigt, dazu den die Waffeneinfuhr garantierenden regen Verkehr mit Italien und Frankreich, übrigens fast ein Monopol italienischer Schiffe. Das Eintreffen von Pilgern und das Landen etwa pisanischer oder genuesischer Flotten bot die Möglichkeit zu so energischen wie kurzfristigen Feldzügen, denen wichtige Eroberungen, wie Beirut und Sidon (1110), zu danken waren.

Die Zersplitterung des islamischen Syriens und Mesopotamiens war nicht allein das Ergebnis der Ungebärdigkeit türkischer Soldaten; sie spiegelt ebenso die Interessengegensätze der syrischen Großstädte und der Dschazīra wie die Selbstgenügsamkeit und das Selbstbewußtsein etwa der Damaszener und Aleppiner. Sogar unter türkischen, zuweilen recht schikanösen Herren waren sie mehr »sie selbst« als nivellierte Bestandteile eines Großstaates. Daher der Rückhalt, den die einander häufig ablösenden Dynasten trotz ihrer fremden Herkunft im allgemeinen in der arabisch sprechenden Bevölkerung fanden. Vom gesamtmuslimischen Standpunkt aus gesehen, waren die Kreuzfahrer keine wirkliche Bedrohung, hatten sie es doch versäumt, ihre Besitzungen geographisch-strategisch zu konsolidieren. Zu diesem Zweck hätten die Franken das Jordantal erreichen und gegen Norden die Straße von Damaskus über Homs nach Aleppo beherrschen oder zumindest nach Belieben abriegeln müssen. Nichts davon wurde ernstlich ins Auge gefaßt. Aleppo und Damaskus wurden zwar mehrfach und stets erfolglos angegriffen, die Kommunikationen zwischen den muslimischen Zentren wurden jedoch niemals unterbunden. Die vorgeschobene Grafschaft Edessa war, nicht zuletzt dank den stets prekären Beziehungen zu Byzanz, nach allen Seiten exponiert, und Antiocheia, das Edessa nach Osten abschirmte, war nicht viel besser dran. Auf muslimischer Seite garantierte der Besitz fester Städte oder Kastelle die Macht der Herrscher über das flache Land, das sich gegen Razzien größeren und kleineren Stils nicht verteidigen ließ. Ebenso hing der Fortbestand der lateinischen Fürstentümer von der Behauptung umwallter (Hafen-) Städte und Zwingburgen im Landesinnern ab.

Das zumindest für den Westen folgenschwere Abenteuer der Kreuzfahrerstaaten hat mit einem erstaunlich geringen Menscheneinsatz fast zweihundert Jahre gedauert. Die Grafschaft Edessa und etwas später das Königtum Jerusalem konnten auf etwa siebenhundert Ritter zählen. Kein Feldzug ist bekannt, an dem mehr als fünfzehntausend Kriegsleute beteiligt waren; im allgemeinen betrugen die Heere kaum ein Fünftel dieser Zahl, und auch die muslimischen Armeen hielten sich in dieser Größenordnung, obzwar die für sie verfügbaren Reserven die der Kreuzfahrer natürlich um ein Mehrfaches überstiegen.

Der Kampf gegen die Franken läßt sich kaum als Religionskrieg bezeichnen. Doch ist nicht zu übersehen, daß die fortgesetzten Reibungen mit den Christen zu einer Aktivierung des religiösen Empfindens und zu seiner Übersetzung ins Politische, schließlich zur Verfestigung der sunnitischen Orthodoxie führten, ohne die sich die Teilstaaten zweifellos nicht zu einer von den Seldschuken unabhängigen Einheit hätten zusammenschließen können. Die Gegenwart der Franken wirkte gleichsam als Katalysator; diesen Umstand nutzten die Zengiden und später die Ajjūbiden und gewannen dadurch eine deutliche Überlegenheit über ihre Rivalen und die zumindest passive Unterstüzung der Bevölkerung. Dank der Frömmigkeit der Zengiden hatten ihre muslimischen Gegner die Sympathie ihrer Untertanen verloren, zumal wenn sie sich durch ein Bündnis mit den Christen zu schützen suchten. Dabei waren, jedenfalls während des Aufstiegs und der Blüte der Lateiner, derartige vertragliche Abmachungen nicht zu vermeiden, hatten doch die Lateiner beispielsweise den Haurān (im heutigen Jordanien) und die Biqāʻ in ihrer Gewalt, die Landstriche also, von denen aus Damaskus mit Getreide versorgt wurde. Der Niedergang der Būriden (1102–1154) in Damaskus war offensichtlich die Folge ihrer notgedrungenen Verbindung mit den Christen.

Es ist oft behauptet und vielfach bestritten worden, daß die Existenz der Kreuzfahrerstaaten die Fronten zwischen Muslimen und Christen verschärft hätte. Gewiß wurden die Christen nach der Wiederherstellung eines muslimischen Einheitsstaates in Ägypten, Syrien und Nordmesopotamien wieder mehr nach dem Buchstaben der *scharīʻa* behandelt und bald aus dem öffentlichen Leben abgedrängt. Es mag zutreffen, daß erst die Assoziation christlicher Kirchen mit den islamfeindlichen Mongolen die abschätzige Abneigung der muslimischen Majorität gegen die religiösen Enklaven der »Schriftbesitzer« *(ahl al-kitāb)* endgültig versteifte; doch gab es Ansätze zu dieser Entwicklung gewiß schon in der vormongolischen Zeit. Die über das Übliche hinausgehende Liberalität der Fātimidenzeit fand ihr Gegengewicht in der neuen sunnitischen Orthodoxie der Ajjūbiden und ihrer Nachfolger und verschwand schließlich ganz.

Ein vorläufiges Ende nahm die lateinische Expansion nach dem Fehlschlag der großangelegten Belagerung von Tyros 1112. Die Stadt wurde erst 1124 erobert; der wichtige ägyptische Hafen, Askalon, behauptete sich bis 1153. Nur wenige Jahre zuvor war eine erste muslimische Abwehrpolitik zustande gekommen, die bezeichnenderweise nicht vom nächstbetroffenen Syrien, sondern vom seldschukischen Mosul ausging. Der bedrängte Emir von Tripolis hatte sich schon 1108 und abermals nach dem Fall der Stadt 1109 an den Großsultan in Bagdad um Hilfe gewandt; bemerkenswerterweise sah der schīʻitische Notable nicht im Fātimidenkalifen den Beschützer des islamischen Interesses. Mit Billigung seines Bruders, des Großsultans in Bagdad, organisierte Maudūd den Heiligen Krieg und suchte vor allem die Verbindung mit dem in Damaskus selbständig gewordenen, vormaligen Seldschukenemir Tughtakin Būrī. Seine Ermordung im Jahr 1113 unterbrach die Entwicklung. Doch bewahrten die mesopotamischen Emire den Geist der *reconquista* als sein Erbe. Die nächsten fünfzehn Jahre freilich waren dem Kampf um das den Kreuzfahrern vorübergehend zinsbare Aleppo gewidmet, das sich die Mesopotamier und Damaszener gegenseitig streitig machten. Die Ausschaltung armenischer Herren im Gebiet von Edessa, die Kristallisierung eines »Kleinarmeniens« in Kilikien und der erste Landangriff auf Ägypten 1118 – zugleich der letzte Feldzug König Balduins I., des Bruders Gottfrieds von Bouillon und eigentlichen Begründers der lateinischen Macht im südlichen Syrien und Palästina – fallen in diese Übergangsperiode, die mit der Übertragung des Emirats von Mosul an ʻImād ad-Dīn Zankī im Jahr 1127 endete.

Sein Vater Aq Sunqur hatte von 1084 bis 1094 als Beauftragter Malikschāhs Aleppo regiert, er selbst war von Jugend auf im *dschihād* hervorgetreten und hatte sich in der Provinzialregierung Maudūds und dessen bursuqidischer Nachfolger in Mosul, später im Dienst der seldschukischen Zentralregierung als Statthalter des Iraks und Gouverneur von Bagdad einen Namen gemacht; Syrien gehörte nicht zu ʻImād ad-Dīns Amtsbereich. Die arabischen Historiker haben, von der Eroberung Edessas zurückblickend, in ʻImād ad-Dīn den großen Glaubenskämpfer gesehen. Er war es auch, aber nur in dem Sinne, daß er die Einigung des muslimischen Syriens und Mesopotamiens, ohne die den Franken nicht wirksam beizukommen war, mit allen ihm zu Gebote stehenden Mitteln und von Skrupeln unbeschwert zuwege brachte. Abgesehen von dem Feldzug gegen Edessa (1144) hatte ʻImād ad-Dīn nur zweimal ernsthaft die Waffen gegen die Lateiner erhoben und auch dies nur in gleichsam episodischem Stil. Sein erster und entscheidender Erfolg war die Entthronung des muslimischen Dynasten von Aleppo (1128). In Jerusalem hatte man in den dreißiger Jahren eine distanziertere Politik gegenüber den nördlichen Fürstentümern aufgenommen. Die zweite Generation war am Ruder; man fühlte sich im Augenblick von der Umgebung nicht bedroht, orientalisierte sich in Äußerlichkeiten und war den westlichen Glaubensbrüdern eher entfremdet, als sie auf den Schock des Verlustes von Edessa hin 1147 zu Hilfe kamen. Dieser Zweite Kreuzzug, an dem zwei Könige teilnahmen, war ins Werk gesetzt worden, um Edessa wiederzugewinnen, dessen Fall nicht nur Antiocheia exponierte, sondern auch Aleppo, dank den nun unbehinderten Kommunikationen mit dem Zweistromland, die Bewegungsfreiheit gab, Damaskus zu bedrohen, das Bollwerk, dessen Unabhängigkeit Jerusalem seine Blüte verdankte. Die Kreuzfahrer ließen sich jedoch zu einem Feldzug gegen Damaskus verleiten, dessen Mißerfolg das ungeschlagene Heer zur Heimfahrt bewog. Dieser zweite echte Begeisterungsausbruch des christlichen Europas endete in Enttäuschung und Anklagen. ʻImād ad-Dīn war noch vor dem Eintreffen des Kreuzfahrerheeres ermordet und seine Besitzungen unter zwei seiner Söhne aufgeteilt worden (1146), die in Aleppo und Mosul residierten. Nūr ad-Dīn, der jüngere Bruder, wegen der Passivität Jerusalems nur wenig behindert, konnte 1154 in Damaskus einziehen, wodurch sich das Königreich im Norden und Osten einer einheitlichen muslimischen Macht gegenübersah. Es ist für die lose Struktur des damaligen Staates bezeichnend, daß Nūr ad-Dīn etwa ein

Jahrzehnt vergehen lassen mußte, ehe sein Gebiet genügend durchorganisiert war, um ihm ein entschiedenes Vorgehen gegen die Franken zu gestatten.

Diese Konsolidierung bedeutete nicht nur, daß die christlichen Enklaven unterdrückt und die widerspenstigen Offiziere bezwungen werden mußten, sondern vordringlich die Ausschaltung schī'itischer Einflüsse, zu einem Teil mit Gewalt, zum anderen über die Wirkung neuer Lehrstätten *(madrasa)* nach seldschukischem Muster – Nūr ad-Dīn selbst liegt in einer solchen von ihm gegründeten Stätte in Damaskus begraben. Die volkstümliche Frömmigkeit wurde mit Unterstützung der Sūfīk gestärkt, die, wie dies auch im seldschukischen Kleinasien der Fall war, vielfach unter Führung persischer Frommer um sich griff. Die radikale Schī'a der Assassinen hielt sich freilich selbst unter dem Druck Salāh ad-Din, und Raschīd ad-Dīn Sinān, der »Alte vom Berge«, blieb bis zu seinem Tod (um 1193) eine sich im Doppelspiel gegen Sunniten und Lateiner behauptende Macht, mit der man in Syrien zu rechnen hatte. Erst der Mongolenbezwinger Baibars sollte 1273 ihre Burgen brechen und so ihrer Unabhängigkeit ein Ende bereiten.

Aus heutigem Denken ist es schwer zu verstehen, wie in einer Zeit niemals aussetzender Kleinkriege mit vielfachem Herrschaftswechsel größerer oder kleinerer Gebiete und der nur allzu häufig ins Werk gesetzten Verwüstung des offenen Landes, voller Fehden unter den christlichen und muslimischen Herren und Bürgerkriegen innerhalb der muslimischen Städte, die Dschazīra, Syrien und Palästina sich eines nicht unbeträchtlichen Wohlstands erfreuen konnten; Bagdad sank allerdings wirtschaftlich ab. Ibn Dschubair spricht von dem Hochmut seiner Bewohner, der mit der Verödung großer Teile der Innenstadt in peinlichem Gegensatz stünde. Mosul jedoch wurde ein Industriezentrum, das über Aleppo und Damaskus an den im Aufschwung begriffenen Europahandel Anschluß fand. Die Küstenstädte, in denen italienische Kaufleute als Gegenleistung für Transportdienste bedeutende Privilegien genossen, wurden Mittler eines bedeutenden Handelsreichtums, an dem auch Ägypten Anteil hatte. In den größeren Städten entstanden gewöhnlich kleine »Viertel« fremder Kaufleute, den *mitata* in Konstantinopel zu vergleichen, Gegenbilder, wenn man will, der syrischen Kolonien, die in der verdämmernden Antike den Handel nach Italien und in das heutige Frankreich getragen hatten.

Der Fātimidenstaat konnte seinen Reichtum bei der inneren Zersetzung nicht mehr wirksam einsetzen. Das Ismā'īlitentum hatte im Lande keine Wurzeln, die den armenischen Weziren zu verdankende Renaissance brach mit der Ermordung al-Afdals (1121) zusammen, bei der wohl die Assassinen oder der bevormundete Kalif al-Āmir (1101–1130) die Hand im Spiele hatten. Neun Jahre später fiel der Kalif selbst einem Anschlag der Nizārī zum Opfer. Palastintrigen, Straßenkämpfe, Konfiskationen christlicher Vermögen, Aufstieg und Ermordung von Würdenträgern in rascher Folge, Angriffe auf Franken, ohne Begeisterung geführt, und folgenlose Bündnisse mit Nūr ad-Dīn, dazu seit 1155 die Herrschaft von Kindern als Kalifen; einzig die bloße Existenz der zwischen Nūr ad-Dīn und Ägypten gelegenen lateinischen Staaten und der noch nicht vollendete Zusammenschluß der sunnitischen Kräfte schenkten der Fātimidenherrschaft noch eine Gnadenfrist.

1163 mischte sich König Amalrich von Jerusalem in die ägyptische Innenpolitik ein, um mit Hilfe des reichen Landes sein Königtum zu sichern. Seine Pläne scheiterten, aber auf Anraten seines kurdischen Emirs Schīrkūh ließ Nūr ad-Dīn sich dazu bewegen, im nächsten Jahr auf Einladung eines zu ihm geflüchteten ägyptischen Emirs Truppen nach Ägypten zu senden. Wie Amalrich so glaubte auch Nūr ad-Dīn, der Hilfsquellen Ägyptens für den Endsieg nicht entraten zu können; die ägyptische Flotte würde es ihm erlauben, die Seeverbindungen der Franken abzuschneiden und den Europahandel weitgehend unter seine Kontrolle zu bringen. Die Expedition gelang, doch als die Syrer zögerten, das Land zu verlassen, rief der ägyptische Emir Amalrich zurück. Das Spiel von Einmarsch und Räumung wiederholte sich. 1168 vermochte Amalrich durch Besetzung Kairos, sich zum

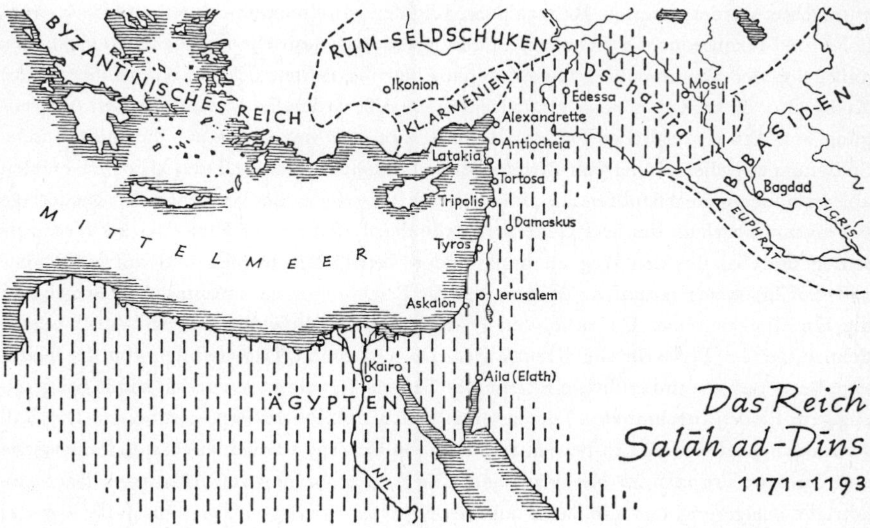

Das Reich Salāh ad-Dīns
1171–1193

König von Ägypten zu machen. Die Fātimiden riefen nun ihrerseits Nūr ad-Dīn zu Hilfe. Als Schīrkūh heranrückte, wich Amalrich einer Schlacht aus, und die Syrer zogen am 8. Januar 1169 in Kairo ein. Der Ruhm seines Neffen Salāh ad-Dīn, der Saladin des Westens, hat das Verdienst des Onkels verdunkelt, der kaum zwei Monate später starb; die Grundlegung des Ajjūbidenreiches (nach Saladins Vater benannt) war zweifellos weitgehend sein Werk, obzwar es Saladin war, der zwei Jahre später in aller Form der Fātimidendynastie ein Ende bereitete und das Freitagsgebet nach zweihundertzwei Jahren wieder im Namen des Abbasidenkalifen in Bagdad verrichten ließ. Mit der Machtübernahme in Ägypten war Saladin für seinen Oberherrn gefährlich geworden. Diplomatisches Geschick und die Gunst der Umstände, nicht zuletzt Nūr ad-Dīns baldiger Tod (1174), verhinderten eine kriegerische Auseinandersetzung.

Die Abhängigkeit des Herrschers von der Generalität konnte selbst ein Saladin nicht ausschalten. Gerade weil die soziale und gewissermaßen die politische Schichtung der Gesellschaft von der Person des Herrschers nur wenig berührt war, mußte die Einheit des Staates immer wieder von neuem erkämpft werden. Trotz seines staatsmännischen

Geschicks und der Hilfsmittel Ägyptens bedurfte es der Mühen von mehr als zehn Jahren, ehe Saladin das von Nūr ad-Dīn verwaltete Gebiet fest in die Hand bekam. Die Anerkennung seines Sultanats über Ägypten (mit Nubien und der Cyrenaica), den Jemen, Palästina und Syrien durch den Kalifen (1175) bestätigte zwar nur vollendete Tatsachen, stärkte aber doch seine moralische Stellung und legitimierte formell die Mission, zu der Saladin sich berufen fühlte: die Vernichtung der lateinischen Staaten und die Wiedereroberung Jerusalems als Vorkämpfer des wahren Glaubens.

Saladin verstand zu warten, bis Damaskus, Aleppo und Mosul in seiner Hand vereinigt und die untereinander zerstrittenen lateinischen Fürsten in wenigen schweren Schlägen entmachtet werden konnten. Rein zahlenmäßig den Muslimen unterlegen, unter schwächlicher und inkonsequenter Führung, hemmungslos in dynastische Zwistigkeiten verstrickt, dabei sich der Ungunst ihrer Lage durchaus bewußt, rafften sich die Kreuzfahrer unter König Guy de Lusignan noch einmal zu einer außerordentlichen militärischen Anstrengung auf. Ein strategischer Fehler, der sich zum Teil wenigstens auf die mißtrauische Spannung zwischen König und Ritterorden auf der einen Seite und den kleineren Fürsten auf der anderen zurückführen läßt, führte am 4. Juli 1187 zu der vernichtenden Niederlage bei Hattīn, oberhalb des Sees Genezareth, die den Lateinern ihr letztes starkes Heer zerschlug und Saladin den Weg zu umfassenden Territorialgewinnen und am 2. Oktober 1187 zur Besetzung Jerusalems öffnete. Nur die Erschöpfung der muslimischen Armee und die Unwilligkeit seiner Generäle, den Feldzug der Sitte zuwider auf den Winter auszudehnen, rettete Tyros für die Kreuzfahrer. Die Grafschaft Tripolis blieb von der Katastrophe so gut wie unberührt, ein seltsames Zeugnis für die in jener Zeit selbst bei großzügigem Planen beschränkten Dimensionen politisch-militärischer Operationen. Der Fall Jerusalems setzte Europa in Bewegung. Von 1189 bis 1192 standen englische, französische und deutsche Truppen im Heiligen Land. Die Rückeroberung von Akko nach fast zweijähriger Belagerung und die Sicherung des Küstenstreifens von Tyros bis Jaffa war das magere Ergebnis dieser letzten großen militärischen Anstrengung des Abendlandes.

Wenige Monate nach dem Abschluß eines Waffenstillstandes zwischen Saladin und Richard Löwenherz, dessen Ritterphantastik ein gut Teil der Schuld an der Erfolglosigkeit des Dritten Kreuzzugs trägt, starb Saladin, erst fünfundfünfzig Jahre alt, im März 1193. Und wieder währte es geraume Zeit, ehe sein Bruder unter dem Titel al-Malik al-ʿĀdil die Verfügung über das Reich gewann, das Saladin unter seinen drei Söhnen aufgeteilt hatte. Die »Weltstellung« des Ajjūbidenstaates innerhalb der *dār al-islām* blieb jedoch von diesen Familienzwistigkeiten unberührt. Schon 1173 hatte Saladin seinen Bruder Tūrānschāh nach dem Jemen gesandt, wo sich seine Nachkommen bis 1228 im größten Teil des Landes behaupten konnten; auch das »Protektorat« über die heiligen Städte Mekka und Medina blieb den Ägyptern erhalten. Um dieselbe Zeit drang ein ajjūbidischer Emir bis nach (dem libyschen) Tripolis vor, wohl in der Absicht, für die geplante Vergrößerung der ägyptischen Flotte eine längere Küstenbasis und leichteren Zugang zu Baumaterial und einer seefahrenden Bevölkerung zu schaffen. Obwohl sich die religiösen Fronten verhärteten, war aber auch auf muslimischer Seite die Ermattung zu spüren, die im Westen dazu führte, daß das Kreuzzugsinteresse mehr oder weniger abkühlte. Mit Rücksicht auf den

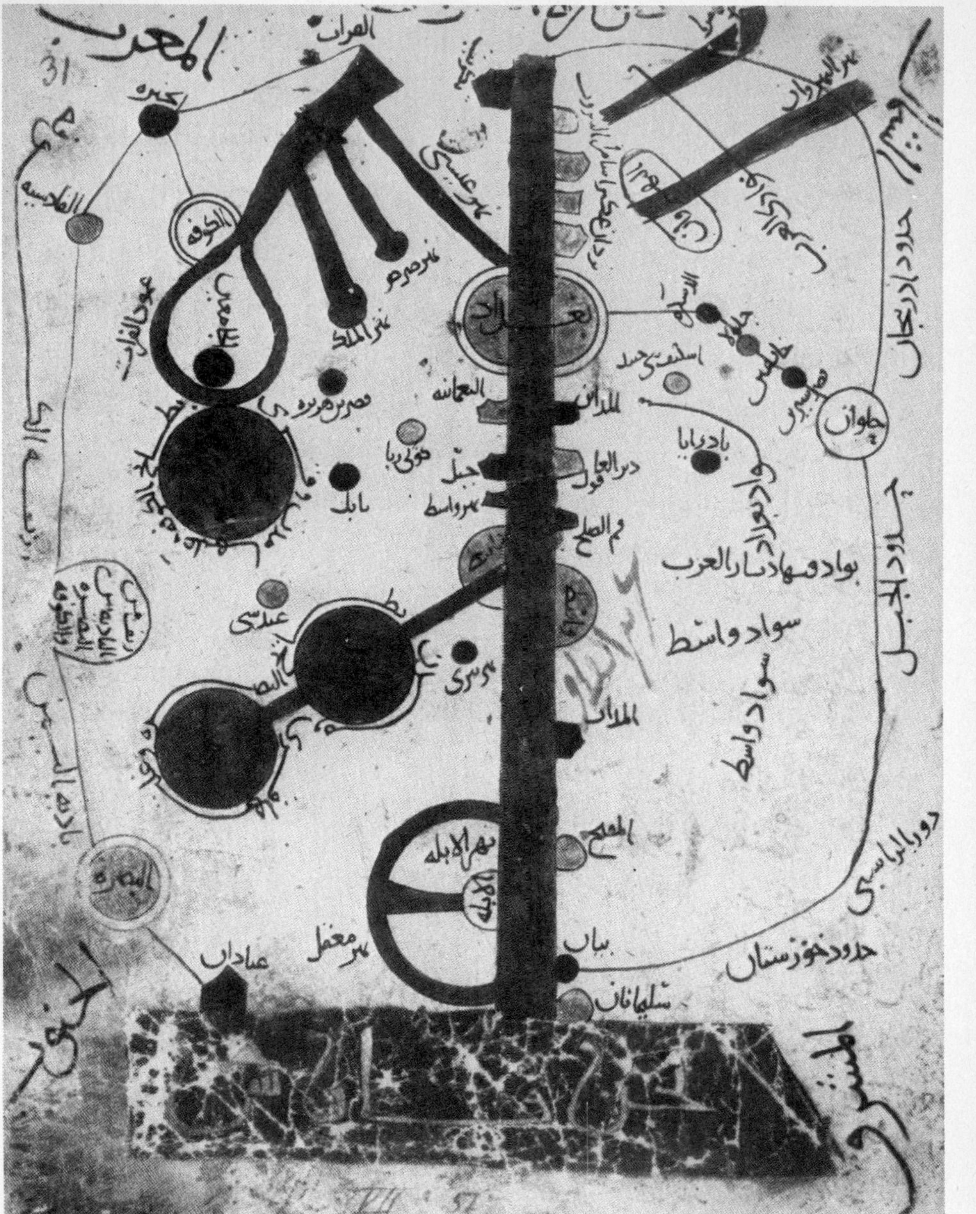

Der Lauf des Euphrats auf einer Karte des Iraks
Miniatur in dem »Buch der Länder« des Istachrī, 1173
Gotha, Landesbibliothek

Reste der Moschee in der Ghaznawiden-Residenz Laschkarī Bāzār in Afghanistan, 11./12. Jahrhundert

Europahandel und auf das Angriffspotential der westlichen Mächte verstanden sich die Ajjūbiden mehrmals zu für die Lateiner günstigen Verträgen; der berühmteste davon ist der zehnjährige Friede zwischen al-Malik al-Kāmil (1218–1238) und (dem gebannten) Friedrich II., der den Christen Jerusalem und Nazareth zurückerstattete (1229), eine Vereinbarung kultivierter Politiker, die bei beiden Religionen heftigen Anstoß erregte.

Die Kriegshandlungen der Kreuzfahrer konzentrierten sich nun auf Ägypten. Dreimal in einer Generation wurde Damiette belagert und genommen (1217, 1221, 1249–1250), und zweimal erlitt ein Kreuzfahrer, auf dem Versuch, von Damiette nach Kairo vorzudringen, eine vernichtende Niederlage. Der Fall Konstantinopels 1204 und eine gewisse Desillusionierung der Europäer gegenüber den Lateinern in Syrien reduzierte den Zustrom bewaffneter Pilger im 13. Jahrhundert mehr und mehr. Der persönliche Idealismus eines heiligen Ludwig, die Missionspredigt des heiligen Franz von Assisi in Ägypten (1219) konnten die immer prekärer werdende Lage der Kreuzfahrer nicht bessern. Wie erratische Blöcke ragten Akko, Tripolis und die Templerkastelle in die Mongolenzeit, nachdem ein vom Mongolensturm verschlagener Haufen chwārezmischer Söldner als Werkzeuge des Ajjūbidensultans 1244 Jerusalem, diesmal endgültig, den Christen entrissen hatte.

Spaltung der islamischen Welt
Die Almoraviden im Westen

Aufstieg und Zerfall des Seldschukenreiches brachten mehr oder weniger den Abschluß der politischen Wechselwirkungen zwischen den auf das Mittelmeer und den nach Zentralasien und Indien hin orientierten muslimischen Staatsgebilden. Die Ghaznawiden vermochten ihre Unabhängigkeit von den Seldschuken nur in Indien zu behaupten; ihre diesseits des Hindukush verbleibenden Besitzungen fielen an die in den afghanischen Bergen heimischen Ghūriden, die 1150 die »westliche Hauptstadt« Ghaznīn (Ghazna) dem Boden gleichmachten. Einfälle der Ghuzz und ein letztes Aufflackern der seldschukischen Macht unter Sandschar konnten die volle Inbesitznahme Afghanistans durch diese aus dem Gebiet von Herāt stammende sunnitische Dynastie nur verzögern. Schon 1178 vermochten die Ghūriden nach Indien überzugreifen und Peshawar zu besetzen, 1182 war die Küste von Sindh erreicht, und 1186 fiel die östliche Hauptstadt der Ghaznawiden, Lahore, in ihre Hand. Die Niederlage des Hindufürsten Prithvīrāja III. (1192) öffnete den Weg nach Delhi, das 1193 von Aibak, dem Türkensklaven des Ghūriden Muʿizz ad-Dīn, eingenommen wurde. Die ghūridische Herrschaft dehnte sich bald im Süden bis nach Gujarat, im Osten bis nach Bengalen aus. Mit der Verselbständigung dieser »Sklavenherrscher« nur wenige Jahre später bricht im muslimischen Indien eine neue, unserer Periode zwar chronologisch, aber nicht ihrer historischen Tragweite nach zugehörige Epoche an.

In Wiederholung des Ghaznawidenschicksals verloren die Ghūriden ihre iranisch-afghanische Stellung, kaum daß sie sich in Indien festgesetzt hatten. Die sich vom fernen Westen der zentralasiatischen Ebene her ausbreitenden Chwārezmschāhs überwältigten um die

Jahrhundertwende den weitab von den wirtschaftlichen Zentren liegenden Ghūridenstaat in zwei großen Feldzügen, im typischen Vormarsch einer neuen, auf türkisches Militär gestützten Großmacht lockerer Fügung, die mit ihren Vorgängern die Schwäche teilte, sich um ihres Fortbestands willen über den direkt beherrschten Bereich hinaus ausdehnen zu müssen. Im Gewoge der Halbnomadenstaaten, wo jedes verbleibende Machtzentrum über Nacht zum Träger einer fürs erste unaufhaltsamen Völkerbewegung werden konnte, war politische Behauptung innerhalb der vom Aral-See, dem Oxus-Iaxartes-System, dem Pamirgebirge und den südwestpersischen Bergen gegebenen Grenzen nur durch Neutralisierung, und das hieß in jener Zeit Unterwerfung jedes möglichen Nebenbuhlers, zu erreichen. Die seit etwa 1140 Transoxanien beherrschenden, zum Großteil nestorianischen Karachitai, deren Sieg über den Seldschuken Sandschar wahrscheinlich der Sage vom Priester Johannes zugrunde liegt, trugen, indem sie immer neue Türkenscharen nach Süden abdrängten, zur Desorganisierung zumal des östlichen Irans das ihre bei.

Chwārezm, durch seine Lage fern der Haupteinfallsstraße nach Iran geschützt und seit Mahmūd unter kompetenter, von der jeweils dominierenden Dynastie eingesetzter Militärregierung, blieb verschont und zog seine Kraft aus der um sich greifenden Schwäche der Seldschuken. Der Sieg des Chwārezmschāhs Tukusch über den letzten persischen Seldschuken (1194) machte Chwārezm zur Vormacht in Iran. Sein Nachfolger 'Alā' ad-Dīn Muhammad (1199–1220) sah in den kaum zwanzig Jahren seiner Regierung nicht nur die höchste Blüte, sondern auch den Zusammenbruch des Reiches. Nach Vertreibung der Ghūriden aus Chorasan bemächtigte er sich der Schlüsselstädte Transoxaniens, Buchārā und Samarkand, besiegte 1210 die Karachitai, denen er bis dahin zinspflichtig gewesen war, eroberte 1214 Ghazna und fand (nominelle) Anerkennung selbst im fernen 'Umān. Unfähig, seine Investitur vom Kalifen zu erlangen, rüstete er sich 1217 zu einem gewaltigen Zug zur Unterwerfung des Iraks, wobei er als ersten Schritt den Abbasiden von einer Versammlung Religionsgelehrter absetzen ließ und sich möglicherweise auch der in Bagdad selbst nicht einflußlosen Schī'a annäherte. Ein ungewöhnlich kalter Winter vereitelte seinen Plan, dessen Wiederaufnahme der bald darauf ausbrechende Konflikt mit den Mongolen verhinderte.

Irak und die mesopotamischen Vorlande blieben von diesen Wirren verschont, die auch auf das seldschukische Kleinasien nur insofern Einfluß hatten, als immer neue türkische Einwanderer nach Westen getrieben wurden und die Enthellenisierung des Landes zu beschleunigen halfen. Die Schlacht von Dorylaeum (1097) hatte die Seldschuken nach Osten zurückgeworfen; Ikonion wird, wie bereits berührt, an Stelle von Nicaea die Hauptstadt eines von iranischem Beamtentum durchorganisierten Staates, der im Zerbrechen der umliegenden politischen Einheiten zu einer kulturbewußten Großmacht wird. Sie schaltet sich in den Handel mit Rußland und Ägypten ein, läßt die von den nomadisierenden Turkmenen während der Grenzkriege zerstörten Städte wieder aufleben und bringt sich sowohl Byzanz wie den syro-mesopotamischen Fürstentümern gegenüber politisch zur Geltung. Im Unterschied zu den Ländern arabischer Zunge, in denen sich die türkischen Einwanderer-Herrscher niemals zu assimilieren wußten, werden sie in Kleinasien heimisch und bereichern sowohl die Baukunst wie die Literatur des Islams, dessen persische Ausdrucksform sie sich zu eigen machen. Die Nomaden und die unausgesetzt aus Zentralasien in den verhältnismäßig sicheren Seldschukenstaat einströmenden Turkmenenhorden bleiben indessen von dieser Hochkultur ausgeschlossen, wenden sich heterodoxen Lehren zu und ergreifen gelegentlich die Waffen gegen die Regierung der Seßhaften. Obzwar zu Paaren getrieben, belasten die unzufriedenen Nomaden das Reich von Ikonion mit einer zehrenden Bürde. Der zermürbte Staatskörper wird 1243 zur leichten Beute der Mongolen, die ihn als eine Art Protektorat weiterbestehen lassen, aber Garnisonen ins Land legen und dem Herrscher einen »Hochkommissar« *(parwāna)* beigeben.

Ganz isoliert von diesen Ereignisketten vollzog sich das Geschick des Mittelmeerraums. Waren schon die Kreuzzüge im Irak und östlich davon so gut wie ohne Echo geblieben und hatte es sich 1189 als unmöglich erwiesen, auf Saladins Ersuchen eine nordafrikanische Hilfsflotte gegen die Lateiner zu mobilisieren, so blieb der muslimische Westen selbst innerhalb der Mittelmeerzone politisch ganz auf sich allein gestellt. Diese Isolation ging mit kultureller Vereinsamung Hand in Hand. Der Einfluß der geistigen und künstlerischen Blüte Andalusiens – sie fiel mit dessen politischem Niedergang zusammen – reichte kaum über Nordafrika hinaus, abgesehen etwa von der monistischen Mystik des Ibn 'Arabī (1165–1240) und von der Popularität der andalusischen strophischen Dichtung im späten 12. Jahrhundert, das überhaupt volkstümlichem Geist in der Malerei wie in der Frömmigkeit aufgeschlossen war.

Der Bruch der Zīriden mit den Fātimiden und die dem folgende Einwanderung arabischer Beduinen leiteten eine Entwicklung ein, deren Ausläufer noch heute zu spüren sind. Der wirtschaftliche Niedergang des Zīridenreiches schloß den politischen ein und führte zur Aufgabe Kairuans als eines Macht- und Kulturzentrums; Tunis unter einem kleinen Dynasten, Mahdijja (Tunesien) unter den letzten Zīriden konnten das vom Aufschwung des christlichen Abendlandes gefährdete muslimische Übergewicht im Mittelmeer nicht mehr aufrechterhalten. Daß es zu keiner energischen Intervention der nordafrikanischen Muslime gegen den Normanneneinfall auf Sizilien kam, ist die unmittelbare Folge der zīridischen Katastrophe. Die Zīriden hatten sich zwar schon zuvor mit dem Aufbau einer Flotte befaßt, doch war ihnen das Seeglück im ganzen wenig hold. Als 1052 die sizilischen Muslime um Hilfe gegen Roger I. baten, scheiterte die Entsatzflotte bei Pantelleria, wodurch sowohl die Normannen freie Hand behielten als auch die Abwehrkraft der Zīriden gegen die Beduinen in Mitleidenschaft gezogen wurde. Einen besseren Erfolg versprach die Landung auf Sizilien 1068, sie mußte aber abgebrochen werden, als die schwarzen Gardetruppen der Zīriden sich mit der ihrem Schutz anvertrauten sizilischen Bevölkerung überwarfen. An Stelle des Seekriegs trat der organisierte Seeraub.

Als Gegenschlag stürmten und plünderten die italienischen Seestädte 1087 Mahdijja, freilich ohne damit die Lage ernstlich zu verändern. Die Normannen selbst schlossen schon 1075 ein Abkommen mit den Zīriden, das, je nach den Umständen, mehr das Gepräge eines Handelsvertrages, eines Bündnisses oder einer einschnürenden Vormundschaft annahm. Neue Kleinstaaten an der südtunesischen Küste gaben reichlichen Anlaß zu Zerwürfnis und Einmischung. Das Abbröckeln der Stadtkultur im tunesischen Hinterland, der eigentlichen Stütze der Zīridenherrschaft, hatte schon seit geraumer Zeit zu einer Schwerpunktverlagerung der berberisch-muslimischen Macht nach Westen auf die Hammādiden in ihrer Bergfeste Qal'at Banī Hammād geführt. Als auch diese Stellung durch das Umsichgreifen der arabischen Nomaden unhaltbar wurde, verlegten die Hammādiden ihre Hauptstadt noch weiter nach Westen und fanden in Bougie (Bidschāja) mit seinem waldigen, dem Schiffbau förderlichen Berghinterland eine solide Basis. Dorthin auch zog sich der letzte Zīride zurück, als 1148 Roger II. mit einer dem muslimischen Fürsten unwiderstehlich dünkenden Flotte vor Mahdijja erschien. Die wichtigsten Küstenstädte Tunesiens (mit Ausnahme von Tunis selbst) zahlten Roger Tribut, der den Titel eines Königs der Ifrīqija annahm. Einheimische Historiker rühmten später die Milde und Gerechtigkeit seiner Verwaltung, der die Almohaden freilich schon nach elf Jahren ein Ende bereiteten.

Die arabischen Einwanderer hatten es zwar zuwege gebracht, die Macht der Berberdynastien des östlichen Nordafrikas zu untergraben und die unter ihrem Schutz blühende arabische Stadtkultur zu schwächen; sie selbst veranlaßten jedoch nur die eine oder andere Gründung eines Kleinfürstentums und begnügten sich sozusagen mit einem geschichtslosen Dasein. Vom Opportunismus berberischer Fürsten eingeladen oder gezwungen, drangen sie allmählich bis nach Zentralmarokko vor; zweifellos haben erst sie die (teilweise) Arabisierung des westlichen Nordafrikas herbeigeführt. An den großen politischen Synthesen der Folgezeit aber hatten sie keinen Anteil. Die machtvollste Epoche des Maghrib war von Berbern getragen, die von zwei verschiedenen, aber jedesmal »nationalen« Auffassungen des Islams die Kraft erhielten, um die demographischen und kulturellen Grenzen ihrer Existenz zu sprengen.

Unter dem Eindruck der Diskrepanz der muslimischen Lehre zu den heimischen Bräuchen hatten sich Häuptlinge der Lamtūna – dem großen Stämmeverband der Sanhādscha angehörende, in der westlichen Sahara zeltende Kamelnomaden – 1035 in Kairuan nach einer Pilgerfahrt um einen Missionslehrer bemüht. Es hielt schwer – bezeichnend für das Kulturgefälle – einen Gelehrten zu finden, der bereit war, das Leben mit den Lamtūna zu teilen. Der mālikitische Rigorist 'Alī ibn Jāsīn übernahm schließlich die Aufgabe, erweckte aber scharfen Widerstand, als er die Abschaffung der unbeschränkten Vielweiberei, die Armensteuer und strikte Gebetsverrichtung forderte. Die Krise wurde beigelegt, als Ibn Jāsīn und sein enger Vertrauter Jahjà ibn 'Umar mit einer kleinen Zahl von Häuptlingen nach Süden zogen und auf einer Insel des unteren Senegal – der Name des Flusses ist von dem der Sanhādscha abgeleitet –, also an der Grenze der *dār al-islām*, eine Feste künftiger Glaubenskämpfer, ein *ribāt*, gründeten. Das Vorbild zündete, und es dauerte nicht lange, bis sich eine erhebliche Anzahl von Gleichgesinnten dem *ribāt* anschloß. Das Religionsgesetz wurde dort kompromißlos gepredigt und gehandhabt. Die *scharī'a* der *murābitun*, der im *ribāt* Lebenden, bildete ein geschlossenes Ganzes. Rückgriff auf Koran und Sunna war überflüssig, ja verdächtig, die Disziplin eisern, die Ergebenheit dem Lehrer gegenüber unbedingt. Um zugelassen zu werden, mußte der Anwärter zur Tilgung begangener Sünden hundert Peitschenhiebe erdulden. Verspätung zum Gebet wurde mit fünf Hieben, Mord mit der Todesstrafe geahndet, sonstige schwere Vergehen zogen die Exkommunikation nach sich. Der berberische Islam, nun ernst genommen, wurde aggressiv. Die Erfüllung des Lebens im *ribāt* war der Heilige Krieg, der zunächst gegen die heidnischen Neger, bald aber gegen die im wahren Glauben fehlenden Berber aufgenommen wurde. Die Kriegsleitung übernahm ein General, der aber der »geistlichen« Gewalt des Ibn Jāsīn unterstellt blieb.

Der *dschihād* nach Norden begann 1056; 1059 schon fiel Ibn Jāsīn gegen die Barghwāta. Jahjà ibn 'Umar war ihm im Tod vorausgegangen; der Vetter seines Nachfolgers Abū Bakr, Jūsuf ibn Tāschfīn, übernahm 1061 die Führung im Kampf um Marokko, während Abū Bakr in der Sahara blieb; er war, wie fast stets in ähnlichen Entwicklungen im Islam, zugleich der erste und der größte Vertreter seiner Dynastie, der Almoraviden. Die geistliche Leitung war nach Ibn Jāsīns Tod auf einen weiter nicht bekannten Sulaimān ibn Haddū übergegangen, der aber ebenfalls bald im Kampf gegen die Häretiker den Tod fand und dessen Nachfolge auf die Rechtsgelehrten insgesamt überging. Die *fuqahā'* des mālikitischen *madhhab* (»Ritus«, Rechtsschule) erhielten regelrechten Anteil an der Regierung, die sie zur Beratung heranzog und besoldete. Sie besaßen keine Exekutivgewalt, doch ihr religiöses Rechtsgutachten *(fatwà)* umschrieb Rechte und Pflichten der Gläubigen und gab besonders in schwierigen und zweifelhaften Fällen den Entschließungen des Fürsten die religiöse Legitimation. Der Einfluß der *fuqahā'* wuchs mit der Konsolidierung des Reiches. Obzwar sie von der Regierung abhängig waren, läßt sich an ihren Stellungnahmen immer wieder erkennen, daß nicht die Dynastie oder der Staat, sondern die muslimische Gemeinschaft die oberste Einheit war, an deren Interesse sie sich orientierten.

1062 gründete Jūsuf Marrākesch, bis in unsere Tage die »südliche Hauptstadt« Marokkos. Die Kleinfürsten wurden in rascher Folge beseitigt, das schī'itische Nest in Tārūdānt ausgerottet. Wohin die Almoraviden kamen, wurden die »illegalen« Steuern abgeschafft, Wein verschüttet, Musikinstrumente zerbrochen. Doch würde man irren, wollte man annehmen, daß die Islamisierung alle Bereiche des Lebens der Lamtūna, nun die dünne Oberschicht eines immer größeren Reiches, ergriffen hätte. Die Polygamie war wohl auf das von der *scharī'a* gebotene Maß herabgesetzt worden, die unverschleiert bleibende Frau bewahrte jedoch ihren traditionellen Einfluß, almoravidische Prinzessinnen tauchen mehrmals in der Politik auf; und der noch heute bei ihren entfernten Verwandten, den Tuareg, übliche dunkelfarbige *lithām*, der die untere Gesichtshälfte verhüllende Tuchschleier der Männer, erhielt sich bis ans Ende der Dynastie als ein aristokratisches Abzeichen, das zu tragen nur den Lamtūna gestattet war.

Jūsuf unterwarf sich ganz Marokko, die Barghwāta freilich hielten sich, aber Fez fiel ihm 1069 definitiv zu, und 1082 erreichte er das heutige Algier und schuf sich ein geschlossenes Herrschaftsgebiet, das nach Osten bis zu den stammesverwandten Sanhādscha der Kleinen Kabylei reichte. Während Jūsuf den Schwerpunkt seines Reiches nach dem Norden verlegte, setzte Ibn 'Umar den Kampf gegen die Neger fort und zerstörte in über fünfzehn Jahre sich hinziehenden Feldzügen das »goldreiche« Königreich Ghāna (gebietsmäßig nicht identisch mit der neuen Republik dieses Namens); schließlich fiel Ibn 'Umar 1086 im *dschihād*. In derselben Zeit wurde Kanem islamisiert; es entwickelte sich im frühen 13. Jahrhundert zu einem ausgedehnten Reich, das auch Bornu einbegriff und mit Tunis Handelsbeziehungen unterhielt, ein bleibender Gewinn für die muslimische *umma*.

Mittlerweile hatte die christliche *reconquista* nicht nur auf Sizilien, sondern auch in Spanien Fortschritte erzielt, Erfolge, deren Nachlassen bei der Zersplitterung der andalusischen Muslime nicht abzusehen war. Ähnlich wie bei der Auflösung des Abbasidenreiches brachte die Zersetzung des umajjadischen Kalifats einen Aufschwung des kulturellen Lebens mit sich. Die kleinen Hofhaltungen förderten die Dichter nach Kräften; deren Anwesenheit bedeutete Prestige, brachte aber auch Zerstreuung; überdies konnten sie als Propagandisten nützlich sein. Der Glanz raffinierter Lebensformen, ein Hang zum Genuß, der sich über die vom Religionsgesetz geforderten Beschränkungen sorglos hinwegsetzte, eine ziselierte Delikatesse der Sitten, die den oft nur allzu brutal ausbrechenden Leidenschaften den Schein des Spielerischen verlieh, ein stilvoll verschwenderischer Aufwand, dessen steigende Kosten bei der nur noch durch Tributzahlungen und Söldneranwerbungen aufrechtzuerhaltenden Unabhängigkeit mit jedem Jahr weniger zu rechtfertigen war, dieser Rausch von Sensibilität erhielt seinen bitteren Reiz durch das Wissen vom herannahenden Ende. Der Dichter-König Mu'tamid von Sevilla (1069–1090) hat die Stimmung der Zeit in einer Zeile eingefangen: »Stürze dich auf das Leben wie auf eine Jagdbeute; denn es dauert nicht länger als einen Tag.«

Wie in der italienischen Renaissance gehen Bildung, Kunstverständnis, Selbstzergliederung (wie sie schon Ibn Hazm im »Halsband der Taube« für das Liebesempfinden, in der *dār al-islām* unübertroffen, vollzogen hat), der Sinn für die Geste und ausgeklügelte Courtoisie mit gnadenloser Intrige und perfider Grausamkeit zusammen. Der Herrscher legt nicht nur in Ketten (und wird, wenn gestürzt, selbst in Ketten geschmiedet), er tötet im Jähzorn Staatsverbrecher mit eigener Hand, selbst Saladin hieb den bei Hattīn gefangenen Reginald von Chatillon zur Einlösung eines Schwurs persönlich nieder. Auch das Kaleidoskop der Kleinstaaten gemahnt an das Quattrocento. Desgleichen die Vielfalt der Formen, in die die Gemeinwesen schlüpfen, und die Scheinhaftigkeit der Macht, die beim ersten äußeren Anstoß in Stücke fällt. Doch was die Periode der *reyes de taifas*, der Könige der Teilreiche, von der Renaissance unterscheidet, ist das Flache der geistigen Bewegung, der es nicht um Neudefinierung des Menschenbildes und um das befreiende Meistern gedanklicher, künstlerischer, technischer Probleme geht, sondern um verfeinernde Ausschöpfung des Überkommenen, freilich immer unverkennbarer mit einer »andalusischen« Note, die sich deutlich von der orientalisch-arabischen Tradition abhebt. Die Bändigung des Volkstümlichen im *zadschal*, einem Strophengedicht, das in einer sich dem gesprochenen Arabisch Spaniens nähernden Sprache abgefaßt war, gelingt erst völlig in der Almoravidenzeit, der die hervorragenden Dichter Ibn 'Abdūn und Ibn Zaidūn (beide 1134 gestorben) und der berühmteste »strophische« Poet Ibn Quzmān (um 1087–1160) mit seinen Gedichten in der Hochsprache ebenso wie in der Volkssprache zugehören. Doch ist etwa schon die berühmte »Elegie auf Valencia«, die der gelehrte Mathematiker und Philosoph al-Waqqāschī zu Beginn des Jahres 1094, als die Stadt sich dem Cid zu ergeben im Begriffe war, verfaßte, ein bemerkenswertes Beispiel dieses an die spanische *Romance* gemahnenden Genres. Der Einfluß der Form greift auf das Hebräische der spanischen Juden über; die Neigung zum (freilich stilisierten) Realismus erlaubt es sogar, das romanische Volksidiom in die *chardscha*, das Abschlußreimpaar der Einzelstrophe, einzubeziehen. Formale Ähnlichkeiten der komplizierten strophischen Gebilde lassen mehr noch als die Parallelen im Stoff, der Stimmung und im Apparat spanisch-arabischen Einfluß auf die Troubadourdichtung erkennen.

Man kann die politische Vielfarbigkeit des muslimischen Spaniens im 10. und 11. Jahrhundert kaum übertreiben. Der Gegensatz zwischen Berbern, »Slaven« und »Alteingesessenen« *(baladī)*, an dem das Kalifat von Córdoba zugrunde gegangen war, spiegelte sich in den Nachfolgestaaten und den zwischen ihnen bestehenden Spannungen, die sie zur Ohnmacht verurteilten. Die wichtigsten Berberstaaten waren die Kleinkönigtümer von

Das muslimische Spanien 11.–13. JAHRH.

Granada und Málaga (von Granada 1057 annektiert). Eine *Apologia pro vita sua*, die der letzte der granadinischen Zīriden nach seiner Absetzung durch die Almoraviden verfaßte, gibt ein unübertreffliches Bild der Probleme, die diese Fürsten, von der erstarkenden Christenheit eingeschnürt, von Parteirivalitäten ebenso bedroht wie von der furchtgespornten Gier der muslimischen Potentaten, zu lösen hatten. Die »Slaven« hielten in Almeria und Denia, Valencia und auf den Balearen das Heft in der Hand. »Eingesessene« Herrscher gab es, um nur einige Städte aufzuführen, in der ehemaligen Hauptstadt und im nahe gelegenen Sevilla, in Badajoz und Murcia, im heute portugiesischen Silves, vor allem aber in Saragossa und Toledo.

In Córdoba hatte nach der völligen Zersetzung der Militärgewalt Dschahwar ibn Muhammad, aus einer großen Beamtenfamilie stammend, die Macht ergriffen und als *primus inter pares* in der Stadt eine Art oligarchischer Republik errichtet. Sein Sohn folgte ihm in der Herrschaft nach, die er allmählich zu einem Königtum ausbaute. Um 1070 freilich wurde Córdoba dem aufstrebenden Sevilla der Banū 'Abbād angegliedert. – Auch diese Dynastie hatte, von einem Richter begründet, ihre Vormachtstellung in einem gleichsam republikanischen Gemeinwesen zu absoluter Macht ausgebaut, wodurch Sevilla eine, freilich nicht allzu starke, Machtposition in Südwestspanien errang.

Die Vielfalt der Machtzentren und die geringe Weite des Geschehens erlaubten indes Sonderentwicklungen, von denen vielleicht die Dominanz der Juden in Granada unter den Banū Naghrālla (um 1030–1066) die eigenartigste war. Samuel ibn Naghrālla, Talmudist, Grammatiker und Dichter, war seit 1027 *nagīd* (Vorsteher, Fürst) der ansehnlichen Judenschaft Granadas und empfahl sich, von seinen persönlichen Qualitäten abgesehen, dem seines Throns nicht eben sicheren Zīriden als leitender Beamter, weil er weder Araber noch Berber war. Aber die Ernennung eines Nichtmuslims zum Wezirat war dem Gesetz nach unzulässig – der berühmte ägyptische Jude Ibn Killis (gestorben 991) war erst nach seiner Bekehrung zum Islam Fātimidenwezir geworden –; und so rief sie unter den Muslimen eine ständig anwachsende Verstimmung hervor, die schließlich Samuels Sohn Joseph und viele seiner Glaubensgenossen in einem Pogrom das Leben kostete. Es ist nicht ausgeschlossen, daß von Joseph der Anstoß zur Errichtung des als Alhambra berühmt gewordenen Gebäudekomplexes ausgegangen ist. Wie dem auch sei, sein Aufstieg war, wie hundert Jahre zuvor der des jüdischen Leibarztes 'Abd ar-Rahmāns III., Hasdai ibn Schaprūt (gestorben 970), zum Finanzminister, ein Symbol der Blüte einer zweisprachigen hebräisch-arabischen Kultur im muslimischen Spanien, von deren Bedeutung ein Meister der Weltliteratur beredtes Zeugnis ablegt: der Dichter und neuplatonische Philosoph Salomon ibn Gabirol (Avicebron; um 1022–1058) und ebenso nach ihm, derselben Schule verhaftet, der Astronom Abraham ibn Hijja (gestorben 1136) und Abraham ibn Ezra aus Toledo (gestorben 1167), der Aristoteliker Jehuda ha-Levi (ebenfalls Toledaner; gestorben 1140) und vor allem Maimonides (um 1135–1204) aus Córdoba.

Zurückgedrängt von den Almoraviden, unterdrückt von den Almohaden und der Christenheit, die im 13., zumal aber im 14. Jahrhundert immer intoleranter wurde, haben sich jüdische Gelehrte durch ihre Mitarbeit an den lateinischen Übersetzungen arabischer, aber auch jüdischer Wissenschaft und Philosophie in Toledo in den beiden Jahrhunderten nach der Rückeroberung den Dank des Abendlandes verdient. Die Auswanderung des jungen Maimonides mit seinem Vater, die ihn in Kairo als Hofarzt Saladins eine Wirkungsstätte finden ließ, kann als Symptom einer Umgruppierung des jüdischen Lebens betrachtet werden, das seinen Schwerpunkt nun eindeutig im fātimidischen und ajjūbidischen Ägypten fand. Die erhaltene Korrespondenz des Maimonides als Vorsteher der Kairener Gemeinde zeigt das außerordentliche Ansehen, dessen sich die Juden arabischer Zunge und Kultur in der Judenheit Europas erfreuten: ein Reflex der nur selten eingestandenen Achtung, die das aufsteigende Abendland dem in sich vollendeten und schon langsam erstarrenden arabisch-muslimischen Orient entgegenbrachte.

Die Eroberung Toledos durch König Alfons VI. von Kastilien und León im Jahre 1085 mochte zwar nicht völlig unerwartet gekommen sein, stellte aber den übrigen Fürsten kraß ihre Unsicherheit vor Augen. Mu'tamid von Sevilla, dessen Territorium das nächste Ziel Alfons' sein mußte, verband sich mit den Fürsten von Badajoz und Granada und rief die Almoraviden um Hilfe an. Eine Gesandtschaft von Qādīs überbrachte die Bitte. Jūsuf ibn

Täschfîn willigte ein, verlangte aber die Überlassung von Algeciras als Landeplatz und Flottenstützpunkt. Die Gesandten fühlten sich nicht berechtigt zuzustimmen und kehrten nach Spanien zurück, um ihre Herrscher zu konsultieren. Jūsuf ließ sich indessen von seinen *fuqahā'* ein Gutachten vorlegen, demzufolge die Besetzung von Algeciras selbst gegen den Willen des derzeitigen Besitzers den Interessen des Glaubenskampfes entspräche und im Einklang mit dem Gesetz sei, und folgte bald selbst einem unverzüglich nach Andalusien übergesetzten Heer. In Sevilla wurde er von Mu'tamid und den anderen Fürsten empfangen. Alfons stellte sich bei Sacralias (Zallāqa) nordwestlich von Badajoz und erlitt am 23. Oktober 1086 eine schwere, doch nicht entscheidende Niederlage. Valencia und Saragossa waren gerettet, aber die Berberregimenter, die Jūsuf zurückließ, vermochten die sich wieder sammelnden Christen nicht matt zu setzen; Zwistigkeiten der Kleinfürsten paralysierten wie vor der Intervention die muslimischen Waffen. Von Mu'tamid, der diesmal persönlich erschien, ein zweites Mal eingeladen, kam Jūsuf 1090 wieder nach Spanien, wo sich ihm bald die Überzeugung aufdrängte, daß der politischen Schwäche und sittlichen Zersetzung Andalusiens nur zu steuern sei, wenn die Almoraviden die Herrschaft direkt übernehmen würden.

Die spanischen Rechtsgelehrten drängten ihn zum entscheidenden Schritt: ein Beispiel mehr für den Primat der *umma* vor den politischen Gebilden des Tages. Jūsuf ließ die Erklärung der Qādīs von Granada und Málaga, die den Fürsten die Würdigkeit zu herrschen absprachen, von den größten Gelehrten des Ostens, darunter al-Ghazzālī, bekräftigen, ehe er die Entscheidung ausführte. Nur Saragossa konnte sich noch auf einige Jahre behaupten, fiel 1110 aber ebenfalls an die Almoraviden, denen es freilich die Christen nur acht Jahre später entrissen. Nicht einmal die Gewaltmaßregeln der in Spanien ihrer Halbkultur und ihres Rigorismus wegen keineswegs beliebten Almoraviden vermochten die *reconquista*, diesmal von Aragon vorgetrieben, auf Dauer aufzuhalten. Die Intoleranz der unter 'Alī ibn Jūsuf (1106–1143) die Exekutive immer stärker beeinflussenden *fuqahā'* machte es Alfons leicht, Tausende von Mozarabern zur Umsiedlung in entvölkertes christliches Gebiet zu bewegen. Die von Averroës' Großvater sanktionierten Christendeportationen nach Marokko, die auf die Niederlage von Armisol (bei Granada) 1125 folgten, beweisen die Krisenstimmung.

Religiöse Reform und berberischer Nationalismus
Die Almohaden

Im Kernland aber sollte die Welle, die die Sanhādscha-Nomaden zu Herren eines bis dahin beispiellosen maghrebinischen Großreiches gemacht hatte, nur wenige Jahrzehnte nach Jūsuf ibn Täschfîns Tod (1106) von einer noch gewaltigeren Welle überspült werden. Nach dem Sieg von Zallāqa hatte Jūsuf sich veranlaßt gesehen, das Almoravidenreich dem sunnitischen Staatensystem einzufügen, den Kalifen von Bagdad im Kanzelgebet zu nennen und sich von diesem die eroberten Gebiete als *amīr al-muslimīn*, als »Beherrscher der Muslime«

– in sorgfältiger Unterscheidung vom abbasidischen *amīr al-mu'minīn*, dem »Beherrscher der Gläubigen« – verleihen zu lassen. Mit diesem Titel erhielt die Almoravidenmacht zumindest in den Augen der Juristen eine quasireligiöse Sanktion. Wieweit der Vorgang die Bevölkerung berührte, läßt sich nicht ausmachen; doch bekundete er die ideelle Bindekraft der Konstruktion, nach der die politische Macht in der *dār al-islām* legitim nur vom Nachfolger des Propheten ausgehen konnte.

Die Eingliederung in das sunnitische »Staatensystem« bewahrte die Almoraviden jedoch nicht vor Opposition. Die regierende Oligarchie vermochte es nicht, sich unter den übrigen Berbern eine hinreichende Basis zu verschaffen, und 'Alī ibn Tāschfīn mußte auf türkische und christliche Söldner zurückgreifen, um seiner Regierung die erforderliche Stütze zu geben. Die Christen, Spanier und Katalanen unter dem berühmten Reverter, der zuerst als Gefangener in die Hände der Almoraviden geraten war, wurden nicht nur dank ihrer geordneten Reihentaktik als Reiter im Kampf geschätzt, sondern mußten vor allem die Steuern eintreiben, wozu sie die dem Reichszentrum fernen Stämme (wie in Marokko noch bis in unser Jahrhundert hinein) in regelrechten, im Staatsgebiet gewissermaßen die Runde machenden Expeditionen aufsuchten. Unzufriedenheit mit der Einstellung ungläubiger Söldner und mit den »gesetzwidrigen« Steuern half zweifellos, die Gegnerschaft gegen das Regime zu verfestigen. Die ideologische Basis der Opposition war jedoch spezifisch religiös.

Seit jeher war dem Muslim die Verantwortung für die Reinhaltung der Gemeinde von verwerflichen Gebräuchen aufgetragen. Kann er nicht mit eigener Hand die Mißstände beseitigen, so soll er dagegen Einspruch erheben oder doch zumindest in seinem Herzen protestieren. Dieser Pflicht steht freilich keinerlei Pflicht des Herrschers gegenüber, den Sittenreiniger gewähren zu lassen oder ihm auch nur Gehör zu schenken. Er operiert auf eigene Gefahr. Dadurch wird diese »Veränderung des Unzulässigen« fast mit Notwendigkeit zu einer Kollektivparole für die mit der Regierung Unzufriedenen.

Die Almoraviden hatten sich der Besserung der Sitten verschrieben, das Ziel ihres großen Gegners Muhammad ibn Tūmart war es, die korrekte islamische Lebensführung wiederherzustellen. Ibn Tūmart, ein Berber aus dem Hargha-Stamm der Masmūda, kein Nomade also, sondern ein Bergbauer, hatte erst in Andalusien, dann im islamischen Osten studiert und war zu der Erkenntnis gekommen, daß die mālikitischen *fuqahā'*, das geistige Rückgrat der Almoraviden, mit ihrer Hingabe an den Wortlaut der Offenbarung und ihrer autoritätsgläubigen Konzentration auf das angewandte Recht *(furū')*, die islamische Lehre in entscheidenden Punkten entstellten und ihres Reichtums beraubten. Ibn Tūmart war im Osten zwar nicht, wie die Legende will, mit Ghazzālī, wohl aber mit asch'aritischen Gelehrten in Verbindung getreten und hatte von deren Theologie sowohl die Methode der mit Vernunftargumenten operierenden Scholastik *(kalām)* wie die Ablehnung jedes Anthropomorphismus angenommen. Wie die Hanbaliten hatten sich auch die Mālikiten Nordafrikas entschieden gegen die Allegorisierung der Selbstaussagen Gottes im Koran gewendet, die Gott etwa als hörend, sehend, auf seinem Thron sitzend schildern, um dadurch der unausweichlichen Willkür der Vernunftinterpretation zu entgehen.

Diese Einstellung entsprach weitgehend dem Volksempfinden, erregte aber das Ärgernis der Gebildeten, denen der Kalif ar-Rādī aus dem Herzen sprach, als er 935 die Hanbaliten anfuhr, sie glaubten wohl, daß ihre »häßlichen abscheulichen Gesichter das Ebenbild des Herrn der Welten« seien. Derselbe Widerwille gegen die »Vermenschlichung« Gottes *(tadschsīm)* beseelte Ibn Tūmart, der einen, freilich in wichtigen Punkten durch die Lehren des Ibn Hazm modifizierten Asch'arismus im Maghrib einführen wollte. Um 1100 kehrte Ibn Tūmart aus dem Osten zurück. Langsam zog er von Stadt zu Stadt, überall predigend und vor allem als Sittenerneuerer eine wachsende Anhängerschaft um sich versammelnd. Weingenuß, Musikinstrumente, üppige Lebenshaltung, dazu die Verschleierung der Almoraviden und die Freiheit ihrer unverschleierten Frauen waren die immer wiederkehrenden Themen seiner Aufrufe zu Einkehr und Reform. Zerwürfnisse mit der Obrigkeit konnten nicht ausbleiben. Ibn Tūmart zog sich zu seinem Stamm zurück, baute eine Moschee in Tīnmāl (Tīn Mallal) im Hohen Atlas und begann nun systematisch den Ausbau seiner Lehre und einer Organisation, die ihr zum Durchbruch verhelfen sollte. Die Eliminierung des *tadschsīm* und seine Ersetzung durch das Bekenntnis zu Gottes ungeteilter Einheit *(tauḥīd)* ging, wie so oft im Islam, mit der Überzeugung Hand in Hand, die Gegner auch politisch niederringen zu müssen, deren Vermenschlichung des Gottesbegriffs sie zu »Polytheisten« (*muschrikūn*, eigentlich: »Zugesellern«, weil sie der Einheit Gottes andere göttliche Wesenheiten, in diesem Fall die humanisierten göttlichen Eigenschaften, beigesellen), mithin zu Ungläubigen machte. Die Macht in der Gemeinde mußte in den Händen der Träger echter Prophetentradition liegen.

Die Stoßkraft der neuen Bewegung war das Resultat konvergierender Impulse. Die Unzufriedenheit der Masmūda, von der Macht ausgeschaltet zu sein, spielte ebenso eine Rolle wie die von Ibn Tūmart gebotene Nationalisierung der Religionsform: zum ersten (und letzten) Mal wurde der Gebetsruf auf berberisch gesungen, die Freitagspredigt auf berberisch gehalten; zumindest einige seiner religiösen Werke schrieb Ibn Tūmart in seiner Muttersprache, ehe er sie der Weiterverbreitung wegen auch auf arabisch herausgab. Der Rückgriff auf die echte Überlieferung als Grundlage einer absolutistischen Theologie und eines ebenso intransigent vorgetragenen Gesetzes *(fiqh)* gab der moralischen Aggressivität die psychologische Stütze. Im selben Augenblick, da sich im Osten die Gleichwertigkeit von mehreren der Schultradition verpflichteten Problemlösungen im Dienste der Einigung des sunnitischen Islams durchzusetzen begann, bestand Ibn Tūmart darauf, daß zwei wohlunterrichtete *mudschtahidūn* in derselben Frage unmöglich zu verschiedenen Entscheidungen gelangen könnten.

Wie jede islamische Regierung hatte die almoravidische erkennen müssen, daß der Staatshaushalt nicht allein mit den von der *scharī'a* gebilligten Steuern zu bestreiten war. Solange weitgreifende Eroberungen reiche Beute einbrachten, konnte sich der Herrscher mit der »Armensteuer«, der »Grundsteuer«, der »Kopfsteuer«, von den tolerierten *ahl al-kitāb* entrichtet, und mit den Erträgen aus Einfuhrzöllen begnügen. Hatten sich aber die Verhältnisse konsolidiert, dann war, ohne Belastung der städtischen Einkommen, von Handel und Gewerbe, der Ausgabenetat nicht zu decken. Mit ermüdender Eintönigkeit schafften die neuen Dynastien die »illegalen« Auflagen ab, um sie binnen kurzem wieder einzuführen. Die Almoraviden sahen sich gezwungen, den Umsatz fast aller Waren, selbst von Heuschrecken, Seife und Spindeln zu besteuern. Derartige Steuern abzuschaffen, war natürlich populär; daran änderte wenig, daß sie unweigerlich wiedereingeführt werden mußten.

Die Zeitgenossen sahen in Ibn Tūmarts Bewegung einen Aufstand der Masmūda; das Reich, das aus ihr hervorging, war selbst in Europa als das der *Massamuti* bekannt. Joachim von Fiore identifizierte einen der sieben Köpfe des apokalyptischen Tieres als *Melsemutus*, also als Masmūdī, womit wohl der Almohadenfürst 'Abd al-Mu'min gemeint war. Die Träger der Bewegung jedoch nannten sich nach dem Kernpunkt ihrer Theologie die »Einheitsbekenner« (*al-muwahhidūn*, daher Almohaden). Auch sie erlebten die Bewegung als eine theologische; dementsprechend wurden ihre übrigens in den religiösen Wissenschaften recht bewanderten Fürsten noch Jahrhunderte später von dem Christ gewordenen Maghrebiner Leo Africanus (um 1495–nach 1550) als *pontifices* bezeichnet.

Im Laufe seiner Missions- und Organisationstätigkeit hatte sich Ibn Tūmart vom Sittenreformer zum maßgebenden Rechtslehrer (zum »*faqīh* des Sūs«) entwickelt, ehe ihm zum Bewußtsein kam, daß er selbst jener Mahdī sei, der für die Endzeit der Gemeinde verheißen, die Welt mit Gerechtigkeit erfüllen würde. Für uns ist die Bewußtseinslage eines Menschen, der sich mit einer eschatologisch-apokalyptischen Gestalt identifiziert, nicht leicht zu begreifen; die Voraussetzungen unseres Daseins drängen Persönlichkeiten dieses Selbsterfahrungstypus ins Klinische, jedenfalls an den Rand der kollektiven Existenz. In der islamischen Welt ist es aber in manchen Kreisen noch heute möglich, sich als den letzten Erneuerer der Gemeinschaft, als den verkündeten Mahdī zu erleben und als solcher akzeptiert zu werden. Der Mahdī des Sudans, der *Mad Mulla* von Ogaden (Somaliland; 1899–1905, gestorben 1920), ein noch jetzt in Mosul lebender Mahdī aus dem schī'itischen Hilla im Irak sind vertraute und jedenfalls mögliche Erscheinungen. Unter den Berbern, dem klassischen Volk der Anthropolatrie – schon die frühen Kirchenväter, ein Tertullian und ein Lactantius, haben auf diese Eigenheit hingewiesen –, wurde Heiligkeit rasch erkannt, war ein überschwenglicher, gesellschaftliche Strukturen schaffender Personenkult eine häufige Form religiös-politischer Erfahrung. Als Ibn Tūmart sich einem kleinen Kreis als der Mahdī zu erkennen gab, war das Erstaunen offenbar nicht sehr groß. Die dem Mahdī von der Tradition zugeschriebenen körperlichen Merkmale fanden sich, auch eine Ibn Tūmart mit dem Propheten verknüpfende Genealogie, die ihm den unentbehrlichen Vatersnamen 'Abdallāh gab – muß der Mahdi doch wie der Prophet Muhammad ibn 'Abdallāh heißen –; und die Kraft, mit der er die Menschen an sich zog, war ihnen ebenso wie ihm selbst der beste Beweis.

Ibn Tūmart hat sich in einer eigenen Schrift über sich selbst als den Mahdī ausgesprochen; sie gestattet es, in die Atmosphäre seines Wirkungskreises einzudringen. »Folgendes«, so steht dort zu lesen, »ist die Verheißung Gottes, die er dem Mahdī zuteil werden ließ, die wahre Verheißung, die er nicht abändert. Sein Gehorsam ist lauter und rein, wie er bei niemandem früher noch später gesehen werden kann; es gibt keinen ihm ähnlichen unter den Menschen, keinen, der sich ihm widersetzen oder ihm widersprechen kann, ... niemandem kann er unbekannt bleiben, niemand kann seinen Befehl vernachlässigen. Wer ihm feindlich entgegentritt, stürzt sich tollkühn ins Verderben und hat keine Aussicht auf Rettung. Man kann ihm nur damit entgegenkommen, womit er übereinstimmt; alle Dinge gehen von seinem Befehl aus. Alles geschieht nach seinem Wunsch, dieser ist aber auch der Wunsch seines Herrn (Gottes). Ihn zu erkennen ist unerläßliche Religionspflicht, Gehorsam und Ergebenheit gegen ihn ist unerläßliche Religionspflicht, ebenso daß man ihm folge und sich nach seinen Handlungen richte. ...Das Gebot des Mahdī ist das Gebot Gottes, nur der ihn nicht kennt, schreibt es ihm selbst zu.« (Übersetzung Goldziher.)

Es verstand sich von selbst, daß der Mahdī im Kanzelgebet genannt wurde und daß späterhin die offiziellen Dokumente der Almohaden neben der im Islam üblichen Nennung Gottes und den Lobpreisungsformeln für den Propheten auch mit einer Formel *(tardija)* eingeleitet wurden, die die Zufriedenheit Gottes mit dem unfehlbaren (oder sündelosen) Mahdī ausdrückte. Unverkennbar trachtete Ibn Tūmart, sein Leben und Wirken in Parallele mit dem Leben und Wirken des Propheten zu setzen. Tīnmāl erscheint als der Endpunkt einer *hidschra* wie Medina, die dort begründete Gemeinde entspricht der *umma*, seine Proklamierung findet unter einem Johannisbrotbaum statt, entsprechend der Huldigung Muhammads in Hudaibija. Ibn Tūmarts Gefährten empfangen denselben Titel »Helfer« *(ansār)* wie die gläubig gewordenen Medinenser. Von außen gesehen liegt hier der Ausgangspunkt einer Gemeindeorganisation, die auf originelle Weise berberische Sitten und politische Gewohnheiten benutzte und es so zuwege brachte, die prinzipielle Schwäche der almoravidischen Bewegung, die geringe Zahl der für sie erreichbaren Anhänger, zu überwinden und eine Struktur zu schaffen, in der die religiöse Loyalität mit der Stammesloyalität großer und erweiterungsfähiger Gruppen unter dem Mahdī oder dessen Nachfolger zusammengespannt werden konnte.

Der engste Kreis um den Mahdī (wie später um den Almohadenkalifen), gleichsam sein Kabinett, waren »die Zehn«, auch *ahl al-dschamā'a*, etwa »der Gemeinschaftsrat«, genannt; ihnen unmittelbar unterstellt war der »Rat der Fünfzig«, der bezeichnenderweise sowohl auf arabisch als *ahl chamsīn* wie auf berberisch als *ait chamsīn* bekannt ist. Die »Zehn« wurden persönlicher Leistungen wegen berufen, und die »Fünfzig« wurden unter den Angehörigen der »Leute von Tīnmāl« – wohl den Gefährten des Propheten *(sahāba)* entsprechend –, aus anderen Masmūdastämmen, nicht weiter bezeichneten Sanhādscha und aus einer Gruppe von »Fremden«, also Nichtmasmūda ausgewählt. Eine sich anbahnende Opposition wurde im *tamjīz* (eigentlich: [Unter-]scheidung, tatsächlich einem Massaker) beseitigt. Auch nach dem Endsieg erwies es sich als nötig, in einer zweiten »Siebung« (1149) oppositionelle Stämme auszurotten. Um die Tragfähigkeit der Basis zu erweitern, wurden ursprünglich nichtalmohadische Stämme mit almohadischen verbrüdert; auch hier der Nachhall einer Maßnahme des Propheten, der bald nach seiner Ankunft in Medina *muhādschirūn* und *ansār* Mann für Mann zu verbrüdern suchte. Zu den almohadischen Stämmen »der ersten Stunde«, alles Masmūda, die sich zu einer Art religiöser Aristokratie entwickelten, kam später der Stamm des ersten Kalifen hinzu, die arabisierten zanātischen Kūmijja Westalgeriens.

Der Sitz in den »Zehn« war anscheinend in gewissen Sippen erblich; als die vornehmste galt die des Abū Hafs 'Umar (gestorben 1175/1176), mit seinem Berbernamen Faskāt ū-Mzāl – den Namen 'Umar hatte ihm Ibn Tūmart in Erinnerung an den großen Prophetengenossen und zweiten Kalifen verliehen –, dessen Enkel der Begründer der

Hafsidendynastie von Tunis (1236–1534) werden sollte. Die weitere Anhängerschaft des Regimes war ebenfalls hierarchisch gegliedert; wenn man den Chronisten trauen darf, gab es etwa zwanzig Stufen, deren Rangfolge in den häufig abgehaltenen Paraden dramatisch sichtbar wurde. Man gewinnt freilich aus den Schilderungen den Eindruck, daß diese Ordnung weitgehend nur auf dem Papier stand. Besondere Erwähnung verdienen die beiden Klassen der *mu'adhdhin* (wörtlich: Gebetsrufer) und der *tālib* (wörtlich: Studenten), tatsächlich wohl Gelehrte minderer Statur, die dem marschierenden Heer den Koran und die Schriften des Mahdī vorlasen und die Gemeinschaftsgebete leiteten. Ihnen war als einzigen gestattet, ohne Waffe zu dienen.

Sobald die Verhältnisse es erlaubten, begann Ibn Tūmart den *dschihād* gegen die Almoraviden, denen das Staatsruder entrissen werden mußte. 'Abd al-Mu'min, der ausgezogen war, um im Osten zu studieren, sich aber Ibn Tūmart, dem er um 1117 in Bougie begegnete, bedingungslos anschloß, tat sich als Führer hervor und wurde auch drei Jahre nach dem Tod des Mahdī im Jahr 1133 offiziell als dessen Nachfolger anerkannt. Es heißt, daß die »Zehn«, deren einer 'Abd al-Mu'min war, das Hinscheiden Ibn Tūmarts so lange verheimlichten, bis das Kalifat des 'Abd al-Mu'min – er gehörte ja keinem der ursprünglichen Almohadenstämme an – allerseits akzeptiert worden war. Man darf sich fragen, ob diese Verheimlichung nicht als Legende aufzufassen ist und tatsächlich die »Zehn« während dieser Übergangszeit den Versuch eines oligarchischen Regiments unternahmen. Der Kampf gegen die Almoraviden scheint zu Anfang den Charakter eines Guerillakriegs angenommen zu haben. Jedenfalls funktionierte das almoravidische Regime weiter, obzwar es immer größere Gebietsverluste erlitt. Die Ebene nördlich und westlich von Marrākesch wurde gleichsam umzingelt; etwa zehn Jahre nach Ibn Tūmarts Tod stand 'Abd al-Mu'min in der Gegend von Oran am Mittelmeer.

Mit dem Tod 'Alī ibn Jūsufs (1144) stellten sich bei den Almoraviden die üblichen inneren Kämpfe um die Nachfolge ein, fast gleichzeitig fiel ihr christlicher Söldnergeneral Reverter. Die Zanāta gingen zu den Rebellen über, der neue Almoravidenfürst Tāschfīn ibn 'Alī erlag im selben Jahr einem Unfall. Nach längerer Belagerung konnte Fez genommen werden, und mit der Eroberung von Marrākesch im April 1147 fand die Almoravidenherrschaft ihr Ende. Schon 1151 fegte 'Abd al-Mu'min die kleinen Dynasten hinweg, die sich in Ostalgerien auf den Ruinen des Almoravidenstaates etabliert hatten, und nahm die von ihm bei Sétif geschlagenen nomadischen Araber in seine Dienste. Neun Jahre später waren ganz Tunesien und Tripolitanien in seiner Hand. Kurz vorher hatte er die Barghwāta-Gruppen ausgerottet, die den hundert Jahre zuvor von den Almoraviden gegen sie geführten Vernichtungskrieg überlebt hatten. Vermutlich nach dem Einzug in Marrākesch, das ihm die wahrhaft königliche Kutubijja-Moschee zu verdanken hat, ließ sich 'Abd al-Mu'min bestimmen, den Titel eines *amīr al-mu'minīn* anzunehmen, womit er sich offiziell dem Abbasidenkalifen gleichstellte und sich von dessen geistlicher Oberhoheit lossagte. Um das unübersehbare almohadische Territorium, das größte je von Marokko aus regierte Gebiet, administrativ und vor allem steuerlich zu erfassen, ließ er einen Kataster *(taksīr)* anlegen, vom Sūs bis Barqa (Cyrenaica), wie ein Chronist mit einiger Übertreibung zu erzählen weiß. Man kann sich allerdings diesen Kataster und die auf ihm basierende Steuererhebung im einzelnen nur schwer vorstellen. Ein Blick auf die Weltkarte seines Zeitgenossen, des großen arabisch-sizilischen Geographen Idrīsī, läßt erkennen, wie vage und verworren das erdkundliche Wissen der Epoche im Hinblick auf die den Almohaden zinsbaren Länder war.

Mit dem Rückgang der Almoravidenmacht kehrte das muslimische Spanien, das zu den Lamtūna keine innere Beziehung gefunden hatte, zur Kleinstaaterei zurück. Unbelehrt und unbelehrbar beanspruchten zahlreiche Duodezfürstentümer, wie Badajoz und Málaga, Valencia und Ronda, von Rueda und Cáceres zu schweigen, eine weder militärisch noch finanziell tragbare Unabhängigkeit. Mittlerweile ging 1147 Lissabon endgültig an die Christen verloren, die Kastilier dehnten ihre Kriegszüge bis Córdoba aus, die Grafen von Barcelona besetzten Tortosa und Lérida. Die Almohaden hatten schon 1145 begonnen, auf der Halbinsel Fuß zu fassen. Im nächsten Jahr fiel ihnen Cádiz zu. Dann aber verging mehr als ein Jahrzehnt, ehe Südspanien einschließlich Granadas in ihrer Hand zusammengefaßt und Almería den Christen wieder entrissen war. Sevilla wurde die spanische Hauptstadt der Almohaden, von deren Macht und großartig-strengem Stilgefühl die Giralda noch heute Zeugnis ablegt. Fünf Jahre brachte ʿAbd al-Muʾmin in Spanien zu, ehe er 1162 in die neuerrichtete Burg des *Ribāt al-Fath*, der »Siegesfestung« (heute Rabat, die Hauptstadt Marokkos), einzog, wo er im folgenden Jahr starb.

ʿAbd al-Muʾmin hatte es verstanden, seinen Berbern genügend Anteil an der Regierung zu gewähren, um sie bei guter Stimmung zu halten; für die Verwaltung aber brauchte er die gebildeten Andalusier. Die Doppelgleisigkeit der almohadischen Staatsstruktur, die die kalifale Exekutive und die in den »Zehn« verkörperten theokratische Kontinuität auszugleichen hatte, hinderte ihn nicht daran, schon 1154 die Nachfolge in seiner Familie festzulegen. Wenig später verlieh er seinen Söhnen die wichtigsten Statthalterposten, charakteristischerweise gab er ihnen aber Berater aus der Spitzengruppe der almohadischen Aristokratie bei. Die Machtübernahme seines Sohnes Abū Jaʿqūb Jūsuf – er fiel 1184 im Glaubenskampf vor Santarém – ging ohne Zwischenfall vonstatten. Auch die nächsten drei Herrscher, von denen ʿAbd al-Muʾmins Enkel Jaʿqūb al-Mansūr, »der Siegreiche« (1184–1199), der bedeutendste war, konnten den Thron besteigen, ohne einen Aufruhr niederwerfen zu müssen, eine dynastische Stabilität, die in der *dār al-islām* kaum ihresgleichen hat.

Diese Stabilität erlaubte es den beiden großen Monarchen Jūsuf und Jaʿqūb, geistige Bestrebungen zu unterstützen, deren Unvereinbarkeit mit den theokratischen Voraussetzungen ihrer Herrschaft ihnen wohl bewußt gewesen sein muß. Die in muslimischen Staaten so häufige Abriegelung der Hofgesellschaft von der Untertanenschaft mag dazu beigetragen haben, Jūsuf die Förderung des Averroës (Ibn Ruschd) als politisch ungefährlich erscheinen zu lassen. Averroës, der bedeutendste der arabischen Aristoteliker und der letzte arabische Denker, dessen Werk über die Sprach- und Religionsgrenze hinaus auf die Christenheit eingewirkt hat, setzte die Auseinandersetzung mit der griechischen Philosophie und Religion, die Ghazzālī in klassischer Weise mit seiner Kritik an Avicenna aufgenommen hatte, mit seiner ebenso klassischen Kritik an Ghazzālī fort und beendete sie in einem gewissen Sinne, da das Gespräch von theologischer Seite nicht weitergeführt wurde. Averroës zeigt das für das moderne westliche Empfinden nicht leicht zu verstehende

Janusgesicht des Religionsgelehrten und des areligiösen Philosophen. Er fühlt zwar das Bedürfnis, im letzten Grunde die Harmonie von Vernunftsschluß und Offenbarungsgehalt zu beweisen, hilft sich dabei auch mit der stoischen Lehre von der Mehrschichtigkeit der Wahrheit, doch bleibt für unser Gefühl ein Bruch, wie er ja auch bei Fārābī und selbst bei Kindī, wenngleich gewissermaßen naiver besteht.

Auf andere Weise als Averroës versuchte Ibn Tufail, der Leibarzt Jūsufs (gestorben 1185), die Harmonie von Vernunft und Offenbarungsreligion darzutun. Er nahm ein von Avicenna in die Literatur eingeführtes Motiv wieder auf und schilderte den Entwicklungsgang eines Waisenkindes auf einer einsamen Insel, das durch seine Vernunft die wesentlichen Einsichten in Gott und die Welt gewinnt. Als der Held der Erzählung später durch den Wezir des Königs einer benachbarten Insel mit den Prinzipien der Offenbarungsreligion bekannt wird, begreift er ihre grundsätzliche Identität mit den vom Verstand erarbeiteten Wahrheiten. Diese romanartige Erzählung von Hajj ibn Jaqzān (»Lebend, Sohn von Wach«) drang über das Hebräische und später das Lateinische schon 1708 in die englische Literatur ein und hat merklichen Einfluß auf die Robinson-Geschichte des Daniel Defoe (1719) ausgeübt.

Die Spekulation dieser Gelehrten berührt sich nach ihrer geistigen Grundlage und Tendenz, ja auch in ihrem Stoff mit dem politischen Denken des etwas älteren Ibn Bāddscha (Avempace; gestorben 1138), eines Universalgelehrten, der angeblich von den *fuqahā'* von Fez vergiftet wurde. Auch die Opposition gegen Averroës ging von den (diesmal spanischen) *fuqahā'* aus, die an seinen aristotelischen Thesen von der Ewigkeit der Welt *ab initio* und der Bestreitung des göttlichen Wissens von den *particularia* unvermeidlichen Anstoß nahmen. Als Ja'qūb die Unterstützung der *fuqahā'* zum Kampf gegen die Christen brauchte, erzwangen sie die Verurteilung des Averroës, den der Kalif aber mit größter Milde nach Afrika verbannte; seine philosophischen Schriften wurden verbrannt. Nachdem Jūsuf durch den Sieg von Alarcos nordöstlich von Córdoba (19. Juli 1195), den letzten großen Triumph der muslimischen Waffen auf spanischem Boden, die interne Bewegungsfreiheit wiedergewonnen hatte, rief er Averroës an seinen Hof in Marrākesch; doch starben der Kalif und der Philosoph bald darauf kurz nacheinander.

Aber auch Jūsuf hatte zwei Gesichter. Von allem Anfang an schon hatte die Erneuerungsbewegung der Almoraviden die meist lässige Behandlung von Christen und Juden verschärft. Die ohnehin nicht mehr starken nordafrikanischen Christengemeinden versickerten bald ganz, die Juden, die sich der vollen Assimilation widersetzten, wurden an den Rand gedrängt. Doch blieb es den Almohaden vorbehalten, sich in ihrem Glaubenseifer über die Bestimmungen der *scharī'a* hinwegzusetzen und auf afrikanischem Boden Zwangsmaßnahmen zu ergreifen. Bei der Eroberung von Tunis wurden die *ahl al-kitāb* in der Tat vor die an sich nur Heiden gegenüber zulässige und überhaupt recht theoretische Alternative »Islam oder Tod« gestellt; eine Reihe von Hinrichtungen machte dies mit Nachdruck deutlich. Der Kalif Ja'qūb unterwarf die Juden, aus Mißtrauen gegen die wahre Gesinnung der Zwangsbekehrten, besonders peinlichen Kleidungsvorschriften, die sein Nachfolger zwar milderte, ohne allerdings – im Interesse leichterer Überwachung und zur Demütigung – auf das Tragen gelber Gewänder und Turbane zu verzichten. Wie kaum anders zu erwarten, nahmen diese Judengemeinden nach dem Fall der Almohaden offen wieder ihren angestammten Glauben an. Die eingeborenen Christen jedoch verschwanden unter den Almohaden endgültig von der Bühne. Nur fremden Söldnern und Kaufleuten war noch die christliche Religionsausübung gestattet.

In Spanien war ein derartiges Vorgehen allerdings nicht möglich. Doch wurden auch dort die Juden durch hohe Abgaben wirtschaftlich geschwächt und die »arabisierten« Christen mit Schikanen aller Art nicht nur in die Opposition getrieben, sondern auch in vielen Fällen veranlaßt, in »wiedereroberte« Gebiet abzuwandern. Mit den mālikitischen *fuqahā'* machte das Regime bald seinen Frieden, ohne daß sich ein den Prinzipien des Mahdī entsprechender separater *madhhab* (Rechtsschule) ausbildete. Ihr Fanatismus hatte wohl einen politischen Aspekt in dem Bemühen, der *reconquista* einen geschlossenen muslimischen Süden entgegenzustellen. Er erreichte jedoch wenig mehr als die Verhärtung der religiösen Fronten und wachsende Ungeduld weiter Bevölkerungskreise, kastilische Untertanen zu werden.

Unruhen in Afrika hatten es Jūsuf verwehrt, den Sieg von Alarcos auszunutzen. Es ist für die Situation bezeichnend, daß derselbe Alfons VIII. von Kastilien, der bei Alarcos unterlegen war, Jūsufs Nachfolger fast auf den Tag genau siebzehn Jahre später bei Las Navas de Tolosa, wenig südlich von Alarcos, vernichtend schlug. Es wäre übertrieben, in dieser Schlacht den Beginn der Liquidierung der Almohadenherrschaft zu sehen; offensichtlich traten aber künftighin die spanischen Angelegenheiten vor der Sorge um die Behauptung der Kernlande in Afrika zurück. Es dauerte denn auch nicht allzulange, bis sich der Machtrückgang in dynastischen Schwierigkeiten auswirkte. Der Nachfolger des bei Las Navas besiegten an-Nāsir, al-Mustansir, fiel den Almohadenscheichen zum Opfer. Sein Tod 1223 gab den Anlaß zum ersten Bürger- oder Thronfolgekrieg seit dem Auftreten der Dynastie. Die beiden nächsten Herrscher scheiterten am Versuch des Gewaltenausgleichs und fanden 1224 und 1227 ein gewaltsames Ende. Hatten unter ihnen die Almohadenscheiche die Macht zu rücksichtslos an sich gerissen und die militärische und administrative Widerstandskraft des Staates gefährdet, so versuchte nun al-Ma'mūn, in Spanien geboren und erzogen, mit einer völligen Umgestaltung das Reich zu retten.

Die letzten Jahrzehnte brachten nicht nur gefährliche Aufstände, zumal den der almoravidischen Seitenlinie der Banū Ghānija, die von ihrem Stützpunkt auf den Balearen aus in Nordafrika landeten und erst 1204 bezwungen werden konnten; die Ideologie der *muwahhidūn* verlor zunehmend an Überzeugungskraft. Die politische Saturierung, gepaart mit den Verführungen der spanischen Stadtkultur, lockerte den Zusammenhalt der Staatsträger; die Stämme und die unterworfenen Regionen meldeten Sonderinteressen an; die Stellung der Almohaden begann prekär zu werden. So sagte sich denn Ma'mūn in der Großen Moschee von Marrākesch feierlich von der Doktrin des Ibn Tūmart los, dem er die nur Jesus zukommende Mahdīwürde absprach. Die Hinrichtung einer Anzahl aufsässiger Almohadenscheiche unterstrich die Abkehr des Kalifen von der Lehre, die seine Stellung allein zu rechtfertigen vermochte. Marrākesch aber war, wie unter den späten Almoraviden, von christlichen Söldnern besetzt – die einzige Truppe, auf die sich der Kalif verlassen konnte. Daß dem Verzweiflungsschritt Ma'mūns der erhoffte Erfolg versagt blieb, versteht sich beinahe von selbst. Der eherne Gurt, der das Reich zusammengehalten hatte, war gesprengt. Der hafsidische Statthalter der Ifrīqija sagte sich mehr oder weniger vom Reichsverband los; ein Almohadenprinz erhob sich in Ceuta, ein anderer in Marrākesch und Sidschilmāssa; in Nordostspanien fiel Saragossa an einen muslimischen Dynasten. Die persönliche Tüchtigkeit von Ma'mūns Sohn ar-Raschīd, der aufs neue die Lehre des Ibn Tūmart proklamierte, konnte aber die Zersetzung nicht mehr aufhalten. 1230 gaben die Almohaden die von ʿAbd al-Mu'min eingeführten viereckigen Münzen und die späteren, mit einer im Viereck verlaufenden Inschrift, auf; der wiedereingeführten konventionellen Rundmünze fehlte auch das Symbol des Mahdī, ein Zeichen mehr, daß die Dynastie das »Gesetz, nach dem sie angetreten«, verleugnete und sich zu normalisieren und so der Orthodoxie akzeptabel zu machen suchte.

Über Nacht war Spanien wieder in kleine und kleinste Fürstentümer zersplittert, die mit bestürzender Schnelligkeit von den wieder vordrängenden Christen aufgesogen wurden. 1236 bemächtigte sich Ferdinand III. von Kastilien Córdobas. Nach langer Belagerung fiel schließlich auch Sevilla 1248. Schon vorher hatte Aragon die Eroberung der Balearen abgeschlossen (1233). Nur eine Zuflucht blieb dem spanischen Islam: die Nasriden der Banū 'l-Ahmar von Arjona setzten sich 1238 in Granada fest und vermochten diese muslimische Enklave mit kluger Politik, von Demütigungen unbeirrt, bis 1492 zu halten. Ferdinand mußten sie sogar ein Kontingent ihrer Truppen für die Eroberung Sevillas zur Verfügung stellen. Während Spanien verlorenging, zertrümmerten die Zanāta-Stämme die afrikanische Grundfeste des Reiches. Die Banū ʿAbd al-Wād (auch Banū Zajān genannt) rissen 1235 Westalgerien mit Tlemcen an sich; nur die politische Disziplinlosigkeit der Berber, ungehemmt von einer zusammenschmiedenden religiösen Erfahrung, erlaubte es den letzten Almohaden, die sich notgedrungen auf die Araber stützten und damit auch in deren Stammeszwistigkeiten hineingezogen wurden, sich bis 1269 in Marrākesch zu behaupten. Die Banū Marīn herrschten schon seit 1248 von Fez aus endgültig über Nordmarokko.

Die Dreiheit der Hafsiden, Zajāniden und Marīniden wiederholte dann im 13. Jahrhundert in größeren Dimensionen die Dreiheit von Aghlabiden, Rustamiden und Idrīsiden, die im 9. Jahrhundert das muslimische Nordafrika untereinander aufgeteilt hatten.

Weltabkehr und Mystik vor dem Ende des Kalifats

Der Maghrib hatte den Höhepunkt seiner mittelalterlichen Geschichte unter einheimischen Führern erreicht, und auch die Nachfolgestaaten der Zerfallszeit waren »national« in dem Sinne, daß sie von berberischen Dynastien beherrscht wurden. Im Nahen Osten ging die Entwicklung einen anderen Weg, und am Ende unserer Periode fällt nur bei den Rūm-Seldschuken das Volkstum der Dynastie und des muslimischen Bevölkerungsteils weitgehend zusammen. Der Ajjūbidenstaat, wenn man so will, ein Familienlehnsverband, von freien kurdischen und »gekauften« türkischen Soldaten zusammengehalten, türkisierte sich zunehmend. Die Glaubensfestigkeit der sunnitischen Orthodoxie war der Kitt, der Regierung und Regierte zusammenhielt. Und solange nicht die Religion auf dem Spiele stand, leisteten die Untertanen ihren Fürsten denselben apathischen Gehorsam, dessen sich die Fātimiden erfreuen konnten. Die Dynastie blieb »kurdisch« in den Augen der Zeitgenossen; bildungsmäßig aber war sie arabisiert, das ajjūbidische Syrien war unbestreitbar der intellektuelle Mittelpunkt der *dār al-islām*, bis es, unter den Mamlūken, von Ägypten in dieser Rolle abgelöst wurde.

Die Abbasiden wurden nicht nur im Gebet genannt, man gestand ihnen sogar einen gewissen Einfluß zu; bisweilen wurden ihre Gesandten zur Beilegung von politischen Zwistigkeiten innerhalb des Herrscherhauses herangezogen. Der Versuch, die Seeherrschaft im Mittelmeer von den Italienern zurückzugewinnen, mit denen allmählich Südfranzosen und Katalanen zu konkurrieren begannen, wurde als zu kostspielig aufgegeben. Die Heeresorganisation mit ihrer Entlohnung in natura und aus dem *iqtā'* – der Belehnte, wie später der Inhaber des osmanischen *tīmār*, mußte gemeinhin den ihm zugestandenen Ertrag selbst einziehen – machte lange Kriegszüge untunlich. Nach all den Anstrengungen Saladins besaßen die Lateiner, mit kleinen Unterbrechungen, um 1200 doch wieder die palästinisch-syrische Küste, dazu Cypern als Flotten- und Rüstungsstützpunkt. Das Bestreben der Rūm-Seldschuken, nach Osten in die arabischen Ebenen einzubrechen, belastete die ajjūbidischen Fürsten mit finanziell kaum tragbaren Abwehrmaßnahmen.

Ägypten blieb in vielen Sektoren weiter staatswirtschaftlich verwaltet; gelegentliche Konzessionen an das private Unternehmertum führten zu Störungen. Der Europahandel nahm allen Kriegshandlungen zum Trotz immer größere Dimensionen an; man hört von einem Zwischenfall, bei dem nicht weniger als dreitausend europäische Kaufleute in Alexandreia verhaftet wurden. Die wirtschaftliche Erschöpfung, die Saladins Kämpfe begleitete, zeigte sich im Schwinden der ägyptischen Währungsstabilität und in den Zwangsanleihen, die weder Saladin noch seine Nachfolger zurückzuzahlen in der Lage waren. Dabei war die Geldknappheit keineswegs allein den Armeeausgaben anzulasten, sondern ebenso – unter der Regierung Saladins – dem strikten Einhalten der von der *scharī'a* der Steuererhebung gezogenen Grenzen.

Lateinereinfälle mochten die Einigkeit der Ajjūbidenfamilie befördern; im ganzen aber schien nun ein Friede der kleinen Konzessionen den heroischen Ausgriff der Zeit Saladins abgelöst zu haben. Daß die fast unaufhörlichen Fehden der Ajjūbidenprinzen den allgemeinen Wohlstand nicht mehr in Mitleidenschaft zogen, ist zum Teil ein Zeichen für die verhältnismäßig geringen Truppenzahlen, zum andern für die Teilnahmslosigkeit der Bevölkerung. Einen härteren Zug nahmen diese Zwistigkeiten an, als nach dem Tod al-Malik al-Kāmils (1238) sein jüngster Sohn as-Sālih Ajjūb daranging, das zersplitternde Reich noch einmal zusammenzufassen. Die Widerstände innerhalb der Familie waren gestiegen, die Lateiner mischten sich ein, vor allem aber waren es die chwārezmischen Söldner, die eine grausamere Form der Kriegführung ins Land brachten.

Nach der Eroberung ihres Landes durch die Mongolen zogen chwārezmische Soldaten unter Führung ihres Königs Dschalāl ad-Dīn Mankobirti, der zuerst nach Indien geflohen war, sengend und brennend durch Iran, um sich eine neue Heimat herauszuschlagen.

Man kann vielleicht an ihren stützpunktlosen Heerzügen einiges von der Atmosphäre der frühen Völkerwanderungen erfassen; jedenfalls war Rücksichtslosigkeit ihre einzige Chance, sich eine politische Basis zu verschaffen. Die ajjūbidischen Teilfürsten der Dschazīra verwendeten diese Macht, um ihre Rivalität mit al-Kāmil auszutragen, ehe Dschalāl ad-Dīn auf rūm-seldschukisches Gebiet hinüberwechselte, wo er 1230 entscheidend geschlagen wurde. Er selbst fiel im nächsten Jahr einer Privatrache zum Opfer, von manchen Zeitgenossen als Vorkämpfer des Islams gegen die Heiden, das hieß gegen die Mongolen, gefeiert; die Söldner aber blieben, bis sie viele Jahre später nach dem Sieg as-Sālihs, den sie miterringen halfen, auf sein Anstiften hin in Südpalästina vernichtet wurden. Dschalāl ad-Dīn, der Heerkönig ohne Land und das chwārezmische Heer ohne Land und König sind Symptome der Auflösung, die der Mongoleneinbruch schon in seiner ersten Phase über die alte Ordnung des muslimischen Südwestasiens gebracht hatte.

Die Zeit drängte nach einer immer weitergehenden Militarisierung. Die Pflege des Heeres war die eigentliche Sorge der Regierenden, deren jeder sich mit eigenen Truppen zu umgeben suchte. Die Rivalität dieser nach ihrem ersten »Käufer« genannten Regimenter (*salāhijja*, nach Saladin, *'ādilijja, kāmilijja*), die auch nach dessen Tod als politischer Faktor weiterbestanden, trug das ihre zu den Spannungen zwischen den verschiedenen Fürsten bei. Bezeichnenderweise blieb die Administration Ägyptens im ganzen unverändert, den einzelnen Ministerien (*dīwān*) wurde aber ein *amīr* beigegeben, der die Verwaltungsmaßnahmen notfalls mit Gewalt durchzusetzen hatte. Der Beamtenstab, vorwiegend koptische Christen, deren Kirche übrigens unter den Ajjūbiden eine gewisse Verjüngung erlebte, wären aus eigener Autorität dazu nicht imstande gewesen. Die späteren Ajjūbiden scheinen sich darum bemüht zu haben, ihre kurdisch besiedelten Besitzungen zu halten und sogar zu erweitern. Nichtsdestoweniger machte die Türkisierung des Heeres unaufhaltsame Fortschritte, nicht zuletzt dank der von seinem Vater mißbilligten Militärpolitik as-Sālihs, der zum Unglück für die Dynastie 1249 starb, eben als Ludwig IX., der Heilige, im Siebenten Kreuzzug Damiette besetzt hatte. Seine Frau Schadschar ad-Durr, als Sklavin geboren, hielt den Thron für ihren Sohn Tūrānschāh, der zwar Damiette zurückeroberte, sich aber in die ägyptischen Verhältnisse nicht hineinfinden konnte und nach wenigen Monaten ermordet wurde, worauf die türkischen »Mamlūken«, die »gekauften« Kriegssklaven, Schadschar ad-Durr als Herrscherin anerkannten – einer der ganz seltenen Fälle, in denen auf vorderasiatisch-islamischem Gebiet einer Frau die erste Stelle im Staat zugestanden wurde. Ihr zur Seite stand der Türkengeneral Aibak, zuerst als »Muntwalt« (*atābeg*), bald als ihr Gemahl. Ein Machtkampf zwischen den Gatten folgte, in dem erst Aibak, dann die Königin einen gewaltsamen Tod fand und ein Mamlūkenemir als erster einer langen Reihe von »Sklavenherrschern« ans Ruder kam.

Die Zeitgenossen sahen in dem Erlöschen der Ajjūbiden den Übergang von kurdischer zu türkischer Herrschaft. Im Rückblick bedeutet die Machtübernahme der Mamlūken vor allem zweierlei: zum ersten die logische Vollendung der im wesentlichen auf *iqtā'āt* gegründeten Militärregierungen, nachdem nun gewissermaßen der Staat als ganzer Gemeinbesitz einer soldatischen Herrscherkaste geworden war; zum andern die für Jahrhunderte endgültige Verfestigung der Fremdherrschaft, deren Träger alles daransetzten, nicht durch Assimilierung oder Akkulturierung in der arabisch sprechenden Majorität aufzugehen. Sie selbst suchten, von der beschützten und ausgebeuteten Untertanenschaft geistig isoliert, das Eigenleben einer ständig von außen verjüngten Kriegeraristokratie zu führen. Die Wirksamkeit der Organisation wurde durch den Sieg über die Mongolen von 1260 unter Beweis gestellt. Daß die eingesessene Bevölkerung das System zu ertragen vermochte, erklärt sich, abgesehen von der in Ägypten schließlich altgewohnten Kluft zur Regierung, nur dadurch, daß im Leben die Religion allein zählte, eine Religion, die mit der Kultur zusammenfiel, obzwar die Kultur selbst auch die Andersgläubigen in ihren Bann gezogen hatte.

Es war nicht nur der Niedergang der irakischen Seldschuken, der die Abbasidenkalifen des 12. Jahrhunderts dazu bewog, die Wiedergewinnung der Exekutivgewalt anzustreben; die Stimmung der Zeit war der Stärkung eines geistlichen Zentrums um die für weite Kreise geheiligte Person des Kalifen geneigt. Mehr und mehr fanden die Gläubigen aller Bildungsschichten ihre Befriedigung in religiösem Sinnen und Wirken. Die Zeit der am Propheten sich entzündenden Frömmigkeit war gekommen, in eigentümlicher Parallele zu dem Aufstieg einer um die Person Jesu kreisenden Religiosität im Westen.

Die Welt erfüllt sich mit erkannten und unerkannten Heiligen, das Wunder rückt in die Sphäre des täglichen Erlebens, Pilgerfahrten führen den Gläubigen von einer kraftgeladenen Grabesstätte zur anderen, das Gefühl und bald eine nicht unpedantische Spekulation überlassen Gott die Verwaltung der irdischen Dinge, vermittelt durch eine komplizierte Hierarchie der Heiligen, die als die eigentlichen Herren der Welt in Erscheinung treten; die Zweigleisigkeit von Fürsten- und Heiligenregiment spiegelt die sich überschneidenden Lebenskreise von vergänglichem Staat und unvergänglicher Gemeinde wider. Die Zugehörigkeit zur *umma Muhammadijja* gibt die Daseinssicherheit, die die Welt nicht mehr zu bieten vermag. Die Größe (in jedem Sinn) der muslimischen Gemeinschaft, bewährt in ihrer Geschichte, in die Seligkeit des Paradieses geleitet von ihrem Erwecker und Fürsprech, wird im Muslim-Sein als die entscheidende Tatsache der Einzelexistenz empfunden, die sie, wie die Gemeinde als ein Ganzes, einer metaphysischen Bewährung in Leistung und Aufbau enthebt. Was entscheidet, ist das Sein, nicht das Tun. In der Kollektivfrömmigkeit triumphiert die Hoffnung, ja die Zuversicht auf Gottes Gnade über die ehedem vorherrschende Furcht vor Gottes Majestät und Zorn. Die Nüchternheit zumal hanbalitischer Theologen, die in Empfinden und Sachkenntnis dem Geist der Ursprungszeit nahestehen, kämpft vergeblich gegen die überwältigende Sehnsucht nach mystischem Sich-Verlieren in der liebenden und geliebten Gottheit, die einen im Licht der Tradition seltsam anmutenden Lyrismus in die gottesdienstlichen Übungen hineinträgt, Musik und Liebespoesie, aber auch Tanz und psychosomatische Techniken als Instrumente eines ekstatischen Entwerdens verwendet.

Zeitlich fällt dieses Eindringen des Gesanglich-Musikalischen *(samā')* in den sūfisch inspirierten Gottesdienst mit einem neuen Aufschwung der byzantinischen Kirchenmusik um 1100 zusammen. Man hat sich bisher vielleicht nicht genügend klargemacht, daß die islamische Kultur ebenso wie die westliche bis ins 17. Jahrhundert hinein in der Ordnung der Sinne dem Gehör vor dem Gesicht den Vorrang gab, das gesprochene Wort dem gelesenen zuerst auch theoretisch, später der psychologischen Wirksamkeit wegen vorzog, eine Disposition, die die dank den Lebensumständen, die ständig prekäre Ernährungslage miteingeschlossen, ohnedies überstarke Reizbarkeit auf Kosten wissenschaftlich-kritischer Exaktheit zu stimulieren geeignet war.

Eine Welle individualistischen Gotteshungers schlug über der Gemeinde zusammen; doch war es für die Geistesart der *umma* und vielleicht für die Struktur des gesuchten Erlebens bezeichnend, daß dieses Sehnen nach individualistischer Erfüllung sich zunehmend im Rahmen organisierter Orden oder Bruderschaften *(ṭarīqa)* unter Führung eines Adepten zu verwirklichen suchte. Der Widerspruch zwischen der absoluten Transzendenz Gottes und der Einswerdung der Menschenseele mit dem göttlichen Urgrund bedrückte die Theologen; die Gläubigen und ihre Führer auf dem mystischen Weg waren es zufrieden, wenn ihre Erfahrung in theologisch unanstößige Formeln gekleidet wurde.

Ibn ʿArabī, der extremsten Mystiker einer und bei der Orthodoxie nicht eben im besten Geruch, vermochte es, mit seiner pantheistisch-monistischen Theosophie den in ihren Empfindungen und Praktiken beunruhigten Ṣūfīs das gute Gewissen wiederzugeben (um einen Ausdruck Hellmut Ritters auszuleihen). Er begriff die Schöpfung als Selbstoffenbarung Gottes als des einzigen realen Seins, das in den Dingen der Wahrnehmung zugänglich wird, und erfaßte in einem metaphorischen Anthropomorphismus die Schöpfung als einen Spiegel, in dem Gott sich selbst bewundert, und den Menschen als den vollkommensten Spiegel. So schützte sich Ibn ʿArabī gegen die Vorwürfe des »Inkarnationismus« und der Selbstvergottung, interpretierte die mystische Suche als das Suchen Gottes nach sich selbst und befreite die einem Kult schon recht nahe Frömmigkeitsübung, mit dem schönen jungen Menschen als ihrem Zentrum, von dem Verdacht der sittlichen Zweideutigkeit. Der »Geliebte« repräsentiert die Schönheit Gottes, in ihm und durch ihn liebt Gott sich selbst.

Nicht jeder Theologe war überzeugt; aber die realistische Metaphorik gab der mystischen Dichtung einen beziehungsreichen, zugleich diesseitig und jenseitig ausgerichteten Motiv- und Bilderschatz, der mit dazu beigetragen hat, zumal der persischen ṣūfischen Lyrik und Epik dieser (und der folgenden) Epoche zu einer auch in anderen Kulturen kaum wiedererreichten Harmonie zwischen formvollendetem Ausdruck und (in der Lyrik) tiefsinnig-mehrdeutigem Inhalt zu verhelfen.

Ibn ʿArabī war spanischer Araber; aber den entscheidenden Einfluß haben die Mystik wie der pantheisierende Illuminationismus auf persischem Boden erfahren. Eine auffallend prominente Rolle spielen Perser oder iranisierte Zentralasiaten auch in der Entwicklung der Orden und überhaupt im religiös-philosophischen Geistesleben des 12. und 13. Jahrhunderts gerade auf arabischem Gebiet. ʿAbd al-Qādir al-Dschīlī (gestorben 1166) aus Gīlān südlich des Kaspischen Meers, aus dessen Kreis sich nach seinem Tod der große Orden der Qādirijja entwickelte, verstand es, als hanbalitischer Theologe, in dessen *madhhab* die totale Ablehnung mystischer Übungen nichts Seltenes war, die beiden Tendenzen der Gesetzesreligion und des ekstatischen Individualismus miteinander zu versöhnen. Der Heilige bleibt dem Propheten untergeordnet. Ekstase darf Sittenreinheit nicht gefährden, Askese hebt die Pflichten gegen Familie und Gemeinschaft nicht auf. Worauf es ankommt, ist der »Große *dschihād*« gegen den arroganten Existenzwillen und die Überwindung des »verborgenen Polytheismus« der Selbstanbetung. Der Heilige besitzt keine Zauberkraft, die Gnade Gottes aber erlaubt es ihm, in der Not den gewohnten Lauf der Natur umzulenken. Der Volksglaube aber war nur allzu bereit, diese Distinktion zu übersehen und den begnadeten Menschen selbst als autonomen Träger der Kraft von Segen und Fluch zu scheuen und zu ehren.

In der Qādirijja wie in den zahllosen ihr nachfolgenden Orden – auch Schwesternschaften wurden in Ägypten und in Syrien im 13. und 14. Jahrhundert gegründet, überlebten aber nicht – waren neben der Anrufung Gottes in endlos wiederholter Kurzformel (dem *dhikr Allāh*, der fast gleichzeitig im byzantinischen »Hesychasmus« aufgenommenen *mnéme theoú* vergleichbar) gewisse Praktiken zur Erlangung der Trance üblich; so ein Tanz, der den Umlauf der Planeten symbolisierte, bei den aus der Gefolgschaft Dschalāl ad-Dīn Rūmīs hervorgegangenen Mawlawī, und ein wildes, primitivere Schichten des religiösen Erlebens sanktionierendes Gehabe bei der Rifā'ijja, die ebenso wie die Qādirijja auf einen irakischen Heiligen des 12. Jahrhunderts zurückzuführen ist. Der Anwärter schließt sich einem Meister an und wird auf einer bestimmten Stufe des geistlichen Fortschritts mit dem Ordensgewand bekleidet. Der Orden gewinnt Legitimität durch die geistliche Deszendenz des Gründers von 'Alī, dem vierten Kalifen, durch eine »Kette« *(silsila)* der Überlieferung, ein eigentümlich schī'itischer Zug, wie er in jener Zeit selbst die »orthodoxe« Frömmigkeit durchwaltete.

Überhaupt gewährte diese Epoche volkstümlicher Religiosität einen größeren Spielraum. Die *futuwwa* fand Anschluß an die Sūfīk, eine Entwicklung übrigens, die charakteristischerweise in gewissem Sinne gegenläufig war: die Sūfī übernahmen Ideen der *fitjān*. Einen der wichtigsten Berührungspunkte bildete der organisierte Glaubenskampf der Grenzgebiete der *dār al-islām*, aber auch der »inneren« Grenze; in Damaskus etwa (nach Ibn Dschubair) bekämpfte eine *futuwwa*-Organisation den Terror der Assassinen mit Gegenterror. Derartige Bünde hatten die Tendenz, zu politischen Stoßtrupps des niederen Volkes zu werden, die in Perioden der geschwächten öffentlichen Gewalt zu regelrechten Machtfaktoren werden konnten, wie dies beispielsweise in Bagdad der Fall war, wo die *'ajjārūn*, unverkennbar eine *futuwwa*-Gruppe mit wohl antiabbasidischen und »proletarischen« Zielen, von 1135 bis 1144 das Heft in der Hand hielten. Wie die Sūfīorden führten auch die *fitjān* ihre Bünde auf 'Alī zurück, kultivierten einen »geistlichen Stammbaum« und entwickelten ein reiches Zeremoniell. Für die Sūfīk wurde der »Altruismus« *(īthār)* gegenüber den Mitgliedern, den die *fitjān* aller Richtungen seit jeher proklamiert hatten, eine Stufe auf dem Pfad zur mystischen Vollendung; die *futuwwa* sah in der Gottgefälligkeit des Gemeinschaftshandelns den bestimmenden ethischen Faktor. Die Sorge um den guten Namen verliert für die *fitjān* keineswegs an Bedeutung, doch die Sittlichkeit, aus der heraus sie handeln, ist individualisiert; die Entscheidung beruht auf der Einsicht des Einzelnen, welchen Ort jegliches Ding innerhalb der göttlichen Weltordnung einnimmt. Als Postulat wenigstens wird dem Tun und Lassen ein religiöses Motiv unterstellt. Dem Zeremoniell der Bruderschaften haftete zuviel »Neuerung« an, die zu den Heroen des Urislams geschlagenen Brücken waren zu leicht als zweckbestimmte Mythologeme erkenntlich, als daß nicht ein erheblicher Teil der Theologen, die vielleicht auch durch den schī'tischen Anhauch verstimmt waren, der *futuwwa* gegenüber eine vorsichtige, vielfach eine geradeheraus ablehnende Haltung eingenommen hätte.

Die öffentliche Meinung war der Bewegung günstig genug, um den Kalifen an-Nāsir li-dīn Allāh (1180–1225) den Versuch wagen zu lassen, mit Hilfe einer reorganisierten *futuwwa* den Einfluß des Kalifats über den Irak hinaus in den islamischen Landen zu stärken. Das Aussterben der irakischen Seldschuken (1194) ermöglichte es ihm, die seit zweihundertfünfzig Jahren zwischen Kalifat und Sultanat geteilten Gewalt wieder in einer Hand zu vereinigen und auf einen wahrhaft autonomen »Kirchenstaat« hinzuarbeiten. Er bemühte sich um die Schī'iten des Iraks; die Moschee der »Entrückung des Mahdī« (der *ghaibat al-Mahdī*) in Samarrā ist sein Werk. Auch mit den Neo-Ismā'īliten von Ālamūt kam es 1208 zu einer Verständigung. Aber schon längst vorher hatte sich an-Nāsir 1182/1183 von dem damaligen Oberhaupt der Bagdader *futuwwa* mit dem »Gewand der *futuwwa*« bekleiden lassen. Gleichzeitig hatte er alle *futuwwa*-Bünde aufgehoben und nur jenen bestehenlassen, »welcher die Hosen (*sarāwīl*) – das charakteristische Zeichen der Bünde – von ihm anzog und ihn als Herren anerkannte.« Das hieß also, daß hinfort nur diejenige *futuwwa* bestehenbleiben sollte, in deren Überlieferungskette (*silsila*) der Kalif eingeschaltet war. Diese höfische *futuwwa* fand außerhalb Iraks einigen Anklang, und viele Fürsten traten ihr bei; wie weit diese Filiation politisch bedeutsam war, wie weit bloße snobistische Spielerei, ist schwer zu sagen.

Etwa gleichzeitig mit dieser Reform breitete sich die Kalifenmacht über den Irak hinaus aus und wußte sich zeitweise in Chūzistān und in Südwestpersien zur Geltung zu bringen. Das war dem Chwārezmschāh lästig genug, um ihn zur Vorbereitung eines Angriffs auf Bagdad zu veranlassen; immerhin war die Stärkung des Kalifen für die in dessen Person zentralisierte *futuwwa* zweifellos förderlich. Die Mongolenkatastrophe fegte aber die höfische *futuwwa* hinweg, ehe sie sich so recht hatte erproben können, und ließ nur die politisch weniger exponierte, an kein bestimmtes Regierungssystem gebundene »bürgerliche« *futuwwa* bestehen, diese freilich in lokal und zeitlich verschiedener Form, doch besonders auf türkischem Gebiet von hartnäckiger Lebenskraft.

Es wäre verfehlt, in der ausgehenden Kalifenzeit vom Untergang der griechisch inspirierten Wissenschaften zu sprechen. Mathematik und Astronomie, Heilkunde und die propädeutischen Zweige der Philosophie bewahrten ihre Anziehungskraft, und die Entdeckung des kleinen Blutkreislaufs durch Ibn an-Nafīs (gestorben 1287) ist ein Ruhmestitel dieser Periode. Das allmähliche Versiegen der wissenschaftlichen Produktivität ist auch nicht dem Druck der öffentlichen Gewalt anzulasten; soweit die Geistigkeit des 12. und 13. Jahrhunderts diesen Schwund erkennen läßt, geht er auf nichts anderes zurück als auf einen Wandel in den Interessen der muslimischen Intelligenz. Die Bewahrung der *umma* war zum Hauptanliegen geworden, und die Bedrängnis der Zeit, die der Ansturm der heidnischen Mongolen bald noch drückender machen sollte, erforderte alle Kräfte, um die Gemeinschaft ungeschmälert zu behaupten. So mußte man die Energien konzentrieren und sich den Luxus versagen, religiös indifferente, vielleicht sogar gefährliche Wissenszweige auszuweiten. Die Sicherheit der Gemeinde lag in der Gewißheit der apostolischen Tradition. Alles Neue wurde mehr denn je abgelehnt und gefürchtet, damit natürlich auch eine

Die Giralda
Minarett der Almohaden-Moschee in Sevilla, heute Glockenturm der Kathedrale, 1170–1180

Belagerung und Einnahme der Stadt Bagdad durch die Mongolen unter Hülägü im Jahr 1258.

Miniatur in der »Geschichte der Mongolen« von Raschīd ad-Dīn. Paris, Bibliothèque Nationale

Eine Seite in einer persischen Koran-Handschrift aus dem 10. Jahrhundert
Sure 30, 22–23
London, Victoria & Albert Museum

sich als originell gebende Forschung wie überhaupt jede Haltung, die vom religiösen Lebensziel ablenkte. Trotz intellektueller Erregtheit war die Zeit antiintellektuell, ja antirational. Gnosis oder Intuition *(maʿrifa)* stand hoch über dem durch Denken erworbenem Wissen *(ʿilm)*; Tradition *(naql)*, nicht Vernunft *(ʿaql)* verdiente Vertrauen; Glaubensseligkeit stumpfte das kritische Wollen und damit das kritische Vermögen ab. Der Fehlbarkeit des Menschengeistes wurde religiöse Befriedigung abgewonnen; die Schwäche des Menschen war Gottes Ruhm, Demut vor Gott seine einzige Ehre. Es ist kein Zufall, daß an-Nāsir den Scheich ʿUmar Suhrawardī (1145–1228) zu seinem Hoftheologen machte und ihn vielfach als Gesandten verwendete. Nāsir mußte der Scheich, ein strikter Sunnit, doch der gemäßigten Schīʿa gegenüber offen, willkommen sein, weil er eine Staatstheorie entwickelte, die – in aufsteigender Ordnung – *futuwwa*, Sufik und Kalifat miteinander koordinierte; doch konnte der Kalif kaum übersehen haben, wie sehr die Mentalität seines Beraters den Geist der Zeit repräsentierte, wenn er sich etwa vernehmen ließ, die Philosophie sei ein Komplott der Ungläubigen zur Zerstörung des Islams, oder verkündete, die Wunder der Heiligen seien den Leistungen der Philosophen unvergleichlich überlegen. Es war derselbe Kalif, mit dessen Zustimmung Suhrawardī das *Kitāb asch-schifāʾ*, die philosophische Enzyklopädie des Avicenna, »abwusch« und unter dessen Regierung ein anderer Eiferer auf ähnliche Weise philosophische Werke vernichtete.

Die Rat- und Richtungslosigkeit der Zeit gab der Orthodoxie die Oberhand. Das Ziel war Gott, aber ein Gott, der es verübelte, wenn der Mensch die Gesamtheit seiner Schöpfung selbständig zu durchdringen suchte. Originalität verkleidete sich als Kommentar, Fortschritt, sofern er ins Bewußtsein drang, führte zu schlechtem Gewissen. Je undurchdringlicher dem Verstande die Welt erschien, desto gottnäher fühlte er sich. Nur diejenige Forschung blühte weiter, die der Religion direkt dienstbar war: Traditionswissenschaft, Biographie der »Überlieferer«, Koranexegese; daneben die neutrale Tatsachenregistrierung, zu der bald die Systematisierung verwaltungstechnisch wichtiger Informationen hinzukam. Die Geschichtsschreibung und ihr Zwilling, die Lebensbeschreibung der bedeutenden Persönlichkeiten, haben große Leistungen aufzuweisen. 1234 starb Ibn al-Athīr, dessen »Vollkommenes Buch«, eine Weltgeschichte (als Geschichte der *dār al-islām* verstanden), ein außerordentlich feinfühliges und reifes Werk ist, besonders bemerkenswert wegen der Sensitivität, mit der es die Ereignisse am Rand der islamischen Welt in ihrer Bedeutung für die Gemeinschaft versteht. Die Nekrologensammlung *Wafajāt al-aʿjān* von Ibn Challikān (gestorben 1282) stellt in ihrer Art, die die »Entwicklung« oder die Entelechie nicht kennt, ebenso einen Höhepunkt der Wissenschaft dar wie das biographische »Handbuch der Gebildeten«, *Irschād al-arīb*, des Jāqūt (gestorben 1229). Das zeitgenössische Abendland hat auch nicht entfernt Gleichwertiges aufzuweisen. Dies ist um so beachtlicher, als die freilich seltenen abendländischen Selbstbiographien jener Tage, man denke an Wibert von Nogent (1053–1124), Suger von St. Denis (1081–1151) oder Abaelard (1049–1142), den Selbstschilderungen eines Nāsir-i Chusrau (gestorben 1088) oder selbst eines Ghazzālī um nichts nachstehen.

Hier ist nicht der Ort, den von den Kreuzzügen hervorgerufenen geistigen Austausch zwischen Christentum und Islam zu untersuchen. Daß die arabische Welt der christlichen eine Fülle von Kulturgütern, von Dingen des täglichen Lebens über Einzelheiten der Heraldik und Kriegstechnik bis zu einer allgemeinen Erweiterung des Erlebnisbereichs geschenkt hat, hat selbstverständlich nicht zurückgewirkt; wie es scheint, haben sich die Muslime mit gewissen technologischen und strategischen Entlehnungen von den Lateinern zufriedengegeben. Die Kreuzzüge sind trotz ihres Scheiterns allein dem Abendland von Nutzen gewesen; daher müssen ihre kulturellen Folgen hier ausscheiden.

Der Sieg der Mongolen über die Chwārezmier im Jahre 1220, die Leichtigkeit, mit der er errungen wurde und die Grausamkeit der Kämpfe gegen die heidnischen Eindringlinge, die mit den Chwārezmiern wegen der Kontrolle über die mittelasiatischen Handelswege in Konflikt geraten waren, erschreckte die muslimische Welt des Ostens, ohne in ihr den Impuls zu gemeinsamer Abwehr zu wecken. Sie konnte nicht wissen, daß die Mongolen unter Tschinghiz Chan die Ideologie des Weltstaates – »ein Gott im Himmel, ein Herrscher auf Erden« – zu verwirklichen suchten; doch ahnten sie, daß sie der disziplinierten Brutalität der Feinde nicht gewachsen sein würden. Der berühmte Arzt 'Abdallatīf von Bagdad (gestorben 1231/32) – Zentralpersien und Afghanistan waren eben in mongolische Hände gefallen – entsetzte sich zwar über alle Maßen über die Barbarei der Heiden, verstand aber nur zu gut, weshalb die Chwārezmier ihnen eindeutig unterlegen waren. »Der Chwārezmschāh Muhammad ibn Tukusch war ein Dieb und gewalttätiger Mensch, und seine Soldaten waren Gesindel...; die meisten von ihnen waren Türken, entweder Ungläubige oder unwissende Muslime. ... Er pflegte einen Teil eines Stammes zu töten, und die übrigen nahm er in seine Dienste, deren Herzen dann von Haß gegen ihn erfüllt waren. Weder gegenüber seinen eigenen Leuten noch gegenüber seinen Feinden zeigte er irgendein planmäßiges Verhalten. ... Gegen ihn zogen nun diese Tataren, die *eines* Vaters Söhne sind, mit *einem* Wort, *einem* Herzen und *einem* Oberhaupt, dem sie gehorchen.« Übersetzung von Somogyi. In diesen von 'Abdallatīf beobachteten Zügen und der systematischen Terrorisierung lag letzten Endes das Geheimnis der mongolischen Erfolge.

Nach der Eroberung Irans wendete sich Tschinghiz Chan nach Osten; aber er starb 1227, noch ehe sein Reich so weit konsolidiert war, daß es sich ein weiteres Vordringen in die islamische Welt erlauben konnte. Seine Söhne richteten ihre Kraft nach Westen und ließen dem Kalifat eine letzte Atempause. Erst 1256 setzte Tschinghiz Chans Enkel Hülägü den Vormarsch fort. Die sunnitische Öffentlichkeit dankte ihm die Zerstörung Ālamūts, mit der er begann. Den persischen Schī'iten schob man die Schuld dafür zu, daß sich Hülägü gegen Irak wendete. Al-Musta'sim, Kalif seit 1242, versäumte den rechten Augenblick zur Unterwerfung; vielleicht hatten ihn die schī'itisch gesinnten Würdenträger seines Hofs mit Absicht falsch beraten. Nach schwächlich geführter Verteidigung drang das Mongolenheer am 17. Januar 1258 in Bagdad ein. Die Stadt wurde verschont, der Kalif gefangengenommen und zur Übergabe seiner Schätze gezwungen, nach einigen Tagen aber hingerichtet. Es heißt, er sei in einen Teppich gerollt zu Tode geschüttelt worden; denn hätte ein Blutstropfen von ihm die Erde berührt, so wäre die Welt ins Schwanken geraten.

Psychologisch hat der sunnitische Islam das Verschwinden des echten Kalifats niemals verwunden; auch staatstheoretisch hinterließ der Untergang der Autorität, von der alle legitime Autorität ausging, eine nicht zu füllende Lücke. Die *umma* aber hatte schon ihre volle Reife, ihre in sich gegründete Unabhängigkeit errungen. Seit Jahrhunderten hatte die Gemeinde sich immer mehr den Wechselfällen der Geschichte zu entziehen gewußt; politische Katastrophen bedeuteten längst nicht mehr religiöse Bedrohung. Die Größe der islamischen *'ulamā'*, vielleicht auch des islamischen Gemeingefühls, lag eben in der ideologisch niemals eingestandenen Tendenz, in sich geschlossen und vom Staatlich-Zufälligen unberührt zu bestehen. Eben diese religiöse und kulturelle Unberührbarkeit des Islams war seinen Bekennern der ausschlaggebende Beweis für seine göttliche Sendung. Und hat sich nicht auch der Glaube in einer dritten Woge in der politisch verwirrten und zermürbten, in der kalifatlosen Zeit, unwiderstehlich nach allen vier Himmelsrichtungen ausgebreitet?

Berthold Rubin

BYZANZ

Die Reduzierung Ostroms durch den Islam

Das Rettungswerk der Illyrer Diokletian und Konstantin hatte dem Römerreich des ausgehenden Altertums eine neue Organisation, den Endsieg des Christentums und die Verlagerung des Schwerpunktes der Weltpolitik nach dem Osten gebracht. Roms Rochade nach dem Bosporus kam gerade noch im rechten Augenblick, um seiner Zivilisation das Überleben der zunächst germanischen, später auch slawischen und arabischen Völkerwanderungen im bescheideneren Rahmen des Oströmischen Reiches zu ermöglichen. Durch eigene Schläge ins Leere und Rückschläge von außen aus dem Gleichgewicht gebracht, lernten die Erben des Romgedankens mit unwilligem Erstaunen, daß sie nicht mehr allein auf der Welt waren. Das neue Gleichgewicht der Macht wurde unter Justinian von der romantischen Reconquista des Westens, unter den Nachfolgern von einem angesichts der erlittenen Kraftverluste ebenso unrealistischen Drang nach Osten erschüttert. Ohne zu ahnen, daß er Zeitgenosse des gefährlichsten aller Nachfolger Christi und der Propheten war, triumphierte Herakleios an der Spitze römischer Heere, wie es scheinen mußte, endgültig über den im persischen Nebenbuhler verkörperten Orient. Damit trat neben die den Unterlassungen Justinians zu verdankende politische Depressionszone Südosteuropa ein ähnliches machtpolitisches Unterdruckgebiet im Nahen Osten. Der Druckausgleich, der zur Zeit Justinians vielleicht noch von Europa her möglich gewesen wäre, mißlang dem Oströmischen Reich des Herakleios, das auf eine drei Menschenalter währende Periode imperialistischer Kraftverschwendung zurücksah.

Mit der Wiederaufrichtung des »wahren Kreuzes Christi« in dem von den Persern zurückeroberten Jerusalem bezeichnet das Jahr 630 die Peripetie eines Heldenlebens. Es wurde bereits erwähnt, wie Herakleios auf dem Gipfel des scheinbaren Triumphes den Arm der weltlichen Gewalt der den Staat und damit die eigene Existenz bedrohenden Verfolgerpolitik der Ostkirche zur Verfügung stellte. Man terrorisierte nicht nur Minderheiten, wie die Juden und Samariter, sondern behandelte auch die Ketzer in den eigenen Reihen als Menschen zweiter Klasse. Kein Wunder, daß Monophysiten und nichtchristliche Minderheiten für jeden Reichsfeind Sympathien von ebenso nationalkirchlicher wie sozialer Färbung empfanden. Der arabische Vorstoß nach Norden hatte schon zu Muhammads Lebzeiten begonnen. Während des Siegeszuges der Perser in den Südostprovinzen von Byzanz unternahm er 626 persönlich, 627 durch ʿAbd ar-Rahmān ibn Auf Einschüchterungszüge nach der Stadt Dūmat al-Dschandal in der heutigen Oase al-Djof am Südrand der Syrischen Wüste. Im Jahre 629 verdiente sich Chālid ibn al-Walīd auf einer Razzia nach Muʿta an der Grenze von Belka ostwärts der Südspitze des Toten Meeres den Ehrennamen »Schwert Gottes«, obwohl die Oströmer unter dem *Vicarius* Theodoros die Oberhand behielten. Eine vorbereitende Expedition in die Randgebiete Syriens schloß sich an, der im Jahre 530 eine von Muhammad persönlich geleitete Razzia folgte. Gleichzeitig ließ er das »Schwert Gottes« auf den byzantinischen Vertrauensmann Okaidir im Raume der Oase al-Djof niedersausen. Wir besitzen noch den Text der Verträge, die der Prophet mit Stadtbewohnern des südlichen Syriens schloß. Seine Briefe an die Kaiser von Byzanz und Persien sind zumindest gut erfunden. Sie spiegeln, wie man später empfand, was damals in der Luft lag. Mitten in den Vorbereitungen einer neuen Syrienexpedition starb Muhammad plötzlich. Sein Nachfolger Abū Bakr, der erste Kalif, wagte aus Respekt vor den Anordnungen des Propheten, vielleicht auch, um im kritischen Augenblick des Thronwechsels seine Stärke zu bekunden, nicht mehr, die vorbereitete Razzia abzusagen, die unter Führung Osamas erfolgreich verlief.

Das Jahr 633 sah die Ausrufung des Heiligen Krieges und systematische Rüstungen, die im Frühjahr 634 ihren Höhepunkt erreichten. Abū Bakr konnte mit der Organisation der Armee und der Verteilung der Kommandos beginnen. Mindestens so wichtig wie die Organisation der anfangs nur neuntausend Mann zählenden Invasionsarmee waren die von Ibn Ishāk überlieferten Grundsätze für die Behandlung der Bewohner des hellenistischen Vorderorients. Er legte sie in zehn Punkten nieder, die mit Ausnahme des Befehls, auf alle Priester Jagd zu machen, von überraschender Toleranz zeugen. Sieht man von dieser Parallele zu Hitlers Kommissarbefehl ab, so zeigte sich das 7. Jahrhundert dem 20. gewaltig überlegen. Abū Bakr verzichtete auf jede Untermenschentheorie eines religiösen oder rassischen Fanatismus und tat damit aus der Ferne mehr für den Sieg als die Generale an der Front.

Dank dem Chronisten Theophānes kennen wir die byzantinische Sicht der Probleme dieses weltgeschichtlichen Augenblicks. Nach ihm wurde die arabische Invasion dadurch begünstigt, daß Kaiser Herakleios ausgerechnet in diesem Augenblick die Subsidienzahlungen an die verbündeten Araberstämme einstellte. Die in verletzender Form abgewiesenen Verbündeten stellten sich dem Feind sofort als ortskundige Führer zur Verfügung. Der Triumph über Persien hatte Herakleios in Sicherheit gewiegt. Ostrom vertraute aus alter Gewohnheit blind auf die Anziehungskraft seiner Kultur. In der Tat hielt sich die Reaktion der Einwohner Syriens und Palästinas auf den Einmarsch der Araber in Grenzen, die angesichts des oströmischen Terrors noch als maßvoll bezeichnet werden müssen.

Der Kommandant von Gaza erlitt beim Dorfe Dathin die erste Niederlage des Eroberungszuges. Die relativ schlechte Unterrichtung der byzantinischen Quellen über den Ablauf der Ereignisse spiegelt auf ihre Weise das Versagen des Staatsapparates. Die Herrschaft Europas über den Vorderen Orient brach wie ein Kartenhaus zusammen. Für die

Sogenannte Kasematte in den Trümmern der nachjustinianischen Stadt Ikhmindi in Nubien

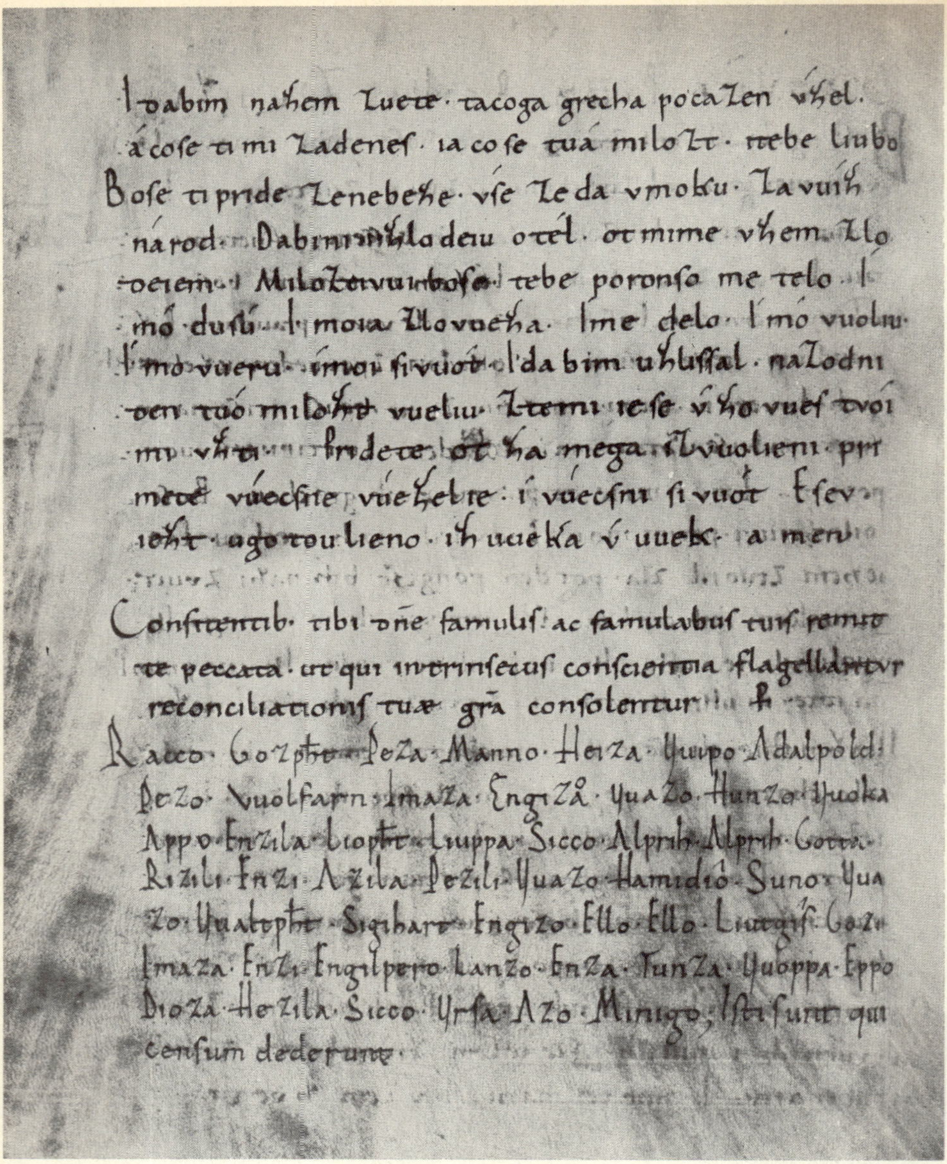

I dabim naſem Zuete · tacoga grecha pocaZen vzel ·
a coſe ti mi Zadenes · ia coſe tuá miloZt · tebe liubo
Boſe ti pride Zenebeſe · vſe Ze da vmoku · Zavuiſ
narod · Dabimi ſtilo deiu otel · ot mime vzem · Zlo
deiem · i Miloſtivui boſe · tebe poronſo me telo · I
mó duſu · I moia Zlovueſa · Ime delo · I mó vuoliu ·
I mo vueru · imoi ſivuot · I da bim uſliſſal · na Zodni
den tuó miloſt vueliu · Zemi ieſe v ſo vueſ tvoi
mi vzti … bridete · ot ſa mega · ſlvuolieni · pri
mete vuecſite vueſelie · i vuecſini ſivuot · Eſev ·
ieſt · ago tou lieno · i ſuueka v uuek · amen

Confitentib· tibi dñe famuliſ ac famulabuſ tuiſ remitte
te peccata · ut qui interinſecuſ conſcientia flagellantur
reconciliationiſ tuæ grã conſolentur ·

Racco · Gozpht · Peza · Manno · Heiza · Uuipo · Adalpold ·
Pezo · Uuolfarn · Imaza · Engiza · Uuazo · Hunzo · Uuoka
Appo · Enzila · Liopht · Liuppa · Sicco · Alprih · Alprih · Gotta
Rizili · Enzi · Azila · Pezili · Uuazo · Hamidio · Suno · Uua
zo · Uualtpht · Sigihard · Engizo · Ello · Ello · Liutgiſ · Goz
Imaza · Enzi · Engilpero · Lanzo · Enza · Tunza · Uuoppa · Eppo
Dioza · Hezila · Sicco · Urſa · Azo · Minigo; Iſti ſunt qui
cenſum dederunt

Beichtgebet der missionierten Slowenen
Eine Seite altslawischer Texte in einer lateinischen Handschrift aus dem 10. Jahrhundert
München, Bayerische Staatsbibliothek

Araber bedeutete der Feldzug angesichts ihrer geringen Truppenstärken von zuletzt vierundzwanzigtausend Mann alles andere als einen militärischen Spaziergang. Nach Tabarī und Beladhuri mußte der Kalif schon bald nach Beginn der Operationen den im persischen Irak angesetzten Chālid ibn al-Walīd mit bezeichnenden Worten nach dem oströmischen Kriegsschauplatz beordern: »Beeilt euch! Beeilt euch! Denn bei Gott, die Eroberung eines Dorfes in Syrien kommt mich teurer zu stehen als die einer großen Provinz im Irak.« Bald darauf erlitten die Byzantiner bei Adschnadain unweit Caesarea eine Niederlage, deren verhängnisvollste Auswirkung darin bestand, daß Kaiser Herakleios sich entschloß, den Kriegsschauplatz zu verlassen. Wie ein altersschwacher Löwe zog sich der Held unzähliger Schlachten in seine Höhle hinter dem dreifachen Mauerring Konstantinopels zurück. Die Überlebenden der Schlacht retteten sich nach Jerusalem und Caesarea.

Unterdessen starb Abū Bakr, und das Kalifat ging an den energischen 'Umar, eine militärisch glänzend qualifizierte Persönlichkeit, über. Das folgende Jahr sah weitere Schlachten und den Verlust von Damaskus. Am 20. August 636 fiel am Jarmūk die Entscheidung. Nach dem Sieg reiste Kalif 'Umar persönlich nach Syrien, um die Neuordnung der Verwaltung in die Wege zu leiten. Der Prägestempel des Römertums hinterließ zwar tiefe Spuren, doch kam diese Hinterlassenschaft einer Welt zugute, die fürs erste alle Brücken zur Vergangenheit abbrach. Jerusalem ging 638 durch Vertrag in die Hand der Araber über. Als letzte Stadt fiel 640 Caesarea, die Heimat des bedeutenden Historikers Prokop. Damals erstreckte sich die Herrschaft des Kalifen bereits über ganz Mesopotamien, pochte an die kilikischen Tore und die Sperriegel Kleinasiens in Armenien, um gleich darauf nach der alten ägyptischen Kornkammer der Byzantiner vorzustoßen. Die gewaltigen Militärstraßensysteme der *strata Diocletiana* des syrischen Limes mit ihren Festungen und Kastellen erwiesen sich ebenso unfähig zur Abwehr der Araber wie erst recht die Verteidigungsanlagen Ägyptens, die den Vergleich mit den Bauten Diokletians und Justinians in Syrien nicht aushielten. Die Verteidigung Ägyptens hatte allenfalls mit Aufrührern im eigenen Lande oder mit unbedeutenden Barbarenstämmen vom Schlage der Blemmyer und Nobaden zu rechnen. Einem Überraschungsangriff aus der arabischen Halbinsel stand man schlechterdings unvorbereitet gegenüber.

Kaiser Herakleios mußte sich sagen, daß er durch seine vermittelnde und doch so unduldsame Religionspolitik entscheidend zur Unterstützung des Angriffs von außen durch passiven Widerstand im Innern beigetragen hatte. Jetzt kam es darauf an, was sich von Kleinasien und seinen militärisch ausschlaggebenden Vorfeldern Armenien-Kaukasus halten ließ. Der Rückstrom der griechischen Bevölkerung aus dem verlorenen Orient bedeutete für das Reich eine nicht zu verachtende Energiezufuhr. Die Positionen Ostroms in Sizilien und dem übrigen Italien wurden nicht zuletzt aus diesem Grunde gestärkt. Aber der Kaiser fühlte sich zu alt und verbraucht, um solchen Rückschlägen gewachsen zu sein. Die Reste der Popularität, die der Bankrott von Reich und Kirche übriggelassen hatte, fielen seiner Familienpolitik zum Opfer. Eine zweite Heirat mit seiner ehrgeizigen Nichte Martina erregte den Unwillen des Patriarchen. Doch konnten die unglücklichen Familienverhältnisse der Kontinuität der Dynastie einstweilen nichts anhaben. Als Herakleios starb, versuchte Martina, das Regiment über seine Söhne und Nachfolger zu führen. Dagegen traten Volk und Senat in Opposition. Man wählte ein Kind zum Kaiser, den elfjährigen Prinzen Constans II. (641–668). Das bedeutete ein Zeitalter der Senatsherrschaft. Die kühnsten Träume des Historikers Prokop und seiner Gesinnungsgenossen schienen in einem Zeitalter erfüllt, das den Senat als Kronrat und obersten Gerichtshof in den entscheidenden Machtpositionen sah. Dafür traten die Zirkusparteien (Demen) als Reste der Volksherrschaft endgültig in den Hintergrund.

Um die Jahrhundertmitte finden wir die mittelbyzantische Provinzialordnung in ihren charakteristischen Zügen ausgebildet. Die ältere Forschung schreibt Kaiser Herakleios die schlagartige Einführung dieser »Themenverfassung« zu. In Wirklichkeit handelt es sich um eine Entwicklung, die lange vor Justinian begann, aber unter ihm besondere Fortschritte machte. Sie ist gekennzeichnet durch die Vereinigung von Zivil- und Militärgewalt in den Großprovinzen (Themen), die durch Zusammenlegung der zahlreichen kleinen Provinzen der Raumordnung Diokletians und Konstantins entstanden. Um 680 führte die den Notwendigkeiten der Truppenversorgung ebenso wie strategischen Erwägungen entspringende Militarisierung der Reichsorganisation zur Vereinigung von Steuer- und Militärverwaltung in dem Ministeramt des *Logothétes tou stratiotikoú*. Getreu den Rezepten des Herakleios erwies sich Armenien als Rückgrat der Truppenversorgung. Der Krieg mit den Arabern wurde unter dem Oberkommando armenischer Feldherren, wie Valentinos Askidos und Theodoros Rystuni, geführt. Weder diese beiden noch ihr Landsmann Manuel vermochten den arabischen Ansturm auf Ägypten zu bremsen. Im Jahre 646 ging mit Alexandreia die wichtigste Metropole des Hellenismus für immer verloren. Der gewaltige Amr unterwarf unter 'Umar und seinem Nachfolger Uthmān nicht nur Ägypten, sondern drang bis Tripolis vor. Der junge Constans erwies sich nach seiner Großjährigkeit als fähiger und energischer Herrscher. Die Entwicklung ging aber zunächst über ihn hinweg.

Es gelang den Arabern zwar nicht, Kleinasien zu bezwingen, sie setzten aber ihren Siegeszug durch Nordafrika ungehindert fort. Jetzt erst gewannen sie Geschmack an der Seefahrt. Damit trafen sie den Lebensnerv des Oströmischen Reiches. Das Erscheinen einer zweiten Kriegsflotte auf den Hochstraßen der Mittelmeerwelt schoß weit über den Wirkungsgrad von Krieg und Piraterie der Schwarzmeergoten und afrikanischen Vandalen hinaus, es bedeutete nichts anderes als die Wiedergeburt Karthagos. Der Statthalter Syriens, Mu'āwija, erkannte die Forderung der Stunde und handelte aus dem Geist der seiner Obhut anvertrauten Häfen Phönikiens. Der Schrecken, den die Oströmer einst nach den schutzlosen Küsten Italiens getragen hatten, sollte sie jetzt im eigenen Lande anspringen. Die Plünderungszüge der Araber in Kleinasien erhielten ihr Gegenstück in überraschenden Angriffen zur See. Mu'āwija ließ 648 seine Flotte bauen, ohne den restlichen Zedern des Libanon Schonung zu gewähren. Seine ersten Opfer wurden die Inseln Cypern und Rhodos. Im Angesicht des Berges Phoinikos in Lykien lieferte Constans II. 655 die berühmte »Schlacht der Masten«, die für längere Zeit über die Seeherrschaft im Ostmittelmeer entschied. Der Chronist Theophānes vergleicht sie mit der Schlacht am Jarmūk, überläßt aber die Schilderung der Einzelheiten dem syrischen Kollegen Michael Syrus. Geplant war die Blockade von Konstantinopel. Aber der Tod des Kalifen 'Uthmān und der Thronstreit zwischen Mu'āwija und 'Alī versetzten der Angriffsfreudigkeit der Araber einen tödlichen Stoß (656). Ohne diese Fügung wäre Ostrom wohl verloren gewesen. Unter dem Druck des Bürgerkrieges verstand sich Mu'āwija 659 zum Abschluß eines Friedens. Die zwischen den Fronten von Osten und Westen unsicher gewordenen Armenier erhielten damit wieder politische Anreize zugunsten der Sache Europas, die lange vor Karl Martell von Europas Südostbastion Byzanz verteidigt wurde. Constans II. erhielt zudem freie Bahn für die notwendige Initiative im Balkanraum, wo Awaren und Slawen das große Wort führten.

Die gewaltigen Gefahren, die dem Reich im Osten drohten, lassen es nicht erstaunlich erscheinen, wenn Constans II. sich jetzt an den Ursprung seiner Dynastie im Westen erinnerte. In Karthago hatte sein Großvater als Exarch regiert, von dort war der Vater zur Rettung Konstantinopels aufgebrochen. Je angespannter sich im Osten die Lage dem kritischen Blick darbot, desto aufmerksamer achtete der Kaiser auf etwaige Möglichkeiten im Westen. Hinzu kam natürlich der Gedanke der Einheit des weltbeherrschenden Römerreiches, den Justinian ebenso exemplarisch wie kostspielig vertreten hatte. Der Augenblick relativer Ruhe im Osten schien günstig. Erst recht läßt es sich psychomotorisch verstehen, wenn das »Weltreich« Byzanz, an der stählernen Mauer im Osten hilflos abgeglitten, seine Arme noch einmal nach dem Westen ausstreckte, um aus dem Mutterboden Altroms neue Kraft zu gewinnen. Bezeichnenderweise schlug Constans nach gemächlicher Flottenfahrt über Athen und Tarent nicht in Rom, sondern in Sizilien sein Hauptquartier auf. In Syrakus verfolgte er zäh wie sein Vater den Gedanken einer *restauratio imperii* rund um Sizilien, das sich um so mehr als Nabel des Mittelmeers herausstellte, als der bescheidene Versuch scheiterte, wenigstens Unteritalien den Langobarden zu entreißen. Dafür gelang es, das von Arabern überschwemmte Karthago zurückzuholen und damit nicht nur den Stammsitz der Dynastie, sondern auch die Anwartschaft auf weiteres Beharren in Afrika zu retten. Der Steuerdruck als Folge allzu rascher Restauration versetzte Sizilien in solche Raserei, daß sich Mörder fanden, die den Kaiser im Bade erstachen (668). Der Haß, der den Kaiser aus Konstantinopel vertrieben hatte, fand sein Opfer auch im Westen. Er wurzelte nicht zuletzt im Monotheletenstreit, dem Erbe des Herakleios. Wie sein Vater, hing Constans mit größtem Ernst dieser Formel an, einem verzweifelten Versuch, Justinians konfessionelle Westwendung dem Osten halbwegs erträglich zu machen. Er ließ der Ekthesis des Vaters mit ihrer Formel vom *einen* Willen (638) das ebenfalls von Staats wegen verordnete Religionsedikt des Typos folgen (648). Das Verbot jeden Streits bewirkte das Gegenteil, wobei das Temperament des Westens und hier wiederum Afrikas dem Osten den Rang ablief. Hier war den Massen in Maximos Konfessor ein geistlicher Führer erstanden, der die fanatischsten Zeiten des Donatismus zu erneuern schien. Der »afrikanische Stil« eines Apuleius und Tertullian, aber auch der Separatismus eines Gildon schienen wiedererstanden. Mit seinem energischen Protest gegen den staatlichen Segen provozierte Papst Martin einen Kirchenkonflikt von der Schärfe des Investiturstreits oder der napoleonischen Ära. Zusammen mit Maximos wurde er kurzerhand in die Verbannung geschickt. Das Tragische war, daß eine Haltung, die zu Justinians Zeiten das Reich hätte retten können, nach dem Totalverlust des »ketzerischen« Ostens jeden Sinn verloren hatte. Die Stunde für Vermittlungsversuche war vorbei. Bezeichnend war aber auch, wie überlegen das östliche Kaisertum jedem Versuch kirchlicher Fronde begegnete.

Nachfolger des Ermordeten wurde sein Sohn Konstantin IV. (668–685). Seine Regierung machte im Kampf mit den Arabern Epoche. Nach seinem Sieg in der Auseinandersetzung mit Alī hatte Mu'āwija die Einfälle in Kleinasien wiederaufgenommen. Erst recht tasteten sich die Araber im ägäischen Raum gleichsam von Insel zu Insel springend an den Bosporus heran. Die Erfolgslinie Cypern–Rhodos–Kos wurde durch die Einnahme von Chios fortgesetzt, und 670 landete eine arabische Flotte auf der Halbinsel Kyzikos in unmittelbarer Nähe der Hauptstadt. Von 673 bis 679 tobte ein siebenjähriger Krieg um Konstantinopel, der durch die größere Wendigkeit der byzantinischen Seestreitkräfte, vor allem aber durch die Wunderwaffe jener Ära, das von dem Syrer Kallinikos erfundene »Griechische Feuer«, zugunsten der Byzantiner entschieden wurde. Die Belagerung wurde aufgehoben, der ägäische Raum von den Arabern reingefegt und sogar Cypern zurückgewonnen. Die »nukleare Waffe« jener Tage, eine Art Flammenwerfer, schien die griechische Verachtung gegen alle Technik Lügen zu strafen, die noch aus des Johannes von Damaskus Warnung vor der Überschreitung der ewigen Grenzen spricht. Ob sie es wünschten oder nicht, diese ebenso christlichen wie griechischen Barbarenverächter verdankten dem Trick eines Alchimisten ihr geschichtliches Überleben. Kalif Mu'āwija schloß einen dreißigjährigen Frieden und verpflichtete sich sogar zu Tributzahlungen.

Nicht ganz so günstig standen die Dinge auf der Balkanhalbinsel. In den Steppen nördlich der Krim herrschte zur Zeit des Herakleios der Hunnenfürst Kowrat über die protobulgarischen Hunnenstämme, die im Zeitalter Justinians unter dem Namen der Kuturguren und Uturguren bekannt waren. Sein Tod zersprengte den Stammesbund in alle Windrichtungen. Die wichtigste dieser Gruppen erschien unter Asparuch um 670 an der unteren Donau, gewann rasch die Oberherrschaft über die dort schon ansässigen Slawen und begründete das Bulgarenreich. Konstantin IV. ahnte, welche Gefahren dem Reich von einer neuen Macht an seiner Nordfront drohen konnten, und versuchte vergeblich zu verhindern, daß das Awarenreich einen noch gefährlicheren Nachfolger erhielt. Der Kaiser überschritt zwar die Donau, veranlaßte aber damit den Feind nur zum Gegenstoß. So kam es zur Besetzung des heutigen Nordbulgariens. Mehr Erfolg hatte Konstantin mit seiner Religionspolitik. Unter allgemeinem Beifall wurde auf dem sechsten ökumenischen Konzil (680/681) die vermeintlich rettende Formel des Monotheletismus zu Grabe getragen. Darin verbarg sich für den Gottesstaat Byzanz eine bemerkenswert realistische Einsicht in die Unwiderruflichkeit der arabischen Herrschaft im Südosten des Mittelmeerraumes.

Konstantin IV. starb im Alter von nur zweiunddreißig Jahren. Er überließ den Thron seinem ebenfalls nicht unbegabten, doch viel zu jungen Sohn Justinian II. (685 bis 695, 705–711). Der Name sagt einiges über das Programm Konstantins; dies ist um so bemerkenswerter, als Justinian noch vor dem großen Sieg über die Araber geboren wurde. Wir können darin über den ohnehin für alle Kaiser verbindlichen Gedanken vom »neuen Konstantin«, »neuen Justinian« hinaus ein Bekenntnis zur aktiven Westpolitik einer gesamtmittelmeerischen Verantwortung erblicken. Die Dynastie des Herakleios verfügte nicht nur in Armenien, sondern ebenso im äußersten Westen über geheime Schwerpunkte ihres politischen Ehrgeizes. Es scheint nicht ausgeschlossen, daß der Gedanke vom »neuen Justinian« dazu beigetragen hat, den Geltungstrieb des sechzehnjährigen Herrschers zu übersteigern. Ähnlich wie bei Nero und Domitian übersahen die Historiker über seinem Ruf als Tyrann das Positive seines Wirkens. Mag sein Charakterbild noch so sehr in der Geschichte schwanken, Persönlichkeit und Leistung lassen sich nicht leugnen.

Die außenpolitische Lage war zunächst nicht ungünstig. Mit Kalif 'Abd al Malik schloß man einen Vertrag, der die Teilung der Einkünfte von Cypern, Armenien und Iberien (Georgien) vorsah. Also exakte Fortsetzung der alten Rivalität Byzanz und Persien, Fortsetzung auch der traditionellen Spaltung Armeniens. Im Jahre 689 kam es nach erfolgreichem Feldzug zu einer großen Umsiedlungsaktion von Balkanslawen nach Kleinasien. Diesen angeblich weit über dreißigtausend Neusiedlern (die Zahl bezeichnet das Heeresaufgebot, wäre also mit vier zu multiplizieren) sind schon unter Constans II. kleinere Gruppen vorangegangen. Dem entsprach die Verpflanzung von unzuverlässigen Volksgruppen an der Arabergrenze nach Westkleinasien und Europa sowie der Einsatz cypriotischer Seeleute auf Kyzikos. Justinians Beispiel machte bei seinen Nachfolgern Schule und ist trotz unvermeidlicher Härten der Wehrkraft des Reiches nicht gerade schlecht bekommen. Auf der Passivseite war das Überlaufen zahlreicher Umsiedler zu den Arabern zu verzeichnen. Auch die unfreiwillige Propaganda für die Sekte der Paulikianer Ostkleinasiens im Balkan gehört zu den unerwünschten Auswirkungen. Das Bogomilentum, der letzte Beitrag des Ostens zum religiösen Weltgespräch vor der Reformation, verdankt einer solchen Bevölkerungsbewegung seine mächtigsten Antriebe. Die slawischen Einheiten des Heeres waren schuld an der Niederlage, die Justinian im Jahre 692 bei Sebastopolis in Kilikien erlitt, nachdem er ein Jahr zuvor das Wiederaufflammen des Araberkrieges provoziert hatte.

Mit der Einführung der Themenordnung in den Verwaltungsräumen Hellas (695) und Thrakien zog Justinian die Konsequenzen aus der Verschärfung der Lage in Europa durch das Auftauchen der Bulgaren. Kleinasien war seit langem in Themenbezirken organisiert. Justinian und Maurikios waren die bedeutendsten Schritte auf diesem Wege zu danken, der Name der Themen trat dagegen erst später zur namentlich im 7. Jahrhundert vollzogenen Tatsache der Berichtigung des diokletianischen Verwaltungssystems. Soldatengüter und Themenverfassung haben weder miteinander etwas zu tun, noch entsprangen sie, wie man früher glaubte, fertig ausstaffiert dem Haupt des Kaisers Herakleios. Die neuere Forschung erblickt in der mittelbyzantinischen Reichseinteilung das Resultat einer stetigen Entwicklung.

Der Ära Justinians II. wurde früher der *Nomos Georgikos* zugewiesen, ein Bauerngesetz, um dessen wahren Charakter erregte Auseinandersetzungen mit der sowjetischen Wissenschaft im Gange sind. In der geistigen Hemisphäre des *DIAMAT* (dialektischen Materialismus) betrachtete man den *Nomos Georgikos* als unfehlbares Beweismittel für die Bekehrung des byzantinischen »Sklavenhalterstaates« zum freien Bauerntum. Man schrieb den slawischen Gefangenen und Umsiedlern in aller Form ein soziales Rettungswerk zu. In Wirklichkeit lassen sich freie Bauern schon unter Justinian nachweisen. Für das griechische Bauerntum bestand kein Grund zu Anleihen bei einer urslawischen »Gemeindeordnung«, die später nützliche Vorwände für Träumereien des Panslawismus am großrussischen Familienofen lieferte. Auch die Steuerreformen Justinians II. trugen zur Beseitigung der alten Zwangsbindung an die Scholle bei. Die enge Verbindung von Kopf- und Grundsteuer wurde damals aufgehoben. Solche Maßnahmen zeigten, daß der spätantike Mangel an Arbeitskräften bis zu einem gewissen Grade überwunden war.

Auf dem Trullanischen Konzil (Quinisextum) zu Konstantinopel (692) ergaben sich zwar keine grundlegenden dogmatischen Neuerungen, um so schwerer wirkte sich der Streit mit dem Papsttum aus. Die kaiserlichen Gesandten erhielten in Rom einen demütigenden Empfang. An die geplante Verhaftung des Papstes war nicht zu denken. Die allgemeine Unzufriedenheit mit dem jugendlich schroffen Herrscher, nicht zuletzt die Härten der Umsiedlungen führten 695 zum Sturz Justinians II. Wenn es ihm auch gelang, die Herrschaft nochmals an sich zu reißen, so bedeutet der revolutionäre Akt doch das Todesurteil über die von Herakleios begründete Dynastie. Der Kaiser wanderte als lebendes Zeugnis der demokratischen Unterströme der byzantinischen Theokratie mit abgeschnittener Nase in das Exil von Cherson, der immer noch freien Griechenstadt auf der Halbinsel Krim.

Unter dem Regiment seines Nachfolgers Leontios (695–698) ging 698 Karthago endgültig verloren. Unter dem Umajjaden 'Abd al Malik prellten die Araber um 695 erneut nach Tunesien vor. Leontios sandte seinen Admiral Leontios zum Gegenangriff, erzielte aber nur kurzlebige Erfolge. Mit der byzantinischen Herrschaft in Nordafrika war es endgültig vorbei. Die Eroberer fanden an Karthago so wenig Geschmack wie am griechischen Alexandreia. Wie in Ägypten mit Kairo schufen sie sich hier mit Kairouan ein neues Zentrum von höchstem Glanz. Darüber hinaus erkannte Al-Noman den Wert des Hafens von Tunis und wandte alle Kraft an den Flottenbau. Das byzantinische Sizilien, eben noch erträumter Mittelpunkt der Römerherrschaft, mußte 703 von Ägypten, 704 von Tunis aus Raubzüge über sich ergehen lassen. Bald standen die Umajjaden auf Sardinien und den Balearen und eilten im Triumph durch den Maghrib, um nach dem längst von Byzanz verlassenen Spanien überzusetzen. Das Zeitalter des Korsarenkrieges im Raume Tunis löste die Tage der Alleinherrschaft Ostroms in diesen Gewässern ab. Auch Leontios' Nachfolger Tiberios II. konnte für die Bedrängnis Siziliens keine Abhilfe finden. Im Osten setzten sich die Araber trotz einzelner Abwehrerfolge in Kilikien fest. Mit dem Besitz eines Völkertors vom Range der kilikischen Pforten hatten sie den Schlüssel Kleinasiens in der Hand.

Unterdessen hatte sich Justinian II. auf seinem Elba mit dem Chazarenchagan verbunden. Die Freundschaft scheiterte an der seit Herakleios traditionellen Freundschaft der Chazaren mit den herrschenden Gewalten, nicht aber mit den Umsturz planenden Kreisen von Byzanz. Justinian wanderte weiter und brachte den Bulgarenchan Tervel auf seine Seite, mit dessen Unterstützung und der Hilfe eigener Parteigänger er 705 in Konstantinopel einzog. Es läßt sich denken, welche Belohnung die Bulgaren von einem Kaiser zu erwarten hatten, der nicht vor dem Bündnis mit dem Landesfeind zurückschreckte. Tervel erhielt den Cäsartitel, Bulgarien einen gefährlichen Wechsel auf die Zukunft. Die Erfordernisse der Außenpolitik wurden über kleinlicher Rache und Verfolgung politischer Gegner zurückgestellt. In seiner kurzsichtigen Wut beabsichtigte der Kaiser, durch Strafexpeditionen Städte wie Ravenna und Cherson auszuradieren. Die Chersonflotte empörte sich aber und

610–711 Die heraklische Dynastie

610–641	Herakleios
641	Konstantin III. und Heraklonas
641	Heraklonas
641–668	Constans II.
668–685	Konstantin IV. Pogonátos
685–695	Justinian II. Rhinótmetos (1. Regierungszeit)
695–698	Leontios
698–705	Tiberios II. Apsímaros
705–711	Justinian II. (2. Regierungszeit)
711–713	Philippikos Bardánes
713–715	Anastasios II. Artémios
715–717	Theodosios III. Atramytenós

717–802 Die »syrische« Dynastie

717–741	Leon III., der Syrer
741–775	Konstantin V. Koprónymos (Kaballínos)
775–780	Leon IV., der Chasar
780–797	Konstantin VI.
797–802	Eirene von Athen
802–811	Nikephoros I.
811	Staurakios
811–813	Michael I. Rhangabé
813–820	Leon V., der Armenier

820–867 Die »amorische« Dynastie

820–829	Michael II., der Stammler
829–842	Theophilos
842–867	Michael III., der Trunkenbold

867–1056 Die makedonische Dynastie

867–886	Basileios I., der Makedone
886–(911) 912	Leon VI., der Weise
912–913	Alexander
913–959	Konstantin VII. Porphyrogénnetos
920–944	Romanos I. Lakapenos
959–963	Romanos II.
963–969	Nikephoros II. Phokas
969–976	Johannes I. Tzimiskés
976–1025	Basileios II. Bulgaroktónos
1025 (976)–1028	Konstantin VIII.
1028–1034	Romanos III. Argyrós
1034–1041	Michael IV., der Paphlagonier
1041–1042	Michael V. Kalaphátes
1042	Zoë mit Theodora (1. Reg.zeit)
1042–1054 (1055)	Konstantin IX. Monomáchos
1055–1056	Theodora (2. Reg.zeit)
1056–1057	Michael VI. Stratiotikós
1057–1059	Isaak I. Komnenos

1059–1078 Die Dukas

1059–1067	Konstantin X. Dukas
1068–1071	Romanos IV. Diogenes
1071–1078	Michael VII. Dukas Parapinákes
1078–1081	Nikephoros III. Botaneiátes

1081–1185 Die Komnenen

1081–1118	Alexios I. Komnenos
1118–1143	Johannes II. Komnenos
1143–1180	Manuel I. Komnenos
1180–1183	Alexios II. Komnenos
1183–1185	Andronikos I. Komnenos

1185–1204 Die Angeloi

1185–1195	Isaak II. Angelos (1. Reg.zeit)
1195–1203	Alexios III. Angelos
1203–1204	Isaak II. Angelos (2. Reg.zeit) und Alexios IV. Angelos
1204	Alexios V. Múrtzuphlos

1204–1261 Die Laskariden

1204–1222	Theodoros I. Laskaris
1222–1254	Johannes III. Dukas Vatátzes
1254–1258	Theodoros II. Laskaris
1258–1261	Johannes IV. Laskaris

1261–1453 Die Palaiologen

1261 (1259)–1282	Michael VIII. Palaiologos
1282–1328	Andronikos II. Palaiologos
(1295–1320)	(Michael IX. Palaiologos)
1328–1341	Andronikos III. Palaiologos
1341–1391	Johannes V. Palaiologos
1347–1354	Johannes VI. Kantakuzenos
1376–1379	Andronikos IV. Palaiologos
1390 (1398–1402)	Johannes VII. Palaiologos
1391–1425	Manuel II. Palaiologos
1425 (1423)–1448	Johannes VIII. Palaiologos
1449–1453	Konstantin XI. Palaiologos Drágases

wählte mit chazarischer Unterstützung den Armenier Philippikos Bardanes zum Kaiser (711–713). Auch der Vollstrecker des Spruchs der Geschichte über die heraklische Dynastie war ein Armenier und nicht nur das, er betätigte sich als Restaurator jenes Monotheletismus, der schon unter Herakleios als Vermittlungsformel versagt hatte und zur Stunde nur noch in Armenien auf eine gewisse Popularität rechnen konnte. Das führte zu Auseinandersetzungen mit dem Papsttum, bei denen beide Teile das monumentale Wandbild als politisches Kampfmittel benutzten, erstes Wetterleuchten des kommenden Bilderstreits wie der weltgeschichtlichen Schwenkung der Päpste nach dem Westen. Im Mittelpunkt dieses Kampfes stand die Frage der Anerkennung des 6. ökumenischen Konzils. Im Osten brachten die Araber dem neuen Kaiser eine Schlappe nach der anderen bei. Im Norden ging die Saat der verräterischen Politik Justinians II. auf. Der Bulgarenchan Tervel verwüstete unter dem Namen eines Rächers seines kaiserlichen Protektors ganz Thrakien und die Vororte von Konstantinopel. Das Heer vergalt diese Mißerfolge mit dem Sturz des Kaisers und ließ zunächst die Wahl eines Zivilbeamten zu, der sich in Erinnerung an seinen gleichartigen Vorgänger den zu einer streng zivilen und »senatorischen« Haltung verpflichtenden Namen Anastasios II. zulegte. Aber die Welle, die ihn hob, verschlang ihn und seinen noch kurzlebigeren Nachfolger Theodosios. Dafür trug sie einen Frontoffizier, den General und Gouverneur im Riesenthema Anatolikon, Leon III. aus Syrien – nicht Isaurien, wie man meinte –, ins Zentrum der Weltgeschichte (717–741).

Das Zeitalter des Bilderstreits

Mit Leon dem Syrer trat nach der unglücklichen Ära Justinians II. ein neuer Herakleios an die Spitze des oströmischen Staates. Der Plan des Anastasios, einen Stoß mitten in die arabischen Angriffsvorbereitungen hineinzuführen, fiel den Bürgerkriegswirren zum Opfer. Dem neuen Kaiser blieben nur wenige Monate Zeit bis zur Kraftprobe mit den Arabern, die Konstantinopel zu Wasser und zu Lande belagerten. Aber es zeigte sich, daß der Instinkt die aufrührerischen Truppen nicht getrogen hatte. Der bewährte General vermochte als Kaiser den Vorteil der Routine persönlicher Truppenführung so überzeugend ins Licht zu setzen, daß der Arabersturm von 717/18 der letzte blieb, der die unvergleichliche Lage der Land- und Seefestung Konstantinopel und den Mut ihrer Verteidiger auf die Probe stellen sollte. Die Springflut, die im Westen noch bis ins mittlere Frankreich branden sollte, prallte von dem Deich am Goldenen Horn für immer zurück. Ein strenger Winter trug zur Niederlage der Araber bei, verstärkte auch die Anfälligkeit ihrer Nachschublinien. Der Kampf ging in den folgenden Jahren weiter, doch lag trotz mancher Rückschläge die Initiative nun bei den Byzantinern. Im Jahre 740 krönte der Sieg von Akroinon bei Amorium in der Mitte Kleinasiens das Rettungswerk Leons III. Nicht nur militärisches Genie, auch geschickte Diplomatie hatten ihren Anteil an solchen Erfolgen. Im entscheidenden Jahr gewann er den Bulgarenchan Tervel als Verbündeten und vernachlässigte nie die Freundschaft mit den Chazaren. Die Außenpolitik der heraklischen Dynastie wurde ohne Bruch fortgesetzt.

Um so revolutionärer entfaltete sich die Politik Leons III. im Inneren. Er teilte verschiedene Großprovinzen (Themen), um zentrifugale Machtkonzentrationen und damit Usurpationen nach dem Muster seiner eigenen für die Zukunft zu verhindern. In der Rechtsprechung (auch der slawischen Länder) erwies sich seine *Ekloge*, eine Auswahl und Übersetzung aus dem *Corpus* Justinians, als glücklicher Griff. Die Abkehr vom Geist des römischen Rechts zu Maßstäben des spezifisch östlichen Mittelalters läßt sich namentlich am Familien- und Strafrecht ablesen. Doch lag das auf der Linie der normalen Entwicklung. Der revolutionäre Akt Leons III. betraf die Religionspolitik. Auf seine Initiative hin begann der berüchtigte Bilderstreit, der Byzanz für ein ganzes Jahrhundert in zwei feindliche Lager spaltete. Zieht man die Schärfe der Gegensätze in Betracht, so erbringt die relativ kurze Dauer des Konflikts freilich eher den Beweis für die Übermacht der Tradition im geistigen Raum Byzanz. Das persönliche Verhängnis Leons III. verurteilte ihn zu einer tragischen Rolle vom Charakter, wenn auch nicht dem Range, Echnatons oder des Julian Apostata. Seine gewaltige politisch-militärische Leistung blieb nach dem Rückschlag seiner Kirchenreform für immer verfemt.

Es ging um die Frage der Bilderverehrung, die in der antichristlichen Polemik ausgeprägter Monotheisten, wie der Juden und Araber, seit langem eine Rolle spielte. Das Griechentum hatte sich von der »ägyptischen« Strenge seiner Frühzeit bis zur neuen Hieratik von Byzanz entwickelt, aber niemals die Darstellung der Menschengestalt als sein eigentliches Anliegen aufgegeben. Der Satz, daß Gott den Menschen nach seinem Bilde schuf, erhielt durch seine Übersetzung ins Griechische überhaupt erst die Möglichkeit seiner Erprobung am Phänomen der bildenden Kunst. So zehrten auch Byzanz, seine Heiligengestalten und seine Christusbilder von den Resten klassischer Schönlebendigkeit, wenn auch das Prinzip des »byzantinischen Stils« alte und neue Tradition in schöpferischen Widerspruch treten ließ. Die platonische Spannung zwischen idealem Urbild und irdischem Abbild stachelte den antiken wie den christlichen Künstler zur Leistung an. Die prickelnde Funkenstrecke des philosophischen Kunstverständnisses erwies sich aber für Semiten als eine selbst von gewaltigen Spannungen des Geistes nicht zu überbrückende Leere. Die Menschengestalt durfte im Bereich des Islams nur in der Form des abstrakten Kürzels einer ornamentalen Kurzschrift als künstlerische Aussage auftreten. Man pries diese Not nicht etwa künstlerisch, sondern theologisch als Tugend, und man tat es im kraftvollen Aufblühen der islamischen Weltkultur so überzeugend, daß die Christen mitunter nicht nur am Hochgottcharakter ihrer Dreieinigkeit, sondern erst recht an der Zulässigkeit ihrer kirchlichen Kunstübung zu zweifeln begannen. So konnte es geschehen, daß der ruhmreichste Vorkämpfer im Heiligen Krieg mit dem Islam sich plötzlich als Schrittmacher gewisser islamischer Prinzipien gebärdete.

Leon III. begann 725/726 mit der offiziellen Propaganda gegen die Bilderverehrung und erließ 730 ein Bilderverbot. Die Gegner des »sarazenisch gesinnten« Kaisers mochten darauf verweisen, daß Kalif Jazīd II. vor wenigen Jahren (720) ebenfalls ein strenges Bilderverbot erlassen hatte, das auch die christlichen Untertanen seines Reiches den einschlägigen Vorschriften des Korans unterwarf. Die oströmischen Kritiker konnten die Tatsache einer zahlreichen Anhängerschaft des Kaisers nicht aus der Welt schaffen.

Vor allem in Armenien mit seinen Monophysiten fanden sich Anhänger der neuen Lehre, die unbeschadet ihres fanatischen Grenzkampfes gegen die Araber sich nicht scheuten, in der Bilderfrage auf die Stimme des Feindes zu hören.

So nahmen die Massen in Ostkleinasien überwiegend für den Kaiser Partei, während man in Griechenland und vor allem in der Hauptstadt nicht vor Gewalttaten zurückschreckte. In Konstantinopel wurde der kaiserliche Sprecher auf der Stelle vom Mob erschlagen. Seitdem wüteten in Byzanz zwei »Armeen« gegeneinander: das kaiserliche Heer mit seiner armenischen Elitetruppe maß seine Kräfte mit den überaus zahlreichen Scharen des byzantinischen Mönchtums, das im Dschungelkampf um die Gunst der öffentlichen Meinung vor keinem Mittel zurückschreckte. Als die Staatsgewalt 730 zu der Vernichtung der Bilder mit Stangen und Brecheisen überging, klafften nach kurzer Zeit nie wieder zu schließende Lücken in der Überlieferung frühbyzantinischer Mosaikkunst und Freskenmalerei. Als unmittelbare Auswirkung war der Bruch mit dem Papsttum zu verzeichnen, das nicht daran dachte, dem »Ikonoklasmus« irgendwelche Zugeständnisse zu machen. Byzanz verzeichnete zwar mit der Erweiterung der geistlichen Jurisdiktion des Patriarchen von Konstantinopel auf Unteritalien, Sizilien und die seit alters umstrittene illyrische Präfektur einen Augenblickserfolg, mußte aber die Rechnung bezahlen in Form einer langsamen, aber unaufhaltsamen Abtrift des Papsttums in das Schwerefeld der fränkischen Politik. Die Reste der kolonialen Stützpunkte Ostroms in Italien waren damit demselben Schicksal wie seine afrikanischen Besitzungen überantwortet.

Als Leons III. Sohn Konstantin V. (*Koprónymos*, 741–775) seinem Vater nachfolgte, kam es zu einer bilderfreundlichen Revolte seines Stiefbruders Artavasdes, deren einziger Erfolg die alles Maß sprengende Erhitzung der konfessionellen Leidenschaften blieb. Konstantin verfolgte die Bilderverehrung mit aller Unduldsamkeit eines religiösen Fanatikers. Zahllose Kunstschätze gingen zugrunde, ein Emigrantenstrom ergoß sich vor allem nach Italien. An den Rändern der byzantinischen Welt reichten sich Emigranten und Verbannte die Hand und fanden weitab von der Hauptstadt Ruhe für den angestammten Glauben und die Vorbereitung der künftigen Rache. Namentlich die Krim und Unteritalien überliefern interessante Zeugnisse ihrer Eigenschaft als Reservate der Bilderverehrung. Die Synode von Hiereia (754) versuchte, ökumenischen Rang zu gewinnen, scheiterte aber am Widerspruch des Papsttums, das 769 unmißverständlich für die Bilderverehrung Partei nahm. Aber auch die kaiserliche Kirchenversammlung ließ sich nicht zu den gewünschten, noch über die Bilderfrage hinausgehenden dogmatischen Zugeständnissen bewegen.

Die byzantinische Nachwelt hat die Leistung Konstantins V. im Osten ebenso wie die seines Vaters aus Parteienhaß nur unwillig gewürdigt. Für seine Westpolitik träfe der Versuch, durch Schweigen zu richten, schon eher den Kern der Sache. Die Restaurationspolitik der heraklischen Dynastie hatte sich überlebt. Die harten Tatsachen des Raumes und der Völkerpsychologie führten Justinians romantisches Programm endgültig *ad absurdum*. Das erste Jahrzehnt der Regierung Konstantins sah Kaiser und Papst noch in unvermeidlicher Zusammenarbeit gegen die Langobarden. Mit dem Fall Ravennas 751 hörte das byzantinische Exarchat Italien auf, für die Realpolitik zu existieren. Im welthistorischen Treffen zwischen Pippin dem Kleinen und Papst Stephan II. im Palast zu Ponthion (754) vollzog sich die endgültige Wendung des Papsttums nach dem Westen. Hier wurden die Fundamente des Kirchenstaates gelegt, dessen Sicherheit nicht der Osten, sondern das Frankenreich verbürgte.

Solche Rückschläge im Westen wurden durch das Erlahmen der arabischen Stoßkraft weltpolitisch ausgewogen. Der Übergang von der Umajjadendynastie zu den Abbasiden stürzte den Vorderen Orient und Nordafrika in Bürgerkriegswirren, aus denen Byzanz seinen Vorteil zog. Die wahre Ernte dieser Wandlung der Dinge hielten erst Jahrhunderte später. Aber schon unter Konstantin V. gewann die Lage in Kleinasien ein anderes Gesicht. So fiel 746 mit dem nordsyrischen Germanikeia die Heimat der Dynastie wieder in die Hand des Kaisers. Erfolge im Raume Armenien und ein rascher Sieg über die Araber in Kappadokien zeigten erst recht, wie die Zeiten sich gewandelt hatten. Die Überschwemmung Kleinasiens mit arabischen Heeren gehörte der Vergangenheit an. Der Krieg der Rassen und Religionen ging weiter, verwandelte sich aber in einen Stellungskrieg. Wir traten in eine Welt ein, die im »Homerischen Epos« jener Tage, der Verschronik von den Taten des Digenis Akritas, ihre dichterische Form gefunden hat. Die östlichen Grenzwächter des neurömischen Staates reißen das Gesetz des Handelns an sich. Als Vorläufer der Kreuzzüge halten sie die Fahne Europas im ritterlichen Grenzkrieg mit dem Orient hoch.

Auch der Boden Südosteuropas wurde Schauplatz einer längst fälligen Konsolidierung. Hier begannen ab 755 neue Plünderungszüge der Bulgaren. Durch eine Zangenbewegung von Donauflotte und Hauptarmee, unterstützt von den goldenen Kugeln byzantinischer Bestechungspolitik, brachte der Kaiser den Bulgaren 763 bei Anchialos die entscheidende Niederlage bei, der 773 eine weitere Vernichtungsschlacht folgte. Der Frieden war damit für zwanzig Jahre gesichert. So konnte die Bilanz eines trotz seiner Unausgeglichenheit exemplarischen Regimes das Debakel im Westen durch unleugbare Triumphe im wahren Lebensraum Ostroms ausgleichen.

Während der Stern Karls des Großen langsam aus dem Dunstkreis des westlichen Horizonts aufstieg, setzte Konstantins Sohn und Nachfolger Leon IV. (775–780) die eines Karl Martell nicht unwürdige Serie von Arabersiegen fort. Er befolgte auch die Umsiedlungspraxis seines Vaters und früherer Herrscher, indem er jakobitische Syrer (also Monophysiten) nach Thrakien verpflanzte. Der Bilderkampf verlor seine Schärfe, für eine so junge Reformbewegung zweifellos ein Todesurteil. Arabersiege wurden 778 und 780 in Kilikien und Armenien erfochten, der zweite unmittelbar vor dem Tode des dreißigjährigen Kaisers, der damit Byzanz im Zeitalter Karls des Großen der Herrschaft einer frömmelnden Frau überließ. Die Nachfolge trat der zehnjährige Sohn Konstantin VI. an (780–797). Die Macht gelangte in die Hände der Kaiserinmutter Eirene, die als überzeugte Anhängerin der Bilderverehrung bekannt war. Sie setzte im ohnehin jenseitsgebundenen Reich von Byzanz religiöse Akzente von solcher Stärke, daß die Tagesfragen von Streitmacht und Außenpolitik ebenso wie die soziale Wachsamkeit vernachlässigt wurden. Die Verhältnisse bei Hofe erinnerten an die Eunuchenwirtschaft der spätrömischen Ära. Es herrschte die stickige Luft der Intrige, die durch die geistige Nachfolge einer Pulcheria kaum verbessert wurde.

Eirene, Karl der Große und die zweite Bilderverfolgung

Mit einem Aufstand in Sizilien und dem Vormarsch der Araber bis in Sichtweite Konstantinopels folgte das Schicksal von vornherein seinem Auftrag, den Schwachen noch zu stoßen. Eirene ging es vor allem um die Bilderfrage, die sie anfangs nur mit Vorsicht anpackte, aber schon nach sieben Jahren zum triumphalen Abschluß brachte. Auf dem siebenten ökumenischen Konzil, das sie nach einem gescheiterten Versuch vom Vorjahre 787 nach Nicaea einberufen konnte, erreichte sie die volle Rehabilitierung der Bilderverehrung. Auf Repressalien gegen die Besiegten verzichtete die Versammlung wohlweislich. Mit der Macht des armenischen Elements im Reich war noch immer nicht zu spaßen.

Um diese Zeit hatte Pippins Nachfolger Karl durch die Zerstörung des Langobardenreiches die Nachfolge eines Honorius und das Erbe Justinians angetreten (774, 787) – eine Tatsache, die die Kaiserkrönung des Jahres 800 nur noch bestätigte. Der lange Vernichtungskrieg gegen die Awaren wirkte dagegen wie eine verspätete Entlastungsoffensive zugunsten Ostroms. Die Gründung der Ostmark stempelte die Donau zum zweiten Schicksalsstrom Mitteleuropas und zu einer Brücke zwischen Byzanz und dem Abendland, die den Umweg über Italien immer mehr ersetzte.

Der junge Kaiser Konstantin VI. versuchte, sich mit der Hilfe ehrgeiziger Helfer bald nach Erreichen der Volljährigkeit gegenüber der Herrschaft seiner Mutter und ihres Ratgebers Staurakios durchzusetzen. Die Helfer bei Hofe wußten ikonoklastische Kreise und die Truppen Armeniens zu mobilisieren. Das Jahr 790 brachte den Umschwung. Eirene überließ den Sohn den Verlockungen der Macht und seiner jugendlichen Unerfahrenheit, sie wartete ab. Nach sieben Jahren konnte sie hohnlachend das Urteil der Öffentlichkeit vollstrecken; nach einer geglückten Truppenmeuterei ließ sie den eigenen Sohn blenden. Mit dem grausigen Familienverbrechen folgte die fromme Frau zwar nur den Spuren Konstantins des Großen und dem mittelalterlichen Verhärten der Rechtspraxis, geriet aber dank ihrem Geschlecht doch etwas mehr ins Kreuzfeuer der öffentlichen Kritik als ein männlicher Widerpart von gleicher Gemütsverfassung. Sie wählte nach berühmten Mustern den Weg der Bestechung des Volkes durch Steuergeschenke und Vernachlässigung aller unbequemen Gegenwartspflichten auf Kosten der Zukunft. Überdies hintertrieb sie aus konfessionellem Haß gegen die Armenier, ihre besten Soldaten, den Schutz der dortigen Ostgrenze. Damit ermöglichte sie dem Kalifen eine Umsiedlungsaktion von Chwārezm nach der Gegend von Tarsos und erleichterte damit die Verpflanzung von Elitetruppen nach Kleinasien, die schon bei der Begründung der Abbasidendynastie ihre Rolle gespielt hatten. Während der gesamten Regierung Eirenes einschließlich der Herrschaftsepisode ihres Sohnes war Kleinasien den arabischen Plünderungszügen preisgegeben. Nicht viel besser standen die Dinge in Südosteuropa, vor allem in dem von den Slawen bis zur Südspitze der Peloponnes überschwemmten Griechenland. Hier errang Staurakios 783 einen wichtigen Erfolg. Weniger glücklich verlief Konstantins VI. Unternehmung gegen die Bulgaren.

Auf wie schwachen Füßen die Versöhnung dank der Rückkehr zur Bilderverehrung zwischen dem Papsttum und Byzanz stand, stellte sich drastisch heraus, als es um Fragen der Kirchenverwaltung ging. Keiner der Kontrahenten dachte daran, das Ergebnis der durch den Bilderstreit verschuldeten Flurbereinigung zwischen den kirchlichen Jurisdiktionen von Osten und Westen anzutasten. Dabei ging es nach der Faustregel, daß der Papst im Osten, der Patriarch im Westen nichts mehr zu suchen habe. Die Kaiserkrönung Karls des Großen durch den Papst ließ die Stimmung erst recht auf den Gefrierpunkt sinken. Mit der politischen Reaktion der Byzantiner stand es entsprechend. Kaiser Karl nahm zwar mit der relativ bescheidenen Formulierung seines Titels Rücksicht auf die Macht einer Tradition, die das neue Rom am Bosporus zum alleinigen Träger altrömischer Überlieferung machte. Aber die Tatsache, daß es sich nicht um eine Reichsteilung nach dem Muster von 395, sondern um ein mindestens gleichrangiges Imperium handelte, verurteilte alle diplomatischen Beschönigungsversuche von vornherein zu zweifelhaftem Erfolg: Byzanz konnte nicht auf den römischen Weltherrschaftsanspruch seiner Reichsideologie verzichten, noch weniger durfte Karl der Große das Eigengewicht des Westens in Frage stellen. Weder eine Heirat Karls des Großen mit Eirene noch die Wahl zwischen Übergriff und Verzicht konnte diesen Welten, die sich auseinandergelebt hatten, helfen. Die einzige Hoffnung lag in jener praktischen Vernunft beschlossen, die der Idee den ganzen Himmel, der Wirklichkeit die ganze Erde überläßt. Doch starb die Kaiserin Eirene, noch bevor die neue Lage im internationalen Protokoll der »Familie der Könige« die Welt zu beunruhigen begann.

Mit Kaiser Nikephoros I. (802–811) kam wieder ein Beamter vom politischen Zuschnitt der frühbyzantinischen Senatspartei an die Macht. Seine Kirchenpolitik war vermittelnd und realistisch, seine Verwaltung notgedrungen unpopulär. Dafür zögerte ein bilderfreundlicher Chronist auch nicht, die Maßnahmen des Kaisers in Form eines Katalogs von elf »Untaten« aufzuführen. Mit der üblichen Verblendung der Kirche in sozialen Grundsatzfragen wurden gewisse Ausgleichsmaßnahmen und die Einschränkung kirchlicher Steuervergünstigungen kritisiert, die der Auffüllung des von Eirene und ihren Anhängern gewissenlos vergeudeten Staatsschatzes dienten. In den Verhandlungen mit seinem fränkischen Rivalen Karl zeigte sich Nikephoros nicht doktrinär. Er beschränkte die Proteste auf das Mindestmaß, um nur das Gesicht zu wahren, und ließ sich mit Zugeständnissen im Raume Venedig abfinden. Damit erreichte er mehr als mit zwecklosen Demonstrationen. Die guten Beziehungen zwischen dem im Norden wiedererstandenen »Westrom« und dem damals kulminierenden Kalifat unter Hārūn ar-Raschīd (786–809) konnten Byzanz nicht verborgen bleiben. Zwar brachte der Tod Hārūns eine gewisse Entlastung, doch überschattete die Bulgarengefahr – und damit zugleich eine neue Bündnismöglichkeit für die Franken – nun erst recht die oströmische Politik. Es kam zu einem erbitterten Ringen mit dem Bulgarenchan Krum (um 803–814), bei dem ebenso das byzantinische Serdica (Sofia) wie die damalige bulgarische Residenz Aboba-Pliska in Mitleidenschaft gezogen wurden. Krum zeigte sich friedenswillig, wurde aber schroff abgewiesen und errang einen Überraschungssieg. Zum ersten Male seit dem Schicksalstag von Adrianopel (338) fiel ein Kaiser in Barbarenhand. Nach dem Gesetz seiner Steppenheimat ließ Krum aus dem Schädel des Erschlagenen ein Trinkgefäß fertigen.

Auf Nikephoros folgte Michael Rhangabé (811–813), ein Schwager des Kaisers und hoher Staatsbeamter, der aber den extremen Kreisen der Bilderfreunde nahestand. Mit ihm kamen jene Fanatiker an die Macht, die in Byzanz etwas vom Geist der cluniazensischen Reformbewegung vorwegnahmen. Nikephoros hatte den Führer der Bewegung, Theodor Studites, bei der Patriarchenwahl absichtlich übergangen. Der Abt des Studionklosters, ein Asket und Mystiker von hohen Graden, stellte Byzanz vor die im Rahmen eines sakralen Herrschertums paradoxe Möglichkeit eines Konfliktes zwischen Staat und Kirche. Der Versuch eines von fanatischen Mönchen entfesselten Investiturstreites endete freilich mit der Bestätigung der überlegenen östlichen Kaisermacht.

Im Jahre 812 arrangierte man sich mit dem fränkischen Rivalen. Nicht nur Papst und Patriarch nahmen wieder ihre normalen Beziehungen auf, auch der Franke durfte als »*basileús*« figurieren, wenn auch nicht als »Kaiser der Römer«. Erst die Ottonenzeit konnte es wagen, die Verbindung mit Rom über die Tatsache der dortigen Krönung hinaus auch in der Titulatur anzudeuten. Die Unduldsamkeit gegenüber dualistischen Sekten auf dem Balkan, aus denen als Danaergeschenk der Umsiedlungspolitik die Bogomilen hervorgehen sollten, hat Byzanz eine weitere Niederlage im Kampf mit Bulgarien nicht erspart.

Der Hofbeamte auf dem Kaiserthron mußte nach der Schlappe von Adrianopel dem Armenier Leon V. (813–820) Platz machen. Mit dem Landsmann und Gesinnungsgenossen der bilderstürmenden Kaiser kam die lange vernachlässigte Ostpolitik wieder zu Ehren. Der Tod des großen Bulgarenchans Krum (814) erleichterte die Kehrtwendung, da der Nachfolger Omurtag sich zum Abschluß eines dreißigjährigen Friedens bereit fand. Die Synode von 815 unter Vorsitz des Patriarchen Theodotos Melissenos setzte die bilderfeindlichen Bestimmungen von Hiereia (754) wieder in Kraft. Für die breite Masse überschattete die neue Wendung der religiösen Frage jedes Interesse an der Außenpolitik und den sonstigen Lebensfragen der Gegenwart. Mit Erbitterung sah man in Konstantinopel den Abt des Studionklosters für immer in die Verbannung gehen. Der Chronist Theophanes, Verfasser der Chronik, die das verbindliche Zahlengerüst für alles liefert, was damals Geschichte hieß, erwarb in der neuen Verfolgerära (813–843) den Ehrentitel eines »Bekenners«. Doch blieb die zweite Bilderverfolgung weit hinter der ersten an Heftigkeit zurück.

Der Haß gegen die religiöse Reaktion verdichtete sich in einer Militärrevolte, die Leon das Leben kostete. Seinem Nachfolger Michael II. (820–829) gelang es dann, eine Dynastie zu gründen. Für die Brautwahl seines Sohnes veranstaltete er eine der für die demokratische Unterströmung im autoritären Byzanz so bezeichnenden »Schönheitskonkurrenzen«. Die alte Umsiedlungspolitik der Byzantiner hatte in Kleinasien nationale Minderheiten entstehen lassen, die nicht ungefährlich waren. Unter Michael entfachte Thomas der Slawonier eine sozialrevolutionäre Bewegung, die vom Kalifat und dem Patriarchen von Antiocheia unterstützt wurde. Die Aufständischen schlossen Konstantinopel 821 bis 823 ein. Der Verzicht Bulgariens auf einen Zweifrontenkrieg unter Ausnutzung der bedrängten Lage Ostroms trug entscheidend zum Scheitern der Pläne des slawischen Gegenkaisers bei. Im Mittelmeer ging die Initiative an die Araber über, die die Schwäche Ostroms ausnutzten, um Kreta wegzunehmen (828) und Sizilien schrittweise zu erobern. In knapp vier Jahren (827–831) wurde die byzantinische Seemacht in Ost und West von Grund auf erschüttert. Es zeigte sich, daß die Auflösung des Abbasidenreiches nur die lokalen

Gewalten gestärkt hatte. Arabische Korsaren beherrschten nun erst recht das westliche Mittelmeer und terrorisierten die restlichen Stützpunkte Ostroms.

Dank seiner vermittelnden Religionspolitik konnte Michael die Macht unangefochten an seinen Sohn Theophilos (829–842) weitergeben. Es versteht sich von selbst, daß der junge Herrscher mit universalerer Vorbereitung antrat als der Gründer der Dynastie. Für die praktische Rechtsprechung zeigte er dieselbe Vorliebe wie Justinian für deren Theorie. Auch im Bereich der Theologie versuchte er sich als neuer Justinian, doch bewahrte ihn weder das noch seine geschickte Verwaltung und erfolgreiche Kriegführung vor dem Verdammungsurteil der Chronisten, die dem letzten Ikonoklasten eine wenig liebevolle Aufmerksamkeit widmeten. Und doch hat Theophilos sich mit seiner nicht zuletzt kulturpolitischen Aktivität den Platz des bedeutendsten Vorläufers der Makedonier verdient.

Schon 831 begann mit der Eroberung Palermos durch die Araber der Schlußakt der byzantinischen Herrschaft über Sizilien. Im Ostmittelmeer blieb Kreta 828 bis 961 in arabischer Hand. In Dalmatien und Illyrien verschwanden die letzten Reste byzantinischer Herrschaft. Der Kaufmann machte dem Seeräuber Platz. Das letzte Mittel blieben die Entlastungsversuche der östlichen Diplomatie. So erschienen byzantinische Gesandte 839 in Ingelheim, 842 in Trier, um Hilfe für Sizilien zu erbitten.

Venedig fühlte sich vom Osten im Stich gelassen und begann sein historisches Eigenleben zu entwickeln. Auf dem Balkan löste ein Rückschlag den anderen ab. Kurz vor dem größten Triumph der Ostkirche mußte sie mit der Bekehrung der Kroaten von Westen her eine Schlappe einstecken, die im alten Spannungsfeld zwischen Papst und Patriarch besonders schmerzlich empfunden wurde. Aber auch die Abbasiden al-Ma'mūn und al-Mu'tasim setzten trotz spürbarer Behinderung durch soziale Bewegungen und den Zerfall des Weltreiches die Plünderungszüge durch Kleinasien fort. Kaiser Theophilos erschien auf den Spuren der Trajan und Herakleios in Obermesopotamien. Dafür erfochten die Araber einen Sieg am Halys und eroberten 838 Amorium im Zentrum Kleinasiens. Die traditionelle Freundschaft mit den Chazaren nördlich des Kaukasus führte zur Errichtung der Festung Sarkel an der Donmündung durch den Sondergesandten Petronas.

So imponierend die arabische Macht immer noch die Welt überschattete, der Verdacht lag nahe, daß der Wind nicht nur Byzanz, sondern erst recht seinem mächtigsten Gegner ins Gesicht blies. Doch standen auf der anderen Seite schon die Türken bereit, um mit ihrer unverbrauchten Glut die Schlacke gewordenen Vorgänger in neue Reichsbildungen einzuschmelzen.

Photios und die Slawenmission

Mit Kaiser Theophilos endete noch nicht die amorische Dynastie, wohl aber die Zeit des Ikonoklasmus. Unter dem damals fünfjährigen Nachfolger Michael III. (842–867) herrschten Kaiserin Theodora und ihr Minister Theoktistos unangefochten bis 856. Ihr erstes Werk war die Wiederherstellung der Bilderverehrung, auf der Synode vom März 843 feierlich verkündet und als »Fest der Rechtgläubigkeit« alljährlich von der Ostkirche gefeiert. Die großen Kirchenlehrer Johannes von Damaskos und Theodor Studites hatten gesiegt. Wenn aber Johannes in diesen Kämpfen zu einem Thomas von Aquino der Ostkirche heranreifte, so gelang es einem Theodor Studites nicht, den Triumph der Reformpäpste im Westen vorwegzunehmen. Das Spiel zwischen Staat und Kirche im Kampf um die Macht blieb in Byzanz unentschieden. Der Parteienstreit zwischen Fanatikern und Realisten, also zwischen Studitenmönchen und Staatsfunktionären, ging freilich weiter und wirkte noch in den Kämpfen zwischen den Patriarchen Ignatios und Photios nach. Vor allem ging es den Siegern der Bekennerkirche um ihren Anteil an der Ehre und um entsprechende Berücksichtigung bei der Verteilung der Pfründen. Es kam zu einem Wettrennen um Wiedergutmachung an der ehemaligen Opposition. Das ging so lange, bis dem Patriarchen die Geduld riß und die Studiten von neuem das Opfer von Verfolgungen wurden. In allen Kämpfen ging es nicht so sehr um dogmatische Fragen als um die Klärung des Verhältnisses von Kirche und Staat und damit um einen Bereich, der für die oströmische Welt trotz gelegentlichem Wellengang an der Oberfläche im tiefsten Grunde niemals umstritten war.

Durch diese Auseinandersetzungen gewann das Regiment Michaels III., des »Trunkenbolds«, im Spiegel der kirchlichen Geschichtsschreibung einen ähnlich schillernden Charakter wie das der bilderstürmenden Kaiser der unmittelbaren Vergangenheit. In Wirklichkeit bedeutet die Zeit, wenn auch nicht die Person dieses Kaisers einen Höhepunkt in der Geschichte Ostroms. Schon die Wahl des Logotheten Theoktistos zum ersten Minister zog nicht nur außenpolitische Erfolge nach sich. Auch im Innern, und nicht zuletzt im Bildungswesen, ging es aufwärts. Noch steiler schnellte unter Caesar Bardas die Kurve nach oben. Der Wiederaufbau der Seemauern von Konstantinopel und die Neugründung der Universität gehören zu den sichtbarsten Beweisen der neuerstandenen Macht. Alle diese Erfolge wurden von der Wirksamkeit des Kirchenfürsten und Polyhistors Photios in den Schatten gestellt, der 858 den Patriarchenthron bestieg. Im Streit der Parteien hielt er es mit den Staatsfunktionären gegen die studitischen Fanatiker der Mönchspartei. Den Rang einer weltgeschichtlichen Schlüsselgestalt gewann er in der Doppelrolle eines Vorläufers der Kirchenspaltung von 1054 und Initiators der Slawenmission.

Zunächst verursachte die Inthronisierung des Photios eine Spaltung innerhalb der Ostkirche. Die Partei des abgesetzten Vorgängers Ignatios, also niemand anders als die Studiten, gewann überdies das Ohr des Papstes, der auf der Lateransynode von 863 Photios absetzte und Ignatios im Amt bestätigte. Damit gab er das Signal zu einem Krieg der kirchlichen Jurisdiktionsbereiche des Ostens und des Westens, der zunächst in Form eines heftigen Briefwechsels zwischen Kaiser Michael III., Papst Nikolaus I. und dem Patriarchen Photios geführt wurde. Die Auseinandersetzung erreichte den Gipfel, als Kaiser und Patriarch auf der Synode von Konstantinopel 867 den Bannfluch gegen Nikolaus I. aussprachen. Seine zukunftsträchtige Tragik erhielt der Streit dadurch, daß Photios von der personellen Frage abzulenken verstand, indem er die dogmatische Lösung des Westens von der Ostkirche zum erstenmal schonungslos aufdeckte. Dabei ging es vor allem um die westliche Lehre vom Ausgang des Heiligen Geistes nicht vom Vater allein, sondern auch vom Sohne (*filioque*).

Eine weitere und damals wohl ausschlaggebende Ursache für die Spaltung der Christenheit war der Wettlauf um die Seele der slawischen Völkerschaften. Es begann mit einem

Paukenschlag: dem Angriff der warägischen Rhos aus Rußland auf Konstantinopel (860); er eröffnet als früher Auftakt die Geschichte des russischen Dranges nach den Meerengen. Der Gegenangriff der Byzantiner ging aufs Ganze, wenn auch mit geistigen Mitteln. Die missionarischen Traditionen Konstantinopels in Osteuropa waren zwar alt, nahmen aber jetzt ein untraditionelles Tempo an. Als Probefall und zur diplomatischen Aushilfe diente die Gesandtschaft Konstantin-Kyrills zu den Chazaren. Das Zeitalter der Slawenmission begann aber nicht in Osteuropa, sondern auf dem Balkan und im mährischen Raum. In Bulgarien lag die Annahme des Christentums längst in der Luft. Nicht anders als im Zeitalter Wulfilas waren bei Missionaren und Missionierten die religiösen und kulturpolitischen Motive nur schwer von machtpolitischen Erwägungen zu trennen. Zweifellos überkreuzten sich die Antriebe, so daß für Michael III. und Caesar Bardas die religiösen Motive mindestens so viel bedeuteten wie für Photios und seine Missionare das politische Zweckdenken.

In Mähren fanden Kyrill und Methodios fruchtbaren Boden für ihre Arbeit, vor allem den Anstoß zur Schaffung einer slawischen Schrift, der Grundlage aller künftigen Nationalliteraturen des Slawentums. Aber politisch hatten die Missionare Ostroms eine Grenzüberschreitung begangen, die sich sofort rächte. Weder die Päpste noch das Frankenreich waren gewillt, den Byzantinern die Einmischung in einem Herzraum Mitteleuropas zu gestatten, einem Raum, der seit Marbods Zeiten weder Rom noch Byzanz jemals unterworfen war. So mußten Methodios und seine Schüler nach gefährlichen Zwischenfällen das mährische Land dem Westen überlassen und ihr Arbeitsfeld bei den Balkanslawen suchen.

Boris von Bulgarien hatte längst versucht, den politischen Einfluß von Byzanz mit einem Freipaß für fränkische Missionare auszuschalten. Auch er wurde belehrt, daß es Einflußsphären der Großmächte gab. Heer und Flotte Ostroms erteilten die Belehrung mit einer unmißverständlichen Demonstration ihrer Macht. Die Lektion erreichte ihren Zweck. Sie verwandelte Bulgarien in einen christlichen Staat, dessen slawische Mehrheit die turkvölkische Vergangenheit ohne fremde Hilfe liquidierte. Aus Boris wurde der Täufling Michael, der sich aber nicht mit der Rolle eines Bauern auf dem Schachbrett der Weltmächte begnügte. Als sein Wunsch nach Selbständigkeit der bulgarischen Kirche auf keine Gegenliebe stieß, scheute er nicht vor einer neuen Eskapade mit dem Westen zurück.

Schon in den vierziger Jahren entwickelte Byzanz bedeutende Aktivität an der arabischen Front. Bleibendes wurde weder mit den wechselvollen Kämpfen in Kleinasien noch mit den Vorstößen nach Kreta und Ägypten erreicht. Aber in den fünfziger Jahren wendete sich das Blatt, und der Sieg bei Poson 863 über den Emir 'Umar von Melitene nahm den triumphalen Wiederaufstieg Ostroms unter den Makedoniern vorweg.

Die Frühzeit der makedonischen Dynastie

Basileios I. (867–886) verdankte seinen Aufstieg vom Stallburschen zum Kaiser der persönlichen Gunst Michaels III. und seiner eigenen Skrupellosigkeit, der zunächst Caesar Bardas und schließlich der kaiserliche Protektor selbst zum Opfer fielen. Bezeichnenderweise stammte die Familie des ersten »Makedoniers« aus Armenien. Es verstand sich von selbst, daß das Auftreten des neuen Mannes und zielbewußten Dynastiegründers einen radikalen Umschwung der Personalpolitik bedeutete. Selbst der große Photios mußte den Patriarchenthron räumen, da der Usurpator ähnlich wie Phokas größten Wert auf moralische Rückendeckung durch das Papsttum legte. In Rom witterte man Morgenluft, täuschte sich aber, als man glaubte, in der Frage der päpstlichen Schiedsgewalt über die Ostkirche nun gesiegt zu haben. Photios wurde 869/870 auf dem 8. ökumenischen Konzil förmlich verdammt. Der Kaiser fühlte sich brüskiert und änderte, kaum daß er fest im Sattel saß, den Ton. Auch in Bulgarien trat eine reinliche Scheidung der Fronten ein. Der römische Zentralismus verletzte Boris-Michael, während Byzanz sich mit listigen Zugeständnissen einschaltete. Bald war die Kongruenz der religiösen Jurisdiktionsbereiche mit den politischen Einflußgebieten von Osten und Westen wiederhergestellt. Das Jahr 877 sah die Rückkehr des Photios auf den Patriarchenthron. Zwei Jahre darauf berief er eine Synode ein, um den Sieg über das päpstliche Rom vor aller Welt zu dokumentieren.

Unterdessen war nicht nur in Bulgarien, sondern auf der ganzen Balkanhalbinsel die Christianisierung mit gutem Erfolg weitergegangen. Besonders im Westen verstand es Basileios, die Positionen des Reiches wiederherzustellen. Ähnliche Absichten in Italien scheiterten an der eigenwilligen Politik Kaiser Ludwigs II. Immerhin konnte Kalabrien wiedergewonnen und mit den byzantinischen Besitzungen in Apulien vereinigt werden. Auch im Osten wußte Basileios die Erfolge der Vorgänger auszunützen, wenn auch seinen Generalen säkulare Triumphe wie der von Poson versagt blieben. Er setzte die stetige und zielbewußte Offensive in Kleinasien fort. Auch ihm konnte die Rückeroberung Kretas nicht gelingen, dafür nutzte er alle Möglichkeiten, um die Pässe des Tauros und Antitauros wieder unter oströmische Kontrolle zu bringen. Seinem General Christophoros glückte 872 die Eroberung der Paulikianerhauptstadt Tephrike und damit die Ausschaltung eines der gefährlichsten Widerstandsherde. Das gespaltene Armenien spielte seine historische Doppelrolle zwischen den Mächten, neigte aber innerlich zur christlichen Vormacht Byzanz. Dem Kaiser glückte zwar nicht die Rückeroberung der für die Herrschaft über den Raum Armenien entscheidenden Schlüsselfestung Melitene; er erlitt 883 vor Tarsos eine schwere Niederlage, erreichte aber immerhin die wohlwollende Neutralität des Bagratiden Aschot I. Als dieser vom Kalifen Krone und Königstitel erhielt, beeilte sich Basileios, das gleiche zu geben und die alte Suzeränität über Armenien zu erneuern.

Auch der kulturelle Wiederaufstieg Ostroms nach den »dunklen Jahrhunderten« des Bilderstreits hielt unter dem Regiment Basileios' I. an. Die Zersplitterung des arabischen Weltreiches schuf die Voraussetzungen für die Expansion auf allen Lebensgebieten. Im Kirchenbau setzten sich neue Erkenntnisse durch; Bilderhandschriften belegen noch heute die Aktivität dieser Zeit im Bereich der schönen Künste. Zu der geplanten Revision des justinianischen Rechts kam es erst unter dem Nachfolger Leon VI. (886–912), doch konnte sich der Sohn auf umfangreiche Vorarbeiten der väterlichen Ära stützen. Als Rechtsdenkmäler Basileios' I. sind *Procheiron* und *Epanagogé* zu erwähnen, Versuche einer zeitgerechten Neubearbeitung der »Institutionen« Justinians. Die Kirchengesetzgebung beanspruchte jetzt breiteren Raum als im Zeitalter Justinians. Die aufschlußreichen Bemerkungen der *Epanagogé* (nach 879) zum Verhältnis von Staat und Kirche gehen vermutlich auf den Patriarchen Photios zurück. Auf solchen Vorarbeiten basierte das gewaltige Werk der Basiliken, mit dem Leon VI. dem *Corpus iuris* Justinians seine moderne Gestalt im nationalen griechischen Sprachgewand verlieh. So bewährte sich Leon als der größte Jurist auf dem Thron seit Justinian. Mit dem Idol der Jurisprudenz verband ihn auch eine Schwäche fürs theologische Dilettieren, die durch zahlreiche erhaltene Bibelpredigten des Kaisers bezeugt ist. Kein Wunder, daß der rauhe Emporkömmling Basileios I. seinem Sohn mit Mißtrauen begegnete. Der Gegensatz der Generationen kam zum Ausbruch, als Leon bald nach der Thronbesteigung seinen Lehrer Photios vom Patriarchenthron stieß und nach Armenien verbannte. Die alte Spaltung zwischen Photianern und Ignatianern, Realisten und mönchischen Fanatikern, blieb jedoch bestehen. Der Kirchenstreit verschärfte sich durch die Ehe Leons mit Zoë (seiner vierten Frau), die der Papst in der nicht unbegründeten Hoffnung, dem Patriarchen damit den Rang abzulaufen, großzügig unterstützte. Er erreichte damit allerdings nicht viel mehr als eine eindrucksvolle Demonstration der überlegenen Kaisermacht in Byzanz. Wie Justinian ließ auch Leon VI. seiner Enzyklopädie des Rechts eine Novellensammlung folgen. Ihr verdanken wir Auskunft über den Abbau der letzten Privilegien von Kurie und Senat. Die Entwicklung von Augustus zu Diokletian benötigte also immerhin neunhundert Jahre zu ihrer totalen staatsrechtlichen Verankerung im Sinne eines monarchischen Selbstherrschertums. So hat es eine gewisse symbolische Bedeutung, wenn uns gerade aus dieser Regierung das *Kletorologión* des Philotheos mit seinen näheren Angaben über den byzantinischen Beamtenapparat erhalten ist. Wir erfahren von achtzehn Rangklassen und einer Organisation der Ministerien, die nur noch wenig mit der Regelung Diokletians gemeinsam hat. Bezeichnend war die relativ hohe Zahl von Ministerien gegenüber den Mammutministerien im frühbyzantinischen Staat. Den Rangklassen der diensttuenden Beamten *(axiómata diá lógou)* standen entsprechende Ehrenämter *(axiómata diá brabeíon)* als eine Art von Adelstitel gegenüber. Die Ämter wurden durch Ernennungsurkunde, die Titel durch Abzeichen verliehen. Was für die zentralen Ministerien galt, war auch in den Provinzen zu beobachten. Die Themenorganisation dieser Zeit ist gekennzeichnet durch die nicht nur politisch opportune, sondern auch für die Verwaltung zweckmäßigere Zerschlagung der Großprovinzen in kleinere Verwaltungseinheiten.

Unter weniger günstigen Vorzeichen stand die Außenpolitik. Der Held seiner Zeit hieß nicht Leon der Philosoph, sondern Zar Symeon von Bulgarien (893–927). Es zeigte sich, daß die missionarischen und kulturellen Eroberungen Ostroms im Balkanraum politisch eher zu Rückschlägen führten. Die Stärkung der Herrschermacht durch Übernahme der christlichen Kultur reihte Bulgarien nicht anders als später Serbien unter die gefährlichsten Konkurrenten Ostroms ein. Der Konflikt kam zum Ausbruch, als die byzantinische Regierung das Monopol für den Handel mit Bulgarien ohne vorherige Rückfrage bei dem Handelspartner zwei eigenen Kaufleuten zuschanzte. Symeon beantwortete den einseitigen Akt mit einem Angriff auf Thrakien und erschien unangefochten vor den Mauern Konstantinopels, während die Reichstruppen an der arabischen Front gebunden waren. Diesmal versagte die sonst so erfolgreiche Diplomatie der Byzantiner. Leon VI. gewann zwar die soeben im Donauraum aufgetauchten Ungarn zu Verbündeten, wurde aber von Symeon überspielt, der die Petschenegen den Ungarn in den Rücken hetzte. Der Zar bereitete Byzanz bei Bulgarophygon (895/896) eine schwere Niederlage, zeigte sich aber angesichts der fortdauernden Ungarngefahr friedenswillig. Um so gewaltigeren Auftrieb erhielt die in Symeon von Bulgarien verkörperte Sache des Slawentums durch die säkulare Katastrophe der Plünderung Thessalonikes durch die Araber (904). Die Schlappe, die das Reich bei der Verteidigung seiner zweiten Metropole erlitt, konnte das moralische Prestige eines großbulgarischen Reiches, das sich vom Schwarzen Meer bis zur Adria erstreckte, nur stärken.

Der Krieg mit Arabien hatte den Charakter eines Grenzkampfes mit gegenseitigen »Razzien« behalten. Eine neue Situation ergab sich unter Leon VI. durch die Wiederaufnahme der Aktivität zur See. Die Korsaren setzten von Kreta und den syrischen Häfen aus zu Angriffen an, die zwar nicht mehr Konstantinopel erreichten, aber mit der Eroberung Thessalonikes (Juli 904) die Normannenkatastrophe von 1185 und das Schicksal der Hauptstadt 1204 und 1453 vorwegnahmen. Im Jahre 907 erschienen die Waräger vor Konstantinopel, um auch ihrerseits herauszupressen, was die internationale Lage hergab. Ihr Führer Oleg erreichte 911 einen Vertrag, der beiden Teilen Vorteile brachte. Die skandinavischen Herren Osteuropas waren künftig als Händler und Söldner gleich willkommen. Byzanz forcierte nun den Flottenbau und erzielte 908 unter Himerios einen Sieg, dem drei Jahre später der Rückschlag von Samos folgte. Auch zu Lande hielten sich im Raume Armenien Erfolge und Rückschläge die Waage. Die Zersplitterung der Stoßkraft des Reiches in dem erfolglosen Versuch, die Stellung in Italien zu behaupten, trug zur Ausgewogenheit der Lage wesentlich bei.

Als Leon VI. starb, zählte der Thronerbe Konstantin VII. Porphyrogennetos (912–959) erst sechs Jahre. Die Macht ging an Leons Bruder Alexander über, der in den wenigen Monaten seiner Herrschaft (912–913) immerhin Gelegenheit hatte, beträchtlichen Schaden anzurichten. Er verweigerte die mit Symeon vereinbarten jährlichen Zahlungen und entfesselte dadurch aufs neue den Krieg mit Bulgarien. Nach seinem Tode erlebte der unter Vorsitz des Patriarchen Nikolaos Mystikos eingesetzte Regentschaftsrat einen Rückschlag nach dem anderen. Um so strahlender ging der Stern Simeons von Bulgarien auf, der offen die Hand nach der Kaiserkrone ausstreckte und sich vor den Toren Konstantinopels das Versprechen der Verschwägerung mit dem Kaiserhaus erpreßte. Darüber stürzte die Regentschaft, und die Kaiserinmutter Zoë führte die bulgarischen Ansprüche auf ein erträgliches Maß zurück.

Aber erst die Erhebung des Generals Romanos Lakapenos zum Mitkaiser (920–944) brachte eine Wendung. Das Bündnis des Bulgarenherrschers mit den Fātimiden Ägyptens erwies sich als ein Trumpf, der nicht stach. Dagegen verstand es Romanos durch Zusammenarbeit mit dem Kroatenherrscher Tomislav und lokalen Gegenkräften des serbischen Raums, nicht zuletzt durch das formale Zugeständnis des Kaisertitels, den gewaltigen Symeon sowohl zu befriedigen als auch in Schach zu halten. Nach dem Tod des Zaren konnte er seine Streitkräfte wieder auf den Osten konzentrieren, wo der Zerfall des Abbasidenkalifats rasche Fortschritte machte. Das Regiment türkischer Hausmeier in Bagdad und drei miteinander konkurrierende Kalifen eröffneten der byzantinischen Diplo-

Romanos II. und seine Gemahlin Eudokia vor Christus
Elfenbeinrelief, 10. Jahrhundert. Paris, Bibliothèque Nationale

Die Kirche Staro Nagoričino in Makedonien, 11. Jahrhundert und später

matie ein weites Feld von Möglichkeiten. Romanos suchte zunächst Kilikien und Obermesopotamien mit armenischer Hilfe unter Kontrolle zu bekommen. In den Kämpfen der dreißiger Jahre gewann der glänzende Feldherr Johannes Kurkuas geschichtliches Profil. Aber auch sein Gegner, der Hamdânide Saif ad-Daulah von Aleppo, operierte mit dem Geschick eines Diadochen des großen Alexander. Die immer mehr russifizierten Waräger erschienen 941 am Bosporus, um wieder die Hauptstadt zu bedrohen, wurden aber rasch vernichtet. Beim Erscheinen Igors griff man dafür zu diplomatischen Mitteln. Der neue Handelsvertrag setzte die Tradition des Warenaustauschs mit Osteuropa wirksam fort. Im selben Jahr erreichte Johannes Kurkuas nach einem Triumphzug durch Armenien und Mesopotamien zwar nicht die Eroberung von Edessa, wohl aber die Herausgabe des berühmten Christusbildes, dem nach frommem Glauben »nicht von Menschenhand gemachten« *Acheiropoieton*. Ebenso wie das »wahre Kreuz Christi« gehörte die Reliquie zu den heiligsten Unterpfändern der östlichen Christenheit. Im Verein mit dem urchristlichen Ruhm des Namens Edessa steigerten sich die Leidenschaften beim Einzug des heiligen Zeichens in Konstantinopel zu einer Vorahnung der Kreuzzüge.

Das ruhmvolle Regime Romanos' I. endete nicht durch den Haß der Großgrundbesitzer, den seine für die Wehrkraft des Reiches unerläßlichen Schutzmaßnahmen zugunsten der Bauern hervorriefen, sondern durch den Handstreich seiner ehrgeizigen Söhne. Doch hatten sie die Macht des Gedankens der Erbmonarchie im oströmischen Wahlkaisertum unterschätzt. Die Palastrevolution kam ausschließlich dem rechtmäßigen Kaiser Konstantin VII. Porphyrogennetos zugute, dessen Alleinherrschaft (945–959) von da an datiert. Auch dieser Herrscher verdankt wie Leon der Philosoph seinen Ruf seinem allseitigen Bemühen um die geistigen Dinge. Wenn er auch persönlich dem unschöpferischen Sammlertyp des Enzyklopädisten zugehörte, gewann er dennoch den Rang einer Symbolgestalt. Kein Herrscher Ostroms hat die Künste und Wissenschaften so gefördert wie er. Als Schrittmacher der Renaissance behauptet der Letztverantwortliche einer bewegten Zeit seinen Platz noch vor dem Mann des Schicksals Photios und dem ersten Humanisten Psellos. Wir verdanken ihm nächst den anonym weiterwirkenden Anregungen eine Biographie des Dynastiegründers Basileios, die in das *Corpus* der Fortsetzer der für die gesamte Chronologie der byzantinischen Dinge grundlegenden Weltchronik des Theophanes eingegangen ist. Ferner schuf er eine Historische Enzyklopädie, die der Nachwelt zahlreiche Historikerfragmente der klassischen wie der byzantinischen Ära überliefert hat. Die Nachrichten über das Gesandtschaftswesen verdienen besonderen Dank.

Ein förmliches Handbuch des oströmischen Kaiser- und Reichsgedankens überlieferte uns Kaiser Konstantin VII. in Gestalt seines Buches über das Zeremonialwesen des byzantinischen Kaiserhofes. Eine Geschichte und Landeskunde der Provinzen Ostroms gibt das Werk »über die Themen« und sein Gegenstück »Über die Reichsverwaltung«. Hier finden wir Nachrichten über Rußland und den Balkan, die diese Schriften nächst dem vierten Buch Herodots zu einer bedeutsamen Vorwegnahme der »Geschichte Osteuropas« durch die griechische Völkerkunde stempeln. Der Leser dieser Schriften darf angesichts der Lückenhaftigkeit und Naivität der historisch-geographischen Aussage nicht vergessen, daß es sich um pädagogisches Material *ad usum Delphini* handelt, mit dem der Kaiser zur

Erziehung seines Sohnes Romanos beitragen wollte. Zweifellos verfügte das kaiserliche Archiv auch über exaktere Angaben, die man aber nicht zu publizieren wünschte. Dann sind die vom Kaiser veranlaßten Neuauflagen von Sammelwerken der Landwirtschaft und Heilkunde zu erwähnen. Auf seine Anregung ging schließlich die bedeutsame Sammlung von Heiligenleben des Symeon Metaphrastes zurück, die in zeitgerechtem Rahmen das Unternehmen der Bollandisten vorwegnimmt.

Es läßt sich denken, daß eine solche Haltung vor allem auf die Kritik der Militärs stieß. Doch treffen die der Romanospartei nahestehenden Äußerungen nicht den Kern der Sache, da Konstantin keineswegs seine Regierungspflichten vernachlässigte. Die Linie Romanos' I. wurde bruchlos fortgesetzt. Mit den Bulgaren und den 955 von Otto dem Großen in ihre Schranken verwiesenen Magyaren gelang es, Frieden zu halten. Eine magyarische Streifschar wurde in Thrakien aufgerieben. Die Abwehr der Araber wird weiter charakterisiert durch diplomatische Isolierung des Gegners, eine eigene Offensive und vor allem durch geschickte Zusammenarbeit von Heer und Flotte. Der Hamdānide Saif ad-Daulah von Nordsyrien wurde durch Bündnis mit dem türkischen Ichschīdenherrscher von Ägypten und dem südlichen Syrien in Schach gehalten. Aber der Angriff auf Kreta schlug 949 fehl, so daß der nordsyrische Machthaber während der fünfziger Jahre ohne Sorgen um die Flanke dem Reich übel mitspielen konnte.

Von 958 an wendete sich das Blatt dank den glänzenden Erfolgen der Generale und späteren Kaiser Nikephoros Phokas und Johannes Tzimiskes. Mit der Protektion der militärischen Laufbahn dieser Männer hat Konstantinos Porphyrogennetos den entscheidenden Beitrag zur Glanzzeit der makedonischen Dynastie geleistet. Schon 958 gestatteten die Erfolge des Johannes Tzimiskes die Gründung der Reichsprovinz Mesopotamien. Mit dem Besuch der Großfürstin Olga von Kiew in Byzanz knüpfte die Epoche Konstantins VII. an das Zeitalter der Slawenmission des Photios an. Die Zusammenarbeit zwischen Ostrom und dem Kiewer Reich, die sich damit anbahnte, eröffnete unermeßliche Aussichten auf die Zukunft von Mission und politischer Propaganda des Reiches.

Im Zenit des mittelbyzantinischen »Heldenzeitalters«

Dem gelehrten Kaiser folgte für knapp vier Jahre sein Sohn Romanos II. (959–963), ein halber Knabe, zu schwach, um das Schwungrad der Erfolge zu beschleunigen oder zu bremsen. Nach gründlicher Vorbereitung setzte Nikephoros Phokas im Sommer 960 zur Rückeroberung Kretas an, im März des folgenden Jahres fiel das berüchtigte Korsarennest Chandax. Damit besaß Byzanz von neuem den Schlüssel zur Herrschaft im östlichen Mittelmeer. Im Osten gipfelte der Kampf in der Rückeroberung von Aleppo. Der Tod des Kaisers rief den Feldherrn – unbeschadet der Rechte zweier Prinzen – auf den Thron. Kaiser Nikephoros II. Phokas (963–969) scheint mitten aus der Artusrunde, wenn nicht aus der Gralsburg in den Kaiserpalast versetzt worden zu sein. Als Kriegsmann war er über jedes Lob erhaben und zugleich ein so glühender Christ, daß der hohe Klerus seiner Umgebung verzweifelt darauf sann, seinen Übereifer durch Heirat in normale Bahnen zu lenken. Wenn es auch nicht ohne ein bedenkliches Zugeständnis an den landhungrigen Adel abging, suchte der neue Kaiser Romanos' Sozialreformen immerhin fortzusetzen. Obwohl »geistlicher Sohn« des heiligen Athanasios, bremste er das Wuchern der Klostergründungen, stiftete aber die Beute von Kreta für die Laura seines Lehrers und wurde so zum Begründer der tausendjährigen Mönchsrepublik des Berges Athos (963).

Der Wandel der Weltlage schien nicht bis nach Bulgarien zu dringen. Der Kaiser reagierte schroff, war aber selbst im Osten gebunden und rief Swjatoslaw von Kiew zur Unterstützung. Damit erreichte er nur, daß Bulgarien seinen Herrn wechselte. In Italien erneuerten sich die Probleme der »Koexistenz« zweier theoretisch einander ausschließender Reichsgedanken soeben durch die Kaiserkrönung Ottos des Großen. Die Hoffnungen des Abendlandes auf die Hand einer östlichen Prinzessin für den Kaiser wurden von Bischof Liutprand von Cremona ohne Erfolg vorgetragen.

Trotz dem Vormarsch an allen Fronten besaß das Regiment des verhinderten Mönchs keinen Rückhalt beim Volk. So konnten Kaiserin Theophano und der Feldherr Tzimiskes es wagen, Nikephoros aus dem Wege zu räumen. Ein Bürgerkrieg des Magnaten Bardas Phokas wurde im Keime erstickt. Johannes I. Tzimiskes (969–976) hatte im Osten legendären Ruhm erworben. Der Balkankrieg stellte ihn vor neue Probleme. Erst 971 ging es mit den Operationen voran. Der Kaiser überschritt die ungesicherten Balkanpässe, während die Flotte donauaufwärts den Warägern in den Rücken fiel. Nach dem Fall der Hauptstadt Großpreslaw wurde Swjatoslaw mit seinen Truppen in Dorystolon (Silistria) eingeschlossen. Wir verdanken Leon Diakonos, der nach den »dunkeln Jahrhunderten« die Tradition der Geschichtsschreibung großen Stils fortsetzte, einen farbigen Bericht über die Ereignisse. Der Kampfgeist der warägischen Gefolgschaft Swjatoslaws vor der Kulisse brennender Paläste erinnert an die Stimmung der Burgunder an Etzels Hof. Am 24. Juli verließ Swjatoslaw nach vertraglicher Übergabe der Festung und Verzicht auf alle Rechte Bulgarien für immer.

Der Kampf ging an der Ostfront weiter. Nach Kreta und den Schlüsselstellungen Nordsyriens konnte Byzanz nun die Eroberung Armeniens und Mesopotamiens, im günstigsten Fall auch Palästinas als Kriegsziel ins Auge fassen. Doch mußte mit der Machtstellung der Fātimiden in Ägypten und Damaskus gerechnet werden. Gleichwohl drang Tzimiskes 975 zügig in Palästina vor, wo er Städte wie Tiberias, Nazareth und Caesarea unterwarf und Jerusalem einschüchterte. Auf der Rückkehr raffte ihn der Typhus hinweg.

Jetzt traten die makedonischen Prinzen in den Vordergrund, obwohl an die Ausübung der Macht durch den sechzehnjährigen Konstantin und den neunzehnjährigen Basileios einstweilen nicht zu denken war. Der jüngere Bruder versagte sich jedem Ehrgeiz. Aber auch Basileios II. Bulgaroktónos (976–1025) entzog sich erst nach neun Jahren der Bevormundung durch den der Generalspartei nahestehenden Basileios Lakapenos. Noch länger dauerten die Bürgerkriege der asiatischen Fronde, die das Reich erschütterten. Zunächst erhob Bardas Skleros die Fahne der Revolution, mußte aber nach einer Niederlage gegen den eigens freigelassenen Bardas Phokas an den Hof des Kalifen von Bagdad flüchten. Der Retter des Throns erwies sich als nicht weniger gefährlich, wurde aber von dem nun mündig gewordenen Kaiser vernichtet. Dabei gaben die sechstausend Russen Wladimirs von Kiew den Ausschlag. Die Adelsfronde wurde von Basileios mit Maßnahmen vergolten, die einer kleinen Bodenreform gleichkamen.

Das größte Ereignis der Epoche war die im Zeitalter des Photios vorbereitete und jetzt sich vollendende Bekehrung Rußlands zum Christentum. Was Konstantin und Methodios im Balkanraum gesät hatten, erntete man jetzt in den Riesenräumen Osteuropas. Die Verluste des Griechentums an den Islam fanden ihre ostchristliche Kompensation. Die »Erzählung von den vergangenen Jahren« (die »Nestorchronik«) berichtet in legendenhafter Form vom Kampf der Weltreligionen um die Seele der Slawen. Den Ausschlag gab die Schönheit der östlichen Liturgie, gewiß ein nachträgliches Urteil, aber kein unberechtigtes. Im einzelnen ging es nicht ohne Schwierigkeiten ab. Wladimirs Lohn für die Hilfe im Bürgerkrieg sollte die Hand der Prinzessin Anna sein. Johannes Tzimiskes hatte 972 seine Nichte Theophano mit dem deutschen Thronerben Otto II. vermählt. Eine purpurgeborene Prinzessin für Kiew – das ging noch weiter und erweckte im letzten Augenblick Bedenken. Wladimir erschien mit Truppenmacht vor der oströmischen Handelsstadt Chersones auf der Krim und führte dank diesem sanften Zwang 989 Anna zum Altar. Seine Taufe lag damals schon zwei Jahre zurück. Das Schauspiel in Mähren und Bulgarien wiederholte sich nun im Kiewer Reich. Ein Jahrhundert der angespanntesten Übersetzertätigkeit hatte unter Aufsicht der Apostelschüler vom Range eines Kliment und eines Naum den Lehrstoff für die christliche Mission im slawischen Osteuropa vorbereitet. Kunst und Literatur wetteiferten, um im Kiewer Höhlenkloster (Petscherskaja Lavra) ein neues Rom des Ostens zu schaffen. Nowgorod und der Norden hielten sich noch zurück.

Das seit langem christliche Bulgarien stellte Byzanz vor gefährlichere Probleme als der russische Täufling. Im Jahr 980 brach eine förmliche Offensive zur Wiederherstellung des symeonischen Großbulgariens los, entfesselt von Samuel, dem einzig Überlebenden der vier Grafensöhne. Die Lehre vom Angriff als der besten Verteidigung bezeugten die gefallenen Festungen Dyrrhachion und Korinth und der Angriff auf Thessalonike. Basileios sah sich zum Blitzmarsch nach Syrien gezwungen und konnte sich erst nach langen Jahren, nach Erfolgen im Raume Aleppo, Antiocheia und Georgien und endlich nach dem Abschluß eines Waffenstillstands mit den Fātimiden, wieder persönlich dem Balkan widmen.

Dort hatte inzwischen der glänzende Taktiker Nikephoros Uranos seinem Auftrag gemäß einen hinhaltenden Krieg geführt. Basileios erschien 1001 und führte entlang der Struma einen Stoß gegen Sofia. Samuel sah sich planmäßig nach Westen abgedrängt und verlor fast sämtliche Eroberungen. 1014 setzte er alles auf eine Karte, wurde aber am Paß von Kimbalongos eingeschlossen, seine Armee vernichtet oder gefangen. Eine gespenstische Szene taucht den Tiefpunkt der bulgarischen Geschichte in gleißendes Licht. Vor dem geflohenen Zaren erschienen in Hundertschaften, von Einäugigen geführt, fünfzehntausend geblendete Gefangene. Darüber starb Samuel am 6. Oktober 1014, vom Schlage gerührt. Mit dem Tode seines Nachfolgers endete 1018 das erste Bulgarische Reich.

Die folgenden Jahre gehörten der Bereinigung der Lage in Armenien und Georgien, wo die Türkengefahr ihre Schatten vorauswarf. In Italien erschienen die Normannen, wurden aber 1018 zusammengeschlagen. Mit Venedig arbeitete Basileios erfolgreich zusammen und hoffte, in Unteritalien und Sizilien die Stützpfeiler für die Herrschaft über den unsicheren Westbalkan zu festigen. Über den Rüstungen zur Befreiung Siziliens von arabischer Herrschaft ist er am 15. Dezember 1025 gestorben.

Das Regiment der Zivilpartei

Der überraschende Tod des »Bulgarentöters« brachte für einige Jahre seinen Bruder und nominellen Mitregenten Konstantin VIII. an die Macht (1025–1028). Die Schwäche, die man ihm vorwarf, dürfte seine Stärke gewesen sein, da in Byzanz nur Raum für einen Kaiser vom Format Basileios' war. Seine wichtigste Handlung, die Begründung der zivilen Vorherrschaft, mochte zunächst wie ein versöhnlich demokratisches Nachspiel der etwas anstrengenden großen Zeit erscheinen, entpuppte sich aber als der Anfang vom Ende. Die Militärs wurden künftig zugunsten der Beamten übergangen, ein System, das begabte Levantiner wie Michael Psellos in Entzücken versetzte. Als Probefall diente die Bestallung Romanos' Argyros (1028–1034) zum Nachfolger. Basileios' Sparsamkeit war längst verabschiedet. Mit der Aufgabe der Steuerhaftung für insolvente Nachbarn brach einer der letzten Dämme gegen die neuen Latifundien des Mittelalters. Als wahrer Kaiser amtierte die alternde Kokotte Zoë. Sie entbrannte für einen hübschen Bauernburschen und setzte ihn nach Ermordung des Kaisers als Michael IV., den »Paphlagonier« (1034–1041), auf den Thron. Die Herrschaft der Emporkömmlinge, die damit begann, führte aber nicht zu sozialer Besinnung. Der zweite Paphlagonier, Michael V. Kalaphátes (1041–1042), büßte seine Reformversuche mit sofortigem Sturz; ihm folgte als Zoës dritter Auserkorener der farblose Zivilbeamte Konstantin IX. Monomáchos (1042–1054).

Die gewaltige Militärmaschine der Makedonier war noch nicht zum Stillstand gekommen. Einer Schlappe des Romanos Argyros vor Aleppo stand der Erfolg des kommenden Mannes, Georgios Maniakes, in Edessa gegenüber. Er setzte seine Laufbahn in Sizilien glänzend fort, doch ließ die Zentrale ihren besten General im Stich und räumte ihn schließlich aus dem Wege. So stockte der Vormarsch in Sizilien und Unteritalien. Im Osten begann die Armenien- und Kaukasusfront zu wanken, während ein Aufstand in Bulgarien zeigte, daß dort mit allem zu rechnen war. Unter Monomachos blieb der Friede mit den Fātimiden bewahrt.

In Armenien bahnten sich zumindest Scheinerfolge an. Byzanz löste die letzten Bagratidenherrscher ab, die mit Besitzungen in Kappadokien entschädigt wurden. Die Ostgrenze rückte von neuem bis Dwin und zum Urmia-See vor. Während langer Jahrhunderte war die nominelle Einheit und faktische Spaltung des Landes von Byzantinern und Arabern mit hämischem Lächeln begünstigt worden. Trotz gegenteiliger Versicherungen hatten die Weltmächte vom Schicksal der Zerreißung des Landes nur profitiert. Die Parteien Armeniens waren längst von sozialen Interessengruppen zu Agenten des Auslandes abgesunken. Dem politisch kläglichen Bild der Bagratidenzeit steht aber die kulturelle Blüte Armeniens gegenüber. Die armenische Kirchenkunst, von Josef Strzygowski entdeckt, wirkte über

Byzanz und den Balkan weit ins Abendland hinein. Man nannte Ani die Stadt der tausendundeine Kirchen. Der Pufferstaat wurde vernichtet, als er dringender denn je gebraucht wurde. Schon 1064 plünderten die Türken Ani, und 1071 besiegelte die Niederlage von Manzikert das Ende der byzantinischen Herrschaft in Armenien.

Die geistige Bilanz der Zeit lautet überraschend günstig. Michael Psellos, der erste Humanist, führte das große Wort. Wie Photios ein Polyhistor, überragt er diesen doch bei weitem dank seinem Genie, das die künstliche Schriftsprache fast wie eine blutvolle Volkssprache meisterte. Nach dem hölzernen Versuch eines Leon Diakonos führte er die Geschichtsschreibung wieder zu den Maßstäben eines Thukydides, Polybios und Prokop zurück. Gleich groß als Philosoph, Theologe und Historiker, nicht zuletzt als skrupelloser Politiker, eilte der verführerische Geist die Stufen der Ämterlaufbahn rasch hinauf. Es gab Kaiser, die ihm bis zur Hörigkeit ergeben waren. Auf seinen und seiner Freunde, der Juristen Konstantin Leichudes und Johannes Xiphilinos, Rat erstand die altberühmte Hochschule Konstantinopels wieder zu neuem Leben. Der Bildungsgang folgte mit Trivium und Quadrivium den bewährten Traditionen.

Die Kirchenspaltung

In diese Ära fällt die schicksalhafte Amtsperiode des Patriarchen Michael I. Kerullarios (1043–1058). Unter ihm vollendete sich die innerlich längst vollzogene Trennung von Ost- und Westkirche. Sein Kontrahent, Papst Leo IX. (1049–1054), gehörte persönlich zu den anziehendsten Gestalten der Papstgeschichte, stand aber den kompromißlosen Cluniazensern nahe. Wie es ihm um die Reinheit der Lebensführung ging, so ging es seinen Beratern Hildebrand und Humbert um die Reinheit der Lehre. Namentlich Kardinal Humbert konnte als der geistige Vater des Schismas gelten. Es begann mit einem Kompetenzstreit in Unteritalien, der zu einem Brief des Bischofs von Ohrid, Leon, an Bischof Johannes von Trani führte, in dem wieder einmal die Verwendung des ungesäuerten Azymenbrotes beim Abendmahl der Lateiner gegeißelt wurde. Zu den gewichtigsten Steinen des Anstoßes gehörte nach wie vor die westliche Lehre vom doppelten Ausgang des Heiligen Geistes. Der gleichzeitige Traktat des Mönches Niketas Stethatos und die gewaltsame Schließung der Kirchen des lateinischen Ritus in Konstantinopel zeigten, daß der Metropolit von Ohrid sich als Sprachrohr der Kirchenleitung fühlen konnte. So erklärt sich die Tonart des Briefwechsels zwischen Rom und Byzanz, der nun einsetzte.

Am 15. Juli 1054 entfalteten drei römische Legaten, darunter Humbert, auf dem Altar der Sophienkirche eine päpstliche Bulle, die den Patriarchen von Konstantinopel exkommunizierte. Kerullarios antwortete mit dem Ruf nach der Staatsgewalt, ließ sogar den Übersetzer der Bulle geißeln. Der Kaiser wurde trotz seiner Versöhnungsbereitschaft vom Patriarchen überspielt. Ostrom mußte die geistliche Spaltung der Mittelmeerwelt nachvollziehen und sie in Form kirchenpolitischer Hypotheken, die jede künftige Westpolitik belasteten, teuer bezahlen.

Byzantinisches Reich UM 1025

Ausgang der Makedonier; die Dukas

Auf Konstantinos Monomachos folgte Theodora als letzte Überlebende der makedonischen Dynastie. Durch diplomatisches Versagen verspielte sie die Schutzherrschaft über die Christen Palästinas. Zu ihrem Nachfolger ernannte sie einen Minister, der als Michael VI. Stratiotikós (1056–1057) alles tat, um Armee und Generäle zu demütigen. Darüber kam es zur Empörung des Heeres, das mit der Erhebung Isaaks I. Komnenos (1057–1059) den Auftakt zum Neubau des Reiches unter den Komnenen gab. Der neue Herrscher regierte heilsam, aber nur kurz, weil sich der Patriarch Michael Kerullarios hinter die Volksmassen stellte, die dem unbequemen Reformer nicht grün waren. Sein Nachfolger Konstantin X. Dukas (1059–1067) setzte, obwohl Offizier, den zweifelhaften Kurs eines Michael Psellos fort.

Unter Alexios Komnenos bedrohten Ungarn und oghuzische Türken die Sicherheit der Donaugrenze. Vor allem ging in Unteritalien die Saat der Kirchentrennung auf. Dort stürzten sich die Normannen Robert Guiscards auf die Reste der oströmischen Herrschaft, ohne den Einspruch der Päpste fürchten zu müssen. Robert Guiscard zog 1072 in Palermo ein. Damit begann das rasche Aufblühen Siziliens unter normannischer Herrschaft. Um diese Zeit waren im Osten schon die Würfel über das Schicksal Kleinasiens gefallen. Kaiser Romanos IV. Diogenes (1068–1071) erlag trotz persönlicher Tapferkeit dem Seldschuken Alp Arslan in der Schlacht bei Manzikert (1071). Wie zuvor aus Syrien und Ägypten wich der Hellenismus im Zeitalter der nun folgenden Bürgerkriege aus Kleinasien zurück, das dem Gesetz der Steppe verfiel.

Aus den Machtkämpfen der Hauptstadt kristallisierte sich die Herrschaft Michaels VII. Dukas Parapinákes heraus (1071–1078), unter dem Michael Psellos seine intrigante Politik fortsetzte, bis ihn der ehemalige Schüler auf Anraten des Logotheten Nikephorizes fallenließ. Das wahnwitzigste Verbrechen der Zeit war die Blendung des Kaisers Romanos nach seiner Rückkehr aus seldschukischer Gefangenschaft. In Italien ging der Stern des gewaltigen Papstes Gregor VII. (Hildebrand) auf. Die Normannen eroberten mit Bari den letzten Stützpunkt von Bedeutung. Kroatien und Zeta gewannen die Unabhängigkeit, in Bulgarien putschte Konstantin Bodin. Nikephorizes scheiterte mit dem Versuch einer Wirtschaftsreform.

Die Lage war reif für einen Gegenstoß des Militäradels, an dessen Spitze sich zunächst Nikephoros Bryennios setzte. Er wurde von Nikephoros III. Botaneiates (1078–1081) und dem endgültigen Sieger Alexios I. Komnenos (1081–1118) überflügelt. Unterdessen hatten die Türken das Sultanat Rūm mit der Hauptstadt Nikaia gegründet. Im Bürgerkrieg begann die seit der spätrömischen Zeit stabile Währung zu verfallen.

Die Komnenen

Mit der Regierung Alexios' I. begann der Wiederaufstieg Ostroms im Zeitalter der Komnenen. Allerdings erreichte weder die Kurve der politischen Macht noch die des Wohlstandes die Höhe der Jahrtausendwende. Dafür übertraf die Ausstrahlung der byzantinischen Kultur alles bisher Dagewesene. Vor allem im Balkan und in Rußland gewannen byzantinische Kunstprovinzen ein nationales Gepräge.

Kaiser Alexios fand eine Erbschaft vor, die eines Herakleios würdig gewesen wäre; er benötigte vierzehn Jahre, um die Lage wiederherzustellen. Das straffe Militärregiment verstimmte die Senatskreise »spätmakedonischer« Prägung. Die Themenverfassung hatte sich überlebt, ebenso aber auch das Wehrsiedlertum und die Möglichkeit, ohne Söldner auszukommen. Im Balkan gewannen die Bogomilen an Boden, eine späte Frucht der Umsiedlung häretischer Elemente aus Ostkleinasien. Waren sie auch eine Art pietistischer Erweckungsbewegung, so gewannen sie doch in Bulgarien sozialrevolutionären und nationalen Einfluß. Vor Dyrrhachion errang Robert Guiscard 1081 einen spektakulären, aber dank Venedig nur kurzlebigen Erfolg. Mit dem Handelsvertrag von 1082 erhielt diese Republik einen gefährlichen Wechsel auf die Zukunft.

Die verschlagene Westpolitik des Kaisers fand ihr Gegenstück in riskanten Manövern an der Donaufront, wo die Petschenegen Nordbulgarien überschwemmten und mit den Bogomilen Philippopels Kontakt aufnahmen. Wie in den Tagen Justinians verbündete sich Byzanz mit den Nachbarn der ihm unbequemen Nachbarn und hetzte den Eindringlingen die Kumanen in den Rücken. Am Leburnionfluß wurden die Petschenegen 1091 in die Zange genommen und vernichtend geschlagen. Ihre Hoffnungen auf Wiederholung der persisch-awarischen Zusammenarbeit von 626 waren zerronnen. Der Emir von Smyrna hob die schon eingeleitete Seeblockade der Hauptstadt auf. Alexios vergalt ihm sein Bündnis mit den Petschenegen durch Zusammenarbeit mit Nikaia.

In diesem Augenblick erschienen Vorboten der Kreuzfahrer an der Schwelle Kleinasiens und stellten die oströmische Regierung vor eine ihrer schwersten Entscheidungen. Der Kaiser hatte (etwas unvorsichtig, wie sich nachträglich herausstellte) 1095 auf der Synode von Piacenza Papst Urban II. um Hilfe gegen die Türken bitten lassen. Er trug damit zur Beschleunigung der Pläne des Papstes bei, der am 26. November auf der Synode von Clermont die Ritterschaft des Abendlandes zum Ersten Kreuzzug aufrief.

Kaiser Alexios hatte dienstwillige Söldner, nicht aber selbständige Heere erwartet. Die undisziplinierten Haufen Peters des Einsiedlers und die Judenmassaker in Frankreich und Deutschland ließen einiges befürchten. Im Dezember erschien das Hauptheer vor Konstantinopel. Obwohl Disziplin der Truppen und Loyalität der Mächtigen zu wünschen übrig ließen, suchte Alexios die Lage mit Würde zu tragen. Er erinnerte nachdrücklich an das Kriegsziel und warnte vor Aktionen, die die Rechte des Oströmischen Reiches verletzten. Vor allem forderte er den Vasalleneid, den die Verschlagenen leisteten, die Ehrlicheren ablehnten. Es kam zu Erpressungen, ja zum Versuch eines Sturms auf die Hauptstadt.

In Kleinasien ließ sich der Feldzug gut an, doch wechselten Tancred und Balduin bald die Tonart und schritten auf eigene Faust zu Eroberungen. Der schwerste Rückschlag trat mit der Usurpation der Herrschaft in Antiocheia durch Bohemund ein. Alexios konnte von dem Geisteserben eines Guiscard kaum anderes erwarten. Der Sommer 1099 brachte mit der Eroberung Jerusalems und dem gleichzeitigen Krieg Bohemunds gegen Byzanz den Gipfel der Begriffsverwirrung. Nach dem Abenteuer einer türkischen Gefangenschaft trat Bohemund eine antibyzantinische Propagandafahrt durch das Abendland an, mit der er nicht unwesentlich zur geistigen Vorbereitung des Unternehmens von 1204 beitrug. Eine Niederlage vor Dyrrhachion stimmte ihn zwar nüchterner, doch löste sein Tod seinen Neffen und Nachfolger Tancred in Antiocheia von allen eingegangenen Verpflichtungen. Dyrrhachion stärkte allerdings die Stellung des Reiches im westlichen Balkan, wo die Ungarn nach Kroatien und Dalmatien vorgedrungen waren.

Der Prozeß der Feudalisierung des Reiches ging auch unter Alexios weiter. Das System der Pronoiagüter setzte sich durch und trug dazu bei, daß die westlichen Standesherren in Byzanz beinahe die Sozialordnung ihrer Heimat wiederfanden. Alle Vorzüge und Schwächen der Biographie vereinigt die eines Psellos würdige *Alexias* aus der Feder der genialen Anna Komnene. Das ritterliche Leben des Kaisers und seiner Zeit leuchtet uns im Zauberspiegel einer temperamentvollen Frau entgegen. Es war der Kaisertochter nicht vergönnt, das Ziel ihres politischen Ehrgeizes, die Thronfolge ihres Gatten Nikephoros Bryennios, durchzusetzen.

Die letzten Jahre des Kaisers Alexios waren von Ränken um die Nachfolge überschattet. Hier führten die Frauen das gewichtigste Wort. Schon auf seine Anfänge hatten Exkaiserin Maria, später seine Mutter Anna Dalassena Einfluß ausgeübt. Zu seiner Mutter fand dieser Herrscher, den höchste diplomatische Kunst nicht hinderte, die ritterlichen Tugenden der Kreuzfahrerzeit zu verkörpern, ein selten glückliches Verhältnis, während des Kampfes mit Robert Guiscard führte sie die Regentschaft. Auch Kaiserin Eirene genoß nach anfänglicher Zurückhaltung ihres Gatten politischen Kredit. Das Scheitern der ehrgeizigen Pläne Anna Komnenes rief die grandiose Ersatzhandlung ihres Geschichtswerks ins Leben. Kein Geringerer als Schiller hat diesen farbigen Abglanz ritterlicher Tage ins Deutsche übertragen.

Die Bedrohung durch die Normannen von Antiocheia und Sizilien überschattete auch die Außenpolitik Johannes' II. (1118–1143). Die rivalisierenden Türken von Ikonion, Siwas und Melitene wurden in den zwanziger und dreißiger Jahren zurückgedrängt. Mit den Küsten Kleinasiens gewann Byzanz auch etwas von seinem Rang als Seemacht zurück. Die nach Kilikien umgesiedelten Armenier unterwarfen sich, weiterreichende Pläne in Syrien scheiterten dagegen. Die Reste der Petschenegen wurden 1222 vernichtet, damit war die Donaugrenze gesichert. Ein Zerwürfnis mit Venedig brachte die Schwäche der Flotte zum Vorschein; dies veranlaßte Johannes 1126, die Privilegien des Vorgängers zu bestätigen. In Sizilien begann mit der Krönung Rogers II. die Epoche der normannischen Machtentfaltung. Johannes verbündete sich zunächst mit dem deutschen Kaiser Lothar III., dann mit Konrad III. gegen Sizilien. Die Heirat des Thronfolgers Manuel mit Berta von Sulzbach sollte das Bündnis bekräftigen.

Mit Manuel I. (1143–1180) gelangte der Herrscher an die Macht, der zum letztenmal die universale Kaiser- und Reichsidee Ostroms zumindest in seiner persönlichen Haltung glaubhaft machen konnte. Wie einst Justinian, liebte er es, auf allen Gebieten zu dilettieren, nicht zuletzt in der Theologie. Der allseitigen Bemühung um das hellenische Bildungsgut entsprach ein tiefer Einfluß westlichen Rittertums, ein Zeichen für die ungewollte Durchdringung von Osten und Westen in der seltsamen Haßliebe der Kreuzfahrerjahre. Ritterliche Turniere, westliche Mode eroberten den oströmischen Kaiserhof. Dem entsprach eine aktive Westpolitik, die im Zeitalter des Rückzugs des Hellenismus aus Kleinasien anachronistisch anmutet. Aber auch das innenpolitische Programm überschätzte trotz bester reformerischer Absichten die eigenen Möglichkeiten maßlos und unrealistisch.

Trotz Manuels Ehe mit der deutschen Grafentochter und trotz politischem Einvernehmen versetzte ihn der Zweite Kreuzzug (1147–1149) außenpolitisch in tödliche Verlegenheit. Die Massenhypnose Bernhards von Clairvaux warf Manuels wohlausgewogenen Plan, gleichzeitig in Italien und Kleinasien vorzugehen, über den Haufen. Er sah die Deutschen an der Seite eines Normannenreiches, das gleichzeitig mit dem Kreuzzug zum Angriff auf Griechenland ansetzte. Dem Normannen Roger ging es nicht nur um militärische Vorteile, sondern ebenso um einen Wirtschaftskrieg, der in der Verpflanzung von griechischen Handwerkern nach Sizilien gipfelte. Dort entstand aus der Begegnung normannischer Kraft mit arabisch-byzantinischen Traditionen der erste Verwaltungsstaat Europas von modernem Zuschnitt. Dem entsprach Manuels Reaktion. Er vergaß die brennenden Probleme Kleinasiens, wo die Kreuzfahrer immerhin Edessa wiedergewonnen hatten, und suchte mit Konrad III. und Venedig ein antinormannisches Bündnis zu schließen. Die Kombination erwies sich nicht als tragfähig, da unter Friedrich Barbarossa der Vorrang der Italienpolitik zur Interessenüberschneidung mit Byzanz führte. Noch scheiterte Rogers Versuch, auf den Spuren Bohemunds einen Kreuzzug gegen Byzanz zu entfesseln. Ähnliche Gedanken hatte das Gefolge des Franzosen Ludwigs VII. auf dem Zweiten Kreuzzug geäußert. Sie gewannen um so gefährlichere Aktualität, als das Papsttum und sein Sprecher Bernhard von Clairvaux hinter ihnen standen. Zu Zeiten gab es eine geschlossene Front der guelfischen Fronde in Deutschland und Italien, der Franzosen, Ungarn, Serben und der Normannen Siziliens. Zum schismatischen Byzanz hielten in diesem Augenblick nur Venedig und das kaiserliche Deutschland.

Den Atem der kommenden Zeiten konnte man auch daran spüren, daß trotz des gewaltigen Schrumpfungsprozesses des Oströmischen Reiches die diplomatischen Beziehungen eines Manuel noch weiter reichten als im Zeitalter Justinians. Weder England noch Rußland galten für Ostroms Gesandte als fernstes Thule. Die griechische Volksliteratur konnte sich der farbigen Welt des ringsum brandenden Orients nicht völlig verschließen. Arabische, türkische, nicht minder abendländische Anregungen drangen unaufhaltsam in Wortschatz und Begriffe ein. Dafür hielt die höhere Bildung mit gewohnter Barbarenverachtung ihr klassisches Vorurteil. Die permanente Renaissance, die Ostroms Geistesgeschichte trotz sichtbarer Gipfel wie Photios oder Psellos bedeutet, zog nicht zuletzt zugunsten des späteren Abendlandes die positive Bilanz einer solchen Selbstbeschränkung.

Die fünfziger Jahre sahen Manuels Initiative in Unteritalien und Serbien, wo Stephan Nemanja 1165 die Selbständigkeit gewann. Die Gunst des Augenblicks erlaubte 1158 einen militärischen Spaziergang nach Antiocheia. Zu Anfang der sechziger Jahre besaß Byzanz wieder die volle Autorität einer Weltmacht. Der internationale Kredit des Lehnswesens machte die Anrainer Ostroms noch über die militärische Notwendigkeit hinaus zur Anerkennung der Suzeränität bereit. Doch verspielte Manuel manche Vorteile durch Schaukelpolitik und Neigung zum Bramarbasieren. Seit 1167 verschlechterten sich die Beziehungen zu Venedig. Manuel suchte den handelspolitischen Würgegriff der Riesenschlange durch Begünstigung von Pisa und Genua zu lockern und ließ eines Tages sämtliche

Venezianer auf Reichsgebiet überraschend verhaften. Im Frieden von Venedig (1177) wurden die Beziehungen zu Deutschland und Venedig wieder freundlicher gestaltet, doch blieben erhebliche Ressentiments zurück. Die Besserung des Verhältnisses mit Frankreich bot dafür keinen Ersatz.

Das Schicksal der ägyptischen Kreuzzugshoffnungen Manuels enthüllte das Illusionäre seines Vertrauens zu Ludwig VII., doch hoffte er noch vor seinem Tode auf Zusammenarbeit in Kleinasien. Dort brachten die Türken von Ikonion in der Schlacht bei Myriokephalon (1176) unweit der Mäanderquelle Byzanz die Niederlage des Jahrhunderts bei. Zur vollen Auswirkung kam sie erst unter den Nachfolgern Manuels. Doch läßt sich nicht leugnen, daß der ritterliche Kaiser als Schutzherr der lateinischen Kreuzfahrerstaaten politisch-moralischen Geländegewinn zu verzeichnen hatte. Die Unterwerfung Rainalds von Antiocheia und der Einzug in die alte Metropole Syriens (1159) hatten Manuels imperialistische Politik noch nachdrücklicher gekrönt als die Triumphe über Ungarn und die Züchtigung Stephan Nemanjas von 1172 – der eine Tag von Myriokephalon verspielte die moralischen Reserven solcher Erfolge. Auch die gesunden Ansätze der Innenpolitik vermochten die negative Bilanz nicht entscheidend zu verbessern. Mit seinen Umsiedlungen und der Sorge für die Soldatengüter suchte Manuel klassischen Traditionen zu folgen. Die ständigen Kriege führten aber zu einer Herrschaft der Soldateska, die jede zivile Ordnung sabotierte. Auch die klösterliche Latifundienwirtschaft trug zur Auflösung des Sozialgefüges bei.

Die Herrschaft des zwölfjährigen Alexios II. (1180–1183) blieb Episode. Personelle Mißgriffe im Regentschaftsrat und die Volkswut über dessen lateinerfreundliche Einstellung führten den abenteuerlich bizarren Komnenen Andronikos I. (1183–1185) an die Macht. Die Revolution entlud sich in einem Blutbad gegen die in der Hauptstadt ansässigen Ausländer, vor allem die Venezianer. Es begann das Regiment des eisernen Besens, das jahrhundertealte Mißstände mit einem Schlage beseitigen wollte. Während Andronikos den Feudaladel in Massen über die Klinge springen ließ, erhielt das Bauerntum Rechte wie nie zuvor. Korruption, Ämterkauf, Steuermißbräuche wurden an der Wurzel gepackt. Andronikos schien in wenigen Jahren die Versäumnisse eines Jahrtausends nachholen zu wollen, scheiterte aber an den Rückwirkungen der Außenpolitik Manuels, an der Feigheit der Großstadtmassen Konstantinopels und an der geschickten Ausnutzung der Lage durch Kirche und Adel.

Vor allem konnte Andronikos nicht verhindern, daß die Heirat Heinrichs VI. mit Konstanze von Sizilien (1184) den künftigen deutschen Kaiser zum Traditionsträger Robert Guiscards machte. Die Normannen nutzten diesen Auftrieb zu einem Vernichtungskrieg gegen Byzanz, dem zunächst Dyrrhachion, dann die zweite Stadt des Reiches, Thessalonike, zum Opfer fielen (1185). Der berühmte Homerforscher und tapfere Bischof Eustathios schilderte die »Letzten Tage« der Balkanmetropole, ohne seine Landsleute zu schonen. Ihrer Haltung gegenüber den Siegern schleudert er mit derbem Humor das eines Berlichingen würdige Pindarwort entgegen: »Eine verwünschte Freiheit, wo man sich jeden beliebigen Ort als Abtritt aussuchen kann.« Schon längst hatten Ungarn und Serben die oströmische Vorherrschaft im Balkanraum gebrochen. Jetzt schien ein Marsch der

Normannen auf Konstantinopel zu drohen. Der Großstadtpöbel verlor die Nerven und warf sich den Magnaten zu Füßen. Andronikos starb den bestialischen Tod eines Maurikios und machte der Dynastie der Angeloi Platz.

Die Angeloi

Der Sieger Isaak II. Angelos (1185–1195) trat nicht als Programmpolitiker einer Zivil- oder Militärpartei auf. Seine Politik entsprach den Forderungen des Tages, sie lebte von der Hand in den Mund. Ohne aus der engsten Herrschaftsclique zu stammen, vertrat er die Interessen des konservativen Feudaladels. Was der revolutionäre Sozialpolitiker Andronikos von der Wurzel her angepackt hatte, suchte er durch Pflästerchen zu heilen. Die Erhebung einer Steuer anläßlich seiner Heirat mit einer Ungarnprinzessin reizte die walachischen Hirten zu einem Aufstand, der ganz Bulgarien entflammte. Die Bojaren Peter und Iwan Asen setzten sich an die Spitze der Bewegung (1186) und begründeten das zweite Bulgarische Reich, das in wenigen Jahrzehnten die Ausmaße der Zeiten Symeons des Großen erreichte und Ostroms Landverbindung nach Griechenland bedrohte. Gleichzeitig breiteten sich die Serben mit ungarischer Hilfe bis Nisch und Dalmatien aus.

Inzwischen hatte sich Kaiser Barbarossa mit Philipp von Frankreich und Richard Löwenherz zum Dritten Kreuzzug entschlossen (1189–1193). Kaiser Isaak sicherte Barbarossa freien Durchzug auf dem Landwege zu, schloß aber fast gleichzeitig ein Bündnis mit Sultan Salāh ad-Dīn (Saladin), dem Eroberer Jerusalems. Einen deutlicheren Ausdruck konnte die Spaltung der Christenheit nicht mehr finden. Dem entsprach die propagandistische Rückwirkung einer solchen Taktik auf das Abendland, die politische und militärische Auswirkung auf die Kreuzfahrerheere. Barbarossa kämpfte sich im Bündnis mit Serben und Bulgaren die Trajanstore frei, hielt sich aber nicht mit Isaak auf, sondern setzte nach Kleinasien über. Des Kaisers Tod im reißenden Saleph nahm dem Kreuzzug die gesamteuropäische Konzeption und die Stoßkraft des in ihm verkörperten Reichsgedankens. Friedrich von Schwaben, der das deutsche Kreuzheer gegen Akko weiterführte, erwog schon damals in seinen Briefen die Einnahme Konstantinopels.

Im Strudel des Aufstiegs der christlichen Balkanstaaten vermochte sich Isaak nicht zu halten. Trotz eines Erfolgs an der serbischen Morava (1190), der Stephan Nemanja in die Schranken wies und byzantinischem Einfluß die Tore öffnete, entschied eine Niederlage in Bulgarien über sein Schicksal. Er wurde geblendet und mußte den Thron seinem älteren Bruder Alexios III. Angelos (1195–1203) überlassen. Das Erbe der Vorgänger und die Fehler des neuen Mannes steigerten das Verfallstempo zu rasender Progression. In Kleinasien setzte sich der Umschichtungsprozeß fort, das türkische Nomadentum gewann täglich an Boden. Dem Brand in Bulgarien kehrte Alexios gleichmütig den Rücken, um in der Hauptstadt seinen und seiner Freunde Durst zu löschen. Die Armee verfiel; eine Flotte gab es nicht mehr. Der Wiederaufstieg Bulgariens, die Entwicklung der italienischen Stadtrepubliken, allen voran Venedig, und die Kreuzzugsdrohungen Heinrichs VI. überschatteten die Zukunft.

Eine gewisse Entlastung brachten Byzanz die feudalistischen Schwierigkeiten Bulgariens und die alten Bestechungspraktiken. Die Staatsgründer Peter und Asen fielen von der Hand einheimischer Verräter. Byzanz besoldete ihre Mörder, konnte aber die Nachfolge des »Rhomaiertöters« Kalojan (1197–1207) nicht hindern, unter dem Bulgarien auf breiter Front die Ägäis erreichte. Die Krönung Kalojans durch einen Legaten Papst Innozenz' III. unterstrich den Wandel der Dinge. Der Freiheitsjubel der Balkanslawen konnte jedoch nie die Sprache der Kunstdenkmäler unterdrücken, die nach wie vor den Ruhm der oströmischen Zivilisation verkündeten. Gleichzeitig mit Peter und Asen, aber freiwilliger, schied Stephan Nemanja aus der Politik, um erst in seinem Lieblingskloster Studenica und dann im serbischen Chilandarikloster des Berges Athos das Ende seines Lebens zu erwarten.

Die Peripetie der deutschen Kaiserherrlichkeit des Mittelalters verbindet sich mit der Generalprobe zum fünften Aktschluß der Geschichte Ostroms. In der Person Heinrichs VI. vereinigten sich seit seiner Heirat mit der Erbin Siziliens normannische Traditionen mit den jüngsten Enttäuschungen des Reiches. Schon mit den Lehnseiden, die das kilikische Restarmenien und Cypern dem deutschen Kaiser leisteten, geriet Byzanz in eine Zange. Am 31. Mai 1195 nahm Heinrich in Bari das Kreuz und setzte seine Armeen zur See und zu Lande nach Palästina in Marsch. In Konstantinopel hatte man Grund zu zittern, da Heinrich als Anwalt des vertriebenen Isaak auftrat. Der Nachfolger winselte um Frieden und erfüllte die westlichen Tributforderungen durch Plünderung der Kaisergräber und eine »Alamannensteuer« *(alamanikón)*. Der Einspruch des Papstes gegen einen Angriff auf Byzanz verzögerte den Krieg, der überraschende Tod Kaiser Heinrichs VI. vereitelte ihn. Der Plan einer »Weltherrschaft«, die sich auf Deutschland, Sizilien und Ostrom als tragende Pfeiler stützen sollte, war gescheitert.

In Heinrichs wahrem Nachfolger, Papst Innozenz III., erstand Byzanz erst recht ein gnadenloser Gegner. Er forderte von dem Schattenreich einen Kreuzzug, den ihm seine Schwäche, und die Kirchenunion, die ihm sein fanatischer Klerus verbot. Aus weltpolitischen Prestigegründen mußte dem vereitelten Unternehmen des Reiches ein päpstlicher Kreuzzugsplan auf dem Fuße folgen. Doch entglitt dem Papst die Führung. Der Vierte Kreuzzug wurde von dem Ghibellinen Bonifatius von Montferrat geleitet, den das antibyzantinische Ressentiment der Reichspolitik beseelte. Von vornherein plante man den Seeweg, spielte also Venedig einen Trumpf in die Hand.

Der erste Fehltritt des Kreuzfahrerheeres war die Eroberung des christlichen Zara, für die der Papst etwas unwillig Absolution erteilte. Die zweite Abweichung von der Straße des Glaubens führte die Kreuzfahrer nach Konstantinopel. Vom Sendungsbewußtsein Kaiser Heinrichs war das staufische Familieninteresse übriggeblieben, angefeuert durch die geschickte Propaganda des Prätendenten Alexios Angelos, der aus der Haft entkommen war. Der wahre Drahtzieher des »Kreuzzugs« hieß Enrico Dandolo, der für Venedig nicht nur den Löwenanteil an der Beute, sondern das Erbe des oströmischen Handels witterte.

Am 17. Juli 1203 sah die einstige Hauptstadt der Welt zum erstenmal feindliche Eroberer in ihren Mauern, die aber zunächst als Befreier auftraten. Isaak II. wurde aus dem Gefängnis geholt und trat von Gnaden des siegreichen Feindes nochmals die Herrschaft an. Vom

Volk verachtet, vermochte er die Habgier der Kreuzfahrer nicht zu befriedigen und stürzte mit seinem Sohn und Mitkaiser, ohne daß sich eine Hand für ihn rührte. Ihm folgte der nationaler gesinnte Alexios V. Murtzuphlos, doch entschlossen sich die Kreuzfahrer sofort zur Wiederaufnahme der Belagerung. Im März 1204 wurde auf einer Konferenz die Verteilung des Oströmischen Reiches unter die Siegermächte geregelt. Der Mauersturm vom 13. April lieferte dem christlichen Heer zum zweitenmal die Stadt ans Messer. Rücksichten

auf das Zartgefühl eines Prätendenten fielen diesmal weg, die Plünderung dauerte drei Tage und vernichtete unersetzliche Werte. Einen Teil der Beute birgt Venedig noch heute.

Nach dem Siege stellte sich zunächst das Problem der Kaiserwahl. Der Doge wußte die Wahl der markantesten Persönlichkeit, des Markgrafen Bonifatius von Montferrat, zu verhindern und protegierte den Grafen Balduin von Flandern. Der Venezianer Thomas Morosini wurde zum lateinischen Patriarchen gewählt. Der Kaiser von Venedigs Gnaden erhielt ein Viertel des ehemaligen Reichsgebiets zugesprochen. Konstantinopel wurde zu einer geteilten Stadt, von der dem lateinischen Kaiser fünf Achtel, den Venezianern drei Achtel mit der Hagia Sophia gehörten. Die Häfen standen unter venezianischer Kontrolle. Die besetzten Gebiete Griechenlands und Makedoniens wurden als Lehen verteilt. Venedig belegte die Inseln mit Beschlag und sicherte sich damit die Flottenbasen. Das Königreich Thessalonike unter Bonifatius von Montferrat, das Herzogtum Athen und das Fürstentum Achaia waren so gut wie selbständig.

Die Auflösung Ostroms hatte der jetzt vollzogenen Zerstückelung seit langem vorgearbeitet. Große Reichsteile blieben aber unter griechischer Herrschaft, da die Macht der neuen Herren nur die Besetzung der Küste Kleinasiens erlaubte. Es entstand eine griechische Widerstandsbewegung, die aus dem Haß der Unterdrückten ihre Nahrung sog und zu einer »Abstimmung mit den Füßen« führte. Eine Auswanderungsbewegung großen Stils in die noch freien Gebiete des oströmischen Territoriums setzte ein. So traten dem lateinischen Kaisertum von Konstantinopel sofort nationale griechische Staaten entgegen. In Kleinasien erhob Theodoros I. Laskaris (1204–1222) die Fahne des Widerstandes rund um die neue Hauptstadt Nikaia. Dem entsprachen in kleinerem Maßstabe das Despotat von Epirus unter Michael Angelos und das Kaisertum Trapezunt, das Alexios Komnenos mit Hilfe seines Bruders David und der Königin Tamar von Georgien ebenfalls 1204 errichtete.

Schon 1205 warf ein griechischer Volksaufstand in Thrakien die Lateiner weit zurück und entlastete die schwer ringende Neugründung Nikaia. Balduin geriet in Gefangenschaft. Der Laskaride nahm den Kaisertitel an und stellte den Lateinern einen griechischen Patriarchen entgegen. Balduins Nachfolger Heinrich von Flandern nahm die geräumte asiatische Küste wieder in Besitz. Gegen ihn und das Sultanat Ikonion führte Laskaris einen Zweifrontenkrieg, in dem das Bündnis mit den Armeniern Kilikiens eine gewisse Entlastung brachte. Der Friedensvertrag von Nymphaion (1214) brachte einen Modus vivendi beider Kaiserreiche. Auch dynastische Verbindungen und der Handelsvertrag mit Venedig verbesserten das Klima. Aus Serbien strömten dem griechischen Reststaat unerwartete Zinsen früherer Konzessionen an die nationale Autonomie der slawischen Kirchen zu. Der Patriarch von Nikaia weihte Stephan Nemanjas jüngsten Sohn Sava zum autokephalen Erzbischof Serbiens. Damit hatte einer der unabhängigsten Balkanstaaten das Reich des Laskaris als Traditionsträger Ostroms anerkannt. Trapezunt versuchte Nikaia den Vorrang streitig zu machen, begab sich aber in türkische Abhängigkeit und fristete ein bedeutungsloses Winkeldasein. Das gleiche galt für die romantisch versponnenen Lateinerherrschaften in Griechenland, eine Welt, deren Zauber Ferdinand Gregorovius für immer beschworen hat. Epirus dagegen nahm eine Entwicklung, die der Nikaias ebenbürtig war. Theodoros Angelos zog 1222 in Thessalonike ein und nahm die Kaiserkrone.

Die zwanziger Jahre standen im Zeichen gemeinsamer Aspiration von Epirus, Nikaia und Bulgarien auf die Nachfolge in Konstantinopel. Ein förmlicher Wettlauf nach der alten Hauptstadt setzte ein. Theodoros Angelos rettete durch sein Eingreifen die Lateiner vor dem Zugriff Nikaias, wurde aber bei Klokotnica von den Bulgaren vernichtend geschlagen. Zwischen Bulgarien unter Führung des glänzenden Iwan Asen II. (1218–1241) und dem Herrscher Nikaias, Johannes III. Dukas Vatatzes (1222–1254), kam es zu einem Bündnis, das seine religiöse Weihe durch die Errichtung des Patriarchates Trnovo fand. Auch hier trug die nationale Toleranz der einstigen Slawenmission ihre politischen Zinsen. Eine Heirat bekräftigte die Zusammenarbeit, die aber schon beim gemeinsamen Angriff auf Konstantinopel Schiffbruch erlitt und erst 1237 wiederaufgenommen wurde. Aus den Irrungen dieser Jahre ging Vatatzes als überlegener Sieger hervor. Er konnte das Verdienst der nationalen Wiedergeburt Ostroms aus dem Geist des Griechentums für sich in Anspruch nehmen. In den vierziger Jahren war Nikaia die Vormacht der Nachfolgestaaten Ostroms in Europa und Kleinasien, aber immer noch Zaunkönig genug, um von den Tataren, die alle Welt in Schrecken setzten, übersehen zu werden.

Der Westen begann den Erfolg des neuen Byzanz mit politischen Zugeständnissen zu honorieren. Kaiser Friedrich II. suchte in seinem Kampf gegen die Päpste nach Verbündeten, aber auch die Kirche zeigte sich Unionsverhandlungen nicht abgeneigt. Bevor aber Vatatzes die Früchte seines Lebens reifen sah, mußte der Staatsmann und Soldat, aber auch hochgebildete Freund der Wissenschaft seinem gleichwertigen Sohn und Nachfolger Theodoros II. Laskaris Platz machen (1254–1258). Trotz spürbarer Spannungen innerhalb der Feudalaristokratie setzte sich die Serie der Erfolge fort.

Über das Schicksal der Dynastie entschied jedoch die Epilepsie des Kaisers, die nach der kurzen Herrschaft Johannes' IV. (1258–1261) dem Verwalter der Regentschaft und baldigen Mitkaiser Michael VIII. Palaiologos die Begründung der letzten und langlebigsten byzantinischen Dynastie ermöglichte (1259/1261–1282). Die Not der Stunde entschuldigte die Usurpation. Michael setzte sich in der Schlacht von Pelagonia gegenüber einem Dreibund durch, der aus Sizilien, Epirus und den Lateinern Konstantinopels bestand. Das nach wie vor lauernde Venedig wurde durch den Handelsvertrag mit Genua (1261 in Nymphaion) aus dem Feld geschlagen. Der Lohn der langen Jahre nationaler Geduld und Hoffnung ließ nicht lange auf sich warten. Am 15. Juli 1261 gelang dem General Alexios Strategopulos fast im Vorübergehen die Eroberung Konstantinopels; Michael VIII. und seine Gemahlin ließen sich in der Hagia Sophia zum zweitenmal vom Patriarchen krönen.

Die Palaiologen

Wie eine Auferstehung aus dem Grabe mutet die Rückkehr des wahren Byzanz nach dem Bosporus an. So mancher kostspielige Bau wies jenes Nikaia nicht nur als Provisorium aus. Es bleibt immer achtenswert, wie dieses Vichy die dreieinige Entelechie der Reichsidee, des Volksgeistes und der Ostkirche so überzeugend zu verkörpern wußte. Das alles wäre Provinz geblieben, wenn nicht die Wiedervereinigung der Unentwegten mit ihrer Hauptstadt das Herz Ostroms noch einmal an den Kreislauf der Weltpolitik angeschlossen hätte. Das galt auch wirtschaftlich. Dem beherrschenden Venedig folgte zwar Genua, doch sicherte den Griechen allein ihre Präsenz an der Weltverkehrsader jene Prozente vom internationalen Handel, die das Wunder des Überlebens von 1261 bis 1453 ermöglichten. Erst recht bestätigte die Politik die Bedeutung der Meerengen, deren Besitz allein schon das Recht auf Gehör verlieh. Nicht nur die Neuzeit hat erlebt, wie noch auf der Schlachtbank des Chirurgen der »kranke Mann am Bosporus« die Welt beschäftigt.

Der Historiker sieht sich einem grotesken Mißverhältnis gegenüber. Das Reich Justinians umfaßte die Welt, das eines Palaiologen kaum eine Provinz, zuletzt eine Stadt. Dafür beansprucht die Monographie eines Palaiologen denselben Raum, wenn nicht einen vielfachen. Wer glaubt, daß es nur an Gegenwartsnähe, an besserer Bezeugung liegt, würde irren. Die Welt war komplizierter geworden. Michael VIII. hatte es mit Dutzenden von Feinden oder Freunden zu tun. Gerade er, der noch um sich schlagen, nicht nur abwehren durfte, kann als das Lehrstück der Geschichte für das Verhalten der Entelechie im äußeren Wechsel gelten. Aber nicht nur er, sondern alle Palaiologen bezeugen die erstaunliche Kontinuität des oströmischen Gedankens an der Schwelle der Neuzeit. Sie lassen es ebenso wie gewisse Tatsachen der Kunstgeschichte bedauern, daß der Welt das Schauspiel eines Byzanz der Moderne versagt blieb.

Die Beschlagnahme der venezianischen Vermögen setzte die Heimkehrer wirtschaftlich fest in den Sattel, und die Hoffnungen, daß sie noch reiten konnten, trogen nicht. Aber der Wiederaufbau und erst recht die Bestechungsdiplomatie kosteten Geld. Die Kirche benahm sich moralisch ehrenwert, politisch unmöglich. Sie warf der Staatskarosse erst Knüppel, dann Baumstämme vor die Räder. Würdevoll zelebrierte sie den rituellen Selbstmord, indem sie das Volk gegen jede Versöhnung mit dem Papsttum hetzte. Als die Ostkirche das Kokettieren mit der Union notgedrungen aufgeben mußte, war ihr Klerus, der ohne Spur von Einsicht gegen die Voraussetzung seines Überlebens wütete. Die Staufertradition eines Manfred von Sizilien erwies sich als harmlos gegenüber der Drohung, die sein Nachfolger Karl von Anjou bedeutete (1266). Nach keineswegs überzeugenden Erfolgen im Balkan mußte Michael fürchten, auf Konstantinopel zurückgeworfen zu werden. Er meisterte die Lage durch Unionsverhandlungen und freundschaftliche Beziehungen zu Ludwig dem Heiligen, der die Streitkräfte Frankreichs und Siziliens gegen Tunis lenkte. Wenige Stunden vor seinem Tode empfing Ludwig im Lager von Karthago eine byzantinische Gesandtschaft. Später rettete der neue Papst Gregor X. die Lage, präsentierte aber die Rechnung auf dem Unionskonzil von Lyon (6. Juli 1274). Der Kaiser gestand die wichtigsten Forderungen zu, doch löste er damit einen geistigen Bürgerkrieg aus und mußte den Primat der Politik mit brutalster Gewalt durchsetzen. Als Gregor X. starb und die Früchte der Verständigungsbereitschaft rasch vertrockneten, setzte Michael zum Meisterstreich seiner Diplomatie an. Er überspielte die antibyzantinische Koalition des auf dem Balkan erfolgreich vordringenden Karl von Anjou durch das Bündnis mit Peter III. von Aragon. Michaels Geld finanzierte den Flottenbau des Spaniers und heizte die Leidenschaften der Sizilianer an. Am 31. März 1282 brach in Palermo die Sizilianische Vesper los, die den König von Aragon auf den Thron des gestürzten Anjou führte.

Solchen Erfolgen der Mittelmeerpolitik Michaels entsprach nicht ganz sein Glück bei der Wahrnehmung der Interessen Ostroms auf dem Balkan. Hier brachte ihm der Bulgarenzar Konstantin Asen im Bündnis mit dem Chan der Goldenen Horde, Nogaj, eine schwere Niederlage bei (1265). Bauern- und Bogomilenaufstände Bulgariens brachten nicht die erhoffte Entlastung. Noch unglücklicher operierte Michael in Serbien, dessen genialen Baumeister Milutin er völlig verkannte. Die wirtschaftliche Blüte und Geisteskultur des Landes bereiteten das Zeitalter Stephan Duschans vor. Auch als Stifter oder Erneuerer glanzvoller Kirchen, wie Staro Nagoričino, Gračanica, Studenica, gewann König Milutin einen Platz im Gedächtnis des Volkes.

Seiner historischen Aufgabe als Bollwerk gegen den Osten konnte Byzanz dank dem Widersinn einer westlichen Kreuzzugsgefahr nur noch unvollkommen genügen. Den Mongolensturm hatte es nicht nur überstanden, sondern auch davon profitiert. Die Mächte der Jahrhundertmitte, die Mamluken Ägyptens und die Mongolen Südrußlands, richteten nicht ohne Grund ihre Aufmerksamkeit auf Konstantinopel, über das ihre wichtigsten Verbindungen führten. Dem Bündnis Michaels mit der Goldenen Horde von Kiptschak stand zunächst seine Freundschaft mit Hülägü, dem Mongolenchan Vorderasiens, im Wege. Doch gelang dem Kaiser nach dem schweren Rückschlag in Bulgarien die Quadratur des Zirkels. Er verschwägerte sich mit Nogaj von Kiptschak, unterhielt freundschaftlichste Beziehungen mit den Mamluken und hielt gleichzeitig das Sultanat Rūm durch die Mongolen Hülägüs in Schach. Mit Machtpolitik hatte ein solcher Eiertanz nichts mehr zu tun. Gleichwohl konnte sich der Zwergstaat am Bosporus unter Michael VIII. noch als Großmacht fühlen und genoß selbst unter den schwachen Nachfolgern die Zinsen des legendären Ansehens des oströmischen Kaiserhauses. Dieser moralische Kredit verknüpft das Ende mit den Anfängen, erklärt auch die Hintergründe der manche Schwierigkeiten überbrückenden Heiratspolitik.

Michaels Nachfolger Andronikos II. Palaiologos (1282–1328) sah sich trotz des Triumphes von Sizilien einer neuen Lage gegenüber. Michaels Weltpolitik wider Willen, die immer noch gewisse Stärken und Schwächen eines Justinian, eines Manuel spiegelte, erhielt nun den Charakter von Abwehrzuckungen eines Objekts der Politik. Um so bewundernswürdiger erscheint die Kontinuität der geistigen Bemühungen. Der Gedanke der Kirchenunion wurde preisgegeben. Zwischen ihren Anhängern und Gegnern kam es zum Parteienstreit, der an die Slawophilen und Westler Rußlands erinnert. Geistliche Berater vom Range eines Theodoros Metochites führten das Wort. Die verheerende Finanzlage zwang zum Ausverkauf der Rechte an Genua. In König Milutin fand das bulgarische Programm Symeons seinen großserbischen Fortsetzer. Er verlegte die Hauptstadt nach Skoplje und trat Byzanz ebenso kontaktfreudig wie unerbittlich gegenüber.

Der letzte Akt der Geschichte Ostroms setzt um 1300 mit dem Auftauchen der Osmanen ein. Andronikos trat ihnen mit unzuverlässigen alanischen Söldnern entgegen und wurde bei Magnesia geschlagen. Unerwartet bot sich ihm die Hilfe der Katalanischen Kompagnie des fragwürdigen Roger de Flor. Die Spanier fegten mit dem Schwung eines Ferdinand Cortez Kleinasien von den Osmanen frei. Bei weiteren Einsätzen im Raume Konstantinopel ließ der Thronfolger Roger de Flor ermorden und beschwor damit die Rache der Kompagnie auf das Haupt seines Vaters. Nach mannigfaltigen Schicksalen und schwerster Plünderung des Reichsgebiets setzten sie sich 1311 in Theben und Athen fest. Die Osmanen konnten die Eroberung Kleinasiens ungestört fortsetzen.

Zu allem Unglück trat nun der Bürgerkrieg, zunächst veranlaßt durch die Unbotmäßigkeit Andronikos' des Enkels, der in Adrianopel unzufriedene Elemente um sich scharte und zum Angriff schritt. Er erreichte die Anerkennung als Mitkaiser, doch kam es zu neuem Zerwürfnis, aus dem er als Andronikos III. (1328–1341) siegreich hervorging. Dem damals eingegangenen Bündnis mit Bulgarien blieb er treu und überwand auftauchende Schwierigkeiten durch Repressalien in Mesembria und neue Verschwägerung, konnte aber nicht verhindern, daß der Stern Stephan Duschans glänzend aufging. Die Osmanen hatten inzwischen ihre Residenz in Brussa aufgeschlagen und Nikaia erobert. Andronikos suchte sie durch Bündnisse mit den übrigen Emiren einzudämmen. In den dreißiger Jahren machte der Plan eines Kreuzzugs gegen die Seeräuber von sich reden. Die Hoffnungen auf Hilfe aus dem Westen gaben der Unionspartei neuen Auftrieb. Doch gelang es dem Gesandten (und bedeutenden Historiker) Nikephoros Gregoras, die Verhandlungen zu sabotieren. Der Kampf um die Frage der Kirchenunion nahm Formen an, die an das Zeitalter der christologischen Streitigkeiten erinnern. In Thessalonike machte sich Barlaam von Kalabrien zum Wortführer der Union. Ihm trat Gregorios Palamas als Führer des »Hesychasmus«, des asketischen Mönchtums vom Berge Athos, mit fanatischem Kampfwillen entgegen. Die Ostkirche schuf im Bogomilentum eine Mystik für die breiten Massen, im Hesychasmus eine spirituelle Technik für Auserwählte, insbesondere für die Elite des Mönchtums. Mit politischer Vernunft hatte diese (vielleicht nicht völlig unbeeinflußte) Parallelerscheinung zur indischen Yoga-Lehre wenig zu schaffen. Der Streit führte zu einem Konzil, das ergebnislos blieb. Kurz darauf starb der Kaiser und hinterließ den Thron seinem neunjährigen Sohn Johannes V. (1341–1391).

Der wahre Nachfolger Johannes Kantakuzenos (1347–1354) verwickelte sich jedoch in einen Bürgerkrieg, der nicht nur dynastische, sondern tiefere soziale Ursachen hatte. Als Repräsentant des Feudaladels trat er dem »Volkstribun« Alexios Apokaukes und dem Patriarchen Johannes Kalekas entgegen. Aus Konstantinopel vertrieben, etablierte Kantakuzenos seine Macht in Didymoteichos unweit Adrianopel und ließ sich noch 1341 zum Kaiser krönen. Das Ausland ergriff bei den Kämpfen, die nun folgten, eifrig Partei. Die Osmanen erschienen als Verbündete des Kantakuzenos zum erstenmal auf europäischem Boden. Er zog 1347 in Konstantinopel ein. Ein Angriff auf Serbien verlief nur deshalb günstig, weil Stephan Duschan den endgültigen Sturm auf die Positionen Ostroms in Ruhe vorbereiten wollte. Die Berufung eines Patriarchen der Serben und die Krönung Stephan Duschans zum Zaren der Serben und Römer sprachen eine unmißverständliche Sprache. Im Krieg zwischen Genuesen und Venezianern spielte Byzanz nur noch die Rolle der Beute. Der Bruch mit den osmanischen Verbündeten entzog der Herrschaft des Kantakuzenos die Stütze. Er hatte 1351 auf der nach Konstantinopel einberufenen Synode die rechtliche Anerkennung des Hesychasmus durchgesetzt. Obwohl Vertreter der außenpolitischen Tradition eines Michael, Diplomat und glänzender Schriftsteller, erlag er dem Fanatismus der unionsfeindlichen Zeloten. Apokaukes, Repräsentant des Bündnisses der Sozialrevolution mit religiösem Fanatismus, errang einen postumen Triumph.

Im Bürgerkrieg war der Wille zur nationalen Einheit erloschen. Nikephoros Gregoras konnte das Gefängnis verlassen und siegte in öffentlicher Disputation über den Führer der Hesychasten. Die Palamitenmönche beherrschten die Straße und errichteten eine Pöbelherrschaft, die das alte Alexandreia weit in den Schatten stellte. Nur der Tod hielt Stephan Duschan vom Griff nach der Kaiserwürde zurück (1355). Ungarn beteiligte sich mehr eifrig als konstruktiv an der Politik der christlichen Balkanstaaten, zu denen sich jetzt Rumänien gesellte. Dafür faßten die Osmanen in Europa Fuß und schufen sich im Janitscharenkorps eine scharfe Waffe. In seiner Not nahm Johannes V. die Unionspläne wieder

Johannes VI. Kantakuzenos auf dem von ihm 1351 nach Konstantinopel einberufenen Konzil
zur offiziellen Anerkennung des Hesychasmus
Miniatur in einem Geschichtswerk des Kaisers, 1370–1375. Paris, Bibliothèque Nationale

Das Dreifaltigkeitskloster von Meteora in Thessalien, 14. Jahrhundert und später

Die Stadt Konstantinopel
Miniatur in einem »Inselbuch« des Cristoforo Buondelmonti, Anfang 15. Jahrhundert
London, British Museum

Die Janitscharen-Bresche vom 29. Mai 1453
beim sogenannten Palast des Kaisers Konstantin VII. Porphyrogennetos in Konstantinopel

auf und reiste zu Kreuzzugsverhandlungen nach Ungarn und Italien. Der reisende Bittsteller erlebte Zwischenfälle von äußerster Peinlichkeit. Sein angeblicher Aufenthalt im Schuldgefängnis war zumindest gut erfunden. Anfang der siebziger Jahre erzielten die Osmanen erst gegen eine serbische Koalition, dann gegen die Bulgaren Erfolge, die die Unabhängigkeit der christlichen Balkanstaaten beendeten. Von da an verfügte Ostrom nur noch über Kreuzzugshoffnungen. Die Usurpation des Thronfolgers verschlimmerte die Lage eines Reiches, das sich in einen Stadtstaat verwandelt hatte. Das Ende schien gekommen, als der christliche Balkan sich wie ein Mann erhob und 1389 im Heldenringen auf dem Amselfeld (Kosovo Polje) seine vielbesungene Niederlage erlitt. Sultan Murad verlor in der Schlacht das Leben; sein Sohn Bajazet konnte sich bereits als Nachfolger Ostroms fühlen. Während dort Manuel II. (1391–1425) die Regierung übernahm, vollendete Bajazet die Unterwerfung Südosteuropas und konzentrierte sich in den neunziger Jahren auf Kleinasien, wo er die Erbschaft der Seldschuken antrat. Ein Kreuzzug unter ungarisch-französischer Führung erlag 1396 bei Nikopolis dem glänzenden Fußvolk Bajazets. Durch seinen Marschall Boucicaut erwarb sich Frankreich Verdienste um die Verteidigung Konstantinopels und erlebte 1400 die persönliche Kreuzzugspropaganda Manuels II. in Paris.

In die unsicheren Kreuzzugshoffnungen und die greifbaren Endzeiterwartungen der östlichen Christenheit platzte der *deus ex machina* des neuen Mongolensturms. Im Juli 1402 erlag Bajazet in der Schlacht von Angora der Heeresmacht Timur Lengs, und das Wunder wiederholte sich: das winzige Byzanz fand nicht die Beachtung des Siegers und konnte seine Existenz noch für knappe zwei Generationen retten. Die Zerschlagung des Osmanenreiches gestattete ihm sogar, einen Teil des verlorenen Territoriums zurückzuholen. In Morea trieben die Palaiologen eine Hausmachtpolitik, die Athen und Mistra Tage der eindrucksvollsten Kulturblüte schenkten. In Athen sammelte Gemisthos Plethon eine platonische Akademie um sich. In Mistras graziösen Kirchen erlebte die Baukunst Ostroms eine Spätblüte, mit deren Reiz die romantischen Felsennester der Meteora-Klöster des griechischen Nordens wetteiferten.

Um so unbegreiflicher erscheint die Verblendung, mit der diese Regierung die Wiedervereinigung des gespaltenen Osmanenreiches unterstützte. Allerdings trugen Venedig und Ungarn die Hauptschuld. Eine wenig glückliche Einmischung in die türkischen Thronwirren leitete das Ende ein. Die Belagerung Konstantinopels durch Murad II. scheiterte aber an der Tapferkeit der Truppen Johannes' VIII. (1422). Es folgte eine Bittreise nach dem Westen, die Johannes über Venedig und Mailand nach Ungarn führte. Währenddessen schloß Manuel einen Vertrag mit den Osmanen, dessen drückendste Bestimmung die Anerkennung der Suzeränität Murads war. Nach anderthalb Jahren folgte ihm Johannes VIII. (1423–1425–1448) als Alleinherrscher, der freilich mit fünf wohlequipierten Brüdern zu rechnen hatte. Am bedeutsamsten wirkten Konstantin Drágases und Theodoros in Morea. Auf den Fall von Thessalonike (1430) reagierte Europa selbstzerstörerisch mit einem neuen Handelskrieg zwischen Venedig und Genua. Die Kreuzzugshoffnungen von Westen und Osten modifizierten sich dank dem neuen Begriff des Papsttums im Zeitalter der Reformkonzile zum Gedanken einer christlichen Allianz. Voraussetzung für jede Zusammenarbeit blieb die Verwirklichung der Kirchenunion. Nicht zuletzt der Initiative

Kaiser Johannes' VIII. war das Unionskonzil von Ferrara/Florenz zu verdanken (1438 bis 1439), das die Kirchenspaltung für immer zu beseitigen schien. Die Anerkennung der Union verzögerte sich jedoch bis 1452. Nach dem Fall Konstantinopels wurde sie auf Veranlassung der Türken feierlich widerrufen (1472). Als Gegner der Union gewann Erzbischof Markos Eugenikos, als ihr glänzendster Befürworter Bessarion geschichtliches Profil. Der politische Defätismus der Ostkirche verriet freilich nicht nur Fanatismus, sondern die Erkenntnis, daß die Masse der Gläubigen sich bereits unter türkischer Herrschaft befand. Aber auch die Palaiologen sündigten mit einem Bruderkrieg und der Belagerung Konstantinopels durch Prätendenten. Der Kreuzzug, der die Kirchenunion krönen sollte, erhielt Auftrieb durch die Erfolge des ungarischen Adligen Johann Hunyadi, der 1443 Nisch und Sofia befreite. Diplomatische Schwierigkeiten und mangelhafte Zusammenarbeit bewirkten, daß das Unternehmen mit der Katastrophe von Varna endete (1444). Ein letzter Kreuzzug scheiterte auf dem Amselfeld, wo Murad II. der Vereinigung Hunyadis mit Skanderbeg zuvorkam (1448).

Die Nachfolge Johannes' VIII. führte fast zum Bürgerkrieg, doch einigte man sich angesichts der heiklen Lage auf Konstantin XI. Drágases (1449–1453). Im Namen der Kirche entfesselten Johannes Eugenikos und Gennadios ein neues Trommelfeuer der Propaganda gegen die Kirchenunion. Im selben Augenblick, in dem der Türke zum Todesstoß gegen Konstantinopel ausholte, versuchten sie, den einzigen Rettungsring, über den das Staatsschiff verfügte, verächtlich zurückzustoßen. Murad II. war 1451 Mehmed gefolgt, der sofort zur außenpolitischen und militärischen Isolierung Konstantinopels ansetzte. Seit August 1452 kontrollierte das stark bestückte Schloß Rumeli Hissar die Durchfahrt der Meerengen. Bald darauf begann die Blockade Konstantinopels. Deutschlands machtloser Kaiser Friedrich III. und der unwürdige Zeitgenosse der Jungfrau von Orleans, Karl VII., begegneten ihrer Pflicht mit bloßen schriftlichen Protesten. Auch der Papst und Venedig beschränkten sich auf die gute Absicht. Die Verteidiger verfügten über kaum achttausend Mann, darunter fünftausend Einheimische. Das Oberkommando wurde dem Genuesen Giovanni Giustiniani übertragen. Das Wort eines Ammianus über das sterbende Rom hätte auf seine Streitmacht gepaßt: *asylum totius mundi*. Den schwachen Kräften des Kaisers stand eine vielleicht zwanzigfache Übermacht glänzend disziplinierter türkischer Truppen gegenüber und eine vorzügliche Artillerie. Der neuen Waffe konnten die Lage und die Mauern Konstantinopels nicht mehr standhalten. Die Kette des Goldenen Horns und ein letzter Seesieg verhinderten die Einfahrt der türkischen Flotte. Aber Mehmed ließ Schiffe über die Hügel von Pera schleifen und eröffnete auch von Osten das Feuer. Den letzten Gottesdienst in der heiligen Erz- und Mutterkirche des Oströmischen Reiches feierten Griechen und Lateiner gemeinsam. Am Morgen des 29. Mai traten sie zum Endkampf an. Der Mauersturm der Janitscharen entschied das verzweifelte Ringen. Der letzte Namensträger des Stadtgründers, Kaiser Konstantin XI. Drágases, starb den Tod eines Römers und erwarb die christliche Märtyrerkrone.

Werner Philipp

ALTRUSSLAND
BIS ZUM ENDE DES 16. JAHRHUNDERTS

Die Anfänge

Das epochestiftende Element der altrussischen Geschichte bis zum Ende des 16. Jahrhunderts ist das byzantinische Christentum. Ihm tritt im 17. Jahrhundert, einer Übergangsperiode, das zeitgenössische autonome Denken Westeuropas zur Seite, das dann im 18. Jahrhundert tragendes Prinzip der neurussischen Geschichte wird. Eine russische Geschichtsschreibung, die Entsprechung jeder Geschichtlichkeit, liegt aus vorchristlicher Zeit nicht vor; das Christentum eröffnet auch für Rußland den Anschluß an die Weltgeschichte als Heilsgeschichte. Bei fortdauernder Agrarbasis gliedert sich die altrussische Epoche im Hinblick auf die staatliche Ordnung und politische Stellung Rußlands in drei Abschnitte: in die Zeit des Kiewer Großfürstentums innerhalb der Staatenwelt des europäischen Mittelalters (Ende des 9. bis Ende des 12. Jahrhunderts), in die Zeit souveräner Einzelherrschaften, die – isoliert von Westeuropa – nur durch ein religiöses und dynastisches Zusammengehörigkeitsbewußtsein, später auch durch die tatarische Fremdherrschaft, miteinander verbunden sind (Ende des 12. bis Ende des 15. Jahrhunderts), und schließlich in die Zeit der Ausformung der Moskauer Autokratie, die allmählich die Beziehung zu Westeuropa wieder aufnimmt (Ende des 15. bis Ende des 16. Jahrhunderts).

Als hemmende Bedingung für die historische Verdichtung ist bis in unser Zeitalter moderner Technik der ungeheuer weite, von Meeren und Gebirgen kaum gegliederte Raum von großer Bedeutung, der bei irgendwelchen Spannungen stets eine Expansion, eine Flucht oder ein Ausweichen erleichterte und die immer neue Festsetzung einer militärpolitischen Grenze erfordert hat. Der Einfluß kulturverbindender Meere beschränkt sich in altrussischer Zeit auf die Verbindung von Ostsee und Mittelmeer im 9. bis 11. Jahrhundert, hinzu kommt seit der Mitte des 16. Jahrhunderts die Nordkap-Route.

Während sich im 5. und 6. Jahrhundert n. Chr. die West- und Südslawen aus der Urheimat der indoeuropäischen Slawen (Wolhynien, Podolien, mittleres Dnjepr-, oberes Dongebiet) lösten, blieben die Ostslawen dort, drangen aber von hier aus, als Ackerbauern siedelnd, entlang der das Land aufschließenden Flüsse in das Urgebiet der finnischen Fischer- und Jägerstämme ein (nördlich und nordöstlich von Pskow und Moskau). Im Süden griff die ostslawische Siedlung nicht über die bergende Waldzone (Kiew–Kasan) hinaus.

Die Steppe war vom 7. Jahrhundert v. Chr. bis zum 3. Jahrhundert n. Chr. von Iraniern (Skythen, Sarmaten) und nach dem Zwischenspiel der Goten im 4. Jahrhundert von turktatarischen Völkern beherrscht. Der Zerfall des Hunnenreiches (375–453) ermöglichte die Herrschaft der Awaren und Bulgaren (6. Jahrhundert), dann hemmte der Chazarenstaat (Ende des 7. bis Mitte des 10. Jahrhunderts) zwischen Kaukasus, unterem Don und unterer Wolga den Zustrom neuer östlicher Reitervölker. Der Niedergang der Chasaren öffnete ihnen wiederum den Zugang zur südrussischen Steppe: den Petschenegen im 10. Jahrhundert, den Polowzern im 11. Jahrhundert. Ihre Herrschaft ist schließlich 1239 in der der Mongolen aufgegangen. Dieser Gürtel von Nomadenvölkern hat die ostslawische Ausdehnung zum Schwarzen Meer verhindert, und das bedeutet, daß die Russen – anders als die Südslawen – niemals auf dem Boden antiker Kultur oder in ihrer unmittelbaren Nachbarschaft gelebt haben.

Die byzantinische Zeitgeschichte des 6. Jahrhunderts bringt erste Nachrichten über die das Reich gefährdende slawische Militärmacht, wobei freilich die ethnischen und politischen Verhältnisse wenig und undeutlich, die Slawen in Rußland aber gar nicht berücksichtigt werden; eine Verbindung zwischen den von den Byzantinern besonders gefürchteten, vielleicht slawischen Anten mit den Dnjepr-Russen im 9. Jahrhundert wird heute selbst von der patriotischen Sowjethistoriographie nicht mehr behauptet. Erst in der zweiten Hälfte des Jahrhunderts, dann allerdings sofort als politisch bedeutsame Macht, traten die Ostslawen in das europäische Blickfeld. 860 erfolgte der aufsehenerregende Angriff der »Russen« auf Konstantinopel; das Erschrecken über das kriegerische, bis dahin unbekannte Volk spiegeln die zeitgenössischen Predigten des Patriarchen Photios wider. Freilich standen die Ostslawen zunächst unter der politischen Führung der Normannen, von denen sie auch den Namen Russen übernahmen. Eine normannische Staatsgründung und die Übernahme des Namens der Staatsgründer – beides auch in Westeuropa nachweisbar – bedeuten nichts Herabsetzendes für die Ostslawen angesichts ihrer achtunggebietenden und in Jahrhunderten erwiesenen staatspolitischen Kraft; aber diese Tatsachen werden in einem seit dem 18. Jahrhundert geführten Gelehrtenstreit bis heute von den Russen mit patriotischer Erbitterung bestritten. Für eine autochthone Reichsgründung unabhängig von den Normannen und für eine vorchristliche geschichtliche Kultur fehlen bisher jegliche Belege. Hingegen sind unerschüttert die Herleitung der slawischen Bezeichnung *Rus* aus dem Skandinavischen (Ruderer, Seefahrer) durch finnische Vermittlung und die Belege dafür, daß ursprünglich unter *Rus* Normannen verstanden worden sind. In der frühesten zeitgenössischen Quelle, den *Annales Bertiniani* 839, bezeichnen sich einige Fremde im Gefolge einer byzantinischen Gesandtschaft an Ludwig den Frommen nach Ingelheim ausdrücklich als zum »Stamme der Russen« und, auf neuerliches Befragen, als zum Stamme der Schweden gehörig – nicht etwa nur als Untertanen eines russischen Herrschaftsgebietes. Im 10. Jahrhundert sind »Russen« als Krieger und Händler im südöstlichen Europa wohlbekannt; arabische Quellen unterscheiden sie gelegentlich von den Slawen, griechische und lateinische setzen sie stets den Normannen gleich. So zählt Konstantin Porphyrogennetos (*De administrando imperio*, 950) im Bericht über die Handelsfahrt der »Russen« die »slawischen« und »russischen« Bezeichnungen der Dnjeprstromschnellen südlich von Kiew auf, wobei sich die russischen Bezeichnungen als skandinavisch erweisen.

Insgesamt gesehen, haben die Ostslawen als Glied in der Kette normannischer Herrschaften um Europa und als Missionsgebiet von Byzanz den Anschluß an die europäische Staatenwelt und Geschichte gewonnen. Sie haben aber kontinuierlich ihre Eigenart als selbständigen Beitrag zur europäischen Geschichte in Politik und Kultur verwirklicht.

Das Großfürstentum Kiew

Im 9. Jahrhundert hatten Skandinavier als Kaufleute und Krieger Osteuropa auf den weitverzweigten, nur von flachen Wasserscheiden getrennten Flußsystemen durchzogen, um zwischen Kama und Weichsel den Anschluß an den Orient- und Mittelmeerhandel zu finden. An der wichtigsten Eingangsstelle, im südöstlichen Hinterland der Ostsee, siedelten sie sogar zwischen den finnischen Einwohnern (Ladogasee). Hier wurde auch nach der ältesten russischen Chronik um 860 eine dauerhafte normannische Schutzherrschaft errichtet. Die davon erzählende Berufungssage, wie sie in ähnlicher Form auch anderweitig der Errichtung einer skandinavischen Herrschaft als Rechtfertigung diente, macht ein Übereinkommen der örtlichen slawischen und finnischen Stämme mit einem Normannenclan zur Abwehr ständiger Einfälle anderer Skandinavier wahrscheinlich. Die Chronik nennt drei sagenhafte Brüder – Rjurik, Sineus und Truwor – als Führer der Normannen, läßt sie aber ihre Herrschaft an den tatsächlich wichtigsten Zugängen zum inneren Rußland, am Peipussee, Ilmensee und Bjeloosero, errichten.

Dieses Einzelgeschehen im Rahmen einer langfristigen, weiträumigen Durchdringung Rußlands durch die Skandinavier erhielt dadurch historische Bedeutung, daß die Normannen von dieser Basis aus entlang dem »Großen Wege«, dem Dnjepr, eine dauerhafte politische Organisation schufen, die die Route nach Konstantinopel sicherte: die Weltstadt versprach den normannischen Händlern und Kriegern reichen Gewinn und Sold. Zwei der Gefolgsleute Rjuriks, Askold und Dir, waren der zeitlich und im einzelnen unsicheren Chroniküberlieferung zufolge nach Konstantinopel aufgebrochen, hatten sich aber in Kiew, dem festen, sagenumwobenen Platz der ostslawischen Poljanen, niedergelassen. In die Zeit der Konsolidierung dieser besonderen normannischen Herrschaft in Kiew fällt der Angriff der Russen auf Konstantinopel (860), wobei fraglich bleibt, ob unter Askolds und Dirs Führung, wie das die russische Chronik behauptet.

Byzanz reagierte nach der Abwehr dieser jäh auftauchenden Gefahr mit einem ersten Missionsversuch: der Patriarch Photios berichtet in einem offiziellen Schreiben von 867, die »Russen« hätten bereits Geistliche bei sich aufgenommen. Die Wirkung dieser Mission ist unbekannt; vielleicht haben einzelne Bekehrungen stattgefunden, wie das ein Kirchbau über Askolds Grab wahrscheinlich macht. Jedenfalls war Kiew schon damals für Byzanz eine ernst zu nehmende Macht. Seine Sonderstellung in Rußland neben der Herrschaft Rjuriks im Norden beseitigte dessen Nachfolger Oleg (879–913?). Er tötete Askold und Dir, setzte Igor, angeblich Rjuriks unmündigen Sohn, zum Herrscher ein und machte Kiew zur »Mutter der russischen Städte«, der er Nowgorod in Tributabhängigkeit unterstellte. So sagenhaft und zeitlich ungenau die Vorgänge überliefert sind, die Tatsache einer Einung des Landes von der Ostsee bis zum Austritt des Dnjepr in die Steppe unter einer Dynastie in den achtziger Jahren des 9. Jahrhunderts ist von bleibender Bedeutung für die russische Geschichte geworden.

Die Ausdehnung der normannischen Herrschaft über das Hinterland des »Großen Weges« vollzog sich stetig. Oleg machte bereits die unmittelbar am Dnjepr siedelnden slawischen Stämme Kiew tributpflichtig, wobei er die Stämme auf dem linken Ufer des Flusses aus der chazarischen Tributhoheit lösen mußte, die sich bis Kiew erstreckt hatte, aber offenbar nicht verteidigt worden war. Die ostslawischen Stämme wurden so erstmalig zu einer Einheit zusammengefaßt und ihre Wirtschaft für den großen Transithandel, zunächst in Form von Tributleistungen, mobilisiert. Ein Zusammenschluß der Ostslawen vor den Normannen oder in Abwehr gegen sie ist nicht überliefert – die Chronik berichtet vielmehr ausdrücklich, daß jeder Stamm bis dahin nach eigener Rechtssitte gelebt habe.

Unter Igor (913–945) und seiner Witwe Olga (945–964) wurde der Widerstand der nordwestlich von Kiew siedelnden Drewljanen gebrochen. Als letzter ostslawischer Stamm wurden um 964 bis 966 die Wjatitschen an der oberen Oka von Swjatoslaw (964–972), Igors Sohn und Nachfolger, unterworfen, endgültig befriedet freilich erst 981. Vorausgegangen war ein Angriff Swjatoslaws gegen die Oberherren der Wjatitschen, die Chazaren, der durch ein Hilfeersuchen der byzantinischen Krimprovinz ausgelöst worden war. Damals wohl schufen sich die Russen an der Meerenge von Kertsch eine Militärbasis, die als russisches Fürstentum Tmutarakan (Tamatarcha) erstmalig 1022 genannt wird. Von hier aus zerstörte Swjatoslaw die Chasarenfestung Sarkel am Don und unterwarf das kaukasische Vorland. Ob er oder ob ein letzter, direkter Vorstoß von Skandinaviern etwas später die chasarische Hauptstadt zerstörte, ist fraglich.

Die ausgreifende Politik Swjatoslaw wandte sich plötzlich einer anderen Aufgabe zu, die Byzanz anbot. Als dessen Bundesgenosse überfiel Swjatoslaw 967 Ostbulgarien, versuchte aber 969 in Bulgarien ein eigenes Reich mit der Residenz in Preslaw zu begründen. Dabei stieß er freilich auf den erbitterten Widerstand der Byzantiner; die völlige Niederlage der Russen 971 beendete dieses erste Kapitel einer russischen »Balkanpolitik« mit der endgültigen Beschränkung des Kiewer Reiches auf Rußland. Es reichte unter Wladimir I. dem Heiligen (985–1015) im Westen bis zum Oberlauf des Dnjestr und Bug, zur Memel und Düna, war im Norden von der Ostsee, dem Ladoga- und Onegasee begrenzt und umschloß im Osten das Flußgebiet der Scheksna, der oberen Wolga und der Oka. Die lange Südost- und Südgrenze war gegen die Steppe hin offen und nur entlang des Dnjepr bis zu den Stromschnellen einigermaßen gesichert. Slawische, finnische und baltische Stämme in diesem Gebiet machten das Kiewer Reich von Anfang an zu einem Vielvölkerstaat, in dem die schmale normannische Führungsschicht sich zwar rasch slawisierte, aber mit ihrer Herrschaft die politische Ordnung bestimmte; die einheimischen Stämme entfalteten keine politisch maßgebliche Kraft.

Langschiff der Normannen
Fund von Gokstad/Norwegen, 9. Jahrhundert
Bygdøy, Museum

Mosaik im Kuppelraum der Sophienkathedrale in Kiew, 11. Jahrhundert

Gleichzeitig mit der Einung im Innern mußte die neue Herrschaft nach außen gesichert werden. Der Zusammenbruch des Chazarenreiches hatte Kiew keinerlei außenpolitische Erleichterung gebracht. Die unabhängig gewordenen Wolgabulgaren sollten eine bleibende Gefahr für Rußland werden, während im Süden die Einfälle der Petschenegen (seit 915) immer bedrohlicher wurden und die Anlage fester Plätze vor Kiew schon unter Wladimir dem Heiligen erforderlich machten; erst 1036 wurden die Petschenegen unter Jaroslaw dem Weisen (1019–1054) vernichtend geschlagen. Eine neue Nomadenmacht konsolidierte sich in der Steppe unter den Polowzern (Kumanen), deren verheerende Raubzüge – zum erstenmal 1061 – bis zum Tatareneinfall alle Kräfte des Reiches zur Abwehr verlangten. Im ausgehenden 11.Jahrhundert isolierten die Polowzer bereits Tmutarakan, das im 12.Jahrhundert an sie verlorenging. Im Westen geriet Kiew seit der ersten Eroberung der für den Durchgangshandel bedeutsamen »Tscherwenischen Städte« am oberen Bug (981) in einen ständigen Konflikt mit den sich ebenfalls staatlich organisierenden Polen und Ungarn, der seit dem Ende des 11.Jahrhunderts durch die Selbständigkeitsbestrebungen der galizischen und wolhynischen Fürsten der Rjurikdynastie kompliziert wurde. Galizien entglitt schon damals, Wolhynien in der Mitte des 12.Jahrhunderts dem Kiewer Einfluß. Die Auseinandersetzungen zwischen Rußland und Polen erhielten eine neue Wendung unter Bolesław I. von Polen, der die Unterstellung Kiews unter Polen anstrebte, wodurch erste politische Kontakte zwischen Rußland und Deutschland geknüpft wurden. Noch zu Zeiten Wladimirs des Heiligen (1013) eröffnete Bolesław einen ersten polnisch-russischen Krieg zugunsten seines Schwiegersohnes Swjatopolk, des Stiefsohns Wladimirs und Fürsten in Turow, der mit seiner Frau von Wladimir zeitweilig unter dem Verdacht eines Usurpationsversuches in Haft gesetzt worden war. Nach dem Tode Wladimirs (1015) und der Ermordung seiner Söhne Boris, Gleb und Swjatoslaw durch Swjatopolk mußte sich dieser gegen seinen vierten Bruder Jaroslaw, den Fürsten von Nowgorod, behaupten.

Die Weite des damaligen Kiewer politischen Horizonts zeigt sich darin, daß Jaroslaw die deutsch-polnischen Spannungen kannte und 1017 durch eine Allianz mit Heinrich II. auszunutzen trachtete; freilich scheiterte dieser erste deutsch-russische Angriff auf Polen an seiner mangelhaften Abstimmung. 1018 konnte Bolesław als Sieger in Kiew einziehen. Swjatopolk, von ihm zum Großfürsten eingesetzt, wandte sich allerdings sofort gegen eine dauernde polnische Vorherrschaft und zwang Bolesław zum Abzug. Nach der Vertreibung der Polen vermochte sich Swjatopolk nicht gegen Jaroslaw durchzusetzen: er verlor 1019 Herrschaft und Leben. Jaroslaw (1019–1054) erreichte wiederum ein gemeinsames Vorgehen gegen Polen mit dem deutschen Kaiser Konrad II. (1031) und brachte die unter Bolesław verlorenen »Tscherwenischen Städte« wieder an Kiew zurück. Nach Jaroslaws Tod (1054) zerbrach ein kurz zuvor geschlossenes Triumvirat seiner Söhne; Isjaslaw bestieg 1068 mit polnischer Hilfe den Kiewer Thron. Als er ihn 1075 ein zweites Mal verlor, Polen sich aber diesmal versagte, zog Isjaslaw mit seinem Sohn Jaropolk hilfesuchend an den Hof Kaiser Heinrichs IV. und wandte sich, als er auch hier keine wirksame Hilfe fand, an Papst Gregor VII. So wichtig auch für den Vatikan die Aussicht auf einen dauernden Einfluß in Rußland nach der Kirchentrennung von 1054 gewesen sein dürfte, sowenig vermochte er Isjaslaw eine ernsthafte Unterstützung zu gewähren. – Später hat sich eine derart enge, wenn auch episodenhafte Verflechtung der russischen Politik mit der polnischen und deutschen nicht wieder ergeben.

Von Norden her ist die Herrschaft der Rjurikdynastie niemals in Frage gestellt worden. Den Skandinaviern bot Rußland ein weites Feld für kriegerische und kaufmännische Betätigung, aus dem skandinavischen Mutterland holten sich die russischen Fürsten Waräger als Söldner, dorthin flohen sie im Notfall während der häufigen Fürstenfehden. Nicht nur die Verbindung mit Deutschland wies über die Nachbarstaaten hinaus: gewichtiger und dauerhafter waren die Beziehungen zu Konstantinopel. In mehreren Kriegszügen, zuletzt 1043, zeigten sich die Russen als ernsthafte Gefahr für die Kaiserstadt und ihre Positionen auf dem Balkan und der Krim; gelegentlich stellte Rußland auch Söldnertruppen für das byzantinische Heer. Grundlegend aber waren die kommerziellen Verbindungen, deren frühzeitige und differenzierende Regelung in Staatsverträgen (907, 911, 944) Kontinuität, Dichte und politische Bedeutung verraten. Der frühmittelalterliche Fernhandel vermittelte auch hier über weite, risikoreiche Entfernungen kostbare Waren, aus Rußland vor allem Rauchwaren, Honig, Sklaven und aus Byzanz Fertigwaren, wie Seide und manches andere. Der »Große Weg«, der die Ostsee mit den wichtigsten Mittelmeerplätzen verknüpfte, kreuzte die bedeutsame West-Ost-Route, die von Regensburg und Prag über Lemberg in Kiew den Anschluß an den Orienthandel fand.

Verband schon der Handel Kiew als wichtigen Umschlagplatz mit Europa, so entwickelte sich eine zweite, nämlich dynastische Verstrebung durch die bewußte Heiratspolitik der Rjurikiden. Seitdem Wladimir der Heilige bei der offiziellen Übernahme des Christentums die Heirat mit der »purpurgeborenen« Schwester Kaiser Basileios' II. durch die Besetzung Chersons erzwungen hatte (989) – selbst Otto der Große hatte für seinen Sohn keine purpurgeborene Prinzessin erhalten –, waren die Rjurikiden in Europa als ebenbürtig anerkannt. Und im 11. Jahrhundert knüpften nahe und ferne Höfe, herrscherliche und hochadlige Familien nicht nur in Polen, Ungarn und Schweden, sondern auch in Byzanz, Deutschland und Frankreich Verbindungen mit der Kiewer Dynastie.

Erst die Christianisierung hatte die Voraussetzung für die Aufnahme Rußlands in die europäische Staatenwelt und zugleich eine tiefe Übereinstimmung mit ihr geschaffen. Nach dem erwähnten Missionsansatz unter Photios gab es schon im 10. Jahrhundert Christen in Rußland. 957 hatte sich sogar die Großfürstin Olga anläßlich eines Staatsbesuchs in Konstantinopel taufen lassen, aber aus unbekannten Gründen Missionare nicht von dort, sondern von Otto dem Großen erbeten. Die Verbindung zur lateinischen Kirche scheiterte bereits 961 (Missionsreise Adalberts von Magdeburg), da unter Swjatoslaw das Heidentum wieder vorherrschte. Erst unter Wladimir dem Heiligen wurde das Christentum offiziell eingeführt – die Anfänge der kirchlichen Organisation bleiben im Dunkel; eine Metropolie des Patriarchats von Konstantinopel ist sogar erst mit dem Metropoliten Theothemptos 1039 quellenmäßig gesichert. Von da an waren mit wenigen Ausnahmen bis 1441 Griechen als Metropoliten Oberhaupt der russischen Kirche. Während die politische Bindung Kiews an Konstantinopel schon im Ausgang des 11. Jahrhunderts nur noch in einer ehrfürchtigen Anerkennung des »Weltkaisers« bestand, blieb die kirchliche Bindung auch in der Folgezeit eine höchst bedeutsame, doch Rußland allmählich von Westeuropa absondernde Kraft.

Das Kiewer Reich

Aus der normannischen Herrschaft war im 11. Jahrhundert ein vor allem von Ostslawen getragener Großflächenstaat entstanden, der als machtvolles christliches Reich Anerkennung und Ruhm in Europa gefunden hatte. Die russische Tradition erhob vor allem die Herrschaft Wladimirs II. Monomach (1113–1125) zum Inbegriff der sagenhaften Größe Kiews: dieser Monarch hatte noch einmal »das ganze russische Reich« von Kiew aus zusammengehalten und das von ihm angestrebte Leben eines christlichen Fürsten in einer autobiographischen Belehrung mit schlichter Frömmigkeit und weiser Einsicht vorbildlich beschrieben.

Nach der kurzen Regierung von Wladimirs Sohn Mstislaw (1125–1132) brach jedoch die Einheit des Staates endgültig auseinander. Der Niedergang des Reiches war zum Teil durch äußere Umstände bewirkt worden. Kiew, sein machtpolitischer und geistiger Mittelpunkt, war in seiner exponierten Lage stets nur unter Zusammenfassung aller Kräfte gegen die Nomaden behauptet worden. Monomach und Mstislaw hatten noch einmal die seit dem Ausgang des 11. Jahrhunderts anwachsenden partikularen Kräfte im Inneren und damit auch die Gefahr aus der Steppe eindämmen können. Danach aber war Südrußland den Einflüssen der Polowzer um so mehr preisgegeben, als diese häufig von den russischen Fürsten in deren Fehden als Verbündete gebraucht wurden. Nicht nur, daß Kiew als grenznahes Gebiet am meisten unter den Raubzügen der Nomaden zu leiden hatte, seine Handelsverbindung mit Byzanz wurde nun praktisch ganz unterbrochen. Byzanz selbst verlor immer mehr seine ausgezeichnete Stellung unter dem sich verschärfenden Druck der Türken einerseits und der Normannen und Kreuzfahrer andererseits. Sein Seehandel ging in die Hand der Venezianer über (1082), mit denen später die Genueser vor allem um die Vorherrschaft auf dem Schwarzen Meer kämpften (1169). Im Norden wurde der russische Ostseehandel im 12. Jahrhundert allmählich stärker mit Westeuropa verbunden. Die ständige Verdichtung des europäischen Städtewesens machte den Handel auf kurze Strecke ertragreicher als früher, förderte die Verbindung zwischen Nord- und Ostsee und dem Mittelmeer durch Mitteleuropa und erübrigte den östlichen Fernhandel. Gleichzeitig erloschen die weitreichenden dynastischen Verbindungen Rußlands, auf die sich die endgültige Kirchenspaltung (1054) trennend auswirken mußte.

Schwerwiegender noch als äußere waren innere Gründe für die Auflösung des Kiewer Reiches. Seine Macht zerbrach, allgemein gesagt, an dem von ihm selbst geförderten Erstarken der wirtschaftlichen, politischen und kulturellen Kräfte in den einzelnen Territorien. Das für das Mittelalter typische Fehlen einer autonomen Staatlichkeit mit ausgeformten Institutionen und mit einer Bürokratie mußte die Integration bei einem Großflächenstaat besonders erschweren.

Über die soziale und politische Ordnung geben die Quellen nur gelegentlich und wenig ins einzelne gehende Auskunft. Das Bewußtsein von einer politischen Zusammengehörigkeit, von einem russischen »Staat«, zeigen bereits die Verträge mit Byzanz im 10. Jahrhundert, die dem griechischen Reich das russische Reich *(rússkaja semljá)* gegenüberstellen. Die Herrschaft über das Land lag in den Händen der ursprünglich normannischen Rjurikdynastie, und bis zum Ende der altrussischen Epoche entfielen Kämpfe zugunsten einer neuen Dynastie, entfiel aber auch die Notwendigkeit, sich auf Normen für die Herrschernachfolge zu besinnen. Sämtliche Mitglieder der Dynastie hatten offenbar das Recht auf einen Anteil an der Herrschaft. Der Vorrang des Großfürsten war an seine Herrschaft in der Hauptstadt Kiew gebunden und familienrechtlich begründet. Als *primus inter pares* vermochte er seinen Einfluß auf die anderen Fürsten nur entsprechend seiner persönlichen Macht auszuüben. Bis zu Jaroslaw dem Weisen ist keine Thronfolgeregelung erkennbar. Vielmehr wurde die Nachfolge, falls mehrere Angehörige der Dynastie vorhanden waren, stets durch bloße Gewalt entschieden. Erst Jaroslaw versuchte, eine feste Thronfolgeordnung nach dem Prinzip des Seniorats (*starschinstwó*) einzuführen: er wies seinen Söhnen Territorien zu und bestimmte, daß sie ihrem Alter entsprechend und nach ihnen die Enkel, angefangen beim Sohn des ältesten Sohnes, bei Anerkennung des genealogisch Ältesten »an Vaters Statt« auf den Kiewer Thron folgen sollten. Starb der Großfürst von Kiew, so zog sein Bruder, Sohn oder Neffe aus seinem Gebiet nach Kiew, während die anderen Fürsten aufrückten, ohne daß sich auf die Dauer eine feste Hierarchie der Fürstensitze nachweisen läßt.

Diese Senioratsordnung hatte nicht abreißende Fehden zur Folge, da bei der allgemein großen Zahl von Brüdern die zweite Generation um die Verwirklichung ihres Herrschaftsanspruches kämpfen mußte. Trotz dieser Fehden kann man zwischen 1054 und 1093, bis zum Tode des letzten Jaroslaw-Sohnes, die Auswirkung dieses Prinzips erkennen. Doch scheiterte diese Konstruktion bald danach an den politischen Tatsachen, nämlich an dem zunehmenden Streben der Fürsten nach Seßhaftigkeit und Unabhängigkeit. Dieses Streben, das seinen Ausdruck fand im Kampf der Enkel Jaroslaws um die Territorien ihrer Väter, erhielt seine rechtliche Anerkennung auf dem Fürstentag von Ljubetsch 1097, der das Erbprinzip (*wóttschina*) einführte: jeder Fürst sollte das Territorium seines Vaters als Erbbesitz erhalten. Fürstentreffen, eben nach dem Vorbild von 1097, sollten fortan eine einheitliche Reichspolitik festlegen. Für den Thron von Kiew ließ sich jedoch auch das Erbprinzip gegenüber der politischen Entwicklung nicht durchsetzen. Je nach Lage der Dinge erlebte das Kiewer Reich die verschiedensten Herrschaftsformen: die Alleinherrschaft, die Doppelherrschaft, das Triumvirat und schließlich die Gemeinherrschaft der Dynastie, verteilt auf die einzelnen Gebiete.

Bis zu Jaroslaws Tode setzte der Kiewer Großfürst zeitweilige Statthalter (*posádniki*) oder seine Söhne und nächsten Verwandten als Herrscher in den einzelnen Territorien ein, wobei ihre Botmäßigkeit wiederum vom faktischen Einfluß des Großfürsten abhing. Eine besondere Fürstenschicht neben der Dynastie konnte sich so nicht bilden, vielmehr hatte die sich immer weiter verzweigende Dynastie überall im Reich die Herrschaftspositionen inne – freilich verstanden sich die Fürsten als Herrscher in einem Territorium, nicht als dessen eingesessene, ständige Herren.

Beanspruchten die Fürsten ein Abzugsrecht, so suchte die Residenzstadt eines Territoriums ein Verabschiedungsrecht auszuüben (erstmalig belegt 970). Jede bedeutende Stadt hatte als Beratungs- und Beschlußorgan eine Volksversammlung (*wjétsche*, erstmalig belegt in Bjelgorod 997), über deren Zusammensetzung und Verhandlungsweise nichts Genaues bekannt ist. 1147 fand ein Kiewer Wjetsche in der Sophien-Kathedrale im Beisein des Metropoliten und des Tausendschaftsführers statt, offenbar unter Wahrung eines gewissen

Protokolls – fraglich bleibt, inwieweit dies für frühere Zeiten und andere Orte typisch ist. Die Stadt versuchte das Recht auf Wahl oder auf Verabschiedung eines Fürsten als des militärischen, außenpolitischen und zum Teil auch administrativen Leiters der Stadt durchzusetzen, wobei sie aber stets an die Rjurikdynastie gebunden blieb.

Die Stadt als ständig besiedelter und wohl auch befestigter Platz existierte vereinzelt sicher schon in vornormannischer Zeit. Aber erst durch den zusammenfassenden Handel der Normannen gelangte sie zu einer überlokalen wirtschaftlichen Bedeutung und wurde zugleich fürstliches Machtzentrum. Im 11. Jahrhundert stieg die Zahl der »Städte« als Verwaltungs-, Garnisons- und Tributsammelplätze beträchtlich; erwachsen waren sie aus den vom Fürsten angelegten Festungen *(detínez)*, um die sich meist von einer Holzmauer geschützte Handwerker- und Händlersiedlungen *(posád)* ausbreiteten. »Stadt« *(górod)* bezeichnete sowohl die Burg oder Grenzfestung als auch eine große wirtschaftende Burgsiedlung. Zu einer großen Stadt, wie Kiew, Nowgorod, Tschernigow, Smolensk, Rostow, gehörte ein oft weites Territorium *(semljá)*. In der Stadt selbst saß der Fürst, der mit dem Willen der Volksversammlung rechnen mußte, zumal die Einwohner ein eigenes Aufgebot unter einem vom Fürsten ernannten Tausendschaftsführer und unter Hundertschaftsführern *(týsjatschnik, sótnik)* zur Verfügung hatten. Dieses Aufgebot stand neben der Gefolgschaft des Fürsten und etwaigen von ihm geworbenen Söldnern. Seit dem Ausgang des 11. Jahrhunderts verstärkten sich sowohl der Einfluß der Städte auf die Regierung eines Territoriums, insbesondere bei der Besetzung des Fürstenthrons, als auch ihr Bemühen um eine vertragliche, im einzelnen unbekannte Abgrenzung der fürstlichen Rechte. Im Ergebnis konnte sich freilich die Stadt ebensowenig vom Fürsten befreien, wie der Fürst das städtische Mitspracherecht zu beseitigen vermochte.

Seine Herrschaftsaufgaben versah der Fürst durch Beauftragte aus seiner ursprünglich normannischen, sich aber rasch slawisierenden Gefolgschaft. Ein ostslawischer Adel ist nicht nachweisbar, wohl aber »Älteste« in der jeweiligen Hauptstadt, die neben den Mitgliedern der Gefolgschaft an Beratungen des Fürsten teilnahmen. Die Gefolgsleute und Beauftragten des Fürsten, seine Krieger und Ratgeber, waren, ohne einen regelrechten Stand zu bilden, als einzelne rechtlich besonders geschützt. Sie lebten am fürstlichen Hofe oder von Tribut- und Beuteanteilen; erst seit dem Ausgang des 11. Jahrhunderts, also mit dem Anwachsen der Tendenz der Fürsten, in einem Territorium seßhaft zu werden, scheint diese Schicht allmählich Grundbesitz erworben zu haben. Bis dahin bildete die fürstliche Verwaltung eines Territoriums infolge des häufigen Wechsels der Fürsten mit ihren Gefolgschaften die weniger beständige Kraft gegenüber der Stadt; der Fürst vertrat mehr die allgemeinen Interessen eines Territoriums im Reichszusammenhang, die Hauptstadt mehr die lokalen, auf Absonderung zielenden Interessen.

Die sich im 11. und 12. Jahrhundert ausbreitende Güterwirtschaft wurde vor allem mit unfreiem und halbfreiem Gesinde betrieben, doch entstanden im 12. Jahrhundert vereinzelt auch Abhängigkeitsverhältnisse freier Bauern auf Fürsten- und Kirchengütern. Die Existenz von Landgemeinden läßt sich zwar nachweisen, doch ist über ihre Ordnung und Tätigkeit und über ihre Stellung zum Fürsten und zur Stadt des Territoriums nichts Sicheres überliefert. Verhältnismäßig genau werden dagegen die Rechte der Geistlichkeit, ihr

Personenkreis und ihre Einnahmen beschrieben, ein Stand also, deutlich faßbar in Ordnungen, die in ihrem Kern auf die Zeit Wladimirs des Heiligen und Jaroslaws des Weisen zurückgehen.

Das geistliche Gericht erstreckte sich in allen Fällen auf die Kirchenleute, zu denen neben dem Klerus und den Klosterinsassen auch etwa Pilger, Arme, Ärzte und Freigelassene zählten. Bei Verstößen gegen Kirchenordnung, Frömmigkeit, Sitte und Eheordnung galt es für jedermann. Die Kirche hatte ferner die Pflicht, Handelsmaße und Gewichte zu überwachen. Obwohl die Geistlichkeit den einzigen rechtlich gefügten Stand des Kiewer Staates darstellte, war die Art ihrer Frömmigkeit einer politischen Betätigung abträglich; weder drängten ihre Mitglieder auf eine Teilhabe an der politischen Gewalt, noch wurden sie von der Obrigkeit zu Herrschaftsfunktionen im Land herangezogen.

Die politisch tragenden Kräfte im Kiewer Reich waren also die Dynastie, die Bojarenschaft und die Volksversammlung der Residenzstädte in den Territorien. Die Dynastie, zunächst ein einendes Element, schwächte das Reich bei ihrem Anwachsen und Sichverästeln in einzelne Häuser durch ständige Fehden um die Herrschaft, ohne das Herrschaftsrecht aller Fürsten prinzipiell überwinden zu können. Die Residenzstädte versuchten den verderblichen Fürstenwechsel und die Fehden einzudämmen, vertraten aber natürlich vor allem ihre territorialen Interessen. Nach dem Fürstentag von Ljubetsch 1097 stimmten die fürstlichen und städtischen Interessen immer mehr in der Begrenzung auf die einzelnen Gebiete überein. Die Verengung des politischen Horizonts ließ das Wissen vom Reichszusammenhang und von Kiew als dem Reichsmittelpunkt schwinden. 1155 erkämpfte sich noch einmal der Fürst Jurij aus dem nordöstlichen Susdal den Großfürstensitz von Kiew, aber sein Sohn Andrej verließ die Stadt und kehrte in die ferne Heimat zurück, wo er sich in Wladimir eine eigene Residenz schuf. Auf seine Veranlassung wurde dann im Zusammenhang mit Streitigkeiten um Nowgorod 1169 Kiew wie eine fremde Stadt erobert und zerstört, »was«, wie der Chronist sagt, »noch niemals geschehen war«. Kiews Fall war der sichtbare Ausdruck für die Auflösung des Reiches.

Während des Bestehens des Kiewer Reiches war keine feste, kontinuierliche politische Ordnung und keine rechtlich klare Gruppierung der Gesellschaft erreicht worden. Das aus Jaroslaws Zeit stammende »Russische Recht« *(Prawda rússkaja)*, eine private, in verschiedenen Fassungen überlieferte Sammlung von Gewohnheitsrechten und Normen der fürstlichen Rechtsprechung, bezieht sich hauptsächlich auf das Straf- und Prozeßrecht und auf die Gerichtssporteln. Ihre indirekte Auskunft über die politische Ordnung ist spärlich und zusammenhanglos. Byzantinisches Recht hatte im Kiewer Rußland des 11. Jahrhunderts in der Übersetzung des Nomokanons aus dem Bulgarischen als »Steuermannsbuch« *(kórmtschaja kniga)* Eingang gefunden. Diese Sammlung brachte den eben getauften Russen die großen grundsätzlichen Bestimmungen über das Gottesgnadentum des Herrschers, über den Kaiser als Stellvertreter Gottes und über seinen Einfluß auf die Kirche, über die notwendige Harmonie zwischen Staat und Kirche und über den von Gott gewollten Gehorsam gegenüber der Obrigkeit. Einzelne kirchenrechtliche Bestimmungen aus dem Nomokanon wurden in die Wladimir und Jaroslaw zugeschriebenen Kirchenordnungen aufgenommen.

Im ganzen handelt es sich mehr um Rahmenordnungen, die vor allem die Regierung des christlichen Weltreiches und der Weltkirche im fernen Byzanz und nur in abgeleiteter Entsprechung Rußland betreffen. Über diese Ordnungen hinaus hatte das römische Recht niemals eine bewußte Durcharbeitung, niemals eine kommentierende Anwendung auf russische Verhältnisse erfahren. Seine abstrahierende, in der Rezeption normenstiftende und zugleich Definitionen erfordernde Bildungskraft blieb in Rußland unbekannt. Niemals wurde deshalb das Recht ein abgesonderter, von Juristen durch Glosse, Kommentar und System erhellter Bereich, wie er sich zwischen dem 11. und 16. Jahrhundert in Westeuropa herausbildete. Auch die russische Kirche regte nicht die Formulierung des Rechts in Normen und Definitionen an. Daher vollzog sich die sozialpolitische Entwicklung Altrußlands auf dem Hintergrund eines sich nur langsam verändernden Gewohnheitsrechts *(stariná)*, das das bleibend Wahre und Rechte *(prâwda)* in Sitte und Frömmigkeit umfaßte und zu bewahren trachtete. Noch im 16. Jahrhundert mußten Neuerungen als angeblich der Starina entsprechend begründet werden.

Von nachhaltig prägender Bedeutung für die Geschichte Rußlands war die Übernahme des Christentums aus Byzanz. Es sollte bis zum Ende der hier zu behandelnden Epoche die einzige geistige Macht in Rußland bleiben. Der Aufbau der Kirche in Rußland erfolgte in der ersten Hälfte des 11. Jahrhunderts, zu einer Zeit, da die Eigentümlichkeiten der griechischen und lateinischen Kirche bereits so weit entwickelt waren, daß das endgültige Schisma von 1054 bevorstand. In der griechischen Kirche hatte sich ein bis heute sehr lebendiges urchristlich-eschatologisches Empfinden mit der allgemeinen neuplatonischen Geistigkeit des Oströmischen Reiches verbunden; in der Herausführung der Gläubigen aus der irdischen Verstrickung, in dessen Vorbereitung zur Aufnahme des höchsten Gutes in Liturgie und Gebetversenkung, in Askese und Abgeschiedenheit erkannte sie ihre wesentliche Aufgabe. Die unmittelbare Hinwendung zum Letzten entwertete die menschliche Aufgabe im geschichtlichen Bereich; da das Kommen des Herrn als jederzeit bevorstehend und der Leib als Gefängnis der Seele verstanden wurde, erübrigte sich die Übernahme von Verantwortung innerhalb der historischen Kontinuität. Diese Frömmigkeit wurde noch von der Tatsache bestärkt, daß eine hochentwickelte Profankultur und der Staatsapparat unversehrt aus der Antike in das christliche Reich tradiert worden waren. Die Kirche, die sich der Profankultur nicht annehmen wollte, konnte das auch zunächst nicht tun, da die Profankultur von der kaiserlichen Macht, von ihren Beamten und Juristen, von ihren Institutionen, Ordnungen und Schulen zu Staatszwecken verwaltet wurde. Die Kirche in Byzanz wurde neben dem Staat aufgebaut, und die beschützende Gewalt des Kaisers reichte – hierin ähnlich der des *pontifex maximus* – weit in die Kirche hinein. Als die spätantike Bildung durch Justinian zurückgedrängt wurde, wurden ihre Kenntnisse und Methoden in den Bischofsschulen und Klöstern nicht fortgeführt und christlich verarbeitet, sondern ausgeschieden oder verflacht.

Im generationslangen Streit um die Naturen Christi und um seine Abbildbarkeit hatte die Kirche zwar die Gefahr eines Dualismus überwinden können, jedoch nur in dem Wunsch, für den Gläubigen die Möglichkeit zur läuternden Nachahmung und zur visuellen Ergriffenheit durch Christus offenzuhalten. Die Anerkennung seiner Menschwerdung erweckte auch jetzt keine fromme Verantwortung für die geschichtliche Welt. So war die Entwicklung sehr andersartig als in Westrom verlaufen, wo sich die Kirche infolge des Zusammenbruchs der Reichsverwaltung und Reichskultur um ihrer eigenen Existenz willen sehr früh um die politischen Dinge kümmern mußte. Der neue Weg der weströmischen Welt wird in Augustins Werk *De civitate Dei* deutlich, in dem neben den Neuplatonismus eine erste Geschichtstheologie, neben die Prädestination die historische Entscheidung tritt. Die Geschichtsbezogenheit, im römischen Selbstverständnis schon vorgebildet, sollte zum Wesensmerkmal des von der lateinischen Kirche bestimmten Westeuropas werden.

Als die spirituelle griechische Kirche nach Rußland übertragen wurde, traf sie dort – anders als in Byzanz – auf keine ausgebildete Profankultur. Entscheidend für den geistigen Weg Altrußlands wurde die Tatsache, daß die Kirche das Neuartige der Situation nicht erkannte, ihr weltabgeschiedenes Wesen unverändert bewahrte und auf die Dauer keine Kräfte entwickelte, die den profanen Lebensbereich geformt und erhellt hätten. Eine andere geistige Kraft neben der Kirche entstand weder aus eigener noch aus antiker Wurzel. Die Antike, in deren Bereich die Russen nie gelebt hatten, wurde ihnen weder durch die Kirche noch durch einen anderen Vermittler erschlossen. Auch die Renaissancen und die Scholastik des westeuropäischen Mittelalters befruchteten Rußland nicht, da es die Trennung der Mutterkirche von Rom eifrig nachvollzogen hatte. Eine reiche kirchliche Literatur im verständlichen Altbulgarisch, das zur Kirchensprache erhoben wurde, lag vor; so fand keine der westeuropäischen Latinisierung entsprechende Überdeckung durch das Griechische statt, aber es entfiel auch jeder Anreiz für einen direkten Rückgriff auf die Antike. Das philosophische und naturkundliche, literarische und politisch-rechtliche Schrifttum der Antike, ihre künstlerische Erhöhung des Menschen in Typus und Individualität blieben unbekannt, unbekannt blieb damit auch das systematische Denken in Begriffen und Folgerungen. In Altrußland lebte allein der tradierte Geist der Ostkirche, der die Welt sich selbst überließ. Ansätze einer der Welt zugewandten Frömmigkeit, die sich bis in das erste Viertel des 12. Jahrhunderts hinein erkennen lassen, wurden nicht weiterentwickelt. Von Schulgründungen wird berichtet, aber nichts von ihrem Fortbestand oder Ausbau, und niemals sind Rußlands Klöster Stätten einer Schul- oder Gelehrtenbildung geworden. Es findet sich eine Unterweisung Wladimirs Monomach durch seinen griechischen Metropoliten Nikifor über das rechte Verhalten des Fürsten und die autobiographische, das vorbildliche und fromme Leben eines Fürsten zeichnende »Belehrung Monomachs«, aber weder bildet sich der Fürstenspiegel als Literaturtypus heraus, noch entwickelt sich eine Literatur zu sozialen Fragen. Auch der glänzende geschichtstheoretische Traktat des russischen Metropoliten Ilarion (um 1051) über Gesetz und Gnade, der die Einbeziehung Rußlands in das Heilsgeschehen, seine geistliche Ebenbürtigkeit mit Byzanz preist, blieb ein vereinzelter Ansatz: die altrussische Historiographie trug bis ins 16. Jahrhundert Annalencharakter. Hierin drückte sich die neuplatonische Bestimmtheit des altrussischen Denkens aus, das weder auf den historisch-kausalen Zusammenhang noch auf das historisch Besondere gerichtet war, sondern auf das im Urbild-Abbild-Verhältnis anschaubare Bleibende.

Am angemessensten und schönsten manifestiert sich dieses Denken in der Ikone, die unter Verzicht auf jede optische Wirklichkeitsnachahmung das Heilige unmittelbar in der Bildfläche bannen will und unter Verzicht auf jede zeitgebundene künstlerische Originalität seine überzeitlich bildende Gestalt in immer neuen, bis in Kleinigkeiten getreuen Abmalungen festhält. Die altrussische Kirche konnte sich mit Recht einer entsprechenden, für Jahrhunderte gleichförmigen Einheitlichkeit rühmen, die durch keine Glaubenskämpfe getrübt war, der aber der Verzicht auf eine Theologie und auf eine Verantwortung für die jeweils historische Situation zugrunde lag. Diese Gleichgültigkeit gegenüber Theorie und Geschichte bewahrte die spirituelle Reinheit der Kirche, ihre Freiheit von weltlichen Zielsetzungen und machtpolitischen Verstrickungen, beraubte sie aber damit der Möglichkeit, den Sinn für Normenbildung in der Gesellschaft zu wecken und normenstiftend auf sie einzuwirken. Ohne jede theoretische Definition und Setzung verlief das sozialpolitische Leben Altrußlands gemäß dem Herkommen oder in faktischer Reaktion auf Gegebenes. Die Tradition war das Prinzip der altrussischen Frömmigkeit und wurde es für das geschichtliche Leben Altrußlands überhaupt. Diese Frömmigkeit ließ überdies seit dem ersten Viertel des 12. Jahrhunderts die asketischen Züge immer stärker in den Vordergrund treten. Da man das Leben in der Welt nicht von der Frömmigkeit her zu durchdringen trachtete, nahm man das Leiden als Strafe Gottes »um unserer Sünden willen« hin, eine Formel, die sich überall in den geistlichen Schriften und den Chroniken wiederfindet.

Teilfürstentümer und Tatarenherrschaft

Wohl überdauerte die Erinnerung an das einstmals so glänzende »Ganze Russische Reich«, das Bewußtsein der religiösen Zusammengehörigkeit und die Anerkennung der einen Dynastie den Niedergang Kiews, in der politischen Wirklichkeit ließ sich aber die Reichseinheit nicht wiederherstellen. Aus den vielen souveränen Territorien, deren Zusammenhalt als Hausgut der Familie *(óttschina)* die Einrichtung von Teilherrschaften *(udél)* der Dynastiemitglieder gewährleisten sollte und die gerade dadurch immer weiter aufgespalten wurden, bildeten sich drei Machtzentren heraus. Aus den westlichen Grenzmarken wurde Wolhynien von Roman Mstislawitsch (1172–1205) zu einem neuen Herrschaftsgebilde erhoben. Roman unterwarf Kiew und gewann 1199 das Fürstentum Galizien. Dieses Reich hatte trotz unablässiger Kämpfe des Herrschers mit den Bojaren und der Bojaren untereinander bis zum Tode seines Sohnes Daniel (1205–1264) Bestand. Danach aber lösten die schon immer sehr intensiven politischen und kommerziellen Verflechtungen mit den Ungarn, Polen und Litauern das Land für Jahrhunderte ganz aus dem russischen Reichsverband. Entscheidend dabei war das Streben der Bojaren nach einer der polnischen und ungarischen Adelsmacht entsprechenden Standesprivilegierung.

Im Norden hatte sich Groß-Nowgorod mit seinen von ihm abhängigen »Beistädten« *(prigorod)*, wie Pskow (bis 1348), Staraja Russa, Isborsk, und mit seinem weiten, bis an den Ural reichenden Hinterland eine führende, vor allem auf Handel gegründete Machtstellung

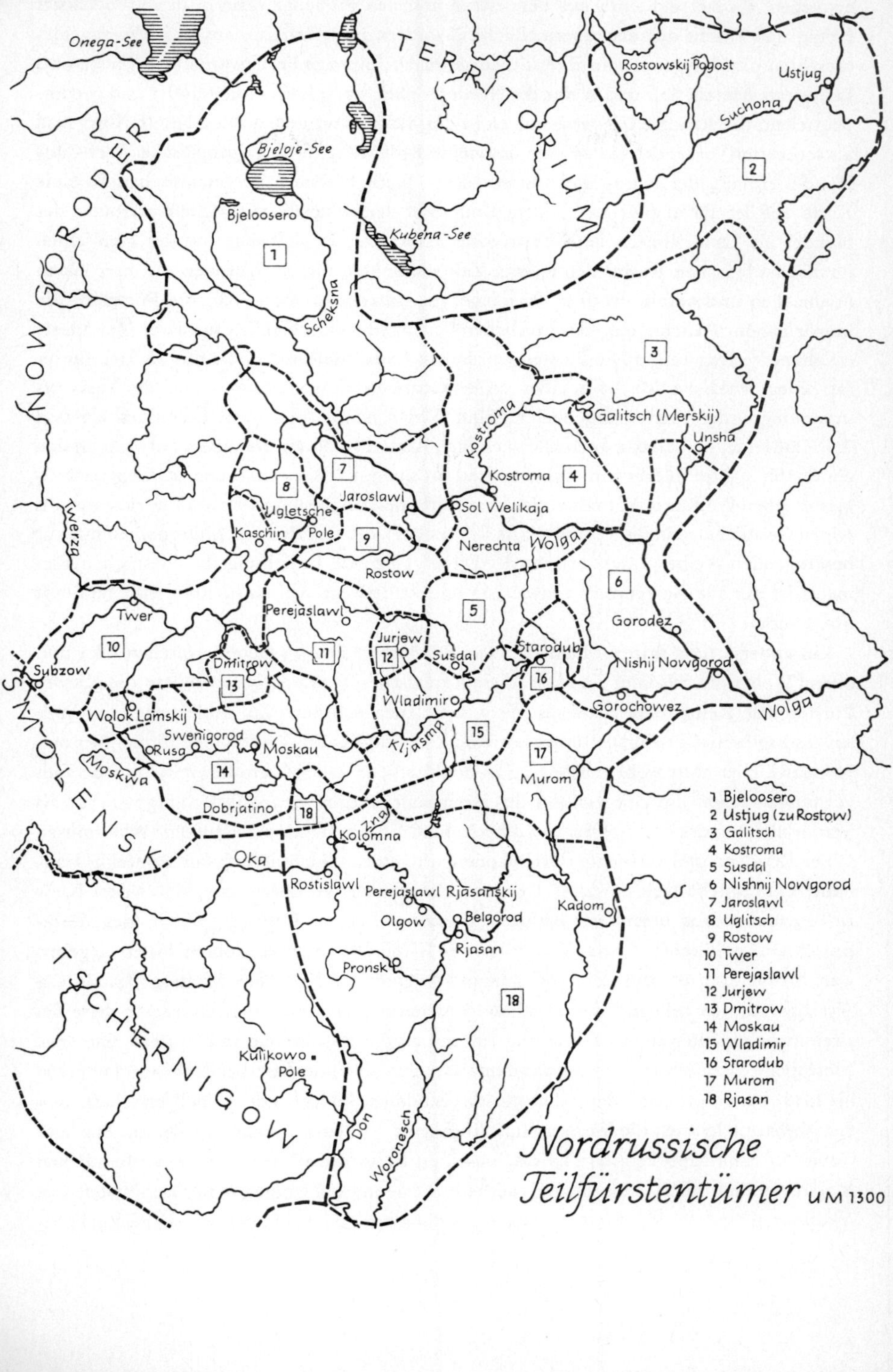
Onega-See
Bjeloje-See
Bjeloosero
Kubena-See
Scheksna
TERRITORIUM
NOWGORODER
Rostowskij Pogost
Ustjug
Suchona
Kostroma
Galitsch (Merskij)
Unsha
Jaroslawl
Sol Welikaja
Ugletsche Pole
Kaschin
Nerechta
Wolga
Rostow
Twerza
Twer
Perejaslawl
Jurjew
Susdal
Starodub
Gorodez
Nishij Nowgorod
Subzow
Dmitrow
Wladimir
Gorochowez
Wolok Lamskij
Swenigorod
Rusa
Moskau
Kljasma
Moskwa
Murom
Dobrjatino
SMOLENSK
Zna
Kolomna
Oka
Rostislawl
Perejaslawl Rjasanskij
Olgow
Belgorod
Rjasan
Kadom
Pronsk
Kulikowo Pole
TSCHERNIGOW
Don
Woronesch
1 Bjeloosero
2 Ustjug (zu Rostow)
3 Galitsch
4 Kostroma
5 Susdal
6 Nishnij Nowgorod
7 Jaroslawl
8 Uglitsch
9 Rostow
10 Twer
11 Perejaslawl
12 Jurjew
13 Dmitrow
14 Moskau
15 Wladimir
16 Starodub
17 Murom
18 Rjasan
Nordrussische Teilfürstentümer UM 1300

erworben. Fische und Tran aus dem Meer und den Binnengewässern, Pelze, Pottasche, Honig und Wachs aus den unermeßlichen Wäldern und Getreide aus dem Wolgagebiet tauschten die Nowgoroder in ihrer Stadt gegen hochwertige Fertigwaren, wie Tuche und Leinwand, Metall, Salz und Weine der Nordeuropäer, vor allem der Gotländer und Niederdeutschen, die ständige Niederlassungen in der Stadt unterhielten. So erlangte Nowgorod als östlichster Vorort der Hanse eine besondere Bedeutung für den europäischen West-Ost-Handel entlang der Nord- und Ostseeküste – hierin ähnlich der genuesischen Kolonie Kaffa auf der Krim (seit 1225), dem Endpunkt der westöstlichen Mittelmeerroute; der Handel im Landesinnern lag in russischer Hand. Unter Beibehaltung des gemischten fürstlich-städtischen Rechts der Kiewer Zeit schränkten die Nowgoroder seit ihrer ersten finanziellen und administrativen Privilegierung unter Jaroslaw (1016) die Fürstenrechte immer nachdrücklicher ein, in schriftlichen Verträgen wahrscheinlich seit 1136 (der älteste erhaltene Vertrag 1264). Die Fürsten wurden zu Exekutivbeamten, die nur als Heerführer im Krieg wirkliche Macht besaßen. Alle wichtigen Entscheidungen traf die Volksversammlung unter dem maßgeblichen Einfluß der handeltreibenden Grundbesitzer und der Kaufleute, sie besetzte auch alle wichtigen Ämter. In Nowgorod allein entwickelte sich ein unabhängiger Bürgersinn und eine Stadtordnung, wie sie sich in den Städten des zeitgenössischen Westeuropas finden. Seit der Mitte des 12. Jahrhunderts wählte es sogar aus seinen Geistlichen den Bischof (seit 1165 Erzbischof), der dem Kiewer Metropoliten nur zur bestätigenden Weihe präsentiert wurde. Diese glänzende Entfaltung des städtischen Elements ist nur für Nowgorod nachweisbar und keineswegs typisch für die russische Stadt überhaupt.

Ein andersartiges drittes Machtzentrum entwickelte sich im Gebiet zwischen Oka und oberer Wolga, im Susdaler Land. In diesem finnischen Siedlungsgebiet hatten die Kiewer Fürsten eine Reihe fester Plätze angelegt, aus denen sich nach Zuwanderungen aus Südrußland selbständige Fürstentümer entwickelten, wie Susdal, Rostow, Wladimir, Murom, Jaroslawl. Hier hatte wohl von Anfang an der fürstliche Wille ein großes Gewicht, jedenfalls verstanden schon die Zeitgenossen die Herrschaft Andrejs Bogoljubskij (1157–1174) als Verwirklichung des Prinzips der Selbstherrschaft. Er erhob das unbedeutende Wladimir zu seiner Residenz und versuchte durch ikonenhaft getreue Nachbildung der Kiewer Hauptbauten die Mächtigkeit der alten Residenz auf die neue zu übertragen, ein zweites Kiew zu begründen. Von besonderer Bedeutung war der Bau des Uspenskij Sobor (der Mariä-Entschlafungs-Kirche), dessen Vorbild in der Kirche des Kiewer Höhlenklosters gegeben war. Schon 1155 überführte er bei seinem Weggang aus Kiew das Muttergottesbild aus Wyschgorod, den Inbegriff des sakralen Schutzes für Kiew, nach Wladimir. Alle diese Bestrebungen gipfelten in der Forderung Andrejs an das Patriarchat, in Wladimir eine neue Metropolie einzurichten, was Byzanz damals freilich ablehnte. Sein Bruder Wsewolod (1176 bis 1212) vereinigte nach ihm nicht nur das Susdaler Gebiet unter seiner Herrschaft, sondern behauptete auch die Vorherrschaft über ganz Rußland. Danach zerfiel das Susdaler Gebiet in zahlreiche Teilherrschaften, in denen freilich das Übergewicht der fürstlichen Macht erhalten blieb. Eine neue dauerhafte Einigung kam unter dem Großfürsten von Wladimir nicht zustande: Rußland war am Anfang des 13. Jahrhunderts in zahlreiche Terri-

Schlacht der Nowgoroder mit den Susdalern im Jahr 1169
und Errettung Nowgorods durch die wundertätige Ikone der »Gottesmutter des Zeichens«
in einer legendären Darstellung aus dem 15. Jahrhundert
Ikone eines Malers der Schule von Nowgorod
Nowgorod, Staatliches Kunsthistorisches Museum

Die Demetrius-Kirche in Wladimir, 1194–1197

torien aufgeteilt, die jeweils als Ganzes Hausgut einzelner Zweige der Dynastie waren, aber durch endlose Realteilungen unter Beibehaltung der Herrschaftsansprüche aller Mitglieder der Familie immer weiter aufgespalten wurden.

In dieses Machtvakuum stießen 1237 die Tataren vor. Vorangegangen war 1223 im Zusammenhang mit den Kämpfen um den Iran eine auf Befehl Tschingiz Chans unternommene tatarische Expedition über den Kaukasus gegen die Polowzer in der südrussischen Steppe, die siegreich bis gegen Kiew vordrang und dabei auch ein die Polowzer unterstützendes Aufgebot der russischen Fürsten an der Kalka (nördlich Taganrogs) vernichtete. In Rußland war der bis dahin unbekannte Gegner schnell vergessen, in der Mongolei aber wurde die Unterwerfung Rußlands und Europas vorbereitet. Im Herbst 1237 unterwarfen die Tataren, den Ural im Süden umgehend, das bulgarische Chanat an der Wolga; im Dezember leitete der Fall von Rjasan die Eroberung Rußlands ein, die im Dezember 1240 mit der Zerstörung Kiews abgeschlossen war. Über Polen, Wolhynien und Galizien stieß der Angriff – gleichzeitig wurden Südpolen, Schlesien und Mähren überrannt – bis nach Ungarn vor. Weder der russische noch der westliche Widerstand vermochte die Tataren aufzuhalten. Aber Thronstreitigkeiten in der Mongolei veranlaßten Batu, die Rußland im Westen vorgelagerten Gebiete 1242 wieder zu räumen.

Rußland selbst blieb im tatarischen Herrschaftsbereich. Es hatte während der Invasion furchtbare Verluste an Menschen durch Tod und Verschleppung in die Sklaverei, aber auch an materiellen Gütern erlitten, insbesondere durch die systematische Zerstörung der den Nomaden feindlichen Städte, ein angesichts ihrer geringen Dichte unermeßlicher kultureller Schaden. Eine »Asiatisierung« Rußlands erfolgte jedoch nicht: weder brachten die Tataren unter ihrer mongolischen Führungsschicht eine ausgeformte, überlegene Kultur ins Land, noch kam es zu einer breiten Verschmelzung, da die Nomaden in der Wolganiederung und der südrussischen Steppe lebten, ohne in den Waldgebieten der Ostslawen zu siedeln. Wohl aber verband die tatarische Herrschaft die Wald- und Steppenzone erstmalig zu einem Staat, dem der »Goldenen Horde«. Die russischen Fürsten verloren ihre Souveränität; ihre Herrschaft hing von der jeweils teuer zu erkaufenden Gnade der Chane ab, die in Saraj an der unteren Wolga residierten.

Die Tribute, zum erstenmal 1257 eingezogen, die auf einer gleichzeitigen Zählung der Familien (Höfe) beruhten, umfaßten wahrscheinlich den Zehnten der Erzeugnisse, vielleicht sogar des Besitzes, und eine Gewerbesteuer *(tamgá)*; einmalige Abgaben, Spanndienste und Unterhaltungskosten für die tatarischen Beauftragten kamen hinzu. Die verhaßten ständigen Tribut- und Rekrutierungsbeamten *(baskák)* lösten immer wieder örtliche Aufstände aus, die das Einschreiten der russischen Fürsten erforderten oder tatarische Strafexpeditionen auslösten. Ausgenommen von der Tributleistung war die Geistlichkeit mit allen ihr unterstellten Personen auf Grund besonderer Gnadenurkunden *(jarlýk)* – eine Auswirkung der vom Schamanismus geforderten religiösen Toleranz, die die Chane auch nach der Annahme des Islams im Jahre 1313 beibehielten. Die den Russen aus dem byzantinischen Kaisertum bekannte bürokratische und zentralistische Autokratie wurde ihnen nun in harter Erfahrung nahegebracht, wodurch die schon vor der Invasion bestehenden absolutistischen Tendenzen der russischen Fürsten noch verstärkt wurden. Im ganzen blieb die politische Ordnung Rußlands erhalten, doch die schon früher eingeleitete Absonderung von Westeuropa erfuhr nun ihren endgültigen Abschluß, zumal etwa gleichzeitig auch im Nordwesten die Verbindung zu Westeuropa durch das Vordringen Schwedens, des Deutschen Ordens und Litauens weiter reduziert wurde.

Die große Politik der Goldenen Horde, die auf die Eroberung des Kaukasus und damit – bei einer Allianz mit Ägypten – gegen das iranische Mongolenreich gerichtet war, berührte Rußland nur mittelbar, lockerte aber den Zusammenhang mit dem mongolischen Reich, weshalb die russischen Fürsten nur in den Anfängen zur Huldigung in die Mongolei reisen mußten. Auch Nowgorod, die einzige von der Invasion verschonte größere Stadt Rußlands, und Galizien, das sich unter Daniel mit Unterstützung der Kurie vergeblich widersetzt hatte (1248–1259), mußten sich der tatarischen Gewalt beugen. Freilich setzte sich die Tatarenherrschaft im südwestlichen Rußland weniger geschlossen durch als in anderen Teilen des Landes. Die Großfürstenwürde behielten die Tataren als zweckmäßig bei, wenn auch der erste Großfürst, Jaroslaw, auf seiner Huldigungsfahrt in die Mongolei 1246 vergiftet wurde.

Sein Sohn Alexander, der sich 1240 als Fürst von Nowgorod durch einen Sieg über die Schweden an der Newa den Beinamen Newskij und 1242 durch einen Sieg über die deutschen Ordensritter berechtigtes Ansehen in Rußland erworben hatte, befolgte als erster bedeutender Fürst realistisch und konsequent eine Politik des Zusammengehens mit den Tataren: er setzte ihre Truppen gegen widerspenstige russische Fürsten ein und erzwang die Unterwerfung Nowgorods. Als Beschützer Rußlands vor den Angriffen aus dem lateinischen Westen und vor härterer tatarischer Bedrückung errang er seinen bis heute bewahrten Ruhm und zugleich die zeitgenössische Verehrung als Heiliger, die – und das war neu – nicht auf geistlichen Leistungen, sondern auf vorbildlichem Herrschertum beruhte. Die Großfürstenwürde diente den Tataren in erster Linie zur Einflußnahme auf die Fürstenschaft: die Kämpfe um diese Würde erlaubten es ihnen bis zum Anfang des 15. Jahrhunderts, die Fürsten gegeneinander auszuspielen.

Eine eigene Machtbasis für die großfürstliche Herrschaft bot das Gebiet des eigentlichen Großfürstentums Wladimir nicht, und die jeweiligen Großfürsten regierten von ihrem Erbfürstentum aus. Aber auch die dynastischen Streitigkeiten in den einzelnen Territorien wurden nunmehr – eine Verschärfung gegenüber den Fürstenfehden der Kiewer Zeit – durch tatarischen Schiedsspruch und oft mit tatarischen Truppen entschieden.

Um 1300 tritt im Zusammenhang mit den Parteiungen, die sich unter den russischen Fürsten als Reaktion auf eine erste Aufspaltung der Goldenen Horde durch Errichtung eines südrussischen Chanats unter dem tatarischen Feldherrn Nogaj bildeten, Moskau zum erstenmal hervor. Als Grenzplatz Susdals schon 1147 erwähnt, erhielt es jedoch erst um 1280 einen eigenen Fürsten, Daniel (1261–1303), den jüngsten Sohn Alexanders Newskij. Daniel gewann 1302, offenbar schon mit Unterstützung der Tataren und gegen Ansprüche des Fürsten von Twer, das Stammland seiner Familie, das Fürstentum Perejaslawl. Im Kampf seiner beiden älteren Brüder, Dimitrijs von Perejaslawl und Andrejs von Gorodez, um die Großfürstenwürde – jener hatte sich Nogaj, dieser der Goldenen Horde unterstellt – hatte Daniel Dimitrij unterstützt; nach Dimitrijs Tod (1294) war er konsequent für

Dimitrijs Sohn Iwan eingetreten, als dieser das väterliche Erbe Perejaslawl gegen Andrejs Ansprüche verteidigen mußte, und hatte 1302 bei Iwans Tod Perejaslawl geerbt.

Die Tataren, die durch ihren Sieg über Nogaj und durch dessen Tod 1299 die Einheit der tatarischen Herrschaft wiederhergestellt hatten, bestätigten Daniel im Besitz von Perejaslawl gegen die Wünsche des von ihnen gestützten Großfürsten Andrej. Das gleiche geschah 1304, als Andrej kinderlos starb und die Großfürstenwürde seinem Vetter Michail von Twer vermachte: die Tataren bestätigten Michail als Großfürsten, beließen aber Perejaslawl bei Jurij von Moskau, dem Sohn des 1303 gestorbenen Daniel. Offensichtlich wollten die Tataren die territoriale Machtbasis der Großfürsten schmal halten. Gerade das geringe politische Gewicht Moskaus scheint ihm am Anfang das Wohlwollen der Tataren gesichert zu haben: es war in besonderem Maße auf sie angewiesen und wurde von ihnen als Gegenkraft gegen den Großfürsten gefördert. Durch die Eingliederung Perejaslawls war Moskau, das um dieselbe Zeit mit der Einverleibung von Kolomna und Moshajsk (1301, 1304) das gesamte Flußgebiet der Moskwa eroberte, in kürzester Zeit zu einem Fürstentum geworden, das von nun an mit Twer um die Großfürstenwürde und um die Herrschaft über Groß-Nowgorod rivalisieren sollte.

Nowgorod versuchte seine Freiheit gegen den Zugriff der Litauer und der deutschen Ordensritter durch Anlehnung an das Großfürstentum Wladimir zu verteidigen, zugleich aber durch Ausspielen seiner beiden bedeutendsten Fürstentümer Twer und Moskau gegeneinander auch diesen gegenüber seine Unabhängigkeit zu wahren. Im Winter 1312/1313 berief Nowgorod Jurij von Moskau als Fürsten in seine Mauern. Auf den Protest des Großfürsten Michail von Twer hin beorderten die Tataren Jurij 1315 in die Horde zur Rechtfertigung. Dort errang jedoch Jurij während seines zweijährigen Aufenthalts entgegen den Twerer Erwartungen das Vertrauen der Tataren und heiratete sogar die Schwester des Chans Ösbeg Kontschaka – die erste dynastische Verbindung zwischen Tataren und Russen. Mit ihr und einem tatarischen Beauftragten kehrte Jurij 1317 zurück und erreichte eine Verzichterklärung Michails. Trotzdem kam es zu einem Krieg, in dessen Verlauf Jurij geschlagen wurde und die tatarische Fürstin in Gefangenschaft Michails geriet, wo sie starb.

Nun wurde Michail unter Anklage gestellt und 1318 in der Horde hingerichtet, so daß die Großfürstenwürde in der Hand Jurijs blieb. Dimitrij von Twer, Michails Sohn, mußte sich vertraglich verpflichten, sowohl die Abgaben *(wýchod)* durch Jurij von Moskau an die Tataren abführen zu lassen als auch bei den Tataren keine Forderungen auf die Großfürstenwürde zu erheben, Bestimmungen, die Moskau später immer wieder in seine Verträge mit schwächeren Fürsten aufnahm. Dimitrij vermochte allerdings sehr bald das Mißtrauen der Horde gegen Jurij zu erwecken, indem er ihn anläßlich eines längeren Aufenthalts in Nowgorod der Hinterziehung der eingesammelten Tributgelder verdächtigte. Die Großfürstenwürde wurde nun Dimitrij übertragen, der den nach der Horde ziehenden Jurij überfiel und tötete. Wegen dieser Eigenmächtigkeit ließen die Tataren Dimitrij hinrichten, aber die Großfürstenwürde übertrugen sie seinem jüngeren Bruder Alexander, dem neuen Fürsten von Twer. Als die Tataren als Gegenleistung aus der Twerer Bevölkerung einen besonders hohen Tribut herauspressen wollten, brach ein Aufstand aus, in dessen Verlauf das gesamte tatarische Kontingent erschlagen wurde. Nun entsandten die Tataren Iwan von Moskau, Jurijs jüngsten Bruder und Nachfolger, zusammen mit tatarischen Truppen nach Twer zu einer furchtbaren Strafexpedition und setzten danach den jüngeren Bruder Alexanders, Konstantin, als Fürsten in Twer ein. 1328 haben die Tataren offensichtlich die Großfürstenwürde zwischen Iwan von Moskau und einem Fürsten von Susdal aufgeteilt, denn als dieser 1332 stirbt, berichtet die Chronik, daß Iwan zum Großfürsten »des ganzen Russischen Reiches« erhoben wurde. Seit diesem Jahr ist die Großfürstenwürde bei Moskau geblieben.

Bei all diesen Wirren galten weder Rechtsansprüche noch Thronfolgeordnung der russischen Fürsten: die Entscheidung lag allein bei den Tataren und wurde vornehmlich im Hinblick auf Machtausgleich, auf Botmäßigkeit und Zahlungskraft der russischen Fürsten gefällt. Offener Widerstand zeigte sich nur gelegentlich in verzweifelten, lokal begrenzten Aufständen der durch die Tribute aufs äußerste bedrückten Bevölkerung.

Die Nivellierung aller traditionellen Ranganspruche unter den russischen Fürsten angesichts der tatarischen Souveränität und eine konsequente Willfährigkeit ihr gegenüber ermöglichten Moskau einen raschen Aufstieg aus völliger Bedeutungslosigkeit. Indem die Moskauer Fürsten ihre Testamente den Tataren zur Besiegelung vorlegten, gingen sie in ihrer Willfährigkeit so weit, daß den Tataren daraus eine Verpflichtung erwuchs. 1333 ordnete Iwan von Moskau die Herrschaft für seine Söhne nach seinem Ableben: der älteste wurde mit dem größten Anteil an der Herrschaft und am Fürstenbesitz ausgestattet und als Beschützer *(petschálnik)* über seine jüngeren Brüder eingesetzt. Iwan verfügte über das Moskauer Land, ohne daß von einem Mitspracherecht der Bojaren oder des Wjetsche die Rede gewesen wäre, wobei natürlich politische und öffentliche Rechte und Gegenstände noch ungeschieden waren.

Die so für die Zukunft zusammengefaßte und geordnete Moskauer Herrschaft erhielt ihre rechtliche Sicherung durch die Billigung der Tataren und empfahl sich ihnen auch als zukünftiger Träger der Großfürstenwürde. Als Iwans Sohn Simeon (1341–1353) die Herrschaft antrat, wurden von den Tataren ausdrücklich »alle russischen Fürsten unter seine Hand gegeben«. Die späteren Testamente der Moskauer Fürsten zeigen die bleibende Tendenz, den von jeher anerkannten Vorrang des Ältesten in einer Fürstenfamilie und das Anrecht aller ihrer Mitglieder auf einen Herrschaftsanteil durch schriftliche Festsetzung umzuwandeln in eine immer stärker ausgebaute Vormacht des ältesten und in entsprechende Abhängigkeit der jüngeren Fürsten, bei steigender Minderung ihrer Rechte und Besitztümer. Während andere Fürstentümer sich immer weiter aufsplitterten, arbeiteten die Moskauer Herrscher planmäßig an der Sicherung des Zusammenhalts ihrer Fürstentümer.

Eine für die Zukunft entscheidende Förderung und damit zugleich eine bedeutsame Ausweitung des engen politischen Horizonts wurde durch Moskaus Erhöhung zum Metropolitensitz eingeleitet. Bereits der erste nach der Zerstörung Kiews unter Daniel von Galizien eingesetzte Metropolit von Kiew war von einer politischen Mission an den Hof Andrejs Bogoljubskij in Wladimir nicht mehr in die ungesicherten Verhältnisse Südrußlands zurückgekehrt, vor allem wohl wegen der von Daniel angestrebten Verbindung mit der römisch-katholischen Kirche. Sein Nachfolger Maxim residierte von vornherein nur im Norden und unterstützte bewußt Twer gegen Moskau, um die Einheit der Großfürstenwürde, das Abbild der ihm, dem Griechen, selbstverständlichen monarchischen Kaisergewalt, zu erhalten. Die Verlegung der Metropolie nach dem Norden hatte zur Folge, daß Galizien 1303 eine eigene Metropolie in Halitsch eröffnen durfte, ein Zugeständnis des Patriarchats angesichts der römisch-katholischen Einflüsse in diesem orthodoxen Grenzgebiet. Nach dem Tod Maxims 1304 und des galizischen Metropoliten Nifon 1305 präsentierten sowohl Galizien als auch Twer in Konstantinopel Kandidaten für ihre Metropolie. Das Patriarchat benutzte die Gelegenheit, um die Einheit der Metropolien dadurch wiederherzustellen, daß es den galizischen Abt Peter zum alleinigen Metropoliten von Kiew erhob (1307). Peter aber zog wie sein Vorgänger sofort nach dem nördlichen Wladimir und entglitt so dem Fürsten von Galizien, vermochte aber in Twer keine Anerkennung zu finden; wie seine *Vita* berichtet, hatte er zunächst keine feste Residenz. Bis 1315 mußte sich Peter gegen immer neue Anklagen aus Twer vor dem Patriarchen verteidigen. Offenbar nach der Übertragung der Großfürstenwürde auf Jurij von Moskau 1317 schlug Peter seinen Sitz in Moskau auf. Seine *Vita* weiß zu berichten, daß er die künftige Vorrangstellung Moskaus prophezeite, falls der Großfürst eine Marienkirche in Moskau erbauen und Peters Gebeine darin beisetzen würde. Tatsächlich wurde 1325 der Bau einer Kirche begonnen, und zwar wiederum eines Uspenskij Sobor, der als Hauptheiligtum – später die Krönungskirche der Zaren – die entsprechenden Bauten von Wladimir und Kiew nachahmt; 1395 ist dann auch die Muttergottesikone von Wladimir in diese Moskauer Kirche übergeführt worden. Auf Moskau sollte nun bewußt die Mächtigkeit der früheren Residenzen übertragen werden. Bereits 1339 erkannte das Patriarchat die Heiligkeit Peters und damit Moskau als Sitz des Metropoliten an. Mit sicherem Zugriff hatte sich Moskau der einzigen Organisation versichert, die, von den Tataren geduldet, ganz Rußland umfaßte und sogar die Leitung der orthodoxen Russen unter litauischer und polnischer Herrschaft beanspruchte.

Während Moskau seinen Aufstieg in den Auseinandersetzungen mit seinen Nachbarn auf verhältnismäßig engem politischem Feld begann, gingen weite Grenzgebiete und darüber hinaus Kernlande des ehemaligen Kiewer Reiches an das sich binnen kurzer Zeit zur Großmacht entfaltende Litauen verloren. Bereits unter Gedimin (1316–1341), der sich schon *Rex Litvinorum Ruthenorumque* nannte, gerieten die an sich schwachen, vor den Tataren Schutz suchenden westlichen und südlichen russischen Fürstentümer in Litauens Abhängigkeit. Gedimins Herrschaft erstreckte sich bereits über Polozk, Witebsk, Pinsk, Turow und Wolhynien; 1331 saß in Kiew ein von Litauen abhängiger Fürst, und im selben Jahr wurde ein Sohn Gedimins von Nowgorod als Fürst berufen, um die Schwedengefahr abzuwehren, offensichtlich ein Gegenzug gegen den Moskauer Zugriff. 1335 standen sich im Fürstentum Smolensk erstmalig Litauer und Moskauer im Felde gegenüber.

Bis zu den sechziger Jahren gerieten die Fürstentümer an der oberen Oka sowie zwischen Brjansk und Kiew in litauische Abhängigkeit, die in manchen Fällen zum eigenen Schutz gern angenommen wurde. Durch die dynastischen Verbindungen erlangte Olgerd von Litauen (1345–1377) auch einen ersten Einfluß auf die zentralen russischen Fürstentümer, vor allem an den moskaufeindlichen Höfen von Twer und Susdal. Um 1356 erreichte Litauen wiederum die Errichtung einer eigenen Metropolie für seine überwiegend russisch-orthodoxe

Bevölkerung, wobei freilich Kiew dem Metropoliten von Moskau zugesprochen wurde. Diesem gewaltigen Ausgreifen Litauens vermochte Moskau als Großfürstenmacht im Norden Rußlands nicht entgegenzutreten, vielmehr stand in der zweiten Hälfte des 14. Jahrhunderts zur Entscheidung, ob nicht Litauen die tatarische Vormacht über ganz Rußland ablösen würde. Immerhin sah sich Moskau durch die litauischen Auseinandersetzungen und die gleichzeitigen dynastischen Kämpfe in der Goldenen Horde ermutigt, in den unmittelbar moskauischen Fragen den Tataren Widerstand zu leisten.

Als Iwan II. von Moskau (1353–1358) bei seinem Tode zwei unmündige Söhne hinterließ, übertrugen die Tataren die Großfürstenwürde einem Fürsten von Susdal. Nur dank dem energischen Eintreten des Metropoliten und der Moskauer Bojaren für ihr angestammtes Herrscherhaus wurde sie nach einer gefährlichen Krise 1363 wiedergewonnen. Unter Dimitrij (1358–1389) verschärften sich die Kämpfe gegen Twer um die Großfürstenwürde durch die abwechselnde Allianz Twers mit Litauen und der Horde. Parteiungen unter den Twerer Fürsten und unter den Tataren verbesserten die Stellung Moskaus, zumal die Tataren offensichtlich eine nachdrückliche Unterstützung Twers als eines möglichen Bundesgenossen Litauens unterließen. 1375 vermochte Moskau einen nachhaltigen Sieg über Twer zu erringen, so daß Fürst Michail von Twer in einem Vertrag gelobte, als »jüngerer Bruder« Heerfolge zu leisten, eine Übertragung der Großfürstenwürde durch die Tataren abzulehnen und den moskauischen Erbbesitz nicht zu beanspruchen, wobei als Erbbesitz neben Moskau erstmalig auch das Großfürstentum Wladimir und Groß-Nowgorod genannt wurden. Twer mußte das Bündnis mit Litauen lösen und die Entscheidung über Krieg und Frieden mit den Tataren dem Großfürsten überlassen.

Damit beanspruchte Moskau als Großfürstenmacht die Stellung einer Schutzmacht der russischen Fürstentümer gegenüber Litauern und Tataren. Dieser Sieg freilich war von einer kirchenpolitischen Niederlage begleitet: mochte es noch hingehen, daß das Patriarchat 1371 auf Drängen des polnischen Königs Galizien eine eigene Metropolie zugestand, so wurden Moskaus Interessen doch empfindlich getroffen, als auf litauischen Wunsch 1375 die Metropolie für Litauen in Kiew eingerichtet wurde. Damit verlor Moskau auch den kirchenpolitischen Anspruch auf den Süden.

Die auf Olgerds Tod (1375) folgenden Wirren in Litauen veranlaßten Moskau, in den von litauischem Schutz entblößten Fürstentümern nachdrücklicher als zuvor seinen Einfluß geltend zu machen. In Anbetracht dieser gefährlichen Entwicklung, die von Grenzkämpfen und moskauischen Tributverweigerungen begleitet war, raffte sich endlich der bedeutendste der sich befehdenden tatarischen Emire, Mamaj, zu einer energischen militärischen Aktion gegen Moskau auf. Zusammen mit Litauen wurde ein gemeinsamer Feldzug gegen Moskau eröffnet. Dimitrij vermochte die Kontingente der kleinen russischen Fürstentümer unter seiner Führung zu einen, wenn sich ihm auch Nowgorod und das von den Tataren stets besonders bedrohte Rjasan versagten. Auf dem Wachtelfeld *(Kúlikowo póle)* im Steppengebiet am oberen Don wurden die Tataren 1380 zum erstenmal von den Russen in einer großen offenen Feldschlacht geschlagen. Der lähmende Bann war gebrochen, der fast eineinhalb Jahrhunderte hindurch einen Kampf gegen die »Geißel Gottes« hatte als Hybris erscheinen lassen.

Der Sieg Dimitrijs Donskoj, des »Siegers am Don«, war so bedeutungsvoll für das russische Volksbewußtsein, daß auch die Einnahme und Verwüstung Moskaus 1382 durch Mamajs Erben und Nachfolger Tochtamysch den Ruhm Moskaus als Schutzmacht Rußlands nicht zerstören konnte. Tochtamysch stellte die einstige Abhängigkeit Moskaus wieder her; da er sich aber gegen Mamaj nur als Schützling des mächtigen Chans Timur Leng von Samarkand durchgesetzt hatte, verlor er sein Reich, als er Timurs Expansion im Vorderen Orient durch seinen Versuch, den Kaukasus zu erobern und die Beziehungen mit Ägypten wiederaufzunehmen, störte. 1390 verwüstete ein Feldzug Timurs das Gebiet der Goldenen Horde bis in die Gegend von Rjasan; doch hatte Timur nicht die Absicht, seine Macht über die Horde auf die Dauer zu befestigen.

Tochtamysch war nach Litauen geflohen und bewog den mächtigen Großfürsten Witold (1392–1430), der im Rahmen der litauisch-polnischen Vereinigung von 1386 intensiv die litauische Sonderpolitik nach Osten hin betrieb, den Kampf gegen die durch Timur so nachhaltig geschwächte Goldene Horde aufzunehmen. In ihren Thronkämpfen nach Timurs Abzug hatte der Emir Edigü die Macht an sich gerissen und organisierte den Widerstand gegen das gewaltige litauische Heer, dessen Vormarsch von Bonifatius IX. zum Kreuzzug erklärt worden war. Im August 1399 wurde in einer entscheidenden Schlacht an der Worskla (einem südlichen Nebenfluß des Dnjepr) die litauische Hoffnung auf eine Oberhoheit über die Goldene Horde und damit über Rußland vernichtet.

Moskau hatte sich aus diesem Kampf der osteuropäischen Großmächte herausgehalten und blieb weiterhin sowohl von den Tataren wie von Litauen bedroht: 1403 gingen Wjasma, 1404 Smolensk an Litauen verloren, dessen Herrschaft sich am Ende der Regierung Witolds über die obere Oka bis nach Tula erstreckte; 1408 standen die Tataren vor Moskau und nahmen 1410 Wladimir ein, so daß Wasilij I. von Moskau (1389–1425), der von 1395 bis 1407 keine Tribute gezahlt hatte, 1412 wiederum in die Horde zur Bestätigung seiner Großfürstenwürde ziehen mußte. Und doch war seit Timurs Sieg über die Horde die tatarische Vorherrschaft über Rußland trotz aller politischen Gefährdung Moskaus erschüttert – ihre Übernahme durch Litauen hatte die Schlacht an der Worskla unterbunden. Während sich Witolds spätere Politik, die zu einem großen Teil von der Auseinandersetzung mit der polnischen Krone in Anspruch genommen wurde, mehr auf die grenznahen Gebiete – vornehmlich in Richtung auf die Schwarzmeerküste – als auf einen Angriff gegen das tatarische Zentrum richtete, leitete die Bildung einer tatarischen Sonderherrschaft auf der Krim in den zwanziger Jahren und die Begründung eines Chanats in Kasan den Verfall der Goldenen Horde ein. Bis zum Ende des 15. Jahrhunderts vermochte Litauen das unter Witold Erworbene zu behaupten, verlor aber durch die steigende Verflechtung mit der polnischen Politik seine Angriffskraft gegenüber dem Osten.

Der Auflockerungsprozeß vollzog sich unabhängig von Einwirkungen des Großfürstentums Wladimir, ja es vermochte diese Chance durch längere Zeit nicht zu nutzen, da Moskau unter Wasilij II. (1425–1462) noch einmal in eine Krise geriet, die die mühsam errungene staatliche Einheit auf Jahre hin gefährdete. Als der zehnjährige Wasilij II., dem Testament seines Vaters entsprechend, den Thron bestieg, berief sich sein ältester Oheim Jurij von Galitsch auf das Testament Dimitrijs Donskoj, das die Übergabe des Throns an den jeweils ältesten seiner Söhne festgelegt hatte. So stand noch einmal das Seniorat der Primogenitur gegenüber. Aber nach Jurijs Tod 1434 handelte es sich nur noch um einen brutalen Machtkampf zwischen Wasilij II. und seinen Vettern. 1433 bis 1434 verlor Wasilij II. seine Herrschaft an Jurij; erst 1436 vermochte er sich wieder als Großfürst gegen dessen ältesten Sohn Wasilij, den er als Gefangenen blenden ließ, zu behaupten. Er verlor aber seine Herrschaft aufs neue, als er 1445 auf einem Feldzug gegen Kasan in tatarische Gefangenschaft geriet und nach außerordentlichen Tributversprechungen mit tatarischen Truppen nach Moskau zurückkehren wollte. Gerade seine Verbindungen mit den Tataren, die nun als Verrat an Rußland empfunden wurden, erweckten weithin Widerstand gegen ihn, so daß sich 1446 Dimitrij seine Würde als Großfürst von Moskau bewahren konnte und nun seinerseits Wasilij II. blenden ließ. Doch schon Ende 1446 gelang es Wasilij II., Dimitrij aus Moskau zu vertreiben und sich den großfürstlichen Thron endgültig zu sichern, freilich in ständiger Abwehr Dimitrijs, der aber 1453 starb.

In diesen Wirren hatte Wasilij II., dessen Mutter Sofija eine Tochter Witolds war, anfänglich litauische Unterstützung erfahren, die jedoch nach Witolds Tod ausblieb. Der tatarische Einfluß erwies sich als gering: als Jurij 1433 einen tatarischen Schiedsspruch über seine und Wasilijs II. Ansprüche erwirkte, ihn dann aber nicht beachtete, kam es zu keiner Reaktion; ebensowenig nutzte Kasan 1445 die Abhängigkeit Wasilijs II. zur Wiederherstellung der tatarischen Vormacht über das Großfürstentum aus. Die Wirren wurden von innerrussischen, von moskauischen Kräften bestimmt. Aufs ganze gesehen wurde Wasilij II. vom Metropoliten, von den begüterten Bojaren und den zahlreichen kleinen Fürsten unterstützt, die in einem Dienstverhältnis zu Moskau standen. Wasilijs II. Hausmacht bot den besten Schutz und versprach besseres Dienstentgelt, als es die Galitscher Fürsten zu bieten vermochten.

Auch sie mußten – wie die Moskauer Fürsten – während ihrer kurzen Großfürstenregierung danach trachten, die anderen Fürsten durch Verträge in Abhängigkeit zu bringen; sie hatten also keine bessere Herrschaftsform zu bieten. Hätten sie die volle Souveränität der Territorien wiederhergestellt, so wäre das Großfürstentum zerfallen. Deshalb suchten vor allem die Metropoliten und die großfürstlichen Dienstmannen die Initiative zu ergreifen. Schließlich konnte Wasilij nach der siegreichen Beendigung der Wirren seine großfürstliche Stellung faktisch sichern, die Grundlage eines besonderen Rechts aber fehlte. Und sofort nahm Moskau die Politik der Unterordnung anderer Territorien wieder auf: zwischen 1454 und 1456 setzte der Großfürst in den Fürstentümern Moshajsk, Serpuchow und Rjasan Statthalter ein, die Fürsten wurden zur Flucht gezwungen oder in Haft gehalten. 1456 wurde erstmalig auch die Unabhängigkeit Groß-Nowgorods eingeschränkt: es mußte seine Urkunden vom Großfürsten siegeln lassen und durfte dessen Feinde nicht in seinen Mauern aufnehmen. Twer hatte es in den Wirren ohne sichere Hoffnung auf nachdrückliche litauische oder tatarische Hilfe vermieden, die alte Rivalität mit Moskau wieder zu schüren; nach einigem Schwanken unterstützte es Wasilij II. Ein Vertrag zwischen Moskau und Twer von 1456 zeigt die beiden Staaten, die eine gemeinsame Außenpolitik gegen Tataren, Litauer und den Deutschen Orden vereinbarten, als gleichrangig.

Das Testament Wasilijs II. läßt am Ende seiner so wechselreichen Regierung einen Machtzuwachs von außerordentlicher Größe erkennen; planmäßig wird der ganz überwiegende Anteil an Besitz und Rechten dem ältesten Sohn Iwan zugesprochen, den die Urkunden bereits seit 1449 als Großfürst bezeichnen. Darüber hinaus hatte sich der großfürstliche Vorrang der Moskauer Fürsten in eine Herrschaft über die Länder des gesamten einstigen Großfürstentums Wladimir verwandelt. Die Territorialfürsten waren verjagt oder in Abhängigkeit gebracht: im allgemeinen mußten sie den Großfürsten vertraglich als »älteren Bruder« anerkennen, ihm die Vertretung bei der Horde und die Abführung des Tatarentributs zubilligen, Heerfolge und Bündnistreue geloben. Auch das gegenseitig garantierte Abzugsrecht der Bojaren kam dem ertragreicheren großfürstlichen Dienst zugute. Während der Wirren war ein organisierter Widerstand der Territorien gegen Moskau an ihrer Eigensucht gescheitert, so daß sie von Moskau dank seiner Übermacht, nicht seines besseren Rechts, einzeln unterworfen werden konnten. Die unter Moskau vollzogene Einung des Großfürstentums Wladimir entsprach dem allgemeinen Schutzbedürfnis nach außen, dem Interesse der Bojaren am Dienst bei einem machtvollen Herrn und der kirchlichen Vorstellung von einer einheitlichen Metropolie.

Aus der kirchenpolitischen Entwicklung hatten sich unter Wasilij II. Vorstellungen gebildet, die der Großfürstenwürde eine ihre politische Macht weit übersteigende Bedeutung zuwiesen. Infolge der Wirren hatte Wasilij II. nach dem Tode des Metropoliten Fotij (1431) keinen Kandidaten für den Metropolitenstuhl präsentieren können. Die Ernennung des gebildeten, kirchenpolitisch erfahrenen Griechen Isidor durch den Patriarchen (1437) diente dem großen Ziel, eine Union zwischen der lateinischen und der griechischen Kirche zu schließen und damit die militärische Hilfe des Westens für Konstantinopel gegen die Türken zu mobilisieren. Isidor, der bereits auf dem Basler Konzil für die Union gearbeitet hatte, sollte als Hirt der bedeutenden und allein noch unabhängigen Kirchenprovinz Konstantinopels den griechischen Wünschen Gewicht verschaffen. Daher reiste Isidor 1437 mit großem russischem Gefolge von Moskau nach Florenz zum Unionskonzil, der ersten von Moskau beschickten europäischen Versammlung. Als er bei seiner Rückkehr 1441 die vollzogene Union in Moskau feierlich verkündete, ließ ihn Wasilij II. als Abtrünnigen vom rechten Glauben festnehmen, dann aber – um einen Kirchenprozeß zu vermeiden – aus der Haft entkommen. Isidor, schon 1439 zum Kardinal erhoben, wurde nach seiner Ankunft in Italien Bischof von Sabina.

Aufgabe und Erfolg des Konzils müssen in Moskau bereits vor Isidors Rückkehr bekannt gewesen sein. Die überraschende Ablehnung der Union war wohl weniger in der Anerkennung der Gleichberechtigung beider Konfessionen begründet als in der Sorge, daß aus dem gleichfalls von den Griechen angenommenen päpstlichen Primat administrative Ansprüche der Kurie im litauischen Teil der Metropolie abgeleitet werden könnten. Die Flucht Isidors machte die Neubesetzung des Metropolitenamts erforderlich. Da ließ Wasilij II. 1448 seinen Bischof Jonas von Rjasan durch eine russische Synode, ohne in Konstantinopel angefragt zu haben, zum Metropoliten von Kiew und ganz Rußland wählen, und 1459 erklärte eine Landessynode auf seine Veranlassung hin noch einmal eine derartige Wahl noch für dessen Nachfolger für legitim und ausreichend. Die unklare Situation des

Patriarchats beim Fall von Konstantinopel 1453 und dessen Unfreiheit nach diesem einschneidenden Ereignis dienten dabei als Vorwand. Die endgültige Autokephalie der russischen Kirche 1459 war zugleich die Antwort auf den 1458 erneuerten Anspruch Polens auf die Metropolie von Kiew und ganz Rußland. In den sechziger Jahren wurde das eigenmächtige Vorgehen des Großfürsten in zahlreichen Schriften geistlich gerechtfertigt: mit dem Abfall der Griechen vom rechten Glauben auf dem Florentiner Konzil, mit der im Falle Konstantinopels sichtbaren Strafe Gottes und mit der Sorge des Großfürsten für die Reinheit des Glaubens. Der Großfürst erhielt auf diese Weise den Nimbus eines Hüters der Orthodoxie.

Eine parallele Tendenz zeichnete sich angesichts des Niedergangs von Konstantinopel in dem einzigen unabhängigen russischen Fürstentum, das damals neben Moskau Bedeutung hatte, ab, nämlich in Twer. Es erschienen »Ruhmreden«, die den regierenden Fürsten Boris von Twer und seine Residenzstadt dem byzantinischen Kaiser und Konstantinopel gleichstellten. Mit all der prunkvollen südslawischen Rhetorik, die die vor den Türken aus dem Balkan geflüchteten orthodoxen Geistlichen in Rußland verbreitet hatten, wird der Twerer Großfürst unter programmatischer Häufung des Zarentitels und dem ständigen Vergleich mit byzantinischen Herrschern als gleich mächtig und gleich fromm, als Abbild eines byzantinischen Kaisers gepriesen. Twer erhält dabei den üblichen Beinamen Konstantinopels, die »von Gott erlöste Stadt«, das Twerer Fürstentum wird »das verheißene Land« genannt. Twer und sein Fürst sollten an der Stelle von Byzanz mit seinem Kaiser gesehen werden. Diese politische Tendenz sollte Wasilijs II. Nachfolger aufgreifen und mit seinem Selbstverständnis als Hüter der reinen Orthodoxie zu der machtvollen Vorstellung von einem Moskauer Zarentum verbinden.

Bis zu diesem Zeitpunkt hatte sich der Aufstieg Moskaus ohne jede theoretische Programmatik und Rechtsbegründung vollzogen. In seinen Anfängen durch einen Kranz von älteren Fürstentümern an der oberen Wolga und der Oka geschützt, war Moskau auch nach dem Einfall der Tataren niemals in dem Maße ihren ständigen verwüstenden Raubzügen ausgeliefert wie etwa die Fürstentümer Rjasan, Nishnij Nowgorod oder Serpuchow. Die Zerstörung dieser Fürstenresidenzen hatte Moskaus Situation der ihren angeglichen. Durch Generationen hatten die Moskauer Fürsten zäh und nüchtern am Zusammenschluß und Ausbau dieses fürstlichen Erbbesitzes gearbeitet, der Voraussetzung für den immer wieder erhobenen Anspruch auf die Großfürstenwürde, bis auch diese schließlich moskowitisches Erbgut geworden war. Entscheidend hierbei war die Zustimmung der Tataren, die in den Moskauer Fürsten bis zum Ende des 14. Jahrhunderts eifrige Vollstrecker ihres Willens gefunden hatten. So wurde Moskau die Tributeintreibung in einer ständig wachsenden Zahl von Fürstentümern übertragen und damit deren Unterstellung unter Moskau eingeleitet. Die machtpolitische Konkretisierung der großfürstlichen Vorrangstellung zu einer Herrschaft über die zum Großfürstentum gehörigen Territorien schloß dann die Entwicklung ab. Diese Umwandlung hatte stets die Billigung, Förderung und endlich eine ideologische Untermauerung durch die in Moskau zentralisierte Kirche gefunden.

Die Entstehung des Moskauer Staates

Mit glänzender Folgerichtigkeit brachte Iwan III. (1462–1505) die durch Generationen vorbereitete Einung Nordrußlands unter Moskaus Führung zum Abschluß und bahnte die Umwandlung der Großfürstenwürde in die eines Autokrators an. Der Prozeß vollzog sich, ohne daß ihn die rußlandfeindlichen Nachbarmächte, die Tataren und die Litauer, hätten aufhalten können. Das Chanat Kasan sollte zwar noch lange die Wolgastraße wie eine Sperrfestung für Moskau verschließen, aber Iwan III. griff bereits in dessen dynastische Streitigkeiten ein und bekämpfte zeitweise gemeinsam mit ihm die Goldene Horde. Deren Heere erschienen noch einmal 1480 an Moskaus Grenzen, an der Ugra; doch wagten die Tataren nicht, die auch von Moskau gefürchtete Entscheidungsschlacht zu eröffnen, da die von Litauen zugesagte Hilfe ausblieb. Die gleichfalls selbständig gewordenen Krimtataren waren in den neunziger Jahren häufig Bundesgenossen Moskaus gegen Litauen, doch lehnten sie sich allmählich, was für die Folgezeit bedeutsam wurde, an die in das Schwarzmeergebiet vorstoßende türkische Politik an.

Die durch die innere Labilität Litauens und durch dessen Interessen an der Krone Polens erzwungene Preisgabe einer aktiven litauischen Ostpolitik war für Rußland von weitreichender Bedeutung. Nicht nur unterblieb jede Unterstützung der Horde im Kampf gegen Moskau, es entfiel auch der litauische Einfluß auf die russischen Territorien. Für Nowgorod und Pskow schwand damit die Voraussetzung ihrer Selbständigkeit, die sie im Ausspielen der litauischen und Moskauer Interessen behauptet hatten. Die Fürstentümer östlich des Dnjepr, die bis dahin Litauen unterstanden, verloren ihre Schutzmacht und mußten unter dem gezielten, steigenden Druck Moskaus notgedrungen Dienste bei dessen Großfürsten suchen. Seinen vertraglichen Ausdruck fand dies im Verzicht Litauens auf seine Oberherrschaft im Gebiet der Oka und der Abtretung Wjasmas 1494; 1503 mußte es darüber hinaus seine Rechte auf den größten Teil der Länder östlich des Dnjepr überhaupt preisgeben.

Diese außenpolitischen Vorgänge erlaubten es Iwan III., relativ rasch die Unterordnung der einzelnen Territorien des Großfürstentums unter Moskau zu vollenden. Noch einmal versuchte Nowgorod 1470/71, sich durch die Berufung eines Fürsten aus Kiew, also aus litauischem Gebiet, von der seit 1456 bestehenden Abhängigkeit von Moskau zu befreien. Da aber Kasimir von Litauen diesem Fürsten die notwendige Unterstützung versagte, mußte die Berufung rückgängig gemacht werden. 1471 trug Nowgorod Litauen seine direkte Unterstellung und die Aufnahme eines litauischen Statthalters in seinen Mauern an, wobei es sich freilich möglichst weitgehende Rechte zu sichern trachtete. Daraufhin eröffnete Iwan III. noch 1471 einen Feldzug gegen die isolierte Stadtrepublik. Als Sieger bestimmte er in einem Vertrag, dem er die Form einer Gnadenurkunde an sein »Erbland« gab, daß Nowgorod sowohl auf eine Unterstellung unter Litauen wie auf die Berufung eines litauischen Fürsten für immer zu verzichten und seinen Erzbischof nur von der Moskauer Metropolie, also nicht etwa von einem im litauischen Kiew residierenden Metropoliten, zu empfangen habe. Als eine Nowgoroder Abordnung 1477 aus Fahrlässigkeit oder auf Moskaus Betreiben Iwan III. als *Gossudar*, das heißt Herrscher und Eigentümer eines Landes, und nicht wie üblich mit dem auch Nowgorod zukommenden Titel *Góspodin* (Herr) anredete, protestierte zwar die Nowgoroder Regierung gegen das Vorgehen ihrer Abgesandten, gab aber damit Iwan III. nur den erwünschten Vorwand für einen förmlichen Krieg gegen die Stadt, der die Selbständigkeit Nowgorods endgültig beendete. Die Stadt wurde Moskau einverleibt, die Glocke der Wjetsche-Versammlung nach Moskau gebracht, die eingesessene Bojarenschicht durch Hinrichtung, Verbannung und Aussiedlung vernichtet, kirchlicher Besitz konfisziert und der Erzbischof selbst schließlich nach Moskau verbannt. Mit Nowgorod fiel sein gewaltiges Hinterland an Moskau.

Nach dem Sturz der mächtigen Republik bedurfte die Beseitigung der weithin nur noch zum Schein bestehenden Souveränität kleiner Territorien keiner besonderen Kraftanstrengung seitens Moskaus. Auch der einst so mächtige Rivale Moskaus, Twer, erlag 1483 dem Moskauer Zugriff, da auch hier ein litauisches Hilfeversprechen nicht eingehalten wurde. Die erzwungene vertragliche Unterordnung Twers endete zwei Jahre später mit der Inkorporation; der letzte Großfürst von Twer floh nach Litauen. Ohnmächtig blieb auch der Widerstand der Brüder des Großfürsten; schon 1473 zwang dieser sie, seinen damals siebzehnjährigen Sohn Iwan als »ältesten Bruder« anzuerkennen, und engte ihren Besitz und ihre Macht durch Verträge immer mehr ein, verhängte sogar über einen Bruder und dessen Söhne lebenslängliche Haft.

Die Beschränkung der Politik der Fürsten auf die Interessen ihrer Territorien hatte es unmöglich gemacht, den Ausfall der fremdländischen Unterstützung durch eine innerrussische Koalition gegen Moskau zu ersetzen. So vermochte Moskau sich die Territorien einzeln durch Gewalt und Drohung anzugliedern, sei es, daß ihre Fürsten verjagt oder verhaftet wurden, sei es, daß man sie zu Moskauer Dienstfürsten machte. Auch bewirkten meistens schon die ersten moskauischen Maßnahmen gegen einen Fürsten, daß dessen Bojaren und Dienstmannen Gebrauch von ihrem Abzugsrecht machten und zum mächtigeren Moskau hinüberwechselten. Der Dienstübertritt zu einem anderen als dem Fürsten von Moskau war sinnlos geworden, der Dienstübertritt nach Litauen aber wurde von Moskau sehr bald als Abfall und Verrat an Glauben und Land gebrandmarkt. Die nordrussischen Territorien waren damit gegen Ende der Regierungszeit Iwans III. zu einem Staat vereint worden; Moskaus Herrschaftsgebiet grenzte nun an ausländische Mächte.

Die Machtausweitung Moskaus bewirkte zugleich eine Wandlung der politischen Ordnung Rußlands. Das Nebeneinander der russischen Territorien, die politisch durch die tatarische Souveränität, bewußtseinsmäßig aber nur lose durch kirchliche, dynastische und volkhafte Verbindungen miteinander verknüpft waren, wurde von einer sich immer mehr verfestigenden Moskauer Staatlichkeit abgelöst. Hatte die Souveränität der Fürsten durch die Fremdherrschaft eine gleichmäßige und als Unrecht empfundene Einschränkung erfahren, so ging sie nun vollständig in der des Moskauer Großfürsten auf. Die ehemals regierenden Fürsten sanken zu einer Klasse von Dienstfürsten herab, die das ursprünglich eigene oder ihnen vom Großfürsten übertragene Land als Dienstausstattung erhielten, wenn auch zunächst noch überwiegend als Allod. Da sie als ursprünglich gleichberechtigte Mitglieder der Dynastie keine besonderen Rechte eines Fürstenstandes und auch keine bleibende Verbindung untereinander entwickelt hatten, mußten sie bei der faktischen Übermacht

Moskaus den Verlust der Souveränität hinnehmen. Ebenso hatte sich die Stellung der Bojaren und Dienstmannen wesentlich verändert. Auch sie hatten keinen rechtlichen Zusammenschluß in einem Stand erfahren. Für den vom allodialen Besitz geleisteten Dienst waren jedem Einzelnen besondere Schutz-, Rechts- und Abgabevorteile seitens des jeweiligen Fürsten gewährt worden; sein Abzugsrecht zu einem anderen Herrn bei gleichzeitiger Garantie seines Allods im Gebiet des früheren Herrn war nicht durch ein generelles Standesprivileg, sondern nur durch entsprechende Bestimmungen in zwischenfürstlichen Verträgen gesichert. Dieser Abzug war nach der Entstehung des Moskauer Staates nur noch ins Ausland möglich, damit aber wurde er zum Landesverrat.

Dadurch, daß das Abzugsrecht gegenstandslos wurde, verlor die Schicht der Krieger und Verwaltungsträger ihre wichtigste Sicherung gegenüber dem Herrscher in Moskau, ohne daß sich zu diesem Zeitpunkt ein Zusammenschluß der Diensttuenden zur Erreichung fester Rechte nachweisen ließe. Ohne ein ständisches und feudales Rechtssystem und ein ausgebildetes Widerstandsrecht überwinden zu müssen, erhob sich der Moskauer Großfürst auf Grund seiner faktischen Macht schnell zum autokratischen Alleinherrscher über die von einer individuell-allodial strukturierten Führungsschicht bestimmte Gesellschaft. Gemessen an ihm, der als Inbegriff des neuen Staates einzigartig an Würde war, verschmolzen allmählich Fürsten, Bojaren und Dienstmannen zu einer einheitlichen Dienstklasse. Da eine klare ständische Gliederung fehlte, erhob sich unter den Fürsten wie unter den Bojaren ein Kampf um ihren Platz *(mjésto)* in der Staatsverwaltung, der der Anciennität des Einzelnen in seinem Geschlecht *(otjétschestwo)* und dem Alter der Dienste seiner Familie unter dem Großfürsten entsprach. Die aus diesem verwickelten System *(mjestnítschestwo)* resultierenden Ansprüche erwiesen sich für die Regierung oft als überaus hinderlich bei der Ämterbesetzung, da sie das *otjétschestwo* auch gegen sachliche Erwägungen respektieren mußte; zugleich wurde damit aber eine einheitliche Willensbildung unter den Mitgliedern der Dienstklasse gegenüber dem Herrscher verhindert, der in ihren endlosen Prozessen die letzte Entscheidung zu treffen hatte. Wohl erfuhren Iwan III. und seine Nachfolger gelegentlich Opposition seitens einzelner depossedierter Fürsten und dienstgebundener Bojaren, aber niemals kam es zu einer breiten Organisation mit fester politischer und rechtlicher Zielsetzung.

Neben der im Staatsdienst einem Nivellierungsprozeß unterworfenen Klasse von Erbgutbesitzern schuf sich die Autokratie seit Iwan III. eine neue Dienstklasse auf der Basis von Dienstgütern *(pomjéstje)*. Der Dienstmann erhielt ein solches Gut vom Großfürsten für die Dauer seines Dienstes und in einem Umfang, der seiner Dienstleistung (Ausrüstung, Anzahl der Söhne, Knechte, Pferde) entsprach. Der Dienstgutinhaber *(pomjéschtschik)* befand sich also in alleiniger Abhängigkeit vom Herrscher, ohne Bindung an das örtliche Herkommen, und unterstand dem jeweiligen großfürstlichen Beauftragten. Diese ständig vermehrte neue Dienstklasse wurde von der Moskauer Zentrale registriert, in ihrer Leistung kontrolliert und danach entlohnt. Die Dienstgüter erhielten ihren Wert erst durch die darauf arbeitenden Menschen, aber gerade sie waren besonders stark von der allgemeinen Abwerbung oder Flucht der Bauern von kleinen auf größere Güter, in erster Linie auf Bojaren- oder Klostergüter, bedroht. Daher muß die Beschränkung des Abzugsrechts der freien Bauern auf eine Woche vor und nach dem St.-Georgs-Tag (26. November) durch das Gerichtsbuch von 1497 *(Sudébnik)*, eine erste moskauische Sammlung vornehmlich prozeßrechtlicher Bestimmungen, als erster Versuch des Großfürsten zur Sicherung der Existenz der Dienstgüter gewertet werden. So leitete der Staat, um den kleinen Diensttuenden genügend Arbeitskräfte zu sichern, die Bindung des Bauern an die Scholle ein, aus der sich im 17. Jahrhundert die Leibeigenschaft entwickeln sollte. Dabei leistete auch der Bauer insofern einen – indirekten – Staatsdienst, als er den Staatsdienst des Dienstgutinhabers ermöglichte. – Erstmalig wurde in Einzelfällen auch die Stadt durch staatlichen Eingriff – nicht aus eigener bürgerlich-ständischer Kraft – vom Land geschieden, damit sie als Steuereinheit besser unter Kontrolle gehalten werden konnte. Aber weder wurde ein klarer Abschluß der städtischen Bevölkerung erreicht noch eine Stadtfreiheit angestrebt. Die Stadt hatte im Rahmen der Staatsstruktur vor allem Steuerdienst zu leisten und diente zugleich als Verwaltungs- und Militärzentrale; die Moskauer Großkaufleute mußten gelegentlich ein eigenes Aufgebot stellen. So verwandelte die Autokratie die verschiedenen sozialen Gruppen in Dienstklassen.

Gleichzeitig baute die Autokratie durch Umwandlung früherer Hofämter oder durch Gründung neuer Ämter eine zentrale Reichsverwaltung auf. Die Zentralämter (*prikás*, so erstmalig 1512) entstanden in Moskau nebeneinander je nach Bedarf und ohne klare Kompetenzabgrenzung; sie hatten häufig gleichzeitig sachliche und territoriale Aufgaben. Neben dem von alters her bestehenden »Großen Hof« (Schatzkammer, Hofzentrale) entwickelten sich als wichtigste Ämter schon unter Iwan III. das Dienstlistenamt, das Dienstgüter- und das Gesandtschaftsamt, das Moskauer Polizeiamt und das Kurieramt. Die Verwaltung des Landes war uneinheitlich. Es wurde im allgemeinen von Statthaltern *(namiéstnik, wólostel)* verwaltet, die in großen Bezirken *(ujésd, wólost)* die Militär-, Finanz- und Gerichtsverwaltung innehatten; sie bezogen aus ihrem Amtsbereich zugleich ihren und ihrer Verwaltung Unterhalt *(kormlénie)*, was zu schwerer Ausbeutung des Landes führte. Neben den Statthaltern gewannen im Laufe des 16. Jahrhunderts die von Moskau eingesetzten Platzkommandanten *(górodtschik)* mit eigenem Amtshof für Festungs- und Weginstandhaltung, Getreidespeicherung und anderes immer stärkere Bedeutung. Die vom Großfürsten in den ehemals selbständigen Territorien konfiszierten Ländereien wurden direkt durch Moskauer »Höfe« *(dworjéz)*, vornehmlich zur Vergabe als Dienstgüter, verwaltet. Gelegentlich, etwa 1510 bei der endgültigen Inkorporation Pskows, traten neben den Statthalter Beauftragte der Prikasverwaltung. Die ursprüngliche Gerichtsvollmacht des Statthalters wurde allmählich durch Hinzuziehung gewählter Vertreter eines Bezirkes und der Beamten der dortigen großfürstlichen Ländereien sowie durch Übertragung der Zuständigkeit für schwere Verbrechen auf das großfürstliche Gericht eingeengt.

Allenthalben zeichnete sich die für das neue Regime charakteristische Tendenz ab, die lokalen Führungsschichten durch Beauftragte der Zentrale und die persönliche Gefolgschaft durch institutionalisierte Dienstleistungen abzulösen, wobei die Ausweitung der Dienstpflicht auf die Erbgüter diese den Dienstgütern anglich. Heer und Bürokratie, in alleiniger Abhängigkeit vom Herrscher, wurden die Grundlagen der Autokratie und blieben es bis in die Neuzeit. Die verschiedenartigen, für Aufstieg offenen Dienstklassen

– keine rechtlich in sich abgeschlossenen Stände mit eigener Standeskultur – bestimmten die Struktur der Gesellschaft.

Über ihr stand der Gott allein verantwortliche, durch kein Widerstandsrecht und keine ständischen Rechte eingeengte Autokrator. Als Quelle der letzten rechtlichen und politischen Entscheidung mußte sein Wille allmählich das einst Fürst und Volk zusammenschließende, gewohnheitsrechtliche Herkommen auflösen, so sorgsam man sich auch darauf berufen mochte. Wie in alten Zeiten bestand ein Bojarenrat auch in der Autokratie; aber angesichts des administrativen Ausbaus verwandelte er sich immer mehr aus einem ständigen Rat der Gefolgschaft des Fürsten für alle seinen Hof betreffenden Fragen in ein Gremium der politischen Beratung in Sonderfällen, zu der häufig auch die Leiter der großen Ämter hinzugezogen wurden. Mitglieder des Bojarenrats und Leiter der Prikasy waren vornehmlich Angehörige der fürstlichen und altmoskauischen Bojarenfamilien, ohne daß die Ämter und Würden erblich gewesen wären, vielmehr wechselten die Namen der beteiligten Familien im 16. Jahrhundert sehr häufig. Schon Anfang des Jahrhunderts klagten die Bojaren, daß sie nicht ständig gehört würden, daß der Großfürst seine Entscheidungen allein oder im engsten Kreise weniger Vertrauter und Fachleute treffe.

Bereits Iwan III. hatte sich im diplomatischen Verkehr gelegentlich den Titel Zar zugelegt, der bis dahin in Rußland nur für die biblischen Könige, die Tatarenchane und die Kaiser von Byzanz gebraucht worden war. Die vom Vatikan vermittelte Ehe Iwans III. mit der in Italien aufgewachsenen Nichte des letzten Palaiologenkaisers, Sophia, verwirklichte zwar nicht die auf katholischer Seite gehegten Unionshoffnungen, zeigte aber Iwans Anspruch, dem christlichen Weltkaiser ebenbürtig, ja dessen Nachfolger zu sein. Neben der Übernahme des Kaisertitels, des Doppeladlers und eines strengen Hofzeremoniells versuchte um 1500 eine umfangreiche religiös-historische Traktatliteratur zu erweisen, daß Gott seine Gnade sichtbar von Byzanz nach Rußland übertragen habe. So wurde erzählt, daß bereits Wladimir Monomach die kaiserlichen Insignien vom byzantinischen Kaiser erhalten habe und daß vor langer Zeit das Zeichen der Patriarchatswürde, ein weißer Schulterumhang, einst vom häretisch gewordenen Rom nach Byzanz übertragen, von dort nach Nowgorod gesandt worden sei. Auch leitete eine phantastische genealogische Konstruktion die Moskauer Dynastie über Rjurik von Kaiser Augustus her. Begründet wurde diese angestrebte *translatio imperii* mit dem Glaubensabfall der Griechen seit der Florentiner Union, der nun ideologisch für Rußland ausgewertet wurde. Hinter allen derartigen Aussagen stand die eschatologische Angst, daß nach dem Jahr 1492 – nach byzantinischer Zeitrechnung das Jahr 7000 – die Herrschaft des Antichrist aufgerichtet werden könnte, falls Moskau, der letzte orthodoxe – und das hieß christliche – Staat, vom reinen Glauben abweichen und fallen sollte. In Moskaus Machtentfaltung wurde so eine Manifestation der göttlichen Gnade gesehen, zugleich wurde Moskau eine ökumenische Verantwortung zugeschrieben. Darüber hinaus wurde nun Moskau in der Weise des früher erörterten Urbild-Abbild-Denkens mit Byzanz gleichgesetzt.

Als 1492 das unmittelbar erwartete Weltende ausblieb, veröffentlichte der Metropolit die neuen Ostertafeln mit dem Hinweis, Iwan III. sei der neue Konstantin, und der Moskauer Uspenskij Sobor (Mariä-Entschlafungs-Kathedrale) entspreche der Hagia Sophia. Schließlich erhielten alle diese Hoffnungen und Ängste ihre klare Formulierung in den Schreiben des Mönches Filofej aus Pskow (um 1510 bis nach 1533), in denen Moskau als das Dritte Rom, als das christliche Endreich bezeichnet wurde. Wieder wurde die Moskauer Kathedrale als Quellort des neugesicherten Glaubens, der Großfürst als neuer Konstantin und ökumenischer Zar, das russische Volk als das »Neue Israel« gesehen. Die Lehre von Moskau, dem Dritten Rom, drückte kein missionarisches Sendungsbewußtsein aus und forderte erst recht keine Aneignung des politischen Erbes von Byzanz; sie war vielmehr der Ausdruck eines konservativen, statischen Denkens, der eschatologischen Sorge, daß die in Moskau noch bestehende christliche Ordnung durch sorgsames Beachten der Tradition gewahrt und so das Hereinbrechen des Antichrist aufgehalten werde. In Rußland vollendete sich in diesem Denken die Weltgeschichte. Die Lehre formulierte das russische Selbstverständnis, das aus einem glücklichen Zusammentreffen geistiger und politischer Größe und Verantwortung gewonnen worden war und Generationen prägen sollte. Sie war schließlich die sinnerfüllende Rechtfertigung der Zarenkrönung Iwans IV. im Jahre 1547.

In voller autokratischer Freiheit hatte Iwan III. seine Nachfolge geregelt: nach dem Tode seines Sohnes aus erster Ehe war dessen Sohn Dmitrij 1498 feierlich zum Großfürsten gekrönt worden, aber bald im Zusammenhang mit Parteiungen am Hof in Ungnade und Haft geraten. Bereits 1499 wurde Iwans Sohn aus zweiter Ehe, Wasilij, zum Großfürsten von Nowgorod und Pskow ernannt und 1502 als »Selbstherrscher in das Großfürstentum von Wladimir und Moskau und ganz Rußland eingesetzt«. Das Testament Iwans III. fand Wasilijs jüngere Brüder mit einem kleinen, verstreuten Territorialbesitz ab und verpflichtete sie, ihm »in allen Dingen zu gehorchen«. Der zweite Sohn Iwans, Jurij, mußte überdies den älteren Bruder vertraglich ebenso als »Herrn« anerkennen wie den Sohn Wasilijs, den dieser als Nachfolger bestimmen werde. Die Nachfolge war also durch autokratische Nomination geregelt, als Iwan 1505 nach vierundvierzigjähriger Regierung starb.

Wasilij III. (1505–1533) setzte innen- und außenpolitisch das Werk seines Vaters fort. 1510 erfolgte die Aufhebung der Scheinsouveränität Pskows, und 1517 wurde Rjasan nach einem letzten Versuch einer selbständigen Politik in Anlehnung an die Krim inkorporiert. Litauen gegenüber hatte noch Iwan III. 1504 die Anerkennung des Titels »Herrscher von ganz Rußland«, der den Anspruch auf die Litauen unterstehenden russischen Gebiete in sich barg und daher immer wieder von Litauen zurückgewiesen worden war, durchsetzen können. Nur mit Mühe konnte sich Litauen der diplomatischen und militärischen Angriffe Moskaus erwehren: 1506 brachte sich Wasilij selbst – freilich vergeblich – als Nachfolger auf den großfürstlichen Thron Litauens in Vorschlag, 1514 eroberte er nach langwierigen Kämpfen Smolensk, die Schlüsselfestung auf dem Weg nach Moskau. Im Zusammenhang mit diesen Kämpfen kam 1514 der erste deutsch-russische Vertrag gegen Polen in der Neuzeit zustande, nachdem bereits Iwan III. 1489 vorübergehend in Kontakt mit dem Kaiser gestanden hatte. Darin wurde der Moskauer Großfürst erstmalig »Kaiser von Gottes Gnaden« tituliert. Als aber Polen mit Kaiser Maximilian zu einem Ausgleich über Ungarn gekommen war (Wien 1515), versuchte dieser 1517 durch seinen Gesandten Herberstein, einen polnisch-russischen Frieden zu vermitteln, damit beide Staaten sich am Kampf gegen die Türken beteiligen könnten. Die Verhandlungen scheiterten, da beide

Parteien Smolensk forderten, Moskau darüber hinaus Witebsk, Polozk und Kiew als Erblande beanspruchte und der europäischen Türkenfrage gleichgültig gegenüberstand. 1522 wurde endlich ein bis 1533 verlängerter Waffenstillstand zwischen Moskau und Litauen abgeschlossen. Livland bedeutete keine Gefahr mehr für Moskau, 1517 und 1518 wurde sogar eine Allianz gegen Polen besiegelt, die dem König von Frankreich angezeigt wurde – Moskaus erste diplomatische Berührung mit diesem Land. Die Krimtataren, die bald Litauen, bald Moskau unterstützten, blieben wegen der stets möglichen Verbindung mit Kasan, das Moskaus Einfluß entglitten war, gefährlich. 1521 bis 1524 bestand tatsächlich eine solche Verbindung, wobei Kasan der türkischen Schutzherrschaft unterstellt wurde; dagegen beanspruchte Moskau gegenüber einem türkischen Gesandten Kasan als Schutzgebiet von alters her. Eine Lösung der Spannungen mit Litauen und den Tataren konnte Wasilij nicht erreichen, wohl aber eine bedeutende Ausweitung des politischen Horizonts durch diplomatische Verbindungen zum Deutschen Reich, zur Pforte, zum Vatikan, zu Frankreich und Dänemark.

Beim Tode Wasilijs waren weder die Autokratie noch die Nachfolge seines dreijährigen Sohnes Iwan IV. (1533–1584) in Frage gestellt, wohl aber suchten seine Oheime und ihre Parteigänger die Regierung an sich zu reißen. Diese Opposition beseitigte zielbewußt Iwans Mutter Jelena Glinskaja, unter deren Regentschaft bis zu ihrem Tode 1538 der Bestand des Reiches wenn nicht vermehrt, so doch durch eine vorsichtige, defensive Politik gewahrt blieb. Planmäßig betrieb Jelena die Instandsetzung und Vermehrung der festen Plätze, wobei den Platzkommandanten als Beamten der Zentrale allenthalben Zoll-, Steuer- und Gerichtskompetenzen der Statthalter übertragen wurden. Sie hatten nun auch Raub- und Totschlagsdelikte zu ahnden, während gleichzeitig die Gemeinden immer häufiger zur Wahrnehmung der Gerichtsbarkeit, vornehmlich zur Bekämpfung des Bandenunwesens verpflichtet wurden. Nach Jelenas Tod begann ein Kampf der Großen am Hof um ihre persönliche Machtposition, der jede aktive Politik lähmte und in dem heranwachsenden Herrscher, dessen Persönlichkeit mißachtet wurde, einen bleibenden Haß gegen die fürstliche Sippe erzeugte.

Ohne auf sein Herrscheramt vorbereitet zu sein, sah sich der junge Großfürst offiziell mit einer einzigartigen Würde begabt, privat aber zugleich den gröbsten Schmähungen der Großen ausgesetzt. Seine sensible, unstete Natur war dieser Belastung nicht gewachsen. Sie zeigte frühzeitig eine krankhafte Reizbarkeit und Grausamkeit, die ihn zu Gewalttaten und Quälereien an Unschuldigen hinriß. Von sich aus vermochte er nicht das Maß für seine Herrscherposition zu finden, die ihn über alle Menschen erhob. Zügelnd und bildend, wenn auch nicht den Persönlichkeitskern verändernd, nahm auf ihn seit 1542 der Metropolit Makarij Einfluß. Schon als Erzbischof von Nowgorod (1526–1542) bemühte er sich, in gelehrter, enzyklopädischer Arbeit, den in Rußland vorhandenen Heilsschatz bewußt zu machen: in einer umfangreichen Sammlung von Heiligenviten für die gottesdienstliche Lesung trug er ererbtes und russisches Erbauungs- und Lehrgut zusammen, setzte 1547 eine erste Kanonisierung von einundzwanzig Russen durch und verfaßte schließlich im »Stufenbuch« eine erste Geschichte Rußlands. In seiner eigenen Arbeit staatliche und kirchliche Anliegen vereinend suchte er Iwan von der frommen Aufgabe des Autokrators zu überzeugen. Iwan, der sich unter Makarijs Einfluß einer breiten religiösen und historischen Lektüre hingab, begriff wohl Makarijs Sittlichkeit und Bildung, vermochte aber nicht Einsicht und Tun zu verschmelzen, geschweige denn theoretische Zusammenhänge und Prinzipien zu erarbeiten. Im Dezember 1546 kündigte Iwan den Bojaren in Moskau an, er wolle den Rang einnehmen, den seine Väter seit Wladimir Monomach innegehabt hätten, und schon im Januar 1547 erfolgte seine feierliche Krönung als Zar mit einem Zeremoniell, das sich an die Krönung Dmitrijs 1498 anlehnte.

Bis in die sechziger Jahre führte der Zar die Regierung unter dem Einfluß eines engen Rates weniger Vertrauter, unter denen sich Angehörige der vornehmsten, reichsten Fürstenfamilien befanden, darunter Fürst Andrej Kurbskij, aber auch Persönlichkeiten geringerer Herkunft, wie der Hofpriester Silvester, der die Kirche durch Verringerung ihres gewaltigen Güterbesitzes reformieren wollte, ferner der dem Provinzadel entstammende Leiter des Finanzwesens und des Gesandtschaftsamtes, Adaschew, und sein Mitarbeiter, der Sekretär des Gesandtschaftsamtes, Wiskowatyj. Dieser Rat verwirklichte eine Reihe höchst bedeutsamer Reformen. 1549 wurde der Dienstadel bis auf Fälle von Räuberei und Totschlag völlig der Gerichtsbarkeit der Statthalter entzogen. Ein neues Rechtsbuch (*Sudébnik* von 1550) legte die Prozeßordnung und zahlreiche Rechtssätze fest, wobei gewählte Gerichtsmänner und Geschworene der zu Steuerhaftpflicht-Gemeinden zusammengeschlossenen Bauern dem Statthaltergericht als ständige Mitglieder zugeordnet wurden. 1552 wurde die von den Bojaren heftig bekämpfte Aufhebung des *kormlénie*, der Verquickung von Amt und Pfründe, verfügt; nach Zahlung einer Ablösungssumme übernahmen die Landkreise Rechts-, Besteuerungs- und Polizeifunktionen in eigene Verwaltung unter gewählten Starosten. Auch diese Maßnahme war kein Zeugnis ständischer Kraft und ständischen Willens, sondern staatlicher Dezentralisation bei gleichzeitiger Verstärkung der zentralen Kontrolle über die Landkreise. Die unteren Schichten, durch Haftpflicht verbunden, wurden unter der Aufsicht von Kontrollbeamten aus Moskau zur Staatsverwaltung herangezogen, ohne daß der untere Verwaltungsbereich sachlich gegliedert wurde. 1550 wurden für die Durchführung befristeter und spezieller administrativer und militärischer Aufgaben etwa achtzehnhundert Dienstadlige aus der Provinz in Moskau bereitgestellt. Sie dienten zugleich als Verbindungsleute zur Provinz, erhielten aber in Moskaus Umgebung zusätzliche Dienstgüter. Gleichzeitig wurde eine besondere Residenzgarde, die mit modernen Feuerwaffen ausgerüsteten Schützen (*streléz*), unter Führung von Dienstadligen aufgestellt; für die Entschädigung mit Land und Sold wurden für alle Diensttuenden feste Sätze entsprechend ihrer Dienstleistung bestimmt, wobei auch Erbgüter in die Berechnung einbezogen und so den Dienstgütern angeglichen wurden. Die Austragung der Rangstreitigkeiten unter den Bojaren wurde für die Dauer der Feldzüge untersagt. Überall wurden die Vorrechte der herkömmlicherweise führenden Schichten abgebaut – der Dienstadlige repräsentierte den eigentlichen Staatsdiener.

Das Rechtsbuch von 1550 ist kein neu gesetztes, aus einer Systematik entwickeltes Rechtswerk, sondern wiederholt, ergänzt und verbessert das Rechtsbuch von 1497. Es war gedacht für die Praxis der Gerichtsbeamten, unter denen nun auch neben den Statthaltern und Bojaren die Sekretäre und »jegliche Prikasleute« genannt wurden. 1551 wurde das

Rechtsbuch einem großen Landeskonzil zur Bestätigung vorgelegt; gleichzeitig richtete der Zar hundert teils das innerkirchliche Leben, teils kirchenpolitische Angelegenheiten betreffende Fragen an das Konzil. Die Fragen des Zaren und die Antworten und Beschlüsse des Konzils wurden im »Hundert-Kapitel-Buch« *(Stóglaw)* zusammengefaßt und betrafen neben der Verschärfung der Aufsicht über Geistliche und Vorschriften für die Ikonenmalerei die Einrichtung geistlicher Schulen und vor allem den kirchlichen Landbesitz. Gegen seine völlige Beseitigung wehrte sich der Klerus erfolgreich; aber einen Kompromiß brachte das Verbot neuer Landschenkungen an die Kirche und die Rückgabe allen Landes, das seit 1533 an die Kirche gefallen war. Freilich wurde auch diese Bestimmung in der Folgezeit nicht realisiert, sosehr auch der Staat das Kirchenland zur Vergabe an Diensttuende beanspruchte.

Alle diese Reformen entsprachen den seit Iwan III. nachweisbaren Tendenzen. Sie förderten die Auflösung des alten, religiös begründeten Rechtsherkommens *(stariná)* zugunsten einer aus der Herrschergewalt *(grósnost)* stammenden, gesetzten Rechtsordnung, die vereinheitlichend und zentralisierend dem Nutzen der Autokratie dienen sollte. Das rechte Recht *(práwda)* wurde jetzt als im Herrscher, der nur Gott verantwortlich ist, beschlossen angesehen.

Die staatlichen Reorganisationen brachten sofortige Erfolge: 1552 wurde endlich Kasan eingenommen. Das war ein – auch religiös – bedeutsamer Sieg, dem der Fall Astrachans 1556 folgte. Damit war nicht nur der Wolgaweg gewonnen, sondern auch die Gefahr des Zweifrontenkrieges von der Krim aus beseitigt. Moskaus Weg nach dem Osten und Südosten war frei. Sofort setzte eine Besiedlung des Wolgagebietes ein, die der Staat förderte und durch Garnisonen sicherte.

Ein Ereignis von nicht geringerer Bedeutung vollzog sich fast gleichzeitig im Norden Rußlands: die Landung eines englischen Schiffes in der Bucht der Nördlichen Düna, bei dem späteren Archangelsk. Da der alte Weg nach dem Osten über die Levante von der türkischen Macht blockiert war, suchten die *Merchant Adventurers* einen neuen Weg nach China, das auf zeitgenössischen Karten hinter dem Ural eingezeichnet war. Nur eines von drei Schiffen erreichte unter Richard Chancellor nach der Umsegelung des Nordkaps das Festland – man hatte nicht China, wohl aber Rußland entdeckt. Für Moskau bedeutete diese Verbindung die Umgehung der litauisch-livländischen Barriere, die die Ostsee den Russen verschloß. Daher wurden die Engländer willkommen geheißen und erhielten weitreichende Privilegien für den Handel im Lande und mit ihrer Heimat, für die Errichtung von Manufakturen und für den Transithandel; 1557/58 stieß Jenkinson bereits auf der soeben gesicherten Wolgaroute über Astrachan nach Buchara vor. Als in den sechziger Jahren holländische Kaufleute über Kola den Engländern folgten, erlangten auch sie die gleichen Privilegien. Zu einem Zeitpunkt, da auf den polnischen und deutschen Reichstagen die »russische Gefahr« diskutiert wurde, entwickelte Moskau dauerhafte kommerzielle und politische Verbindungen zu den führenden Seemächten Europas. Ihre Regierungen erhielten durch ihre Handelsvertreter die ersten genauen Beschreibungen Rußlands, deren Bedeutung für die Einbeziehung Rußlands in den politischen und kulturellen Horizont Westeuropas von der Öffentlichkeitswirkung des schon 1549 in Wien erschienenen Gesandtschaftsberichts des Kaiserlichen Gesandten Herberstein noch übertroffen wurde (*Rerum Moscoviticarum Commentarii*, deutsch: Wien 1557). Herbersteins Buch – das erste gelehrte Werk über Rußland – gibt gleichermaßen über die politischen und wirtschaftlichen Verhältnisse wie über Geschichte und Kultur des Landes Aufschluß.

Vielleicht angesichts des kommerziellen und allgemeinen Nutzens der Verbindung mit England suchte Iwan den direkten Zugang nach Westeuropa zu erzwingen: 1558 eröffnete er einen Krieg gegen das innerlich zerrissene Livland, das bald überrannt war. Der Ordensmeister unterstellte sich schon 1561 als Herzog von Kurland dem König von Polen. Das Dazwischentreten der Nachbarmächte Polen, Schweden und Dänemark sollte jedoch den Krieg bis 1583 verlängern und die russischen Anfangserfolge zunichte machen. Von 1562 bis 1577 währte eine russisch-dänische Allianz, in deren Verlauf der dänische Kronprinz Magnus 1570 vom Zaren zum König von Livland und Vasall eingesetzt, 1573 mit der Tochter eines Zarenvetters vermählt wurde. Das Vorgehen des Ordensmeisters verwickelte Polen und Schweden in den Kampf. Gegen diese beiden Großmächte vermochte Rußland den Krieg zu keinem erfolgreichen Abschluß zu bringen, zumal auch Prinz Magnus 1577 Livland gegen Rußland zu verteidigen suchte. 1580 bat der Zar den Vatikan um Friedensvermittlung, die durch den päpstlichen Legaten Antonio Possevino 1582 zum glücklichen Abschluß gebracht wurde; 1583 wurde auch der schwedisch-russische Krieg beendet.

Das fünfundzwanzigjährige Ringen war für Moskau ergebnislos verlaufen: im Baltikum war an die Stelle der livländischen Barriere die wirksamere der beiden großen Mächte Polen und Schweden getreten. Livland war völlig verwüstet. Nur Narwa hatte sich, während der russischen Okkupation 1558 bis 1581 zum Freihafen erklärt, zum begehrten Handelsplatz entwickelt; damit war die Überzeugung des Zaren von der außerordentlichen Bedeutung des Zugangs zur Ostsee für Rußland bestätigt. Der Krieg hatte Rußland zum ersten Male in größerem Umfang mit den politischen Verhältnissen Westeuropas vertraut gemacht und in Westeuropa das Wissen von der russischen Macht verbreitet. Viele Einwohner des Baltikums waren in Rußland angesiedelt, andere in den russischen Militär- und Verwaltungsdienst übernommen worden. Über Narwa waren Kaufleute verschiedener Nationen nach Rußland gelangt. Diese Ausländer, mit denen selbst der Zar gelegentlich diskutierte, zeigten der russischen Bevölkerung mehr denn je zuvor das Leben in fremder Religion und überlegener Kultur. Der Krieg hatte einen ersten Einbruch in die in sich beschlossene russische Welt herbeigeführt.

Über den Livländischen Krieg war es zum Bruch zwischen Iwan und seinem Rat gekommen. Dessen Mitglieder hatten nach der Niederwerfung Kasans und Astrachans für einen Krieg gegen die Krimtataren gestimmt – ein kaum durchführbares Wagnis angesichts der Schwierigkeiten eines Krieges in der Steppe. Der Zar fühlte sich bevormundet und in seinem Mißtrauen bestärkt, das er seit seiner schweren Erkrankung im Frühjahr 1553 auch gegen seinen engsten Kreis von Vertrauten fühlte. Damals hatten sie Iwans einjährigem Sohn den Treueid verweigert und sich auf Iwans Vetter, einen Fürsten Starizkij, als Nachfolger geeinigt. Sie fühlten sich nicht so sehr dem Herrscher als dem Staat verpflichtet und glaubten eine neuerliche Regentschaft nicht verantworten zu können. Seit dieser Zeit glaubte sich Iwan nur von Verrätern umgeben. Die Differenzen über den Livländischen Krieg führten zur Auflösung des Rates.

Seit dem Anfang der sechziger Jahre ließ sich der Zar in völliger Selbstisolierung von seinem sich ins Krankhafte steigernden Mißtrauen zu einer immer grauenvoller werdenden Verfolgung vornehmlich des Bojarentums hinreißen. Sein zügelloses Vorgehen blieb aber zielgerichtet und galt der Ausrottung der potentiellen Gegner seiner autokratischen Herrschaft. Seine Anschauungen hat er selbst in seiner Korrespondenz oder besser: in Streitschriften zu formulieren versucht, die er zwischen 1564 und 1579 mit dem Fürsten Kurbskij austauschte. Kurbskij war 1564 aus dem russischen Heer nach Litauen geflohen und hatte diesen Schritt in einem publizistisch gemeinten Brief an Iwan gerechtfertigt, indem er dessen ganzes Regime als hoffärtig, unmenschlich, sinn- und erfolglos anprangerte. Iwan antwortete mit einem umfangreichen Traktat, in dem er all seine Anklagen gegen die Bojaren in Wendungen maßlosen Zorns, in wütenden Schimpfereien und mit zahllosen Zitaten aus der Bibel und den heiligen Schriften herausschleuderte. Er erinnert an Szenen seiner Kindheit, in der er die gröbste Mißachtung seitens der Bojaren erfahren hatte, er erinnert an seine ständige Bevormundung durch sie, an ihren Eigennutz, ihre Geldgier, ihr erpresserisches Vorgehen gegen das Volk. Der Brief ist die erste autobiographische Aussage, er gestattet den ersten rückhaltlosen Einblick in das Innenleben eines Menschen in Altrußland.

In Kurbskijs überlegen formulierten Äußerungen zeigt sich erstmalig ein Anflug zeitgenössischer humanistischer Bildung, wie sie in Polen gepflegt wurde. Hinter der emotionalen und persönlichen Auseinandersetzung ist die Korrespondenz von der Erörterung der Autokratie beherrscht: Leidenschaftlich verteidigt Kurbskij die Zusammenarbeit des Herrschers mit seinen Großen, wie sie der russischen Tradition und dem Zusammenwirken von Königen und Priestern im Alten Testament entspräche; ebenso leidenschaftlich verteidigt Iwan die Alleinherrschaft unter Hinweis auf die Richter im Alten Testament und auf die autokratische Tradition in Moskau, die er unter dem Eindruck der zeitgenössischen Literatur schon in der Kiewer Zeit bestehen sieht. Tradition wird gegen Tradition gestellt; jede systematische Erörterung des Staates, der Herrschaftsweise fehlt. Der Rückgriff auf die Tradition ergab hier wie stets eine vieldeutige Antwort und ließ keine theoretische Klärung zu.

Im Dezember 1564 siedelte der Zar plötzlich mit wenigen Begleitern in einen nördlichen Vorort Moskaus über. Er verkündete, daß er sein Zarentum aufgebe; in einer Autokratie hätte dies das Versiegen jeden staatspolitischen Lebens bedeutet. In einem Schreiben an die Bojaren, Prikasbeamten und Dienstleute beschuldigte er diese der Abgabenunterschlagung, der Vergabe von Staatsländereien an Verwandte, der Vernachlässigung des Dienstes, Vergehen, die überdies die Geistlichkeit gedeckt habe. In einem zweiten Schreiben wurden die Kaufleute und das Volk von Moskau beruhigt. Einer Bittdeputation aus Moskau sagte Iwan die Rückkehr unter der Bedingung zu, daß er die Übeltäter an Leib und Gut uneingeschränkt bestrafen könne, und erklärte gleichzeitig, sich einen »besonderen Hof«, eine *Opritschnina*, einrichten zu wollen. Dieser Ausdruck bezeichnete einst den ausgesonderten Witwenanteil an einem Erbgut; hier aber war ein besonderes Staatsgebiet gemeint, das bis 1565 stetig erweitert wurde und sich vor allem über die handelspolitisch bedeutenden Nordgebiete und die Altmoskauer Gebiete – aber nicht immer als zusammenhängender Komplex – erstreckte. Dieser Sonderherrschaft des Zaren standen die anderen Reichsteile, vornehmlich die Grenzgebiete, als »Land« *(sémschtschina)* gegenüber. Die Opritschnina war eine Sonderherrschaft des Zaren, ein Staat im Staate. Eine große Zahl alteingesessener Bojarenfamilien wurde aus ihr ausgesiedelt, ihre Ländereien wurden an Dienstadlige vergeben; die Führungsschicht wurde also ihrer lokalen Bindung beraubt oder ausgemordet. Im Gebiet verbleibende Bojaren mußten sich durch verbürgte Eidesleistung dem Zaren neu verpflichten. Als Werkzeug seines Willens stellte der Zar eine neue Truppe, gleichfalls Opritschnina genannt, auf, die, rechtlich unangreifbar, ein Terrorregime aufrichtete.

Ein großes, vom Zaren befohlenes, oft von ihm persönlich durchgeführtes Morden hob an, das vor allem der Vernichtung der Fürsten- und Bojarenfamilien mit Kindern und Knechten diente, aber auch das einfache Volk nicht verschonte. 1570 und 1571 wütete Iwan unter den Nowgorodern wie unter schlimmsten Feinden. Der ursprüngliche Sinn der Opritschnina, eine reine Autokratie im Kern des Reiches unter Zerbrechung aller Bindungen und – auch nur möglichen – Widerstände zu errichten, ging in dem unaufhörlichen Abschlachten wehrloser Untertanen, in grauenvollem Schinden und Töten ganzer Gruppen unter. Unruhig im Land umhergetrieben, gab sich der Zar den fürchterlichsten sadistischen Exzessen hin, um sich bald danach maßlosen Bußübungen zu unterziehen. Wie um seinen Willen bis zum Widersinn zu erproben, setzte er 1575 einen tatarischen Dienstfürsten zum Leiter des »Landes« als »Großfürsten von ganz Rußland« ein, demgegenüber er sich auf groteske Weise unterwürfig als »Iwan von Moskau« bezeichnete. Der gewalttätige Versuch, in Moskau eine Idealautokratie aufzurichten, in der der krankhaft übersteigerte Wille des Zaren die einzige Wirkkraft sein wollte, wurde in den siebziger Jahren allmählich aufgegeben.

Der Versuch hatte nur den einen negativen Erfolg, daß die alte Fürsten- und Bojarenschicht reduziert und entwurzelt wurde, ohne daß sich eine andere Ordnung als die des allgemeinen Dienstes für den Zaren durchsetzen konnte. Unsicherheit, Schrecken und Verwüstung erfüllten die Kerngebiete des Reiches und lähmten die Kriegführung in Livland. Am Ende der Regierungszeit Iwans war das Land völlig erschöpft, jeder politische Eigenwille der Gesellschaft zerschlagen. Was die westeuropäischen Gesandten im Hinblick auf die ständigen Spannungen und Kämpfe zwischen Krone und Ständen an Rußland bewunderten: die durch den ausschließlich gültigen Willen des Zaren garantierte Zusammenfassung der politischen Kräfte erwies sich wie in jeder Despotie am Ende als Entmachtung der Gesellschaft durch staatliche Allmacht, als ihre spannungslose Nivellierung und als Unterdrückung ihrer schöpferischen Dynamik. Da die früheren Teilfürstentümer keine föderative Einung angestrebt hatten, übernahm die Autokratie diese Aufgabe und schuf einen in Europa beispiellosen Großflächenstaat, dessen Grenzen im Osten gegen Ende des Jahrhunderts weit in den sibirischen Raum vorgetragen wurden.

In Wahrnehmung staatlicher Aufgaben hatten die Stroganows, wirtschaftliche Großunternehmer, zur Sicherung der russischen Besitzungen am Ural Kosaken aus dem Dongebiet angeworben, Angehörige also einer militärisch lose und selbständig organisierten Bevölkerungsgruppe, wie sie sich überall an Rußlands Südgrenze in Freiheit von staatlichem

Zartum Moskau ENDE DES 16. JAHRH.

Zugriff und in ständigem Kampf gegen die Tataren herausgebildet hatte. Diese Kosaken hatten nach vereinzelten Vorstößen über den Ural 1582 das Tatarenchanat Sibir, das letzte, Moskau nach Osten vorgelagerte politische Gebilde, zerstört und die eroberten Länder sofort dem Zaren als Reichsprovinz unterstellt. Den Zusammenhalt des mit dieser Expansion ins Unermeßliche erweiterten Staatsgebietes geleistet zu haben ist eine um so größere Leistung der moskauischen Verwaltung, als sie nur wenige, obendrein mangelhaft ausgebildete Funktionäre hatte. So hat die Autokratie in geradliniger Entwicklung von Iwan III. bis zu Iwan IV. ein gewaltiges Imperium errichtet, dessen Ausmaß freilich für lange Zeit die wirtschaftliche und kulturelle Kraft der Bevölkerung bei weitem übersteigen, sie ausschließlich für die Wahrung des Erworbenen beanspruchen sollte.

Der düsteren Größe seiner Herrschaft gab Iwan IV. einen grauenvollen Abschluß, als er anderthalb Jahre vor seinem Tode im Streit seinen ältesten Sohn erschlug. Daher bestieg 1584 sein zweiter Sohn Fjodor (1584–1598) den Thron; er erwarb, obwohl ein schwachsinniger und bigotter Fürst, als Wahrer von Frieden und Ordnung Beliebtheit. Die tatsächliche Regierung freilich führte, seit 1587 offiziell als Regent, sein mächtiger, politisch aufgeschlossener und gebildeter Schwager, der Bojar Boris Godunow. Seine auf Frieden bedachte Außenpolitik unterbrach nur ein Krieg gegen Schweden, der Rußland 1595 einen Zugang zur Ostsee an ihrem südöstlichen Ufer zwischen Iwangorod und Oreschek eintrug. Mit Fjodors Tod erlosch die moskauische Linie der Rjurik-Dynastie. Die Kämpfe bei der Suche nach einem neuen Herrscher, für die die russische Geschichte keine Normen entwickelt hatte, stürzten Rußland, das sich von der Schreckensherrschaft Iwans IV. noch nicht erholt hatte, für anderthalb Jahrzehnte in ein Chaos. Diese »Zeit der Wirren« löste die Abgeschiedenheit Altrußlands für immer auf und leitete die fortdauernde politische und kulturelle Auseinandersetzung mit Westeuropa ein.

Der Aufbau des Moskauer Staates war von einer kirchlichen Auseinandersetzung begleitet, die teils durch die neuartigen Anforderungen der Autokratie, teils durch ein neues Selbstverständnis der Kirche ausgelöst und – für Rußland neuartig – publizistisch ausgesprochen wurde. Die Forderung Iwans III. nach einer Festlegung oder gar Schmälerung des kirchlichen Güterbesitzes im neueroberten Nowgoroder Gebiet, um hier Land für die Vergabe von Dienstgütern sicherzustellen, rief den Protest des Erzbischofs Gennadij (1485–1504) hervor. Gennadij war über das Vorgehen des Großfürsten um so mehr bestürzt, als in seiner Diözese gleichzeitig religiöse Unruhen ausbrachen, die unter anderem auch auf eine Preisgabe des kirchlichen Grundbesitzes abzielten. Um die Position der Moskauer Zentrale zu schwächen, deckte Gennadij in seiner seelsorgerischen und kirchenpolitischen Bedrängnis in einem Sendschreiben an die russischen Bischöfe die Begünstigung auf, die der großfürstliche Hof, ja sogar die Metropoliten Gerontij (1473–1489) und Sosima (1480–1495) bestimmten häretischen Umtrieben jener Zeit hatten zuteil werden lassen.

Es handelte sich dabei um Freigeister, die um 1470 in Nowgorod und um 1486 in Moskau aufgetreten waren und von der Kirche als »Judaisierende« bekämpft wurden – eine diffamierende Bezeichnung, hinter der sich in Wirklichkeit sehr verschiedenartige Äußerungen einer allgemeinen Unzufriedenheit mit der Kirche verbargen. Da eigene Aussagen der Beschuldigten fehlen, läßt sich schwer zwischen Verunglimpfungen und begründeten

Iwan IV.
Porträtikone eines Malers der Schule von Moskau (?)
Kopenhagen, Nationalmuseet

Das Solowjezkij-Kloster an der Mündung der Onega ins Weiße Meer
Ikone eines Malers der Schule von Ustjug, Ende 16. Jahrhundert
Moskau, Staatliche Tretjakow-Galerie

Anklagen unterscheiden. Neben groben Ausbrüchen einer Kirchenfeindschaft, ja Ungläubigkeit zeichnen sich reformerische und spiritualistische Tendenzen ab – Ablehnung der Ikonen als Menschenwerk, Ablehnung der geistlichen Hierarchie, des Mönchtums, der Simonie und des kirchlichen Güterbesitzes; am wenigsten lassen sich judaisierende Züge einwandfrei erkennen. Auch das von den Anklägern erwähnte Schrifttum der Freigeister zeigt ein uneinheitliches Nebeneinander von Titeln christlich-apokryphen und profannaturspekulativen Inhalts russischer und westeuropäischer Herkunft. Uneinheitlich war auch die soziale Zusammensetzung der aufbegehrenden Gruppen: in Nowgorod bestanden sie vornehmlich aus Angehörigen des niederen Klerus, in Moskau reichten sie bis in die Hofkreise hinein. Die Häresie wurde als ungeheuerliche Neuartigkeit empfunden und durch Einflüsse aus Litauen oder aus der Moldau und Ungarn erklärt.

Die Kirche stand dieser ersten Konfrontation mit einer anderen Geistigkeit hilflos gegenüber, da sie niemals eine Theologie, geschweige denn eine Apologetik entwickelt hatte. Um so schwerer wog die Toleranz, ja die Unterstützung, die die Freigeister durch den Großfürsten und den Metropoliten erfuhren, die erst 1490 auf einem Moskauer Konzil einige der Nowgoroder Häretiker nach förmlicher Verdammung ihrem Erzbischof zur Kirchenstrafe überantworteten. Offenbar begünstigte die Regierung die Häretiker nicht nur wegen der besonderen, wenn auch unter verschiedenen Gesichtspunkten gewonnenen Übereinstimmung hinsichtlich des kirchlichen Güterbesitzes, sondern auch, weil die spirituelle Bewegung ganz allgemein eine eigene geistige Begründung der seit 1448 rechtlich autokephalen Kirche Rußlands zu versprechen schien.

Die kirchliche Gruppierung am Hofe wurde mit der politischen Gruppierung im Zusammenhang mit der Thronfolge verquickt: Wasilij spielte offenbar die häretikerfreundliche Politik seines Vaters aus, um die eigenen Thronansprüche gegenüber Iwans Enkel Dmitrij durchzusetzen. Diese Verschmelzung der kirchlichen mit der politischen Opposition zwang Iwan, die Häretiker preiszugeben und Wasilij zum Mitregenten zu erheben. Jedoch stellte Iwan auf einem weiteren Konzil 1503 die Frage des Kirchen- und Klosterbesitzes erneut zur Diskussion. Derartige Versuche, Kirchenland für den Dienstadel zu gewinnen, sollte die Regierung bis ins 17. Jahrhundert noch oft unternehmen, doch scheiterten diese immer wieder am Interesse der hohen Geistlichkeit und an der Opferfreudigkeit der Gläubigen.

Die besondere Bedeutung des Konzils von 1503 lag darin, daß sich auf ihm zwei Arten von Frömmigkeit, zwei Anschauungen vom Sinn der Kirche, insbesondere vom Mönchstum, offenbarten. Beide Richtungen wurden von überaus angesehenen und einflußreichen Kirchenmännern vertreten, vom Starzen Nil Majkov (1433–1508) aus der an der Sora gelegenen Einsiedelei und vom Abt des Klosters von Volokalamsk, Josif Sanin (1439–1515). Nil war erfüllt von der hesychastischen Frömmigkeit des Athos, zu dem er als junger Mönch gepilgert war. In Rußland floh er das Leben in den großen Klöstern und zog mit einer Gruppe Gleichgesinnter in die Wälder jenseits der Wolga. In seiner »Anweisung zum gemeinsamen Einsiedlerleben« lehrte er das Leben in Abgeschiedenheit von der Welt oder in Gemeinschaft mit zwei, drei geistlichen Brüdern *(skit)*, um den Versuchungen der Vereinsamung zu entgehen. In bewußter Besitzlosigkeit notdürftig das Dasein durch der eigenen

Hände Arbeit fristend, sollte der Einsiedler sein ohne feste Vorschriften und verbindliche Techniken zu leistendes Bemühen darauf abstellen, in Gebet und Versenkung die innere Freiheit zu gewinnen, die äußerliche asketische Praxis durch die geistliche Theoria zu überwinden und letztlich zur Schau des inneren Lichtes zu gelangen. In liebevollem Verständnis für die Eigenart der jeweiligen menschlichen Natur preist Nil immer wieder das Bemühen im rechten Geist gegenüber jeder bloßen Unterwerfung unter Regeln. Der diesen Ideen anhängenden Elite eines individuellen Spiritualismus mußte jede Klosterordnung, gemessen an der Liebesgemeinschaft, als Äußerlichkeit und jeglicher kirchlicher Besitz als geistliche Gefährdung erscheinen.

Diese verinnerlichte Frömmigkeit wurde für das Volk zum Inbegriff rechter, reiner Frömmigkeit überhaupt. Der Regierung mußten Nil und seine Gleichgesinnten hochwillkommene Bundesgenossen im Kampf um den Kirchenbesitz sein. Doch auf dem Konzil von 1503 wehrte der Klerus das Verlangen der Starezen nicht zuletzt durch den Hinweis darauf ab, daß ihre Forderungen in verdächtiger Nähe zu denen der Häretiker stünden. Diese Unterstellung wog um so schwerer, als sich Nil aus seiner Frömmigkeit heraus auch gegen die von der Kirche verlangte Hinrichtung der Häretiker aussprach; für Christen sei einzig deren Bekehrung durch Unterweisung und rechte Führung möglich.

Die von Nil und seinen Starezen vertretene Frömmigkeit führte den Menschen aus der Welt hinaus – diese wurde sich selbst überlassen. Demgegenüber verfocht Josif Sanin mit aller Härte die Notwendigkeit einer festen Führung des Menschen in der Welt durch eine machtvolle Kirche und ihre autoritative Hierarchie. Weltlicher Besitz der Kirche und dessen Nutzung erschienen Josif gerechtfertigt; sie gewährten die wirtschaftliche Basis für die Ausbildung und den Unterhalt des hohen Klerus, für eine ständige karitative Tätigkeit und für eine allgemeine Hilfe in Notzeiten. Gerechtfertigt erschien der Güterbesitz aber vor allem als Verwaltung des für Seelenmessen dargebrachten Opfers. Da also der Mönch in der Welt wirtschaften sollte, mußte er vor ihren Versuchungen bewahrt werden durch unbedingten Gehorsam gegenüber seinem Abt und durch Unterwerfung unter eine harte Klosterregel, die sein Leben in der Mönchsgemeinschaft *(koinobia)* bis ins einzelne bestimmte. Unter Preisgabe jedes Eigenwillens sollte der Mönch seine geistlichen Pflichten und die ihm in der Welt gestellten Aufgaben ohne Eigennutz und Machtverlangen erfüllen.

So stellte Josif der in der Abgeschiedenheit wirkenden charismatischen Liebesgemeinschaft Nils die in der Welt wirkende, auf Unterordnung und Gesetzesfrömmigkeit beruhende Kirche gegenüber. Die Kirche aber untersteht nach Josif der Schirmherrschaft des »wegen seines Ranges furchtbaren Zaren . . . , . . . der von Natur aus allen Menschen ähnelt, an Gewalt aber dem höchsten Gott ähnlich ist.« Der Zar trägt nicht nur für den weltlichen (*telesnoje*), sondern auch für den geistlichen Bereich *(duchownoje)* die Verantwortung vor Gott. Er hat darum, wie einst Konstantin der Große, die Kirche vor allem vor der Häresie zu schützen; als Zar aus Gerechtigkeit, kraft göttlichen Rechts also, gleicht er Melchisedek, der, Hoherpriester und Herrscher in einer Person, der Ostkirche zum Inbegriff des Herrschertums geworden war. Wenn ein Zar diesem Bild nicht nacheifert, böse und unfromm ist, dann soll man ihm als einem Tyrannen nicht gehorchen – die einzige Aussage in der altrussischen geistlichen Literatur über einen notwendigen Widerstand, aus der aber auch kein Widerstandsrecht entwickelt worden ist.

Erst die Lehre Josifs füllte die ökumenische Stellung des Zaren am Ende der Zeiten, wie sie die Lehre vom Dritten Rom begriff, inhaltlich aus. Die Moskauer Herrscher nahmen diese Lehre an, und Iwan IV. sprach in seinen Episteln an Kurbskij mit leidenschaftlicher Kraft von der Sündenlast, die er in Alleinverantwortung vor Gott für seine Untertanen auf sich genommen habe – der Ausweg über den Begriff der Staatsräson stand ihm nicht zur Verfügung. Die Auseinandersetzung zwischen Vertretern der beiden Arten von Frömmigkeit, wie sie Nil und Josif zuerst formuliert und gelebt hatten, währte bis zur Mitte des 16. Jahrhunderts und rief eine Fülle von Schriften hervor, die die Stellung des Zaren, die Aufgaben und Verfehlungen der Kirche und die soziale Wirklichkeit diskutierten. Dieses Schrifttum, das zum erstenmal in Altrußland ganz persönliche und gegenwartsbezogene Züge trug, reichte von einer radikalen Sozial- und Kirchenkritik bis zur Erörterung des rechten Glaubens.

Im Zusammenhang mit der neuen politischen Ordnung und mit der Notwendigkeit einer neuen Bestimmung des Verhältnisses von Herrschaft und Kirche äußerte sich in großer Vielfalt ein erstes Nachdenken über die eigene Zeit und ihre Stellung in der Geschichte. Das glänzendste, zugleich auch für das Selbstverständnis der Autokratie repräsentative Denkmal des zeitgenössischen Geschichtsbewußtseins ist das »Stufenbuch« des Metropoliten Makarij (1483–1563). Es stellt eine erste Geschichte Rußlands von den Anfängen bis zur Herrschaft Iwans IV. dar, aufgegliedert nach den Regierungszeiten der Großfürsten und Zaren und ihrer Metropoliten.

Das machtvolle und zugleich fromme Wirken der einzelnen Herrscher sind die Stufen, die Sprossen einer Leiter zum Himmel. Unter Überwindung des tradierten Annalenstils diente das umfangreiche, vor allem den Chroniken und den Viten entnommene Material dem Nachweis, daß Gottes Gnade von Anfang an die Geschichte Rußlands erfüllt habe. In dem kunstvoll überhöhten Stil südslawischer Herkunft, in immer neuen Lobreden auf die Fürsten und Geistlichen wird die Vergangenheit Rußlands in glänzenden Bildern gemalt. Dabei wird die zeitgenössische Zarengewalt schon im Kiewer Rußland gesehen und ausschließlich die direkte dynastische Herleitung der Moskauer Herrscher von Kiew berücksichtigt. Entwicklung und Entscheidung fehlen freilich in dieser Geschichtssicht; vielmehr läßt sie erkennen, daß Gnadengewißheit und Heilsfülle Rußland von Anfang an durchdrungen und sich unvermindert immer wieder neu kundgetan haben. Wie die unbeweglichen Gestalten einer Bilderwand in all ihrem starren Prunk sind die Herrscher und Heiligen der russischen Vergangenheit aufgezeichnet.

Gegen Ende der altrussischen Epoche verstand sich Rußland als das Abbild von Byzanz, das durch die Errichtung des Patriarchats 1589 zur vollständigen Übereinstimmung mit dem Urbild gebracht war. Gleichzeitig wurde zum erstenmal die eigene Vergangenheit bedacht und als gleichförmige Gnadenentfaltung durch die Jahrhunderte begriffen, ohne daß der Besonderheit der einzelnen Perioden und ohne daß der Individualität der historischen Persönlichkeiten Beachtung geschenkt worden wäre. Gepriesen wurde die Bewährung des seit der Christianisierung vorhandenen Heilsschatzes. Über all der lebendig gewordenen Kritik an den sozialpolitischen Verhältnissen, an der Verweltlichung der Kirche und an der verantwortungslosen Ausbeutung des Volkes durch Kirche und Bojaren behauptete sich das Bewußtsein von der einzigartigen Stellung Rußlands als dem Neuen Israel, als dem Land, in dem sich die Heilsgeschichte vollenden werde. Diese erste Deutung der Geschichte Rußlands, deren Vorform wohl in dem seit Alexander Newskij entwickelten Typus der Fürstenvita zu suchen ist, hat die Nöte und Fragen der eigenen Zeit nicht verarbeitet.

Diese Erhöhung der Geschichte Rußlands in einen reinen, spannungslosen Transzendenzbezug ist zugleich die letzte zusammenfassende Selbstaussage Altrußlands, bevor dann die Erschütterungen und das Grauen der späteren Regierungszeit Iwans IV. die geistige Bewegung wieder erlöschen ließen, bevor auch die entstehenden staats- und kirchenpolitischen Verbindungen mit der Welt außerhalb der Grenzen Rußlands zur Entscheidung zwischen Verharren in der Tradition und Hinwendung nach dem Westen zwingen sollten.

August Nitschke

FRÜHE CHRISTLICHE REICHE

Die Germanen

Es ist eine alte, ungelöste Frage: verwandeln fremde Völker alte Kulturen, wenn sie deren Gebiete erobern? Im 4. Jahrhundert überfluteten Germanen, bedrängt von den Reiterscharen der Hunnen, die Grenzen des Römischen Reiches. Anfang des 5. Jahrhunderts stand der Westgotenkönig Alarich vor Rom (410). Im Verlauf desselben Jahrhunderts errichteten die Vandalen in Nordafrika, die Westgoten in Spanien und Südfrankreich, die Ostgoten in Italien ihre Herrschaft; die nördlichen Teile des alten Galliens teilten sich schließlich Burgunder und Franken.

Zunächst schien sich nicht viel zu ändern. Die Bevölkerung lebte weiterhin, wenn auch eingeschränkt, auf ihrem alten Besitz; in ihren Händen blieb die Zivilverwaltung. Die Germanen stellten nur eine Oberschicht, die sich vor allem militärischen Aufgaben widmete und damit eine alte Tradition fortführte: schon seit Generationen hatten einzelne Germanen führende militärische Posten innerhalb des römischen Kaiserreiches bekleidet. Als Eroberer ließen sie sich auch im 5. Jahrhundert zumeist noch ihre Macht vom oströmischen Kaiser bestätigen. So fügten sie selbst sich ihren Titeln nach in den Zusammenhang des Römischen Reiches ein.

Überblickt der Historiker allerdings weitere Zeiträume, dann scheinen die aufkommenden Germanenreiche doch eine Wendung herbeigeführt zu haben. Nach römischen Gesetzen, im 6. Jahrhundert unter Justinian kodifiziert, unterschieden Juristen zwischen öffentlichen und privaten Rechten. Jeder Bürger des Reiches war verpflichtet, die öffentlichen Rechte, die Rechte des Staates, zu respektieren. Dieser »Staat« wandelte sich unter germanischer Herrschaft in einen Personenverband. Mit seinen individuellen Rechten und Pflichten wußte sich jeder – etwa in Treue – an einen anderen gebunden. Wie jeder hatte auch der König seine Rechte und Pflichten – einen »öffentlichen« Bereich gab es nicht mehr.

Die christliche Kirche stand im Römischen Reiche unter dem Schutz des Kaisers, der in heidnischer Zeit *pontifex maximus* gewesen war, ihr Recht war öffentliches Recht. Jetzt wurden Kirchen oft auf dem Grund und Boden von Herren errichtet, die dann über diese Kirchen und ihre Geistlichen ein Verfügungsrecht in Anspruch nahmen. Die kleinen Kapellen, die man etwa im Schwarzwald hin und wieder bei alten Bauernhöfen findet, sind letzte Reste solcher »Eigenkirchen«. Auch Patronatsrechte, die adlige Familien bei der

Neubesetzung der Pfarrstellen geltend machen können, zeugen von diesen Sitten einer längst vergangenen Zeit. Doch brachten wirklich Germanen diesen Wandel?

Je mehr es gelingt, die Zustände in der Spätantike zu rekonstruieren – wir haben nicht sehr viele Zeugnisse darüber –, desto häufiger findet der Historiker »Germanisches« bereits in jener Zeit. In Rom gab es schon immer den einflußreichen Herrn mit seinen Klienten, die er schützte und die sich in Treue zu ihm bekannten. Diese »Personenverbände« gewannen an Bedeutung, sobald Macht und Einfluß des Staates und seiner Beamten zurückgingen. Hier führten die Germanen nur eine ältere Tradition fort. Dasselbe gilt wohl auch für die »Eigenkirchen«. Auch sie bestanden wahrscheinlich schon auf römischem Großgrundbesitz. Die Germanen haben – so kann man vielleicht sagen – ihre Herrschaft über römisches Gebiet behaupten können, gerade weil sie Richtungen förderten, denen die eingesessene Bevölkerung ohnehin bereits mit Sympathie gegenüberstand.

Bezeichnenderweise schufen diejenigen Germanen die dauerhaftesten Reiche, die besonders eng mit der alteingesessenen Bevölkerung verbunden waren. Trennungen hatten die Glaubensbekenntnisse mit sich gebracht. Alle Stämme, die auf Reichsgebiet siedelten, folgten zwar bald der christlichen Lehre. Doch richteten die meisten sich – im Unterschied zu den Reichsbewohnern – nach den Lehren des Arius. Nur die Franken unter ihrem König Chlodwig hatten sich von vornherein für das römische Bekenntnis entschieden, das das Verhältnis zwischen Gottvater und Gottsohn in Übereinstimmung mit Athanasius definierte. Und diese Franken – nicht etwa die Vandalen, die Ost- oder Westgoten – entwickelten dann im 8. Jahrhundert unter den Karolingern die spezifisch mittelalterlichen Herrschaftsformen. Wenn nun in den Verfassungsformen die Übergänge fließend sind, haben wir dann den Wandel nicht vielleicht in zentraleren, menschlichen Bereichen zu suchen?

Johannes Haller spricht davon, daß germanische Gedanken Einfluß auf das Christentum gewonnen, daß sie das Christentum germanisiert hätten. Er denkt an die germanischen Vorstellungen des Gefolgschaftswesens: schon Tacitus berichtet, unter den Germanen hätte es Gefolgschaften gegeben; Krieger folgten einem gewählten Führer, der sie dafür schützte und reichlich belohnte. In ähnlicher Weise stand ein Germane zu seinen Göttern: er wählte einen zu seinem besonderen Herrn, der ihm dafür Hilfe und Schutz zu gewähren hatte. Diese Gefolgschaftsgedanken, so meinten Haller und seine Schüler, seien von den Germanen auf das Christentum übertragen worden. Im 7. Jahrhundert etwa hätten die Angelsachsen den Apostel Petrus und seine römischen Nachfolger zu ihren besonderen Herren erwählt. Der Ruhm ihres »Gefolgschaftsherrn« sei dann von den angelsächsischen Missionaren im Frankenreich verkündet worden, und als Folge davon hätten die fränkischen Könige sich bereit gefunden, den Nachfolger Petri in Rom gegen seine langobardischen Feinde zu schützen und ihm ein eigenes Gebiet zur Herrschaft zu überlassen: den späteren Kirchenstaat. Die Germanisierung des Christentums – so lautet Hallers erstaunliche These – sei letztlich die Ursache dafür gewesen, daß innerhalb der katholischen Kirche der Primat des Papstes so bedeutungsvoll geworden ist.

Gegen diese These läßt sich mancherlei sagen. Hier nur soviel: mit welchem Recht kann man vom Einfluß des germanischen Elements sprechen, wenn es sich nur bei den Angel-

Christliches und heidnisches Symbol der Alemannen aus dem 7. Jahrhundert
Goldblattkreuz aus Ulm (?) mit dem Bildnis eines Herrschers (?) und
Goldblechscheibenfibel aus Pliezhausen mit einer Szene aus der germanischen Mythologie
Stuttgart, Württembergisches Landesmuseum

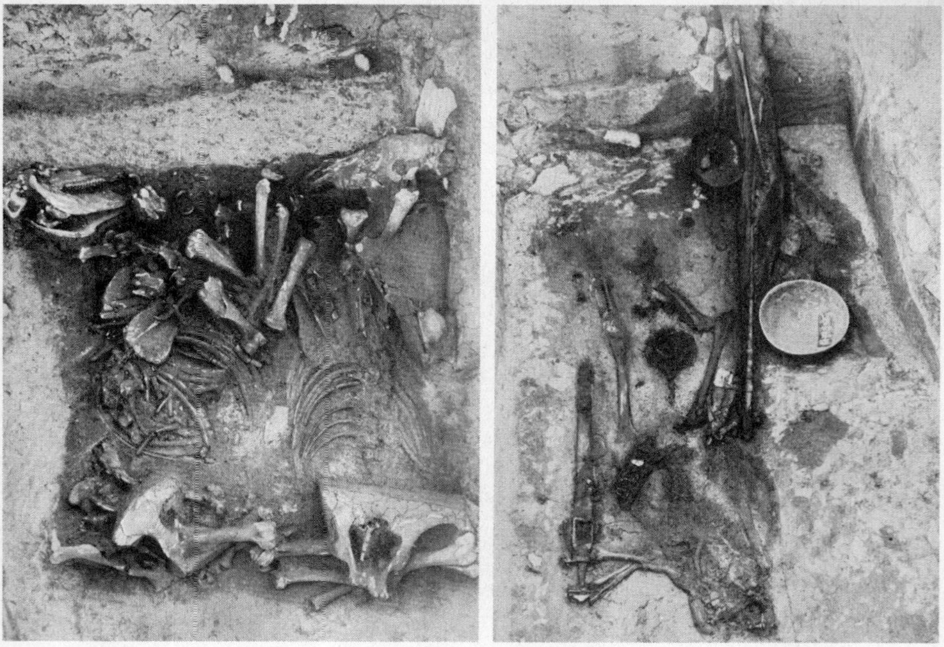

Sächsisches Fürstengrab in Beckum/Westfalen
mit einer der sechs zu Füßen und zu seiten des Toten liegenden Pferdebestattungen, erste Hälfte 7. Jahrhundert

sachsen und in deren Missionsgebiet zeigte, und bei ihnen auch erst im 7. Jahrhundert? Weshalb finden sich nicht wenigstens Spuren dieser »germanischen« Vorstellungen bei Vandalen, Ost- oder Westgoten oder bei den Franken zur Zeit Chlodwigs? Auf eine »Germanisierung« des Christentums läßt sich also die eigentümliche Petrusverehrung der Angelsachsen kaum zurückführen, sie ist – das wird später darzustellen sein – viel eher Ausdruck einer zunehmenden Christianisierung.

Ähnlich fragen Untersuchungen – Nordisten haben sie ausgeführt –, in denen germanisches Personenverständnis nachgezeichnet wird. Es unterscheidet sich recht deutlich vom Personenverständnis der Menschen, die unter dem Einfluß der antiken Kultur standen. Die Griechen hatten gelehrt, daß die höchste Fähigkeit des Menschen in seinem Erkenntnisvermögen liege. Um Schau der Ideen bemühte sich Platon, um Beschreibung sichtbarer Wesen Aristoteles, um Einsicht in die eigene Person andere philosophische Richtungen, sie alle erwarteten vom Menschen, daß er wahrnehme, sehe, erkenne. Selbst als die Erlösung des Menschen unter dem Einfluß aus dem Orient kommender Religionen dem Gläubigen wichtiger wurde, so daß sein »wissenschaftliches Interesse« darüber erlosch, versuchte er noch, die Erlösung aus der Erkenntnis zu gewinnen (Gnosis). Christen, wie Augustin, die sich gegen diese Gnostiker wandten, waren doch auch ihrerseits der Meinung, daß es das letzte Ziel des Menschen sei, Gott zu schauen, ihn zu preisen und zu loben.

Ganz im Unterschied hierzu sehen die Germanen im Menschen in erster Linie den Träger einer Kraft. Die Wissenschaftler haben sich angewöhnt zu sagen: den Träger eines »Heils«. Jeder Germane hat sein besonderes Heil. Es kann, wenn er Bauer ist, die Ernte beeinflussen; lebt er am Meer, so bestimmt es den Fischfang; ein Krieger hat Schlachtenheil, das Heil eines Seemanns läßt günstige Segelwinde aufkommen. Das Heil kann mächtiger werden, aber auch verkümmern. Einen vom Unglück Geschlagenen verlassen seine Freunde, ihm verdorren seine Felder, oder Unwetter verwüstet die Ernte. Seine Schiffe gehen im Sturm zugrunde.

Das Heil teilt ein Germane mit seiner Familie, gemeinsam mit ihr muß er es bewahren. Wird ein Familienmitglied gekränkt, ist die Schmach zu rächen, damit die Familie ihr Heil wiedererlangt. Neben die Familie können Freunde treten, zu denen im Freundschaftsbund ein Mann familiäre Beziehungen herstellt. Alle Familien überragt die Familie des Königs. Ihr Heil soll machtvoll und unüberwindbar sein. Sie führt ihr Geschlecht oft auf Götter zurück. Schließt ein Germane sich dem König an, so hat er teil an diesem überquellenden Heil.

Das Heil der Mächtigen war allerdings nicht letzte und höchste Instanz. Die Mächtigen wie die Götter blieben einer Ordnung unterworfen, die im Recht ihren Ausdruck fand. Alle hatten sich ihr zu fügen. Der germanischen Mythologie zufolge vermochten auch Götter mit ihrem Heil nicht, Baldur vor Tod zu bewahren. Ihnen drohte unabwendbar künftiges Unheil: in der letzten Schlacht mußten sie mit ihren Getreuen unterliegen. Düster und beklemmend war die Zukunft, nicht zu vergleichen mit der seligen Schau Gottes, die den Christen versprochen wurde.

In der Antike haben die Menschen auf Grund ihrer Einsicht in das Wesen der Gerechtigkeit den Frieden in ihren Staaten durch verschiedene Ämter zu erhalten gesucht. Der

Bürger hatte Institutionen und Gesetze zu respektieren. Aber die Grundlage germanischer Gemeinschaft war nicht die Institution, sondern die Bindung an den Herrscher von überragendem Heil. Daraus entwickelte sich ein »Personenverband«: die mittelalterliche Herrschaftsform. Sie also hat »germanischen« Charakter, wenn wirklich das geschilderte Personenverständnis ausschließlich bei Germanen zu beobachten ist. Doch gerade diese Voraussetzung trifft nicht zu.

Zur Zeit des Kirchenvaters Augustin lebte in Gallien Sulpicius Severus. Er bemühte sich um die Verherrlichung des heiligen Martin von Tours und schilderte ihn, oft mit selbstgefälliger Eitelkeit. Konnten früher Heilige – etwa Antonius der Eremit – Wunder vollbringen, weil sie fähig waren, Böses, die Dämonen, zu erkennen, führt Sulpicius Martins Wunder auf eine eigentümliche Kraft zurück, Sulpicius spricht von der *virtus*, der Kraft, Wunder zu tun. Christen messen die Lebensabschnitte der Heiligen nach der Fruchtbarkeit dieser Kraft. Martin hatte mehr Wunder als Abt denn als Bischof vollbracht, und so sagten nach seinem Tod die Kleriker des Bistums zu den Mönchen: »Euch erweckte er zwei Tote, uns: einen. Er selber erzählte oft, die Kraft, Wunder zu tun, wäre bei ihm größer gewesen, bevor er das Bistum übernommen hatte. Daher ist nötig, daß er das, was er zu Lebzeiten bei uns nicht getan hat, nun als Toter erfüllt.« Mit diesem Argument beschlagnahmten sie seinen Leichnam.

Wenn Heiligen diese Kraft fehlte, suchten seine Verehrer nachträglich diesen Mangel zu beseitigen. Über den heiligen Severin entstand folgende Geschichte: der Heilige erweckte nachts einen Toten, dieser bat ihn aber, tot bleiben zu dürfen. Der Heilige erfüllte natürlich den Wunsch; und so kam es, daß die anderen Christen von diesem Wunder nie etwas erfuhren.

Sulpicius und ähnlich empfindende Christen sahen die Heiligen, wie die Germanen sich selbst zu betrachten gewohnt waren: als Träger besonderer Kraft. Im Laufe des 5. und 6. Jahrhunderts verbreitete sich die Sitte, jeden Altar mit Reliquien der Heiligen zu versehen. »Über diesem Reliquienaltar wird ein Turm errichtet«, schildert Gregor von Tours. Der Turm – bisher im christlichen Kirchenbau nicht üblich – begann sich als »Ort der Heiligen« (Venantius Fortunatus) durchzusetzen. Für diese Heiligenverehrung konnten auch Germanen, deren Personenverständnis sie so nahe kam, leichter gewonnen werden. In der spätantiken Kultur selbst also setzten Wandlungen ein, die zum germanischen Weltverständnis führten. So folgten dem Auftreten neuer Völker wohl Veränderungen, aber sie kamen nicht abrupt, nicht unvorbereitet. Fast möchte es scheinen, als ob den Germanen die Herrschaft über das Römische Reich zugefallen wäre, weil sie Tendenzen verstärkten, die bereits im Ansatz vorhanden waren.

Das erweckt die Vermutung – um mehr kann es sich nicht handeln –, daß der Wandel in der Geschichte, der Wandel der Herrschaftsformen, der Wandel des Personenverständnisses sich nach Gesetzmäßigkeiten vollzieht, für die wir keine Ursachen anzugeben wissen. Daß man eine neue »Verfassung« wählt, mag von äußeren Umständen, von Zweckmäßigkeitserwägungen abhängen. Daß man den Menschen plötzlich in einer neuen Weise sieht, das zu erklären ist außerordentlich schwierig.

Die Menschen jener Zeit verstanden sich, nachdem sie Christen geworden waren, von Gott und seinen Heiligen her. Ihre Reiche waren christliche Reiche. Wer sie schildern will, muß von diesem Gott sprechen, dem Wirken dieses Gottes nachgehen, sonst werden weder die Menschen in ihren Äußerungen und Handlungen noch die Verfassungen ihrer Reiche verständlich.

Gerade die Verfassungen sind von den modernen Staatsformen durch ihre personale Struktur so unterschieden, daß auch die »Macht« einen anderen Charakter hatte. Besitzt heutzutage Macht, wer über militärische und wirtschaftliche Kräfte verfügen kann, so daß ein Einzelner ohne Einfluß auf diese Kräfte keine politische Autorität zu gewinnen vermag, so war es im frühen Mittelalter Mönchen und Priestern, selbst einfachen Adligen möglich, neben den einflußreichen Herrschern allein auf Grund ihres persönlichen Ansehens zu einer »politischen« Autorität zu werden. Töricht wäre, militärische und wirtschaftliche Gegebenheiten unbeachtet zu lassen, noch törichter, nicht zu bemerken, daß auch das persönliche Ansehen, die jeweilige Vollkommenheit einen »Machtfaktor« in einem »Staat« bilden, in dem die individuellen Bindungen von Person zu Person Rechtszustände und Handlungen bestimmen.

Zur Schilderung der »Personen« werden nicht die Kategorien der modernen Psychologie verwendet. Vielmehr sollen uns die damals geschriebenen Quellen selber sagen, wie wir die Menschen zu sehen haben. Deren Personenverständnis wirkt befremdend; denn die Menschen des frühen Mittelalters wußten sich von einem Gott abhängig, dessen Wirken wir nicht mehr spüren. Der damalige Glaube war dabei nicht so sehr Folge besonderer Frömmigkeit, sondern war eher einer eigentümlichen Sicht der Realität zugehörig. Auch sie gilt es nachzuzeichnen. In dieser fremdartigen Welt war für die Handelnden der Raum zwischen Erfolg und Versagen ebenso groß wie für uns. Wie die Menschen anderer Zeiten konnten sie sich bewähren oder schuldig werden.

Dem Einzelnen, der wagemutig oder zaghaft sich auf unbekannte Wege begab, blieb ungewiß, welches Schicksal er mit seinen Entschlüssen heraufbeschwor. Er wußte sich an den Gott der Christen gebunden, doch dieser Gott dachte seinen Gläubigen nicht Wohlstand und Bequemlichkeit zu. Er hatte Abraham in die Fremde gesandt, seinen Jüngern hatte er gesagt: »Wer Vater und Mutter nicht um meinetwillen verläßt, ist meiner nicht wert.« Wer ihm folgte, mußte bereit sein, sich von allen Banden irdischer Geborgenheit zu lösen und Neues zu wagen.

Merowinger im Frankenreich

Chlodwig begründete seine Macht in Gallien, nachdem er 486 in der Schlacht bei Soissons über Syagrius gesiegt hatte. Er befestigte sie, als er zum katholischen Glauben übertrat; das geschah wahrscheinlich im Jahre 496.

Seine Frau Chrodichilde hatte ihn schon früh bedrängt, Christ zu werden, denn sie, eine Burgunderin, hatte bereits die katholische Taufe empfangen. Sie ließ auch ihr erstes Kind taufen. Es starb kurz darauf, und der Vater zeigte deshalb wenig Neigung, sich diesem neuen Gott zu unterwerfen: »Offenkundig ist, daß dein Gott nichts vermag, der überhaupt nicht mit unseren Göttern verwandt ist.«

Die Familie eines Gottes war diesem Germanen ebenso wichtig wie seine eigene Familie, von der er sein Heil herleitete. Die Merowinger führten sich auf eine Stiergottheit zurück, nach deren Kopfform sie ihre Helme gestalteten. Sie zeichneten sich vor den anderen Franken durch ihre langen Haare aus: immer spielten die Haare in Familienzwisten eine Rolle. Als Chlodwig unliebsame Verwandte beseitigen wollte, ließ er ihnen die Haare scheren. Einer merowingischen Herrscherin wurden Schere und Schwert übersandt; sie sollte entscheiden, ob ihren Enkeln die Haare geschnitten oder ob sie getötet werden sollten. Sie wählte das Schwert.

Chlodwig, überzeugt von der Bedeutung seiner Familie, wollte nicht einem Gott gehorchen, der keine verwandtschaftlichen Beziehungen zu den alten, in ihrer Macht vielfach erprobten Göttern aufwies. Erst in höchster Not – die Alemannen schienen in einer Schlacht zu siegen – rief er den Gott der Christen an. Als der Sieg sich daraufhin ihm zuneigte, zog er daraus die Konsequenzen: Jesus war mächtiger als seine Götter. So vertraute Chlodwig dem Heile Jesu und nahm für sich und sein Volk den neuen Glauben an. Die Folgen dieser Bekehrung waren allerdings, daß alte Bande sich lockerten: nichts mehr schien dieser Germane zu respektieren und schon gar nicht seine Familie.

Neben Chlodwig regierten anfänglich noch andere Könige über die Franken. Einer von ihnen, sein Verwandter Sigibert, hatte mit ihm zusammen gegen die Alemannen gekämpft. Dabei war er am Knie verwundet worden, so daß er hinkte. Zu dessen Sohn Chloderich schickte Chlodwig eines Tages Vertraute und ließ ihm sagen: »Sieh, dein Vater ist alt und hinkt. Wenn er stirbt, wird dir dessen Reich gegeben.« Als sich Sigibert in der Nähe von Köln in einem Forst aufhielt, ließ ihn sein Sohn beim Mittagsschlaf im Zelt töten. Nun sandte er Boten zu Chlodwig und ließ sagen: »Mein Vater ist tot, ich habe Hort und Reich in der Hand, schick du Leute zu mir, daß ich, was vom Hort gefällt, dir überlasse.« Als die Boten kamen, breitete Chloderich den Schatz seines Vaters aus. Dabei sagte er: »In dieser Truhe pflegte mein Vater Goldmünzen zu sammeln.« Die Boten darauf: »Greif mit deinem Arm bis auf den Boden.« Chloderich tat es, und während er sich nach vorn neigte, schlugen sie ihm sein Haupt ab.

Sobald Chlodwig vernahm, Sigibert und sein Sohn lebten nicht mehr, rief er alles Volk zusammen und sagte: »Hört, was geschah: während ich auf der Schelde fuhr, verfolgte Chloderich seinen Vater und ließ ihn töten. Er selber starb, als er den Hort des Vaters öffnete. Er wurde erschlagen durch jemand, den ich nicht kenne. Über diese Tat weiß ich nichts, denn es ist unmöglich, daß ich das Blut meiner Verwandten vergießen würde, solches zu tun wäre nicht erlaubt. Wie es nun steht, gebe ich euch einen Rat: kommt zu mir, damit ihr unter meinem Schutz seid.« Als das Volk dieses hörte, schlug es lärmend auf die Waffen, erhob Chlodwig auf einen Schild und setzte ihn als König ein.

Die Schilderung stammt von Gregor, dem Bischof von Tours. Er beschreibt dann, wie Chlodwig alle übrigen Verwandten ähnlich heimtückisch umbringen ließ oder eigenhändig erschlug. Der Christ Chlodwig, dem seine Familie nichts mehr galt, wollte jedoch ganz sicher sein, daß er wirklich alle Verwandten beseitigt hatte. So ließ er die Franken zusammenrufen und klagte: »Weh mir, daß ich nun wie ein Fremder unter Fremden stehe und keine Verwandten mehr habe, die mir, wenn Unglück über mich kommen sollte, Hilfe gewähren könnten.« Das sprach er, wie Gregor von Tours meint, nicht aus Schmerz um deren Tod, sondern um festzustellen, ob sich vielleicht doch noch einer fände, den er zu töten vergessen hatte. Gregor bemerkt dazu: »Gott unterwarf ihm täglich seine Feinde und vermehrte sein Reich, weil er mit gerechtem Herzen wandelte und tat, was in den Augen des Herrn gefiel.«

Was bei Chlodwig begann, setzten seine Söhne und Enkel fort. Die Geschichte der Merowinger ist eine einzige Folge von Heimtücke und Grausamkeiten: durch Gift, List und im offenen Kampf brachte sich die Familie gegenseitig um. Schlimm waren die Männer, schlimmer die Frauen. Die Damen des Nibelungenliedes spiegeln – es ist nur ein schwacher Abglanz – die Rachsucht dieser Königinnen wider. Einer Fredegund, einer Brunhilde scheint jedes Mittel recht gewesen zu sein, und so rücksichtslos, wie sie ihren Gegnern gegenüber waren, so erbarmungslos wurde ihnen vergolten: die alte Königin Brunhilde wurde schließlich auf Befehl von Verwandten mit ihren Beinen an wilde Pferde gebunden und zu Tode geschleift. Und was trat an die Stelle der Familienbindungen?

Als Anfang des 4. Jahrhunderts Kaiser Konstantin sich zum Christentum bekehrte, verglichen führende christliche Geistliche in immer neuen Wendungen den Kaiser mit Gott. Eusebius von Caesarea tat sich besonders hervor. Wie ein Gott über die Welt herrsche, habe Konstantin über das Menschengeschlecht zu regieren. Er verglich den Kaiser mit der Sonne, die allen ihre Strahlen voller Huld zukommen lasse. Der Kaiser sei das Licht, das Gott in die Dunkelheit sende, er zerstreue alle Nebel, seine Feinde seien düster und verworren. Der Kaiser gleiche auch Jesus Christus, dem »Heiland und Seelenarzt«. Ob er Barbaren zähme, Aufständische durch Ermahnungen unterwerfe, christliche Häresien überwinde, immer sei er dem »Arzte« Jesus ähnlich.

Diese Vorstellungen ließen sich jedoch nicht ohne weiteres auf Chlodwig und das Frankenreich übertragen, denn nach Eusebius bestand eine Beziehung zwischen dem einen Gott, der die Welt regiert, der einen Sonne, die die Erde erleuchtet, und dem einen Kaiser, der über das Weltreich herrscht. Chlodwig aber herrschte nicht über ein Weltreich. Ein Bischof, Avitus von Vienne, dem die in Ostrom herrschenden Vorstellungen vertraut waren, versuchte allerdings, dem neubekehrten Chlodwig ähnliche Aufgaben zuzuweisen. Chlodwig habe die Pflicht, sich auch um Heiden zu kümmern, wie der Kaiser, dem ja die ganze Welt untertan zu sein hatte. Aus diesem Grund solle er ihnen Gesandtschaften schicken, vielleicht sogar ihre Länder erobern.

Im Westen herrschte sonst eine andere Tradition. Augustin, der Lehrmeister des Abendlandes, hatte versucht, vom Frieden her eine christliche Herrschaft zu rechtfertigen. Er starb 430 in seiner Bischofsstadt Hippo Regius während einer Belagerung durch die Vandalen. Sein ganzes Sehnen galt dem Gottesstaat. Dieser Gottesstaat bestand schon auf Erden – ihm gehörten alle Gläubigen an, von Gott auserwählt, nach dem Tode Gott zu schauen –, und so machte sich Augustin Gedanken darüber, wie diese Gemeinschaft sich zum irdischen Staat verhalten sollte. Die Glieder des Gottesstaates zeichnen sich durch ihre Liebe aus, durch die sie in Ruhe und Frieden leben. Da der Mensch hier auf Erden aber keineswegs sich von Liebe, sondern eher von der Gier nach Lust, Besitz und Macht leiten läßt, muß mit Gewalt für Aufrechterhaltung des Friedens gesorgt werden. »Folglich bedarf auch das himmlische Reich bei seiner Pilgerschaft hier des irdischen Friedens.« Für diesen Frieden vermag nur ein Herrscher sich wirkungsvoll einzusetzen. Das legitimiert seine Maßnahmen. Ein christlicher Herrscher kann darüber hinaus durch Gerechtigkeit, durch Scheu vor Überheblichkeit, durch Dienst für den Kult Gottes und seine Liebe zum Gottesreich sich auszeichnen und lieber »über seine Begierden als über seine Völker befehlen«. Diesen Forderungen sollte im Grunde jeder Christ genügen. Nichts spricht dafür, daß für Augustin ein Herrscher auf Grund seines Herrschertums Gott besonders nahe stand. Er hat sich wie alle Christen zu sehnen, nach dem Tod als Bürger des Gottesreiches seinem Herrn gegenüberzutreten. »Dort werden wir ganz frei sein, dort werden wir sehen und werden wir lieben, dort werden wir lieben und werden wir loben.« Ob Chlodwig von den Gedanken Augustins etwas erfahren hat, ist zweifelhaft. Sie sollten erst in späterer Zeit ihre Fruchtbarkeit zeigen.

Die Formen christlichen Herrschertums wurden im Westen noch von anderer Seite beeinflußt. Etwa zur Zeit Chlodwigs lebte in Mittelitalien Benedikt von Nursia – er starb ein paar Jahrzehnte nach dem Merowinger. Benedikt hatte nach seinem Studium in Rom zuerst als Einsiedler in der Nähe von Subiaco sich der Askese gewidmet. Nachdem Versuche, dort ein Kloster zu leiten, fehlgeschlagen waren, zog er schließlich als Abt nach Monte Cassino. Aus der von Benedikt hinterlassenen Regel geht hervor, daß die Mönche unter ihrem Abt das Böse zu bekämpfen hatten, mochten sie es als Dämonen sinnfällig erblicken oder nur in sich selbst spüren. In diesem Kampf befahl der Abt, und sie hatten dem Abt zu gehorchen. Er seinerseits mußte die Mönche bedrängen, beschwören, anfahren, tadeln, durfte auch vor Schlägen nicht zurückscheuen. Denn er war Gott für die ihm Anvertrauten beim Jüngsten Gericht Rechenschaft schuldig wie ein Hirte, dem Schafe überantwortet waren. Benedikt forderte also in Anlehnung an ältere, aus dem Osten stammende Vorbilder vom Abt ein besonderes Verantwortungsgefühl, das auf jeden anderen Herrn, auch auf christliche Herrscher übertragen werden konnte. Zwar war von Verantwortung im Neuen Testament nicht die Rede, aber an sie zu denken schien jetzt nahezuliegen. So hat Ende des 6. Jahrhunderts auch Papst Gregor der Große christliche Fürsten darauf aufmerksam gemacht, daß sie beim Jüngsten Gericht für ihre Untertanen Gott Rechenschaft schuldig seien, daß sie sich also ihrer Verantwortung bewußt zu sein hätten. Hier setzte eine Entwicklung ein, die für das Abendland außerordentlich folgenreich wurde. Liebe und Verantwortungsgefühl, die ja keineswegs miteinander zusammenzuhängen brauchen, schienen fast zu identischen Begriffen geworden zu sein. Solche Gedanken lagen Chlodwig fern.

Die Germanen waren es, wie wir sahen, gewohnt, im Menschen den Träger eines Heils, einer eigentümlichen Kraft zu sehen. Von dieser Kraft spürten die fränkischen Christen am meisten bei den Heiligen. Sie, die Wunder vollbringen konnten, erregten immer wieder die Aufmerksamkeit der Neubekehrten, und die Geistlichen sorgten dafür, daß die Franken die Rechte und Güter dieser Heiligen respektierten, deren Gebeine in Kirchen und Klöstern ruhten.

Auf dem Feldzug gegen die Westgoten kamen fränkische Truppen durch das Gebiet des heiligen Martin von Tours. Chlodwig befahl, hier nur Gras und Wasser, also das Futter für die Pferde, zu requirieren. Einen Soldaten, der Heu zu fordern wagte, schlug er eigenhändig nieder. »Denn wie sollten wir auf den Sieg hoffen, wenn wir den heiligen Martin beleidigen.« So berichtet Gregor von Tours. Das mag – er lebte Jahrzehnte nach Chlodwig – Legende sein. Doch auch die Geschichten, die Gregor aus seiner eigenen Zeit erzählt, zeigen, wie genau Merowinger die Rechte der Heiligen achteten. Chlothar widerrief einen Steuererlaß, da er die Kraft des heiligen Martin fürchtete, Guntchramn begnadigte dem heiligen Martin zuliebe einen Schuldigen, Chilperich glaubte so intensiv an die lebendige Realität des Heiligen, daß er einen Brief an das Grab Martins schickte und auf eine Antwort des Heiligen wartete. Um sich der wundertätigen Kraft des Heiligen zu versichern, ließen die Merowinger Könige ein Kleidungsstück des heiligen Martin am Hof aufbewahren: seine *cappa*. Da die Hofgeistlichen für sie zu sorgen hatten, wurden sie die »Kaplane« genannt.

In dieser Heiligenverehrung unterschieden sich adlige Germanen bald nicht mehr von der alteingesessenen christlichen Bevölkerung. Gregor von Tours – einer der gebildetsten Männer seiner Zeit – glaubte fest an Martins wunderbare Macht. Er schluckte – mit bestem Erfolg, wie er berichtet – Wasser gegen seine Magenkrankheiten, in das er Erde vom Grab des heiligen Martin gemischt hatte. Wollten diese Geistlichen Ketzer bekehren, so ließen sie sich nicht auf dogmatische Diskussionen ein, sondern wiesen auf die Wunder hin, die Heilige bei ihnen ausrichteten. Nicetius, der Bischof von Trier, etwa schrieb an Chlodosuinda, eine mit einem Arianer verheiratete Langobardenkönigin, sie solle doch ihren Mann veranlassen, am Festtag des »Herrn Martin« Leute nach Tours zu senden. Sie könnten sich dort überzeugen, daß durch Martins Wunderkraft die Blinden zu sehen, die Tauben zu hören und die Lahmen zu gehen vermöchten. Solche Wunder geschähen bei den Katholiken, folglich müßten sie den rechten Glauben haben.

Die einfachen Franken haben in der Heiligenverehrung ihren Herrschern und Geistlichen sicher nachgeeifert. Daneben werden sie im König auch weiterhin den Mann verehrt haben, den besonderes Heil auszeichnete. Heiligenverehrung und Achtung vor den Königen wurden im Volk oft kaum unterschieden. So rissen Franken vom Gewand Guntchramns Fetzen los, um sie, in Wasser aufgelöst, Kranken als Medizin zu reichen.

Doch nicht alle Christen begnügten sich damit, von den Herrschern zu fordern, sie sollten die Rechte der Heiligen respektieren. Vor allem die iroschottischen Mönche nahmen Anstoß am sittlichen Verhalten der Königsfamilie, das sich mit den Geboten des Christentums so schlecht vereinen ließ. Seit Ende des 6. Jahrhunderts zogen sie als Pilger durch fränkisches Gebiet und ließen sich in Luxeuil, St. Gallen, Bobbio nieder. Die Klosterregel ihres bedeutenden Abtes Columban verbreitete sich bald im Frankenreich. Columban setzte fest, wie viele Schläge ein Mönch für ein Vergehen zu erwarten hatte; er war außerordentlich streng. Auch für Laien schrieben die Iroschotten Bußordnungen vor. Jede kleinste Sünde wurde mit harten Strafen bedroht. Mit den Bußordnungen bürgerte sich die Ohrenbeichte ein, eine neue, bis dahin unbekannte Sitte. Damals lebte Chlodwig nicht mehr. Was hatte er erreicht?

Chlodwig kämpfte, nachdem er das Reich des Syagrius erobert und die Alemannen überwunden hatte, gegen die Burgunder (500), freilich ohne Erfolg, und gemeinsam mit den Burgundern gegen die Westgoten (508). Obwohl er die Westgoten unter Alarich II. in der Nähe von Poitiers besiegte, gelang es ihm nicht, an das Mittelmeer vorzudringen, dessen Küstensaum die Westgoten mit Unterstützung des Ostgotenkönigs Theoderich erfolgreich verteidigten. Dieser ließ ihnen Septimanien und das Land südlich der Garonne, für sich selbst beanspruchte er die Provence. 511 starb Chlodwig.

Nach seinem Tod wurde die Herrschaft unter vier Söhnen geteilt. Trotz aller Spannungen untereinander setzten sie zunächst die Außenpolitik des Vaters fort. 531 unterwarf der älteste Sohn Theuderich die Thüringer, seine Brüder hatten inzwischen gegen die Burgunder gekämpft, deren Reich 534 endgültig erobert wurde. 536 trat der Ostgotenkönig Witiges den Merowingern die Provence ab. Im selben Jahr unterwarf Theudebert, der Sohn Theuderichs, alemannische und bayrische Gebiete. Sein Großvater Chlodwig hatte sich noch vom byzantinischen Kaiser Anastasios I. 508 zum Konsul ernennen lassen und Königsornat mit Diadem und Purpur empfangen. Theudebert aber strebte eine kaisergleiche Stellung an. Er nannte sich Augustus, ließ Goldmünzen in eigenem Namen schlagen; doch sein Tod 548 machte alle weiteren Pläne dieser Art zunichte.

Ein Sohn Chlodwigs, Chlothar I., konnte 558 das Reich noch einmal vereinen, doch auch er hatte vier Söhne, unter die erneut geteilt wurde. Einer von ihnen starb früh, so kam es zu einer Dreiteilung, die dann für die Zukunft die maßgebliche Gliederung des Frankenreiches brachte: im Osten Austrien mit Reims und Metz, im Westen: Neustrien mit Paris und Soissons, und dann Burgund, das eine eigene alte Tradition besaß. Die Abgrenzungen in den einzelnen Reichsteilen wurden nach dem Besitz der königlichen Familie vorgenommen, auf völkische Unterschiede nahm man nicht weiter Rücksicht. In dieser Generation nahmen die Familienzwiste kein Ende: von Chlothars Söhnen wurden 575 Sigibert ermordet, 584 Chilperich. Unheilvoll war der Einfluß der Frauen.

Während die Könige stritten, breiteten sich die Franken auf ehemaligem Fiskalbesitz oder auf herrenlos gewordenem Gut aus. Nur im Norden siedelten sie dichter, und selbst dort, nördlich der Seine, betrug der germanische Anteil der Bevölkerung kaum mehr als fünfzehn bis dreißig Prozent. Im Süden, in Aquitanien und im Rhônetal, wo die Franken noch die spätrömische Ständeordnung mit einer bedeutenden Senatorenschicht vorfanden, änderten sie wenig. Die Senatoren besetzten nach wie vor die führenden Stellen in der Verwaltung – wahrscheinlich waren sie dem fränkischen Adel in ihren Rechten gleichgestellt.

Kulturell war der Süden, das Gebiet zwischen Loire und Rhône, dem Norden lange Zeit überlegen. Hier lebte Gregor von Tours, und in der Nachbarschaft von Poitiers ließ sich Venantius Fortunatus nieder. Was das Recht anging, löste sich der Norden von den südlichen Provinzen. Im Norden setzte sich germanisches Gewohnheitsrecht durch, im Süden hingegen folgte die Bevölkerung weiterhin den im römischen Recht formulierten Gesetzen. Auch auf diese Unterschiede nahmen die Merowinger bei ihren Reichsteilungen keine Rücksicht.

Die ständigen Auseinandersetzungen innerhalb des Königshauses ließen natürlicherweise den Adel immer mächtiger werden, vor allem die Hausmeier, die an Stelle der Könige für Ordnung in den einzelnen Reichen zu sorgen hatten. Sie führten im 7. Jahrhundert die Kämpfe der Könige.

Hausmeier im Osten unter König Dagobert war Pippin. Er unterstützte zusammen mit dem Bischof Arnulf von Metz die königliche Politik. Sein Sohn Grimoald hingegen suchte sich von der merowingischen Königsfamilie zu lösen, ein Versuch, der auf heftigen Widerstand im Adel stieß: Grimoald wurde in Paris zum Tode verurteilt. Demselben Geschlecht entstammte ein anderer Pippin – er war mit Arnulf von Metz verwandt. Auch Pippin der Mittlere – wie er später genannt wurde – errang die Hausmeierwürde in Austrien und siegte 687 über das Heer der Neustrier in der Schlacht bei Tertry. Ein Jahr später führte er auch für Neustrien den Titel eines Hausmeiers. So wurde Neustrien von Austrien besiegt, dem Gebiet, das am weitesten von den alten Kulturzentren entfernt lag.

Kannten die ersten Merowinger noch gebildete Laien, die zu schreiben verstanden und als *referendarii* die Verwaltung führten, so waren Laien mit diesen Fähigkeiten im Austrien des 7. Jahrhunderts kaum noch zu finden. Die Verwaltungsgeschäfte gingen, soweit sie schriftlich blieben, in die Hände von Geistlichen über. Auch die zentrale Macht des Hofes schwand in einem langsamen Prozeß. Bereits 614 hatte Chlothar II. in einem Edikt versprochen, den Adel für die Verluste zu entschädigen, die ihm die Kriege zwischen den merowingischen Königen zugefügt hatten. Die Herrschaft ruhte immer deutlicher auf einzelnen Herren, die Stelle des aus der Antike bekannten öffentlichen Bereichs nahmen die Rechte der verschiedenen mächtigen Personen ein. In althochdeutschen Glossen übersetzte man das lateinische *publicus* (öffentlich) mit »königlich«. Königsrecht wurde, was einst öffentliches Recht war. Privat war nicht mehr das Recht des Einzelnen im Unterschied zu dem des Staates, sondern das Recht der Menschen, die keine Könige waren. Im Ausdruck »Privaturkunden« ist in der Urkundenlehre die mittelalterliche Terminologie erhalten geblieben.

Dieser Wandel wirkte sich auch zuungunsten des merowingischen Geschlechts aus. Der König konnte sich nicht mehr auf ein öffentliches Recht berufen. Seine in Gallien erworbenen Rechte waren durch Teilungen, Veränderungen in der Verwaltung und in den ständigen Kämpfen zwischen den einzelnen Familienmitgliedern immer weiter geschmälert worden. So sank das Ansehen dieser Familie, die ihre Abstammung nicht mehr auf heidnische Götter zurückführen konnte. Der Mächtigste im Frankenreich war nach 687 der Hausmeier Pippin. Aber genügte seine persönliche Macht, das Frankenreich zusammenzuhalten und sich – dank seiner Autorität – bei den anderen Adligen durchzusetzen?

Persönliche Autorität besaßen damals die Heiligen, mochten sie Wundertäter sein oder sich, wie die iroschottischen Mönche, den strengen Forderungen der Askese unterwerfen. Die Frage, von der die Zukunft des Frankenreiches abhing, war, ob es Pippin gelingen würde, ein ähnliches, vielleicht ebenfalls im Religiösen wurzelndes Ansehen zu erwerben. Sie wurde nicht von den Franken entschieden, keine ihrer alten Traditionen half. Vielmehr waren es Angelsachsen, bei denen sich neue, unerwartete Formen religiösen Lebens verbreitet hatten, die den Franken und dem Geschlecht Pippins zu Hilfe kamen.

Ein neues Königsgeschlecht

Wenige Jahre, bevor der Arnulfinger Pippin in der Schlacht bei Tertry sich die Herrschaft über Neustrien sicherte, trat auf Wunsch König Oswys von Northumbrien in Streaneshalch eine Synode zusammen (664). Auf ihr entschied Oswy, daß er und sein Land in Zukunft den Gebräuchen der römischen Kirche folgen wollten. Was war geschehen?

Papst Gregor der Große hatte 597 Missionare nach England gesandt. Nach anfänglichen Erfolgen verlor die junge Kirche jedoch bald an Bedeutung, die Verbindung mit Rom wurde schwächer. An Stelle der Römer traten Iren und Schotten, die ihrerseits die Angelsachsen für das Christentum zu gewinnen trachteten.

Die iroschottischen Geistlichen und Mönche waren zwar stolz darauf, Rom, den dort begrabenen heiligen Petrus und seinen Nachfolger innig zu verehren. Doch wichen sie in wichtigen Einzelheiten von den römischen Sitten ab. Ihre Mönche hatten das Haupt vorn kahlgeschoren, großen Einfluß sprachen sie den Klöstern zu, selbst Bischöfe waren von ihnen abhängig. Mehr Beachtung fand, daß sie das Osterfest nicht am selben Termin wie die Römer feierten. Alle diese Gewohnheiten führten die Iren auf Johannes, den Lieblingsjünger Jesu, zurück. Ihm und Columban wollten sie folgsam sein.

Ein Anhänger iroschottischer Regeln war auch König Oswy. Seine Frau aber – in Kent aufgewachsen – war nach römischen Bräuchen erzogen worden. So beschloß Oswy, beunruhigt durch die unterschiedlichen Tage der Kirchenfeste, diese Fragen zu klären. Er berief die erwähnte Synode nach Streaneshalch. Die Iren ließen sich durch einen Bischof Colman vertreten, die römische Gruppe wurde von einem Franken Adalbert geleitet; aber nicht er, sondern ein Northumbrier, Wilfrid, führte die Verhandlung.

Wilfrid, am Königshof erzogen, hatte einige Jahre in Rom gelebt und hegte seitdem eine besondere Verehrung für den Apostelfürsten Petrus. Auf der Synode erklärte er, die römische Tradition ginge auf Petrus zurück, Petrus aber wären die Schlüssel des Himmelreiches von Jesus selbst übergeben worden. Der König wandte sich an Colman und fragte, ob Wilfrid die Wahrheit gesprochen habe. Colman bejahte. Ob auch Columban eine solche Macht von Gott verliehen sei, Colman verneinte. Da entschied Oswy: »Da Petrus der Pförtner des Himmels ist, will ich ihm nicht widerstehen, sondern nach bestem Wissen und Gewissen ihm zu folgen suchen, damit, sollte ich an das Tor des Himmels kommen, einer da ist, der mir öffnet, und damit nicht der, der den Schlüssel hat, sich von mir wendet.«

Alsbald sorgte Oswy dafür, daß die Kirche seines Reiches römische Gebräuche übernahm. Sie wurde zunächst straffer organisiert. Als der Erzbischof von Canterbury starb, erbat sich Oswy vom Papst Vitalian einen Nachfolger. Und dieser, Theodor von Tarsos, ein griechischer Emigrant, stellte die unmittelbare Beziehung zum Papst wieder her. Diese Maßnahmen, so wichtig und folgenreich sie waren, beschränkten sich noch auf den institutionellen Bereich. Darüber hinaus war die Petrusverehrung Zeichen neuer, tiefer Religiosität. Oswy beunruhigte zunehmend stärker die Frage, welches Geschick ihn nach seinem Tode erwarten würde. Um sich des Himmelspförtners Gunst zu erwerben, gelobte er, schon schwerkrank, nach Rom zu ziehen. Das Versprechen konnte er aber nicht mehr erfüllen, da die Krankheit bald darauf zum Tode führte.

Nicht nur Oswy ergriff Unruhe beim Gedanken an das Sterben. Caedwal von Wessex hatte, fast noch ein Kind, ein Reich erobert. Erst dreißigjährig, beschloß er unter dem Einfluß Wilfrids, Christ zu werden, ließ sein Land im Stich und pilgerte nach Rom. Dort taufte ihn Papst Sergius I. auf den Namen Petrus. Caedwal erkrankte und starb nach wenigen Tagen; der Tod in der Nähe des Apostelgrabes soll sein sehnlichster Wunsch gewesen sein. Nach einer längeren Regierungszeit zog sein Nachfolger Ine ebenfalls nach Rom, um »in der Nähe der heiligen Stätten eine Weile auf Erden zu pilgern, damit er desto trauter von den Heiligen im Himmel aufgenommen würde«. So berichtete uns Beda Venerabilis, der die Geschichte Englands jener Jahrzehnte schrieb. Was bedeutete Petrus diesen Adligen?

Petri Leben war aus den Evangelien und der Apostelgeschichte bekannt. Späteren Berichten zufolge soll er im Alter nach Rom gekommen sein. Als Apostel war er auch im merowingischen Frankenreich hochgeschätzt. Doch für die Franken stand er nicht an erster Stelle. Wieviel mehr Tote hatte doch Martin von Tours wiedererweckt! Aber Petri Ansehen gründete nicht auf der Zahl seiner Wunder; sein Ruhm war es, daß Jesus ihn vor den anderen Aposteln zum Himmelspförtner erwählt hatte. So mußte die Autorität Petri besonders von denen geachtet und gefürchtet werden, die sich darum sorgten, was nach dem Tode mit ihnen geschehen würde.

Die Petrusverehrung der Angelsachsen läßt sich also keineswegs auf eine Germanisierung des Christentums zurückführen. Petrus wurde vielmehr verehrt, weil die Angelsachsen sich zunehmend Gedanken über ihr eigenes ewiges Leben machten. Weshalb dieses Interesse – ganz überraschend – einsetzt, ist für Oswy, Caedwal und Ine wohl nicht zu beantworten, aus diesen Generationen fehlen noch die Zeugnisse. Die Petrusverehrung und ihre Auswirkungen, die Pilgerfahrten nach Rom, sind zu beobachten, aber nicht die Ursache dieser Frömmigkeit.

Erst spätere Generationen kennen wir besser. Jetzt beschränkten sich allerdings die Angelsachsen nicht mehr darauf, Beziehungen zu Petrus und seinem Nachfolger in Rom aufzunehmen, sondern sie begannen darüber hinaus, als Missionare durch Nord-, Mittel- und Westeuropa zu ziehen. Am bekanntesten wurde Winfrid, der sich vom Papst in Rom bei seiner Priesterweihe Bonifatius nennen ließ. Wieder eine Generation später lebte Alkwin, der Berater und Freund Karls des Großen, wohl der gelehrteste aller Angelsachsen.

Die missionarische Aktivität dieser Männer war eng mit ihrem Petrusglauben verbunden. Bonifatius, der bei Friesen, Sachsen, Thüringern, Alemannen und Bayern predigte und die fränkischen Kirchen Rom unterstellte, hat sich vom Nachfolger Petri die Erlaubnis für seine Handlungen geholt, er hat den Papst in allen möglichen, uns ganz belanglos dünkenden Fragen immer wieder um Rat gebeten. 722 wurde Bonifatius vom Papst zum Bischof geweiht, 732 zum Erzbischof erhoben. Dabei gelobte er dem heiligen Apostelfürsten und seinem Stellvertreter, an Reinheit und Einheit des Glaubens zum Nutzen der römischen Kirche festzuhalten, der von Gott die Macht gegeben worden war, zu binden und zu lösen. Er unterstellte sich dem Papst, wie sonst nur die unmittelbar Rom untergeordneten Bischöfe Italiens.

Auch in der Mission bekannte sich Bonifatius zum Apostelfürsten. Aus dem Holz der von ihm in Geismar gefällten Donareiche ließ er eine Petruskapelle bauen; Fritzlar und vor allem Fulda, seine größte Klostergründung, wurden Petrus und Paulus geweiht. Aus England ließ er sich die Petrusbriefe kommen. Die Schrift sollte golden sein, damit er beim Predigen seinen Zuhörern die hohe Bedeutung dieser Worte auch sinnfällig vorzuweisen vermochte. Er hing an den Briefen des Mannes, der ihn auf die Fahrt gesandt hatte, ihn, den »Boten Petri«.

Bonifatius beschränkte sich nicht darauf, den Heiden das Christentum zu bringen, ihm lag auch daran, Christen zurechtzuweisen – in Predigt und in Ermahnung. Seine Briefe sind voll von Ermahnungen; dies ist allerdings keine Eigentümlichkeit allein seiner Schreiben, auch die Briefe Alkwins, die Briefe zahlreicher Angelsachsen bringen lange, sich gegenseitig mahnende Ansprachen: sie waren alle miteinander verbunden. Zu diesem Freundeskreis gehörten Geistliche, Mönche und Nonnen, auch einzelne weltliche Herren. Oft beteuern Freunde ihre Zuneigung überschwenglich. Alkwin wünschte sich, Vergil zu sein, damit sein Freund sich mit ihm beschäftigte. In einem Brief heißt es: »Oh, wenn ich eine eiserne Stimme hätte und alle Haare sich in Zungen verwandelten, so daß zu den Ohren deines Herzens die Worte meiner Liebe gelangen könnten. Du würdest mir dann wohl glauben und spüren, mit welch süßem Duft der Liebe meine Brust erfüllt ist.« Klingt manches rhetorisch übersteigert, so sind andere Schriftstücke Zeugnisse rührender Sehnsucht. Eine Nonne schickt Bonifatius Geschenke, »damit du mich nicht in der Fremde der Vergessenheit übergibst«, andere teilen mit, daß nach dem Tod ihres leiblichen Bruders Bonifatius der Mann ist, der ihnen am nächsten steht. »Ich umarme deinen Hals mit den Umarmungen einer Schwester.«

Wichtiger als weltlicher Trost war den Freunden bei diesen Bindungen die gegenseitige Ermahnung. Die »heilige« Ermahnung folgte unmittelbar aus der Freundschaft. Bonifatius bemerkt etwa, als er einen König hatte zurechtweisen lassen: »Wir richten diese Ermahnungen an den König aus reiner Freundschaft der Liebe.« Manchmal weiß der Briefschreiber, daß der Empfänger vollkommen ist, so daß es keiner Zurechtweisung bedarf. Doch er ermahnt, denn ihm ist es darum zu tun, seine Freundschaft offenbar werden zu lassen. Alkwin schrieb: »Ich weiß, daß Ermahnungen bei dir nicht nottun, ich ermahne nur, um die Treue der wahren Liebe zu zeigen.« Freundschaft und Ermahnung gehören eng zusammen, so daß Alkwin zu Ethelred von Northumbrien sagen konnte: »Weil ich dich immer lieben werde, werde ich nie aufhören, dich zu ermahnen.«

Schließlich verlangte diese freundschaftliche Liebe auch, für den Freund zu beten und nach seinem Tode Messen für ihn zu feiern. Nonnen versprachen Bonifatius Gebete und baten ihn, auch für sie zu beten. Und Karl der Große, der ebenfalls zu diesem Freundeskreis gehörte, ließ für seinen verstorbenen Freund Papst Hadrian Gebete sprechen. Dabei, so schrieb er, hätte er keinen Zweifel, daß der Papst sich in ewiger Ruhe befände. Wichtig sei ihm nur, daß »wir die Treue und Liebe zeigen, die wir unserem teuersten Freunde zukommen lassen«. Diese Gebete füreinander waren regelrecht organisiert, es bildeten sich Gebetsbrüderschaften; wenn man ihnen beitrat, hatte man die Gewißheit, daß für einen nach dem Tode gebetet wurde. Diese Gebetsbrüderschaften entstanden im 6. und 7. Jahrhundert im angelsächsischen Bereich, vom 8. Jahrhundert an auch im Frankenreich.

Aus allen Berichten geht hervor, wie sehr den Freunden daran gelegen war, ihre Freundschaft offenbar werden zu lassen, sie zu »zeigen«. Alkwin an Rado, den Abt von St. Vaast: »Ich habe diesen kleinen Brief frommer Ermahnung dir nicht als einem Unwissenden zugeschickt, sondern damit ich die Treue der wahren Liebe zeige, die in meiner Brust wohnt. Was ist ein Freund, der sich nicht durch Worte kundtat?« Und an Richbod, den Trierer Erzbischof: »Was nützt deine verborgene Weisheit oder ein unsichtbarer Schatz oder eine stumme Liebe, warum bewegst du nicht die Zunge zum Diktieren, die Hand zum Schreiben? Warum eilt nicht dein mahnender Brief?«

Liebe und Freundschaft haben eindeutig religiösen Charakter. Wie Alkwin schreibt, ist es der Heilige Geist, der die Freundschaft begründet, der Heilige Geist, der sie wiederherstellt. Deshalb ist sie von ewiger Dauer, »denn die Freundschaft, die aufhören kann, war keine wahre Freundschaft«. Freundschaft hängt mit dem christlichen Glauben zusammen; auch er wird von Gott im Menschen hervorgerufen: »Freundschaft ohne Glauben ist leer – oder genauer, es ist gar keine Freundschaft.« Gott weckt diese Freundschaft, und der Gläubige bleibt, solange er sich von der »Liebe der Freundschaft« leiten läßt, in Gott.

Hier wird also Zeugnis für eine religiöse Erfahrung abgelegt, in der der Mensch sich von Gottes Liebe erfüllt weiß. Er hat damit Teil an einer Seite des göttlichen Wesens, weiß sich über den Bereich des Zeitlichen, Vergänglichen hinausgehoben. Gestützt auf diese Erfahrung, die zum Mahnen, Predigen und damit zum Missionieren antrieb, handelten die Angelsachsen. Ob sie auch Anlaß für ihr lebhaftes Interesse am Leben nach dem Tod, am »ewigen« Leben, war, läßt sich mit Sicherheit nicht entscheiden. Allerdings ist auffällig, daß diejenigen Menschen sich besonders heftig und unbedingt von dieser freundschaftlichen Liebe bestimmen ließen, deren Sorge um ihr eigenes ewiges Leben, die sich in der Bindung an den Himmelspförtner äußerte, intensiv war: je größer der missionarische Eifer – man denke an Bonifatius –, um so leidenschaftlicher das Bekenntnis zu Rom. Wer in der »Freundschaft« etwas von Gottes Ewigkeit verspürt hatte, schien all sein Sinnen darauf gerichtet zu haben, durch Petri Vermittlung einst auch am ewigen Leben teilzuhaben.

Pippin der Mittlere, der Sieger von Tertry, hat wenigstens zu einem dieser Missionare engere Beziehungen aufgenommen, zu dem Northumbrier Willibrord, der in Westfriesland missionierte (690). Er schenkte ihm Besitzungen um Echternach (697/698). Wenn uns richtig berichtet wird, hat ihn Pippin auch einmal nach Rom gesandt. In Rom weihte Papst Sergius I. Willibrord zum Erzbischof (695) und verlieh ihm den Namen Clemens. Sitz seiner Kirche sollte Utrecht sein. Als jedoch Pippin 714 starb, mußten die Missionare Friesland wieder aufgeben.

Nach Pippins Tod kamen Wirren über das Reich. Pippins Witwe Plektrudis führte für unmündige Enkel – die legitimen Söhne waren bereits früher gestorben – die Regierung. Sie hatte nicht viel Glück. Die Neustrier erhoben sich und erschienen mit einem Heer vor Köln (716). Die Hausmeierin Plektrudis wurde gezwungen, den in Neustrien nominell herrschenden Merowinger anzuerkennen. In dieser Situation wendete ein unehelicher Sohn Pippins, Karl Martell, das Geschick. Er kämpfte gegen die Neustrier, allerdings auch gegen die Witwe seines Vaters und wurde, unterstützt von den Aquitaniern, schließlich Sieger.

Kaum hatte Karl Martell die Herrschaft im Frankenreich errungen, mußte er sie gegen äußere Feinde verteidigen. Seit 722 griffen Araber an, die sich in Spanien niedergelassen hatten. Als treue Anhänger ihres Propheten Muhammad war es ihnen Pflicht, im Heiligen Krieg die Herrschaft der Gläubigen, die sich in Gottes Willen ergeben hatten (Islam), über die Erde zu verbreiten. 711 war einer ihrer Feldherren von Nordafrika nach Spanien übergesetzt. Der Hügel, bei dem er gelandet war, erhielt seinen Namen: *Dschebel al-Tāriq*, Gibraltar. Im selben Jahr noch gelang es ihm, den letzten Westgotenkönig Roderich zu besiegen. Nur im Norden, im Pyrenäengebiet, hielten sich kleine christliche Herrschaften. Die Macht der über die Pyrenäen vordringenden Araber war freilich nicht mehr groß; die Landschaft Südfrankreichs mag ihren Schwung gelähmt haben, die so wenig Ähnlichkeit mit den Wüsten Arabiens und Afrikas besitzt. Wie dem auch sei, es gelang Karl Martell 732, die Araber zwischen Tours und Poitiers zu schlagen, ihr Heerführer 'Abd ar-Rahmān fiel in der Schlacht.

Karl Martell hatte sich auf die Kampfesweise der Araber eingestellt und ein Heer berittener Krieger aufgeboten. Um dieser Reiterei einen sicheren Lebensunterhalt zu verschaffen – und sie wohl gleichzeitig an seine Person zu binden –, übereignete ihr Karl Besitzungen der Kirchen als Lehen. Auch sonst suchte Karl auf Kosten der Kirche mächtige Adelsfamilien für sich zu gewinnen. Er wählte die Bischöfe aus ihren Kreisen und scheute sich nicht, auch Laien diese Würde anzutragen; oft wurde ein Bistum, so in Mainz und Trier, vom Vater auf den Sohn vererbt.

Solche Sitten mußten den Angelsachsen mißfallen. Ob sie es wagten, Karl Martell zu widersprechen, wissen wir nicht. Jedenfalls zogen sie sich aus seinem Reich zurück und widmeten ihre Tätigkeit anderen Ländern. Bonifatius ließ sich zwar von Karl Martell einen persönlichen Schutzbrief ausstellen, befaßte sich aber hauptsächlich mit der Mission und Reform in Bayern; 739 legte er die Rechte der Diözesen Passau, Regensburg, Salzburg und Freising fest. Karl Martell wahrte auch Distanz zu Petrus und dessen Nachfolger in Rom. Als der Papst um Hilfe gegen die Langobarden bat, zeigte sich der Franke nicht bereit, diesem Wunsch zu entsprechen. Immerhin ließ sich Karl in eine Gebetsbrüderschaft des Klosters Reichenau eintragen, das dem heiligen Petrus geweiht war; und selbstverständlich bereitete er der Mission keine Schwierigkeiten, solange sie dem fränkischen Interesse nützlich war. Wichtiger und folgenreicher wurde allerdings, daß er seine beiden Söhne Karlmann und Pippin auf eine Weise erziehen ließ, daß sie, aufgeschlossen für die neue Religiosität, sich den Gedanken der Angelsachsen zuneigten. So setzten sie fort, was ihr Großvater Pippin einst zaghaft begonnen hatte.

Bereits ein Jahr nach dem Tode Karl Martells wurde eine Synode zusammengerufen. Sie stand unter der Leitung des Erzbischofs Bonifatius, »der ein Gesandter des heiligen Petrus ist«. Die Beschlüsse dieser Synode wurden von Karlmann veröffentlicht. Bisher war dies im Frankenreich Aufgabe der Bischöfe gewesen, angelsächsische Herrscher hingegen hatten, entsprechend ihren religiösen Interessen, bereits selbst synodale Beschlüsse publiziert. Die beiden jungen Hausmeier dachten sogar daran, entfremdetes Kirchengut den Geistlichen zurückzugeben, ein Plan, der sich allerdings als undurchführbar erwies.

Im nächsten Jahr kämpfte Pippin gegen die Bayern. Zu seinem Erstaunen fand er bei seinen Gegnern einen päpstlichen Legaten, der ihm im Namen des Papstes verbot, die Schlacht zu eröffnen. Trotzdem begann Pippin den Kampf, und sein Heer siegte. Als er den gefangenen Legaten wiedersah, soll er gesagt haben: »Du bist kein päpstlicher Legat und hast nicht im Auftrag des Papstes gesprochen, wie hätten wir sonst siegen können.« Offensichtlich war ihm unvorstellbar, daß gegen den Willen des Apostels Petrus und seines Nachfolgers ein Feind zu überwinden war. Auch Karlmanns Bindung an den Apostelfürsten wurde enger und persönlicher. Die ersten Jahre nach dem Tod des Vaters hatte er mit Pippin gegen ihren Stiefbruder Grifo gekämpft. Kaum war die Herrschaft gefestigt, verzichtete Karlmann auf seinen Teil, um sich in der Nähe von Rom in ein Kloster zu begeben. Vom Monte Soracte, bei dessen Mönchen er zuerst weilte, zog er sich später weiter nach Süden in das Kloster Monte Cassino zurück.

Immer mehr fränkische Geistliche bekannten sich nun zu Petrus. Zwar schätzten nicht alle den Angelsachsen Bonifatius – sein Einfluß wurde im Laufe der Jahre geringer, wenn er auch noch die Bistümer Buraburg, Würzburg und Erfurt einrichtete. Trotzdem machten sie sich die von ihm vertretenen Gedanken und Forderungen zu eigen. 747 ließen Franken in Rom eine Urkunde am Grab des Apostels niederlegen, in der zu lesen stand: »Wir haben beschlossen und bekennen, einig und der Römischen Kirche unterworfen, den katholischen Glauben bis zum Ende unseres Lebens zu bewahren, uns dem heiligen Petrus und seinem Stellvertreter unterzuordnen, als Erzbischöfe das Pallium vom römischen Stuhl zu erbitten und in allen Dingen die Vorschriften des heiligen Petrus zu befolgen, um so zu den Schafen gezählt zu werden, die ihm anvertraut sind.«

Als der Hausmeier Pippin – nach dem Verzicht seines Bruders Karlmann – der mächtigste Mann im Frankenreich geworden war und einen neuen Aufstand seines unruhigen Stiefbruders Grifo überwunden hatte (749), suchte er seine Stellung zu legitimieren. Repräsentant der neuen lebendigen Religiosität, wird er wie die Angelsachsen überzeugt gewesen sein, in seinen Handlungen unter der Wirkung des Heiligen Geistes zu stehen. Gott selbst verleihe ihm besondere Autorität.

Pippin trachtete nun, wie »Petri Bote« Bonifatius, seine Entscheidungen mit den Wünschen des Nachfolgers Petri in Rom in Übereinstimmung zu bringen. Er ließ in Rom bei Papst Zacharias anfragen, wie er sich gegenüber den merowingischen Königen zu verhalten habe. Er wollte wissen, ob es gut sei, daß sie Könige genannt würden, während sie doch eine königliche Gewalt nicht mehr besäßen. Papst Zacharias antwortete, besser sei es, der würde König genannt, der auch über königliche Macht verfüge, so würde die Ordnung nicht verwirrt. Kaum hatte Pippin diese Antwort erhalten, ließ er dem letzten merowingischen Herrscher Childerich die Haare scheren und brachte ihn in einem Kloster unter. Er selbst wurde 751 in Soissons von den Franken zum König gewählt. Wahrscheinlich salbte ihn Bonifatius – möglicherweise im Rahmen einer Krönung. Dabei ließ Pippin sich wohl von dem Vorbild westgotischer Könige beeinflussen; denn bei den Merowingern war die Salbung nicht üblich. Wichtiger mag für Pippin gewesen sein, daß Gott, den Erzählungen des Alten Testaments zufolge, Saul zum König salben ließ: Gott sollte es sein, der dem neuen Herrschergeschlecht Autorität und Recht verlieh.

Bald hatte Pippin Gelegenheit, noch deutlicher darzutun, daß er anders als sein Vater zu Petrus und dessen Nachfolger stand. 751 besetzte Aistulf, der König der Langobarden, wieder Teile des byzantinischen Exarchats Ravenna im Norden Roms, 753 bedrohte er die Stadt selbst. Der byzantinische Kaiser war nicht in der Lage, dem Papst zu helfen. So erschien 754 Zacharias' Nachfolger, Stephan II., im Reich der Franken. Am 6. Januar wurde er in Ponthion feierlich von Pippin empfangen, der fränkische König ergriff den Zügel des päpstlichen Pferdes und gab dem heiligen Vater das letzte Stück des Weges das Geleit. Die nächsten Wochen zogen sich mit Verhandlungen hin. Schließlich schwor Pippin am 14. April in Quierzy dem heiligen Petrus und dessen Nachfolger einen Freundschaftseid: er ging mit dem Papst den Bund der Freundschaft ein. Er bekannte sich damit zur neuen Frömmigkeit, deren Formen er sich völlig zu eigen machte. Wie ein Angelsachse war er nun verpflichtet, dem »Freunde weltlichen Trost« zu gewähren. Pippin versprach in Quierzy, den Papst gegen die Langobarden zu unterstützen und Petrus ein *Patrimonium* zu sichern.

Dieser Schritt wurde nicht von allen Franken gutgeheißen. Manche wiesen auf die alte, vielfach durch verwandtschaftliche Bindungen gestützte Beziehung zu den Langobarden hin. Selbst Pippins Bruder Karlmann kam aus seinem italienischen Kloster, um bei den Verhandlungen seinen Einfluß geltend zu machen – wohl auch, um für seine Söhne das Erbfolgerecht durchzusetzen. Doch gelang es Stephan II., die Opposition zum Schweigen zu bringen. Er zog mit Pippin nach St. Denis, salbte ihn dort aufs neue und verlieh ihm den Titel *patricius Romanorum*. Gleichzeitig salbte er auch Pippins Söhne.

754 war es soweit, Pippin zog mit einem Heer gegen Aistulf. Der Langobarde mußte sich fränkischer Oberhoheit unterwerfen und versprechen, dem Papst seine Eroberungen im Exarchat herauszugeben. Doch er hielt das gegebene Wort nicht, und Pippin zog 756 wieder nach Italien. Da gab Aistulf nach. Und Pippin stellte dem Papst eine Urkunde über den Umfang des Patrimoniums aus. Während dieser Verhandlungen erschien ein Vertreter des byzantinischen Kaisers und forderte, Pippin sollte dessen Rechte respektieren, denn Rom unterstände ihm. Pippin ließ antworten: dies Land könne er nicht dem Kaiser geben, er habe nicht für Menschen, sondern für den heiligen Petrus gekämpft.

Leider kennen wir die fränkischen Schreiben nicht, hingegen sind uns Stephans Briefe erhalten. Darin mahnt er die Franken im Namen des heiligen Petrus. 756 wurde sogar ein Brief in Rom verfaßt, in dem sich Petrus selbst – »ich, Petrus, der Apostel« – an Pippin und seine Söhne wandte. Petrus verspricht den Franken das Reich Gottes und ein ewiges Leben, wenn sie ihm seine Rechte in Rom erhalten: »Ich habe euch Hilfe und Sieg über eure Feinde auf Grund göttlicher Stärke gegeben. Wenn ihr mir gehorcht, wird es euch großen Lohn bringen. Ihr werdet durch meine Hilfe im gegenwärtigen Leben eure Feinde überwinden und lange die Güter dieser Erde genießen, ihr werdet danach am ewigen Leben euch erfreuen.« Wie unmittelbar naiv muß die Gläubigkeit Pippins gewesen sein, daß er solche Briefe entgegennahm und daraufhin bereit war, nach Italien zu ziehen, um gegen Aistulf zu kämpfen!

Moderne, an das Machtdenken des 19. Jahrhunderts gewöhnte Historiker versuchten immer wieder zu zeigen, daß Pippin nicht nur religiöse, sondern auch wirtschaftliche und politische Gründe für seine langobardenfeindliche Politik hatte. Vertraut mit der Trennung von Staat und Kirche, sahen sie hier erste Auseinandersetzungen zwischen diesen Institutionen, die sich bemüht hätten, ihre »Interessensphären« abzugrenzen (Erich Caspar, Martin Lintzel). Gewiß ließen sich auch wirtschaftliche Gründe finden, die einen Franken hätten veranlassen können, nach Italien zu ziehen. Deswegen aber politisch-wirtschaftliche Erwägungen gegen religiöse auszuspielen, wäre ganz abwegig. Pippin mag geglaubt haben, durch den italienischen Feldzug reicher, wohlhabender und mächtiger zu werden, vielleicht hat er sogar gehofft, sein persönliches Leben nach dem Kriege schöner und mannigfaltiger gestalten zu können. Diese Wünsche waren aber nicht von seinen religiösen Absichten geschieden, sondern unlösbar mit ihnen verknüpft. Sie wurden gerade dadurch erfüllbar, daß er sich die Gunst des Apostelfürsten erwarb. Petrus versprach ihm ja ausdrücklich neben dem ewigen ein langes, siegreiches und freudiges Leben hier auf Erden. Diese persönlichen Belange standen so sehr im Mittelpunkt auch der Politik Pippins – er mußte persönliche Autorität erwerben, um von den Franken als König anerkannt zu werden, und schloß sich mit aus diesem Grund den Angelsachsen an, die, weil von Gottes Geist geleitet, besonderes Ansehen genossen –, daß es ihm ferngelegen haben wird, in Kirche und Staat Institutionen zu sehen oder gar an deren »Interessensphären« zu denken.

Pippin lebte in einer Gemeinschaft, die er »Stadt«, »Reich« oder »Kirche« nannte. Wie er empfanden wohl alle Christen; sie haben die einzelnen Kirchen in ihrer Bauweise dem Bild einer mit Türmen bewehrten »Stadt« angeglichen. Beim fränkischen Kirchweihritus des 7. Jahrhunderts ging der Bischof, wie einst die Römer bei ihren Städtegründungen, von der Zeichnung eines Kreuzes aus. Dann rief er die Einwohner herbei: »Kommt, Heilige, betretet die Stadt des Herrn; denn euch ist eine neue Kirche gebaut.«

Pippin hat sicher nicht bei jeder Maßnahme die Zustimmung aller Franken gefunden. Alle jedoch lebten in der »Kirche«, persönlich gebunden an Heilige, an Herren, an Freunde, an Verwandte. Keiner war im modernen Sinn dem Staat oder der Gesellschaft verpflichtet. Allen war wohl auch klar, daß sie in den Personen, denen ihre Treue galt, Gott ehrten. Gott war der Machtvolle, der Wohlstand und Sieg schenkte. Eine Sammlung des fränkischen Volksrechts, die *Lex Salica*, beginnt mit den Worten: »Es lebe Christus, der die Franken liebt! Er erhalte ihr Reich, erleuchte ihre Herrscher mit seiner Gnade, schütze ihre Soldaten, verleihe ihnen Glauben, Friede, Freude und Glück, Jesus Christus, der Herr der Herren!«

Während Pippin in Italien kämpfte, wandte Bonifatius sich 754 noch einmal dem Land der Friesen zu, unter denen er als junger Mann missioniert hatte. Nach anfänglichen Erfolgen stieß er auf Widerstand. Am 5. Juni erschlugen ihn die Heiden in der Nähe von Dokkum. Widerstände fand die christliche Mission auch im sächsischen Gebiet, obgleich es Pippin 753 und 758 mit Krieg überzogen hatte.

Mehr Glück hatte Pippin in Süddeutschland. Die Alemannen unterwarfen sich endgültig, der bayrische Herzog Tassilo leistete Pippin 757 in Compiègne den Vasalleneid. In Südfrankreich bereitete Aquitanien Schwierigkeiten, und Tassilo mußte Pippin bei diesen Kämpfen unterstützen. Als Pippin sich nicht gleich durchsetzte, versuchte Tassilo 763, dessen Heer zu verlassen. Mit Unterstützung des Langobardenkönigs Desiderius drängte er

Die Karolinger

Karl Martell
Hausmeier
Herzog der Franken
um 688—741
Hausmeier 717

∞ 1. Chrotrudis

∞ 2. Swanahild (Konkubine?)
Nichte Odilos,
Herzogs von Bayern
Hochz. um 725

Karlmann
Hausmeier in Austrien
gest. 754
reg. 741—747 abgedankt

Pippin der Kleine
Hausmeier von Neustrien,
König der Franken
714—768
Hausmeier 741, König 751

∞ Bertrada (Berta)
Tochter Chariberts,
Grafen von Laon
gest. 783

Grifo (Gripho)
726 (?)—753 ermord.

Drago
Hausmeier
in Austrien 747

Karl I., der Große
742—814
König der Franken 768
Kaiserkrönung 800

illegitim

∞ 1. »Desiderata«
(Name unbekannt)
Hochz. 770
verstoßen 771

∞ 2. Hildegard
Tochter Hildebrands,
Grafen aus Schwaben
gest. 783
Hochz. 771

∞ 3. Fastrada
Tochter Rudolfs,
Grafen aus Ostfranken
gest. 794
Hochz. 783

∞ 4. Liutgard
alemannische Adlige
gest. 800
Hochz. um 796

Karl
gest. 811

Pippin (Karlmann)
König der Langobarden
773—810
Königskrönung 781

Ludwig I., der Fromme
778—840
reg. 814—833 (834) (abgesetzt)
Kaiserkrönung 813, 816

(Rotrud)
gest. 810

(Berta)

(Gisela)
geb. 781

∞ 1. Irmingard
Tochter Ingrams,
Grafen aus Lothringen
gest. 818
Hochz. 798 (?)

∞ 2. Judith
gest. 843
Hochz. 819

Bernhard
König der Langobarden
gest. 818
König 812, Krönung 813

Lothar I.
795—855
König von Italien 822,
Kaiserkrönung 840
∞ Irmingard
Tochter Hugos,
Grafen von Tours
Hochz. um 822

Pippin
König von Aquitanien
um 803—838
reg. 814—838

Ludwig II.,
der Deutsche
König von Ostfranken
um 804—876
reg. 843—876
∞ Hemma
gest. 876
Hochz. 827

Ludwig II.
um 822—875
König von Italien 844
Kaiserkrönung 850
∞ Angilberga
fränkische Adlige

Lothar II.
König von Lothringen
um 826—869
reg. 855—869
∞ Theutberga
Tochter Bosos,
Grafen von Valois
Hochz. 855,
verstoßen 857,
ausgesöhnt 865
∞ Waldrada
Konkubine und vom
Papst nicht anerkannte
Gemahlin
illegit. Hochz. 862,
exkommuniziert 865

Karl
König von
Niederburgund
reg. 855—863

Pippin
König von
Aquitanien
gest. um 864
reg. 838—843
(abgesetzt)

Karlmann
König von Bayern,
König von Italien
um 830—880
reg. 876 (877)
—879 (abgedankt)
(∞) Liutswinda
Konkubine
bayerische Adlige

Ludwig III.,
der Jüngere
König von
Ostfranken
reg. 876—882
∞ Liutgard
Tochter des
Sachsenfürsten
Liudolf
siehe Stammtafel
»DIE LIUDOLFINGER«

Karl III., der Dicke
839—888
König von Ostfranken
876, von Italien 879,
von Westfranken 885
abgesetzt 887
Kaiserkrönung 881
∞ Richgard
(Richardis)
Tochter Erchangers,
Kammerboten in
Schwaben, gest. 911
Hochz. 862
Kaiserkrönung 881

Boso
Graf von Vienne,
Herzog von Italien,
König von Niederburgund
gest. 887
Herzog 875, König 879
∞ Irmingard
geboren 855
Hochz. 877

Thietbald
Graf von der Provence
∞ Berta
gest. 925

Arnulf
um 850—899
Markgraf von Kärnten 876,
König von Ostfranken 887,
Kaiserkrönung 896
siehe Stammtafel
»DIE LIUDOLFINGER«
∞ Oda (Ota)

(ein Sohn)
gest. vor 882

(ein Sohn)
gest. 879

Ludwig III.,
der Blinde
um 880—928
König der Provence 890,
der Langobarden 900,
Kaiser 901

Hugo
König von Italien
reg. 926—948
∞ 1. Alda
deutsche
Adlige
∞ 3. Berta [1]
Tochter Burchards I.,
Herzogs von Schwaben,
vordem Gemahlin
Rudolfs II.,
Königs von Hochburgund
gest. 966
2. Hochz. 937

Ludwig IV., das Kind
König von Ostfranken
893—911
Krönung 900

Glismut
Gemahlin Konrads,
Grafen im Lahngau
siehe Stammtafel
»DIE LIUDOLFINGER«

Lothar II.
König von Italien
reg. 946—950
designiert 931

∞ Adelheid [2]
Tochter Rudolfs II.,
Königs von Hochburgund,
hernach Gemahlin
Kaiser Ottos des Großen
um 931—999
1. Hochz. 947
siehe Stammtafel
»DIE LIUDOLFINGER«

Emma [3]
Gemahlin Lothars III.,
Königs von Westfranken
gest. um 988

Desiderius
König der Langobarden
gest. um 774
reg. 756—774 entthront

Odilo (Oatilo)
Herzog von Bayern
gest. 748
Herzog 737

∞ Chiltrudis
fränkische Adlige
Hochz. 741

(Bernhard) (∞ eine Sächsin)

Karlmann
König der Franken
751—771
König 768
∞ Gerberga
um 750 — nach 774
Hochz. um 768

Adalgis
Herzog von Benevent
gest. 778
vertrieben 774

Tassilo III.
Herzog von Bayern
um 742—794
Herzog 748—788 abgesetzt
∞ Liutbirga
(Liutperga)
Hochz. 766

Adalhard
Abt von Corbie
um 751—826
Abt 775 (?)—814
(abgesetzt),
821—826

Wala
Graf,
Abt von Corbie
gest. 836
Abt 826—836

(Theodrada)

(Hiltrud)

Pippin der Bucklige
gest. 811
ins Kloster verbannt 791

(zahlreiche
weitere
Kinder)

Welf
Graf in Schwaben
gest. 824
∞ Eigilwi
sächsische Adlige

Karl II., der Kahle
823—877
König von Westfranken 840,
von Italien 875,
Kaiserkrönung 875
∞ 1. Irmentrud
Tochter Odos,
Grafen von Orléans
∞ 2. Richild
burgundische Adlige

Eberhard
Markgraf von Friaul
gest. 864 (865 ?)
∞ Gisela

Konrad der Ältere
Graf in Schwaben
gest. 863

Ludwig II.,
der Stammler
König von Aquitanien,
König von Frankreich
846—879
reg. 877—879, Krönung 867
∞ 1. Ansgard
burgundische
Adlige
Ehe geschieden
∞ 2. Adelheid

Judith
Gemahlin 1. Ethelwulfs,
Königs von Wessex,
2. seines Sohnes Ethelbald,
3. Balduins I.,
Grafen von Flandern
844 — um 895/900
1. Hochz. 856
3. Hochz. 862

(3 weitere
Söhne)

Berengar I.
Markgraf von Friaul,
König von Italien,
Kaiser
um 850—924 ermord.
reg. 888—924
Kaiserkrönung 915

Konrad
der Jüngere
Graf von Auxerre,
Herzog des trans-
juranischen Burgund
gest. vor 876

Welf I.
Graf in Schwaben
gest. vor 876

Ludwig III.
König von Westfranken
um 863—882
reg. 879 (881)—882

Karlmann
König von Aquitanien
und Burgund,
König von Westfranken
reg. 879 (882)—884

Karl III.,
der Einfältige
König von Westfranken
879—929
Krönung 893
reg. 897 (898)—923 entthront
∞ Ethgiva (Eadgyfu)
Tochter Eduards I.,
Königs von England
Hochz. 919

Adalbert
Markgraf von Ivrea
gest. 925
∞ Gisela

Rudolf I.
König von Hochburgund
gest. 912 (911?)
Herzog 876
Königskrönung 888
∞ Willa

(Eticho)
(?)

Ludwig IV.,
der Überseeische
König von Westfranken
921—954, reg. 936—954
∞ Gerberga
Tochter König Heinrichs I.,
vordem Gemahlin Giselberts,
Herzogs von Lothringen
um 913—969
2. Hochz. 941
siehe Stammtafel
»DIE LIUDOLFINGER«

Berengar II.
König von Italien
um 900—966
reg. 950—964 abgesetzt
∞ Willa
Nichte Hugos,
Königs von Italien
gest. um 965

Rudolf II.
König von Hochburgund
reg. 912—937
∞ Berta [1]
Tochter Burchards I.,
Herzogs von Schwaben,
hernach Gemahlin Hugos,
Königs von Italien
gest. 966
1. Hochz. um 920

(Heinrich)
(»mit dem
goldenen
Wagen«)
(?)

Lothar III.
König von
Westfranken
941—986
reg. 954—986
∞ Emma [3]
Tochter Lothars II.,
Königs von Italien
gest. um 988

Karl
Herzog von
Niederlothringen
953 — zwischen
992 u. 1001
reg. 977—987
∞ Adelheid
von Vermandois

Mathilde [4]
Gemahlin
Konrads III.,
Königs von
Hochburgund
Hochz. 958

Adalbert
gest. 972
Mitkönig
952—964

Konrad III.,
der Friedfertige
König von Hochburgund
und der Provence
reg. 937—993
∞ 1. (?) ∞ 2. Mathilde [4]
Tochter Ludwigs IV.,
Königs von Westfranken
Hochz. 958

Adelheid [2]
Gemahlin Lothars II.,
Königs von Italien,
und hernach Kaiser
Ottos des Großen
um 931—999
1. Hochz. 947, 2. Hochz. 951
siehe Stammtafel
»DIE LIUDOLFINGER«

(Rudolf)
(?)

Ludwig V., der Faule
König von Westfranken
966—987
reg. 986/87

Gisela
Gemahlin Heinrichs II.,
des Zänkers,
Herzogs von Bayern

Rudolf III.
König von Hochburgund
reg. 993—1032

Gerberga
Gemahlin Hermanns II.,
Herzogs von Schwaben
siehe Stammtafel

Welf II.
Graf in Schwaben
gest. 1030

auf größere Selbständigkeit. Doch Erfolg war ihm nicht beschert. Schließlich half sogar Papst Paul I. bei der Unterwerfung des Bayern. Mit dem Tode Waifars, des Herzogs von Aquitanien, brach auch hier der Widerstand zusammen. So konnte Pippin glauben, als er am 24. September 768 starb, die Herrschaft im Frankenreich für sein Geschlecht gesichert zu haben.

Karl der Große

Auf Pippins Veranlassung war das Reich zwischen seinen beiden Söhnen, Karl und Karlmann, geteilt worden. Das Verhältnis zwischen den Brüdern war jedoch nicht gut. Karl suchte aufs neue die Freundschaft der Langobarden: er heiratete eine Tochter des Langobardenkönigs Desiderius. Die Langobarden ihrerseits übten wieder einen Druck auf Rom aus, und Karlmann ergriff die Partei des Papstes. Als er aber 771 starb, änderte Karl seine Politik, verstieß die langobardische Frau und übernahm die Herrschaft auch in Karlmanns Gebieten; das ganze väterliche Reich war wieder vereinigt. Karlmanns Witwe floh mit ihren Kindern zu Desiderius.

Da Desiderius vor dem Papst – seit 772 Hadrian I. – die Rechte von Karlmanns Kindern vertrat, wurde Karl dazu gedrängt, mit dem Papst zusammen gegen die Langobarden vorzugehen. 773 bereits begann der Krieg in Oberitalien, Karl belagerte Pavia, im Juni 774 mußte Desiderius die Stadt preisgeben und seiner Würde entsagen. Karl selbst ließ sich zum König der Langobarden wählen.

Im Jahre 774, noch während der Belagerung Pavias, war Karl schon einmal in Rom gewesen; endgültig regelte er seine Beziehungen zum Papst aber erst 781. Die dem Papst unterstellten Gebiete wurden genau festgelegt. Der Papst seinerseits salbte Pippin, Karls unmündigen Sohn, zum König, den Karl im italienischen Gebiet als Unterkönig einsetzte. Pippin und die für ihn die Verwaltung führten, mußten allerdings bis in Einzelheiten hinein den Befehlen Karls folgen. Von den ehemaligen langobardischen Gebieten behielt nur das Herzogtum Benevent im Süden Roms seine Unabhängigkeit; 787 war der Herzog Adalgis wenigstens bereit, Karls Oberhoheit anzuerkennen.

Beim Verkehr mit dem Papst wurde es immer mehr üblich, daß er Karl die Rechte zukommen ließ, die er in früheren Zeiten dem byzantinischen Kaiser zugestanden hatte. Diese Entwicklung wurde wohl von Hadrian I., der ebenfalls mit Karl einen Freundschaftsbund geschlossen hatte, systematisch gefördert. Sein Nachfolger, Papst Leo III. (795–816), tat dann nur den letzten Schritt, als er Weihnachten 800 in der Peterskirche Karl als Kaiser huldigen ließ.

Wie sein Vater Pippin übernahm Karl der Große die verschiedenen Formen angelsächsischer Religiosität. Als sein »Freund« Papst Hadrian I. gestorben war, schickte Karl, wie es Freundschaft gebot, an englische Bischöfe Geschenke, damit sie für Hadrians Seele beteten. Dabei formulierte Karl, wie schon erwähnt, daß er nicht daran zweifle, daß der Papst in die ewige Ruhe eingegangen sei; trotzdem wünsche er Gebete, »damit wir die Treue und Liebe zu unserem teuren Freund zeigen«.

Papst Leo III. und Karl der Große als Getreue des Apostels Petrus
Mosaik vom Speisesaal aus dem alten Lateranpalast in einer Freilichtapsis
an der Piazza di Porta S. Giovanni in Rom, um 800

Die Königsloge mit dem Thron Karls des Großen in der ehem. Pfalzkapelle des Aachener Münsters, um 800
Blick von der Empore in das Oktogon

Freundschaft und Liebe zu »zeigen«, bemühte sich Karl auch auf andere Weise. Nach alter fränkischer Sitte verpflichteten die Könige die Bevölkerung ihres Reiches in Aufrufen oder Erlassen, den »Kapitularien«, zur Einhaltung des Rechts. Schon Karlmann und Pippin, sehr viel deutlicher noch Karl der Große, verwandelten diese Kapitularien in Ermahnungen an die Bevölkerung. *Ammonitio generalis*, allgemeine Ermahnung, wurde ein Kapitular ausdrücklich genannt. Diese »ermahnenden« Kapitularien waren keine Gesetze im modernen Sinne. Sie sollten dazu dienen, die Untertanen zu bessern, Rechte zu klären, gleichzeitig konnten sie jedoch auch die besondere Autorität des Herrschers offenbar machen, der sich als »Lehrer« und »Prediger«, wie Alkwin Karl nannte, in seinen Handlungen von Freundschaft und Liebe leiten ließ. Die Kapitularien beschäftigten sich dementsprechend nicht nur mit Fragen der Verwaltung und des Rechts, sondern ebenso mit dem christlichen Verhalten der Bevölkerung, mit den Kenntnissen und dem Wissen des einzelnen Christen. So bieten sie skizzenhaft Bilder von den Rechtsverhältnissen im Frankenreich, von religiösen Bemühungen, von der mangelnden Bildung, vom Alltag mit seinen Nöten und Schwierigkeiten.

Der Ablauf eines Jahres gestaltete sich für die Franken meist recht gleichförmig. Im Frühjahr wurde das Heer zusammengerufen, zur Zeit Pippins im Mai, unter Karl oft später. Auf dieser Heeresversammlung wurden wichtige Gesetze beraten und verkündet. Danach zogen die Krieger ins Feld; mit verschiedenen militärischen Unternehmungen oft bis in den Herbst hinein beschäftigt, wurden sie erst kurz vor Winterbeginn entlassen. Karl selbst liebte im Herbst noch zu jagen – in den Ardennen oder den Vogesen. Die kalte Jahreszeit verbrachte er auf seinen Pfalzen. War einmal nicht der ganze Sommer mit Feldzügen ausgefüllt, was selten genug vorkam, stellte Karl sich und seinen Leuten andere Aufgaben. Er ließ etwa zwischen Altmühl und Rezat einen Graben ausheben, der den Schiffsverkehr zwischen Rhein und Donau ermöglichen sollte. Der Boden war allerdings so feucht, daß das ausgehobene Erdreich in der Nacht wieder einbrach; der Plan mußte aufgegeben werden. In späteren Jahren überließ Karl das Führen der Kriege seinen Söhnen und blieb selbst in Aachen oder in der Nähe der Stadt, deren Bäder er schätzte. Dort empfing er Gesandtschaften aus allen Teilen der Welt, von Ostrom ebenso wie aus den Reichen der Mohammedaner. In einem Jahr begab er sich an die Atlantikküste, um den Bau einer Flotte zu überwachen.

Verpflegung und Kleidung erhielt Karl für sich, seine Familie und den Hof von den Gütern, die seiner Verwaltung unmittelbar unterstanden. Das waren die alten Krongüter der Merowinger, dazu aber auch die Besitzungen seiner Vorfahren. Da es schwierig war, die Lebensmittel über weite Strecken zu transportieren, zog Karl es vor, auf den verschiedenen Höfen, von einem zum anderen reisend, längere Zeit zu verbringen. Das Gebiet, in dem er mit Vorliebe weilte, erstreckte sich von Paris über Aachen bis nach Frankfurt am Main im Osten. Daneben besuchte er das obere Maingebiet, und als Bayern wieder fest in seiner Hand war, auch das Land südlich von Regensburg. Selten war Karl im alemannischen Raum, selten westlich von Paris oder südlich von Ponthion. Seit 796 etwa blieb er – seine angegriffene Gesundheit zwang ihn dazu – mit Vorliebe in Aachen. Wir wissen aus einer allerdings später niedergeschriebenen Palastordnung, daß die Verwalter des Krongutes rechtzeitig über Ankunft und Dauer des königlichen Besuches zu informieren waren. Sie mußten Vorbereitungen treffen, damit »die königliche Familie nicht durch Nachlässigkeit unnötig in Schwierigkeiten gerate«. Von den Gütern, die Karl nicht aufsuchte, wünschte er schriftlich Rechenschaft zu erhalten, wie die Ernte ausgefallen sei, was das Gut sonst an Erträgen abgeworfen habe. Gegenstände, denen ein längerer Transport nicht schaden konnte – etwa Wachs –, sollten zweimal im Jahr an den Hof geliefert werden. Darüber enthält das *Capitulare de villis* Bestimmungen.

An der Spitze der großen, der Krone unmittelbar unterstellten Grundherrschaften standen *Iudices* oder *Actores*. Manche Güter, die Karl nicht selbst nutzen konnte, gab er Grafen, anderen Herren oder der Kirche zu Lehen. Zum königlichen Besitz gehörten schließlich noch eine Anzahl Bistümer, Klöster und einige Pfarrkirchen. Auch sie mußten zum Unterhalt des Hofes beitragen. Welche Rechte hatte Karl sonst?

Karl verfügte gegenüber den Untertanen über den königlichen Bann; er konnte bei seinem Bann befehlen. Wer diesem Befehl nicht nachkam, mußte eine besonders hohe Strafe zahlen. Beim Bann des Königs war alles geschützt, was sich in der »Munt« des Königs befand, also alles, was sich ihm unmittelbar unterstellt hatte. Dazu gehörten die Kirchen und die Geistlichkeit, die Witwen und Waisen, die Armen und weniger mächtigen Herren. Der König war überhaupt für alle verantwortlich, die keinen Schutzherrn hatten, so auch für die Juden und für solche ohne einen festen Wohnsitz, sei es, daß sie als Pilger durch die Lande zogen, sei es, daß sie aus anderen Gründen von Ort zu Ort wanderten, Karl sorgte dafür, daß sie überall gastfreundlich aufgenommen wurden.

Dem königlichen Bann verfiel weiter, wer seine Treuepflicht verletzt hatte. Die Treue verlangte, auf gebotenen Gerichtstagen zu erscheinen und sich an den festgesetzten Heereszügen zu beteiligen. Gegen das Gebot der Treue verstieß auch ein Räuber, ein Brandstifter oder einer, der in ein fremdes Haus eindrang, um den Besitzer zu töten. Wer einer solchen Tat schuldig war, durfte nicht von anderen beherbergt werden, denn »der Räuber ist untreu gegen uns und die Franken, und wer ihn aufnimmt, ist jenem ähnlich«.

Hieraus ließen sich die wichtigsten Pflichten ableiten. Die Franken mußten bereit sein, sich an königlichen Heereszügen zu beteiligen und – auf Befehl – vor Gericht zu erscheinen. Zum Heereszug waren alle königlichen Vasallen aufgeboten und alle begüterten Freien. Wer nicht genug Besitz hatte, um sich selbst auszurüsten, mußte sich mit anderen minderbemittelten Freien zusammentun; gemeinsam hatten sie einen Soldaten zu stellen. Wer sich weigerte, hatte eine entsprechende Strafe zu zahlen. Während des Heereszuges mußte ein Krieger für sich und seine Leute Verpflegung mitnehmen. Diese Verpflegung sollte drei Monate von der jeweiligen Grenze an ausreichen, bis zur Grenze durfte er auch nur Wasser und Gras für seine Tiere und Holz zum Feuermachen fordern. Selbstverständlich waren die ins Feld ziehenden Krieger verpflichtet, für eigene Waffen und die ihrer Mannen Sorge zu tragen, und zwar für ein halbes Jahr ohne Ersatz, mit anderen Worten für die Dauer eines Feldzuges.

Wer als Vasall dem König diente, mußte wie die Grafen mit allen seinen Leuten erscheinen. Der Graf durfte zwei Männer zum Schutz seiner Frau zurücklassen. Hatte er außerdem Ämter für den König zu verwalten, wurden ihm für jedes Amt zwei Leute vom Feldzug freigestellt. Diese Einzelheiten dürfen indes nicht die Vorstellung erwecken, Karls Truppen seien in irgendeiner Weise straff organisiert gewesen. Im Gegenteil, sie wurden von den verschiedensten Herren angeführt. Ein Bewaffneter hatte den Befehlen eines Königsboten (*missus*) oder eines königlichen Vikars zu gehorchen, er konnte dem Grafen oder einem Vasallen folgen. Manche Einheiten wurden auch von Senioren angeführt. Strenge Systematik oder saubere Scheidung der Kompetenzen waren im Reiche Karls unbekannt. So kam es manchmal zu Streitigkeiten zwischen den Herren. 811 beschwerten sich etwa die Grafen: die Leute drückten sich mit dem Hinweis vor der militärischen Dienstpflicht, sie seien nur dem Missus verantwortlich; andere behaupteten, sie gehorchten nur den Senioren, und diese zögen ja nicht zu Felde. Möglicherweise hat Karl daraufhin die Rechte der Grafen mit mehr Nachdruck unterstützt.

Auch die Gerichte waren nicht straff organisiert. Karl selbst behielt sich besondere Streitfälle vor. Wenn Bischöfe, Äbte, Grafen oder andere mächtige Herren in Auseinandersetzungen keinen Frieden finden konnten, sollten sie an seinem Hof erscheinen. Nirgends sonst durften ihre Prozesse entschieden werden. Selbst der Pfalzgraf, der dem Hofgericht vorstand, hatte auf ausdrücklichen Befehl des Königs in diesen Fällen nicht zu entscheiden. Er sollte den Armen und weniger mächtigen Herren Recht sprechen.

In den verschiedenen Provinzen des Reiches sorgten die Grafen für die Wahrung des Rechts. Dreimal im Jahr hielten sie ein gebotenes Thing ab. Dort mußten aus ihrem Bezirk, von Klägern und Angeklagten abgesehen, sieben Schöffen erscheinen. Neben dem Grafengericht gab es das Gericht des *centenar*, der wohl in erster Linie für Personen auf königlichem Gute zuständig war. Das Centenarsgericht durfte jedoch nicht über Freiheit und Leben entscheiden; auch größere Besitzstreitigkeiten blieben dem Grafen vorbehalten.

Von den Grafschaftsgerichten waren – zumindest in den meisten Fällen – die Immunitätsbezirke ausgenommen. Immun konnten Gebiete einzelner Kirchen sein, auch das Krongut besaß besondere Immunität. Ob das Reich – sieht man von den Immunitäten einmal ab – in ein System von Grafschaften gegliedert war, ob die Grafschaften sich mit den Gauen deckten, ist noch ungeklärt. Wahrscheinlich wechselten die Verhältnisse von Provinz zu Provinz, von Stamm zu Stamm. Überall knüpfte Karl an ältere Traditionen an und fühlte sich wenig verpflichtet, sie zugunsten von System und Regelmäßigkeit aufzuheben. Ebensowenig waren die Grafen Beamte im modernen Sinn, eher mochten sie mit Grundherren vergleichbar sein, die über ihre Hofleute zu Gericht saßen. Der Graf übte die Gerichtsbarkeit für Freie und in besonderen Fällen aus und entsprechend auf höherer Stufe der König für Bischöfe, Äbte, Grafen und andere mächtige Herren.

Wenn Karl auch wenig an einer straffen Ordnung der Ämter lag, fühlte er sich persönlich um so entschiedener dafür verantwortlich, daß jedem sein Recht zukam. So schickte er immer wieder Boten (*missi*) in verschiedene Teile seines Reiches, die darauf zu achten hatten, daß wirklich Recht gesprochen wurde. Uns ist der Brief eines solchen Boten an einen Grafen erhalten. Die Boten kündigten ihre Ankunft an und machten darauf aufmerksam, der Graf möge alle schwebenden Verfahren zu einem Ende bringen, damit sie nicht einzugreifen brauchten. Sie kontrollierten die Gerichte, außerdem beschäftigten sie sich natürlich mit allem, was den König unmittelbar berührte, mit dem er sich in seinen »Ermahnungen«

befaßte. Sie achteten auf Instandsetzung der Kirchen, auf christliche Lebensführung der Geistlichen, auf Ordnung in den Klöstern. Sie kümmerten sich um Witwen und Waisen und sorgten für die Bettler. Auch die Zuständigkeit der einzelnen Herren beim Heeresaufgebot wurde von ihnen geklärt. Ihre Tätigkeit galt meist einem bestimmten Landstrich und blieb auf kürzere Zeiträume befristet. Wie Bonifatius zu Ehren des heiligen Petrus seine Tätigkeit ausübte – als dessen Bote er sich verstand –, so arbeiteten die Boten Karls für die Ehre ihres Herrschers. Und da Karl sich gleichermaßen für weltliche wie für geistliche Fragen verantwortlich fühlte – er hatte ja ermahnend seine Liebe zu zeigen –, nahm er seine Missi einmal aus Kreisen der Geistlichkeit, ein andermal aus den Kreisen weltlicher Fürsten.

Die Untertanen Karls können nicht als Bürger eines Staates im modernen Sinn angesehen werden. Ein kleinerer Teil hatte sich in die Munt Karls begeben, hatte sich ihn als Herrn zum Schutz ihrer Personen und Rechte auserwählt. Freilich schuldeten Karl auch die anderen Untertanen Treue, Karl spricht ausdrücklich davon. Diese Verpflichtung zur Treue leitete er von einem Eid ab, den die Franken ihm zu schwören hatten. In Abständen mußten die Missi kontrollieren, ob wirklich alle geschworen hatten. Nach jeder größeren, das ganze Reich betreffenden Veränderung wurde der Eid wiederholt. So ließ sich Karl 802, zwei Jahre nach der Kaiserkrönung, von allen Treue schwören. 806, in dem Jahr, in dem Karl die Zukunft des Reiches durch eine Reichsteilung festgelegt hatte, mußte der Eid ebenfalls erneuert werden. Dem Eid des Jahres 802 – alle, vom zwölften Lebensjahr an, hatten ihn zu leisten – wurde von Karl eine Erklärung beigefügt. Moderne Historiker haben in diesen Sätzen Karls – sicher zu Unrecht – erste Tendenzen zu modernem, »sachlichem« Staatsdenken finden wollen. Aber Karl erläutert nur seine herrscherlichen Pflichten und Rechte. Im Anschluß an diese Auslegung fordert er von den Reichsbewohnern, daß sie ihn bei der Ausführung seiner Pflichten unterstützen und seine Rechte nicht schmälern sollten.

Kaiserliche Pflicht verlangt, dafür zu sorgen, daß jeder Untertan gemäß seinem Stand nach göttlichen Geboten lebt: Karl bittet die Untertanen, sie möchten für ihre eigene Person die Sorge des Kaisers unterstützen und Gottes Forderungen nicht widersprechen. Kaiserliches Recht ist es, auf die Unversehrtheit seines Grundbesitzes zu achten; Karl fordert, daß niemand ihm etwas entfremde und niemand Personen, die seinen Besitz verkleinern, helfe. Der Kaiser ist Schützer und Verteidiger der Kirchen Gottes, der Witwen, Waisen und Kinder: die Untertanen, seine Getreuen, mögen sie daher nicht berauben und ihnen kein Unrecht antun. Zum kaiserlichen Besitz gehören die Lehen: die sie innehaben, mögen sie nicht in ihr Eigentum verwandeln. Der Kaiser ruft beim Bann zum Heereszug auf: seine Getreuen haben die Pflicht, sich dem nicht zu entziehen. Der Kaiser hat das Recht, bei Bann und Befehl zu gebieten: die Untertanen mögen ihn daran nicht hindern, und was sie ihm schulden, ihm überlassen. Der Kaiser hat dafür zu sorgen, daß jedem sein Recht werde: die Untertanen mögen ihn bei Gerichtsverhandlungen unterstützen. Zu all dem – so schließen die Erläuterungen – verpflichtet der Eid. Diese Erklärung faßt also eben das zusammen, was auch aus den Kapitularien Karls in verschiedensten Formulierungen immer wieder hervorgeht.

Wie weit der Einzelne diesen Pflichten nachkam, blieb ihm weitgehend selbst überlassen. Kontrolliert wurde vor allem, ob er sich am Kriegsdienst beteiligte. Im übrigen ließen ihn die Boten, Grafen und anderen Herren des Königs mehr oder weniger unbehelligt. Die Untertanen brauchten dem Grafen nicht zu gehorchen, wenn dieser etwa Hilfe für seine Höfe beanspruchte. Vor Gericht mußten nur die Schöffen erscheinen und die Angeklagten selbstverständlich. Im allgemeinen galt dort der Grundsatz: wo kein Kläger, da kein Richter.

Den Prozessen fehlte eine einheitliche Rechtsgrundlage. Jeder unterlag dem Recht des Stammes, dem seine Familie angehörte. Soweit die Stammes- oder Volksrechte nicht aufgezeichnet waren, sorgte Karl dafür, daß es geschah. Für die Nachkommen der Bewohner des ehemaligen Römischen Reiches galt das römische Recht, sozusagen als ihr »Volksrecht«. Besonderer Gerichtsbarkeit unterstanden die Geistlichen, ihr Recht war in den *Canones*-Sammlungen aufgezeichnet, die sich aus Urteilen geistlicher Autoritäten, aus Konzil- und Synodalbeschlüssen zusammensetzten. Verlor ein Bewohner des Reiches einen Prozeß, so waren die Strafen im wesentlichen materieller Natur. Freie und Adlige konnten Strafen an »Haut und Haar«, also alle Körperstrafen, zumeist mit einer Summe Geldes oder anderer wertvoller Güter ablösen (Compositionsverfahren). Fahnenflucht *(heresliz)* allerdings wurde mit dem Tode geahndet, dieselbe Strafe drohte auch einem Plünderer, der auf »handhafter Tat«, im Augenblick der Tat also, angetroffen wurde.

Vieles blieb in jener Zeit der Initiative des Einzelnen überlassen. Geriet ein Adliger über Recht- und Besitzfragen mit einem anderen in Streit, brauchte er nicht gleich ein Gericht anzurufen, er konnte auch in einem – durchaus legalen – Kampf die Waffen entscheiden lassen. Diese »Fehden« innerhalb des Reiches dienten dazu, Recht zu finden.

Wirklich einschneidend wurden die Franken von der Pflicht betroffen, den König im Feld zu unterstützen, denn irgendwo gab es zu Karls Regierungszeit in den Sommermonaten immer Krieg, oft zwei oder drei Feldzüge zur selben Zeit.

Die erbittertsten und längsten Kämpfe galten den Sachsen. Sie waren bisher dem fränkischen Reich nicht unterworfen gewesen, obwohl Pippin sie zweimal mit Krieg überzogen hatte. Karl nahm 772 die Feldzüge gegen diesen Stamm auf, und es gelang ihm, das sächsische Heiligtum, die Irminsul, zu zerstören. 775 zog Karl wieder ins Sachsenland, von nun an Jahr für Jahr. 777 hielt er in Paderborn einen Reichstag ab; damals zwang er die Sachsen in Scharen, sich taufen zu lassen. Die Folge war ein neuer Aufstand 778 unter dem Westfalen Widukind. Mit Mühe konnte er niedergeworfen werden. Doch 782 schlugen die Sachsen wieder ein fränkisches Heer. Erbittert über die jahrelangen Auseinandersetzungen verhängte Karl ein außerordentlich strenges Strafgericht: in Verden an der Aller ließ er wahrscheinlich viertausendfünfhundert sächsische Edle hinrichten. Wohl im selben Jahr erging die *capitulatio de partibus Saxoniae*, jenes Kapitular mit den ungewöhnlich scharfen Strafandrohungen. Alle Sachsen, die sich gegen das Christentum stellten und christliche Gebote nicht beachteten, sollten in Zukunft den Tod erleiden. Wer die Taufe zu umgehen suchte und sich aus diesem Grunde versteckt hielt, wurde, wenn man seiner habhaft werden konnte, ebenfalls hingerichtet. Die Sachsen reagierten mit erbittertem Widerstand. Erst 785 gelang es Karl, Widukind für sich zu gewinnen, der sich in Attigny taufen ließ.

Doch damit waren die Kämpfe noch nicht zu Ende. Karl entschloß sich nun, die Sachsen in Bezirke des fränkischen Reiches umzusiedeln. 804 wurde Nordalbingien (Südholstein), einst sächsisches Gebiet, den Abodriten, einem slawischen Stamm, überlassen. Damit war endlich der Eigenwille der Sachsen gebrochen.

In derselben Zeit gab es auch Auseinandersetzungen mit den Bayern. Herzog Tassilo huldigte Karl zwar mehrmals, brach aber immer wieder die Treue. Schließlich wurde er 788 auf einer Reichsversammlung in Ingelheim abgesetzt. Er mußte wie sein Schwiegervater, der Langobardenkönig Desiderius, ins Kloster gehen.

Neben den Sachsenfeldzügen beeindruckte Einhard, den Biographen Karls des Großen, besonders der Krieg gegen die Awaren. Die Franken – Karls Sohn Pippin war beim Heer – nahmen den Awaren ihr Lager zwischen Donau und Theiß ab. Dabei fiel ihnen der große awarische Schatz in die Hände. Kleine Feldzüge führten die Franken auch gegen die Bretonen im Westen und gegen die Griechen in Süditalien. Nicht sehr erfolgreich kämpften sie in Spanien, wobei der noch lange gerühmte Roland 778 im Tal von Roncesvalles ums Leben kam. Nach 800 gelang es Karl, wenigstens südlich der Pyrenäen eine spanische Mark zu schaffen. In den Marken ließ er befestigte Plätze anlegen und suchte so die Grenzen seines Reiches zu sichern.

Bereits vor dem Ausgang des 8. Jahrhunderts hatte Karl eine so mächtige Stellung errungen, daß am fränkischen Hof diskutiert wurde, Karl den Kaisertitel zuzusprechen. Es hatte auch im angelsächsischen Bereich Tendenzen gegeben, Oberkönige Kaiser zu nennen, ohne damit an die römische Tradition anzuknüpfen. Manchen Franken dünkte ihre eigene Herrschaft – waren sie doch Christen – dem heidnischen Römischen Reich überlegen. Während diese Gedanken noch am fränkischen Hof besprochen wurden, brachte ein äußeres Ereignis die Entscheidung. Papst Leo III. erschien, aus Rom von Feinden vertrieben, bei Karl in Paderborn. Karl führte ihn zurück. Wollte Leo sich Karl gegenüber dankbar erweisen, oder suchte er einen unmittelbareren Schutz? Jedenfalls veranlaßte er die Römer, zusammen mit ihm am 25. Dezember 800 in der Peterskirche Karl die Ehren zu erweisen, die einem Kaiser zustanden. Karl seinerseits soll ungehalten über diese voreilige Handlung des Papstes gewesen sein. Ob er an ein von Rom unabhängiges Kaisertum dachte oder die Auseinandersetzung mit dem Byzantiner scheute, der sich noch »Kaiser der Römer« nannte: sicher ist nur, daß mit Byzanz jahrelang Botschaften gewechselt wurden. Zu einer Einigung kam es erst, als Karl auf den Titel *imperator Romanorum* verzichtete und eine in der Spätantike ebenfalls übliche umschreibende Formulierung wählte (*Romanum gubernans imperium*).

In jenen Jahren Anfang des 9. Jahrhunderts erlebte Karls Herrschaft ihre höchste Entfaltung. Kein Kaiser des Mittelalters hat je wieder so viele Stämme und so weite Länder zu seinem Reich zählen können. Einzelne Mißstände hier und dort, wie es sie zu allen Zeiten gab, können Karls Verdienst nicht schmälern. War dies aber Karls Ziel oder erstrebte er wie spätantike Kaiser die Herrschaft über die Erde? Überliefert ist Karls Bemühen, das Reich zu schützen, überliefert ist aber auch etwas anderes. Auf Karls Grabstein stand: der Herrscher habe das Reich der Franken auf edle Weise erweitert. Sein Biograph Einhard rühmte an Karl, er habe das Reich geschützt, vergrößert und geschmückt. Also

Schutz und Schmuck und – Ausdehnung des Reiches, das waren Karls Ziele. Er führte – will man es modern ausdrücken – eine expansive Außenpolitik.

Das alte Gebet der Christen, heute noch in der katholischen Karfreitagsliturgie erhalten, enthielt die Bitte, Gott möge dem Herrscher möglich machen, das Reich zu schützen und zu verteidigen. Die Christen in der Antike verstanden die kriegerische Tätigkeit ihres Kaisers als Defensive. Dieselbe defensive Grundhaltung wird im Briefwechsel zwischen fränkischen Herrschern und Päpsten vorausgesetzt. Papst Zacharias schrieb an Karls Vater Pippin: den Fürsten und Kriegern komme es zu, voll Sorge und Eifer die List der Feinde zu durchschauen und das Land zu verteidigen. Bischöfe und Priester hingegen hätten nützliche Ratschläge zu geben und sich betend an Gott zu wenden, damit, »indem wir beten und jene kämpfen, das Land unversehrt bleibe«. Karl der Große hat ähnliche Gedanken in einem Brief an Papst Leo formulieren lassen: »Unsere Aufgabe ist es, die heilige Kirche Christi vom Angriff der Heiden zu verteidigen und die Erkenntnis des katholischen Glaubens zu festigen, Euer heiliger Vater, mit zu Gott erhobenen Händen, gemeinsam mit Moses unsere Truppen zu unterstützen, damit das christliche Volk über die Feinde seines heiligen Namens überall und immer den Sieg habe und der Name unseres Herrn Jesus Christus auf der ganzen Erde gerühmt werde.« Verteidigung ist also die Aufgabe, erfolgreiche Verteidigung natürlich, so daß der Name Jesu überall rühmend genannt werde. Von einer Pflicht, das Reich auszudehnen, ist nicht die Rede.

Anders dachte der Angelsachse Alkwin, Karls Ratgeber und einer der bedeutendsten Gelehrten jener Zeit. Er wünschte Karl, »daß in allem Ruhm euer Reich ausgedehnt werde«. Er versprach sich davon eine Erhöhung der christlichen Kirche. Doch ging es ihm ausdrücklich auch um die Vergrößerung des Reiches, die er freilich nicht rein weltlich politisch verstand. Gott selbst hat »in der Gnade des Heiligen Geistes das Reich der Christenheit und die Erkenntnis des wahren Gottes erweitert«.

Alkwin war ein typischer Vertreter angelsächsischer Religiosität. Mit Karl fühlte er sich in einer Freundschaft verbunden, »die Gott hervorrief«. Bei aller Ehrerbietung leitete er doch daraus die Pflicht ab, Karl zu ermahnen. So forderte er, Karl möge bei der Mission im awarischen Gebiet nicht so hart vorgehen wie gegenüber den Sachsen. Auch erwartete er, Karl selbst solle predigen und ermahnen, und nannte ihn mit Vorliebe Lehrer *(doctor)* und Prediger *(praedicator)*.

In mancher Hinsicht dachte Alkwin differenzierter als die ersten angelsächsischen Missionare. Ihm ging es nicht nur darum, Freundschaft und Liebe zu zeigen, es interessierten ihn auch die Voraussetzungen, die notwendig waren, um sie richtig und wirkungsvoll zu zeigen, nämlich Weisheit und Macht. Die Weisheit umfaßte alle Bereiche des Wissens, alles, was Kenntnisse vermittelte und weise werden ließ. Das zutreffende Wissen in Glaubensfragen galt aber als die Voraussetzung für den rechten Glauben. Karl selbst ließ in seinen Kapitularien schreiben, Erkenntnis sei die Grundlage jeder Handlung: »obwohl es besser ist, gut zu handeln, als etwas zu erkennen, steht dennoch das Erkennen vor dem Tun, und so muß jeder lernen, was er auszuführen wünscht.« Über Weisheit verfügte Karl im besonderen Maße. In einem Schreiben – noch vor dem Jahre 800 – vergleicht Alkwin den Papst, den byzantinischen Kaiser und Karl: er findet, Karl übertreffe alle an Weisheit. Auch die

Macht ist eine Voraussetzung, im christlichen Sinne wirksam zu werden. Die Macht ermöglichte Karl, Hochmütige zu unterdrücken, Demütige zu schützen. Der Schrecken vor dieser Macht führte die Völker dazu, sich freiwillig dem Franken zu unterwerfen. In dem eben zitierten Schreiben kommt Alkwin zu dem Schluß, Karl sei auch an Macht Rom und Byzanz überlegen.

Alkwin lag allerdings nichts, sowenig wie den anderen Menschen jener Zeit, an einer strengen, begrifflichen Scheidung. Macht und Weisheit waren für ihn auch Eigenschaften göttlichen Ursprungs. Jesus, der Sünde und Tod besiegte, der die ewige Weisheit darstellt, verwirklichte sie in seinen Handlungen. Jesu »Macht wird durch die Triumphe von Karls Tapferkeit vielen Reichen der Erde offenbar«. Entsprechendes galt von der Weisheit. Auch sie war nicht nur Voraussetzung für den Glauben, sondern auch Teil göttlicher Majestät. Karl ist »von Gott mit Wissen erfüllt«, betonte Alkwin. Jede Ausdehnung des Reiches zeigte also, daß Gott Karl Macht und Tapferkeit verliehen und damit die Voraussetzungen geschaffen hatte, den Gläubigen zu helfen, die Ungläubigen zu bekämpfen und zu bekehren.

Alkwin sprach gern von der Weisheit. Weisheit scheint auch von anderen Geistlichen als die Kardinaltugend eines Herrschers angesehen worden zu sein, Karl selbst bekannte sich zu ihr. In seinen Kapitularien sorgte er dafür, sie auch den Bewohnern seines Reiches zugänglich zu machen: Karl achtete auf wortgetreues Gebet. Er erkundigte sich nach der zutreffenden Form des Vaterunsers, und nach diesen Erkundigungen ließ er die liturgischen Texte verbessern. Er kümmerte sich um die verschiedenen Überlieferungen der Bibel, ordnete an, daß nur ältere Geistliche Bücher abschreiben durften, damit sich nicht in die Arbeit Jüngerer Schreib- und Lesefehler einschlichen, die die Texte verdarben. Er förderte den Unterricht, damit Christen »die Geheimnisse der göttlichen Schriften« leichter und richtiger durchdringen könnten, er verlangte, daß jeder Gebet und Glaubensbekenntnis beherrschte, was damals keine Selbstverständlichkeit war.

Schließlich achtete Karl auch auf die richtige Überlieferung der christlichen Dogmen. 794, auf dem Konzil zu Frankfurt, wurde mit seiner Zustimmung beschlossen, daß nach dem rechten Glauben der Heilige Geist nicht nur vom Vater, sondern auch vom Sohne *(filioque)* ausginge. Diese Formulierung übernahmen die Geistlichen aus Texten der im Frankenreich verbreiteten spanischen Liturgie. Im alten Glaubensbekenntnis hatte das *filioque* nicht gestanden. Der Papst widersetzte sich zwar dem fränkischen Beschluß, mußte sich aber nach einiger Zeit Karls Willen beugen. Nur die Ostkirche hat diese Formulierung nicht übernommen. Das unterscheidet noch heute die griechisch-orthodoxe Kirche von der Kirche des Westens.

Karl griff auch in die Auseinandersetzungen über die Bilderverehrung ein. Dabei nahm er ebenfalls gegen die Maßnahmen der Ostkirche Stellung, denen der Papst zu folgen bereit gewesen war. In den *libri Carolini* ließ er die Ansichten der fränkischen Geistlichen formulieren, wahrscheinlich wurde ihm das Niedergeschriebene vorgelesen, möglicherweise sind sogar die Bemerkungen, die Karl zu den einzelnen Sätzen machte, in tironischen Noten, der damaligen Stenographie, am Rande festgehalten worden.

Ein besonderes Interesse für Wissen und Weisheit aber herrschte im engeren »Freundeskreis« Karls (Jeder darin erhielt einen eigenen Namen, Karl etwa wurde David genannt.)

Wie allgemein üblich ermahnten die »Freunde« sich gegenseitig und beteten füreinander. Darüber hinaus jedoch bemühten sie sich um das Wissen und seine Erweiterung; man sprach später von der »Hofakademie«. Ihr Briefwechsel gibt uns einen guten Einblick in die Wissenschaft jener Zeit und eröffnet einen Zugang zu der Art und Weise, mit der die Menschen sich selbst und die Natur zu sehen gewohnt waren. So können wir wenigstens ahnen, wie unlösbar die Religiosität der Angelsachsen und Franken mit einer besonderen Sicht der Natur verwachsen war.

Bei der Betrachtung der Natur wird ein »Philosoph«, wie Alkwin in einem Brief an Karl 789 schreibt, auf nichts anderes als auf Gott hingewiesen: »Was betrachten und bewundern wir bei Sonne, Mond und Gestirnen, wenn nicht die Weisheit des Schöpfers.« Die Aufgabe der Astronomie zum Beispiel war es, die Ergebnisse der Beobachtungen auf Zahlen zurückzuführen und in Zahlen auszudrücken; Alkwin orientierte sich selbstverständlich an Arbeiten der Antike. Die Zahlen wurden miteinander in Beziehung gesetzt: im Jahresablauf spielt die Zahl 6 eine entscheidende Rolle: das Jahr hat 365 Tage, das sind $360 = 6 \times 60 + 5$ Tage. 5 Tage aber sind der 6. Teil eines Monats, also $30:6 = 5$. Einem Jahr müssen 6 Stunden hinzugezählt werden, die alle vier Jahre zu einem Schaltjahr (366 Tage) führen. 6 – und nun löst Alkwin sich von den beobachteten Phänomenen – ist eine vollkommene Zahl, denn die vollkommenen Zahlen $1+2+3$ ergeben 6, und hat Beziehungen zur Bibel: Gott vollendete am 6. Tage die Schöpfung, »siehe da, es war alles sehr gut«; am 6. Tage wurde der Mensch geschaffen, »vollkommen an Seele und Körper«, und im 6. Zeitalter kam der Sohn Gottes auf die Erde, »um den Menschen, den er am 6. Tage erschuf, zu erretten«.

Alkwin versuchte auf diese Weise Beobachtetes auf mathematische Zeichen zurückzuführen, er fragte aber nicht nach kausalen Zusammenhängen. Statt dessen bemühte er sich, die in einem Gebiet beobachteten Zahlenverhältnisse mit denen, die er in einem anderen Gebiet vorfand, zu vergleichen: das Jahr mit der Bibel. Alkwins Vorgehen unterscheidet sich in nichts von der in jener Zeit gebräuchlichen Methode. Man wollte nicht wissen, was eine Situation begründet (kausale Methode), sondern suchte zu erfahren, was sich miteinander vergleichen läßt (analoge Methode). Es war die Zeit der »Allegorese«. Dabei bot die allegorische Betrachtungsweise nur eine Möglichkeit, Vergleiche herzustellen.

Bei der Bibelinterpretation etwa unterschied man vier Wege. Der Text ließ sich historisch verstehen, hierauf beschränkt sich die moderne Wissenschaft; er konnte allegorisch interpretiert werden, die in der Bibel vorkommenden Städte, Tiere, Pflanzen geben Hinweise auf Eigenschaften; er war anagogisch auszulegen, dann dienen die im Text erwähnten Dinge dazu, auf etwas für den Menschen Bedeutungsvolles hinzuführen, etwa auf das Paradies und das ewige Leben; und schließlich ließ er sich typologisch verstehen. Ein Typus ist eine Gestalt, die sich auf eine andere, spätere Gestalt – den Antitypus – beziehen läßt. Zum Beispiel ist David der Typus von Jesus, David deutet auf Jesus hin.

In der typologischen Interpretation wird Vergangenes auf Zukünftiges bezogen; deshalb ist der Ablauf der Zeit, also die Geschichte vorausgesetzt. An die Geschichte führt auch Alkwins eben gebrachtes Beispiel heran. Ihm ist ja die Zahl 6, die im Jahr eine so bedeutsame Rolle spielt, Anlaß, auf die Weltschöpfung und die Erlösung zu kommen. Von der

Astronomie gelangte man nur auf Umwegen zur Geschichte, unmittelbarer ging es mit Hilfe der Biologie. Walahfried, ein Mönch, der im 9. Jahrhundert auf der Reichenau lebte, hat uns ein kleines Blumenbuch hinterlassen. Darin schildert er recht anschaulich die verschiedensten Pflanzen. Anschließend werden historische Vergleiche gezogen; die Lilien erinnern an die Reinheit der Bekenner, die Rosen an das Blut der Märtyrer.

Mit diesen Vergleichen wollte man nichts in die Natur hineintragen, sondern nur erkennen, was in ihr vorhanden war. »Die Philosophen sind nicht die Gründer dieser Künste (also der Wissenschaft) gewesen, sondern die Finder; denn der Schöpfer aller Dinge gründete die Gesetze in den Naturen, und die Weisen dieser Welt fanden sie in der Natur der Dinge.«

Nur wer sich für Gemeinsamkeiten interessiert, zieht Vergleiche zwischen den einzelnen Gegebenheiten. Wie David, so schreibt Alkwin, unterwirft Karl überall die Stämme mit rächendem Schwert, und wie David ist er zugleich Prediger des göttlichen Gesetzes in seinem Volk. Gemeinsam ist also David und Karl ein menschliches Verhalten, das lobenswert ist. Man kann selbstverständlich auch Tadelnswertes vergleichen. Immer jedoch vergleicht man Qualitäten. Denn nur hierin gibt es Vergleichsmöglichkeiten. Ein Baum ist vollkommener als ein anderer, ein Mensch vollkommener als sein Mitmensch. Die Tatsache, daß die Wissenschaftler jener Zeit nicht Kausalgesetze, sondern Analogiegesetze suchten, daß sie nicht nach dem Grund fragten, sondern Vergleiche anstellten, erlaubt also den Schluß, daß sie sich in der sie umgebenden Wirklichkeit in erster Linie für die Qualität des einzelnen Wesens interessierten, nicht auf welche Weise es sich verhält, sondern welche Vollkommenheit es besitzt. Die Menschen nahmen in sich selbst, in ihren Mitmenschen, in der ganzen Umwelt ganz unreflektiert den Grad der Vollkommenheit wahr. Nur Künstler haben sich in späteren Jahrhunderten bisweilen diese Fähigkeit des Sehens bewahrt.

Alle Zeugnisse Karls sprechen dafür, daß auch er gewohnt war, sich und die Natur auf eben diese Weise zu sehen. So wird es verständlich, weshalb er und die Franken sich so tief von der neuen angelsächsischen Religiosität beeinflussen ließen. In den Angelsachsen begegneten ihnen Menschen einer neuen, in Gott gegründeten Vollkommenheit. Was lag näher, als zu versuchen, diesen Menschen im eigenen Handeln zu entsprechen; denn da er keine absolute Gewalt über Freie und Adlige besaß, mußte er seine Stellung auf persönliche Autorität gründen.

Etwas Weiteres sei hinzugefügt, um die für die damaligen Menschen so charakteristische Art, Wirklichkeit wahrzunehmen, wenigstens in den Grundzügen zu beschreiben: ihr Bedürfnis, verschiedene Bereiche deutlich voneinander abzugrenzen. In der Umgebung Karls unterschied man die Voraussetzungen des Glaubens vom Glauben selbst, das Wissen von dem darauf aufbauenden Handeln. Dieses Bedürfnis, Verschiedenartiges deutlich zu scheiden, mag sich bei den Menschen gebildet haben, die an sich selbst die Erfahrung machten, daß zuzeiten, wenn sie ihre Freundschaft »zeigten«, Gott sie leitete, daß zu anderen Zeiten aber Gott sich ihnen entzog. (Zeugnisse des Von-Gott-Verlassenseins werden wir noch kennenlernen.) Die frühen Merowinger hatten an die Kraft der Heiligen geglaubt, die Wunder tun, in einer Schlacht helfen konnten. Das Zeugnis dieser Kraft meinten sie unmittelbar vor sich zu sehen, wie in heidnischer Zeit das Heil eines Königs von seiner Person ausging und alle in seiner Nähe förderte. Die Frage, wann der Heilige Geist die eigene Person erfüllte, wann er sie mied, wurde zu merowingischer Zeit nicht erörtert. Die Menschen des 8. Jahrhunderts reagierten nicht so unmittelbar; bezeichnenderweise waren die »Reichsannalen« zu Karls Zeit Wundern gegenüber skeptisch. Diese eigentümliche Distanz ist bei den Gelehrten ebenso wie bei den Handelnden zu finden. Sie wurde wohl durch die gegenseitigen Ermahnungen noch bestärkt.

In derselben Zeit wandelte sich die Schrift in eigentümlicher Weise. In der Antike kannten die Menschen das »Zweiliniensystem«, es fehlten Ober- und Unterlängen. In merowingischer Zeit nahm dafür die Schrift einen fast ornamentalen Charakter an. Sie erweckt den Eindruck, als sei der Schreiber ganz Teil der bewegt unruhigen, gleichzeitig formelhaft erstarrten Züge gewesen. Seit dem 7. Jahrhundert nun setzt sich im angelsächsischen wie im fränkischen Bereich das »Vierliniensystem« durch: die Ober- und Unterlängen heben sich deutlich ab. Gleichzeitig identifiziert sich der Schreiber nicht mehr mit dem Duktus seiner Schrift, sondern löst sich spürbar vom Akt des Schreibens, er gestaltet die Buchstaben aus einer Distanz heraus. Wird von den merowingischen Schreibern, ähnlich wie in anderen Schriften der Spätantike, die Trennung der Worte kaum beachtet, so sind seit dem 7. Jahrhundert Wort für Wort deutlich voneinander geschieden. Diese neue »karolingische Minuskel« wurde für die Zukunft verpflichtende Norm, auf ihr beruhten die Schrift der Renaissance und damit die moderne Druckschrift und die moderne Kursive. Im 7. Jahrhundert lösten sich die Menschen von einer Vergangenheit, in die auch keine »Renaissance« späterer Zeiten mehr zurückführte. Damals schuf ein neuer Beginn Gesetze, die bis in unsere Zeit als verpflichtend anerkannt worden sind.

Diese eigentümliche Distanz – sie entspricht der Distanz, welche der vom Ewigen berührte Mensch zu allem Vergänglichen hat – unterschied Männer und Frauen am Hofe Karls von ihren Vorfahren, von den Christen der späten Antike ebenso wie von den Germanen. Die Germanen hatten sich noch ganz selbstverständlich als Teil der Natur und deren Kräfte verstanden und diesen Zusammenhang deutlich empfunden. Aus diesem Grunde hatten sie sich veranlaßt gesehen, dem König, wenn er über Heil verfügte, Einwirkungen auf Witterung und Ernte, auf die Gesundheit seines Volkes zuzuschreiben. Diese alten Lehren wurden nun nicht vergessen oder gar bekämpft – selbst Alkwin sagte einmal, ein guter Herrscher habe Einfluß auf Gesundheit und Wohlergehen seines Volkes und Landes –, aber die Vorstellungen von dem, was gut sei, hatten sich gewandelt. Was gut war, mußte erst erkannt werden, es haftete nicht einfach einem Geschlecht als dessen besonderes Heil an; und um Erkenntnis, auch Erkenntnis der Fehler, zu gewinnen, wurde das fränkische Volk zunehmend häufiger zu Tagen des Fastens, zu gemeinsamem Gebet angehalten. Früher setzten die Germanen ihre Könige ab, wenn es zu schlechter Ernte und zu katastrophalem Wetter kam. So unreflektiert reagierte jetzt niemand mehr. Die führenden Kreise ließen sich statt dessen von der Pflicht bestimmen, in Kapitularien zu ermahnen, füreinander zu beten und Gebete zu fordern, alles Pflichten, die einem germanischen König recht seltsam vorgekommen wären.

Wo noch Beziehungen zur germanischen und antik-heidnischen Vergangenheit bestanden – und sie waren zahlreicher als in den folgenden Jahrhunderten –, war die sich unmittelbar einstellende Freude an einstiger Größe und Pracht wohl weniger in der zeitlichen Nähe als in der »angelsächsischen Religiosität« begründet. In den religiösen Erfahrungen der »Freundschaft« wurden ja erstaunlich viele natürliche Seiten des Menschen angesprochen. So klingen die Freundschaftsbriefe – vor allem, wenn Nonnen an Geistliche schreiben – oft wie weltliche Liebesbriefe. Die »Macht« wurde bewundert, für »irdisches Wohlergehen« gesorgt. Entsprechend werden Franken von germanischen Heldenliedern, die Karl der Große sammeln ließ, und von der klassischen Literatur der Römer angesprochen worden sein. Nur dürfen wir uns nicht täuschen: Franken des 8. Jahrhunderts lasen nicht mit den Augen des modernen Historikers – sie sahen die Wirklichkeit »typologisch«, Helden, wie der germanische Siegfried oder der römische Aeneas, deuteten in ihren Vollkommenheiten auf Herrscher in christlicher Zeit hin.

In den letzten Regierungsjahren Karls des Großen wuchsen die Schatten; hier und dort wurden die Franken unsicher. War es erlaubt, allem Natürlichen einen so großen Spielraum zu lassen? Durften etwa die Töchter Karls entgegen allen kirchlichen Regeln so frei mit Männern verkehren, wie der alte Kaiser es duldete, sogar gern sah, um die geliebten Kinder nicht missen zu müssen? Unglück verdüsterte das Bild. 806 hatte Karl das Reich zwischen seinen drei Söhnen geteilt. Wie es nun bereits dem Brauch seiner Familie entsprach, mußten sie sich alle verpflichten, Petrus und dessen Nachfolger zu helfen. Die darüber aufgesetzte Urkunde wurde dem Papst geschickt, damit auch er seine Unterschrift daruntersetze. Doch wenige Jahre später starben zwei der Söhne; nur Ludwig blieb am Leben, der in Aquitanien ein Unterkönigtum innehatte.

Unheilvolle Ereignisse häuften sich. In den Jahren 810, 812 und 813 verfinsterten sich Mond und Sonne, königliche Gebäude in Aachen stürzten zusammen, die hölzerne Rheinbrücke bei Mainz, die Karl hatte errichten lassen, brannte in drei Stunden ab, von den Pfeilern blieb nur übrig, was vom Wasser bedeckt war. Ein goldener Apfel auf der Spitze der Aachener Pfalzkapelle, Karls späterer Grabstätte, wurde von einem Blitz heruntergeschleudert. Auch Karl selbst blieb nicht verschont; sein Pferd brach unter ihm zusammen. Wie sehr weite Kreise bereits beunruhigt waren, zeigt ein Kapitular aus dem Jahre 811: »Anders haben wir«, so heißt es dort, »in vielen Dingen zu handeln als bisher. Wir müssen vieles von unseren alten Sitten und Gewohnheiten aufgeben, und vieles, was wir bis jetzt nicht taten, müssen wir tun.«

Im Jahre 813 – von Krankheit und Alter bedrückt – rief Karl seinen letzten Sohn Ludwig zu sich. Auf einer Versammlung des hohen Adels setzte er ihn auf den Rat der Mächtigen im Frankenreich zum Mitherrscher ein und krönte sein Haupt mit dem kaiserlichen Diadem. Im folgenden Jahr, am 28. Januar 814, starb Karl der Große.

Ludwig der Fromme als christlicher Streiter
Miniatur in einer überarbeiteten Ausgabe des Buches zum Lob des Heiligen Kreuzes
von Hrabanus Maurus. Handschrift der Fuldaer Schule, nach 831
Wien, Österreichische Nationalbibliothek

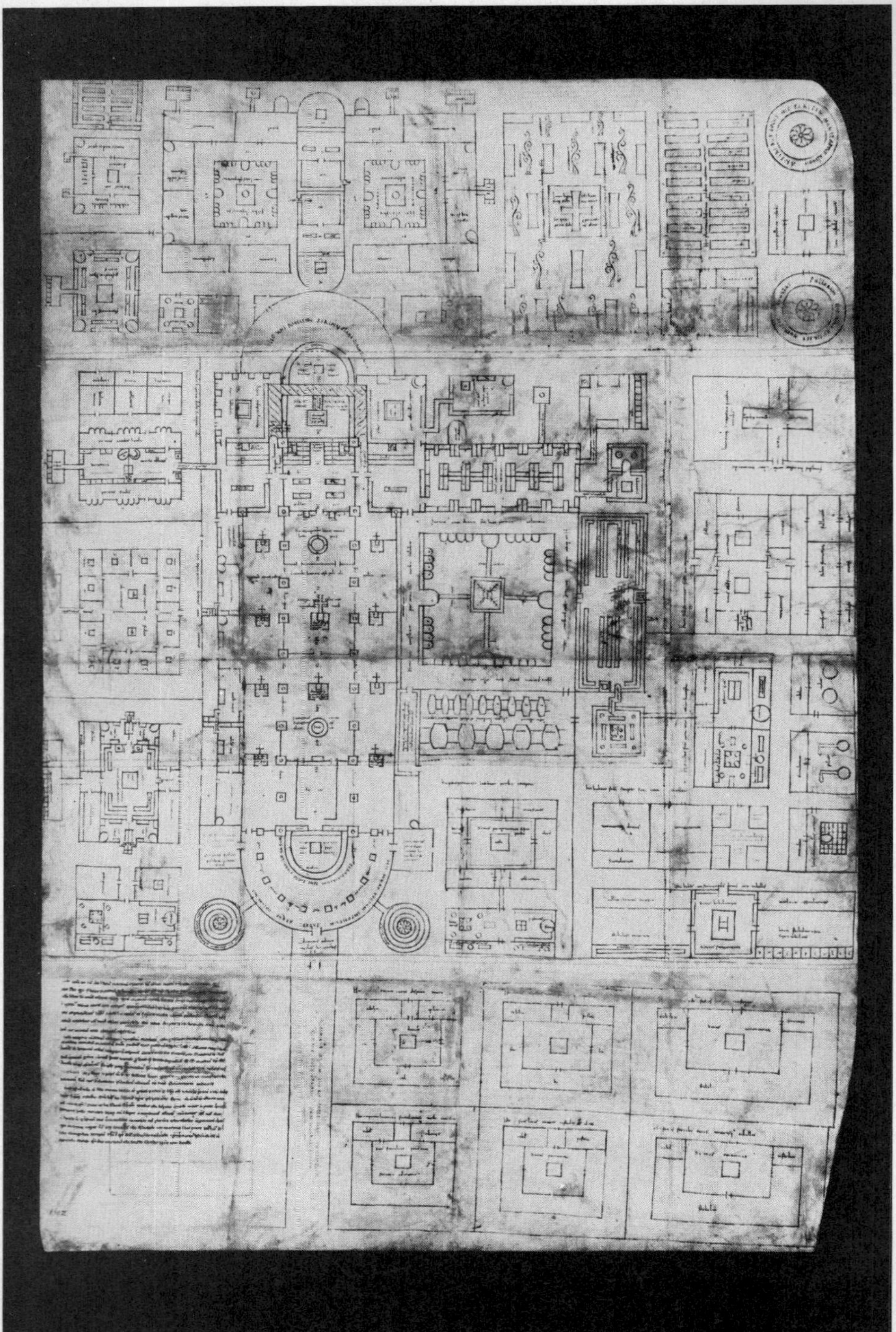

Ludwig der Fromme

Mit Ludwig, den die Deutschen später den Frommen nannten, schienen neue Zucht und Ordnung im Reich einzukehren. Das Leben am Hofe wurde sittenstreng. Ludwigs Schwestern, die mit adligen Männern zusammengelebt und von diesen, ohne verheiratet zu sein, Kinder bekommen hatten, mußten ins Kloster. Mit ehemaligen Ratgebern Karls hatte Ludwig heftige Auseinandersetzungen, die nicht immer ohne Blutvergießen abgingen. Die meisten werden jedoch die neue Ordnung begrüßt haben. Wer genauer hinsah, bemerkte freilich, daß Ludwig weniger von lebendiger Religiosität als von Disziplin geleitet war.

Schon in Aquitanien hatte er sich eng einem Abt, Benedikt von Aniane, angeschlossen. Ihn brachte der junge Kaiser nach Norden mit und überließ ihm schließlich das Kloster Inda bei Aachen. Benedikt – sein eigentlicher Name lautete Witiza – stammte aus einer westgotischen Adelsfamilie. Wie sein Vater, hatte er als junger Mensch am königlichen Hof gedient und dort das Amt des Mundschenks versehen. Als er auf einem Feldzug mit seinem Bruder zusammen bei der Überquerung eines Flusses zu ertrinken drohte, hatte er den Entschluß gefaßt, sich von der Welt abzuwenden. Er trat in ein Kloster ein. Die Benediktinerregel war ihm nicht streng genug. Härtere Lebensformen fand er bei syrischen Mönchen, die von Mohammedanern vertrieben in Südfrankreich Zuflucht gefunden hatten. Hier kam Benedikt mit den alten, auf Antonius zurückführenden Traditionen des Einsiedlerlebens in Berührung. Doch er suchte nicht wie einst Antonius den Kampf mit Dämonen; er war beunruhigt von der schreckenerregenden Größe Gottes. Gott – nicht einem Heiligen – wollte er dienen. Sein Kloster weihte er später der Dreifaltigkeit, Gott selbst, von dem er sagte: »Schrecklich bist du, und wer widersteht dir?«

Benedikt faszinierte die Einheit Gottes. Auch auf Erden suchte er unter den Mönchen Einheit zu verwirklichen. Er stellte aus den verschiedenen Mönchsregeln des Abend- und Morgenlandes eine *Concordia* zusammen. Alles wurde normiert, selbst die Größe der Weinkrüge und die Anfertigung der Kutten. Doch je mehr er nach Regeln suchte, denen sich alle Mönche gleichermaßen unterwerfen konnten, um so deutlicher wurde ihm, daß der Strenge der syrischen Mönche niemals alle sich unterwerfen würden. So hielt er sich schließlich doch an die Regeln des Benedikt von Nursia. Allerdings ließ er nicht wie Benedikt die Klöster für sich bestehen, sondern verband sie in einer Organisation, an deren Spitze er selbst als Generalabt stand.

Aus der Heimat Benedikts kam auch Agobard von Lyon. Er war geradezu besessen vom Gedanken an die Einheit. Die Einheit sollte alle Christen umfassen, um der Einheit willen wollte er Unterschiede zwischen den verschiedenen Volksrechten aufheben. Wer nicht zur Einheit der Christen gehörte, sollte streng abgesondert leben, vor allem die Juden. »Ein Glaube«, schrieb Agobard an Ludwig den Frommen, »gegründet durch Gott, eine Hoffnung, verbreitet durch den Heiligen Geist, eine Liebe, geboren in allem, entzündet durch

---

Plan für eine benediktinische Klosteranlage
Grundriß der Gebäude eines Musterklosters nach den Reformideen des Benedikt von Aniane, um 820
St. Gallen, Stiftsbibliothek

einen Wunsch, ... ein Gebet, ... und ein Vater, ... eine Heiligung, ... ein Reich, ... eine Erfüllung seines Willens, ... o himmlische Brüderschaft, o ewige Eintracht, o untrennbare Einigkeit.« Selbst gegen den Zweikampf als ein Gottesurteil wandte sich Agobard, weil »durch ihn die christliche Einheit zerstört« würde.

Benedikt von Aniane kümmerte sich in erster Linie um seine Klöster. Kaum hatte er Einfluß bei den Franken gewonnen, ließ er eine Ordnung feststellen und für ihre Respektierung sorgen. So wurden auf der Reichsversammlung 817 drei Formen der Klöster unterschieden: Klöster, die dem Kaiser Geschenke und Mannschaften zu stellen hatten; Klöster, die nur Geschenke bringen mußten, und solche, die sich darauf beschränkten, für das Heil des Kaisers und seiner Söhne und für die Dauer des Reiches zu beten. Weiter suchte Benedikt den Einfluß der Laien auf Eigenklöster, also auf Klöster ihres Grundes und Bodens, einzuschränken; das Recht der Eigenkirchen konnte er freilich nicht beseitigen. Wenn trotzdem an der Spitze solcher Eigenklöster Laienäbte standen, sollte Vorsorge getroffen werden, daß sie nicht über sämtlichen Klosterbesitz verfügten. Er mußte den Mönchen Güter lassen, die ausschließlich ihrem Lebensunterhalt dienten.

Bei den Eigenkirchen war den Reformern nicht nur die Frage des Besitzes anstößig. Sie hätten gern auch die personellen Verhältnisse geändert. Wenn ein Grundherr eine Kirche auf seinem Gut errichtet hatte, besaß er das Recht, auch Priester für diese Kirche zu bestellen. Sehr oft nahm er einen Mann aus seiner »Familie«, einen Unfreien, und ließ von ihm die priesterlichen Aufgaben wahrnehmen. Geistliche dieser Herkunft waren oft mehr von ihrem Grundherrn als vom Bischof abhängig. Ganz beseitigen ließen sich diese Mißstände nicht. Immerhin wurde unter dem Einfluß Benedikts beschlossen: in Zukunft sollte der Herr seinem Knecht erst die Freiheit geben, wenn er vom Bischof die Priesterweihe empfangen konnte. Agobard von Lyon aber wollte mehr. Er drängte darauf, das Eigenkirchenrecht überhaupt abzuschaffen; die Kirchen selber sollten ihre Besitzungen durch Kleriker oder Mönche verwalten. Freilich ließ sich diese Forderung, undurchführbar wie sie war, kaum ernst nehmen. Sie zeugt eigentlich nur dafür, daß dieser Verherrlicher christlicher Einheit den Blick für die Wirklichkeit verloren hatte und zunehmend mehr sich von der Radikalität seiner Theorien bestimmen ließ.

Gerade auf der Reichsversammlung 817 zeigte Ludwig selbst sich vom Gedanken der Einheit beeindruckt. Er ließ formulieren, es geschehe unter göttlicher Inspiration, »daß man über das zukünftige Geschick des Reiches sprach«. Dabei wurde festgesetzt: nicht aus Huld und aus Liebe zu den Söhnen dürfe die Einheit des von Gott empfangenen Reiches durch Teilung von Menschen zerstört werden. Diesem Bekenntnis zur Einheit folgte eine Regelung der Nachfolge. Lothar, der älteste Sohn, wurde zum Thronerben erwählt und zum Mitkaiser ernannt. Von den beiden jüngeren Söhnen sollte Pippin den Westen, Ludwig den Osten des Reiches erhalten. Anders als bei der Reichsteilung von 806, die das Reich Karls des Großen gliedern sollte, war jetzt einem der Brüder die Vorherrschaft über die anderen zugedacht, um den Zusammenhang zwischen den verschiedenen Reichsteilen zu wahren. Ludwig wird nicht nur von einer theologisch begründeten Liebe zur Einheit zu diesem Schritt bestimmt worden sein. Ihn drängten sicher auch Adlige; besonders der hohe Adel war lebhaft daran interessiert, das Reich nicht zu spalten, denn jede Teilung mußte dazu führen, daß adlige Güter in den verschiedenen Reichsteilen auseinandergerissen wurden.

Diese Regelung der Nachfolge löste bald Reaktionen aus, mit denen Ludwig offensichtlich nicht gerechnet hatte. In Italien regierte damals noch ein Neffe Ludwigs, Bernhard, der Sohn seines verstorbenen Bruders Pippin. Von Bernhard war 817 nicht die Rede gewesen. Kaum drang die Kunde von der Reichsteilung nach Italien, ließ Bernhard die Alpenpässe sperren. Ob er noch weitere Maßnahmen geplant hatte, ist unbekannt. Ludwig jedoch fürchtete eine ernsthafte Verschwörung, bot all seine Truppen gegen den Neffen auf, besetzte seinerseits die Pässe und zwang Bernhard, sich zu ergeben und um Gnade zu bitten. Gnade wurde freilich nur bedingt gewährt. Ludwig verurteilte ihn zur Blendung. Als Bernhard sich gegen die Verstümmelung wehrte, erlitt er schwere Verletzungen, an deren Folgen er bald darauf starb. Offensichtlich erregt, nutzte Ludwig die Gelegenheit, auch gegen seine Halbbrüder Drogo, Hugo und Theoderich vorzugehen. Er ließ sie geschoren ins Kloster bringen. All diese Maßnahmen kamen für das Volk überraschend, das solche grausamen Strafen von Ludwig nicht erwartet hatte. Es gab der Kaiserin Irmingard schuld, die ja zweifellos den Vorteil davon hatte; denn ihren Kindern wurde so die Herrschaft gesichert. Als Irmingard wenige Monate später, noch im Jahr 818, starb, war das Volk gern bereit, an ein Gottesgericht zu glauben, und ein Visionär schilderte die Qualen, die Irmingard ihrer Ruchlosigkeit wegen zu erdulden hatte.

Ludwig wurde unsicher. Er wollte sich plötzlich aus der Welt zurückziehen, jedenfalls fürchteten das vornehme Franken. Daran hatte aber niemand Interesse, weder Benedikt, der durch Ludwig sein Reformwerk fortsetzen wollte, noch der Adel, der von Ludwig in seinen Rechten gestützt worden war. So ließen sie die schönsten jungen Frauen des Reiches an den Hof kommen, damit der Kaiser die reizvollste unter ihnen aussuchen sollte. Das geschah 819; Ludwig, von dem anziehenden Wesen der »überaus schönen« Judith beeindruckt, vergaß seine Pläne und nahm dieses Mädchen aus dem Geschlecht der Welfen zur Frau.

821 starb Benedikt von Aniane. Wie groß sein Einfluß gewesen sein muß, zeigt die Veränderung, die sein Tod mit sich brachte. Wieder wurde Ludwig von Zweifeln gequält. War es recht, daß er seinen Neffen Bernhard bestraft hatte? Er gab Bernhards Anhängern ihre Güter zurück und erklärte sie für straffrei. Gleichzeitig ergänzte er den Kreis seiner Berater. Adalhard, ein Vetter Karls des Großen, kam an den Hof; einst, nach dem Tode Karls, hatte er sich geweigert, Ludwig zu huldigen. Mit Adalhard kam sein Bruder Wala, der nach Italien gesandt wurde, um dort für Ludwigs Sohn Lothar die Herrschaft zu führen.

Diese Herren kannten keine Scheu, Ludwig in seinen Schuldgefühlen zu bestärken. So tat Ludwig in Attigny öffentliche Buße, verurteilte alles, was er gegen seine Halbbrüder, gegen Bernhard, gegen Adalhard und Wala hatte geschehen lassen, weinte dabei »zu vielen Zeiten in großem Schmerz« und nahm schließlich nach dem Spruch der Bischöfe eine Kirchenbuße auf sich. Von seinen Halbbrüdern wurde Drogo zum Bischof von Metz gewählt, Hugo zum königlichen Rat herangezogen. Die Ratgeber hatten zwar Ludwig in seiner Absicht, ein öffentliches Sündenbekenntnis abzulegen, bestärkt, führten sonst aber keineswegs das Reformwerk Benedikts und Agobards weiter; Agobard beschwerte sich bald. In den Kapitularien der folgenden Jahre finden sich denn auch an Stelle der Reformpläne

Benedikts nur allgemein gehaltene Ermahnungen, etwa: die Kirche regelmäßig zu besuchen, einträchtig und liebevoll zu sein. Die Tradition Karls des Großen war offensichtlich wiederaufgenommen worden. Der Kaiser, so wird gefordert, solle ein Ermahner sein *(admonitor)*. Freilich war dabei von der religiösen Lebendigkeit der Kreise angelsächsischer Geistlichkeit oder der Umgebung Karls kaum mehr etwas zu spüren.

Lebendige Kreise schlossen sich eher der jungen Kaiserin Judith an. In ihrer Umgebung findet man freilich keine Männer, denen an Ermahnung und Predigt lag. Zu ihren Verehrern gehörte der gewandte Dichter Walahfried Strabo. Ob er seinen Stock anspricht oder ein entzückendes Gedicht über Gartenpflanzen verfaßt, alles fügt sich freundlich zusammen. Rosen und Lilien – verglichen mit Märtyrerblut und dem Glanz der Bekenner – sind ihm schließlich Anlaß, die unberührte Jungfrau Maria anzusprechen: sie möge im Kriege Rosen, im Frieden die heitere Lilie pflücken. In seinen religiösen Gedichten lehnt er sich an Bibeltexte an, streng und verhalten in der Form, wenn er etwa den Gesang der drei Jünglinge im Feuerofen umgestaltet, jenen Text, der auch Franziskus zum Sonnengesang angeregt hatte. Das Lob Gottes steht oft am Ende seiner Werke, verbunden mit Wünschen für den Herrscher, seine Frau und die königliche Familie: »Gib unserem Fürsten Ehre und Triumph und schütze sein Kind und seine keusche Gemahlin«. Wo er von Freundschaft und der damit zusammenhängenden Ermahnung spricht, bleiben die Formulierungen blaß. Eher fesseln schöne Bilder: mit seinem Freund will er nachts vor dem Monde stehen, dessen Schein sie vereinen möge, wenn sie auch selber fern voneinander weilen.

Walahfried Strabo war Mönch auf der Reichenau und in Fulda gewesen, wo damals Hrabanus Maurus Abt war. Er galt unter seinen Zeitgenossen als der gelehrteste und klügste Mann; er schrieb ebenfalls, wenn auch etwas formalistische Gedichte. Sein Hauptinteresse richtete sich auf theologische Werke, die er aus Exzerpten, also aus gekürzten Fassungen patristischer Literatur zusammenstellte. Auch Hrabanus huldigte voller Bewunderung der jungen Kaiserin.

Auf der Reichenau hatte Walahfried den Sachsen Gottschalk kennengelernt, damals noch einen jungen Mann, der sich sein erstes Wissen in klassischer und christlicher Bildung aneignete. Das Klosterleben kann Gottschalk, der von seinen Eltern ins Kloster gebracht worden war, zu jener Zeit noch nicht recht gefallen haben. Er führte Ende der zwanziger Jahre einen längeren Prozeß, um ihm zu entgehen. Später jedoch wurde er ein leidenschaftlicher Mönch, berühmt als Anhänger einer radikalen Prädestinationslehre, verehrt und befehdet von den Theologen seiner Zeit. Von ergreifender Ernsthaftigkeit sind Gottschalks Gedichte. Vielleicht nicht so vollkommen in der Beherrschung der Form wie Walahfried, doch viel unmittelbarer beteiligt, wandte Gottschalk sich immer wieder an Gott, seinen Herrn. »Gott, erbarme dich deines unglücklichen Knechtes«, klagte er, »du hast mich erschaffen, Herr, daß ich dir diene, ich habe dich verlassen und bin weit abgeirrt von deinen Wegen. Weh, was geschieht mir?«

826 starb Adalhard. Sein Tod brachte nicht sofort den Sturz der regierenden Gruppe. Doch als 827 die Bulgaren in Oberitalien einfielen und im selben Jahr die Anhänger des Islams in die spanische Mark eindrangen, als Ludwigs Heere, geführt von seinen engsten Gefolgsleuten, nichts ausrichteten, da wuchs die Unzufriedenheit überall. Ludwig ver-

kündete deshalb, auf der nächsten Reichsversammlung sollte untersucht werden, was die Wurzel des Übels und die Gründe für den göttlichen Zorn seien. Hungersnöte, Epidemien, Unfruchtbarkeit, Krankheit und Mangel, Aufstände, Brand und Mord ließen Gottes Unwillen offenkundig werden. Ludwig leugnete nicht, auch selbst schuldig zu sein. Er ordnete ein Fasten im Reiche an, daß die Menschen zu sehen lernten, wodurch sie Gott beleidigt hätten.

Nun kehrte Wala aus Italien an Ludwigs Hof zurück. Er übernahm die Reformforderungen Agobards von Lyon und hielt dem Kaiser eine erbarmungslose Bußpredigt. Ludwig dürfe sich nicht mehr in kirchliche Angelegenheiten mischen, dürfe nicht über Kirchengut verfügen oder Männer seiner Wahl als Geistliche einsetzen. Die verschiedensten Reformvorschläge wurden vorgetragen. 828 erschien Einhard, der Biograph Karls des Großen, mit heiligen Reliquien in Aachen. Er hatte Karl in seinem Werk vor allem nach Eigenschaften gemessen, die ihm durch die Lektüre Suetons vertraut waren, Karls unerschütterliche Beständigkeit in Glück und Not schien ihm besonders rühmenswert. Er selbst freilich war nach dem Tod seiner Frau nicht bereit, sich nach der Art eines Stoikers mit dem Geschick abzufinden und vermochte auch in der Selbstbeherrschung keinen Trost mehr zu entdecken. Im Alter wendete Einhard sein Interesse den Reliquien zu, nach Seligenstadt in seine Abtei ließ er die Gebeine der Heiligen Marcellin und Petrus bringen. Mit diesen Reliquien zog er dann 828 nach Aachen; sie, die so vielen Kranken die Gesundheit wiedergegeben hatten, sollten auch auf das Reich im guten Sinne wirken. Ludwig betete vor ihnen, doch die Krankheit des Reiches wurde nicht geheilt.

829 wandte der Kaiser mit seinem Sohn Lothar sich erneut an die Franken. »Wer fühlt nicht, daß Gott durch unsere schlechten Handlungen beleidigt und sein Zorn hervorgerufen wurde, wenn er sieht, wie in so vielen Jahren Schlag auf Schlag Gottes Grimm gegen das Reich wütet? Das Volk durch Hunger, Viehsterben, durch Seuchen und Unfruchtbarkeit, unter der alle Früchte leiden, beunruhigt, ist von Krankheiten und unendlichem Mangel erschreckend gequält und bedrückt. Jeder Überfluß ist genommen.«

Im selben Jahr wurden in Paris Beschlüsse formuliert, die die verschiedenartigsten Forderungen enthalten: ein einheitliches Konzept läßt sich kaum erkennen. Der Kaiser wird an seine Pflichten gemahnt; er zuerst müsse sich ändern. Die Bischöfe und Priester werden auf die pflichtgemäße gute Lebensführung hingewiesen. Allerdings, so wird betont, die Voraussetzung sei, daß ihnen priesterliche Freiheit und ausreichende Muße wieder zuteil würden. Wenn der Mensch nach der Taufe wieder sündigte, so könne der Heilige Geist die Schuld durch Vermittlung der Priester tilgen. Lange Strecken hindurch stehen Priester im Mittelpunkt dieser Pariser Bestimmungen. Was dabei an positiven Eigenschaften gerühmt wird, Demut, Frömmigkeit, Liebe zur Gerechtigkeit, sind Eigenschaften, die keine Aktivität umschrieben, wohl aber Unterordnung und Ergebenheit.

Von einer besonderen Beteiligung Ludwigs an diesen Reformen ist nichts bekannt. Er trat hingegen Ende des Jahres auf dem Reichstag zu Worms mit einem eigenen Vorschlag auf. Karl, der Sohn, den Judith inzwischen geboren hatte, sollte, so wünschte es Ludwig, ebenfalls ein Erbteil erhalten. Der Kaiser gedachte, ihm Schwaben mit dem Elsaß, Raetien und ein Teil von Burgund zu überlassen. Diese Gebiete waren in der Reichsordnung von 817 Lothar zugesprochen worden. Lothar – er hatte auch andere, persönliche Gründe, mit dem kaiserlichen Vater unzufrieden zu sein – leistete Widerstand. Ludwig verwies ihn daraufhin des Hofes, und Lothar mußte sich nach Italien zurückziehen. Der wichtigste Mann am Hofe wurde jetzt als kaiserlicher Kämmerer und Erzieher des jungen Karl Judiths Vertrauter, der Graf Bernhard von Septimanien. Der Adel wurde unruhig, Ludwig suchte die Unzufriedenheit abzuwenden, indem er für Ostern 831 einen Feldzug in die Bretagne festsetzte. Doch die Franken, anstatt ihm zu folgen, riefen Lothar aus Italien zurück, nahmen Judith gefangen, ließen dem Kaiser schließlich mitteilen, Judith wünsche in ein Kloster zu gehen, er solle die Waffen ablegen und Lothar zum Mitkaiser ernennen. Der überraschte Ludwig gab nur zum Teil nach. Seine Frau mußte in ein Kloster eintreten, sich selbst erbat er Bedenkzeit. Der aus Italien eingetroffene Lothar begnügte sich mit den Rechten eines Mitkaisers. Doch sonst war er im Auftreten nicht geschickt: bald neigten seine Brüder mehr dem alten Vater zu als diesem heftigen jungen Herrn. Ludwig konnte den Adel wieder auf seine Seite ziehen und Lothar isolieren.

Lange währte Ludwigs Triumph nicht, da zerrann ihm die Macht aufs neue zwischen den Händen. Die Einzelheiten sind hier nicht zu beschreiben; Ludwig hielt Versprechen nicht, die er in Notzeiten gegeben hatte. Unter dem Einfluß seiner Frau versuchte er wieder, für deren Sohn Karl die Herrschaft zu gewinnen, fast immer fühlte sich einer seiner drei älteren Söhne vom Vater beleidigt. Als Ludwig Karl zuliebe Pippin aus Aquitanien vertreiben wollte, verbündete sich dieser mit dem im Osten herrschenden Ludwig, »dem Deutschen«, schließlich sogar mit Lothar gegen den Vater. Bei Colmar lagen die Heere einander gegenüber, bei den Söhnen war Papst Gregor IV. Er suchte zu vermitteln, und Lothar nutzte die Zeit, um durch Versprechungen die Truppen seines Vaters auf seine Seite herüberzuziehen. So verlor der alte Kaiser auf dem »Lügenfeld« von Colmar ein Heer, ohne daß es zur Schlacht gekommen wäre. Das war im Jahre 833.

Ludwig mußte nun ein öffentliches Schuldbekenntnis ablegen: ein Triumph der Geistlichen, die seit 829 immer mehr die Würde der Priester gegen die weltlichen Herren ausgespielt hatten. Voller Stolz zeigten sie, »wie die Kraft und Gewalt des Priesters beschaffen und wie derjenige zu verdammen sei, der den priesterlichen Ermahnungen nicht gehorcht hatte«. In St. Médard in Soissons gestand Ludwig seine Sünden. Schuldig sei er – so mußte er laut verlesen – gegen seine Verwandten, schuldig, weil er christliche Feiertage nicht respektiert hätte, schuldig, weil er ungerecht über seine Söhne geurteilt, weil er Feldzüge geführt, die für das Reich nicht nur unnütz, sondern auch schädlich gewesen seien, schuldig, weil er das Volk gegen seine Söhne aufgewiegelt habe. Alle diese Vorwürfe faßte er zusammen, indem er seine Nachlässigkeit und seine mangelnde Voraussicht bekannte.

Dieser Sieg Lothars und der radikalen Gruppe karolingischer Geistlicher hatte aber keinen Bestand. Lothars Brüder wandten sich bald gegen die Selbstherrlichkeit des Älteren. Sie unterstützten ihren Vater, der wieder in seine Würde eingesetzt wurde, und zwangen Lothar, sich mit seinen Anhängern nach Italien zurückzuziehen, unter ihnen Agobard, der – wie viele von ihnen – bald darauf einer Seuche zum Opfer fiel. Die folgenden Jahre waren mit Intrigen, verzettelten Kämpfen, Untätigkeit angefüllt. Ludwigs Stolz war gebrochen. Vor seinem Tod, 840, soll er Gott gedankt haben, »weil er wußte, daß ihm keinerlei Besitz geblieben war«. Die Zukunft des Reiches war gänzlich ungewiß.

Teilungen und Verfall

Kaum war Ludwig der Fromme tot, kehrte sein ältester Sohn Lothar aus Italien zurück. Er versuchte, im Sinne der Reichsordnung von 817 Kaiser des ganzen Reiches zu werden. Sein Bruder Pippin war gestorben, doch mußte er sich gegen die beiden anderen, Ludwig und Karl, wenden. Nach ersten Erfolgen verließ ihn das Glück. In der Schlacht von Fontenoy schlugen ihn die Brüder vernichtend. Siegreich versprachen sie und ihre Truppen sich in Straßburg gegenseitig Treue (842), der Eid ist ein frühes Zeugnis der Volkssprache jener Zeit.

Das nächste Jahr brachte die Einigung der drei Brüder. Im Vertrag zu Verdun wurde das Reich in drei Teile gegliedert. Lothar wählte den mittleren Teil – den Streifen, der sich von der Nordsee bis ans Mittelmeer zog, Aachen und Rom umfaßte, im Osten vom Rhein, im Westen von Schelde, Maas und Rhône begrenzt war. Ludwig »der Deutsche« erhielt den östlichen Teil und links des Rheins »wegen der Menge des Weines« die Diözesen Mainz, Worms und Speyer. Karl II., der Kahle genannt, nahm den Westen. Die Sprachgrenzen wurden bei dieser Teilung nicht berücksichtigt. Eine gewisse Bedeutung scheinen die Königsgüter besessen zu haben; die Brüder sorgten dafür, daß jeder genügend Grundbesitz erhielt, um sich und seinen Hof zu ernähren.

Nach dem Tode Lothars (855) zerfiel das Mittelreich in zwei Hälften, im Norden bildete sich ein Reich unter Lothar II., der ihm den Namen gab, im Süden eines unter Ludwig II., der die Kaiserwürde übernahm. Auch die Söhne Ludwigs des Deutschen hatten eigene Herrschaften: Bayern, Schwaben und Sachsen. Einem dieser Söhne, Karl (III.) dem Dicken, fiel später noch einmal, als alle seine Verwandten gestorben waren, mit dem Kaisertitel das ganze Reich Karls des Großen zu, aber es war keine ruhmvolle Zeit. Die Normannen standen vor Paris, die Sarazenen plünderten Italien und Südfrankreich. So wurde Karl schließlich von den Franken selber abgesetzt.

Über die Stämme im Osten herrschte nun ein illegitimer Nachkomme der Karolinger, Arnulf von Kärnten. In Westfranken setzten sich Grafen gegen den Karolinger Karl den Einfältigen durch: Boso im Süden, Odo im Norden, Wido in Italien. Über ihre Mütter waren diese neuen Herren noch mit den Karolingern verwandt und gehörten überdies zur karolingischen Reichsaristokratie. Ein besonderes Nationalgefühl trennte die einzelnen Herrschaften nicht. Doch in unterschiedlichen Geschicken entstanden bald neue, auf gemeinsam erfahrener Geschichte beruhende Bindungen.

Im Westreich gerieten die Herrscher – und auch schon Karl der Kahle – unter den Einfluß der Bischöfe. Es ist beklemmend zu sehen, wie die bedeutendsten Männer immer ausschließlicher in theologischen Gedankengängen erstarrten oder nur noch auf die Würde ihres Standes bedacht waren. Da die bischöflichen Rechte in den damals verbreiteten *canones*, die meist auf Synodalbeschlüsse zurückgingen, noch nicht deutlich genug hervorgehoben waren, fälschte ein unbekannter Franke, »Pseudo-Isidor«, päpstliche Dekretalen aus der Frühzeit der Kirche: nicht mehr dem Metropoliten und der Provinzialsynode sollten die Bischöfe unterstellt sein, sondern nur dem Papst; aus lebendiger Petrusverehrung sollte gültiges Kirchenrecht werden. Der Fälscher, der sehr geschickt alte Texte mit heranzog, mochte glauben, mit seinem Werk der Errichtung irdischer Vollkommenheit zu dienen. Bei der damals vorherrschenden »typologischen« Sicht von Geschichte und Natur lag es nahe eine Ordnung, die man für die Zukunft erstrebte, auf eine in der Vergangenheit verwirklichte zu beziehen. Ist so auch »erklärlich«, weshalb Pseudo-Isidor, um Gutes zu erreichen, zu »fälschen« bereit war, so bleibt doch die Tatsache bestehen: was er für besonders vollkommen hielt, nützte recht einseitig dem Stand der Bischöfe. Dieselben Kreise forderten auch vom König, er solle in seinen Handlungen sich den geistlichen Sitten angleichen. Während die Not von Normannen und Sarazenen ins Land getragen wurde, während im Innern Aufstände, Fehden und blutige Auseinandersetzungen einander ablösten, glaubten die Bischöfe und Geistlichen, es genüge, den König christlicher, religiöser werden zu lassen, Gott würde dann selbst die äußeren und inneren Feinde vernichten. Die Fürstenspiegel jener Zeit – die Werke von Jonas von Orléans oder von Smaragdus – stellen Forderungen an den König, als hätte er fern von der Welt wie ein Mönch zu leben: Demut, Gottesfurcht, Heiligkeit erwarteten sie von ihrem Herrn. Könige selbst beteten auf den Synoden, daß der Teufel nicht die »Augen des Geistes« verschließen möge und sie ihre Schuld erkennen möchten. Aber der Reformwille brachte keine Hilfe, keinen Schutz vor äußeren Feinden; der bedeutendste und mächtigste der Geistlichen, Erzbischof Hinkmar von Reims, starb auf der Flucht vor den Normannen.

Doch soll das Bild nicht zu düster gezeichnet werden. Vor allem im Westen blieb geistiges Interesse lebendig. Aus Irland kam ein Philosoph, Johannes Eriugena, der eine an der Spätantike orientierte Emanationslehre verkündete. Gottschalk verlieh der Verzweiflung in seinen Gedichten ergreifende Gestalt, wenn ihm auch in aller persönlichen Not Gott gegenwärtig blieb. »Christ, Licht meiner Dunkelheiten, der ich in die schwarze Höhle der Schuld, in die Hölle gefallen, nimm mich auf:«

Christe, mearum
lux tenebrarum,
meme in atrum
criminis antrum
sive barathrum
suscipe lapsum.

Bei allem Schuldgefühl blieb Gott wichtiger als die eigene Person: »Bitte, laß mich wieder würdig werden, daß ich im Preisgebet Dir, Christus, singen kann, jetzt und in Ewigkeit.«

Dieses Lob Gottes fand vollkommenen Ausdruck in der Liturgie; alles bedeutende Geschehen suchte ein liturgisches Gewand. Im Westfrankenreich wurden die *ordines*, die Liturgie für die Königs- und Kaiserkrönung, aufgezeichnet. Spätere Jahrhunderte nahmen nur wenige, wenn auch manchmal entscheidende Modifikationen an diesen Texten vor.

Neue Liedformen für das Kirchenjahr kamen auf. An hervorgehobener Stelle in der Meßliturgie sangen die Christen seit alter Zeit das Alleluja, den Lobgesang der Engel vor Gott. Menschen waren in der Fastenzeit, während Jesus der Passion entgegenging, allerdings nicht wert, in diesen Gesang mit einzustimmen (Wolfram von den Steinen). Erst in der Auferstehungsmesse wurde ihnen das Alleluja wiedergegeben. Diesem Allelujagesang

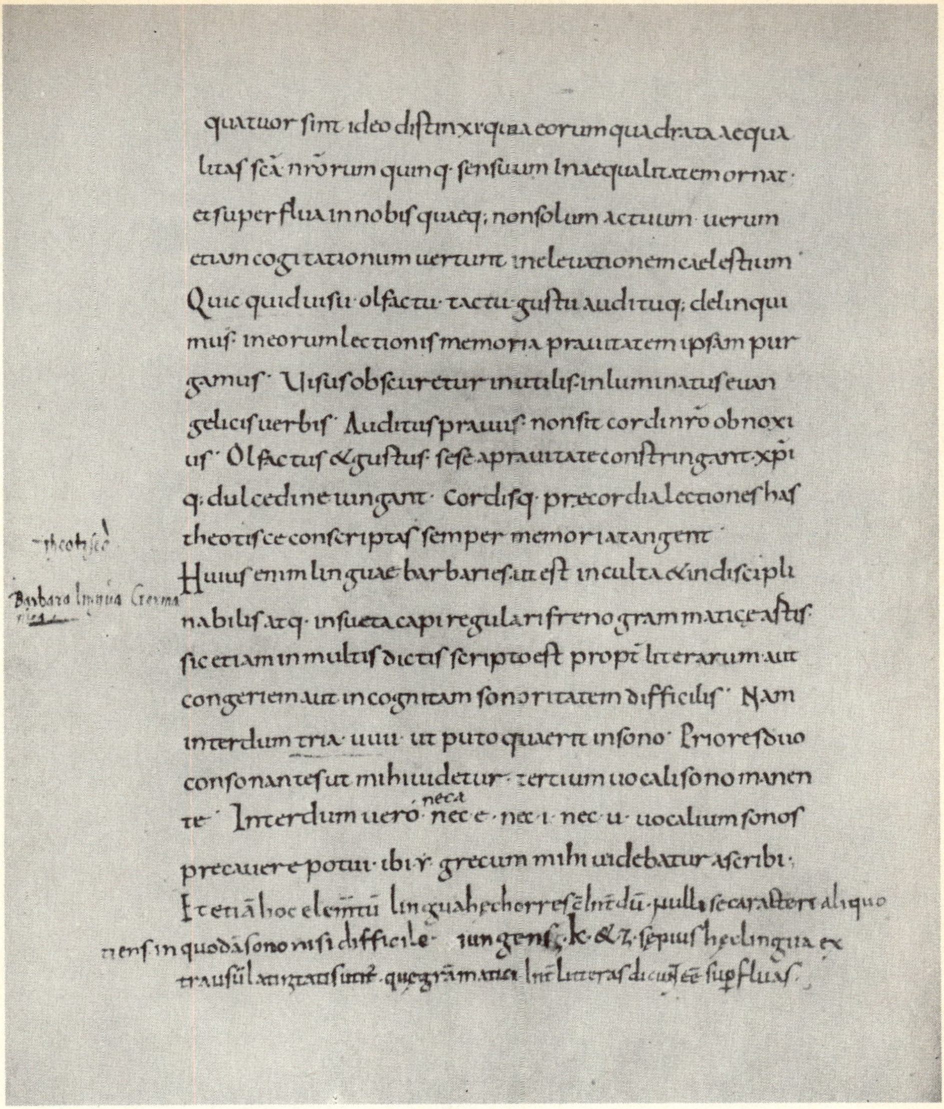
quatuor sint ideo distinxi quia eorum quadrata aequa
litas scā nrōrum quinq; sensuum inaequalitatem ornat·
et superflua in nobis quaeq; non solum actuum· uerum
etiam cogitationum uertunt in eleuationem caelestium·
Quic quid uisu· olfactu· tactu· gustu auditu q; delinqui
mus· in eorum lectionis memoria prauitatem ipsam pur
gamus· Visus obscuretur inutilis· inluminatus euan
gelicis uerbis· Auditus prauus· non sit cordi nrō obnoxi
us· Olfactus & gustus· sese a prauitate constringant· xpi
q; dulcedine iungant· Cordisq; praecordia lectiones has
theotisce conscriptas semper memoria tangent·
Huius enim linguae barbaries ut est inculta & indiscipli
nabilis atq; insueta capi regulari freno grammaticae artis·
sic etiam in multis dictis scripto est propter literarum aut
congeriem aut incognitam sonoritatem difficilis· Nam
interdum tria uuu· ut puto quaerit in sono· Priores duo
consonantes ut mihi uidetur· tertium uocali sono manen
te· Interdum uero· nec a· nec e· nec i· nec u· uocalium sonos
praecauere potui· ibi y· grecum mihi uidebatur ascribi·
Et etiā hoc elemtū lingua haec horrescit intdū· nulli se caractere aliquo
tiens in quodā sono nisi difficile iungens; k & z· sepius haec lingua ex
tra usū latinitatis utit· que grāmatici int litteras dicū ee superfluas·

theotisce
Barbara lingua Germanica

Otfrid von Weißenburgs Kritik an der deutschen Sprache
Eine Seite in der lateinischen Einleitung von Otfrids »Evangelienharmonie« mit seinen Äußerungen über die »barbaries« der deutschen Sprache und über die Schwierigkeiten der Lautschrift, drittes Viertel 9. Jahrhundert
Wien, Österreichische Nationalbibliothek

Reiterschlacht
Zeichnung im Buch der Makkabäer. Handschrift der Schule von St. Gallen, um 924
Leiden, Universitätsbibliothek

unterlegten nun die Franken Worte, vielleicht das erstemal, als sie vom Alleluja Abschied genommen und sich der Rückkehr jubelnd erfreuten:

Alleluia immer tönend:
noch ist es uns nicht vergönnt,
Alleluia abzubrechen,
zwingt uns unser Klagestand.
Vor uns steht die Zeit des Trauerns
über alles unsere Schuld.

So trennten sie sich. Bei der Rückkehr hieß es dann:

Alleluia sag es uns
aus welchen Gebreiten
Unsere Heimat jetzt Du
wieder besuchst,
Neue Freuden:
Aller Welt kundzutun.

Diese Lieder – man nannte sie bald Sequenzen – regten vor allem einen Mönch in St. Gallen an: Notker den Stammler.

Religiöse Dichtung gab es auch schon im Ostfrankenreich. In Anlehnung an angelsächsische Vorbilder – die Blüte angelsächsischer Literatur fällt in die Zeit Alfreds des Großen (871–899), der selbst als Autor und Gesetzgeber hervorgetreten ist – war hier der Heliand entstanden, eine Bearbeitung des Lebens Jesu. Der »Krist« wurde als Gottes Sohn, als Wundertäter und Lehrer verehrt. Ähnlich wie Alkwin in Karl dem Großem den *doctor* und *praedicator* sah, erscheint hier der Christ:

Des Mächtigen Kind
wollte mit seinen Worten
lehren die Leute,
ausbreiten sollten

Weisheitssprüche viel
wie sie das Lob Gottes
in diesem Erdreich.

Der Heliand, wie das Beowulflied in Stabreimen verfaßt, mit seiner überladenen Dichtersprache Werk einer späten Zeit, fand keinen Nachfolger. Mehr Wirkung hatte Otfrids Evangelienharmonie; Otfrid benutzte bereits den Reim. Auch er schildert Jesus ausführlich, vor allem den Erlöser und herrscherlichen Weltenrichter; seine Darstellung enthält auch theologische Interpretationen einzelner Bibelstellen.

In allen diesen Werken ist deutlich ein Interesse am Erzählen spürbar. Erzählende Elemente nimmt auch Notker in seine Sequenzen auf. In einem seiner frühesten Werke schildert er die Geschichte des Menschengeschlechts: Adams Fall, Gottes Erbarmen. Gott sendet seinen Sohn, und der Drache, der Adam einst verführte, sucht auch ihn zu verschlingen. Doch Gottes Sohn siegt und bricht die Tore der Hölle auf. Gottes Taten, des Teufels Gegnerschaft, Gottes Triumph, das sind die Themen, die Notker immer wieder gestaltet. In seinen Versen zeichnet er Gottes Wirken auf den Menschen nach, freilich kühl, distanziert. Notker hat anekdotenhaft Taten Karls des Großen überliefert, von der religiösen Aktivität dieses Herrschers aber bleibt er weit entfernt. Er weiß eindrucksvoll die Missionsarbeit der Apostel zu schildern, doch wichtiger ist ihm die Wirkung des Heiligen Geistes im Sakrament, wichtiger, daß der Heilige Geist die Kraft verleiht, Gott zu schauen, ihn zu bitten und zu loben. Notker hat seine Hymnen Liutward, dem Kanzler Karls des Dicken, gewidmet, der jedoch über herrscherliches Verhalten kaum etwas daraus lernen konnte. Liutward war sowenig wie sein Herr ein Herrscher; verhaßt beim fränkischen Adel, wurde ihm schließlich zusammen mit Karl III. Amt und Würde genommen. Karl starb als gestürzter Kaiser.

Während die Normannen den Westen und Norden verheerten – 880 schlugen sie Herzog Brun mit seinen Sachsen – und im Süden die Sarazenen von ihren Felsennestern aus plündernd das Land durchzogen – Papst Leo IV. mußte die Peterskirche durch eine eigene Mauer mit der alten römischen Stadtbefestigung verbinden, um die heiligste Kirche vor diesen heidnischen Scharen zu schützen –, drohten im Osten neue Gefahren. Nachdem Anfang der achtziger Jahre ein mährischer Herrscher Swatopluk seine Herrschaft errichtet und die Ostmark verwüstet hatte, fielen die Ungarn 899 in Italien ein. In den nächsten Jahren tauchten sie in der Ostmark auf, 906 zerstörten sie Siedlungen im sächsischen Raum, 907 schlugen sie den bayerischen Heerbann vernichtend; Liutpold, Markgraf der Bayern, fiel in der Schlacht bei Preßburg. Im Ostfrankenreich regierte nach dem Tod Arnulfs von Kärnten dessen Sohn Ludwig, das Kind genannt. Er wurde 910 von den Ungarn bei Augsburg besiegt.

Zu allen Bedrängnissen kamen die Kämpfe der verschiedenen Adligen hinzu, rücksichtslos und erbittert vor allem in Italien. Dort waren nach der Jahrhundertmitte Päpste, wie Nikolaus I. und Johannes VIII. – gestützt auf die Dekretalen Pseudo-Isidors –, fordernd und gebietend gegenüber Bischöfen, Kaiser und Königen aufgetreten. Wenig später aber hatte das Papsttum alle Macht verloren; die Päpste mußten adlige Herren, wie Wido und dessen Sohn Lambert, auf deren Wunsch zu Kaisern erhöhen. Als Arnulf von Kärnten nach Italien kam, um diesen Zuständen ein Ende zu bereiten, konnte er sich zwar vom Papst Formosus zum Kaiser krönen lassen, doch ereilte ihn auf dem Rückzug der erste Schlaganfall. Formosus starb ebenfalls, seine Gegner in der ewigen Stadt triumphierten. Der nachfolgende Papst Stephan VI. ließ Formosus aus dem Grab holen und seiner Leiche öffentlich den Prozeß machen. Wegen Eidbruches wurden ihr die Schwurfinger abgeschlagen, dann warf man sie in den Tiber. Ein Jahr später schleppten die Anhänger des Formosus Papst Stephan VI. in ein Kloster und erdrosselten ihn.

Wie das Papsttum verlor das Kaisertum seine Bedeutung. 901 wurde ein Sohn Bosos von Vienne als Ludwig III. gekrönt. In Rom hatte er wenig zu sagen; später wurde er geblendet und ging als Ludwig der Blinde in die Geschichte ein. In Rom regierten die adligen Familien. Auf Theophylakt und seine Frau Theodora folgte ihre Tochter Marozia mit ihren verschiedenen Männern und Günstlingen. Einzelne Päpste warben Truppen. Johannes X. führte sie zusammen mit Theophylakt 915 gegen die Sarazenen. Doch selbst der Sieg des christlichen Heeres schuf keinen dauerhaften Frieden. In Rom setzte sich schließlich Alberich durch, der seine eigene Mutter Marozia und ihren neuen Mann, Hugo von Vienne, vertrieben hatte.

Es ist kein Wunder, daß in diesen Notzeiten die Sehnsucht nach einem machtvollen Fürsten wuchs. Überraschend allerdings ist, daß in den letzten Jahrzehnten des 9. Jahrhunderts an den verschiedensten Orten die kriegerische Stärke eines Königs als ein Teil des

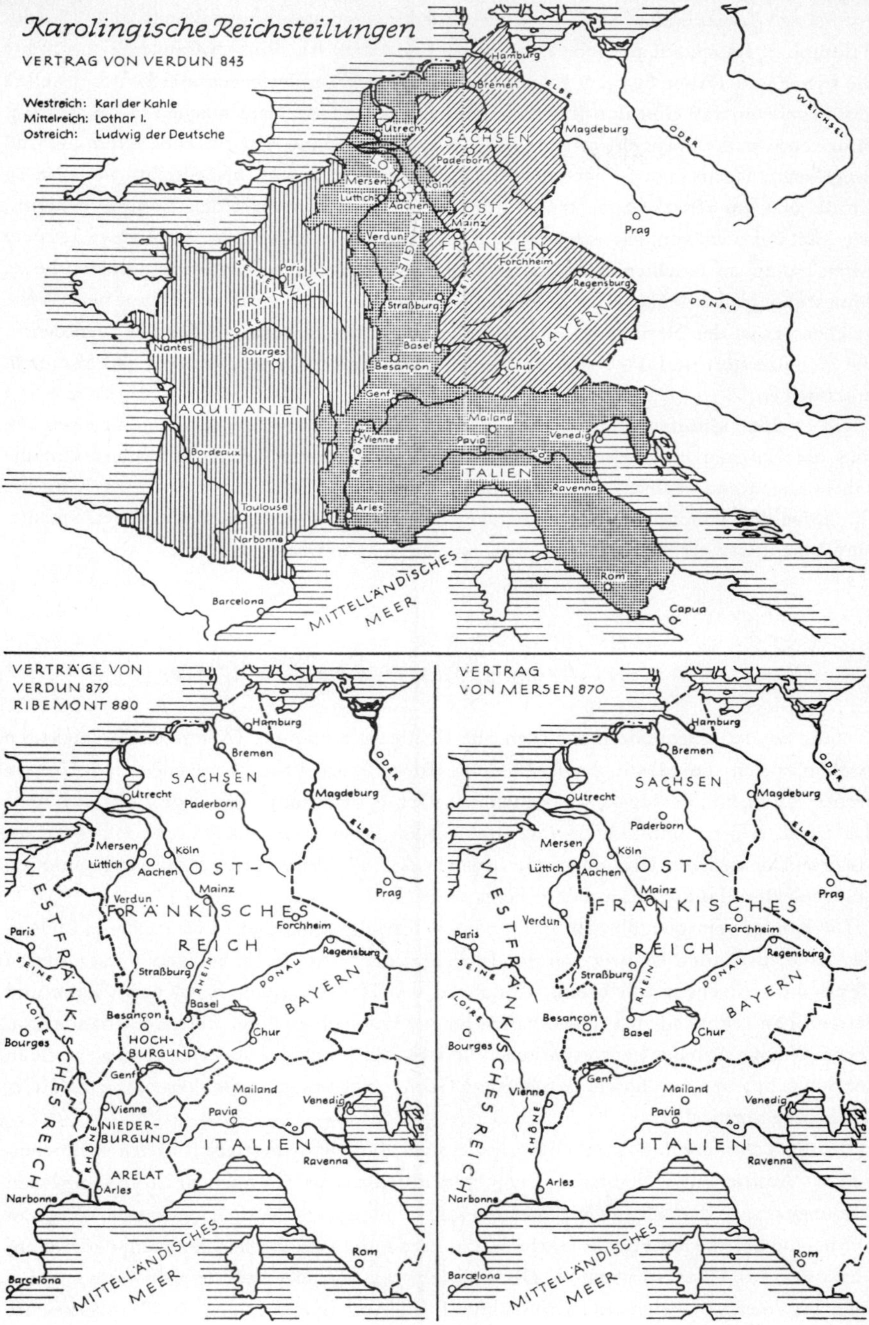
Karolingische Reichsteilungen
VERTRAG VON VERDUN 843
Westreich: Karl der Kahle
Mittelreich: Lothar I.
Ostreich: Ludwig der Deutsche
Hamburg
Bremen
ELBE
WEICHSEL
ODER
Utrecht
SACHSEN
Magdeburg
Paderborn
LOTHARINGIEN
Mersen
Köln
Lüttich
Aachen
OST-FRANKEN
Mainz
Prag
Verdun
Forchheim
Paris
SEINE
FRANZIEN
Regensburg
RHEIN
DONAU
Straßburg
LOIRE
BAYERN
Nantes
Bourges
Basel
Besançon
Chur
Genf
AQUITANIEN
Mailand
Vienne
Pavia
Venedig
Bordeaux
RHONE
PO
ITALIEN
Ravenna
Toulouse
Arles
Narbonne
MITTELLÄNDISCHES MEER
Rom
Barcelona
Capua
VERTRÄGE VON VERDUN 879 RIBEMONT 880
Hamburg
Bremen
ODER
SACHSEN
Utrecht
Magdeburg
Paderborn
ELBE
Mersen
Köln
Lüttich
Aachen
OST-FRÄNKISCHES REICH
Verdun
Mainz
Prag
Paris
Forchheim
SEINE
Regensburg
Straßburg
RHEIN
DONAU
LOIRE
BAYERN
Basel
Besançon
Bourges
HOCH-BURGUND
Chur
WESTFRÄNKISCHES REICH
Genf
Mailand
Vienne
Venedig
Pavia
NIEDER-BURGUND
PO
RHÔNE
ITALIEN
Ravenna
ARELAT
Arles
Narbonne
MITTELLÄNDISCHES MEER
Rom
Barcelona
VERTRAG VON MERSEN 870
Hamburg
Bremen
ODER
SACHSEN
Utrecht
Magdeburg
Paderborn
ELBE
Mersen
Köln
Lüttich
Aachen
OST-FRÄNKISCHES REICH
Mainz
Prag
Verdun
Paris
Forchheim
SEINE
Regensburg
Straßburg
RHEIN
DONAU
LOIRE
BAYERN
Besançon
Basel
Chur
Bourges
WESTFRÄNKISCHES REICH
Genf
Mailand
Vienne
Venedig
Pavia
RHÔNE
PO
ITALIEN
Ravenna
Arles
Narbonne
MITTELLÄNDISCHES MEER
Rom
Barcelona

göttlichen Wirkens erklärt wird. »Wie wir glauben«, heißt es in einem Kapitular, »ist Widos Triumph in Italien auf göttliche Hilfe« zurückzuführen. Auch im Ostfrankenreich rühmte die Synode zu Tribur 895 den König als mächtigen Kämpfer gegen alle Feinde Jesu. Es wurde gebetet, daß Gott ihm Kräfte verleihen und das Heer stark machen möge. Am auffälligsten war der Wandel im Westfrankenreich. Hier wurde 877 ein alter Krönungsordo umgeformt. Hatte man früher erwartet, daß Gott dem König »Nachsicht« verleihe, so wurde jetzt um »Stärke« gebeten, wurden früher die Priester vor den Königen genannt, war jetzt nur noch von den »siegreichen Königen« die Rede. Auch neue Vorbilder aus dem Alten Testament tauchten auf: Abraham, den »Gott über die Feinde triumphieren ließ«, Moses und Josua, denen er vielfältigen Sieg schenkte. Jesus selbst wurde auf neue Weise gesehen: er ist der Herrscher, der durch die Stärke des Kreuzes die Mächte niederwirft, die Hölle zerstört und das Reich des Teufels überwindet, um als Sieger zu den Himmeln aufzusteigen.

Ob es eine Hoffnung gab, das Frankenreich von den Schrecken der Feinde zu befreien und die Christen unter einem gemeinsamen Ziel wieder zusammenzuführen? Um die Jahrhundertwende führten in Deutschland Ludwig das Kind, in Frankreich Karl der Einfältige den Königstitel, Herrscher, von denen sich kaum einer viel erhoffen mochte. Ihre Macht war gering, ihr Besitz klein, und die Feinde waren zahlreich.

Ein neues Reich auf ostfränkischem Gebiet

Anfang des 10. Jahrhunderts schienen alle Kräfte zu erlahmen. In inneren Zwistigkeiten erschöpfte sich die Macht des fränkischen Adels. Normannen, Sarazenen und Ungarn verheerten in Plünderzügen, von denen kein Gebiet verschont blieb, jedes Jahr aufs neue das Land. Klöster und alte Bischofssitze wurden ausgeraubt; die Bildung schien zu erlöschen. Die wenigen Urkunden, die in jener Zeit diktiert wurden, stehen mit plumper, ungeschickter Handschrift auf dem Pergament.

Die Könige versagten überall: in Frankreich Karl der Einfältige, in Deutschland Ludwig das Kind, in Italien Ludwig von der Provence, der Sohn Bosos, auf den – nach dessen Blendung – Berengar von Friaul, Rudolf II. von Hochburgund, Hugo von Vienne und dessen Sohn Lothar folgten. Dauerhaften Schutz vermochten diese Herren niemandem zu geben. Wenige Annalen geben spärlichen Bericht. Wir hören von Adligen, etwa wenn sie in der Schlacht fielen, wir hören, daß kleinere Gebiete sich zusammenschlossen, um die äußeren Feinde abzuwehren.

Bei der Teilung von 806 galten noch die alten, im Merowingerreich üblichen Bezeichnungen Austrien und Neustrien. Der Osten allerdings wurde auch nach verschiedenen Stämmen geschieden, die in den folgenden Jahrzehnten an Bedeutung gewannen. Vor allem werden die Bezirke der Friesen, Sachsen, Thüringer, der ripuarischen Franken, der Hessen, Alemannen und Bayern genannt. Der lothringische Bereich gliederte sich – etwa 870 – nach Bistümern, Abteien und Grafschaften. Im Westen und Süden des Frankenreiches bildeten sich neue Bezirke. So entstand um Paris in der Ile de France das Herzogtum Franzien, im Süden die Provence, Hoch- und Niederburgund. Noch verworrener sind die Verhältnisse in Italien, wo neue Fürstentümer oft nicht einmal das Leben eines mächtigen Herrn überdauerten. Im allgemeinen schloß sich der Adel in den Bezirken am ehesten zusammen, die unmittelbar und am häufigsten von Feinden bedroht waren, die Ile de France von den Normannen, Bayern von den Ungarn, Sachsen von Normannen und Ungarn. Sie mußten es, wollten sie sich ihrer Gegner erwehren.

Diese Entwicklung wurde in den ostfränkischen Gebieten dadurch begünstigt, daß die alten Stammesgebiete noch erhalten waren. Nicht nur das, einzelne Stämme hatten infolge der Teilungen oft eigene Reiche gebildet. 876 beim Tod Ludwigs des Deutschen erhielten sein Sohn Karlmann Bayern, sein Sohn Karl (der Dicke) Schwaben und Ludwig, der dritte Sohn, Sachsen, Thüringen und Ostfranken. Karlmann ließ sich daraufhin König der Bayern nennen, Karl König Alemanniens oder König der Schwaben. Diese Unterkönigtümer verstärkten den Zusammenhalt der alten Stämme, die auch äußerlich noch eine Einheit waren. Jeder Freie oder Adlige, der ihm angehörte, unterlag demselben Recht. Die Stämme erschienen geschlossen auf Versammlungen, etwa zu einer Königswahl. Im Krieg zogen sie wohl auch gemeinsam in den Kampf. Allerdings gab es in den meisten Stämmen verschiedene Parteien. Zum Beispiel hatte Ludwig der Deutsche, solange er noch gegen seine Brüder oder seinen Vater kämpfte, nur die Bayern fest hinter sich, von den anderen Stämmen folgten immer nur einzelne Gruppen. Bei der Wahl Arnulfs von Kärnten zum Nachfolger Karls des Dicken (887) beteiligten sich ursprünglich nur Teile der Bayern und Alemannen, die übrigen unterwarfen sich erst, als Arnulf mit einem Heer erschien, »von Furcht ergriffen«.

Ein Mönch von der Reichenau berichtet, Ludwig der Deutsche habe, als er seinen drei Söhnen, Karlmann, Ludwig und Karl, ihre Gebiete zusprach, gleichzeitig bestimmt, seine Söhne sollten, solange er lebe, nur einige Höfe besitzen und in ihren Gebieten nur kleinere Rechtsfälle entscheiden. Er selbst behielt sich die Entscheidung der schwereren Rechtsfälle vor, auch sollten ihm weiterhin Bistümer, Klöster, Grafschaften und Domänen unterstehen.

Seitdem von den karolingischen Herrschern im ostfränkischen Reiche nur noch Ludwig das Kind am Leben war, suchten einzelne Herren in den Stämmen sich die Rechte anzueignen, die einst der König dort besessen hatte. Nach dem Tode Liutpolds in einer Schlacht gegen die Ungarn (907) wählten die Bayern seinen Sohn Arnulf zu ihrem Herrn. Arnulf beanspruchte eine Gott-unmittelbare Stellung und nannte sich Herzog der Bayern. Er verfügte über die Bistümer und sprach sich das Recht zu, Bischöfe einzusetzen; er verfügte über Klöster, ließ sie säkularisieren und gab ihre Güter Rittern, um sie für den Kampf gegen die Ungarn zu gewinnen. Daneben aber sorgte Arnulf dafür, daß ein Teil des klösterlichen Besitzes in die Hände von Bischöfen überging, die ihrerseits freilich Soldaten für sein Heer zu stellen hatten. In Bayern war entweder die Macht der Liutpoldinger oder die Angst vor den Ungarn so groß, daß sich die Geistlichen alles gefallen ließen. Anders lagen die Verhältnisse in Schwaben und Franken.

Im schwäbischen Bereich kam es zu heftigen Auseinandersetzungen zwischen geistlichen Herren und diesen aufstrebenden mächtigen Vertretern des Adels. Der vornehmste und erfolgreichste Bischof war Salomon von Konstanz (890–919). Seine adligen Gegner waren gespalten: auf der einen Seite standen die Burchardinger, auf der anderen das Brüderpaar Erchanger und Berchthold, die sich Kammerboten nannten. In Franken war der Führer der Geistlichen Erzbischof Hatto von Mainz. Seine Hauptgegner entstammten dem Geschlecht der Babenberger. Um ihrer Herr zu werden, verbündete sich Hatto mit den Konradinern und griff schließlich, so jedenfalls wird in späterer Zeit berichtet, zu einer List. Er begab sich auf die Burg Adalberts, des Babenbergers, und teilte ihm mit, seine Feinde wollten mit ihm Frieden schließen. Er versprach dem mißtrauischen Adalbert, persönlich werde er ihn lebend auf seine Burg zurückbringen, und beschwor sein Versprechen. Als sie morgens losritten, hatte der Bischof nichts zu sich genommen. Kaum waren sie ein Stück Wegs geritten, klagte er über Hunger. Adalbert führte ihn noch einmal zurück, sie aßen gemeinsam und brachen dann wieder auf. Bei seinen Gegnern wurde Adalbert gefangengesetzt. Vor der Hinrichtung hielt Adalbert dem Erzbischof vor, er habe seinen Schwur gebrochen; darauf der Erzbischof: habe er ihn nicht lebend auf die Burg zurückgeführt, als sie gemeinsam frühstückten?

In Sachsen herrschte das mächtige Geschlecht der Liudolfinger. Zu dieser Familie gehörte Brun, der 880 im Kampf gegen die Normannen fiel. Nach seinem Tod bestimmte sein Bruder Otto die Geschicke im Sachsenland. Auch er nahm den Titel Herzog an. Im Grunde wissen wir sehr wenig über diese neuen Herzöge. Ein paar äußere Fakten, Siege und Niederlagen, kaum ein Wort zu ihrer Person. Arnulf von Bayern wurde einmal charakterisiert: ein ruhmreicher Herzog, der vom Himmel mit Stärke versehen, durch Tapferkeit berühmt und durch Siege ausgezeichnet weithin leuchtete.

Im Jahre 911 starb Ludwig das Kind. Niemand in Ostfranken dachte daran, Karl den Einfältigen, den allein noch lebenden Nachkommen des karolingischen Geschlechts, zum König auszurufen. Als erste ergriffen die Adligen Sachsens und Frankens die Initiative, sie trafen sich in Forchheim. Dort soll die Krone Otto dem Erlauchten, dem Herzog von Sachsen, angeboten worden sein. Er aber lehnte ab. Dann einigte man sich, Konrad aus dem Geschlecht der Konradiner zum König zu wählen. Es war wohl Hatto, der Erzbischof von Mainz, der Konrad salbte und krönte. Um sich in Schwaben und Bayern durchzusetzen, mußte Konrad Kunigunde, die Witwe Liutpolds, heiraten. So wurde er Stiefvater des Bayern Arnulf und Schwager der schwäbischen Kammerboten Erchanger und Berchthold. Ein Reich entstand, das – abgesehen von Lothringen – im wesentlichen die deutschsprachigen Stämme vereinigte.

Es ist eine alte Kontroverse unter den Historikern, ob bei der Ernennung Arnulfs von Kärnten, der sich ja gegen Karl den Dicken durchsetzen mußte, oder erst bei der Trennung vom karolingischen Geschlecht unter Konrad I. und seinen Nachfolgern ein Zusammengehörigkeitsgefühl der Deutschen nachweisbar ist. Unmittelbare Zeugnisse dafür gibt es nicht; die Tatsache, daß sich der Adel gegen einen Karolinger oder gegen das ganze Geschlecht wandte, kann natürlich verschiedene Ursachen haben. Daraus allein läßt sich aber nicht der Schluß ziehen, ein erwachendes deutsches Nationalgefühl hätte das Handeln bestimmt. Es müßten schon andere Zeugnisse hinzukommen; doch damit ist es schlecht bestellt.

Das Wort »deutsch« *(theodiscus)* meint ursprünglich »dem Volk zugehörig«, meint die Sprache, die nicht lateinisch war. In dieser Bedeutung wird es im Frankenreich etwa 786/788 erwähnt. Um das Wort dem Lateinischen anzugleichen, machten die Gebildeten *theutonicus* daraus. So wird überliefert, daß die Söhne Ludwigs des Deutschen 876 die vom Vater bestimmte Erbteilung in deutscher Sprache beschworen *(theutonica lingua)*. Das Substantiv *theutiscus* ist uns im 9. Jahrhundert in Italien bezeugt. Damit ist ein Mensch gemeint, der in volkstümlicher Sprache spricht. Im 10. Jahrhundert ist dies Wort noch selten, weitere Verbreitung findet es Anfang des 11. Jahrhunderts. Man spricht auch vom *Regnum Theutonicum* oder – gelegentlich – vom *Regnum Germanicum*. Nicht die deutschen Stämme haben sich also ein Wort gesucht, um ihre Gemeinsamkeit zu charakterisieren, sondern die Italiener wollten Menschen bezeichnen, die in einem fremden Land unter einer Herrschaft lebten. Die Umschreibung »Römisches Reich Deutscher Nation« schließlich ist erst aus der Zeit Maximilians Ende des 15. Jahrhunderts bezeugt.

Trotzdem hätte natürlich 911 ein Nationalgefühl vorhanden sein können, ohne daß die Menschen den Zwang verspürten, ihm begrifflichen Ausdruck zu verleihen. Aber alles, was wir über den Anfang des 10. Jahrhunderts wissen, läßt nicht auf ein besonders lebendiges Interesse an deutscher Eigenart schließen. Ein Jahrhundert zuvor gab es noch eine umfangreiche Dichtung in deutscher Sprache, aber gerade aus der Wende zum 10. Jahrhundert kennen wir kein größeres Werk in der Volkssprache. Erst Ende des 11. Jahrhunderts und im beginnenden 12. Jahrhundert wird die deutsche Sprache wieder für aufschreibenswert gehalten.

Unter Konrad I. war das neu erstandene Reich noch schwach, doch seine Nachfolger, Heinrich I. und Otto der Große, machten es zur größten Macht in Europa. Otto erlangte sogar die Kaiserkrone. Doch auch diese Herrscher und ihre Nachkommen hatten keineswegs die Tendenz, sich Deutschland zuliebe aus der karolingischen Tradition zu lösen. Sie nannten sich weiterhin Könige der Franken. Unter Otto dem Großen wurde einmal diese Sitte aufgegeben, aber dann nicht zugunsten Deutschlands, sondern seines Stammes; in einer Urkunde ließ er sich König in Franken und Sachsen nennen. 911 also mit einem erwachenden deutschen Nationalbewußtsein zu rechnen, hieße spätere Vorstellungen in eine frühere Zeit hineintragen.

Zur Wahl Konrads I., des mächtigsten Herrn im Frankenland, schlossen sich gleichwohl Bayern, Sachsen und Schwaben zusammen. Dabei unterschieden sich zwei Gruppen, die Geistlichkeit und der weltliche Adel; beide mochten ihre eigenen Interessen verfolgen. Da die Geistlichkeit in den letzten Jahrzehnten schon in den meisten Gebieten im Kampf mit den Adelsgeschlechtern lag, mag sie erwartet haben, ein König wäre bereit und fähig, sie in dieser Auseinandersetzung zu unterstützen. Was den Adel angeht, so wissen wir aus den knappen Schilderungen der Wahl, daß hier die Stellungnahme Ottos von Sachsen, Arnulfs von Bayern, Erchangers und Berchtholds von Schwaben ausschlaggebend waren. Diese Männer mußten darauf sehen, daß ihre neu erworbenen Rechte von einem König anerkannt werden würden. Sie mögen die Wahl Konrads in der Hoffnung unterstützt haben, auf diese Weise zugesprochen zu bekommen, was sie sich angeeignet hatten. Dazu gehörte das Recht, über Bistümer und Klostergut zu verfügen.

In Bayern durfte Arnulf nach wie vor Bischöfe einsetzen; ähnlich scheint Konrad in Sachsen dem Herzog Otto zunächst alle Rechte belassen zu haben. Bei ihm lag, so berichtet wenigstens der spätere Chronist Widukind, weiterhin die oberste Gewalt. Als Otto allerdings schon 912 starb, wollte Konrad dessen Sohn, Heinrich I., nicht die Macht des Vaters übergeben. 918 ernannte Konrad in Hamburg-Bremen den Geistlichen Unni zum Erzbischof. Konrad war also nicht gewillt, sich den Wünschen der Herzöge auf die Dauer zu beugen. Das wurde in Schwaben noch deutlicher.

Erchanger hatte den Bischof von Konstanz, Salomon III., gefangengesetzt. Bischof und König verband schon eine alte Freundschaft. So half Konrad auch Salomon in seiner Not, er wurde befreit und Erchanger gebannt. Er floh zu seinem Neffen Arnulf, und nun dehnte sich der Krieg über ganz Süddeutschland aus. Erst blieb Konrad Sieger; Arnulf mußte außer Landes gehen und bei den Ungarn Schutz suchen. In den folgenden Jahren waren die Kämpfe wechselvoll, Konrad belagerte Arnulf, der in seinem Land wieder Fuß gefaßt hatte – nun ein erbitterter Feind des Königs –, in Regensburg. In Schwaben trat an die Stelle Erchangers Burchard II. aus der Familie der Hunfridinger, den Konrad auf dem Hohentwiel belagerte. Als Erchanger wieder zurückkehrte, mußte Konrad gegen beide Familien kämpfen, die sich gegenseitig auch noch Rechte streitig machten. Schließlich kam es zum offenen Krieg mit Heinrich I., den Konrad bei Göttingen, in Grona, längere Zeit belagerte.

Aus den Kämpfen der ersten Jahre ging also eindeutig hervor, daß Konrad nicht mit den Herzögen zusammenarbeitete. Dementsprechend bekam er von den Geistlichen immer wieder Unterstützung; Hatto half ihm gegen die Sachsen. Als er Herzog Heinrich auch mit einer List nicht beseitigen konnte, soll er aus Kummer darüber gestorben sein. In Schwaben ging Salomon III. mit dem König zusammen. Von den bayerischen Bischöfen stand Pilgrim von Salzburg, als Arnulf sich 916 zum zweitenmal gegen Konrad erhob, auf seiten des Königs. Im selben Jahr versammelten sich die Bischöfe – mit ihnen der päpstliche Legat Petrus von Orte – auf einer Synode in Hohenaltheim.

Dort brachten die Bischöfe zugunsten Konrads Argumente vor, die auch ihre eigenen Positionen stärken sollten. Den Gesalbten des Herrn, den *Christus Domini*, wollten sie schützen, sie forderten, die Heiligkeit des dem König geschworenen Eides zu respektieren. All dies sollte der Stärke des Königs *(robor regis)* dienen.

Nach der Synode von Hohenaltheim gelang es Konrad, Erchanger und Berthold gefangenzusetzen; sie wurden enthauptet. Dieser Erfolg versteifte jedoch den Widerstand der anderen Herzöge. Konrad hatte nun auch im Kampf gegen sie kein Glück mehr. In einer Schlacht mit den Truppen Arnulfs wurde er schwer verwundet. Als er spürte, daß er den Folgen der Verletzung erliegen würde, rief er seinen Bruder Eberhard zu sich: »Ich fühle, Bruder, daß ich dies Leben nicht länger halten kann, Gott ordnet es an, und die schwere Krankheit bezwingt mich. Wir haben zusammen, Bruder, genug Truppen aufzubieten und ins Feld zu führen. Wir haben Burgen und Waffen, haben königliche Insignien und alles, was die königliche Würde fordert. Uns fehlen Glück und adlige Sitten. Das Glück mit den adligsten Sitten, Bruder, das folgt Heinrich. Geh daher mit den Insignien zu ihm, schließe Frieden. Er möge König und Kaiser vieler Völker sein.« So steht es in der

Chronik, die ein paar Jahrzehnte später der sächsische Mönch Widukind von Corvey niederschrieb.

Diese Worte spiegeln gut die Gesinnung, die in adligen Kreisen verbreitet war, sonst hätte sie Widukind nicht Konrad in den Mund gelegt. Sie unterscheidet sich etwas von den Vorstellungen der Bischöfe. Obwohl Konrad die königlichen Insignien trug, die er vom Bischof bei der Salbung empfangen hatte, obwohl er über äußere Machtmittel verfügte – Burgen, Waffen und Truppen –, fehlte ihm doch etwas Entscheidendes, um wirklich König zu sein: Widukind umschreibt es mit den Worten »Glück« und »adlige Sitte«. Glück, damit ist zweifellos Schlachtenglück gemeint, das Konrad in den letzten Jahren so offenkundig entbehrte. Was aber sind adlige Sitten?

Die Historiker des 10. Jahrhunderts geben in ihren Chroniken und Herrscherbiographien ein anschauliches Bild von den Sitten eines vollkommenen Herrschers. Ein Fürst hat dem, der sich ihm bittend naht – allerdings nur dann –, milde und huldvoll zu begegnen; die Huld soll ihm immer nahestehen (Widukind von Corvey). Einem um Hilfe Bittenden keine Huld zu gewähren wäre Zeichen völligen Irreseins (Liudprand von Cremona). Von den Herrschern wird erwartet, daß sie tapfer und stark im Kampf den Gegner überwinden. Klugheit fordert vor allem Liudprand, ein Wissen, das dazu dient, über den Gegner zu siegen.

Alle diese Eigenschaften sind nach Aussage der Chronisten doppelten Ursprungs: sie sind angeboren oder anerzogen, und sie stammen von Gott, der den Menschen mit ihnen erfüllt. Gott ist es, der das Verlangen zu kämpfen weckt. Am Sieg über den Gegner ist zu erkennen, wieviel Stärke Gott dem Herrscher verliehen hat (Liudprand). Die Huld, eine Eigenschaft Gottes, wird erst im Handeln offenbar. Ein Herrscher muß sie durch Taten »zeigen« (Widukind). Da diese Eigenschaften von Gott herrühren, hat der Herrscher voll Demut zu sein; in Demut bekennt er, daß seine folgenreichsten Handlungen nur möglich sind, weil Gott ihn dabei erfüllt, leitet.

Das ist es, was Konrad I. in Widukinds Chronik meint, wenn er von der Bedeutung des Glücks spricht, das ihm persönlich so fehlte: um ein guter Herrscher zu sein, genügt keine Salbung, genügen nicht Machtmittel, nicht wohlbegründete Rechtsansprüche und nicht eigenes Können. Es muß etwas hinzutreten, was dem Herrscher geschenkt wird. »Heinrich von Sachsen hat es, ich habe es nicht«, sagt Konrad in Widukinds Chronik sterbend zu seinem Bruder.

Was im frühkarolingischen Reich Freundschaft und Liebe war – auch sie rührten von Gott her –, erscheint jetzt als Milde und Huld. Die Freundschaft umfaßte Personen jeden Standes. Sie äußerte sich vor allem in Gebeten und Ermahnungen, also in Worten. Worte waren auch die Predigten, die die angelsächsischen Missionare vor den Heiden hielten, Worte die Ermahnungen, die Karl in den Kapitularien an seine Franken richtete. Jetzt gilt die Huld den Untergebenen oder demütig Bittenden. Der früheren Situation, die auch »horizontale« Beziehungen zuließ, hatte entsprochen, daß gleichangesehene Herrscher miteinander in Freundschaft verbunden waren: Kaiser und Papst, die Könige der verschiedenen Teilreiche. Seitdem nun die Huld an die Stelle der Freundschaft getreten war, ging allmählich der Sinn für Reiche und Teilreiche, die gleichberechtigt

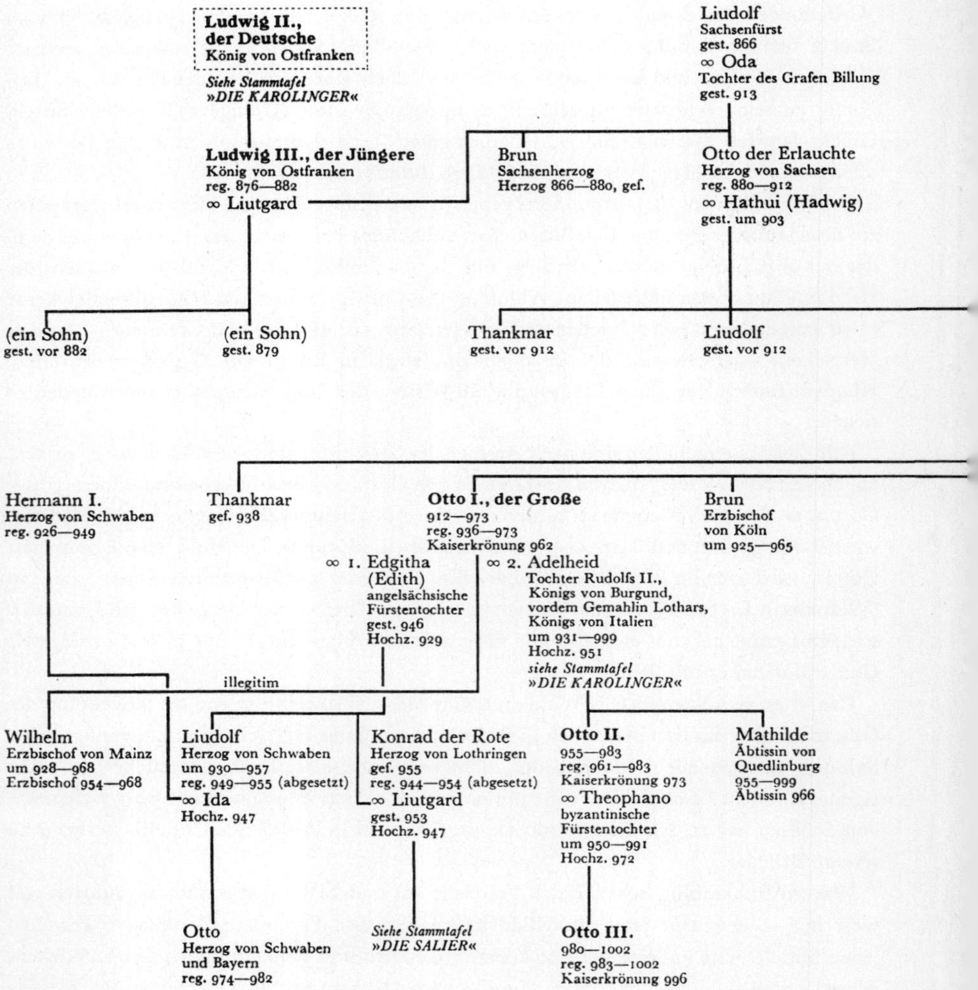
Ludwig II., der Deutsche
König von Ostfranken
Siehe Stammtafel »DIE KAROLINGER«
Liudolf
Sachsenfürst
gest. 866
∞ Oda
Tochter des Grafen Billung
gest. 913
Ludwig III., der Jüngere
König von Ostfranken
reg. 876—882
∞ Liutgard
Brun
Sachsenherzog
Herzog 866—880, gef.
Otto der Erlauchte
Herzog von Sachsen
reg. 880—912
∞ Hathui (Hadwig)
gest. um 903
(ein Sohn)
gest. vor 882
(ein Sohn)
gest. 879
Thankmar
gest. vor 912
Liudolf
gest. vor 912
Hermann I.
Herzog von Schwaben
reg. 926—949
Thankmar
gef. 938
Otto I., der Große
912—973
reg. 936—973
Kaiserkrönung 962
Brun
Erzbischof
von Köln
um 925—965
∞ 1. Edgitha (Edith)
angelsächsische Fürstentochter
gest. 946
Hochz. 929
∞ 2. Adelheid
Tochter Rudolfs II., Königs von Burgund, vordem Gemahlin Lothars, Königs von Italien
um 931—999
Hochz. 951
siehe Stammtafel »DIE KAROLINGER«
illegitim
Wilhelm
Erzbischof von Mainz
um 928—968
Erzbischof 954—968
Liudolf
Herzog von Schwaben
um 930—957
reg. 949—955 (abgesetzt)
∞ Ida
Hochz. 947
Konrad der Rote
Herzog von Lothringen
gef. 955
reg. 944—954 (abgesetzt)
∞ Liutgard
gest. 953
Hochz. 947
Otto II.
955—983
reg. 961—983
Kaiserkrönung 973
∞ Theophano
byzantinische Fürstentochter
um 950—991
Hochz. 972
Mathilde
Äbtissin von Quedlinburg
955—999
Äbtissin 966
Otto
Herzog von Schwaben und Bayern
reg. 974—982
Siehe Stammtafel »DIE SALIER«
Otto III.
980—1002
reg. 983—1002
Kaiserkrönung 996

Die Liudolfinger (»Ottonen«)

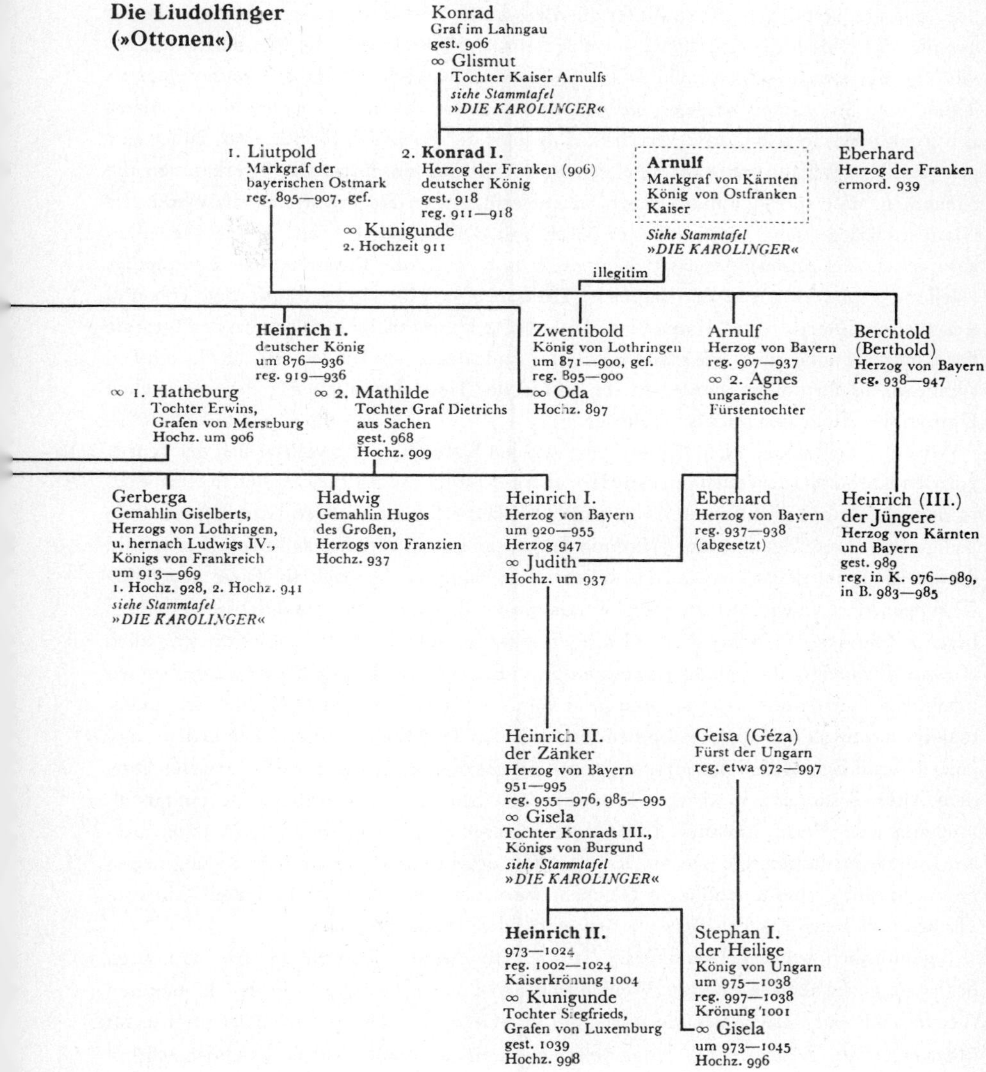

nebeneinanderstehen, verloren. War es Zufall, daß im 10. Jahrhundert Reiche »unteilbar« wurden?

Die Freundschaft im 8. Jahrhundert äußerte sich in Worten, die Huld im 10. Jahrhundert forderte Handlungen. Nirgends wurde von einem Herrscher erwartet, daß er ermahnend oder gar predigend sich seinen Untertanen zuwende, nie wurde er *doctor* oder *praedicator* genannt. Es erlosch die Kapitulariengesetzgebung der Karolinger. Die Menschen verloren viel von der einstigen Gesprächigkeit; alles, was sie bewegte, setzte sich unmittelbar in Taten um. Sie wirken strenger, erfüllt von einer sie durchströmenden Kraft. Dieser Eindruck wird noch dadurch verstärkt, daß jetzt der Siegende vorgibt, was früher nur gelegentlich geschah, von Gott geleitet zu sein. Gerade an einem Sieger erkannten die Menschen, daß er mit »himmlischer Kraft« erfüllt war. Sie erwarteten als Werke des Glaubens kriegerische Taten. »Besser ist es, mit den Schwertern als mit der Feder zu kämpfen« (Liudprand). Jesus ist nicht mehr nur der große Ermahner der Bergpredigt (Heliand), sondern zuerst der siegreiche Herrscher: er überwindet Sünde und Tod und steigt triumphierend zum Himmel auf. Diese Sicht nimmt früh Gestalt an in der Liturgie der Königskrönung, die – wie schon erwähnt – Ende des 9. Jahrhunderts im nördlichen Teil Westfrankens formuliert wurde. In ihr wurde der Herrscher auch mit den siegreichen Figuren des Alten Testaments verglichen.

Wie der Übergang von den Merowingern zu den Karolingern, so vollzog sich der Schritt von den Karolingern zu einem neuen Herrschergeschlecht im Ostfrankenreich in einer Zeit, in der die Menschen auf neue Weise Gottes Wirken erfuhren, Zeugen einer gewandelten Religiosität. Erste Zeichen einer Veränderung lassen sich in Westfranken nachweisen, bald darauf ist sie im deutschen und im italienischen Raum zu beobachten. Diese neuen Erfahrungen sind schwieriger zu erkennen als die Erfahrungen der Angelsachsen, es fehlen beredte Männer wie Wilfried, Willibrord, Bonifatius, Alkwin. Die Religiosität war allen Worten abgeneigt, ihre eindrucksvollsten Formen, die das Handeln der aufstrebenden mächtigen Herren überdauerte, fand sie in den Werken der bildenden Künste. Die Buchmalerei vermittelt »den ungetrübtesten Eindruck von der hohen künstlerischen Bedeutung« jener Künste. Schon die Themen sind eigenwillig. Darstellungen aus der Kirchengeschichte, dem Alten Testament, in spätkarolingischer Zeit beliebt, treten zurück; Mariendarstellungen, die im Hochmittelalter, Bilder zur Passionsgeschichte, die im Spätmittelalter breiten Raum einnehmen, bleiben am Rande. Statt dessen kommt es zu einer »völlig neuen Betonung der neutestamentlichen Geschehnisse«: die »öffentliche Wirksamkeit Christi«, »Leben und Taten des Erlösers« wurden geschildert (Hans Jantzen).

Eigentümlich wie der Themenkreis ist auch die Art der Darstellung. Am häufigsten begegnen menschliche Gestalten. Freilich sind sie keine empfindenden, innerlich bewegten Wesen. Vielmehr verwandeln sie sich ganz in »Gebärde«. Diese »Gebärdefiguren«, oft übersteigert im Ausdruck mit langgestreckten, weisenden Händen, wirken »schlechthin eindimensional«. Es gibt »weder Tiefe noch Schwerkraft. Figuren und Dinge bleiben körperlos und gewichtslos«. Dadurch entsteht beim Betrachter der Eindruck von »etwas Überräumlichem und Überzeitlichem« (Jantzen), und doch wirken die Bilder nicht ruhig und gelassen, sondern sind von intensiver, oft unheimlicher Spannung erfüllt, die nicht mehr in einer Figur allein liegt, wenn sie sich etwa im Vorwärtsbewegen zurücknimmt und in Verhaltenheit Raum um sich freigibt, auch nicht darin, daß erdgebundene Wesen sich aufwärts richten, dem Himmel entgegen. Vielmehr entsteht Spannung dadurch, daß einzelne menschliche Gestalten ohne Gewicht und Tiefe durch ihre Gebärden aufeinander bezogen sind. In der »Fußwaschung Petri« aus dem auf der Reichenau entstandenen Evangeliar Ottos III. etwa beherrscht Christus »das Geschehen und treibt es zugleich an. Wie im Angriff bewegt er sich, Kopf und Oberkörper herüberbiegend, auf Petrus zu, gegen den sich der weitausfahrende Arm mit der Segenshand richtet.« Alles, was an den Figuren rechts von Jesus sichtbar wird, »wird als Energie hinausgetragen im Weisungsarm Christi«. Links sitzt Petrus. Sein Sitzen: »unterwürfige Krümmung und stürmisches Nachvorntreten in einem, um das von Christus ausgehende Heil zu empfangen.« So schildert das Bild die Beziehung zwischen Personen, ausschließlich bereit, »Heil zu geben oder Heil zu erwarten« (Martin Gosebruch).

Es ist kein Zweifel, in diesen Bildern werden die Menschen dargestellt, wie wir sie bei den Chronisten und in der Liturgie kennengelernt haben: siegreich und voller Huld die einen, demütig empfangend die anderen; jene, die Herrscher, sicher, daß ihre im Handeln sichtbar werdenden Eigenschaften von Gott herrühren, diese, die Untertanen, bereit, im Herrscher den *typus Christi*, den »Stellvertreter Gottes« zu sehen.

Die Sicht des Menschen in karolingischer Zeit war eingebettet in eine bestimmte Art, die Natur wahrzunehmen. Im 10. Jahrhundert ist es nicht anders. Wenn sich auch die Eigenart der Religiosität gewandelt hatte, die Unbedingtheit, mit der alles von Gott her gesehen wurde, war im 10. Jahrhundert geblieben: Gott wurde spürbar im Handeln der Menschen, die »typologisch« miteinander verglichen wurden. Der König und Kaiser etwa erschien in der Liturgie der Krönungsfeier, in den *ordines*, als *typus Christi*. Beobachtete man Tiere, so versuchte man stets eine Beziehung zu Menschen und geschichtlichen Ereignissen herzustellen. Als Liudprand im Auftrage Ottos des Großen am Hof zu Konstantinopel mit dem byzantinischen Kaiser verhandelte, wurde ihm eines Tages dessen Wildpark gezeigt. Er sah Wildesel, und ihm fiel sofort der Spruch ein: »Der Löwe und sein Junges schlagen den Wildesel.« Kaum hatte er ihn zitiert, begann ein Streit, wie man diesen Satz zu interpretieren hätte. Bedeutete er, der Kaiser von Byzanz und Otto der Große besiegen die Sarazenen – so wollten es die Griechen –, oder Otto der Große und sein Sohn Otto besiegen den byzantinischen Kaiser – so schien es Liudprand. Kein Beteiligter zweifelte jedoch, daß vollkommene und verächtliche Tiere mit vollkommenen und verächtlichen Menschen zu vergleichen seien.

Die Angelsachsen, die frühen Karolinger, achteten den Menschen besonders hoch. Nur wer sprechen oder schreiben konnte, also nur der Mensch, war zu Gebet, Ermahnung und Predigt, den Äußerungen von »Freundschaft und Liebe« fähig. Im 10. Jahrhundert kam es dagegen weniger auf Worte an als auf Handlungen, auf Taten der Huld und der siegreichen Kraft. Über diese Eigenschaften verfügten nicht nur begnadete Herrscher, sondern auch – Reliquien. Das 10. Jahrhundert ist die Zeit, in der Reliquien nicht nur von Einzelnen aus persönlicher Frömmigkeit geschätzt wurden, sondern auch für Völker und Stämme eine eminent »politische« Bedeutung hatten.

Widukind berichtet, für das Geschick Sachsens sei die Tatsache entscheidend gewesen, daß die Reliquien des heiligen Veit 836 nach Corvey übergeführt wurden. Diese Reliquien hätten Sachsen ewigen Frieden, dem Westfrankenreich – sie kamen aus Corbie – aber Unglück gebracht. Die Normanneneinfälle im Westfrankenreich hätten sich seit der Überführung vervielfacht. Im Osten hingegen ertrage seitdem die Majestät des sächsischen Herrschers »kaum Deutschland, Italien und Frankreich, ja kaum das ganze Europa«. Liudprand nennt eine der Reliquien, die Heilige Lanze, ein »unschätzbares himmlisches Geschenk«, »eine unbesiegbare Waffe, gegen sichtbare und unsichtbare Feinde schaffe sie ewigen Triumph«. Sieg vermitteln Reliquien – wie die Herrscher –, weil Gott sie an seiner Macht teilhaben läßt. Liudprand bezeichnet sie als »Eckstein, der Himmlisches und Irdisches verbindet«.

Die Ottonen, ein Herrscherhaus aus Sachsen

Als Konrad I. gestorben war, ging sein Bruder Eberhard zum Sachsenherzog Heinrich und schloß mit ihm Frieden. In Fritzlar versammelten sich die Adligen der Franken und Sachsen, und Eberhard nannte Heinrich als Kandidaten für die Königswahl. Anschließend bot Heriger, der Erzbischof von Mainz, Heinrich Salbung und Krönung an. Heinrich, so berichtet Widukind, verachtete sie nicht, ließ sie aber auch nicht zu. »Es genügt mir, daß ich vor meinen Vorfahren König genannt werde«, soll er gesagt haben. »Bei besseren als bei uns sei Salbung und Krone, solcher Ehre halten wir uns für unwürdig.« Die Rede gefiel, die Anwesenden hoben den rechten Arm und riefen den Namen des neuen Königs.

Mit der Salbung verzichtete Heinrich auch auf die Krönung. Seine Vorgänger hatten, soweit wir wissen, alle die Krone getragen. Mit der Salbung hatten vielleicht Einzelne gewartet, bis sie dem Papst begegneten, um sich von ihm, dem höchsten Haupt der christlichen Geistlichkeit, salben zu lassen. Davon ist aber in Widukinds Bericht nicht die Rede. Er sagt, Heinrich wollte sich ausdrücklich darauf beschränken, König genannt zu werden. Die Geistlichkeit war über diesen Schritt des Sachsenherzogs wenig erfreut. Die Lebensbeschreibung des heiligen Ulrich erzählt, daß ihm die heilige Afra mit zwei Schwertern in der Hand erschienen sei; dem einen fehlte der Griff: »Sage dem König Heinrich, jenes Schwert ohne Griff ist ein Zeichen für den König, der ohne kirchlichen Segen das Reich innehat.«

Konrad I. hatte mit den Bischöfen gegen die Herzöge regiert. Versuchte Heinrich jetzt, sich gemeinsam mit den Herzögen der übermächtigen Stellung des Episkopats zu erwehren? Zum Mainzer Erzbischof Heriger, der ihm die Salbung anbot, bestand kaum eine Spannung; vielmehr machte ihn der König bald danach zum Leiter seiner Kanzlei. Heriger übernahm damit, wenn noch nicht den Titel, so doch das Amt des Erzkaplans Pilgrim von Salzburg. In Heinrichs Umgebung lassen sich zwar in den ersten Jahren nur wenige Geistliche nachweisen, allerdings benötigte Heinrich kaum mehr, denn in den ersten sieben Jahren seiner Regierung wollte fast niemand außerhalb des sächsisch-fränkischen

Bereiches von ihm eine Urkunde haben. Für Bayern ist uns keine einzige erhalten, ebenso für Lothringen und für Schwaben nur eine. Erst nach dem Jahr 926 änderte sich die Situation, und von diesem Zeitpunkt an tauchen auch eine größere Anzahl von Geistlichen in der Kanzlei auf. Eine Abneigung Heinrichs gegen die Geistlichkeit läßt sich also nicht nachweisen.

Auch ein Bündnis Heinrichs mit den Herzögen ist nicht zu erkennen. Zunächst war es außerordentlich zweifelhaft, ob die Herzöge Süddeutschlands ihn überhaupt anerkennen würden. Schon in Schwaben bereitete man Heinrich die größten Schwierigkeiten. Erst als er mit einem Heer erschien, konnte er sich durchsetzen. In Bayern hingegen brachte auch sein persönliches Erscheinen keinen Erfolg, vielmehr ließ sich der bayerische Herzog Arnulf selbst zum König ausrufen, und zwar – aller Wahrscheinlichkeit nach – zum König von Bayern. Da schon die Söhne Ludwigs des Deutschen in Bayern ein Königtum errichtet hatten, nahm Arnulf damit nur eine Tradition auf. Zwei Jahre dauerten die Kämpfe, ehe Arnulf sich unterwarf. Die Unterwerfung wurde auch nur möglich, weil Heinrich ihm ausdrücklich das Verfügungsrecht über die Bistümer ließ, ein erster Hinweis darauf, weshalb Heinrich die Salbung abgelehnt haben mag.

Durch den Verzicht gab Heinrich die hohe Geistlichkeit und ihren Besitz dem Herzog preis. Eben dagegen hatten sich aber die Geistlichen aller Stämme zur Zeit Konrads gewehrt und Schutz beim König gesucht, wofür sie ihrerseits bereit waren, die Stellung des Königs zu erhöhen. Und aus demselben Grund hatten sie in Fritzlar das Ansehen des Königs stärken wollen, indem sie ihm die Salbung anboten. Hätte Heinrich sich salben lassen, hätte das bedeutet, er werde den Kampf gegen die Herzöge wiederaufnehmen. Indem er die Salbung ablehnte, verzichtete er auf ein Recht, das noch Konrad beansprucht hatte. Zu diesem Verzicht kam Heinrich kaum aus Bescheidenheit, sondern aus der klaren Erkenntnis, daß er königliches Recht gegenüber den Herzögen doch nicht werde durchsetzen können. Seine Entscheidung war also nicht Ausdruck eines »schlichten edlen Heldensinns«, dem es widerstrebte, »sich gegen seine Standesgenossen der fremden, kirchlichen Waffe zu bedienen« (Hermann Heimpel). Es ging überhaupt nicht um die Geistlichkeit, im Gegenteil, Heinrich hätte sicher gern mit ihr zusammengearbeitet und das ihm angebotene Recht wahrgenommen, er sah nur, daß dieses Recht zu verwirklichen unmöglich war; er konnte die Stellung nicht einnehmen, die die Bischöfe in Hohenaltheim dem König zugesprochen hatten.

Wenn Heinrich also glaubte, ohne Krönung und Salbung König sein zu können, womit er sich gegen die Tradition stellte, so war er vielleicht von der Überzeugung durchdrungen, seine bisherigen Siege, die erwiesene Huld würden als Zeichen dafür angesehen werden, daß er von Gott erwählt und geleitet war, daß Gott ihn zum König bestimmt hatte, und er brauche sich sein Königtum nicht durch Salbung bestätigen zu lassen.

Im Westen kam es bald zu Kämpfen zwischen dem Karolinger Karl dem Einfältigen und Heinrich, der Streit galt Lothringen. In diesen Auseinandersetzungen siegte zunächst Karl; nach alter Sitte schloß er aber einen Freundschaftsvertrag mit Heinrich, in dem dieser als König der Ostfranken anerkannt wurde. Als König der Westfranken behielt Karl Lothringen. Dieser Vertrag wurde auf Reliquien beschworen. Bald darauf erhob sich gegen Karl Robert von Franzien als Gegenkönig. Er kam 923 in einer Schlacht ums Leben, doch sein Schwiegersohn Rudolf, der Herzog von Burgund, trat an seine Stelle. Im selben Jahr geriet Karl in Gefangenschaft. Heinrich hatte die Auseinandersetzungen benutzt, um wieder in Lothringen einzurücken.

Aus dem Gefängnis schickte Karl an Heinrich einen Gesandten und gab ihm »als Zeichen der Treue und Wahrheit« einen Arm des Märtyrers Dionysios, in Gold und Edelstein gefaßt, mit. Dionysios war der Familienheilige der Merowinger gewesen und im Frankenreich noch immer hochgeschätzt. König Heinrich nahm das »göttliche Geschenk« dankend an und küßte es in höchster Verehrung. So berichtet Widukind. Karl, der wenige Jahre zuvor einen Vertrag mit Heinrich auf Reliquien beschworen hatte, mußte annehmen, Heinrich werde sich über das Geschenk freuen und ihm deshalb die erhoffte Unterstützung zukommen lassen. Widukind war selbstverständlich der Meinung, daß Reliquien ein Land vor feindlichen Angriffen zu schützen vermögen.

Einige Jahre später erfuhr Heinrich, daß Rudolf von Burgund in Italien die Heilige Lanze erworben hatte. In diese Lanze waren nach verbreiteter Überzeugung Nägel vom Kreuze Christi eingearbeitet. Heinrich, der von diesem »unschätzbaren himmlischen Geschenk« hörte, sandte Boten zu Rudolf. Sie versuchten, den Burgunder mit Geschenken dazu zu bewegen, die Lanze Heinrich zu überlassen. Doch Rudolf erklärte, er werde niemals und durch kein Argument veranlaßt die Lanze herausgeben. Nun drohte Heinrich: brennend und mordend wolle er das burgundische Reich entvölkern, wenn Rudolf nicht nachgäbe. Schließlich überreichte der Eingeschüchterte »dem gerechten König, der das Gerechte gerecht forderte«, die Lanze. Er empfing dafür Geschenke, Gold, Silber und einen nicht unbeträchtlichen Teil von Schwaben.

Liudprand, der Bischof von Cremona, erwähnt bei dieser Gelegenheit, daß die Reliquie dazu diene, sichtbare und unsichtbare Feinde zu überwinden, um sich einen ewigen Triumph zu schaffen. Von nun an wurde die Lanze von den deutschen Herrschern in der Schlacht mitgeführt. Otto der Große, Heinrichs Sohn, warf sich vor der Schlacht bei Birten vor ihr im Gebet nieder, und ihr schrieb man den Sieg über Ottos Gegner zu. Moderne Historiker erwägen verschiedene Gründe, weshalb Heinrich für die Reliquie ein Stück Land hergegeben habe (es handelte sich wohl um das Gebiet von Basel), Gründe, die sich in schriftlichen Aussagen der Zeitgenossen allerdings nicht belegen lassen. Der nächstliegende und wahrscheinlichste bleibt: Heinrich sah die Wirklichkeit so wie die zeitgenössischen Chronisten und Maler. Für ihn gab es Menschen – die Herrscher – und Dinge – die Reliquien, die »Himmlisches mit Irdischem vereinten«. Da ihnen eine »göttliche, himmlische« Kraft innewohnte, vermochten sie Gegner zu besiegen und Bittenden huldvoll Gnade zu gewähren. Heinrich war, im Vertrauen auf diese Kraft, nicht weniger religiös als seine Zeitgenossen.

Die ersten Jahre seiner Regierung galten dem Bemühen, sich siegreich zu erweisen, Autorität unter Franken und Sachsen, unter Bayern und Schwaben zu gewinnen. Feldzüge führten ihn nach Lothringen. Er war dort, wie gesagt, keineswegs immer erfolgreich. Mit einer List gelang es ihm schließlich, den mächtigen Giselbert, der sich eine herzogsgleiche Stellung errungen hatte, an den Hof zu ziehen. Giselbert, und damit die Lothringer, erkannten Heinrich 925 als König an. 928 wurde die Bindung noch enger; Giselbert heiratete eine Tochter Heinrichs, Gerberga.

926 wurde für Heinrich noch in anderer Hinsicht ein glückliches Jahr. Die Ungarn waren wieder einmal über das sächsische Gebiet hergezogen. Verwüstungen und Plünderungen zeichneten das Land. Heinrich wagte es nicht, sich ihnen im Kampf entgegenzustellen, sondern verschanzte sich auf der Pfalz Werla. Doch gelang es, einen der ungarischen Fürsten gefangenzunehmen. Die Ungarn liebten gerade diesen sehr und boten für seine Freilassung Gold und Silber. Heinrich verachtete das Gold, forderte aber Frieden. So erhielt er 926 einen neunjährigen Waffenstillstand, für den er allerdings jedes Jahr Tribute zahlen mußte.

Dieser Waffenstillstand galt nicht nur für Sachsen, sondern für das ganze Reich, auch für Bayern und Schwaben. Im November 926, auf einem Reichstag in Worms, wurde höchstwahrscheinlich gemeinsam eine neue Burgenordnung beschlossen. Festungen wurden gebaut, in denen zu Friedenszeiten Synoden stattfinden und Feste gefeiert werden konnten. Kirchen wurden mit einbezogen. Bauern der Nachbarschaft, die auch für Verpflegung zu sorgen hatten, konnten sich dort vor feindlichen Angriffen zurückziehen.

926 gewann Heinrich neuen Einfluß auf Schwaben. Herzog Burchard – er hatte seinen Schwiegersohn, Rudolf von Burgund, in Italien unterstützt – kam in der Schlacht bei Novara ums Leben. Heinrich erreichte, daß Burchards Witwe einen Vetter Konrads I., Hermann, zum Manne nahm. So wurde ein Franke Herzog von Schwaben, und wahrscheinlich ist damals jener Teil Schwabens an Rudolf von Burgund abgetreten worden, der Heinrich die Heilige Lanze einbrachte. Der neue schwäbische Herzog räumte Heinrich Rechte über die Geistlichkeit ein. Heinrich errang also auf Grund seines wachsenden Ansehens, ohne daß er sich hatte salben und krönen lassen, allmählich die Stellung, die ihm nach Ansicht der Geistlichkeit zustand. Nur Bayern entzog sich noch seinem Einfluß. Damals vergrößerte Heinrich seine Kanzlei, nahm weitere Notare – aus adligen Familien – in seinen Dienst. Der Nachfolger des ersten Kanzlers Simeon, Poppo, wurde später sogar Bischof von Würzburg.

In den Jahren des Waffenstillstands konnte der König seine Truppen weiter ausbilden. Im Winter 928/929 zog er gegen die Slawen in Brandenburg, im Jahre 930 vor Prag. 932 fühlte er sich dann mächtig genug, den Ungarn weitere Tributzahlungen zu verweigern: im nächsten Jahr kamen sie mit einem Heer nach Thüringen und Sachsen, sich das ihnen Vorenthaltene zu holen. In der Schlacht bei Riade – wohl im Unstruttal – gelang es den Sachsen zwar nicht, die schnell reitenden Ungarn zu vernichten, doch trieben sie sie in die Flucht und eroberten ihr Lager, wo sie noch Gefangene vorfanden. Dieser Sieg war immerhin so bedeutend, daß die Ungarn zu Lebzeiten Heinrichs es nicht mehr wagten, in das ostfränkische Reich einzufallen.

Auch nach diesem Krieg ruhte Heinrich nicht. 935 griff er den in Haithabu sitzenden König Knuba an, zwang ihn zur Tributzahlung und verpflichtete ihn, das Christentum anzunehmen. 935 kam Heinrich in Ivois, nahe der Maas, mit König Rudolf von Frankreich und Rudolf von Burgund zusammen. Beide erkannten Heinrichs Ansprüche auf Lothringen an. Überall wurde nun seine Stellung respektiert. Sie beruhte auf seinen Erfolgen wie auf der Autorität, die er als siegreicher König gewonnen hatte. Ob ihn im Anschluß an die Siege seine Truppen besonders erhöhten, ist nicht gewiß. Widukind läßt die Soldaten nach der Schlacht gegen die Ungarn Heinrich zum Imperator ausrufen.

Möglicherweise hatte Heinrich die Absicht gehabt, nachdem ringsum alle Stämme unterworfen waren, nach Rom zu ziehen. Es kam aber nicht mehr dazu. 935 überraschte ihn in Bodfeld am Harz ein Schlaganfall. 936 regelte er auf einem Hoftag in Erfurt noch die Nachfolge und bezeichnete den Sohn Otto, den ältesten Sohn aus zweiter Ehe, als künftigen König. In Memleben an der Unstrut, wohin sich Heinrich dann begab, traf ihn ein zweiter Schlaganfall; er starb am 2. Juli 936.

Die Designation Ottos war nicht ganz selbstverständlich. Älter als Otto war Thankmar, ein Sohn aus erster Ehe, die mit kirchlicher Billigung geschieden worden war. Auch Heinrich, ein jüngerer Bruder Ottos, hat sich wohl Hoffnung auf den Königsthron gemacht; er war der erste Sohn, der geboren wurde, als Heinrich I. sich König nannte. Nachdem Otto aber vom Vater designiert worden war, billigte der Adel die Entscheidung. Zuerst kamen Sachsen und Franken zusammen und wählten Otto. Dann bestimmte man einen neuen Wahltag in Aachen, wo die Herzöge und Adlige aller Stämme erschienen. In der Säulenhalle beim Münster wurde Otto auf einen Thron gesetzt: einer nach dem anderen reichte ihm die Hände und gelobte Treue. Im Anschluß daran ging Otto zum Münster. Dort erwartete ihn Erzbischof Hildibert; er geleitete ihn in die Mitte der Kirche, wandte sich zum Volk und sagte: »Siehe, ich führe euch den von Gott erwählten und von Heinrich designierten, jetzt aber von allen Fürsten zum König berufenen Otto herbei. Wenn euch die Wahl gefällt, erhebt die Rechte zum Himmel und bestätigt sie.« Darauf erhoben alle den rechten Arm und erbaten mit lauten Rufen das Glück für den neuen Herrscher.

Dieser Wahlvorgang entsprach ganz den damaligen Gepflogenheiten. Auf ähnliche Weise wurden Erzbischöfe oder Bischöfe, Äbte und andere führende Persönlichkeiten in ihr Amt berufen. Das langwierige Verfahren war nötig, weil nicht der Wille der Wähler, sondern Gottes Wille in einer Wahl zum Ausdruck kommen sollte. Es galt also, das Wahlverfahren so zu gestalten, daß die Stimme desjenigen ausschlaggebend wurde, von dem man auf Grund seiner Handlungen annehmen konnte, daß er von Gott geleitet sei. Diese Bedingung erfüllte am ehesten ein Herrscher, zumal ein so siegreicher Herrscher wie Heinrich I. Deshalb wurde sein Wahlvorschlag im allgemeinen geachtet. Verfassungshistoriker sprechen daher von einem »bindenden« Wahlvorschlag. Um noch »sicherer« zu gehen, wie Otto der Große später formulieren ließ, ergänzte die Wahl den Vorschlag des Herrschers. Erst wenn alle, die Eigenschaften göttlicher Huld und Stärke zeigten – Halb- oder Unfreie durften sich selbstverständlich nicht beteiligen –, einmütig zustimmten, war mit Sicherheit Gottes »Kandidat« gefunden. War Einmütigkeit nicht vorhanden, so entschied nicht die Mehrheit – wer garantierte, daß Gott auf seiten der Mehrheit stand? –, sondern die Stimme des von Gott gelenkten Herrschers.

Nach der Wahl führte der Erzbischof Otto zum Altar. Dem Krönungsordo entsprechend legte sich Otto auf den Boden, seine Arme in Kreuzesform ausgebreitet. Neben ihm lagen Bischöfe und Priester. Dabei nahm der König symbolisch die Stellung des gekreuzigten Gottes ein, die Bischöfe und Priester die der zwölf Apostel, der Märtyrer und

Bekenner. Dieser Rangordnung fügte sich also die Geistlichkeit, die in ihrem König den *typus Christi* sah. Selbst der Papst hatte diese Rangordnung anerkannt. Aus dem Jahr 921, also der Regierungszeit Heinrichs I., ist ein Schreiben Johannes' X. erhalten, in dem er Hermann, den Erzbischof von Köln, darauf hinweist, daß der König eine so hohe Autorität habe, daß die Bischöfe sich ihm fügen müßten: niemand außer dem König dürfe einem Kleriker ein Bistum übertragen, da dem König vor Gott das Zepter übergeben sei. Das Zepter – wie die anderen Insignien – nahm nun Otto am Altar entgegen.

Nachdem Otto mit heiligem Öl gesalbt und mit dem goldenen Diadem gekrönt worden war, saß er noch eine Zeitlang in der Kirche auf einem erhöhten Thron. Von dort aus konnte er alle sehen und wurde von allen gesehen. Nach der Feier begab sich der König auf die Pfalz, in der ein marmorner Tisch für ihn, die Bischöfe und den Adel gerichtet war. Die Herzöge warteten auf. Der Lothringer Giselbert war Kämmerer, Eberhard von Franken Truchseß, Hermann, der in Schwaben eingesetzte Herzog, Mundschenk, der Bayer Arnulf sorgte als Marschall für die Unterbringung der Gäste. Das neue, nachkarolingische Königtum hatte feste Gestalt angenommen: die Herzöge unterwarfen sich, Otto nahm sie in sein Haus auf, in dem sie ihm bei festlichem Anlaß aufwarteten, in dem sie auch seinen Schutz genossen.

Das Jahr 936 begann mit einem Unglück. Otto hatte Asic mit einer besonders mutigen Truppe gegen die kriegerischen Böhmen geschickt; es waren Männer von zweifelhafter Herkunft, die Heinrich I. einst in der Gegend von Merseburg angesiedelt hatte. Er hatte ihnen versprochen: wenn sie sich tapfer gegen die Heiden schlügen, würde ihnen ihre Schuld erlassen. Asic errang über das Heer Boleslaws von Böhmen einen Sieg. Darüber wurden seine Männer sorglos. Als ein zweites Heer des Böhmen sie überraschte, wurden sie vernichtend geschlagen. Otto zog nun selbst zu Feld, aber auch dieser Zug verlief nicht sehr erfreulich. Otto wurde zwar der Feinde Herr, doch gab es im eigenen Lager Zwist. Als er Hermann Billung zum Markgrafen in dem Gebiet ernannte, das Sachsen im Osten vorgelagert war, ärgerte sich dessen Bruder Wichmann so, daß er eine Krankheit vorschützte und das Heer verließ.

Im nächsten Jahr kamen die Ungarn, um die »Stärke des neuen Königs kennenzulernen«. Sie fielen in Sachsen ein, wichen aber Ottos Heer aus. Dafür wurden innerhalb des Reiches weitere Spannungen sichtbar. Eberhard, der Frankenherzog, war gleichzeitig Graf im sächischen Hessen. Die Sachsen, übermütig, weil ihr Stamm das Königshaus stellte, weigerten sich, ihm noch länger Zins zu zahlen. Eberhard verwüstete daraufhin ihr Gebiet und verbrannte die Stadt Hellmern. Otto verurteilte nun Eberhard zu einer Buße und seine Adligen zu der Schande, Hunde nach Magdeburg zu tragen. Dort empfing sie der König, verzieh ihnen, »da er sehr milde war«, wie Widukind sagte, und entließ sie mit Geschenken. Herzog Eberhard freilich scheint ihn in dieser Hinsicht bald übertroffen zu haben. Auch er war freigebig im Schenken, und viele Sachsen schätzten ihn deswegen.

Am 14. Juli 937 starb der Bayernherzog Arnulf, nachdem er seinen Sohn Eberhard als Nachfolger designiert hatte. Otto nutzte die Gelegenheit zu verlangen, Eberhard solle das Verfügungsrecht über die Kirchen seines Stammes aufgeben. Der Bayer weigerte sich; ein Feldzug gegen ihn scheiterte. Da hörte Otto von neuen Unruhen im Sachsenland. Dort war

Markgraf Gero vom König zum Nachfolger eines anderen mächtigen Grafen ernannt worden; Ottos eigener Halbbruder Thankmar beanspruchte aber dessen Rechte. Zur selben Zeit flammte der Krieg zwischen dem Franken Eberhard und den Sachsen wieder auf; sie verwüsteten gegenseitig Felder und steckten Dörfer in Brand. Otto forderte daraufhin Eberhard vor Gericht, der aber verband sich, statt zu erscheinen, mit Thankmar. Thankmar forderte jetzt von Otto die Güter seiner Mutter, der ersten Frau ihres gemeinsamen Vaters. Eberhard und Thankmar griffen Belecke an der Möhne an, besetzten den Ort und nahmen Heinrich, den jüngeren Bruder Ottos, gefangen. Als Otto selbst erschien, zog Thankmar sich auf die Eresburg zurück, deren Besatzung aber dem König die Tore öffnete. Thankmar floh in eine Kirche, Soldaten erbrachen die Tür, drangen in den Kirchenraum ein und fanden Thankmar vor dem Altar. Während die Männer zögerten, ihn zu greifen, warf ein Soldat von außen durch das Fenster eine Lanze, sie traf Thankmar tödlich. Otto, »indem er die Milde seines Sinnes zeigte«, hatte Mitleid mit dem Tod des Bruders und sprach zu dessen Lob. Freilich: Thankmars vornehme Anhänger ließ er zum Tod durch den Strick verurteilen.

Inzwischen hatte der Franke Eberhard mit Ottos jüngerem Bruder Heinrich mit der Absicht engere Beziehungen aufgenommen, ihn an Ottos Stelle zum König zu erheben. Nachdem ein geheimes Bündnis geschlossen war, ließ Eberhard Heinrich frei, der zu Otto zurückkehrte. Der Erzbischof Friedrich von Mainz hatte sich ebenfalls Eberhard genähert. Jetzt suchte er, bei Otto Frieden zu vermitteln. Der aber schickte ihn für einige Zeit nach Hildesheim in die Verbannung. Auch in Bayern setzte Otto sich schließlich durch. An Stelle von Arnulfs Sohn Eberhard wurde Arnulfs Bruder Berchtold zum Herzog ernannt, der bereitwillig dem König die Rechte über die bayrische Kirche überließ. Als Otto schließlich über ein kleineres ungarisches Heer siegte, schien seine Stellung im Reich gefestigt.

Aber noch immer bestand das geheime Bündnis zwischen Heinrich und Eberhard. Wie Eberhard zeigte sich auch Heinrich huldvoll und mildereich. Er gab ein feierliches Gastmahl in Saalfeld, verteilte überall Geschenke und versammelte eine Schar von Anhängern um sich. Diese Adligen wünschten nun ausdrücklich Heinrich zum König, er sei in der Zeit geboren, in der sein Vater bereits die königliche Würde innegehabt hatte.

Nach diesen Vorbereitungen zogen Eberhard und Heinrich noch Giselbert ins Vertrauen, den lothringischen Herzog, der mit Gerberga, einer Schwester Heinrichs, verheiratet war. Möglicherweise hatte Giselbert selbst Absichten auf den Königsthron, doch schloß er sich erst einmal Heinrich und Eberhard an. Beide Parteien stellten Truppen zusammen. Noch ehe Otto aber bei seinem Heer eintraf, war es bei Birten, südöstlich von Xanten, auf das der Herzöge gestoßen. Otto, noch auf der gegenüberliegenden Rheinseite, erkannte die Gefahr, stieg von seinem Pferd und warf sich vor der Heiligen Lanze nieder, im Gebet Gott um den Sieg anzuflehen. Inzwischen umgingen seine Männer das feindliche Heer und griffen die Lothringer von beiden Seiten an. Wer französisch konnte, rief den Scharen Giselberts zu, sie sollten fliehen, alles sei verloren. Die Lothringer, in der Meinung, ihre eigenen Leute zu hören, wandten sich zur Flucht; der Troß fiel in die Hände der Königlichen.

Ein Anhänger des Königs schickte Boten ins Sachsenland. Sie berichteten über Ottos Sieg und verbreiteten die Kunde, Heinrich sei gefangen. Daraufhin unterwarfen sich die meisten Orte dem König. Nur Merseburg und Burgscheidungen blieben Heinrich treu. Nach Merseburg floh denn auch Heinrich mit wenigen Begleitern. Otto folgte ihm, belagerte die Stadt zwei Monate lang und vereinbarte schließlich einen dreißigtägigen Waffenstillstand.

Zur selben Zeit lud Ottos Markgraf Gero dreißig slawische Fürsten zu einem Gastmahl, bewirtete sie reichlich, wiegte sie in Sicherheit und machte sie trunken; dann ließ er sie alle miteinander umbringen. Ein anderer Slawenfürst konnte aus der Gefangenschaft fliehen, der nun, mit Geld bestochen, seinerseits alle Fürsten seines Stammes auf einem Festessen töten ließ und Otto Brandenburg übergab.

Heinrich nutzte den Waffenstillstand, um sich in Lothringen den Truppen Giselberts anzuschließen. Otto folgte mit seinem Heer; verbrannte Orte zeichneten seinen Weg. Eine Zeitlang lagerte er vor Chevremont südöstlich von Lüttich, war aber nicht erfolgreicher als zuvor in Merseburg. So zog er ins Sachsenland zurück.

Nun trat Eberhard, der Frankenherzog, wieder auf die Seite der Aufständischen. Es kam zu Kämpfen am Rhein. Auch die Sachsen begannen unruhig zu werden; selbst die Geistlichkeit trennte sich von einem Herrscher, der so selten siegreich war. Der Erzbischof Friedrich von Mainz und Bischof Routhard von Straßburg verließen in der Nacht heimlich das Lager. Der Mainzer wollte wohl in persönlichen Verhandlungen Frieden vermitteln. Er einigte sich mit Eberhard, vereinbarte einen Vertrag; doch Otto dachte nicht daran, dem Vertrag zuzustimmen, sondern verbannte unwillig den Mainzer Erzbischof nach Hamburg, den Straßburger Bischof schickte er nach Corvey ins Kloster.

Damit freilich waren Heinrich, der fränkische Herzog Eberhard und der lothringische Herzog Giselbert noch nicht bezwungen. Da traf – die Gegner Ottos überschritten gerade den Rhein – unter der Führung Hermanns von Schwaben ein Heer zu des Königs Unterstützung ein. Noch hatte die Nachhut, bei der sich die beiden Herzöge Eberhard und Giselbert befanden, den Fluß nicht überquert, als die Schwaben den Angriff eröffneten. Eberhard setzte sich zur Wehr, wurde verwundet, schließlich durch ein Geschoß getötet. Giselbert versuchte zu fliehen, aber sein Schiff, mit Menschen überladen, kenterte; er ertrank im Rhein.

Ohne ihre Herzöge kämpften die Stämme nicht weiter; der Aufstand war zu Ende. Ottos Schwester Gerberga, nun Witwe, heiratete ein Jahr später den Karolinger Ludwig von Frankreich. Heinrich mußte sich ergeben, allein konnte er den Krieg nicht fortführen. Otto ernannte ihn bald darauf – »da die Huld ihm immer nahe war« – zum Herzog von Lothringen. Das war 939. Schon im nächsten Jahr allerdings gab es neue Spannungen. Adlige unter dem Markgrafen Gero beschwerten sich über die häufigen Feldzüge gegen die Slawen; sie wollten wenigstens Geschenke oder Land als Belohnung. Aber Gero lehnte ihre Forderungen ab, und Otto stellte sich hinter ihn. Heinrich blieb die rebellische Gesinnung der Adligen nicht verborgen, und er fand sich mit ihnen in einer neuen Verschwörung zusammen; im nächsten Jahr, zu Ostern 941, sollte der König getötet werden. Heinrich sollte zur Pfalz Quedlinburg kommen, auf der Otto während der Festtage bleiben würde, und dort sogleich nach Ottos Tod gekrönt werden. Aber der Plan wurde verraten. Der

König umgab sich während der Feiertage mit einer Schar zuverlässiger Franken und ließ die Verschwörer überraschend festsetzen; einige wurden auf der Flucht erschlagen, andere in der nächsten Woche vor Gericht gestellt und zum Tode verurteilt. Nur Heinrich gelang die Flucht. Allerdings konnte er sich nicht lange verborgen halten, auch er ging in Gefangenschaft, aber Otto dachte nicht daran, ihn zu bestrafen. Er begnadigte ihn am Weihnachtstag desselben Jahres und machte, als 947 der bayerische Herzog Berchtold starb, den bisher so aufsässigen Bruder zum Herzog in Bayern.

Die erste Periode von Ottos Herrschaft war zu Ende gegangen. 941 hatte sich Otto im Reich durchgesetzt. Auffälligerweise hatte sich der alte Gegner der sächsischen Herrschaft, der bayerische Herzog, an diesen Kämpfen fast gar nicht beteiligt, dagegen waren erstaunlich viele Sachsen immer wieder gegen den Herrscher aus ihrem eigenen Stamm eingetreten. Die Chroniken, die über die Aufstände berichten, sind Otto freundlich gesonnen, und doch lassen sie Sympathien für die meisten sächsischen Verschwörer durchscheinen: es seien schätzenswerte Adlige, mutige und erfahrene Krieger gewesen.

Bei den Verschwörungen ist immer davon die Rede, daß Otto und sein Markgraf Gero wenig Geschenke austeilten: seinem Halbbruder Thankmar verweigerte Otto die Güter von dessen Mutter, nach dem ersten Aufstand beschenkte er zwar die Adligen, aber der Frankenherzog Eberhard war großzügiger. Als Heinrich, sonst nicht eben huldvoll und freigebig, König werden wollte, suchte er die Sachsen mit Geschenken für sich einzunehmen. Dies alles ist von Widukind bezeugt, aber auch Liudprand erwähnt ähnliches. Als Otto schon von den meisten Anhängern verlassen war, sei ein Graf zu ihm gekommen und habe Güter des Klosters Lorch vom König als Geschenk gefordert. Otto habe sie jedoch verweigert: »Wenn es dir auch in den Sinn gekommen ist, mit den Verrätern zusammenzuarbeiten, dann geh, je schneller, um so besser.« Dies berichtet Liudprand zu Ottos Lob, trotzdem läßt sich verstehen, daß Otto seine Anhänger vor den Kopf stieß, weil er nicht huldvoll war. Und selbst die Tatsache, daß Widukind bei jeder Gelegenheit so auffällig betont, Otto tat etwas, um seine Huld zu zeigen – da er sehr huldvoll war, da die Huld ihm immer sehr nahe war –, scheint anzuzeigen, daß der Corveyer Mönch sich verpflichtet fühlte, seinen Herrscher von dem Vorwurf zu befreien, er habe es an Huld fehlen lassen.

Vermag also der Mangel an Huld die Adelsopposition mit einigem Recht zu erklären, so ist es schwieriger, die Gründe zu verstehen, weshalb sich die Geistlichen gegen Otto wandten. Was den führenden Widersacher Ottos, den Erzbischof Friedrich von Mainz, etwa gegen den König einnahm, ist aus den Quellen nicht zu ersehen. Vielleicht sah er sich in einer Vermittlerrolle, wie sie einst die Geistlichen auf der Synode von Hohenaltheim für sich beansprucht hatten; es mögen auch persönliche Gründe mitgespielt haben. Ein Zeitgenosse, später der erste Erzbischof von Magdeburg, Adalbert, urteilte über Friedrich: er sei ein Mann, in allen religiösen Fragen eifrig und lobenswert. Nur eines scheine an ihm tadelnswert, daß, wo immer ein Feind des Königs auftauche, er sich sogleich als zweiter dazugeselle.

Otto hat die Aufständischen recht unterschiedlich behandelt. Nach dem ersten Aufstand verzieh er Eberhard von Franken, dem Erzbischof von Mainz, dem Bischof von Straßburg und seinem Bruder Heinrich, ihm gab er das Herzogtum Lothringen und später das

Herzogtum Bayern. Über andere, weniger angesehene scheute er nicht, das Todesurteil verhängen zu lassen, so die Anhänger Thankmars, die Verschwörer von 941. Vergebung gewährte er also nur hochgestellten Personen, sie aber überzeugte er schließlich auch von der Rechtmäßigkeit seiner herrscherlichen Würde: Heinrich wurde als Herzog von Bayern der treueste Anhänger seines Bruders.

Während im Ostfrankenreich die Herrschaft des sächsischen Geschlechtes sich allmählich festigte, hielt sich bei den Westfranken noch allgemeine Unsicherheit. Die Karolinger hatten ihren alten Domänenbesitz verloren und nur einen Rest in der Stadt und im Gebiet von Laon behalten. Dafür waren die Grafen von Paris im Abwehrkampf gegen die Normannen mächtig geworden. Sie dehnten ihre Macht in der Ile de France aus und beanspruchten schließlich eine herzogsgleiche Stellung in Franzien. 888, nach der Absetzung Karls des Dicken, wurde das erste Mitglied der Familie, Odo, zum König gewählt, als »unerschöpflicher Vorkämpfer« gegen die ständigen Plünderzüge der Normannen. Nachdem im ostfränkischen Bereich die Beziehungen zu den Karolingern einmal abgebrochen waren, beschäftigte niemand mehr die Frage, ob wieder ein König aus dieser Familie gewählt werden sollte. Der Adel im Westfrankenreich aber schwankte noch geraume Zeit. Schon Odo näherte sich wieder den Karolingern und erkannte Karl den Einfältigen als seinen Nachfolger an; ihn hatte Heinrich I. in Lothringen angegriffen. Karl wußte sich gegen die Normannen auf die Dauer keinen Rat und erklärte sich damit einverstanden, ihnen ein weites Gebiet in Nordfrankreich, die spätere Normandie, zu überlassen (911). Die westfränkischen Adligen, wenig zufrieden mit diesem König, wählten einen Bruder des Grafen Odo von Paris: Robert (922). Als dieser 923 in der Schlacht fiel, folgte ihm sein Schwiegersohn Rudolf, Herzog von Burgund. Zu Rudolfs Zeiten wurde Karl der Einfältige gefangengenommen, er starb im Kerker (929). Sein Sohn Ludwig floh nach England in die Heimat seiner Mutter, wo er blieb, bis Rudolf 936 kinderlos starb.

Inzwischen war in der Familie der Grafen von Paris Roberts Sohn Hugo (der Große) herangewachsen; er nannte sich bereits Herzog von Franzien. Einem späteren Chronisten zufolge ist er es gewesen, der darauf drängte, Ludwig aus England zurückzuholen und ihn zum König zu wählen. Welche Pläne Hugo dabei hatte, ist nicht sicher. Möglicherweise wollte er sich die herzoglichen Rechte von einem König des alten Hauses legitimieren lassen. Ludwig erklärte sich 943 dazu bereit. Neben dem König der Franken gab es nun im Westfrankenreich einen Herzog der Franken, den eine Urkunde Ludwigs »den zweiten Mann nach uns« nennt. Ludwig nahm auch Beziehungen zu den Sachsen auf und heiratete Ottos Schwester Gerberga. Hugo von Franzien war ein Schwager Ottos, er hatte schon 937 dessen Schwester Hadwig zur Frau genommen. Herzog Hugo wurde auch dann von Otto unterstützt, als er sich mit seinem König Ludwig überworfen hatte. 942 kam es zur Versöhnung, Hugo huldigte Ludwig aufs neue, und er wiederum erkannte, wahrscheinlich zur selben Zeit, Lothringen als Teil von Ottos Herrschaft an.

Das Jahr 944 brachte neue Spannungen zwischen Hugo und seinem König. Ludwig wurde 945 in einem Krieg in der Normandie gefangengenommen und Hugo ausgeliefert, der ihn etwa ein Jahr lang festhielt. In dieser Zeit verteidigte Ludwigs Frau Gerberga ihren letzten Besitz in Laon. Nach Ablauf dieses Jahres beschwerte sich Hugo bei seinem

König: »Ich bin es gewesen, der dich zum König gemacht hat, ich bin dein bester Ratgeber, bedenke, was dir von Nutzen, und so wird die alte Stärke zurückkehren, wenn du nur uns vertraust, indem du befiehlst und ich kämpfe. Außerdem, als ich dich zum König gewählt habe, hast du mir dafür nichts gegeben, nun überlasse mir Laon.« Der gefangene Ludwig konnte dem nichts entgegenhalten; er erhielt zwar Ehre und Titel des Königs zurück, verzichtete aber auf seinen Besitz. Darüber soll er geklagt haben: »Zum Leben reicht es nicht aus, zu sterben ist mir nicht erlaubt, wohin soll ich mich wenden?«

Ludwig, ein König ohne Besitz, den Hugo überdies noch bewachen ließ, verlor sein letztes Ansehen. Die Königin Gerberga wollte diesen unwürdigen Zustand nicht länger ertragen und sandte ihrem Bruder Otto einen Hilferuf. Der entsprach der Bitte, erschien mit einem Heer vor den Mauern von Paris; da aber seine Truppen feste Plätze nicht einnehmen konnten, kam es zu keiner Entscheidung. In den folgenden Jahren versuchte er auf Synoden, den Streit zwischen König und Herzog zu klären. In Verdun, Mouzon und schließlich 948 in Ingelheim – dort war ein Legat des Papstes anwesend – wurde verhandelt. In Ingelheim erschien Ludwig selbst und trug »die Klage tränenreicher Beschwerde vor, daß er der königlichen Macht beraubt sei durch einen Fürsten, Hugo mit Namen, seinen Untertan«. Ludwig wurde sein Recht anerkannt, die Synode stellte sich hinter den König, doch dauerte es noch zwei Jahre, ehe Hugo sich unterwarf. Im Auftrage Ottos mußte deswegen der Herzog von Lothringen, Konrad der Rote, ins Westfrankenreich ziehen, auch Gerberga kam 949 noch einmal nach Aachen, um Unterstützung zu erbitten. Als dann Ludwigs Position gefestigt war, beschäftigte sich Otto kaum noch mit den Zuständen im Westfrankenreich.

Um Eroberungen ist es Otto in den Jahren im Westfrankenreich kaum gegangen. Abgesehen von der ersten Zeit, als Ludwig sich mit den aufständischen Lothringern verbündete und Otto die französischen Rebellen auf seine Seite zu ziehen suchte, wurde die Grenze stets von ihm respektiert. Einmal ließ Otto sogar ausdrücklich erklären, seine Ritter sollten keine Festungen im Westfrankenreich anlegen, wenn sie nicht die Zustimmung Ludwigs dafür erhalten hätten.

Moderne Historiker haben deshalb von der Uneigennützigkeit gesprochen, »mit der Deutschland trotz der Schwäche seines Nachbarn sich stets an dem Besitz Lothringens Genüge sein ließ«. Sie vermuteten dahinter eine besondere politische Raffinesse. So glaubten sie, Ottos Ziel sei es gewesen, die beiden Parteien im Westfrankenreich gegeneinander auszuspielen, und wenn eine Partei zu sehr erstarkte, die »Übermächtigen zu demütigen« (E. Dümmler). Otto wäre dann darauf aus gewesen, zwischen den Gegnern ein »politisches Gleichgewicht herzustellen« (E. Caspar) und sich selbst die »Rolle des ständigen Schiedsrichters« zuzusprechen (W. Kienast). Auf diese Weise hätte er schließlich »eine Art

---

Otto I. mit seiner Gemahlin Adelheid und dem achtjährigen Thronfolger (Otto II.)
zu Füßen Christi, des heiligen Mauritius und der Gottesmutter
Elfenbeinrelief aus Mailand (?), um 963
Mailand, Castello Sforzesco, Museo d'Arte Antica

IHS XPS
SCS MAVRITIVS
SCA MARIA
OTTO IMPERATOR

Der Pontifex als Beschützer der Kirche
Miniatur in einer Exultat-Rolle, 10. Jahrhundert
Salerno, Bibliothek des Domkapitels

Schutzherrschaft« errichten können, der nur die »äußeren Formen der Lehnshoheit gefehlt haben« (Kienast).

Diese Interpretationen erinnern in ihrer Terminologie allzusehr an den Wortschatz moderner Kolonialkriege; zudem finden sie keine Bestätigung in den Chroniken und Urkunden des 10. Jahrhunderts. Schließlich stimmen sie auch nicht ganz mit Ottos Handlungen überein. Wenn er wirklich darauf bedacht war, die beiden Parteien im Westfrankenreich gleich stark zu halten, weshalb hat er sich dann so nachdrücklich um die Einigkeit in diesem Reich bemüht? Und wenn die Einigkeit nicht lange währte, so war das wahrhaftig nicht seine Schuld. Die zeitgenössischen Chroniken geben überdies auch andere Motive. Ihnen zufolge entsprach Otto jeweils verschiedenen Bittgesuchen. 945/46 flehte Gerberga Ottos Hilfe an; das führte zum Zug nach Paris und zu den Synoden von Verdun, Mouzon, Ingelheim. Auf den Hilferuf Ludwigs hin schickte Otto ein Heer in den Westen. 949 wiederum war eine Bitte um Unterstützung von seiten Gerbergas der Anlaß zu einem Heereszug. Und so bleibt es in den folgenden Jahren. Es ist eigentlich nicht einzusehen, weshalb man diesen Aussagen nicht Glauben schenken sollte. Mit ihrer Hilfe können wir, nach allem, was wir von Otto wissen, seine Handlungen durchaus erklären. Hingegen bleiben Vermutungen über Ottos »Gleichgewichtspolitik« oder »Schutzherrschaft« Spekulation. Otto wollte und mußte den Konventionen eines Herrschers gemäß handeln, das heißt, huldvoll sein, und er mußte zeigen, daß er in kriegerischen Auseinandersetzungen zu siegen verstand. Beides konnte er, wenn er den Bittgesuchen aus dem Westen entsprach und für den Bittsteller zu Felde zog. Erwies er sich dabei als ein Herrscher, dem Gott Huld und Stärke und also Autorität verliehen hatte, dann wurde er von den adligen Herren Ostfrankens, aber auch vom Adel und den Fürsten der anderen europäischen Länder selbstverständlich respektiert: Gott war auf seiner Seite – wer sollte da nicht Wert darauf legen, in guten Beziehungen zu ihm zu stehen?

Keine Maßnahme ostfränkischer Herrscher, denen spätere Historiker nachsagten, sie hätten das erste deutsche Reich gegründet, war so umstritten wie ihre Italienpolitik. Fast bis in die Mitte des 20. Jahrhunderts hinein glaubten sich Historiker mit diesen Königen in einer lebendigen Tradition verbunden. Durchaus verbreitet war das Gefühl, »daß in jenem ersten Reich der Deutschen, dem Reich der heroischen Kraftanstrengung, der Macht und der Einheit, Urbilder des deutschen Daseins stehen müßten, nach denen heute wieder die Jünglinge sich bilden und die Männer handeln« (Heimpel). Bis in unser Jahrhundert hinein schien die Frage nach der ottonischen Italienpolitik keine historische, sondern eine eminent politische: hatte sich Deutschland nach dem Süden oder nach dem Osten auszudehnen? Einzelne Historiker meinten vermittelnd, indem Otto nach Italien zog und die Herrschaft über den Papst gewann, konnte er erst wahrhaft die Ausdehnung des Reiches in den Osten fördern: jetzt mußte der Papst seine Missionspläne im Osten unterstützen (A. Brackmann, R. Holtzmann).

Die ottonische Italienpolitik begann, als ein Flüchtling Schutz am Hofe des deutschen Königs suchte. Markgraf Berengar von Ivrea war vor Italiens König Hugo geflohen, weil der ihn, wie er behauptete, blenden lassen wollte. Berengar wandte sich zuerst nach Schwaben, dann an Ottos Hof. Als König Hugo nun ebenfalls eine Gesandtschaft an den sächsischen Hof schickte und Gold und Silber versprach, wenn Otto den Flüchtling ausliefere, soll Otto erklärt haben, es sei ein Zeichen vollkommenen »Irreseins«, einem Mann, der die Huld anflehe, die Hilfe zu verweigern. Wenig später kehrte Berengar nach Italien zurück, nahm dort bald eine mächtige Stellung ein und ließ Hugo fast nur noch den Königstitel. Als Hugo gestorben war und auch dessen Sohn Lothar ihm kurz danach in den Tod folgte, forderte Berengar selbst die Königskrone. Adelheid, Lothars Witwe, wurde von ihm gefangengesetzt. In ihrer Not wandte sie sich an Otto; der rüstete ein Heer, kam nach Italien, befreite sie und nahm sie zur Frau. In Pavia ließ er sich zum König der Langobarden ausrufen. Nach Rom schickte er eine Gesandtschaft, doch sie kehrte zurück, ohne daß Otto weiteres unternahm.

Die nächsten Jahre konnte Otto sich Italien nicht widmen. Er hatte gegen seinen Sohn Liudolf, den Herzog von Schwaben, zu kämpfen, der wohl mit Ottos Maßnahmen in Italien nicht einverstanden war – er selbst hatte schon vor Otto einen Zug nach dem Süden unternommen – wahrscheinlich war er auch über Ottos Heirat nicht sehr glücklich. Zur selben Zeit fielen die Ungarn im Reich ein. Otto wandte sich nun ihnen zu und schlug sie auf dem Lechfeld 955; nach diesem Sieg brach auch der Aufstand seines Sohnes zusammen. Otto verzieh Liudolf und schickte ihn an seiner Statt als Heerführer nach Italien. Dort starb der junge Sohn des Königs.

Seit 960 kamen wieder Bittsteller aus dem Süden. Der Erzbischof von Mailand beschwerte sich über Berengar und dessen Sohn. »Halbtot« nur sei er ihnen entkommen. Andere Bischöfe folgten, schließlich auch Boten der mächtigen norditalienischen Grafen, die gleichfalls Schutz gegen Berengar erbaten. Wichtiger war: Männer aus Rom trafen ein mit einem Hilfegesuch des Papstes, des jungen Johannes XII. – er hieß früher Oktavian –, eines Sohnes Alberichs, der 954 gestorben war.

Diesen vielen Hilfegesuchen konnte sich Otto nicht versagen. Er zog über die Alpen nach Rom und wurde vom Papst »in wunderbarem Schmuck und feierlichem Aufzug« empfangen, wie Liudprand von Cremona berichtet. Otto hielt sich streng an die alten Formen; vor seinem Einzug in die Ewige Stadt schwor er dem Papst einen Eid, bestätigte ihm dann das alte Privileg, das bereits die Karolinger dem Papste gewährt hatten. Was Otto sich bei dieser Urkunde – dem *privilegium Ottonianum* – dachte, ist freilich nicht klar; er sprach dem Nachfolger Petri Gebiete zu, die gar nicht in seinem Machtbereich lagen.

Nachdem Otto die Kaiserkrone erhalten hatte, zog er wieder nach Norden zum Kampf gegen Berengar. Der Papst hingegen schickte Gesandte nach Byzanz. Er suchte wohl bei den Griechen Schutz gegen den allzumächtigen sächsischen Herrn. Auch die Bevölkerung Mittelitaliens sah die vom Norden kommenden Truppen mit Schrecken. »Damals begann der Mangel im italienischen Reich zuzunehmen; Pest, Hunger, Feuer und Schwert verwüsteten Italien. Die Ochsen und Kühe stürzten zur Erde, das Land verwandelte sich in Einöde, und weiter und weiter breitete sich Hungersnot aus.«

Als Otto von den Plänen des Papstes erfuhr, erschien er wieder mit einem Heer vor Rom. Johannes XII. hatte bereits Adalbert, den Sohn Berengars, aufgenommen; nun mußten beide fliehen. Otto rückte in die Stadt ein und ließ die Römer schwören, keinen Papst ohne seine oder seines Sohnes Zustimmung zu wählen. Eine Synode wurde berufen und

Johannes XII. der Prozeß gemacht, Ehebruch hätte sich der Papst zuschulden kommen lassen, Weihen im Pferdestall vorgenommen, er sei oft zur Jagd gegangen und mit Schwert und in Panzer und Rüstung gesehen worden. Ob es reine Weltlichkeit oder kriegerische Religiösität war, zu der sich schon einer seiner Vorgänger, Johannes X., aber ebenso auch Otto selbst bekannte, wir wissen es nicht. Die Synode forderte von Johannes, er solle sich verantworten.

Der Papst bestritt in einem von volkssprachlichen Wendungen durchsetzten Latein die Rechtmäßigkeit dieser Forderung. Er wurde zum zweitenmal geladen, da er aber auf Jagd war, trafen ihn die Gesandten nicht an. So setzte ihn die Synode ab und wählte statt dessen einen Laien aus der päpstlichen Verwaltung als Leo VIII. zum römischen Bischof. Die damit unzufriedenen Römer widersetzten sich, doch die deutschen Truppen schlugen jeden Widerstand blutig nieder.

Kaum hatte Otto Rom wieder verlassen, um gegen Adalbert und Berengar zu ziehen, kam es zum Umschwung. Leo VIII. mußte fliehen, und Johannes XII. bemächtigte sich der Stadt. Er ließ beide Gesandten, die zu Otto nach Deutschland gegangen waren, verstümmeln. Ehe der Kaiser sich aber rächen konnte, starb Johannes – auf einem Liebesabenteuer, wie Liudprand erzählt.

Die Römer wählten nun einen neuen Mann, Benedikt V. Doch Otto erklärte sich damit nicht einverstanden, belagerte die Stadt und erzwang die Unterwerfung; Benedikt wurde nach Hamburg ins Exil geschickt, Leo wieder eingesetzt. 965 zog Otto nach Deutschland zurück. Dort erreichte ihn die Nachricht, Leo sei gestorben und die Römer wünschten seine Meinung über die Papstwahl zu erfahren. Er schickte Gesandte, in deren Gegenwart Johannes, der Bischof von Narni, gewählt wurde; er bestieg als Johannes XIII. Petri Stuhl. Auch ihn vertrieben die Römer, mißhandelten ihn und kerkerten ihn schließlich ein. Er konnte sich zwar befreien und im Triumph nach Rom zurückkehren, doch Otto war schon mit Truppen nach Italien aufgebrochen. Nördlich von Rom klagte der Mönch vom Monte Soracte: »Weh dir, Rom, deine Völker wurden erschlagen, deine Stärke vernichtet, dein Gold und Silber ruhen in den Geldsäcken fremder Männer. Einst Mutter, jetzt Tochter, hast du all deinen Besitz verloren. Einst hast du hoch über Völker triumphiert, größtes Ansehen war dir nah, jetzt bist du vom Sachsenkönig ausgeplündert und gar arg verstümmelt.«

Ottos Strafgericht über Rom war dieses Mal hart. Zwölf Vertreter des Volkes ließ er hängen. Dem Präfekten der Stadt wurde der Bart geschoren, mit seinen Haaren band man ihn an die ausgestreckte Hand des Mark Aurel. Dann setzten ihn Römer nackt auf einen Esel, hefteten ihm Federn an, geißelten ihn und führten ihn durch die Stadt; er endete im Kerker. Schließlich ließ Otto verstorbene Gegner aus ihren Gräbern holen und ihre Gebeine zerstreuen.

Zur selben Zeit begann Otto, sich »Kaiser der Römer und Franken« zu nennen, bisher hatte er sich mit dem Titel *Augustus Imperator* begnügt. 967 zog der Kaiser weiter nach Süden und ließ sich von Pandulf Eisenkopf und dessen Bruder huldigen, den Herren von Capua und Benevent. Auf einem Reichstag in Ravenna 967 wurde auch die Beziehung zwischen Papst und Kaiser im Patrimonium Petri geklärt. Der Papst erhielt Teile des alten byzantinischen Exarchats zurück und verlieh seinerseits der Kaiserin Adelheid Ravenna und Comacchio auf Lebenszeit. Auf diesem Reichstag kam auch die Gründung von Magdeburg zur Sprache, doch darüber später. Weihnachten 967 ließ Otto seinen zwölfjährigen Sohn in Rom zum Kaiser krönen. Für ihn hatte er schon Anna, eine Tochter des oströmischen Kaisers Romanos II., als Frau erbeten. Die verwickelten Verhandlungen mit Byzanz sind hier nicht im einzelnen nachzuzeichnen, so reizvoll es wäre, Liudprands geistreichem und lebendigem Gesandtschaftsbericht zu folgen.

Die Byzantiner forderten von Otto allen griechischen Besitz zurück, möglicherweise sogar Rom. Otto seinerseits verlangte die Anerkennung als Kaiser der Römer, eine Tochter des Oströmers für seinen Sohn und die Herrschaft über Mittelitalien. Immer wenn die Verhandlungen darüber steckenblieben, griff Otto die Griechen in Apulien und Kalabrien an. Fünf Jahre währte dieser Zustand, in dem Otto durch Gesandtschaften und Feldzüge den byzantinischen Kaiser gefügig zu machen suchte. Im Verlauf der Kämpfe geriet Pandulf Eisenkopf 969 in byzantinische Gefangenschaft. Im selben Jahr wurde Nikephoros, der in Byzanz erst gemeinsam mit Romanos, dann allein den Kaisertitel geführt hatte, auf Anstiften seiner Frau ermordet. Sein Mörder und Nachfolger, Johannes Tzimiskes, ließ 970 Pandulf Eisenkopf frei. Otto zog sich daraufhin aus Apulien und Kalabrien zurück und schickte als Gesandten den Erzbischof von Köln. Der Kölner brachte wenn auch nicht die erhoffte Kaisertochter, so doch eine Verwandte des Johannes Tzimiskes mit nach Italien. Nach kurzem Zögern – sollte er nicht doch auf der alten Forderung bestehen? – entschloß sich Otto II., die schöne Griechin Theophano zu heiraten. Zur Hochzeit wurde eine Purpururkunde mit goldenen Buchstaben ausgestellt; sie ist erhalten. In ihr wird von Gott her die Ehe gerechtfertigt: Gott wünsche eine Vermehrung des Menschengeschlechts, um Ersatz für die Engel zu finden, die ihn mit Luzifer hochmütig verlassen hätten. Nachdem endlich das so hartnäckig verfolgte Ziel erreicht war, kehrte Otto nach Deutschland zurück. Ihm blieb noch ein Jahr, um die Verhältnisse in Deutschland zu ordnen. Fünf Jahre war er fern im Süden gewesen.

In der Italienpolitik sind deutlich drei Etappen zu unterscheiden; die Eroberung Norditaliens 951: Otto wurde König der Langobarden; der Einzug in Rom: Otto ließ sich zum Kaiser krönen; die Kämpfe in Süditalien: Otto wurde vom byzantinischen Kaiser anerkannt. Für die Besetzung der Lombardei werden wirtschaftliche Gründe angeführt, durch das Land liefen wichtige Handelsstraßen (J. Haller). So zutreffend der Hinweis ist, so wenig ist bekannt, daß dieser Umstand einen Einmarsch Ottos in Oberitalien gerechtfertigt hätte; der Handel war – soweit wir überhaupt Nachrichten darüber besitzen – schon vor Ottos Zug nach Pavia üblich gewesen und wurde von Otto auch danach nicht besonders gefördert. Ein anderer Gesichtspunkt: Otto hätte in Oberitalien um das »Monopol der Außenpolitik« gekämpft (H. Heimpel). Richtig ist, daß die süddeutschen Herzöge, Schwaben und Bayern, schon in den Jahrzehnten vor 951 nach der italienischen Königskrone gegriffen hatten. Unmittelbar vor Otto hatte der schwäbische Herzog, Ottos Sohn Liudolf, die Alpen überschritten. Wenn Otto gegen diese Eigenmächtigkeit der süddeutschen Herzöge einschreiten wollte, so fehlen die schriftlichen Zeugnisse dafür. Dagegen spricht aber, daß Otto gerade dem Bayern, und zwar als einzigem, nach dem Italienfeldzug neue Gebiete überließ:

er erhielt Friaul und Aquileia. Otto hat auch Liudolf nach dessen Aufstand wieder in Italien eingesetzt. Das macht es unwahrscheinlich, daß Otto in Oberitalien für sich als König das »Monopol der Außenpolitik« in Anspruch nehmen wollte. Zwangloser und wohl auch zutreffender erklären es zeitgenössische Chronisten. Im Jahre 951 habe Otto seine Autorität mehren wollen, indem er einen Königstitel hinzuerwarb. Dabei konnte er sich einer Königin huldreich erweisen, die ihn um Hilfe gebeten hatte.

In einem sind sich die Historiker einig: Otto zog nach Rom, um die Kaiserkrone zu erwerben, umstritten ist aber, was ihm die Kaiserkrone einbringen sollte, etwa die Herrschaft über den Papst und damit über die deutschen Bischöfe? – Schon immer hatte der Papst den deutschen König in seiner Auseinandersetzung mit den Bischöfen unterstützt, zahlreiche Beispiele aus der Zeit Heinrichs I. und den ersten Regierungsjahren Ottos bestätigen es (M. Lintzel). – Oder die Herrschaft über den Papst und damit den Einfluß auf die Mission im Osten? 967 hatte sich Kaiser Otto vom Papst bei der Gründung des Missionserzbistums Magdeburg helfen lassen. Aber auch diese Hilfe hätte der Papst auf jeden Fall gewährt, selbst wenn Otto nicht in Rom Kaiser geworden wäre (Lintzel). Wieder ist die Motivation der Chronisten überzeugender. Otto wurde von den verschiedensten Personen zu Hilfe gerufen, entsprach diesen Wünschen und zeigte damit seine herrscherliche Huld. Außerdem erhöhte der Kaisertitel – den auch Karl der Große von Rom erhalten hatte – sein Ansehen. Eigene Taten sollten der Vollkommenheit früherer Taten entsprechen; das war verbreitete Überzeugung. Aus diesem Grund wird auch Otto alles an Urkunden bestätigt haben, was ihm in Rom aus karolingischer Zeit vorgelegt wurde.

Und in Süditalien? Zwischen den Kämpfen in Apulien und Kalabrien und Deutschland bestand keine Beziehung. Hier ging es allein um die Anerkennung durch den byzantinischen Kaiser, wofür Otto fast fünf Jahre lang kämpfte. Wäre es – so kann man zusammenfassend sagen – Otto in Italien darum zu tun gewesen, mit Hilfe des Papstes über die deutsche Geistlichkeit zu verfügen oder mit dessen Unterstützung in großem Umfang Mission zu treiben, dann wäre er nach der Kaiserkrönung nach Deutschland zurückgekehrt, um dort eine straffe Kirchenorganisation zu schaffen und die Eroberung und Missionierung der Slawenlande einzuleiten. Eben das geschah nicht. Statt dessen blieb Otto im Süden, zog sogar nach Unteritalien und überließ Deutschland und den Osten getreuen Männern, die in seinem Namen das Notwendige taten, aber auch nicht mehr.

Ottos Bestreben ging dahin, Stärke und Huld zu zeigen und seine neue kaiserliche Würde, die ihm außerhalb Roms keinen Gewinn an wirtschaftlicher oder militärischer Macht einbrachte, sondern nur sein persönliches Ansehen erhöhte, anerkannt zu sehen. Das war kein Handeln gegen die »Gesinnung seines Volkes« und zugunsten einer »theokratisch gefärbten Weltmonarchie« (H. von Sybel). Gerade seine Italienpolitik war es ja, die Otto die Autorität bei den Adligen der deutschen Stämme verschaffte, die alleinige Grundlage jeder Herrschaft in einem »Personenverband«. Nicht nur er selbst erwies sich dadurch als ein von Gott mit siegreicher Stärke bedachter Herr; er brachte auch zahlreiche Reliquien nach dem Norden mit – vor allem nach Magdeburg –, die »gegen sichtbare und unsichtbare Feinde ... Himmlisches und Irdisches« vereinten. Jetzt waren die adligen Herren der deutschen Stämme bereit, ihn als ihren König und Kaiser zu respektieren. Otto hat sich sozusagen im Süden das Ansehen erworben, das seine Herrschaft im Norden, in Deutschland, sicherte.

Italien brachte den Deutschen mannigfache Anregungen. Sie lernten byzantinische Künstler kennen, die in den nächsten Jahrzehnten im nördlichen Deutschland ihre Arbeit aufnahmen. Byzantinische Mönche – vor allem Eremiten – regten die Frömmigkeit an und beeindruckten Männer und Frauen. Auch byzantinisches Recht, mit seinen strengen Strafen, und byzantinische Verwaltung wurden bekannt. Zunächst allerdings verbreiteten die Deutschen ihre eigenen Vorstellungen unter den Italienern. Otto führte ein, daß strittige Fragen durch Gottesurteil im Zweikampf entschieden werden sollten; getreu seiner Überzeugung, daß Gott den Gerechten siegbringende Kraft verleihe, wollte er sogar mit dem Papst Rechtsfragen im Zweikampf klären.

Auch sonst wurden die Deutschen in der Berührung mit dem Süden aus ihrem provinziellen Dasein herausgeführt. Mit der Kaiserwürde hatten sie eine Tradition übernommen, die seit der Antike mit universalen Ansprüchen verbunden waren. Zwangsläufig geriet Otto so mit dem Kaiser in Ostrom in Konflikt, der nicht ohne weiteres bereit war, den »Sachsenherrscher« anzuerkennen. Gewiß führte das zu Kriegen, die oft fürchterliche Zerstörungen zur Folge hatten, aber es zwang auch dazu, die eigene Würde zu rechtfertigen und – oft genug – die Anschauungen zu modifizieren. Das Nebeneinander universaler Ansprüche ließ die Möglichkeit verschiedener Wahrheiten erahnen, eine Vielgestaltigkeit, die später für Europa so charakteristisch wurde.

In Deutschland war es während Ottos Abwesenheit im wesentlichen ruhig und friedvoll geblieben. Deshalb wurde die Vermutung geäußert, Otto habe nach dem letzten großen Aufstand 954/955 mit den geistlichen Herren gegen die Herzöge regiert, er wäre »planmäßig darangegangen, die Kirche zum zentralen Institut des Reiches auszubauen« (H. Mitteis). Richtig ist nur, daß Otto von seinem Bruder Brun, dem Erzbischof von Köln, das Herzogtum Lothringen verwalten ließ; sonst sind keine Veränderungen in der ottonischen Politik Mitte der fünfziger Jahre zu erkennen. Die Kirchen hatten ihre entscheidenden Privilegien schon früher erhalten, und mit Markgrafen und Herzögen hat Otto auch noch nach 955 Gemeinsames unternommen. Geistliche Herrschaft gegen weltliche Herrschaft auszuspielen – ein recht moderner Gedanke – lag Otto gänzlich fern. Er sah Personen und keine Institutionen wie »Kirche« und »Staat«. Allerdings regierte er mit Herzögen und Grafen wie mit Geistlichen und forderte gerade von der höheren Geistlichkeit, daß sie ihn auch in weltlichen, sogar in militärischen Unternehmungen unterstützte. Er mußte sich dazu berechtigt glauben, denn Jesus selbst, dessen »Typus« er, der Kaiser, darstellte, war ein siegreicher triumphierender Gott.

Wenn sich Otto in seinen Handlungen so sehr um *imitatio* bemühte, um den großen Frankenherrschern, um dem irdischen Wandel des Herrn der Welten, Jesu Christi, zu gleichen, dann ist höchst fraglich, ob wir das Recht haben, nach individuellen Eigentümlichkeiten zu fragen, denn gerade das Individuelle war Otto unwichtig. Dennoch soll, mit allem Vorbehalt, erwähnt sein, was uns Widukind berichtet. Schon seine breite Statur ließ königliche Hoheit offenbar werden. Lebendige Augen sprühten beweglich, sein Gang, in der Jugend rasch, wurde später gemessen. Gern begab sich Otto auf die Jagd; er übte sich im Reiten und liebte das Brettspiel. Nach dem Tod seiner ersten Frau lernte er lesen; Französisch und Slawisch beherrschte er, aber er liebte nicht, es zu sprechen. Im allgemeinen freundlich, verzieh er, ohne nachtragend zu sein. Etwas Waches war ihm eigentümlich, verstärkt wohl durch asketische Neigungen. So pflegte Otto stets zu fasten, bevor er die Krone anlegte. Er schlief selten, und beim Schlafen sprach er oft im Traum; am Hofe erzählte man, er wache Tag und Nacht.

Als Otto 973 von seinem Italienfeldzug zurückkehrte, feierte er Ostern mit seinem Sohn in Quedlinburg, Himmelfahrt in Merseburg. Trauer erfüllte ihn dort, denn er hörte vom Tod Hermann Billungs, des letzten seiner alten Mitstreiter. Nach seiner ersten Frau hatte er seinen Sohn Liudolf, dann seinen Bruder Heinrich verloren. Später starben seine Mutter Mathilde, sein Bruder Brun, sein Sohn Wilhelm, der Mainzer Erzbischof und Markgraf Gero, schließlich Hermann Billung.

In Merseburg noch empfing er eine Gesandtschaft der Sarazenen. Vor Pfingsten traf er in Memleben ein. In der Nacht vor dem Fest nahm er an der Liturgie teil, morgens verteilte er, wie es seine Gewohnheit war, Geschenke unter die Armen, aß etwas und legte sich wieder nieder. Zur Vesper trat er in die Kirche; während der Evangelientext verlesen wurde, stieg sein Fieber, und er schwankte. Die Fürsten brachten einen Stuhl, kaum saß er, sank sein Kopf zur Seite, als sei er bereits verschieden; doch erholte er sich noch einmal, nahm das Sakrament und starb dann ohne Schmerzen. Die Fürsten sorgten dafür, daß der Leichnam nach Magdeburg übergeführt wurde; dort ruht er neben Edgitha, seiner ersten Frau, deren er immer wieder in Schenkungen an Kirchen gedacht hatte.

Der junge Otto II. war bereits zum Kaiser gesalbt. Die Adligen vollzogen nun die Akklamation; doch damit war seine Herrschaft nicht gesichert. Wie zur Zeit seines Vaters begannen wieder die Herzöge, die Autorität des neuen Herrschers auf die Probe zu stellen. In Bayern saß Heinrich der Zänker, ein Vetter Ottos II. Er schloß ein Bündnis mit Abraham von Freising. Als der Kaiser davon erfuhr, lud er beide vor ein Gericht und ließ sie gefangensetzen. Doch 976 gelang es Heinrich zu fliehen, und er nahm den Kampf gegen Otto auf, unterstützt von sächsischen Adligen und bayerischen Freunden. Der Kaiser belagerte ihn in Regensburg, Heinrich floh nach Böhmen. Sein Herzogtum wurde ihm genommen und Kärnten als eigenes Herzogtum herausgelöst (976). Doch auch der Herzog von Kärnten, ebenfalls ein Heinrich, widersetzte sich bald dem Kaiser und verbündete sich mit Heinrich dem Zänker und dem Augsburger Bischof Heinrich. Ein neuer Feldzug Ottos zwang die drei Freunde nachzugeben: Kärnten kam nun an Otto, einen Enkel Ottos des Großen. Nicht nur die Herzöge, sondern auch fremde Fürsten und Könige versuchten die Kraft des neuen Herrschers. 974 fielen Harald Blauzahn und Håkon von Norwegen in das Grenzgebiet ein. Die Dänen konnten sich aber auf die Dauer nicht halten; Harald mußte sich unterwerfen. 975 war Otto gezwungen, in Böhmen einzurücken, Erfolge hatte er dort nicht, erlitt 976 sogar eine Niederlage. Doch im folgenden Jahre unterwarf sich der Böhme Boleslaw feierlich und versprach, 978 auf einem Hoftag in Magdeburg zu erscheinen. Dort leistete er den Treueid und kehrte, reich mit Geschenken versehen, in sein Land zurück.

Im Osten unterstützte Otto II. die Missionsbistümer. In Prag wurde Thietmar Bischof; um die Ungarnmission stritten Friedrich von Salzburg und Pilgrim von Passau, der zur

Erhöhung der Ehre seines Bistums eifrig Urkunden fälschte. In Lothringen hatte sich Otto mit der Familie Reginar auseinanderzusetzen. 977 unterstützte er Karl, den Bruder des französischen Königs Lothar. Das löste Mißstimmungen in Westfranken aus, zumal Lothar sich anschickte, Lothringen zurückzuerobern. Er kam bis Aachen und überraschte dort den ahnungslosen Otto, der überstürzt mit Frau und den anwesenden Fürsten fliehen mußte. Auf der Pfalz fand Lothar die königlichen Tische, die Vorräte an Speisen; selbst die Insignien waren zurückgeblieben. Die Truppen Lothars drehten den Adler auf dem Dache um, ihren Triumph zu zeigen; mehr erreichte Lothar aber nicht. Empört ließ nun Otto auf einer Versammlung in Dortmund Krieg gegen die Westfranken beschließen. Das Heer zog nach Attigny, plünderte und verbrannte königlichen Besitz. Als Otto durch das Gebiet von Reims zog, erwies er dem heiligen Remigius die Ehre, in Soissons verehrte er den heiligen Medardus, die Pfalz von Compiègne plünderte er. Er kam bis vor Paris, doch gelang es ihm nicht, auf das linke Seineufer überzusetzen. So begnügte sich das Heer, vom Montmartre aus mehrmals ein lautes Halleluja anzustimmen; dann begann der Rückzug.

Nachdem beide Herrscher einander geschädigt hatten, trafen sie sich 980 bei Ivois und erkannten gegenseitig ihre Reiche an. Im selben Jahr wurde Otto ein Sohn geboren, den er wiederum Otto nannte. Wenige Wochen danach zog er mit seiner Frau Theophano und dem Kind nach Italien. In Pavia erwartete ihn seine Mutter Adelheid, es hatte in den letzten Jahren oft Spannungen zwischen ihnen gegeben. Weihnachten feierte die Familie versöhnt in Ravenna. Dort fand auch ein Streitgespräch zwischen den beiden bedeutendsten Gelehrten jener Zeit, Othrich und Gerbert von Aurillac, statt. Es ging um die Einteilung der Wissenschaft, ob der Mathematik oder der Physik mehr Realität und Vollkommenheit zuzusprechen sei. In Italien nannte sich Otto wie die oströmischen Kaiser *Romanorum Imperator Augustus*. Zur oströmischen Tradition gehörte auch die Bekämpfung der Sarazenen, woran Otto der Große bereits gedacht hatte. Um dieses Zieles willen zog jetzt sein Sohn, Otto II., im Juni 982 mit Truppen nach Kalabrien. Südlich von Cotrone kam es bei Kap Colonne zur Schlacht. Die sorglosen Deutschen wurden aus dem Hinterhalt überfallen, die vornehmen Adligen erschlagen, der Kaiser selbst floh. Mit Hilfe eines Juden fand er den Weg zum Meer, wo ihn ein griechisches Schiff aufnahm. Er wurde erkannt und sprang daraufhin in Kleidern über Bord, die anderen Deutschen folgten.

Um die Niederlage von Cotrone wettzumachen, versammelte Otto die Fürsten in Verona und ließ seinen jungen Sohn zum König wählen. Dort erreichte ihn wohl auch die Nachricht, daß die Slawen die Ostgrenze überschritten hatten und bis zur Elbe das Land verwüsteten. Von Verona wandte sich Otto aber wieder dem Süden zu. In Rom erkrankte er schwer. Dem Papst beichtete er noch seine Sünden und erhielt Absolution, dann starb er am 7. Dezember 983. Deutschland erreichte die Nachricht vom Tod des Kaisers nicht vor Weihnachten. Weihnachten noch wurde sein Sohn, wie er es befohlen, in Aachen von dem Ravennater Erzbischof Johann und dem Mainzer Erzbischof Willigis zum König gesalbt. Konnte man auf ihn hoffen? Otto II. war in den letzten Regierungsjahren kein Herrscher gewesen, wie er sein sollte. »Nur selten hatte er in Gefechten triumphiert.«

Otto III., eben zum König gesalbt, vermochte beim Tod seines Vaters kaum zu sprechen; wie sollte er ein Reich beherrschen? Sein Onkel, der bayerische Herzog Heinrich der

Zänker, von seinem Vater vertrieben, kam aus dem Exil und bemächtigte sich des Kindes. Als die Adligen aber merkten, daß Heinrich die Absicht hatte, sich selbst krönen zu lassen, setzten sie sich unter der Führung des Mainzer Erzbischofs Willigis für den jungen König ein; Heinrich erhielt sein bayerisches Herzogtum zurück (985). Die Regierung übernahmen zunächst beide Kaiserinnen, Adelheid und Theophano, nach 985 jedoch Theophano allein. In diesen Jahren der Vormundschaft entschieden sich die Geschicke Westfrankens und Polens für die nächsten Jahrzehnte.

In Westfranken starb 986 Lothar; sein Sohn, Ludwig V., verunglückte ein Jahr später auf der Jagd. Nun lebte nur noch ein Bruder Lothars, Karl, der – 977 vom französischen Hof vertrieben – Otto gehuldigt hatte und von ihm zum Herzog von Niederlothringen ernannt worden war. Dieser Karolinger wurde jedoch von den Franken übergangen, die statt dessen einen König erwählten, den »nicht nur Adel des Körpers, sondern auch Klugheit des Geistes erleuchtet, den Treue festigt und dem Mut Beständigkeit verleiht«. Treue war, so argumentierten sie, bei Karl nicht zu finden, seine Faulheit nahm ihm alle Kraft, scheute er sich doch nicht, einem fremden König zu dienen. Außerdem war Karls Frau den Franzosen nicht adlig genug. So entschieden sie sich wieder für die Gegenspieler der Karolinger, die Herzöge von Franzien, und wählten Hugo Capet zum König; noch im selben Jahr wurde auch Hugos Sohn Robert gekrönt (987).

In den folgenden Jahren versuchten nun die Karolinger, die Macht zurückzugewinnen. Mit Karl verbündete sich ein illegitimer Sohn Lothars, Arnulf, der das Erzbistum Reims erhalten hatte. Weitere Bischöfe wurden in den Streit verwickelt, schließlich gelang es den Kapetingern, Karl und Arnulf gefangenzusetzen. Karl starb 992 in der Haft; von seinen Söhnen lebte noch Otto in Niederlothringen, doch er trug bereits den Namen des sächsischen Geschlechts und blieb ohne Bedeutung. An Stelle Arnulfs von Reims wurde der gelehrteste Mann des Frankenreichs, Gerbert von Aurillac, Erzbischof. Darüber kam es zu neuen Streitigkeiten. Gerbert mußte aus seinem Erzbistum weichen und gegen seine Feinde vor den Legaten des Papstes Prozesse führen.

Unter dem Einfluß Gerberts griff man in diesen Verhandlungen die Päpste heftig und leidenschaftlich an, etwa »das schreckenerregende Ungeheuer Bonifatius, alle Sterblichen durch seine Nichtsnutzigkeit überbietend«; ob die Christen überhaupt noch verpflichtet seien, sich diesen Päpsten zu fügen: »Solchen Ungeheuern, erfüllt mit Schande, die jedes Wissen über göttliche und menschliche Dinge entbehren, sollen ungezählte Priester des Erdkreises, die auf Grund ihres Wissens und ihres Lebenswandels geachtet sind, unterworfen sein?« In Rom wäre, so formulierte Gerbert, nichts als »eine Statue, ein Götzenbild«, von dem Antworten zu erbitten hieße, »Steine um Rat zu fragen«. Stolz auf seine überlegene Bildung schreibt er: »Es gibt in unserer Zeit, wie man hört, in Rom beinah keinen, der Latein beherrscht und richtig lesen kann. Diese Kenntnisse wären eigentlich vonnöten, um auch nur den niedrigsten Weihegrad zu erhalten. Mit welcher Stirn wagt einer von diesen Männern in Rom, andere zu belehren, der selbst nichts gelernt hat?« Auf Synoden in Saint Basle (nahe Reims), Mouzon, schließlich in Ingelheim wurde über das Geschick Gerberts verhandelt. In Ingelheim lernte er Otto III. kennen. Ottos Mutter hatte die Herrschaft der Kapetinger bereits anerkannt.

Zur selben Zeit wurden im Osten die polnischen Gebiete unter Miseko straffer zusammengefaßt. Er hatte 992 sein Land Papst Johannes XV. als Nachfolger Petri geschenkt. Als er im Mai 992 starb, hinterließ er mehrere Söhne, unter denen sich Boleslaw durchsetzte, der später den Namen *Chrobry*, der Tapfere, erhielt. Polen und Deutsche hatten die heidnischen Liutizen gemeinsam zum Feind, deren Gebiete zwischen den beiden Reichen lagen.

Als Theophano 991 starb, mußte Ottos in Italien lebende Großmutter Adelheid noch einmal die Vormundschaft übernehmen. 995 wurde Otto fünfzehn Jahre alt und forderte die Selbständigkeit. Adelheid zog sich in ein Kloster zurück. Der junge König klärte erst sein Verhältnis zu Heinrich dem Zänker, der eigens dafür nach Magdeburg kam; er starb aber kurz darauf. Dessen Sohn, ebenfalls ein Heinrich, wurde in Bayern zum Herzog gewählt und von Otto anerkannt; Kärnten schied damit endgültig aus dem bayerischen Verband aus. Die Weihnachtstage verbrachte der König in Köln. Bereits im Winter zog er über die Alpen, Ostern feierte er in Pavia. Auf dem Wege nach Rom erfuhr er, daß Papst Johannes XV. gestorben war. Daraufhin ernannte Otto einen seiner Kapläne zum Nachfolger, seinen Vetter Brun, der mit dem Mainzer Erzbischof Willigis nach Rom zog. Otto folgte dem neuen Papst, Gregor V., ließ sich von ihm zum Kaiser krönen, erneuerte aber die Schenkung seines Großvaters nicht, denn er hielt die alten Privilegien für Fälschungen. Auf einem neuen Kaisersiegel erscheint Otto III. zum erstenmal als ganze Figur, stehend oder auf dem Thron sitzend, in der einen Hand den Herrscherstab, in der anderen die Weltkugel. Ob dies schon seine Insignien waren – erst für Ottos Nachfolger sind sie sicher bezeugt –, kann allerdings mit Gewißheit nicht gesagt werden.

Als Kaiser kehrte Otto in den Norden zurück. Die Italienreise hatte ihn auch Bekanntschaft mit unabhängigen, eigenwilligen Personen schließen lassen: mit Adalbert, einem Mönch, der sich für die Mission im Osten rüstete, vor allem aber mit Gerbert von Aurillac. Gerbert hatte in Gegenwart von Ottos Vater ein Streitgespräch mit Othrich geführt und war ihm selbst in Ingelheim begegnet. Wir kennen ihn recht gut aus seinen zahlreichen Briefen. Sein sparsamer Stil meidet unnötige Worte, er zieht die knappe Formulierung der Fülle vor, gern läßt er sich von der klassischen Antike beeinflussen. Die Truppen Ottos sind für ihn Legionen, die Mönche Genossen und Mitkämpfer, die Philosophie ist ihm ein Heilmittel bei übergroßen Sorgen. Unter den Philosophen schätzt er besonders den Heiden Cicero, der dem Durstenden, wie er schreibt, Wasser in der Not biete.

Selbstverständlich gab es für Gerbert keinen Bruch zwischen Antike und Christentum, die er auch nicht gegeneinander ausspielte. In beiden Welten fand er – hierin den Karolingern eng verwandt – »Freundschaft«. Der Freundschaft huldigten die antiken Gelehrten, Freundschaft war für Gerbert auch ein Geschenk Jesu; sie schien ihm heilig. Allerdings, von seinen persönlichen Gefühlen sprach Gerbert selbst Freunden gegenüber kaum. Er war streng und nüchtern wie die Menschen seines Jahrhunderts. Die Freundschaft war für ihn Grundlage der Familien, der Städte und Reiche, aber sie veranlaßte ihn nicht, wie einst die Angelsachsen und Franken, in Gebet und Ermahnung oder gar in der Missionspredigt aufzutreten. Doch bot er Anregungen für Gespräche, und Gespräche suchte der junge, begabte Herrscher.

Kaum war der Kaiser in Deutschland eingetroffen, erreichten ihn ungünstige Nachrichten aus Rom. Der Kaiser hatte Johannes Philagatos nach Byzanz gesandt, er sollte dort um eine Braut werben. Statt dessen erschien er in Rom mit einem byzantinischen Gesandten, der die Römer und den mächtigen Crescentius beredete, den deutschen Gregor zu stürzen und Johannes Philagatos zum Papst zu wählen. Gregor V., eben in Oberitalien, rief den Vetter zu Hilfe, der sofort mit einem Heer aufbrach (997), Gerbert an seiner Seite. Er hatte am Hofe seine Vorstellungen von der Freundschaft mit dem Gedanken an eine römische Erneuerung in Verbindung gebracht und überreichte dem Kaiser eine philosophische Schrift: nicht allein Griechenland sollte sich mit Philosophie und mit römischer Macht brüsten dürfen. Otto, der »Kaiser der Römer und Augustus«, wird gerühmt, »der du aus dem edelsten Blut der Griechen stammst, an Macht den Griechen überlegen bist, den Römern auf Grund deines Erbrechtes befiehlst und Römer und Griechen durch Geist und Beredsamkeit übertriffst«. »Unser, unser ist das Römische Reich«, jubelt der gelehrte Franzose.

Rom war bald von den deutschen Truppen erobert, Crescentius, der sich noch eine Zeitlang auf der Engelsburg halten konnte, fiel in ihre Hand. Er wurde enthauptet, seinen Leib warf man von der Höhe der Mauer hinab und hängte ihn schließlich zwischen zwölf Adligen Roms an den Beinen auf. Johannes Philagatos, der Gegenpapst, geriet in der Campagna in Gefangenschaft; Otto ließ ihm Ohren, Zunge und Nase abschneiden und die Augen ausstechen. So verstümmelt wurde er nach Rom zurückgeführt. Ein süditalienischer Eremit, der heilige Nilus, bat um die Freilassung des Unglücklichen, aber Papst Gregor drängte auf weitere Strafen. Die Römer setzten ihn rücklings auf einen Esel, gaben ihm den Schwanz in die Hand, ein Herold begleitete spottend den Zug. Nilus verkündete darauf, der himmlische Vater werde auch Papst und Kaiser, die ihren Feinden nicht verziehen, ihre Sünden nicht vergeben.

Otto richtete nun in der Ewigen Stadt seine Herrschaft auf. Als erster deutscher Kaiser baute er in Rom eine Pfalz, wahrscheinlich auf dem Palatin nahe der kleinen romanischen Kirche Santa Maria in Pallara (S. Sebastiano al Palatino), deren Fresken aus jener Zeit noch heute zu sehen sind: die Wiederkunft Christi auf den Wolken inmitten von Heiligen – ein altes Motiv, das ein Kaiser, der *typus Jesu*, unmittelbar auf sich beziehen mußte. In Rom erhielt Otto Nachricht vom Tode Adalberts, der über Böhmen ins Land der Polen gezogen war. Mit Boleslaws Hilfe hatte er bei den Preußen zu missionieren begonnen. Die Preußen jedoch, Feinde des Christentums, hatten sich der Mission widersetzt, Adalbert gefangen, mit sieben Lanzen durchbohrt und enthauptet, seinen Kopf hatten sie auf einen Pfahl gesteckt. Als Otto vom Tod seines Freundes hörte, kniete er nieder und dankte Gott für diesen Kämpfer, dem Gott die Palme des Martyriums überreicht habe. Auf der Tiberinsel in Rom, dort, wo das alte Äskulapheiligtum lag, erbaute Otto eine Adalbert-Kirche. Auch sie steht heute noch: die einzige Kirche, die ein deutscher Kaiser in Rom errichten ließ; Otto konnte sie wohl von seiner Pfalz auf dem Palatin aus sehen.

998 verbrachte der Kaiser einige Monate in Ravenna. Dort lernte er den heiligen Romuald kennen. Romuald, der Eremiten um sich versammelte – später lebte er in Camaldoli, nach diesem Ort nannten sich dann seine Mönche –, sah ähnlich dem heiligen

Antonius auf der Welt nur den Kampf zweier Mächte: Gott und seine Heerscharen bekriegten den Teufel mit seinen Dämonen. Romuald bekämpfte – wieder ähnlich dem Antonius – energisch den Teufel, der ihm in Gestalt von Geiern oder als Neger erschien. Seine mystischen Erfahrungen waren von einer Intensität, wie sie bei Antonius nicht zu finden sind. Oft ergriffen ihn Visionen, dann schrie er stammelnd nach Jesus; übermäßig strenge Askese – häufig Selbstgeißelung – galt nicht der Buße, denn, wie Petrus Damiani später sagt, der Büßende beschäftige sich immer noch mit der eigenen Person. Sie sollte den Eremiten gänzlich befreien, um ihn als Tempel Gottes die Beglückung seiner Gegenwart erfahren zu lassen.

Der Kaiser war außerordentlich beeindruckt von der Leidenschaftlichkeit dieser Mönche. Sie haben ihn wohl veranlaßt, sich durch eigene Taten Gott dankbar zu erweisen.

Von Rom aus zog er Anfang 999 nach Apulien. Auf dem Monte Gargano besuchte er das eigentümliche alte Höhlenheiligtum. Dort sind in feuchter, dunkler Gruft tempelähnliche Verehrungsstätten eingerichtet, dem Führer der himmlischen Heerscharen, dem Erzengel Michael, geweiht. Auf dem Rückwege blieb Otto eine Zeitlang beim heiligen Nilus, jenem hochgebildeten griechischen Mönch, der sich einige Jahre zuvor für den abgesetzten Papst Johannes XIV. verwandt hatte. In Rom war inzwischen Ottos Vetter, Papst Gregor V., gestorben. Otto bestimmte nun Gerbert von Aurillac, den er schon vorher zum Erzbischof von Ravenna hatte wählen lassen, zum Papst. Gerbert nannte sich Silvester, so an die Einheit erinnernd, die einst – der Legende nach – zwischen Papst Silvester und Kaiser Konstantin bestanden hat.

Im Jahr 1000 begab Otto sich wieder auf eine Pilgerfahrt, dieses Mal nach Gnesen. »Als der Kaiser aus der Ferne die ersehnte Stadt erblickte, nahte er sich ihr barfuß in demütigem Gebet.« In Gnesen war der von Boleslaw ausgelöste Leichnam Adalberts bestattet. Der Kaiser betete am Grab seines Freundes; damals wurde Gnesen zum Erzbistum erhoben und ihm die inzwischen errichteten Bistümer Krakau, Kolberg und Breslau unterstellt. Otto überreichte Boleslaw einen goldenen Stirnreif und die Nachbildung der Heiligen Lanze, und Boleslaw überließ Otto Teile der Adalbertreliquie. Von Gnesen zog der Kaiser nach Aachen. Dort ließ er das Grab Karls des Großen öffnen, verrichtete vor ihm ein Gebet und nahm ein goldenes Kreuz, vielleicht auch einen Zahn des Toten mit. Karls Gebeine waren ihm wohl eine Reliquie, deren Besitz Stärke und Sicherheit vermittelte.

Während des Jahres 1000 nannte sich Otto III. *Servus Jesu Christi*, wie sich vor ihm gelegentlich Byzantiner bezeichnet hatten. Auch Paulus war »Knecht Jesu Christi« gewesen, als er als Apostel für Jesus missionierte. Otto führte den Titel nur auf dieser einen Reise, auf der er Missionsbistümer begründete; er sprach sich also als Missionar eine apostelgleiche Stellung zu.

Nach Rom zurückgekehrt, nahm Otto den Titel »Knecht der Apostel« – gedacht war an Petrus und Paulus – an; unter diesem Symbol regelte er seine Beziehung zum Papsttum. Er erklärte, die alten Schenkungen an die Päpste beruhten auf einer Fälschung, er erst schenke Land dem Papst als dem Nachfolger Petri. »Wir schenken dem heiligen Petrus, was unser ist, wir übertragen ihm nicht sein Eigentum, als wenn es unser sei.« Als »Knecht der Apostel« hatte Otto für ihre Rechte zu sorgen, ihren Besitz zu schützen; als Schutzherr

Die Wiederkunft Christi
Wandgemälde in der Apsis der Kirche S. Sebastiano al Palatino in Rom, Ende 10. Jahrhundert

Heinrich II. beim zeremoniellen Einzug in eine Kirche
Miniatur in einem Pontifikale für den Kaiser. Handschrift der Schule des Klosters Seeon, 1002–1014
Bamberg, Staatliche Bibliothek

konnte er verfügen, was in den Ländern, die er Petrus geschenkt hatte, geschehen sollte. Dieser Dienst war zudem das Zeichen einer besonderen, gehobenen Stellung, zumal da sich der Kaiser nicht nur für seine eigene Schenkung, sondern für den gesamten Besitz Petri verantwortlich fühlte: kurz zuvor hatten der polnische und der ungarische Herrscher ihre Gebiete ebenfalls dem heiligen Petrus vermacht.

So wurde die religiöse Bindung, die schon Ottos Vorfahren in ihren Taten bezeugten, in Worten und Titeln offenkundig. Seine Zuneigung zum Apostelfürsten verband Otto III. – wohl unter dem Einfluß Gerbert-Silvesters – mit der Ehrfurcht vor der Größe des »goldenen Roms«, dessen Reich, wie er auf seine Bulle setzen ließ, er zu erneuern gedachte. »Wir bekennen, daß Rom das Haupt der Welt sei, und wir bezeugen, daß die römische Kirche die Mutter aller Kirchen sei.« Diese Bindung ließ den Kaiser allerdings auf neue Weise von Rom abhängig werden: jede Veränderung in dieser Stadt mußte sich nun auf seine Politik auswirken.

Im Frühjahr 1001 kam es zu einem Aufstand in Tivoli. Er wurde niedergeworfen, die Empörer aber, alte Gegner der Stadtrömer, milde behandelt. Diese Milde mißfiel in der Ewigen Stadt. Auch sonst war so manches den Römern unsympathisch, was die Gegenwart des jungen Kaisers mit sich brachte. In einem Aufstand fanden sich verschiedene römische Gruppen, auch die bis dahin Otto wohlgesonnenen Tuskulaner, gegen den Kaiser zusammen. Otto soll, so wird uns berichtet, von einem Turm eine ergreifende Rede an die Bevölkerung gehalten haben: »Seid ihr nicht meine Römer, habe ich nicht euretwegen mein Vaterland und meine Verwandten vernachlässigt?«

Die Römer ließen sich besänftigen, doch nur für kurze Zeit. Bei den nächsten Unruhen mußte Otto die Stadt verlassen. Er begab sich zu Romuald und lebte dort – es war Fastenzeit – nach dem Gebote der Askese. Dann bemühte sich Otto um Truppen, die Rom zurückerobern sollten. Eine Gesandtschaft ging nach Byzanz, um die versprochene Braut abzuholen. Otto nahm schließlich die Gelegenheit wahr – Ravenna war ja nicht weit von dem noch unter byzantinischem Einfluß stehenden Venedig –, um heimlich dem Dogen der Stadt einen Besuch abzustatten. Ende des Jahres zog der Kaiser mit seinem Heer nach Süden. Weihnachten verbrachte er in Todi, im Januar rückte er vor Rom. Ein Erfolg schien sicher, ganz Mittelitalien gehorchte dem Kaiser. Da erkrankte er in Paterno, vierzig Kilometer nördlich von Rom. Sein Zustand verschlimmerte sich bald, am 23. Januar starb er. Sein letzter Wunsch soll es gewesen sein, bei Karl dem Großen in Aachen beigesetzt zu werden.

Einundzwanzig Jahre alt war Otto bei seinem Tod. Schon wenige Jahre später wurde er als »Wunder der Welt« gerühmt, Sagen knüpften sich an seine Person: er soll die Frau des Crescentius geliebt haben und von ihr vergiftet worden sein, im 13. Jahrhundert erzählte man sich, er habe das Kurfürstenkolleg geschaffen. Ähnlich wie in späterer Zeit Konradin, verkörperte Otto III. in seiner Unbedingtheit ein letztes Mal die Ziele seines Geschlechtes. Er, der sich so wenig an Traditionen hielt, daß er den älteren Schenkungen an den Papst keinen Glauben schenkte, machte noch einmal deutlich, wie sehr die Ottonen ihre Person, ihr Verhalten und ihre Herrschaft in Gott gegründet hatten.

Nach dem Tode Ottos III. ging zunächst die Macht des ostfränkischen Königtums zurück. In Italien setzte sich Arduin von Ivrea als König durch. Papst Silvester starb kurz nach dem jungen Kaiser, und von nun an wählten die Römer wieder den Papst aus ihren mächtigen Adelsgeschlechtern. In Deutschland stritten mehrere Herren um die Nachfolge. Der nächste männliche Verwandte war Ottos bayerischer Vetter Heinrich. Da er kränkelte und sich nicht als siegreicher Herrscher hervorgetan hatte, neigte man – der Bischof Bernward von Hildesheim etwa – Adligen zu, die siegreicher gewesen waren. Doch die Pläne zerschlugen sich, und Heinrich fand überall Anerkennung.

Von seinem früh verstorbenen Vetter sprach Heinrich II. stets mit Achtung. Er war freilich bescheidener, in seiner Religiosität allerdings von ähnlicher Sicherheit. Keiner seiner Vorgänger war so überzeugt, mit göttlicher Unterstützung zu regieren. Galt es einen höheren Geistlichen zu wählen, ließ Heinrich oft die vorgeschlagenen Kandidaten unbeachtet und forderte von den Domkapiteln, sie sollten einen Mann seiner Wahl einstimmig ernennen. Auf diese Weise, so glaubte er, werde der von Gott gewollte Kandidat gefunden. Überall schaltete er sich ein: er sorgte dafür, daß auch in den Urkunden, in denen Bistümer ihre Rechte bestätigt erhielten, dem König ausdrücklich Einfluß auf die Wahl zugesichert wurde.

Um in seinen Kriegen siegreich zu bleiben, wagte er ein Bündnis mit den heidnischen Liutizen. Huld zeigte er wie seine Vorgänger; vor allem die Kirchen stattete er mit umfangreichen Besitzungen aus. Allerdings zog er sie auch im Interesse seines Hofes mehr und mehr zu Dienstleistungen heran. Die umfangreichste Schenkung erhielt Bamberg, wo Heinrich ein Bistum errichten ließ. Mit seinen Schenkungen wünschte Heinrich außerdem, Gott etwas von den Gütern zurückzugeben, die er empfangen hatte. Da seine Ehe mit Kunigunde kinderlos blieb, wollte er Jesus zum »Erben« einsetzen.

Nach Italien ist Heinrich II. dreimal gezogen. 1004 vertrieb er Arduin von Ivrea und ließ sich in Pavia zum König wählen. 1014 zog er mit seinem Heer bis nach Rom, wo ihn der Tuskulanerpapst, Benedikt VIII., salbte und zum Kaiser krönte. 1020 erschien Benedikt seinerseits in Bamberg und weihte die Kirche des Kaisers; gleichzeitig erbat er sich neue Hilfe gegen die Byzantiner, die von Unteritalien aus die Anhänger des Papstes bedrückten. So brach der Kaiser 1021 noch einmal nach Süden auf. In Apulien nahmen seine Truppen die Stadt Troja ein. Auf dem Rückweg hielt er gemeinsam mit dem Papst in Pavia 1022 eine Synode ab, auf der festgelegt wurde: Priester und Diakone sollten ehelos, die Söhne der Priester unfrei bleiben, so daß ihnen jeder Gütererwerb unmöglich war. Wieder sollte dies dazu dienen, das Gut, das Gott gehörte, zu schützen.

Mit den verschiedenen Mönchsorden hielt Heinrich II. enge Beziehungen, er unterstützte vor allem die strengen Reformbewegungen. In Deutschland hatte sich schon seit dem 10. Jahrhundert um Gorze eine Gruppe von Benediktinerklöstern zusammengeschlossen. Von hier aus verbreitete sich die Reformgesinnung von Kloster zu Kloster, ohne daß eine straffe Organisation geschaffen wurde. Stärker an organisatorischen Fragen war eine Benediktinergruppe interessiert, die unter dem Einfluß von Cluny stand. Zur Zeit Heinrichs II. war dort Odilo Abt; er hatte die Kaiserkrönung Heinrichs miterlebt, der ihm einen vom Papst überreichten Weltapfel – mit einem Kreuz – zum Geschenk gemacht hatte.

Von den Cluniazensern sind Sprüche großer Weltabgewandtheit überliefert. »Laßt uns dieses trügerische und hinfällige Leben fliehen und zu jenem, das wahr und dauerhaft ist, sehnsüchtig eilen«, schreibt Odilo. In Cluny wurde das Allerseelenfest gefeiert, das von hier aus auf die ganze Christenheit überging. Die Mönche schufen sich in ihren Klöstern einen Bereich, der eine Vorahnung von der himmlischen Seligkeit vermitteln sollte. Dazu diente ihnen die Musik, der Lobgesang Gottes: »Wie gewaltig und betörend muß die Harmonie im himmlischen Vaterland sein, wenn die irdische Musik schon so herrlich klingt.« Die Musik war ein bedeutsamer Teil der Liturgie, deren strenge Beachtung die verschiedenen Reformklöster auszeichnete.

Wie die Mönche in Cluny mühten sich auch außerhalb der Klöster einzelne Adlige um ein christliches Leben. Einer der Vorgänger Odilos, Abt Odo, hat uns eine Schilderung des Grafen Gerhard von Aurillac hinterlassen, der sich in seinen Gewohnheiten ganz den Sitten der Mönche anpaßte; regelmäßige Gebete waren ihm selbstverständlich, er ließ sich, wie es im Kloster üblich war, bei Tisch vorlesen und verpflichtete sich zur Keuschheit. Selbst das Blut seiner Gegner scheute er sich zu vergießen; in der Schlacht drehte er sein Schwert um und schlug mit dem Knauf auf die Feinde ein, und Gott, so berichtet Abt Odo, habe ihm wunderbarerweise stets den Sieg verliehen.

Die Mönche waren sowohl auf die Unterstützung des Kaisers – ihm begegneten sie mit Sympathie – als auch auf die Förderung des Papstes dringend angewiesen. Das Klosterleben hatte Selbständigkeit, vor allem eine wirtschaftliche Unabhängigkeit errungen, die immer wieder von den Bischöfen durch deren Anspruch auf die Klostergüter gefährdet wurde. Um sich davor zu schützen, suchte sich Cluny unmittelbar Rom zu unterstellen.

Wenn Heinrich II. auch im Sinne dieser Bestrebungen die Klöster reformieren ließ, so war er deswegen keineswegs den Geistlichen untertan. Er konnte mit seinen Bischöfen, denen er – in der Jugend selbst zum Geistlichen bestimmt – in der Bildung oft überlegen war, derbe Späße treiben. Meinwerk von Paderborn etwa ließ er einen köstlich verzierten Brief zustellen, in dem ihm vom Himmel sein baldiger Tod verkündet wurde. Meinwerk glaubte an die Nachricht und erwartete in einem Sarg sein Ende. Als sich zu dem angekündigten Tage nichts ereignete und Meinwerk leicht verstört am nächsten Morgen vor dem Herrscher erschien, gratulierte ihm der als »wiederauferstandenem Lazarus«. Vor Meßtexten hatte Heinrich auch nicht mehr Respekt; er ließ einzelne Worte abändern, so daß der des Lateins nicht eben kundige Meinwerk vor dem lachenden Hof eine Messe für Esel und Maulesel hielt. Meinwerk seinerseits wußte sich übrigens zu rächen und benutzte jede Gelegenheit, dem König Güter zugunsten seiner Paderborner Kirche zu entwenden. Das waren Späße einer bäuerlich derben Gesellschaft, die sich der Macht ihres Gottes so sicher war, daß sie an diesen Geschichten keinen Anstoß nahm.

In seinen letzten Lebensjahren beschäftigte sich Heinrich vor allem mit Fragen der Reform. Im August 1023 traf er sich mit König Robert von Frankreich in Ivois. Die Herrscher beschlossen, ein Konzil zu Pavia solle die französischen, deutschen und italienischen Geistlichen vereinigen; gemeinsam wollten sie über die Zustände der Kirche beraten. Doch kam es nicht mehr dazu. Am 13. Juli 1024 starb der Kaiser auf seiner Pfalz Grona bei Göttingen. Er wurde in sein geliebtes Bamberg überführt und dort beigesetzt, der letzte Herrscher aus dem Geschlecht Ottos des Großen.

Neue Völker und Stände

Als in Europa noch die Karolinger herrschten, waren die Normannen aus Dänemark und Südschweden gekommen. Seit Mitte des 9. Jahrhunderts tauchten sie fast Jahr für Jahr in Frankreich auf, fuhren auf den Flüssen weit ins Land hinein, überfielen und plünderten Städte und Klöster, verschleppten Frauen und Kinder in die Sklaverei. Normannen fuhren mit ihren Schiffen durch die Straße von Gibraltar ins Mittelmeer und erschienen in Italien. Über die Ostsee kommend, fielen sie in russisches Gebiet ein; ein Normanne war Rurik, der dort ein Fürstentum gründete, dessen Namen die »Russen« übernahmen. In Polen haben Normannen gesiedelt, im Süden dienten sie dem byzantinischen Kaiser.

In einer lateinischen Chronik des 11. Jahrhunderts sind Erzählungen, vielleicht Lieder jener frühen Zeit erhalten (Dudo von St. Quentin). In Wechselreden machten sich die Krieger gegenseitig den Ruhm streitig. In Chroniken ottonischer Zeit ist mehr vom Ruhm des Stammes, des Reiches, der Kirche, kurz, vom Ruhm der Gemeinschaft die Rede. Franken, Sachsen, Bayern bielben immer an den heimatlichen Raum ihres Stammes gebunden. Mochten sie das Reich ausdehnen wie Karl oder Otto der Große, sie fanden jederzeit zu ihm zurück. Die Normannen hingegen hatten die Tendenz, ihre Stammessitze zu verlassen und sich in neuen Ländern anzusiedeln. »Dänen sind wir, aus Dänemark hierher gekommen: Frankreich wollen wir erobern.« 911 wies ihnen Karl der Einfältige Gebiete an, die spätere Normandie. Von hier aus zogen sie weiter nach Italien, wo sie mit den Anhängern Benedikts VIII. gegen die Griechen, mit den Griechen gegen den Papst kämpften. Auch Heinrich II. muß auf seinem letzten Feldzug in Unteritalien mit ihnen in Berührung gekommen sein.

Die kriegerische Stärke der Normannen wird oft gerühmt. Gefürchteter noch waren sie wegen ihrer Verschlagenheit. Nicht daß andere Adlige nicht ebenso zur List gegriffen hätten, aber die Normannen waren begabter und besser in diesen Künsten unterrichtet. Gottes Wirken verehrten sie weniger in Stärke und Huld, eher neigten ihre Herrscher dazu, sich mit Gottes Gerechtigkeit zu identifizieren. Ob sie angriffen oder sich verteidigten, immer wußten sie die Tatsachen so zu wenden, daß sie als Rächer eines Unrechts auftraten, daß sie das Recht verkörperten. Aus eigener Initiative sorgten ihre Herrscher dafür, daß nirgends in ihrem Reiche Unrecht unbestraft blieb; sie warteten nicht, bis ein Kläger auftrat, sondern forschten selbst jedem Verstoß gegen das Recht nach. Sie brachten wohl Not und Unglück über die Länder, die sie plündernd und brennend heimsuchten; bald begannen sie aber, neue Kirchen und Städte in den Gebieten zu bauen, die ihr Eigentum geworden waren. Sie, die Gottes Gerechtigkeit zu verkörpern suchten, übernahmen zugleich die Aufgabe – darin dem schöpferischen Gott ähnlich –, Altes zu zerstören und Neues aufzurichten.

Diese Züge kamen jedoch erst allmählich heraus, allmählich erst auch zeigte sich in normannischen Gebieten ein Geschlecht den anderen überlegen, das den Herzogstitel oder gar die Königswürde beanspruchen konnte. Diese neuen Herren suchten nicht den Ruhm des Stammes, sondern strebten danach, ihre Stellung in jeder Weise zu stärken und zu erhöhen. Sie bauten Burgen, um die Untertanen zu beherrschen und daran zu hindern, den Frieden zu brechen und Unrecht zu tun. Sie bemühten sich um Steuern und schufen eine zentrale, auf den Herrscher hingeordnete Verwaltung.

In diesem Sinne regierten die Herzöge die Normandie, seit 1066 Könige in England. Demselben Ziel strebten in Süditalien die begabten Söhne Tancreds von Hauteville nach, von denen einer nach dem anderen nach Süditalien kam. 1042 wurde der älteste Sohn, Wilhelm Eisenarm, Graf von Apulien, noch behielt aber ein langobardischer Herr, Waimar von Salerno, die Oberhoheit. 1045/46 folgte sein Bruder Drogo, der sich »Herzog und Magister Italiens und Graf aller Normannen Apuliens und Kalabriens« nannte. Seine Macht übernahmen die jüngeren Brüder Humfried, Robert Guiscard und – der wohl begabteste – Roger I.

In gewisser Weise lassen sich mit den Normannen die Händler vergleichen, die Wander- oder Fernhandel trieben. Auch diese *marchands à long cours* lösten sich aus ihrer Heimat, abenteuerlustig, schwertgewohnt führten sie ein unstetes Leben; vertraut mit den Wegen von Land und Meer, kannten sie öffentliche Plätze, kleine Pfade, kannten Gesetze, Sitten und Sprachen vieler Völker. Von einem Ottar aus der Zeit um 900 wird berichtet: er war Bauer und besaß in Norwegen einen Hof, nicht groß, zwanzig Kühe, Schafe und Schweine und ein wenig Land. An das Wanderleben hatte ihn seine Rentierherde gewöhnt; sechshundert zahme Tiere nannte er sein eigen, darunter sechs kostbare Locktiere. Er handelte mit den Finnen, ließ sich von ihnen Tribut zahlen: Vogelfedern, Walknochen, Schiffstaue aus Wal- oder Seehundshaut. Ottar wurde Wikinger, segelte an der Südwestküste Norwegens entlang nach Dänemark (Haithabu), trieb in England Handel, freundete sich dort mit dem König an. Seine Fahrten führten ihn bis zum Nordkap und ins Weiße Meer. Mit den Kenntnissen wuchsen seine Interessen: er wollte wissen, wie weit nach Norden das Land noch bewohnbar sei. Die Handelsplätze boten Ottar nur Rast, seine Wohnung blieb der bäuerliche Hof.

Zweihundert Jahre später lebte ein Engländer Godric, auch er noch in kleinbäuerlichen Verhältnissen. Sein Anfangskapital hatte er als Strandgut geborgen, es reichte kaum zu einem Hausiererleben. Dann wurde er Mitglied städtischer Kaufmannsgenossenschaften, wurde Wanderhändler, bereiste Burgen und städtische Ansiedlungen, schließlich wagte er sich aufs Meer hinaus, lernte Schottland, Dänemark und Flandern kennen. Als Schiffsführer erwarb er Rechte an einem halben Schiff und an einem Viertel des Gewinns eines anderen. Seine Erfolge verdankte er ausschließlich seinem Unternehmergeist und Mut. Engere Beziehung hatte er zu keiner Stadt, auch nicht mehr zu seinem bäuerlichen Besitz.

Nicht an Grundbesitz interessiert, nicht an Ausbau und Rodung, sondern an der großen Fahrt, so haben wir uns diese Fernkaufleute vorzustellen: »Pelzwerk, Bernstein, Honig, Wachs sind uns als Ausfuhrwaren, Edelmetalle, Schmucksachen, Münzen, Webstoffe, Wein, Südfrüchte, Drogen, Salz, Getreide, Gebrauchsartikel der mannigfachsten Art als Einfuhrwaren bezeugt. Auch Pferde und Sklavenhandel spielten eine Rolle. Es ist ein Handel mit Waren von relativer Seltenheit und hohem Wert, kein Handel mit lebensnotwendigen Massengütern.« (E. Ennen) In ihr Grab ließen sie sich das Schwert und eine Waage mitgeben.

Die städtischen Siedlungen, in denen die Kaufleute abstiegen und sich später auch niederließen, unterscheiden sich in den verschiedenen Ländern. *Burgus* oder *burgum* wurden sie genannt, *portus* oder *vicus*. Im romanischen Bereich bedeutet Burgus meist eine geschlossene Siedlung mit Markt, nicht eine befestigte, militärische Anlage (Liudprand). In Deutschland ist Burgus eine Wehranlage. Fränkische Adlige hatten ja den »Wohnturm, dieses uralte Stück der Mittelmeerkultur übernommen«. Doch der romanische Sprachgebrauch drang über Burgund nach Süddeutschland vor, beide Bezeichnungen gehen schließlich durcheinander. Die *burgenses* sind dann nicht Burgbewohner, sondern Marktsassen.

Portus (holländisch: Poorter) und *vicus* (vergleiche »Weichbild«) bezeichneten die Kaufmannssiedlungen. In fränkischer Zeit war es der *Wik*, der bei mehreren Städten anzutreffen war, oft von der eigentlichen Stadt getrennt, manchmal durch einen dazwischenliegenden Fluß (so etwa Verdun: Maas, Paris: Seine, Bamberg: Regnitz). Ein Teil der Kaufleute wohnte zuweilen auch in der alten Stadt. Seit dem 10. Jahrhundert wurden manche Kaufmannsniederlassungen durch eine Mauer mit der Stadt verbunden (Köln, Regensburg). Der Wik gewinnt damit den Vorteil der alten Stadt, nämlich ummauert zu sein, und die Bewohner der Stadt nehmen teil an der besonderen rechtlichen Stellung der Wikbewohner. Die Initiative liegt in jener Zeit noch bei den Stadtherren, meist Bischöfen. Überhaupt sind es vor allem sie, die den Städten auch als Marktplätzen neues Leben verleihen.

Innerhalb der Wiks lassen sich Gilden nachweisen – jedenfalls im 11. Jahrhundert. Die Gilde übte die Gerichtsbarkeit aus, ihre Mitglieder hatten die Pflicht, sich gegenseitig zu helfen, und pflegten einen gemeinsamen Totenkult. Höchstwahrscheinlich waren nicht alle Bewohner eines Wiks Mitglieder einer Gilde. So entwickelte sich wohl nicht unmittelbar aus der genossenschaftlichen Organisation die Selbstverwaltung der Städte, deren Grundlage vielmehr eine eigene, durch Eid beschworene engere Verbindung bildete; sie läßt sich etwa in Köln 1076, in Cambray 1106 nachweisen. Diese Eidgenossenschaften (*coniurationes*) entstanden manchmal im Gegensatz zum Stadtherrn, schlossen sich oft auch an ältere Gemeindeformen an. Sie schufen die »Stadt« des Hoch- und Spätmittelalters: einen ummauerten Bezirk mit eigenem Recht. Nicht nur in Westdeutschland und Nordfrankreich, sondern auch in Italien lassen sich städtische Verwaltungsorgane aus derselben Zeit nachweisen: 1081 in Lucca und Pisa, 1094 in Mailand. Städte dieser Art kannten einen eigenen »Frieden«. Im einzelnen wurde festgelegt, auf welches Unrecht welche Strafen stehen; die ersten Stadtrechte entstanden, die bald schriftlich formuliert wurden. Die Bürger bemühten sich, ähnlich wie die normannischen Herren, in eigener Initiative gegen das Unrecht vorzugehen. Verwandt sind diese Bestrebungen mit anderen neuen Friedensformen, die sich zuerst in südfranzösischem und burgundischem Gebiet nachweisen lassen.

Im Jahre 989 verkündete in Charroux eine Versammlung aquitanischer Bischöfe und Kleriker unter dem Vorsitz des Erzbischofs von Bordeaux einen Frieden: wer in eine Kirche eindringt und dort raubt, ohne Genugtuung zu leisten, wer sich am Eigentum der Bauern und Armen vergreift, etwa ihnen Vieh wegnimmt, wer einen Priester, Diakon oder anderen Geistlichen schlägt, der wird mit Exkommunikation bedroht. Neuartig war, daß man mit kirchlichen Strafen gegen Friedensbrecher vorging. Kirchenstrafen dienten sonst üblicherweise dazu, den Besitz der Kirchen und der Geistlichen zu schützen. Der Bischof von Bordeaux sprach bei Erlaß der neuen Ordnung davon, daß es ihm um die Erhaltung des Friedens ging, man nannte ihn bald den »Gottesfrieden«.

Auf die Synode in Puy en Velay (990) waren auch weltliche Herren geladen. Wieder wurde mit der Strafe der Exkommunikation gedroht, »weil wir wissen, daß ohne Friede niemand Gott sehen wird, ermahnen wir euch beim Namen des Herrn, daß ihr Söhne des Friedens sein möget«. Deutlich ist die Tendenz zu erkennen, bestimmte räumliche Bezirke (Kirchen, Friedhöfe, Klöster) und Personengruppen (Geistliche, Mönche, Bauern und Kaufleute) davor zu bewahren, in Kämpfe hineingezogen zu werden. Dieser Friede, und das war wieder neu, sollte in den einzelnen Diözesen verkündet werden, das versammelte Volk hatte in einem Eid sich darauf zu verpflichten. Damit erkannte die Bevölkerung aber auch die Strafen an, die auf Friedensbruch standen. Hier ergab sich eine Möglichkeit, neues Recht einzuführen, während man in jenem Jahrhundert sich im allgemeinen noch ganz an das alte, überlieferte Recht gebunden fühlte. Der Gottesfriede fand bald seine Ergänzung in einer *treuga Dei*, im »Waffenstillstand Gottes«, der für bestimmte Zeiten – Feiertage, die Fastenzeit – Waffenruhe gebot.

Die Bedeutung dieser Friedenseinigungen stieg, sobald man daranging, den beschworenen Frieden mit Truppen zu schützen; ein frühes Zeugnis dafür ist aus dem Jahre 1038 erhalten. Hatten die einfachen Adligen einst ihrem Herrn gedient, dessen herrscherliche Eigenschaften religiös begründet waren, der den Ruhm seines Stammes zu mehren oder sein Reich auszudehnen bestrebt war, so konnte jetzt der Ritter zur Erhaltung des Gottesfriedens kämpfen. Freilich diente er damit noch nicht einer abstrakten Idee; der Gottesfriede war für bestimmte Zeiten von bekannten Personen beschworen. Und doch bekam sein Handeln einen neuen Sinn. Er hatte nicht nur treu einem Herrn zur Seite zu stehen, sondern gemeinsam mit anderen einen Rechtszustand zu erhalten. Ein sachliches Ziel – und nicht mehr nur die Bindung an eine Person – bestimmte jetzt sein Tun. Wenn er einer Friedenseinung beitrat, gewann er, der einfache Ritter, auf Grund seiner Tätigkeit und seiner Fähigkeit zu kämpfen, besonderes Ansehen.

Die neue Geltung des Ritters ist in verschiedenen Bereichen zu beobachten. So sind aus jenem Jahrhundert liturgische Texte erhalten, die Gottes Segen für den einzelnen Ritter erbitten, für sein Schwert, seine Lanze. Dafür werden Formeln aus Krönungsliturgien genommen, die einst nur den Königen galten. Kriegerische Kraft und Stärke, die Gott dem Herrscher hatte verleihen sollen, wurden jetzt für den Ritter erbeten. Auch die soziale Stellung des Mannes, der mit Waffen umzugehen verstand, veränderte sich.

Immer schon hatten nicht nur Ritter und Adlige am Kriege teilgenommen, sondern auch Männer, die zur »Familie« gehörten; als Halbfreie standen sie in einem bestimmten rechtlichen Verhältnis zu ihrem Herrn, das in einem Hofrecht festgelegt war. Solche Hofrechte sind uns hin und wieder erhalten, vor allem von kirchlichen Besitzungen. Beim Vergleich verschiedener Hofrechte ist eine interessante Entwicklung zu beobachten. Aus dem Recht der Wormser Kirche (1023–1025), der Limburger Familie (1035), aus dem Bamberger (1057–1064) und dem Weißenburger Dienstmannenrecht (1070–1080) geht hervor, daß es immer einen Kreis von Personen gab, unter denen der Abt oder Bischof seine Krieger auswählte. Im Limburger Hofrecht wurde bereits festgestellt: wer Mann des Abtes wurde, sollte als Entgelt ein Dienstgut *(beneficium)* erhalten; nur weniges deutet noch auf Unfreiheit hin. Die Familie des Ritters mußte im Todesfall das »Besthaupt«, das beste Stück Vieh oder ein Pferd, abgeben, beim Tod der Frau das »Bestkleid«. Auf das Dienstlehen hatten allerdings die Kinder eines Ritters noch keinen Anspruch. Beim Bamberger Dienstrecht aber wird schon vom erblichen Lehen gesprochen. Hier gilt auch: bekommt ein Dienstmann kein Lehen, wird er freizügig und darf einem anderen Herrn dienen. Damit verlieren die »Ministerialen«, wie sie allgemein genannt werden, ihre Abhängigkeit und gewinnen als Ritter ihr erstes Ansehen.

Salier in Deutschland. Anfänge des Reformpapsttums

Mit dem Tode Heinrichs erlosch das ottonische Herrscherhaus. Bei der Wahl in Kamba einigte sich der Adel unter Führung Erzbischof Aribos von Mainz nach längerem Verhandeln auf Konrad aus dem Geschlecht der Salier (1024). Konrad hatte Sinn für Gesten und markante, einprägsame Formulierungen. Beim Krönungszug, noch vor seiner Salbung, sprach er einer Witwe und ihrem Kinde Recht. Den Rechtsfall eines Mannes, der sich zu ihm drängte, übergab er Fürsten zu neuer Verhandlung. Das Volk war glücklich: war der Regierungsbeginn nicht zu rühmen, wo der Herrscher mehr darauf bedacht war, dem Recht Genüge zu tun als zur Salbung zu schreiten?

Konrad hielt sich in seiner Regierung im allgemeinen an die Ottonen; nur hin und wieder griff er neue Tendenzen seiner Zeit auf. So berief er 1027 Grafen und Schöffen nach Regensburg; sie sollten feststellen, welche Besitzungen in Bayern der Krone gehörten. Er schenkte auch der wachsenden Bedeutung des Ritterstandes seine Aufmerksamkeit. Sein Biograph Wipo berichtet, er habe festgesetzt, daß niemand Lehen der Eltern den Kindern wegnehmen solle. Am Ende seiner Regierung ließ er in Italien ein Gesetz verkünden, das »Valvassoren«, Männer, die Lehen von einem anderen Lehnsträger innehatten, gegen willkürlichen Lehnsentzug schützte. Die Folgen solcher Unterstützung des Ritterstandes zeigten sich auch schon zur Regierungszeit Konrads. Ernst, ein Sohn seiner Frau aus einer früheren Ehe, hatte sich gegen seinen Stiefvater empört, war dann begnadigt und zum Herzog von Schwaben ernannt worden. »Unter Einfluß des Teufels« begann er 1027 mit einer zweiten Rebellion, verwüstete das Elsaß und zog plündernd nach Burgund. Der Kaiser berief gegen ihn einen Hoftag nach Ulm. Herzog Ernst aber versammelte seine Vasallen um sich, erinnerte sie an ihren Eid und wies sie darauf hin, daß einst die Schwaben stets treu zu ihrem Herrn gehalten hätten. Da antworteten zwei Grafen: »Wir sind gegenüber allen Feinden euch treu, nur nicht gegenüber dem Herrn, der uns an euch gegeben hat. Da wir frei sind und als höchsten Verteidiger unserer Freiheit den König und Kaiser haben, würden wir die Freiheit verlieren, wenn wir uns gegen ihn stellten.«

Im Umgang mit den Geistlichen folgte Konrad den Tendenzen Heinrichs II. Auch er glaubte sich berechtigt, die Bischöfe in ihr Amt einzusetzen – seinen Kaplan Reginbald berief er nach Speyer, daß er dort den Dom baue –, auch er beanspruchte das Gut der Kirchen. Allerdings unterwarfen die Geistlichen sich nicht mehr so selbstverständlich dem königlichen Spruch. Sie nahmen Anstoß daran, daß ein Bischof, nachdem ihn der König bestimmt hatte, ihm Geschenke überließ und Dienste leistete. Das erweckte den Anschein, als hätte der Bischof sein Amt erkauft. »Simonie« war seit jener Zeit als Irrlehre verdammt. Im Jahre 1075 war Ulrich Bischof von Basel geworden; er hatte dem König besonders kostbare Geschenke gemacht. Die anderen Geistlichen warfen ihm simonistische Häresie vor. Das löste eine allgemeine Diskussion aus, und Wipo berichtet, Konrad habe heftige Reue gezeigt und versprochen, in Zukunft nie mehr etwas für ein Bistum oder eine Abtei anzunehmen. Allerdings wurde das Versprechen nicht gehalten.

Konrads Sohn Heinrich war eher bereit, die Würde der geistlichen Herren zu respektieren. Heinrich war früh zur Herrschaft mit herangezogen worden; schon im Februar 1026 wurde er mit Zustimmung der Fürsten zum Nachfolger designiert. Konrad brach gerade nach Italien auf, wo er nach längeren Kämpfen Pavia unterwarf und 1027 in Rom die Kaiserkrone entgegennahm. Noch im selben Jahr erhielt Heinrich das Herzogtum Bayern zu Lehen, 1028 krönte ihn Pilgrim von Köln zum König. Erste Spannungen zwischen Vater und Sohn zeigten sich 1035, als Konrad den Herzog Adalbero von Kärnten wegen Hochverrats seines Fürstentums entsetzen ließ. Der Bischof von Freising verwandte sich für ihn bei Heinrich, und der unterstützte die Bitte vor seinem Vater. Konrad wurde darüber so zornig, daß er besinnungslos zu Boden stürzte. Als er wieder zu sich kam, warf er sich vor seinem Sohn nieder und bat ihn flehendlich, er solle seinem Vater nicht widersprechen. Heinrich konnte sich der wirkungsvoll vorgetragenen Bitte nicht entziehen und gab nach; da wies Konrad dem Bischof von Freising die Tür und setzte ungehindert seinen Willen durch: Adalbero verlor das Herzogtum.

1032 starb Rudolf II., der letzte König von Burgund. Da er ohne Erben war, sandte er Konrad Diadem und Insignien. 1033 huldigte ihm der burgundische Adel, doch hatte er die nächsten Jahre noch um die Herrschaft zu kämpfen. 1037 waren Konrad und Heinrich – er mit seiner jungen Frau Gunhild, der Tochter Knuts des Großen, des Königs von Dänemark und England, der 1028 den norwegischen König Olaf den Heiligen geschlagen hatte – noch einmal in Italien, wo Konrad die Gesetze zugunsten der Valvassoren erließ.

Zur selben Zeit kam es zu Streitigkeiten mit Aribert, dem Erzbischof von Mailand; Konrad hatte Verdacht, der Mailänder förderte Unruhen, ließ ihn absetzen und gefangennehmen. Der Gefangene wußte allerdings seine Wachen zu täuschen – an seiner Stelle mußte sich ein Mönch unter seine Decke legen – und floh auf einem bereitgestellten Pferd nach Mailand. Dort organisierte er nun wirklich einen Widerstand gegen Konrad. Papst Benedikt IX. unterwarf sich selbstverständlich dem kaiserlichen Urteil; er exkommunizierte den Mailänder Erzbischof (1038). Daraufhin setzte Konrad, ohne eine Synode oder den Papst zu fragen, auch noch die Bischöfe von Cremona, Vercelli und Piacenza ab. Heinrich, sein Sohn, distanzierte sich deutlich von diesen Maßnahmen.

Auch nach Unteritalien zogen die Herrscher, besiegten Pandulf von Capua, der sich mit einem Normannen, Rainulf von Aversa, verbündet hatte. 1038 im Herbst waren Konrad und Heinrich in Burgund; in Solothurn wurde auch Heinrich von den versammelten

Großen als König anerkannt. Pfingsten 1039 feierten sie in Utrecht, Konrad ging mit seinem Sohn unter der Krone zur Messe. Mittags beim Essen wurde er plötzlich von heftigen Schmerzen ergriffen; er suchte sie zu verheimlichen, um die Freude des Festtages nicht zu stören. Am folgenden Morgen aber mußte er die Bischöfe rufen und sich Kreuz und Reliquien bringen lassen. Nachdem er das Abendmahl empfangen hatte, verabschiedete er sich von seiner Frau und seinem Sohn und starb noch am selben Tag.

Heinrich III. war einundzwanzig Jahre alt, als er seinem Vater auf den Thron folgte. Seine junge Frau, von der nur Freundliches berichtet wird, war kurz zuvor gestorben. Die Einsamkeit nach dem doppelten Verlust zu Beginn seiner Herrschaft prägte den König. Heinrich war von Geistlichen erzogen worden, Wipo hatte ihm Sprüche, Lebensregeln, übersandt. »Besser ist Weisheit als irdische Macht, besser ist, sich zu demütigen, als sich zu erhöhen.« Es scheint, als habe Heinrich diese Sprüche sehr ernst genommen. Von seinem Vater her, der darin Otto III. folgte, war Heinrich die Bindung an Rom vertraut. Die Bezeichnung *Romanum Imperium* setzte sich nun durch. Auf der Rückseite der ersten Kaiserbulle Konrads war Heinrich abgebildet mit der Unterschrift *Heinricus spes Imperii*, »Heinrich, die Hoffnung des Reiches«; auf der zweiten Kaiserbulle ist der Mauerring der *aurea Roma*, des »goldenen Roms«, dargestellt, dazu die Umschrift: *Roma caput mundi tenet orbis frena rotundi* (Rom, das Haupt der Welt, hält die Zügel des Erdkreises).

Ehe Heinrich III. diesen römischen Neigungen nachgehen konnte, mußte er in Deutschland Fuß fassen. Auf einem Umritt – er füllte das erste Regierungsjahr aus –, nahm er die Huldigungen der Stämme entgegen. Die nächsten Jahre brachten Auseinandersetzungen mit Bretislaw, dem Böhmen, und den ungarischen Herrschern; Heinrich schwankte, ob er in Ungarn Aba oder Peter unterstützen sollte. Nach einem Sieg an der Raab (1044) setzte er schließlich Peter zum König ein. Im Anschluß an die Schlacht, noch auf dem Kampffeld, gebot Heinrich allgemeinen Frieden.

Schon 1043 hatte Heinrich in Konstanz von der Kanzel herab eine Predigt gehalten und sich für den Frieden eingesetzt. Kurz zuvor, im Februar, war seine Mutter Gisela gestorben. Bei der Beisetzung hatte er sich ohne den königlichen Purpur, im Büßergewand, mit nackten Füßen und in Kreuzform ausgebreiteten Armen vor dem ganzen Volk auf die Erde geworfen; seine Tränen flossen auf den Boden, berichtet der Abt Bern von Reichenau; er sandte Heinrich danach zwei Bußpredigten: büßende Könige aus dem Alten Testament werden darin erwähnt, denen Gott seine besondere Gnade geschenkt hatte.

Den Ungarnfeldzug hatte Heinrich schon als heiliges Unternehmen erscheinen lassen. Auf seinen Wunsch hin exkommunizierte Papst Benedikt IX. den Ungarnkönig und schickte Heinrich eine Petrusfahne. Nach der Schlacht warf sich Heinrich barfuß vor einer Kreuzesreliquie nieder und verkündete eine allgemeine Amnestie, er verzieh seinen Feinden und forderte seine Ritter auf, auch ihren Gegnern zu vergeben. Anders als im französischen Gottesfrieden unterließ er es, eine gesetzliche Ordnung zu verkünden und beschwören zu lassen, sondern verlangte von seinen Getreuen, sich wie er, ihr König, zu verhalten. Die Stellung des Herrschers wurde wieder hervorgehoben, der in der Haltung des gekreuzigten Gottessohnes Buße tat und als erster seinen Feinden verzieh, ein Versuch, die alten Herrschervorstellungen aus ottonischer Zeit mit den neuen Friedensgedanken zu verbinden.

Die Salier

Otto I., der Große
Siehe Stammtafel
»DIE LIUDOLFINGER«

Konrad der Rote
Herzog von Lothringen
gef. 955
reg. 944—954 (abgesetzt)
∞ Liutgard
gest. 953
Hochz. 947

Otto
Graf vom Wormsfelde,
Herzog von Kärnten
reg. um 1002—1004

Hermann II.
Herzog von Schwaben und dem Elsaß
reg. 997—1003
∞ Gerberga
Tochter Konrads III., Königs von Burgund
siehe Stammtafel
»DIE KAROLINGER«

Heinrich
Graf von Speyer
∞ Adelheid von Metz
Tochter eines Herrn von Egisheim

Brun
hernach Gregor V.
Papst, vorher Bischof von Augsburg
972—999
Papst 996—999

Konrad I.
Herzog von Kärnten
reg. 1004—1011

Hermann III.
Herzog von Schwaben
reg. 1003—1012

1. Bruno
sächsischer Graf
gest. 1006

2. Ernst I.
Graf von Babenberg,
Herzog von Schwaben
reg. 1012—1015

3. **Konrad II.**
um 990—1039
König 1024—1039
Kaiserkrönung 1027

∞ Gisela
990—1043
2. Hochz. um 1007
3. Hochz. 1016

Konrad II., der Jüngere
Herzog von Kärnten
reg. 1035—1039

Ernst II.
(»Herzog Ernst«)
Herzog von Schwaben
1007—1030 gef.
reg. 1015—1027, 1028—1030

Hermann IV.
Herzog von Schwaben
um 1010—1038
reg. um 1030—1038

Heinrich III.
1017—1056
reg. 1039—1056
Kaiserkrönung 1047
∞ Agnes von Poitou
Tochter Wilhelms V., Herzogs von Aquitanien
um 1025—1077
Hochz. 1043

Konrad III.
Pfalzgraf in Lothringen,
Herzog von Kärnten
reg. 1057— um 1061

Rudolf
Graf von Rheinfelden,
Herzog von Schwaben
Herzog 1057—1080
Gegenkönig 1077—1080
∞ Mathilde
1045—1060
Hochz. 1059

Heinrich IV.
1050—1106
reg. 1056—1106
Kaiserkrönung 1084

∞ 1. Berta
Tochter Ottos, Grafen von Savoyen und Turin
gest. 1087
Hochz. 1066

∞ 2. Adelheid
(Eupraxia, Praxedis)
Tochter Wsewolods, Großfürsten von Kiew
nach 1067—1109
Hochz. 1089,
entflohen 1094

Friedrich
von Büren
gest. 1094
∞ Hildegard

Liutpold II.
Markgraf von Österreich
reg. 1075—1095

Konrad
1071—1101
Königskrönung 1087
1098 abgesetzt
∞ Konstanze
Tochter Rogers I., Grafen von Sizilien
Hochz. 1095

Heinrich V.
1081—1125
reg. 1106—1125
Kaiserkrönung 1111
∞ Mathilde
Tochter Heinrichs I., Königs von England,
hernach Gemahlin Gottfrieds von Plantagenet, Grafen von Anjou
1102—1167
1. Hochz. 1114

1. Friedrich I.
Ritter von Staufen,
Herzog von Schwaben
vor 1050—1105
reg. 1079—1105

∞ Agnes
gest. 1143
2. Hochz. 1106

Siehe Stammtafel
»DIE STAUFER«

2. Liutpold III.
Markgraf von Österreich
1073—1136
reg. 1096—1136

Liutpold IV.
Markgraf von Österreich,
Herzog von Bayern
gest. 1141
Markgraf 1136, Herzog 1139

Otto von Freising
Bischof von Freising
um 1114—1158
Bischof 1137

Heinrich II.
Jasomirgott
Herzog von Österreich und Bayern
1114—1177
Markgraf 1141, Herzog v. Ö. 1156
Herzog v. B. 1142

∞ 1. Gertrud
Tochter Kaiser Lothars III.,
vordem Gemahlin Heinrichs X., des Stolzen, Herzogs v. Bay.
um 1113—1143
2. Hochz. 1142
siehe Stammtafel
»DIE STAUFER«

∞ 2. Theodora
Nichte Manuels I. Komnenos, Kaisers von Byzanz
Hochz. 1148

Otto III. hatte sich durch apostelgleiche Mission und als Diener der römischen Apostel hervorgetan, Heinrich II. durch Schenkungen; nun zeichnete sich Heinrich III. durch Bußgesinnung und Friedensbereitschaft vor den anderen Menschen aus. Indem Heinrich III. aber die herrscherliche Initiative ergriff, verzichtete er – was ihm wohl kaum bewußt war – auf die Möglichkeit, in einem gemeinsam beschworenen Frieden Adlige und Geistliche auf neues Recht zu verpflichten. Sie blieben allein an die persönliche Autorität des Herrschers gebunden. Zweifelnde aber konnten sich gegen den König wenden, wie etwa Gottfried der Bärtige, der 1044/45 einen Krieg gegen ihn führte, als Heinrich nach dem Tod seines Vaters ihn nur mit Oberlothringen belehnte.

In Italien ordnete Heinrich III. bald die noch unklaren Verhältnisse; die Maßnahmen seines Vaters gegen den mailändischen Erzbischof Aribert hatte Heinrich ja nie gebilligt. Nun lud er ihn an seinen Hof, Aribert leistete Genugtuung und erhielt die erzbischöfliche Würde zurück. In Rom waren die Verhältnisse recht verworren. Der von den Tuskulanern eingesetzte Papst, Benedikt IX., war bei den reformerisch gesinnten Männern nicht gern gesehen. Sein Stadtregiment mag willkürlich und hart gewesen sein, besondere Vergehen sind uns aber nicht überliefert. Wie dem auch sei, 1044 kam es zu einem Aufstand, und andere Adelsfamilien riefen im Januar 1045 Silvester III. zum Papst aus. Der vertriebene Benedikt kehrte aber bald zurück; Silvester mußte sich wieder in sein altes Bistum begeben. Dann aber, und das war überraschend und unerhört, erklärte sich Benedikt bereit, auf die päpstliche Würde zu verzichten, wenn man ihn finanziell für alle Mühen entschädigte, die ihm aus seinem Amt erwachsen seien.

Die Reformer in Rom nutzten gern diese unerwartete Gelegenheit, einen ihrer Anhänger zum Papst zu wählen. Sie boten Benedikt tausend (oder zweitausend) Pfund Silber und erhoben Johannes Gratianus als Gregor VI. zum Papst, der als der frömmste aller römischen Priester galt. Das geschah am 1. Mai 1045. Im Oktober 1046 kam Heinrich III. nach Pavia und verbot auf einer Synode die Simonie. In Piacenza traf er mit Gregor VI. zusammen, der wohl ziemlich sicher gewesen war, vom König bestätigt zu werden, denn Heinrichs reformerische Gesinnungen waren bekannt. Doch Heinrich versagte Gregor die Anerkennung. Gregors Ansprüche wurden im Dezember 1046 von einer Synode in Sutri untersucht. Dort stellten die Geistlichen fest, daß weder Silvester noch Gregor ein Recht hätten, sich Papst zu nennen, der einzig legale Papst sei immer noch Benedikt IX., er, der sein Amt verkauft hatte. Ein paar Tage später, auf der Synode in Rom, wurde allerdings Benedikt IX. für unwürdig befunden und abgesetzt. Damit war der Stuhl Petri frei, und am 24. nahmen die Römer in Gegenwart des Kaisers eine Neuwahl vor. Sie fiel auf Bischof Suidger von Bamberg, Adalbert von Bremen hatte die Würde abgelehnt. Der neue Papst nannte sich Clemens II., und schon am 25. Dezember konnte er Heinrich zum Kaiser krönen. An der Wahl hatten außer den deutschen Bischöfen auch Abt Odilo von Cluny teilgenommen. Petrus Damiani, der Schüler Romualds, damals Abt von Fonte Avellana, billigte sie ausdrücklich.

Allerdings wurde auch Widerspruch laut gegen die Maßnahmen des deutschen Königs und römischen Kaisers. In einer Schrift *De ordinando pontifice* wurde Heinrich das Recht abgesprochen, Einfluß auf eine Papstwahl zu nehmen. Zur Stellung des Königs bemerkte der Autor kritisch: ein König nehme nicht den Platz Christi ein, mit Schwert und Blut habe er sein Amt erobert. Hier wurde nun die ganze Grundlage der ottonischen und salischen Herrschaft in Frage gezogen, die eben darauf beruhte, daß der siegreiche, huldvolle Herrscher sich von Gott gelenkt wußte und so Gottes Willen auf Erden am ehesten sichtbar werden ließ.

Von diesen neuen Strömungen nahm Heinrich III. kaum Notiz. In Rom empfing er den goldenen Stirnreifen, die Würde eines *Patricius*, und damit das Recht, bei der Papstwahl entscheidend mitzustimmen. Nach der Krönung zog er in den Süden. In Monte Cassino belehnte er Waimar von Salerno und Pandulf von Capua mit ihren Herrschaften, die bereits normannische Lehnsleute hatten. Als Heinrich schon wieder in Deutschland war, starb Clemens II. Die römischen Gesandten erbaten sich Poppo von Brixen als Nachfolger, der als Damasus II. Petri Stuhl bestieg.

Nach dessen kurzem Pontifikat erhob Heinrich seinen Verwandten, Bischof Brun von Toul, zum Bischof der römischen Kirche. Mit Leo IX. kamen Männer nach Rom, die mehr oder weniger ausdrücklich neuen Reformbewegungen anhingen. Aus Lüttich stammte der Archidiakon Friedrich, ein Bruder Gottfried des Bärtigen. Auf dem Zuge nach Rom trafen Leos Leute auf Hildebrand, einen Mönch, der mit Gregor VI. in die Verbannung nach Deutschland gegangen war und jetzt in Rom zum Subdiakon geweiht wurde. Aus Remiremont kam Hugo Candidus, aus Moyenmoutier Humbert, den Leo zum Bischof von Silva Candida ernannte. Humbert war überragend gebildet. Bald wirkte er als Dogmatiker, bald als Jurist und Diplomat oder als Verwaltungsbeamter. Unbedingtheit, bei einer gewissen Starre, zeichnete ihn aus.

Humbert konnte nichts realistisch, nichts konkret genug sein. Im Streit mit Berengar von Tours über dessen symbolistische Auffassung des Abendmahls formulierte er Sätze wie: »Brot und Wein sind nicht nur Sakramente, sondern auch wahrer Leib und wahres Blut des Herrn. Sie werden nicht nur im Sakrament von den Händen der Priester berührt, sondern der Leib des Herrn wird in Wahrheit zerbrochen und von den Zähnen der Gläubigen zermalmt.« Ebenso anschaulich stellte er sich die Herrschaft des Teufels vor: er regiere über Menschen, er ergreife auch Besitz von den Kirchengütern, die ihren geistlichen Zwecken entfremdet würden; dann verließe sie der Heilige Geist, und »ein unreiner Geist streift durch dieses Land, um es zu beflecken«. Gott selbst könne aber auch im Herzen der Gläubigen wohnen. Er treibe sie zu Handlungen der Liebe. »In den engelhaften Schoß der Freiheit« aufgenommen, seien sie mit Christus zu einer Einheit verschmolzen, so daß sie Gott gleich geworden seien, »durch Gnade, nicht durch Natur«. Aber »wenn von den Herzen der Menschen das Fundament, das Christus ist, der sich immer auf den Heiligen Geist stützt, genommen wird, ist sicher, daß das verlassene und von Grund auf zerstörte Haus von Gott gemieden wird und daß eine Höhle der Räuber entsteht, welche das Haus bald mit ihrem Spiel verschachern«.

Dies Fundament »Christus« gehe vor allem denjenigen verloren, die vom rechten Glauben abweichen, den Häretikern: »Was ein Katholik, auch wenn er schlecht ist, an Gutem tut, ist ohne Zweifel gut, denn er hat ja den Glauben, ohne den nichts Gutes besteht. Was ein Häretiker aber, auch wenn er sich gerecht zu verhalten scheint, an Gutem zu tun scheint, ist zweifellos schlecht, denn ihm fehlt der rechte Glaube, und alles, was er tut, ist Sünde.« Und so ist nach Humbert »ein katholischer Verbrecher Gott lieber und auch für die Menschen erträglicher als ein gerechter Häretiker – falls man solch einen Menschen überhaupt gerecht nennen kann«.

Humbert selbst hatte keinen Zweifel, wo der rechte Glaube lag: die katholische Kirche wurde »durch Petrus und Paulus in Rom erbaut... Petrus trägt vor allem das ganze Gewicht des christlichen Baues... Er hebt alle Glieder Christi auf seinem unbeugsamen Nacken zum Himmel empor«. Von dieser Überzeugung durchdrungen, predigte Humbert neuen Respekt vor dem Nachfolger Petri, das hieß vor der römischen Kirche, die, wie wir sahen, Ende des 10., Anfang des 11. Jahrhunderts kaum geachtet war.

Realistisch sah Humbert auch das Sakrament der Priesterweihe. Der Priester empfinge den Heiligen Geist, als ob er in ihn einströme, und nur dann sei er fähig, gültige Sakramente zu spenden. Das hob ihn über alle anderen Christen hinaus. Kein Häretiker aber könne den Heiligen Geist annehmen; denn »wenn Häretiker und die übrigen Ungläubigen den Heiligen Geist der Wahrheit annehmen könnten, dann kann man nur sagen, daß entweder die Katholiken ihn nicht besitzen oder daß sie sich nicht von Häretikern unterscheiden«. Nun konnte es aber geschehen, daß ein Laie nicht zu sagen wußte, ob sein Priester wirklich vom Heiligen Geist erfüllt war. Er konnte also, ohne es zu ahnen, die Zugehörigkeit zur Kirche verlieren, weil er einem Priester vertraute, der von einem Häretiker geweiht war. Humbert selbst stellt die Frage: »Viele und große Gruppen einfacher Leute sind auf der Suche nach der Wahrheit ohne ihr Wissen von den Häretikern falsch geführt worden. Wir sind zwar überzeugt davon, daß es gerecht zugeht, wenn diese Menschen zugrunde gehen, aber zu begreifen vermögen wir diese Gerechtigkeit nicht.«

Wenn Humbert von Häretikern spricht, denkt er in erster Linie an Simonisten, an die Geistlichen, die die Würde ihres Amtes durch Geschenke erkauften. Bei einem von einem simonistischen Priester gespendeten Abendmahl verwandelte sich im Magen »das Brot zu Schlangengalle« oder der »Trank des Lebens zu einem Becher voll Gift«. Bei Simonisten seien »Bischöfe, Priester und Kleriker, Kirchen, Ordinationen und Konsekrationen, Sakramente nur Name und Schein, sie besitzen weder Kraft noch Wahrheit. Ihr Segen ist ein Fluch«.

Nun hatte man aber gerade in Sutri festgestellt, daß Papst Gregor VI. ein Simonist war, daß möglicherweise die vorhergehenden Päpste auch Simonisten gewesen sind. Schon auf der ersten Synode Leos IX. in Rom (April 1049) trug Humbert seine Ansicht über die Wirksamkeit simonistischer Weihen vor. In Übereinstimmung mit ihm wollte Leo IX. alle von Simonisten erteilten Weihen für ungültig erklären. Eine Folge davon wären »Reordinationen« gewesen, also Wiederholungen der Weihen. Als Leos Plan bekannt wurde, erhob sich ein Sturm der Entrüstung. Die Kirchen würden verwaisen, das Volk müßte des Gottesdienstes und der Sakramente entbehren. Es gab, so sagte man, in Rom damals wohl überhaupt keinen Priester, der nicht von einem Simonisten geweiht war. Der erschrockene Papst begnügte sich damit, eine vierzigtägige Buße zu fordern.

Die Radikalität von Humberts Lehre zwang zu weiteren Überlegungen. Petrus Damiani etwa untersuchte, ob denn die Simonisten wohl im strengen Sinne Häretiker seien. Humbert selbst faßte seine Meinung später in einem Werk zusammen, dem man den Titel »Wider die Simonisten« gab *(Adversus Simoniacos)*. In dieser Schrift entwickelte er eine ganze Kirchenlehre. Innerhalb der Kirche komme dem Priester eine hervorragende Stellung zu, da er auf besondere Weise des Heiligen Geistes teilhaftig sei. Was bedeuteten daneben die Könige? Mit Verachtung spricht Humbert von den Ottonen als von neu Bekehrten. »Wer die priesterliche und königliche Würde richtig und nützlich miteinander vergleichen will, der sage, daß das Priestertum in der gegenwärtigen Kirche der Seele gleiche, das Reich aber dem Körper.« Die Kaiser in Ost und West vergleicht Humbert mit den Armen des Nachfolgers Petri; sie hätten auszuführen, was der Papst von ihnen verlange. Bei seinen Folgerungen stützte er sich auf die pseudo-isidorischen Dekretalen, jener Sammlung gefälschter Papstprivilegien aus dem 9. Jahrhundert.

Als Konsequenz seiner Lehre forderte Humbert die freie kanonische Wahl; Freiheit verstand er aber nicht im Sinne der modernen Demokratie, sondern der »engelhaften Freiheit«, die den gläubigen Christen auszeichnete. Wie in ottonischer Zeit sollte der Kandidat Gottes die Würde erhalten, aber nicht nach der Entscheidung des Königs, sondern durch die Wahl der Priester, denn nach der Weihe war er ja vom Heiligen Geist geleitet. Der Klerus solle den Kandidaten wählen, der Metropolit ihn prüfen. Dem König blieb dann nur das Recht der Zustimmung, Volk und Adel das Recht zu einer Bitte. Hinzu kam die Frage der Investitur. Es war üblich geworden, daß der König durch Ring oder durch Ring und Stab den Bischof in sein Amt einwies. Gegen diese »Laieninvestitur« wendete sich Humbert aus zwei Gründen: in der Investitur werde ein Teil der Weihe vollzogen, die aber, als ein Sakrament, unmöglich vom König, der nur Laie sei, vorgenommen werden könne. Zum anderen: wenn die Herrscher das Investiturrecht besäßen, könnten sie ohne Wahl einen ihnen genehmen Mann einsetzen.

Die Synode in Rom 1049 war wohl als ein abendländisches Reformkonzil gedacht, doch erschienen aus Deutschland, Burgund und Frankreich nur wenige Geistliche. So beschloß Leo IX. gegen alle Tradition, selbst in diese Länder zu ziehen. Noch im selben Jahr kam Leo nach Reims und weihte dort die Kirche des heiligen Remigius, der als Apostel der Franken galt. Die meisten Bischöfe Frankreichs allerdings mieden den Ort. Sie mag der Gedanke, der Papst werde auch in Frankreich alle simonistischen Weihen für ungültig erklären, mißtrauisch gemacht haben.

Von Reims aus zog Leo IX. nach Mainz, wo er die Unterstützung des deutschen Kaisers fand; vierzig Bischöfe und Erzbischöfe waren erschienen. Doch wieder blieben die Beschlüsse vorsichtig, das Zölibat wurde eingeschärft, die Priesterehe aber nicht mit Strafe bedroht. Der Erzbischof von Bremen verstand die Beschlüsse auf eigene Weise; er gab zu Hause bekannt, verheiratete Priester sollten in Zukunft außerhalb der Stadt wohnen. Nach diesen begrenzten Erfolgen kehrte Leo nach Italien zurück.

In Süditalien machten sich die Ausdehnungstendenzen der Normannen bemerkbar. Humfried, ein anderer Sohn Tancreds von Hauteville, war zum Herrn von Salerno gewählt worden, sein Bruder, Robert Guiscard, führte Krieg in Kalabrien, Normannen überzogen das als päpstlich geltende Gebiet von Benevent mit Krieg. Auch die Griechen litten unter den normannischen Feldzügen und suchten über den Papst Beziehungen zu Kaiser

Heinrich III. Leo war bereit zu vermitteln. Im Spätsommer 1052 zog er wieder über die Alpen, um dem Kaiser bei dessen Auseinandersetzungen mit den Ungarn Hilfe zu leisten.

Nun begann Leo für seinen Normannenfeldzug zu werben. Der Kaiser gedachte zuerst mitzuziehen, ließ sich dann aber durch seinen Kanzler, Bischof Gebhard von Eichstätt, davon abbringen. Leo betrieb die Vorbereitungen allein weiter. Er versprach den Rittern, die ihm folgten, Erlaß von Bußstrafen und Absolution von den Sünden, verkündete also das, was man später einen Kreuzzugsablaß nannte. In Deutschland wunderte man sich über diese Propaganda; als der Papst später eine Niederlage erlitt, sah man darin eine göttliche Strafe.

Leo selbst hat sich wohl bei seinem kriegerischen Unternehmen nicht ganz sicher gefühlt. In einem Brief an den byzantinischen Kaiser Konstantin IX. Monomachos läßt er behaupten – der Brief stammt wahrscheinlich von Humbert –, er habe eigentlich nicht Krieg führen wollen, sondern nur die Normannen durch seine »militärische Begleitung« zu schrecken und zum Guten zu bekehren beabsichtigt; das Argument klingt nicht recht überzeugend. Dann gab Leo sich Mühe, klarzumachen, daß die Normannen im Grunde keine Christen seien. In mehr als heidnischer Gottlosigkeit hätten sie gegen Kirchen gewütet, schreibt Leo, Christen erschlagen und nichts Heiliges geachtet; er werde nicht davon abstehen, die Christenheit zu befreien *(liberanda christianitas)*. Nach dem Kampf erkannte der Papst den Tod der gefallenen Deutschen als christliches Martyrium an und ließ erschlagene Ritter als Heilige verehren.

Papst Leo verkündete also, ein Krieg sei statthaft und von der Kirche zu fördern, wenn durch ihn Christen, die unter heidnischer Herrschaft litten, »befreit« werden könnten. Das war eine neue Aufgabe, nicht nur für Herrscher, sondern ebenso für den einfachen Ritter. Die Frage, was den Papst zu diesem Schritt veranlaßte, muß offenbleiben, bis wir Hildebrand, den späteren Papst Gregor VII., näher kennenlernen.

Dieser von Leo vorbereitete Krieg war nicht vom Glück begünstigt. Im Juni 1053 marschierte der Papst von Benevent nach Apulien. In der Nähe von Civitate stieß sein Heer auf die Normannen. Von den Mauern der Stadt aus mußte Leo zusehen, wie seine Truppen aufgerieben wurden. Dann fiel die Bevölkerung der Stadt über den Papst her, plünderte sein Gepäck und lieferte ihn den Gegnern aus. Den Normannen selbst war dieser Krieg gegen den Nachfolger Petri und gegen die Heiligen Roms recht wenig sympathisch. Sie hätten ihn lieber vermieden, wenn Leo nur bereit gewesen wäre, ihre Eroberungen anzuerkennen. Den gefangenen Papst behandelten sie mit großem Respekt, geleiteten ihn nach Benevent und hielten ihn dort unter Bewachung. Acht Monate lang blieb er in ihren Händen. In dieser Situation wandte Leo sich aufs neue an den byzantinischen Kaiser.

Die Beziehungen zu Byzanz waren seit Jahren gespannt. Große Teile Süditaliens, Apulien, Kalabrien, gehörten immer noch zum Oströmischen Reich. Auch die Kirchen dieser Provinzen hatten sich dem Patriarchen von Konstantinopel untergeordnet. Aber die Normannen in Süditalien wandten sich in religiösen Fragen, wie sie es von Frankreich her gewohnt waren, an den Papst in Rom, der vor den Kämpfen zu ihnen gute Beziehungen gehabt hatte. In Süditalien waren Synoden abgehalten worden; schließlich hatte Leo 1050 Humbert von Silva Candida zum Erzbischof von Sizilien ernannt. Das war ein besonders

Heinrich III.
Vorderseite eines stark vergrößerten Denars aus Minden mit dem Bildnis des Kaisers
Ehemals Berlin, Geldmuseum der Deutschen Reichsbank

Predigender Reformer
Miniatur in einer Exultat-Rolle. Handschrift der Schule des Klosters Monte Cassino, 11. Jahrhundert
London, British Museum

unfreundlicher Akt, denn Sizilien – wenn auch augenblicklich fest in arabischer Hand – gehörte zum byzantinischen Bereich. Der Papst zeigte nur, daß er nicht daran dachte, das Gebiet, das die Normannen möglicherweise einmal von den Sarazenen befreien würden, dem Einfluß des Patriarchen in Konstantinopel zu überlassen.

Auf diese Herausforderung des Papstes hin ordnete Patriarch Michael Kerullarios an, daß die Kirchen der Lateiner in Konstantinopel zu schließen seien, und veranlaßte den Erzbischof der Bulgaren zu einem offenen Brief an einen süditalienischen Geistlichen. Darin war zusammengefaßt, in welchen Punkten Rom von der alten Kirche abwiche: in Rom werde in der Fastenzeit nicht das Halleluja gesungen, werde das Abendmahl mit ungesäuertem Brot gefeiert, in Rom lehre der Papst, daß der Heilige Geist auch vom Sohn (*filioque*) ausgehe. Diese Streitschrift geriet in die Hände Humberts, der sie übersetzte, dem Papst vorlegte und sogleich eine Gegenschrift verfaßte. Sie war so heftig, wie man es bei Humberts Charakter nur erwarten konnte. »Anmaßung, Frechheit, Unverschämtheit« warf er den Griechen vor und rechnete ihnen alle Ketzereien vor, die in ihrem Land geduldet würden. So war die Situation, als Leo in Benevent gefangen saß. Trotzdem erklärte er sich noch einmal bereit, mit den Byzantinern zu verhandeln, und betraute Humbert und Friedrich von Lothringen, den Kanzler der Kirche, mit der Mission; sie wurden von Erzbischof Peter von Amalfi begleitet.

Nach kurzen Auseinandersetzungen in Byzanz legten Humbert und seine Begleiter am 16. Juli 1054, morgens vor der Messe, eine Urkunde auf dem Altar der Hagia Sophia, der Kirche der heiligen Sophia, nieder, die päpstliche Bannbulle: im Namen des Papstes seien der Patriarch und seine Anhänger exkommuniziert. Alle Unterschiede zwischen dem rechtgläubigen Rom und der abtrünnigen griechischen Kirche wurden im einzelnen aufgezählt. Nun stellten sich die gesamten Gläubigen des Ostens hinter Michael Kerullarios, denn die Ostkirche selbst, nicht der Patriarch allein, war hier exkommuniziert – ein Werk Humberts von Silva Candida.

Den Abbruch der Verhandlungen in Byzanz hat Leo IX. nicht mehr erlebt. Die Normannen ließen ihn zwar nach Capua ziehen; dort verschlimmerte sich aber seine Krankheit. Auf einer Sänfte trugen ihn seine Leute nach Rom; er starb dort am 19. April 1054 bei der Gruft des heiligen Petrus.

Nach dem Tode Leos geleitete der Subdiakon Hildebrand eine römische Gesandtschaft zum Kaiser. Heinrich III. schlug wieder einen deutschen Bischof zum Papst vor: seinen Kanzler Gebhard von Eichstätt, er nannte sich Viktor II. Auch in Mittelitalien veränderte sich die territoriale Struktur. Das Herzogtum Spoleto und die Mark Fermo überließ der Kaiser dem Papst. Nördlich davon herrschte Beatrix mit ihrer Tochter Mathilde. Beatrix heiratete ohne Wissen des Kaisers Gottfried den Bärtigen, den lothringischen Gegner des Kaisers. Wegen dieser Verbindung zog Heinrich 1055 zum zweitenmal nach Italien. In Florenz hielt er mit dem Papst und einhundertzwanzig Bischöfen eine Synode ab, auf dem Geistliche wegen Simonie oder Übertretung des Zölibats zur Rechenschaft gezogen wurden. Von dort aus wandten sich Kaiser und Papst nach Mittelitalien; Gottfried der Bärtige floh, seine Frau und Stieftochter wurden gefangengenommen und nach Deutschland geschickt. Heinrich suchte nun seinerseits engere Beziehungen zu Italien zu knüpfen.

Er verlobte seinen fünfjährigen Sohn mit Berta, einer Tochter des Grafen von Turin. Ehe er aber mit den Normannen ein Abkommen treffen konnte, mußte er nach Deutschland zurück, in Bayern und Kärnten waren Aufstände ausgebrochen. Da Heinrichs Gegner starben, kam es nicht zu ernsthaften Auseinandersetzungen, wenn es auch in Deutschland weiter unruhig blieb. Die Verhältnisse hatten sich noch nicht geklärt, als Heinrich III. am 5. Oktober 1056 neununddreißigjährig starb. An seinem Sterbebett fand sich der Papst ein; ihm vertraute Heinrich seinen Sohn und das Reich an. Er wurde in Speyer beigesetzt.

Neue Herrschaftsformen in normannischen Reichen und in Deutschland Gregor VII.

Nach dem Tod Heinrichs III. drängten die Reformer in Rom auf klare Positionen. Papst Viktor II. versöhnte sich sofort mit Gottfried dem Bärtigen. Nach seinem Tod wurde Gottfrieds Bruder Friedrich – er hatte einst vor Heinrich III. in Monte Cassino Zuflucht suchen müssen – als Stephan IX. zum Papst gewählt. Nachträglich holten sich die Römer die Zustimmung der Kaiserin Agnes, die in Deutschland an Stelle ihres jungen Sohnes Heinrich die Regierung führte. Doch Stephan starb unerwartet. Auf seinen Wunsch sollte bis zur Rückkehr Hildebrands, der gerade mit der Kaiserin Agnes verhandelte, mit der Neuwahl gewartet werden. Römische Adlige, die sich von den Reformern zurückgesetzt fühlten, nutzten die Gelegenheit und stellten einen ihnen genehmen Kandidaten auf. Doch die Kardinäle wählten auf Bitten Gottfrieds des Bärtigen und mit Unterstützung des schließlich eingetroffenen Hildebrand Bischof Gerhard von Florenz zum Papst, er nannte sich Nikolaus II.

An der Wahl – sie fand nicht in Rom statt, das Volk von Rom hatte sich ja für den Gegenpapst entschieden – beteiligten sich in erster Linie die Kardinäle, Bischöfe, Priester und Diakone, die in Rom oder in seiner Nachbarschaft ihren Sitz hatten und sich als eigenes Kollegium zusammenfanden. Als Nikolaus II. mit Hilfe Gottfrieds des Bärtigen und eines toskanischen Heeres in Rom eingezogen und Benedikt X. aus der Stadt vertrieben war, wurde auf einer Synode 1059 festgelegt, daß die Papstwahl in Zukunft eine Wahl der Kardinäle sein sollte. Die entscheidenden Stimmen sollten die Kardinalbischöfe haben, nach ihnen sollten die anderen Kardinäle wählen, zum Schluß Klerus und Volk. Dieses Papstwahldekret rechtfertigte nachträglich Nikolaus' Ernennung, zugleich war es Ausdruck von Humberts Überzeugung: die Entscheidung kam den Männern zu, die durch ihre Weihen als Geistliche aus der Schar der übrigen Christen herausgehoben waren. Der Einfluß des Kaisers wurde nicht definiert, wenn auch ein – allerdings vager – Vorbehalt zugunsten Heinrichs IV. erwähnt wurde.

Zur Zeit Nikolaus' II. verbreiteten sich nun die Reformforderungen auch im Volk. In Mailand, dessen reich gewordene Handwerker und Kaufleute vom Adel und der adligen Geistlichkeit nicht respektiert wurden, hatten sich einige Adlige, der Diakon Ariald, der

Subdiakon Landulf mit den aufstrebenden Bürgern verbündet und suchten gemeinsam die strengen Forderungen der »Pataria« – so nannte man die Bewegung – durchzusetzen. Sie griffen vor allem verheiratete Priester an. Die Folge waren Überfälle, Mißhandlungen, erzwungene Verpflichtungen zur Ehelosigkeit. Der Erzbischof Wido wandte sich klagend an den deutschen Hof, ohne Erfolg, und an den Papst – damals noch Stephan IX.; er wollte die Frage vor eine Synode bringen. Nach dessen Tod erschienen die Führer des Aufstandes vor Nikolaus II. und klagten ihrerseits gegen den Erzbischof Wido.

Nikolaus II. schlug auch gegenüber den Normannen eine neue Politik ein. Er nahm, wahrscheinlich auf Vermittlung Hildebrands, Verbindung mit ihnen auf, zog selbst nach Unteritalien und empfing die Huldigung Richards von Aversa und Robert Guiscards, die Vasallen des Papstes wurden und ihre Länder von ihm zu Lehen erhielten. Der Hof der Kaiserin reagierte empfindlich und scharf: 1060 wurde ein päpstlicher Legat nicht vorgelassen, die Maßnahmen Nikolaus' II. wurden für nichtig erklärt. Da aber der Papst schon 1061 starb, blieb die Reaktion der Deutschen ohne unmittelbare Folgen.

Nach dem Tod Nikolaus' II. – Humbert war ebenfalls gestorben – wurde Hildebrand das Haupt der Reformer. Er hatte in den letzten Jahren als Archidiakon die Verwaltung des Patrimoniums Petri innegehabt, ihm waren auch Truppen unterstellt gewesen. Nun rief er zu seiner Unterstützung Richard von Capua nach Rom, und die Reformer wählten unter dem Schutz seiner Normannen Bischof Anselm von Lucca als Alexander II. zum Papst. Alexander hatte als Mailänder mit der Pataria Verbindung gehalten. Doch die Römer waren nicht gewillt, sich noch einmal den Reformern zu unterwerfen, sondern schickten an Heinrich IV. eine Gesandtschaft und erbaten von ihm einen neuen Papst. Auf einer Synode in Basel – auch lombardische Bischöfe waren anwesend – wurde Cadalus von Parma, Honorius II., von den Deutschen zum Papst ausersehen. Damit war ein Schisma ausgebrochen und das Werk der Reformer in einen ernsten Gegensatz zum deutschen Königshof geraten.

In Deutschland lenkte Kaiserin Agnes mit Unterstützung Bischof Heinrichs von Augsburg eigenwillig das Reich. 1061 hatte sie einem sächsischen Grafen, Otto von Northeim, das Herzogtum Bayern zu Lehen gegeben, kurz darauf Schwaben an Rudolf von Rheinfelden und Kärnten an Berthold von Zähringen; diese Männer, fraglos begabt und geschickt, wurden später die erbittertsten Feinde ihres Sohnes. Schon im nächsten Jahr entzogen sie der Kaiserin ihre Unterstützung, als sich der Kölner, Bremer und Mainzer Erzbischof gegen Agnes wandten. Im April 1062 sollte ihr Sohn, der junge König Heinrich, in Kaiserswerth ein Schiff besichtigen; da sorgten die rheinischen Erzbischöfe dafür, daß das nichtsahnende Kind auf dem unerwartet abfahrenden Schiff in ihre Hände geriet. Sie bildeten ohne Agnes einen Regentschaftsrat, in dem zunächst der Kölner Erzbischof Anno, dann Adalbert, der Erzbischof von Bremen, die entscheidende Stimme hatte. Kaum war Agnes' Herrschaft beseitigt, gingen alle zu den Reformern über. Agnes selber, streng und fromm, suchte die Freundschaft von Petrus Damiani und geriet bald unter den Einfluß von Hildebrand. Auf Betreiben Annos von Köln verlor in den nächsten Jahren der vom deutschen Hof ernannte Cadalus seine Macht und seine Stellung. Schließlich wurde Alexander II. von der gesamten Christenheit als rechtmäßiger Papst anerkannt.

Unter Alexander II. wuchs der Einfluß Hildebrands von Jahr zu Jahr. Er unterstützte in Mailand die Reformer; auf seine Veranlassung wurde einem Ritter Erlembald die Petersfahne verliehen und so der Kampf gegen die nicht reformwilligen Geistlichen gesegnet.

Auch ein neues Bündnis mit Normannen wurde von Hildebrand befürwortet: aus Nordfrankreich traf eine Gesandtschaft des normannischen Herzogs Wilhelm ein. Wilhelm sei von dem letzten englischen König Eduard als Nachfolger eingesetzt worden, nach dessen Tod hätten jedoch die angelsächischen Großen den Grafen Harald zum König gewählt, der selbst einst dem normannischen Herzog Treue geschworen hatte. Der Papst solle Wilhelm die Rechte auf das Königreich England bestätigen und ihm für den Feldzug gegen Harald eine geweihte Fahne senden. Papst und Kardinäle zögerten, bei einem Krieg zwischen christlichen Fürsten Partei zu ergreifen. Als aber Wilhelm versprechen ließ, für England den Peterspfennig zu zahlen, drängte Hildebrand energisch darauf, dem Wunsch des Fürsten zu entsprechen. So führte Wilhelm 1066 in der Schlacht bei Hastings eine Petersfahne und eroberte mit Unterstützung und Segen des Papstes das englische Königreich.

In England ließ Wilhelm die alten Rechtsformen bestehen. Aber die Anwesenheit der Normannen brachte doch bald Änderungen mit sich. Nun waren die Angelsachsen angehalten, vor Gericht im Zweikampf die Rechtmäßigkeit ihrer Ansprüche zu beweisen. Die Normannen bezogen jede Herrschaft auch unmittelbarer auf ihren König. Alle Untertanen, auch die Aftervasallen, die Vasallen von Lehnsinhabern, waren mit ihm durch einen Treueid verbunden. Die ihm unterstellten Lehnsträger hatten, wollten sie heiraten, einen Ehekonsens einzuholen; auch den Bau von Burgen, die im allgemeinen königlich blieben, mußte der Herrscher genehmigen. Schließlich ließ Wilhelm den Bestand des ganzen Landes durch königliche Beauftragte aufnehmen, Besitz, arbeitende Menschen und Abgaben. Was diese »Inquisition« erbrachte, ließ Wilhelm im »Domesday book« eintragen. Auch die besonderen Rechte der Geistlichkeit wurden neu festgelegt.

In Süditalien war inzwischen der jüngste der Söhne Tancreds von Hauteville eingetroffen, Roger. Da er bei seinem Bruder Robert Guiscard nur wenig Unterstützung fand, begann Roger als gemeiner Pferdedieb. Auch später, als er sich schon den Grafentitel zugelegt hatte, gab es immer wieder Spannungen zwischen den beiden Brüdern, 1062 etwa führten sie gegeneinander Krieg. Gleichzeitig bemühte sich Robert Guiscard, die Stadt Gerace zu erobern. Sie war aber mit Gewalt nicht zu nehmen; so ließ er sich von einem Bekannten zum Frühstück laden und gedachte die Bürger mit List zu täuschen. Unter einer Kapuze versteckt, schlich er durch die Straßen, wurde aber noch beim Frühstück entdeckt. Sein Gastgeber floh in die Kirche, seine Frau wurde nach Mißhandlungen umgebracht, Robert selbst gefangen. In ihrer Not wandten sich Roberts Ritter an dessen feindlichen Bruder Roger. Er kam und erklärte den Bürgern der Stadt: »Ich lag mit meinem Bruder in Streit, und ihr habt ihn für mich gefangen. Mein Zorn ist so groß, daß ich nicht zulassen will, daß mein Bruder von fremden Menschen getötet wird, ich selbst will ihn töten.« Sollten die Bürger sich weigern, Robert Guiscard herauszugeben, würde er Gärten und Weinberge der Stadt zerstören und an ihnen vollziehen, was er seinem Bruder zugedacht habe.

Schiffe der normannischen Flotte vor der Landung in Pevensey/East Sussex
Aus dem mehrfarbig gestickten Wollteppich von Bayeux, Ende 11. Jahrhundert
Bayeux, Kathedrale

Erhaltener Teil vom Schloß Rogers I. in Paternò auf Sizilien, um 1073

Die Bürger ließen sich überreden. Robert Guiscard mußte schwören, nie eine Festung in der Stadt anzulegen, dann durfte er zu seinem Bruder zurückkehren. Die Brüder versöhnten sich feierlich, wenigstens für ein paar Monate; Roger aber baute sofort ein Kastell in der Stadt. Als die Bürger Einspruch erhoben, sein Bruder hätte doch versprochen, die Stadt ohne Befestigungen zu lassen, antwortete er: »Das mag wohl sein, aber ich bin ja auch nicht mein Bruder.« Da mußten die Bürger den Schaden »ihrer eigenen Dummheit zuschreiben«, wie der normannische Chronist Gaufried Malaterra berichtet.

In jenen Jahren begann Roger die Eroberung der Insel Sizilien. 1063 schlug er die Sarazenen bei Cerami vernichtend. Als »Heidenkrieg« war der Kampf religiös begründet. Roger I. ging es aber nicht, wie Leo IX., darum, die Christenheit zu befreien, sondern er hielt – so erzählt wenigstens Gaufried – die Heiden für Rebellen gegen Gott; sie erkennten voll Undankbarkeit in Gott nicht ihren Schöpfer. Die Heiden waren also im Unrecht und die Normannen »Rächer des Unrechts«, so hatten sie schon in früheren Jahrhunderten das Recht verstanden. Auf Sizilien aber umkleideten sie den Kampf mit religiösen Formen. Vor der Schlacht bekannten sie ihre Sünden und empfingen von Priestern die Absolution. Auch um Unterstützung des Papstes sorgte sich Roger, er sandte Alexander vier den Sarazenen abgenommene Kamele, und der Papst überließ ihm eine geweihte Petersfahne. Während Roger auf Sizilien kämpfte, nahm Robert Guiscard 1071 die letzte große griechische Festung auf dem Festland: Bari. Dann half er seinem Bruder auf der Insel. Wohl noch im selben Jahr gelang es den Normannen, Palermo zu erobern.

Der junge König Heinrich IV. wuchs in jenen Jahren bei Anno von Köln, dann bei Adalbert von Bremen auf. Zu Annos herrischer Art fand er kein rechtes Verhältnis, hingegen beeinflußte Adalbert ihn spürbar. Adalbert, aus dem Geschlecht der sächsischen Pfalzgrafen, war von schöner Gestalt, eine imposante Erscheinung. Er verbreitete eine Atmosphäre von Großzügigkeit, gern schenkte er nach allen Seiten, oft ungefragt, am liebsten an Männer seines Vertrauens: an Ärzte, Schauspieler, auch Personen niederen Standes. Er kümmerte sich nachhaltig auch um Arme und Bettler, oft wusch er, ehe er sich zur Ruhe legte, kniend mehr als dreißig Bettlern die Füße.

Adalbert liebte Geselligkeit. Wenn er lag, ließ er sich Fabeln erzählen oder Träume berichten. Bei Tisch schätzte er amüsante Erzählungen, historische Berichte oder seltene philosophische Sentenzen. Besonders gut verstand Adalbert sich mit den Ärzten. Adam von Bremen, ein Bamberger, berichtet: Ärzte allein regierten ihn. Wenn sie bei ihm waren, dann sei es kaum möglich gewesen, zu ihm vorzudringen; selbst Gesandte und hohe Würdenträger müßten dann länger als eine Woche warten.

Die Männer aus Adalberts Umgebung – auch Astrologen gehörten dazu – zeichneten sich durch historisches und »naturwissenschaftliches« Interesse aus. Adalbert selbst ließ Gärten, sogar Weinberge, in seiner Diözese anlegen; diese Neigungen teilte er mit normannischen Herrschern. Mit dem Weinbau hatte er freilich wenig Glück: Trauben wollten im Norden nicht gedeihen. »Gegen die Natur seines Vaterlandes« habe nach Adams Meinung der Bremer Erzbischof gehandelt.

Wie die Normannen sorgte Adalbert dafür, daß in seinem Gebiet Burgen gebaut wurden. Sein Biograph klagt: aller Eifer, der früher der Errichtung heiliger Kongregationen gegolten habe, würde auf diese Bauten verschwendet. Mit den Festungen suchte Adalbert weniger den Schutz gegen die Heiden; sondern er wollte mit ihnen das eigene Land beherrschen und Frieden wahren. Das führte notwendigerweise zu Spannungen mit dem selbständigen Adel, dem Adalbert auch sonst nicht wohlgesonnen war, teils, weil er gern spottete – dem einen Herrn warf er übermäßigen Luxus vor, dem zweiten Geiz, den dritten beschuldigte er, nicht immer treu zu sein, den vierten hielt er für dumm –, teils, weil die Sitten in diesen nördlichen Landen ihm zu bäurisch waren. Im Zorn sagte er einmal, seine Leute kennten nur einen Gott: ihren Bauch.

Adam von Bremen – er teilte das geographische Interesse seines Herrn, seine Chronik enthält eine ausführliche Beschreibung Skandinaviens – berichtet ausführlich, hin und wieder tadelnd, von seinem Erzbischof. Adalbert war sehr von sich überzeugt, die ihm angebotene päpstliche Würde habe er mit der Begründung abgelehnt, er wolle lieber im Erzbistum Bremen bleiben, das er in ein Patriarchat umzuwandeln gedachte. Oft gab er unbeherrscht seinen Stimmungen nach. Im Zorn hat er einmal einen Propst geohrfeigt, daß dieser blutüberströmt zusammenbrach.

Dieses Streben nach persönlichem Ruhm – auch bei normannischen Herrschern weit verbreitet – spiegelt eine neue Vorstellung von Herrschaft. Die Position des Erzbischofs sollte – etwa durch Burgenbauten – machtvoll erhöht werden, so daß er Ruhe und Sicherheit in seinem Gebiet aufrechterhalten konnte. Er wollte nicht mehr neben anderen stehen, sondern, wie die Normannen, sich von den anderen Herren distanzieren, um auf Grund seiner Überlegenheit Frieden und Recht unter ihnen zu sichern.

Der junge König Heinrich erwies sich als Adalberts gelehriger Schüler. Er folgte ihm in seiner Unbeherrschtheit, übernahm aber auch seine Vorstellungen von guter Herrschaft. Was Adalbert – übrigens auf die Dauer ohne Erfolg – in seiner Diözese zu erreichen suchte, wollte Heinrich in größerem Umfang im Land des sächsischen Stammes verwirklichen. Doch seine selbstherrliche, unstete Art beunruhigte seine Umgebung.

Mit dem Jahre 1065 wurde Heinrich mündig. Noch unter dem Einfluß Adalberts – 1066 mußte er sich auf die drängenden Forderungen weltlicher Fürsten hin von diesem Berater trennen – begann Heinrich im Sachsenland Burgen zu bauen, an abgelegenen Orten, möglichst auf hohen, von der Natur geschützten Bergen. Die mächtigste erhielt den Namen Harzburg. Dort wurde auch ein Kloster errichtet, das wohl als Begräbnisstätte für Heinrichs Familie gedacht war. Bald merkten die Bauern der Umgebung, daß die Burgen nicht den Feinden galten, sondern Mittelpunkt der Verwaltung werden sollten, die Abgaben eintrieb und sie zu Dienstleistungen zwang. Die Empörung der Landbevölkerung wuchs erst recht, als Heinrich noch süddeutsche Ministeriale auf die Burgen holte.

Die Sachsen hatten sich schon gegen die Herrschaft Ottos des Großen gewehrt, Heinrichs neue Regierungsweise wollten sie noch weniger dulden. Es kam zu Aufständen; der sächsische Adel sah sich von den Herzögen Otto von Northeim und Rudolf von Rheinfelden unterstützt. Heinrich mußte fürs erste nachgeben und das Schleifen seiner Festungen hinnehmen. Als aber die Sachsen so weit gingen, sogar das Kloster und die Gräber der Harzburg anzutasten, schlug die Stimmung zugunsten des Königs um. Heinrich faßte aufs neue im Sachsenland Fuß und baute seine Burgen wieder auf.

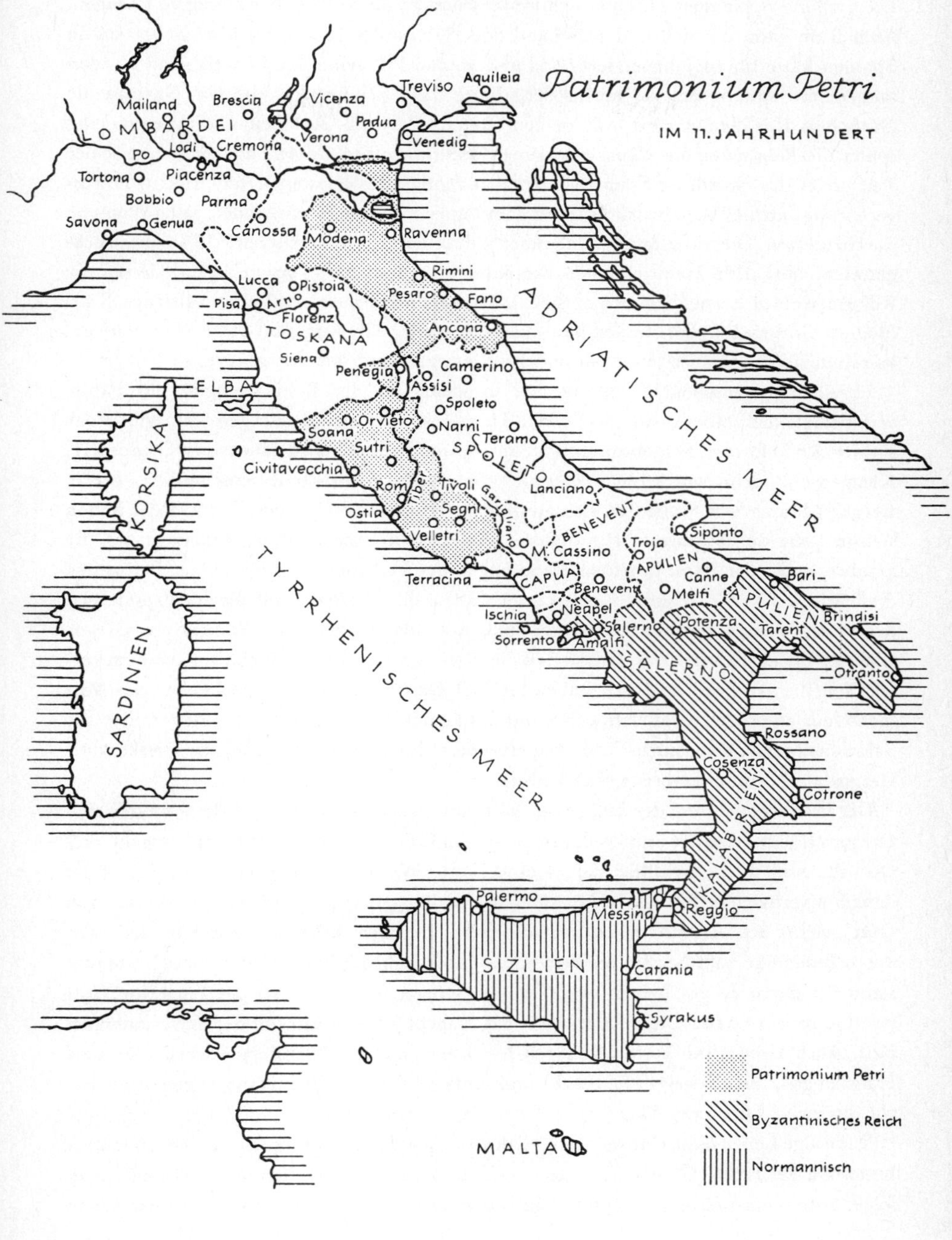
Patrimonium Petri
IM 11. JAHRHUNDERT
Mailand
Brescia
Vicenza
Treviso
Aquileia
Padua
Verona
Venedig
LOMBARDEI
Lodi
Cremona
Po
Tortona
Piacenza
Bobbio
Parma
Savona
Genua
Canossa
Modena
Ravenna
Rimini
Lucca
Pistoia
Pesaro
Fano
Pisa
Arno
Florenz
Ancona
TOSKANA
Siena
Penegia
Camerino
Assisi
ELBA
Spoleto
Orvieto
Soana
Narni
Teramo
Sutri
SPOLETO
Civitavecchia
Rom
Tiber
Tivoli
Lanciano
Ostia
Segni
Garigliano
Velletri
BENEVENT
Siponto
Troja
M. Cassino
APULIEN
Terracina
CAPUA
Canne
Bari
Benevent
Melfi
APULIEN
Ischia
Neapel
Salerno
Potenza
Tarent
Brindisi
Sorrento
Amalfi
SALERNO
Otranto
Rossano
Cosenza
KALABRIEN
Cotrone
ADRIATISCHES MEER
TYRRHENISCHES MEER
KORSIKA
SARDINIEN
Palermo
Messina
Reggio
SIZILIEN
Catania
Syrakus
MALTA
Patrimonium Petri
Byzantinisches Reich
Normannisch

Es war auch schon zu ersten Spannungen zwischen Heinrich und dem Papst gekommen. Die Stellung Alexanders II. hatte sich weiter gefestigt, als Sancho, der König von Aragon, nach Rom kam, um sich und sein Land dem Schutz des Papstes zu überantworten. In Spanien hatte im 10. Jahrhundert 'Abd ar-Rahmān III. seine Macht weit nach Norden ausgedehnt. Anfang des 11. Jahrhunderts hatte dann Sancho der Alte von Navarra die Grafschaft Kastilien erobert; von seinem Reich, Navarra, Kastilien und Aragon, ging später die *Reconquista*, die »Rückeroberung« der islamischen Gebiete aus. Schon zu seiner Zeit geriet das christliche Spanien unter den Einfluß des Klosters Cluny, dessen Petrusverehrung ihn tief beeindruckte. In Mailand aber mißlang es Alexander, seine Wünsche durchzusetzen. Die Situation wurde immer unhaltbarer. Der Erzbischof Wido war zurückgetreten, woraufhin Heinrich einen Kandidaten ernannt hatte, gegen den wiederum die Reformer einen Erzbischof Atto aufstellten. Als Heinrich nicht nachgab und seinen Kandidaten Gottfried weiter unterstützte, ließ Alexander II. 1073 fünf Räte Heinrichs exkommunizieren, er starb jedoch kurz darauf, am 21. April desselben Jahres.

In einer stürmischen Wahl, die sich in nichts an die Bestimmungen des Papstwahldekrets hielt, aber deutlich von den Sympathien des Volkes getragen war, wurde der Führer der Reformer, Hildebrand, zum Papst gewählt. Hildebrand nannte sich Gregor VII. Klein, wohl nicht von schöner Gestalt, aber außerordentlich leidenschaftlich, wußte Gregor Männer wie Frauen an sich zu binden. Er war wie Humbert fest von der hohen Würde Petri durchdrungen, für dessen Glaube Jesus gebetet hatte (Lukas 22,32). Er glaubte, daß jeder Papst in seinen Handlungen mit Petrus eine Einheit bilde: Petrus lese die Briefe, die an die römische Kurie kamen; Petrus diktiere die Worte, die der Papst seinen Schreibern aufs Pergament zu bringen hieß. Auch das Ansehen der Priester war Gregor wichtig. Vor allem achtete er darauf, daß die Priester die christliche Liebe vollkommen verwirklichten. »Wahre Liebe« zu haben hieß für Gregor, für das »ewige Leben« der Mitmenschen zu sorgen. Das vermochte auf vollkommene Weise nur ein Priester, der die Sakramente spenden durfte. Was bei Humbert durchdachte Theorie war, verkündete Gregor als lebendig erfahrene Wirklichkeit.

Der hohen Bedeutung der Liebe – sie galt ihm als höchste aller Tugenden – wurde sich Gregor auf Grund seiner unmittelbaren religiösen Erfahrung gewiß. Er war überzeugt, daß Gott ihn »mit Liebe erfüllte«, daß er ohne Gottes Wirken »nicht einmal etwas Gutes zu denken« vermöchte. Ein Christ könnte den Handlungen entnehmen, ob ein Mensch von Gott geleitet sei. Als ein mohammedanischer Fürst christliche Gefangene freiließ, also deren Beziehung zum Nachfolger Petri und der römischen Kirche wieder ermöglichte und somit für deren ewiges Leben sorgte, schrieb Gregor, erkennbar sei der Fürst von Gott geleitet, sei ein Christ. Diese Religiosität hat manche Ähnlichkeit mit der der ottonischen Zeit. Auch Gregor sah Gott durch den Menschen wirken. Allerdings erwartete er statt Handlungen, die auf siegreiche Stärke und Huld schließen ließen, Handlungen aus Sorge für das ewige Leben des Nächsten.

Das ewige Leben eines Christen war gefährdet, sobald er nicht mehr den rechten Glauben hatte. Da der rechte Glaube aber stets bei Petrus und dem mit ihm verbundenen Nachfolger war – aus der engen Verbindung zwischen Petrus und seinem Nachfolger leitete

Gregor sogar ab, daß alle Päpste heilig seien –, mußte ein Christ dafür sorgen, daß seine Mitmenschen in unmittelbarer Beziehung zu Rom blieben. Sie durften weder im Dogma noch in der Liturgie von römischen Gewohnheiten abweichen, und sie mußten, wenn sie nicht selbst zum Grab des Apostelfürsten nach Rom zogen, zumindest andere Rompilger unterstützen. Sobald ein Christ gegen die römische Kirche Stellung bezog, zeigte er, daß er nicht von Gott, sondern vom Teufel geleitet war; war es ein Mächtiger, mochte er geistlicher oder weltlicher Herr sein, so gefährdete sein Verhalten nicht nur das eigene ewige Leben, sondern auch das aller Personen, die von ihm abhingen. Aus Liebe zu ihnen forderte Gregor, daß alle den »Dämonen« unterworfenen Herren ihre Stellung verlieren sollten. Waren es Bischöfe oder Priester, war Gregor bereit, die Laien gegen sie aufzurufen; waren sie Könige, sie ihres Amtes zu entheben und gegen sie Krieg zu führen.

Schon in den ersten Jahren seines Pontifikats trug sich Gregor mit Kriegsplänen gegen die Normannen, die Petri Rechte in Mittelitalien nicht respektierten, gegen den französischen König Philipp I., der Rompilger behinderte; schließlich gegen die heidnischen Könige im Orient. 1074 teilte er in verschiedenen Briefen mit, er wolle Heinrich IV. die Sorge für die Kirche überlassen und selbst als Herzog und Priester, zusammen mit der alten Kaiserin Agnes und der Markgräfin Mathilde, übers Meer fahren. Das Ziel der Fahrt sollte es sein, mit den »Getreuen Petri«, also mit einer Petersmiliz, die Heiden zu vertreiben und die Christen von der heidnischen Herrschaft zu »befreien«. Ein Christ müsse, das schien Gregor die Konsequenz aus der rechtverstandenen Nachfolge Jesu, sich dergestalt von der Liebe leiten lassen, daß er bereit sei, »sein Leben zu lassen für die Freunde«. »Der allmächtige Gott, der sein ganzes Gesetz im Befehl der Liebe zusammenfaßt, gebe euch die Fähigkeit, von ganzem Herzen, von ganzer Seele und mit aller Kraft zu lieben, so daß ihr eure Nächsten wie euch selbst liebt und es verdient, wenn es not tut, für sie euer Leben hinzugeben.«

Gregor nahm damit eine Forderung Leos IX. wieder auf und begründete sie: die Christenheit sei zu befreien, weil der Christ sich von der göttlichen Liebe leiten zu lassen habe. Die Liebe zwinge zu Handlungen, durch die er die Seele eines anderen Christen, »wenn es not tut auch gegen dessen Willen«, vom Untergang retten könne. Die Reformer wußten sich also auf neue Weise von Gott angesprochen: »Wenn du dem Gottlosen seine Gottlosigkeit nicht sagst, so wird der Gottlose um seiner Sünde willen sterben, aber sein Blut will ich von deiner Hand fordern.«

Gregor kannte nur Menschen, die entweder von Gott oder dem Teufel geleitet waren. Wem er vertraute, vertraute er bedingungslos. Dann wieder überschüttete er Anhänger und Freunde – Wilhelm den Eroberer zum Beispiel – mit Schmähungen, wenn er nämlich annahm, sie seien nicht mehr von Liebe erfüllt. Selbst dem Abt Hugo von Cluny, dem Gregor die persönlichsten Briefe geschrieben hatte, konnte er heftigste Vorwürfe machen, wenn jener nicht wie ein »wahrer Christ« handelte. So tadelte ihn der Papst, weil er einen Fürsten ins Kloster aufgenommen hatte, da er dort nicht mehr »wahre Liebe« in seinem Tun zeigen könne. »Wenn meine Ermahnung bei dir nicht auf fruchtbaren Boden fällt und der Befehl des apostolischen Stuhls keinen Gehorsam findet, warum schrecken dich dann nicht die Klagen der Armen, die Tränen der Witwen, die Verwüstungen der Kirchen, das Jammern der Waisen und der Schmerz und das Murren von Priestern und Mönchen? Warum vernachlässigst du das Wort des Apostels: die Liebe sucht nicht das Ihrige, und warum hast du das andere Wort nicht im Sinn: wer seinen Nächsten liebt, erfüllt das Gesetz?«

Dem Papst galt ein Handeln aus Liebe mehr als »Fasten, Wachen und Beten«, weshalb er selbst Geistlichen nur ungern erlaubte, Mönch zu werden; den Bischof Anselm von Lucca etwa holte er aus dem Kloster zurück; auch Mathilde von Tuscien verweigerte er den Wunsch, den Nonnenschleier zu nehmen, und setzte sie wieder als Herrscherin in ihre Gebiete ein. Gleichwohl hatte Gregor nichts gegen das streng asketische Leben der Mönche einzuwenden. Die von Gott herrührende »Freiheit« mußte ein Christ in Handlungen verwirklichen, in seiner Unabhängigkeit von dieser Welt. Aber nicht nur Freiheit, auch die Liebe sollten sichtbar werden. Vollkommen konnte dieses Ideal aber nur von einem asketisch lebenden Priester verwirklicht werden; so unterstützte der Papst vor allem die Klerikerorden. Er verfaßte selbst eine Regel für sie.

Als Konsequenz dieser Vorstellung von Freiheit wollte Gregor wie Humbert, daß auch die Wahlen frei seien. Nur die Christen sollten wählen, die in wahrer Freiheit stünden, die also Gottes Willen untertan seien. Nur dann verlieh ihr Wille dem göttlichen Willen Ausdruck, und der Gewählte war Gottes Kandidat. Der Papst hatte grundsätzlich nichts dagegen, wenn sich an einer Bischofswahl weltliche Fürsten beteiligten; auch sie konnten Gottes Willen zum Ausdruck bringen. Da er aber wenig gute Erfahrungen mit Königen gemacht hatte – etwa in Mailand –, drängte er darauf, bei der Bischofs- und Abtswahl die Entscheidung möglichst den Priestern zu überlassen. Bei ihnen war zumindest eher zu vermuten, daß wahre Liebe sie leitete und sie in der Freiheit stünden. Mit Gewißheit war nur der Nachfolger des Apostels Petrus »frei«; denn für Petri Glauben betete Gott selbst, und mit Petrus war der Papst verbunden. Deshalb kam es fast zwangsläufig dazu, daß Gregor alle Wahlen an die päpstliche Entscheidung zu binden suchte, um nicht weltlichen, sondern um Gottes Einfluß wirken zu lassen.

An der »römischen« Freiheit hatte ein Christ Anteil nicht nur, wenn sein Wille mit dem des Papstes übereinstimmte, sondern auch, wenn er sich und seinen Besitz – Klöster, Bistümer, aber auch weltliche Reiche – dem Nachfolger Petri überantwortete. So verdiente sich der Schenkende zugleich die Gunst des Apostelfürsten und durfte auf dessen Dank und Hilfe hoffen. Gregor selbst achtete genau darauf, daß das einmal Übertragene wirklich Rom untergeordnet blieb. Aus kleinen Gaben leitete er – etwa gegenüber England – Verpflichtungen ab, die oft gar nicht im Sinn des Schenkenden gelegen hatten. Wenn Gregor auch von einem Streben nach Macht nichts wissen wollte, so glaubte er doch, als Nachfolger des Apostels und von eifernder Sorge um dessen Rechte getrieben, über die weltlichen Herren gebieten zu können: wenn er im Himmel binden und lösen dürfe, dann doch erst recht auf Erden! Alle Maßnahmen Gregors zielten als notwendige Folge seiner »Petrusmystik« auf eine Erhöhung des Papsttums überhaupt.

Gregor hat in siebenundzwanzig Sätzen, dem *Dictatus papae*, die Vorrechte der römischen Kirche zusammengefaßt; die einzelnen Sätze waren wohl als Rubren einer Canonessammlung gedacht. In ihnen wird festgestellt: die römische Kirche habe allein Gott gegründet, wichtige Streitfragen seien ihr vorzulegen, und jedermann könne an sie appellieren. Kein Rechtssatz, keine Gesetzessammlung in der Kirche sollten ohne Ermächtigung des Papstes Gültigkeit erlangen, der Papst dürfe ohne Synode Bischöfe absetzen und begnadigen, alle Fürsten hätten seine Füße zu küssen, ihm sei es erlaubt, Kaiser abzusetzen und Untertanen vom Treueid zu entbinden. Schließlich: jeder rechtmäßig eingesetzte römische Bischof werde zweifellos durch das Verdienst des heiligen Petrus heilig. Manches davon war bereits früher formuliert, allerdings noch niemals so scharf.

Um eine freie kanonische Wahl zu sichern, gedachte der Papst, das königliche Recht auf die Investitur einzuschränken. Darüber kam es zu Verhandlungen mit Heinrich IV. Gregor wäre wohl bereit gewesen, auch mit ihm eine ausgleichende Formel zu finden, wenn er nur hätte gewiß sein können, daß in den Bischofswahlen Gottes Willen entsprochen wurde. Heinrich hatte gerade – gegen alles Recht – in Mailand wieder einmal einen Geistlichen zum Erzbischof ernannt. Darüber hinaus hatte Heinrich auch in die Rechte des römischen Stuhls eingegriffen, als er für Fermo und Spoleto Bischöfe auswählte. Dies alles legte den Verdacht nahe, daß Heinrich nicht mehr unter die Söhne Petri zu rechnen sei. Gregor ging zwar nicht so weit, in einem Brief Heinrich mit der Exkommunikation zu drohen – kurz zuvor hatte er das dem französischen König Philipp gegenüber getan –, immerhin wies er ihn auf das warnende Beispiel von Saul hin, der nach einem Sieg von Gott gestürzt worden war.

Heinrich erhielt dies Schreiben Neujahr 1076 in Goslar. Schon der Brief mag ihn erbittert haben – er fühlte sich, soeben hatte er die Sachsen besiegt, seiner Stellung besonders sicher; noch mehr erregte ihn aber der mündliche Bericht der Gesandten. Er berief eine Reichsversammlung nach Worms. Die dort erschienenen Bischöfe waren in all den Jahren von der Reformgruppe in Rom mit Forderungen überschüttet worden. Nun brach jahrelang unterdrückter Groll durch, bestärkt noch von dem Kardinal Hugo Candidus, einer merkwürdig zwiespältigen Persönlichkeit, die sich einst mit dem Papst überworfen, dann bei der Wahl für Gregor entschieden hatte, inzwischen aber wieder von ihm abgefallen war. In Worms beschuldigte Hugo den Papst, er habe den Stuhl Petri unrechtmäßigerweise im Besitz. Daraufhin beschloß die Reichsversammlung, Hildebrand, »den falschen Mönch«, abzusetzen. Sie schickte ihm einen Brief und warf ihm darin vor, er habe die hohe Geistlichkeit, die als Gesalbte des Herrn nicht angetastet werden dürfte, wie Sklaven mit Füßen getreten, er habe gesagt, alle wüßten nichts, er allein wüßte alles. Schließlich habe er sich durch Geld Truppen beschafft und mit ihnen den Sitz des Friedens erobert, die Untertanen gegen die Priester bewaffnet und die Laien aufgefordert, die Bischöfe abzusetzen und zu verurteilen. Gregor hatte in der Tat die Laien gegen simonistische Geistliche aufgerufen und für sich als Nachfolger Petri Unfehlbarkeit beansprucht.

Der Brief traf am 14. Februar zur Fastensynode in Rom ein. Der Papst konnte daraus nur schließen, daß Heinrich IV. und die deutschen Bischöfe nicht mehr zum Leibe Christi gehörten, wovon seine Anhänger nicht weniger überzeugt waren. Beim Verlesen des Briefes kam es deshalb zu einem heftigen Tumult; nur das persönliche Einschreiten Gregors soll die königlichen Gesandten geschützt haben. Dem Papst blieb keine andere Wahl, als Heinrich aus der Kirche auszuschließen. Er tat es in einem Gebet an Petrus. Im Namen Petri, dem die Macht gegeben war, zu binden und zu lösen im Himmel wie auf Erden, entband Gregor alle Christen von dem Eid, den sie Heinrich geschworen hatten. »Und mit der

Fessel des Bannes binde ich ihn an deiner Stelle, so daß alle Völker wissen und billigen: du bist Petrus, und auf diesen Felsen baute der Sohn des lebendigen Gottes seine Kirche, und die Pforten der Hölle werden nichts gegen sie vermögen.«

Rege Propaganda setzte jetzt ein, Heinrich versandte Briefe, in denen er Gregor aufforderte, vom Stuhle Petri herabzusteigen. Die Bischöfe der Lombardei unterstützten geschlossen das königliche Vorgehen. Gregor schrieb seinerseits an die deutschen Bischöfe und setzte, besonders ausführlich in einem Brief an Hermann von Metz, die Rechtmäßigkeit seines Vorgehens auseinander: wenn der apostolische Stuhl kraft göttlicher Vollmacht über geistliche Dinge richten dürfe, weshalb dann nicht auch über weltliche?

Vor den päpstlichen Schreiben wurden die Deutschen unsicher. In Tribur und Oppenheim trafen sich Fürsten und König; zehn Tage lang warben die Gregorianer, dann gaben die Anhänger des Königs nach. Zehn Bischöfe, darunter der Erzbischof von Mainz, gingen auf die päpstliche Seite über, und die Fürsten beschlossen, wenn Heinrich länger als ein Jahr aus der Kirche ausgestoßen bliebe, einen neuen König zu wählen. Sie forderten den Papst auf, nach Deutschland zu kommen, um ihren Streit mit dem König zu entscheiden.

Gregor VII. folgte sogleich der fürstlichen Einladung und begab sich auf den Weg in den Norden. Obwohl der Winter besonders kalt war – Rhein und Po waren zugefroren –, suchte Heinrich ihm zuvorzukommen und zog noch vor Weihnachten ihm entgegen, mit ihm seine Frau Berta, deren elterlicher Besitz in Oberitalien lag. Auf Rinderhäuten wurden sie über den schneebedeckten Paß des Mont Cenis gezogen.

In der Lombardei erhofften Adel und Geistlichkeit, Heinrich würde einen Feldzug gegen den Papst eröffnen. Freudig begrüßten sie, die mit den strengen Forderungen der Reformer keineswegs einverstanden waren, den jungen König. Auch Gregor fürchtete ähnliches und zog sich von Mantua nach Canossa, dem Stammsitz der Markgräfin Mathilde, zurück. Dort erschien Heinrich am 26. Januar barfuß im Büßergewand vor dem Tor. Der Papst wies ihn ab. Als Heinrich am zweiten und dritten Tag wieder erschien und nicht eingelassen wurde, sprachen die Freunde Gregors von »Grausamkeit« und »tyrannischer Barbarei«. Endlich gab er nach. Nach Erteilung der Absolution feierten Papst und König gemeinsam das Abendmahl. Heinrich mußte versprechen, was die Klagen der deutschen Fürsten anginge, dem Rat und Urteil Gregors zu folgen und ihm auf seiner Reise nach Deutschland freies Geleit zuzusichern und ihn zu unterstützen.

»Canossa« ist seit Bismarcks Zeiten ein Schlagwort geworden; es meint die Unterwerfung des Staates unter die Kirche. Davon war allerdings 1077 nicht die Rede. Nicht einmal Gregor unterschied Staat und Kirche als gesonderte Bereiche; er war vielmehr, wie vordem die Karolinger und Ottonen, davon überzeugt, daß die Christen in einer einzigen Gemeinschaft zusammenlebten. Priestertum und Königtum waren für ihn die beiden Augen im Körper der Kirche. Offen blieb nur, wer in dieser religiös begründeten Gemeinschaft mit größerer Wahrscheinlichkeit dem Willen Gottes entsprach, der weltliche oder der geistliche Herr. Nach heutigen Vorstellungen wäre der Büßende, also hier der König, der Unterlegene – aber das wäre modern gedacht. Otto III. hatte ebenso wie Heinrich III. öffentlich Buße getan und seine Sünden bekannt, und sie taten dies in Formen, die keinen Zweifel daran ließen, daß sie als Büßende in der Nachfolge Christi seine Repräsentanten auf Erden waren. Ihre im Religiösen gründende Autorität minderte sich nicht nur nicht, sondern sie wuchs, als sie freiwillig die Buße auf sich nahmen. Auch Papst Gregor VII. war von der Bedeutung der Demut durchdrungen; er, der Nachfolger Petri, nannte sich immer wieder ausdrücklich »Knecht der Knechte Gottes«. Und doch nahm Gregor die Buße Heinrichs als ein Zeichen dafür, daß der König die Vorrechte des Nachfolgers Petri anerkannte; die Ereignisse in Canossa waren für ihn Zeichen seines Sieges, korrekter gesagt Gottes Sieges.

Zweifellos hätte Heinrich in Canossa auf Rechte seiner Vorfahren verzichtet, wenn er noch in deren Tradition und der der ottonischen Herrscher gestanden hätte. Aber gerade von diesen Traditionen hatte er sich deutlich distanziert. Seine Festigung der Landeshoheit durch Burgenbau und Heranziehung von Ministerialen, seine auf Abstand zu den Untertanen bedachte Herrschaft zeigen deutlich, daß er nicht mehr wie ein ostfränkischer König des 10. Jahrhunderts persönliche Autorität zu gewinnen trachtete, indem er Stärke und Huld in seinen Taten »zeigte«. Als Schüler Adalberts von Bremen suchte er – ähnlich wie die Normannen – die eigene Macht zu stärken, um seinen Untertanen im Reich Sicherheit und Frieden zu erhalten. Heinrich IV. war nicht mehr *typus Christi*, selbst wenn er, wie sein Lehrmeister, gelegentlich Armen und Kranken die Füße wusch und sie pflegte und bettete. Soweit seine Herrschaft religiös begründet war, orientierte er sich nicht mehr an den Eigenschaften Jesu auf Erden, sondern an Gottes ewiger Gerechtigkeit und schöpferischer Allmacht. Um seine Untertanen weiterhin zu rechtem Tun anzuhalten, brauchte er ihre Anerkennung. Und um dieser Anerkennung willen war er bereit, sich Gregor büßend zu unterwerfen. Nicht Gregors Forderung, sondern Heinrichs Vorstellung von gerechter Ordnung auf dieser Erde war »revolutionär«.

Die praktischen Ziele, die der Papst und der deutsche König in Canossa verfolgten, erreichten sie beide nicht. Weder kam Gregor in den nächsten Jahren nach Deutschland, um dort die Einigkeit herzustellen, noch gelang es Heinrich, die deutschen Fürsten davon abzuhalten, einen Gegenkönig zu wählen; am 15. März 1078 einigten sie sich in Forchheim auf Rudolf von Rheinfelden, den Herzog von Schwaben. Der strenge Winter wich an diesem Tag einem milden Frühling; dem neuen König schienen Land und Wetter günstig zu sein. Gregor selbst hatte an der Wahl keinen Anteil, doch seine Legaten hatten teilgenommen; deshalb durften sich Rudolfs Anhänger auf den Papst berufen. Gregor aber zögerte jahrelang, sich für einen der Könige zu entscheiden; indessen spaltete sich Deutschland in Parteien, auf Heinrichs Seite standen Bayern, ein Teil der Schwaben, die Bevölkerung des Rheingebietes, dazu die Stadtbewohner, Bauern und der niedere Adel. Rudolf von Rheinfelden hingegen fand seine Anhänger hauptsächlich in Sachsen. In Schwaben wurde gegen ihn Friedrich von Staufen zum Herzog ernannt, der eine Tochter Heinrichs IV., Agnes, zur Frau nahm.

Auf der Fastensynode 1080 endlich unterstützte Gregor, wieder in einem Gebet an Petrus und Paulus, öffentlich Rudolfs Partei. Heinrich wurde aufs neue gebannt. Gleichzeitig prophezeite der Papst den Tod des Königs zum 1. August, wohl in der Meinung, daß an dem Tag, an dem Petri Ketten abgefallen waren, auch seinem Nachfolger geholfen werde.

Im Juni aber trat in Brixen eine Synode der Anhänger Heinrichs zusammen, auf der deutsche und italienische Bischöfe Wibert von Ravenna als Clemens III. zum Gegenpapst wählten. Kurz danach kam es an der Elster zwischen Heinrichs Truppen und Rudolf von Schwaben zur Schlacht, in der Rudolf seine rechte Hand verlor. Er starb an der Verwundung. Allgemein sah man darin ein Gottesurteil; mit dieser Hand hatte Rudolf einst Heinrich die Treue geschworen.

Wibert von Ravenna war ein angesehener Geistlicher und ein strenger Reformer; nur bestand er auf der Heiligkeit des Eides – Gregor hatte ja die Deutschen und Italiener von ihren Eiden gelöst – und bestritt dem Papst das Recht, Christen zum Krieg gegen andere Christen aufzurufen: »Christlich ist zu lehren, nicht Krieg zu stiften – das Unrecht voller Gleichmut dulden, nicht es zu rächen. Nichts von jenem tat Christus, nichts irgendeiner der Heiligen.« Erleichtert wurde die Argumentation Clemens' III. durch die Tatsache, daß er ein Anhänger der Augustinischen Sakramentenlehre war. Wie Augustin war Wibert der Ansicht, daß die Worte eines Priesters den Heiligen Geist herbeiriefen, auch wenn er ein Schismatiker war. Er gefährde zwar sich selbst, nicht aber das Leben der ihm anvertrauten Christen. Wibert war es deshalb unmöglich, den Krieg aus christlicher Liebe zu bejahen. Gregor dagegen bestand darauf, schismatische und häretische Geistliche mit allen, auch mit kriegerischen Mitteln aus ihren Ämtern zu entfernen.

Gregor VII. ging sofort mit aller Macht gegen den neuen Gegner vor. Er verhängte über ihn den Bann, setzte ihn ab und bot die »Getreuen Petri« zu einem Feldzug nach Ravenna auf. Doch an dem Tag, als in Deutschland Rudolf von Rheinfelden seine rechte Hand verlor, am 25. Oktober 1080, wurde auch das päpstliche Heer bei Volta entscheidend geschlagen. Schon im nächsten Jahr zog Heinrich mit seinen Truppen nach Rom.

Gregors ständige Kriege ließen allmählich die römische Kirche verarmen. Er mußte den Besitz einzelner Kirchen verpfänden und stieß zum erstenmal auf Widerstand bei den Kardinälen. Er bat Robert Guiscard um Unterstützung, doch der Normanne war eben in Dalmatien mit einem Krieg gegen Konstantinopel beschäftigt. 1083 gelang es Heinrichs Truppen, die Peterskirche zu erobern. Ein Teil von Gregors Leuten ging zu Clemens über, und die Kardinäle zwangen ihn, eine Synode zu berufen. Im März 1084 wurden Heinrich die Tore der Stadt geöffnet. Die Kardinäle entschieden unter sich, wer rechtmäßiger Papst sei; Gregor wurde abgesetzt, Wibert gewählt und im Lateran inthronisiert. Eine Woche später, am Ostersonntag, konnte Clemens III. Heinrich zum Kaiser krönen, während Gregor von den deutschen Truppen belagert auf der Engelsburg saß.

Inzwischen war Robert Guiscard wieder nach Italien zurückgekehrt. Nachdem er noch einen Aufstand im Süden niedergeworfen hatte, erschien er mit einem großen Heer vor Rom. Heinrich dachte nicht daran, ihm Widerstand zu leisten; er ließ Clemens nach Tivoli geleiten, die Normannen drangen rasch in die Stadt ein. Als die Römer sich in den folgenden Tagen wehrten, kam es zu heftigen Straßenkämpfen, ganze Stadtteile wurden dem Feuer übergeben. Obwohl bald wieder Ruhe herrschte, wagte es Gregor nicht, auf den normannischen Schutz in seiner Bischofsstadt zu verzichten. Er floh schließlich mit seinen Befreiern, die ihm in Salerno ein Asyl boten, vor der eigenen Gemeinde. Nach Monaten der Enttäuschung, der Trauer und Bitterkeit starb er dort, fast vergessen, am 25. Mai 1085;

sein letztes Wort soll gewesen sein: »Ich habe die Gerechtigkeit geliebt und das Unrecht gehaßt, deshalb sterbe ich in der Verbannung.«

Wie verworren die Verhältnisse in der Umgebung Gregors gewesen sein müssen, zeigt das Verhalten der Reformer nach dem Tod des Papstes. Es dauerte ein volles Jahr, bis sie überhaupt an die Wahl eines Nachfolgers denken konnten, dann wählten sie Desiderius, den Abt von Monte Cassino, der sich mit Gregor eine Zeitlang überworfen hatte. Desiderius zeigte wenig Neigung, die neue Würde anzunehmen, und zögerte zehn Monate lang, bis er sich dem normannischen Zwang fügte. Als Papstnamen wählte er Viktor; als letzter Papst hatte Viktor II., ein enger Freund Heinrichs III., diesen Namen getragen. Viktor III. weigerte sich, Heinrich IV. zu bannen, beteiligte sich auch nicht an Kämpfen gegen Clemens III.; er mißbilligte wohl überhaupt die kriegerischen Neigungen seines Vorgängers. Viktor starb im September 1087, und es dauerte wieder ein halbes Jahr, bis eine neue Wahl zustande kam.

Gottes- und Landfrieden. Urban II. Der Erste Kreuzzug

In Deutschland nutzte Heinrich die Zeit und suchte die Herrschaft nach seinem Willen zu ordnen. 1082 war in Lüttich, 1083 in Köln ein Gottesfriede beschworen worden. Neben den bisher üblichen geistlichen Strafen wurden nun auch weltliche Strafen festgesetzt. In Lüttich konnte sich ein Angeklagter noch mit Hilfe von Eideshelfern reinigen, in Köln war das nicht mehr möglich. Wer den Gottesfrieden brach, verlor seinen Besitz zugunsten seiner Erben, seine Lehen gingen in die Hand seines Herrn zurück. Ein Knecht war zu enthaupten, wenn er getötet, ihm war die Hand abzuschlagen, wenn er jemanden verwundet hatte. Der Kölner Gottesfriede wurde fast wörtlich in Bamberg wiederholt, und als Heinrich im Sommer 1085 in Deutschland eintraf, verkündete er in Mainz den Gottesfrieden für das ganze Reich. 1087 ließ er seinen Sohn Konrad zum König krönen. Ein Gegenkönig, Hermann von Salm, gewann keine entscheidende Macht und wurde 1088 bei der Erstürmung einer Burg tödlich verwundet. 1090 zog Heinrich wieder mit einem Heer nach Italien.

In Rom war 1088 der Kardinalbischof Otto von Ostia als Urban II. Papst geworden. Er war Franzose; als früherer Mönch und Prior in Cluny stand er ganz in der Tradition Gregors VII. Allerdings war Urban nachgiebiger, gewandter und viel diplomatischer als sein großer Vorgänger. So scheute er sich, wenn es irgend ging, Truppen gegen Christen einzusetzen. Lieber suchte er in Verhandlungen zum Ziel zu kommen. Bereits 1089 gelang ihm der erste große Erfolg, er stiftete eine Ehe zwischen dem siebzehnjährigen Sohn des Bayernherzogs Welf und der damals vierundvierzig Jahre alten Markgräfin Mathilde von der Toscana. Gegen dieses mächtige Bündnis wandte sich der Kaiser, als er 1090 in Italien eintraf. Zuerst hatte er militärische Erfolge, 1092 wurden aber seine Truppen bei Canossa entscheidend geschlagen. Im nächsten Frühjahr sah sich Heinrich einem Bündnis der Städte Mailand, Cremona, Piacenza und Lodi gegenüber. Kurz darauf gelang es dem Papst, Heinrichs ältesten Sohn Konrad gegen den Kaiser aufzubringen, Konrad ließ sich vom Mailänder Erzbischof zum italienischen König weihen. Dann trennte sich auch Heinrichs zweite Frau, die russische Fürstentochter Eupraxia, von ihm und ging auf die päpstliche Seite über. Sie muß, nach den Anschuldigungen gegen ihren Mann zu schließen, eine schwere Hysterikerin gewesen sein. Ende 1093 war der Papst, nachdem auch Rom sich für ihn erklärt hatte, Herr in ganz Italien. Heinrich mußte sich hinter die Etsch zurückziehen, der bayerische Herzog Welf sperrte die Alpenpässe; vier Jahre lang lebte der Kaiser dort isoliert, fast vergessen; er soll sich sogar mit Selbstmordgedanken getragen haben.

Urban ließ sich nun nicht weiter auf den Kampf gegen den König ein, sondern suchte die Christen zu gewinnen, indem er ihnen neue, mit den Reformen eng verknüpfte Ziele aufzeigte. Schon Gregor VII. hatte geplant, mit Rittern in den Orient zu ziehen, um die Christen zu befreien, die dort unter heidnischer Herrschaft leben mußten. Es war aber nicht dazu gekommen, da der Kampf gegen Heinrich IV. den Papst ganz in Anspruch genommen hatte. An diese Pläne knüpfte Urban jetzt an. 1071 hatte der byzantinische Kaiser Alexios Komnenos bei Manzikert eine entscheidende Niederlage erlitten. Seine Gegner, die Türken, waren in Kleinasien vorgedrungen, hatten Nicaea und Smyrna besetzt, Palästina erobert und 1076 den Ägyptern Jerusalem weggenommen, und 1085 waren sie in Antiocheia eingezogen. In dieser Not erhoffte sich Alexios Hilfe vom Westen und bat den Papst um Vermittlung.

Die Nachricht erreichte Urban auf der Synode zu Piacenza 1095. Doch zog er erst nach Frankreich weiter, um mit dem Bischof Ademar von Puy, dem späteren Kreuzzugslegaten, und dem Grafen Raimund von Saint Gilles zu verhandeln. Auf einer Synode in Clermont rief der Papst zur Heerfahrt nach dem Osten auf, um die Christenheit »aus Liebe zu Gott« von heidnischer Herrschaft zu »befreien«. Ritter, die aus Spanien kamen – dort hatte Alfons VI. von Kastilien 1085 Toledo und kurz danach der *Cid* Rodrigo Díaz Valencia erobert – und nach Jerusalem weiterziehen wollten, schickte er zurück: man könne auch in Spanien Christen der heidnischen »Tyrannei der Sarazenen« entreißen.

Urban brachte Gedanken Gregors VII. auch mit anderen Vorstellungen in Verbindung: die Fahrt in den Orient sollte als eine Wallfahrt gelten. Die Wallfahrt nach Jerusalem, auf der Pilger Ablaß der Bußstrafen gewinnen konnten, war gerade in den vergangenen Jahrzehnten populär geworden. Eigentlich durften Wallfahrer keine Waffen tragen. Urban gestattete es aber für diesen Sonderfall. Auch der Gedanke des Gottesfriedens förderte den Plan; auf dem Konzil zu Clermont ließ Urban verkünden, alle Kreuzfahrer stünden unter dem Schutz des Gottesfriedens, die Ritter sollten ein Kreuz auf ihren Mantel nähen, das Zeichen des »Kreuzzuges«.

In Clermont wurde nicht nur der »Kreuzzug« geplant, sondern es wurden auch die alten Forderungen der Reformer wiederaufgenommen. Jetzt wurde die Laieninvestitur ausdrücklich verboten. Der französische König Philipp – er war auf mehrmalige Ladung nicht erschienen – wurde exkommuniziert. Die beiden mächtigsten Herren des Abendlandes, der deutsche Kaiser und der französische König, waren also aus der Kirche ausgeschlossen, als der Papst zum Kreuzzug aufrief und sich die Ritter mit den Worten »Gott will es« das Kreuz anhefteten.

Der Aufruf des Papstes löste viel Unruhe aus. In Köln erschlugen die Bürger, die nicht in das Heilige Land zu ziehen gedachten, die Juden als Erzfeinde und Mörder Christi an Ort und Stelle. Der griechische Kaiser war entsetzt, als er die Scharen christlicher Ritter eintreffen sah; er hatte sich Söldner erhofft und keine mächtigen adligen Herren. Nur mit Mühe gelang es den Kreuzfahrern, sein Mißtrauen zu beschwichtigen und den Durchzug durch sein Reich zu erlangen. Abenteuerlich genug verlief auch dann noch das Unternehmen. Mehrmals schien der Kreuzzug zu scheitern, an der Überlegenheit der Türken oder an Zwistigkeiten im eigenen Heer. Bei der Eroberung Jerusalems schonten die Christen niemanden, der Tempel Salomons war rot vom Blut der Erschlagenen. Schon vorher war deutlich geworden, daß recht verschiedene Tendenzen die Ritter ins Heilige Land führten.

Für Jesu Grab stritt Gottfried von Bouillon aus Flandern. Er wurde nach der Eroberung zum ersten König von Jerusalem gewählt; er weigerte sich allerdings, den Königstitel dort zu führen, wo Christus die Dornenkrone getragen hatte, und nannte sich »Beschützer des Heiligen Grabes«. Gottfried blieb in seinem Auftreten bescheiden, empfing, im Zelt auf der bloßen Erde sitzend, die Araber, die mit Achtung von ihm sprachen. Doch die Christen hielten nicht viel von ihrem Herrn: der neue Patriarch von Jerusalem wollte ihn schließlich nicht einmal in der Stadt dulden. Gottfried war bereit nachzugeben, als er im Juli 1100 starb.

Den päpstlichen Vorstellungen entsprach wohl am ehesten Graf Raimund von Toulouse. Er hatte den Kreuzzug, immer wenn in den Streitigkeiten der Christen alles zu erlahmen schien, wiederaufgenommen und fortgeführt. Die meisten Ritter jedoch strebten nach persönlichem Ruhm, suchten Land zu gewinnen und neu zu ordnen, so die beiden Normannen Bohemund und sein Neffe Tancred, so der Bruder Gottfrieds, Balduin. Bohemund zog erst gar nicht mit nach Jerusalem, sondern errichtete in Antiocheia eine eigene Herrschaft. Von dort aus eroberte er Gebiete des christlichen Kaisers in Byzanz.

Balduin hat sich mit den süditalienischen Normannen gleichfalls früh vom Hauptheer abgesondert und im Innern des Landes auf eigene Faust Krieg geführt. Als ihn Thoros, ein christlicher Armenier, um Hilfe für Edessa rief, zog er dorthin. Er zwang Thoros, ihn als Adoptivsohn und Erben einzusetzen, verbündete sich dann aber mit dessen Gegnern, die einen Aufstand angezettelt hatten. Balduin bot seine Vermittlung an und schwor, Thoros freies Geleit aus der Stadt zu gewähren. Im Vertrauen auf den Eid schickte sich Thoros an, die Stadt zu verlassen, da fiel das Volk mit Knüppeln und Spießen über ihn her und brachte ihn um. Bald jedoch reute es die Einheimischen, sich Balduin zum Herrscher erwählt zu haben. Bei erster Gelegenheit ließ Balduin zwölf Adlige verhaften, die er als Verschwörer verdächtigte, ließ ihnen die Augen ausstechen, anderen Nase, Hände und Füße abschlagen. Zu einem weiteren Aufstand kam es nicht mehr, Balduin paßte sich allmählich den Sitten des Landes an und heiratete Arda, eine armenische Prinzessin.

Als Balduin die Nachricht vom Tode seines Bruders Gottfried erhielt, war er »geziemend betrübt«, noch mehr aber über die ihm zugefallene Herrschaft erfreut. Mit wenigen Anhängern brach er zur Übernahme seines Erbes nach Jerusalem auf. Unterwegs hatten ihm die Türken einen Hinterhalt gelegt. »Wer feige ist, mag umkehren«, soll Balduin seinen Leuten zugerufen haben. Die Hälfte seiner Ritter folgte der Aufforderung, selbst sein Kaplan Foulcher von Chartres dachte: »Wieviel lieber wäre ich in Chartres oder in Orléans gewesen, und ich war nicht der einzige.« Balduin siegte durch eine List; der Weg nach Jerusalem war frei. Als er dort eintraf, begrüßte ihn das Volk jubelnd als König, und Balduin kannte keine Scheu, diesen Titel zu führen. Er begann, wie die anderen Adligen, Burgen zu bauen, Frieden zu gebieten und für Wahrung des Rechts zu sorgen. Von diesen Tendenzen im Heiligen Land hat Urban nichts mehr erfahren. Er starb, kurz nachdem Jerusalem in die Hände der Christen gefallen war. Die Nachfolge trat ein Cluniazenser an, Paschalis II.

Die Ehe zwischen Bayern und Toscana hatte nicht gehalten, Welf söhnte sich bald mit Heinrich aus, der daraufhin nach Deutschland zurückkehren konnte; der Zähringer Berthold verzichtete zugunsten Heinrichs Schwiegersohn Friedrich auf das Herzogtum Schwaben und erhielt dafür die Reichsvogtei Zürich mit dem erblichen Herzogstitel. Heinrich verstärkte nun seine »Friedensorganisation« in Deutschland, 1103 ließ er einen »Landfrieden« für das Reich verkünden. Es handelte sich um eine Übertragung des »Gottesfriedens« in das weltliche Recht. An Stelle der kirchlichen Strafen wurden – auch für Freie und Adlige – Strafen »an Haut und Haar« angedroht. Wer einen anderen verwundete oder tötete, verlor Hand oder Auge, dasselbe bei Diebstahl; war das gestohlene Gut von geringem Wert, wurden dem Dieb die Haare geschnitten, und er wurde ausgepeitscht.

Der Reichslandfriede sollte vier Jahre gelten – und erregte den Unwillen der mächtigen Adligen; denn auch sie waren von den neuen Strafen bedroht und sahen ihr Fehderecht eingeschränkt. Freilich war nicht jeder Kampf im Reich verboten, nur mußte er auf offener Straße ausgetragen werden – im Haus war der Gegner geschützt. Niemand durfte um Lösegeld gefangen werden, und Kleriker und Mönche, Kaufleute und Juden genossen besonderen Schutz, auch Frauen sollten nicht mit Gewalt geraubt werden.

Eine eigene Bestimmung galt allein dem Adel: wer den Landfrieden brach und sich der Verurteilung entzog, dem sollten die Lehen genommen werden. Dagegen wehrte sich der Adel, und er vereinigte sich in einer neuen Verschwörung. Es gelang, den zweiten, inzwischen ebenfalls zum König gewählten Sohn Heinrichs, Heinrich V., für sich zu gewinnen. Ende 1104 brach der Aufstand aus. 1105 wollten Vater und Sohn in Anwesenheit päpstlicher Legaten – Paschalis unterstützte Heinrich V. – in Mainz den Streit schlichten. Der alte Kaiser zog den Rhein entlang nach Süden, sein Sohn kam ihm bis Koblenz entgegen. Weinend gelobte er, wie ein Ritter seinem Herrn, wie ein Sohn seinem Vater zu gehorchen, wenn sich der Kaiser nur bereit finden könnte, mit dem Papst sich auszusöhnen. Heinrich IV. versprach es, und Vater und Sohn zogen gemeinsam weiter. Unterwegs warnten Ritter Heinrich IV. vor Verrat. Aber der Sohn beschwor wieder, bei seiner eigenen Seligkeit, seine Treue.

Als sie in Bingen eingeritten waren, vermehrte Heinrich V. seine Truppen, wandte sich an seinen Vater und sprach: »Vater, der Erzbischof von Mainz will Euch nicht in eine Stadt lassen, solange Ihr im Kirchenbann seid. Geht auf die Burg Böckelheim. Dort könnt

Ihr in aller Ruhe Weihnachten feiern. Inzwischen werde ich bei Euren Feinden für Euch wirken, denn Eure Sache ist meine Sache.« Noch einmal fragte ihn der Vater, ob er nichts Unrechtes plane? Und wieder beteuerte der Sohn bei seinem Glauben und seinem Eide, er werde für den Vater sorgen.

Kaum war der Kaiser in Böckelheim, sah er den Betrug. Drei Diener nur wurden mit ihm in die Burg gelassen, er selbst wurde gefangengesetzt und so streng gehalten, daß er Hunger und Durst leiden mußte. Nicht einmal am Weihnachtstage suchte ihn ein Priester auf. Statt dessen kam ein Gesandter seines Sohnes und forderte die Reichsinsignien, wenn ihm sein Leben lieb sei. So schickte Heinrich Krone, Zepter, Kreuz und Lanze nach Mainz.

Schließlich führten Ritter den gefangenen Kaiser unter strenger Bewachung nach Ingelheim, wo ihn der päpstliche Legat aufforderte, auf die Herrschaft im Reich zu verzichten. Heinrich, der wie in Canossa die Lösung vom Banne erreichen wollte, verzichtete. Aber nicht genug, die Geistlichen verlangten auch noch ein umfassendes Schuldbekenntnis. Heinrich aber verlangte eine Fürstenversammlung, auf der er seine Sache verteidigen könne. Doch das wurde ihm abgeschlagen. Ob er freigesprochen und vom Banne gelöst würde, wenn er alles bekenne, was gefordert sei, fragte Heinrich. Darauf der Legat: er habe nicht das Recht, ihn vom Banne zu lösen, das könne nur der Papst in Rom. Da verweigerte Heinrich das Schuldbekenntnis, und sein Sohn, dem nur an der Abdankung gelegen war, riet ihm zur Flucht. Der alte Kaiser wandte sich nach Lüttich und nahm von dort aus den Kampf wieder auf. In Rundschreiben suchte er seinen Paten, Abt Hugo von Cluny, die Reichsfürsten und anderen Könige Europas für sich zu gewinnen. Inzwischen erschien Heinrich V. mit einem Heer vor den Mauern Lüttichs, der Sturm mißlang, in einer Schlacht wurde er geschlagen. Ein längerer Krieg schien bevorzustehen, da starb Heinrich IV. am 7. August 1106.

»Wer gibt Wasser meinem Haupt und eine Quelle voller Tränen meinen Augen, daß ich – nicht über den Untergang einer eroberten Stadt, nicht über die Gefangenschaft einfachen Volkes, nicht über den Verlust meines Besitzes, sondern über den Tod Heinrichs, des Kaisers, traure, der meine Hoffnung und mein einziger Trost war. Wird nun das Leben für mich noch freundlich sein? Werden Tage und Stunden ohne Tränen vergehen?« So schrieb ein Geistlicher zu jener Zeit an einen Freund. »Siehe, während ich schreibe, was die Leidenschaft des Schmerzes diktiert, fallen Tränen, werden die Buchstaben feucht, und was die Hand aufzeichnet, zerstört das Auge. Doch du rätst vielleicht, daß ich wegen der Feinde des Kaisers meinen Schmerz nicht zu öffentlich äußern soll. Nun, mögen sie ihren Zorn an mir auslassen. Wenn sie wollen, sollen sie mich in Stücke zerreißen. Der Schmerz kennt keine Furcht. Der Schmerz fühlt keine Strafen.«

Kein Nachruf auf einen deutschen Kaiser hatte je so warme und unmittelbare Töne anklingen lassen. Heinrich starb als Gebannter; fünf Jahre lang stand sein Sarkophag in einer ungeweihten Kapelle, ehe sein Sohn ihn in Speyer beisetzen ließ. Und doch berichtet dieser Geistliche: der Chor der Gott lobenden Mönche schweige, die Feierlichkeit der Messe verstumme, die Stimme des Heils werde in den Zelten der Gerechten nicht gehört, denn die Klöster verloren ihren Schutzherrn.

Auch die Anhänger Heinrichs IV. hatten in ihm einen christlichen Herrscher gesehen, den Beschützer der Geistlichen. Niemand war auf den Gedanken gekommen, ihn für einen Vertreter des Staates im Kampf gegen die Kirche zu halten. Auch Heinrich IV. selbst hatte sich von Gott her, seine Herrschaft ebenso wie die des Papstes, als gottunmittelbar verstanden. Geistliche und weltliche Herrschaft waren ihm zwei Schwerter, und zwei Schwerter, so hatte Jesus gesagt, reichten aus (Lukas 22,38). Freilich verkörperte Heinrich IV. nicht mehr Eigenschaften Jesu wie die ottonischen Herrscher und – auf seine Weise – auch Gregor VII. Der Kaiser war, wie ihm Benzo von Alba, ein italienischer Anhänger, schrieb, Abbild des göttlichen »Schöpfers«. Nicht durch Siege in fremden Landen hatte er Autorität errungen, sondern indem er auf eigenem Territorium voll Gerechtigkeit Ordnungen des Friedens auf Erden schuf. Und um des Friedens willen hatte er neue Strafen eingeführt, hart und unerbittlich selbst gegen Adlige; so wenigstens war seine Absicht gewesen. Freilich waren damit viel menschliches Ungeschick und menschliches Versagen verbunden gewesen. Und eben dem Menschen, der, verlassen von Frau und Kindern und gebannt von der Kirche, gegen die eigene Familie Krieg führen mußte, galt die Klage seines Freundes, des unbekannten Geistlichen.

Friede zwischen Kaiser und Papst
Gottes vollkommene Schöpfung

Heinrich V. war von Papst Paschalis im Kampf gegen den Vater anerkannt worden, ohne irgendwelche Konzessionen machen zu müssen. Bald jedoch wurde offenkundig, daß er seinen Vater nur gestürzt hatte, um selbst dieselben Ziele anzustreben. Hartnäckig, rücksichtslos und verschlagen, wie er seinem Vater gegenüber gewesen, war er nun auch gegenüber dem Papst.

1110 zog Heinrich V. nach Rom. Unterwegs unterwarf sich ihm alles. Selbst die Markgräfin Mathilde empfing den König. Sie erkannte an, daß die Schenkungen ihres Hausgutes, die sie vor Jahren dem heiligen Petrus gemacht hatte, nicht rechtsgültig gewesen seien. Paschalis dachte zuerst an einen Widerstand mit Hilfe der Normannen, aber die Normannen lehnten ab. Nun suchte er mit Heinrich V. zu verhandeln. Schon im Januar 1111 erschien eine deutsche Gesandtschaft in Rom und forderte Anerkennung der Investitur. Der Papst konnte nur ablehnen. Er schlug seinerseits vor, der König solle auf die Investitur verzichten, dann werde die Kirche ihren weltlichen Besitz dem Reich zurückgeben. Mit anderen Worten, Paschalis gedachte, innerhalb der Kirche die Spiritualien von den Temporalien, das Geistliche vom Weltlichen, zu unterscheiden, eine Möglichkeit, die schon von Wido von Ferrara und Ivo von Chartres erwogen worden war, die aber unter den Ottonen nicht üblich gewesen und wogegen sich auch Humbert von Silva Candida und Gregor VII. heftig gewehrt hatten.

Heinrich V. ging auf die Anregung ein. Von seinem Neffen Friedrich von Schwaben und zwölf anderen Adligen ließ er beschwören, er werde handeln, wie der Papst vorgeschlagen habe. Allerdings wurde strenge Geheimhaltung vereinbart, kein Geistlicher durfte etwas von den Abmachungen erfahren. Paschalis versprach sich von seinen Plänen, daß die Diener des Altars nun nicht mehr Diener des Hofes zu sein brauchten. »Es müssen die Bischöfe, von weltlichen Sorgen frei, sich um ihre Gemeinden kümmern und dürfen nicht zu lange von ihren Kirchen fern sein.«

Auf Grund dieser Vereinbarungen zog der Kaiser nun nach Rom. Er lagerte auf dem Monte Mario. Auf der alten *Via triumphalis* zog er in die Leostadt hinunter und wurde in der Peterskirche vom Papst empfangen; alsbald schritt man zum Verlesen der Urkunden. Heinrich verzichtete auf das Investiturrecht, und der Papst verkündete, Bischöfe und Äbte hätten allen vom König geschenkten Besitz, dazu alle Regalien zurückzugeben. Ein Sturm des Protestes erhob sich. Die deutschen Geistlichen dachten nicht daran, auf ihre Güter zu verzichten, wovon sollten sie ihren Lebensunterhalt bestreiten? Auch die Reformer in Rom waren entsetzt; sie weigerten sich, den Unterschied zwischen geistlichem und weltlichem Eigentum anzuerkennen. Was einer Kirche geschenkt war, war nach ihrer Ansicht Eigentum Christi und seiner Heiligen. Kein Papst konnte einen Teil wieder zurückgeben. Der Tumult wuchs, es drohten Kämpfe auszubrechen. Man begann mit dem Hochamt, doch an die Kaiserkrönung war nicht mehr zu denken. Inzwischen hatte sich in der Stadt das Gerücht verbreitet, die Deutschen hätten den Papst gefangengenommen; die Römer griffen nun die deutschen Truppen an, es kam zu Straßenkämpfen, die die Nacht über andauerten. Am nächsten Morgen zogen die Deutschen ab und nahmen Papst und Kardinäle als Gefangene mit.

Heinrich V. gab aber sein Ziel nicht auf. Da er sich in der günstigen Situation sah, seinen Verhandlungspartner bei sich zu haben, wiederholte er seine alten Forderungen: die Investitur; zur Unterstützung wird er gefälschte Privilegien vorgelegt haben. Nach Wochen hartnäckiger Weigerung gab Paschalis schließlich nach. Heinrich erklärte seinerseits, er wolle die Geistlichen nur in den Besitz der Kirche, nicht in ihr Amt einweisen. In der Nähe einer alten Brücke in der Campagna am Ponte Mammolo wurde die Urkunde ausgefertigt. Gleichzeitig ließ Heinrich sechzehn Kardinäle im Namen des Papstes schwören, daß dieser ihm keine Schwierigkeiten machen und ihn nicht bannen werde. Nun zog er am 13. April wieder in Rom ein und ließ sich vom Papst in der Peterskirche zum Kaiser krönen. Als Sieger kehrte er nach Deutschland zurück.

Damit hatte Heinrich V. den Bogen bei weitem überspannt. Dieses »Pravileg« konnten die Reformer niemals gutheißen. Der Papst wagte zwar nicht, Heinrich zu exkommunizieren, aber der Kampf um die Investiturfrage, nun wirklich ein »Investiturstreit«, ging weiter. In Deutschland nahm Heinrich die Politik seines Vaters wieder auf, er zog Reichsministerialen heran, versuchte, die Stellung des Königs auch territorial zu stärken. Gleichzeitig begünstigte er die Städte durch Privilegien (Speyer 1111, Worms 1114). In Köln setzten 1112 die Bürger ihre »Eidgenossenschaft« gegen den Erzbischof durch.

Heinrich stieß auf ähnliche Schwierigkeiten wie sein Vater, dazu war er militärisch nicht sehr erfolgreich; 1115 wurden seine Truppen am Welfesholz (bei Mansfeld) geschlagen. Doch ohne sich dadurch aufhalten zu lassen, zog er nach Italien, wo eben Mathilde, die Markgräfin der Toscana, gestorben war. Heinrich beanspruchte als Erbe ihren Besitz, gewaltlos fielen ihm die Gebiete zu. Die Verbindung des Kaisers mit Irnerius – einem der ersten Professoren des römischen Rechts in Bologna –, die in dieser Zeit zustande kam, sollte allerdings erst Jahrzehnte später fruchtbar werden, als es nämlich klar wurde, wie sehr das römische Recht die neue Stellung des Herrschers begründete und bestätigte. Obwohl Heinrich bis nach Rom vorrückte, kam es zu keiner Verständigung mit Paschalis. Nach dessen Tod wurde der Gelehrte Johannes von Gaeta als Gelasius II. Papst; ihm folgte 1119 der Erzbischof Guido von Vienne als Calixtus II. Inzwischen war der Wunsch, endlich Frieden zwischen Papst und Kaiser herzustellen, übermächtig geworden.

Seit Beginn des Streites zwischen Heinrich IV. und Gregor VII. hatten Geistliche versucht, in theoretischen Abhandlungen, die bald den Charakter von Streitschriften annahmen, zu unklaren Fragen Stellung zu nehmen. Die Anhänger Heinrichs, unter ihnen Wenrich von Trier, Wido von Osnabrück, der Jurist aus Ravenna, Petrus Crassus, suchten die Position des Königs auf Grund seiner Weihe oder seines Erbrechts zu stützen und die Heiligkeit der dem König geschworenen Eide zu verteidigen. Von »ottonischer Religiosität« ist in diesen Werken kaum noch etwas zu spüren. Wido von Ferrara löste die alte Einheit von geistlichem und weltlichem Bereich innerhalb eines Bistums auf. Für ihn wurde vom Heiligen Geist nur ergriffen, was unmittelbar zum bischöflichen Amt gehörte. Die weltlichen Rechte, alles, was die Fürsten der Welt oder die Laien den Kirchen schenkten, blieb seiner Meinung nach weltlich. Diese Unterscheidung wurde seit Paschalis' Vermittlungsvorschlägen zumindest weiterdiskutiert, und es wurde erwogen, ob der Papst sie nicht um des Friedens willen für begrenzte Zeit einführen sollte.

Auf dieser Grundlage erreichte man schließlich eine Einigung, zuerst in Frankreich und England. In Frankreich war ja Philipp I., weil er seine Frau verstoßen hatte, von Urban II. gebannt worden. Bei seiner Versöhnung mit der Kirche 1104 versprach er, in Zukunft Bischöfe nicht mehr zu investieren; sie hatten aber nach wie vor den Treueid zu leisten. In England waren auf Wilhelm den Eroberer Wilhelm II. und dessen Bruder Heinrich I. gefolgt. Anselm, der Erzbischof von Canterbury, weigerte sich, von Heinrich sich mit Ring und Stab investieren zu lassen, und mußte deshalb das Land verlassen. 1107 erst gab der König nach; fortan sollten die Anstoß erregenden Symbole nicht mehr verwandt werden, aber der Gewählte mußte vor seiner Weihe dem König den Mannschaftseid leisten. In Deutschland dauerte der Zwiespalt weiter an. Schließlich ergriffen die Fürsten die Initiative; sie wollten den Streit mit der Kirche zu einem Ende führen, ohne die Rechte des Reiches darüber Schaden nehmen zu lassen. Am 23. September 1122 wurde bei Worms ein Konkordat geschlossen; Heinrich V. verzichtete auf Investitur mit Ring und Stab, die Wahlen sollten jedoch in Anwesenheit des Königs abgehalten werden; bei Widerspruch gegen die Wahl hatte er, beraten vom Metropoliten, dem im Recht befindlichen Teil zuzustimmen. Dann war der Gewählte in die Regalien einzuweisen. Nur in Deutschland sollte die Einweisung der kirchlichen Weihe vorausgehen; in Burgund und in Italien folgte sie sechs Monate nach der Weihe.

Heinrichs Verzicht auf die Investitur galt dem Papst und seinen Nachfolgern. Die Vorrechte Heinrichs dagegen hatte Calixtus nur ihm zugestanden. Obgleich die Abmachungen im wesentlichen die Forderungen der Reformer erfüllten, nahmen viele Geistliche auf dem Laterankonzil 1123 Anstoß daran, daß hier nun doch zwischen Regalien und Spiritualien unterschieden worden war. Doch trotz dieses Widerspruches hatte der Kampf zwischen Kaiser und Papst erst einmal ein Ende gefunden. Offen blieb freilich, ob auch Heinrichs Nachfolger die Vergünstigungen des »Wormser Konkordats« beanspruchen durfte.

In den folgenden Jahren half Heinrich seinem englischen Schwiegervater in dessen Auseinandersetzung mit Ludwig VI. von Frankreich. Das löste heftigen Widerstand bei den Franzosen aus, die sich, stolz auf den ersten Kreuzzug, auf die »Taten Gottes durch die Franken«, als eine Einheit zu empfinden begannen. Die »Oriflamme« von St. Denis – Ludwigs Biograph Suger war dort Abt – wurde zum Symbol des Widerstandes gegen die Deutschen. Heinrich erkrankte – vermutlich an Krebs – und starb am 23. Mai 1125 in Utrecht. Die Fürsten überführten seinen Leichnam nach Speyer. Den Wunsch Heinrichs, den Staufer Friedrich, dem er seine Güter überlassen hatte, zu seinem Nachfolger zu wählen, erfüllten sie nicht. Seit der Ernennung Rudolfs von Rheinfelden bestanden sie auf ihrem Wahlrecht und wählten einen alten Gegner Heinrichs, den sächsischen Herzog Lothar von Supplinburg.

Übersieht man diesen jahrelangen Kampf, den das Wormser Konkordat beendet hatte, so weckt sein Ausgang ein Gefühl der Enttäuschung. Das Konkordat war ein Kompromiß, und wie bei den meisten Kompromissen läßt sich fragen, ob es sich gelohnt hatte, dafür Kriege zu führen und Menschen und Güter zu opfern. Geistliches und Weltliches waren im Bistum geschieden; das galt aber nur zu Lebzeiten Heinrichs V. Niemand konnte darüber befriedigt sein.

Bei den Reformern hatte wenigstens Gregor VII. klar formuliert, worum es ging, um die Freiheit von der Welt, damit Christen in Sorge für das ewige Leben des Nächsten sich ganz von Gottes Willen leiten ließen. Dieses Ziel wurde in neuen Mönchsorden verwirklicht und weitergegeben. Sie »îlten sich alle munechen«, sie eilten alle, Mönche zu werden, heißt es in dem gegen 1063 in Bamberg entstandenen Ezzolied »Über die Wunder Christi« (H. de Boor). Die Prämonstratenser, die Augustiner-Chorherren fanden sich damals unter einer Regel zusammen, Orden, die sich bis in unsere Tage gehalten haben. Die Bewegung erhielt dann in Urban II. einen Papst, der sie voll unterstützte. Auch Laien wurden von ihr ergriffen und schlossen sich Mönchen – etwa dem süddeutschen Reformkloster Hirsau – an, und Gregors Wunsch, Liebe zu zeigen, indem man als Ritter im Kampf »sein Leben ließ für seine Freunde« und Christen von heidnischer Herrschaft befreite, wurde nach Urbans Kreuzzugsaufruf Wirklichkeit.

Die Ziele Heinrichs IV. und seines Sohnes waren sehr viel weniger klar. Im Grunde ließen sich die neuen Herrschaftsformen, auf die sie hinstrebten, damals nur erahnen. Ihre Argumente nahmen die beiden Kaiser oft noch aus einer älteren Zeit. Ihre Gedanken waren allerdings nicht auf Deutschland beschränkt, nicht einmal im deutschen Bereich entstanden, sondern fanden sich bei den Normannen Nordfrankreichs und Englands ebenso wie bei den Normannen Süditaliens. Auch Flamen – etwa Balduin, der König von Jerusalem – folgten ähnlichen Vorstellungen. Doch nirgends noch war diese eigentümlich neue Haltung formuliert worden.

In der kaiserlichen Streitschrift »Über die Einheit der Kirche, die erhalten werden muß«, begründet der unbekannte Autor die Würde des Königs, indem er darauf hinweist, daß der König ein »Geschöpf Gottes« sei. Und dieser Mensch sei als Geschöpf Gottes gut. Dem Papst und dessen Anhängern wirft der Autor vor, sie leugneten das, weil sie nämlich den Menschen im König so sehr verachteten, daß sie mit dem Gebannten nicht verkehrten. Der König war also »gut«, nicht weil seine Taten von Gottes siegreicher Stärke oder von der »wahren Liebe« zeugten, sondern als ein Geschöpf Gottes.

In den Schriften jener Jahrzehnte entdeckt man allenthalben: die Welt, die Schöpfung Gottes, ist in sich vollkommen, sie ist gut, sie ist von bezaubernder Schönheit. In der »Wiener Genesis« wird dies in der Volkssprache geschildert; der Dichter weiß »die Weltfreuden der Patriarchenzeit, die guten Gaben der Erde an Vieh und Korn, Wein und Öl zu schätzen«. Gott ist ein »werckman«, er »bastelt« den Menschen und »pflanzt« im Paradies all die Blumen, so daß durch ihren Duft »eine fast betäubende Herrlichkeit des seligen Ortes sich entfaltet« (H. de Boor).

Es ist, als ob es den Christen plötzlich wie Schuppen von den Augen fiel. Bisher hatten sie nur sich und ihre Mitmenschen gesehen, nur auf ihr Verhalten geachtet, ob Gott oder der Teufel es lenke. Blumen – Rosen und Lilien –, Tiere – Löwen und Wildesel – verwiesen immer nur auf den Menschen, sein Handeln, seine Geschichte. Jetzt entdeckten sie die Natur in ihrer ganzen Vollkommenheit. »Wie willkommen, ersehnt, bringt Frühling die Freuden zurück. Purpurn blüht die Wiese, und alles erheitert die Sonne«:

Ecce gratum
et optatum
Ver reducit gaudia
purpuratum
floret pratum
Sol serenat omnia.

Zugleich erwachten die »Sehnsucht« und die Freude an der eigenen Volkssprache:

Floret silva undique
Nach mîne gesellen ist mir wê.

Der Normanne Gaufried schildert in seiner Chronik eine junge Frau, deren Gestalt so voller Liebreiz war, daß, wenn sie badete, Fische ganz dicht an sie heranschwammen, um ihrer Schönheit nahe zu sein. Geistliche besangen jetzt Gott, der »in seiner Macht die Natur nicht zerstört hat, wie sie es vielleicht verdient hätte, nein, der sie bejaht, indem er als Mensch in sie eintrat«. Mit Jesu Erscheinen auf der Erde, nicht erst durch seinen Tod, wurde die »Sünde getilgt, die Erde mit dem Himmel versöhnt, die Macht des Bösen gebrochen«. Einen neuen Tag lernten die Christen feiern: »Weihnachten wird das allbelebende Fest, das die Zunge löst« (W. von den Steinen). Da wurde Maria voller Innigkeit besungen, die Gottesmutter, deren Sohn der Erde ihre alte Schönheit wiedergab.

Ave Maria, gratia plena,
dominus tecum, virgo serena.
Sei gegrüßt Maria voller Gnaden,
der Herr sei mit Dir, hehre Jungfrau.

Der sogenannte Caesar-Turm der Befestigungsanlage von Provins/Seine-et-Marne, erste Hälfte 12. Jahrhundert

Die Gottesmutter
Skulptur in der Kathedrale von Solsona/Katalonien
Erste Hälfte 12. Jahrhundert

Die Wissenschaftler gehen der Vollkommenheit der neu entdeckten irdischen Ordnung nach, die auf der Gerechtigkeit Gottes beruht. Noch halb der Welt Gregors VII. verhaftet, fragt Anselm von Canterbury, weshalb Gott Mensch wurde *(cur deus homo?)*. Andere führen sein Suchen fort, indem sie die natürlichen Eigenheiten von Menschen, Tieren und Pflanzen zu erkennen sich bemühen. Besonders interessieren sie sich für alles, was der Mensch gestaltend zu verändern vermag, für Landschaften, durch die Straßen zu führen und in denen Städte anzulegen sind – es ist die Zeit der ersten, rechtwinklig geplanten Stadtgründungen –, für Tiere, die sich wie die Falken zähmen lassen. Unter den »Geographen« Deutschlands ist Adam von Bremen zu nennen, auch der unbekannte Dichter des »Merigarto«, der vom Meer umgürteten Welt. In Italien arbeitet noch als Kompilator Guido von Pisa; hier wird bald der Einfluß arabischer Wissenschaftler spürbar, die wie Idrīsī am normannischen Hof wirken. Von den Arabern beeindruckt war auch Adelard von Bath, der ein Falkenbuch schrieb, darin ein früher Vorgänger des letzten Stauferkaisers Friedrich II.

Freilich fragt kein Wissenschaftler jener Zeit nach kausalen Zusammenhängen der Natur, sie bemühen sich, Ordnungen zu sehen und sie nach dem Grad ihrer Vollkommenheit miteinander zu vergleichen. All das geschieht nicht in trockener Gelehrtenart, sondern mit dem Ernst und der Freude dessen, der eine neue Welt entdeckt. Zu dieser Welt gehört die Liebe, zu der sich bald Männer und Frauen wie Abaelard und Heloïse bekennen, heftig und unbedingt. Die Liebe hat nichts Zerstörendes an sich, sie setzt neue Ordnungen, sie formt den Ritter im Dienst für die geliebte Frau.

Unruhig und verworren waren die ersten Jahrzehnte des 12. Jahrhunderts, und doch wuchsen neben den Reformkreisen, die das apostolische Leben in der Sorge für ihre Mitmenschen neu zu verwirklichen trachteten, Männer und Frauen heran, die wie nie zuvor die Schönheit des Menschen und der Natur zu sehen und zu erfahren vermochten. Waren sie Herrscher, so kämpften sie, um die Ordnung ihres Landes im Frieden zu erhalten, Gott verwandt, der die Ordnungen geschaffen hat. Waren sie Ritter, suchten sie im Kampf, im Dienst die Vollkommenheit zu erlangen, der der Ruhm folgt. Selbst Bürger und Bauern begannen voll neuer Zuversicht Familie und Besitz zu mehren; überall in Europa nahm die Bevölkerung zu.

Die Künstler jener Zeit priesen die entstehende Liebe, das Nahen des Frühlings, verkündeten das Lob der Maria, die selbst »Stern des Meeres, die Sonne der Gerechtigkeit gebar«. Waren sie Bildhauer, schufen sie in Stein, was sie sahen. Die jugendlich verhaltene, zuchtvolle Anmut der Figuren läßt noch heute die Menschen betroffen zu ihnen aufschauen.

Gott war nur noch zu ahnen, er lenkte die Herrscher nicht mehr unmittelbar in ihren Handlungen, die einst göttliche Eigenschaften offenbart hatten. Die große Zeit der christlichen Reiche war vorüber.

François Louis Ganshof

DAS HOCHMITTELALTER

Das Thema, das den folgenden Seiten gestellt ist, wird vom Leben und Wirken zweier Männer eingegrenzt, die – übrigens auf ungleiche Weise – ihre Zeit geprägt haben: des heiligen Bernhard, des Abtes von Clairvaux (1115–1153), und des Papstes Bonifatius VIII. (1294–1303). Für uns, die wir an die tiefgehende Wirkung glauben, die von starken Persönlichkeiten auf den Lauf der Geschichte ausgeht, ist diese Eingrenzung annehmbar. Man täuschte sich jedoch, wenn man daraus die Schlußfolgerung zöge, unsere Darstellung werde sich ausschließlich der politischen und institutionellen Geschichte widmen. Die Bedeutung der wirtschaftlichen und sozialen Tatsachen erfordert es, daß auch ihnen ein weiter Raum gewährt wird. Wir müssen schließlich den zeitlichen Rahmen unserer Darstellung abstecken. Er umfaßt das 12. und 13. Jahrhundert. Selbstverständlich können wir ausnahmsweise dazu veranlaßt werden, in die letzten Jahre des 11. Jahrhunderts zurückzugehen, bis zu den ersten Jahren des 14. Jahrhunderts vorzuschreiten oder auch vor dem Ende des 13. Jahrhunderts haltzumachen. Die Anlage des Bandes bringt es mit sich, daß die religiösen, geistigen, intellektuellen und künstlerischen Aspekte der westeuropäischen Geschichte, ebenso alles, was sich auf die islamische, byzantinische und slawische Welt bezieht, in anderen Beiträgen behandelt werden.

Veränderungen in Wirtschaft und Gesellschaft

Die Bevölkerung

Das 12. und 13. Jahrhundert waren in Westeuropa eine Zeit der demographischen Expansion. Die erste Phase der Bewegung liegt früher: man kann ihren Anfang ungefähr auf 1050 ansetzen, obgleich sie in manchen Gegenden früher, in anderen später begann; im Laufe der beiden Jahrhunderte erfuhr sie dann ihre volle Entfaltung.

Dieser Bevölkerungszuwachs ist aus den Quellen unmittelbar kaum zu ersehen. Allerdings gab es für England ein »Kataster«; das im Jahre 1086 auf Befehl Wilhelms des Eroberers angelegte *Domesday Book*. Auf Grund der darin enthaltenen Angaben läßt sich die Bevölkerung des Königreiches auf annähernd 1 100 000 Personen berechnen: das ist ein Ausgangspunkt, von dem aus die Ausmaße der demographischen Bewegung im England des 12. und 13. Jahrhunderts wenigstens geschätzt werden können. Aber dieser Fall ist einmalig. Sonst gibt es nur Anzeichen, historische Tatbestände, die nur mit beträchtlichem Bevölkerungszuwachs zu erklären sind: große Mobilität der Bevölkerung, Erweiterung der in Kultur genommenen Flächen, Entstehung und Entwicklung städtischer Siedlungen, Auswanderung mit Kolonisation in neue Länder. Dieser Bevölkerungszuwachs zeigt übrigens regionale und lokale Unterschiede, vorübergehende Unterbrechungen, ja sogar rückläufige Tendenzen. Aber die allgemeine Richtung der Bewegung läßt keinen Zweifel zu.

Ist es wenigstens möglich, die Gesamtbevölkerung einzelner Länder am Ende der hier behandelten Periode zu schätzen? Man hat es für das frühe 14. Jahrhundert versucht. Ein Verzeichnis der Pfarreien und Feuerstellen (Haushalte) von 1328 läßt eine Schätzung für das Königreich Frankreich in seinen damaligen Grenzen zu; sie beläuft sich auf 16 bis 17 Millionen Personen. Das erscheint viel, eine weniger großzügige Schätzung kommt zu einer Zahl von 10 bis 11 Millionen. Für England nimmt man für 1346 eine Zahl von 3 700 000 an, die, von festen Grundlagen ausgehend, ernsthaft berechnet zu sein scheint.

Neulandgewinnung

Unbestreitbar haben das 12. und 13. Jahrhundert eine beträchtliche Ausdehnung der bestellbaren und bestellten Bodenfläche in Westeuropa erlebt. Diese Erscheinung ist übrigens schon früher in manchen Gegenden zu beobachten, im 10. Jahrhundert, sogar im 9. und sehr viel häufiger dann im 11. Jahrhundert, während sie in den beiden Jahrhunderten, die den Rahmen unserer Darstellung bilden, ihren Höhepunkt erreichte.

Die Neulandgewinnung ging in der Regel von einem Dorf oder von einer Grundherrschaft aus; die Initiative dazu kam von der Genossenschaft der Bewohner oder von einzelnen geistlichen oder weltlichen Grundherren. Die Bedeutung dieses neu gewonnenen Ackerlandes, der Wiesen und mitunter Weinberge auf Kosten von Wald und Gebüsch, Heide- und Sumpfland war beträchtlich. Vor allem im 12. und 13. Jahrhundert – erste Ansätze zeigen sich bisweilen schon früher – wurden aber auch ganze Gebiete für die landwirtschaftliche Nutzung gewonnen. Die Rodung von Wäldern in der Normandie und im Maine scheint im 11. Jahrhundert begonnen zu haben und im 12. fortgesetzt worden zu sein. Zur selben Zeit nahmen an der Küste Flanderns die Eindeichungs- und Austrocknungsarbeiten ihren Anfang, die dann in größerem Maßstabe im 12. und 13. Jahrhundert weitergingen; und zweifellos wurde auch im inneren Flandern gerodet und Heideland umgebrochen. Das gleiche vollzog sich in anderen Teilen des Königreichs Frankreich im Laufe des 12. und 13. Jahrhunderts: gewisse Zonen der Brie und der Champagne, Teile des Loiretales und der Landschaften im Westen, Gebiete zu beiden Seiten der Garonne, ein Teil der Südwestküste, die Gascogne. Das Pariser Becken mit seinen beträchtlichen Waldbeständen war einer der Bezirke, in denen während des 12. Jahrhunderts der Kampf gegen den Baum im großen aufgenommen wurde. In Norditalien wurden besonders in der Poebene Deiche gezogen, Drainage gelegt und weite Gebiete unkultivierter Landes unter den Pflug genommen.

In Deutschland setzte die Neulandgewinnung in gewissen Teilen Niederlothringens ein, also in den westlichsten Gebieten des Reiches: in Holland, dem »Sticht« (dem bischöflichen Fürstentum Utrecht) und in Friesland. Zu Anfang des 12. Jahrhunderts setzten dann im Nordwesten die Kultivierungsarbeiten in den Sumpfgebieten der unteren Weser und Elbe energisch ein; andere Zonen im Norden kamen hinzu. Bald waren im Süden die Berge Bayerns an der Reihe. Während die Unternehmungen im Norden vor der Mitte des 13. Jahrhunderts ihr Ende fanden, gingen sie in den Bayerischen Alpen noch im ausgehenden 13. Jahrhundert weiter, wenn auch mancher neue Acker von minderwertiger Qualität bald wieder aufgegeben wurde. Jenseits der Elbe in den seit dem zweiten Viertel des 12. Jahrhunderts unterworfenen slawischen Gebieten folgte die Kultivierung der Eroberung oder ging mit ihr Hand in Hand. Noch vor dem Ende des 13. Jahrhunderts war die Oder erreicht.

Auf der Iberischen Halbinsel entriß die christliche Wiedereroberung dem Islam Länder, die zumeist von Krieg, Plünderung und Zerstörung schrecklich verwüstet und von den Bewohnern verlassen waren. Schon seit dem 11. Jahrhundert, besonders aber im 12. Jahrhundert und noch im 13., bemühte man sich unmittelbar nach der *Reconquista* um die Wiederbesiedlung und leitete bisweilen recht intensive Kultivierungsarbeiten ein. Diese *poblaciones* bildeten ein wesentliches Element im Wiederaufbau oder in der Entwicklung der Agrarwirtschaft eines großen Teils Spaniens und Portugals.

Die lokalen oder regionalen Gewinne an Kulturland sind in Nordfrankreich und Südbelgien an den auf *-sart* endenden Ortsnamen und in den Ländern deutscher oder niederländischer Sprache an dem Suffix *-rode* zu erkennen.

Wer hat nun bei der Neulandgewinnung die Initiative ergriffen? Wir haben schon von den beträchtlichen Landgewinnen gesprochen, die dank örtlicher Initiative errungen worden sind. Soweit es aber um größere Landstriche ging, sind an erster Stelle Mönchsorden und sogar einige Abteien eines alten Ordens zu nennen, der Benediktiner, die im allgemeinen Unternehmungen dieser Art wenig geneigt waren: so im 12. Jahrhundert Saint-Denis unter dem Abt Suger im Pariser Becken und Saint-Vincent du Mans in den Wäldern von Maine. Daneben waren es vor allem Benediktiner- und besonders Kluniazenserabteien, von denen in Spanien und Bayern wesentliche Anstöße ausgingen.

Wichtiger ist jedoch die Rolle der neuen Orden. Zweifellos kann man nicht behaupten, daß alle ihre Häuser in weitem Maße an der Kultivierung teilgenommen haben; aber es gab Gegenden, in denen ihre Betätigung entscheidend war. Die Küste Flanderns und sogar manche Teile des flandrischen Binnenlandes haben den Zisterziensern und den Augustiner-Chorherren, Brabant den Prämonstratensern vieles zu verdanken. Schwerlich läßt sich bestreiten, daß die Zisterzienser in der Gascogne in großem Umfang kultiviert haben. In den christlichen Königreichen der Iberischen Halbinsel lag seit dem 12. Jahrhundert die Initiative im wesentlichen bei den Zisterzienserabteien, die damals jenseits der Pyrenäen gegründet wurden und meistens Tochterstiftungen von Cîteaux, Clairvaux oder von den großen Abteien im südlichen Frankreich waren.

In Deutschland haben die neuen Orden wohl den tätigsten Anteil an der Kultivierung gehabt. In Sachsen, Thüringen, der Lausitz, in Bayern waren es Zisterzienserabteien, gewöhnlich Tochtergründungen älterer rheinischer Häuser, wie Altenburg und Altenkamp.

Die Prämonstratenser und in sehr viel höherem Maße die Zisterzienser spielten im 12. und 13. Jahrhundert die entscheidende Rolle in der Kultivierung der jenseits der Elbe unterworfenen Gebiete.

England steht in dieser Hinsicht in Westeuropa ein wenig abseits. Zu Ende des 11. und Anfang des 12. Jahrhunderts schrumpften dort Acker- und Weideland. Wilhelm der Eroberer hatte im Jahre 1069 den ganzen Norden des Landes systematisch ausgeplündert und verwüstet. Er und seine Nachfolger hatten weite Gebiete in »Forsten« verwandelt, die dem König zur Jagd vorbehalten blieben und Gesetzen unterworfen waren, die das Wild schützten und Ackerbau oder Viehzucht schwierig, wenn nicht unmöglich machten. Den Zisterziensern, die in England zwischen 1128 und 1152 ungefähr fünfzig Abteien gründeten, gelang es, aus den Wüsten des Nordens ausgezeichnetes Weideland für die Schafzucht zu gewinnen; der Süden des Landes zog übrigens in gleicher Weise Nutzen aus ihrer Tätigkeit, ohne daß sie selbstverständlich den königlichen »Forsten« zu nahezutreten wagten.

Das Verdienst an diesen Aktionen gebührt freilich nicht den Mönchen allein; im selben Sinne haben – direkt oder indirekt – Weltgeistliche und Laienautoritäten gewirkt. Im Königreich Frankreich war es im 12. Jahrhundert der König selbst, der zwischen Seine und Loire neues Ackerland gewinnen ließ. Auch die Grafen von Flandern sind zu nennen: die Schenkungen von Ländereien zur Urbarmachung oder Trockenlegung im 12. Jahrhundert, vornehmlich an die Augustiner-Chorherren, scheinen der Verwirklichung eines Planes gedient zu haben. In Deutschland riefen geistliche wie weltliche Fürsten Landleute zu Kultivierungsarbeiten herbei und förderten sie; jenseits der Elbe waren es neben den deutschen auch die slawischen Fürsten und Herren, nachdem sie die deutsche Oberhoheit angenommen hatten. In Norditalien gingen die für die Ausdehnung und Verbesserung der Kulturen notwendigen Eindeichungs- und Bewässerungsarbeiten oft von den Städten aus, die ihre Herrschaft über das flache Land ausgedehnt hatten.

Diese intensive Tätigkeit zum Nutzen von Getreidefeldern, Weiden und Weinbau kennzeichnet das westliche Europa im 12. Jahrhundert und zum Teil noch im 13. Jahrhundert. Sie war die Folge des steten Anwachsens der Bevölkerung. Während fast der ganzen Periode war ein beträchtlicher und weiter zunehmender Überschuß an ländlicher Bevölkerung zu verzeichnen, man sah sich gezwungen, Land für neue Siedlerstellen zu gewinnen. Und eben diesem Überschuß war es zu danken, daß überschwemmte Ländereien, sumpfiges Gelände, Wälder, Dickicht, Gestrüpp, Steppen und Heideland in Felder, Wiesen und Weinpflanzungen umgewandelt wurden. Dabei stellt sich das Problem der Arbeitskräfte.

Solange die Zisterzienser an der strikten Einhaltung der Ordensregel festhielten, verrichteten die schwere Arbeit unter Aufsicht der Mönche die Brüder niederen Grades, die Laienbrüder *(convers)*. Darüber hinaus wurden Laien eingesetzt, Landleute. Wo man es nachprüfen kann, stellt man oft fest, daß sie aus dem Ort selbst oder doch aus der Umgebung stammten. Das ist zum Beispiel regelmäßig beim widerrechtlichen Roden innerhalb der königlichen »Forsten« in England der Fall; man kennt diese Vorgänge aus Texten, die sich mit den – am Ende erfolglos gebliebenen – Maßnahmen zur Unterbindung dieser Übergriffe beschäftigen. Derartige Übergriffe gehören wieder in den Rahmen der

Erntearbeiten
Miniatur aus einem Jungfrauenspiegel, Ende 12. Jahrhundert
Bonn, Rheinisches Landesmuseum

Die Monate Februar und September
Reliefs von Benedetto Antelami, Ende 12. Jahrhundert. Parma, Baptisterium

»örtlichen« Urbarmachungen. Eines der besten Beispiele für die Kultivierung in weiterem Rahmen ist die Gascogne im 11. und besonders im 12. Jahrhundert: in den zahlreichen *sauvetés*, also in den neu privilegierten Bauerndörfern, lebten hauptsächlich Leute aus der Umgebung.

Dennoch waren, dank der Beweglichkeit der Bauernbevölkerung auf ihrer Suche nach Wohnsitz und Unterhalt, die Arbeiter, die man herbeirief, in vielen Fällen keine Ortsansässigen, sondern kamen mitunter von weit her. Wahrscheinlich trug ihnen dies den Beinamen *hospites*, »Gäste«, ein. Nur selten läßt sich ihre Herkunft ausmachen; so ist etwa die Heimat der »Gäste« unbekannt, die Suger in der ersten Hälfte des 12. Jahrhunderts in die Gegend von Paris rief, um Besitzungen von Saint-Denis wiederzubesiedeln und instand zu setzen oder dort neue Betriebe einzurichten, oder derjenigen, die etwa zur selben Zeit Ländereien im Maine kultivierten und die von Saint-Vincent du Mans aus gegründeten neuen ländlichen Siedlungen *(burgus)* bevölkerten. Dagegen waren zweifellos viele Franzosen, besonders aus dem Süden, an der Wiederbesiedelung und Urbarmachung von Brachland auf der Iberischen Halbinsel beteiligt. Man weiß auch, daß Holländer und Flamen, Rheinländer und Westfalen in großer Zahl im Norden und Osten des alten Deutschlands und vor allem in dessen »kolonialem« Teil jenseits der Elbe ansässig wurden. In Frankreich hat man festgestellt, daß im 12. und 13. Jahrhundert Bretonen und Limousiner das linke Ufer der unteren Creuse kultiviert und Leute aus Saintonge das Entre-deux-Mers bevölkert haben.

Um die neuen Bewohner heranzuziehen, gewährte man ihnen eine Rechtsordnung, die ihrem gesetzlichen Status und den Bedingungen, unter denen sie das Land in Besitz nahmen, besonders förderlich waren. In Deutschland, vor allem jenseits der Elbe, vertraute der Fürst oder Grundherr seit der Mitte des 12. Jahrhunderts oft die Seßhaftmachung neuer Ansiedler einem Unternehmer *(locator)* an. Bei der Urbarmachung in der Brie im 13. Jahrhundert sind ähnliche Fälle zu verzeichnen.

Die Zunahme des bebauten Bodens ist untrennbar mit der Schaffung neuer ländlicher Siedlungen verbunden, ob diese nun konzentriert oder weit verstreut angelegt wurden. Unter diese Siedlungen rechnet man mit Recht auch die »gewachsenen Dörfer«, die auf Grund selbständiger Tätigkeit von örtlichen Urbarmachern entstanden. Daneben gab es »gegründete Dörfer«, die man mehr oder weniger systematisch anlegte; es waren die *villes neuves* in Flandern, Nordfrankreich, der Normandie, der Ile de France, in Burgund, im westlichen Niederlothringen, die *bourgs* in Westfrankreich, die *bastides* in Südfrankreich, die *sauvetés* in Südwestfrankreich und Nordspanien, die »Kolonialdörfer« im nördlichen und ostelbischen Deutschland und die »Waldhufendörfer« in den Wäldern Süddeutschlands.

Wenn man sich in die Zeit gegen Ende des 13. Jahrhunderts versetzt und die Landschaft Westeuropas mit der um die Mitte des 11. vergleicht, muß man eine tiefgehende Veränderung feststellen. Das Wachstum der Bevölkerung gestattete es, den bewohnten und unmittelbar in den Dienst des Menschen und seiner Ernährung gestellten Teil des Landes beträchtlich auszudehnen. Eine zahlenmäßige Schätzung ist ausgeschlossen, aber die Tatsache ist unbestreitbar. Die Geschichte kennt nur wenige von gleicher Bedeutung.

Die Landwirtschaft

Veränderungen in der Landwirtschaft im engeren Sinne hat es im Laufe des 12. und 13. Jahrhunderts zweifellos gegeben; aber sie sind nur schwer zu fassen, mag es sich nun um die landwirtschaftliche Technik oder um die Feldarbeit handeln.

Gewiß wurden technische Fortschritte erzielt. Mergel- und Stalldüngung kamen häufiger vor, in vielen Gegenden aber doch noch höchst mittelmäßig. Man führte den ertragfördernden Wechsel von Anbau und Brache ein, im drei-, zuweilen zweijährigen Turnus und schließlich im 13. Jahrhundert auch alle vier Jahre. Dem Sommergetreide wurde ein größerer Anteil eingeräumt und der Hafer bisweilen durch Leguminosen ersetzt. Die vermehrte Zahl der Arbeitskräfte und ihre größere Wirksamkeit dank der Verbesserung von Pflug und Bespannung spielten ebenfalls eine Rolle. Im ganzen hat sich anscheinend die Produktivität des Ackerbodens spürbar erhöht.

Die Art der Bodennutzung war nach den Gegenden recht unterschiedlich. So traten im Laufe des 12. und vor allem im 13. Jahrhundert in den Küstenstrichen Flanderns an die Stelle von Schafzucht in weitem Maße Rindviehhaltung und Getreidebau. In England dagegen wurden die für die Schafzucht genutzten Flächen vergrößert, da die Wolle von der Tuchindustrie Flanderns, der Champagne und Brabants verlangt wurde. Auf dem Kontinent stellten sich im 13. Jahrhundert die Zisterzienser, wenn ihre Häuser nicht zu weit von der Stadt entfernt lagen, mit Tierzucht und Ackerbau auf die Versorgung der städtischen Bevölkerung ein. Im 12. und 13. Jahrhundert lebte der Weinbau in Aunis, Saintonge und in der Gegend von Bordeaux auf, um die wachsende Nachfrage in England, Flandern, den niederlothringischen Fürstentümern und in Norddeutschland befriedigen zu können. Auch die Bedeutung des Anbaus der in der Tuchindustrie benötigten Farbkräuter im 13. Jahrhundert verdient Erwähnung, etwa des Färberwaids oder des Pastells *(Isatis tinctoria)* in der Picardie und vielleicht schon im Lauraguais (Languedoc).

Die Bodennutzung und ihre rechtlichen Formen

Die »klassische« Grundherrschaft, der man im 9., 10. und oft noch im 11. Jahrhundert vorzugsweise den Namen *villa* gab, war im allgemeinen zweigeteilt: das »Fronhofland«, das direkt vom Herrn selbst oder von dessen Vertreter bewirtschaftet wurde, und der abhängige Besitz, der in einem großen Teil Europas *mansus*, französisch *manse*, zu deutsch »Hufe« genannt wurde; diese Hufen wurden von Ackerbauern bewirtschaftet, die zu festen, oft *census*, *cens*, Zins genannten Abgaben und zu Frondiensten auf dem Fronhofland verpflichtet waren. Die Ausmaße einer *villa* waren übrigens sehr verschieden: sie konnten die Ausdehnung eines großen Dorfes haben – nicht wenige Dörfer gehen in ihren Ursprüngen auf eine *villa* zurück –, sie konnten aber auch bescheidener sein und nur wenige hundert Hektar umfassen. Dieser Typ des ländlichen Betriebes scheint hauptsächlich in Mittel- und Nordfrankreich, im jetzigen Belgien und in West- und Süddeutschland verbreitet gewesen zu sein. Man begegnet aber auch in Italien und England Strukturen, die Ähnlichkeiten mit der *villa* der ehemaligen fränkischen Länder aufweisen. Neben diesen gewöhnlich zweiteiligen *villae*, häufig auch »Villikation« genannt, bestanden kleine und mittlere selbständige Betriebe. Schließlich wurden auch bäuerliche Leihen zur Erhebung des Zinses zu größeren Einheiten zusammengefaßt: zu »Hebeamtbezirken«, wie man sie in Deutschland nennt, wo sie weit verbreitet waren.

Im 11. und 12. Jahrhundert – hier und da auch schon früher – ist eine allgemeine Abnahme der Domänengröße festzustellen. Das war häufig, vor allem bei kirchlichen Grundherrschaften, die Folge widerrechtlicher Besitzergreifung oder erzwungener Belehnungen, bei weltlichen Grundherrschaften gewöhnlich nach Erbteilungen. Was aber entscheidend zu dieser Entwicklung beitrug, war nach unserer Meinung das Wachstum der Bevölkerung, wodurch eine immer größere Zahl von Anwärtern mit Land bedacht werden mußte. Die Domänen mit neu in Bewirtschaftung genommenem Land hatten jetzt – im Vergleich zu früher – gewöhnlich geringere Ausdehnung, gleichgültig ob sie zweigeteilt waren oder nur »Hufen« umfaßten.

Innerhalb der zweigeteilten Grundherrschaften verlor im 11. und 12. Jahrhundert das vom Herrn bewirtschaftete Land immer mehr an Bedeutung und Größe, da vor allem dieses Land von Usurpationen und Belehnungen betroffen war; andererseits zwang das Wachstum der Bevölkerung die Gutsherren, beträchtliche Teile der Eigenbetriebe zu parzellieren und als Leihen an Bauern abzugeben. Es gab sogar Grundherrschaften, bei denen das Fronhofland gänzlich aufgeteilt wurde, das war jedoch – mit Ausnahme von Italien – nicht sehr häufig. Den neuen Domänen fehlte zuweilen das Fronhofland ganz; und wenn eins vorhanden war, so meistens von geringer Größe. Nur England machte auch in dieser Hinsicht eine Ausnahme.

Die Hufen *(mansus)* wurden im 12. Jahrhundert an vielen Orten aufgeteilt, kleine Betriebe wie das *quartier*, die »Viertelhufe«, traten an ihre Stelle. Andere bäuerliche Besitzungen entstanden auf den neu unter den Pflug genommenen Flächen; sie tragen verschiedene Namen: etwa *curtis*, *curtile*, *hereditas*. Oft wurde Land verschiedenen Ursprungs zu neuen bäuerlichen Leihen zusammengefaßt.

In weiten Teilen Westeuropas gelang es aber den geistlichen und weltlichen Herren, der von diesen Veränderungen, zuweilen Umwälzungen, hervorgerufenen Unordnung und Verwirrung zu begegnen, indem sie in einem gewissen Umfang ihre Domänen neu ordneten und den neuen Verhältnissen anpaßten. Diese Domänen im 13. Jahrhundert hatten in der Regel ein Wirtschaftszentrum, gewöhnlich *curtis*, französisch: *cour*, englisch: *manor house*, deutsch: »Hof« bezeichnet, von dem aus einige hundert Hektar bewirtschaftet wurden. Diese Besitze hatten regelmäßig, aber nicht immer Land von geringer Ausdehnung in Eigenbewirtschaftung. Die Äcker – noch häufig in den Ländern französischer Sprache *couture (cultura)*, in den Gegenden der niederländischen Sprache *kouter* genannt – bildeten den kleineren Teil des Eigenbereichs; Wiesen und Wälder überwogen erheblich; Viehzucht war wichtiger als Ackerbau. Einige bäuerliche Leihen waren zinspflichtig, andere, durch Urbarmachung oder Trockenlegung gewonnen, hatten gewöhnlich einen Teil der Erträge, den *champart (campipars)* oder den *terrage (terragium)* abzuliefern. Die Rolle des »Hofes« als Sammelstelle für die Einnahmen war im allgemeinen wichtiger denn die als Wirtschaftsmittelpunkt. Beim Fehlen von selbstbewirtschaftetem Land, wenn also die Domäne nur aus Leihen bestand, war der »Hof« selbstverständlich ausschließlich Einnahmen-Sammelstelle.

Schon seit dem 11. und 12. Jahrhundert wurden die von den »Hufnern« zu leistenden Fronarbeiten erheblich gemildert. Im 13. Jahrhundert verzichtete man in zahlreichen Domänen gänzlich darauf oder ließ sie sich durch Geldzahlung ablösen. Das gilt besonders für die ausgesprochen landwirtschaftlichen Fronarbeiten, die, wo sie weiterbestanden, auf wenige Dienste beschränkt wurden. Die Transport-Frondienste und einige andere Dienste hielten sich länger. Für die Bewirtschaftung der Eigenbetriebe mußten die Grundherren, von ihrem Hauspersonal abgesehen, Fremdarbeiter heranziehen.

Im Laufe des 12. Jahrhunderts kam es in Frankreich, Deutschland, England mitunter sogar zu systematischen Anstrengungen, den Ertrag der Eigenbetriebe oder der ganzen Domäne zu erhöhen. Der Absatz war dank der Entwicklung von Handel und Industrie und der ständig wachsenden städtischen Bevölkerung gesichert. Die englischen Höfe betrieben, wie gesagt, ihre Schafzucht im großen; die intensivere und geordnetere Getreideproduktion in einigen Teilen Nordfrankreichs wurde durch die Nachfrage in den Städten, vor allem Flanderns und der Nachbarländer, wesentlich gefördert.

Die geistlichen und weltlichen Herren des 12. und 13. Jahrhunderts haben eine besonders wichtige Einrichtung geschaffen, um den Ertrag ihrer Ländereien zu sichern: die Verpachtung. Die von den Grundherren im Rahmen ihrer Domäne oder unabhängig davon vergebenen bäuerlichen Leihen waren auf Lebenszeit vergeben; tatsächlich waren sie jedoch erblich. Der Besitzer hatte unmittelbar Gewalt über das Stück, er hatte ein »dingliches« Recht darauf. Er nutzte nicht nur die Erträge, sondern konnte – trotz gewisser Einschränkungen – auch über die Leihe verfügen. Verpachtete Landstücke dagegen waren auf Zeit verpachtet, höchstens, besonders im Anfang, auf Lebenszeit, in der Regel jedoch nur für eine bestimmte Anzahl von Jahren. Der Betrag, den der Pächter an vereinbarten Terminen zu zahlen hatte, war genau festgesetzt. Oft wurden ihm Zusatzbestimmungen auferlegt, namentlich in bezug auf die Pflege des Bodens und die Art des Anbaus. Vererbung und freie Verfügung waren hierbei ausgeschlossen. Der Pächter hatte gewöhnlich kein Recht an dem gepachteten Land, das als »dingliches« Recht bezeichnet werden könnte. Man steht hier also einer von der Leihe völlig verschiedenen rechtlichen Institution gegenüber. Der Verpächter hatte den Vorteil, aus dem gesteigerten Ertrag einen höheren Nutzen zu ziehen; bei Auslaufen des Vertrages konnte er die Bedingungen für die Verpachtung neu festsetzen.

Die Verpachtungen waren der Art nach unterschiedlich. Der eine Typ war die *medietaria*, französisch *métayage*, die »Halbpacht«, bei der der Pächter zu bestimmten Terminen die Hälfte des Ertrages, mitunter auch weniger abzugeben hatte. Die andere war die *firma*, *amodiatio*, der *pactus*, die »Pacht«. Hier mußte der Pächter eine bestimmte Summe zahlen oder eine festgesetzte Menge von Erzeugnissen abliefern. Die »Halbpacht« ist seit dem 13. Jahrhundert – außer in Mittel- und Südfrankreich und in Italien – seltener geworden; die »Pacht« dagegen hat sich immer weiter durchgesetzt.

Die Verpachtung trat schon Anfang des 12. Jahrhunderts auf, wurde aber eine typische Erscheinung vor allem der zweiten Hälfte des 12. und des 13. Jahrhunderts im größten Teil Westeuropas. Sie wurden nicht nur auf die »Höfe« angewendet, sondern auch auf die recht großen neuen Betriebe, die man aus dem früheren Fronhofland herausgeschnitten oder, weniger oft, aus zurückgekauften oder zurückgeforderten Bauernwirtschaften zusammengefaßt hatte. Die Verpachtung auf Zeit nahm einen wichtigen Platz neben den bäuerlichen Leihen ein. Sie war aber nicht überall gleich weit verbreitet; dennoch bedeutet ihre Entwicklung eine entscheidende Wende in der Geschichte der Landwirtschaft im 12. und 13. Jahrhundert.

Dieser Abriß ist notwendig schematisch; Ackerbau und Viehzucht haben sich auch in anderen als den hier vorgestellten Formen entwickelt. Es gab selbständige Bauernwirtschaften außerhalb jeder Domänenorganisation oder im Rahmen sehr lockerer domanialer Zusammenschlüsse, vornehmlich in den Gebieten, deren Land dem Wasser, dem Wald oder der Heide abgewonnen war, wie im flandrischen Küstengebiet, in Seeland, Holland und Friesland, in Gebieten Norddeutschlands, des »kolonialen« Deutschlands jenseits der Elbe, den Alpenländern, gewissen Teilen Englands oder Norditaliens. Es gab auch völlig unabhängige Betriebe. Man darf bei dem Versuch, die Veränderungen in den Jahrhunderten und ihre Wirkungen zu begreifen, die Verschiedenheit in Form und Größe nicht außer acht lassen.

Die Stadt

Das Aufblühen eines städtischen Lebens von Bedeutung ist in Westeuropa ein Phänomen des 10. und vor allem des 11. Jahrhunderts; seine früheste Phase geht in die letzten Jahre des 8. und ins 9. Jahrhundert zurück, doch gehört diese nicht in den Rahmen dieser Abhandlung. Man muß aber daran erinnern, daß es sich um eine allgemeine Bewegung in Europa handelte. Dieses Wiederaufkommen städtischen Lebens zeigte sich auf verschiedene Weisen: in der wachsenden Aktivität alter Zentren, etwa ehemaliger römischer »Städte«, in neuen Siedlungen in deren Nachbarschaft oder Neugründungen mit städtischem Charakter ohne Beziehung zu den alten städtischen Zentren. Einige dieser Neusiedlungen sind »gewachsen«, sie verdanken ihre Existenz der freiwilligen Niederlassung und der Aktivität der Bevölkerung. Andere wurden »gegründet«, ihre Entstehung ging also auf die Initiative eines Herrschers, Fürsten oder Grundherrn zurück, der in eigenem Interesse die von ihm herbeigerufenen Kolonisten ansiedelte; viele durch Gründung entstandene Städte sind *villae novae*, *terrae novae*, *villes neuves*, *bastides*, *sauvetés*, denen mehr Erfolg beschieden war als anderen Ansiedlungen ihrer Art, die nicht über das Dorfstadium hinausgelangten. Entscheidend bei der Erneuerung des städtischen Lebens wurde die Entwicklung von Handel und Industrie. Das darf aber nicht zu der Annahme verleiten, die Stadtbewohner hätten dem ökonomischen Hauptwirkungsfeld der Epoche ferngestanden, dem Ackerbau und der Viehzucht. In nicht wenigen Städten arbeitete, besonders in der frühen Periode ihrer Geschichte, noch ein beträchtlicher Teil der Bevölkerung in der Landwirtschaft; die meisten Städte waren Märkte für Agrarerzeugnisse und blieben es.

Auch die demographische Expansion begünstigte die Entfaltung des städtischen Lebens. Lohnende Arbeitsmöglichkeiten und die Privilegien, die die Städter im allgemeinen genossen, zogen einen beträchtlichen Teil des ländlichen Bevölkerungsüberschusses an und förderten damit das normale Wachstum der Stadt erheblich. Mit dieser Bewegung hängt die Anlage neuer »Gründungsstädte« eng zusammen. Das von König Heinrich I. gegründete Newcastle-on-Tyne ist für England das beste Beispiel. Vor allen Dingen sind die ostelbischen Städte zu nennen. Sie waren hin und wieder an der Stelle einer früheren slawischen Siedlung angelegt, die schon einige der für die Stadt eigentümlichen wirtschaftlichen Funktionen ausgefüllt hatte; das beste Beispiel dafür ist Lübeck in der Nähe der Travemündung, das von Adolf II. von Holstein 1143 und von neuem 1158 vom Sachsenherzog Heinrich dem Löwen gegründet wurde.

Im 12. und 13. Jahrhundert nahmen nun einige Städte einen Aufschwung, der sie in wirtschaftlicher Aktivität und Bevölkerungszahl von den anderen abstechen ließ. Sie lagen meistens in geringer Entfernung voneinander in Gegenden mit besonders weit entwickelter Wirtschaft: in Norditalien und der Toskana, an der Mittelmeerküste Frankreichs und in der Provence, an der unteren Seine, in der Picardie, in Flandern, Brabant und an der Maas, am Rhein, an der deutschen Nord- und Ostseeküste.

Aufschluß über das Wachstum der Städte und die Vermehrung ihrer Bevölkerung läßt sich aus ihrer Bauweise gewinnen. Im 12. und 13. Jahrhundert schlossen sich im Innern der Stadtmauer die unbebauten Flächen; außerhalb entstanden Vororte, in denen ein immer größerer Teil der Stadtbevölkerung wohnte. Schließlich wurden die Vororte mit einer neuen Mauer in die Stadt einbezogen. Einige Zahlen seien genannt: in Paris umfaßten die Altstadt auf der Seineinsel acht Hektar und die in der ersten Hälfte des 12. Jahrhunderts auf dem rechten Seineufer befestigte Siedlung zweiunddreißig Hektar, zusammen vierzig Hektar; die sich an beiden Ufern entlangziehende Mauer Philipps II. August umzog zu Anfang des 13. Jahrhunderts 252 Hektar. In Köln berechnet man die im Jahre 1106 von der Stadtmauer umzogene Fläche mit 201 Hektar (die Altstadt mit 96 Hektar; die schon seit dem 10. Jahrhundert befestigte »Rheinvorstadt« mit 25 Hektar; die im Jahre 1106 umfriedeten Vororte mit 80 Hektar); die neue Ringmauer von 1180 umschloß zusätzlich 200 Hektar, das macht im ganzen 401 Hektar. In Flandern, in Brügge, umfaßt die schon 1089 vorhandene erste Mauer – einschließlich der Grafenburg mit einem Hektar – 70 Hektar; der neue von 1297 bis 1300 errichtete Wall umgrenzte 430 Hektar. Wenn auch im Innern der jüngsten Stadtmauern beträchtliche Flächen leer blieben, gestatten diese Angaben doch eine annähernde Vorstellung von dem Wachstum der Städte im 12. und 13. Jahrhundert.

Auf den Versuch, die Stadtbevölkerung zahlenmäßig zu erfassen, muß man für die hier betrachtete Epoche verzichten. Eine einzige Stadt nur liefert uns gegen Ende des 13. Jahrhunderts genauere Daten: Paris. Die Hauptstadt des französischen Königreiches hatte im Jahre 1292 ungefähr 72000 Einwohner. Es war auch zu jener Zeit schon eine sehr große Stadt! Erst in der ersten Hälfte des 14. Jahrhunderts lassen sich andere Beispiele angeben; aber auch sie sind nur gewissenhafte Schätzungen: Paris muß bis auf 80000 Einwohner angewachsen sein, Brügge hatte ungefähr 35000 Einwohner, Gent wenig mehr als 50000, London vielleicht 35000. Keine deutsche Stadt erreichte 30000 Einwohner. In Frankreich entsprach dem vielleicht die Einwohnerzahl von Rouen und Toulouse. In Italien soll Florenz 55000 gehabt haben, Mailand und Venedig 100000, Genua etwas weniger. Aber das waren Ausnahmen. In Westeuropa war eine Stadt mit 20000 Einwohnern schon eine große

Stadt, 10000 waren das übliche. Die mittelalterlichen Städte, die eine Hauptrolle im wirtschaftlichen, sozialen und politischen Leben ihrer Zeit spielten, waren nach heutigen Begriffen Kleinstädte.

Handel und Industrie

In den meisten westeuropäischen Städten zeigte die Industrie einen handwerklichen Charakter und arbeitete für den lokalen Markt. Einige besonders wichtige Städte, die einen interregionalen und später internationalen Markt belieferten, bildeten die Ausnahme.

Im Mittelmeerraum des 12. und 13. Jahrhunderts entwickelte sich der Verkehr am stärksten, vor allem durch Genua, Venedig und Pisa. Die Kreuzzüge gestatteten es ihnen, in Syrien und Palästina Kontore und selbständige Niederlassungen einzurichten, die sich bis zur muselmanischen Wiedereroberung in der zweiten Hälfte des 13. Jahrhunderts hielten. Eineinhalb Jahrhunderte lang betrieben sie einen bedeutenden Teil des Handels mit Asien, und selbst nach dem Verlust ihrer Niederlassungen im Vorderen Orient bewahrten sie sich noch einen guten Anteil daran. Venedig, dem einst eine gewisse Abhängigkeit vom byzantinischen Kaiserreich eine privilegierte Stellung in Konstantinopel eingebracht hatte, wußte sie noch dadurch zu verstärken, daß es von Kaiser Alexios I. Komnenos im Jahre 1082 von allen Mutations- und Zollabgaben befreit wurde; dank diesem Privileg beherrschte Venedig praktisch den ganzen Außenhandel des Reiches. Die 1111 Pisa und 1155 Genua gewährten Vorzugstarife (vier Prozent) begünstigten aber deren Handelsposition; dieser Umstand und die im Laufe des 12. Jahrhunderts von Byzanz wiederholt ausgelösten Konflikte veranlaßten Venedig in den Jahren 1203 bis 1204, den Angriff des Vierten Kreuzzuges auf Konstantinopel zu erwirken. Im Lateinischen Kaiserreich, das an die Stelle des Byzantinischen trat, erlangte Venedig tatsächlich fast das Außenhandelsmonopol; nachdem das Byzantinische Reich 1261 wiederhergestellt war, überflügelte aber Genua vorübergehend Venedig, während es Pisa endgültig ruinierte (1284).

Trotz dieser Zwistigkeiten, von denen nur die ernstesten erwähnt werden können, blieben Venedig und Genua weiter die kommerziellen und maritimen Großmächte des westlichen Mittelmeers. In der zweiten Hälfte des 13. Jahrhunderts dehnten sie ihren Handel bis ins Schwarze Meer aus; die genuesischen Niederlassungen in Caffa auf der Krim, die genuesischen und venezianischen Kontore in Tana an der Mündung des Don spielten eine beträchtliche wirtschaftliche Rolle. Handelspartner waren Rußland, Innerasien und sogar der damals von den Mongolen unterworfene Ferne Osten; eine der einträglichsten Seiten dieser Beziehungen war der Sklavenhandel, der den italienischen Kaufleuten reichliche Profite einbrachte.

An der Nordküste Afrikas, ob in Ägypten, in Alexandreia oder in der Berberei (heute Tunesien, Algerien, Marokko), bewiesen die Italiener die gleiche Aktivität. Genua und Pisa ergriffen hier die Initiative und gründeten im 12. Jahrhundert auf Grund von Handelsverträgen privilegierte Niederlassungen. Venedig und das Königreich Sizilien folgten ihrem Beispiel. Im 13. Jahrhundert scheinen diese Handelsbeziehungen mit Nordafrika in gewissen Momenten, besonders für Genua, noch wichtiger geworden zu sein als die im östlichen Mittelmeer.

Die Häfen der Provence und des Languedoc, wie Marseille oder Montpellier und Narbonne, standen weit hinter der kommerziellen und maritimen Aktivität der italienischen Stadtrepubliken zurück; so auch Barcelona. Aber ihre Wirksamkeit im Orient und vor allem in Nordafrika im 13. Jahrhundert war immerhin bedeutend genug, um erwähnt zu werden.

Der Mittelmeerhandel spielte sich in verschiedenen Formen ab. Die Italiener, in geringerem Maße die Südfranzosen und Katalanen, exportierten nach dem Osten oder nach Afrika ihre eigenen Produkte oder eingeführte Güter und importierten, oft zum Weiterverkauf, orientalische oder afrikanische Erzeugnisse. Meistens spielten sie aber die Rolle von Zwischenhändlern in einem Wirtschaftsraum, der Osteuropa, Asien und das muslimische Afrika und Spanien umfaßte.

Wichtige Handelsbeziehungen entwickelten sich auch zwischen den Mittelmeerländern, vor allem Italien, und den Ländern jenseits der Alpen. Die Kaufleute Venedigs betrieben ihren Handel vornehmlich mit Mittel- und Süddeutschland und mit den slawischen und ungarischen Ländern Osteuropas. Die meisten anderen Zentren des Außenhandels auf der Halbinsel orientierten sich nach dem Nordwesten.

Den äußersten Nordwesten, also England, bevorzugten im 12. und 13. Jahrhundert vor allem die Flamen, die auf den dortigen Märkten Wolle aufkauften. Sie verarbeiteten immer größere Mengen davon, im 12. Jahrhundert zunächst neben der einheimischen Wolle, im 13. Jahrhundert dann auch spanische und schottische, mit Vorliebe aber, ihrer guten Qualität wegen, immer mehr englische Wolle. Flandern bildete in der Tat das Zentrum eines ausgedehnten Industriegebietes, das Tuch im großen herstellte und sich von der Normandie und Chartres bis nach Niederlothringen (hauptsächlich nach Brabant) und in die Picardie und die Champagne erstreckte. Die flämischen Fertigtuche waren wegen ihrer Qualität und Schönheit bekannt; sie und die nordfranzösischen wurden spätestens seit der Mitte des 12. Jahrhunderts in großen Mengen nach Italien exportiert, obgleich es in der Lombardei eine eigene rege Tuchfabrikation gab. Im 13. Jahrhundert führte man auch rohes oder nur halbfertiges Tuch nach Italien ein, das dann in der Toskana und vornehmlich in Florenz fertiggestellt und gefärbt wurde. In der zweiten Hälfte des Jahrhunderts importierte Italien und vor allem die Toskana in großen Mengen englische Wolle, verarbeitete in Konkurrenz zu ihr aber auch Wolle aus Schottland, Spanien oder aus dem Maghrib.

Während des 12. Jahrhunderts brachten gewöhnlich die flämischen Kaufleute ihr Tuch nach Italien und vor allem nach Genua; die Italiener kamen in den Norden, vornehmlich nach Flandern, um ihre eigenen Produkte und die des Orients zu verkaufen, etwa Seidenstoffe, Lederwaren, Gewürze, Goldschmiedearbeiten. Von der Mitte des 12. Jahrhunderts an erlaubten es die in der Champagne in Troyes, Lagny, Provins und Bar-sur-Aube regelmäßig veranstalteten Messen den Kaufleuten, sich einen Teil des Weges zu ersparen. Diese Messen wurden im 13. Jahrhundert nicht nur Warenaustauschplätze, es wurden auch Käufe abgeschlossen und Zahlungen geleistet. Italiener und Leute aus dem nördlichen Tuchmachergebiet trafen dort auf die Kaufleute aus Deutschland, aus verschiedenen Gebieten Frankreichs und sogar aus Spanien. Eine bescheidenere Rolle spielten auch die Messe von Saint-Denis und der Pariser Markt.

Die italienischen Kaufleute, die sich nach dem Nordwesten begaben, überquerten die Alpen meistens über den Großen Sankt Bernhard. Von dort waren bequem der Jura zu erreichen und über dessen Pässe die Champagne oder die weiter entfernten Gegenden. Die Eröffnung der Sankt-Gotthard-Straße vor 1230 lenkte aber offenkundig auch einen ansehnlichen Teil des Verkehrs ins Rheintal und auf die Verbindungswege zu den Niederlanden.

Am Ende des 13. Jahrhunderts erschloß sich dieser Handel auch den Seeweg. Anscheinend ging die Initiative von Spanien aus; als erste brachten Galeerenkonvois von Mallorca die Mittelmeerländer über Atlantik und Ärmelkanal mit der Nordseeküste in Verbindung. Genua folgte bald; im Jahre 1277 erreichten seine Galeeren England und Flandern. Diese Schiffahrt sollte im Wirtschaftsleben des 14. Jahrhunderts eine wesentliche Rolle spielen.

Die beträchtlichen Profite, die die italienischen Kaufleute im internationalen Verkehr des Mittelmeerbeckens erzielten, brachten Reichtümer im lokalen oder regionalen Handel Italiens in Umlauf. Neue Schätze wurden angehäuft und in Form von Bankgeschäften angelegt, die zuerst mit Handelsunternehmungen im Ausland verbunden waren. Schon vor Ende des 12. Jahrhunderts übernahmen Geschäftsleute aus Piacenza Zahlungen auf den Messen der Champagne. Aber vor allem im 13. Jahrhundert übten piacenzische, genuesische, hauptsächlich aber sienesische und florentinische Kaufleute diese Art von Geschäften aus. Im allgemeinen waren sie in Gesellschaften zusammengeschlossen, von denen die berühmteste die der Buonsignori von Siena war; sie wickelten den Zahlungsverkehr von Ort zu Ort ab, schlossen Wechselgeschäfte und gewährten Darlehen, selbstverständlich in Italien, aber auch in Spanien, der Provence und in Frankreich, Flandern, Brabant und England. Andere, bescheidenere Finanzleute, die »Lombarden« oder »Cahorsiner«, die aber meistens aus Piemont und vor allem aus Asti stammten, waren Pfandleiher. Seit der zweiten Hälfte des 13. Jahrhunderts verbreiteten sie sich in Frankreich, im Königreich Arelat, in Flandern und in den niederlothringischen Fürstentümern; erst im 14. Jahrhundert setzt ihre größte Aktivität ein.

Eine zweite, höchst bedeutende Richtung des Handelsverkehrs zielte nach dem Osten, die Handelswege reichten von England im Westen bis in die slawischen Länder Osteuropas und nach Nordrußland. Die Ursprünge dieses Handels gehen auf das 11. Jahrhundert zurück; im 12. Jahrhundert nahm er eine stürmische Entwicklung und erreichte seinen vollen Umfang im 13. Jahrhundert. England versorgte die flämische Industrie mit Wolle und führte flämisches Tuch sowie Wein und Metallwaren aus Deutschland ein. Hauptsächlich von Köln aus erreichten die Güter ihre entfernteren Bestimmungsorte: flandrisches und Brabanter Tuch, Messingwaren der mittleren Maas, rheinisch-westfälische Metallprodukte, um nur einige wichtige anzuführen. Rhein, Main, die Donau oder die Straßen nach Bremen, Hamburg oder Magdeburg gestatteten es, nicht nur das rechtsrheinische und das »koloniale« Deutschland mit Waren zu beliefern, sondern ebenso die slawischen Länder und Ungarn. Neben dem Verkehr auf den Fluß- oder Landwegen wurde der Schiffsweg auf der Nordsee und seit der zweiten Hälfte des 12. Jahrhunderts auch auf der Ostsee von ständig wachsender Bedeutung. Vor allem die Deutschen sicherten mit ihren »Koggen« von nun an die Seetransporte, wenn auch Flamen und Engländer auf der Nordsee, Dänen und Schweden auf der Ostsee daran beteiligt waren.

Die deutsche Kolonisation zwischen Elbe und Oder und ihre neugegründeten Handelsstädte an der Küste, wie Rostock und Wismar und vor allem Lübeck, begünstigten Seefahrt und Seehandel. Vor dem Ende des 12. Jahrhunderts wurde eine deutsche Niederlassung auf der schwedischen Insel Gotland in Wisby eingerichtet, als Zwischenstation für den Handel mit Rußland. Die Handelsstädte Norddeutschlands, des alten und des kolonialen, verteidigten gemeinsam ihre Interessen, ohne sich schon zu einer ständigen Organisation zusammenzuschließen. Während des 13. Jahrhunderts wurden ihnen, gewöhnlich auf die Initiative von Hamburg und Lübeck hin, Privilegien verliehen, die ihren Handel in England und in Flandern begünstigten. Andere Verträge sollten die Ostseeschiffahrt sichern. Schließlich wurde noch eine ganze Reihe von Abmachungen mit den russischen Fürsten und Städten getroffen, namentlich mit der bedeutenden Handelsstadt Nowgorod, die den Handel mit Rußland weitgehend erleichterten. Pech, Pottasche, Wachs, Pelze und die anderen Produkte der Ebene und Wälder Rußlands bildeten die Fracht der deutschen Schiffe für Brügge oder London; hier kauften die deutschen Händler Tuch, Wolle und im 13. Jahrhundert Wein und Salz ein, Waren, die aus dem südwestlichen Frankreich importiert waren.

Schon im 12. Jahrhundert entwickelte sich ein reger Handelsverkehr zwischen der atlantischen Küste Frankreichs auf der einen Seite und England und Flandern auf der anderen. Man kennt ihn vor allem im 13. Jahrhundert. Kaufleute aus dem Südwesten, etwa von Bayonne, aber auch Flamen, lieferten von den Handelsplätzen am Atlantik, La Rochelle, Oléron, Bordeaux und Bayonne, aus große Mengen Wein von Aunis, Saintonge und Bordeaux nach England und Flandern. Diese Importe sicherten den französischen Weinen des Südwestens in diesen Ländern und ihren Nachbargebieten einen bedeutenden Platz neben den deutschen und nordfranzösischen. Die Flamen belieferten seit dem 13. Jahrhundert auch Brügge mit dem Salz der Solen in der südlichen Bretagne, vornehmlich dem aus der Bucht von Bourgneuf.

Schließlich ist noch der wichtige Handelsstrom auf dem Atlantik hervorzuheben. Er reicht wohl bis ins 12. Jahrhundert zurück, ist aber erst im 13. zu erkennen: der Transport von Eisen, besonders von Wolle, von den nordspanischen und portugiesischen Häfen aus nach Brügge und Rouen, im Austausch gegen Tuche aus Flandern, Nordfrankreich und der Normandie.

Diese Angaben mögen genügen, um die Veränderungen im Wirtschaftsleben Westeuropas im Laufe des 12. und 13. Jahrhunderts zu umreißen. Es gab allerdings noch andere, weniger wichtige Handelswege, die gleichwohl eine wirksame Rolle im Warenaustausch gespielt haben. Vor allem aber: der internationale Fernhandel stellte nur die eine Seite des Verkehrs dar. Der regionale und interregionale Handel verbreitete oft dringend benötigte Produkte aus Landwirtschaft und Tierzucht oder etwa Holz und Salz und hat wohl mit wesentlich größeren Warenmengen umgehen müssen.

Die wachsenden Transaktionen machten mehr, sicherere und wertvollere Zahlungsmittel erforderlich, als es bis dahin die mittelmäßigen Münzen von geringem Wert gewesen waren. Anfangs wurde das byzantinische Hypérpyron noch häufig im mediterranen Handelsverkehr verwandt; aber seine fortschreitende Entwertung verdrängte es aus der Position, die es lange Zeit innegehabt hatte. Man schlug im Westen bessere Silbermünzen als früher: den neuen englischen Denar im Jahre 1180, den venezianischen *Grosso* oder *Matapan* 1192, den französischen *Gros tournois* 1266; andere folgten. Nach einer Unterbrechung von fünf Jahrhunderten begann man wieder Gold zu prägen. Die Serie der westlichen Goldmünzen eröffnete der wunderbare *Augustalis*, der von Kaiser Friedrich II. 1231 in Brindisi und Messina geschlagen wurde. Ein Goldstück wurde in Genua 1252 geprägt; der Florentiner *Florin* folgte im selben Jahr; der heilige Ludwig ließ 1266 einen *Écu* schlagen, Venedig einen *Zecchino* oder *Dukaten* (1284).

Die Messen, ganz besonders die der Champagne, erleichterten die gegenseitige Abrechnung; die von den Italienern erfundenen Kreditpapiere stellten seit dem 13. Jahrhundert dem Handel Zahlungsmittel zur Verfügung, die den Transport von Bargeld überflüssig machten: den »Marktbrief«, einen Solawechsel mit der Verpflichtung, einen bestimmten Betrag auf der Messe zu entrichten, und – gegen Ende des Jahrhunderts – den Wechsel, der das bevorzugte Zahlungsmittel und ein Kreditinstrument von außerordentlicher Anpassungsfähigkeit werden sollte.

Der Adel

In allen Ländern des Westens bildeten die weltliche Aristokratie zusammen mit der hohen weltlichen Geistlichkeit und den Mitgliedern einiger mönchischer Gemeinschaften und Kapitel die obere Schicht der Gesellschaft. In dieser Hinsicht hatte sich gegenüber den beiden vorangegangenen Jahrhunderten wenig geändert. Juristisch betrachtet, umfaßte die weltliche Aristokratie verschiedene Gruppen; der Erbadel, oft eine Anzahl von Geschlechtern freier Ritter, unterschied sich vom Adel in engerem Sinne, und als drittes gab es im Deutschland jener Zeit noch eine Ritterschicht, deren Mitglieder keine vollständige Freiheit genossen, die »Ministerialen«. Im Laufe des 13. Jahrhunderts nahm dann der Adel auch die freie Ritterschaft und die Ministerialen in sich auf. Trotz dieser juristischen Unterschiede konnte aber die weltliche Aristokratie des 12. und 13. Jahrhunderts in weiten Teilen Westeuropas als eine einzige soziale Schicht gelten. Die im wesentlichen kriegerische Lebensweise ihrer Mitglieder gestattet es, sie im umfassenden Sinne als »Ritterschaft« zu bezeichnen.

Wie im vorangegangenen Jahrhundert zeigt die Ritterschaft dieselbe Beweglichkeit, wie sie schon bei den anderen sozialen Schichten nachgewiesen wurde: zu zahlreich, um sich in ihrer Heimat, wo ihre Familie begütert war, niederzulassen und auch nur eine einfache Existenz zu gründen, wurden viele Ritter Berufskrieger, stets bereit zu Abenteuern in der Fremde. Im 11. Jahrhundert stellten sie die Streitkräfte für die normannische Eroberung Süditaliens, Siziliens und Englands, für die spanische *reconquista* und besonders für den Ersten Kreuzzug.

Normannen aus Frankreich und England zogen noch in der ersten Hälfte des 12. Jahrhunderts, wenn auch weniger zahlreich, nach Süditalien und Sizilien. Französische Ritter kämpften in Spanien gegen die Mauren und setzten sich dort fest, namentlich bis gegen 1130. Die Kreuzzüge führten im 12. Jahrhundert zahlreiche Ritter nach dem Orient; viele ließen sich in Syrien oder Palästina nieder. Diese Umsiedlungen wurden dann allmählich seltener und verloren schließlich den Charakter von Massenbewegungen. Eine der Ursachen dafür ist wahrscheinlich in den neuen Gelegenheiten zu suchen, die die anglonormannische Monarchie, die Kapetinger, und einige französische Fürsten dem weltlichen Adel Frankreichs und Englands boten. Seine Mitglieder fanden Beschäftigung vor allem in den bewaffneten Konflikten, die jetzt immer häufiger zwischen den beiden Königreichen wüteten. Die deutsche Ritterschaft dagegen begann im zweiten Viertel des 12. Jahrhunderts slawische Länder jenseits der Elbe zu erobern und sich dort auf dem neu gewonnenen Boden anzusiedeln. Im 13. Jahrhundert entwickelt sich der Vierte Kreuzzug zum Angriff auf das Byzantinische Reich und verschafft der französischen Ritterschaft erheblichen Grundbesitz.

Im 11. Jahrhundert war die weltliche Aristokratie durch die feudalen Verpflichtungen gebunden. Das gilt für Frankreich, Deutschland, das Königreich Burgund-Provence, das Königreich Italien und seit der normannischen Eroberung auch für Süditalien, Sizilien und England, übrigens nicht immer in gleichem Maße. Der Prozeß der Feudalisierung beschleunigte sich. Die englische Aristokratie bildete seit dem Ende des 11. und dem Anfang des 12. Jahrhunderts gleichsam eine Pyramide von Vasallen, die alle vom König als dem obersten Herrn abhingen; alle Ländereien waren dessen Eigentum, das er – unmittelbar oder mittelbar – vergab. In Frankreich und, wenn auch weniger, im Arelat lebte die weltliche Aristokratie in strengen Bindungen der Vasallität, die nicht notwendig im König oder einem Landesfürsten gipfelten. Das freie Eigentum, das »Allod«, trat in einem solchen Maße zurück, daß es in weiten Gebieten, wie in der Normandie und der Bretagne, vollständig verschwand; normalerweise waren die Ländereien der weltlichen Aristokratie zu Lehen gegeben. In Deutschland gingen diese Veränderungen langsamer vonstatten, und wenn sie sich auch im 13. Jahrhundert beschleunigten, blieben sie doch begrenzter als in Frankreich; noch im 13. Jahrhundert gab es Allode in ganz Deutschland. Man kann fast dasselbe vom Königreich Italien sagen. Das normannische Süditalien und Sizilien nahmen eine vermittelnde Stellung ein: die ganze weltliche Aristokratie stand dort im Lehnsverhältnis und bildete im Königreich (nach 1130) wie in England eine Pyramide mit dem König an der Spitze. Die Vasallen und Untervasallen besaßen auch hier die meisten Ländereien zu Lehen.

Die Akte, die das Lehnsverhältnis begründeten, die Mannschaft, der Treueid und die Einsetzung in das Lehen, die Investitur, blieben unverändert. Norditalien bildete allerdings eine Ausnahme: dort verschwand im 12. Jahrhundert die Mannschaft, und der Treueid folgte der Investitur. Von den Ländern, in denen das Lehnswesen entstanden und seine ersten Ausprägungen erfahren hatte, breitete es sich im 12. Jahrhundert auch in anderen Gebieten aus. Mit den für die christlichen Königreiche auf der Iberischen Halbinsel eigentümlichen Institutionen verschmolzen, ließen sie ein spanisches und portugiesisches Lehnswesen mit recht eigenartigen Zügen entstehen. Die Kreuzfahrer und die anderen abendländischen Ritter, die sich im lateinischen Orient niederließen, führten dort französische Feudalinstitutionen ein, die sich kraftvoll entwickelten; trotz gewissen Eigentümlichkeiten blieben sie in ihrem Wesen dem ziemlich nahe, was sie in ihrem Ursprungsland gewesen waren. Zur Zeit der normannischen Könige wurden die feudalen Institutionen Englands auch im Königreich Schottland eingeführt.

Im 12. Jahrhundert wurden die Beziehungen zwischen Lehnsherrn und Vasall einem Wandel unterworfen; die Anfänge dieser Entwicklung reichen wenigstens bis ins 11. Jahrhundert zurück. Ursprünglich bildete die persönliche Beziehung zwischen Vasall und Lehnsherr das ausschlaggebende Element, während das Lehen dazu bestimmt war, dem Vasallen den Unterhalt zu liefern und ihn für seinen Dienst in den Stand zu setzen. Jetzt leistete man Mannschaft und schwur die Treue, wurde also Vasall um eines Lehens willen, um ein Lehen zu behalten, das der Vater oder ein Verwandter besessen hatte, oder um ein neues zu bekommen. Das reale Element gewann die Oberhand über das persönliche. Das Lehen gehörte ohne nennenswerte Einschränkung immer mehr zum väterlichen Erbe; die Subordination und der Dienst als Lehnsmann traten, wenn sie auch erhalten blieben, zurück.

Man kann nicht über die weltliche Aristokratie im 12. und 13. Jahrhundert sprechen, ohne auf ein moralisches Phänomen hinzuweisen, das sich in ihrer Mitte entwickelte: die Mitglieder dieses Standes, die so gut wie alle ihr Leben mehr oder weniger sich gegenseitig bekämpfend zubrachten, bildeten eine Art internationaler Brüderschaft all derer, die sich »Ritter« nennen durften, unabhängig von ihrem Rang, eine Brüderschaft ohne materielle Existenz, aber mit ausgesprochenen Zulassungsriten, Lebensregeln und einem allgemein anerkannten Ideal, sie bildeten das »Rittertum«. Die verschiedensten Umstände haben an der Ausformung dieses Phänomens mitgewirkt: die zum Kern des Lehnswesens gehörende Treuepflicht; die Rolle der von geistigen Reformbestrebungen erfüllten Kirche, vor allem ihre Bemühungen um den allgemeinen Frieden, den »Gottesfrieden«, und ihre Bekämpfung der privaten Fehden; der von manchen Frauen des Hochadels ausgehende Einfluß; die Kreuzzüge, die christliche Ritter verschiedener Nationen und aller Stände in einem gemeinsamen Unternehmen zur Wiedereroberung oder Verteidigung der Heiligen Stätten vereinten.

Einiges davon begann schon im 11. Jahrhundert zu wirken; aber erst im 12. Jahrhundert wurde das Resultat deutlich sichtbar. Neues kam später noch hinzu. Das ritterliche Ideal forderte Ehrgefühl, Frauendienst, Sorge für den Schutz der Kirche und der Schwachen, Suche nach Heldentaten, Brüderlichkeit unter den Rittern, selbst unter den verschiedenen Lagern angehörenden. Die Existenz dieser moralischen, immateriellen Gemeinschaft und ihres Ideals wurde gestärkt und verbreitet von einer in der Vulgärsprache verfaßten Literatur, die im 11. Jahrhundert in Frankreich mit der *Chanson de Roland* einsetzte und im 12., 13. und den folgenden Jahrhunderten einen glänzenden Aufschwung nahm. Das ideale Rittertum und die ritterliche Literatur gingen von Frankreich aus und wurden bald auch in England, Deutschland (»Rolandslied« im 12. Jahrhundert), Italien, Spanien und noch darüber hinaus heimisch.

Zweifellos war damit nur ein höchst ungenügender Zügel der Roheit, der Begierde, den primitiven Leidenschaften, der Wildheit und Grausamkeit angelegt; immerhin war es ein Zügel und zugleich ein Weg zur Humanisierung der Sitten und eine schöpferische Kraft des moralischen Lebens und der Kultur.

Die Stadtbewohner

Die städtische Bevölkerung Westeuropas im 12. und 13. Jahrhundert, ihre soziale Lage, ihr Rechtsstatus und der institutionelle Rahmen, innerhalb dessen sie lebten, zeigt so viele Unterschiede, daß es schwierig wird, sie in ihrer Gesamtheit darzustellen. Wir werden uns deshalb auf einige wesentliche Züge beschränken müssen.

Schon früh zogen die Städte Vorteile aus Privilegien und Institutionen, die ihnen die Herrscher oder weniger hochgestellte geistliche oder weltliche Herren gewährt hatten, sei es als Folge von Aufständen oder auf Grund von Verträgen; ein »Freibrief« etwa enthielt das Wesentliche über die neuen Rechte. Dieses Phänomen tritt schon im 11. Jahrhundert in Erscheinung, gehört aber vor allem dem 12. und in einem gewissen Maße dem 13. Jahrhundert an. In der Regel handelte es sich nicht um einmalige Konzessionen, sondern um eine Entwicklung in mehreren Stadien; um nur ein Beispiel zu geben: Brügge erhielt Privilegien von den Grafen von Flandern in den Jahren 1127, zwischen 1168 und 1177, 1281, 1297, 1304.

Auf diese Weise errang die Stadt eine gewisse richterliche und administrative Selbständigkeit, ohne doch alle rechtlichen Bindungen an den Fürsten, den Herrn der Stadt, abzubrechen. Diese Selbstverwaltung entwickelte sich von Fall zu Fall sehr verschieden, so daß die mannigfaltigen Typen hier unmöglich analysiert werden können. Im allgemeinen schlossen sich die Bewohner oder »Bürger« dieser Städte zu einer Gemeinschaft zusammen, die sich mitunter direkt, normalerweise durch bestimmte Institutionen an der Stadtverwaltung und der Gerichtsbarkeit beteiligte; hin und wieder sind die Mitglieder eines Gemeinwesens durch Eid miteinander verbunden, so in den »villes de communes« (Kommunalstädten) in Nord- und Mittelfrankreich, den »villes de consulats« (Konsulatsstädten) in Südfrankreich, der Provence und Italien und in vielen deutschen Städten. Im Laufe des 11. und 12. Jahrhunderts zeichnete sich übrigens die sich später noch verstärkende Tendenz ab, das Gemeinwesen nach außen hin abzuschließen und Neubürger nur gegen Zahlung einer Gebühr aufzunehmen. Von nun an umfaßte die Stadtbevölkerung neben den Bürgern einen oft beträchtlichen Bevölkerungsteil, der nicht alle städtischen Privilegien genoß und, wenigstens rechtlich, nicht an seiner Verwaltung teilnehmen durfte: die »Beisassen« (französisch *manants*).

Gerichtlich und verwaltungsmäßig war die privilegierte Stadt häufig der Kompetenz der Gewalten entzogen, denen das umliegende flache Land unterworfen war. Wenn auch in weiten Teilen Westeuropas die Mitglieder des Stadtgerichts erst nach Aufforderung durch einen Beamten des Königs oder Fürsten rechtskräftige Urteile fällen konnten, lagen doch Justiz und Administration tatsächlich und in weitem Maße auch von Rechts wegen in den Händen der Bürger; Bürger waren Schöffen in Flandern, Schöffen oder Geschworene oder auch »Sachverständige« *(prud'hommes)* in den meisten niederlothringischen Fürstentümern und im größeren Teil Frankreichs, sie waren Schöffen oder Ratsmitglieder in den deutschen Städten, *ealdermen* in den englischen, *consuls* in den Städten Südfrankreichs, des Königreichs Arelat, Italiens, Kataloniens und »Räte«, »Geschworene« oder Richter *(alcades)* in denen von León, Kastilien und Aragon.

Unter den städtischen Privilegien übertraf eines alle anderen an Bedeutung, obwohl es oft nicht im Freibrief aufgeführt war: die Bewohner der Städte waren frei. Zweifellos gab es

Städte, wie Arras in Artois und Löwen in Brabant, in denen die Mitglieder der ältesten bürgerlichen Familien von leibeigenen oder halbfreien Zinsleuten des Grundherrn abstammten, auf dessen Boden die Stadt erbaut worden war. Rechtlich genossen sie nicht die vollständige Freiheit; doch war der Zins, den sie zu entrichten hatten, gering, und ihr Rechtsstand brachte ihnen oft bedeutende Vorteile, so daß sie tatsächlich den juristisch Freien keineswegs nachstanden. In den meisten Städten wurde die Freiheit durch einen Wohnsitz von einem Jahr und einem Tag erworben. Die enge Beziehung zwischen Freiheit und städtischem Wohnsitz zeigt der Spruch aus dem altdeutschen Recht: »Stadtluft macht frei.« Die Antwort, die 1335 die Schöffen von Ypern gaben, als sie von denen aus Saint-Dizier in der Champagne über die Leibeigenschaft befragt wurden: »*Omques n'avons oy de gens de serve condicion* (Niemals haben wir von Leuten im Leibeigenenstande gehört)«, hätten auch ihre Vorgänger im 13. Jahrhundert geben können.

Die städtische Bevölkerung war sozial keineswegs homogen. Mitunter gehörten ihr sogar Edelleute oder einfache Ritter an, was aber im Laufe des 12. Jahrhunderts, außer in einigen deutschen Städten, wie Straßburg, in Westeuropa schon seltener vorkam. In nicht wenigen deutschen Städten, vor allem in den bischöflichen, begegnet man Ministerialen, die sich aber im 12. Jahrhundert häufig in denselben Wirtschaftszweigen betätigten wie die Bürgerschaft und gewöhnlich im 13. Jahrhundert in deren Oberschicht aufgingen. Auch in Südfrankreich und dem Königreich Arelat, in Italien und Spanien lebten adlige Familien in der Stadt, an deren Wirtschaft sich einige von ihnen aktiv beteiligten und zuweilen in der Verwaltung und im politischen und militärischen Leben eine bedeutende Rolle spielten.

In einer Anzahl von Städten waren die weltlichen und Ordensgeistlichen recht zahlreich vertreten; die besonderen Privilegien, die sie für sich und ihre Bediensteten beanspruchten, brachten sie immer wieder mit den Bürgern in Konflikt. Die Mitglieder der im 13. Jahrhundert entstandenen Bettelorden der Dominikaner und vornehmlich der Franziskaner lebten inmitten der Bürger und wurden oft die Führer und Anreger ihres geistigen Lebens.

Die Bürgerschaft, die sich im wesentlichen in Handel und Industrie betätigte, hatte in den meisten Städten eine Oberschicht wohlhabender, mitunter sogar reicher Kaufleute ausgebildet, die häufig ausgedehnten Grundbesitz auf städtischem Boden ihr eigen nannte und im 12. und 13. Jahrhundert über das Außenhandelsmonopol verfügte; *de facto* und seit dem 13. Jahrhundert häufig auch *de iure* lagen die städtischen Magistraturen ebenfalls ausschließlich in ihrer Hand. Wo sich eine Industrie herausgebildet hatte, fand man unter ihnen regelrechte industrielle Unternehmer. In Flandern waren sie gewöhnlich gleichzeitig Großhändler, dies übrigens auch in der Toskana, namentlich in Florenz zu Ende des 13. Jahrhunderts. Fast überall schlossen sich diese Kaufleute schon früh zu Verbänden zusammen, deren Solidarität nicht nur ihre Außenhandelsgeschäfte, sondern ebenso ihre Beziehungen zu anderen Schichten der Bevölkerung förderte. Es waren die »Gilden« Flanderns, Brabants, Englands und gewisser deutscher Städte und andere Vereinigungen, wie die »Riecherzeche« von Köln, die Pariser *Hanse des marchands de l'eau*, also der Bund der Kaufleute, die auf der Seine Handel trieben; einige der oberen *arti* von Florenz können ebenfalls als Beispiele angeführt werden. Diese reiche Bürgerschaft, die Beherrscherin des Wirtschaftslebens und gewöhnlich auch der städtischen Verwaltung und Politik, wird oft

»Patriziat« genannt. Dieses Patriziat setzte sich häufig aus einer beschränkten Zahl von Familien zusammen, die sich gern Neulingen mit jüngerem Vermögen gegenüber abschloß.

Die Masse der Bürgerschaft bestand in den meisten Städten aus Handwerker-Händlern, die für den lokalen oder regionalen Markt produzierten; dem Meister gingen Gesellen zur Hand, unterstützt von einigen Lehrlingen. Auch sie vereinigten sich, je nach ihrem Handwerk zu »Zünften«, wie die Metzger, Fischhändler, Gerber, Töpfer, Schmiede, Kürschner, Böttcher, Tuchmacher, Weber, Walker, Färber, und ahmten damit wahrscheinlich die Kaufmannsgilden nach; im allgemeinen hatten sie zugleich religiösen und professionellen Charakter und sollten die Interessen ihrer Mitglieder vertreten und Monopole verhindern. Die Behörden, in den Händen des Patriziats, kontrollierten sie genau, ernannten gewöhnlich ihre Vorsteher und gaben ihnen Satzungen.

In den Gegenden mit wichtiger Exportindustrie, zum Beispiel der Tuchmacherei, konzentrierten sich in der Stadt die für diesen Wirtschaftszweig zuständigen Handwerke, also etwa Weber, Walker und Färber. Die Meister, die im Auftrage der patrizischen Unternehmer arbeiteten, lebten gewöhnlich in schwierigeren Verhältnissen als die freien Handwerker; Gesellen und Lehrlinge bildeten zuweilen ein regelrechtes Proletariat; in manchen Städten gehörten zahlreiche Handwerker keiner Zunft an. So taten sich in der zweiten Hälfte des 13. Jahrhunderts Handwerksleute zusammen, um ihre Lage zu verbessern, ihren Zünften die Selbständigkeit zu garantieren und sich in der Stadtverwaltung einen Platz zu erobern. Die Bewegung trat natürlich da stärker hervor, wo sich eine florierende Exportindustrie entwickelt hatte. In Flandern, der Normandie und der Champagne kam es im letzten Viertel des 13. Jahrhunderts zu Unruhen; aber erst im 14. Jahrhundert sollten sich die sozialen Zustände tiefgehend ändern.

Die Landleute

Die Geschichte der ländlichen Bevölkerung in Westeuropa auch nur in allgemeinen Zügen zu skizzieren ist eine noch mißlichere Aufgabe als die eben für die Stadtbevölkerung versuchte. Die Verschiedenheit der ländlichen Situation ist noch größer als die in den Städten, und die Quellen geben nur höchst oberflächliche Informationen. Da aber im 12. und 13. Jahrhundert erhebliche Veränderungen vor sich gingen, ist es unerläßlich, davon zu berichten.

Soweit man es nachprüfen kann, wurde im Laufe des 12. Jahrhunderts fast überall in Westeuropa die rechtliche Stellung der Landbevölkerung einheitlich geregelt. Es ging vor allem um die »Halbfreien«, die in den einzelnen Gebieten oft völlig verschiedene Rechte besaßen. In Deutschland unterschied man gewöhnlich die wirklichen »Leibeigenen«, die zum Eigentum des Grundherrn gehörten, von den »Hörigen«, die in ihrer Freiheit nur beschränkt waren und mit ihrer Person einem Grundherrn unterstanden. Ähnliche Verhältnisse sind in den niederlothringischen Fürstentümern und in einem Teil Nordfrankreichs, namentlich in Flandern, zu erkennen; im königlichen Frankreich, vor allem im Pariser Becken und in den Gebieten zwischen Seine und Loire, wurden sehr viele Halbfreie zu Leibeigenen. In anderen Teilen Frankreichs dagegen ging im 12. Jahrhundert

Die Wasserburg der Grafen von Flandern in Gent, 1180

Waffenschmiede
Siegfried und der Schmied Mimir am Amboß
Holzrelief vom Portal der Stabkirche in Hyllestad/Norwegen
13. Jahrhundert

die Leibeigenschaft zurück, nämlich in einem Teil des Languedoc und in der zum Königreich Arelat gehörenden Provence; in der Normandie war sie schon vor dem 12. Jahrhundert verschwunden. Die persönlich vom Grundherrn abhängigen, aber nicht leibeigenen Landleute wurden in Frankreich *villani*, *manentes* oder *rustici* genannt. Im 13. Jahrhundert betrachtete man sie als frei, selbst wenn sie noch zu Zinszahlungen oder Dienstleistungen verpflichtet waren, die sich aus ihrem ursprünglichen Rechtsstand erklären lassen. Die *villani*, die in England beinahe das Gros der ländlichen Bevölkerung ausmachten, galten als unfrei, als Leibeigene; auch in Italien waren die Landleute noch im 12. Jahrhundert zumeist Leibeigene.

Man sollte dabei aber nicht vergessen, daß es in ganz Westeuropa nach Herkunft und personalem Rechtsstand völlig freie Bauern gab, die auf einem kleinen Allod (Freigut) oder auf bäuerlichen Leihen lebten. Vor allem in Friesland, weniger in Sachsen und Thüringen machten sie einen bedeutenden Teil der Bevölkerung aus; in Westeuropa hingegen waren sie seltener zu finden.

In der zweiten Hälfte des 12. und fast im ganzen 13. Jahrhundert kam es zu immer wieder neuen Versuchen der Landbevölkerung, sich aus der Unfreiheit zu lösen, die personal oder real fundierten bedrückenden Lasten abzuschütteln und der Willkürherrschaft der Grundherren ein Ende zu bereiten. Ihre Anstrengungen waren weithin erfolgreich. Viele wurden – meistens gegen Bezahlung – aus der Leibeigenschaft entlassen, dies vor allem in der sogenannten königlichen »Domäne« in Frankreich und im Rahmen zahlreicher Bauernbefreiungen in England.

Trotzdem waren im 12. und 13. Jahrhundert vor allem die nichtleibeigenen Landleute die Urheber und Nutznießer dieser rechtlichen Veränderungen. In gewissen Fällen wurden ihnen den städtischen vergleichbare Freibriefe ausgestellt; dies kam vor allem in Frankreich und Niederlothringen nicht selten vor. Es gibt berühmte Freibriefe dieser Art, etwa die *Charte de Lorris* in dem Gâtinais (1155), die *Loi de Beaumont* in den Argonnen (1182), die *Charte-loi de Prisches* im Hennegau (1158), die zahlreichen Dörfern und kleineren Städten gewährt wurden. Auch Herrscher, Fürsten oder Grundherren hoben in Erlassen bestimmte, genau angegebene Lasten auf. In einem großen Teil Deutschlands, in Ober- und Niederlothringen und gewissen Teilen Ostfrankreichs, ähnlich auch in manchen Landgemeinden Italiens, beschränkte vor allem ein nach einem beschworenen Verhör aufgestelltes »Weistum« die herrschaftliche Willkür. Im England des 13. Jahrhunderts griff häufig die königliche Justiz ein, um die Willkür der Grundherren und Domänenverwalter auszuschalten und den Landleuten *(vielleins)* den Zugang zur vollen Freiheit zu eröffnen.

Vergünstigungen wurden den Landleuten vor allem dann in Aussicht gestellt, wenn sie sich auf Neuland ansiedelten und es kultivierten, etwa die den *hospites*, den »Gästen«, gewährten Vorrechte; sicherlich wurden den nach der flandrischen Küste gerufenen Bauern Konzessionen angeboten, denn nur so sind die eigentümlichen Rechtsverhältnisse ihrer Nachkommen zu erklären, die fast völlige Freiheit genossen. Auch die kraftvollen Gemeinden freier Bauern in den Bergen der Schweiz und der Dauphiné im 13. Jahrhundert zeugen wohl von weitgehenden Privilegien, die deren Vorfahren ins Gebirge gelockt hatten. Die Vorrechte der *villes neuves* in Nord- und Mittelfrankreich und in Niederlothringen, der *bourgs* im Westen, der *bastides* in Südfrankreich, der *sauvetés* in der Gascogne und in Nordspanien haben entscheidend zur Befreiung der Landbevölkerung und zur Einschränkung oder Abschaffung der grundherrlichen Willkür beigetragen. Ähnlich verlief die Entwicklung in Spanien, wo in den örtlichen *fueros*, den Gemeinderechten, den Bewohnern der wiederbesiedelten Dörfer bedeutende Freiheiten eingeräumt wurden. Die Einwanderer aus Flandern, Niederlothringen oder dem Rheinland, die in die unfruchtbaren Gebiete im Norden und Osten und ins »koloniale« Deutschland gerufen wurden, genossen besonders freiheitliche Rechte, die ihnen Freibriefe nach deutschem oder flämischem Recht zusicherten.

Im Gegensatz zu dieser Entwicklung erschien der Stand der Leibeigenen noch härter und mißachteter. Die Leibeigenschaft wurde immer mehr als Schandfleck angesehen, als *macula servitutis*. Hinzu kam, daß zu Ende des 13. Jahrhunderts es vielen Grundherren in Frankreich, England und Deutschland an Arbeitskräften mangelte und sie mitunter verschuldet waren, wodurch ihre Neigung wuchs, die Zinslasten zu erhöhen und die Frondienste noch willkürlicher einzufordern. Um dies zu erleichtern, wurden schließlich die Leibeigenen in ihrer Rechtsstellung durch Juristen den antiken Sklaven angeglichen, wobei das Wiederaufleben des römischen Rechts gute Dienste leistete. Eine »reale« Leibeigenschaft bildete sich heraus, die alle die Hörigen zu Leibeigenen machte, die sich auf bestimmten Landstücken niederließen. Diese Aktion setzte sich im 14. Jahrhundert weiter fort und hatte in manchen Gegenden bleibende Wirkungen.

Man könnte fragen, ob am Ende des 13. Jahrhunderts die ländliche Bevölkerung in Westeuropa sich in einer günstigeren Lage befand als zu Beginn des 12. Jahrhunderts. Aber die Gefahr von Irrtümern bei einer bestimmten Antwort ist erheblich. Der materielle Wohlstand hing auch in jener Zeit nicht allein von der Rechtssituation ab. Ein Nicht-Freier konnte sich durchaus eines gewissen Wohlstandes erfreuen, wenn er sich von seinem Grundherrn beschützt und gefördert sah, während ein freier Mann in schwieriger Lage allein auf sich selbst gestellt, hilflos und der notwendigen Mittel beraubt, auf seine eigenen Kräfte angewiesen war. Dennoch läßt sich nach unserer Meinung diese Frage im ganzen bejahen; die Willkür des Grundherrn war stärker denn je eingeschränkt, zuweilen ganz beseitigt, die Lasten waren weniger drückend. Das galt für einen erheblichen Teil, wahrscheinlich für die überwiegende Mehrheit der bäuerlichen Bevölkerung. Dagegen waren andere, wenn auch nicht mehr viele, auf dem Lande vermehrter Willkür und drückenderer Lasten ausgesetzt, womit freilich unsere Antwort eine ernste Einschränkung erfährt.

Das Papsttum zu Anfang des 12. Jahrhunderts

Das Wormser Konkordat (1122) hatte dem gewöhnlich »Investiturstreit« genannten Konflikt eine vermittelnde Lösung gegeben. Aus diesem Kampf, in dem sich die Päpste und die deutschen Könige, Träger der kaiserlichen Würde, gegenübergestanden hatten, war das Papsttum siegreich hervorgegangen. In der ganzen Kirche übte es eine Autorität aus, der die weltlichen Mächte – von seltenen Ausnahmen abgesehen – oder die nationalen oder regionalen geistlichen Instanzen keinen ernsthaften Widerstand mehr entgegenzusetzen vermochten. Die Einrichtungen, über die das Oberhaupt der Kirche verfügte, waren bemerkenswert organisiert und verliehen ihren Aktionen bedeutende Wirkungskraft.

Allen voran sind das Kardinalskollegium und die päpstlichen Legaten zu nennen, die im Namen und Auftrag des Papstes in der ganzen Christenheit tätig waren; dazu die päpstliche Gerichtsbarkeit, die selbst in die fernsten Kirchenprovinzen reichte; und schließlich die Synoden oder Konzile unter dem Vorsitz des Papstes, auf denen Bischöfe, aber auch Äbte aus allen christlichen Ländern zusammenkamen. Das bedeutendste war sicherlich das von Calixtus II. 1123 nach Rom im Lateran anberaumte, ein allgemeines Konzil der gesamten Christenheit römischer Obedienz, das erste im Okzident tagende Ökumenische Konzil. Auf diesem Ersten Laterankonzil versammelten sich vermutlich dreihundert Bischöfe. Es bestätigte das Wormser Konkordat und entschied über eine Anzahl von Rechtsfragen, so zur Disziplin und zur Hierarchie der Kirche.

Unter den Männern in der Umgebung des Papstes, die am Kirchenregiment beteiligt waren, standen einige unter dem Einfluß der in weiten Kreisen der Christenheit herrschenden religiösen Unruhe. Von Glaubenseifer erfüllt, strebten sie danach, die Reform zu vertiefen, die auf dem Gebiet der Hierarchie, der Politik und teilweise auch der Disziplin gesiegt hatte. Sie forderten mehr Reinheit des Lebens, mehr Entsagung, mehr Sittenstrenge, mehr Innerlichkeit und eiferten gegen materielle Erwägungen bei den Entscheidungen und gegen Gelüste nach Reichtümern und Macht. Vor allem die neuen Orden – an anderer Stelle wird von ihnen berichtet – erhoben ihre Stimme, die Zisterzienser, die Kartäuser sowie vornehmlich die »Regularchorherren«, jener Teil der Weltgeistlichkeit, der sich Ordensregeln unterwarf; auch unter den Mitgliedern des Benediktinerordens fanden die Reformbemühungen zahlreiche Anhänger. In Rom trat der Kardinal Haimerich, der Kanzler der Kirche seit 1123, für diese Forderungen ein; der im Jahre 1124 gewählte Papst Honorius II. teilte die Besorgnisse der Reformer und strebte nach demselben Ideal.

Das Schisma von 1130 und das Wirken des heiligen Bernhard

Als Honorius II. in der Nacht vom 13./14. Februar 1130 in Rom starb, wählten der Kanzler Haimerich und ihm nahestehende Kardinäle sogleich den Kardinal Gregor von San Angelo zum Papst. Wenige Stunden später wählten andere Kardinäle und Mitglieder des römischen Klerus, unterstützt von Mitgliedern des Adels und der Bürgerschaft, den Kardinal Peter Pierleone, der einer mächtigen römischen Familie angehörte und den Bestrebungen der anderen Gruppe gänzlich fernstand. Beide wurden geweiht. Das war das Schisma: diesmal aber nicht, wie schon oft, von außen provoziert, sondern verschiedenen religiösen Haltungen innerhalb der römischen Kurie entsprungen; und das wog weit schwerer. Gregor nahm den Namen Innozenz II., Peter den Namen Anaklet II. an. Beide Päpste waren regelwidrig gewählt worden, doch beide wurden konsekriert.

Anaklet unterwarf sich Rom. Aber außerhalb Mittelitaliens und der Kirche Mailands sowie eines Teils von Südfrankreich hatte er nur eine Stütze, den Normannen Roger II., den

Herrn von Sizilien und Süditalien; ihm gestand er 1130 die Königskrone zu. In der übrigen Christenheit römischer Obedienz, einschließlich des lateinischen Orients, wurde nach einigem Zögern der nach Frankreich geflüchtete Innozenz II. anerkannt. Innozenz trat als Repräsentant des neuen Reformideals auf und fand deshalb Anhängerschaft vor allem in den Kreisen, die diesem Ideal nachstrebten. Man schätzte seine Haltung höher ein als die mehr oder weniger großen Mängel bei seiner Wahl. Die neuen Anhänger zogen andere nach. Die höchsten Persönlichkeiten der Geistigkeit sprachen sich schließlich für ihn aus: Petrus Venerabilis, der Abt von Cluny, und der heilige Bernhard, seit 1115 Abt des Zisterzienserklosters Clairvaux.

Der heilige Bernhard, vorwiegend Mönch und Mystiker mit feuriger Seele, zugleich aber ein Mann der Tat, war tief durchdrungen von dem Reformideal. Den Reichtum verachtend, beunruhigt von der Wichtigkeit, die die geistlichen Kreise bis nach Rom hin den Problemen der Politik und Verwaltung beimaßen, von dem heißen Wunsch erfüllt, Tugend und Frömmigkeit ungeteilt zu sehen, stellte er seine ganze Überzeugungskraft in den Dienst Innozenz' II.; in ihm sah er den Mann, der die Kirche auf den Weg des Heils führen konnte. Mit dem gleichen Ungestüm bestritt er die Autorität Anaklets und bekämpfte die Dialektik Abaelards, von der an anderer Stelle berichtet wird. Dank Bernhards leidenschaftlichen Eintretens gewann Innozenz II. König Ludwig VI. von Frankreich für seine Sache; der deutsche König Lothar wagte es nicht, Innozenz Konzessionen abzunötigen; der Herzog von Aquitanien und die Kirche von Mailand verließen die Partei Anaklets.

Der Kampf gegen Anaklet dauerte lange. Innozenz II. verlangte von Lothar den Schutz, den nach seiner Meinung der deutsche König als Kandidat für die Kaiserwürde dem Papste schuldete. Zweimal – 1132 bis 1133 und 1136 bis 1137 – zog Lothar nach Italien; das erstemal führte er Innozenz sogar für wenige Wochen nach Rom zurück, wo er von ihm die Kaiserkrone empfing. Aber erst nach dem Tod Anaklets im Jahre 1138 konnte Innozenz II. seine Autorität in Italien und Rom durchsetzen.

Trotz dieser Krise festigte sich nach dem Sieg Innozenz' II. die päpstliche Macht über die Kirche. Das wurde aller Welt vor Augen geführt, als sich auf dem (als zehntes ökumenisches Konzil gezählten) Zweiten Laterankonzil von 1139 fünfhundert Bischöfe versammelten. Die Folgen des Schismas wurden mit harter Konsequenz beseitigt. Der neue reformatorische Geist wirkte nicht nur im Pontifikat Innozenz' II. weiter, sondern auch noch unter dessen Nachfolgern, vor allem unter Eugen III. (1145–1153), ohne daß freilich den Forderungen eines von der Leidenschaft für das Absolute erfüllten Mannes wie des heiligen Bernhard in allen Teilen Genüge geleistet wurde.

Der lateinische Orient

Der Erste Kreuzzug hatte in Palästina und Syrien politische Gebilde, zum Teil mit europäischer Bevölkerung, entstehen lassen, die von Abendländern regiert und verteidigt wurden. Im Königreich Jerusalem hatte Gottfried von Bouillon bis 1101 geherrscht, ohne jedoch den Königstitel angenommen zu haben. Im Norden des Königreichs war es das Fürstentum

Antiocheia, im Nordosten die Grafschaft Edessa, deren Oberhäupter erst dann als Vasallen dem König Treue schwuren, als die Not sie dazu zwang.

Die ersten Könige, Balduin I. (1101–1118), der Bruder Gottfrieds, und Balduin II. von Bourcq (1118–1131), der Vetter seines Vorgängers, waren zuvor Grafen von Edessa gewesen. Zielbewußt verliehen sie durch straffe innere Organisation, durch die Herstellung besserer Beziehungen zu den einheimischen Christen und durch die Besetzung wichtiger Stützpunkte dem Reich eine gewisse Widerstandsfähigkeit. Ihre Nachfolger Fulko von Anjou (1131–1143), dann die Königin Melisande (1143–1161) und ihr Sohn Balduin III. (1143–1162) stellten sich mutig einer immer bedenklicher werdenden Situation. Während ihrer Regierungen rissen die Feindseligkeiten, zumindest mit einer der benachbarten muslimischen Mächte, nicht ab; entweder waren es der fātimidische Kalif von Ägypten, der türkische Sultan von Bagdad oder dessen Schützling, der abbasidische Kalif, türkische Heerführer, Seldschuken, etwa aus Kleinasien, oder weniger bedeutende Machthaber in Damaskus oder Mosul. Um es erfolgreich mit dem Feind aufnehmen zu können und um das Reich zu erweitern, wovon man bisweilen träumte, galt es vor allem, die Herrschaft des Königs zu sichern und unter den Christen Einigkeit zu schaffen. Schon den ersten Königen gelang es zu verhindern, daß die Kirche sich zu einer zweiten oder sogar zu einer dem König überlegenen Macht im Reich zu entwickeln begann, wie es gewisse Patriarchen im lateinischen Jerusalem erstrebt hatten. Und unter den Christen war die Eintracht alles andere als vollkommen: weder bei denen römischer Obedienz noch bei den anderen christlichen Gemeinschaften, etwa den armenischen, griechischen oder jakobitischen Christen, ging es ohne Streit ab. Auch bei den »Franken«, den Abendländern, konnten die Könige die immer wieder aufbrechenden Kollisionen von Interessen- und Prestigestreitigkeiten nicht verhindern. Die Zwietracht schwächte das Königreich und mehr noch die nördlichen Fürstentümer.

Um dem Königreich als Durchgangsland die unerläßliche Sicherheit und ein Minimum an wirtschaftlichem Wohlstand zu erhalten und seinen Finanzen den Ertrag der mehr oder weniger regelmäßig erhobenen Zölle zu garantieren, errichteten die Könige Burgen auf ihrem Territorium und suchten es über den Jordan hinaus auszudehnen. Vor allem mußten sie alles unternehmen, um die Küste in ihre Gewalt zu bekommen: 1101 fielen Arsuf und Caesarea, 1103 Akkon, Berytus und Sidon wurden 1110, Tyros 1124 eingenommen. Das waren bedeutende Erfolge. Im Jahre 1109 war die Eroberung der muslimischen Küstengebiete im Süden des Fürstentums Antiocheia abgeschlossen; die autonome Grafschaft Tripolis entstand, ein Graf aus dem Hause Toulouse erhielt sie als Lehen des Königreiches, wenn auch die neuen Herren diese Eigenschaft zuweilen bestritten.

Die Erfolge konnten aber nicht lange über die Schwäche der lateinischen Niederlassungen in Palästina und Syrien hinwegtäuschen. Zweifellos hatten die fränkischen Ritter dank ihrer Ausrüstung manches ihren Gegnern voraus, trotz der üblichen taktischen Fehler, die ihnen immer wieder unterliefen. Aber auch die Zahl ihrer Streitkräfte war unzureichend. Tausende von Kämpfern und Auswanderern waren zwar mit dem Kreuzzug von 1101 nach dem Heiligen Land aufgebrochen, doch waren die meisten infolge von Torheit und Disziplinlosigkeit auf dem Marsch durch Kleinasien von den Türken niedergemetzelt worden. Die

Zahl derer, die sich später im Orient ansiedelten, konnte deshalb die mitunter beträchtlichen Verluste der fränkischen Ritter nicht wettmachen. Einen gewissen Ausgleich brachten die »Pullanen«, die Abkömmlinge der Franken und ihrer einheimischen Frauen oder Konkubinen. Die italienischen oder provenzalischen Handelsniederlassungen in den Häfen stellten den militärischen Operationen ihre Schiffe zur Verfügung – eine für Königreich und Fürstentümer sicherlich gewichtige Hilfe –, aber eben nicht die so notwendig gebrauchten Kämpfer.

Das taten die beiden neuen Ritterorden – die »Hospitaliter« oder Johanniter, die nach 1119 den Charakter eines derartigen Ordens annahmen, und die 1128 in Jerusalem gegründeten »Templer« –, denen alsbald viele Ritter aus dem Abendland zuströmten. Obgleich diese Orden unmittelbar vom Papst abhängig waren, bildeten sie doch in Wirklichkeit ein stehendes Heer im Dienste des Königtums und hielten diesem während der hier behandelten Zeitspanne stets die Treue. Aber während die Ritter des Heiligen Landes unter dem Einfluß der Pullanen ihre Taktik der Natur des Landes und der Taktik des Gegners anzupassen begannen, ließen sich die Orden allzu häufig zu törichten und folgenschweren Unternehmungen hinreißen. Von Jerusalem aus gründeten Johanniter und Templer auch Niederlassungen in der Grafschaft Tripolis und im Fürstentum Antiocheia.

Die autonomen Territorien des Nordens hätten ein Element der Stärke für den lateinischen Orient bedeuten können: Antiocheia beherrschte die Straßen nach Kleinasien und verfügte im nahen Saint-Siméon über einen bequemen Hafen; Edessa griff nach Armenien über und bedrohte den Irak und den wichtigen Militär- und Handelsstützpunkt Aleppo im Norden des muslimischen Syriens. In Wirklichkeit trugen diese Fürstentümer aber dazu bei, die Lage der lateinischen Niederlassungen im Orient erheblich zu verschlechtern.

Der süditalienische Normanne Bohemund I. hatte das Fürstentum Antiocheia gegründet, obgleich dies den Verpflichtungen zuwiderlief, die er dem *basileus* Alexios Komnenos gegenüber eingegangen war. Auch später unternahmen er und seine Nachfolger Eroberungszüge in das byzantinische Kilikien. Kämpfe, leichtfertig gegen die armenischen Nachbarfürsten angezettelt, machten die Lage noch verworrener. Die Grafen von Edessa – Balduin von Bourcq, dann Mitglieder des Hauses Courtenay – kämpften tapfer und suchten die wichtige Stellung ihrer Grafschaft zu behaupten und sie womöglich auszudehnen, wurden aber in waghalsige militärische Unternehmungen hineingezogen. Von 1110 an bröckelten die östlichen Teile ihrer Territorien ab und gerieten in den Machtbereich der benachbarten Türken. Auch zwischen den Herrschern in Antiocheia und Edessa kam es bisweilen zu Auseinandersetzungen, die manchmal in offener Feldschlacht ausgetragen wurden; und da beide mit Muslimen verbündet waren, konnte es geschehen, daß sich auf beiden Seiten Christen und Muslime gegenüberstanden. Die dadurch unausbleiblichen Einbußen an Macht und Ansehen trafen aber nicht nur Antiocheia und Edessa, sondern ebenso Tripolis und den König von Jerusalem, die zum eigenen und dem Schaden ihrer Heere und Untertanen in die Kämpfe mit hineingezogen wurden.

Was den lateinischen Orient vor ernsteren Folgen seiner organischen Schwäche und Rückschläge bewahrte, war die tiefgehende Spaltung in der muslimischen Welt. Zwischen den verschiedenen muslimischen Mächten in der Nachbarschaft des Königreiches Jerusalem herrschte Hochspannung, von religiösem, politischem, völkischem, dynastischem und familiärem Haß geschürt, die keinen Pardon zuließ und von der »fränkischen« Politik mit wechselndem Erfolg und Geschick genutzt wurde. 1127 aber begann der Atabeg von Mosul, Imad ad-Din Zankī, seine Herrschaft über weite Teile des muslimischen Syriens auszudehnen; 1135 trat er dann zum Angriff auf die »fränkischen« Gebiete an. Da intervenierte der Basileus und verhinderte fürs erste neue muslimische Erfolge. Nachdem Johannes Komnenos in Europa und Kleinasien Siege errungen hatte, die seinen Aktionen größere Bewegungsfreiheit brachten, ging er 1137 an die Wiedereroberung Nordsyriens; er erschien vor Antiocheia, und Raimund von Poitiers, der Gemahl der Konstanze, dem letzten Sproß aus der normannischen Dynastie, mußte dessen Vasall werden. Im nächsten Jahr hielt der Byzantiner nach einem ziemlich ergebnislosen Feldzug ins muslimische Syrien feierlich seinen Einzug in Antiocheia, wobei Raimund und Joscelin von Edessa als Knappen auftraten; mit dieser äußerlichen Bekundung seiner Rechte gab er sich jedoch zufrieden. 1142 kehrte er mit dem Heere wieder; angesichts der unfreundlichen Haltung König Fulkos verzichtete er aber auf den Zug nach Jerusalem. Ein Jahr später griff er auf Raimunds Weigerung hin, die Tore zu öffnen, Antiocheia von neuem an. Sein Tod im März 1143 machte dieser Bedrohung ein Ende.

So beunruhigend und lästig auch den Franken die byzantinische Einmischung war, sie allein hätte den lateinischen Orient vor den Muslimen bewahren können, wenn er sich nicht gegen die Hilfe gesträubt hätte; das begriffen aber nur wenige Franken. Seit dieser Episode blieb die Feindschaft zwischen lateinischen und griechischen Christen. Nun, da die Franken auf ihre eigenen Kräfte angewiesen waren, konnte Zankī seine Aktionen ungestraft wiederaufnehmen. Raimund von Poitiers war bei dem Versuch, Kilikien wiederzuerobern, von einem byzantinischen Heer geschlagen worden; zudem lag er mit Joscelin von Edessa im Streit. Als Joscelin aufgebrochen war, einen muslimischen Verbündeten gegen Raimund zu unterstützen, nutzte der Atabeg die Chance und verlegte ihm den Weg zu seiner Hauptstadt, die sich ihm nach einer Belagerung 1144 ergab. Das war ein vernichtender Schlag für die fränkische Macht in Syrien. Die Söhne des Atabegs, Saif-et Dīn Ghazi und Nūr ad-Dīn, konnten die Eroberungen ihres Vaters behaupten und hier und da sogar noch erweitern.

Der Zweite Kreuzzug

Der Fall von Edessa hatte das Abendland auf das tiefste erregt, Papst Eugen III. rief unverzüglich zu einem neuen Kreuzzug auf. Ludwig VII. von Frankreich folgte dem Ruf, den der heilige Bernhard mit unwiderstehlicher Beredsamkeit unterstützte. Nach der Versammlung von Vézelay 1146 erklärten sich die französischen Ritter scharenweise zur Mitfahrt bereit. Am Rhein artete die Begeisterung des Pöbels in einem Massaker unter den Juden aus, dem erst der heilige Bernhard Einhalt zu gebieten vermochte. Die deutschen Ritter ermahnte er, ihre Pflicht zu tun, und am Ende des Jahres nahm der deutsche König Konrad III. das Kreuz. Die Heere, gefolgt von waffenlosen Massen – und von ihnen behindert –, setzten sich 1147 in Marsch. Die Deutschen plünderten in den Provinzen des byzantinischen Reiches, die sie durchzogen, die Franzosen hielten sich ein wenig zurück. In Kleinasien angekommen, schlugen die Kreuzfahrer die weisen Ratschläge des Kaisers und seiner Ratgeber in den Wind; sie mußten es mit schweren Niederlagen gegen die Türken bezahlen. Nur ein Bruchteil des französischen und klägliche Reste des deutschen Heeres erreichten Antiocheia und Akko.

An Ort und Stelle boten die Kreuzfahrer ein trauriges Schauspiel. Der König von Frankreich warf seiner Frau, der temperamentvollen Eleonore, Tochter des Herzogs Wilhelm X. von Aquitanien, ein intimes Verhältnis mit ihrem Onkel vor, dem schönen Raimund von Poitiers. Das war nur eine kleine Randepisode. Sehr viel schwerer wog, daß man, anstatt im Norden zu operieren, Damaskus anzugreifen beschloß, die einzige muslimische Macht, die den Franken wohlgesonnen und ein Feind Nūr ad-Dīns war. Angesichts dieser Bedrohung mußte sich der Atabeg von Damaskus mit seinem Feind verbünden. Im Jahre 1149 marschierten also die Streitkräfte der Kreuzfahrer und des Königreiches gegen die große syrische Stadt; Zwietracht herrschte unter Anführern und Truppen, man manövrierte ungeschickt und beschränkte sich überdies auf gelegentliche Scharmützel. Nach wenigen Tagen entschloß man sich zu einem schmählichen Rückzug, den die Angriffe der turkmenischen Reiterei in eine Katastrophe verwandelten. Konrad kehrte unverzüglich nach Europa zurück, Ludwig VII. folgte nach wenigen Monaten. Die unglaublichen Torheiten der Kreuzfahrer hatten aus ihrem Heereszug ein so tragisches wie groteskes Abenteuer gemacht. Es vernichtete im ganzen Orient, was das abendländische christliche Europa sich noch an Prestige bewahrt hatte.

Ludwig VII. aber hegte schon neue Pläne. Er folgte dem nicht ohne eigenes Interesse gegebenen Rat Rogers II., des Königs von Sizilien, eines geschworenen Feindes von Manuel Komnenos, und rief zu einem Kreuzzug gegen das byzantinische Reich auf, was bei einem guten Teil der französischen Ritterschaft auf fruchtbaren Boden fiel. Petrus Venerabilis gab seine Zustimmung, Suger von Saint-Denis ließ sich überreden, der heilige Bernhard fand von neuem flammende Worte. Obgleich die Kreuzfahrer aus eigener Unfähigkeit in die Katastrophe geraten waren, schoben sie die Schuld auf andere, auf den Basileus, der mit seinen Räten, Beamten und Offizieren ein großes christliches Unternehmen verraten hätte; sie müßten nun gezüchtigt werden. Konrad III. weigerte sich energisch, sich einem solchen Unternehmen anzuschließen, und so sank das Projekt schmählich in sich zusammen. Aber eines blieb davon in weiten Teilen des Abendlandes zurück: ein glühender Haß gegen Byzanz. Trotz aller Erfahrungen begriff man weniger denn je, daß das Kaiserreich im Osten den einzigen Wall gegen den Islam bildete.

Das christliche Spanien und die Reconquista

Der Kampf gegen den Islam aber wurde fortgesetzt: am anderen Ende der mediterranen Welt, in Spanien. Erfolgreiche Phasen wechselten mit weniger glücklichen, in denen die Christen sich darauf beschränken mußten, so gut, wie es eben ging, zu verteidigen, was sie den »Ungläubigen« entrissen hatten. Die *Reconquista* beherrschte die ganze mittelalterliche Geschichte Spaniens. Immer wieder behinderten sie Konflikte, die nur allzuoft die christlichen Staaten gegeneinander aufbrachten; und obendrein wurde sie durch schwelende innere Spannungen in den meisten dieser Staaten erschwert.

Die erste Hälfte des 12. Jahrhunderts aber war eine Epoche siegreicher Kämpfe gegen die letzten *reyes de taïfas*, die Könige der islamischen Teilreiche, und vor allem gegen die gefürchteten Almoraviden, die im Maghrib und in Andalusien ihre Herrschaft errichtet hatten. Die Könige von Kastilien und seit 1037 von León spielten dabei freilich nicht die Hauptrolle. Nach dem Tode Alfons' VI., des Eroberers von Toledo, 1109, waren jahrelange innere Krisen ausgebrochen, die erst mit der Thronbesteigung seines Enkels, Alfons' VII., im Jahre 1126 ihr Ende fanden.

Der König vermochte seine Autorität im Innern zu festigen, obwohl er es zuließ, daß der Bischof von Santiago di Compostela, Diego Gelmirez, Galicien als autonomer Herrscher regierte; die Könige von Aragon und Navarra machte er zu seinen Vasallen. Schließlich ließ er sich 1135 in León zum Kaiser krönen und beanspruchte ohne rechten Erfolg *auctoritas* über ganz Spanien. Immerhin hatte ihm die *Reconquista* südlich des Tajo einige Fortschritte zu verdanken; eine Heerfahrt machte ihn 1144 für kurze Zeit zum Herrn von Córdoba. Ein Zug mit Hilfe des Königs von Aragon und des Grafen Raimund Berengar IV. von Barcelona, unterstützt von einer pisanischen und genuesischen Flotte und französischen Kontingenten aus dem Languedoc, gestattete es ihm, 1147 das sarazenische Piratennest Almeria einzunehmen und sich an der Mittelmeerküste festzusetzen. Im selben Jahr wurde auch Calatrava an der Guadiana erobert. Wie andere spanische Herrscher, hatte Alfons VII. seine Staaten testamentarisch unter seine Söhne geteilt; so wurde bei seinem Tode 1157 León von Kastilien wieder abgetrennt und ein eigenes Königreich.

Aber trotz aller Krisen war es doch Aragon, das der *Reconquista* die größten Fortschritte brachte. Machtvoll unterstützt von der französischen Ritterschaft, vornehmlich aus der Gascogne und dem Languedoc, nahm König Pedro I. (1094–1104) die am Ausgang der Pyrenäentäler gelegenen Plätze Huesca (1096) und Barbastro (1101) ein; und Alfons I., der Kämpfer (1104–1134), bemächtigte sich Tudelas (1119), das den Oberlauf des Ebro beherrschte. Damit sicherte er seinen bedeutenden Sieg, den er 1118 mit der Einnahme der Festung Saragossa errungen hatte; es wurde königliche Residenz. Das kleine Königreich am Fuß der Pyrenäen war Herr fast des ganzen Ebrotals geworden; 1126 zog Alfons I. mit einem Heer bis vor Córdoba; dabei befreite er zehn- bis fünfzehntausend »Mozaraber« (christliche Spanier unter arabischer Herrschaft), Opfer eines plötzlich ausgebrochenen muslimischen Fanatismus, die er auf dem Rückmarsch nach dem Norden mitnahm. Bei seinem Tode trennte sich das seit 1076 mit Aragon vereinigte Navarra und ging an eine andere Dynastie über.

Was aber nach den schweren Zeiten vor allem anderen den weiteren Verlauf der spanischen Geschichte bestimmte, war die Vermählung der Erbin des Königreiches, Petronillas, mit dem Grafen Raimund Berengar IV. von Barcelona im Jahre 1137. Der Graf besaß die Herrschaft in Katalonien, das ein französisches Lehen war. Dank dieser Verbindung wendete sich die aragonensische Politik gleichzeitig dem Meer und dem Inneren des Landes zu:

1148 fiel Tortosa an der Ebromündung mit Hilfe einer genuesischen Flotte, im selben Jahr weiter im Norden die muslimische Enklave Lerida, und 1171 eroberte Alfons II. (1162 bis 1196), der Sohn Raimund Berengars, Teruel und dessen Gebiet. Trotzdem waren es seine Territorien in den Pyrenäen, in der Gascogne, dem Languedoc und der Provence, die das Haus Aragon-Barcelona veranlaßten, sein Augenmerk den Angelegenheiten Südfrankreichs und des Königreichs Arelat zu widmen.

Im Nordwesten der Halbinsel, im südlichen Galicien, hatte Alfons VI. von Kastilien 1097 eine Grafschaft Portugal geschaffen und sie einem jener französischen Ritter zu Lehen gegeben, die ihn treu in seinen Kriegen unterstützt hatten: Heinrich aus dem Hause Burgund, dem Gemahl seiner natürlichen Tochter Theresa. In den Kämpfen mit den Mauren vergrößerten die Grafen von Portugal ihr Gebiet nach Süden, und 1139 ließ sich der zweite Graf, Alfonso Henriquez (1112–1185), zum König ausrufen. Obgleich er sich 1143 als Vasall und Zinspflichtiger dem Heiligen Stuhl unterstellt hatte, um nicht seinem Vetter, dem »Kaiser« Alfons VII., Gehorsam leisten zu müssen, mußte er erkennen, daß er trotzdem auch dessen Vasall blieb; erst 1179 befreite ihn Alfons VIII. von seiner Lehnspflicht. Mit Hilfe einer auf der Fahrt zum Zweiten Kreuzzug befindlichen Flotte von englischen, deutschen, flämischen, brabantischen und friesischen Kreuzfahrern, die er in seinen Dienst nahm, gelang es ihm 1147, den Mauren Lissabon und den Unterlauf des Tajo zu entreißen.

1146 hatten nach der Eroberung des Maghrib die berberischen Almohaden, eine fanatische islamische Bewegung, den Kampf gegen das muslimische Spanien aufgenommen. Bald griffen sie auch das christliche Spanien an, das sich in die Defensive gedrängt sah. In der zweiten Hälfte des Jahrhunderts geriet es schließlich in eine kritische Lage. Wie schon so oft, waren die militärischen Aktionen wieder durch Spannungen zwischen den christlichen Herrschern beeinträchtigt. Wenn auch Alfons VIII. von Kastilien (1158–1214), der Enkel des Kaisers, Navarra die kantabrische Küste abnehmen konnte (1200) und es ihm 1177 mit Hilfe von Aragon gelungen war, den Mauren Cuenca zu entreißen, so erlitt er doch 1195, weil León die Unterstützung verweigerte, bei Alarcos in La Mancha eine vernichtende Niederlage. Im Bündnis mit Navarra und León eroberten die Almohaden 1196 Calatrava und die Guadiana-Linie zurück.

Die christlichen Königreiche in Spanien sahen sich in ihrem Kampf gegen den Islam bis gegen 1130 unterstützt von einer französischen Ritterschaft, die vom Kreuzzugsideal und von Abenteuerlust erfüllt war. Hinzu kamen französische Vasallen oder Verbündete der Könige und die Johanniter und Templer, die sich in Spanien niedergelassen hatten. In der zweiten Hälfte des 12. Jahrhunderts aber wurden spanische Ritterorden gegründet: Calatrava (1158), Santiago (1160), Alcántara (1166), deren kleines Heer und die Burgen, in denen es stationiert war, den Königen von Kastilien bei der Verteidigung ihrer bedrohten Stellung bedeutende Dienste leisteten.

Die Verhältnisse in Spanien hatten eine gewisse Ähnlichkeit mit denen im lateinischen Orient; auf der Iberischen Halbinsel aber wirkte ein günstiger Umstand ausgleichend: dank dem Bevölkerungsüberfluß konnten nach der Eroberung die verwüsteten Gebiete sogleich wieder besiedelt werden, wobei aber das französische Element zurücktrat: Spanier kamen aus dem Norden, Mozaraber aus den eroberten muslimischen Gebieten oder als

Flüchtlinge vor den Almoraviden und später vor den Almohaden. Interessant ist es, festzustellen, daß diese verschiedenen Volksgruppen trotz gewisser Reibungen verhältnismäßig rasch miteinander verschmolzen. In nicht wenigen dieser Gebiete hielt sich sogar eine muslimische Bevölkerung, die *mudejar*, die im allgemeinen außerhalb der Stadtmauern wohnen mußte; im 12. Jahrhundert scheint ihr Los nicht allzu ungünstig gewesen zu sein. Diese »Koexistenz« vollzog sich in einer Atmosphäre relativer Toleranz, was zu jener Zeit nur recht selten vor kam.

Das Königreich Sizilien im Kampf mit Byzanz

Der leidenschaftliche Kampf der abendländischen Christen gegen den Islam, in der ersten Hälfte des 12. Jahrhunderts im äußersten Westen und Osten der mediterranen Welt geführt, spielte sich auch, von Sizilien ausgehend, im zentralen Mittelmeer ab. Hier beherrschte er aber nicht die gesamte Politik; andere Interessen überwogen.

Roger II., Graf von Sizilien und Herr von Kalabrien, war zugleich Herrscher in Apulien, das ihm 1128 Papst Honorius II. als Lehen hatte überlassen müssen. Dank dem römischen Schisma war er, wie wir wissen, 1130 von Papst Anaklet zum König erhoben worden, wobei seine Herrschaft in Apulien ebenso wie die Lehnsherrschaft im Fürstentum Capua und im Herzogtum Neapel anerkannt worden waren. Er huldigte dem päpstlichen Lehnsherrn und bekam daraufhin das Königreich zu Lehen mit der Auflage, sechshundert *Squifats* Zins zu zahlen. Diese Bindungen beschränkten aber seine Unabhängigkeit in keiner Weise.

Das Königreich Sizilien – Roger war eigentlich »König von Sizilien, dem Herzogtum Apulien und dem Fürstentum Benevent« – war ein Land mit vielfältiger Mischbevölkerung; die Normannen bildeten nur eine Minderheit, eine Aristokratie von Kriegern. In Sizilien war die Bevölkerung teilweise hellenisiert, enthielt aber auch arabische Elemente. In Apulien und Kalabrien lebte die zum Teil ebenfalls hellenisierte Bevölkerung noch nach byzantinischen Traditionen; der Norden bewahrte lombardische Überlieferungen; in den Häfen mischten sich Lateinisches und Byzantinisches in Lebensart und Sitte. Im allgemeinen zeigten sich die Herrscher verständnisvoll: die Verwaltung und namentlich die Kanzlei der Könige benutzten Lateinisch ebenso wie Griechisch und Arabisch; lateinische Kirchen standen neben Kirchen und Klöstern des griechischen Ritus; in Sizilien begegnete man sogar Moscheen. Auch die Kunst spiegelt das bunte Völkergemisch, wenn auch die byzantinische Kunst mit der ganzen Pracht des Zeitalters der Komnenen bei weitem überwiegt.

Der König ist absoluter Souverän, der seine Macht unmittelbar von Gott ableitet, wie der Basileus, dessen Gewänderpomp und Zeremoniell er nachahmt. Deutlich sticht er von den abendländischen Herrschern der Epoche ab, mit Ausnahme vielleicht des Königs von England. Er gibt Gesetze; seine »Assisen« (das heißt seine Gesetzgebung) sind weitgehend vom römischen und vom jüngeren byzantinischen Recht beeinflußt. Manche Minister und militärischen Führer tragen arabische oder griechische Titel. Kader von regelrechten Beamten verwalten Justiz und Finanzen und lassen sich dabei von byzantinischer Tradition anregen. Das Heer – darunter auch sarazenische Truppen – und die Flotte sind straff organisiert. Der Adel steht durchgehend im Lehnsverhältnis, dessen Aufbau, wie wir wissen, im König seine Spitze hat. Die zahlreichen, oft wohlhabenden Städte – Palermo und Bari sind bedeutende Häfen – besitzen Privilegien, haben aber kaum Selbstverwaltung. Die Kirche genießt zwar dank der königlichen Freigebigkeit besondere Vorteile, ist aber doch dem Souverän völlig unterworfen. Wenn sich auch alle vor dem König beugen, sind sie doch weit davon entfernt, es freiwillig zu tun. Roger II. und sein Sohn und Nachfolger, Wilhelm I. (1154–1166), mußten mehr als einmal gefährliche Revolten mit Härte unterdrücken.

Trotz der großen Rolle, die die königlichen Vettern Bohemund und seine Nachkommen im Ersten Kreuzzug und im lateinischen Orient spielten, waren die Könige von Sizilien nicht in das Heilige Land gezogen, um dort die Ungläubigen zu bekämpfen, sondern sie kämpften an der Küste Afrikas gegen die muslimischen Herrscher. Von 1135 bis 1148 griff dort die Flotte Rogers II. an, in einigen Häfen von Tripolitanien und der Ifrīquija (dem heutigen Tunesien) gründeten die Normannen Stützpunkte, die Palermo und die anderen Häfen des Königreichs reichlich am Handel mit den Produkten teilhaben ließen, die von den Karawanen aus dem Innern des Kontinents herangeführt wurden.

1137 hatte der König von Sizilien sich einer furchtbaren deutschen Invasion Kaiser Lothars und Papst Innozenz' II. zu erwehren, die ihm aber trotz mancher kritischen Situation nichts anhaben konnte. Nach dem Tode Anaklets unternahm Innozenz II. einen neuen Vorstoß gegen den ungetreuen Vasallen und schlechten Christen, wurde abgeschlagen und fiel in die Hände des Siegers. Im Vertrag von Mignano 1139 mußte Innozenz II. Roger alle die von seinem Konkurrenten gewährten Rechte bestätigen. Die wunderbare Schloßkapelle, die »Capella Palatina«, in Palermo erinnert an diesen Triumph des Normannen.

Innozenz II. hatte nur gezwungenermaßen nachgegeben. Noch seine Nachfolger waren schlecht auf Roger zu sprechen, und König Konrad III. von Hohenstaufen intrigierte haßerfüllt gegen ihn. Der byzantinische Kaiser schließlich folgte entschlossen seinem alten Plan, eines Tages die südliche Lombardei zurückzugewinnen. So besiegelte die Heirat Manuels I. Komnenos mit Bertha von Sulzbach, Konrads Schwägerin, ein ausgesprochen antisizilianisches Bündnis. Roger dachte wohl insgeheim daran, selbst Herrscher des Kaiserreiches zu werden; glich er auf dem berühmten Mosaik in der Martorana-Kirche in Palermo nicht einem byzantinischen Kaiser, als ihn Christus zum König krönte? Jedenfalls griff er mitten im Zweiten Kreuzzug den Kaiser an, nachdem er erfahren hatte, daß dessen Truppen aus den westlichen Provinzen abgezogen waren, um die Kreuzfahrer zu überwachen und die Türken in Schach zu halten. Rasch wurde Korfu genommen und die Ionischen Inseln besetzt; dann verwüstete seine Flotte die Küsten der Peloponnes, plünderte Euboia, vielleicht auch Athen; Theben und Korinth wurden gebrandschatzt, deren Arbeiter und Arbeiterinnen aus den Seidenwebereien weggeführt, um mit ihnen die sizilianische Industrie zu stärken.

Manuel reagierte, sobald er dazu imstande war. Im Jahre 1149 nahm er Korfu und die Inseln mit Hilfe Venedigs wieder zurück, dessen Unterstützung er 1147 und 1148 für den Preis neuer Handelsprivilegien gewonnen hatte. Während der Belagerung machte der Admiral Georg von Antiocheia mit der sizilianischen Flotte einen Abstecher durch die Dardanellen bis vor Konstantinopel, blieb aber erfolglos. Roger II. ließ jedoch keineswegs von seinen kriegerischen Plänen ab. Ende 1149 und Anfang 1150 stand er, wie wir wissen, vor dem Aufbruch zu einem antibyzantinischen Kreuzzug, der, hätte er stattgefunden, vornehmlich ein französisch-sizilianisches Unternehmen gewesen wäre.

Roger, der König von Frankreich, und sogar Papst Eugen III., der sich eine Zeitlang dem Normannen genähert hatte, standen im Bündnis gegen Manuel Komnenos, Konrad III. und Venedig. Im Jahre 1151 hielt Manuel sogar Ancona einige Monate lang besetzt, um sich damit eine Basis in Italien zu verschaffen, aber der bewaffnete Konflikt blieb aus. Konrad III. starb 1152, und sein Neffe und Nachfolger Friedrich I. Barbarossa war kaum geneigt, Byzanz zu unterstützen; und Venedig erschienen die Aussichten mit den Byzantinern in Ancona höchst gefährlich. Ende 1154 oder Anfang 1155 schloß es deshalb mit Sizilien Frieden und sicherte sich darin Handelsvorrechte im Königreich. Auf normannischer Seite war es nicht mehr Roger II., der den Vertrag abschloß; er war am 6. Februar 1154 gestorben.

Die ersten Regierungsjahre seines Sohnes und Nachfolgers Wilhelms I. waren überschattet von einer jener häufigen Revolten normannischer Vasallen in Süditalien. Während der König der Erhebung die Stirn bieten mußte, setzte der Basileus – und diesmal in der Absicht, sie abzuschließen – zur Eroberung des normannischen Königreiches an; es sollte die erste Etappe zur Wiederherstellung der kaiserlichen Autorität in Italien werden. Im Jahre 1155 wurde Ancona von neuem besetzt, 1156 gingen die Operationen im Einvernehmen mit den Aufständischen weiter, deren Bundesgenossenschaft Manuel sich hatte versichern können. Bari und Trani wurden genommen, weitere Erfolge schlossen sich an.

Am 28. Mai 1156 aber änderte der Sieg Wilhelms über die Byzantiner und ihre normannischen Verbündeten vor Brindisi den Lauf der Dinge radikal. Die Aufständischen wurden grausam niedergemacht und die byzantinischen Truppen aus dem Königreich vertrieben. Nun konnte sich der König mit dem Papst befassen, der ohne Bündnispflicht die Aufständischen in Süditalien unterstützt hatte. Hadrian IV. (1154–1159) erkannte seine prekäre Lage und ließ sich dazu herbei, mit Wilhelm I. am 18. Juni 1156 in Benevent ein »Konkordat« abzuschließen, das dem König die Anerkennung seines Königtums und die Herrschaft über seine Territorien, sogar über die Abruzzen, und Zugeständnisse zugunsten seiner Macht über die Kirche einbrachte. Der König huldigte dem Papst und erkannte an, daß er ihm einen jährlichen Zins von sechshundert Squifats für Apulien und Kalabrien und vierhundert für die Abruzzen zu zahlen hätte.

Der Vertrag von Benevent eröffnete, ohne daß es Hadrian im Augenblick bewußt war, die Rückkehr zu dem alten Bündnis zwischen Papsttum und Normannen. Die Konsequenzen daraus sollten sich bald bemerkbar machen.

1158 ließ Wilhelm einen Teil der europäischen Küsten des byzantinischen Reiches von der sizilianischen Flotte verwüsten. Der Basileus versuchte wohl noch einmal in den Jahren

Die Staufer (Hohenstaufen)

Heinrich IV.
Siehe Stammtafel »DIE SALIER«

2. Gottfried II., der Bärtige
Herzog von Lothringen
gest. 1069
Herzog v. Oberlothr. 1044, von Lothr. 1065

∞ Beatrix
Markgräfin von Tuszien
gest. 1076
2. Hochz. 1054

aus früherer Ehe

aus früherer Ehe

Friedrich I.
Ritter von Staufen, Herzog von Schwaben
vor 1050—1105
reg. 1079—1105
∞ Agnes
hernach Gemahlin Liutpolds III., Markgrafen von Österreich
gest. 1143

1. Gottfried III., der Bucklige
Herzog von Lothringen
reg. 1069—1076 ermord.

2. Welf V.
Herzog von Bayern
gest. 1119
reg. 1089—1095, 1101—1119
∞ Mathilde
1046—1115
1. Ehe 1071—1076
2. Ehe 1089—1095 geschied.

Friedrich II.
Herzog von Schwaben
1090—1147
reg. 1105—1147
∞ 1. Judith
gest. um 1135
Hochz. um 1123
∞ 2. Agnes von Saarbrücken
Tochter Friedrichs, Grafen von Saarbrücken
Hochz. um 1135

Konrad III.
1093 (1094?)—1152
reg. 1138—1152
∞ Gertrud
1116—1146
Hochz. vor 1134

Welf VI.
Herzog von Bayern, Herzog von Spoleto, Markgraf von Tuszien
1115—1191
Herzog von B. 1139—1140, von S. 1152—1174
∞ Uta
Tochter Gottfrieds, Pfalzgrafen von Calw

Friedrich I. Barbarossa
um 1125—1190
reg. 1152—1190
Kaiserkrönung 1155
∞ 1. Adela
Tochter eines Grafen von Vohburg
Hochz. um 1147
geschieden um 1153
∞ 2. Beatrix
Tochter Reinalds III., Pfalzgrafen von Mâcon
gest. 1184
Hochz. 1156

Konrad
Pfalzgraf bei Rhein
um 1140—1195
reg. 1156—1195
∞ Irmgard
Tochter Bertholds, Grafen von Hennegau
gest. 1195
Hochz. vor 1176

Heinrich
deutscher König
um 1136—1150
designiert 1146

Friedrich IV.
Herzog von Rothenburg, Herzog von Schwaben
1146—1167
Herzog von S. 1152
∞ Gertrud [1]
hernach Gem. König Knuts VI. von Dänemark
um 1154—1197
1. Hochz. 1166

Welf VII.
gest. 1167

Friedrich V.
Herzog von Schwaben
1164—1191
Herzog 1168

Heinrich VI.
1165—1197
reg. 1169—1197
Kaiserkrönung 1191
∞ Konstanze
Tochter Rogers II., Königs von Sizilien
1154—1198
Hochz. 1186

Konrad
Herzog von Rothenburg, Herzog von Schwaben
um 1170—1196 ermord.
reg. in S. 1191—1196
∞ Berengaria
Tochter Alfons' VIII., Königs von Kastilien
geb. um 1180
Hochz. 1188, geschied. 1191

Otto
Pfalzgraf in Burgund
um 1166—1200
Pfalzgraf 1184

Philipp
Herzog von Schwaben, deutscher König
um 1180—1208 ermord.
reg. 1198—1208, Krönung 1205
∞ Maria (Eirene)
Tochter Isaaks II. Angelos, Kaisers von Byzanz
gest. 1208, Hochz. 1197

Friedrich II.
1194—1250
reg. 1215—1250
König von Sizilien 1197
Kaiserkrönung 1220
∞ 1. Konstanze
Tochter Alfons' II., Königs von Aragon
um 1184—1222
Hochz. 1209
∞ 2. Jolante (Isabella)
Tochter Johanns v. Brienne, Königs von Jerusalem
gest. 1227
Hochz. 1225
∞ 3. Isabella
Tochter Johanns, Königs von England
1214—1241
Hochz. 1235

Beatrix [2]
Gem. Kaiser Ottos IV.
um 1197—1212

Ferdinand III., der Heilige
König von Kastilien
1199—1252
reg. 1217—1252
∞ Beatrix
gest. 1235

Heinrich (VII.)
König von Sizilien, deutscher König
1211—1242
König 1220—1235 abgesetzt
∞ Margarete
Tochter Leopolds VI., Herzogs von Österreich, hernach Gem. Ottokars II., Königs von Böhmen
um 1205—1267
1. Hochz. 1225, 2. Hochz. 1252

Konrad IV.
deutscher König
1228—1254
König 1237, 1250—1254
∞ Elisabeth
Hochz. 1246

Albrecht II., der Entartete
Landgraf in Thüringen, Markgraf von Meißen
um 1240—1314
Landgraf 1265, Markgraf 1288—1293
∞ Margarete
1237—1270
Hochz. 1254

(illegitime Nachkommen)

Heinrich
zum König von Jerusalem designiert 1250

Enzio
König von Sardinien
um 1220—1272
reg. 1238—1249
∞ Adelheid (Adelasia) von Massa
Hochz. 1238
geschied. 1243

Friedrich von Antiochien
Generalvikar von Tuszien
um 1225—1256

(Friedrich)
gest. um 1251

(Heinrich)
gest. um 1251

Konradin (Konrad)
Herzog von Schwaben
1252—1268 hinger.

(Konrad)
gest. nach 1301

Welf IV.
Herzog von Bayern
gest. 1101
reg. 1070—1077, 1095—1101

Magnus
Herzog von Sachsen
reg. 1071—1106
∞ Sophie
von Ungarn

Heinrich IX.,
der Schwarze
Herzog von Bayern
reg. 1119—1126
∞ Wulfhild
gest. 1126

Otto der Reiche
Graf von Ballenstedt
gest. 1123
∞ Eilika
gest. 1142

Lothar III.
um 1060—1137
reg. 1125—1137
Kaiserkrönung 1133
∞ Richenza
Tochter Heinrichs des
Fetten von Northeim
um 1090—1142
Hochz. um 1100

Berengar
Graf von Sulzbach

Heinrich X., der Stolze
Herzog von Bayern u. Sachsen
um 1108—1139
Herzog von B. 1126, von S. 1137
∞ Gertrud
hernach Gem. Heinrichs II.
Jasomirgott, Herzogs von Österreich
um 1113—1143, 1. Hochz. 1127
siehe Stammtafel »DIE SALIER«

Albrecht der Bär
Markgraf von Brandenburg
um 1100—1170
Markgr. der Nordmark 1134,
von B. seit 1150
∞ Eilika

Manuel I. Komnenos
Kaiser von Byzanz
1120—1180
reg. 1143—1180
∞ Berta (Eirene)
gest. 1161

Heinrich der Löwe
Herzog von Sachsen
und Bayern
1129—1195
Herzog v. S. 1139, v. B. 1156
abgesetzt 1180
∞ 1. Clementia
Tochter Konrads,
Herzogs von Zähringen
Hochz. 1147
geschied. 1162
∞ 2. Mathilde
Tochter Heinrichs II.,
Königs von England
1156—1189
Hochz. 1168

Otto I.
Markgraf von
Brandenburg
reg. 1170—1184

Waldemar I.,
der Große
König von Dänemark
1131—1182
reg. 1157—1182
∞ Sophie
Tochter Wladimirs,
Fürsten von Nowgorod
um 1141—1198
Hochz. 1157

Heinrich I.
Pfalzgraf bei Rhein
gest. 1227
reg. 1195—1211 abgedankt
∞ Agnes
gest. 1204
Hochz. 1194

Otto IV.
1182 (1174?)—1218
Gegenkönig 1198
reg. 1208—1218
Kaiserkrönung 1209
∞ 1. Beatrix [2]
um 1197—1212
Hochz. 1212
∞ 2. Maria
Tochter Heinrichs I.,
Herzogs von Brabant
Hochz. 1214

Wilhelm
Graf von Lüneburg
1184—1213
∞ Helene
gest. 1233
Hochz. 1202

Knut VI.
König von Dänemark
1163—1202
reg. 1182—1202
∞ Gertrud [1]
um 1154—1197
2. Hochz. 1177

Heinrich II.,
der Jüngere
Pfalzgraf bei Rhein
reg. 1211—1214

Otto II.
Herzog von Bayern,
Pfalzgraf bei Rhein
1206—1253
Herzog 1231
∞ Agnes
Hochz. 1222

Otto das Kind
Herzog von
Braunschweig-Lüneburg
1204—1252
Herzog 1235

Manfred
König von Sizilien
1232—1266 gef.
reg. 1258—1266
∞ 1 Beatrix
von Savoyen
∞ 2. Helene
Fürstentochter
von Epirus
Hochz. 1259 (1261?)

Ezelin
(Ezzelino da Romano)
Statthalter in Padua
1194—1259
∞ Selvaggia
Hochz. 1238

Johannes III.
Batatzes (Dukas)
Kaiser von Nicaea
1193—1254
reg. 1222—1254
∞ Konstanze
(Anna)
gest. 1313
Hochz. um 1244

Alfons X.,
der Weise
König von Kastilien
1226—1284
reg. 1252—1282 entthront;
zum deutschen König
gewählt 1257

Peter III.
König von Aragon
und Sizilien
1236—1285
reg. 1276 (1282) —1285
∞ Konstanze
gest. 1302
Hochz. 1262

Alfons III.
König von Aragon
reg. 1285—1291

Jakob
König von Sizilien
(1285)

1157 und 1158 von Ancona und Ravenna aus militärische Aktionen gegen das normannische Königreich; sie blieben aber wirkungslos. Im Frühling 1158 wurde der Friede unterzeichnet. Byzanz hatten, um seinen Ambitionen gerecht zu werden, sowohl die notwendigen militärischen Mittel als auch der mächtige Verbündete an der Adria gefehlt: das von Manuels italienischer Politik beunruhigte Venedig war neutral geblieben. Der große Komnene sah seinen Traum von der Wiedereroberung des Westens zerrinnen.

Reich und Papsttum zur Zeit Friedrich Barbarossas

Friedrich I., dem die Italiener den Beinamen »Barbarossa« gaben, war 1152 ohne Schwierigkeiten gewählt, gekrönt und gesalbt worden. In Deutschland aber fand er die königliche Macht geschwächt vor. Nicht nur war im »Investiturstreit« ein gut Teil der Macht über die Reichskirche verlorengegangen, sondern auch die Herzöge, Markgrafen und Grafen strebten, ohne ganz den Charakter von Hoheitsträgern des Königs zu verlieren, mehr und mehr nach größerer Autonomie. Blutige Unruhen entstanden aus der Rivalität zwischen dem Welfenhaus, das das Herzogtum Sachsen besaß und dem auch Lothar angehört hatte, und dem Haus Babenberg mit der Markgrafschaft Österreich, dem Konrad III. das Herzogtum Bayern gegeben hatte.

In Italien war ohne die persönliche Anwesenheit des Herrschers die königliche Macht auf das äußerste beschränkt. Bischöfe, Herzöge und Grafen traten fast als unabhängige Fürsten auf. Die meisten Städte der Lombardei, Liguriens, der Emilia und sogar Toskanas hatten zu Anfang des 12. Jahrhunderts Verfassungen erhalten mit mehr oder weniger weitreichender Selbstverwaltung. Otto von Freising, der Onkel Barbarossas, behauptete mit Recht, die italienischen Städte überträfen mit ihrem Reichtum und ihrer Macht alle Städte »der Welt« – das hieß Westeuropas. Ihre Herrschaft erstreckte sich auch über das umgebende Land und, wenn möglich, über die benachbarten kleineren Städte. Mailand, die reichste und mächtigste unter ihnen, war auch die herrschsüchtigste.

Das Papsttum, einst der erbitterte Feind der letzten salischen Kaiser, hatte im allgemeinen gute Beziehungen zu Lothar und Konrad III. unterhalten. Seine eigene Macht war, wie wir wissen, gewachsen, und seine Justiz hatte gegen 1140 eine wirksamere Grundlage erhalten: der in Bologna lehrende italienische Mönch Gratian hatte ein Werk herausgegeben, das sowohl eine reiche Sammlung kanonischer Texte als auch ein bemerkenswertes Handbuch des Kirchenrechts darstellte: das sogenannte *Decretum*. Noch wichtiger war vielleicht, daß als Folge von Studium und Unterricht dieser Texte das Kirchenrecht intensiv bearbeitet und allenthalben praktisch angewendet wurde. Hadrian IV., seit 1154 Papst, hielt Kirchenrechtler in seiner Umgebung, die an Gratian geschult waren; Kardinal Roland Bandinelli, der Kanzler der Römischen Kirche, war der Fähigste, die Wissenschaft vom Kirchenrecht in den Dienst der pontifikalen Macht zu stellen.

In Rom selbst aber verlor der Papst an Boden. Im Jahre 1143 hatte sich die Stadt zu einem unabhängigen, von einem Senat regierten Gemeinwesen konstituiert. Seit 1145 übte

Byzantinische und arabische Elemente der Capella Palatina im Palast Rogers II. in Palermo, 1132–1140

Taufe Friedrich Barbarossas
Gravierung in einer Silberschale, 1155–1171
Berlin, Ehem. Staatliche Museen, Kunstgewerbemuseum

Rückkehr der Mailänder in ihre Stadt im Jahr 1167 und Vertreibung der Arianer durch den Erzbischof Ambrosius
Reliefs von der zerstörten Porta Romana in Mailand, 1171. Mailand, Castello Sforzesco, Museo d'Arte Antica

Heinrich der Löwe und seine Gemahlin Mathilde
Grabplatten im Braunschweiger Dom, Mitte 13. Jahrhundert

dort ein idealistischer, mystischer Demagoge, begeistert von einer aus der Rumpelkammer hervorgeholten römischen Geschichte und erbitterter Gegner der weltlichen Macht des Papsttums, Arnold von Brescia, eine Art republikanischer Diktatur aus. Eugen III. und Hadrian IV. hatten mehrmals die Stadt verlassen müssen.

Aber weder die Beziehungen zum Papsttum noch die italienischen Verhältnisse zählten bei seinem Regierungsantritt zu den Hauptsorgen Barbarossas. Die ersten Jahre widmete er vor allem Deutschland. Er machte zunächst dem Streit zwischen den Welfen und den Babenbergern – vorübergehend – ein Ende, indem er dem Haupt des Welfenhauses, seinem Vetter Heinrich dem Löwen, zu seinem Herzogtum Sachsen noch das Herzogtum Bayern verlieh und zugunsten Jasomirgotts aus dem Hause Babenberg Österreich zum Herzogtum erhob und es mit besonderen Vorrechten ausstattete. Er nutzte konsequent die ihm im Wormser Konkordat verbliebenen Prärogativen. So gelang es ihm, mehrere Bistümer an ihm ergebene Bischöfe zu verleihen und in weitem Maße seine Autorität über die Reichskirche wiederherzustellen. Andrerseits suchte er in Süddeutschland eine Art »Krongut« zu bilden, indem er Grafschaften und Lehnsherrschaften zusammenschloß.

Der Reichsgedanke nahm im Denken Friedrich Barbarossas eine zentrale Stellung ein. Auf Grund von Wahl, Krönung und Salbung zum »römischen« (also deutschen) König glaubte er, ein Anrecht auf die kaiserliche Würde mit allen Attributen zu haben. Von dieser Würde hatte er eine besonders hohe Vorstellung. Dem Kaiser komme absolute und universale Macht zu. Er beanspruchte zwar keineswegs die wirkliche Macht über die anderen Könige, sondern forderte eine Vorrangstellung, eine *auctoritas*, vor diesen *reguli* (Kleinkönigen), diesen *reges provinciarum* (Provinzkönigen), wie sich sein Kanzler, Rainald von Dassel, der spätere Kölner Erzbischof und maßgebliche Anreger seiner Politik, auszudrücken pflegte. Der englische König Heinrich II. erkannte diese *auctoritas* im Jahre 1157, wenn auch nur für kurze Zeit, an, während dies der König von Frankreich stets verweigerte.

Ende 1154 überschritt der König die Alpen. Am 17. April 1155 ließ er sich in Pavia zum König von Italien krönen; dann wandte er sich nach Rom. Er half dem Papst, die römische Kommune zu bekämpfen, und lieferte ihm Arnold von Brescia aus, der hingerichtet wurde. Daraufhin setzte Hadrian IV. am 18. Juni in der Sankt-Peters-Kirche Friedrich die Kaiserkrone aufs Haupt. Aber weder der neue Cäsar noch der päpstliche Souverän hatten die Macht, die Stadt Rom zu besetzen.

Gleichwohl fehlte es nicht an Reibungen zwischen Barbarossa und Hadrian, die noch durch das »Konkordat von Benevent« verschärft wurden. Der Kaiser sah darin ein unerlaubtes Einverständnis zwischen dem Papst und einem Rebellen, dem Usurpator von Reichsländern. Hinzu kamen bald andere Ereignisse, die die Unverträglichkeit der politischen Konzeptionen von Papst und Kaiser offenbarten. Wie Innozenz II., glaubten auch Hadrian und seine Räte, daß die kaiserliche Macht unbezweifelbar von Gott stamme, aber durch Vermittlung des Papstes, daß sie einem päpstlichen Lehen zum wenigsten gleichzustellen sei. Auf dem Reichstag von Besançon 1157 wurde eine Botschaft des Papstes verlesen, die zu verstehen gab, daß das Reich ein Lehen der Römischen Kirche sei, zumindest wurde es so von Rainald von Dassel ins Deutsche übertragen, und die päpstlichen Legaten widersprachen nicht. Als Reaktion darauf wären die Legaten kurzerhand erschlagen worden, hätte sie der Kaiser nicht in Schutz genommen; aber auch er protestierte heftig gegen die päpstliche Anmaßung. Es schien klar, daß bei neuen Italienzügen des Kaisers ernste Konflikte kaum zu vermeiden waren.

Die erste Heerfahrt begann 1158; sie hatte das Ziel, in Norditalien die kaiserliche Herrschaft zu sichern und sie neu zu regeln. Der Anlaß war wohl das Hilfeersuchen, das die Städte, Opfer der mailändischen Tyrannei, an den Kaiser gerichtet hatten. Nachdem Barbarossa Mailand mit Gewalt zum Gehorsam gezwungen hatte, berief er im November einen Reichstag in die Ebene von Roncaglia, am linken Ufer des Po oberhalb von Piacenza. Nach einer Untersuchung wurde ein Verzeichnis der *regalia* aufgestellt, also der Rechte und Einkünfte des Königs, die er verliehen hatte oder die sich andere zu seinem Nachteil widerrechtlich angeeignet hatten. Nur wer den Beweis für ein Recht vorweisen konnte, sollte es behalten dürfen. Da die Städte das fast niemals konnten, verloren sie einen erheblichen Teil ihrer Prärogativen, Institutionen und ihrer Selbstverwaltung. Ihre Konsuln waren nur vom Kaiser mit Zustimmung der Einwohner zu ernennen; kaiserliche Rektoren oder *Podestas* sollten die Regalien ausüben. Diese allgemeinen Regeln wurden bei manchen Städten großzügig ausgelegt; namentlich solche, die, wie Pavia, Cremona, Lodi, um Schutz und Gunst des Kaisers warben, genossen gewisse Vorzüge. Die hauptsächlich deutschen Vertreter des Kaisers, die die Regalien und anderen Machtbefugnisse in den Städten ausübten, mißbrauchten nur allzuoft ihre Amtsgewalt; sie waren eifrig bestrebt, ihrem Herrn oder auch sich selbst Einkünfte zu verschaffen, und stießen damit auf heftigste Opposition. Zu ähnlichen Spannungen kam es in den Jahren 1163/1164 in der Toskana und in Umbrien, als auch hier die Rechtsverhältnisse neuen Regeln angepaßt werden sollten.

Die »Ronkalischen Beschlüsse« lassen deutlich eine Politik der Rückgewinnung erkennen. Es fällt schwer, in ihnen den Geist der Erneuerung zu spüren, wenn man von dem einzig Neuen absieht: dem ernannten, besoldeten und absetzbaren Beamten. Zweifellos waren die *quatuor doctores*, die in Bologna das zu neuem Leben erwachte römische Recht lehrten, Bulgarus, Martinus Gosia, Hugo und Jacobus, in dieser Hinsicht dem Kaiser dienlich und weihten so das Bündnis zwischen »Romanismus« und der kaiserlichen Autorität, das Jahrhunderte hindurch Bestand haben sollte; trotzdem hatte das römische Recht – von einigen Ausnahmen abgesehen – nicht viel mehr als formalen Einfluß auf die kaiserlichen Edikte.

Die in der Lombardei erlassenen Bestimmungen und die Art und Weise, in der die kleine Stadt Crema, die Widerstand gewagt hatte, unterworfen wurde, erregten allenthalben Unruhe. Der Papst fürchtete eine Politik desselben Stils gegenüber dem päpstlichen Italien und ließ dem Kaiser ein Schreiben zukommen, das Untersagungen und Forderungen enthielt. Er starb aber am 1. September 1159 in Anagni.

In einer stürmischen Wahl wurden zwei Kandidaten gewählt, der Kardinal Roland Bandinelli, der Kanzler, der einer der Legaten in Besançon gewesen war und ein Hühnchen mit dem Kaiser zu rupfen hatte, und der Kardinal Ottaviano. Jener nahm den Namen Alexander III., dieser den Namen Viktor IV. an. Viktor wurde 1160 von einer Synode in Pavia unter dem Einfluß Barbarossas anerkannt: er war der kaiserliche Papst. Der von der Synode exkommunizierte Alexander III. aber beeilte sich, Viktor IV. und den Kaiser mit dem Bann zu belegen, und sah sich unterstützt von Ungarn, Aragon, Kastilien, dem lateinischen Orient, von Norwegen und bald auch von Frankreich und England. Da er sich in Italien nicht sicher fühlte, verlegte er 1162 seinen Sitz nach Frankreich. Die nichtdeutsche öffentliche Meinung nahm vor allem deswegen für ihn Partei, weil sein Rivale vom Kaiser gestützt war. Mit Johann von Salisbury, dem zukünftigen englischen Bischof von Chartres, weigerte man sich anzuerkennen, daß die Deutschen »die Richter der Nationen« seien, daß sie das Recht hätten, »das Haupt der Christenheit nach ihrem Belieben einzusetzen«.

Das »Schisma« leitete eine Periode erbitterter Kämpfe ein, die siebzehn Jahre andauerten. Friedrich Barbarossa hatte den Papst, die meisten lombardischen und auch einige andere italienische Städte zum Gegner, deren gemeinsame Feindschaft sie zu Verbündeten machte. Venedig, aufs äußerste von der Entwicklung einer Macht in Norditalien beunruhigt, die dort seine wirtschaftlichen Interessen zu gefährden drohte, schloß sich 1164 ebenfalls dem antikaiserlichen Bund an. Der König von Sizilien, Wilhelm I., wußte von der Absicht Barbarossas, ihn zu unterwerfen, und er fühlte sich von Seeoperationen bedroht, die der Kaiser 1162 gegen ihn einzuleiten schien, als er an die Treue Pisas appellierte und die Dienste Genuas zu erkaufen suchte. Bis zu seinem Tode im Jahre 1166 war Wilhelm I. der erbittertste Feind Friedrichs, aber er spielte, von seinen freigebigen Subsidien abgesehen, keine sehr wirksame Rolle in dem gemeinsamen Kampf, in den sich bald auch der byzantinische Kaiser einmischte.

Trotz seiner früheren Mißerfolge hoffte Manuel Komnenos noch immer, die kaiserliche Autorität in Italien wiederaufzurichten. Friedrich Barbarossa, der ihn als »König der Griechen« herabwürdigte, war in seinen Augen – wie alle abendländischen Kaiser – ein bloßer Usurpator, dessen Feinde, vor allem die italienischen Städte, er deshalb finanziell unterstützte; von Mailand, vermutlich auch von anderen Städten, forderte er sogar den Treueid. Im Jahre 1166 ging er so weit, dem Papst die Beendigung des östlichen Schismas unter der Bedingung anzubieten, daß er ihn an Stelle des »Deutschen Friedrich« zum Kaiser krönte. Alexander III. kannte aber die Wagnisse und Gefahren solcher Manöver; er wußte, daß die byzantinische Kirche dem Basileus nicht folgen würde, und ging nicht darauf ein. Militärisch tat der Byzantiner kaum mehr, als Ancona von neuem zu besetzen.

Es scheint wenig sinnvoll, den offenen Konflikt im einzelnen zu behandeln; ein Ereignis von nachhaltiger Wirkung sei jedoch erwähnt: die totale Zerstörung von Mailand Ende des Jahres 1162; es hatte, wie bei jedem Widerstand gegen die kaiserliche Italienpolitik, die Führung innegehabt. Diese grausame Unterdrückung durch kaiserliche Truppen, von einigen, der lombardischen Metropole feindlich gesonnenen italienischen Städten unterstützt, sicherte zwar für gewisse Zeit den Frieden in Norditalien, sie schürte aber schrecklichen Haß.

Alexander III. war 1165 nach Rom zurückgekehrt, woraufhin sich Friedrich im folgenden Jahr aufs neue nach Italien begab. In Begleitung seines Papstes, Paschalis III., den er nach dem Tode Viktors IV. 1164 hatte wählen lassen, marschierte er 1167 gegen die Ewige Stadt, bemächtigte sich ihrer und trat dort als Herrscher auf. Aber eine Epidemie, von der Sommerhitze begünstigt, dezimierte sein Heer; in wenigen Tagen verwandelte sich sein Triumph in wilde Flucht; nur unter großen Schwierigkeiten gelang es dem Kaiser, sich nach Deutschland zurückzuziehen.

Einige kaiserfeindliche Städte hatten im Frühjahr 1167 ein Bündnis abgeschlossen. Die Katastrophe des deutschen Heeres führte diesem »Lombardischen Bund« zahlreiche neue Anhänger zu, unter ihnen auch einige, die die Gunst des Kaisers erfahren hatten. Das wiederaufgebaute Mailand spielte wiederum die Hauptrolle. Gemeinsam mit der Liga, die auf Anstiften Venedigs seit 1164 Verona, Padua und Vicenza verband, bereitete sich der Lombardische Bund auf den entscheidenden Kampf vor. Aber erst 1176, nach zahlreichen Gefechten, kam es zu der Schlacht, die den Lombarden den Sieg brachte: am 29. Mai erlitt Barbarossa, der 1174 wieder nach dem Süden gezogen war, bei Legnano nordwestlich von Mailand eine schwere Niederlage.

Endlich schien der Kaiser die Nutzlosigkeit seiner Anstrengungen eingesehen zu haben. Auf seinen fünf Italienzügen hatte er immer nur über unzureichende Streitkräfte verfügt, oder sie waren ihm in den Kämpfen rasch dahingeschmolzen. Die Deutschen hatten keinerlei Neigung gezeigt, ihm größere Heere zum Ersatz zu stellen, und auf seine italienischen Verbündeten konnte er immer weniger zählen. So entschied er sich zu Verhandlungen.

Am 24. Juli 1177 demütigte sich in Venedig der Kaiser vor dem Papst und wurde vom Bann befreit; der Friede zwischen ihnen wurde beschworen. Die Kirche erhielt ihre Besitzungen zurück; das Schisma war zu Ende, der kaiserliche Papst Calixtus III., der 1168 auf Paschalis III. gefolgt war, ergab sich bald der Gnade Alexanders, des großen Siegers. Venedig ließ sich seine Friedensvermittlung mit Handelsprivilegien im Reich bezahlen. Ein Vertrag mit dem Basileus kam jedoch nicht zustande, seine Truppen konnten sich in Ancona behaupten. Dagegen wurde ein fünfzehnjähriger Waffenstillstand mit dem König von Sizilien abgeschlossen, ein sechsjähriger mit dem Lombardischen Bund folgte; der Friede mit ihm wurde aber erst 1183 in Konstanz unterzeichnet. Er erhielt dem Kaiser einige Prärogativen und wichtige Rechte, aber er nahm ihm die Möglichkeit, die meisten davon wirkungsvoll wahrzunehmen. Nichts konnte mehr die Selbstverwaltung der Städte und ihre territoriale Ausdehnung beschränken. Die Politik mit dem Ziel, in Norditalien eine monarchische Regierung zu errichten, war gescheitert.

Nachdem nun der Friede von Venedig abgeschlossen war, zog der Kaiser auf dem Wege nach Deutschland durch das Arelat. Zu Anfang seiner Regierung hatte er dort seiner Macht Realität verschaffen wollen, indem er sich mit Beatrix, der Erbin der wichtigen Grafschaft Burgund, der späteren Freigrafschaft, vermählte (1156). Aus demselben Grund legte er jetzt größten Wert darauf, sich in Saint-Trophime in Arles zum König krönen zu lassen. Dieser Akt brachte ihm aber keine wirkliche Autorität ein, zumal in einem Land, dessen Adelsherrschaften ebenso autonom waren wie die unabhängigsten in Frankreich.

Wenn der Kaiser auch noch zweimal nach Italien zog, um seine Rechte in der Toskana zu wahren, so widmete er doch von nun an seine Aufmerksamkeit den deutschen Problemen. Er hatte sie im Laufe der Jahre niemals ganz vernachlässigt. Vor allem hatte er es 1169 erreicht, daß sein Sohn Heinrich auf dem Reichstag von Bamberg zum »römischen König« gewählt und kurze Zeit darauf in Aachen gekrönt und gesalbt wurde. Andere Maßnahmen bestätigten und festigten seine Macht, aber keine rief größeren Eindruck hervor als die Verurteilung Heinrichs des Löwen 1179 und 1180 und ihre Vollstreckung 1181. Der Rebell hatte sich geweigert, an den militärischen Operationen von 1176 teilzunehmen; er verlor seine Herzogtümer und mußte in die Verbannung gehen. Polen und Böhmen, das der Kaiser 1158 zum Königreich erhoben hatte, blieben ebenso kaiserliche Lehen wie das Königreich Dänemark, dessen Befreiungsversuche allesamt gescheitert waren. Barbarossa schien über höchste Autorität zu verfügen, man verglich ihn – übrigens sehr zu Unrecht – mit Karl dem Großen, den er 1165 von Paschalis III. hatte heiligsprechen lassen.

Die Wirklichkeit sah jedoch anders aus. Schon 1156 hatte Friedrich dem neuen Herzog von Österreich erhebliche Privilegien zugestehen müssen, und was noch schwerer wog: der Kaiser hatte sich 1180 die Unterstützung der Fürsten gegen Heinrich den Löwen mit einer neuen Reichsfürstenordnung erkaufen müssen, deren Hierarchie auf lehnsrechtlicher Grundlage beruhte. Die Beziehungen zwischen König und Reichsfürsten wurden darin alles dessen entkleidet, was noch von der alten Autorität des Königs über seine Hoheitsträger übriggeblieben war – sie wandelten sich ihrem Wesen nach in Vertragsbeziehungen. Es wurde wenn nicht Satzung, so doch mehr und mehr Brauch, die frei gewordenen königlichen Lehen nach einem Jahr von neuem zu vergeben; die Bildung von »Krongut« wurde schwierig. Ein entscheidender Schritt war getan in Richtung auf die Umbildung Deutschlands in einen Verband so gut wie souveräner Staaten.

Der einzige unbestreitbar positive Aspekt der politischen Geschichte Deutschlands unter Friedrichs Herrschaft war die Ausdehnung nach dem Osten; aber ihr stand Barbarossa völlig fremd gegenüber. Sie war das Werk zweier Männer: vor allem Heinrichs des Löwen, der mit seinen Eroberungen nordöstlich der Elbe bis zur Oder und mit seinen Städtegründungen, unter anderen Lübecks, die Tätigkeit Kaiser Lothars fortsetzte, und Albrechts des Bären, seit 1150 Herr des Havelgebiets, der späteren Mark Brandenburg. Diese Eroberungen bildeten den Rahmen einer deutschen Kolonisation – wir haben es schon gesehen – und der Mission der deutschen Kirche.

Die Beziehungen des Reiches zu Sizilien nahmen in den letzten Regierungsjahren Friedrichs eine neue Wendung. Im Jahre 1186 vermählte sich Heinrich VI. mit Konstanze von Sizilien, der Tochter Rogers II. und Tante König Wilhelms II. Da dieser keine Kinder hatte, galt Konstanze als die Erbin des Königreiches. Das eröffnete ungeahnte Perspektiven.

Friedrich Barbarossa starb unerwartet 1190 auf dem Dritten Kreuzzug. Seiner Regierung hatte es nicht an Größe gefehlt; aber wie die seines byzantinischen Rivalen, Manuels Komnenos, endete sie mit einem Mißerfolg. Beide Kaiser hatten sich zu hohe Ziele gesteckt.

Kurz nach seinem Sieg 1179 hatte der Papst ein Ökumenisches Konzil in den Lateran einberufen, das dritte an diesem Ort. Er traf eine Reihe von Entscheidungen mit dem Ziel, die Folgen des Schismas zu beseitigen, darunter eines von erheblicher Tragweite: um den Streit über die Gültigkeit der Papstwahl ein für allemal auszuschließen, sollte der Papst in Zukunft nur von einer Zweidrittelmehrheit des Kardinalskollegiums gültig gewählt werden können. Bald darauf starb Alexander III. (1181). Dieser Kirchenrechtler auf dem Stuhle Petri hatte durch seinen Sieg über Barbarossa, aber ebenso durch seine administrative, juristische und legislative Tätigkeit die Autorität des Heiligen Stuhls über die Kirche und die ganze westliche Welt entscheidend erhöht. Aber fromme Seelen fragten sich, ob dieser Machtzuwachs einem christlichen Leben wirklich dienlich sei.

Während sich in Deutschland und Italien die dramatischen Ereignisse zwischen Friedrich Barbarossa und Papst Alexander III. abspielten, ging der lateinische Orient seinem Todeskampf entgegen. Die Kreuzfahrer von 1147 bis 1149 hatten keine wirksame Hilfe bringen können, der Sohn Zankīs, Nūr ad-Dīn, war Herr des ganzen syrischen Hinterlandes geworden, Damaskus selbst war 1154 unter seine Herrschaft geraten. Der Druck auf die »fränkischen« Territorien verstärkte sich zunehmend, 1149/1150 fielen die letzten Reste der Grafschaft Edessa und ein Teil des Fürstentums Antiocheia Nūr ad-Dīn zu. In dieser von Verlust und Bedrohung düsteren Lage errang der junge König von Jerusalem, Balduin III., einen weithin sichtbaren Erfolg: die Schwäche des fātimidischen Ägyptens nutzend, eroberte er 1153 Askalon, die beherrschende Stadt im Süden des palästinensischen Küstenstreifens.

Balduin III. hatte erkannt, daß er im Interesse seines Königreiches mit der Unterstützung von Byzanz rechnen mußte, dessen Macht Manuel I. – nach seinem Vater Johannes II. Komnenos – eben konsolidierte. Im Jahre 1158 vermählte sich der König mit Theodora, der Nichte des Basileus. Im selben Jahr besetzte Manuel das armenische Kilikien und wandte sich nach Antiocheia. Renaud von Châtillon, ein Abenteurer ohne Loyalität und Intelligenz, der nach dem Tode Raimunds von Poitiers die Gräfin Konstanze geheiratet hatte und in Antiocheia regierte, hatte sich einer schändlichen Verwüstung des byzantinischen Cyperns schuldig gemacht. Er mußte sich 1159 vor dem Basileus demütigen und als Vasall unterwerfen. Der Kaiser hielt seinen Einzug in Antiocheia, begleitet von König Balduin III., der wahrscheinlich ebenfalls sein Vasall wurde. Gemeinsam wurde ein Feldzug gegen Aleppo unternommen. Aber der Kaiser verzichtete bald auf eine Fortsetzung und einigte sich mit Nūr ad-Dīn, dessen Wohlwollen ihm in seinem Kampf gegen die anatolischen Türken nützlich sein konnte. Die Enttäuschung im Königreich Jerusalem war groß.

Balduin III. starb 1162. Sein Bruder und Nachfolger, Amalrich I., setzte die Politik seines Vorgängers gegen das fātimidische Ägypten fort. Er griff in die Kämpfe der verschiedenen, um die Macht rivalisierenden muslimischen Parteien ein und unternahm 1164 einen ersten Zug nach Ägypten; nach einem zweiten, 1167, errichtete er eine Art Schutzherrschaft über das Land. Er meinte jedoch, es auch erobern zu müssen, und gewann – 1167 hatte er Maria Komnenos, eine kaiserliche Großnichte, geheiratet – Kaiser Manuel für eine fränkisch-byzantinische Expedition, auf der sich wieder einmal die Ungeschicklichkeit der fränkischen Ritter offenbarte, und zwar nicht nur gelegentlicher Besucher aus dem Westen, sondern selbst der schon seit langem im Lande ansässigen Franken. Ohne die kaiserliche Flotte abzuwarten, begannen sie den Feldzug. Nachdem sie die schlimmsten Grausamkeiten begangen hatten, wurden die Kreuzritter von den Truppen Nūr ad-Dīns unter Schīrkuh und Nūr ad-Dīns Neffen Salāh ad-Dīn Jusuf (Saladin) geschlagen. Als 1169 endlich die byzantinische Flotte eintraf, wurde mit ihrer Hilfe ein neuer Feldzug unternommen, aber das Ergebnis war ebenso katastrophal wie im Vorjahr. Trotz allem blieb Amalrich seiner Politik treu, sich auf Byzanz zu stützen, und begab sich selbst 1171 nach Konstantinopel, wo offenbar ein Bündnisvertrag zustande kam, wahrscheinlich wurde der König auch kaiserlicher Vasall. Aber die Zusammenkunft zeitigte keine unmittelbaren Ergebnisse.

Die Ägyptenpolitik Amalrichs I. fand ein unrühmliches Ende, das in nichts den ursprünglich hochgesteckten Zielen entsprach, wofür Amalrich allerdings nur teilweise verantwortlich zu machen ist. Ägypten gehörte jetzt zu dem riesigen Länderblock mit Syrien im Norden und dem von Nūr ad-Dīn unterworfenen Gebiet am Oberen Euphrat. Saladin, der Machthaber im eroberten Ägypten, war darauf bedacht, jeden möglichen Widerstand von vornherein zu brechen; deshalb hob er 1171 das fātimidische Kalifat auf.

Das Jahr 1174 sah den Tod Nūr ad-Dīns und Amalrichs I. Saladin legte nun seine Hand auf die ganze Hinterlassenschaft seines Herrn, ausgenommen Aleppo, das er dessen Erben nicht vorenthalten konnte. Das Königreich Jerusalem ging an Amalrichs jungen Sohn aus erster Ehe, Balduin IV., zunächst unter der Vormundschaft des Grafen Raimund III. von Tripolis, eines vorsichtigen, allen Abenteuern abholden Mannes und ausgezeichneten Feldherrn. 1177 übernahm Balduin selbst die Regierung; obwohl vom Aussatz befallen, übte er sie im ganzen mit Klugheit und stets mit Tapferkeit aus. Sein Gegenspieler aber war von gefährlicher Größe. Als Politiker klarsichtig, bestimmt und doch beweglich, ein bemerkenswerter Stratege und Taktiker, erfüllt von glühendem Glaubenseifer und doch duldsam, edel und großherzig, war Saladin der größte Herrscher und eine der anziehendsten Persönlichkeiten seiner Zeit. Ihm gegenüber versuchte der leprakranke König, sein Reich und die Reste der Fürstentümer zu behaupten. Wo es anging, schloß er mit dem Feind einen Waffenstillstand; wenn nötig, kämpfte er, hin und wieder sogar mit Erfolg. Aber diese Politik, zuvor auch von Raimund verfolgt, wurde durch unsinnige Kriegsabenteuer und die Treulosigkeit Renauds von Châtillon, nun der Herr jenseits des Jordans, entscheidend behindert.

Balduin IV. starb 1185; Balduin V., der Sohn seiner Schwester Sibylle und Wilhelms von Montferrat, folgte ihm in kindlichem Alter ein Jahr später ins Grab. Den Thron bestiegen Sibylle und ihr zweiter, völlig unfähiger Mann, Guido von Lusignan. Saladin hatte 1183 Aleppo besetzt und hielt nun die Chance zu einem Angriff für gekommen; ein banditenmäßiger Handstreich Renauds von Châtillon löste die Operationen aus. 1187 erlitt das Heer der Franken bei Hattīn nahe dem See Tiberias eine vernichtende Niederlage, die verdiente Quittung für die unablässigen Fehler und Unklugheiten der letzten Jahre. Daraufhin stieß Saladin bis zur Küste vor: Akko, Jaffa, Berytus und Askalon fielen, nach ehrenhaftem Widerstand öffnete am 2. Oktober 1187 Jerusalem dem Sieger seine Tore. Anders als die Kreuzfahrer von 1099, befleckte Saladin seinen Sieg nicht mit Plünderung und Gemetzel.

Das von dem energischen Markgrafen Konrad von Montferrat verteidigte Tyros und Tripolis, geschützt von einer sizilianischen Flotte, Antiocheia, dessen Fürst Bohemund III. eine kluge Neutralität bewahrt hatte, schließlich Tortosa und einige Festungen der Johanniter wie der »Krak des Chevaliers«, das war fast alles, was vom Königreich Jerusalem und von den Fürstentümern übriggeblieben war. Die Heiligen Stätten befanden sich von neuem unter der Herrschaft des Islams.

Der Dritte Kreuzzug

Obwohl sich kein heiliger Bernhard fand, die Stürme der Begeisterung zu erneuern, rüttelte die Eroberung Jerusalems und fast aller Besitzungen im Orient das christliche Abendland zu einem neuen Kreuzzug auf. Kaiser Friedrich Barbarossa, der englische König Richard I. Löwenherz und Philipp-August von Frankreich hefteten sich das Kreuz an.

Der König von Jerusalem, Guido von Lusignan, der bei Hattīn gefangengenommen, von Saladin aber freigelassen worden war, belagerte Akko seit 1189 mit einer für ihn überraschenden Einsicht und Entschlossenheit mit den wenigen ihm verbliebenen Truppen. Er erhielt Beistand von pisanischen, genuesischen, venezianischen, dänischen, flämischen und friesischen Schiffen und von Rittern aus Nordfrankreich, die übers Meer herangekommen waren. Inzwischen hatte das deutsche Heer trotz anfänglichen Widerstrebens des byzantinischen Kaisers Isaak Angelos Osteuropa und den größeren Teil Kleinasiens durchzogen. Da ertrank der Kaiser am 10. Juni 1190 im Saleph, und es stellte sich heraus, daß der Zusammenhalt des Heeres allein auf seiner persönlichen Autorität beruht hatte; seine Truppen lösten sich auf, und nur ein geringer Bruchteil fand sich bereit, an der Belagerung von Akko teilzunehmen; gleichzeitig brandeten heftige Kämpfe gegen Saladin und sein Heer, die die Festung zu entsetzen suchten. Im April 1191 traf endlich der König von Frankreich ein und im Juni zu guter Letzt der englische König, beide zu Schiff. Diese Todfeinde waren in Sizilien aufgehalten worden; Richard hatte Cypern dem Usurpator Isaak Dukas Komnenos abgenommen, der sich dort zum Basileus aufgeworfen hatte. Nun konnten die Operationen energisch vorangetrieben werden, und trotz aller Anstrengungen Saladins kapitulierte die Festung am 12. Juli 1191.

Schon am 2. August schiffte sich der französische König wieder nach Frankreich ein, ließ aber Truppen zurück. Richard dagegen setzte den Feldzug gegen Saladin bis 1192 fort. Es gelang ihm, den größeren Teil der Küste zurückzuerobern, aber außer diesem Küstenstreifen und einigem Gebiet im Hinterland blieben die überseeischen Besitzungen einschließlich Jerusalems in den Händen der Muslime. Eine 1192 zwischen Richard und Saladin abgeschlossene Konvention garantierte den Christen freien Zugang zu den Heiligen Stätten.

Aber dem Rest des Königreiches Jerusalem, das in Wirklichkeit ein Königreich Akkon geworden war, fehlte ein König. Seit dem Tode Sibyllens waren die Rechte Guidos von Lusignan umstritten. Im Jahre 1192 vermählte sich Isabella, die jüngere Schwester Amalrichs I. und Sibyllens und Witwe Konrads von Montferrat, mit dem Grafen der Champagne; er wurde als Heinrich I. König von Jerusalem. Guido hatte von Richard Löwenherz die Insel Cypern erhalten. 1194 folgte ihm sein Bruder Amalrich auf den Thron; er erreichte von Kaiser Heinrich VI. und Papst Coelestin III., daß seine Lehnsherrschaft zum Königreich erhoben wurde. Da König Heinrich I. im selben Jahr starb, wurde der König von Cypern als Amalrich II. auch König von Jerusalem. Der gefürchtete und zugleich ritterliche Gegner der Christen, der große Saladin, war 1193 in Damaskus gestorben.

Die Reste des lateinischen Orients vermochten noch geraume Zeit, den italienischen Handelsrepubliken ihre Warenlager in der Levante und die Kontrolle im östlichen Mittelmeer zu erhalten: das einzige positive Resultat des Dritten Kreuzzuges.

EUROPA UM DAS JAHR 1200

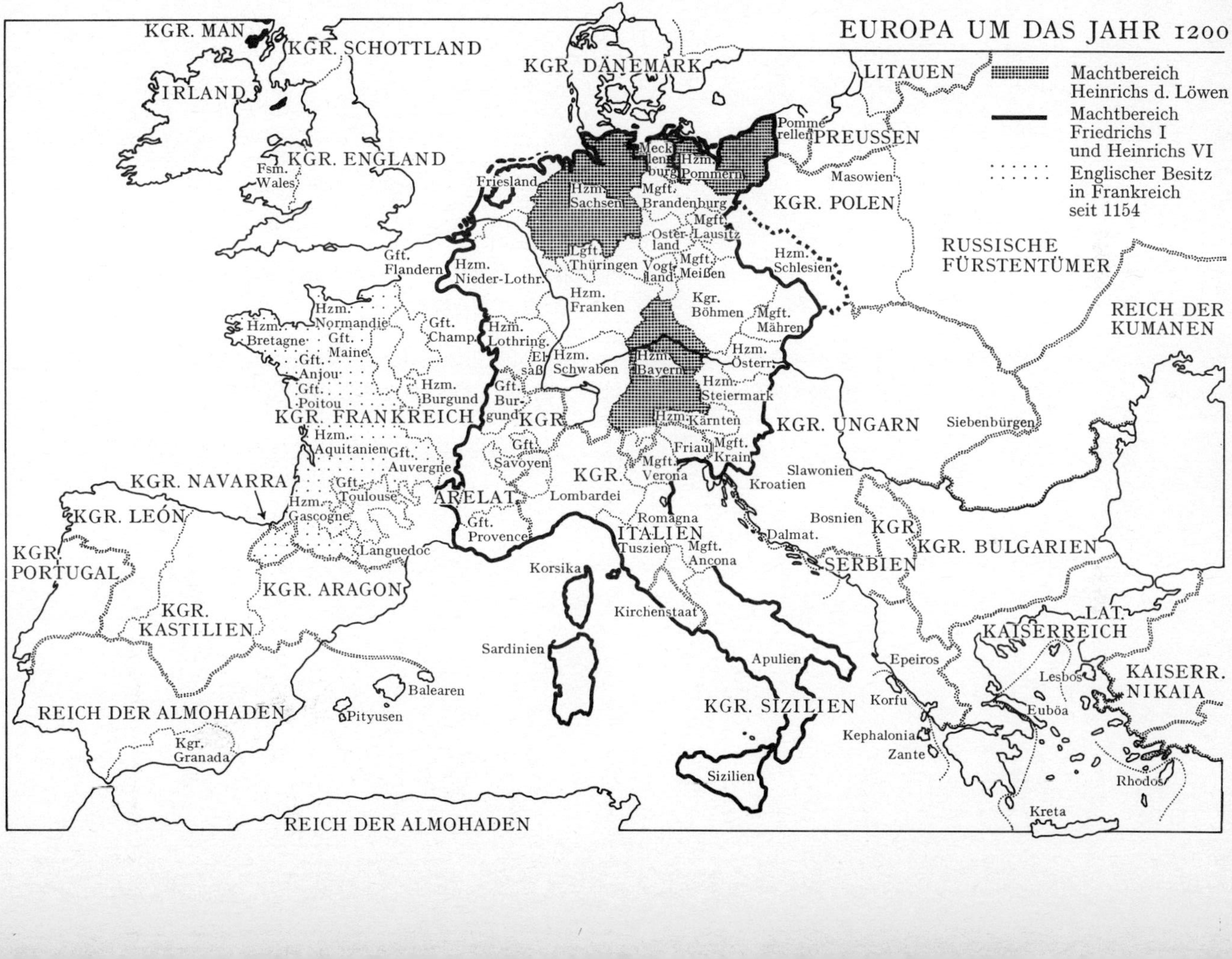

Der Wahn Kaiser Heinrichs VI.

König Wilhelm II. von Sizilien hatte im Mittelmeer eine höchst aggressive Politik getrieben. 1174 hatte er versucht, sich Alexandreias zu bemächtigen, aber der Tod Amalrichs I. von Jerusalem, dessen militärischer Beistand dafür unerläßlich war, hatte das Unternehmen scheitern lassen. Dennoch war es noch 1176 und 1178 zu Überfällen auf die ägyptische Küste gekommen. Zwischen 1156 und 1160 hatte Wilhelm I., nach örtlichen Revolten und einer almohadischen Invasion, die sizilianischen Niederlassungen an der Küste Tripolitaniens und des heutigen Tunesiens aufgeben müssen. Wilhelm II. aber konnte 1180 dank einem mit den Almohaden abgeschlossenen Vertrag neue Handelskontore an der tunesischen Küste einrichten. Als unter der Herrschaft des Andronikos Komnenos der Verfall des byzantinischen Reiches deutlich sichtbar wurde, suchte der König von Sizilien dessen Schwäche zu eigenem Vorteil zu nutzen. Durazzo und Thessalonike wurden 1185 besetzt, selbst die Hauptstadt Byzanz war zu Wasser und zu Lande bedroht. Aber trotz dieser Erfolge mußte er die Eroberungen nach wenigen Monaten wieder räumen, woran auch militärische Unternehmungen in den folgenden Jahren nichts zu ändern vermochten. Sobald der König vom Fall Jerusalems erfuhr, ließ er den Christen Hilfe zukommen; seine Flotte trug 1188 wesentlich zur Rettung von Tripolis bei.

Wilhelms II. Tod am 18. November 1189 verhinderte, daß Sizilien im Dritten Kreuzzug eine aktive Rolle spielte. Die Tante des Königs, Konstanze, und ihr Gemahl, Heinrich VI., hatten unbestreitbare Ansprüche auf die Nachfolge. Aber der Haß gegen die Deutschen war im Königreich und besonders auf der Insel groß. Die in Palermo Anfang 1190 versammelte *curia* wählte einen natürlichen Sohn von Herzog Roger, des Sohns Rogers II., Tancred, Herzog von Lecce, zum König; er wurde unmittelbar darauf gekrönt und gesalbt und übernahm die Macht im Königreich.

Das war keineswegs im Sinne Heinrichs VI. Diese phantastische Persönlichkeit fühlte sich ganz von einem sizilianischen Zauberbild angezogen. Nach dem Tode seines Vaters hatte er die königliche Macht in Deutschland übernommen und versuchte nun, sich zum Herrn auch des normannischen Königreiches zu machen. Um die lombardischen Städte für sich zu gewinnen, besonders aber Genua und Pisa, deren Flotten er nötig brauchte, gab er Regalien preis, die sein Vater in Norditalien bewahrt hatte. Papst Coelestin III. krönte ihn 1191 in Rom zum Kaiser. Aber eine Epidemie, die sein Heer vor Neapel dahinraffte, brachte alles zum Scheitern.

Zu alledem hatte er in Deutschland Sorgen genug; Heinrich der Löwe betrieb dort die Rückgewinnung seiner ehemaligen Territorien. Eine Welfenpartei, in der sich Unzufriedene und Ehrgeizige zusammenfanden, kämpfte gegen die kaiserliche Partei der Hohenstaufen oder »Waiblingen«, wie man sie nach einem Schloß der Dynastie nannte. Seit 1187 war überdies der Zwist »international« geworden, da Barbarossa sich mit dem König von Frankreich verbunden hatte, während Heinrich der Löwe vom englischen König unterstützt wurde, erst von Heinrich II., später von Richard Löwenherz. Richard war auf seiner Rückkehr aus dem Heiligen Land bei Wien in seiner Verkleidung erkannt und dem Kaiser 1193 ausgeliefert worden; Heinrich gab ihn aber – es handelte sich immerhin um einen

Kreuzfahrer! – erst gegen Lösegeld frei und nachdem er ihn gezwungen hatte, seine deutschen Gegner 1194 zu einem Vergleich zu veranlassen.

In diesem Augenblick starb Tancred und hinterließ den Thron einem Kind, Wilhelm III. Da war für Heinrich VI. der rechte Augenblick zur Verwirklichung seines Traums gekommen. Das normannische Königreich wurde mit Leichtigkeit erobert, und am 25. Dezember 1194 krönte man den Sohn Barbarossas in Palermo zum König von Sizilien. Die Ausübung der Macht im Königreich wie in anderen Teilen Italiens wurde vornehmlich Deutschen anvertraut, meistens niedrigen Adligen und Ministerialen. Das Königreich Sizilien seinem Haus zu erhalten, schien Heinrich VI. kein Preis hoch genug. Um dieses Zieles willen plante er, Sizilien mit dem Reich zu verbinden und im Reich die erbliche Thronfolge einzuführen. Er unterschätzte allerdings die Widerstände: sowohl die deutschen Fürsten wie der Papst verweigerten ihre unabdingbare Zustimmung. Das Höchste, was der Kaiser auf dem Frankfurter Reichstag 1196 erreichte, war die Wahl seines zweijährigen Sohnes Friedrich-Roger zum römischen König.

Die Klugheit hätte es erfordert, sich mehr den Angelegenheiten in Deutschland zu widmen, wo die Auflösungserscheinungen sich ständig mehrten. Aber die Idee vom mediterranen Reich und der wachsende Hang des Kaisers zu phantastischer Größe siegten über die Vernunft. Seine Vorstellungen vom Reich als einer Weltmacht und die Tradition der Könige von Sizilien ließen ihn sogar an die Unterwerfung von Byzanz denken. Inzwischen beschloß er einen Kreuzzug: es gezieme dem Kaiser, das Heilige Land zu befreien. 1197 brachen die deutschen Ritter, die das Kreuz genommen hatten, ohne den Kaiser auf, aber ihr Unternehmen im Heiligen Lande war von geringem Nutzen. Die meisten kehrten schon 1198 nach Deutschland zurück, einige blieben jedoch in Akko und traten in einen neuen, den Johannitern und Templern nachgebildeten militärischen, diesmal aber rein deutschen Orden ein, den »Deutschen Ritterorden«. Heinrich VI., der eine in Sizilien gegen ihn angezettelte Verschwörung grausam unterdrückt hatte, wurde seinen Illusionen durch eine Krankheit entrissen, die ihn am 28. September 1197 hinwegraffte.

England und das Anglo-Angevinische Reich

Der Tod Heinrichs VI. eröffnete eine neue Phase in dem Konflikt zwischen den mit Frankreich verbündeten Hohenstaufen und den von England unterstützten Welfen. Man kann ihn nicht ohne den rückblickenden Versuch erwähnen, die Hauptlinien der englischen Geschichte im 12. Jahrhundert aufzuzeigen.

Seit der normannischen Eroberung war in der Bevölkerung Englands ein Dualismus nicht zu übersehen; noch um 1150 war die französische Minderheit deutlich von der Masse des englischen Volkes geschieden. Französisch blieb weit über das 12. Jahrhundert hinaus die Sprache des Hofes, der Aristokratie und eines Teils der Geistlichkeit. Aber die Tätigkeit der königlichen Beamten und das Wirken religiöser, moralischer, sozialer und wirtschaftlicher Kräfte führten zu einer fortschreitenden Verschmelzung der

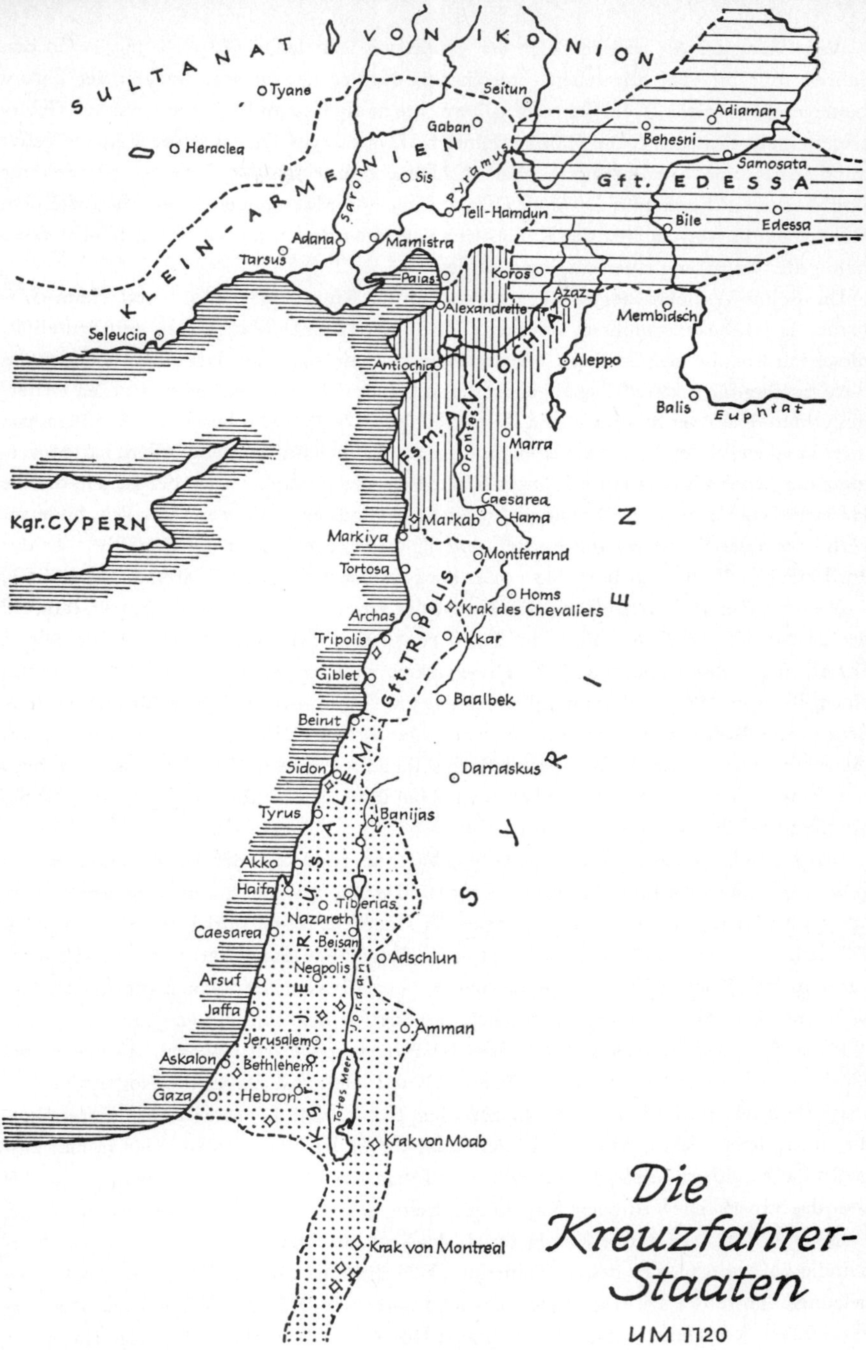

Die Kreuzfahrer-Staaten

UM 1120

beiden Elemente. Als weitere Folge der Eroberung war der englische König – von den Jahren 1087 bis 1106 abgesehen – gleichzeitig Herzog der Normandie; seit der Thronbesteigung Heinrichs II. im Jahre 1154 herrschte er auch in anderen französischen Gebieten, weshalb Heinrich I. die Hälfte, Heinrich II. etwa zwei Drittel seiner Regierungszeit auf dem Kontinent verbrachte; Richard I. hielt sich in seinen zehn Regierungsjahren nur fünf Wochen in England auf. Dieser Umstand machte Maßnahmen erforderlich, die dem Reich auch in Abwesenheit des Königs eine wirksame Regierung sicherten; infolgedessen nahm die Verwaltung einen raschen Aufstieg.

Die Söhne Wilhelms des Eroberers, Wilhelm II. Rufus (1087–1100) und Heinrich I. (1100–1135), haben die ihnen von ihrem Vater hinterlassene Macht, jener mit Brutalität, dieser mit Energie und Geschick, behauptet und weiter ausgebaut. Der gesamte Boden des Königreiches blieb königliches Eigentum; alle Lehen und anderen Leihen wurden weiterhin unmittelbar oder mittelbar vom König gehalten. Da die Lehnsherren den Waffendienst ihrer Vasallen für den Dienst des Königs und ausschließlich für ihn einzufordern hatten, verfügte der Monarch über ein mächtiges Ritterheer. Die verstreute Lage der Lehen, die die Herrschaften *(honor)* der »Barone«, also der bedeutendsten königlichen Vasallen, bildeten, verhinderte das Entstehen von Fürstentümern; die seltenen »Pfalzgrafschaften« – an der nordöstlichen Grenze Durham und an der nordwestlichen Chester – waren die Ausnahme.

Wie der Lehnsadel, so blieb auch die Kirche der Autorität des Königs unterstellt. Obwohl der Erzbischof von Canterbury, der Italiener Anselm, sich der vom König ausgeübten Investitur der Bischöfe und anderen Hoheitsakten widersetzte, endete der Streit 1106 mit einem Kompromiß. Die Wahl des Bischofs sollte in Gegenwart des Königs abgehalten werden; dann sollte der Gewählte dem Herrscher Mannschaft und Treueid leisten und von ihm die weltliche Investitur erhalten; schließlich sollten die Weihe und die Übergabe von Stab und Ring folgen, von nun an rein kirchliche Handlungen. Die Macht des Königs über die Kirche war so gut wie unerschüttert.

Im ganzen hat Heinrich I. die von seinem Vater begründeten oder den Verhältnissen angepaßten königlichen Einrichtungen gefestigt und weiterentwickelt; um der größeren Klarheit willen werden wir erst bei der Regierung Heinrichs II. darüber sprechen. Auf jeden Fall läßt sich sagen, daß England bis 1135 ein festgefügter Staat war, fester als alle westeuropäischen Königreiche; nur jenes andere, ebenfalls von Normannen gegründete Gebilde, das Königreich Sizilien, konnte sich in dieser Hinsicht mit ihm vergleichen.

Heinrich I. war in Kämpfen auf dem Kontinent verwickelt gewesen. Als Sieger bei Tinchebray hatte er seinem Bruder Robert »Kurzstiefel« (Curthose) die Normandie entrissen. Von nun an mußte er dem französischen König, dem Lehnsherrn des Herzogtums, die Stirn bieten. Schon Wilhelm II., der Rote, der in der Normandie die Herrschaft ausgeübt hatte, während sich Herzog Robert auf dem Kreuzzug befand, hatte von 1097 bis 1099 das französische Vexin dem Kapetinger streitig gemacht, übrigens ohne rechten Erfolg. 1111, 1116 und 1123 mußte sich Heinrich des Versuchs Ludwigs VI. erwehren, die Normandie zu besetzen, um dessen Schützling, Wilhelm Clito, den Sohn Roberts, damit zu belehnen. Trotz der Unterstützung, die der französische König bei einem Teil des normannischen Adels fand, behielt der englische König das Herzogtum fest in der Hand.

Krönung Heinrichs VI. in Rom durch Papst Coelestin III. im Jahr 1191
Miniatur in der Handschrift des Petrus de Ebulo, 1197
Bern, Burgerbibliothek

Die Ermordung des Thomas Becket
Aus einem Wandgemälde in der Kirche Santi Giovanni e Paolo in Spoleto, Ende 12. Jahrhundert

Nach dem Tode Heinrichs stritten sich zwei Parteien um den Thron: die Tochter des Königs, Mathilde, Witwe Kaiser Heinrichs V. und Gemahlin des Grafen Gottfried des Schönen von Anjou mit dem Beinamen Plantagenet, und Heinrich, der Sohn aus dieser Ehe, und auf der anderen Seite Stephan von Blois, durch seine Mutter Odilia Enkel Wilhelms des Eroberers. Stephan trug den Sieg davon und regierte von 1135 bis 1154. Seine Regierung war dadurch gekennzeichnet, daß die königliche Macht mehr und mehr auf Adel und Kirche überging und deshalb nicht nur der Staat geschwächt wurde, sondern auch eine gewisse Anarchie um sich griff mit allen damit verbundenen Gefahren für die Sicherheit von Personen und Gütern. Von 1139 an zogen erst Mathilde, dann Heinrich gegen den König in England zu Felde, während ihm Gottfried 1145 die Normandie wegnahm. Dem schottischen König David I. hatte Stephan Cumberland und Northumberland als Apanage für dessen Sohn abtreten müssen. Im Jahre 1153 schließlich mußte Stephan Heinrich Plantagenet als Thronerben anerkennen und ihn an der Herrschaft beteiligen. Aber Stephan starb schon im nächsten Jahr; so folgte ihm Heinrich ohne weitere Schwierigkeiten auf den Thron.

Zu dieser Zeit war er schon Herzog von der Normandie und beanspruchte unter diesem Titel die Huldigung der Herzöge der Bretagne; durch die väterliche Erbschaft war er Graf von Anjou, Maine und Touraine, und seine Vermählung mit Eleonore von Aquitanien 1152, deren Ehe mit dem französischen König Ludwig VII. kurz zuvor gelöst worden war, brachte ihm noch Südwestfrankreich und Teile Mittelfrankreichs ein; so herrschte er über mehr als die Hälfte des Königreiches. Versteht man »Reich« nicht in rein juristischem Sinn, dann war es das »Anglo-Angevinische Reich«, das Heinrich II. nach seiner Thronbesteigung regierte.

Dieser Franzose auf dem englischen Thron, der selbst kein Englisch sprach, stellte in England und in der Normandie die königliche beziehungsweise herzogliche Autorität wieder her. Vor allem machte er der unter der früheren Regierung selbstverständlich gewordenen Unabhängigkeit und den Räubereien des Adels ein Ende, wobei ihm die nach langer Anarchie allgemeine Sehnsucht der Bevölkerung nach Ordnung und innerem Frieden zugute kam.

Um seine Ziele im Königreich und in den Gebieten auf dem Festland durchzusetzen, legten Heinrich II. und seine Ratgeber, allen voran sein Kanzler Thomas Becket, besonderen Wert auf die Stärkung der königlichen Finanzen. Verlorengegangene Einkünfte sollten zurückgewonnen, neue Einnahmequellen erschlossen, Steuern erhoben werden, etwa das »Geld«, die ehemalige Grundsteuer, die der König aber bald wieder aufhob, oder neue Abgaben, wie etwa die »Bede« (*auxilium*, französisch *aides*); der Warenverkehr wurde mit Steuern belegt, auch Verwaltung und Rechtsprechung, von denen noch die Rede sein wird, erbrachten zusätzliche Einnahmen. Selbst die Reform des Waffendienstes trug zur Verbesserung der Finanzen bei. Die ritterlichen Pflichten wurden überprüft und wesentlich erweitert, gleichzeitig begünstigte man die finanzielle Ablösung der Waffendienstpflicht durch Abgabe des *scutagium*, des »Schildgeldes«. So war der König in den Stand gesetzt, in diesen oder in anderen Kreisen, aber auch im Ausland Söldner anzuwerben und mit ihnen ein leistungsfähigeres Heer aufzustellen, als es die feudalen Aufgebote zuließen.

Mit Hilfe dieser neugewonnenen Macht hatten nun auch die Aktionen im Ausland Erfolg. Der König von Schottland mußte die ihm von Stephan von Blois abgetretenen Gebiete wieder herausgeben; die Grenze wurde von neuem auf der Linie Solway Firth – Tweed festgelegt. Wichtige Positionen in Wales kamen hinzu; in Irland unternahmen normannische, mitunter schon mit den Walisern verwandte Abenteurer erfolgreiche Operationen; 1171/72 begab sich der König selbst auf die irische Insel, konnte aber nichts Dauerhaftes, ausrichten, außer in der Gegend von Dublin, die später zu einem Annex Englands werden sollte. In Frankreich errichtete Heinrich II. schon 1158 eine wirksame Herrschaft. Trotzdem gelang es ihm als Herzog von Aquitanien im Jahre 1159 nicht, den Grafen von Toulouse zu seinem Vasallen zu machen; er mußte sich vor Ludwig VII., ihrer beider Lehnsherrn, zurückziehen. Erst 1173 war er mächtig genug, dem Grafen Raimund V. für Toulouse Mannschaft und Treueid abzufordern.

Während der Regierung Heinrichs wurde sein Reich von zwei schweren, kurz hintereinander ausbrechenden Krisen heimgesucht. 1162 hatte der König dem Erzbischof Theobald von Canterbury Thomas Becket, seinen Kanzler, einen geschickten, mutigen und ihm treu ergebenen »Realpolitiker«, zum Nachfolger bestimmt. Auf dem erzbischöflichen Stuhl jedoch entpuppte sich Thomas als eifersüchtiger Verteidiger seiner Prärogativen; hartnäckig bestand er auf den Privilegien der Kirche, verständnislos gegenüber der Notwendigkeit, den öffentlichen Frieden zu wahren. Als 1164 der König die Beschlüsse von Clarendon bekanntgab, die neben anderen der Integration der Kirche in das monarchische System eine feste Form geben sollten, brach der offene Konflikt aus. Vor allem ging es um die Zuständigkeit der königlichen Gerichte für die von Klerikern begangenen schweren Straftaten, der sich Becket erbittert widersetzte. Nach so wechselvollen wie heftigen Auseinandersetzungen, in deren Verlauf der Erzbischof wie zum Vergnügen neue Schwierigkeiten bereitete, wurde er 1170 in seiner Kathedrale ermordet. Dem König schob man – zu Recht oder zu Unrecht – die Schuld an diesem unentschuldbaren Verbrechen zu; er mußte Buße tun und sich 1172 mit der Kirche vergleichen. Thomas Becket aber wurde 1173 von Papst Alexander III. heiliggesprochen.

Im selben Jahr kam es zu einer Verschwörung gegen den König; Königin Eleonore, die ihrem Gemahl sein persönliches Regiment in Aquitanien und seine Ausschweifungen verargte, hatte sich mit ihren drei Söhnen, Heinrich – dem Mitkönig –, Gottfried und Richard, gegen ihn verbündet und die Unterstützung des schottischen Königs Wilhelm des Löwen und einer Anzahl englischer und normannischer Barone gefunden. Auch Ludwig VII. von Frankreich hatte sich ihnen angeschlossen; sein übermächtiger Vasall sollte das normannische Vexin wieder herausgeben, das Ludwig 1145 von Gottfried Plantagenet erhalten, 1160 aber an Heinrich verloren hatte. Heinrich II. trug den Sieg davon, zum Teil wohl dank der Unterstützung der nichtadligen Bevölkerung. 1174 unterwarfen sich die Aufständischen; der König von Schottland mußte wie ein englischer Vasall Treueid und Mannschaft leisten und die Oberhoheit des englischen Königs anerkennen. Ludwig VII. willigte in einen Frieden mit Heinrich ein und hielt ihn. Heinrich zog nun in die Schlösser der besiegten Rebellen ein oder machte sie dem Erdboden gleich: seine Autorität war entscheidend gestärkt.

Der wahre Ruhmestitel Heinrichs II. aber liegt in seinen Leistungen in Verwaltung und Justiz.

Unter dem Vorsitz des Königs oder, wenn er auf dem Kontinent weilte, seines *iustitiarius* war die *curia*, der »Hof«, nach wie vor die zentrale Instanz im Königreich; ihre Kompetenzen erstreckten sich auf Politik, Verwaltung und Gerichtsbarkeit, und sie sollte ihre Funktion jahrhundertelang bewahren. Die Curia trat entweder als »Großer Rat« *(concilium magnum)* zusammen und bestand dann aus Würdenträgern, Prälaten und Baronen oder als beschränktes Gremium mit dem Kanzler, einigen hohen Würdenträgern der Krone und wenigen Räten, häufig Geistlichen. Die regionale Instanz war, wie schon unter den früheren Königen, der *sheriff*, ein königlicher Beamter in jeder Grafschaft *(shire)*, den der König ernannte und besoldete. Diese Sheriffs hatten die königlichen Einkünfte zu erheben, in den örtlichen Gerichtshöfen den Vorsitz zu führen und ein Minimum an Ordnung aufrechtzuerhalten. Unter Heinrich II. waren sie strenger denn je der königlichen Autorität unterworfen.

Schon vor 1118 hatte Heinrich I. einen Ausschuß der Curia gebildet, der in regelmäßigen Abständen tagte, um die Einnahmen und Ausgaben der »Sheriffs« zu kontrollieren und ihre Zahlungen entgegenzunehmen; zu diesem Zweck wurde ein Konto eingerichtet: später *pipe roll* (Schatzkammerabrechnung) genannt. Der Ausschuß hatte auch andere, besonders gerichtliche Befugnisse. Seine Bezeichnung *scaccarium* (*exchequer*, »Schachbrett«) hatte er von einer Tischplatte mit schachbrettartigem Muster, das die Abrechnung erleichtern sollte. Der Exchequer gewann unter Heinrich II. zunehmende Bedeutung und wurde schließlich zu einer Dauereinrichtung; von 1172 an hielt er in Westminster seine Sitzungen ab. In Abwesenheit des Königs präsidierte der Justitiarius; der Kanzler und der Schatzmeister zählten zu seinen Mitgliedern. Der Exchequer war mit weitreichenden Kompetenzen ausgestattet: er war gleichzeitig Schatzkammer und Rechnungshof, Gerichtshof und Verwaltungszentrale; später wurden die Aufgaben geteilt: in Finanzen und Abrechnung und in die Rechtsprechung. Aber erst seit Johann I. Ohneland (1199–1216) arbeiteten sie als völlig gesonderte Abteilungen: der Exchequer, das »Schatzamt«, und die *bench*, die Richter-»bank«; die *bench* wurde unter der Bezeichnung *communia placita (Court of Common Pleas)* schon vor dem Ende der Regierungszeit Johanns bekannt. Heinrich II. hatte außerdem 1178 innerhalb seiner Curia einen ständigen Gerichtshof geschaffen, der ihn auf seinen Reisen begleitete; er überlebte aber den König nicht.

Die zentrale königliche Rechtsprechung genügte jedoch nicht. Schon Heinrich I. hatte hin und wieder Delegierte der *curia* beauftragt, in einzelnen Landesteilen die Rechtsprechung wahrzunehmen. Häufig übernahmen sie den Vorsitz in den örtlichen Gerichten, die so den Charakter königlicher Gerichtshöfe annahmen. Nach 1166 wurden diese Rundreisen königlicher Richter, die im ganzen Land Gerichtstage abhielten, zur Regel *(circuits of the iustices in eyre)*.

Immer häufiger ließ es die Gesetzgebung zu, daß streitende Parteien einen *writ* gegen Geld erwerben und so ihre Sache vor das königliche Gericht bringen konnten, dessen Kompetenzen – ob nun als zentrale Instanz oder als königlicher Richter an den örtlichen Gerichtstagen – auf diese Weise im Laufe der Zeit beträchtlich erweitert wurden, zum deutlichen Nachteil der örtlichen und herrschaftlichen Gerichte. Und da die Verstöße gegen die Gewere *(seisin)* zu den Fällen gehörten, für die *writs* gewährt wurden, nahm der Rechtsschutz für die Güter spürbar zu.

Institutionen sind so viel wert wie die Menschen, die ihnen den Geist verleihen. Heinrich II. hatte höchst kompetente Personen zu seiner Verfügung, vornehmlich in den freien Künsten und im kanonischen Recht bewanderte Geistliche. Diese Bildung ermöglichte es ihnen, Ordnung in ihre Gedanken zu bringen und dem Recht bis zu einem gewissen Grade System und Gleichförmigkeit zu verleihen. Die königliche Gesetzgebung war in wesentlichen Teilen ihr Werk, und ihre Urteile in den königlichen Gerichtshöfen trugen entscheidend zur Ausbildung des englischen »gemeinen Rechts«, des *Common Law*, bei.

In Philipp II. August, der 1180 den französischen Thron bestieg, erwuchs Heinrich II. ein gefährlicher Gegner. Der neue König hatte offenbar die Absicht, das Anglo-Angevinische Reich zu zerschlagen; geschickt nutzte er seit 1184 den Ehrgeiz und den Haß der jungen Plantagenets gegen den König. Der Mitkönig Heinrich der Jüngere war, mit Frankreich verbündet, 1183 als Rebell gestorben; Gottfried, Herzog der Bretagne, der jedoch schon 1186 starb, vor allem aber der leidenschaftliche Richard, Graf von Poitou, kämpften ohne jeden Skrupel gegen ihren Vater. Ein Feldzug 1189, vom französischen König und von Richard gemeinsam geführt, traf Heinrich II. ins Mark; er erklärte sich für besiegt. Trotz der erträglichen Bedingungen der Sieger – Heinrich mußte seine Gebiete in der Auvergne abtreten und für Berry eine hohe Entschädigungssumme zahlen – war er ein gebrochener Mann. Die Nachricht schließlich, daß ihn auch sein Sohn Johann verraten hatte, der jüngste dieses »Atridengeschlechts«, versetzte ihm den Todesstoß: er starb in Chinon am 6. Juli desselben Jahres.

Das Anglo-Angevinische Reich bestand zwar weiter, doch nur für kurze Zeit. Von größerer Stabilität und Bedeutung erwies sich das Werk Heinrichs II. in England selbst, seine Gesetzgebung und die Wirkung seiner politischen Entscheidungen. Sie verschafften dem Land eine Verwaltung und Gerichte mit einer Leistungsfähigkeit, wie sie zu Ende des 12. Jahrhunderts in Westeuropa unbekannt war.

Frankreich und der Zusammenbruch des Anglo-Angevinischen Reiches

Das Königreich Frankreich gehörte in der ersten Hälfte des 12. Jahrhunderts, zumindest was die reine Macht anlangte, sicher zu den schwächsten politischen Gebilden im christlichen Abendland. Der kapetingische Souverän herrschte unmittelbar nur über einen geringen Teil seines Reiches. Über die Fürsten, die im weitaus größeren Teil regierten, hatte er so gut wie keine Gewalt; die im Süden kümmerten sich wenig um ihn; andere, wie die Grafen von Blois und Troyes, waren ihm üblicherweise feindlich gesinnt. Ein Vergleich mit Deutschland, sogar nach Abschluß des Investiturstreits, oder mit dem England Heinrichs I. erscheint auf den ersten Blick niederschmetternd. Und doch flößte der französische König Respekt ein, zumindest nach dem Tod Philipps I. Zu Ludwig VI. und Ludwig VII. flüchteten die Päpste, die sich in Rom nicht halten konnten, und nach Frankreich zog sich

Thomas Becket während seines Konflikts mit Heinrich II. zurück. Und Ludwig VII. bezeigte man auf dem Zweiten Kreuzzug nicht weniger Verehrung als Konrad III. Wenn sich auch der Kapetinger mitunter in schwieriger Situation befand und er nur über bescheidene Mittel verfügte, so hielt man ihn doch für eine Persönlichkeit, die in der politischen Konstellation ihr Gewicht hatte.

Für die Kapetinger sprach vor allem die Kontinuität, in der die Herrscher einander auf den Thron folgten, der Sohn dem Vater, ohne lange Regierungsperioden unter einem minderjährigen König. Da die Könige schon zu ihren Lebzeiten ihren ältesten Sohn wählen, krönen und salben ließen, waren Erblichkeit und Primogenitur zur Regel in der Thronfolge geworden. Schon seit der Regierungszeit Ludwigs VII. war die Wahl bloße Formalität, nach Philipp II. August entfiel sie ganz. Ein anderes entscheidendes Moment war der Umstand, daß der König gesalbt wurde. Die Salbung, von einem Bischof mit dem heiligen Öl vorgenommen, verlieh dem König ein Charisma, das in gewissem Sinne dem des Priesters gleichkam: seine Macht gewann übernatürliche Qualität. In einer Gesellschaft, die ausnahmslos vom Glauben her bestimmt war, hatte dies eine ungeheuere Bedeutung; die königliche Macht war der der größten Fürsten überlegen, denn keiner von ihnen war gesalbt. Vieles scheute man sich, am »Gesalbten des Herrn« zu begehen.

Zweifellos ist die »Krondomäne« des Königs, das »Krongut« – um unpassende, aber übliche Ausdrücke zu gebrauchen –, in ihrer ganzen Ausdehnung weder sehr umfangreich noch zusammenhängend noch auch homogen. Die Lage seiner Mittellinie (Senlis–Paris–Orléans) bot zwar Vorteile, aber erst neu hinzugewonnene Gebiete, wie Sens, Gâtinais, Bourges, das französische Vexin, gaben ihr einen größeren Zusammenhang und größere Festigkeit. Aus der Krondomäne zog der König domaniale, feudale und gerichtsherrliche Einnahmen. Eine wesentliche Stütze seiner Macht war die Kirche. Er hatte seine Autorität über vier Erzbistümer und etwa zwanzig Bistümer in den Provinzen Reims, Sens, Tours, Bourges und Lyon behaupten können, von denen die meisten außerhalb der Krondomäne lagen. Lange Zeit hatte er *de iure* oder *de facto* die Bischöfe ernannt; und obwohl er unter dem Einfluß der kirchlichen Reformbestrebungen zu Anfang des 12. Jahrhunderts darauf verzichtete, bewahrte er sich weitreichende Befugnisse: die Genehmigung und Bestätigung der Wahl geistlicher Fürsten, ihre Investitur mit den Regalien, die Entgegennahme ihres Treueides. Mehrere wichtige Abteien unterstanden direkt seiner Gewalt, geistliche Würdenträger waren ihm oft treu ergeben; Bistümer und Abteien stellten ihm Truppen und finanzielle Unterstützung.

Alle Territorialfürsten waren von Rechts wegen Vasallen des Königs. Wenn auch dieser Umstand weder ihre Dienstleistungen noch ihre Treue gewährleistete, so verhinderte er doch so manche feindselige Aktion. Normalerweise aber haben einige Fürsten immer wieder den König unterstützt, und einer von ihnen war fast stets sein getreuer Gefolgsmann: der mächtige Graf von Flandern, wenigstens bis zum Tode Dietrichs vom Elsaß 1168.

Ludwig VI., der schon seit 1101 einen Teil der königlichen Macht ausgeübt hatte und nach dem Tode Philipps I. 1108 bis 1137 allein regierte, ging mit Energie und Erfolg in der Krondomäne und sogar im Laonnois gegen die unbotmäßigen, zu Raubzügen aufgelegten Herren und Ritter vor. Er konnte die Gebiete einigermaßen befrieden und der Krondomäne eine gewisse Geschlossenheit geben; die Grafen der kleineren benachbarten Grafschaften schienen seiner Macht wirkungsvoller unterworfen. Ludwig VI. wagte es sogar, in Angelegenheiten außerhalb der Domäne einzugreifen: in der Auvergne, einem Lehen des Herzogtums Aquitanien, verteidigte er 1122 und 1126 den Bischof von Clermont gegen den Grafen, und in Flandern setzte er seinen Schützling Wilhelm Clito als Nachfolger des 1127 ermordeten Grafen Karl des Guten ein; der wurde allerdings schon 1128 in einem Aufstand der Städte, unterstützt von Teilen des Adels, wieder gestürzt.

Keine dieser Interventionen erzielte bleibende Resultate; immerhin war Ludwig VI. in Gebieten aufgetreten, in denen man es nicht mehr gewöhnt war, dem König von Frankreich zu begegnen; und das hob sein Ansehen beträchtlich. Das Königreich bekundete übrigens einen gewissen Zusammenhalt, als 1124 Kaiser Heinrich V., der Verbündete des englischen Königs Heinrich I., sich anschickte, in Frankreich einzufallen. Unter den Territorialfürsten, die sich dem königlichen Heer anschlossen, waren auch die Grafen von Blois und Troyes, die sich zwar im Kriegszustand mit dem König befanden, es aber nun für ihre Pflicht hielten, in seinem Heer das *Regnum Franciae* zu verteidigen.

Alles dies war im Augenblick eher bescheiden; eine Tatsache allerdings war von größter Bedeutung: die Sicherung der königlichen Gewalt in der Krondomäne, ohne die die Leistungen und die Eroberungen Philipps II. August nicht zu verstehen sind.

Ludwig VII. (1137–1180) fügte den bescheidenen Mitteln des französischen Königs kaum etwas Wesentliches hinzu. Man hätte eher das Gegenteil erwarten können. 1137, kurz nach seiner Thronbesteigung, heiratete er Eleonore, die Herzogin von Aquitanien, und leitete damit die personale Verbindung des großen südlichen Herzogtums mit den Gebieten der Krone ein. Aber Ludwig VII. erwirkte 1152 aus Eifersucht und religiösen Bedenken die Auflösung dieser Ehe; noch im selben Jahr heiratete Eleonore Heinrich Plantagenet und brachte Aquitanien in das Angevinische Reich ein. Dieses Ereignis, seine Folgen und die Niederlagen des Königs, als er sich der Politik Heinrichs II. widersetzte, haben die positiven Seiten seiner Regierung allzusehr in den Schatten gestellt.

In der Krondomäne und ihrer Nachbarschaft führte er die Befriedungsaktionen seines Vaters zu Ende. Mehr als jener und mit größerem Erfolg intervenierte er in den Fürstentümern: 1163 und 1169 in der Auvergne, 1166 in Burgund; 1159 hatte er den Grafen von Toulouse gegen Heinrich II. in Schutz genommen: das hieß in der Tat als König von Frankreich handeln. Die Grafschaft Forez, die zum Königreich Arelat und folglich zum Reich gehörte, unterstellte sich 1167 der französischen Krone. Die königlichen Prärogativen über die Kirche konnte er erhalten und auf Bistümer der Provinzen Bourges und Lyon ausdehnen. Schließlich ist zu berücksichtigen, daß die Tugend und Frömmigkeit des Königs ihm – besonders in der zweiten Hälfte seiner Regierung – fast den Ruf der Heiligkeit eintrugen, was zu jener Zeit die Königsmacht unmittelbar zu stärken geeignet war.

Philipp II. August (1180–1223) konnte an die Leistungen und Erfolge seines Großvaters und seines Vaters anknüpfen. Aber ohne die wesentlichen Züge des französischen Königtums zu verändern, verstand er es, sie derart umzugestalten, daß sie in nichts mehr der schwachen Herrschaft seiner Vorgänger glich. Als kluger Politiker wußte er alle sich ihm bietenden Möglichkeiten zu ergreifen und die Schwächen seiner Gegner mit Geschick zu nutzen.

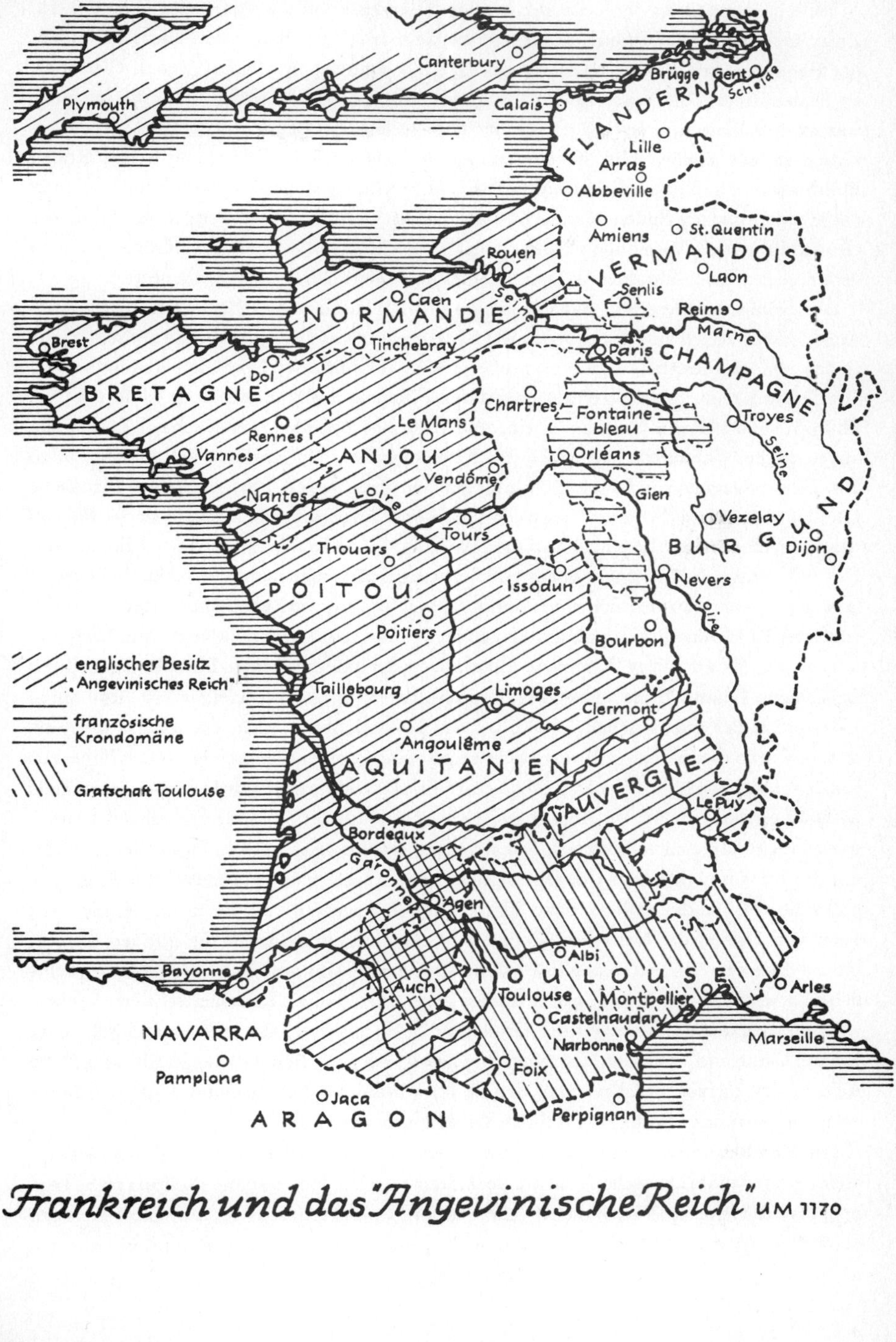

Frankreich und das „Angevinische Reich“ UM 1170

Philipp August war der erste der großen »Ländersammler« unter den Kapetingern. Zwar setzte er eine Tradition fort, wenn er benachbarte Grafschaften und Herrschaften mit der Krondomäne verband, so Montargis (1184), Gien (1195), Meulan (1204), Clermont-en-Beauvaisis (1218), Beaumont-sur-Oise (1223). Aber anders als sein Vater und Großvater, war er entschlossen, ganze Fürstentümer oder wenigstens beträchtliche Teile davon der Krone zu unterstellen. Geschickt nutzte er die unkluge Politik des flandrischen Grafen Philipp vom Elsaß und alle ihm im Lehnsrecht zu Gebote stehenden Mittel, um Amiénois (1185), den ganzen Süden Flanderns, also das Artois mit Arras, der reichsten Stadt der Grafschaft (1191), Vermandois (1185, 1191, 1214), Valois (1214) mit der Krondomäne zu vereinigen, die sich auf diese Weise erheblich nach dem Norden hin ausdehnte.

Der König trachtete nun danach, seinen alten Plan zu verwirklichen und das Anglo-Angevinische Reich zu zerschlagen. 1189 hatte er den Grafen von Auvergne auf seine Seite ziehen können, dessen Gebiet zum größeren Teil 1211 mit der Domäne vereinigt wurde. Der Dritte Kreuzzug verzögerte zunächst den Fortgang der Kämpfe. Aber schon 1193 fiel Philipp August in die Normandie ein, und nach der Befreiung von Richard Löwenherz aus deutscher Gefangenschaft brach der Krieg zwischen den einstigen Verbündeten offen aus. Einem Gegner wie Richard gegenüber, den überdies seit 1197 mehrere französische Fürsten unterstützten – unter ihnen der Graf von Flandern Balduin IX. –, geriet Philipp August in eine äußerst bedenkliche Situation. Nur der Tod Richards 1199 rettete ihn daraus. Die mit dessen Nachfolger, Johann Ohneland, wiederaufgenommenen Feindseligkeiten fanden im Jahre 1200 endlich einen vorläufigen Abschluß: im Vertrag von Goulet trat der englische König das Gebiet von Evreux, einen Teil des normannischen Vexin und Berry ab.

1202 kam es zu neuen Kämpfen. Eine Klage der poitevinischen Barone gegen ihren Lehnsherrn Johann Ohneland gab Philipp das Recht, Johann, als Herzog von Aquitanien Lehnsmann der französischen Krone, vor das Hofgericht zu laden. Da Johann nicht erschien, wurde er am 28. April 1202, da er gegen seine Vasallenpflichten verstoßen habe, zur Einziehung seiner französischen Lehen verurteilt. Das Lehnsrecht wurde für politische Ziele wirksam eingesetzt: Philipp August zog 1202 gegen Johann zu Felde, um diesen Urteilsspruch rechtmäßig zu vollstrecken. Der Krieg dauerte bis 1204, obwohl Papst Innozenz III. um des Friedens willen 1203 dagegen eingeschritten war. Philipp August blieb Sieger; er hatte die Normandie erobert, dazu Maine, Anjou, Touraine und die Bretagne, die 1213 Peter von Dreux, der Neffe des Königs, zu Lehen erhielt, während die übrigen Gebiete unmittelbar der Krone unterstellt wurden; die Domäne war aufs neue und noch beträchtlicher erweitert. Im Poitou waren einige feste Plätze und Lehnsherrschaften erobert worden, aber der größere Teil der Grafschaft blieb unsicher und recht anarchisch. Und Johann Ohneland hatte der Not seiner Niederlage noch die Schande beigesellt: sein Neffe Arthur, der Herzog der Bretagne, den er im Vorjahr als Gefolgsmann Philipp Augusts gefangengenommen hatte, war auf sein Geheiß ermordet worden.

Der Konflikt brach wenige Jahre später wieder aus und verzahnte sich mit den Auseinandersetzungen im Deutschen Reich. Hier waren 1198 der Hohenstaufe Philipp von Schwaben, Bruder Heinrichs VI., und der Welfe Otto IV., Sohn Heinrichs des Löwen, zu Königen gewählt worden und in erbitterte Kämpfe gegeneinander verstrickt. Philipp gewann die

Oberhand, da wurde er 1208 ermordet. Otto war 1209 von Innozenz III. zum Kaiser gekrönt worden, überwarf sich aber mit ihm, woraufhin der Papst den Sohn Heinrichs VI. und Konstanzens, den jungen König von Sizilien, Friedrich-Roger, unterstützte. Er wurde 1212 als Friedrich II. zum deutschen König gewählt, gekrönt und gesalbt und verbündete sich unverzüglich mit dem französischen König, da Otto IV. mit dem König von England im Bunde war; die französisch-ghibellinische Partei trat aufs neue gegen die englisch-welfische an.

Ein Streit zwischen Johann Ohneland und dem Heiligen Stuhl – er betraf den Erzbischof von Canterbury, Stephan Langton, dem der König den Zugang zu seinem Sitz verweigerte – hatte den Papst veranlaßt, das Interdikt über das Königreich zu verhängen. Daraufhin beschlagnahmte Johann Ohneland die Besitzungen der Geistlichkeit. Innozenz III. antwortete mit dem Bann über Johann, entband dessen Untertanen von ihrer Treuepflicht und beauftragte Philipp August, das Königreich zu besetzen. Der sah darin eine willkommene Gelegenheit, England mit rechtlichen Gründen anzugreifen, und suchte sie alsbald zu nutzen. Da lenkte Johann 1213 unerwartet ein und erklärte sich bereit, nach Leistung von Mannschaft und Treueid sein Reich vom Papst als Lehen zu empfangen. Diese Wendung hatte die berechnete Wirkung; Innozenz III. untersagte Philipp August die Landung jenseits des Kanals.

Der Krieg war von beiden Seiten gewollt. Johann hatte die Unterstützung eines Teils des poitevinischen Adels; der neue Graf von Flandern, Ferrand von Portugal, schloß sich, obwohl er die Grafschaft Philipp August zu verdanken hatte, unter dem Druck der flämischen Städte, die die englische Wolle für ihre Tuchindustrie brauchten, der englisch-welfischen Partei an.

Die Kämpfe entbrannten im Jahre 1213. Eine französische Flotte wurde im Zwin, dem Golf, durch den Brügge Zugang zum Meer hat, vernichtet, auch Philipp Augusts Einfall in Flandern blieb ohne rechten Erfolg.

Dagegen endeten die Operationen 1214 in Poitou mit der Niederlage und wilden Flucht Johanns. Doch die Entscheidung fiel im Norden. Kaiser Otto IV., der Graf von Flandern, Renaud de Dammartin, Graf von Boulogne und Herzog Heinrich I. von Brabant, dazu weitere Verbündete und ein englisches Kontingent bereiteten einen Einfall in Frankreich vor. In der Nähe von Tournai bei Bouvines stieß Philipp August am 27. Juli 1214 auf ihr Heer und trug einen entscheidenden Sieg davon. In Deutschland ging der Kampf zwischen dem jungen Friedrich II. und dem besiegten Otto IV. voller Erbitterung weiter; da starb Otto 1218.

Die Schlacht von Bouvines zerschlug die letzte Hoffnung für das Anglo-Angevinische Reich; für Philipp August bedeutete sie den entscheidenden Durchbruch. Die Grafen von Flandern und von Boulogne waren als Gefangene des Königs – sie blieben es dreizehn Jahre – eine Warnung für die französischen Fürsten und Herren, falls sie daran denken sollten, sich unbotmäßig aufzuführen. Unter der Gräfin Johanna wurde Flandern, auf das der König klugerweise keine Annexionsansprüche erhoben hatte, eng der königlichen Kontrolle unterworfen. Das Ansehen nach diesem Sieg und die Katastrophe der Feinde hatten aus dem König von Frankreich die erste politische Macht des westlichen Abendlandes gemacht.

Für eine auch weiterhin erfolgreiche Politik des Königs war eine besonders leistungsfähige Finanzwirtschaft der Krone unerläßlich. Zu den Einnahmen aus der Krondomäne im engeren Sinne kamen seit 1204 zusätzliche Abgaben aus den bedeutenden herzoglichen und gräflichen Domänen in der Normandie und Anjou. Diese mehr oder weniger althergebrachten Einkommensquellen verstand Philipp August im Laufe seiner Regierung wesentlich reichlicher als in der Vergangenheit fließen zu lassen.

Das Heer, unter der Regierung des »Eroberers«, wie man ihn jetzt nannte, von besonderer Bedeutung, verschlang einen großen Teil der eingehenden Mittel. Der König verfügte über Lehnskontingente, deren Brauchbarkeit aber wegen ihres unbezahlten Dienstes beschränkt war. Dann hatten ihm die Bistümer und Abteien »Sergeanten« zu stellen, und von den Städten, die den Status einer Kommune erhalten hatten, kamen Milizen, meistens wenig bewegliche Fußtruppen. Die Finanzwirtschaft sollte den König in den Stand setzen, Truppen anzuwerben, besonders Reiterei und kriegserfahrene Fußsoldaten. Wie die Plantagenets, stellte auch Philipp August viele von ihnen in seinen Dienst.

Das wichtigste Organ der königlichen Regierung blieb die *Curia regis*, der »Hof«, die altehrwürdige Einrichtung, wie sie auch in anderen Monarchien üblich war; eine Spezialisierung wie in der englischen Curia war ihr noch fremd. Sie unterstützte den König und nahm dessen allumfassende Rechte wahr. Zu bestimmten Gelegenheiten gehörten ihr Fürsten, Bischöfe, Äbte, adlige Herren und die hohen Würdenträger des Hofes an, die den Kapetinger bei feierlichen Anlässen umgaben. Am häufigsten begegnet man, außer einigen ihr nur vorübergehend angehörenden Baronen und Prälaten, hohen Beamten, Klerikern und Palastbeamten, dazu Rittern aus der Gegend, in der der Souverän gerade residierte. In den laufenden Geschäften war sie anscheinend auf wenige Vertraute beschränkt. Die Curia gewann immer mehr an Bedeutung als Gerichtshof für Prozesse, die Fürsten oder Herren, Bistümer oder Abteien, Stadt- oder Landgemeinden führten. Der Umfang der Geschäfte wuchs. Philipp August führte nur noch selten persönlich den Vorsitz, außer es handelte sich um eine hohe Persönlichkeit. Die Curia tagte gewöhnlich in Paris im königlichen Palast der »Cité«. Rechtspraktiker, vor allem Kleriker, spielten als Richter eine immer bedeutendere Rolle in der Curia; diese entwickelte sich nicht nur als Organ der Rechtsprechung bald zu einer Institution, sondern ebenso als Kontrollinstanz für die Einkünfte und Ausgaben des Königs.

Die Erhebung dieser Abgaben, die Polizeigewalt und die Gerichtsbarkeit in der Krondomäne lagen in den Händen der *prévôts*, die häufig die Einnahmen pachteten und ihr Amt als Lehen innehatten. Die Notwendigkeit, die Einnahmen zu steigern und die Maßnahmen von Polizei und Justiz zu verbessern, veranlaßte Philipp August, zwischen 1184 und 1190 durch Kommissare der Curia in den verschiedenen Teilen der Krondomäne Gerichtssitzungen abhalten und die Erhebung der königlichen Einnahmen überprüfen zu lassen. Diese Reisen wurden mit dem Zugang neuer, unmittelbar verwalteter Gebiete immer häufiger. Schon Anfang des 13. Jahrhunderts waren die Delegierten der Curia seßhaft geworden und hatten in Teilen der Domäne die Eigenschaft königlicher Beamter angenommen. Sie hatten Recht zu sprechen, die Einnahmen zu zentralisieren und die Ordnung aufrechtzuerhalten. Es waren regelrechte »Funktionäre« im modernen Sinne, die der

König ernannte, die er versetzen und abberufen konnte und denen er ein Gehalt zahlte. Als Bezeichnung bürgerte sich *bailli (ballivus)* ein; die Prévôts waren ihnen untergeordnet. Sie scheinen nicht den Baillis nachgebildet worden zu sein, die der Graf Philipp vom Elsaß schon früher in Flandern eingesetzt hatte, vielleicht waren sie eher eine Imitation der englischen *justices in eyre*.

Dieser Kader königlicher Beamter schuf in den unmittelbar der Krone unterstehenden Teilen Frankreichs eine größere Sicherheit für die Personen und Güter; sie gewährleistete auch die Ausführung der vom König getroffenen Entscheidungen.

Innozenz III.

Das beginnende 13. Jahrhundert wird von der großen Persönlichkeit des Papstes Innozenz des Dritten (1198–1216) beherrscht. Ein hervorragender Kenner des Kirchenrechts und geschickter Politiker, war er vor allem ein Priester, der von leidenschaftlichem Glaubenseifer erfüllt war und in allen seinen Unternehmungen nur ein Ziel verfolgte: den Sieg des Glaubens in Frieden und Einigkeit unter den Christen.

Um die Autorität des Heiligen Stuhls diesem Ziel dienstbar zu machen, trachtete der Papst danach, die italienischen Angelegenheiten zur Stärkung seiner Macht zu regeln. Im Königreich Sizilien sollte ein Regime wiedererstehen, wie es die Zeiten Tancreds gekannt hatten. Die deutsche Macht war dort beim Tode Heinrichs VI. zusammengebrochen; weder seine von normannischen Traditionen erfüllte Witwe Konstanze noch seit 1208 der junge König Friedrich-Roger vermochten ein festes Regiment zu errichten. In Mittelitalien forderte der Papst das Herzogtum Spoleto, die Mark Ancona und noch andere Gebiete als sein Eigentum zurück, konnte aber seine Ansprüche nur unter Schwierigkeiten und ohne rechten Erfolg verwirklichen. In der Toskana und in Norditalien lagen die Städte miteinander im Kampf und versuchten, sich in durchtriebener Bündnispolitik Rechte und Ländereien anzueignen und ihre Nachbarn auszustechen. Der Adel mischte sich in die Kämpfe ein und verwirrte die Lage um so mehr, als die Städte häufig ihre Podestá aus den Adelsfamilien wählten und sie mit der Justizverwaltung und dem militärischen Oberbefehl betrauten.

Aber es waren nicht die Versuche Papst Innozenz' III., die italienischen Wirren zu schlichten, die den Ruhm seines Pontifikats ausmachten; seine wahre Bedeutung liegt in seinem rein kirchlichen Wirken. Mehr als alle seine Vorgänger stärkte und erweiterte er die päpstliche Autorität über die Hierarchie und die Institutionen der Kirche. Am Ende seines Lebens berief er 1215 das Vierte Laterankonzil, das Zwölfte Ökumenische, ein und führte selbst den Vorsitz. Es verkündete eine Reihe von Vorschriften, die mehr als bisher den Sinn für das Mögliche mit den Forderungen strenger Disziplin verbanden; wesentliche Fragen wurden mit Autorität geregelt, so zur Spende der Sakramente, vor allem der Buße und des heiligen Abendmahls.

In seiner Eigenschaft als Haupt des *populus christianus* verlangte Innozenz III. die Oberhoheit über die Könige und alle Inhaber weltlicher Macht; er habe das Recht, sie *ratione peccati*, »nach ihren Sünden«, zu richten. Von diesem »Recht« machte er denn ausgiebigen Gebrauch, vor allem setzte er es ein in dem Streit zwischen Hohenstaufen und Welfen. Der Papst betrachtete sich als diejenige Instanz, die die kaiserliche Würde zu verleihen hatte, und glaubte deshalb um so genauer prüfen zu müssen, ob der deutsche König der Kaiserkrone würdig sei. Wie wir sahen, exkommunizierte er schließlich den von ihm zunächst unterstützten Otto IV. und befreite dessen Untertanen von ihrer Treuepflicht. Die italienische Politik des Kaisers schien ihm den höheren Interessen des Heiligen Stuhls zuwiderzulaufen, und er nannte sie deshalb sündhaft. Mit derselben Begründung verhängte er – wie erwähnt – den päpstlichen Bann über Johann Ohneland. Der Schachzug des Königs, sich davon zu befreien, aber ermöglichte es dem Papst, den Lehnsbesitz des Heiligen Stuhls – dazu gehörten Sizilien, Portugal und Aragon – um das Königreich England zu vergrößern. Das war nicht der geringste seiner politischen Erfolge.

Der Kreuzzug gegen die Albigenser und die Unterwerfung Südfrankreichs

Die große Sorge Innozenz' III. galt dem Kampf gegen die Häresien. Eine ketzerische Bewegung hatte von Bulgarien aus Norditalien, den Süden des Königreichs Arelat und Südfrankreich erreicht. In Wirklichkeit war es eher eine nichtchristliche Religion, die bestimmte christliche Elemente übernommen hatte. Von manichäischem Ursprung, war sie auf den Glauben an das dualistische göttliche Prinzip des Guten und Bösen gegründet; Sakramente fehlten ihr fast ganz. Ihre Anhänger hießen »Katharer«, die »Reinen«, obgleich diese Bezeichnung nur einer kleinen Anzahl von ihnen, den »Vollkommenen«, wegen ihres asketischen Lebenswandels zustand; man nannte diese Ketzer auch »Albigenser«, weil sie in Albi und seiner Umgebung zahlreich vertreten waren.

Der »Katharismus« blühte tatsächlich in der Grafschaft Toulouse und in den anderen Grafschaften und Herrschaften des Languedoc. Das waren die Gebiete Frankreichs, die sich der königlichen Autorität gegenüber am gleichgültigsten verhielten. Ihre okzitanischen Dialekte, ihre Kunst, der Lebensstil ihres Adels und ihrer Bürgerschaft hatten sie Nordfrankreich entfremdet. Dagegen hatten sie enge Beziehungen zur Provence, nach Genua und Pisa und sehr viel mehr noch zum Königreich Aragon-Barcelona; der König von Aragon besaß in Südfrankreich zahlreiche bedeutende Lehnsherrschaften.

Innozenz III. versuchte es zunächst mit einer friedlichen Bekehrungsaktion, die jedoch kaum nennenswerte Erfolge erzielte. Der Mord an einem päpstlichen Legaten gab den Anhängern der harten Richtung das Argument in die Hand, um den Papst für ihre Ansichten zu gewinnen. Obgleich unbewiesen, galt der Graf Raimund VI. von Toulouse als Beschützer der Häresie und wurde 1208 mit dem Bann belegt. Der Papst befreite seine Untertanen von ihrer Treuepflicht und erklärte sein Land für frei.

Das war der Aufruf zum Kreuzzug gegen die Ketzer im Süden. Tausende fanatisierter und habgieriger Ritter aus Nord- und Mittelfrankreich ergossen sich schon im nächsten

Kreuzfahrerschiff
Mosaik aus einer Folge von Darstellungen des Vierten Kreuzzuges, 1213
Ravenna, S. Giovanni Evangelista

Papst Innozenz III.
Wandgemälde in der Kirche Sacro Speco in Subiaco, 13. Jahrhundert

Jahr über den Languedoc und machten sich an die Ausrottung des »Katharismus«; gleichzeitig ergriffen sie aber von dem Land Besitz. Ihr Anführer war ein Ritter aus der Pariser Gegend, Simon von Montfort, ein frommer Abenteurer und nicht ohne militärische Begabung. Er errang 1213 bei Muret einen entscheidenden Sieg über Raimund VI. und dessen Schwager, den König Peter II. von Aragon, der gekommen war, um die Barbaren aus dem Norden abzuwehren, dabei aber sein Leben einbüßte. Die Metzeleien und Plünderungen der Kreuzfahrer überschritten derart alles selbst für die Zeit erträgliche Maß, daß sie das Gewissen Innozenz' III. in erhebliche Unruhe versetzten. Philipp August hatte sich allen Ersuchen, die Führung des Kreuzzuges zu übernehmen, widersetzt; aber er bevollmächtigte seinen Sohn, den späteren Ludwig VIII., 1219 mit einer Expedition Almerich von Montfort zu Hilfe zu kommen, der die Nachfolge seines 1218 vor Toulouse gefallenen Vaters angetreten hatte. Dem Zug blieb aber der Erfolg versagt; Raimund VII. (1222 bis 1249) gelang es, seine Grafschaft wiederzuerobern. Ludwig VIII. mußte 1226 einen neuen Kreuzzug folgen lassen, den die königlichen Truppen nach seinem plötzlichen Tod noch im selben Jahr wieder mit unglaublichen Räubereien fortsetzten.

Im Vertrag von Paris 1229 trat Raimund VII. dem jungen König Ludwig IX., unter der Regentschaft seiner Mutter Blanca von Kastilien, einen Teil seiner Territorien ab und verpflichtete sich, seine Tochter und Erbin einem Bruder des Königs zu vermählen. Die 1233 in Frankreich eingeführte Inquisition war eifrig bemüht, im Süden die Flamme der Ketzerei auszutreten. Beamte des Königs und sogar des Grafen von Toulouse bezeigten dabei keinen geringeren Eifer, nicht nur die Ketzer selber, sondern ebenso ihre Verwandten und Erben, häufig auch einfach Verdächtige zu enteignen. Die Stelle des ausgerotteten oder zugrunde gerichteten Adels des Languedoc übernahmen nord- und mittelfranzösische Adlige; Geistliche aus dem Norden eigneten sich die frei gewordenen Pfründen an. Die okzitanische Literatur der »Troubadours« verlor rasch ihre Bedeutung und erlosch schließlich ganz; die dem Land eigentümliche Kultur ging unter, die Kunst des Nordens trat häufig das südliche Erbe an. Durch schiere Gewalt war die Verbindung der mediterranen und pyrenäischen Gebiete mit dem königlichen Frankreich zustande gekommen.

Auch Aquitanien war zum größeren Teil 1224 von Ludwig VIII. erobert worden. Poitou, Saintonge, das Gebiet nördlich der Garonne und sogar ein Teil der Gascogne hatten sich dem König unterworfen, und man war bestrebt, der Eigenwilligkeit des einheimischen Adels ein Ende zu machen. Der König erwarb mit La Rochelle und Saint-Jean-d'Angély wichtige Häfen am Atlantischen Ozean.

Diese Gebiete waren, so gut es eben ging, von »Seneschallen« verwaltet worden; man behielt sie bei. Die Seneschalle, die in Beaucaire und Carcassonne ihren Sitz hatten, wurden mit der Verwaltung der vom König übernommenen tolosanischen Gebiete betraut. Die Befugnisse dieser königlichen Beamten in Aquitanien, dem Languedoc und dem Pyrenäengebiet glichen denen der Baillis in den anderen, der Krone unmittelbar unterstellten Territorien.

Der Vierte Kreuzzug und das Lateinische Kaiserreich

Die Pflicht, die Heiligen Stätten wiederzuerobern, bewegte Innozenz III. unausgesetzt. Als im Jahre 1199 einige französische adlige Herren das Kreuz zu nehmen beschlossen, ermutigte er sie und ließ den Kreuzzug predigen. Wenn sich auch die Könige dadurch nicht von ihrer bisherigen Politik abbringen ließen, so war doch der Aufruf in Frankreich, dem Königreich Arelat und den lothringischen Fürstentümern von Erfolg gekrönt, in geringerem Ausmaß auch in Deutschland und Italien. Ein Heer von Fürsten, Adelsherren und Rittern kam zusammen, an seine Spitze trat 1201 Bonifatius, der Markgraf von Montferrat. Venedig erklärte sich bereit, die Kreuzfahrer gegen hohe Bezahlung zu befördern und zu verpflegen. Die vornehmsten Barone beschlossen, Ägypten anzugreifen.

Da die Kreuzritter außerstande waren, diese Schulden zu begleichen, bot ihnen der Doge Enrico Dandolo die Stundung des Betrages unter der Bedingung an, daß sie Zara der Republik zurückeroberten; der König von Ungarn hatte 1183 die unter byzantinischer Oberhoheit stehende dalmatinische Küste besetzt und 1186 die venezianische Stadt unterworfen. Zur Empörung des Papstes wurde der Handel abgeschlossen, und der Kreuzzug begann 1202 mit der Einnahme und Plünderung einer christlichen Stadt, die einem christlichen König unterstand. Innozenz III. exkommunizierte die Venezianer, die sich aber nicht sonderlich viel daraus zu machen schienen.

Während man in Zara überwinterte, traf auf Vermittlung Philipps von Schwaben und Bonifatius' von Montferrat ein Angebot des jungen Alexios ein, des Sohnes des Basileus Isaak Angelos, den dessen Bruder Alexios III. 1195 abgesetzt und geblendet hatte; wenn die Kreuzritter ihm den kaiserlichen Thron verschaffen würden, sei er bereit, ihre Schulden an Venedig zu bezahlen und ihnen in Ägypten und im Heiligen Land militärisch beizustehen. Dandolo kannte die Schwäche des Kaiserreiches und sah die venezianischen Handelsprivilegien in Byzanz ständig bedroht. Deshalb wollte er das Kaiserreich kurzerhand abschaffen und an dessen Stelle ein politisches Gebilde unter dem bestimmenden Einfluß Venedigs treten lassen. Mit Alexios' Vorschlag konnte er sich gute Chancen für seinen Plan ausrechnen; so setzte er seine ganze Autorität für dessen Annahme ein. Viele weniger vom Glauben als von Habgier getriebene Adelsherren ließen sich von den Aussichten auf einträgliche Abenteuer verführen: die Kreuzritter zogen nach Konstantinopel.

Empört verließen einige Ritter das Heer und kamen nach Akkon, wo sie sich mit anderen, übers Meer von Flandern, Marseille, sogar von Venedig gekommenen verbanden. Diese Kreuzritter wagten, ihrem Gelübde getreu, trotz aller Warnungen des Königs Amalrich II. von Jerusalem 1203 tollkühne Operationen, die den meisten Leben oder Freiheit kosteten.

Am 17. Juli 1203 nahmen die Kreuzritter ohne Schwierigkeiten Konstantinopel ein. Isaak wurde wieder auf den Thron gesetzt, der junge Alexios IV. zum Mitkaiser erhoben. Das war der Anfang einer Periode von Unruhen und bald der Anarchie. Voller Ungeduld warteten die Kreuzfahrer auf die Erfüllung der ihnen gemachten Versprechungen; da stürzte im Februar 1204 Murzuphlos, Schwiegersohn Alexios' III. und als Gegner der Lateiner bekannt, die beiden Kaiser und riß als Alexios V. die kaiserliche Macht an sich.

Dandolo konnte schließlich seinen Willen durchsetzen, das Ende des byzantinischen Reiches war beschlossene Sache. Ein Übereinkommen zwischen dem Dogen und den Anführern des Kreuzzugs regelte die Teilung des Reiches. Ein Lateiner sollte Kaiser werden und die Paläste und ein Viertel von Hauptstadt und Territorium erhalten, der Rest sollte zur Hälfte unter Venedig und die Kreuzritter aufgeteilt werden. Am 12. April 1204 wurde die Stadt aufs neue eingenommen und in den folgenden Tagen auf das schändlichste geplündert, wie es brutaler das ganze Mittelalter nicht erlebt hat. Ein Augenzeuge, Niketas Choniates, schrieb: »Selbst die Sarazenen wären barmherziger gewesen als diese angeblichen Soldaten Christi.«

Balduin IX., den Grafen von Flandern und Hennegau, wählte man als Balduin I. zum Kaiser. Aus den europäischen Gebieten des Reiches wurden Fürstentümer und Lehnsherrschaften für die Führer des Kreuzzuges herausgelöst. Sie sollten Vasallen des Kaisers sein, aber ihre Autonomie grenzte häufig an Unabhängigkeit; die wichtigste und dauerhafteste Herrschaft war die der Familie Villehardouin aus der Champagne in dem Fürstentum Morea oder Achaia. Die Venezianer erhielten das Außenhandelsmonopol und erwarben Stützpunkte auf den Jonischen Inseln, auf Kreta und an der Küste. Sie waren die wirklichen Sieger. Von dem Kreuzzug selbst war nicht mehr die Rede. Obgleich Innozenz III. sich bei den ersten Nachrichten über die Ernennung eines lateinischen Patriarchen, eines Venezianers, und über das Ende des Schismas von 1054 freute, war er entsetzt, als er von den Scheußlichkeiten und dem Verzicht auf den Kreuzzug erfuhr.

Das Reich »Romania«, wie man es nannte, war von Feinden umgeben. Der in Nicaea (Nikaia) residierende Theodoros Laskaris, der Schwiegersohn Alexios' III., hielt die Tradition des byzantinischen Reiches aufrecht. Zwei Enkel des Andronikos I. Komnenos gründeten ein anderes »Reich« in Trapezunt. Ein griechisches »Despotat« (eine unabhängige Herrschaft) wurde in Epirus errichtet. Im Jahre 1224 sollte ein griechisches Reich Thessalonike gegründet werden. Schließlich traf das junge Reich noch ein bulgarisch-walachischer Angriff, den Balduin I. abzuwehren versuchte, dabei aber 1205 in Gefangenschaft geriet und bald darauf starb. Seinem Bruder und Nachfolger, Heinrich I. (1206–1216), gelang es dann, das Reich zu schützen, trotz aller Gefahren, trotz der Uneinigkeit unter den westlichen Baronen und den Spannungen mit der einheimischen Bevölkerung, ganz zu schweigen von den religiösen Streitigkeiten zwischen dem lateinischen Klerus und der griechischen Geistlichkeit.

Das Reich »Romania« war ein sehr viel zerbrechlicheres Gebilde, als es das byzantinische Kaiserreich noch bei aller Schwäche am Vorabend seines Endes war; die Zerschlagung dieses Reiches durch die Kreuzritter hatte den Schutz der Christenheit gegen den Islam der entscheidenden Macht beraubt.

Reich und Papsttum zur Zeit Friedrichs II.

Innozenz III. selbst verzichtete keineswegs auf den Kreuzzug; 1215 ließ er durch das Vierte Laterankonzil verkünden, der Kreuzzug habe 1217 stattzufinden. Er rechnete damit, daß sein Schützling Friedrich II., der soeben das Kreuz genommen hatte, dabei die Führung übernehmen werde. Um sich die Gunst des Papstes – der noch immer die Verbindung Siziliens mit dem Reich fürchtete – zu erhalten, hatte Friedrich sich verpflichtet, Heinrich, den Sohn aus seiner Ehe mit Konstanze von Aragon, der Schwester Peters II., das Königreich zu überlassen. Das hinderte ihn aber nicht, Heinrich schon 1220 in Deutschland zum König wählen zu lassen. Im selben Jahr wurde Friedrich II. von dem neuen Papst Honorius III. (1216–1227) in Rom zum Kaiser gekrönt. Weit davon entfernt, auf das sizilische Reich zu verzichten, machte er sich nun daran, dort Ordnung zu schaffen. Er unterdrückte mit Härte vor allem die Revolten der sarazenischen Bewohner der Insel und deportierte einen beträchtlichen Teil von ihnen nach Süditalien, wo er unter ihnen ausgezeichnete Truppen ausheben ließ; sowenig wie sein Großvater Roger II. zögerte er, seine muslimischen Soldaten gegen Christen einzusetzen.

Diese Skrupellosigkeit ist ein markanter Zug an der vielschichtigen Persönlichkeit des Kaisers. Von aufgeschlossenem und hochgebildetem Geist, ließ er sich in seinem politischen Denken und Handeln von der Vernunft leiten, gab aber dennoch gelegentlich leidenschaftlichen Regungen nach; vielleicht sogar entfremdet dem christlichen Glauben, ein bedenkenloser Lügner, sinnlich, zuweilen grausam, äußerst wendig in Verhandlungen, gleicht Friedrich, wie man oft bemerkt hat, mehr einem italienischen Renaissancefürsten als einem Zeitgenossen des heiligen Franz von Assisi und Ludwigs des Heiligen.

Friedrich II. hatte sich zum Ziel gesetzt, das Reich zu einer politischen Realität zu machen. Wenn er wie Barbarossa die kaiserliche Macht für universal hielt, so ließ er aus Klugheit davon wenig verlauten. Seine Reichsidee war zudem höchst verschieden von der seines Großvaters. Barbarossa war Deutscher gewesen, und wenn er seine Pläne verwirklicht hätte, hätte Deutschland als Hauptgebiet des Reiches die Vorherrschaft in Westeuropa ausgeübt. Friedrich II. aber war Sizilianer; unter seiner Macht sollte Italien vereinigt werden, mochte es nun »sizilianisch«, »päpstlich« oder »kaiserlich« sein. Kaiserliche Beamte sollten es nach den wirksam umgestalteten Traditionen des Königreichs Sizilien verwalten. Für ihn war das Reich vor allem italienisch, mediterran; Deutschland, wo Friedrich sich fremd fühlte, trat ganz in den Hintergrund. In Deutschland sollte Friede herrschen, politische Unruhen durften nicht in seine italienische Politik störend einwirken. Zu diesem Zweck war er zu bedeutenden Zugeständnissen bereit. Schon 1220 trat er den geistlichen Fürsten im *Privilegium in favorem principum ecclesiasticorum* die letzten königlichen Prärogativen über die Bischöfe und Äbte ab; 1232 bestätigte er mit Einschränkungen im *Statutum in favorem principum* Zugeständnisse derselben Art, die sein Sohn, der König Heinrich (VII.), im Vorjahr den weltlichen Fürsten gemacht hatte. Über sein Königreich Arelat hatte er höchst unbestimmte Pläne.

Als die kaiserliche Politik bekannt wurde, schlossen sich die lombardischen Städte 1226 zu einem neuen Bund gegen den Kaiser zusammen, der nichts dagegen unternehmen konnte. Andererseits mußten sich die Pläne Friedrichs II. zum Schaden der päpstlichen Gebiete auswirken; trotzdem legte Honorius III. dem Kaiser zunächst keinerlei Hindernisse in den Weg. Die Situation sollte sich jedoch ändern, als Gregor IX. (1227–1241), der neue Papst, die theokratischen Ideen Innozenz' III. wiederaufnahm; und er war in ihrer Verwirklichung unerbittlicher als jener. Das zeigte sich deutlich während des Kreuzzuges.

Friedrich II.
Vorderseite eines stark vergrößerten Halbaugustalis mit dem Bildnis des Kaisers
Gepräge aus Brindisi und Messina, 1231
Ehemals Berlin, Geldmuseum der Deutschen Reichsbank

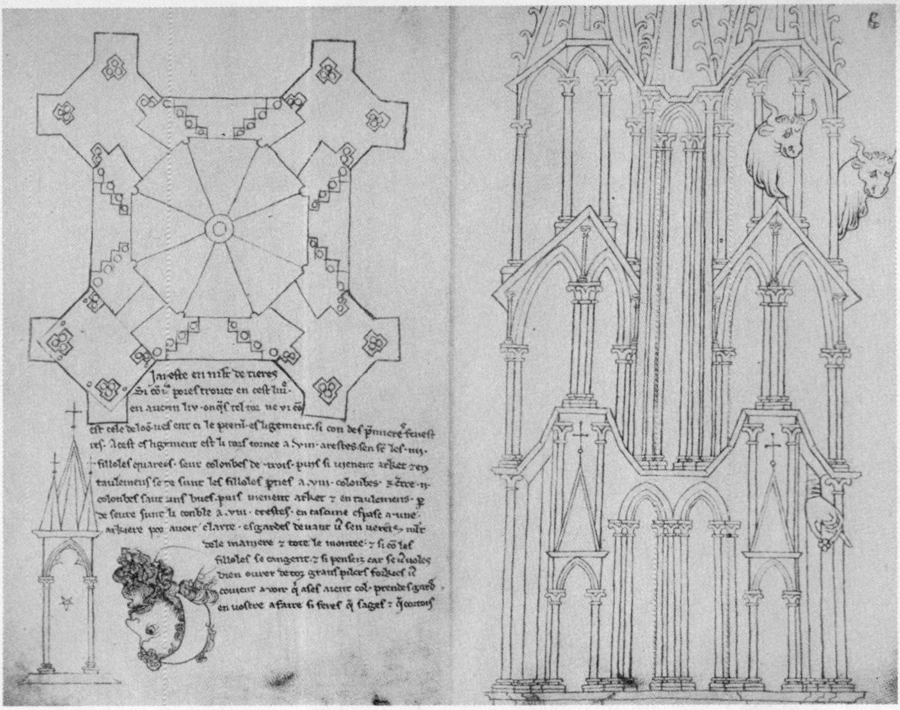

Grundriß und Teilansicht eines Turmes der gotischen Kathedrale von Laon
Zwei Seiten in dem sog. Bauhüttenbuch des französischen Architekten Villard de Honnecourt, Mitte 13. Jahrhundert
Paris, Bibliothèque Nationale

Friedrich II. hatte die Ausführung seines Gelübdes auf später verschoben. Der Kreuzzug – der fünfte nach der Tradition – war ohne ihn aufgebrochen; doch hatte er ihm Verstärkungen geschickt. Zweimal war es schon zu Orientfahrten gekommen: 1217 war der König von Ungarn in Palästina erschienen, aber ohne Resultat wieder abgezogen; andere Kreuzritter waren 1218 dort gelandet. König von Jerusalem war seit 1210 Johann von Brienne durch seine Frau Marie, die Tochter der Königin Isabella und Konrads von Montferrat. Er stellte sich an die Spitze der Kreuzritter zu einem Angriff gegen Ägypten, dessen Sultan al-Malik al-Kāmil Herr des Heiligen Landes war. Die Operationen ließen sich gut an: Damiette wurde genommen, und der Sultan war zu Zugeständnissen bereit. Aber die hartnäckige Unfähigkeit des päpstlichen Legaten Pelagius machte alles zuschanden; 1221 wendete sich das Kriegsglück, man mußte sich wieder einschiffen.

Der Kaiser hatte sich 1225 mit Isabella, der Tochter Johanns von Brienne, vermählt. Da dessen Gemahlin gestorben war, ließ sich Friedrich II. als Gemahl der Königin, nach deren Tode als Vater ihres minderjährigen Sohnes Konrad, zum König von Jerusalem ausrufen. Im Jahre 1227 entschloß er sich endlich, dem Kreuzzug zu folgen, aber Krankheit erzwang einen neuen Aufschub. Daraufhin bannte ihn Gregor IX. – zum wenigsten mit etwas unbilliger Hast und Strenge – und verhängte das Interdikt über alle die Orte, in denen er sich aufhalten würde. Friedrich brach 1228 dennoch auf und landete in Akko. Anstatt aber zu kämpfen, verhandelte er; dank seinem diplomatischen Geschick kam 1229 in Jaffa ein Vertrag mit unerwartetem Resultat zustande. Der Sultan al-Malik al-Kāmil überließ dem christlichen König Jerusalem, Bethlehem und Nazareth und zwei Verbindungsstreifen zur Küste; ein zehnjähriger Waffenstillstand wurde abgeschlossen. Das den Befreier von Jerusalem verfolgende Interdikt wurde jedoch auch dann nicht aufgehoben, als sich Friedrich in der Heiligen Stadt krönte.

In seiner Abwesenheit waren päpstliche Truppen im sizilianischen Königreich eingefallen. Die Rückkehr des Kaisers 1229 machte dem Versuch ein Ende, und bald folgte der Kompromißfriede in San Germano 1230. Die nächsten Jahre nutzte der Kaiser, um Sizilien neu zu organisieren, die Grundlage dieser Maßnahmen war ein bemerkenswertes Gesetzeswerk: die in Melfi 1231 erlassenen »Konstitutionen«. Dann mußte Friedrich doch wider Willen Deutschland einige Aufmerksamkeit schenken, wo Heinrich (VII.) allzuviel Unabhängigkeit bewiesen hatte und die Fürsten unruhig wurden. Das *Statutum in favorem principum* von 1232 opferte ihnen auch die Herrschaft über diejenigen deutschen Städte, die nicht die Vorrechte der Reichsstädte genossen. Heinrich mußte sich demütigen, und als er von neuem seine Unbotmäßigkeit bekundete, ließ ihn der Kaiser 1235 festsetzen; Heinrich starb in der Gefangenschaft. Der zweite Sohn Friedrichs II., Konrad, wurde 1237 zum römischen König gewählt. Inzwischen hatte sich der Kaiser wieder vermählt, mit Isabella, der Schwester des englischen Königs Heinrich III. Diese Annäherung an die mit den Welfen verbündeten Plantagenets erleichterte deren endgültige Aussöhnung mit den Hohenstaufen.

Durch eine seltsame Ironie des Schicksals wurden gerade zu dieser Zeit die Parteien des Papstes und des Kaisers »Guelfen« und »Ghibellinen« (eine Verstümmelung von »Welf« und »Waiblingen«) genannt, zuerst in Florenz, dann in Toskana, schließlich in ganz Italien. In den Städten wurde die Situation noch von anderen Gegensätzen verwirrt, etwa den zwischen Adel und den *popolani*, die ihrerseits in mehrere Gruppen gespalten waren. Mit Ausnahme von Pavia und Pisa, die so gut wie ständig zum Kaiser hielten, wechselten die Städte der Lombardei, Toskanas und des übrigen Italiens je nach ihren Interessen oder den kurzlebigen Machenschaften der Partei, die sie eben regierte, die Fronten. Man mußte stets damit rechnen, und man tat es. Aber die meisten Städte, besonders in der Lombardei, neigten eher zur päpstlichen Seite; die von den neuen Bettelorden, vor allem den Franziskanern, ausgehende geistige Wirkung schuf eine dieser politisch labilen Tendenz günstige Atmosphäre.

Im Jahre 1236 nahm Friedrich den Kampf gegen den Lombardischen Bund auf und besiegte dessen Heer 1237 bei Cortenuova entscheidend. Das vergrößerte noch die Unruhe in Italien und veranlaßte Venedig, das sich gewöhnlich aus den italienischen Händeln heraushielt, unter päpstlichem Einfluß ein Bündnis gegen den Kaiser mit Genua einzugehen, was übrigens kaum Folgen hatte. Eingriffe des Kaisers in die römische Politik und in Sardinien, das der Papst als vom Heiligen Stuhl abhängiges Gebiet ansah, vergifteten die ohnehin schon gespannten Beziehungen Gregors IX. zu Friedrich II.: er exkommunizierte ihn 1239 aufs neue. Trotzdem unterlag der Papst mit seinen Verbündeten; 1241 vernichtete die pisanische Flotte eine genuesische, die eben Kardinäle, Erzbischöfe und Bischöfe zu einem vom Papst einberufenen Konzil nach Rom beförderte; eine ganze Anzahl von ihnen wurde gefangengenommen. Der Kaiser wandte sich nun direkt gegen die Heilige Stadt und schloß sie aus der Entfernung ein; da starb Gregor am 22. August. Friedrich II. schien der Sieger zu sein; das aber war eine Täuschung.

In Rom wählte man unter dem Druck des Senators Matteo Rosso Orsini, der dort brutal eine etwa den Podestá in den anderen Städten vergleichbare Macht ausübte, Coelestin IV. zum neuen Papst, der aber wenige Tage später starb. Nach einer Vakanz von zwanzig Monaten bestieg Innozenz IV. (1243–1254) den päpstlichen Stuhl. Er fühlte sich dem Ideal Innozenz' III. und Gregors IX. verpflichtet, ging aber noch energischer und auf jeden Fall geschickter vor. Er hielt Friedrich in Verhandlungen hin und floh, als die Gefahr zu groß wurde, 1244 nach Lyon, von wo aus er fünf Jahre lang den Kampf weiterführte. Schon während einer früheren Phase des Streites hatten Kaiser und Papst versucht, in einem Krieg mit Manifesten und Enzykliken ihren Gegner in den Augen der Christenheit herabzusetzen. Diese Polemik wurde fortgesetzt.

Innozenz IV. ging aber noch weiter. Er berief ein Konzil nach Lyon, obwohl es im Königreich Arelat lag und folglich zum Reich gehörte; es war das 13. Ökumenische Konzil, das besonders von französischen und spanischen Bischöfen besucht wurde. Trotz der geschickten und mutigen Verteidigung des »Großhofrichters« Siziliens, Thaddeo de Suessa, verkündete 1245 der Papst die Absetzung Friedrichs II. als Kaiser und König, und das Konzil ratifizierte sie.

Dieses Urteil gab dem Kampf gegen Friedrich eine gewichtige Rechtsgrundlage, die von dessen Feinden mit Energie aufgegriffen wurde. Ihre Zahl nahm zu; in Deutschland wählte man 1246 den Landgrafen Heinrich Raspe von Thüringen zum Gegenkönig, der aber bald darauf starb; 1247 dann Wilhelm, den Grafen von Holland, zu dessen Gunsten Innozenz IV. bei den Bischöfen interveniert hatte. In Sizilien mußte 1246 eine Verschwörung hoher

Würdenträger unterdrückt werden; 1249 wurde einer der vertrautesten Mitarbeiter des Kaisers, der »Großhofrichter und Protonotar«, also das Haupt der Kanzlei Siziliens, Petrus de Vinea, angeklagt, das Vertrauen seines Herrn verraten zu haben, und eingekerkert; er scheint bald darauf Selbstmord begangen zu haben. Eine katastrophale Niederlage Friedrichs und seines Heeres vor Parma zog neue Anhänger in das Lager seiner Feinde; andere Mißerfolge ließen nicht lange auf sich warten. Sein inniggeliebter natürlicher Sohn Enzio fiel in die Hände der Bolognesen. Aber Friedrich gab den Kampf nicht auf und konnte sogar päpstliche Truppen abwehren, die in Sizilien einzufallen suchten. In Fiorentino, einer der Burgen, die er zur Beherrschung Apuliens hatte bauen lassen, nicht weit von Lucera, dem Standquartier seiner sarazenischen Krieger, raffte ihn eine kurze Krankheit am 13. Dezember 1250 dahin.

Sein Tod beendete den letzten ernsthaften Versuch, dem Reich politische Realität zu verleihen.

Das Papsttum hatte zwar Friedrich II. daran gehindert, seine Ziele zu verwirklichen, aber es war auch selbst geschwächt aus dem Kampf hervorgegangen; in der Folgezeit war eine theokratische Herrschaft über die Christenheit ausgeschlossen. Zweifellos hatte das Papsttum seine Autorität über die Kirche und bis zu einem gewissen Grade auch über den *populus christianus* noch vermehren können. Die auf Befehl Gregors IX. von dem spanischen Dominikaner Ramon de Peñaforte zusammengestellte und 1234 veröffentlichte Dekretalensammlung bereicherte das Kirchenrecht entscheidend; es verschaffte ihm eine bislang unerreichte Gründlichkeit und Geschlossenheit und bot dem päpstlichen Oberherrn zusätzliche Waffen im Dienst seiner Kirchenpolitik. Ein Jurist großen Formats, wie sein Vorgänger, erweiterte Innozenz IV. seinerseits das kanonische Recht mit neuen Dekretalen, die in späteren Sammlungen aufgenommen wurden. Er war es auch, der in Deutschland die Wahl der Bischöfe durch die Kapitel dem Rat und der Zustimmung des päpstlichen Stuhles unterwarf.

Die Päpste hatten in ihrem Kampf erhebliche finanzielle Mittel gebraucht; und um sie sicherzustellen, hatte sich Innozenz IV. gezwungen gesehen, alte, bis dahin nur ausnahmsweise angewandte Praktiken systematisch einzusetzen: die Kirchen wurden nun mit Steuern belegt, eine wachsende Anzahl von Pfründen wurde der Einschränkung unterworfen, daß sie allein vom Heiligen Stuhl verliehen werden konnten, der dabei Abgaben erhob. Kritik am päpstlichen Fiskalwesen wurde laut, Widerstände dagegen zeichneten sich auch in der Kirche Frankreichs und besonders Englands ab. Die moralische Autorität des Papsttums war betroffen.

Deutschland und die Nachbarländer im 13. Jahrhundert

Deutschland war nur wenig in die politischen Aktionen Friedrichs II. verwickelt gewesen. Während das Heer Barbarossas, mit dem er einst seine Erfolge in Italien davongetragen hatte, hauptsächlich von Deutschland aufgebracht worden war, waren in dem Heer seines Enkels kaum noch Deutsche zu finden. Die Staufer hatten das Land nicht mehr in der

Hand. Nach dem Tode des Kaisers brach König Konrad gegen Ende des Jahres 1250 nach Italien auf, ohne die Rechte und Ansprüche seines Hauses noch ernstlich zu verteidigen. Wilhelm von Holland gelang es, seine Stellung im Westen Deutschlands zu stärken, wo er die Unterstützung eines Bundes genoß, den die Rheinstädte 1254 zur Verteidigung ihrer Freiheit und der Sicherheit ihres Handels eingegangen waren. Doch selbst in diesen Gebieten herrschte alles andere als Ruhe und Frieden; in anderen Teilen des Reiches wurde keinerlei Oberhoheit mehr anerkannt, die Zwistigkeiten unter den Fürsten und die Räubereien des Adels hatten freien Lauf.

Als Wilhelm 1256 starb, verschlimmerte sich die Lage noch weiter. Nun gab es in Deutschland keinen Thronanwärter mehr; Pisa und wenig später Marseille, eine Stadt des Königreichs Arelat, trugen 1256 »im Namen des Römischen Reiches und seines Volkes« die Krone einem Spanier an, dem König von Kastilien, Alfons X., dem Weisen. Deutsche Fürsten des Westens unterstützten einen Engländer: Richard von Cornwall, den Bruder Heinrichs III. Der »Rheinbund« erklärte, er werde nur einen einstimmig gewählten König anerkennen; das konnte jedoch zwei Reichstage im Jahre 1257 nicht daran hindern, mit wenigen Tagen Abstand Richard und Alfons zum König zu wählen. Die Interessenkonflikte unter den Fürsten, denen besonders die Ernennung des Königs zukam, und die Unsicherheit über deren Identität hatten zu diesem traurigen Ergebnis geführt. Man hat mit Recht die nun beginnende Periode das »Interregnum« genannt. Alfons kam niemals in sein angebliches Königreich; Richard ließ sich in Deutschland krönen und salben und hielt sich auch einige Male dort auf, aber er übte nur im Rheingebiet die Macht aus, und da auch nur eine Scheinmacht. Die fast souveränen deutschen Fürsten dachten nur daran, ihre Begierden und Haßgefühle zu befriedigen; allgemein herrschte eine sich immer weiter verschärfende Anarchie. Es war die Zeit der »Raubritter«.

Sie fand erst 1272 nach dem Tode Richards ein Ende. Die Lage war derart verworren, daß die einstimmige Königswahl, wie die Rheinstädte sie verlangten, sich als Lösung geradezu aufdrängte. Man schob Ottokar, den König von Böhmen, in den Vordergrund, und Karl von Anjou warb für den französischen König Philipp III.; aber jener erschien zu mächtig, und dieser war Ausländer. Zum erstenmal fanden sich sieben »Kurfürsten« zur Wahl des Königs zusammen: die Erzbischöfe von Mainz, Köln und Trier, der Pfalzgraf bei Rhein, der Herzog von Sachsen, der Herzog von Bayern und der Markgraf von Brandenburg (im Jahre 1289 trat der König von Böhmen an die Stelle des Herzogs von Bayern). Einer von ihnen, der Pfalzgraf, proklamierte am 1. Oktober 1273 feierlich in ihrer aller Namen den gewählten König. Die Wahl war auf Rudolf von Habsburg, den Landgrafen vom Elsaß, einen schwäbischen Adelsherrn, gefallen; seine Erbgüter lagen vor allem im Elsaß und in der nördlichen Schweiz. Der König ließ sich sogleich nach der in Frankfurt vollzogenen Wahl in Aachen krönen und salben.

Rudolf und seine Nachfolger, Adolf von Nassau und Albrecht I. von Österreich, waren vor allem anderen bestrebt, wo es die von den Fürsten erworbene Selbständigkeit noch zuließ, die königliche Autorität wieder aufzurichten und Frieden zu schaffen. Mit Italien befaßten sie sich wenig; keiner von ihnen begab sich nach dort und ließ sich zum Kaiser krönen.

Um der königlichen Macht eine solidere Grundlage zu geben, begannen Rudolf (gestorben 1291) und sein Sohn Albrecht (1298–1308) mit Erfolg, ansehnliche Gebiete unmittelbar ihrer Herrschaft zu unterstellen: sie bildeten eine »Hausmacht«. Der entscheidende Schritt in der Entwicklung dieser habsburgischen Hausmacht war 1282 der Erwerb Österreichs, der Steiermark und Krains. Diese Gebiete hatte Rudolf Ottokar von Böhmen abgenommen, der sie zwischen 1261 und 1269, nach dem Erlöschen des herzoglichen Hauses der Babenberger, erworben hatte. Noch zu Lebzeiten seines Vaters versuchte Albrecht, die Berglande Uri, Schwyz und Unterwalden, die nach der Eröffnung des St. Gotthardpasses besonders wichtig waren, dem habsburgischen Hausgut einzuverleiben; er scheiterte aber damit. Der Bund der drei Kantone im Jahre 1291 bezeichnet den Beginn eines Widerstandes gegen diese Politik; er wurde der Kern der heutigen Schweiz.

Während des ganzen Jahrhunderts war die deutsche Expansion nach Osten nicht abgerissen. Die Markgrafen von Brandenburg hatten ihre Mark bis an die Spree erweitert, dann, noch vor 1253, bis zur Oder und bald auch darüber hinaus. Vor 1231 hatten sie im Norden Pommern besetzt. Weiter im Osten eroberte der Deutsche Ritterorden auf die Aufforderung eines benachbarten polnischen Herzogs hin Preußen; er wurde von einem vom Papst 1230 proklamierten Kreuzzug unterstützt. Schließlich betrieb noch ein anderer militärischer Orden, die »Schwertbrüder«, ähnliche Aktionen in Livland und bis nach Estland, hauptsächlich entlang der Küste.

Die Eroberung war mit deutscher Kolonisation verbunden, die aber, sobald die Oder überschritten war, in ihrer Intensität und Dichte höchst ungleich wurde; der Zustrom von Kolonisten verringerte sich im Laufe des Jahrhunderts merklich. Städte, wie Greifswald, Stettin, Danzig, Königsberg, Riga und im Innern Kölln und Berlin oder Frankfurt an der Oder, waren von Anbeginn deutsch oder wurden es, wenn sie slawischen Ursprungs waren. Auf dem flachen Land dagegen hielten sich noch slawische Bevölkerungsteile. Einige Gebiete waren schon von der deutschen oder der polnischen Mission berührt worden; überhaupt wurde die Mission von der Kolonisierung stark gefördert. In Preußen war sie vor allem das Werk der Dominikaner; doch Deutsch- und Kreuzritter erschlugen mehr heidnische Preußen, als sie bekehrten.

Dänemark hatte zunächst den Bann über Heinrich den Löwen ausgenutzt, dann besonders die Schwäche Deutschlands zur Zeit Philipps von Schwaben und Ottos von Braunschweig; zu Ende des 12. Jahrhunderts hatte es Holstein, Lübeck und Teile der deutschen Kolonisationsgebiete östlich der Elbe seiner Herrschaft unterworfen. König Waldemar (1202–1241) brachte sogar das Livland und Estland der »Schwertbrüder« unter seine Botmäßigkeit. Aber Holstein, Lübeck und die Küste wurden ihm nach dem Sieg des Grafen von Holstein, Lübecks und ihrer Verbündeten bei Bornhövede (1227) wieder abgenommen. Ähnlich erging es der dänischen Herrschaft über Livland und später, wenigstens *de facto*, den dänischen Niederlassungen in Estland; Reval etwa wurde eine deutsche Stadt. Alle dänischen Anstrengungen, die Ostsee zu beherrschen, scheiterten. Schweden stärkte dagegen im 13. Jahrhundert seine Niederlassungen an der finnischen Küste. Am Ende des Jahrhunderts besetzte es Karelien und stoppte die russische Expansion nach dem Norden.

Der Mongoleneinfall, der Rußland von 1237 bis 1240 niederdrückte und tributpflichtig machte, traf auch die östlichen Nachbarländer Deutschlands schwer. Polen, nun eine Föderation von Herzogtümern, wurde von der deutschen Kolonisation immer weiter von der Ostsee abgedrängt, und im Osten war es von den heidnischen Litauern bedroht; ihm fehlte es an Kraft, den Barbaren Widerstand zu leisten. Ungarn war kaum mächtiger. Wenn es auch noch im 12. Jahrhundert imstande gewesen war, Dalmatien und Kroatien zu annektieren, so hatten zu Anfang des 13. Jahrhunderts die Macht und die Selbständigkeit des Adels die königliche Gewalt beträchtlich beschränkt. Als daher die Mongolen 1241 in Polen und Ungarn einfielen, konnten sie ihre Gegner vernichtend schlagen und weite Landstrecken verwüsten. Böhmen, Teil des Deutschen Reiches und nicht im selben Maße geschwächt wie seine Nachbarn, wurde nur in seinen Randgebieten betroffen, ebenso Deutschland. Aber der Schrecken war so groß, daß er 1241 für einige Zeit die inneren Zwistigkeiten in Deutschland zu einem Ende brachte. Man rüstete zum Widerstand gegen einen Angriff; da rief eine Erbfolgekrise 1242 die mongolischen Anführer nach Asien zurück und lenkte die Scharen ihrer furchtbaren Krieger nach Osten ab.

Das England Johanns Ohneland, Heinrichs III. und Eduards I.

Der Zusammenbruch des Anglo-Angevinischen Reiches zu Anfang des 13. Jahrhunderts hatte sich 1214 durch die Niederlage Johanns Ohneland in Poitou und durch die Vernichtung seiner Verbündeten bei Bouvines vollendet. Die Willkür der Machtausübung und die widerrechtliche Erhebung der Beden *(aides)* und der *scutagia* hatten schon seit langem beim englischen Adel und der Londoner Bürgerschaft lebhafte Opposition hervorgerufen; die Führer des Widerstandes gegen den König zogen ihren Vorteil aus diesen Katastrophen, deren Folgen durch die Ungeschicklichkeit des Herrschers in der verzweifelten Situation noch verschärft wurden. Im Jahre 1215 zwang eine bewaffnete Erhebung Johann Ohneland, einer Reihe von Forderungen zuzustimmen, die ihm am 17. Juni in Runnymede zwischen Staines und Windsor auf einer langen Liste präsentiert wurden.

Die *Magna Charta libertatum*, wie sie ihrer Länge wegen genannt wurde, führte die Konzessionen im einzelnen auf; sie leitete eine Entwicklung ein, die England schließlich die Regierungsform der konstitutionellen Monarchie gab. Im Grunde hat sie nichts von einer Verfassung. Sie enthält Rechtsverfügungen, die die Untertanen des Königs – oder doch bestimmte Gruppen – schützen sollen, einige Artikel schränken die königliche Willkür ein. Außer in wenigen Punkten blieben aber die von den normannischen und angevinischen Königen geschaffene Verwaltung und Justiz erhalten, sie wurden aber einer Kontrolle unterworfen. Sie sollten nicht mehr der Laune des Herrschers, sondern dem folgen, was als Recht galt. Die kurz zuvor eingerichteten »Forste«, also die Jagdreservate, wurden abgeschafft, die Rechte und Interessen der Londoner Bürger und der Kaufleute im allgemeinen geschützt. Im ganzen aber kann man sagen, daß die Magna Charta in der Hauptsache dem Adel und besonders dessen Oberschicht, den »Baronen«, zugute kam.

Widerstände gegen die Ausführung bestimmter Klauseln riefen neue Spannungen hervor. Der König wandte sich an den Papst, und Innozenz III. erklärte am 24. August 1215 die Charta für ungültig. Aber die dem König feindlichen Barone nahmen das keineswegs hin. Sie riefen den Sohn des französischen Königs, den späteren Ludwig VIII., zu Hilfe, und der landete 1216 in England. Die französischen Truppen und das Heer der Barone konnten zwar Johann Ohneland nicht bezwingen; das gelang einem allzu reichlichen Genuß von Pfirsichen, begossen mit frischem Zider: Johann Ohneland starb am 19. Oktober.

Das Mißtrauen gegen den ausländischen Fürsten, die Loyalität beträchtlicher Teile der Bevölkerung und vor allem der Schutz, den der von einem Legaten vertretene Papst Honorius III. dem neuen König, seinem Vasallen, gewährte, rettete die Dynastie. Der Knabe Heinrich III. wurde in Gloucester gesalbt. Bald gewann die königliche Partei an Macht; ihre Streitkräfte unter dem großen militärischen Führer, dem Marschall Wilhelm Graf von Pembroke, errangen entscheidende Erfolge zu Wasser und zu Lande und überzeugten den Sohn des französischen Königs, daß es klüger wäre, sich schleunigst wieder einzuschiffen; das tat er 1217 denn auch.

Bis zur Volljährigkeit Heinrichs III. im Jahre 1224 lag die Regierung in den Händen eines aus hohen königlichen Beamten und Baronen zusammengesetzten Regentschaftsrats. 1217 war die Magna Charta erneuert worden – wie schon 1216 und später noch mehrmals –; gewisse für das Königtum ungünstige und für die Barone vorteilhafte Bestimmungen waren erweitert worden, und eine neue, gewöhnlich als *Charter of the Forest* bekannte Urkunde hatte den Umfang der Forsten weiter eingeschränkt und die sie schützenden Gesetze durchlässig gemacht. Im ganzen gelang es dieser sich bis 1232 hinziehenden »Rats«-regierung, den inneren Frieden wiederherzustellen, Verwaltung und Recht wieder arbeiten zu lassen und die durch den Bürgerkrieg geschlagenen Wunden weitgehend zu heilen.

Das persönliche Regiment Heinrichs III. dagegen zog England in eine Folge von Unruhen und Spannungen hinein. Heinrich stürzte sich in Abenteuer, von denen keines Erfolg hatte. Kriege in Frankreich fanden im Pariser Vertrag von 1259 ein Ende. Finanzielle Anstrengungen sollten dem Bruder, Richard von Cornwall, den deutschen Thron erhalten, blieben aber so gut wie erfolglos; ebenso der Versuch, Heinrichs III. Sohn Edmund 1254 die Krone von Neapel und Sizilien zu verschaffen. Alle diese Unternehmungen kosteten erhebliche Summen und brachten schwere Steuerlasten mit sich. Man verargte es dem König, daß er sich als unterwürfiger Vasall des Heiligen Stuhls gebärdete, daß er dem Papst das Recht einräumte, zur Finanzierung seines Krieges gegen Friedrich II. und dessen Nachfolger kirchliche Pfründe in England gegen Geld an ausländische oder unwürdige Titulare zu verleihen und der englischen Geistlichkeit schwere Steuern aufzuerlegen. Die zahlreichen Ausländer unter den vom König bevorzugten Räten waren eine weitere Ursache für die allgemeine Unzufriedenheit. Der Mißerfolg eines Feldzuges 1257 gegen Llewelyn II. – er hatte den größeren Teil des Waliserlandes gegen die Engländer aufgewiegelt – erregte großes Aufsehen und wurde als Demütigung empfunden.

Die Barone fühlten sich als Verteidiger der Staatsinteressen und versuchten zunächst, beim König friedlich zu vermitteln, scheiterten aber damit. Im Jahre 1258 stellten sie

Heinrich III. ein Ultimatum und schrieben ihm ein regelrechtes Reformprogramm vor, das unter dem Namen die »Provisionen von Oxford« bekannt ist – das *Magnum Concilium* (der »Große Rat«) tagte gerade in Oxford. Das Programm bedeutete eine Rückkehr zu der Regierung durch »Räte«, in denen die Barone entscheidenden Einfluß ausgeübt hatten. Dreimal im Jahr sollte der Große Rat als »Parlament« tagen, und die Barone sollten darin wieder ihre frühere überragende Rolle einnehmen.

Aber das »Räte«system arbeitete zu umständlich und traf auf beträchtlichen Widerstand. Im Jahre 1261 ließ sich der König durch Papst Alexander IV. seiner mit den Provisionen eingegangenen Verpflichtungen entbinden und gewann seine alte Freiheit in Regierungssachen und bei den Ernennungen zurück. Das aber ging den oppositionellen Kreisen zu weit; sie sammelten sich wieder, und bald kam es zum Kampf. Die dem König feindlichen Barone mit Simon von Montfort, Grafen von Leicester, dem Sohn des Führers gegen die Albigenser, an ihrer Spitze schlugen den König 1264 bei Lewes und nahmen ihn gefangen. Etwas mehr als ein Jahr lang herrschte Simon diktatorisch und machte sich damit so unbeliebt, daß die Parteigänger Heinrichs III. wieder Ansehen und Macht gewannen. Unter dessen Sohn Eduard schlug das königliche Heer 1265 bei Evesham die Barone aufs Haupt; Montfort kam in der Schlacht um, Heinrich III. übernahm wieder die Regierung.

Eduard I., der 1272 seinem Vater auf den Thron folgte, war anders als jener, eine ausgeprägte Persönlichkeit mit juristischem Verstand, Verwaltungsbegabung und militärischem Talent. Er hatte bald Gelegenheit genug, seine Fähigkeiten auf mehr als einem Schauplatz unter Beweis zu stellen. Mit dem König von Frankreich geriet er in Konflikt, doch davon später. Aus Irland hielt sich Eduard persönlich heraus; dort erweiterten die Barone ohnehin von sich aus den englischen Machtbereich. Dagegen zog Eduard I. von 1277 an gegen die Waliser zu Felde; das Unternehmen endete nach einer entscheidenden Niederlage Llewelyns II. und seines Bruders David 1284 mit der Unterwerfung des Landes. Der Bau einer Reihe von Burgen trug noch zur Befestigung der englischen Herrschaft bei. Die englischen Lehnsherren, die im Süden das Land in Besitz hatten, die *lords marchers* (»Herren der Mark«), die dem König im Kampf wertvollen Beistand geleistet hatten, behielten weitgehend ihre Selbständigkeit, mußten sich aber dazu bequemen, die königliche Macht mehr als früher auch in praktischen Fragen anzuerkennen. Erfahrungen auf den Feldzügen in Wales brachten Eduard I. dazu, die Fußtruppen seines Heeres mit dem *long bow* (Langbogen) auszurüsten, der furchtbaren Waffe der Waliser.

Nun sollte auch in Schottland die königliche Autorität wirkungsvoller etabliert werden, als es bis dahin das lehnsrechtliche Verhältnis zwischen den Königreichen zugelassen hatte. In einem schottischen Thronfolgestreit ergriff Eduard die Partei John Balliols und setzte unter dessen Regierung alle Mittel ein, die das Lehnsrecht für die Einmischung in einem fremden Lande bot. Revolten forderten Strafexpeditionen heraus, deren berühmteste 1298 mit einem englischen Sieg bei Falkirk endete. Nach einem neuen Aufstand wurde Schottland im Jahre 1303 unterworfen und wie ein von England abhängiges Gebiet behandelt. Wieder bildete sich eine Opposition unter dem Thronprätendenten Robert Bruce, der sich 1306 krönen ließ. Eduard schickte sich eben an, ihn zu bekämpfen, als er am 7. Juli 1307 starb.

Die Regierung des schwachen und launenhaften Heinrichs III. und die des dynamischen Eduard I. sind für die Entwicklung der englischen Institutionen gleichgewichtig; in dieser Hinsicht bilden sie gewissermaßen eine Einheit. Unter Heinrich III. tauchte neben dem Exchequer und dem *Court of Common Pleas* ein dritter königlicher Gerichtshof auf, der nach dem *Common Law* urteilte, die *King's Bench*. Während der *Court of Common Pleas* für die Prozesse unter Privatpersonen zuständig war, hatte die *King's Bench* alle die Angelegenheiten zu behandeln, die die Krone angingen, also vor allem einen Bruch des Königsfriedens. Erst im 15. Jahrhundert wurde die *Kings's Bench* ebenso wie der Exchequer und der *Court of Common Pleas* nach Westminster verlegt.

Eduard I. hat die Gesetzgebung in England entscheidend gefördert. Seine *statuta (statutes)*, seine Verordnungen, wurden normalerweise im Rat, mitunter auch im »Parlament« beraten und bekanntgegeben; unter den Mitgliedern bei den Gerichtshöfen und allen dort Tätigen waren sie weit verbreitet. Sie veränderten das geltende Recht, sogar das Privat-recht, was noch im 14. Jahrhundert in Westeuropa höchst selten vorkam; die Schenkungen und die dinglichen Rechte wurden tiefgehend umgestaltet.

Das beherrschende Ereignis in der Geschichte der englischen Institutionen zwischen 1216 und 1307 ist – *cum grano salis* sei es gesagt – das Auftreten des Parlaments. Mit *parlamentum* wurden schon früh bestimmte Sitzungen des königlichen Rats und besonders des Großen Rats bezeichnet. In den »Provisionen von Oxford« von 1258 erhielt das Wort seine technische Bedeutung: das Parlament, die Sitzungsperiode (drei im Jahr) des um eine bestimmte Zahl von Baronen verstärkten Großen Rats. Noch war das Parlament, ebenso wie der Rat, vor allem Gerichtshof, es war aber auch schon Verwaltungsorgan. Schließlich hatte es die »allgemeinen Interessen des Königs und des Reiches« zu beraten und Unterstützungsgesuche und neue Steuern zu bewilligen. Nach Evesham wurde die Periodizität der Sitzungsperioden aufgegeben; gleichwohl wurden Parlamente von Heinrich III. immer wieder einberufen; von 1258 bis zum Tode des Königs 1272 einunddreißigmal. Ein Umstand, dessen Bedeutung erst später sichtbar wurde, verdient besondere Aufmerksamkeit; es war der Appell an neue Bevölkerungsschichten: im Jahre 1264 forderte man außer den üblichen Räten des Königs, den Richtern, Prälaten und Baronen, auch angesehene Persönlichkeiten der Grafschaften, also auf dem flachen Land ansässige Ritter *(knights of the shire)* auf, an den Sitzungen teilzunehmen, 1265 auch Vertreter der *cities* und der *boroughs*, also der Städte. Das kam auch in der Folgezeit hin und wieder vor, aber erst unter Eduard I., besonders nach 1300, wurde es häufiger.

Ohne nun seinen Charakter zu ändern, gewann das Parlament unter Eduard I. merklich an Bedeutung. Regelmäßige Beratungen mit den Baronen und Vertretern anderer Bevölkerungsschichten waren notwendig geworden, weil die verschiedensten politischen und militärischen Unternehmungen des Königs ständig neue Forderungen auf Zahlung von Beihilfen mit sich brachten. Vor allem erreichten das Parlament – noch blieb es vorwiegend Gerichtshof – immer häufiger Bittgesuche, der König möge in den Fällen Recht sprechen, für die die gewöhnlichen Gerichte nicht zuständig oder in denen sie machtlos waren, natürlich auch wenn man sie umgehen wollte. Diese Petitionen führten entweder zu richterlichen Urteilen oder zu Entscheidungen, die wir heute politisch oder administrativ nennen würden.

Der wachsende Umfang dieser Petitionen machte die Regelung des ganzen Verfahrens notwendig; unter Eduard I. entwickelte sich auch eine gewisse Periodizität, gewöhnlich waren es zwei Sitzungsperioden im Jahr. Das Parlament wurde bald – dessen muß man sich stets bewußt sein – zum wesentlichen Bestandteil des institutionellen Systems der englischen Monarchie; noch aber repräsentierte es nicht den Willen der Nation.

Frankreich unter Ludwig dem Heiligen und Philipp dem Kühnen

Die Geschichte Englands von 1216 bis 1307 war – wie wir sahen – eng mit der französischen Geschichte verknüpft, in einer Epoche, deren überwiegender Teil mit der Regierung eines Mannes zusammenfällt: Ludwigs IX., bekannter seit seiner Kanonisierung 1297 als Ludwig der Heilige.

Von 1226 bis 1234 führte die Königinmutter, Blanca von Kastilien, die Witwe Ludwigs VIII., unter besonders schwierigen Umständen die Regentschaft. Gefährlichen Aufständen der Fürsten und Herren hatte sie die Stirn geboten, eine englische Invasion 1230 abgewehrt. Dank ihrer Energie und Gewandtheit und dank der Unterstützung vieler Stadtbürgerschaften – besonders der von Paris – und Teilen der Ritterschaft, vor allem aber des Papstes, hatte sie die Gefahren bestehen können. *De facto* regierte sie übrigens auch nach der Volljährigkeit ihres Sohnes; er unterstützte sie eher, als daß er selbst regierte. Bei einem Einfall Heinrichs III. 1242 zeichnete er sich als militärischer Führer aus; die Engländer und ihre Verbündeten aus dem Adel Südwestfrankreichs wurden bei Taillebourg und bei Saintes in die Flucht geschlagen.

Schon seit dieser Zeit waren bei Ludwig IX. die Charakterzüge zu erkennen, die tiefgreifend, je länger, desto mehr, seine Politik bestimmen sollten. Wie es später sein Biograph Joinville, der ihn gut kannte, beschrieb, war sein Ideal die *prudhommie*, eine Verbindung von kriegerischer Tapferkeit, Gerechtigkeitsgefühl, Fürsorge für die Armen und glühender Frömmigkeit, wobei das religiöse Element sicherlich überwog. Schon 1244 bezeigte es seine Kraft: der König nahm das Kreuz. Obgleich in jeder Hinsicht seine Anwesenheit in Frankreich notwendig war, brach er 1248 zum Kreuzzug auf und kehrte erst 1254 in sein Land zurück; Blanca von Kastilien führte indessen bis zu ihrem Tode 1252 die Regierung, danach Alfons von Poitiers, der Bruder des Königs.

Unter den politischen Ereignissen in der Regierungszeit Ludwigs des Heiligen, besonders nach seiner Rückkehr aus dem Heiligen Land, zeichnen sich einige von besonderer Wichtigkeit ab, allen voran seine Versuche, Streitfragen über französische Gebiete mit fremden Herrschern friedlich beizulegen. Im Jahre 1258 erreichte Ludwig im Vertrag von Corbeil, daß der König von Aragon, Jakob (Jaime) I., traditionelle Ansprüche seines Hauses auf die Grafschaft Toulouse aufgab, während er ihm Montpellier überließ; dafür verzichtete er auf die recht theoretische Lehnsherrschaft der Könige von Frankreich über die Grafschaften Roussillon und Barcelona. 1258 wurde in Paris ein Vertrag mit England abgeschlossen und 1259 feierlich proklamiert: der König von England sollte die Gascogne und – sofort oder nur zu einem ganz unbestimmten späteren Zeitpunkt – gewisse nördliche Teile von Aquitanien (Guyenne) erhalten, die sein Vater oder er selbst verloren hatte; für dieses Herzogtum hatte er dem König von Frankreich Mannschaft und Treueid zu leisten.

Man hielt Ludwig IX. seine Großzügigkeit dem besiegten Feind gegenüber vor, aus der heraus er ihm obendrein noch ein reichliches Geldgeschenk gewährte. Der König hatte aber vielfältige Gründe dafür, zweifellos auch religiöse: ein gerechter Vergleich sollte für alle Zukunft einen Krieg zwischen christlichen Monarchen ausschließen. Er verfolgte aber auch einen politischen Zweck; das Lehnsverhältnis des Königs von England als Herzog von Guyenne zu ihm, dem französischen König, wollte er wiederherstellen: »Er war nicht mein Lehnsmann, und nun leistet er mir Mannschaft«. Die Tatsachen sollten dem aber zuwiderlaufen: diese Mannschaftsleistung leitete Ereignisse ein, die schließlich zum Hundertjährigen Krieg führten.

Der König war ganz darauf bedacht, jedem »das Seine« zu lassen, und betrieb keinerlei expansive Politik. Trotzdem haben gewisse Vorgänge unter seiner Regierung zukünftige Gebietserwerbungen vorbereiten helfen oder den französischen Einfluß im Ausland gefördert. Sie stehen in Zusammenhang mit Unternehmungen des königlichen Bruders Karl, des Grafen von Anjou; er vermählte sich 1246 mit Beatrix, der Erbin der Grafschaft Provence, eines Lehens des Königreiches Arelat, und 1263 bot ihm der Papst die Krone Siziliens an.

Der Ruf der Frömmigkeit, Redlichkeit und Gerechtigkeit, den Ludwig schon früh erworben hatte, verbunden mit der Macht des französischen Königreiches, sicherten ihm ein solches Ansehen, daß er in zahlreichen politischen Zwistigkeiten um seinen Schiedsspruch gebeten wurde. Die berühmtesten seiner *dits*, seiner Urteilssprüche, fällte er 1246 und 1256 im Streit zwischen den Häusern Avesnes und Dampierre um die Erbfolge in Flandern und dem Hennegau – man folgte ihm schließlich – und 1264 zwischen Heinrich III. und den englischen Baronen unter Simon von Montfort, der Ludwigs Spruch jedoch verwarf.

Zu den wichtigsten innerpolitischen Problemen im Königreich gehörte an erster Stelle das der »Apanagen«, der Länder für die jüngeren Söhne des Königs. Ludwig VIII. hatte verfügt, daß Robert Artois, Karl Anjou und Maine, Alfons Poitou und die Auvergne bekam. Ludwig IX. machte es ebenso, aber in engeren Grenzen: Johann-Tristan erhielt Valois, Peter Perche und Alençon, Robert die Grafschaft Clermont-en-Beauvaisis. Wenn diese Apanagen auch recht selbständig regiert wurden, so hatte es Ludwig doch verstanden, ihnen seine Politik und seinen Willen aufzuzwingen.

Die Apanagen wurden den einzelnen Fürstentümern hinzugeschlagen, wodurch umfangreiche Gebiete entstanden, über die der König nur indirekte Macht ausübte. Aber die königliche Macht war im ganzen gewachsen. Andererseits hatte sich in den meisten dieser Gebiete die fürstliche Macht verstärkt; sie hatten eigene, leistungsfähigere Verwaltungs- und Gerichtsorgane entwickelt, wenn auch nicht überall auf dieselbe Weise und mit dem gleichen Erfolg. Unter den Oberhäuptern der alten Fürstentümer war es einzig den Grafen von Flandern gelungen, ein fast monarchisches System zu schaffen, das den Vergleich mit dem des Königs, ihres Lehnsherrn, durchaus standhielt.

Die Krondomäne vergrößerte sich kaum unter Ludwig dem Heiligen. Der Ankauf der Grafschaften Blois, Chartres, Sancerre und Châteaudun von dem Grafen der Champagne im Jahre 1234 und der Herrschaft des Grafen von Mâcon 1239 sind allein erwähnenswert. Bezeichnenderweise handelte es sich in beiden Fällen um käufliche Erwerbungen. Ludwig hatte zu große Achtung vor traditionellen Rechten, sofern sie rechtmäßig waren, als daß er versucht hätte, seine Besitzungen oder Rechte zum Schaden seiner Vasallen zu erweitern. Aber seine Beamten, besonders die Baillis, Seneschalle und Sergeanten, ergriffen, wenn auch ohne sein Wissen und oft gegen seine Anweisungen, jede sich bietende Gelegenheit, sogar jeden Vorwand, um die Besitzungen und Rechte des Königs zu mehren. Anders als ihr Herr kümmerten sie sich nur um *consuetudo* (Gewohnheitsrecht), *ratio* (Vernunft) und *iustitia* (Gerechtigkeit), wenn sie ihnen dienlich waren, und so blieb ihre Tätigkeit keineswegs ohne Erfolg.

Der »leidenschaftliche Heilige«, wie man Ludwig IX. mit Recht genannt hat, scheint sich in seinen letzten Lebensjahren immer mehr dem religiösen Leben gewidmet und sich kaum noch für konkrete Fragen interessiert zu haben. Im Jahre 1267 nahm er erneut das Kreuz; sein Entschluß war aber höchst unpopulär, denn er brachte finanzielle Belastungen mit sich, die Geistlichkeit und Bevölkerung schwer bedrückten. 1270 brach der Kreuzzug auf, wurde aber nach Tunis abgelenkt, höchstwahrscheinlich auf den Wunsch des sizilianischen Königs, Karl von Anjou, hin, der eine französische Landung an der afrikanischen Küste für wichtig hielt. Technisch widersprachen Organisation und Führung des Heerzuges allen vernünftigen Überlegungen. Das Heer hatte kaum Gelegenheit zu kämpfen; Seuchen rafften es dahin; vor Tunis erlag der König der Pest am 25. August 1270. Da erschien Karl von Anjou an der Spitze von Verstärkungen und handelte mit dem Sultan einen ehrenvollen Frieden aus. Gedanken an das Heilige Land wurden aufgegeben; bei der Rückkehr nach Frankreich löste sich der Rest des Heeres auf.

Trotz der schweren Verantwortung Ludwigs an dieser Katastrophe traten Kummer und Beschuldigungen hinter der allgemeinen Verehrung zurück. Sein Hinscheiden auf dem Boden der Ungläubigen fügte seinem Ruf der Heiligkeit gleichsam die Herrlichkeit des Märtyrers hinzu. Und die schweren Verluste auf diesem so ungeschickten wie katastrophalen Feldzug verringerten um nichts den Ruhm Frankreichs, die erste politische Macht in Europa zu sein.

Philipp III. der Kühne folgte seinem Vater ohne Schwierigkeiten auf den Thron. Die einzigen Tatsachen von Bedeutung unter seiner fünfzehnjährigen Regierung sind Gebietserwerbungen: nach dem Tod Alfons' von Poitiers und seiner Gemahlin im Jahre 1271 fiel Poitou an die Krondomäne zurück, der Rest der Grafschaft Toulouse ging ebenfalls an die Krone. 1273 wurde jedoch das Comtat Venaissin, die ehemalige Markgrafschaft Provence, im Königreich Arelat dem Papst abgetreten. Im Vertrag von Amiens 1279 erhielt Eduard I. von England Agenais und den Süden von Saintonge; die Anwartschaft darauf hatte schon Heinrich III. in den Jahren 1258/1259 erlangt. Die Vermählung des Prinzen Philipp – des zukünftigen Philipp des Schönen – mit Johanna von Navarra, der Erbin der Champagne, 1284 bereitete die Vereinigung der Grafschaft mit der Krondomäne vor. Im selben Jahr fiel die Apanage des soeben verstorbenen Peter, des Grafen von Perche und Alençon, an den König zurück; aber im folgenden Jahr gab Philipp die Grafschaft Valois als neue Apanage seinem zweiten Sohn Karl, dem Haupt der Linie, die 1328 den letzten direkten Kapetingern folgen sollte.

Die Ereignisse, die Philipps Regierung beenden sollten, waren die Folge der italienischen Abenteuer Karls von Anjou. Peter III. von Aragon hatte Karl, den Bruder Ludwigs des Heiligen, 1282 aus Sizilien verjagt und war daraufhin von Papst Martin IV. exkommuniziert und seines Königreiches, eines päpstlichen Lehens, für verlustig erklärt worden. Im Einverständnis mit Karl von Anjou bestimmte der Papst 1284 nun Karl von Valois zum König von Aragon und trug Philipp auf, dessen neues Reich in Besitz zu nehmen. Der stürzte sich, unüberlegt und von mittelmäßiger Intelligenz, kopfüber in diese Heerfahrt, die er als Kreuzzug verstand. Seinen strategischen und taktischen Fehlern kamen allenfalls noch die Ausschreitungen seiner Truppe gleich. Die französische Flotte wurde von der aragonesischen unter dem italienischen Admiral Roger von Lauria vernichtet; eine Epidemie erledigte das Heer, dessen Überreste zu allem noch unter den Angriffen aragonesischer leichter Truppen schwer zu leiden hatten. Der König, völlig erschöpft, starb am 5. Oktober 1285 in Perpignan.

Ludwig der Heilige hatte eine höchst bedeutsame Rolle in der politischen Organisation Frankreichs gespielt, deren Grundlagen von Philipp II. August und Ludwig VIII. geschaffen und von ihm zu einem zusammenhängenden Ganzen weiterentwickelt worden waren. Diese Tätigkeit hatte Philipp der Kühne fortgesetzt.

Seit Philipp August und sogar schon seit Ludwig VII. war ein Teil der Curia richterlichen Aufgaben vorbehalten worden. Eine richterliche Sektion zeichnete sich jetzt deutlich in der Curia ab. Wenn auch noch Prälaten, Adlige und Ritter an ihren Sitzungen teilnahmen, gehörten ihr bereits Spezialisten als ständige Mitglieder an, die *Maîtres;* einige von ihnen hatten an den Universitäten römisches Recht, mitunter auch kanonisches, studiert, obwohl die Curia im Prinzip noch das Gewohnheitsrecht anwendete. *Parlamentum*, das »Parlament«, wie die Sitzungsperioden des Hofes im allgemeinen genannt worden waren, wurde schon vor dem Jahrhundertende auf solche beschränkt, die von den Rechtsspezialisten abgehalten wurden; man nannte sie zuweilen *les maîtres tenant le Parlement*. Die Sitzungen tagten ungefähr seit 1250 an festen, vorher angekündigten Terminen. In Anbetracht der zunehmenden Fälle hatten bestimmte Mitglieder die von den Parteien eingereichten Gesuche *(requêtes)* zu prüfen, andere die häufig unerläßlichen Untersuchungen *(enquêtes)* zu führen; aber weder waren die Kammern getrennt noch das Parlament von der Curia völlig unabhängig; es ist nicht immer leicht zu bestimmen, ob ein Fall von dem einen oder dem anderen Gericht abgeurteilt worden ist.

Unter den vor das Parlament gebrachten Angelegenheiten gewannen die Klagen der Untertanen gegen ihre Fürsten und die Einsprüche gegen Beschlüsse oder Urteile der fürstlichen Höfe und Gerichte zunehmend an Bedeutung.

Die Kontrolle der Einkünfte, Auflagen und Ausgaben des Königs, besonders der Abrechnungen der königlichen Beamten, wurde die Aufgabe einer neu sich bildenden Sektion der Curia, der *curia in compotis*, der Rechnungskammer. Sie hielt ihre Sitzungen im Pariser »Tempel« ab, da die Templer den Schutz und die Verwaltung des königlichen Schatzes übernommen hatten. Die immer wichtiger werdenden Beträge, die die Könige als Beden von bestimmten Kategorien von Untertanen fordern konnten, und solche, die die Geistlichkeit mit Genehmigung des Papstes zu entrichten hatte, wurden als »außerordentliche Finanzen« aufgeführt. Sie flossen direkt dem königlichen Schatz zu, waren also der Kontrolle der Rechnungskammer entzogen.

In den mit der Krondomäne vereinigten Gebieten wurden die regionalen Einrichtungen nicht beiseite geschoben, sondern in manchen Fällen nach einigen Abänderungen übernommen. Das war namentlich unter den Nachfolgern Philipp Augusts in der Normandie der Fall, deren Verwaltung und Rechtsprechung dem königlichen Frankreich eher voraus waren. Der *Echiquier*, etwa der höchste Gerichts- und Rechnungshof, blieb bestehen und wurde nur um *maîtres* der königlichen Curia und später des Parlaments erweitert. Vielleicht haben Organisation und Verfahren des *Echiquier* einen Einfluß auf die des Parlaments ausgeübt.

Die Baillis und Seneschalle erhielten größere Kompetenzen und vor allem fest umgrenzte Distrikte für ihre Verwaltungs- und Richtertätigkeit: die *ballivia, baillie, bailliage, senescaleia, sénéchaussée*. Dies war etwa in der Mitte der Regierungszeit Ludwigs IX. erreicht; unter Philipp III. wurde den Bailliages ein eigenes Siegel verliehen. In der *prevôté* von Paris setzte der König keinen Bailli ein; der Prévôt von Paris war aber einem Bailli gleichgestellt.

Aus seinen religiösen und moralischen Bestrebungen heraus traf Ludwig der Heilige eine Reihe wichtiger Maßnahmen auf dem Gebiet der Verwaltung. Die königlichen Beamten hatten, wie wir wissen, wenig Bedenken, wenn es darum ging, die Rechte des Königs geltend zu machen oder zu erweitern; sie mißbrauchten ihre Amtsgewalt aber ebenso in eigenem Interesse und ließen sich oft zu regelrechten Erpressungen hinreißen. Deshalb ernannte Ludwig IX. im Jahre 1247 Prüfer, die Mißbräuche und Ungerechtigkeiten der königlichen Beamten aufzudecken hatten; derartige Untersuchungen wurden nach der Rückkehr des Königs vom Kreuzzug Jahr für Jahr vorgenommen, die Sanktionen, Rückerstattungen oder Schadenersatz nach sich ziehen konnten. Königliche Verordnungen erinnerten 1254 und 1256 die Baillis an Buchstaben und Geist ihrer Pflichten; 1254 hatte Alfons von Poitiers ein ähnliches Statut in seiner Apanage erlassen. Diese Untersuchungen wurden unter Philipp III. fortgesetzt. Die schwersten Mißbräuche scheinen bei den unteren Beamten, den Sergeanten, vorgekommen zu sein. Joinville beschwerte sich 1267 bei Ludwig dem Heiligen: »Die Sergeanten des Königs von Frankreich und des Königs von Navarra – des Grafen der Champagne – hatten mich ruiniert und meine Leute arm gemacht.«

Italien nach dem Tod Friedrichs II.

Die Geschichte Englands und Frankreichs im 13. Jahrhundert weist eine gewisse, unschwer zu überschauende Einheit auf; ganz anders die Geschichte Italiens, die in derselben Epoche nichts als endlosen Streit aus Ehrgeiz und Eigennutz, jeder gegen jeden, kannte; der Heilige Stuhl, königliche und fürstliche Häuser, Adelsfamilien, die Städte und in ihrem Inneren

Parteien und einzelne Gruppen, alle kämpften gegeneinander. So ist es einigermaßen schwierig, in diesen Wirren allgemeine Linien zu erkennen. Man wird sich infolgedessen damit begnügen müssen, aufzuzeigen, was wirklich mehr als bloß lokale oder regionale Bedeutung hatte.

Im Italien der letzten sechzig Jahre des 13. Jahrhunderts treten in einer Anzahl von Städten »Herren« auf, die über die Bevölkerung große, mitunter geradezu absolute Macht ausüben, eine Art von »Tyrannei« im antiken Wortsinne: die *signoria.* Einige davon waren richtige Abenteurer, die sich mit Gewalt der Herrschaft bemächtigten, wie Ezzelino da Romano in Verona. Andere waren Podestá oder *capitani del popolo,* »Volksführer«, die sich auf längere Zeit wählen ließen. Die Varianten waren zahlreich. Zuweilen hatte die Signoria die Machtstellung der Podestá übernommen oder sich dieses Amt auch nur unterstellt. Den neuen Herren gelang es ziemlich rasch, ihre Macht auf Lebenszeit, in manchen Fällen sogar als erblichen Besitz zu etablieren. Bald dehnten sie ihre Macht – nicht immer widerstandslos – auch auf andere Städte aus, was nicht wenigen dieser Signorien den Charakter territorialer Herrschaften verlieh. Die meisten hielten sich übrigens nur kurze Zeit; lediglich eine kleine Anzahl blieb in der ersten Periode ihrer Geschichte in derselben Familie: etwa in der »Dynastie« der Este in Ferrara.

Nach dem Tod Friedrichs II. brachen auch die letzten Reste der kaiserlichen Autorität in Italien zusammen; nur in Teilen Norditaliens, in Pavia, Cremona, Verona, Padua und Vicenza, hielten sich lokale Gewalten, die sich auf das Reich beriefen. Auch im Königreich Sizilien waren Aufstände ausgebrochen. Die Päpste, zunächst Innozenz IV. und nach dessen Tod (1254) der höchst mittelmäßige Alexander IV., sahen ihre Pläne von den Ereignissen begünstigt und suchten ihre Macht und ihren Einfluß in den verschiedenen Teilen der Halbinsel zu stärken, vor allem erstrebten sie die Herrschaft über Sizilien. Deshalb mußte ein zuverlässiger Kandidat für den sizilianischen Thron gefunden werden. Nach vielen vergeblichen Bemühungen wurde schließlich Edmund, der Sohn des englischen Königs Heinrich III., 1255 designiert. Damit hatte es aber, wie wir wissen, sein Bewenden. Die letzten Staufer, Konrad, der legitime Sohn Friedrichs II., und Manfred, dessen natürlicher Sohn, dachten gar nicht an einen Verzicht. Konrad starb 1254, doch Manfred hielt das Königreich, Sizilien und die Gebiete auf dem Festland, in fester Hand. Zudem verlor der Papst in Norditalien an Boden, wo sich viele Herren und Städte wieder mit den Staufern verbündeten; das geschah auch in der Toskana und sogar in Florenz, das 1254 über seine Rivalen wie Siena, Pisa oder Pistoia gesiegt hatte. Obwohl hier die Guelfenpartei und der *primo popolo,* die organisierte Bürgerschaft, am Ruder waren, waren die Florentiner weit davon entfernt, immer nur eine dem Heiligen Stuhl genehme Politik zu treiben. Nach dem Sieg der mit den Siennesen verbündeten Ghibellinen bei Montaperti 1260 mußte die welfische Partei auch in Florenz ihre Machtstellung an die Ghibellinen abtreten. Und in Rom selbst war das Papsttum Volksaufständen auf Gnade und Ungnade ausgeliefert; mehr als einmal mußte der päpstliche Oberherr die heilige Stadt verlassen. Das dem Papst verlorengegangene Terrain war Manfred zugute gekommen. Man täuschte sich jedoch in der Annahme, dieser verfügte bei seinen Verbündeten über mehr als nur indirekten Einfluß und eine von momentan gleichlaufenden Interessen begünstigte Neigung zur Zusammenarbeit.

Manfred schien auf dem Gipfel seiner Macht, da starb Alexander IV. (1261). Sein Nachfolger war Urban IV., ein energischer Franzose und unabhängiger als sein Vorgänger, der sich durch seinen Nepotismus zuweilen zu unüberlegten Handlungen hatte hinreißen lassen. Der neue Papst stellte bald die pontifikale Autorität in Rom wieder her, unterstützte finanziell die Guelfenpartei in der Toskana und sicherte sich den Beistand der Städte, in denen diese Partei die Regierung an sich gerissen hatte. In der Lombardei wurden nützliche Vereinbarungen getroffen, namentlich mit Obizzo d'Este, dem »Herrn« von Ferrara. Nach dem endgültigen Verzicht auf die eitle Hoffnung, die Engländer würden bei der Wiedereroberung Siziliens Hilfestellung leisten, verhandelte der Papst mit Ludwig dem Heiligen über die Designation von dessen Bruder Karl, dem Grafen von Anjou und der Provence. Mit Karl wurde 1263 ein Vertrag abgeschlossen, der dem Papst eine einträgliche Lehnshoheit sicherte; der Zins wurde auf etwa 10000 Unzen Gold festgesetzt – später auf 8000 ermäßigt –; außerdem hatte Karl als einmalige Leistung 50000 Mark zu zahlen. Karl war im selben Jahr zum römischen Senator gewählt worden, und das versprach dem Papst einen energischen, wenn auch vielleicht ein wenig zu selbstbewußten Beschützer.

Das so wirkungsvolle Pontifikat Urbans IV. war nur kurz, Urban starb am 2. Oktober 1264. Wieder bestieg ein Franzose, Clemens IV., den päpstlichen Stuhl. Er empfing Karl von Anjou 1265 in Rom; und sobald dieser talentvolle militärische Führer ein Heer um sich gesammelt hatte, zog er ins Feld und vernichtete am 26. Februar 1266 vor Benevent die Streitmacht Manfreds, der dabei sein Leben verlor. In den folgenden Monaten unterwarf sich Karl das Königreich und versuchte außerdem, mehr oder weniger in Konkurrenz mit dem Papst, sich die Oberhoheit über andere Teile Italiens zu sichern, in denen die Bündnisse, eben geschlossen, sogleich wieder gelöst wurden und Fraktionen und Parteien in den Städten einander ablösten; 1267 setzten die Truppen des Grafen von Anjou die Guelfen in Florenz wieder in die Macht ein.

Diese erfolgreichen Aktionen unterbrach eine letzte Offensive des Hauses Hohenstaufen. Konradin, Konrads junger Sohn, forderte sein Familienerbe zurück; 1267 verließ er Deutschland und trat 1268 von Verona aus den Marsch nach dem Süden an. Es war ein Triumphzug; der junge schwäbische Prinz zog unter Jubelrufen sogar in Rom ein. Aber am 23. August wurde er bei Tagliacozzo von Karl von Anjou geschlagen und fiel bald darauf in dessen Hände. Der Sieger entehrte sich tief, indem er seinen jungen und tapferen Gegner hinrichten ließ.

Nach dem Tod Clemens' IV. am 29. November 1268 blieb der päpstliche Stuhl lange Zeit verwaist; erst am 1. September 1271 wurde Gregor X. gewählt. Er ließ dem König von Sizilien freie Hand, seine Politik in Italien und anderswo hemmungslos durchzusetzen. Grausam vernichtete Karl den legitimistischen Widerstand, der sich während Konradins Feldzug im Königreich und besonders in Sizilien in einer Erhebung Luft gemacht hatte. Die königlichen Institutionen der Normannen und Staufer wurden den neuen Erfordernissen angepaßt, vor allem das Finanzwesen fand besondere Beachtung. Seine Ansprüche wurden höher geschraubt, um die Schatzkammer regelmäßig füllen zu können, die seit 1277 im Kastell del Uovo in Neapel untergebracht war; Neapel begann jetzt die Rolle der Hauptstadt zu spielen. Immer mehr beschäftigte man nun Franzosen in der Verwaltung, die Karl von Anjou zu einer der leistungsfähigsten, wenn nicht der leistungsfähigsten Europas machte. Zur Sicherung seiner Herrschaft in seinem Reich belehnte er provenzalische und französische Ritter mit umfangreichen Ländereien und schuf sich damit eine ihm ergebene Vasallenschaft. Gleichzeitig reorganisierte er auch in Rom die Verwaltung und stellte dort die Ordnung wieder her. In der Toskana begünstigte er die Guelfenpartei, die ihn um so eher ihres Beistands versicherte, als er die wirtschaftliche Aktivität ihrer Mitglieder im Königreich wesentlich förderte.

Italien war aber nur einer der Schauplätze, auf denen sich die Tatkraft des Angevinen bemerkbar machte. Wir kennen schon seine Rolle in Tunis 1270 zur Zeit des letzten Kreuzzuges seines Bruders; er nutzte dort die Umstände, um vom Sultan Handelsvorteile an der nordafrikanischen Küste zu erringen, dies übrigens auf Gegenseitigkeit. Ebenso wie die Normannen und Staufer war er von dem mittelländischen Zauber geblendet. Er besetzte Korfu in der Absicht, das Lateinische Kaiserreich zu seinen Gunsten wiederaufzurichten; er bemächtigte sich einiger Gebiete im Westen des eben in Europa wiedererstandenen Byzantinischen Reiches; 1278 erwarb er das lateinische Fürstentum Morea; im Vorjahr hatte seine Flotte Akko besetzt, und er war im Rumpf-Königreich Jerusalem zum König ausgerufen worden. Das war zuviel, um nicht zerbrechlich zu sein; trotzdem erweckte das Königreich Sizilien den Eindruck, die erste politische und – dank dem Umstand, daß Karl zugleich Herr des großen provenzalischen Hafens Marseille war – auch die erste wirtschaftliche Macht der mediterranen Welt zu sein.

Die Feinde des Königs von Sizilien waren zahlreich, namentlich in Norditalien, wo Karl versucht hatte, sich neue Machtpositionen zu sichern. Das ghibellinisch gewordene Genua nahm 1270 endlich den Kampf gegen ihn auf. Pavia und andere Städte, sogar Mailand, wo seit 1277 der Erzbischof Otto Visconti regierte, schlossen sich an. Karl von Anjou wurde aus Norditalien verdrängt, konnte aber in der Toskana seine Macht mehr oder weniger behaupten. In Sizilien wuchs die Unzufriedenheit: drückende Steuerlasten, den Leuten vom Festland und besonders den Franzosen vorbehaltene Vergünstigungen, Willkürakte aller Art erregten die Gemüter. Der byzantinische Kaiser Michael VIII. ließ Geldmittel an die Opposition verteilen, und Peter III. von Aragon beauftragte Geheimagenten mit der Organisation eines allgemeinen Widerstandes gegen den Tyrannen. Peter III., der sich mit Konstanze, Manfreds Tochter, vermählt hatte, mußte in der Tat über die Entwicklung der angevinischen Macht besorgt sein, die aus dem westlichen Mittelmeer ein französisches Meer zu machen drohte; die politischen Spannungen zwischen Peter III. und Karl von Anjou nahmen gefährlichen Charakter an.

Da kam es am 30. März 1282 in Palermo nach einem geringfügigen Streit zu ernsten Vorfällen, die in einem Gemetzel unter der französischen Garnison und den in der Stadt seßhaften Franzosen ausarteten. Nach dieser »Sizilianischen Vesper« griff der Aufstand alsbald auf die ganze Insel über; alle Franzosen wurden verjagt. Peter III. von Aragon war sofort zur Intervention bereit und ließ eine Flotte in der Nähe der nordafrikanischen Küste Stellung beziehen. Sobald er von den Aufständischen gerufen wurde, landete er seine Truppen, besetzte Sizilien, machte die Erbansprüche seiner Frau geltend und wurde als König anerkannt. Vergeblich versuchte Karl von Anjou zweimal, 1283 und 1284, in Sizilien zu landen. Er mußte sich schließlich mit dem Festland begnügen; auch seine orientalischen Pläne fielen – wie die seiner Vorgänger – in sich zusammen. Papst Martin IV. (1281–1285), wieder ein Franzose, verhängte gegen den König von Aragon die uns schon bekannten Sanktionen. Selbst der König von Frankreich wurde in den lächerlichen »Kreuzzug gegen Aragon« hineingezogen. Karl von Anjou starb am 7. Januar 1285, ohne das katastrophale Ende der Expedition erlebt zu haben, die seinem verletzten Stolz hatte Genüge tun sollen.

Die christlichen Staaten der Iberischen Halbinsel im 13. Jahrhundert

Die entscheidende Rolle Aragons in der mittelmeerischen Politik seit dem letzten Viertel des 13. Jahrhunderts wird nur aus der Geschichte der Iberischen Halbinsel in den vorangegangenen achtzig Jahren heraus verständlich. Alle christlichen Königreiche, besonders Kastilien und Aragon, hatten im Laufe dieser Jahrzehnte minderjährige Könige erlebt und die Folgen davon, die Palastintrigen und die Wirtschaft aristokratischer Cliquen, die jede aktive Politik lähmten, zur Genüge kennengelernt. Aber im ganzen gesehen erlebte das 13. Jahrhundert eine beträchtliche Ausdehnung der christlichen Staaten auf Kosten des Islams. Die almohadische Reaktion hatte Kastilien tief erschüttert und ihm die meisten seiner Eroberungen südlich der Berge von Toledo wieder abgenommen. Man mußte das Schlimmste befürchten. Das erkannte klarsichtig der Mann, der Alfons VIII. glücklicherweise als Ratgeber zur Seite stand: Rodrigo Jimenez de Rada, Erzbischof von Toledo, an den Pariser Schulen gebildet und einer der spanischen Förderer der Übersetzung arabischer Werke der Philosophie und Naturwissenschaft. Er verstand es, den so notwendigen Frieden zwischen Kastilien, Aragon und Navarra herzustellen, Ritter aus dem Ausland, besonders aus Frankreich, heranzuziehen und bei Papst Innozenz III. den Aufruf zum Kreuzzug zu erwirken.

Nach umsichtigen Vorbereitungen begann 1212 eine große Heerfahrt der Könige von Kastilien, Aragon und Navarra; auch Ritter aus Südfrankreich nahmen daran teil. Die Gebiete südlich der Berge von Toledo wurden erobert, und am 16. Juli kam es jenseits der Sierra Morena bei Las Navas de Tolosa zur Entscheidungsschlacht, die mit einer totalen Niederlage für das almohadische Heer endete. Uneinigkeit unter den Verbündeten und Müdigkeit hinderten die Sieger daran, diesen großen Erfolg strategisch zu nutzen. Man begnügte sich mit dem Errungenen: Kastilien erstreckte sich nun bis an die Grenze Andalusiens. León hatte sich geweigert, am Feldzug teilzunehmen, errang aber doch unter seinem König, Alfons IX., 1213 in Estremadura einen bedeutenden Erfolg im Kampf gegen die Almohaden.

In den Jahren nach Las Navas de Tolosa zerbrach in Spanien die Einheit der almohadischen Macht, die dann auch in Nordafrika von Aufständen erschüttert und schließlich vernichtet wurde. Das eröffnete günstige Aussichten für eine neue Offensive der christlichen Königreiche.

Alfons VIII. von Kastilien war 1214 gestorben; sein Sohn Heinrich I. starb im Kindesalter. Ihm folgte der Sohn des Königs von León auf den Thron, Ferdinand III., der Heilige (1217–1252). Aber erst 1225 war seine Macht so weit gefestigt, daß er eine gegen den Süden gerichtete Aktion wagen konnte. Der König von León, Alfons IX., hatte inzwischen seinerseits den überwiegenden Teil von Estremadura mit Mérida und Badajos erobert. Da starb er 1230, und der Adel weigerte sich, das Reich, dem königlichen Testament gemäß, zu teilen; er erkannte den König von Kastilien an, und von nun an blieb León bei Kastilien, das auf diese Weise einen erheblichen Kraftzuwachs erfuhr.

Andalusien wurde in den folgenden Jahren von Ferdinand dem Heiligen erobert, 1236 wurde Córdoba genommen, 1246 Jaén, Sevilla und Cádiz 1248. Im selben Jahr unterwarf sich der muslimische König von Murcia dem König von Kastilien. Granada war schon einige Jahre zuvor tributpflichtig geworden. Ferdinands Sohn, Alfons X. der Weise – der als deutscher König niemals nach Deutschland kam –, vereinigte 1266 das Königreich Murcia mit Kastilien, nachdem eine muslimische Revolte, die auf seine Bitte hin von Jakob I. von Aragon unterdrückt wurde, die Gelegenheit dazu geboten hatte. In den fünfziger Jahren des Jahrhunderts hatte Kastilien also sein Gebiet erheblich erweitern können, es umfaßte nun beinahe die Hälfte der Halbinsel. Und es besaß eine längere Küste. Bislang war die kantabrische Küste bei weitem die wichtigste gewesen; ihre Häfen hatten dem König sogar eine Flotte gestellt, die ihm bei der Eroberung Andalusiens außerordentlich nützlich gewesen war. Nun aber boten die atlantischen Häfen Cádiz und Sevilla weiter im Landinneren und Murcia an der Mittelmeerküste neue Möglichkeiten.

Gleichlaufend mit der kastilischen Reconquista drängten die Könige von Portugal die Mauren weiter nach Süden ab. Diese Eroberungen waren das Werk Sanchos II. (1223 bis 1245) und seines Bruders Alfons III. (1245–1279). Im Jahre 1249 machte sich Alfons III. zum Herrn Südalgarbiens, wogegen Kastilien, allerdings vergeblich, Einspruch erhob; es wurde 1267 Portugal zuerkannt und blieb dessen südlichster Teil. Die militärischen Orden, die Templer und Johanniter, spielten in den Kriegshandlungen eine gewichtige Rolle; vor allem aber waren es die spanischen Orden von Calatrava und Santiago, die sich später in Portugal als einheimische Orden von Avis und Palmela niederließen.

Navarra hatte seine frühere Bedeutung verloren. Da es kein muslimisches Gebiet mehr zu erobern gab, blieben ihm territoriale Gewinne versagt, es sei denn, sie wären auf Kosten von Kastilien oder Aragon gegangen. Versuche der Könige von Navarra in dieser Richtung waren jedoch von Wirrköpfen erdacht und mußten mit Mißerfolgen bezahlt werden. Im Jahre 1234 ging das Königreich an Thibaut IV., den Grafen der Champagne, über, der als Thibaut I. König von Navarra wurde; auf diese Weise wurde es in die französische Politik hineingezogen, in der die Könige von Navarra eine nicht unbedeutende Rolle spielen sollten.

Aragon dagegen, das sich bis Anfang des 13. Jahrhunderts immer wieder in die Angelegenheiten Frankreichs eingemischt hatte, hielt sich um die Mitte des Jahrhunderts zurück. Die Könige von Aragon hatten in der zweiten Hälfte des 12. Jahrhunderts jenseits der Pyrenäen Fuß gefaßt. Peter II. war Graf von Roussillon und Lehnsherr der Grafschaften Béarn und Bigorre gewesen; 1204 hatte er Marie, die Tochter Wilhelms VIII., des letzten Herrn von

Montpellier, geheiratet und sich mit dem tolosanischen Haus ausgesöhnt, mit dem sein Vater und er um die Vorherrschaft im Languedoc und der Provence in Streit geraten waren; 1202 hatte er eine seiner Schwestern Raimund VI., dem Grafen von Toulouse, zur Frau gegeben. Seinem Schwager, seinen Freunden und Vasallen im Languedoc war er im Kampfe gegen die räuberischen Kreuzfahrer aus dem Norden zu Hilfe geeilt und war, wie wir wissen, in der Schlacht bei Muret 1213 gefallen.

Die Minderjährigkeit seines Sohnes Jakob I. beschwor natürlich schwierige Zeiten. Erst 1227 war der König zu außenpolitischer Aktivität imstande; zuvor hatte er jedoch in seinem Reich Ordnung geschaffen und sich eine recht wirksame Machtstellung erobert. Das Interesse an den Angelegenheiten Südfrankreichs hatte er keineswegs verloren, aber er besaß Weisheit genug, die Erfolglosigkeit seiner Bemühungen vorauszusehen. Er schloß mit Ludwig dem Heiligen 1258 den uns schon bekannten Vertrag von Corbeil, in dem er auf seine Gebietsansprüche im Languedoc – außer auf Montpellier – verzichtete und dafür den Verzicht des französischen Königs auf die Grafschaften Barcelona und Roussillon erlangte.

Inzwischen zeichnete sich schon die Expansionspolitik ab, die Jakob I. den Beinamen »der Eroberer« eintrug. Auf das dringende Gesuch der Katalanen und besonders der Bürger von Barcelona hin ging er an die Eroberung der Balearen, die in den Händen der Mauren eine beständige Bedrohung für den Handel seines großen Hafens darstellten. Auf zwei Feldzügen, 1229 und 1231 bis 1232 – beim ersten wurde er von Rittern aus Südfrankreich und der Provence unterstützt –, gelang es ihm, sich Mallorcas zu bemächtigen; Ibiza folgte 1235. Der maurische Fürst von Menorca unterstellte sich 1232 seiner Schutzherrschaft; die Insel selbst wurde erst 1287 erobert. Von 1232 an zielten Feldzüge auf dem Festland nach Süden; sie endeten mit der Besetzung von Valencia 1238 und 1245 mit der Eroberung des ganzen Gebietes dieser Stadt. Seine lange Küste, die Herrschaft auf den Balearen und die Sorge für seine großen Häfen waren Anlaß genug, die wirtschaftlichen und politischen Interessen Aragons nun immer stärker dem Mittelmeer zu widmen. Im Jahre 1262 war jedoch dieser bedeutende Gebietskomplex geteilt worden; rein dynastische Erwägungen brachten die Einheit des Reiches in Gefahr. Die Balearen, Montpellier und Roussillon waren abgetrennt und zu einem Königreich Mallorca für Jakob, den jüngeren Sohn des Herrschers, zusammengefaßt worden; obgleich der neue König Peter III. (1276–1285) ihn 1279 zu seinem Vasallen machte, bedeutete es für Aragon eine gewisse Schwächung.

Unter welchen Umständen Peter III. seine Politik in Italien entwickelte und 1282 Sizilien erwarb, daß der »Kreuzzug« des französischen Königs Philipp III. gegen ihn trotz der Unterstützung durch den König von Mallorca 1285 völlig scheiterte, ist schon berichtet worden. Aragon war trotz der Amputation von 1262 die wohl bedeutendste Macht des westlichen Mittelmeers geworden.

Im ausgehenden 13. Jahrhundert erreichten Kastilien, Portugal und Aragon ungefähr die Grenzen, die sie bis zum Ende des Mittelalters halten sollten. Die Muslime waren in den äußersten Süden Spaniens zurückgedrängt worden, auf das von Kastilien eingeschlossene nasridische Königreich Granada.

Wir können uns leider nicht auf Einzelheiten der den verschiedenen christlichen Reichen der Halbinsel eigentümlichen Institutionen einlassen. Gleichwohl sollen einige charakteristische Züge aufgezeigt werden. Einen davon haben sie mit allen politischen Gebilden in Westeuropa gemeinsam: die königliche oder fürstliche Macht entwickelt bestimmte Methoden und Einrichtungen, mit deren Hilfe sie ihre Autorität zur Geltung bringt und den

Schutz von Personen und Gütern gewährleistet. Andere Züge finden sich nur in den Königreichen der Halbinsel: schon seit dem 11. Jahrhundert, vor allem aber seit dem 12. Jahrhundert, wurden ungezählten Dörfern und Städten, teilweise während ihrer Wiederbesiedlung, Freibriefe *(fueros)* verliehen. Diese Urkunden legten die Rechte und Pflichten fest – häufig wurde den Ortschaften auch schon ein gewisses Maß an Selbstverwaltung zugebilligt – und hatten so, übrigens mit unterschiedlichem Erfolg, die königliche oder adlige Willkür einzuschränken.

Denselben Zweck verfolgten die Versammlungen, für die sich seit etwa 1130/1140 die Bezeichnung *cortes* einzubürgern begann. Sie waren anscheinend aus erweiterten Sitzungen der königlichen Curia hervorgegangen, zu der sich die hohe Geistlichkeit und der Adel zur Beratung des Königs versammelten. Sie wurden immer häufiger einberufen und entwickelten sich im Laufe des späten 12. Jahrhunderts zu einer eigenen Institution; in vielen Fällen konnten sie auch ihren Willen durchsetzen. Man begegnet ihnen in León und Kastilien, in Portugal, in der Grafschaft Barcelona und in Aragon.

Die Cortes bewahrten übrigens ihre Eigenständigkeit auch dann, als León mit Kastilien und Katalonien mit Aragon vereinigt wurden; mehr noch, selbst in den von Aragon eroberten Städten, etwa Valencia, bildeten sich Cortes. In Navarra jedoch traten sie erst im 14. Jahrhundert auf.

Die Elemente »Stadt« und »Dorf« treten in den Cortes je nach Staaten oder Gegenden zu verschiedenen Zeiten in Erscheinung, in León schon Ende des 12. Jahrhunderts, anderswo in der ersten Hälfte, in Portugal um die Mitte des 13. Jahrhunderts. Wenn auch die Cortes rechtlich ihren beratenden Charakter bewahrten, so bildeten sie doch ein gewichtiges Moment im Regierungssystem; in mehr als einem Fall spielten sie die ausschlaggebende Rolle, etwa die Cortes von Katalonien bei der Entscheidung über den Feldzug gegen Mallorca 1228.

Das mittelalterliche Spanien hatte ein ihm eigentümliches Problem zu bewältigen: die heterogene Bevölkerung. Anders als die christlichen Bevölkerungsteile – die Mozaraber verschmolzen mit den anderen Christen im 13. Jahrhundert ohne größere Schwierigkeiten – gerieten die dank den Eroberungen ständig an Zahl zunehmenden muslimischen Elemente nach den erbitterten Kämpfen gegen die Almohaden und den Aktionen des Heiligen Stuhls und der Dominikaner im 13. Jahrhundert in eine bedrängte Lage; sie lebten unter erheblich ungünstigeren Bedingungen als früher. Auf jeden Fall waren die persönlichen Beziehungen zwischen Muslimen und Christen erheblichen Belastungen ausgesetzt. Die »mudejarischen« Bevölkerungsteile konnten jedoch in Kastilien und Aragon im wesentlichen ihre Rechte erhalten; mitunter boten ihnen Urkunden – etwa die Kapitulation von Sevilla oder Valencia – einen gewissen Schutz gegen allzu große Willkür. In Portugal und auf Mallorca scheint ihre Lage schwieriger gewesen zu sein.

Schließlich sei noch kurz die in mehreren Häfen Spaniens entstandenen ausländischen, namentlich italienischen privilegierten Handelskolonien erwähnt. Man kennt genuesische Kolonien in Palma auf Mallorca (1231), in Barcelona (1233) und in Sevilla (1251). Alfons X., der Weise, von Kastilien hatte einen Genuesen, Ugo Vento, als Admiral in seinen Diensten. Er war der erste in einer langen Reihe von Italienern, besonders von Genuesen, die in den folgenden Jahrhunderten in der Seefahrt und der Kolonisation der Staaten auf der Iberischen Halbinsel eine hervorragende Rolle spielten.

Das Ende des Lateinischen Orients

Im 13. Jahrhundert galt die Bezeichnung »lateinischer Orient« sowohl dem »Reich Romania« wie dem Königreich Jerusalem und den lateinischen Fürstentümern der Levante.

Das Lateinische Kaiserreich, dieses merkwürdige politische Gebilde, von dem Papst Honorius III. sagte, es sei »fast ein neues Frankreich« *(quasi nova Francia)*, ging nach dem Tode seines Kaisers Heinrich I. (1216) rasch seinem Niedergang entgegen. Das bulgarisch-walachische Reich blieb eine ständige Bedrohung, wenigstens bis zum Tode Johann Asens II. im Jahre 1241. Aber die Hauptgefahr bildete das byzantinische Reich von Nikaia. Kaiser Johann III. Dukas Vatatzes entriß 1225 dem Lateinischen Reich einen Teil von Thrakien mit Adrianopel und 1235 Gallipoli; die Hauptstadt war direkt bedroht. 1246 machte er sich zum Herrn Thessaloniens und erweiterte so seine Macht auf einen großen Teil Makedoniens. Die Unterstützung durch die Villehardouin von Morea und die häufige Uneinigkeit unter dessen Feinden gewährte dem Reich Romania noch einen geringen Aufschub. Aber 1261 bemächtigte sich der Kaiser von Nikaia, Michael VIII. Palaiologos, Konstantinopels. Das Lateinische Kaiserreich hatte aufgehört zu bestehen. Nur Morea blieb fast ganz in den Händen der Lateiner.

Die Geschichte der lateinischen Niederlassungen in Syrien und dem Heiligen Land ist die Geschichte ihres Verfalls. Die Reste des Königreichs Jerusalem und der benachbarten lateinischen Fürstentümer wurden von den Zwistigkeiten unter dem Adel, der Unfähigkeit ihrer Herrscher, dem Egoismus der Templer und Johanniter und von der hemmungslosen Habgier der italienischen Handelskolonien zugrunde gerichtet. Je schwieriger die Situation wurde, desto schärfer traten diese zersetzenden Faktoren in den Vordergrund.

Schon die Jahre nach der Abreise Friedrichs II. (1229) boten ein wenig erbauliches Schauspiel. Die von Johann von Ibelin, dann von seinem Sohn Balian III., beides Herren von Berytos, angeführten »Barone« bekämpften erbittert die Beamten und Anhänger des Kaisers und siegten schließlich. Sie stellten übrigens den fernen Staufern, Konrad und später Konradin, keinen Gegenkönig auf. Erst nach dem Tod Konradins ging 1269 die Krone an die Lusignan, die Könige von Cypern, über; Hugo III. wurde als Hugo I. König von Jerusalem, 1286 folgte ihm sein Sohn Heinrich II. Die Barone hatten das Königreich in eine Art Föderation von Herrschaften verwandelt, unter denen die der Ibelin von Berytos eine tatsächliche Vorrangstellung genoß. Kurz: es war ein anarchisches Regime und für ein ständig bedrohtes Territorium wahrlich nichts weniger als ideal. Die Grafen von Antiocheia und Tripolis – seit 1201 unter einem Fürsten vereinigt – verbrauchten ihre Kräfte in völlig ergebnislosen Streitigkeiten mit ihren Nachbarn, den christlichen Königen von Klein-Armenien. Zweifellos brachte ein französischer Kreuzzug, von mehreren Fürsten – darunter Thibaut IV., dem Grafen der Champagne und König von Navarra – angeführt, 1239 den Franken in der Levante einige Hilfe; Teile von Nordgaliläa und im Süden Askalon wurden den Türken entrissen, gingen aber schon 1247 wieder verloren.

Inzwischen waren zwei Katastrophen hereingebrochen. In Nordiran waren Chwārezmier von den Mongolen verjagt und vom ägyptischen Sultan in Dienst genommen worden. Sie hatten 1244 den Christen Jerusalem entrissen. Und kurze Zeit später wurde ein großes, von syrischen Muslimen verstärktes fränkisches Heer nahe Gaza von einer ägyptischen und chwärezmischen Streitmacht vernichtet. Die dabei erlittenen Verluste schwächten die Verteidigung der lateinischen Territorien entscheidend.

Im selben Jahr hatte Ludwig der Heilige das Kreuz genommen. Er brach, wie wir wissen, 1248 auf, das Heer des – nach der traditionellen Zählung – Siebenten Kreuzzuges sammelte sich in Cypern. Man beschloß, das Land anzugreifen, das Sultan as-Sālih Ajjūbs, des großen Feindes, Hauptsitz war: Ägypten. Damiette wurde ohne großen Widerstand eingenommen. Im selben Augenblick aber setzten die großen Schwierigkeiten ein. Strategische Fehler brachten die zum Teil sogar erfolgreichen Kämpfer um den Sieg; schließlich endete der Feldzug 1250 mit der Kapitulation der Kreuzritter; Ludwig der Heilige selbst geriet in Gefangenschaft. Nach Zahlung eines Lösegeldes wurde er wieder freigelassen und verbrachte vier Jahre (1250–1254) im Heiligen Lande damit, die Verteidigung des Königreichs Jerusalem neu zu organisieren. Das war ein nützliches Werk, denn wenn sich die Franken überhaupt noch einige Jahre lang in der Levante halten konnten, dann hatten die Leistungen Ludwigs in hohem Maße dazu beigetragen.

Man häufte Torheit auf Torheit. Kaum war Ludwig IX. wieder abgefahren, kam es zu einem regelrechten Krieg zwischen der venezianischen und der genuesischen Kolonie in Akko; auf seiten der Venezianer kämpften die Pisaner, auf der der Genuesen die Katalanen, und Barone waren in beiden Lagern zu finden. Dieser groteske und widerwärtige »Krieg von Saint-Sabas«, wie man ihn nannte, dauerte von 1256 bis 1258.

Dem Lateinischen Orient gewährten die Uneinigkeit unter den türkischen Führern und der schon erwähnte Mongoleneinfall eine letzte Gnadenfrist. Irak war 1258 von den Mongolen erobert worden, das muslimische Syrien ereilte 1260 dasselbe Schicksal. Aber das mongolische Reich hatte bereits seine Einheit verloren; es war in vier große Reiche aufgeteilt, die allerdings noch unter der Oberhoheit eines der »Großchāne« standen. Der mongolische »Ilchān« von Persien war der Oberbefehlshaber der in der Nachbarschaft des Königreiches Jerusalem operierenden Truppen. Er übte seine Macht menschlicher aus als seine Vorgänger; duldsam in religiösen Fragen, schützte er die in seinen Territorien lebenden nestorianischen Christen und bemühte sich um ein Bündnis mit den Franken gegen die ägyptischen Türken. Der Graf von Antiocheia und Tripolis und der König von Klein-Armenien waren seine Vasallen geworden und hatten ihm bei der Eroberung des muslimischen Syriens geholfen.

Als der neue Sultan Ägyptens mit seinen von türkischen und tscherkessischen Sklavenmärkten stammenden mamlukischen Söldnern die Wiedereroberung Syriens in Angriff nehmen wollte, sahen sich die Barone des Königreichs in einem Dilemma: sollten sie sich mit den Mongolen verbünden oder die mamlukische Offensive unterstützen? Sie wählten das zweite, und so nahmen die Mamluken 1260 Syrien den Mongolen wieder ab.

Der Befehlshaber dieser Söldner, Baibars, ermordete den Sultan, als er sich siegesstolz auf dem Rückweg nach Ägypten befand, und ließ sich selbst zum Sultan ausrufen. Er war als Gegner besonders gefährlich, nachdem die Franken nun keine Wahl mehr hatten, die weit entfernten Mongolen gegen ihn zu mobilisieren. Als daher die Mamluken Baibars' 1266 gegen das Königreich und die Grafschaft Tripolis-Antiocheia antraten, war ihnen der Erfolg

Die Stadt Akko
Eine Seite in der »Historia Anglorum« von Matthew Paris
mit der Beschreibung des Reisewegs von London nach Jerusalem, 1250–1259
London, British Museum

Papst Bonifatius VIII.
Fragment eines Wandgemäldes von Giotto (?), Anfang 14. Jahrhundert
Rom, S. Giovanni in Laterano

sicher. Die Lateiner verloren ungefähr die Hälfte ihres Territoriums; Jaffa und Antiocheia fielen 1268. 1271 setzte sich Baibars noch in den Besitz der Hauptburgen der militärischen Orden, darunter des berühmten »Krak des Chevaliers« der Johanniter. Ein englischer Kreuzzug unter dem späteren König Eduard I. hatte nur ein einziges wirklich nützliches Ergebnis: zwischen Baibars und den Machthabern von Akko kam es 1272 zu einem Waffenstillstand. Baibars, der fähige Heerführer, gleichzeitig aber ein Ungeheuer an Grausamkeit, starb im Jahre 1277.

Das Rumpf-Königreich Jerusalem zerfiel; und dennoch nahmen dort die Zwistigkeiten kein Ende. Während Baibars Feldzug hatten 1267 im Hafen von Akko Kämpfe zwischen der genuesischen und der venezianischen Flotte gewütet. Zehn Jahre später, 1277, stritten sich die Parteigänger des Königs von Cypern, Heinrichs von Lusignan, und Karls von Anjou um die Krone Jerusalems; wenn Karl in Akko zum König ausgerufen wurde, dann war es nur ein Tageserfolg.

Der Ilchān Arghun schickte dreimal Gesandte nach dem Westen – 1287 einen nestorianischen Priester, einen genuesischen Kaufmann 1289 und ein Jahr später zwei Nestorianer –; sie sollten einen Kreuzzug gegen die Türken anregen, den er mit allen Kräften zu unterstützen versprach. Der mongolische Vorschlag wurde zwar liebenswürdig aufgenommen, aber nicht befolgt. So befahl der Sultan Qala'ūn seinen Mamluken, aufs neue anzugreifen, und die armenischen und fränkischen Stellungen fielen eine nach der anderen; Latakia ging 1287 verloren, Tripolis wurde 1289 erobert und dem Erdboden gleichgemacht. Vom Westen kam keine wirksame Hilfe mehr, abgesehen von einem 1290 eintreffenden italienischen Volkskreuzzug, der sich aber darauf beschränkte, jammervolle Unordnung zu stiften. Im Jahre 1291 belagerte Sultan al-Aschrāfkhalīl, der Sohn und Nachfolger Qala'ūns, Akko, die bei weitem bedeutendste fränkische Festung und Sitz der Regierung. Die Stadt wurde am 18. Mai im Sturm genommen, zehn Tage später ergab sich die Festung der Templer. Die dabei von den Mamluken begangenen Massaker übertrafen an Scheußlichkeit offenbar selbst das, was die Christen 1099 in Jerusalem fertiggebracht hatten; wer sich von den Verteidigern oder Einwohnern am Leben erhalten konnte, wurde versklavt. Systematisch verwandelte der Sieger die Stadt in einen Trümmerhaufen. Tyros, Sidon, Berytus, Haifa, Tortosa und Athlit, also alle noch von den Franken gehaltenen Städte und Burgen an der Küste, wurden geräumt.

Der lateinische Orient hatte nach fast zwei Jahrhunderten, zumindest auf dem asiatischen Festland, aufgehört zu existieren. Cypern, dessen Könige den Titel König von Jerusalem weiterführten, repräsentierte nun allein noch die lateinische Christenheit im Nahen Orient.

Das Papsttum als politische Macht an der Wende zum 14. Jahrhundert

Die religiöse Autorität des Heiligen Stuhls hatte im Laufe der zweiten Hälfte des 13. Jahrhunderts kaum mehr zugenommen, im Gegenteil. Die wachsende Schwäche der religiösen Autorität des Papsttums bedeutete aber zugleich einen Rückgang seiner politischen Macht.

Die Gründe für diese Entwicklung lagen nicht allein in den Kämpfen, die in Italien ihren Schauplatz und ihr Objekt hatten, und in den mitunter schweren Unruhen in Rom. Eine gewichtige Rolle spielte dabei vor allem der Ausbau des päpstlichen Steuerwesens; die indirekten Steuern auf die Bewilligung kirchlicher Pfründen blieben mehr und mehr dem Heiligen Stuhl vorbehalten; ebenso die direkten Abgaben, die die Geistlichkeit zu entrichten hatte. Lebhafte Proteste dagegen waren schon seit dem Pontifikat Innozenz' IV. laut geworden. Auch in England, Frankreich und Deutschland wuchs die Unzufriedenheit. Das waren aber keineswegs die einzigen Beschwerden gegen den Römischen Stuhl.

Diesen Widerständen suchte ein Papst, der Italiener Tedaldo Visconti aus Piacenza, der, wie wir wissen, nach langer Vakanz 1271 als Gregor X. gewählt worden war, entgegenzutreten. Seiner von edler Pflichtauffassung geleiteten Aktivität galt einen Augenblick lang das ganze Interesse des christlichen Europas. Das zweite, von ihm 1274 nach Lyon einberufene Ökumenische Konzil faßte auf seine Initiative hin einige Beschlüsse von höchster Bedeutung für die gesamte Christenheit. In der katholischen Kirche empfing Gregor X. den byzantinischen Kaiser Michael VIII. Palaiologos und mehrere orientalische Bischöfe und glaubte, auf diese Weise das griechische Schisma beenden zu können. Das Konzil verkündete die Notwendigkeit eines Kreuzzugs und kirchlicher Reformen; vor allem aber führte es das Konklave ein und setzte genaue Regeln dafür fest, um in Zukunft die langen und zuweilen skandalösen Vakanzen auf dem päpstlichen Stuhl unmöglich zu machen. Aber die Vereinigung der griechischen Kirche mit Rom blieb aus, da Volk und Klerus von Byzanz in dieser Frage ihrem Kaiser den Gehorsam aufkündigten. Auch der Kreuzzug fand nicht statt.

Die Nachfolger Gregors X. traten wenig hervor, außer vielleicht Martin IV., der, wie wir wissen, den Interessen Karls von Anjou bis zum Äußersten diente. Und wieder kam es zu langen Vakanzen; elf Monate nach dem Tod Honorius' IV. 1287, siebenundzwanzig Monate nach Nikolaus' IV. Tod 1292. Unter dem Druck Karls II. von Anjou, des Königs von Neapel, wählte man schließlich 1294 einen frommen Eremiten zum Papst, der den Namen Coelestin V. annahm. Von engelhafter Reinheit und absoluter Unfähigkeit, war er ein Spielball in den Händen des Königs, legte aber, seiner fehlenden Eignung durchaus bewußt, nach wenigen Monaten sein hohes Amt nieder.

Der am 24. Dezember 1294 gewählte Benedikt Caëtani nahm den Namen Bonifatius VIII. an. Seine erste Sorge galt seinem Vorgänger; er ließ den heiligen Mann gefangensetzen, der 1296 starb, ohne seine Freiheit wiedererlangt zu haben. Der neue Papst war ein Kirchenrechtler; er ließ eine Sammlung von Kanons und Dekretalen zusammenstellen, die die Dekretalen Gregors IX. zu vervollständigen bestimmt war; es wurde ein »sechstes Buch«, das *Liber Sextus* (1298). Aber Bonifatius war mehr ein Mann der Tat als ein Schuljurist. Er trachtete danach, der päpstlichen Suprematie über alle Königreiche Realität zu verschaffen. Mehr als Innozenz III., Gregor IX. und Innozenz IV. hatte er die Gründung einer Theokratie zum Programm erhoben. Schon 1296 richtete er heftige Vorwürfe gegen die Könige von Frankreich und England, die vermessen genug waren, sich gegenseitig zu bekriegen. Er bestand darauf, daß die Wahl des »römischen Königs« der päpstlichen Billigung bedürfe; Albrecht I. von Österreich leistete ihm übrigens 1303 den Treueid.

Mit der Hauptmacht des Westens, Frankreich, geriet Bonifatius VIII. alsbald in heftige Konflikte. Seine theokratischen Ansprüche waren in der Tat mit der Konzeption Philipps des Schönen (1285–1314) und dessen Ratgeber unvereinbar; unter ihnen waren einige »Legisten«, im römischen Recht geschulte Juristen, davon durchdrungen, daß die königliche Macht allen anderen überlegen sei. Im Gegensatz zu den meisten Lehrern des römischen Rechts weigerten sie sich sogar, die Oberhoheit des Kaisers über die Könige anzuerkennen. Wie ihr Herr glaubten sie im Gegenteil, daß der König von Frankreich als »Kaiser in seinem Königreich« zu regieren habe. Sie waren ebensowenig geneigt, die Oberhoheit, die sie dem Kaiser verweigerten, dem Papst zuzugestehen.

Ein erster Konflikt brach aus über das vom König praktizierte Recht, in bestimmten Notfällen ohne päpstliche Genehmigung Steuern von der Geistlichkeit zu erheben. Im Jahr 1296 untersagte Bonifatius VIII. in der Bulle *Clericis laicos* bei Strafe der Exkommunikation die Erhebung oder Zahlung von Steuern, die nicht von dem Heiligen Stuhl genehmigt waren. Aber der Papst kannte die Zustände in Frankreich schlecht. Schon 1297 mußte er nachgeben und in der Bulle *Etsi de statu* dem König das Recht einräumen, in Notfällen ohne Konsultation des Papstes Abgaben einzufordern. Bald kamen noch weitere Vergünstigungen hinzu.

Der Papst war ganz von seiner Allmacht überzeugt. In Wirklichkeit war er aber ein unbeständiger Hitzkopf, was aller Welt 1298 sichtbar wurde, als er den Frieden zwischen Philipp dem Schönen und Eduard I. zuwege brachte, ohne den Grafen von Flandern, den Vasallen Philipps und Verbündeten Eduards, miteinzubeziehen; er opferte ihn leichten Herzens dem König von Frankreich, mit dem er eben selbst noch im Streit gelegen hatte.

Das Heilige Jahr 1300, zu dessen Feierlichkeiten Bonifatius VIII. die Christenheit einlud, führte Tausende von Pilgern nach Rom. Zweifellos verwischte die allgemeine Verehrung, die dem Nachfolger des Apostelfürsten zuteil wurde, dem Papst die Grenzen seiner Möglichkeiten. Die unüberlegte Heftigkeit, mit der er schon im folgenden Jahr auftrat, läßt sich kaum anders erklären.

Philipp der Schöne hatte 1301 den Bischof von Pamiers, Bernard Saisset, der Untreue beschuldigt und festnehmen lassen. Der Papst reagierte auf das heftigste. Die Bulle *Salvator mundi* vom 4. Dezember 1301 entzog dem König alle die ihm zugestandenen Vergünstigungen, und am 19. Dezember überhäufte ihn die Bulle *Ausculta fili* mit schwersten Vorwürfen; er oder ein Vertreter habe sich vor einem Konzil zu verantworten, das 1302 nach Rom einberufen werde, um die Angelegenheiten der französischen Kirche, der »Reformation« des Königreiches und des Königtums zu regeln. Die päpstlichen Angriffe parierte Philipp, indem er sie am 10. April 1302 einer Versammlung von Fürsten, Baronen, Prälaten und Vertretern der Städte in Paris vorlegte; er fand ihre volle Unterstützung.

Kurz darauf bereiteten die Flamen dem französischen Heer am 11. Juli in der Nähe von Courtrai (Kortrijk) eine vernichtende Niederlage. Als Bonifatius VIII. davon erfuhr, stand er mitten in der Nacht auf, um freudig den Bericht entgegenzunehmen. Vielleicht schien ihm Philipp der Schöne härter betroffen, als er es in Wirklichkeit war. Jedenfalls enthielt die am 18. November erlassene Bulle *Unam sanctam* die theokratische Doktrin in einer Radikalität, wie sie bislang vermieden worden war und auch später nicht mehr gewagt wurde.

Der entscheidende Ratgeber Philipps in seinem Konflikt mit dem Papst war seit 1303 Wilhelm von Nogaret, einst Professor des römischen Rechts an der Universität Montpellier. Er verband tiefen christlichen Glauben mit absoluter Ergebenheit gegenüber seinem König. Anscheinend auf seinen Rat hin wurde Bonifatius VIII. 1303 von verschiedenen Versammlungen der Häresie, Simonie und anderer Verbrechen angeklagt; ein allgemeines Konzil sollte das Urteil über ihn sprechen. Nogaret wurde nach Italien geschickt, um dem Papst die Vorladung zu überbringen und sich seiner Person zu versichern. Am 7. September nahm er Bonifatius VIII. in Anagni gefangen, mußte ihn aber sogleich gegen dessen italienische Feinde in Schutz nehmen, besonders gegen die Colonna und die Bewohner von Anagni, die sich zu heftigen Ausschreitungen hinreißen ließen. Zwei Tage später aber änderten die Stadtleute ihre Haltung, befreiten den päpstlichen Oberherrn und führten ihn nach Rom zurück, wo er am 11. Oktober starb.

Der letzte ernsthafte Versuch zur Aufrichtung eines theokratischen Systems war in sich zusammengesunken, Philipp der Schöne war als Sieger daraus hervorgegangen; und er verstand es, dies zu nutzen. Der Nachfolger Bonifatius' VIII., Benedikt XI., starb schon 1304; nach elfmonatiger Vakanz wählte man am 5. Juni 1305 unter dem Einfluß des Königs und Nogarets einen Franzosen, Bertrand de Got, den Erzbischof von Bordeaux, der Clemens V. wurde. Er begab sich indes nicht nach Italien, sondern ließ sich nach einiger Zeit in der Provence nieder, in Avignon, nahe dem Machtbereich des französischen Königs. Am 27. April 1311 annullierte er alle Akte, die seine Vorgänger nach Allerheiligen 1300 erlassen und die dem König Grund zur Klage gegeben hatten. Der Kampf zwischen Bonifatius VIII. und Philipp dem Schönen war im Endergebnis zugunsten des französischen Königreiches ausgegangen.

Arno Borst

RELIGIÖSE UND GEISTIGE BEWEGUNGEN IM HOCHMITTELALTER

Gab es im Mittelalter überhaupt religiöse und geistige Bewegungen? An räumlichen, politischen und sozialen Bewegungen fehlte es wahrlich nicht im Zeitalter der ost- und westgermanischen, slawischen und normannischen Völkerwanderungen, der deutschen Kaiserzüge nach Süden und Osten, der hundertjährigen Kriege zwischen westeuropäischen Nationen, im Zeitalter der Pilgerzüge, Ritterfahrten und Handelsreisen, der Stadtrevolutionen, Zunftkämpfe und Bauernaufstände. Aber besaß und benötigte diese wildbewegte Epoche nicht ein Gegengewicht in der statischen Welt der beschaulichen Mönche, der hierarchischen Päpste, der Inquisitoren und Scholastiker? Gemahnen uns nicht heute noch liebevoll ausgemalte Handschriften, archaisch stille Madonnen, romanisch feste und gotisch steile Kirchen des Mittelalters an eine Epoche religiöser und geistiger Ruhe? Oft genug hat man deshalb von einem System der mittelalterlichen Weltanschauung, von einem Kosmos des Mittelalters, vom mittelalterlichen Geist gesprochen wie von einer Statue. Aber die Ruhe war keine selbstverständliche Struktur, kein dankbar genossener Zustand; die Sammlung wurde in fieberhafter Anstrengung errungen und immer wieder verloren. Die Menschen mußten sich zusammentun, um sie zu erlangen, und es ging ihnen dabei um ihr eigenes Leben, nicht um feststehende Gedanken, Formeln oder Fragen.

Dieses religiöse und geistige Leben des Mittelalters vollzog sich nicht in den Gebeten, Gedanken und Gefühlen von Einzelgängern oder Massen; es verkörperte sich in Gemeinschaften von Gleichgesinnten. Geistesgeschichte war damals Sozialgeschichte, freilich nicht Geschichte sozialer Stände, politischer Institutionen und geographischer Bezirke, sondern Geschichte von ungebundenen und ungesicherten Körperschaften, deren Lebensdauer fast nur von ihrer Anziehungskraft abhing. Manche von ihnen, einige Mönchsorden und Universitäten des Mittelalters, leben noch heute; aber auch ihre Dauer war früher anders gefährdet als heute, nicht vom neuzeitlichen Gegensatz zwischen Geist und Welt, nicht von der noch moderneren Verzweiflung an Idealen überhaupt, sondern von der Überbietung dieser Ideale durch jüngere, strengere Gemeinschaften. Dieser Wettstreit der freiwilligen Institutionen um eine hohe, uns unrealisierbar scheinende Idee der Ruhe und Sammlung machte das Mittelalter zu einer Zeit der religiösen und geistigen Bewegungen.

Weil das eine Ziel, die Überwindung der Welt mit ihrer Bewältigung zu vereinen, von immer neuen Gruppen – Mönchsorden, Bischofsschulen, Ketzersekten, Universitäten, Ritterschaften, Stadtgemeinden – erstrebt wurde, läßt sich erst an der Vielfalt der Bewegungen die ganze Größe der Bemühungen um den Geist des Mittelalters ablesen. Die Vereinigung verschiedener, antiker, germanischer und christlicher Überlieferungen, die Verbindung von geistlicher Einheit und geschichtlicher Vielfalt, die geistige Ordnung der Wirklichkeit, dies alles konnte nie ganz gelingen; um so mehr fasziniert uns die gesammelte Kraft, mit der jeder neue Ansatz die Menschen ergriff, so daß sie Ernst machten mit dem, was sie glaubten und zu wissen meinten. Der Dienst für Gott wurde ihnen zu lauter irdischen Aufgaben, die geistige Betrachtung zu konkreten Forderungen, ohne daß sie wußten, was daraus werden würde. Selten begegnet uns skeptisches Lächeln oder verspielte Resignation. Fromme und Gelehrte ließen sich beim Wort nehmen und standen meist zu ihrem Wort; wie sie sich den rechten Menschen dachten, so wollten sie selber ein ganzes Leben lang sein. Demnach würde, wer hier nach modernem Brauch religiöses Leben von geistiger Erkenntnis trennen wollte, die mittelalterliche Gemeinsamkeit ihrer Ziele verfehlen; und wer umgekehrt diese vielgestaltigen Bewegungen nur als schönes Spiel von Variationen eines Themas an sich vorüberziehen ließe, müßte ihr Bestes verkennen, ihren heiligen Ernst. Man könnte wohl fragen, ob diese längst überholten Bewegungen uns heute noch etwas zu sagen haben; vielleicht klärt sich die Frage, wenn wir zuhören, was sie ihrer Zeit zu sagen hatten.

Benediktiner und Karolinger

Am Anfang dieser Bewegungen stand der Benediktiner-Orden, um 529 auf dem Monte Cassino durch Benedikt von Nursia begründet, zu einer Zeit, als die Versöhnung zwischen altrömischer Bildung, christlicher Kirche und germanischem Staat schon gescheitert schien. Um diese Versöhnung hatte sich mit dem großen Ostgotenkönig Theoderich vor allem sein Kanzler bemüht, der Philosoph Boëthius. Er hatte Platon mit Aristoteles, philosophische Vernunft mit theologischem Glauben, Kontemplation mit Aktivität zu einer mittleren Lebensweisheit zusammenfassen wollen. Aber sein König hatte ihn 524 hinrichten, den Papst einkerkern lassen, um sich der Anziehungskraft des oströmischen Kaisertums zu erwehren. Im Ringen zwischen Goten und Byzantinern waren dann die profane Kultur Italiens, die römische Kirche, die staatliche Ordnung verfallen. Selbst Theoderichs treuer Kanzler Cassiodor war schließlich auf seine kalabrischen Güter geflohen, um dort, im Kloster Vivarium, zu bewahren und zu tradieren, was von christlicher Kultur noch zu retten war. Im Lande zogen Mönche umher, erregt von orientalischen Vorbildern wütender Askese, zügellos noch in der Abkehr von der heillosen Welt. Auch Benedikt floh, aber aus der fruchtlosen Buße des Eremiten in eine Gemeinschaft. Klein sollte sie sein, von der Außenwelt abgeschlossen; in einem Kloster sollte sie leben, auf dem Berg weitab von den Siedlungen; weder der Unterhalt der Mönche noch die Seelsorge für die Laien durften nach draußen locken. Dafür aber sollte das Kloster die Keimzelle einer neuen, rationalen

Ordnung sein; Kirche, Staat und Kultur zogen sich auf diesen einen Punkt zurück, als gäbe es nirgends mehr sonst eine Ordnung.

Wer in Benedikts Kloster eintreten wollte, durfte es, einmal durch sein freiwilliges Gelübde gebunden, nie mehr verlassen; er wohnte lebenslang in denselben Räumen, in einem einzigen Speise- und Schlafraum mit allen Mitmönchen zusammen; jahraus, jahrein sah er dieselben Gesichter und mußte die unverbesserlichen Schwächen des Mitmenschen an anderen ertragen, an sich unterdrücken. Das Gleichmaß wurde nicht durch Kameraderie oder Freundschaftskult gelockert; die Mönche grüßten einander mit ihren Titeln als Väter, als Brüder, doch die Familie blieb geistlich, ohne Vertraulichkeiten. Rang und Ruhm der Welt galten nicht mehr; wer von draußen kam, sollte wenig erzählen und nahm in der Ordnung der Brüder den Platz ein, der ihm nach der unpersönlichsten Rangordnung, dem Datum des Eintritts, zukam. Weltpriester wurden nur zögernd aufgenommen und nicht bevorzugt; wenige Brüder wurden im Kloster zu Priestern. Herrscher war nur einer, der Vater Abt, auch er von draußen, etwa vom Bischof, kaum beeinflußt; er stand allein der ganzen Mönchsgemeinschaft gegenüber. Jedes klösterliche Amt kam von ihm; aber auch alle Verantwortung vor Gott, den er vertrat, fiel auf ihn. Alle mußten ihm raten, er mußte auf alle, auch auf die Jüngsten, hören, gewählt wurde er von allen; doch die Entscheidungen traf er allein. Zur Willkür blieb ihm allerdings kein Spielraum. Benedikt band sich und alle folgenden Äbte an eine Regel, die er nach langer Erprobung und mancher Korrektur aufschreiben ließ, denn regelmäßig sollte sie allen vorgelesen werden. Großzügig in vielen Kleinigkeiten, sah sie streng auf Gleichmaß und *Discretio*. Kein Zuviel an Fasten und Geißelungen, keine barbarischen Strafen gegen Verfehlungen, kein Übermaß im Beten, auch keine Freiheit zu hektischer Gelehrsamkeit, die den Mönch um den Schlaf brächte; dafür Handarbeit als Ausgleich, jeden Tag nach der Sonnenuhr, auch sie nicht zur Heiligung der Arbeit oder zum Unterhalt des autarken Klosters, sondern als Teilhabe an der Gemeinschaft und zur Erziehung der Mönche.

Erziehung wozu? Das kasernierte Leben sollte Wehrdienst für den wahren König Christus sein, wiederum nicht nach den irdischen Maßen der Söldner; vom Lohn, vom himmlischen Vaterland, wurde kaum gesprochen, um so mehr von Zucht und Armut. Nichts soll der Mönch besitzen, »kein Buch, keine Schreibtafel, keinen Griffel, ganz und gar nichts«. Denn nur durch Selbstentäußerung können die Mönche für die Welt und die Menschen die ewige Ordnung bewußt bewahren, im gemeinsamen liturgischen Gottesdienst und Chorgebet, im gemeinsamen Dienst an den Mitbrüdern, im gemeinsamen Kampf gegen das Böse. Ruhe zu stiften ist Sache der Leisen und Gesammelten; Benedikt dachte nicht an Wirkung nach außen, nicht an Mission, nicht einmal an Ausbreitung seines Ordens. Es gab für ihn nur dieses eine Kloster auf dem Monte Cassino, in dem er um 547 starb und das ein Menschenalter später von Langobarden zerstört wurde. Dennoch starb der Orden nicht, und seine Regel wurde zum Grundbuch mittelalterlichen Zusammenlebens, weil die überlebenden, nach Rom fliehenden Mönche die Zucht des ersten abendländischen Klosters mit sich nahmen.

Und schon wirkten sie auf die Welt. Papst Gregor der Große verehrte den wundertätigen, aus Weisheit unwissenden Benedikt und nahm sich seiner Mönche an. Dem vornehmen

Stadtrömer Gregor war vom römischen Staat und von der klassischen Kultur nichts mehr in Händen geblieben; die Kirche war die letzte lebendige Gemeinschaft im Wirrwarr der Kriege und Seuchen, in einer »vom Alter gebeugten und unter wachsenden Leiden dem Tod entgegendrängenden Welt«. Die Kirche mußte zur Ruhe des Klosters finden, wenn sie bestehen wollte; aber darum durften die Mönche nicht im Kloster bleiben. Wie Gregor selber schweren Herzens die Klausur seiner frühen Jahre verließ, so sandte er als Hirt der Kirche und »Knecht der Knechte Gottes« 596 die Benediktiner von Rom ans äußerste Ende der Welt, nach England, nicht daß sie dort zu Eremiten, sondern daß sie zu Missionaren würden. Gelehrsamkeit und Bildung schienen dabei unnütz; wie in Benedikts Kloster nicht alle Mönche lesen konnten und nicht alle lesen lernten, so eiferte auch Gregor, der Heilige Geist sei nicht den Regeln der Grammatik unterworfen. Daß mit den alten Lateinschulen auch das Latein der Kirche, das Unterpfand ihrer Einheit, zerfiel, störte den Papst nicht. Die ohnmächtige Menschenwelt war anders zu überwinden: durch den Glauben an die wirkliche Macht des Wunders, durch die liturgisch-soziale Körperschaft der lebenden und toten Gläubigen, durch Kontemplation, durch allegorische Auslegung der Bibel, die zum moralischen Leben führt.

Bedurfte es zur Erziehung der Welt indes nicht doch einer Form? War die Kirche allein Schule genug? Sie konnte der Welt nicht entraten, die sie bekehren wollte und die doch auch Gottes Schöpfung war. Diese Gedanken vertrat der spanische Erzbischof Isidor von Sevilla, den sein Bruder, Gregors Freund, in allen weltlichen Wissenschaften hatte unterweisen lassen. Isidors Lebenswerk, bei seinem Tode 636 unvollendet, war die Sammlung und Ordnung der Welt für seine Kleriker, also unter religiösem und pädagogischem Blickwinkel, aber doch so, daß noch im handgreiflichsten Detail des Handwerks, im verschrobensten Irrtum der Mythologie sich die Schönheit der göttlichen Schöpfung und die Macht der menschlichen Sprache kundgab. Isidors Buch *Etymologiae* mutet wie ein Konversationslexikon an und war doch der Ansatz zu einer mittelalterlichen *Summa*; es wurde auch die Brücke zu den Barbaren, zu den lernbegierigen Westgoten Spaniens, deren König der Freund Isidors war. Isidors Sprache war noch lateinisch, aber im Wortschatz kärglich, im Satzbau kunstlos; sie wollte wie Benedikts Regel lieber klar als fein reden. Manchem subtilen Gedanken der Antike raubte auch Isidors Religion die Seele, als er die runde Realität der Dinge mit seinen »rechten Namen« einfing. Trotzdem hielt Isidors Werk, das bald in allen Klosterbüchereien stand und uns in fast tausend Handschriften erhalten ist, der Kirche den Weg zur antiken Geisteswelt offen; fast noch wichtiger, den Germanen wies erst Isidors Buch diesen Weg.

Die Germanen, die Goten in Italien und Spanien, die Franken und Angelsachsen im Norden, hatten zwar das Weströmische Reich überrannt und manches von römischer Staatsordnung gelernt; sie hatten sich auch dem christlichen (nicht alle sogleich dem römischen) Glauben gebeugt; aber die antike Bildung war ihnen nicht ebenso leibhaftig begegnet. Die germanische Adelskultur, im kämpferischen Sippenzusammenhang des Bauerntums verwurzelt, zehrte von mündlichen Traditionen, von Heldenliedern und Göttermythen, und schätzte die Schulplage nicht; mochten Romanen wie Cassiodor, Geistliche wie Isidor für das Schriftliche sorgen! Noch die wenigen Überreste germanischer Dichtung,

Beowulflied und Hildebrandslied, verdanken wir dem Fleiß gelehrter Mönche. Eher als die literarische Bildung respektierten die Adligen in England und im Frankenreich die körperhaften Zeichen der christlichen Gemeinschaft: den rituellen Vollzug des kultischen Mysteriums, die wunderwirkende Kraft der Heiligen und vor allem die rabiate Askese der irischen Mönche, die im Gefolge des jüngeren Columban herüberkamen.

Das waren struppige Berserker des Christenglaubens, die sich selber aus der heimischen Sippe und ihrer krausen Sagenwelt hinaustrieben, nicht nur ins Kloster, sondern in die Fremde; dort setzten sie sich allen Unbilden aus, um Buße zu tun, bald auch, um die Umwelt zu bekehren. Sie taten es mit dem Ungestüm Columbans; wütend zerbrach er fränkischen Königen kostbares Tafelgeschirr, weil sie nicht christlich lebten. Fast glauben wir, was die Legende von Columban berichtet, daß wilde Bären im Wald sich unter seinen Blikken duckten. Bildung freilich besaßen die Iren auch, aber seltsam versponnen wie das Rankenwerk ihrer Handschriften, mit exotischen, orientalischen Resten geschmückt, sammelnd, abschreibend und vergleichend, mit antiken und patristischen, lateinischen und keltischen Überlieferungen experimentierend, jedoch ohne römische Nüchternheit, eher ekstatischem Überschwang zugetan. Überschwang beherrschte auch das religiöse Leben dieser Mönche, die, unersättlich in ihren Bußübungen, die Ohrenbeichte übten – die Mönche zweimal, die Nonnen dreimal täglich. Zehn Geißelhiebe für jeden, der in Columbans Kloster beim Chorgebet falsch sang; und doch drängten sich die Adligen zu den irischen Klöstern, die zwischen England und Oberitalien entstanden. Sechzehnhundert Kilometer liegen zwischen Bangor, wo Columban begann, und Bobbio, wo er 615 starb; aber im italienischen Bobbio sang man liturgische Hymnen aus dem irischen Bangor. Zum erstenmal seit der Völkerwanderung schloß die Wanderung der irischen Mönche den Kontinent Europa zu einer geistlichen Einheit zusammen. Es war keine organisatorische Einheit, denn den Iren lag wenig an päpstlicher Ordnung, gar nichts an bischöflicher Hierarchie; es war keine römisch-benediktinische, mehr eine keltisch-germanische, exzentrische Einheit.

Als die Benediktiner vom römischen Zentrum in diese nördliche Welt kamen, hatten sie den Schutz der Klostermauern hinter sich lassen müssen, und der Papst hatte ihnen aufgetragen, was ihre Regel nicht vorsah: Mission und Seelsorge. Zu unsteten Wanderpredigern wie die Iren mochten sie nicht werden; zur wilden Heiligkeit der Iren konnten sie ihre stille Ordnung nicht verwandeln; sie mußten in der aufgewühlten Fremde auf ihre eigene Weise besänftigend und belehrend wirken, und um zu lehren, begannen sie zu lernen. Mission und Seelsorge erforderten nach römischem Brauch priesterliche, lateinische Bildung; aus Rom holten sich die englischen Benediktiner die Schulbücher und richteten in den Klöstern Schreibstuben ein. Handschriften abzuschreiben, war schon den irischen Mönchen als erbauliches Werk erschienen; die Benediktiner nahmen dazu Cassiodors bewahrende Bestrebungen wieder auf und achteten auf weiten Umkreis ihrer Bildung; Isidors Wirkung wurde spürbar. Mit einer Nüchternheit, von der man nicht leicht sagen könnte, ob sie mehr römisch oder mehr englisch ist, machten sich die angelsächsischen Benediktiner an die Sichtung der Traditionen.

Das meiste und Beste tat der Northumbrier Beda Venerabilis im frühen 8. Jahrhundert. Er war kein weltläufiger Mann, seit dem siebten Lebensjahr im Kloster und doch keinen

Augenblick untätig. »Neben der Beobachtung der Regelzucht und der täglichen Aufgabe, in der Kirche mit anderen zu beten, war es immer mein Glück, entweder zu lernen oder zu lehren oder zu schreiben«, das ist sein persönlichstes Wort. In diesem ereignisarmen Mönchsleben schwingt ein neuer Ton, der gelehrte und, davon nicht zu trennen, der erzieherische. Bedas Missionswerk fand in seiner Klosterschule statt; sie diente nicht nur den Mönchen, die sich auf ihr Priesteramt mit liturgisch korrektem Latein, mit Kirchengesang und Osterfestberechnung vorbereiteten und für ihre Predigt dogmatisch schulten; die Klosterschule zog auch die Umwelt ins Kloster hinein und erzog die Söhne des Adels ringsum zum Lesen und Schreiben, zur lateinischen Ordnung.

Bedas Bücher spiegeln diese liebevolle Ordnung, in die nach Isidors Vorgang auch Teile der antiken Bildung, Grammatik, Metrik, Zeitrechnung, Naturkunde, einbezogen wurden, die aber vor allem durch Bibeldeutung, Hagiographie und Geschichtsschreibung den irischen Mönchen eine große römisch-germanische Vorstellung von der Kirche Gottes entgegensetzte. Diese Kirche ist ganz gegenwärtig; heute und hier, auch im Kleinsten, ereignet sich wunderbare Heilsgeschichte, und täglich neu ist sie fortzusetzen durch den bescheidenen Dienst an der Pflicht des Tages. Und diese Kirche ist umfassend; das Reich Christi umschließt alle Völker, nicht in einer hierarchisch straffen Organisation, sondern in der Vielfalt der Fähigkeiten; alle Völker sind Teile von Christi mystischem Leib und weisen so alle auf den Herrn der Geschichte hin.

Bedas Synthese war aktiv und unruhig: heute muß man wirken, weil Gottes Kraft noch unter uns ist; draußen muß man wirken, weil Gott das Ziel aller Völker ist. Diese Gedanken führten Bedas Schüler und Landsleute hinaus auf die Spuren der irischen Mönche; als aber die Benediktiner von England nach dem Festland kamen, wirkten sie dort anders und nachhaltiger als die irischen Wegbereiter, weniger durch persönlichen Enthusiasmus als durch sachliche Lehre, mehr mit Gedanken als mit Wundertaten. Als Beda 735 starb, war sein Landsmann Bonifatius schon am Werk, um selbstlos die fränkische Landeskirche mit dem Rom des heiligen Petrus zu verbinden; und als die Friesen 754 den Greis erschlugen, soll er sich vor den Schwertstreichen mit einer Handschrift Isidors geschützt haben. So vollendeten die angelsächsischen Benediktiner, was die irischen Mönche begonnen hatten, die Einigung des Abendlandes, die nicht nur räumlich die Strecke zwischen York und Rom, sondern auch geistig die Gebiete zwischen Religion und Bildung umschloß. Ohne die englische Klosterschule hätte die Kultur nirgends im werdenden Abendland eine sichere Bleibe gefunden.

Nicht lange freilich, und die mündig gewordene Kultur lehnte sich gegen die enge Klosterschule auf. Am Hofe Karls des Großen trafen sich zwar neben Italienern, Spaniern und Iren auch viele Angelsachsen und noch mehr Benediktiner, und ihr Wortführer Alkwin von York gab seit 782 mit seiner bemühten, lehrhaften Art und seinem brav behaglichen Lebensstil im karolingischen Freundeskreis den Ton an. Aber die Bildungsreform Karls des Großen war mehr als die Fortsetzung angelsächsischer oder monastischer Traditionen mit anderen Mitteln. Auch jetzt wurden Handschriften aus Italien, Irland und England gesammelt und abgeschrieben; doch über den demütigen Dienst an der Überlieferung ging schon die Geschichtsschreibung der fränkischen Reichsannalen und noch Einhards hinaus; sie betrachtete die karolingische Gegenwart als neuen, alles Frühere übertreffenden Anfang. Nicht das Alte, sondern das Richtige sollte festgestellt werden durch die Arbeit an den Texten der Bibel, der antiken Literatur, der Kirchenväter, der Benediktsregel, der Meßliturgie, des Kirchenrechts; die Texte, von denen wir viele nur dank der karolingischen Bemühung noch besitzen, wurden neu gefaßt in ein gereinigtes, gelehrtes Latein und in eine einfache, klare Schrift, die der Antiqua auch unserer Propyläen-Weltgeschichte zugrunde liegt. Romanische Ratgeber brachten dem Kaiser antike Inhalte nahe, und in seiner imperialen Baukunst und Buchmalerei kehrten sie wieder; daneben standen aber auch die germanischen Normen, Heldensagen und Sprechweisen der Franken selbst. Diese vielschichtige Tradition, die fast alle karolingischen Gedanken und Formen speiste, war jedoch nur zu bewältigen aus der Distanz, mit Karls selbstherrlichem Willen, die Welt besser als jemals zuvor zu ordnen, die Weisheit »um ihrer selbst willen« zu erkennen. Die höfische Gemeinschaft der Gleichgesinnten sollte die christlichen, fränkischen und römischen Überlieferungen des Abendlandes breit, handlich und doch sehr bewußt zusammenfassen.

In den Dienst dieser Hofgesellschaft sollten auch die Klöster treten; als Alkwin 796 fern vom goldenen Karlshof Abt im bäuerlichen Tours geworden war, ärgerten sich seine Mönche an den auswärtigen Besuchen und Reisen, am emsigen Freundeskult des Hofes. Karls Hofschule nahm herrisch Mönche als Lehrer in Dienst, und wenngleich die Klöster Zentren der Bildungsreform bleiben sollten, so wurden doch auch die Bischöfe und die Gemeinschaften ihrer Weltkleriker herangezogen. Denn auch die Laien sollten lernen, wenigstens Vaterunser und Glaubensbekenntnis richtig zu sprechen; darum mußten die gebildeten Geistlichen in der Volkssprache beten und predigen und damit nicht nur geistlichen Zielen dienen. Hinter der Bildungsreform Karls und der gelehrten Gemeinschaft, die ihm dabei half, stand die politische Ordnung des Reiches; im europäischen Staat der Franken sollte sich »das Heil der Kirchen Christi«, das Gottesreich auf Erden verwirklichen, sollte sich das Bild des ganzen Menschen verkörpern, der zwischen Himmel und Erde sicher bei seinesgleichen steht. Die erstrebte Mitte war ein stilisiertes Ideal und schlug deshalb nur in der Oberschicht der Reichsaristokratie und des Episkopats Wurzeln, nicht im breiten Umkreis des Volkes, so weit die Bemühung auch um sich griff.

Zu einer geistigen, gar zu einer religiösen Bewegung wurde die karolingische Erneuerung nicht; eine neue religiöse Bewegung kam vielmehr nach Karls Tode 814 gerade im Gegensatz zu dem geistigen Anspruch des Hofkreises zustande. Ludwig der Fromme wollte mit seinem Helfer Benedikt von Aniane die alte stille Ordnung der Klöster wiedererrichten, ja die Weltgeistlichen auf das mönchische Ideal verpflichten, schließlich selber Kaiser und Mönch zugleich sein. Aber auch diese Reform, die das Rad zurückdrehen sollte, konnte sich vor der Welt nur bewahren, indem sie an die Stelle der politisch-kulturellen Verflechtungen die theokratische Zentralisation der Klöster setzte; Benedikt von Aniane brach die Autonomie der Einzelklöster und schuf als Generalabt eigentlich erst den Benediktiner-Orden, dem er die ritualistische Askese als Aufgabe zuwies. Ähnlich vollzog der Erzieher und Seelsorger Hrabanus Maurus die Rückkehr zur altbenediktinischen Ordnung, durch schlichten Dienst an der Wahrheit der Bücher, durch einheitliche geistliche Bildung in der vergänglichen, gefährdeten Zeit, und kam doch von der karolingischen Weltnähe seines Lehrers Alkwin zeitlebens nicht los.

Gegen diese schon zwiespältige, benediktinisch-karolingische Ordnung erhob sich sogleich Protest. Hrabans Schüler, der adlige Sachsenmönch Gottschalk von Orbais, zerstörte um 840 mit seiner eigenwilligen Theologie jeden Zusammenhang zwischen Gottesvolk und Frankenreich. Der Starrkopf, der melodische Hymnen dichtete, widersetzte sich seinen Oberen und leugnete doch die menschliche Willensfreiheit; er wollte von der Geschichte frei werden, um ganz der erbärmliche Knecht des barmherzigen Gottes zu sein. Zur selben Zeit, seit etwa 845, wandte sich im Westfrankenreich der Ire Johannes Eriugena nicht nur gegen Gottschalk, sondern auch gegen die karolingische Synthese. Er war kein Benediktiner, sondern ein Philosoph, ganz mit griechischer Sprache und Literatur vertraut, der auf neuplatonische Art in der Vielfalt nur eine geistliche Einheit, im Wirrwarr der Meinungen nur eine spekulative Wahrheit suchte. Es war die mystische Wahrheit, die von Gott, dem ganz anderen, schweigt, aber dem Einzelmenschen über alle Stufen hinauf den Weg zum Unwandelbaren zeigt. Denn auf den einen Gott weist die geschichtliche Entfaltung, auf ihn die natürliche Fülle, auf ihn auch die menschliche Vernunft. Solche Einsamkeit sucht keine Zeitgenossen, weder im Kloster noch bei Hofe, schon gar nicht im heimatlichen Sachsen oder Irland.

Gottschalk und Eriugena untergruben von innen, was die Invasionen der Normannen, Sarazenen und Ungarn von außen zerstörten. Im Zerfall des Reiches, in seiner Feudalisierung und Nationalisierung versanken die karolingische Hofkultur und die benediktinische Reform. Was aus beiden Wurzeln noch wachsen konnte, das lehrte im späten 9. Jahrhundert König Alfred der Große von Wessex, der Erzieher seines Volkes und Übersetzer von Boëthius und Gregor. Zur selben Zeit verteidigten in Reichsklöstern des Kontinents die Mönche Regino von Prüm und Notker von St. Gallen mit historischen und liturgischen Werken noch einmal die Idee von der gegenwärtigen Heilsgeschichte und vom Segen Gottes über den vielen Völkern. Dennoch erbte das 10. Jahrhundert wenig mehr als die Aufgabe, die Benediktiner und Karolinger gestellt und nicht bewältigt hatten: die Gedanken der wenigen den vielen nahezubringen, den religiösen Glauben mit der weltlichen Bildung zu vereinen und beide, Glauben und Vernunft, unbeschädigt in irdische Körperschaften zu fassen, in einer Zeit, da jeder im kleinsten Kreis ums nackte Leben rang und alles Allgemeine und Gemeinsame im Nebel verschwand.

Ottonen und Cluniazenser

Den ersten Weg aus der Verwirrung fanden die Deutschen unter den Ottonen. Die karolingische Zuversicht der Zusammenfassung war dahin, aber die karolingische Behauptung des Zusammenhangs galt noch, auch im sächsischen Reich östlich des römischen Limes. Reich und Kirche, das konnte hier nicht mehr die ganze Welt sein; doch es war eine Ordnung, die die Gemeinschaft der Getreuen mit dem geheiligten König, überhaupt das Hiesige mit dem Jenseits verband, kosmisch und doch erdenfest, ohne theologisch-philosophische Subtilität oder mönchische Sehnsucht. Diese Ordnung verkörperte sich nicht in abgesonderten Gemeinschaften, eher in kraftvollen Einzelnen, wie in Ottos des Großen Bruder, dem Kölner Erzbischof Bruno; seine Biographie meißelte das Bild eines an biblischen Quellen und antiken Formen hochgebildeten Kirchenfürsten, der, ebenso adlig wie heilig, mit Gottes Gnade durch sein königliches Priestertum das ottonische Reich stärkte gegen alle Barbaren und Heiden, gegen die Feinde des Reiches, der Bildung und des Glaubens ringsum.

Wo sie nicht Einzelcharaktere beseelte, gelang diese kraftvolle Haltung allerdings nicht mühelos, zumal sie ihre Wurzeln nicht am ottonischen Hof selbst hatte, sondern, durch ihn freilich gefördert, draußen in den Klosterschulen, bald auch in den Bischofsschulen. Leichter als in der sprachlich-literarischen Aussage stellte sich diese Haltung in der bildenden Kunst dar. Aber übersteigert wirkt sie in der großen Buchmalerei ottonischer Klöster, der Reichenau besonders, die sich auf die spirituelle Wirklichkeit und Wirksamkeit Christi konzentrierte. Trotzig war sie auch in der Baukunst, die man »romanisch« zu nennen pflegt und die zuerst ottonisch war. Kirchen, wie in Gernrode und Hildesheim, von lokalen Baugruppen für örtliche Gemeinden errichtet, verkündeten doch ein universales Programm. Weniger die lastende Massigkeit des Steinbaus und der Rundbögen kennzeichnet sie, mehr das Streben nach weiträumiger, stereometrischer Formung und lebendiger Verbindung verschiedenster, römischer, byzantinischer, karolingischer Bauteile. Wehrhafte Türme und Frontmauern weisen das Äußere ab und fassen das Innere zusammen; die Quadratur der Vierung ruht in sich und greift in den Raum aus; Pfeiler und Säulen tragen sichtbar die Last und führen nach oben; die flächige Wand und die flache Decke versperren doch nicht den Weg empor, den die Gebärden und Farben der menschlichen Figuren visionär zeigen.

Nicht mehr das ruhige Selbstgefühl des Neubeginns, vielmehr die immer deutlicher spürbare Spannung der über sich selbst hinausweisenden Vielgestalt bestimmte auch die Literatur der Zeit; sie feierte nicht behäbig ihren Augenblick, sie appellierte an die Geschichte. Die Nonne Hrotsvit von Gandersheim beschwor nach der Jahrhundertmitte die dramatische Geschichte von fürstlichen Heiligen, die »durch Verdienst noch den Adel der Herkunft übertreffen«; Gestalten der »fabelnden Vorzeit« traten in die Reihe von Christi Geburt bis zum Endgericht, und in diese Reihe der edlen Wunder stellten Hrotsvits lateinische Heldengedichte auch Otto den Großen und das heimische Kloster. Ähnlich weitete sich die Geschichtsschreibung von der Geschichte des Sachsenstammes bei Widukind von Corvey zur Geschichte des Reiches bei Thietmar von Merseburg, ja zur Geschichte der ganzen christlichen Weltzeit bei Hermann dem Lahmen von Reichenau; dieser verkrüppelte, heitere Mönch zog um 1040, schon an der Wende, Sterne, Zahlen, Zeiten, Töne und Rhythmen noch einmal ottonisch zum Lob der Schöpfung zusammen. Ordnung der Vielfalt durch Betrachtung der harmonischen Welt und ihrer von Gott gelenkten, gleichwohl mannigfaltigen Bewegung; Zusammenfassung von Gelassenheit und Spannung in der Kulmination des aktuellen, trotzdem zeitlosen Augenblicks – das war die Kraft dieses Reiches, noch in den gewaltigen salischen Kaiserdomen der Wendezeit, vor allem in Speyer. Hier wurde die Kraft freilich strenger, »romanischer« gerichtet und zusammengefaßt, nicht zum wenigsten durch die umfassende Wölbung der Decken.

Auch hier noch war es eine politische Religiosität, die das Sakrale mit dem Imperialen verquickte, das umgrenzte Deutsche Reich zum universalen Gottesreich, zum mystischen Leib Christi erhob; es war ein kämpferischer Vorgriff auf das Unrealisierte, zugleich archaisch stilisiert. Insbesondere aber war es kräftige Selbstbehauptung, die im Waltharius-Epos germanisches und antikes Erbe zusammenbog und in den Übersetzungen Notkers des Deutschen lateinische Tradition »in barbarischer Sprache schmackhaft« machte; diese Selbstbehauptung wirkte in die Breite des Volkes und war den Laien verständlicher und artgemäßer als die karolingische Hofkultur. Sogar wo die ottonische Haltung nicht überzeugte, wirkte sie noch herausfordernd; sie war ein Anfang, gegen den sich bald die Folgenden wehrten; aber sie gehört zur neuen Epoche, nicht mehr zum Alten. Vielleicht war die frühe Festigung des Deutschen Reiches, seines Kaisertums und seiner Kirchenherrschaft verfrüht; sie setzte doch ein Monument, von dem die weitere Bewegung ausging.

In Frankreich waren in den Plünderungen heidnischer Feinde und einheimischer Adliger die politischen Ordnungen und die klösterlichen Zentren viel gründlicher getroffen worden; hier dominierte die ziel- und zügellose Bewegung der Macht. Die Adelsschicht jedoch, die Herrschaft und Land an sich riß, war zwar roh und ungeistig, aber fromm, wenigstens abergläubisch; die Herren mochten selber nicht beten, hatten es aber wohl nötig, daß andere für ihr Seelenheil beteten. So dachte Herzog Wilhelm von Aquitanien, nachdem er die Klöster ringsum geplündert hatte, und schenkte um 910 sein burgundisches Jagdhaus Cluny den Mönchen. Um dem Heil seiner Seele zu dienen, gab er sein Hauskloster frei; nur dem Papst sollte es unterstehen, und der Papst war weit weg und machtlos. Von neuem war in einer chaotischen Umwelt eine benediktinische Zone geistlicher Freiheit geschaffen, diesmal von den rivalisierenden Adligen und den nicht weniger habgierigen Ortsbischöfen eifersüchtig gehütet. Die Insel des Friedens, dieses eine Kloster Cluny, blieb freilich nicht so weltfern, wie es Monte Cassino gewesen war. Denn Brüder und Neffen der Herren und Bischöfe gingen ins Kloster, aus Glaubenseifer und aus Tatendrang; sie wollten in dieser pfingstlichen Gemeinschaft den paradiesischen Urstand wiederfinden, den endzeitlichen Frieden vorwegnehmen, die gegenwärtige Verwirrung überwinden. Aber sie konnten es nicht in ekstatischer Verzückung, konnten es nur im Blick auf die an der Zeit leidenden Zeitgenossen versuchen. Der adlige Eifer wandte sich indes nicht der groben Handarbeit zu, auch der strebenden Gelehrsamkeit nicht; er repräsentierte seine Sicherheit im kirchlichen Ritus, in der festlichen Feier des gottgeschenkten Augenblicks. In weiten wallenden, feierlich schwarzen Gewändern trat der lange Zug der Mönche auf; im Psalmodieren und Zelebrieren blieb keine halbe Stunde des Tages mehr frei zum geistlichen oder geselligen Gespräch, das ohnehin durch Schweigen und Zeichensprache eingedämmt wurde. Doch man betete für alle, nicht für die Stifter allein, nicht einmal nur für die Lebenden; von Cluny aus setzte sich in der Kirche das Fest Allerseelen durch.

Hilfe für die Umwelt, für Arme und Pilger, sollte auch durch reiche Almosen und gastfreie Bewirtung gewährt werden; seit 981 zogen die Mönche, die nicht missionieren mochten, die Laien in ihre Kirchen und bauten sie größer, als sie für die Mönchsgemeinschaft hätten sein müssen. Laienbrüder sorgten auch im Kloster selbst für den Unterhalt und nahmen dienend an den Verdiensten der geistlichen Herren teil. Reliquienkult und Heiligenverehrung

Mönch und Laie in der Schreibstube
Miniatur in dem Perikopenbuch Heinrichs III. Handschrift der Echternacher Schule, 1039–1043
Bremen, Staatsbibliothek

Das Benediktinerkloster Saint-Martin-du-Canigou in den französischen Pyrenäen, Anfang 11. Jahrhundert

brachten erst recht die Wallfahrt der Laien in Gang; sie ließen sich vom Klosterfrieden bewegen, adlige Fehden im »Gottesfrieden« einzuschränken und Frieden auf Erden zu halten, damit sich die Herrschaft Christi ausbreite. Adliger Wirkungswille ließ die Cluniazenser bald auch verrottete Klöster der Umgebung reformieren, und diese unterstellten sich gern der ebenso frommen wie mächtigen Gründung. Die rasch wachsende Zahl der Mönche zwang zu ihrer Aussendung, keineswegs zur Mission unter den Laien, sondern zur Gründung neuer Tochterklöster; nach hundert Jahren waren es fünfundsechzig, im Spätmittelalter weit über tausend Klöster, die dem Abt von Cluny unterstanden. Dieser neue Klosterverband, über das ganze, vorwiegend das romanische Abendland hin verteilt, war im Grund, wie es schon Benedikt von Aniane gewollt hatte, nur ein Kloster unter einem alles regelnden Abt. Das freigestellte Cluny schuf sich seine eigene Herrschaft, ein theokratisches »Reich von Cluny«. Erstaunlich lange entzog es sich dem Sog der Verweltlichung, weil es viele große Äbte besaß, wahre Heilige, aber auch starke Männer mit innerer Freiheit. Sie waren schnell mächtig geworden und wurden Berater der Mächtigsten, und doch nutzten sie ihre Macht nur für den Frieden auf Erden, damit das Reich Christi komme.

Konnte aber die geistliche Freiheit, die waffenlose, wunderwirkende Kraft des Heiligen nach Art feudaler Macht konzentriert sein? War nicht noch die halbfeudale Organisation von Cluny ein Hemmnis der Freiheit? So folgten bald selbständige Reformbewegungen in anderen Klöstern, zwar im Geist von Cluny, aber ohne straffe Verfassung, um Fleury und Dijon in Frankreich, um Fruttuaria in Oberitalien. Wichtiger wurde Gorze bei Metz, das den deutschen Ottonen nahetrat, die Selbständigkeit der Einzelklöster streng wahrte und den Verband auf Gebetsverbrüderung gründete; etwa hundertsechzig deutsche Klöster schlossen sich an. Andere Zentren, wie Brogne bei Namur, suchten ähnliche Formen, in einer allenthalben unterstützten, stark fluktuierenden Freiheit, die es verbietet, die ganze Reformbewegung nur »cluniazensisch« zu nennen.

Sie blieb nicht einmal benediktinisch. Manche Klöster in Frankreich und Italien wandten sich dem Eremitenleben zu, nachdem es fraglich geworden war, ob sich monastische Gemeinschaften überhaupt zur geistlichen Freiheit erheben konnten und nicht der Machtwelt verhaftet blieben, sei es wie Cluny durch Exemtion, sei es wie Gorze durch Gehorsam. Die neue Innerlichkeit mußte auch mit der Feudalstruktur, ja mit der Organisation schlechthin brechen. In Italien, wo Macht als Fremdherrschaft auftrat, sagten sich die Eremiten auch vom Klosterverband los. Um 940 fand der Kalabrier Nilus von Rossano weder in den griechischen Klöstern Süditaliens noch bei den Benediktinern des wiedererstandenen Monte Cassino den wahren Frieden; ein Wanderer wollte er sein, nicht im Sinn des irischen Verzichts auf Heimat, sondern als Fremdling auf dieser Erde überhaupt. Ein Narr in Christo wollte er sein, und wie ein Narr ging er einher, um den Kopf einen Fuchsbalg gewunden; selbst bei grimmiger Kälte trug Nilus den Mantel am Stock über der Schulter. Der fremdartige, halb orientalisch wirkende Mann, am Anfang des abendländischen Eremitenwesens stehend, war sogleich bezeichnend für die anarchische Wildheit dieser Lebensweise. Sie wurde allerdings bald gezähmt durch einen von Nilus' vielen Schülern, durch den Herzogssohn Romuald von Ravenna, der 1012 in den Apenninbergen Camaldoli gründete, eine

Gemeinschaft von Einsiedlern, die zwar jeder in einem besonderen Häuschen mit Garten wohnten, aber gemeinsam beteten. Die Kamaldulenser wollten in ihre schweigende Selbstkasteiung freilich keine Handarbeit einbeziehen; dafür sorgten hier wie in Cluny Laienbrüder. Auch sonst wirkte das cluniazensische Beispiel mildernd.

Wenn nun die Laien nur als Zuschauer oder Diener zu dieser geistlichen Freiheit zugelassen wurden, wenn sie als Söldlinge der korrupten Welt mißachtet blieben, konnten sie nicht geduldig auf das Gebet der Mönche warten, mußten selbst radikal auf diese Welt verzichten, sich selbst zu erlösen suchen. Die Weltflucht der Mönche hatte die Häresie der Laien zur Folge; die Ketzerei war der laikale Teil der geistlichen Bewegung. Seit der Jahrtausendwende tauchten Ketzer auf, einzelne zunächst, hier und da, in der Champagne, in Arras, in Orléans, in Italien, ohne Verbindung miteinander, aber bald zu kleinen Zirkeln gesammelt. Was sie wollten, verstanden die Zeitgenossen kaum, und so wissen wir wenig davon. Am deutlichsten redeten die dreißig Edelleute von Monteforte in Piemont, als sie 1028 vom Mailänder Erzbischof gestellt wurden. Sie hatten unter Führung der Gräfin auf der Burg Monteforte ein gemeinsames Leben der Askese geführt und alles Weltliche abgeschüttelt. Jungfräulichkeit war ihr Ideal; sie aßen kein Fleisch, teilten ihren Besitz untereinander, beteten und fasteten bei Tag und Nacht. Sie kasteiten sich zur Sühne für ihre Sünden, und wenn der natürliche Tod nahte, ließen sich manche vorzeitig von den Genossen töten, um von dem verhaßten Leib befreit zu werden. Das alles lasen die Ketzer aus der Bibel, deren geheimes, erleuchtetes Verständnis ihnen Selbsterlösung verhieß. Ihre Sicherheit bewährte sich nach der Gefangennahme. Sie wurden zwischen ein großen Holzkreuz und einen brennenden Scheiterhaufen gestellt; die meisten schlugen die Hände vors Gesicht und sprangen freiwillig in die Flammen. Der Friede schien eher im Freitod als unter dem irdischen Kreuz der Kirche zu wohnen. Entschlossener als hier konnte die Spiritualisierung des rohen Lebens und die Überwindung feudaler Handgreiflichkeit nicht erstrebt werden. Wegen dieser Radikalität blieben die Ketzer allerdings vereinzelt, und nach 1051 verliert sich ihre Spur, wohl nicht, weil sie unterdrückt, sondern weil sie überholt wurden durch die Gregorianische Kirchenreform, die endlich auch die Laien in die bislang monastischen Reformbewegungen einbezog.

Gregorianer und Zisterzienser

Manche Fäden verknüpfen die Cluniazenser mit den Gregorianern; aber die mitreißende Macht der Gregorianischen Reform lag darin, daß sie sich nicht auf die Mönche, auch nicht auf das kanonische Recht der Geistlichen beschränkte, sondern die Laien zur christlichen Tat in dieser Welt aufrief. Nicht die Flucht vor der Welt, sondern die Bekehrung der Welt, nicht Kontemplation, sondern Aktivität war das Ziel. Schon Cluny und Gorze hatten die Tätigkeit der Laien ermutigt; seit dem späten 10. Jahrhundert häuften sich die Kirchenbauten und die Pilgerfahrten, gewiß nicht aus Furcht vor dem Weltuntergang im Jahre 1000, von der nichts zu spüren war, sondern aus dem Bestreben der Laien, des Christenglaubens und des himmlischen Jerusalem durch die fromme Tat habhaft zu werden. Darum zogen im frühen 11. Jahrhundert zahlreiche Geistliche und Laien in kleineren und größeren Gruppen ins Heilige Land, um den Boden zu betreten, auf dem einst Christus und seine Apostel gewirkt hatten. Darum sollten die Weltgeistlichen nicht länger in der Verweltlichung von Simonie und Unzucht verkommen, sondern »nach dem Vorbild der Urkirche« in mönchischer Armut zusammenleben und in die Welt wirken, wie es seit 1059 viele Domkapitel, als »Chorherren« nach Augustins Kleriker-Regel lebend, taten. Darum wandte sich Deutschland seit Kaiser Heinrich III. dem neuen Ideal zu, nicht ohne den Widerstand der Bischöfe und der Mönche. Darum erhoben sich aber auch seit 1056 in Mailand die Geistlichen und Adligen der »Pataria«, um gegen die verrottete Hierarchie die städtischen Laien aufzurufen und ihnen eine strenge Gemeinschaftsordnung vorzuleben. Die ganze Kirche sollte frei werden von ihrer Verstrickung in Adelsinteressen und Machtpolitik, frei für die ursprünglichen Forderungen des Christentums, für das »apostolische Leben«. Wehrdienst für Christus, bisher Aufgabe der Mönche, wurde nun Sache der Laien, nicht nur in den Adelsfehden der Pataria, auch in den Laienbruderschaften der Handwerker; in Schwaben und Franken wurden solche Bruderschaften, zu denen Adlige und Bauern kamen, durch die Benediktiner des Klosters Hirsau begründet, die als Wanderprediger umherzogen und das gemeinsame Leben »nach Art der Urkirche« organisierten.

Mit Papst Gregor VII., der diese Bewegung schon zuvor unterstützt hatte, eroberte sie 1073 die Leitung der Kirche selbst; sie war der Impuls dessen, was man allzu eng den Investiturstreit nennt. Denn die Investitur geistlicher Würdenträger, ihre Einsetzung durch weltliche Herrscher und nach politischen Richtlinien, war nur ein Teil der feudalen, archaischen Weltverflechtung. Zu ihrer Überwindung gehörte vieles andere auch: die Forderung nach Freiheit und Reinheit der Kirche, die Unterscheidung der Geister, die Besinnung auf das autonome Kirchenrecht, die Absage an das Priesterkönigtum der Ottonen und Byzantiner, vor allem aber die Forderung, der Priester der christlichen Kirche dürfe sich nicht auf Weihe und Amt allein berufen, sondern müsse sich durch persönliches Verdienst und tätige Leistung bewähren; für die Laien sollte er Vorbild sein, nicht Machthaber. Gregor VII. wandte seine ganze Kraft an diese Ziele, an die Durchsetzung des Priesterzölibats und des Zusammenlebens der Weltkleriker, an die Reinigung des Episkopats, an die Förderung eines christlichen Rittertums, an die Vorbereitung eines Kreuzzugs der Getreuen Petri gegen die Ungläubigen.

Aber konnten die neuen Gedanken in den alten Institutionen verwirklicht werden? Gregor VII. sorgte für alle, doch gleichzeitig erneuerte er die Scheidung zwischen allen, zwischen Geistlichen und Laien, auch die Stufung zwischen Eremiten, Mönchen und Regularklerikern. Die kirchliche Freiheit sollte zu päpstlicher Ordnung werden, damit die ganze Welt von Christus ergriffen werde; aber die Gregorianische Reform trägt zwar mit Recht den Namen des Papstes, der sie, nach seiner Weise einseitig, in der Kirche durchsetzte, sie war jedoch älter und reichte weiter, als dem Papst lieb sein konnte; sie war keine Revolution von oben. Und wenn sie dazu gemacht wurde, war damit nicht aufs neue wie in Cluny, wenn auch mit anderen, weiteren Zielen, eine Theokratie errichtet, die gerade die von der Reform geforderte Freiheit der Kirche bedrohte? War das nicht eine neue Politisierung des Geistlichen? In der Tat mußten die Päpste nach 1085 ihren Frieden mit den bestehenden Mächten der Erde schließen, zögernd und widerwillig immerhin, aber am Ende, im Wormser Konkordat, stand 1122 nicht der Sieg der Reform, sondern die Krise des Reformpapsttums.

Noch war es 1095 dem Papst Urban II. gelungen, die gestauten Kräfte der Laien in eine neue Richtung zu lenken. Der schon von Gregor VII. erwogene Kreuzzug ins Heilige Land fand begeisterten Widerhall, besonders bei den Adligen Frankreichs, die, vom kirchlichen Gottesfrieden halb gezähmt, vom Königtum noch nicht gebändigt, um so mehr auf den ritterlichen Heiligen Krieg brannten, damit es nicht mit Verneinung und Enthaltung sein Bewenden habe. Aber das große Ziel der kriegerischen Wallfahrt, das, wie es schien, Gott selber wollte, war nach wirren Anfängen 1099 mit der Eroberung von Christi »Stammburg« Jerusalem erreicht. Was nach Blutrausch und Bußprozession zu tun blieb, das sah man am Johanniter-Orden, der nun in Jerusalem ein älteres, von italienischen Kaufleuten gegründetes Hospital übernahm und im benediktinischen Geist dort Pilger betreute und Kranke pflegte. Später mußte sich dieser erste Ritterorden von den Päpsten sagen lassen, daß nicht der Krieg gegen die Muslime, sondern die christliche Caritas seine Hauptaufgabe sei.

Schwerer als die Kampfgelüste der Adligen waren erste apokalyptische Träume zu greifen und zu bändigen, von denen sich im späten 11. Jahrhundert städtische Massen aufputschen ließen. An der Kreuzzugsbewegung wollten auch die Nichtadligen und Armen teilhaben und zogen in großen Scharen aus, einem messianischen Reich entgegen. Um die paradiesische Vollendung vorzubereiten, machten sie zuerst den dämonischen Feinden Gottes den Garaus, voran den Juden, die Christus gekreuzigt hatten. Leicht konnten sich solche anarchischen Schwärmereien gegen alle weltliche und geistliche Ordnung kehren; aber auch wenn sie der Kirche fürs erste nicht gefährlich wurden, widersprachen sie der gregorianischen Vorstellung von den Aufgaben des gläubigen Kirchenvolkes. Die gregorianische Idee der geistlichen Freiheit hatte, wie es schien, im Abendland auch die Laien ganz ergriffen; aber sie richtete sich gleichzeitig gegen die Laien. Die Laien wollten in ihren allzu irdischen Taten Christus nachfolgen; aber hemmten sie nicht zugleich den Höhenflug der Geistlichen? Konnte dem Priester und Mönch die Seelsorge noch am Herzen liegen, wenn sie ihn davon abhielt, selber Christus ähnlich zu werden? Die Päpste mochten immer wieder vermitteln; gerade bei den Besten schlug die Gregorianische Reform, die die Welt zum Geistlichen hatte bekehren wollen, um in die Flucht der Geistlichen vor dieser Welt.

Diese neue religiöse Bewegung begann mit Bruno von Köln, dem Gründer des Kartäuser-Ordens. Der Deutsche, in Frankreich Domschulmeister und Urbans II. Lehrer, focht seit 1077 im Sinne der Gregorianischen Reform gegen seinen Erzbischof, von dem der Ausspruch überliefert ist: »Das Reimser Erzbistum zu haben, wäre eine schöne Sache, wenn man nur nicht immer Messe halten müßte.« Unter seinen Mitbrüdern, die im Domkapitel als Regularkanoniker lebten, fand Bruno indes wenig Rückhalt. Um den Frieden zu finden, den die Welt nicht kennt, zog er als Eremit in die Wälder, immer höher hinauf in die Berge; bei Grenoble, hoch oben in der Nähe der Schneegrenze, an einem Platz mit dem Namen Chartreuse, ließ er sich 1084 nieder. In dieser »Großen Kartause« teilten bald sechs

Das himmlische Jerusalem
Deckengemälde in der Kapelle der Abteikirche Saint-Chef in der Dauphiné/Isère, um 1070 (?)

Christlicher Krieger
Relief von den Chorschranken (?) der Mauritius-Kirche in Münster, um 1070
Münster, Landesmuseum für Kunst und Kulturgeschichte

Genossen das einsame Leben mit ihm, ein Leben nach der verschärften Benediktsregel, härter als die Gewohnheiten der Kamaldulenser. Täglich nur eine Mahlzeit, keine Fleischspeisen, ständiges Schweigen; in seiner Zelle betete und arbeitete jeder allein, nur samstags trafen sich alle zum Gebet. Von Urban II. nach Rom gerufen, floh Bruno bald in neue Einsamkeit, in die wilden Berge Kalabriens, wo eine zweite Kartause entstand; dort starb er 1101.

Seine Askese war keine Narretei, wie sie nahebei Nilus von Rossano hatte üben wollen. Bruno blieb auch als Eremit genug Gelehrter, um von seinen Mitbrüdern wissenschaftliche Tätigkeit zu fordern; sie sollten nicht nur die Liebe, sondern auch die Kenntnis des Gotteswortes pflegen und durch die Tat zeigen, was sie liebten und kannten; das nannte Bruno »göttliche Philosophie«. Er war der erste und vor Dominikus einzige Ordensgründer, der auf Kenntnisse Wert legte; die Askese sollte kein Kampf gegen die Dämonen sein, sondern den Mönch für ein geistiges Leben frei machen. Die Ungebildeten sollten nicht bloß als Hörige die grobe Arbeit tun, sondern als »Konversen«, als Zugewandte, an diesem asketischen Geistesleben teilnehmen. Viele waren es nie; nach hundert Jahren gab es erst siebenunddreißig Kartausen. Aber manche Adlige fühlten sich angesprochen, wenn sie nicht den Eremiten zürnten, die das jagdbare Wild aus den Wäldern verscheuchten.

Reservierte Benediktiner meinten, das Entgegenkommen gegenüber den Laienbrüdern heiße den Wagen vor die Ochsen spannen; andere beteuerten, sie möchten nicht einmal im Paradies eremitisch hausen. War die eine Regel Benedikts denn nicht mehr gut genug für alle? Ein Geistesverwandter Brunos, Stephan von Thiers, Gründer des Grammontenser-Ordens, erwiderte den Kritikern, die hergebrachten Ordensregeln seien nur die Zweige, nicht die Wurzel des Ordenslebens; neben ihnen könnten und müßten neue Zweige wachsen aus der gemeinsamen Wurzel, der apostolischen Verkündigung des Evangeliums. Hier rechtfertigte sich eine Revolution, die mit der Weiterbildung oder Reform mönchischer Traditionen nicht zufrieden war; sie strebte zurück zu den ewigen Quellen, um die weltliche Gegenwart und die veränderliche Geschichte zu überwinden; sie begab sich damit aber auch auf einen Pfad, von dem niemand wußte, wo er enden würde.

Die Benediktiner spürten den neuen Geist bald in ihren eigenen Klöstern. Im lothringischen Molesmes hatte Robert, wohl ein Adliger, 1075 eine benediktinische Abtei gegründet, die streng sein sollte, aber rasch wohlhabend wurde; denn der umwohnende Adel wollte wenigstens durch Schenkungen fromme Werke tun. Der enttäuschte Abt Robert suchte in das früher schon versuchte Eremitenleben auszuweichen; doch seine Mönche ließen nicht von ihm. Der Rat eines englischen Gesinnungsgenossen half Robert weiter; die Benediktsregel war schon ein vollkommener Wegweiser zur erstrebten Nachfolge Christi, wenn man sich nur an sie selbst, nicht an die seit Jahrhunderten darübergeschichteten Auslegungen und Gewohnheiten hielt, wenn man sich nach dem vernünftigen Sinn richtete, nach der *Ratio*; denn sie ist »das allgemeine Prinzip, durch das der allmächtige Schöpfer die Weltordnung erschaffen hat und kraft dessen die menschliche Natur fortbestehen kann«. Aus der Bibel spricht dieser Geist, der der menschlichen Vernunft so nahesteht; ihn müßte eine neue Mönchsgemeinschaft verwirklichen können. Als die Mönche von Molesmes sich gegen diese vernünftige Auslegung der Regel, nämlich gegen ihre Verschärfung sträubten, zog Robert 1098 mit zwanzig Genossen in eine sumpfige, mit Gestrüpp bewachsene Einöde bei Dijon, in der nur wilde Tiere lebten. Hier entstand das neue Kloster Cîteaux und der neue Orden, der nach der ersten Niederlassung Zisterzienser-Orden heißt. In langwierigen Kontroversen mußte er sich bald behaupten gegen den benediktinischen Vorwurf, eine Gründung von Abtrünnigen zu sein.

Die neuen »weißen Mönche« wollten nicht mehr die vornehm schwarzen Kukullen von Cluny tragen, sondern Kutten aus grober, ungefärbter Wolle, die beim Waschen weiß wurde. Nicht oft wurde die Kutte gewechselt, auch nachts getragen; die Mönche wuschen sich selten und nahmen die Folge, das Ungeziefer, zur Buße auf sich, denn sie wollten »mit dem armen Christus arm sein«. Ärmlich sollten ihre Tage verlaufen, ohne Aufwand in der fleischlosen Speise, ohne Schmuck in den turmlosen Kirchen, die fremde Gäste nicht durch ein Hauptportal oder eine Vorhalle einluden. Gern ließen sich die Zisterzienser abseits der Siedlungen nieder, in Waldtälern wie die Kartäuser. Anders als diese betrieben sie fleißig Handarbeit, die nicht allein den Laienbrüdern überlassen blieb. Vier, fünf Stunden täglich standen die Mönche auf dem Feld, beim »Ackerbau, den Gott geschaffen hat«, beim Obst- und Weinbau, bei Vieh- und Fischzucht. Der Rest des Tages war Gottesdienst ohne cluniazensisches Pathos.

Von den Benediktinern trennte sich auch die 1118 niedergelegte Verfassung des Ordens, die im Gegensatz zu Cluny die Eigenständigkeit des einzelnen Klosters achtete und nur dem Mutterkloster einer Niederlassung das Recht der Visitation zugestand. Doch wurde auch die altbenediktinische Isolierung nicht erneuert; jährlich trafen sich alle Zisterzienseräbte in Cîteaux zum Generalkapitel, und dies war die oberste Instanz, eine internationale, rationale Versammlung. Freilich mußte das Generalkapitel gefragt werden, wenn ein Zisterzienser ein Buch schreiben wollte; die geistige, gar wissenschaftliche Betätigung der karolingischen Benediktiner und der modernen Kartäuser lag nicht im zisterziensischen Ordensziel, wohl aber die innige Marienverehrung und die Mystik, die Gottes Weltvernunft preisen, doch nicht ergründen wollte. Trotz solcher weicheren Züge hielt sich der Orden lange den Zustrom von Frauen fern; auch Seelsorge wollte er nicht betreiben. Bruder Caesarius von Heisterbach schätzte noch hundert Jahre später seinen Mönchsstand viel höher als das Wirken eines Pfarrers. Wie die Kartäuser weigerten sich auch die Zisterzienser, auf die Straßen und in die Städte zu ziehen. Die Frommen mußten ins Kloster kommen, das Kloster konnte nicht zu den Laien gehen.

Was sollte dann aus den Laien werden, die sich doch auch heiligen, die auch die Welt überwinden wollten? Bestand denn das Ideal apostolischen Lebens und christlicher Armut nicht gerade darin, daß die Frommen mittellos und ohne festen Standort wie die Apostel predigend durchs Land zogen, um die Seelen zu retten? Dieser Gedanke, bei den Hirsauern schon anklingend, kam 1096 dem bretonischen Priestersohn Robert von Arbrissel nach einem lockeren Leben im Weltklerus, nach asketischen und eremitischen Bußübungen. Der Papst erlaubte ihm, als Priester ohne Pfarre umherzuwandern und zu predigen. Barfuß, mit wallendem Bart und ärmlich gekleidet zog er von Ort zu Ort, um unter den Laien die »Armen Christi« zu sammeln, nicht die auf kirchliche Almosen angewiesenen Dorfarmen, denen der Mangel das Herz verhärtet hatte, sondern die Frommen, die um Christi willen arm sein wollten. Vor allem die Frauen kamen in hellen Scharen zu Robert und blieben den Ortspfarrern aus der Kirche weg – Grund genug für Verdächtigungen des attraktiven Wanderpredigers, der, um seine Anhängerinnen zu retten, seine Idee opfern mußte. Er gründete 1101 in Fontevrault bei Poitiers ein Kloster, immerhin ein Doppelkloster mit einem Männer- und einem Frauenkonvent, und so wurde auch den Frauen der Weg zur religiösen Bewegung geebnet. Roberts Predigt und Marienverehrung mag noch danach die Umwelt beeinflußt, möglicherweise sogar den Minnesang der südfranzösischen Trobadors mit angeregt haben; aber auch Roberts Schicksal zielte aus der Welt der Laien hinaus. Der Weg zum Himmel schien immer zu einer Klosterpforte zu führen; jedenfalls endete jeder neue Versuch hinter Klostermauern.

Was hatte aber die Gregorianische Reform erreicht, wenn die Kirche Gottes noch immer und erst recht eine Gemeinschaft bevorzugter, dem Himmel naher Geistlicher mit einem Anhang gehorsamer und verlassener Laïen war? Dann mußte der Kirchenbegriff selbst neu formuliert werden; dann mußten alle Brücken zur Welt abgebrochen und auch jene Kompromisse mittels der Institutionen verworfen werden, bei denen die Päpste stehenblieben. Das war Ketzerei, aber eine andere als die der stillen Grüppchen des frühen 11. Jahrhunderts; sie ergriff jetzt die Mittelpunkte der eben aufblühenden Stadtkultur und erfaßte die Masse der Laien, die sich soeben überall zu kommunalen Bünden verschworen, um ihre Stadtfreiheit dem meist bischöflichen Stadtherrn abzutrotzen. Zur Zeit der Pataria waren diese Kreise noch Verbündete des Papstes gewesen; jetzt, zur Zeit der Kreuzzüge, wurden sie leicht Gegner der Kirche.

Der erste unter den neuen Ketzerführern war ein südfranzösischer Priester, Petrus von Bruys, der seit 1105 als Wanderprediger wirkte, wie Robert von Arbrissel, nur ohne päpstliche Erlaubnis. Denn Petrus verdammte den Priestertrug der Institutionen und Sakramente, von den Almosen und Gesängen bis zu Kirchenbauten, Kindertaufen und Eucharistiefeiern. Wer beten will, kann es im Stall und im Wirtshaus tun; nicht Amt und Sakrament, sondern allein das persönliche Verdienst entscheidet über die Würde des Menschen in der Gemeinde. Kirche Gottes ist nur die Gemeinschaft der Gläubigen, die sich von der Erbschuld erst als Erwachsene, Entschlossene durch Taufe lösen; sie rechtfertigen sich durch ihr Leben, das ausschließlich den Weisungen des Evangeliums folgt. Peters Anhänger verstanden wohl leichter als diesen Spiritualismus die Absage an das Herkommen; sie schändeten Kirchen, zerschlugen Altäre und Kruzifixe und prügelten Priester. Der Gedanke von der Geistkirche verwandelte sich bei Schülern und Nachfolgern Peters schnell in das Genügen an einer Ersatzkirche; manche Häresiarchen kleideten sich in goldene Gewänder und ließen sich Kreuze vorantragen; manche nannten sich nicht nur Bischof, sondern hielten sich für Christus selbst. Und ihre Anhänger verehrten in diesen Führern, in dem Flamen Tanchelm oder dem Bretonen Eudo von Stella, nicht den gütigen Menschensohn der Evangelien, nicht den Lehrer der Apostel, sondern den furchtbaren Gottessohn der Parusie, den Richter über Lebende und Tote. Die Forderung nach Überwindung der geschichtlichen Kirche endete mit der institutionalisierten Selbstvergottung der Ketzer, mit dem Vorgriff auf den Himmel.

Wer sich solchen simplen Formen fernhielt, wie der hochgebildete Arnold von Brescia, der letzte und größte Verfechter dieser häretischen Bewegung, der forderte zwar von der Kirche apostolische Armut und ein Leben im Bettel und demonstrierte es eindrucksvoll vor; aber auch Arnold, der Erbe der Pataria, kam nicht ohne irdische Formen aus und brauchte den Rückhalt kommunaler Gemeinden und politischer Mächte. Alle diese Ketzer begründeten ihre praktischen Forderungen nicht dogmatisch und kontrollierten sie nicht wie Kartäuser und frühe Zisterzienser am vernünftigen Denken. Das brachte sie um ihre Nachwirkung; mit Arnolds Tode 1155 sind sie bis auf unbedeutende Reste verschwunden, wiederum vom Fortgang der Bewegungen überrundet. Denn eben die Gregorianische Reform, an deren extremem Ende diese Ketzer standen, hatte das Problem aufgeworfen, ob die Trennung des Geistlichen vom Weltlichen kirchenpolitisch – und wäre es durch Gründung und Duldung neuer Orden – zu erreichen sei, ob das Verhältnis zwischen Gott und Welt nicht vielmehr eine geistige ebensogut wie eine religiöse Frage sei. Die Anbetung der göttlichen Geheimnisse genügte nicht mehr; auch vorbildliche Taten hatte man genug gesehen. Was nottat, war mehr: Theologie, wohl auch als Bekenntnis zu Gott, doch auch als Kunde von Gott. Die Forderung des Kartäusers Bruno verlangte allerdings viel; was kann denn die menschliche Vernunft von Gott aussagen, das mehr wäre als bloßes Wort?

Wegbereiter der Scholastik

Die Frage war alt und verwickelt, denn sie betraf nicht nur die Erkenntnistheorie, sondern den Wert von Gottes Schöpfung und den Wert des Menschen. Sprach Gott nur in der Bibel, nicht auch in der von ihm geschaffenen Natur, und konnte seine Kreatur, der vernünftige Mensch, ihm dort nicht auch begegnen? Johannes Eriugena hatte der Vernunft und der Natur einen gewichtigeren Platz eingeräumt, als den Benediktinern recht war. Aber im 10. Jahrhundert hatte die neue Rationalität der Klosterreform dazu geführt, daß man selbst im Kloster, in Gorze, Augustin-Zitate mit Hilfe aristotelischer Kategorien erklären wollte; auch in Fleury kannte man den Aristoteles, freilich nur die logischen, von Boëthius übersetzten Schriften. Kühner war Gerbert von Aurillac, der von Cluniazensern erzogene spätere Papst Silvester II. Schon 980 rechnete er die mit natürlichen Mitteln verständliche Theologie zur theoretischen Philosophie und übte mit seinen Schülern an der Domschule von Reims das dialektische Argumentieren, das Allgemeinbegriffe durch Unterscheidung ihrer Reichweite auflöst und bildet.

Dabei ging es nicht nur um die natürliche Vernunft des Menschen, sondern auch um seine Einsicht in die Natur der Dinge, auch um sein Wissen von sich selbst; es ging um die Geltung der platonischen und aristotelischen Philosophie, der vergilischen und horazischen Dichtung, der arabischen Medizin, Mathematik und Astronomie im Angesicht der christlichen Offenbarung. Gerbert selbst grenzte die zufällige und angestrengte Menschenvernunft der Philosophen, Dichter und Gelehrten scharf ab gegen die immergleiche und notwendige Vernunft Gottes; sein Schüler Fulbert, Begründer der Schule von Chartres, warnte schon vor der Anwendung dialektischer Regeln auf die Glaubenslehren. Aber leicht konnte geschehen, was in Gerberts Nachbarschaft geschah, daß der Grammatiker Vilgard von Ravenna die antiken Dichter Vergil, Horaz und Juvenal als Gottheiten, ihre Dichtungen wie die Bibel verehrte. Stand der autonome Mensch nicht über den Autoritäten, mit seiner Sprache nicht über den Dingen?

War die wahre Abkehr von feudaler Handgreiflichkeit nicht die Wendung zum reinen Denken? Wer so dachte, in manchem den antiken Sophisten vergleichbar, nannte sich in der Mitte des 11. Jahrhunderts Dialektiker. Einer von ihnen, der hochadlige italienische Kleriker Anselm von Besate, gab sich zudem stolz den aristotelischen Namen des Peripatetikers, und wirklich zog er, wie bald darauf die Wanderprediger, im Land umher, von einem Schülerschwarm begleitet. Der ausgebildete Rechtsanwalt lehrte gleichzeitig Grammatik, die Kunst, Latein zu reden, und Rhetorik, die Kunst, es schön zu reden. Sein Geschäft erschien ihm beileibe nicht als äußerlich; er will geträumt haben, daß er im Himmel war, und während ihn die Heiligen dort als einen der Ihren beanspruchten, bat ihn die personifizierte Dialektik, auf die Erde zurückzukehren, denn ohne ihn gäbe es dort kein Wissen mehr. Und Anselm kehrte zurück, ohne die Wehmut, mit der Mönche von ihren Jenseitsvisionen erzählten. Hinter der Eitelkeit des Gelehrten stand schon der keimende Konflikt zwischen christlichem Leben und profaner Wissenschaft.

Der volle Ernst der Frage zeigte sich freilich nicht bei diesem selbstbewußten Außenseiter, sondern bei der Diskussion im Innenraum der Kirche, seit 1044 bei dem Domschulmeister Berengar von Tours, der ein auch medizinisch gebildeter Schüler Fulberts von Chartres war. Dem strengen, hochangesehenen Mann lag gelehrter Hochmut fern; er warnte sogar die Eremiten, sie täten nur darum mehr als andere, weil sie mehr als andere sein wollten. Für Berengar aber, wie einst für Gottschalk und Johannes Eriugena, öffnete sich zwischen Tun und Sein, zwischen Sinnenwelt und Geist eine tiefe Kluft. Der Mensch, von Gott als sein Ebenbild vernünftig geschaffen, nähert sich Gott nicht über die fünf Sinne, auch nicht über deren Verneinung, sondern durch den Gebrauch der Vernunft. Berengar erwog, daß in dieser Welt der Autoritäten der Vernünftige untergehen könnte; er nahm es in Kauf. Die Vernunft durchschaut das Verworrene; sie unterscheidet zwischen Wirklichkeit und Symbol, Sache und Wort, Natur und Gott. Das hieß für Berengar: im Altarsakrament ist Christus nicht wirklich und natürlich, nur dem Namen, Zeichen und Gleichnis nach anwesend; sein verherrlichter Leib kann vor dem Jüngsten Gericht nicht herabgerufen werden. Man könnte kaum sagen, was an dieser Lehre religiös und was geistig begründet war, ob, wie Berengars Gegner meinten, hier die Theologie zur Magd der Philosophie gemacht wurde oder umgekehrt; sicher ist aber, daß mit dem Sakrament als dem sichtbaren Zeichen des Übersinnlichen nicht nur eine Denkweise, sondern der Kern der Kirche angegriffen wurde. Und das geschah zur selben Zeit, als die Gregorianische Reform die Kirche erschütterte und neben das Sakrament die persönliche Würde des geistlichen Menschen stellte. Von den Laien, die am Übersinnlichen teilhaben wollten, hatte Berengar denn auch mehr zu fürchten als von den Gregorianern, und er sagte es. Der »Ketzer« gründete keine Schule, erst recht keine Sekte; aber die bohrende Frage dieses

Einzelgängers, zunächst durch die Wucht der kirchlichen Erneuerung überspielt, verstummte nicht mehr.

Am Ende des 11. Jahrhunderts tauchte sie wieder auf. Im Tours Berengars wirkte zuletzt Roscelin von Compiègne, der als Kanoniker an der Domschule seiner Vaterstadt begonnen hatte. Seine Lehre, fast nur aus den Angriffen seiner größeren Widersacher bekannt und dieser Gegner wegen bedeutsam, mutet zunächst wie harmlose Spielerei an; sie ließ als wirklich bloß das Einzelding gelten. Es gibt den Menschen, aber nicht die Menschheit; »Menschheit« ist nur ein Worthauch, ein Name, und so nennt man Roscelins Lehre, die die Wirklichkeit der Allgemeinbegriffe leugnete, »Nominalismus«. Wie Berengar wollte Roscelin mit seiner dialektischen Unterscheidung nicht nur die Wirklichkeit des Menschen bestimmen; er wandte den Nominalismus auch auf die göttliche Dreifaltigkeit an und erklärte, sie sei keine Realität. Auch hier wurden die altehrwürdigen Zusammenhänge zerschnitten von einem persönlichen, zupackenden Denken; nur stand bei Roscelin dahinter keine religiöse Überzeugung. Denn der rationalistisch zerteilte Gott wurde eben dadurch willkürlich und völlig unverständlich; wer über ihn nachdachte, fand keinen sicheren Stand mehr. Roscelin, 1092 der Ketzerei bezichtigt, wich ebenso ängstlich zurück, wie er vorher eifernd herausgefordert hatte. Die Wanderprediger des Intellekts konnten nicht mehr wie Anselm von Besate nur eine Denkmethode feilbieten; sie mußten sich nach dem Inhalt fragen lassen, der die Pose des Intellektuellen rechtfertigt und sie zur charakterlichen Haltung macht.

Erst Anselm von Canterbury, der Vater der Scholastik, hat diese Haltung in gleicher Intensität praktisch geübt und theoretisch begründet. Den hochadligen Italiener zog es schon in jungen Jahren über seinen Umkreis hinaus; der Knabe träumte in den Alpen, er müsse auf die hohen Berge steigen, um Gott näher zu kommen. Gott näher zu sein als die Laien, war auch der Sinn von Anselms Mönchtum. Der Siebenundzwanzigjährige verließ 1060 die Heimat, um im Kloster Bec in der Normandie Schüler, dann Nachfolger seines Landsmanns Lanfrank zu werden, erst als Abt von Bec, 1093 als Erzbischof von Canterbury. Italienischer Adel, französisches Mönchtum und englische Kirchenherrschaft – ein traditioneller Lebenskreis, wie es scheint, und doch aufs lebendigste erfüllt. Auf dem Totenbett seufzte der Sechsundsiebzigjährige, nun sei er mit dem Problem des Ursprungs der Seele doch nicht zu Rande gekommen; »ich weiß nicht, ob es nach meinem Tod einer lösen wird«. Nicht die Besorgnis um die eigene Seele, das sachliche Problem beschäftigte ihn zeitlebens. Er war der erste unter den vielen rastlosen Geistesarbeitern des 12. Jahrhunderts. Das Nachdenken über den Gottesbeweis raubte ihm die Lust an Speise, Trank und Schlaf; es lenkte ihn beim Gottesdienst ab, so daß er es für teuflische Versuchung hielt, unterdrücken wollte und doch nicht konnte. Stärker als der liturgische Bann gemeinsamen Betens blieb der Zwang zum Grübeln, freilich auch zum unkluniazensischen Diskutieren. Anselms Werke, oft in Gesprächsform geschrieben, wirken wie für den Augenblick konzipiert; ihre Sprache ist persönlich und menschlich. Die meisten Menschen gewannen Anselm, der gerne Briefe schrieb, um so lieber, je näher sie ihn kannten; dem Mönch, der mit sich im reinen, aber mit seinem Thema nie fertig war, fehlten die Laster des Gelehrten.

Gleich ausgeglichen wie sein Leben war Anselms Gedankenwelt, so unfertig sie auch erscheint. Zwei Kernsätze standen im Mittelpunkt: »Ich glaube, um zu verstehen« und »Glaube sucht nach Einsicht«. Der Glaube ist das erste, aber er ist nur der Anfang; jeder muß nach dem Maß seiner Befähigung »Rechenschaft ablegen können von dem Glauben, der in uns ist«. Der vernünftigen Untersuchung sind Grenzen gesetzt, einerseits durch die Mehrdeutigkeit menschlicher Sprache, anderseits durch die Sätze der Bibel, die nicht nur Vernunft, sondern Erfahrung weit jenseits aller Gedankenspiele sind. Darum also zuerst Bibelauslegung; durch Anselm und seine Schüler wurde die Exegese, bisher hinter der Liturgie zurückstehend, zur theologischen Grundwissenschaft des folgenden Jahrhunderts. Aber durch die Bibel und die Kirchenväter, auch von dem geliebten Augustin, ist nicht alles gesagt und geklärt; das Menschenleben ist zu kurz, um alles abzuschließen. So muß jeder die Arbeit neu beginnen und nach dem Verständnis seines Glaubens suchen, in einem Denken, das zugleich Beten ist. An Stelle der fertigen Überlieferung öffnet sich ein unendliches Feld der Forschung, durch Bibel, Tradition und Dogma an drei Seiten abgesteckt, aber unermeßlich in der vierten, geschichtlichen und persönlichen Richtung.

Erkenntnis des Glaubens ist möglich, weil der Mensch gottähnlich ist und darum manches von Gott erkennt; aber – und das richtet sich gegen die Dialektiker Berengar und Roscelin, nicht gegen die Dialektik selbst – nicht das sezierende Denken allein findet die Wahrheit, sondern der ganze Mensch mit Demut und Reinheit. Wer ohne Gottesliebe philosophiert, gleicht der Fledermaus oder der Nachteule, die über die Natur der Sonnenstrahlen streitet mit dem Adler, der sehend in die Sonne blickt. Wahr sind Dinge und Gedanken im gleichen Maß, wie sie dem göttlichen Urbild nahekommen; schön ist an der Natur, was auf Gott verweist, nicht was animalischer Lust dient. Leben und Denken, Glauben und Wissen ruhen auf gemeinsamem Grund. Gott hat alle Kreatur gut gemacht, und so finden sich in der Vernunftnatur des Menschen die Analogien des Übernatürlichen; so spiegeln die drei Grundkräfte der Menschenseele die göttliche Dreifaltigkeit. Damit war das Grundgesetz des »Symbolismus« ausgesprochen, der im 12. Jahrhundert zur Blüte kam, und die Seelenmystik wurde angeregt. Auch die Dialektik wurde ermutigt, etwa durch Anselms Gottesbeweis, daß Gott als das größte Denkbare auch wirklich sein müsse, weil sonst ein noch Größeres, zugleich Wirklicheres denkbar wäre. Über den »Denkfehler« des Arguments wird nun seit fast neunhundert Jahren gestritten; in Anselms eigener Gedankenwelt war es makellos. Das Denknotwendige ist von Gott her in der Wirklichkeit verankert wie das Wort in der Sache; beide Dimensionen gehören zusammen, weil die *Ratio* bei Anselm nicht nur der zergliedernde Verstand ist, der es mit bloßen Worten zu tun hat und dessen Begriffe darum Fiktionen sein können; die Vernunft ist im Grad ihrer Gottnähe notwendig und Teil von Gottes Weisheit und Wirklichkeit. Darum ist Roscelins Nominalismus einseitig und, indem er nur einzelnes analysiert, im ganzen verzagt. Der stärkste Glaube darf am kühnsten fragen, nach dem Dasein Gottes, nach der Dreieinigkeit, nach der Menschwerdung Christi; er wird Antwort bekommen, Stoff zu neuen, menschlichen Fragen.

Bei Anselm von Canterbury ist die geistige Bewegung zur Ruhe des Glaubens gekommen; keine Nuance wird verwischt, aber die unermüdliche Arbeit ist immer schon am Ziel. Man kann Anselm, den begeisterten Mönch eines Reformklosters, der als Erzbischof den englischen Investiturstreit durchfocht, als leibhaftige Summe der Kirchengeschichte zwischen Cluniazensern und Gregorianern betrachten; man kann ihn, der die Selbstgewißheit der menschlichen Vernunft als erster überzeugend demonstrierte, den Initiator der Geistesgeschichte zwischen Abaelard und Thomas von Aquin nennen; er gehörte indes dem Gestern und dem Morgen zugleich an, weil er ein Eigener war, der aus seiner Gegenwart nicht ganz zu begreifen ist. Deshalb hat Anselm Geschichte gemacht und neue Bewegungen hervorgerufen, deren Spannweite über die bisher skizzierte weit hinausging. Fortan konnte es keine religiöse Bewegung mehr geben ohne geistige Rechenschaft; nach der gedanklichen Entfaltung des Glaubens konnte es aber auch keinen zweiten Anselm mehr geben, der die Brücke noch einmal für alle geschlagen hätte.

Abaelard und die Wissenschaften

Was ist der Mensch in seiner Kraft und Gegenwart vor Gott und der Welt wert? Die Frage wurde dem neuen Jahrhundert von seinen Vorgängern hinterlassen und in den folgenden Jahrzehnten immer wieder erörtert. Aber es gibt keinen Menschen, der dieses 12. Jahrhundert so eröffnet, wie Anselm von Canterbury das vorige zusammenfaßt. Was bis dahin immer wieder gesammelt werden konnte, das geriet nun in eine wirbelnde Bewegung, die bald alle religiösen und geistigen Bereiche ergriff. Es gab keinen Initiator dieser Bewegung, keinen Orden und kein Individuum; aber es gab einen Prototyp, in dem die Siege und Niederlagen der Bewegung schon entschieden wurden; das war Peter Abaelard.

Der Romane an der keltischen Sprachgrenze, 1079 geboren, als die Gregorianische Reform ihren Zenit erreichte, war ein adliger Herr, doch er wurde ein Ritter der Feder, ein Gelehrter, indes im Stil der Wanderprediger. Scholaren zogen ihm auf seinem unsteten Weg nach und bildeten um ihn eine Schule. Sie war eine Vorform der Universität, aber noch keine Körperschaft, nur eine lockere Gemeinschaft von Einzelnen. Die humanistische Schätzung des Individuums lag Abaelard nicht fern; er war schlagfertig und klug, schwankend und eitel, nervös und empfindlich, und er wußte es; seine Autobiographie sollte es bezeugen. Abaelards Liebe zu Heloise war ein Vorspiel zur höfischen Minne, die das Verbotene begehrt und, wie Abaelard es tat, in Liedern besingt. Wir finden bei Abaelard auch Begeisterung für die Natur; sogar das Evangelium galt ihm als »Reformation des Naturgesetzes«, besonders auf ethischem Gebiet. Doch fehlte auch die religiöse Bewegung nicht, die Abaelard allerdings nicht zu einem der neuen Orden, sondern aus der Benediktinerabtei hinaus in die Einsiedelei und erst am Lebensende in die Stille einer kleinen cluniazensischen Niederlassung führte; formvollendete, fromme Hymnen, am Menschen und am Leiden Christi leidend, gelangen ihm ebenso wie die scharfzüngige Polemik, zuletzt in der *Apologia* gegen den »unverschämten Ankläger« Bernhard von Clairvaux.

Wendig, rastlos, unfertig war Abaelard auch auf seinem eigensten Feld, in seinen scholastischen Werken; bis zu fünfmal schrieb er sie neu, verteidigte sie hitzig gegen Widersacher, versuchte sie aber auch von den eigenen, zugespitzten, manchmal schiefen Formulierungen zu reinigen. »Unter uns Sterblichen kann die Wissenschaft nicht so wachsen, daß sie nicht noch weitere Vermehrung vertrüge.« Aber Wissenschaft ist nötig, auch für den Frommen, wie Anselm von Canterbury gezeigt hatte und Abaelard nun dozierte: »Alle Wissenschaft ist von Gott allein und geht aus seinem Geschenk hervor; darum ist sie nach unserer Überzeugung gut.« Warum das Geschenk der Vernunft nicht nutzen zur Erkenntnis des Glaubens? »Das ist der erste Schlüssel zur Weisheit, das ständige, immer neue Fragen.« Wer etwa die drei göttlichen Personen vernünftig, mindestens im Gleichnis, als Macht, Weisheit und Güte voneinander sonderte, der konnte ihr gegenseitiges Verhältnis logisch neu konstruieren und ihre Einheit besser als Roscelin verstehen. Die Glaubenslehren sollten durch die dialektische Analyse nicht zerstört, auch nicht wie bei Anselm rein aus der Vernunft deduziert, sondern nur neu befestigt und auch den Heiden nahegebracht werden. Die bohrende Energie, mit der Abaelard, »der klare und wunderbare Lehrer«, Gott und sein Geheimnis zu fassen suchte, zog viele von den Besten an; andere freilich warnten ihn, er wolle das Mysterium begreifen und vergesse über der Erkenntnis die Liebe. Daraus erwuchs 1140 der große Kampf zwischen Abaelard und Bernhard von Clairvaux, bei dem Abaelard zwar als Ketzer zum Schweigen verurteilt, aber nicht besiegt wurde; denn auf ihn bauten seine Schüler, die Scholastiker, und noch Thomas von Aquin gehörte zu ihnen.

Ein Problem vor allem hat Abaelard auf seine selbstbewußte Weise gelöst, das seit Johannes Eriugena die Gemüter erhitzte und bedrückte: den »Universalienstreit«, der dem Gegensatz von christlicher Gottesvorstellung und griechischer Philosophie entsprang. Was ist das Allgemeine, was ist es wert, was wissen wir von ihm? Abaelard formulierte, von der Sprachlogik ausgehend, den Streitpunkt als Frage nach dem Verhältnis zwischen unseren Worten und der Wirklichkeit der Dinge. Dann liegt aber das Allgemeine weder in den Worten noch in den Dingen, sondern in der Mitte, in den Bedeutungen, mit denen der Mensch die Dinge wahrnehmend und abstrahierend bezeichnet und die er den Worten beilegt. Es ist also der Mensch, dessen Auslegung die Ordnung seiner Welt schafft; diese Ordnung ist weder objektiv gegeben noch willkürlich zu konstruieren, sie ist zeitlich gebundene Schöpfung nach dem ewigen Vorbild Gottes, verdienstvoll nicht durch gedankenloses Tun, sondern durch bewußte Gesinnung des Menschen. Wer dem Zweifel ausweicht und nur Gedanken Früherer nachkäut, der findet die Wahrheit nie; sie ergibt sich nur dem fragenden *Ingenium*, dem Genie, das sich in keinen Brauch zwängen läßt und sich vor keiner Autorität fürchtet. In diesem Sinn legte Abaelard die Meinungen der Kirchenväter und die Bibel aus, selbstherrlich und ungeduldig, auch den verehrten Aristoteles kritisierend, weil Christus mehr sei als er. Von der Wahrheit seines Glaubens tief überzeugt, wagte Abaelard doch nicht das Opfer des Intellekts und unterwarf auch die Wahrheit noch der Methode seiner Kritik. In dieser Leidenschaft der Kritik verzehrte sich der schmächtige, stets kränkliche Mann; noch in den letzten stillen Monaten 1142 sah man ihn immer lesen, schreiben oder diktieren – wie Beda, doch ohne dessen Nüchternheit, ohne Anselms Gelassenheit, ohne Maß überhaupt. Unermeßlich war aber auch seine Wirkung, sogar bei den vielen, die ihn verleugneten.

Insbesondere gehört Abaelard zu den Patronen der abendländischen Universität, der einzigen Körperschaft, die im 12. Jahrhundert ganz neu entstand und bis heute besteht.

Ihr Geburtsort war Paris, wo neben der Domschule freie Lehrer wie Abaelard Studenten um sich scharten, um ihnen Weisheit zu vermitteln. Diese Weisheit war lückenhaft und deshalb anspruchsvoll; aber sie schloß Lehrer und Lernende zusammen zu einer *Universitas*, einer Gemeinschaft nicht zuerst der Wissenschaften, sondern der Menschen, nach Art eines weltlichen Mönchsordens: Abaelard hatte ja eine Zeitlang im Kloster zum Parakleten, in der Einsamkeit mit seinen Schülern gelebt. Lehrer und Schüler waren allerdings nicht zuerst Mönche oder auch nur Kleriker; sie lösten sich aus allen sozialen Schichtungen, aus allen nützlichen Berufen, um nur der Erkenntnis zu dienen, nicht dem geistlichen oder weltlichen Alltag. »Wie passen Studenten zu Kammermädchen, Schreibzeuge zu Windeln, Bücher und Tafeln zu Spinnrocken, Federn und Griffel zu Spindeln?«, schrieb Heloise.

Seßhaft wollte dieser neue Orden überhaupt nicht sein; die Studenten, aus den verschiedensten Ländern kommend, wanderten von einem Lehrer zum andern; die Lehrer selbst zogen umher. So entstanden neue Universitäten, als 1167/68 die englischen Studenten nach Oxford abzogen, als 1209 Oxforder Studenten nach Cambridge gingen. Man brauchte keine großen Bibliotheken und Institute; die Gemeinschaft der Lehrer begnügte sich mit einem Minimum an Verfassung (Gliederung in Fakultäten, gewählte und wechselnde Leiter, Zulassungsordnung) und war anfangs auch ökonomisch ungesichert. »Armut, fern der Heimat« gehörte für die Zeitgenossen fast zu den Bedingungen der Forschung. Vom freien, frechen Geist der vielfach mittellosen fahrenden Scholaren berichtete die Vagantenpoesie, die bald in den *Carmina Burana* gesammelt wurde; in einschmeichelnden lateinischen Rhythmen und Versen pries sie die Freuden des Weltlebens und die Fruchtbarkeit der Natur, beklagte aber auch die kirchlichen Mißstände und das erbarmungslose Schicksal. Wie in diesen Gedichten, deren schönste der deutsche *Archipoeta* schrieb, Mensch und Welt als ungebunden und ungesichert erschienen, so band sich das neue Studium an keinen Inhalt ganz.

Den Fächern der Theologie, Jurisprudenz und Medizin ging man zu Leibe mit der dialektischen Methode, dem Zauberschlüssel für jeglichen Inhalt. Es war Abaelards Methode des »Ja und Nein«, die über jede Wirklichkeit hinausgreifend sich selbst zum philosophischen System machen konnte. Der Lehrer las den Studenten einen Text vor: die Bibel, den Grammatiker Priscian, Cicero in der Rhetorik, Aristoteles in der Logik; dann diskutierte er mit den Hörern die schwierigen Stellen: was läßt sich auf diese Frage antworten, was spricht für, was gegen die Lösung, wie lassen sich falsche Ansichten ausscheiden, einander widersprechende Meinungen durch genauere Unterscheidung vereinen, die richtigen Thesen erweisen? Die Studenten schrieben das, was dabei herauskam, fleißig mit, zuerst auf den breiten Rand ihrer Texte, dann gesondert, vom Textzusammenhang gelöst und systematisch geordnet; daraus erwuchs die unübersehbare scholastische Literatur der Kommentare, der Sentenzen und Summen. Bei Abaelards weniger sprühenden, jedoch beharrlicheren Schülern achtete man nicht so sehr auf die Persönlichkeit des Lehrers als auf die sachliche Methode, die auf jede Sache angewandt werden konnte; sie mußte im Grundstudium, in der »Artisten«-Fakultät zuerst geübt, danach im Fachstudium verwendet werden. Daß die Methode jeden Text und Sachverhalt, der ihr ausgeliefert wurde, auch veränderte, war den stolzen Entdeckern kaum bewußt.

Auslegung hieß die Parole allenthalben, in der Theologie also zuerst Auslegung der Bibel, und zwar nicht mehr im Stil der alten Kommentare von Augustin, Hieronymus, Gregor dem Großen und Beda. Diese Alten hatten sich um gelehrtes Sachverständnis oder um moralische Seelenführung bemüht, die Bibel von den Dingen, lieber noch von der Seele her betrachtet. Jerusalem hatte ihnen gewiß auch eine jüdische Stadt bedeutet, aber vor allem die Kirche Christi, die Seele des Menschen, die himmlische Heimat der Christen. Wer konnte indes noch erbauliche Gleichnisse ausspinnen, seitdem die Kreuzfahrer Jerusalem mit eigenen Augen gesehen und nachdem Gregorianische Reform und häretische Armutsbewegung die Bibel zur Waffe im Tageskampf gemacht hatten? Jetzt half auch die Interpretation der Einzelstelle nichts mehr; man mußte die Bibel in vernünftigen, gedanklichen Zusammenhang bringen, um ihre Absicht zu erkennen. Der das tat, war ein Schüler Anselms von Canterbury, Anselm von Laon. Gemeinsam mit seinen Schülern schuf er zu Anfang des 12. Jahrhunderts die große *Glossa ordinaria* zur ganzen Bibel, ein Nachschlagewerk, das im Inhalt eher herkömmlich und harmonisierend, bisweilen trivial war; Anselm lehrte: »Wer die Bibel nicht mit dem gesunden Menschenverstand auslegt, der ist um so unsinniger, je feinsinniger er ist.« Welch ein Umschwung – Gottes Wort am menschlichen Verstand zu messen! Der gesunde Menschenverstand ist bekanntlich jedem in Fülle gegeben; bald breitete sich eine wahre Glossierwut aus, und dann waren die alten Kommentare entbehrlich. Der junge Abaelard zog sich um 1112 den Groll seines Lehrers Anselm von Laon zu, weil er eine Vorlesung über den Propheten Ezechiel nach nur einem Tag Vorbereitung hielt; die Bibel allein sei Textbuch genug auch ohne die Dutzende von Kommentaren. Aus dieser Haltung erwuchsen Dutzende von neuen Kommentaren; anfangs wurden sie noch, wie die Abaelards, mit dogmatischer Zielsetzung verfaßt; bald waren sie geglättet durch die dialektische Methode, die die Exegese zur selbständigen, von der Dogmatik getrennten theologischen Fachdisziplin machte. Daß die Bibel darüber nicht ganz zum trockenen Schulbuch wurde, ist allerdings nicht ihren scholastischen Erklärern zu danken.

Angemessener war die Methode dort, wo es weniger um Interpretation von Texten als um Ordnung von Realitäten ging, besonders im juristischen Bereich. Das weitschichtige und vielstimmige Kirchenrecht wurde, nach manchen Anläufen, erst um 1140 systematisiert durch den Kamaldulenser-Mönch Gratian in Bologna, der Abaelards Methoden im Unterricht anwandte und in einem Lehrbuch festhielt. Aus den zahllosen Einzelentscheidungen päpstlicher Briefe, konziliarer und synodaler Akten abstrahierte Gratian allgemeine Rechtsnormen und ergänzte sie durch Aufstellung fingierter Rechtsfälle; nicht nur das schon Vorgekommene, sondern alles Mögliche sollte entscheidbar sein. Mit eigenen Worten faßte Gratian die Normen zusammen, präzisierte ihren Grund und klärte ihre Widersprüche, ohne Rücksicht auf die gewachsene Geschichte. Zum Beispiel begründete er die Ablehnung des geschichtlichen Gewohnheitsrechtes so: »Gott hat gesagt: Ich bin die Wahrheit; er hat nicht gesagt: Ich bin die Gewohnheit.« Daß der Anspruch Christi, der Weg, die Wahrheit und das Leben zu sein, mit Rechtsfragen nichts zu tun hatte, wußte Gratian wohl; aber er hielt Wahrheit und Gewohnheit – ganz anders als frühere Rechtslehrer – für miteinander unvereinbar, und das las er auch aus den biblischen Worten.

Unvermeidlich, daß dabei manche genuin theologische Frage im äußerlich-rechtlichen Sinn entschieden wurde, daß wie die Exegese so auch das Kirchenrecht zur selbständigen Disziplin neben der Dogmatik wurde. In diesem Geist wurde das neue Lehrfach »Kanonistik« (Kirchenrecht) vor allem in Bologna gepflegt, in auslegenden, analysierenden Glossen und Vorlesungen, ohne amtlichen Auftrag. Aber unter den Schülern und Lehrern wurden manche nachmals Päpste, Kardinäle und Bischöfe, wie Orlando Bandinelli, der schon eine systematische *Summa* zum *Decretum* Gratians schrieb und dann als Papst Alexander III. durch seine Erlasse, die »Dekretalen«, Lücken der Sammlung füllte; vollends Papst Innocenz III. übernahm die akademische Arbeit der Kirchenjuristen in die Praxis der Kirchenverwaltung und bildete den ersten abendländischen Behördenapparat mit all seinen Vorzügen und Nachteilen aus.

Verwandte Züge zeigte die Wiederbelebung des weltlichen römischen Rechts, die im selben Bologna begann. Das Kaiserrecht Justinians wurde zwar schon lange in Rom, Ravenna und Pavia an Schulen gelehrt und galt noch immer im griechischen Süden Italiens; in einzelnen Bestimmungen wurde es auch von deutschen Kaisern gebraucht. Aber wieder war es zunächst eine Abkehr vom historisch Gewachsenen und praktisch Verwertbaren, als der Bologneser Grammatik- und Rhetoriklehrer Irnerius, vielleicht um 1088, das *Corpus iuris civilis* zu interpretieren und zu glossieren begann. Kaiser Heinrich V. und Friedrich Barbarossa waren den Juristen von Bologna wohlgeneigt; ihre Statuten wurden 1158 kaiserlich bestätigt. Aber diese älteste Universität des Abendlandes, ein Verband der »aus Liebe zur Wissenschaft Heimatlosen«, gedieh auch ohne Kaiser und Papst, ja gerade weil sie niemandem diente und zum Beispiel lange noch keine theologische Fakultät besaß. Zehntausend Studenten zählte Bologna; bald studierte man die Rechte auch in Montpellier, Paris und Oxford. In England seufzte man schon, die Jugend vergesse Platon und Aristoteles über dem Studium des römischen Rechts; 1219 mußte der Papst den Geistlichen dieses Studium geradezu verbieten, weil es für sie unnötig sei und die Bibelexegese zu kurz kommen lasse.

Die Studenten stürzten sich also begeistert auf ein Rechtsbuch ohne aktuelle Geltung, das als Kaiserrecht in West- und Südeuropa mißliebig, in Deutschland erst viel später praktikabel wurde. Gewiß gehörte die Jurisprudenz, deren Jünger anfangs »auf Reichtümer verzichten« mußten, schon 1219 zu den »einträglichen Wissenschaften«; doch war das erst die Folge, nicht der Grund ihrer Anziehungskraft. Die Glossen der Juristen gaben eine Methode in die Hand, die dem schwerfälligen, umständlichen Gewohnheitsrecht überlegen war und es erlaubte, hinter den Rechtsquellen und ihrer Vielfalt eine ebenso abstrakte wie allgemeine Rechtsidee zu finden. Daß sie nicht so zeitlos war, wie sie sich gab, daß sie Auslegung war und blieb, ist erst Späteren klargeworden; daß sie aber die Realitäten von oben her, mit Hilfe der autonomen Vernunft, in überschaubare Ordnung brachte, bleibt ihr Verdienst.

Wenn die dialektische Methode die ingeniöse Einsicht des Betrachters den Angaben der Tradition vorzog, mußte diese Hochschätzung des Nächstliegenden auch der Naturkenntnis zugute kommen. Bisher hatte zwar niemand einen Schwan singen gehört, aber jedermann hatte Isidor von Sevilla geglaubt, daß der Schwan eine liebliche Stimme haben müsse, weil sie durch den langen Hals einen gewundenen Weg zurücklege. Im späten 10. Jahrhundert wandte man sich nun anderen Autoritäten zu: der griechisch-arabisch-jüdischen Naturkunde und Medizin. Gerbert von Aurillac machte den Anfang; im 11. Jahrhundert übersetzte der weitgereiste Constantinus Africanus, zuletzt auf dem Monte Cassino, die Werke von Hippokrates und Galenus, von jüdischen und islamischen Ärzten; nahebei, in Salerno, begann man, die Ärzte danach theoretisch auszubilden, später auch in Montpellier und anderswo. Während Anatomie und Chirurgie bis ins frühe 14. Jahrhundert die Menschenwürde zu beleidigen schienen, wagte man wenigstens Demonstrationen an Tierkadavern; in Salerno wurde eine anonyme denkwürdige »Anatomie des Schweines« geschrieben. Den Krankheiten suchte man nun auf chemischem Wege beizukommen und verwendete zur Narkose betäubende Pflanzenstoffe, während die Barbiere andernorts noch rohe Eisenbart-Methoden pflegten. Vielleicht wirkten die neuen Autoritäten hier weniger segensreich als in anderen Disziplinen; schon Zeitgenossen klagten über die in Salerno und Montpellier ausgebildeten Ärzte, die immerfort den Hippokrates zitierten und mit niegehörten Wörtern die Köpfe der Patienten verwirrten. Naturkunde und Medizin waren, wenn sie nicht rohes Handwerk bleiben wollten, zunächst auf dialektische Diskussion der antiken Theorien angewiesen; immerhin war das ein Fortschritt.

Deutlicher wurde er in den theoretischen Bereichen der Mathematik, wo im frühen 12. Jahrhundert der Engländer Adelard von Bath durch Übersetzung Euklids aus dem Arabischen den Bann brach, der zum Beispiel die Null nur als Zauberzeichen verstand. Mit mathematischen Formeln die physikalische Welt zu beschreiben, lag freilich auch Adelard fern, obwohl er die Autorität als Halfter der Unverständigen verspottete und mahnte, die Alten hätten diese Autorität bloß durch Benutzung ihres Verstandes erworben. Was Adelard suchte, war eine Theorie des Kosmos, jenseits der verwirrenden Erscheinungen; er entwickelte sogar eine Art Atom-Theorie, richtiger eine Korpuskular-Theorie, die die Elemente der sichtbaren Natur in unsichtbare Minima zerlegte und aus ihnen botanische und zoologische Erscheinungen, selbst den Wechsel der Gezeiten erklärte. Auch hier wurde die Theorie vom Augenschein getrennt, und das war der Beginn wissenschaftlicher Naturbetrachtung, rudimentär nur für den hochmütigen Spezialisten von heute (oder von gestern), revolutionär für jeden, der neben den sachlichen Ergebnissen auch das menschliche Mühen um sie beobachtet.

Die Schule von Chartres und die Künste

Der natürliche Mensch und seine Ordnung im Kosmos waren das Lieblingsthema der Naturbetrachtung im 12. Jahrhundert, besonders in der Schule von Chartres, die, von Gerbert von Aurillac ausgehend und durch Adelard von Bath angeregt, einem naturphilosophischen Humanismus huldigte. Kennzeichnend für die Verehrung antiker Einsichten und für die Einschätzung moderner Erfahrungen war der Satz des Domschulmeisters Bernhard von Chartres: »Wir sind wie Zwerge, die auf den Schultern von Riesen sitzen. Wir sehen also mehr und sehen weiter als die Alten; aber es liegt nicht an der Schärfe unserer Augen und nicht an unserer großen Statur, sondern daran, daß sie uns tragen und wir ihre Größe nutzen dürfen.« Aber schon Bernhard versuchte weiter zu sehen, indem er auf den Schultern des Boëthius stehend die platonische Naturphilosophie mit der aristotelischen Logik verknüpfte. Sein jüngerer Bruder Thierry von Chartres setzte bis etwa 1155 diese Bemühungen fort und sammelte sie in einem merkwürdigen Kommentar zur mosaischen Genesis, der die Weltschöpfung philosophisch erklären und Gott selbst durch mathematische und astronomische Beweise erkennen wollte. Gott sei nur einer, aber Christus sei dem Vater gleich, also Gott zum Quadrat; Christus sei ein gleichseitiges Viereck.

Was diesem rationalistischen Versuch, die Weltformel zu errechnen, an Bildhaftigkeit fehlte, enthielt eine Dichtung vom Weltall, die Thierrys Freund Bernhard Silvestris um 1150 schrieb. Das platonisierende Werk ließ vor den Augen des Lesers die Schöpfung noch einmal entstehen, und die Deutung machte nicht bei der Gegenwart halt, denn die Sterne des Kosmos beschwören die Zukunft des Menschen. Die Zeit selbst ist nicht das geschichtlich Wechselnde, sondern das immer Gleiche, die in Augenblicke auseinanderfallende Ewigkeit. In diesem Sinn ist die Welt ewig, und sie ist schön wie der Mensch in seiner Leiblichkeit; mit seiner zeugenden und gebärenden Kraft ist er ein Bild des sich dauernd erneuernden Kosmos. Was diese Bilder poetisch verbrämten, war ein kühner Vorstoß zur Autonomie des natürlichen, »den Göttern verwandten« Menschen, scheinbar dem »finsteren Mittelalter« ganz fremd und doch ein Teil des 12. Jahrhunderts, ein Glied nur in einer großen Bewegung, die den menschlichen Geist zum Richter über die Welt erheben und darum den Menschen in die Mitte des Kosmos stellen wollte. Obwohl die beiden bedeutendsten Vertreter der Schule von Chartres, Wilhelm von Conches und Gilbert von Poitiers, als Pantheisten oder als Ketzer verdächtigt wurden, war ihr Versuch, Wissen und Glauben mit Hilfe der platonischen Ideenlehre zu verbinden, nur ein anderer, poetischer Weg zu dem, was die dialektische Methode aristotelisch und analytisch versuchte.

Sprache und Dichtung der Alten wurden in Chartres besonders eifrig studiert. War auch das nur Nachwirkung der Antike, Beispiel der vielbeschworenen »Renaissance des 12. Jahrhunderts«? Wie der naturphilosophische, so ließ sich der sprachliche Humanismus von der Antike zwar anregen; aber auch hier war das Ziel nicht die Wiedererweckung des klassischen Altertums, sondern die Souveränität des vernünftigen Menschen. Selbst die bewahrende Philologie, die nach dem Brauch Vergils und nach den Normen Priscians gefragt hatte, mußte sich korrigieren lassen, nicht nur durch die Poesie, mit der Bernhard Silvestris einen Kommentar zu Vergils Aeneis in einen allegorischen Abriß der Weltgeschichte verwandelte, sondern auch durch die Sprachtheorie, mit der Gilbert von Poitiers seine theologischen Definitionen begründete. Die lateinische Sprache wurde aus einem System, das vom Herkommen gestaltet war, zum Stoff für die gestaltende Vernunft. Das bahnbrechende Buch des rätselhaften Petrus Heliae, der in Abaelards Nähe lehrte, war ein Kommentar zu Priscians Grammatik, in Wahrheit aber eine *Summa* nicht der Traditionen, sondern der kritischen Sprachlogik. Wenn die Formen der Sprache dem Menschen unterworfen sind – nach Meinung Peters setzten die Gelehrten sich eines Tages zusammen und erfanden das Neutrum –, dann kann Ähnliches heute in jeder Sprache geschehen; nicht nur das Lateinische kann grammatikalisch systematisiert und rationalisiert werden. Mancher Rhetoriklehrer war nun stolz darauf, daß er niemals Cicero gelesen habe. Andere, die ihren Lukrez und Vergil noch fleißig studierten, fanden bei ihnen eher die Formen als die Gehalte. Wer mehr von ihnen lernen wollte, bekam zu hören: »Was will der alte Esel? Warum bringt er uns die Sprüche und Taten der Alten vor? Wir schöpfen das Wissen aus uns selbst; wir Jungen belehren uns selber und erkennen die Alten nicht an.«

Doch gerade indem man sich von den Fesseln der Formalien löste, belebte man den Geist des griechisch-römischen Altertums und fand in den klassischen Schriften an Stelle von Stilmustern das Beispiel des geistigen, ästhetischen und sittlichen Menschen. Der Mittelpunkt dieses Humanismus wurde der westfranzösische Kreis um die anglonormannischen Könige; seine Häupter wurden Hildebert von Lavardin und Johann von Salisbury. Hildebert, vielleicht ein Schüler Berengars von Tours und 1133 als Erzbischof von Tours gestorben, war der beste Latinist seiner Zeit; aber nur selten zitierte er Vergil oder Seneca. Er dichtete im antiken Geist, nicht mit antiken Formeln. Er war ein christlicher Dichter, seine Themen waren biblisch, liturgisch, hagiographisch, und seine Verse trugen bisweilen den sinnenfälligen Reim der Hymnen; aber die Antike gab ihm Anleitung zum rechten Leben. Roms Ruinen sind noch so gewaltig wie das Eingestürzte; niemand kann sie wieder aufbauen, sie sind dahin wie die Weisheit und Gerechtigkeit der weltbeherrschenden Römer. Jetzt dient Rom dem einen Gott und beherrscht die Seelen; aber das päpstliche Rom kann die unsterbliche Schönheit antiker Götterstatuen nicht imitieren. »Selbst die Natur konnte den Göttern kein Antlitz erschaffen, so strahlend, wie es der Mensch den Göttern in Bildern erschuf.« Diese heidnischen Götter sind falsch – ihre menschlichen Bilder sind schön. Die klassische Humanität steht im Einklang mit der Natur, überstrahlt sie aber durch Bildung. Wer ein Buch schreiben will, der glättet und säubert die Seiten, versieht sie mit Linien und beschreibt sie deutlich; dasselbe muß der Mensch mit seinem Herzen tun, dann wird er selbst ein edles Buch, und literarische Bildung und Formung erhebt ihn über natürliches Maß zum göttlichen Erdenwesen.

Ähnlich moralisch-pädagogisch war der Humanismus Johanns von Salisbury. Der Engländer, aus kleinen Verhältnissen stammend, war 1136 in Paris Abaelards Schüler, danach in Chartres und Rom tätig, ein Vagant wie viele, der sich als Hauslehrer sein Brot verdiente; aber er ging in der Sorge nicht unter und starb nach vielen Reisen 1180 als Bischof des geliebten Chartres. Die Dialektik allein schien ihm machtlos wie das Schwert des Herkules in der Hand eines Zwerges. »Jeder philosophische Standpunkt ist nutzlos und falsch, wenn er sich nicht in der Lebensgestaltung zum Ausdruck bringt.« Darum galt Aristoteles nur als der Morgenstern, Platon als die Sonne; darum standen Caesar und Seneca weit über den griechischen Akademikern; darum wandte sich Johann von den Pariser Studienfreunden ab, als er sie nach langer Abwesenheit wiedertraf, noch immer über ihren alten Problemen brütend, nun aber ohne Maß und Bescheidenheit.

Über solche gelehrte Beschränktheit hilft dem Menschen die Besinnung auf das eigene Leben hinweg, vor allem die Geschichte; denn »am fremden Leben sollen wir lernen«, und wer die Vergangenheit nicht kennt, kann die Gegenwart nicht kritisch meistern, ist auf die Zukunft nicht vorbereitet. In allen geschichtlichen Umständen soll sich der Mensch maßvoll und beherrscht, menschenwürdig zeigen. Johann selbst wurde so, wie er den Menschen wünschte. »Obwohl dies schon das vierte Jahr meiner Verbannung ist, erschreckt mich der Wirbelwind des Geschicks von Tag zu Tag weniger; viel freier, als da ich noch von der Last irdischen Besitzes bedrückt war, erfahre ich nun in freudiger Armut, daß für den Starken jeder Boden Vaterland ist.« Einen Mann des ernsten Lächelns hat ihn Johan Huizinga, ein verwandter Geist, genannt; unter den Fanatikern der dialektischen Theorie war er ein Außenseiter, aber der geheimen Mitte des Jahrhunderts stand er näher als sie. Denn was der Mensch im Angesicht Gottes und der Welt wert sei, das wurde in Chartres nicht nur doziert oder gedichtet, es wurde gelebt.

Aber muß man denn auf Vergangenheit und Zukunft sehen, wenn man heute und hier lebt? In Johanns Nachbarschaft empfand man Geschichte meist als erlebte Gegenwart, als Zeitgeschichte, als Geschichte eines Klosters, eines Reiches, eines Menschen, also als Geschichte bedeutsamer Einzelheiten. Der Benediktiner Ordericus Vitalis, Sohn eines französischen Geistlichen und einer Engländerin, sollte um 1120 auf Befehl seines Abtes die Geschichte seines Klosters St. Evroul schreiben. Vieles war dabei zu berichten; es wurde eine Geschichte der Normandie daraus, zunächst für die letzten fünfzig Jahre. Woher kommen die Normannen? Ihre Vorgeschichte schloß sich an, und endlich noch eine Geschichte der Kirche und der Apostel. So hieß das 1142 abgeschlossene Buch »Kirchengeschichte«, aber es war Lokalgeschichte. Ordericus meinte, was sich in Alexandria, Griechenland und Rom zutrage, könne er nicht erforschen; er berichte nur, was er selbst gesehen oder aus der Umgebung gehört habe. Das Nächste, Anschaulichste wurde zum Wichtigsten; jeden Tag geschehen so viele und neuartige Dinge, die man den Nachfahren mitteilen muß: Kleidermoden, Naturkatastrophen, Hofanekdoten, Biographien großer Mönche und kleiner Edelleute sind zu erzählen, ungenau und voller Wiederholungen im einzelnen, ohne große universalhistorische Leitlinien. Doch darin hatte das Werk seine innere Ordnung; es war historisch gewachsen, krumm und schief, aber gesund und frisch, prachtvoll in der knappen Charakterisierung von Menschen und Schicksalen. Gewiß standen dahinter auch allgemeinere Ideen, denn durch die Geschichte belehrt und erzieht Gott die Menschen. Die Kirche, das sind die Klöster der Reform-Orden; die Welt, das ist der normannische Staat. Heute ist es so, aber wer dürfte fragen, warum es so ist oder wie es morgen sein wird? Es bildet ein Charakter sich im Strom der Welt.

Entschiedener noch machte sich die Wirklichkeit des täglichen Lebens in der größten Biographie des Jahrhunderts geltend. Der aus kleiner Familie stammende Benediktinerabt Suger von Saint-Denis widmete sie um 1145 seinem vertrauten Herrn und Freund König Ludwig VI., dem Dicken. Der König ist das Muster eines großen Menschen, ein irdischer Herr, aber auch der Ritter des Himmels; in ihm begegnen sich weltliche und geistliche Tugend. Und doch ist Ludwig der Dicke keine hochstilisierte Figur, sondern ein Mensch wie wir alle. Wenn wir ihn wütend in eine brennende Stadt einbrechen sehen, so ist er kein Racheengel, sondern ein hustender und schreiender Mann; noch lange danach sei der König von Qualm und Rauch stockheiser gewesen. »Hätte ihn nicht ständig das Gewicht seines feisten Leibes behindert, so hätte er schlechthin jeden Feind überwunden«; der

Ideale Waldlandschaft
Miniatur in den »Carmina Burana«. Handschrift der Schule des Klosters Benediktbeuren, um 1225
München, Bayerische Staatsbibliothek

Ruinen der Templer-Burg von Ponferrada/León, Mitte 12. Jahrhundert

Realismus dieses Irrealis »Hätte nicht...« zerstörte den Stil der Heldensagen wie der Universalhistorien. Der Mensch ist nicht aus gleichem Stoff wie seine Träume.

Und doch wurde Suger, der kluge Verwalter des französischen Staates, auch zum Bauherrn des ersten frühgotischen Kirchenraumes, der Abteikirche von Saint-Denis, die zwischen 1140 und 1144 entstand. Woher ihm die Baugedanken kamen, ist heiß umstritten; die Wölbung der Decke, die Auflösung der tragenden Wände, Strebewerk und Spitzbogen – das alles war anderswo schon erprobt worden; aber es kam nicht auf die Einzelheiten an, sondern auf das Ganze. Möglich, daß sich Suger am Beispiel der Zisterzienser orientierte; wahrscheinlich, daß ihm die Gedanken der Schule von Chartres einleuchteten; er baute trotzdem ohne Vorbild. Er baute nach geometrischen Prinzipien. Aus einfachen Figuren entwickeln sich die Proportionen, und sie sind ein Abbild des Schönen, der Welt und Gottes; zugleich aber sind sie verständlich und vernünftig. Sugers Bau war ein erster, ausgeglichener Anfang, im Gleichgewicht zwischen senkrecht und waagerecht, für Gott allein errichtet und doch wirklichkeitsnahe und breit. Was danach mit Notre-Dame in Paris seit 1163 und bis zur Ausbildung der Hochgotik, mit dem zweiten Bau von Chartres 1194, entstand, dehnte Sugers Maß ins immer Höhere und Schmalere. Die Kerngedanken waren freilich noch dieselben. Die neue Kirche, vom gläubigen Volk in enthusiastischer Gemeinschaftsarbeit erbaut, war eine langgestreckte Straße zu Gott, aber auch schon das Sinnbild der Himmelsstadt, des göttlichen Lebens und des Weltalls. Sie machte anschaulich, was Theorie und Historie nicht mehr sagen konnten; die Kunst sollte in Architektur, Plastik und Malerei vom Heil predigen.

Aber auch die natürliche Schönheit wurde Gestalt; Farben überzogen an den Gewölben und in den Glasfenstern den Innenraum; Gold umgab den Altar, kostbare Gewebe umkleideten ihn; Tier- und Menschengestalten wuchsen aus den Säulen hervor, Knospen- und Rankenwerk verkündete Ebenmaß. Und doch bot das Bauwerk kein deftiges, einfaches Bild von Glauben und Welt, sondern ein vergeistigtes, schwebendes, zerbrechliches Gleichnis, die Umkehrung des Bloßnatürlichen. Der Raum bestand nicht aus tragenden Wänden, die Wand war durchscheinend; die Decke schloß nicht ab, sie öffnete sich mit Kreuzgewölben und Spitzbögen nach oben; der schwere und spröde Stein wurde in den Maßwerken der Fenster und Türme gestaltet, als wäre er leicht schnitzbares Holz. In diesem errechneten und doch wuchernden Spiel der Kräfte wirkten geometrisch nüchterne Theorie und poetisch enthusiastische Phantasie zusammen, als wäre das Ganze unwirklich und unsinnlich; was es zusammenhielt, waren Maß und Proportion, ungreifbare und abstrakte Größen. Dennoch war es der vernünftige Mensch, der diese wunderbare zweite Schöpfung entwarf. Daß die »gotische«, in Wahrheit französische Kunst im 12. Jahrhundert nur im verwandten England, in Canterbury und Lincoln, Fuß faßte, zeigt, wie eng sie zur geistigen Bewegung der Zeit gehörte. Sie versuchte eine Synthese der Formen, die zu Ende des 12. Jahrhunderts auch die Schrift veränderte und die karolingischen Rundungen zu den »gotischen« Brechungen der Fraktur streckte. Hier ist es am auffälligsten, daß diese Synthese jenseits der Theorien und der Worte stand, die in dieser Schrift geschrieben wurden.

Dieselbe wortlose Synthese wurde am Jahrhundertende in der Musik versucht. Sie strebte hinaus über die Eintönigkeit und die begrenzte Mehrstimmigkeit. Die Polyphonie, im anglonormannischen Westfrankreich als Kirchenmusik ausgestaltet, ließ nun jede Stimme sich ganz ausleben; der Diskant, die Gegenbewegung zur Hauptmelodie, wurde ebenso zugelassen wie der Kanon, der Rundgesang, bei dem die gleichlautenden Stimmen nacheinander einsetzten. Bei diesem Gesang mehrerer selbständiger Stimmen wurde den Hörern der lateinische Text unverständlich, der Klang um so deutlicher. Der Text sank in den schweren, gleichmäßigen Gang der Unterstimme, in den *Cantus firmus*, der nur wenige Töne brauchte und zum Beispiel in einem vierstimmigen Satz einen Ton über hundertdreißig Takte festhielt. Darüber spannten sich die Oberstimmen mit starken Intervallen, auch mit anderen, sogar französischen Texten und mit erregendem Rhythmus. Die neue spannungsreiche Musik fand ihre Heimstatt in den neuen Kirchen, besonders in Notre-Dame zu Paris, in der Domkantorei unter Leoninus und Perotinus. Nicht die Harmonie der Töne, allein der Rhythmus sammelte die Stimmen ihrer Motetten; sie spiegelten unmittelbar die geistige Bewegung durch ihren rationalen, unsinnlichen Bau, der Weltliches und Geistliches, Einheit und Vielfalt, Theorie und Emotion zusammenzwang. Spätere, der Melodie und Harmonie zugewandt, taten diese Musik bald als *Ars antiqua*, als antiquierte Kunst, ab; im späten 12. Jahrhundert war sie die neue Kunst, der große Versuch, die Spannungen der Zeit zu überwölben, den Möglichkeiten der Zeit Gestalt zu geben.

Das Rittertum und die volkssprachliche Dichtung

Konnten Schuldialektik, lateinischer Humanismus und geistliche Ästhetik im 12. Jahrhundert noch das ganze und wirkliche Menschenbild darstellen? Die Epoche war nicht nur ein tintenklecksendes Säkulum; nicht einmal in der Literatur behauptete sich der frühere Vorrang geistlicher Themen und lateinischer Formen. Die Städte, auf die sich im Zeitalter der Universitäten und Kathedralen das geistige Leben immer stärker konzentrierte, erkämpften zur selben Zeit ihre Freiheit zu Handel und Handwerk, freuten sich ihrer freilich zuerst im Fleiß und Wagemut. Obwohl Kaufleute und Handwerker nun in städtischen Schulen das Lesen, Schreiben und Rechnen lernen konnten, nutzten sie die neue Fertigkeit noch kaum zu geistiger Besinnung, sondern zuerst und vor allem für ihre Geschäfte. Von der bürgerlich zweckhaften, handfesten Gesinnung der Städter haben wir manches indirekte Zeugnis, aber aus diesem Jahrhundert kaum ein Denkmal. Was die Bürger lasen, war noch keine bürgerliche, aber auch nicht mehr nur geistliche, es war ritterliche Literatur.

Der Aufstieg des Rittertums zu einer literarischen, geistigen und religiösen Bewegung zählt zu den erstaunlichsten Ereignissen dieses ereignisreichen Jahrhunderts. Die Adligen hatten zuvor in germanischen, mündlichen Überlieferungen und von einer rohen, ritualistischen Frömmigkeit gelebt und waren zuerst auf Steigerung der Macht und auf Genuß des gefährlichen Daseins bedacht gewesen; in den Heldensagen und den Liedern von rauflustigen Haudegen hatten sie ihre Ideale dargestellt gefunden. Der kirchliche Gottesfriede und die wachsende Staatsmacht hatten sie in ein neues Maß, zugleich in eine Gemeinschaft gezwungen, so ungebärdig sie noch blieben. Im Ersten Kreuzzug hatte sich doch schon eine veredelte Gesinnung besonders beim niederen Adel kundgetan, und dieser Schicht zwischen Adelsmacht und Reiterdienst kam seit etwa 1100 auch der neue Name »Ritter« zu. Ein erstes Idealbild, das des christlichen Ritters, faszinierte zur Zeit der Gregorianischen Reform die Adligen im ganzen Abendland. Der Streiter Gottes schützt die Kirche und ihre Güter, hält seine Hand über die Schwachen, Witwen und Waisen, bekämpft die Ungläubigen und errichtet selbstlos Gottes Ordnung auf Erden. Bernhard von Clairvaux, Johann von Salisbury und andere predigten dieses Ideal, das dem höfischen Treiben, den adligen Würfelspielen und Jagdvergnügen steuern sollte. Allerdings war es nur eine fromme Forderung; nicht alle skrupellosen Herren ließen sich besänftigen oder gar mitreißen.

Immerhin entsprang dieser Forderung im frühen 12. Jahrhundert die reinste Verkörperung des Rittertums in der Realität: die Reihe der geistlichen Ritterorden im Heiligen Land und in Spanien. In Jerusalem pflegten die Johanniter schon Kranke und Pilger; das war anfangs nur ein karitativer Verband, der erst um 1155 Ordenscharakter annahm. Vorher schon, um 1120, tat sich der Ritter Hugo von Payens aus der Champagne mit sieben französischen Genossen zusammen, um die Jerusalempilger mit der Waffe zu schützen. Die militärische Aufgabe sollte nicht Selbstzweck sein; die neue Gemeinschaft wollte nicht dem eigenen Willen folgen und legte dem Patriarchen von Jerusalem die Mönchsgelübde der Armut, der Keuschheit und des Gehorsams ab. Ihre Mitglieder ritten, um Armut und Gemeinschaft zu zeigen, zu zweien auf einem Pferd; schmucklos und kahl war ihre Unterkunft. Nach ihrem Hauptstützpunkt in Jerusalem, beim Tempel Salomons, nannte man diese »armen Ritter Christi« auch »Templer«. Bald richteten sie sich nach der Benediktsregel, besonders nach zisterziensischen Gewohnheiten, ließen sich 1128 durch Bernhard von Clairvaux eine Ordensregel verfassen und legten den weißen Mantel mit dem roten Kreuz an. Es schien, als hätten sich nun endlich mönchische und ritterliche Lebensweise miteinander verbündet. Der Ritter sollte nur im Dienste Gottes Blut vergießen, er sollte heldische Zucht üben, die sein hiesiges Leben erhöhte und ewiges Leben verhieß. Doch verkörperten auch die Ritterorden die christlichen Ideen nicht rein, schon nicht in ihrem Grundgedanken, daß um Gottes willen das Töten geboten sei, erst recht nicht in ihrer historischen Entfaltung; entsagte doch auch der Templer-Orden durchaus nicht dem Willen zu Macht und Besitz; später ließ er sich von der internationalen Geldwirtschaft faszinieren und sammelte ein eigenes Territorium.

Blicken wir in die älteste ritterliche Literatur, so begegnet uns eine ähnliche Gesinnung um 1100, wohl im bretonischen Raum, im altfranzösischen Rolandslied. Der volkssprachlichen Dichtung bot nicht eine ferne Sagenwelt, sondern die Geschichte um Karl den Großen ihren Stoff. Der Ritter des Karlskreises liebt den Kampf als blutiges Gemetzel, als Schauplatz für Ruhm und Beute; für seine Waffentaten kommt er in den Himmel. Als Roland im Kampf gegen die Heiden starb, streckte er den Handschuh gen Himmel und wurde so Vasall Gottes, nachdem er auf Erden seinem Kaiser treu gedient hatte. Er focht für Ehre und Ansehen, ohne groß nach übersinnlichen Zielen zu fragen, ohne mit Gott zu ringen; seine Haupttugenden waren besinnungslose Tapferkeit und bedingungslose Treue. Das Leben war roh und erbarmungslos; feine Seelenregungen, auch den Frauen gegenüber, hatten keinen Platz. Der Dichter setzte diese Ordnungen unerklärt und unverbunden hin, als müßten sie so sein. Die Übersetzung dieses Werkes, das deutsche Rolandslied des Pfaffen Konrad, empfahl später, wohl um 1170, dringlicher das, was sein sollte, religiösen Opferwillen und Glaubenseifer, überhaupt die Gesinnung der Kreuzzüge und Ritterorden; in deutscher, noch immer formelhaft gebundener Sprache lasen die deutschen Ritter von den Vorbildern auf dem Weg zu sublimierter Frömmigkeit. Sie blieb ein Ideal, das sich nicht mehr in einer Gemeinschaft verkörperte, zum einen, weil es zu hoch griff, und zum anderen, weil es nicht mehr das einzige war.

Neben die Heldenlieder und das Kreuzzugserlebnis trat alsbald die ritterliche Lyrik, und sie zeichnete ein ganz anderes Bild vom rechten Ritter. Die meisten dieser Lieder sollten die höfische Frau verherrlichen und die Liebe des Ritters zu dieser, mit einem anderen verheirateten Herrin preisen. Sie waren für den Augenblick gemacht, graziös, sangbar und stimmungsvoll; ihre Sprache war die des Volkes, doch kunstvoll stilisiert. Sie gediehen zuerst – wieder seit etwa 1100 – und am längsten im Süden Frankreichs in Aquitanien und um Toulouse, an den zahlreichen kleinen Höfen, auf den Burgen und Raubnestern. Die »Trobadors«, zu denen regierende Fürsten und arme Emporkömmlinge zählten, sangen unter greller Sonne, auf kärglichem Boden, inmitten bizarrer Berge von der blanken Lebensfreude, eindringlicher als die Vaganten in ihrem verspielten Latein. Bertran von Born verachtete denn auch das geistige Gehabe, den feigen Mönch, den listigen Diplomaten und den maßvollen Herrscher; seine Maxime hieß: »Drauf!« Frauenschönheit bezauberte ihn nicht; er liebte den Rausch des Krieges, wo »mancher farbige Helm und Schwert und Speer und Schild« zerhauen werden, wo in den Wäldern herrenlose Pferde irren und rotes Blut die grünen Matten deckt; »und mancher liegt dahingestreckt, dem noch der Schaft im Herzen steckt«.

Höheren Lebensgenuß suchte Bernart von Ventadour; er besang allein die schöne, reife Frau, die einem anderen gehört und den Sänger nicht liebt. Jede dieser Geliebten ist schön, jede trägt das gleiche süße Lächeln durch die Gedichte, von keiner erfahren wir den wahren Namen; sie sind keine Individuen, beinahe ein Vorwand. »Wie das Fischlein auf den Köder losschnellt«, so läßt sich der Ritter willenlos gefangennehmen und reift im Ausharren, im Minnedienst ohne Erhörung. Der Reiz, der im Verbotenen, nie Erreichbaren liegt, die ungelöste Spannung erzieht den Liebenden zum wahren Ritter; wenn sich die Begehrte versagt, zwingt die Zucht den Mann zur Haltung. Wie weit einzelne Trobadors nicht doch den geheimen Lohn ihrer Lieder empfingen, darauf kommt es nicht an; die Wirklichkeit der Liebe verwandelte sich ins Spiel des spannenden Augenblicks, in jenes schwebende Als-ob, dem jeder Augen-Blick schon glückliche Erfüllung ist, also in Galanterie. Religiöse Themen fehlten bei den Trobadors nicht; aber wenn die wildesten unter ihnen am Lebensende fromm wurden, dann gingen sie wie Bertran und Bernart ins Kloster und schützten nicht als christliche Ritter die Witwen und Waisen, geschweige denn das reiche Kirchengut. Man lebte im Tag und für seine Leidenschaften, nicht für politische Formen oder geistliche Werte. Unter den vierhundertsechzig uns bekannten Trobadors waren nicht zehn originell; die meisten ahmten nur nach, auch wenn einer von ihnen selbstbewußt schrieb, seit Adam vom Apfel gegessen habe, sei keine Dichtkunst neben der seinigen auch bloß eine Rübe wert. Die wirklichen oder möglichen Erlebnisse wurden nicht zur ethischen Forderung, sondern zu glänzender Form und gefälligem Spiel.

Als die Themen der Trobadorlyrik um 1170 in Deutschland, im Minnesangs Frühling, aufgenommen wurden, erhoben die Sänger das Rittertum hier ins Grundsätzliche und Geistige und gaben ihm Gewicht, schon durch Sprache und Form. Der Alemanne Hartmann von Aue schätzte nicht das unbedachte Dreinschlagen und die verliebte Schwärmerei; erst der Kreuzzug genügt dem Ethos des echten Ritters, der sich vom Frauendienst zum Gottesdienst, vom Vergänglichen zum Ewigen wendet. Der Thüringer Heinrich von Morungen war Kreuzfahrer gewesen und wohl bis Indien gereist, aber sein kunstvolles Lied galt nur der Minne. Auch er meinte nicht das frivole und galante Spiel; die Frau wurde ihm zum Symbol aller hohen Ideale. Lichter Glanz hob die Geliebte und die Liebe in die Sphäre gläubiger, seliger Anschauung und absoluter Poesie.

Aber auch dieses, durch Anleihen bei der mönchischen Mystik vertiefte Bild war nicht das einzige, das die Ritter begeisterte; nach dem frommen und dem galanten trat der höfische Ritter auf den Plan. Man sah ihn leibhaftig an den großen Höfen der Champagne und Flanderns, der Babenberger und Staufer, wo ein Kodex kluger und maßvoller Konventionen herrschte. Man fand ihn wieder in der ritterlichen Epik, die an den langen Abenden auf den Burgen vorgetragen, auch schon still gelesen wurde. Sie versuchte sich immer neu an den längstbekannten Themen der antiken Trojaner- oder Alexandersage oder der keltischen Artussage; an dem phantastischen Stoff aus einem irdischen Jenseits des Längstnichtmehr und Nirgendwo wollten die Dichter eine edle, gleichmäßige Sprache und Geisteshaltung finden.

Im Bannkreis der lebenslustigen Trobadorenkelin Eleonore von Aquitanien, der Gattin des französischen und dann des englischen Königs, ihrer Schwestern und ihrer geistreichen Tochter Marie von Champagne arbeitete zwischen 1160 und 1190 der bürgerliche Dichter Chrétien von Troyes an seinen spielerisch-raffiniert komponierten Artus-Epen. Ihr Schauplatz war grenzenlos und märchenhaft, ihre Zeit der ewige Frühling; ihre unwirklichen Helden präsentierten sich in zierlicher Anmut, prächtig umrahmt von kostbaren Waffen, rassigen Pferden und erlesenen Gewändern. Immer waren sie wandellos dieselben; Pflichtenkonflikte quälten sie kaum, auch wenn sie empfindsam zwischen Ehre und Minne wählten. Sie vollbrachten zweckfreie, abenteuerliche Wundertaten für eine exklusive Gesellschaft von ihresgleichen, besonders für die geliebte Dame. Sie dienten unbeschwert den sinnlichen Mächten, zugleich den Waffentaten und der Minne, nicht so sehr Gott und der Weltordnung. Ihre Haltung war das »Maß«, das der benediktinischen *Discretio* nahestand, aber formaler gemeint war, als Mittelmaß der verständigen Ausgeglichenheit, als Harmonie der Werte und als edle Gebärde.

Wieder verwandelten die deutschen Epiker das Bild, indem sie es übernahmen. Als Wolfram von Eschenbach vor 1200 in sprunghafter Form und dunkler Sprache seinen »Parzival« begann, tat er es nicht um des literarischen Spieles willen. Sein Parzival war kein Musterheld von Anfang an; als er aus zweifelnder Unsicherheit die Mitleidsfrage versäumte, benahm er sich wie ein Kavalier, aber nicht wie ein Ritter. Das Rittertum war für Wolfram kein statisches System des Verhaltens; seine Gemeinschaft der »Templeisen« hatte wenig gemein mit den zeitgenössischen Ritterorden, sie war weltnäher und wandlungsfähiger; denn die Welt und der Mensch sind eine Aufgabe und kein Zustand. Die Bewunderung der Artusrunde versagt sich dem Suchenden; sogar Gott wendet sich ab. Durch Selbsterziehung auf der Ritterfahrt, durch Erfahrung findet der Held mühsam zum gottgewollten Schildesamt und zur geliebten Ehefrau. Der geläuterte Ritter empfindet die Welt nicht als leuchtendes oder drückendes Gesetz, sondern als Unordnung; er stellt, wo er kann, entsagungsvoll die rechte Ordnung der Gnade erst her, als Helfer Gottes, als Freund der Schwachen und der Tiere, auch der Bauern und sogar der Heiden.

Doch auch dieses dem Humanismus nahe Ideal hat sich nie und nirgends verwirklicht. Alle Ritterideale waren utopisch übersteigert; niemand, selbst ein Dichter nicht, konnte nach ihnen leben; sie waren überdies nicht uniform, denn niemand konnte Gott, dem König, dem Ruhm und den Frauen gleichzeitig dienen; sogar für Walther von der Vogelweide paßten die heterogenen Leitbilder nicht zusammen in einen Schrein. Dennoch waren sie keine bloßen Gedankenexperimente; sie machten die Freiheit als Selbstbindung, den Dienst als Ausweis des Adels zu Forderung und Ansporn für die historische Schicht der adligen Dienstmannen. Die ritterliche Grundtugend der Ausgeglichenheit – Produkt und Symptom einer Übergangssituation zwischen Adelswillkür und Staatsmacht, zwischen Brutalität und Spiritualität – war indes ein formales Ideal, das sich – ähnlich der dialektischen Methode – an keinen Inhalt völlig band. Es ließ sich nur realisieren als spielerische, hochstilisierte Lebensform, und sie war es, die das Rittertum unsterblich machte und den europäischen Adel zu einer geistigen Gemeinschaft von Maß und Zucht erhob.

Nach dieser Lebensform wächst der Adlige wild heran; nur der Mann im Kind wird erzogen und mit geistiger Nahrung nicht überfüttert. Der junge Knappe muß sich an fremden Höfen jahrelang bewähren, im Krieg, auf der Jagd und in der höflichen Bedienung des Herrn und der Gäste. Dann empfängt er das Schwert, das Lehen und die Frau. Die freie Zeit auf der Burg füllt er mit Jagd, Tanz und Spiel. Das Spiel ist nicht nur Zeitvertreib, sondern fast ein zweites Leben über dem wirklichen, eingefriedet durch Regeln und Haltungen. Auch Mahlzeiten und Mode ordnen sich, zwischen Reiz und Reserve die Mitte haltend, den Spielregeln ein. Damen und Gäste werden sittsam geehrt, doch der Geselligkeit tritt die Zurückhaltung zur Seite. Die Burg, Mittelpunkt adligen Lebens, ist Festung und Festraum zugleich, der Ort für die Geselligkeit einer Elite. Stolz zeigt sich der Ritter im Glanz seiner Rüstung und der bunten Wappenfarben, er verschmäht die Tarnung und alle Fernwaffen. Auch der Krieg ist ihm ein geregeltes Spiel der Elite, Nahkampf und Zweikampf, ohne Hinterhalt und ohne Massenheere. Das Turnier wendet den Krieg noch mehr ins Spielerische, gefährlich auch im Frieden, ein Spiel mit dem Leben.

Aber daneben blieb Zeit für kulturelle Bildung und für Anregung durch Geselligkeit. Die Adligen und ihre Damen lernten lesen und schreiben und stellten neben die internationale, lateinische Kultur der Kirche eine ebenso internationale Laienkultur in den Volkssprachen, die am Anfang der europäischen Nationalliteraturen stand. Sie war sprachlich hochstilisiert und doch ohne Purismus und Eigendünkel; sie bejahte die Welt und wollte gleichwohl christlich sein. Hielt sie sich vom Fanatismus der Theorie fern, so erlag sie doch ebensowenig dem Fanatismus der Macht; sie suchte das Chaos der Realitäten zu bändigen durch geistige

Zucht. Adliges Leben wurde fortan öffentlich zelebriert, als Darstellung einer Gemeinschaft, kritisch geformt durch das Urteil der Gemeinschaft. Diese Körperschaft war im 12. Jahrhundert noch nach allen Seiten offen; Könige wurden zu Rittern, Unfreie stiegen in den Adel auf. Unvermeidlich war dann freilich auch, daß dieses ständisch nicht abgeschlossene, inhaltlich von der religiösen bis zur galanten Sphäre, räumlich von Portugal bis Ungarn reichende Ideal an der Oberfläche blieb und allen denen zum Stein des Anstoßes wurde, die an der formalen Mitte kein Genüge fanden und für die Organisation der Elite mehr als nur Ausgeglichenheit zum Inhalt verlangten. Sie formierten sich gegen die Scholastik und Ästhetik der Weltkleriker, gegen das Rittertum der Laien zu einer Bewegung, die den Verlockungen der »Frau Welt« widerstehen, die Forderungen des Glaubens und Denkens in neuen, mönchischen Gemeinschaften der Elite verwirklichen wollte.

Bernhard von Clairvaux und die Kontemplation

Man glaubte einen Ritter vor sich zu sehen, wenn man Norbert von Xanten 1115 daherreiten sah, den hochadligen kaiserlichen Kaplan, der zwar geistlich erzogen, aber ehrgeizig und weltlich gesonnen war; dem Liebhaber schöner Pferde und Stoffe waren langatmige Gebete zuwider. Da warf ihn ein Blitzschlag vom Pferd und aus seiner Bahn, und in adliger Unbedingtheit änderte Norbert sein Leben. Er wollte sich aus der irdischen Welt lösen, wollte aber, anders als Zisterzienser und Kartäuser zuvor, die Welt selber mitreißen. Seine Mitkanoniker in Xanten suchte er zunächst zu überzeugen, vergeblich; ein Stiftsherr spuckte ihm öffentlich ins Gesicht. Norbert duldete die Schmach, aber er ging. Vom Papst erbat und erhielt er wie Robert von Arbrissel die Erlaubnis, frei predigend umherzuwandern. Wie es im Evangelium steht, wollte Norbert, »um wahrhaft evangelisch und apostolisch zu leben«, auf die Mission in Nordfrankreich weder Tasche noch Schuhe und keine zwei Röcke mitnehmen, sondern mit bloßen Füßen Gott suchen und als Pilger die Armen Christi rufen. Doch für ihre Gemeinschaft, die sich rasch zusammenfand, sollte Norbert eine feste Ordnung stiften; die Bischöfe drängten ihn dazu. Er versuchte es mit eremitischen, dann mit zisterziensischen Bräuchen; sie paßten schlecht für Wanderprediger und Weltpriester. So suchte Norbert seine eigene Regel, die Einsamkeit und Seelsorge, Armut und apostolische Wirkung verknüpfte, und fand sie in der Augustiner-Regel, nach der seit der Gregorianischen Reform viele Chorherrenstifte lebten.

Norbert aber errichtete nach Art der Zisterzienser einen regelrechten Orden, ausgehend von seinem 1120 bezogenen Stammkloster Prémontré bei Laon, nach dem die neue Gemeinschaft Prämonstratenser-Orden heißt. Hier sollten sich alljährlich die Oberen im Generalkapitel treffen, aber unter streng monarchischer Leitung, fast nach kluniazensischer Weise. Der einzelne Mönch sollte in äußerster Armut leben; ohne Fett und Fleisch waren seine Mahlzeiten gerichtet. Aber nicht die äußere Tätigkeit, nicht die Feldarbeit war wie bei den Zisterziensern das Ziel, sondern eine neue, ganz innerliche Aktivität von bezwingender

Kraft: die Kontemplation. So wurden die Prämonstratenser der erste Orden von Weltgeistlichen, jedoch kein Prediger- oder Missionsorden; sie »zogen weit weg von den Menschen«, um draußen gemeinsam in unermüdlicher Beschaulichkeit auf die Menschen zu wirken. Anfangs wurden auch Frauenkonvente zugelassen, und wie der Orden die Laien in seine abgelegenen Kirchen hineinzog, so zog er schließlich selbst hinaus. Als der Gründer Norbert 1126 Erzbischof von Magdeburg wurde, wich er der neuen Aufgabe nicht aus und setzte seinen Orden im deutschen Osten an; er hatte an der Ostkolonisation beträchtlichen Anteil. In Deutschland breiteten sich überhaupt die Prämonstratenser-Stifte am schnellsten aus, gefördert besonders vom Adel; Barbarossas Taufkind Gottfried von Kappenberg gehörte zu Norberts frühesten Anhängern, und adlig sind die Prämonstratenser auch später gerne geblieben. Gelehrsamkeit wurde geringer geachtet als bei den Kartäusern, immerhin im Dienst der Kontemplation zugelassen. Die Macht der Versenkung blieb allerdings ungreifbar. Nur ein Dutzend der deutschen Stifte lag in Städten; die anderen bevorzugten Einöden. Die ersten Mönche von Prémontré lebten vom Verkauf des gesammelten dürren Holzes in der Stadt, nicht von der Stadt selbst. Solange Norbert lebte, bis 1134, hielt er den Orden mit seinen schon über hundert Häusern fest in der Hand und in der Nähe der Laienwelt; danach zogen sich die Prämonstratenser immer weiter in die Betrachtung zurück und widmeten sich nur zögernd der Seelsorge und Erziehung.

Daß es damit nicht genug sein konnte, wußten Norberts Jünger wohl; der Prämonstratenserbischof Anselm von Havelberg verwies warnend auf das Vorbild des Apostels Paulus, der nach seiner inneren Läuterung auszog, um als Missionar auch andere Seelen zu retten; und Anselm hatte ein anderes Vorbild vor Augen, seinen wundertätigen Freund Bernhard von Clairvaux, der freilich kein Prämonstratenser war. Als drittes Kind eines burgundischen Ritters um 1090 nicht allzu weit von Cluny geboren, war Bernhard 1112 in das strenge Kloster Cîteaux eingetreten; noch nach einem Jahr der inneren Sammlung wußte er nicht zu sagen, ob die Decke seines Schlafsaales flach oder gewölbt sei. Der hagere, hochgewachsene Mann, mit blauen Augen und rötlichem Haar, war indes nicht nur beherrscht und gesammelt; plötzliche Ausbrüche schüttelten ihn, zwischen unbändigem Willen und demütigem Gefühl suchte er den Ausgleich. Als er 1115 Abt von Clairvaux geworden war, kasteite er sich im Walde, bis er am Übermaß der Bußübungen erkrankte. Erst dann begann er sich der Umwelt zu widmen, von einer niedrigen Zelle aus, die er ohne anzustoßen kaum betreten konnte; dort starb er 1153 an dem Magengeschwür, das ihm sein Fasten gebracht hatte.

Ein gewaltsames Leben, aber auch von gewaltiger Wirkung. Schon ins Kloster zog Bernhard mit über dreißig Freunden ein; als Abt von Clairvaux riß er den Zisterzienser-Orden zu stürmischer Ausbreitung über ganz Europa mit; fast siebzig Klöster hat er selber neu gegründet. Wenn er nicht auf Reisen war, saß er schreibend in der Zelle, von der Matutin bis in die Nacht, und er schrieb weniger einsame theologische Traktate als Briefe an Mitmenschen, in einer hochgebildeten und doch lebendigen, wuchtigen und doch nuancenreichen Sprache. In diesen Briefen – über fünfhundert sind uns erhalten – kritisierte Bernhard das Weltleben, förderte die religiösen Kräfte, mahnte die Großen der Welt. Vollends seit 1130 wurde er auch politisch mächtig; er wollte die Nachfolge Jesu und das apostolische

Leben in die Welt der Macht hineintragen, zum Beispiel durch seine Regel für den Templer-Orden und seine hinreißenden Predigten zum Zweiten Kreuzzug. Bernhard empfand den Zwiespalt zwischen aktivem und kontemplativem Leben bitter genug; er nannte sich das Zwitterwesen seiner Welt, das nicht Mönch, nicht Laie sei. Als Zwitterwesen empfand er sich, weil er mit Gott noch nicht ganz eins war und zwischen auseinanderstrebenden Zielen stand. Nur in Bernhards Willen war die Einung mit Gott vollzogen; aber er wollte ja nicht denken oder reden, sondern handeln, und darum war der Übergang von der politischen Aktivität zur mystischen Kontemplation bei ihm ohne Bruch. Was in der Abwehr der Ketzer, im Streit gegen Abaelard und Gilbert von Poitiers nur als Negation erschien, fügte sich zu einem Ganzen.

Bernhard war kein Gegner der Wissenschaft oder der Kunst; beide Kräfte können die Seele des Menschen belehren und schmücken. Aber sie müssen dies allein zum Ziel haben. Das Wissen kann auch benutzt werden, um zu wissen, um bekanntzuwerden, um geehrt zu werden; das ist Mißbrauch, der immer lernt und vor lauter Kenntnissen nie zur Erkenntnis der Wahrheit, und das heißt zum rechten Leben kommt. Die wahre Philosophie ist es, »Jesus den Gekreuzigten zu kennen« und zu lieben; die Wissenschaft der Heiligen führt aus bescheidener Gotteserkenntnis und demütiger Selbsterkenntnis zur grenzenlosen Gottesliebe. Wichtiger als die sachlichen Ergebnisse sind die Absichten des Wissenwollens; auf den reinen Willen der Versenkung kommt es an. Der menschliche Wille ist frei, er ist das Göttliche im Menschen und erglänzt in seiner Seele wie der Edelstein im Golde. Dieser Wille ist mächtiger als das Denken, am mächtigsten in der Selbstüberwindung. Sie aber steht am Anfang des Aufstiegs zu Gott; am Ende steht die bräutliche Einung der Seele mit Gott, in der das Ich zerrinnt, wie der Wassertropfen sich in der Menge des Weines verliert. Was sich da auf dem höchsten Gipfel der Kontemplation verbindet, ist nicht das Wesen von Gott und Mensch, sondern der Wille, die Liebe Gottes und des Menschen, die das Irdische wunderbar über seinen Eigensinn hinaushebt. Bernhards Mystik war keine menschenfeindliche Askese; sie sah – wie ihre zeitgenössischen Gegner auch – im Menschen das Ebenbild Gottes und im Gottmenschen Christus besonders die menschliche Gestalt, das hilflose Jesuskind und den blutenden Heiland am Kreuz. Sie sah in der Kirche die Gemeinschaft der gottliebenden Seelen, nicht den weltlichen Behördenapparat der Kurie: »Überall Betriebsamkeit, überall Tumult. Aber was ist Frömmigkeit? Zeit haben für die Betrachtung.« Wo fände man diese Zeit eher als in der rettenden Zuflucht des Klosters, unter den Mitmönchen, in der gemeinsamen Konzentration und Stille? Im Grunde kann nur der Mönch wirklich Christ sein, denn er allein sucht Gott mit allen seinen Kräften.

Neben die Scholastik der von Weltgeistlichen getragenen Universitäten trat eine neue monastische Disziplin, die Gott nahekommen, ihn persönlich erleben wollte, aber nicht auf den gelehrten Umwegen, auch nicht über die Gleichnisse der Kunst, sondern in der liebenden, stets weiter vordringenden Inbrunst und im zwingenden Glauben, in einer Leidenschaft, von der Bernhard 1150 gestand: »Mich ängstigen alle meine Werke; ich begreife ja nicht, was ich tue.« Wie bei Abaelard gehörte bei Bernhard die persönliche Leidenschaft zum Programm und zur Größe der geschichtlichen Leistung, obwohl das unablässige Ringen um die ersehnte Gottnähe auch manche menschliche Schwäche bloßlegte.

Wünschen wir uns keinen sanften, auch keinen archaischen Bernhard – das zweite Viertel des Jahrhunderts wäre sonst niemals »das Bernhardinische Zeitalter« geworden. Mit seinem Tod 1153 war es allerdings vorüber; danach wurden seine Zisterzienser, was sie vor Bernhard begonnen hatten zu sein, ein weltabgewandter Orden voller Härte und Entschiedenheit, freilich überstrahlt vom Glanz mystischer Geistigkeit, von einer Harmonie, die sich schwer in Worte kleidete und eher im Mirakel oder im Schweigen spürbar wurde.

In diesem vielgestaltigen Jahrhundert gelang aber auch das Schwerste, der ins Wort gefaßte Ausgleich, der die Theorie der Weltkleriker und die Mystik der Mönche betrachtend zusammenfügte, ohne nach Art des Rittertums oberflächlich zu sein. Wieder war das die Leistung eines Großen, der in einer Gemeinschaft lebte und von ihrer inneren Bewegung lebte. Die Abtei der Augustiner-Chorherren von St. Victor in Paris war eine Gemeinschaft zwischen Weltklerus und Mönchtum, in der die beschauliche Versenkung in der Zelle mit der öffentlichen Lehre in der Klosterschule verbunden wurde. In diesen Konvent trat um 1115 – als Abaelard Professor, Bernhard Abt und Norbert Wanderprediger wurde – ein Mann namens Hugo ein, von ungewisser, jedenfalls adliger Herkunft. Wie die vielleicht sächsische, vielleicht flandrische Heimat Hugos von St. Victor dunkel blieb, so verlief sein Klosterleben ereignislos; er war Lehrer, seit etwa 1133 Leiter der Konventsschule und starb 1141. Nur wenige Briefe haben wir von ihm; das Persönliche wurde wie absichtlich ausgespart, als bliebe keine Zeit dafür. Denn in fünfzehn Jahren schrieb Hugo ein umfangreiches und umfassendes Opus, das fast alle Wissensgebiete umschloß, Philosophie, Theologie, Pädagogik, Psychologie, Geometrie, Grammatik, Historie, Mystik, stets anschaulich und in persönlichem Stil, oft in Dialogform, immer mit dem Blick auf das Ganze des Lebens. »Lerne alles, nachher wirst du sehen, daß nichts überflüssig ist.« Man muß die Namen der Dinge kennen, um in ihre Natur einzudringen; man muß das Denken schulen, bevor man die Wirklichkeit erkennen kann. Nicht die Erfahrung allein, die nur ungeordnete Eindrücke gibt, kann die Wahrheit sein; wie bei Abaelard bringt erst der denkende und sprechende Mensch diese Wahrheit ans Licht. Alle weltliche Wissenschaft ist indes Magd der Theologie, doch auch von ihr abgesondert; denn im Übernatürlichen kann die Vernunft nur verehren, was sie nicht begreift, kann höchstens zu ordnen suchen, was ihr dargeboten wird.

Hugo versuchte eine solche Enzyklopädie; er schrieb nach Abaelards Vorgang eine systematische Darstellung christlicher Glaubenslehren, eine Dogmatik, in klarer Sprache und bewußter literarischer Form. Sie kreiste nicht wie Abaelards Werke um spekulative Probleme, sondern um die dem Menschen nächsten, um Christus und vor allem um die Brücke der Sakramente, und hier kam neben der ordnenden Dialektik die verbindende Mystik zum Vorschein. Wissen und Glauben sind gestuft, nicht getrennt; über der bloßen Meinung steht der Glaube als fromme Erfülltheit, über ihm die dem Menschen unzugängliche volle Wissensklarheit. Diese Stufen sind die gleichen wie die des mystischen Weges der Seele zu Gott, vom Überdenken der fleischlichen Beschränktheit über die Meditation, die Vertiefung in Gottes endlose Weite, zur Kontemplation, die nicht dem Willen des Ekstatikers, sondern der klaren Einsicht des Denkers offensteht. Höchster Trost im Leben ist demnach nicht die sehnende Liebe, sondern die denkende Erkenntnis, die dem Geist die »freien, bewundernden Durchblicke in die Schauspiele der Weisheit« gewährt. So verband Hugos Kontemplation die irdischen Realitäten, die reinen Gedanken, die ethischen Werte und den Bezirk des Übersinnlichen. Alles spiegelte sich in allem; in scheinbar poetischen Bildern verbarg sich die Wahrheit: die Welt ist das Buch Gottes, Gott ist der große Künstler. Sein Werk verkörpert sich in geschichtlichen Formen, und deshalb gliederte sich Hugos Theologie nicht nur systematisch; sie führte von der Schöpfung der Welt bis zu den letzten Dingen. Auch die Weltgeschichte gab also wahre Bilder von Gottes Werken, und Hugo ließ es sich nicht verdrießen, sie im einzelnen auszudeuten; die fortschreitende Ausbreitung des Gottesreiches war zugleich Rückkehr in den Ursprung Christus.

Was Hugo vollendete, sieht wie mühelos und instinktiv geglückt aus; aber einige nicht mehr fertiggewordene Schriften verraten uns, wie mühsam die Synthese aus einem Wust von Exzerpten und Zitaten herausgearbeitet wurde. Hugo warnte selbst vor den leichten Lösungen und ermahnte zur Kleinarbeit, zur ständigen Übung, zum stillen Nachdenken und besonders zur Disziplin, zum Ernst der Zucht, der Demut und des Maßes. Als dieser Mann des Maßes erschien Hugo von St. Victor den Zeitgenossen, die ihn als »Harfe Gottes« rühmten; noch Bonaventura, neben den ihn Dante dann im Paradies gestellt hat, meinte, Hugo habe in sich alle Vorzüge seiner Zeitgenossen vereinigt. Seine Schule war groß und bedeutend; im Pariser Konvent der Victoriner trafen sich die Richtungen und die Nationen, die Schotten, Engländer, Franzosen, Deutschen, Italiener, die Dialektiker, Humanisten, Kontemplativen.

Doch fehlte der Gemeinschaft nach Hugos Tod die sammelnde Mitte, und während Richard von St. Victor seine scharfsinnige Mystik, Adam von St. Victor seine herrliche Hymnik schuf, lockerte sich das Band zwischen Weisheit und Wissenschaft. Der Italiener Petrus Lombardus war zwar bei Hugo von St. Victor in die Schule gegangen und stand dem Heiligen von Clairvaux fast ebenso nahe wie dem späten Abaelard; aber er war ein trockener Schulmann, und die Synthese, zu der er wie kein zweiter berufen schien, fiel danach aus. Sein Sentenzenwerk von etwa 1155, ein nüchternes, gedanklich unselbständiges Kompendium, wurde allen Zeitströmungen so gerecht, war so farblos und trat so autoritativ auf, daß es sich als Schulbuch rasch überall einbürgerte. Mit seiner Hilfe setzte der Lombarde in Paris, wo er 1159 Bischof wurde, den Schulbetrieb der Vorlesungen und Kommentare durch; und erläutert wurden nun vor allem die Sentenzen des Lombardus. Nächst der Bibel wurde kein Buch im Mittelalter so oft kommentiert wie dieses, wenigstens vierzehnhundertmal. Als 1253 der Gesandte des französischen Königs zum mongolischen Großchan, dem Herrn Asiens, ritt, nahm er als Geschenke, die das Abendland repräsentieren sollten, dreierlei mit: die lateinische Bibel, einige Flaschen Muskatellerwein und die Sentenzen des Petrus Lombardus.

Petrus war ein wackerer Mann, der sein Buch »mit viel Mühe und Schweiß« verfaßte, und in seiner Schule wurde wohl geistreich und spitzfindig darüber diskutiert, ob Gott aus Sokrates einen Esel machen könne; aber einen Sokrates konnten die Lehrer aus keinem ihrer Schüler machen. Im Schulbetrieb ging die brennende Frage der Zeit unter, wie die vorgegebenen Überlieferungen persönlich ergriffen werden könnten, wie in der Fülle des Irdisch-Vielfältigen die eine Weltformel zu finden sei, wie damit zugleich der Weg zu Gott gangbar würde. Die Methoden schienen in verschiedenen Institutionen verkörpert, in Universitäten und Schulen, in Orden und Kongregationen, im Ritterstand, als käme es auf die Wege und nicht auf das Ziel an. Und obwohl diese Bewegung wie alle anderen zuvor international war, konnte es scheinen, als wäre das Übergewicht der Methode, der Form, der Konvention eine Folge der führenden Rolle Frankreichs in diesem Jahrhundert.

Der Deutsche Symbolismus und die Häresien

Die Gegenbewegung war eher konservativ als deutsch; sie konkretisierte sich in Deutschland nirgends zu neuen Gemeinschaften, wurde vielmehr von denselben Mönchsorden getragen, die in Frankreich der Kontemplation dienen wollten; was die Kritiker verband, war eher die Betonung der vergangenen und kommenden Geschichte gegenüber dem derzeitigen Augenblick. Diese Wertschätzung der Geschichte war allerdings schon seit ottonischen und salischen Zeiten besonders in Deutschland heimisch. Im deutschen Bereich hatten zu Beginn des 12. Jahrhunderts unter dem Eindruck der Gregorianischen Reform zwei große Weltchroniken den universalhistorischen Stoff zusammengetragen, in einer Fülle, die in West- und Südeuropa nicht ihresgleichen fand. Die Chronik Sigeberts von Gembloux hatte Weltgeschichte im kaiserlichen Sinn geschrieben, weitschichtig auch den Orient einbeziehend, aber um die Idee des karolingischen Reiches gruppiert; die Chronik Frutolfs von Michelsberg, durch Ekkehard von Aura im päpstlichen Sinn überarbeitet, achtete bereits mehr auf die Methode als auf die Fakten und prüfte kritisch die Widersprüche der Traditionen.

Sollte schon in diesen Werken von Benediktinern die geheime Mär der Weltgeschichte erzählt werden, so ging es erst recht um die Deutung der unübersichtlich gewordenen Historie in den exegetischen Schriften des 1129 gestorbenen Benediktiners Rupert von Deutz. Er verstand Weltgeschichte als Entfaltung der Trinität, besonders des Heiligen Geistes, blickte gebannt auf das Ende der Zeiten und sah seine Gegenwart unter diesem Zeichen. Die Johanneische Apokalypse mit ihren sieben Siegeln wurde ihm zum Wegweiser durch die sieben Epochen der Kirchengeschichte; die Gegenwart war genau die kritische Phase, in der sich der Kampf zwischen Christus und Antichrist entschied. Das war der Hintergrund für den von Rupert inaugurierten »Deutschen Symbolismus«, der mit poetischen Bildern aus aller Welt- und Naturgeschichte die eigene Gegenwart kritisch und beschwörend deutete; er suchte in der Welt, im »Buche Gottes«, zu lesen und machte alles Irdische zum Zeichen des Überirdischen, um in den Symbolen die Bauformel der Welt zu finden. »In die Wege Gottes möchte ich Einsicht haben«, sagte Rupert, ähnlich wie die ihm suspekten französischen Scholastiker, nur daß Rupert diese Einsicht in visionären Bildern, nicht in logischen Denkoperationen suchte.

In der größten Frau des Jahrhunderts, der Benediktinerin Hildegard von Bingen, vollendete sich alsbald der Deutsche Symbolismus. Seit 1141 faßte sie dessen Weltbild zusammen, das ihrem engen Umkreis kaum bekannt sein konnte und das sie dennoch sah. Nicht

»Frau Welt«
Vorder- und Rückseite einer gotischen Steinskulptur
an der Außenseite des Nordschiffes der Sebaldus-Kirche in Nürnberg

Der Weg der Seele aus dem Zelt des Leibes zum himmlischen Jerusalem
Kopie der Miniatur in einer zwischen 1160 und 1180 in der Schule des Klosters Rupertsberg entstandenen, heute verschollenen Handschrift des »Liber Scivias« der Hildegard von Bingen
Rüdesheim-Eibingen, Benediktinerinnen-Abtei St. Hildegard

mystische Schwärmerei stand bei ihrer Arbeit Pate; bei der Kontemplation hatte sie deutliche Gesichte, »wachend, besonnen und mit klarem Geiste«, durch die Macht der Visionen aber war sie jedesmal bis zum äußersten erschöpft. Was sie sah, betraf nicht sie persönlich; es war ein kosmisches Drama, kreisende Gestirnssphären, tiefblauer Äther, goldene Feuermeere, rotschwarze Blitze, grüne Sturmwinde, ein wild bewegter Kosmos, in den auch der Mensch mit Leib und Seele eingespannt ist, in dem er durch die Heilsgeschichte geläutert wird. Wie in der Geschichte ist Gott in der Natur am Werke, und Hildegard hörte ihn sagen: »Ich zünde über die Schönheit der Felder hin, ich leuchte in den Gewässern, ich brenne in der Sonne, im Mond und in den Sternen und erwecke mit dem Lufthauch, mit dem unsichtbaren, alles haltenden Leben jegliches Ding.« Kam diese Ehrfurcht vor der Natur, ebenso wie Hildegards medizinischer Sachverstand, der Schule von Chartres nahe, so werden wir auch an die Dialektiker erinnert, wenn wir den Menschen gekrönt sehen mit der golden-purpurnen Krone des Intellekts, ohne den die übrigen Seelenkräfte dumpf sind wie eine Speise ohne Salz. Er kann die Wunderwerke Gottes ahnend deuten, im sichtbaren und zeitlichen Bild die unsichtbare und ewige Wahrheit tätig erfassen. Die mystische Kontemplation begreift den Weg der Seele zu Gott; aber wieder ist die Geschichte das Medium. Noch wenn die Seele aus dem Zelt des Leibes auszieht, wird sie erwartet von den Genossen ihres Wandels, von lichten und finsteren Geistern, die sie »ihren Werken entsprechend von Ort zu Ort führen«. So wird das ganze Menschengeschlecht in die Zukunft geführt; Hildegard sieht auch das, was kommen wird, die Zeiten des feurigen Hundes, des gelben Löwen, des falben Rosses, des schwarzen Schweins und endlich des grauen Wolfs, des Antichrist. Schlimme Zeiten stehen bevor; das Kaisertum – es ist Barbarossas Krone! – wird fallen, das Papsttum wird ihm folgen, Landesfürsten werden herrschen. Und doch ist auch das kommende Böse nur ein Mittel, den Menschen zur Tat aufzurufen, um ihn zu retten, wenn er die Zeichen der Zeit versteht. Noch einmal wagte Hildegard von Bingen wie Hugo von St. Victor eine Synthese; aber sie war schon dunkel durch die Last der Bilder und Farben, schwer verständlich und kaum mehr nachwirkend. Als die Äbtissin 1179 starb, war die Zeit der Synthesen vorbei.

Aber wenigstens ihr Appell an die Geschichte blieb in Deutschland nicht vereinzelt; zur Geschichte wurde hier selbst die religiöse Bewegung. Das begriff und sagte um die Jahrhundertmitte der Prämonstratenserbischof Anselm von Havelberg, der Freund Norberts von Xanten und Berater Barbarossas, der von Abaelard gelernt und sogar mit byzantinischen Prälaten diskutiert hatte. Einheit muß sein, was den Glauben betrifft; aber Vielfalt muß ebenfalls sein, denn »nirgends findet man in der Geschichte einen einförmigen Zustand«; die sieben Epochen der Kirchengeschichte lehren es, und sie sind – das war neu – ein Fortschritt. Immer neue Lebensformen, Riten und Orden entstehen, um das Gebot jeder Stunde ganz zu erfüllen; darum ist die Kirche heute viel reicher als in apostolischen Zeiten, und die Zukunft wird, vom Heiligen Geist beflügelt, langsam und fast verstohlen, immer noch mehr finden. Jede Stufe ist für die kommende nötig, und so hat die Vergangenheit ihren Eigenwert; neben der Unwandelbarkeit Gottes und des Glaubens steht nun die Geistesgeschichte, zumal die in Anselms Gegenwart weitverzweigte Ordensgeschichte, als Wirkung des Heiligen Geistes, der das Band vom Wandel des Menschengeschlechts zum ewigen Gott knüpft. Klarer als hier hat sich das Jahrhundert der Bewegung nirgends selbst durchschaut und gerechtfertigt.

Sogar das viel berühmtere Werk Ottos von Freising bleibt hinter Anselms deutender Kraft zurück; reicher ist es allerdings an universalen Perspektiven. Otto, Barbarossas Onkel, war denn auch in Paris und Chartres unterwiesen worden und in Bernhards Zisterzienserorden eingetreten, als er 1138 Freisinger Bischof wurde; der Kenner des Aristoteles und Teilnehmer am Zweiten Kreuzzug stand im Schnittpunkt vielfältiger Bewegungen. So ließ ihn die Frage nach der Einheit der vielgestaltigen Geschichte nicht los. Ottos 1146 abgeschlossene Chronik suchte sie mit dem ganzen Faktenmaterial von Frutolf-Ekkehard zu lösen, aber unter anderem Aspekt als dem der Vollständigkeit. Einzelne, sinnvolle Phasen wurden aus dem Ablauf von der Weltschöpfung zum Endgericht herausgehoben und nachdenklich betrachtet: Was bleibt in allem Wechsel der vergänglichen Weltreiche bestehen? Was ist heil in dieser mannigfaltigen und ungeordneten Geschichte menschlichen Elends, in der so oft auf den sonnigen Morgen die Regennacht folgt? Das irdische Ideal der ottonisch-salischen Eintracht von Kaiser und Papst ist im großen Streit zerbrochen. Von neuem treiben die Ereignisse ziellos dahin, dem Ende entgegen; denn abnehmen muß der Mensch, wenn er nichts mehr hat, woran er wachsen kann. Trost ist bei den Bürgern Gottes, jetzt bei den neuen Mönchen und Eremiten, die in der rastlosen Bewegung der irdischen Stürme Inseln der Ruhe und Dauer geschaffen haben. Im stillen Wirken des Geistes auf das Bleibende hin sah Otto den Wert des Geschehens; aber diese kontemplative Geistesgeschichte war – anders als die Anselms von Havelberg – Spiritualisierung der Historie, Rückzug aus ihrem Alltag, Sprengung ihres sichernden Rahmens um die Gegenwart.

Dieser Gegenwart wandte sich Otto ein Jahrzehnt später mit neu erwachender Hoffnung zu, als er die Taten seines Neffen Barbarossa zu beschreiben begann. Nach der Zeit des Weinens sei nun die Zeit des Lachens gekommen, denn Friedrich schaffe mit starker Hand eine dauernde Friedensordnung. Aber auch Ottos späte Hingabe an die glückliche Gegenwart und deren erfreuliche Darstellung war noch Resignation, diesmal allerdings vor der unüberschaubaren Weltgeschichte, vor der »Verwirrung der Vergangenheit«. Der hinfällige, dem geschichtlichen Wechsel ausgesetzte Mensch, auch der Historiker, kann das Ganze der Heilsgeschichte nicht ermessen, kann es jedenfalls nicht zugleich mit den Besonderheiten seiner Gegenwart begreifen. Das war eine Wendung zum zeitnahen Realismus westeuropäischer Historiker und eine Abkehr vom Deutschen Symbolismus.

Vollendet wurde diese Umwertung der Heilsgeschichte durch den Italiener Joachim von Fiore am Ende des Jahrhunderts. Als Eremit hatte er wie Nilus in den rauhen Bergen Kalabriens leben wollen; dann war er Zisterzienser geworden, hatte schließlich den neuen, noch strengeren Orden der Florenser gegründet und starb 1202. Der Ausbreitung seines Ordens galt seine Sorge nicht; dieser Grübler saß Tag und Nacht über der Bibel und suchte ihr durch »geistliche Auslegung« das Geheimnis der Weltgeschichte zu entreißen. Anselm von Havelberg hatte gezeigt, daß die Gegenwart aus der Bibel zu erklären sei; dann mußte sich nach dem alttestamentlichen Zeitalter des Vaters, nach dem kirchlichen des Sohnes nun, im untergehenden Jahrhundert, das kommende »Dritte Reich des Heiligen Geistes« herbeizwingen, wenigstens zahlensymbolisch berechnen lassen. Wenn zwischen Abraham und Christus zweiundvierzig Generationen zu je dreißig Jahren lagen, dann mußte auch das Zeitalter Christi demnächst, 1260 Jahre nach Christus, zu Ende sein; dann war es auch mit der gelehrten Priesterkirche Petri, mit Evangelium, Predigt und Sakramenten vorbei. Danach würde eine neue, schon durch Benedikt von Nursia grundgelegte johanneische Geistkirche von Mönchen und heiligen Asketen alles Äußerliche überwinden, sich vom tötenden Buchstaben lösen und ganz im betrachtenden Geiste leben. Nicht mehr das letzte Weltende war das Ziel, nicht mehr die seit Christus erfüllte Gegenwart die Achse der Geschichte; die nächsten zwei Menschenalter mußten den Durchbruch in das neue Licht des ewigen Evangeliums bringen.

Die Jenseitshoffnung wurde auf die Erde, auf die nächste Zukunft konzentriert, in die historische Welt hineingezogen; die geschichtliche Vielfalt war nur Vorstufe kommender Einheit, die Geschichte war Kirchengeschichte und würde bald nur noch Geistesgeschichte sein. Aus der Umklammerung der drohenden, ungewissen Zukunft befreite sich der denkende Mensch mit Hilfe der Bibelauslegung und gewann Macht über diese Zukunft selbst. Joachim von Fiore wurde, ohne es zu wissen, der Ahnherr aller derer, die die Geschichte nicht mehr ertragen, sondern lenken wollten. Schon bald nach seinem Tod erwies sich die furchtbare Sprengkraft seiner Gedanken, die den Deutschen Symbolismus scheinbar vollendeten und in Wahrheit zerstörten; denn die Stärke des Wachsens und Reifens, die Macht der Natur und der Umstände, die Vielfalt der geschichtlichen Einzelheiten – das war nun nichts mehr wert.

Was war überhaupt diese Welt des 12. Jahrhunderts noch wert? Sie wurde besonders nach 1150 von außen erschüttert durch byzantinische und islamische Einflüsse, von unten bedroht durch das Murren der Volksmassen, von innen gefährdet durch das Scheitern der Synthesen und die geruhsame Routine der Wohlmeinenden. So brach sich die vertagte Frage nach dem Ziel des Menschen noch einmal im Widerspruch zur Welt Bahn, in neuen Ketzereien, die nach 1150 erstarkten und das ganze Gefüge der abendländischen Geisteswelt zu zersprengen drohten. Sie begnügten sich nicht mehr wie Petrus von Bruys oder Arnold von Brescia mit persönlichem Vorbild und mit Ersatzkirchen; sie schufen Sekten, in denen sich Glauben und Wirken völlig deckten.

Die erste und größte Sekte dieser Art, die bedeutendste des Mittelalters überhaupt, waren die Katharer, nach denen die deutsche Sprache bis heute alle »Ketzer« benennt. Von den byzantinischen und balkanischen Bogomilen angeregt, seit 1143 im Abendland nachweisbar, führten die Katharer ein apostolisches Leben in Wandern, Fasten, Arbeiten und in strengster Armut; sie waren keine Geistschwärmer, sondern hatten ihre Vorsteher und Auserwählten, die »Vollkommenen«, die in einem festen Ritus der Handauflegung geweiht wurden und sich von allem Irdischen ängstlich fernhielten, von der Ehe und jeder Berührung des anderen Geschlechts, vom Fleischgenuß, von Geld, Besitz und Krieg. Stolz berichteten die ersten Katharer in Köln, ihre Sekte sei im Oströmischen Reich seit den Tagen der Apostel lebendig. Von ihren Lehren sprachen sie nicht; aber Leben, Organisation und Lehre waren so folgerichtig und imposant, daß die neuen »Armen Christi«, die »Guten Christen«, die »Guten Leute«, wie man sie nannte, in den nächsten zwanzig Jahren bis England und Spanien, besonders in Südfrankreich und Oberitalien missionieren konnten und alle Schichten, Geistliche und Laien, Adlige und Bauern, erfaßten. Erst seit 1165 wurde allmählich deutlich, daß hinter der evangelischen Praxis eine dualistische Dogmatik stand; 1167 setzte sie sich in der Sekte durch, als ein Bogomile aus Konstantinopel die Katharergemeinden Italiens und Frankreichs zu Bistümern organisierte. Denn er begründete gleichzeitig die Weltenthaltung durch den Lehrsatz, daß Satan, der Gott des Alten Testaments, diese Erde geschaffen habe und regiere.

Jede Sünde bedeutet also ewiges Verderben in der Knechtschaft des Teufels. Die Seelen der »Reinen«, der *Katharoi*, bereiten durch totale Askese, bisweilen durch Selbstmord wie die Ketzer von Monteforte, die Flucht in ihre himmlische Heimat vor; denn sie verstehen sich als die Seelen der mit Luzifer gefallenen, in irdische Leiber eingesperrten Engel und erlösen sich durch Seelenwanderung endlich selbst, ohne der Vermittlung Christi zu bedürfen. Die Idee von der gnostischen Selbsterlösung der Reinen, die Verbindung von evangelischer Praxis und dogmatischer Begründung wirkte im 12. Jahrhundert auf viele begeisternd. Besonders im Südfrankreich der Trobadors konnte die katharische Gruppe der Albigenser Boden gewinnen; noch im 13. Jahrhundert hätte weder der Albigenserkrieg noch die Inquisition allein den Katholizismus gerettet, wenn nicht in der katharischen Gemeinde selbst, vor allem in Italien, die zunehmende Dogmatisierung der Sekte, ihre Lehrstreitigkeiten, ihre Verkirchlichung in Hierarchie und Liturgie, später auch die Aufnahme scholastischer Methoden die radikal Frommen mehr und mehr abgeschreckt hätten. Auch hier schien schließlich die Institution über die Absichten zu siegen, und ob die Zweigötterlehre noch christlich sei, wurde manchem problematisch, der zuvor dem vorbildlichen Leben der Katharer zugestimmt hatte. Alarmierend war es immerhin, daß den Ketzern vorübergehend gelang, was der Kirche fehlschlug: der Gleichklang und Einklang von Aktivität und Kontemplation, von Leben und Lehre. Die katholische Kirche wußte den Ketzern zunächst nichts entgegenzusetzen; zwar predigten und schrieben gegen sie Bernhard von Clairvaux, Hildegard von Bingen und später eine Gruppe von Zisterzienseräbten; doch die Prediger aus den Klöstern demonstrierten kein weithin sichtbares Gegenbild christlichen Alltagslebens. Was blieb, waren Gewaltmethoden, Kreuzzüge und bischöfliche Ermittlungsverfahren, die den Widersachern der veräußerlichten, verrechtlichten Kirche doppelt recht zu geben schienen. Der wirksamste Widerstand gegen die Katharer erwuchs unter solchen Umständen aus einer neuen Ketzerei.

Der reiche Textilkaufmann Valdes aus Lyon wurde wohl 1173 durch die von einem Spielmann vorgetragene Alexius-Legende so erschüttert, daß er beschloß, wie Alexius, auch wie Robert von Arbrissel, arm durch die Welt zu wandern. Er verschenkte seine Habe; seine erboste Frau zeigte ihn beim Erzbischof an, die Nachbarn hielten ihn für verrückt. Aber er gewann Genossen und zog mit ihnen davon, in einfachen Wollkleidern und Holzsandalen und ohne Geld, unbekümmert um den nächsten Tag, bettelnd und predigend, weil der Glaube ohne Werke tot sei. Diese Schar von Wanderpredigern, »Arme Christi« genannt, ließ sich die Bibel in die romanische Volkssprache übersetzen, um die christliche Wahrheit zu finden und zu bekennen, zuerst gegen die Katharer, denen ein Waldenser zurief: »Ich wundere mich, wie ihr es wagen könnt zu behaupten, ihr führtet das apostolische Leben, da ihr doch ihren Glauben, ihre Armut und ihre Werke

Gefährdung des Christen durch den Teufel
Aus dem Bogenrelief am Portal der Hauptkirche von Oloron-Sainte-Marie/Basses-Pyrénées, 12. Jahrhundert

Die Dreifaltigkeit
Kapitell der Wurzel-Jesse-Säule am Gloria-Portal der Kathedrale von Santiago de Compostela, Ende 12. Jahrhundert

zurückweist.« Das war das Programm der Waldenser: Glauben, Armut und Werke der Apostel zu üben.

Bald kam es zum Konflikt mit der katholischen Kirche, die die Laien zwar gern apostolisch arm leben, aber nicht ohne bischöflichen Auftrag predigen lassen wollte; lieber wurden die »Armen von Lyon« 1184 zu Ketzern, als daß sie vom biblischen Wort ließen und sich dem kirchlichen Amtsbegriff fügten. Auf das Verdienst, nicht auf die Weihe kam es an; die Gregorianische Reform hatte das doch gelehrt. Freilich hatte die Verketzerung der Waldenser zur Folge, daß auch sie aus einer locker gefügten Bruderschaft zu einer Sektenkirche nach katharischem Muster wurden, daß sie Hierarchie und Liturgie betonten, daß sie dogmatische Sondermeinungen annahmen, daß sie sich 1205 in einen französischen und einen italienischen Zweig spalteten, daß sie wieder neue Gegenketzereien hervorriefen. Zwar wurden die Waldenser dank ihrer stillen, vorbildlichen Lebensweise und ihrer politischen Zurückhaltung niemals ganz ausgerottet und bestehen als einzige mittelalterliche Sekte noch heute; aber ihr Einfluß beschränkte sich auf kleine Zirkel in Piemont, Savoyen und Böhmen. Dem katharischen Dogma von der teuflischen Welt stellten sie die fröhliche Tatkraft christlichen Wirkens entgegen; später lehrten sie, es gebe keine Erbschuld, der Mensch sei gut geboren und stets zu guten Taten fähig. Aber solche vereinzelten Sätze waren noch keine Theologie, und im späten 12. Jahrhundert war religiöse Aktivität allein keine ausreichende Antwort mehr auf die geistige Frage nach dem Ziel des Menschen.

Diese Frage wurde, ebenso einseitig wie von den Katharern, von anderen Sektierern des ausgehenden 12. Jahrhunderts beantwortet, zum Beispiel von dem Pariser Philosophiedozenten Amalrich von Bène. Er predigte nicht, er schrieb bloß; er wollte nichts tun, er dachte nur nach – ein harmloser Mensch, wie es schien, zudem angesehen beim französischen Hof, zeitweise sogar zum Erzieher des Thronfolgers bestellt. Erst 1209, drei Jahre nach Amalrichs Tod, entdeckte man bei seinen geistlichen Schülern, daß er ein Ketzer gewesen war. Seine Lehre wurde nicht vom Evangelium inspiriert, sondern von Aristoteles, Johannes Eriugena und dem jüdisch-spanischen Neuplatonismus. Sie widersetzte sich dem katharischen Pessimismus mit einer fast heidnischen Weltfreude, die alles weit übertraf, was man zuvor in der Schule von Chartres vernommen hatte. Gott ist nicht draußen oder drüben, er ist alles in allem. Alles ist in ihm, auch der Mensch mit seiner Schwäche, auch das Böse. Das Böse selbst ist göttlich; denn was immer der Mensch zu tun glaubt, das tut Gott. Wer das weiß, der befreit sich von der Sündenangst »wie von einem faulen Zahn«; er darf nicht mehr traurig sein, er muß lachen. Die wahre Hölle ist die Angst der Unwissenden, das wahre Paradies das gottgleiche Wissen der Erleuchteten. In der ewigen Gegenwart dieses pantheistischen Wissens löst sich alle Geschichte auf. Wenn Gott eins und alles ist, müssen alle Personen der Dreifaltigkeit Fleisch geworden sein: der Vater in Abraham und den Propheten, der Sohn in Christus und den Christen. Auch das Dritte Reich des Geistes, von dem gleichzeitig Joachim von Fiore träumte, ist schon Fleisch geworden in den Wissenden; wenn in etwa fünf Jahren die Zahl dieser *Spirituales* groß genug sein wird, ist es zu Ende mit Werken und Armut, mit Kirche und Sakramenten. Der Geist des Menschen erlöst sich selbst aus dieser kümmerlichen Welt und braucht danach nichts mehr zu tun.

Das war vielleicht die radikalste Antwort auf die Frage des Jahrhunderts, was der Mensch im Angesichte Gottes und der Welt wert sei. Anselm von Canterbury hatte sie gestellt und mit seinem Leben beantwortet; aber am Ende des Jahrhunderts fanden wir überall nur einseitige Lösungen, die auseinandernahmen, was bislang verbunden war: Gott und Welt, Religion und Geist, Spiritualismus und Rationalismus, Denken und Tun, Einzelner und Gemeinschaft. Und fast jede der zahlreichen Sondermeinungen distanzierte sich von der Geschichte, von den politischen und sozialen Zuständen der Zeit, als müßte und könnte sich jeder eine neue Geschichte einrichten. Von dem Schwung der dialektischen, humanistischen, ritterlichen, kontemplativen, symbolistischen Bewegungen, mit denen das Jahrhundert begonnen hatte, war an seinem Ende wenig übriggeblieben. Die ganze Vielgestalt der Epoche wäre für die Nachfahren unüberschaubar, vielleicht auch unfruchtbar geblieben, wenn ihr nicht ein neues Säkulum gefolgt wäre, weniger reich und lebendig, aber intensiver und ernster, das die Ernte einbrachte.

Franziskaner und Dominikaner

Wäre indes das 13. Jahrhundert nur eine Zeit der Sammlung und des Ausgleichs gewesen, so hätte es schwerlich als das klassische Jahrhundert des Mittelalters beginnen und in völliger Verwirrung enden können, ähnlich der Epoche zuvor. Was die Zeit von etwa 1210 bis 1280 kennzeichnete, war vielmehr die Intensivierung und Zuspitzung einzelner überkommener Aspekte, die Ausklammerung anderer Richtungen, die systematische und methodische Zuordnung zu einem schon beschränkten und spezialisierten Ganzen. Noch einmal vollzog sie sich in Bewegungen von Gemeinschaften und Schulen, in Versuchen der Verwirklichung, die nun freilich weniger schnell als im 12. Jahrhundert einander ablösten, aber auch konsequenter als früher einander ergänzten. Ob sich der religiöse und geistige Inhalt wirklich in irdische, körperschaftliche Formen fassen ließe, das wurde dem Jahrhundert allerdings rasch zur quälendsten Frage. Aber an seinem Beginn konnten noch einmal zwei neue Orden, fast gleichzeitig entstanden und doch recht verschieden geartet, das religiöse und geistige Profil der Zeit bestimmen.

Zunächst sah es nicht danach aus. Papst Innocenz III. versuchte zu Anfang des Jahrhunderts nur, die ketzerisch gewordenen Teile der apostolischen Armutsbewegung in die Kirchengemeinschaft zurückzuholen, um ihre Energie fruchtbar zu machen und dann den unvermeidlichen Schnitt zwischen Kirche und Katharern gefahrloser zu vollziehen, jenen Schnitt, den der Albigenserkrieg von 1209 bis 1229 und das Laterankonzil von 1215 einleiteten und den danach die Inquisition zu Ende führte. Innocenz fühlte sich dabei als Arzt, der Wunden heilen müsse, die bisher durch lässige oder heftige Behandlung nur verschlimmert worden seien. Wenigstens Teile der Waldenser und die Laienbruderschaft der Humiliaten ließen sich überzeugen; eher in Italien als in Frankreich begann man zu spüren, daß das apostolische Leben in der katholischen Kirche nicht mehr verpönt war. Die kleinen, stillen Gruppen bekehrter Ketzer, die ihren Lebensstil in Gemeinschaftshäusern beibehalten durften, waren indes sowenig wie die kontemplativen Orden ein mitreißendes Beispiel für alle. Das wurde erst Franziskus.

Als Sohn eines reichen Tuchhändlers geboren, führte der junge Franz in Assisi das leichtsinnige Leben seiner halb ritterlichen Herrenschicht, mit Frauendienst, Gesang und Schlägereien im Stil der Trobadors, deren provenzalische Lieder er noch später gerne sang. Auf einer Ritterfahrt kehrte er plötzlich um, von den Kumpanen geneckt, er habe wohl eine neue Geliebte; und er hatte sie wirklich gefunden: die Dame Armut. Um 1205 tat Franz, was Valdes getan hatte, er verkaufte alles, was er hatte, gab es den Armen und folgte Christus nach. Heiter und unbeschwert wie zuvor zog er von dannen, nun aber als Gaukler Gottes und Hofnarr des Herrn. Er ging nicht in die Wälder, um sich zu geißeln, sondern in die umbrischen Bergstädtchen, um als Laie vor Laien zu predigen, eindringlich und ungelehrt wie Valdes, doch weniger selbstbezogen. Wer in der Nachfolge Christi, in fröhlicher Armut durch die Welt wandert, soll den Mitmenschen helfen und dienen, Kranke und Aussätzige pflegen in tätiger Nächstenliebe. So wenig wie die waldensische Meditation des Bibelwortes können Bettel oder Handarbeit Selbstzweck sein; sie sind Dienst und Beispiel. Ein Beispiel war dieser Mann, schüchtern im Auftreten, zart von Gestalt, mit dunklen, guten Augen, lebhaft, aber unfanatisch, ein Mensch naiver Grazie und kindlicher Freude. Sein Sonnengesang, das erste Gedicht in italienischer Sprache, war in die einfachen Schönheiten der Welt verliebt und doch frömmer als alle Vagantenpoesie: »Sei gelobt, mein Herr, durch Bruder Wasser; er ist so nützlich, gering, köstlich und keusch. Sei gelobt, mein Herr, durch Bruder Feuer. Er erleuchtet das Dunkel; schön ist sein Sprühen, heiter ist er und gewaltig stark. Sei gelobt, mein Herr, durch unsere Schwester Mutter Erde. Sie versorgt uns und nährt uns und zeitigt allerlei Früchte, farbige Blumen und Gras.« In den vom Streit zerklüfteten Städten rief Franz: »Der Herr gebe euch den Frieden!« Und mit ihm kam ein Friede, der nichts von endzeitlicher Bußdrohung wußte.

Obwohl seit 1206 ein Häuflein Gleichgesinnter mit ihm zog, wollte Franz nichts organisieren; Seelen wollte er gewinnen, aber nicht Seelsorge treiben oder einen Orden gründen; der »Poverello«, der kleine Arme, und seine minderen Brüder, die »Minoriten«, wollten sich nicht in die hohen Ämter der Priester und Mönche mischen. Als die Schar bis zur Zahl der Apostel angewachsen war, ließ Franz die für ihr Leben wichtigen Bibelstellen aufschreiben, zum Beispiel, wer zwei Röcke habe, solle einen abgeben; mit dieser seltsamen Regel trat er 1210 vor den Papst. Innocenz III. wußte zu gut, wieviel redliche Bemühung schon gescheitert war; er gab keine schriftlichen Zusagen. Aber er wollte auch nichts reglementieren und verbot Franzens Predigt nicht. Das war wenig, doch Franz brauchte nicht mehr. Er wurde nicht ins Kloster gedrängt, auch vom lokalen Klerus und von den Mönchen nicht behelligt, weil seine Predigt so unmittelbar und undogmatisch war; die Wanderpredigt in Permanenz wurde geduldet, weil sich die Kirche einer fast vergessenen Tugend entsann: der Geduld.

In Assisi entstanden auf einem Stückchen geschenkten Landes ein paar Hütten, ein Absteigequartier, kein Kloster. Franzens Brüder zogen immer wieder zur Predigt und Arbeit hinaus, barfuß, in rauhen, ungefärbten Kutten, mit einem Strick umgürtet. Auch als in anderen Städten ähnliche Gruppen zustande kamen, sollten sie nicht seßhaft werden und nichts besitzen, sondern jeden Tag für sich selbst sorgen lassen. Erst als sich 1212 auch Frauen unter Führung der adligen Klara von Assisi anschlossen, willigte Franz in eine klösterliche Ordnung ihres Lebens, wenngleich die Klarissen dem Ortsbischof unterstellt blieben. Aber ihre Ortsgebundenheit war nichts für die Männer um Franz; seit 1212 zogen sie auf langen Fußwanderungen ins Ausland, bis nach Dalmatien und Spanien, um Christen zu belehren und Heiden zu bekehren. Nach Nordafrika wollte Franz schon 1213 aufbrechen; 1219 zog er wirklich nach Ägypten, um dem Sultan zu predigen. Das tätige Apostolat wurde konsequent auf die Mission, bald bis nach China, ausgedehnt. Damit häuften sich die Anhänger und die Schwierigkeiten; denn mit ein paar Bibelstellen ließen sich nicht Tausende von Minderbrüdern in aller Welt regieren. Als die ersten Jünger Franzens in nördliche Länder kamen, verstanden sie die Landessprache nicht und fanden keine Fürsprecher; auf die Frage, ob sie Ketzer seien, nickten sie freundlich...

Alles drängte Franz zu einer Ordnung nach außen und innen. Aber er wollte keine Institution, sondern eine Bewegung. Er fand sich 1217 nur bereit zu einer den Zisterziensern nachgebildeten Provinzengliederung und zu einem alljährlichen Generalkapitel in Assisi. Aber in den Niederlassungen sollte es nicht den Vater Abt und nicht den Prior, den »Vorgesetzten«, geben, höchstens einen Guardian, den »Wärter« und Diener der Brüder; und jeder konnte jeden Tag kommen und gehen, wie er wollte, ungebunden und ungesichert. Das alles war keine weltfremde, ungeschickte Organisation, es war die revolutionärste Idee einer Gemeinschaft seit Benedikt von Nursia und das radikale Gegenstück zur benediktinischen. Nicht Rückzug hinter Mauern, in die Einöde, in die Gelehrsamkeit, sondern Ausschreiten in alle Länder, zu allen Ständen, auf jede Situation zu, in der christlichen Freiheit zur Liebe.

Aber was ist die Liebe ohne Zucht? Daß die Bewegung ohne ein Minimum von Ordnung chaotisch enden würde, war die Sorge der Kurie, besonders des Kardinals Hugolin von Ostia. Er liebte die stürmische Hingabe und die stille Andacht der Minoriten, aber er dachte an die Gesamtkirche und wollte die Bewegung in ihren Dienst stellen. Wenn schon Predigt, dann auch priesterliche Ausbildung; wenn schon auf gregorianische Weise religiöse Wirksamkeit in der Welt, dann auch ebenso gregorianisch Trennung des Geistlichen vom Weltlichen. In Hugolin meldete sich die Geschichte zu Wort, die Franz vergaß. Er wollte gegenwärtig wirken und die ganze Welt anstecken; aber wie konnte er wirken ohne Institution, ohne Kirche, ohne Gespräch mit der geschichtlichen Ordnung? Franzens Idee überstieg die Möglichkeiten jeder Körperschaft, und so war jede geschichtliche Ordnung seiner Gemeinschaft wie eine Demütigung des Heiligsten. Daß hier die Grenzen religiöser Bewegungen in der Geschichte überschritten waren, zeigt die unglückliche Frühgeschichte des Franziskaner-Ordens.

Die Bewegung wurde 1221 ein Orden, weil die Kurie darauf bestand und bestehen mußte; es kam zu einem Kompromiß, der Franzens Idee durch Abschwächung realisierte. Es mußte Aufnahmebedingungen geben, Gelübde auf Lebenszeit, Ordensobere, feste städtische Konvente, die sich versorgen konnten; denn die Brüder sollten nicht mehr für sich selbst arbeiten oder betteln, sondern Zeit für Kontemplation und Studium haben; nur dann konnten sie predigen, und das wollten sie doch. Die Kette war konsequent, nur nicht in Franzens Sinn. Ihm wurde aber zugestanden, was bisher kein Orden durfte: Wanderpredigt und Armenfürsorge draußen in der Welt. Erst dieser Kompromiß befähigte den Orden zu seiner gewaltigen geschichtlichen Wirkung. Daß die berufstätigen Laien in einem eigenen Dritten Orden abgesondert wurden und dem Ersten Orden als einer Gemeinschaft von Geistlichen 1223 die Predigt als Aufgabe vorgeschrieben wurde, verschob die Akzente vollends von der Nachfolge Christi im Dienst am Nächsten zum Gehorsam gegen die Oberen im Dienst der Kirche; aber wieder wurde nicht nur Franzens Ideal, sondern auch die kirchliche Vorstellung von Mönchsorden abgewandelt. Hinter der Pflicht zur Predigt trat das innere Leben des Konvents mit Chorgebet und Fastenübung zurück; ihr mußte sich auch die Armutsforderung beugen. Der Konvent sorgte für seine Mitglieder, die alle arm blieben, aber auch frei wurden für den neuen Dienst.

So folgerichtig die Entwicklung zur Körperschaft war, so schwer wurde sie dem Gründer der Bewegung; die persönliche Unmittelbarkeit, auf die es ihm ankam, war dahin. So zog sich Franz zurück von dem Orden, den er nicht hatte stiften wollen, und wurde Eremit, nachdem der Weg in die Welt nicht mehr der seine war. Härteste Askese und Visionen machten ihn Christus ähnlich und entrückten ihn, bevor er 1226 starb. Sein Testament beschwor die Brüder, die persönliche Nachfolge Christi und die vollkommene Armut zu üben. Hat die Kirche, hat Hugolin über Franz gesiegt? Als Hugolin ein Jahr nach Franzens Tod als Gregor IX. Papst wurde, erklärte er Franzens Testament für nicht bindend und erhob Franz zur Ehre der Altäre. Das mag man kluge Politik nennen; es war das Eingeständnis eines ausweglosen Zwiespalts. Der Heiligen sind wenige; die vielen können auf Erden keine Gemeinschaft der Heiligen sein. Die Mehrheit der Minoriten, die »Konventualen«, fügten sich und nahmen 1230 den Erwerb von Eigentum, 1239 die volle Klerikalisierung und Zentralisierung des Ordens auf sich, um für den Dienst in der Kirche bereit zu sein; sie übernahmen bald auch so unfranziskanische Aufgaben wie die Inquisition der Ketzer und die scholastische Gelehrsamkeit. Dies alles erregte je länger, desto heftiger den Widerspruch der »Spiritualen«, die den Orden von Franzens Weisung der Nachfolge Christi und der vollkommenen Armut abirren sahen. Franz hatte begonnen mit der Wirkung auf die Welt durch den Verzicht; sein Orden stand schließlich vor der Wahl zwischen Wirkung und Verzicht. Allerdings hinderte das Dilemma die Franziskaner nicht an der praktischen Verchristlichung der Laienwelt in einem bisher unerhörten Ausmaß, durch Dienst am Nächsten inmitten der Städte, durch Pflege von Armen und Kranken in Speisesälen und Hospitälern, durch schlichte Predigt vor den Christen und zähe Mission bei den Heiden. In diesem wichtigsten Punkt erhielt sich der Zauber von Franzens Person im Alltag seines Ordens, der nach fünfzig Jahren schon elfhundert Konvente zählte. Was zwischen Franz und seinem Orden lag, war viel, aber noch wog es nicht schwer.

Weniger glanzvoll ist das Bild des anderen Ordensgründers der Zeit, weniger mühevoll war aber auch die Geschichte seines Ordens. Unscheinbar, gelehrt und kühl wirkt neben Franziskus der kastilische Adlige Dominikus, dem von Geburt an spanische Zurückhaltung, adlige Selbstbeherrschung und bäuerliche Kargheit den Lebensweg bestimmten; was für Franz die Freude war, das wurde für Dominikus die Zucht. Wie selbstverständlich zum geistlichen Beruf bestimmt, wuchs er zwischen Büchern heran; für Bücher gab er seine bescheidenen Einkünfte aus, bis um 1195 eine Hungersnot Kastilien heimsuchte. Dominikus erschrak: »Wie mag ich über diesen toten Fellen (des Pergaments) studieren und über das Gebot der Liebe philosophieren, wenn auf der Straße die Mitmenschen vor Hunger zusammenbrechen?« Dominikus verkaufte, was er hatte, und gab es den Armen – wie Franz, aber nicht im Überschwang des Gefühls, sondern in der logischen Einsicht, daß geistliche Kontemplation noch nicht verwirklicht, was das Buch der Bücher lehrt; also muß die Wirklichkeit für das geistliche Ideal durch Taten gewonnen werden. Dazu brauchte es keine plötzliche Bekehrung; an Ort und Stelle, als Priester und Domherr von Osma in Kastilien, begann Dominikus die Arbeit, und seiner Beharrlichkeit gelang sie schon im Domkapitel von Osma besser als der Heftigkeit Norberts von Xanten.

Sein Bischof Diego freilich, ein Brausekopf, wollte das Ungewöhnlichste tun, zu den Heiden ziehen, den Papst darüber befragen und nahm auf die römische Reise 1206 Dominikus mit. Der sah wie immer das Nächstliegende am Weg; als er in Südfrankreich bei einem Wirt übernachtete, der sich als fanatischer Katharer entpuppte, verzichtete Dominikus auf den Schlaf, und nach einer durchdiskutierten Nacht war der Wirt bekehrt. In Rom war Innocenz III. von Diegos Plänen wenig erbaut; es gab Wichtigeres zu tun. Vielleicht erzählten ihm die Reisenden von ihren südfranzösischen Erlebnissen; vielleicht ermutigte sie der Papst, dort weiter zu missionieren – er hatte schon eine Gruppe von Zistenzienseräbten vergeblich dorthin zur Bekehrung der Ketzer entsandt. Dominikus sah sich auf dem Rückweg die Bemühungen dieser Äbte an: Prälaten hoch zu Roß, wohlgenährt und fein gekleidet, wollten die asketischen Katharer von ihrer Weltverachtung heilen! Nein, man müßte sie geistig mit ihren eigenen Waffen schlagen; Dominikus begann sofort damit. Die äußerste Armut konnte ihm nichts anhaben, er machte auch nichts daraus; er disputierte mit den Ketzern, mochten sie ihm auch drohen, mochten sich auch die Ortsgeistlichen ärgern, mochte Bischof Diego auch die Geduld verlieren und nach Hause reisen. Dominikus blieb und sah, was zu tun war. Die Katharer lebten nicht nur streng asketisch, sie hatten auch eine dogmatische Begründung dafür; wer sie gewinnen und überwinden wollte, mußte ähnlich wie sie das Beispiel evangelischen Lebens mit der Wahrheit katholischer Lehre verbinden; nicht Waffengewalt und Inquisitionsgericht, sondern Diskussion und Kontemplation führten dazu.

Dominikus veranstaltete öffentliche Religionsgespräche auf den Marktplätzen, vor gewählten Schiedsrichtern und vielen Zuhörern; sie dauerten manchmal tagelang und endeten oft unentschieden. Die Erfolge waren gering; der Ausbruch des Albigenserkrieges 1209, dem der Papst, wenn auch zögernd, zustimmte, vergiftete die gespannte Atmosphäre vollends. Dominikus hielt durch und dachte nach. Zuerst schuf er ein Kloster für bekehrte Frauen, ähnlich wie Franz; aber wie Franz wollte er die Wanderpredigt nicht überhaupt im Kloster enden lassen. Dazu brauchte er ordinierte und studierte Priester ohne Sprengel, die wandern durften, jedoch mit den Ortsbischöfen Kontakt hielten. Was die Kurie nachher Franz aufdrängte, das erbat sich Dominikus von ihr: einen Predigerorden. Das war umstürzend; Geistliche, gar Mönche sollten auf die Straße gehen, in eine feindselige Umgebung, den Schutz der Gemeinschaft verlassen, als Priester ohne Nimbus die Gefahr auf sich nehmen, verachtet oder verlacht zu werden. Aber gerade das reizte manchen mutigen

Priester; 1215 entstand in Toulouse mit Hilfe des dortigen Bischofs der erste Konvent, nicht als Refugium, nur als Missionsstation. Predigen, nichts als predigen – das hieß zuvor studieren, »um den Seelen der Nächsten von Nutzen zu sein«. An die Stelle des benediktinischen Betens und Arbeitens trat das dominikanische Studieren und Predigen, zwar in persönlicher Freiheit, aber auf Lebenszeit, beharrlich und konzentriert. Da blieb für liturgische Pflichten, für Bettel oder Feldarbeit kaum Zeit.

Der Papst fand diese Zumutungen an die einzelnen Geistlichen und an den kirchlichen Ordensbegriff bedenklich und schickte Dominikus 1215 nach Hause, ohne die fertige Ordensregel zu akzeptieren. Im selben Jahr verbot das Laterankonzil die Gründung neuer Orden mit neuen Regeln. Dominikus blieb unerschüttert; 1216 war der Ausweg gefunden. Die Augustiner-Regel für das Zusammenleben von Priestern war grundsätzlich für einen Predigerorden geeignet, und zum Glück war sie vorwiegend grundsätzlich. Sie ließ sich ins Prämonstratensische, Kontemplative wenden; Dominikus wandte sie ins Seelsorgerische. Weder von den Brüdern noch von der Kurie ließ er sich drängen; auch als charismatischer Führer wollte er nicht auftreten; als wäre er nur der Schriftführer des Ordensgeistes, schlug er das Nötige und Mögliche vor. Geräuschlos und reibungslos wurde der Orden nun 1216 durch päpstliche Bestätigung gegründet und 1218 mit der Glaubenspredigt über alle Diözesangrenzen hinweg betraut. Die Geistlichkeit betrachtete die Wanderprediger respektvoll und neidlos, denn sie durften keine Pfarreien übernehmen; die Bischöfe luden die Prediger gern ein, die mit ihnen zusammenarbeiten wollten; das Volk achtete ihre Frömmigkeit, die Ketzer fürchteten ihre Gelehrsamkeit. Es umgab sie nicht jene stürmische Zuneigung, die Franz und seinen Jüngern entgegenschlug, sondern eine scheue Achtung vor sehr klugen, beherrschten, vorbildlichen Menschen.

Sie machten einen aristokratischen Eindruck, denn sie bettelten und arbeiteten nicht; sie wurden von Laienbrüdern versorgt und lebten von Grundrenten, die sie von ihrem Standort unabhängig machten. Die strengste persönliche Armut im franziskanischen Geiste wurde 1220 übernommen, die straffe Verfassung unter dem Ordensgeneral Dominikus allmählich ergänzt zu einer weltklugen und humanen Kontrolle der Oberen durch die Genossenschaft; der ganze Orden wurde zu einem einzigen Kloster, der Einzelkonvent nicht zur Heimat. Ähnlich wie die Universität sollte der Orden nur von seiner Sache gelenkt werden; hinter ihr trat Dominikus immer mehr zurück. Von dem gelehrten Mann haben wir keinerlei schriftliche Hinterlassenschaft; aber schon 1217 schickte er die ersten sieben Dominikaner an die Universität Paris; dort und in Bologna erhoben sich die ersten größeren Häuser. In den sechzig Konventen des Ordens schien man es 1221 kaum zu merken, daß der Gründer in Bologna starb; der Weg war vorgezeichnet, auch als die Dominikaner 1229 eine Professur in Paris erhielten und sich der Scholastik zuwandten, auch als die »Spürhunde des Herrn« *(Domini canes)* 1231 die Ketzerinquisition übernahmen. Trotzdem ist Dominikus, anders als Franz, von seinem Orden nicht zu unterscheiden; der Orden ist seine Biographie, besonders in seiner zurückhaltenden Beharrlichkeit. Den Dominikaner Thomas von Aquin nannten Zeitgenossen halb bewundernd, halb befremdet den stummen Ochsen; denn dieser Orden, der »das Geschaute anderen übermitteln« wollte, war sehr still und sehr stark. Es gibt kein zweites mittelalterliches Beispiel für diese intensive

Verquickung von geistiger Zucht und religiöser Bewegung, von Idee und Institution, von Kontemplation und Aktivität.

Aber man darf Franz und Dominikus, auch ihre beiden Gründungen, die ersten und größten Bettelorden, nicht gegeneinander ausspielen. Beide zusammen verwandelten die Struktur der Kirche, beide zusammen sprengten die Isolierung der Mönche von den Laien, beide zusammen verknüpften das evangelische Leben mit der katholischen Lehre, die religiöse mit der geistigen Bewegung neu und nachhaltig. Beide gaben alte Sicherungen preis, als sie sich für Armut und Predigt freimachten; beide lieferten sich dem irdischen Treiben aus, um wirken zu können. In dieser Idee der Bettelorden lag so viel sammelnde und sprengende Kraft, daß sich die ganze Kirche auf die neuen Orden stützen konnte, daß aber auch die Ketzerei künftig aus den Reihen der Bettelmönche kam. Nach ihnen schien im Mittelalter keine Steigerung des Mönchtums mehr möglich; aber mit ihnen kam jene Rastlosigkeit und Labilität ins spätere Mittelalter, die zu großen Expansionen und Explosionen führte. Schon im frühen 13. Jahrhundert war die neugewonnene Synthese gefährdet, nicht nur, weil sie nicht mehr in einem einzigen Orden Gestalt gewann, sondern mehr noch, weil sie sich überhaupt nicht verkörperte und eine Aufgabe blieb. Man begreift, daß beide Bettelorden sich mit Vehemenz auf die offenen Fragen warfen.

Lehre und Erfahrung der Bettelmönche

Das drängendste geistige und religiöse Problem des 13. Jahrhunderts war nicht mehr die Auslegung einzelner heiliger oder profaner Texte, sondern die Frage nach der Vereinbarkeit von Evangelium und Aristoteles, von Glauben und Wissen. Die Frühscholastik des 12. Jahrhunderts hatte sich der Dialektik als einer exegetischen Methode bedient; aber durch die Schule von Chartres und die philosophische Häresie eines Amalrich von Bène war auch der Inhalt antiken Denkens zur Diskussion gestellt worden. Das war möglich, seitdem man im Abendland nicht mehr nur den von Boëthius übersetzten Aristoteles, seine logischen und sprachlogischen Schriften zur Hand hatte. Aus Sizilien und durch die Übersetzerschule von Toledo, vor allem durch Gerhard von Cremona, erhielt man seit etwa 1150 den neuen Aristoteles der Metaphysik, der Ethik und der Naturwissenschaften und fand hier ein geniales und geschlossenes Gebäude aller Wissenschaften, eingeteilt nun aber nicht nach den Prinzipien der göttlichen Weltschöpfung, sondern nach den Gegenständen der sinnlichen Welt und den Grundsätzen der rationalen Abstraktion.

Der neue Aristoteles war schwer verständlich; er kam im Gewand lateinischer Übersetzungen, die gewöhnlich nicht direkt aus dem griechischen Original stammten und mit Arabismen und Hebraismen durchsetzt waren. An der unschönen Form stieß sich im Zeitalter des scholastischen Latein niemand; aber der Inhalt blieb ohne Kommentare dunkel. Der beste Aristoteles-Kommentar kam von dem spanisch-islamischen Philosophen Averroës, der 1198 starb und dessen Schriften nun gleich mitübersetzt wurden. Das war indes eine gefährliche Erbschaft, weil die Mohammedaner den Aristoteles im Licht des

Islams und ihres Neuplatonismus auslegten; sie akzentuierten Sätze wie den, daß die Materie der Welt nicht geschaffen und also ewig, aber die menschliche Einzelseele nicht unsterblich sei – eindeutig unchristliche Lehren. Was sollte dann aber aus der Universität werden, die auf Aristoteles schwor und sich eben mühsam ihren Raum der Lehrfreiheit erkämpfte? Die durch die Ketzerei ihres Kollegen Amalrich erschreckten Pariser Professoren erhoben keinen Widerspruch, als 1210 und 1215 und noch einmal 1228 die naturphilosophischen Werke des Aristoteles mit ihren Kommentaren von der Kirche verboten wurden.

Aber konnte man sich mit dem halben Aristoteles begnügen, wenn man den christlichen Glauben methodisch sicher beweisen wollte? Mußten die rationalen Argumente nicht gerade auf diejenigen zugeschnitten werden, die noch nicht glaubten, auf Heiden und Ketzer? Die gelehrten Dominikaner begriffen sofort ihre Chance. Noch während Aristoteles und Averroës in Paris verboten waren, begann man sie an der 1229 gegen die Katharer gegründeten Dominikaner-Universität Toulouse eifrig zu studieren, weil man mit Hilfe des gereinigten Aristoteles »das Innere der Natur bis ins Mark durchforschen« könne. Um 1231 wurde der berühmte Pariser Professor Alexander von Hales, der den Aristoteles kannte und ihn an Augustin maß, Mitglied des Franziskanerordens. Das rasche Bündnis der Bettelmönche mit Aristoteles mußte die älteren Pariser Professoren provozieren. Sie waren zumeist Weltgeistliche, wie der nachmalige Pariser Bischof Wilhelm von Auvergne, und zitierten Aristoteles und Averroës zwar auch; aber sie dachten nicht an eine Kombination der griechisch-arabischen Philosophie mit der christlich-augustinischen Dogmatik; sie mußten ohnehin die Bettelorden von den Lehrstühlen ihrer andersgearteten, autonomen Körperschaft möglichst fernhalten.

In einem erbitterten Streit, der sich von 1233 bis 1257 und auch auf Oxford und Bologna erstreckte, konnten sich die Bettelmönche mit Hilfe des Papstes an den Universitäten halten, und sie brachten Aristoteles mit; aber sie mußten nun auch ihre Besten entsenden und ihr Bestes geben. Sie beriefen 1257 den Dominikaner Thomas von Aquin und den Franziskaner Bonaventura als Professoren nach Paris; damit begann die Hochscholastik. Sie war nicht nur das Werk der wenigen ganz Großen; sie war, zumal im Dominikanerkonvent von Paris, eine Gemeinschaftsleistung. Der Dominikaner Wilhelm von Moerbeke hatte dafür gereinigte, wortgetreue Übersetzungen des Aristoteles aus dem griechischen Urtext bereitgestellt; der Dominikaner Vinzenz von Beauvais hatte in riesigen Exzerptensammlungen die ganze bisherige lateinische Literatur zur Theologie, Historie und Naturkunde aufgearbeitet; der Dominikaner Hugo von St. Cher hatte für einen korrekten Bibeltext und einen enzyklopädischen Bibelkommentar gesorgt. Die Kärrner standen bereit, als die Könige kamen.

Der erste Große war der deutsche Dominikaner Albertus Magnus, der seit 1245 für ein paar Jahre in Paris, der »Stadt der Philosophen«, lehrte. Albert, der sich seine staunenswerten Kenntnisse meist autodidaktisch angeeignet hatte, wollte, wie er sagte, seinen Ordensbrüdern den Aristoteles verständlich machen durch Beispiele, also durch Erfahrung, die zugleich Gewißheit schaffen kann. Um die Gemeinschaft zu Wirklichkeitsnähe und Wirkung zu erziehen, schrieb Albert seine zahlreichen Bücher zur Theologie, Philosophie, Mathematik, Geographie, Chemie, Botanik, Zoologie, mehr sammelnd und paraphrasierend als zusammenfassend, ohne scharfe spekulative Schnitte. Er wollte nur den Anfang machen, denn die Wissenschaften seien noch längst nicht alle vollkommen; demgemäß wirkte er auch mehr anregend als abschließend. Seine breite Gelehrsamkeit ließ freilich die Frage aufkommen, ob eine so ungefüge Synthese zwischen Gott und Welt, zwischen alten Autoritäten und künftigen Erfahrungen, eine solche All-Wissenschaft überhaupt gedanklich zu bewältigen sei. Mußte sich der Menschengeist nicht auf sein engeres Feld beschränken und dem Ungeordneten draußen dann frei gegenübertreten?

Der Freieste unter denen, die das anstrebten, war Alberts Schüler, der Grafensohn Thomas aus dem süditalienischen Aquino. In jungen Jahren hatte er dem Hof des mit ihm verschwägerten Friedrich II. nahegestanden, war aber 1244 in Neapel Dominikaner geworden und führte zwischen Köln, Paris, Bologna und Neapel ein unruhiges Leben, bis er, wieder auf einer Reise, 1274 starb. Und dennoch schuf er in zwanzig Jahren ein literarisches Werk, das im äußeren Umfang wie in der inneren Architektonik gleich gewaltig ist. Freilich wurde es nicht geruhsam abgezirkelt; Thomas schrieb oft mit fliegender Feder, diktierte manchmal mehreren Schreibern zugleich, sprang mit kühnen Thesen rasch über ungelöste Fragen, hastete immer weiter und begann wieder von vorn. Ein Vierteljahr vor seinem Tod meinte er, alles, was er bisher geschrieben habe, komme ihm von seinen jetzigen Einsichten her vor wie Spreu. Seine Schriften waren zunächst Kommentare zu den Sentenzen des Petrus Lombardus, zu den Bibelbüchern, zu den Werken des Aristoteles; dazu gesellten sich bald selbständige, systematische Arbeiten, analysierende und synthetische, unter ihnen die philosophische *Summa contra gentiles*, die Auseinandersetzung mit dem heidnischen, besonders dem islamischen Denken, und die unvollendete *Summa theologica*, eine Darstellung der gesamten Dogmatik. Der vielschreibende Gelehrte hatte keine Zeit für ausführliche persönliche Briefe, für geselligen Lebensgenuß; er tat, was er sagte: »Die dem Menschen eigentümliche Tätigkeit, sofern er Mensch ist, ist das Denken; in der Betrachtung der Wahrheit liegt sein letztes Glück.« Wenn er mit einem Ordensbruder über die Stadt Paris hinblickte und der andere ihre Schönheit rühmte, hörte Thomas zwar freundlich zu; als der Bruder aber davon schwärmte, Thomas könnte, wenn ihm Paris gehörte, die Stadt dem König verkaufen und dafür viele Dominikanerklöster gründen, sagte Thomas trocken: »Lieber hätte ich die Predigten des heiligen Chrysostomus zu Matthäus.«

Nur mit dieser unbändigen Freude am Denken, nur mit dieser inneren Freiheit gegenüber seinem Orden und selbst seinem Glauben konnte Thomas die Brücke zwischen Aristoteles und dem Evangelium schlagen. »Nichts steht im Wege, daß von denselben Dingen, die die Philosophie gemäß ihrer Erkennbarkeit im Licht der natürlichen Vernunft behandelt, auch eine andere Wissenschaft gemäß ihrer Erkenntnis im Licht der göttlichen Offenbarung handelt.« Die Geschichte wurde dabei nicht verachtet; aber so viele heidnische Stimmen, so viele griechische und lateinische Kirchenväter Thomas auch zitierte, es geschah im Dienst einer zeitlosen Lehre, im Bereich rationaler Beweise, des Naturrechts und der ewigen Schöpfungsordnung, deren Teile nicht mehr als symbolistische Hinweise, sondern als einmalige Werte betrachtet wurden. Die heilsgeschichtliche Entfaltung des Glaubens trat zurück hinter seine immergleiche Einsichtigkeit, die auch den Heiden aller Völker und Zeiten einleuchten muß. Ganz können freilich die Mysterien des Glaubens, Weltschöpfung, Dreieinigkeit, Menschwerdung Christi, nie zum verstehbaren Besitz des

Menschen werden; denn »die menschliche Natur ist nicht unbeweglich wie die göttliche«, sie ist geschichtlich wandelbar. Darum bleibt nach jeder Arbeit immer noch mehr zu tun übrig. Die später vielgerühmte synthetische Kraft des Aquinaten war ihm selbst fragwürdig und wurde auch von manchen Zeitgenossen bestritten; sie war nicht so umfassend, nicht so intuitiv wie die Kraft Anselms von Canterbury; sie war zudem einem problematischen Versuch gewidmet.

Denn wenn schon Aristoteles neben dem Evangelium, warum dann eine Synthese? Standen denn Philosophie und Theologie wirklich auf derselben Ebene? Gegen Thomas und die Dominikaner der theologischen Fakultät stemmten sich vor allem in Paris die Gelehrten der »Artisten«-Fakultät. Diese Averroisten nahmen dem Aristoteles-Kommentator Averroës zwar nicht den Satz ab, Aristoteles wisse alles, was der Mensch wissen könne; aber sie glaubten ihm doch, daß es Stufen des Geistigen gebe, Unterschiede zwischen philosophischem Wissen und theologischem Glauben, zwischen der natürlichen Betrachtung des Natürlichen und den Wundern Gottes. Wenigstens sah der Anführer dieser Averroisten, der Pariser Professor Siger von Brabant, Widersprüche zwischen dem aristotelischen Weltgebäude und der kirchlichen Lehre und schlug sich, was die eigenständige philosophische Fragestellung betraf, entschlossen auf die Seite des neuplatonisch verstandenen Aristoteles. Insbesondere die Ansicht, daß der Intellekt in allen Menschen nur ein einziger und daß der menschliche Wille dem Sternenlauf unterworfen sei, widersprach jedoch der christlichen Lehre von der individuellen Unsterblichkeit und der Freiheit des Menschen, auch von der heilsgeschichtlichen Vorsehung Gottes so radikal, daß Siger 1270 und 1277 kirchlich gemaßregelt, später vermutlich im Gefängnis umgebracht wurde. In den rabiaten Streit wurde auch Thomas von Aquin, der gegen Siger schrieb, hineingezogen; denn er glaubte, philosophisch sei die Schöpfung als Anfang der Zeit und das Ende der Welt, somit die Weltgeschichte als Heilsgeschichte nicht zu beweisen. Die Frage nach der Geschichtlichkeit des Menschen war durch die thomistische Lösung nicht beantwortet und erhob sich von neuem. Es blieb der Erdenrest menschlicher Unzulänglichkeit, die Differenz zwischen dem Wissen der Menschen und der ewigen Wahrheit des Evangeliums.

Lag nicht in dieser Spannung der Grund für die geschichtlichen Schwankungen des Menschenlebens? Konnte man dann aber wie die Dominikaner der bloßen Gelehrsamkeit vertrauen und ihre geschichtliche Beschränktheit geringschätzen? Das war die große Frage der Franziskaner. Sie hatte ihre Wurzel im Streit um Armut und Dienst, um Idee und Institution des Ordens; akut wurde sie erst 1241, als die Schriften Joachims von Fiore zufällig den Franziskanern von Pisa in die Hände fielen. Joachims Wissenschaft war Bibelauslegung gewesen, aber sie hatte nicht allein das gelehrte wörtliche Verständnis gesucht, sondern die Zukunft der Kirche, ihre Krise um 1260, das Auftreten eines neuen Messias und einer Gemeinschaft des Heiligen Geistes vorausgesagt. Die Prophezeiung war schon eingetroffen: Franz von Assisi mit seinen Wundmalen war der neue Messias; sein Testament war das neue, ewige Evangelium; sein Orden war die neue Geistkirche. Nur zwanzig Jahre noch, dann würden die »Spiritualen« des Ordens die ganze Kirche umwandeln. Was die Spiritualen antrieb, war nicht mehr die Macht von Franzens Beispiel; sie waren Gelehrte geworden und lasen in den Büchern; sie wurden von einem konsequenten Gedanken gefesselt, der die Welt utopisch neu entwarf. Stand das dominikanische Studium im Dienst gelehrter Zusammenfassung, so konnte das franziskanische leicht den absoluten Geist beschwören, der alle irdischen Beziehungen vernichtet.

Auch gegen diese Revolution der Bettelmönche wehrten sich die Pariser Professoren voller Entsetzen; sie zu besänftigen, gelang dem größten Franziskaner nach Franz, dem Italiener Bonaventura, der in Paris Schüler Alexanders von Hales, dann Professor und seit 1257 Ordensgeneral der Franziskaner war. Die spiritualistischen Anhänger Joachims mißachteten die Fakten und überspitzten Joachims Lehren; man sah es deutlich, als das Jahr 1260 vergangen und nichts geschehen war. Mit Joachim erwartete auch Bonaventura eine vollkommene Endzeit des Friedens und sah sie positiv durch Franz, negativ durch die Averroisten angekündigt, aber nirgends schon konkret verwirklicht. Die unvollkommenen Institutionen der Menschen ließen sich nicht einfach durch Entwürfe des vollkommenen Geistes abschaffen. Die Kontemplation durfte kein irdisches Nahziel absolutsetzen, sie mußte sich, wie der ehrwürdige Augustin lehrte, auf den unbegreiflichen und fernen Gott richten, der gleichwohl die Geschichte der Menschen lenkt. Wir verstehen freilich seine Führung nicht; Aristoteles und schon gar Averroës helfen uns dabei wenig. Wie Hugo von St. Victor und der Deutsche Symbolismus verband Bonaventura mit der Anerkennung der Geschichte die mystische Andacht und vermied die alles zerreißende Abstraktion. Er blieb konkret, franziskanisch aktiv und ließ die Gedanken nicht im logischen System sich steigern, nur im Schleier symbolistischer Entsprechungen sich verschmelzen; als Zeichen und Beispiele wiesen sie auf Christus, den Herrn der Geschichte hin. Damit war die franziskanische Idee ins Gedankliche übersetzt und blieb doch der Ordenspraxis verbunden; auch dies war eine Synthese, fast eine Neugründung des Franziskanerordens und seiner geschichtlichen Tätigkeit, zugleich war es eine Synthese gegen die thomistische. Für Bonaventura ist Christus die Mitte aller Wissenschaften, der einzige Lehrer für alle. Man braucht keine Kommentare, wenn man den Urtext liest; man braucht nicht die selbstherrliche Philosophie des Tüftlers, der schließlich herausgefunden hat, daß die Diagonale mit der Seite inkommensurabel ist. »Diese Wonne sei sein; mag er sie getrost verspeisen!« Was das aristotelische Denken leistet, ist nur Vorbereitung auf das, was die augustinische Kontemplation erlangt: die Betrachtung der Welt im tätigen Frieden der Liebe.

Mußte sich diese franziskanische Liebe nicht den Dingen der Welt zuwenden, anstatt sich in die Kontemplation zu versenken? Der Oxforder Franziskaner Roger Bacon, seit 1244 in Paris geschult, auch an jüdischer und islamischer Weisheit gebildet, nahm um 1266 auf, was Albertus Magnus begonnen hatte, allerdings mit bissigem Spott über die bloß argumentierenden Vorgänger, die als Theologen den Boden unter den Füßen verloren hätten. Die Grundlage aller Geisteswissenschaft kann eben nicht die dialektische Methode sein, sondern nur die Philologie und Sprachwissenschaft, die den biblischen und philosophischen Texten und ihren schlechten Übersetzungen erst einmal sachverständig die gemeinte Bedeutung abfragt. Die Grundlagen der Naturwissenschaften sind gleichfalls nicht die scholastischen oder naturphilosophischen Spekulationen von Ignoranten, sondern die uns angeborene Mathematik und das Experiment, ferner Perspektive und Optik, die das Wirkliche sehen lehren und von allen mystischen Nebeln reinigen. Das Wirkliche, das sich aus der

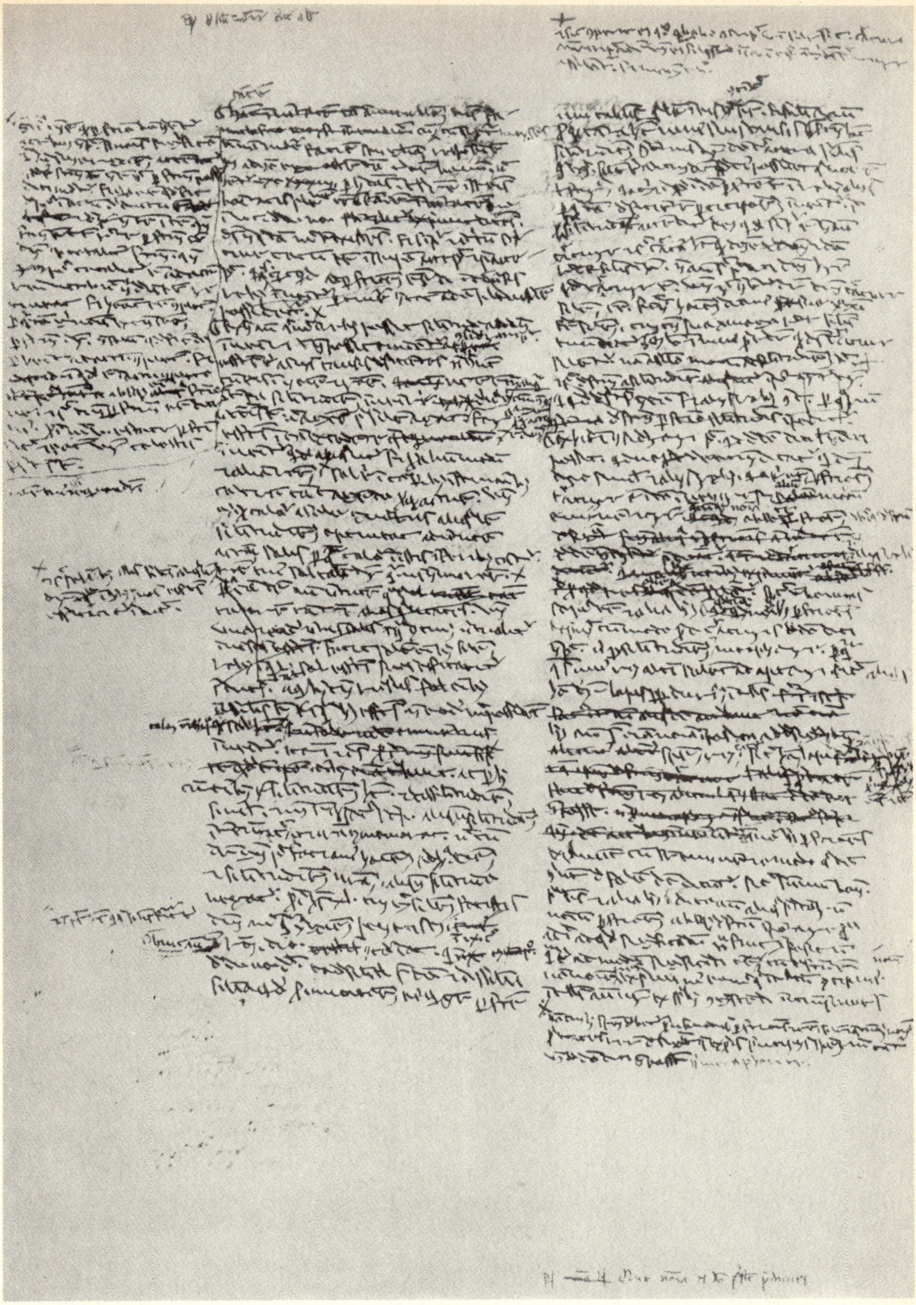

Eine Seite aus der »Summa contra gentiles« des Thomas von Aquino in der Handschrift des Gelehrten mit eigenhändigen Streichungen und Zusätzen, 1259–1264
Città del Vaticano, Biblioteca Apostolica Vaticana

Die Minne zwischen Riwalin und Blanscheflur, den Eltern Tristans
Ritterschlacht und Verwundung Riwalins, Klage Blanscheflurs und Beratung mit ihrer Hofdame,
Vereinigung der Liebenden
Miniatur in Gottfrieds »Tristan und Isolde«. Handschrift der Straßburger (?) Schule,
erste Hälfte 13. Jahrhundert. München, Bayerische Staatsbibliothek

strengen, spezialistischen Beobachtung von Geist und Natur herausschälen wird, jener Stein der Weisen, den man bald entdecken wird, führt dann endlich zur inneren Erfahrung, zum erleuchteten Glauben und zum rechten Leben. So mündet der ständige Fortschritt der Erkenntnis in der urchristlichen Lebensform und in der Katholizität aller Kreaturen; in Christus, der alles in allem ist, enden die Umwege der Geschichte und der Religionen.

Dann wären es wohl nicht zuerst die Dinge, sondern die Menschen, denen die sehende Liebe gelten müßte; ihretwegen wurde der adlige Katalane Ramón Lull Franziskaner-Tertiar und begann um 1265 seinen leidenschaftlichen Feldzug gegen alle umgrenzten menschlichen und geistigen Institutionen. Der Gedanke der mystischen All-Liebe drängte ihn zur Sarazenenmission, an der er scheiterte und 1316 starb, aber auch zu seiner »Großen Kunst«, die die Welt durch eine All-Wissenschaft vereinen sollte; durch logische Ordnung aller Fakten unter wenigen Grundbegriffen sollte sie die Glaubensgeheimnisse der Weltschöpfung, der Trinität und der Inkarnation allen denkenden Menschen beweisen. »›Sage, Narr, was ist größer, Verschiedenheit oder Einklang?‹ Er antwortete: ›Außerhalb meines Geliebten (nämlich Gottes) ist Verschiedenheit in der Vielheit und Einklang in der Einheit größer; aber in meinem Geliebten sind sie gleich in der Vielheit und in der Einheit.‹ – ›Sage, Narr, warum sprichst du so scharfsinnig?‹ Er antwortete: ›Damit Gelegenheit ist, den Verstand zu der Schönheit meines Geliebten zu erheben und damit mehr Menschen ihn ehren, lieben und ihm dienen.‹ – ›Sage, Narr, was ist diese Welt?‹ Er antwortete: ›Gefängnis der Liebenden und Dienerin meines Geliebten.‹« Noch einmal sollten Geist und Glaube, Gedanke und Wirklichkeit eins werden.

Nichts anderes wollte die hochgotische Baukunst der Kathedralen, die man so oft mit den hochscholastischen Summen eines Thomas und Bonaventura vergleicht und die auch von einer Art Bettelmönchen, von wandernden spezialisierten Bautrupps oder ortsfesten Bauhütten, errichtet wurden. Seit dem zweiten Bau von Chartres, 1194 begonnen und 1226 fast vollendet, sind diese neuen Kirchen wie entsinnlicht, in ihren Proportionen unwahrscheinlich. Die Domkirche von Reims, zwischen 1211 und 1241 gebaut, hebt das Mittelschiff weit über die Seitenschiffe hinauf; in Amiens, wo man 1220 begann und 1236 im wesentlichen fertig war, ist der Chor dreimal so hoch, wie er breit ist. In diesem gestreckten, emporziehenden Innenraum kann sich keine Einzelheit mehr behaupten; die Gesetze der Schwerkraft scheinen aufgehoben zu sein. In einem Rausch des rechnenden Denkens wird die unschöne Wirklichkeit verwandelt; es wird ein Haus gebaut, das keine Wände hat, sondern nur dunkle oder farbige, selbstleuchtende Raumhüllen; ein Haus, das keine Decke hat, sondern wie ein Baldachin vom Himmel herabzuhängen scheint; ein Wunderwerk von zeitloser Schönheit, mit den Hunderten von Bildwerken in endloser Bewegung – und doch bedroht von der Vorläufigkeit, von der Übersteigerung und vom Scheitern. Die Kathedrale von Beauvais, seit 1247 im Bau, sollte noch höher und noch schmaler als die von Amiens werden; 1282 stürzte sie teilweise ein, und noch im 16. Jahrhundert wiederholte sich die Katastrophe, die erste von vielen. Was nicht zusammenbrach, verwitterte; die Baugerüste um hochgotische Kirchen sind selten ganz gefallen, und nicht nur in Köln haben sieben Jahrhunderte am unvollendeten Dom gearbeitet.

Immer höher hinauf hatten die kühnen Systeme der Hochscholastik und Hochgotik den Scheitelpunkt verlegt, in dem sich die verwirrend vielfältigen Möglichkeiten von Glauben und Wissen, Konstruieren und Betrachten, Denken und Tun, Verstehen und Erfahren treffen und klären sollten. Immer häufiger mißlang die Einwölbung und Zusammenfassung, weil sich die ungeordneten Fakten der Geschichte, die häßlichen Kleinigkeiten des Alltags dem hochgemuten Schwung nicht fügten. Ob die Laien der Zeit genauer als die Bettelmönche die Last der hiesigen Umstände abzuschätzen wußten? Oder stand ihnen die gleiche schmerzliche Erfahrung bevor?

Freiheit und Hingabe der Laien

Das Weltbild der Laien, voran des wortführenden Adels, war im frühen 13. Jahrhundert noch durchweg von der ritterlichen Dichtung bestimmt, die sich schon im Jahrhundert zuvor deutlich von der dialektischen wie der kontemplativen geistlichen Haltung getrennt, aber eine ähnlich stilisierte und umfassende Weltdeutung versucht hatte. Wir finden sie noch bei dem deutschen Kaiser Friedrich II. Der Staufer, der seit 1220 seinen durchrationalisierten Staat in Sizilien und Unteritalien schuf, begründete dort in normannischer Tradition auch eine Hofkultur, die so universal war wie der Kaiser selbst. Friedrichs Wißbegier war indes nicht mehr nur ritterlich, sie richtete sich besonders auf die Natur, hinter deren Erscheinungen er das Wesen der Dinge aufspüren wollte; er fragte 1227 nach »jenen Geheimnissen, die dem Ergötzen des Geistes zugleich und der Weisheit dienen«, nicht nach den ethischen Normen ritterlichen Daseins. Unter den Fragen, die der Kaiser seinen Hofgelehrten stellte, waren manche scholastische, die sich indes das Jenseits nach dem Bild der Erde vorstellten, etwa, »was die Engel und Heiligen beständig tun im Angesicht Gottes«. Kontemplation wäre dem Kaiser als langweilig erschienen. Dafür kannte und schätzte er die arabische Wissenschaft, ihren Ahnherrn Aristoteles und ihren Patriarchen Averroës; er ließ sie übersetzen und machte sie seiner 1224 gegründeten Staatsuniversität Neapel zugänglich, noch ehe in Paris der Streit um den Stagiriten entschieden war; der Kaiser stellte auch schon die Frage der Averroisten, nach dem Anfang der Schöpfung und der Unsterblichkeit der Seele.

Aber wichtiger als die Scholastik war ihm die Naturwissenschaft oder vielmehr die Anwendung ihrer Kenntnis, die den Menschen an Stärke der Natur gleichkommen läßt; und dafür verließ sich Friedrich allein auf seine eigene Erfahrung und Beobachtung, nicht auf die Autorität eines Isidor oder selbst eines Aristoteles. Der Kaiser hatte sich eingehend mit der Falkenjagd beschäftigt und darüber ein Buch geschrieben; da konnte er dem Philosophen nicht in allem folgen, »denn selten oder nie hat Aristoteles die Vogeljagd betrieben; wir aber haben sie immer geliebt und geübt«. Der Kaiser fragte nicht aus gelehrter Neugier; er wollte die gewaltigen Falken zähmen und sie verstehen, um sie zu beherrschen. Wissen war ihm Macht, wie in der Natur, so in der Jurisprudenz. Friedrichs Konstitutionen von Melfi, auch sie auf normannischen Mustern fußend, nahmen 1231 das Recht aus der akademischen Schulsphäre heraus und gründeten den ganzen Staatsbau auf die Rechtsidee; mit diesem Gesetzbuch begann im Abendland die Führung der Staatsverwaltung durch Juristen. Verwandte Gedanken mögen um 1220 den Florentiner Accursius bewogen haben, die bisher akademischen Glossen zum römischen Recht in einer *Glossa ordinaria* übersichtlich zusammenzufassen und so für die richterliche Praxis verwendbar zu machen; ähnliches geschah um dieselbe Zeit im Kirchenrecht. Wichtiger als der reine Gedanke wurde seine Einführung in die Praxis. Das war indes kein Sieg des empirischen Denkens; es vollzog sich unter der Herrschaft des reinen Geistes, der über Geschichte und Herkommen triumphieren wollte.

Wie wenig das gelang, zeigte die Dichtung der Zeit, die sich vom Lateinischen zu lösen und eigene Töne zu finden vermochte. Friedrich II. trug dazu bei, als er um 1227 Lieder in der Manier der provenzalischen Trobadors, aber in italienischer Kunstsprache verfaßte und eine Reihe höfischer Dichter, darunter den Bruder des Thomas von Aquin, anregte. Diese Hofpoesie war freilich ein konventionelles Spätprodukt; überwunden wurde die idealisierende Verherrlichung des schönen Scheins, auch das französische Muster, vielmehr in Deutschland, durch Walther von der Vogelweide, der am Ende seines armen, unsteten Lebens in den Dienst Friedrichs II. trat. Walthers politische Dichtung hielt der Wirklichkeit des zerrissenen und ohnmächtigen Deutschen Reiches eine monumentale Vision von Frieden und Recht entgegen; sein Minnesang war realistischer. Er lehnte die Kunsttheorie der hohen Minne zur unerreichbaren Gesellschaftsdame ab und besang die einfache, nicht höfisch verzierte, die wirklich erfüllte Liebe, die sich an Menschen aus Fleisch und Blut wandte, und wären es Bauernmädchen. Die Welt, wie sie ist, ist schöner als alle Fiktionen, und freudig bekannte sich Walther zum Dienst dieser »Frau Welt« mit Sonnenschein und Blütenpracht. Das sind Töne, die wir aus dem Sonnengesang des Franziskus kennen; Walther hat sie im frommen Alter nicht durchgehalten, aber bei Gottfried von Straßburg kehren sie wieder, verändert, weniger weich.

Gottfried war nicht »Herr«, sondern »Meister«, ein Bürgerlicher also, wohlbewandert im theologischen, auch im antikischen Wissen. Sein artistisch gefeiltes, unvollendetes Epos von Tristan und Isolde zeichnete um 1210 ein neues Bild der Minne, die sinnenhaft und unfromm, aber mystisch, dämonisch, tödlich ist. Man braucht Mut, um sich zu dieser Welt zu bekennen, die gesund und verderblich ist, schöne Form und tragische Verwirrung zugleich; man muß ihr Scheitern auf sich nehmen und sie skeptisch sehen, so wie sie ist, nicht auf die Weise Wolframs sublimieren. Dann freilich bekundet sich in alten Formen nicht mehr die adlige Gemeinschaft, nur noch der Einzelne als Besonderer. Manierierte Ritterdichtung gab es weiterhin in Fülle; aber die Ehrlichen spürten den Bruch. Um 1225 schrieb der Sachse Eike von Repgow, der Autor des Rechtsbuchs »Sachsenspiegel«, eine deutsche Weltchronik in Prosa, nüchtern und sachlich – und doch voller romantischer Sehnsucht nach der kindlichen Unschuld vergangener Zeiten. Blicken wir auf die größte künstlerische Leistung Deutschlands in dieser Epoche, auf die Bauplastik in Freiberg, Straßburg, Bamberg, Naumburg: auch wo die Statuen paarweise beisammenstehen, Adam und Eva, Kirche und Synagoge, Maria und Elisabeth, ist jede Figur ein Mensch für sich, keine Verkörperung einer Idee oder Stimmung, sondern ein lebendiger, bewegter Körper, freilich von reiner, altersloser Schönheit und geistvoller Kraft. Über der ausdrucksvollen Gespanntheit dieser Gestalten, die der klassischen Ruhe der Plastiken von Reims ebenbürtig zur Seite trat, lag schon die verhaltene Schwermut des Vergehenden; der Adel dieser Figuren stellte das geistlich-ritterliche Ideal noch einmal dar, als sein Gleichgewicht schon schwankte.

Aber wenn sich auch das Ritterleben als oberflächlich erwies, wurde das geistliche Ideal nicht tiefer und breiter als je durch die neuen Bettelorden fundiert? Wenn die neue Freiheit zur Welterfahrung nur Unbehagen hervorrief, gab es nicht auch die neue Hingabe an Gott? Die zwanzigjährige Landgräfin Elisabeth von Thüringen, eine ungarische Königstochter, bemerkte die Hohlheit des fürstlich-ritterlichen Daseins 1227, als ihr Gemahl beim Kreuzzug gefallen war, und weihte sich dem Dienst an den Armen, vielleicht schon von Franziskanern angeregt, aber doch nicht bereit zum Klosterleben frommer Frauen; sie suchte, zunächst ratlos und ruhelos umherziehend, nach Formen christlichen Wirkens in der Welt, die bisher den Frauen verschlossen waren.

Nun hatten sich seit etwa 1170 im Bistum Lüttich, in Flandern und Brabant, Frauengemeinschaften gebildet, die »Beginen«, die miteinander in Armut und Keuschheit beteten und arbeiteten, die Bibel in der Volkssprache lasen und Kranke pflegen wollten; von den Orden waren sie abgewiesen worden, und so blieben sie in der Welt beisammen. In ihrem Geist gründete Elisabeth das Franziskus-Hospital in Marburg, wo sie im grauen Beginengewand Dienst tat und eine Spitalgenossenschaft um sich sammelte. Aber ein Orden wurde daraus nicht; statt dessen wurde Elisabeth zur Schutzpatronin des Deutschen Ordens, eines 1198 gegründeten geistlichen Ritterordens, der seit 1226 im Baltikum zu missionieren begann und dort einen Staat errichtete, noch in dem alten deutschen Geist, der Herrschaft und Glauben zusammenband. Im Kolonialgebiet mochte sich der männliche Gedanke der Ritterorden noch lange kräftig erhalten; im deutschen Mutterland ergriff ekstatische Erregung weite Kreise, zumal die Frauen, und nicht die Fürstinnen allein. Allenthalben fanden sich Frauen, die von den Klöstern nicht aufgenommen wurden, zu schwärmerischen Gemeinden zusammen, ohne feste Gelübde, ohne wirtschaftliche Sicherung, in engster Berührung mit der Umwelt, in die sie oft wieder zurücksanken. Aus diesen formlosen, oft als ketzerisch verdächtigten Gruppen hoben sich große Einzelne heraus, und mit ihnen führte die Frauenbewegung hinüber zur Mystik.

Die flämische Begine Hadewijch, eine Adlige, vermutlich aus Antwerpen stammend, dichtete vor der Jahrhundertmitte ihre ekstatischen Strophen in der Volkssprache, die ihren kosmischen und apokalyptischen Visionen allerdings nicht genügte. Himmlisches läßt sich nicht in Worte fassen, »das ist, als ob es kein Deutsch dafür gäbe«. Die Sprache wurde zum Stammeln; entschiedener aber als Hildegard von Bingen, die sich nur als Sprachrohr empfunden hatte, strebte Hadewijch als Einzelne zur mystischen Einung mit Gott. Die deutsche, von Elisabeth von Thüringen angeregte Begine Mechthild von Magdeburg tat es ihr darin gleich. Die wahrscheinlich adlige Mechthild begann zwanzigjährig ihr asketisches Dasein, zwar nach dominikanischen Regeln, doch von diesem nun schon herkömmlichen Orden kritisch distanziert; sie starb, uralt und verwittert, in einem Zisterzienserinnenkloster. Um 1250 schrieb sie ihre wohl niederdeutschen Visionen vom »fließenden Licht der Gottheit«, voll starker Gedanken und Empfindungen, der höfischen Minnedichtung ebenso nahe wie den Predigten der Bettelmönche. Edelste Erfüllung des Lebens ist die Hingabe an den himmlischen Bräutigam, die Salomons Hohes Lied besang; aber auch die Welt mit der Klarheit des Sonnenscheins und der Frische des tauigen Morgens ist schön. Mechthild mahnte und warnte die Zeitgenossen energisch, auch die extravaganten Beginen; ihrer zuchtvollen Ekstase fehlte das Süßliche, Weinerliche und Schwüle späterer Mystik. Wenn der Heilige Geist den Seligen vom minnenden Himmelsfluß einschenkt, dann werden sie so berauscht, »daß sie vor Freude singen / Anmutig lachen und springen / In edeler Weise / Und fließen und schwimmen / Und fliegen und klimmen / Von Chor zu Chor / Bis zu des Reiches Spitze empor«. So stehen die Anfänge der Deutschen Mystik zwischen der franziskanischen Tat und der dominikanischen Schau, beiden verpflichtet und doch schon von beiden ebenso geschieden wie von Hildegards Symbolismus. Denn der mystische Weg der gottgleichen Seele weist hinaus über die religiösen und geistigen Bewegungen, über die Gemeinschaften und die Geschichte. Das Geschehende wird noch, maßvoll und geduldig, miteinbezogen, aber es ist schon überwunden.

Die häretische Radikalisierung der Mystik trat vor 1216 in Straßburg, 1245 in Antwerpen, 1270 im schwäbischen Ries zutage, in lokalen, voneinander unabhängigen Laiengemeinschaften von Männern und Frauen, die ganz arm leben und sich völlig entleeren wollten, damit Gott ganz von ihrer Seele Besitz ergreife. Die so Entäußerten leben nach den Weisungen des Geistes und können nichts mehr von sich aus tun; was sie tun, ist keine Sünde mehr, und wäre es Unzucht. Unsittlich waren diese Ketzer freilich eher im Gerede der Leute als in ihren Zielen; aber auch wer apostolisch lebte, war nicht mehr aktiv, sondern erstrebte die Einung mit Gott in der Betrachtung. Wie bei Amalrich von Bène löscht diese Einung alle Sünden aus und macht den Geist zum Herrn über das Fleisch; und danach lebten diese »Brüder und Schwestern vom Freien Geist«. Sie bildeten keine Sekte, keine Hierarchie mehr; die Freiheit des Geistes war auch darüber hinaus. Überall schossen solche Zirkel aus dem Boden, am schnellsten in den Beginengemeinschaften. Der Papst verbot 1274 alle diese nichtregulierten Gruppen; denn solche Laienverbände konnten nicht in die Phalanx der aktiven Bettelmönche eingegliedert werden, wie es die Kurie seit der Jahrhundertmitte den eremitischen, beschaulichen Mönchsgemeinschaften der Augustiner-Eremiten, der Karmeliten, der Wilhelmiten nahelegte. Wenn aber selbst bei diesen reglementierten geistlichen Orden neben der Pflicht zur Tätigkeit die Neigung zur mystischen Spiritualität immer wieder durchschlug, so war bei den Laien mit Verboten erst recht nichts zu bessern. Denn die Hingabe an die Freiheit mystischer Ekstase lag in der Luft.

Daß die verzückte Passivität nichts von missionartischer Tatkraft hielt, mißfiel nicht nur der Kirche. Die erregten Laien hofften nicht alle auf mystische Selbstbefreiung aus der Geschichte; manche deutschen Gruppen erwarteten die Erlösung von einer apokalyptischen Revolution in der Geschichte selbst. Kaiser Friedrich II. galt schon zu seinen Lebzeiten als kirchenfeindlicher Vorbote des Antichrist, ja als der von Joachim von Fiore vorausgesagte leibhaftige Antichrist; umgekehrt priesen ihn 1248 in Schwaben viele als den vollkommenen, paradiesischen Friedenskaiser, der das Heilige Land und die verfallende Papstkirche erretten und das Tausendjährige Reich stiften werde. Das himmlische Jenseits sollte sich auf joachitische Weise in der irdischen Zukunft verkörpern, unberührt vom

Auf und Ab des Geschehens und vom Leben und Sterben der Menschen. So glaubten nach 1250 manche Deutsche und Sizilianer, Friedrich II. sei nicht wirklich gestorben. In Worms, Neuß und Lübeck meinten 1284 jubelnde Massen, nun sei er wiedergekommen und habe die kaiserlose, schreckliche Zeit für immer beendet. Noch viel später träumte man in Deutschland von dem Endkaiser, der nur schlafe und eines Tages den Himmel auf Erden bringen werde.

Aber warum auf die Endzeit und die Initiative eines Endkaisers warten? Stand der Himmel nicht jedem Tätigen offen, zumal über Jerusalem, der Mitte der Welt, der Wiege des Heilands? Während im 13. Jahrhundert die Kreuzzugsbegeisterung der Adligen erlahmte, ließen sich die unteren Schichten noch immer wie im späten 11. Jahrhundert zu raschen Wanderzügen nach Jerusalem begeistern. Nach dem Heiligen Land wollten fanatische Scharen ziehen, wie die rheinischen und französischen Kinder des kläglichen Kinderkreuzzugs von 1212. Auf das Heilige Land verwies jener bettelnde Einsiedler, der seit 1224 im Hennegau und in Flandern auftrat und sich für den 1205 verschollenen Kreuzfahrerkaiser Balduin von Flandern ausgab; vor allem die Armen und Entrechteten in den Städten glaubten an seine messianische Mission, die dem irdischen Treiben der Machtpolitik ein jähes Ende bereiten würde. Nach dem Heiligen Land drängten 1251 Tausende von Hirten und Schäfern der Picardie und Flanderns, die »Pastorellen«; unter Führung eines abtrünnigen Mönches begann dieser Hirtenkreuzzug seinen enthusiastischen Zug zum Paradies mit der blutigen Verfolgung der abtrünnigen Juden und der satten Priester und Mönche. An ihr Ziel kam keine dieser apokalyptischen Bewegungen, die bis ins 14. Jahrhundert fortdauerten; sie gingen alle im Terror unter. Das Heilige Land lag in unerreichbarer Ferne; aber mußte die große Revolution nicht beim Nächstliegenden beginnen, auf den Straßen und Plätzen der heimischen Städte den neuen Himmel und die neue Erde schaffen?

Ekstatische Überwindung des lähmenden Alltags führte auch in Italien fromme Laiengruppen zusammen; auch was sie sagten, waren keine Aufrufe zur apostolischen Tat mehr, sondern stammelnde Kundgaben vom Unbegreiflichen. Da traten 1233 in den Städten Oberitaliens Prediger auf, die keinem Orden angehörten, in phantastischem Aufputz, schwarz gekleidet, mit hoher Mütze, auf Brust und Rücken riesige rote Kreuze. Sie schrien mehr als daß sie sprachen; mit Trompeten peitschten sie die Menge auf, mit Kerzen zogen sie durch die Straßen, das verzückte »Halleluja!«, den Jubelruf der Engel, auf den Lippen. Hinter ihnen her rannte wie von Sinnen das Volk; alte Feinde fielen sich gerührt in die Arme, paradiesischer Friede schien eingekehrt. Rasch bemächtigten sich die Dominikaner dieser Halleluja-Bewegung und zügelten sie; das Weltende war noch nicht da. Aber hatte nicht Joachim von Fiore die große Wende für 1260 vorausgesagt? In Perugia predigte 1260 inmitten der städtischen Parteikämpfe ein Einsiedler, Ranerio Fasani, der sich seit Jahren einsam gegeißelt hatte. Eine himmlische Stimme habe ihm verkündet, daß die Stadt zugrunde gehen werde, wenn sie nicht Buße tue. Wieder folgten Tausende aus allen Ständen dem gotterfüllten Prediger; sie formierten sich zu Laienbruderschaften überall in Oberitalien und bis ins Elsaß und nach Böhmen hin. Um das apokalyptische Unheil abzuwenden, sollten die Laien öffentlich Buße tun, und zwar durch Teilnahme am Leiden Christi, durch

Geißelung bis aufs Blut. Schon tauchten bei diesen »Geißlern« die ersten häretischen Lehren auf: die von Gott gebotene Geißelbuße mache die Laien zu Priestern. Auch hier gelang es den Bettelorden noch einmal, die Bruderschaften zu disziplinieren. Es mißlang bei einer anderen Gruppe, den Apostolikern.

Im entscheidenden Jahr 1260 wurde diese Laienbruderschaft der Apostoliker von einem Laien Gerardo Segarelli aus Parma gegründet. Sie sollte das im Franziskanerorden nicht mehr voll verwirklichte Ideal der Armut praktizieren und damit zum apostolischen Urchristentum zurücklenken, ohne sich an kirchliche Formen und Aufgaben zu binden. Segarelli verkaufte sein Häuschen, verteilte sein Geld an spielende Kinder und predigte am Straßenrand Buße. Was er mit seinen Genossen, Brüdern und Schwestern, zusammenbettelte, verzehrten sie am Straßenrand; waren sie satt, dann ließen sie die Reste liegen und zogen weiter. Der Bischof von Parma lachte nur über die freundliche Narretei, und so fand sie überall in der Toskana Anhang. Die Sache der Apostoliker war allerdings nicht der franziskanische Dienst für andere, sondern nur die eigene Selbstentäußerung, die in der Seele Platz für Gott machen sollte. Seit 1294 wurde die anarchische Sekte verfolgt, Segarelli wurde 1300 verbrannt; aber seine Genossen glaubten nun, vollends entrückt, auch das Dritte Reich Joachims, das franziskanische Zeitalter, sei schon vorüber, und Segarelli sei der Prophet des Vierten Reiches gewesen; sein Bund werde bald von einem Engelpapst gefördert werden. Die Armut schlug um in Plünderung der »fleischlichen« Kirchen, die Askese wurde zur Freiheit der Guten, die keine Enthaltung mehr brauchten; ja, die Unzucht wurde zum Dogma, weil der Mensch zum Gott geworden sei. In einem eigenen Kreuzzug wurden die Apostoliker 1307 ausgerottet, aber sie fanden Nachahmer, Nachfolger und noch im späten 14. Jahrhundert eine rechtgläubige Gegengründung, die eremitischen »Apostelbrüder«. Denn was die Apostoliker im Extrem taten, entsprach einer allgemeinen Tendenz der Zeit und besonders der Laien: Flucht aus der Gegenwart und ihren Ordnungen und Wirrsalen, Flucht vor dem intellektualistischen Menschenbild, Sehnsucht nach dem Unsäglichen und Unmöglichen, nach dem Extrem und dem Ende.

Das also war die Reaktion der Laien, vor allem in Deutschland und Italien, auf die immer abstrakter werdenden Bemühungen der Bettelmönche um eine neue Synthese, besonders in Frankreich. Aber auch mit der Führerstellung Frankreichs war es vorbei. Albertus Magnus, Thomas von Aquin, Bonaventura, Roger Bacon lehrten zwar alle in Paris, waren aber alle keine Franzosen. Nach dem Sieg über die Albigenser und Trobadors schien unter dem ritterlichen König Ludwig IX., dem Heiligen, Frankreich noch einmal das Zentrum der Christenheit zu werden; doch die Kreuzzüge dieses ungekrönten Kaisers wurden bloß mit französischen Rittern geführt, und Ludwigs Tod beschloß 1270 die Epoche der Kreuzzüge überhaupt. Der Biograph des Königs, Jean de Joinville, hielt ein Menschenalter später die versunkene ritterlich-fromme Welt meisterhaft fest; aber mittlerweile war das Heilige Land verlorengegangen, 1307 der Templerorden vom französischen König verfolgt und vernichtet worden. Die Zeit der ritterlichen Synthese war auch in Frankreich vorüber, so wie die Zeit der gelehrten Zusammenfassungen. Nichts ist dafür bezeichnender als das Buch des Pariser Professors Jean de Meun, der ein Anhänger Sigers von Brabant war und um 1270 in seiner Bearbeitung des volkssprachlichen Rosenromans die Ritterdichtung ins Skeptische, ja Zynische umbog. Über achtzehntausend Verse hin, in meisterhafter Sprache und mit enzyklopädischem Rundblick wurden hier Scholastik und Mönchtum, höfische Minne und ritterlicher Adel verhöhnt; die verhüllenden Allegorien dienten nur dem aufreizenden Kult eines erotischen Mysteriums. Liebe ist ein Naturtrieb; ihm soll der Mann folgen, ohne auf die schwächliche, verächtliche Frau zu achten. Das vielumstrittene Buch wurde im Spätmittelalter von Geistlichen und Laien, Adligen und Bürgern oft und intensiv gelesen wie kaum ein zweites.

Hier wurde ein epochaler Markstein gesetzt; hier begann etwas Neues. Seit dem Benediktinerorden waren jahrhundertelang immer neue Gemeinschaften entstanden, die die Nachfolge Christi und die geistige Weltordnung versuchten; damit war es vorbei, als nach 1250 die universalen Mächte Kaisertum und Papsttum versanken, als die Kreuzzüge aufhörten. Es bildeten sich nun keine neuen Körperschaften mehr; zugleich war der Zusammenhang zwischen Religion und Geistesleben gestört. Fortan konnte es im Spätmittelalter nur noch Einzelne geben, die auf Einzelne wirkten, in politischen, sozialen, geographischen Einzelbezirken. Die Selbstvergottung des Individuums war das Ende der religiösen Gemeinschaften und der geistigen Bewegungen; in die Lücke traten die souveränen Territorien und fesselten die Einzelnen an sich.

Spätscholastik und Bürgertum

Die religiösen und geistigen Bewegungen hörten um 1280 nicht schlagartig auf; sie verloren aber bei zunehmender Differenzierung ihre synthetische Kraft, ihre allgemeine Verbreitung und ihre Permanenz. Was folgte, waren kurzlebige, hektische Ausbrüche oder stille Rückzüge ins Intime; dazwischen standen Ruinen. Die Kirche, die im frühen 13. Jahrhundert den religiösen Bewegungen noch Raum gewährt hatte, erstarrte seit 1305 im Avignonesischen Exil unter französischer Vormundschaft; sie konnte nur noch das Gewonnene verteidigen. Die Spätscholastik zehrte vom Schulbetrieb der Universitäten. Die Institution Universität verbreitete und festigte sich nun erst überall im Abendland; sie wurde jetzt durch Stiftungen gesichert, deren berühmteste 1257 Ludwig der Heilige und sein Kaplan Robert de Sorbon armen Theologiestudenten zuwandten. Doch zweifelte schon Robert, der alles »von den Zähnen der Disputation zermahlen« lassen wollte, am Erkenntniswert einer Wissenschaft, die von Ratten und Würmern zernagt werden konnte. Des Disputierens und Schreibens war kein Ende; aber Neues ergab sich kaum noch, wenigstens bei den Dominikanern. Ihre Spätscholastik war, seitdem Thomas von Aquin 1323 heiliggesprochen war, im wesentlichen thomistisch; auch andere Orden schlossen sich der dominikanischen Lehre an. So hatte die Schuldiskussion nur noch Lücken des thomistischen Systems zu füllen und durfte keine neuen Entwürfe mehr wagen. Die Dominikaner konnten im frühen 14. Jahrhundert auch als Ketzer-Inquisitoren die Gegner eliminieren, vor allem die Katharer, die jedoch selbst schon seit langem stagnierten.

Geistliches Gericht
Miniatur in der Dekretalen-Sammlung Papst Gregors IX.
Handschrift der Schule von Bologna (?), 13. Jahrhundert. München, Bayerische Staatsbibliothek

Priester und Ritter
Skulpturen an der Innenseite der Westfassade der Kathedrale von Reims, nach 1250

Weniger leicht taten sich auch jetzt noch die Franziskaner, selbst nach Bonaventuras glättender Wirksamkeit. Die großen Franziskanertheologen des 14. Jahrhunderts waren Engländer aus der Oxforder Schule; in der Nachfolge Roger Bacons begannen sie, besonders Johannes Duns Scotus und Wilhelm Ockham, die hochscholastische Synthese aufzulösen und kritisch nach den Möglichkeiten des Denkens zu fragen. Sie betonten gegenüber dem Allgemeinen das Besondere, gegenüber dem logischen Denken und Erkennen die jeder Erkenntnis verschlossene Andersartigkeit Gottes und die Tendenz des biblischen Gotteswortes, das auf eine Welt jenseits des Menschenwissens hinweist; sie unterstrichen die Fülle der Möglichkeiten und Wunder, aber auch den Willen, die Freiheit und Einzigartigkeit des Menschen, der nicht in der Beschaulichkeit verharren, sondern im Sinne Franzens liebevoll tätig werden muß. Er muß es um so mehr, als sein Denken nichts Abstraktes recht begreift und nur das Einzelne, Einmalige versteht, das im Umkreis seines Tuns liegt. So wurde alles Allgemeine noch einmal wie bei Roscelin zum bloßen Namen; aber dieser neue Nominalismus hatte weitreichende Folgen, nicht nur für die hektische Volksfrömmigkeit des Spätmittelalters, sondern ebenso für das moderne experimentierende und individualistische Denken. Bald schieden sich an den europäischen Universitäten die »alten« Thomisten von den »modernen« Nominalisten, aber in einer verwirrenden Vielfalt von Schulen und Richtungen, die keine Bewegungen mehr waren oder es erst sehr viel später wurden.

Das war kein bloßes »Mönchsgezänk«; denn die beiden Bettelorden standen der Laienwelt nahe genug, um den Nerv der Zeit noch immer zu treffen. Die Predigtmärlein franziskanischer Weltgeschichten, die Wunderberichte der dominikanischen *Legenda aurea* zeugten ebenso dafür wie der franziskanische Spiritualismus in den romanischen und die dominikanische Mystik in den germanischen Ländern. Diese beiden Strömungen brachten allerdings die Bettelorden selbst an den Rand der Ketzerei; sie gründeten keine eigenen, neuen Gemeinschaften, weil die Absage an die irdische Organisation mit zu ihrem Pathos gehörte. Am deutlichsten wurde das bei den Franziskaner-Spiritualen, die auch nach 1260 und nach Bonaventuras Vermittlungsversuch hartnäckig auf ihrer Armut im Sinn der joachitischen Enderwartung bestanden; sie wurden deshalb in Südfrankreich und Italien seit 1280 kirchlich verfolgt. Eben daraus schöpften sie aber neue Hoffnung. Denn die Wahrheit wird immer verfolgt, und selbst Christus wurde gekreuzigt; käme er heute wieder auf die Erde, er würde zum zweitenmal ans Kreuz geschlagen. Gemartert wurden jetzt seine wahren Nachfolger und Jünger; denn die Verfolgten sind die einzig wahren Christen. Der Geist Gottes wird sich in dieser korrupten Welt nie verkörpern; er erweist seine Wahrheit durch seine Ohnmacht, denn nur das Gemeine ist robust. Das franziskanische Armutsideal war hier in eine Höhe getrieben, von der es nicht mehr herabzuziehen, aber ebensowenig in Wirkung zu verwandeln war. Die Spiritualen unterwarfen sich der Kirche nicht mehr, auch wenn sie von der Inquisition als häretische »Fraticellen« verbrannt wurden. Aus der Kirche wurden die Spiritualen 1317 ausgeschlossen – der erste häretische Mönchsorden. Aber auch die Konventualen widersetzten sich im 14. Jahrhundert recht hartnäckig der kirchlichen Tendenz zur Bürokratisierung, Fiskalisierung und Verrechtlichung. Sie wollten die Kirche, in der sie verharrten, zur apostolischen Armut bekehren. Es mißlang, und so blieb es bei der gereizten, verstimmten Atmosphäre.

Anders verliefen die Bemühungen der Dominikaner, die Frauenbewegung vor allem in Deutschland vor der Häresie, besonders vor dem Pantheismus Amalrichs von Bène und der Freigeister zu bewahren. Das Unternehmen, gegen das sich der Orden lange Zeit sträubte und das er erst auf päpstlichen Befehl hin anging, war fast aussichtslos. Zu betreuen waren zum einen die Dominikanerinnenklöster, deren es in Deutschland über siebzig, viele davon mit mehr als hundert Nonnen, gab, und zum anderen die Beginenhäuser, deren man allein in Straßburg (neben sieben Dominikanerinnenklöstern) fünfundachtzig zählte. In diesen Häusern wollte bald jede Begine ihr eigenes begnadetes Jesuserlebnis haben, und wem die Kraft der Kontemplation nicht gegeben war, der erzwang sie durch Fasten, Atemtechnik oder hemmungsloses Schluchzen. Wohnte aber erst einmal Gott in der liebenden Seele, so brauchte sie keine priesterliche Vermittlung mehr und empfand sich selbst als die einzig wahre Kirche Gottes. Die Dominikaner mußten, als sie seit 1290 die Frauen unterrichteten, das scholastische Latein verlassen, um sich verständlich zu machen; sie mußten auch die verflachte Visionsmystik zur Spekulationsmystik vertiefen, die ekstatischen Gefühle in die theologische Systematik einfügen; zur Kontemplation mußte die Aktivität kommen.

Den größten Anteil an dieser Wandlung hatte Meister Eckhart, der Provinzial der sächsischen Dominikanerprovinz, der in Straßburg und Köln seit 1314 vor den Frauen predigte und dabei auch die deutsche Sprache formen half. Seine Sätze, noch zu seinen Lebzeiten der Ketzerei verdächtigt, waren scholastisch scharfsinnig, zugleich mystisch paradox; sie kreisten um die Frage, wie der Abstand zwischen dem reinen Sein Gottes und der kreatürlichen Seele zu überwinden sei; sie gaben die Antwort, daß dazu keine Visionen dienten, nur ein Sein, nämlich die vorbildliche Heiligkeit des Menschen. Sie ist allerdings nur der erste Schritt. Wir kennen die mystischen Stufen Hugos von St. Victor; sie enden bei Eckhart in der völligen Auflösung des Menschen, in seiner geistlich radikalen Armut. Die christliche Haltung in der Welt kann demnach nur eine äußere erste Stufe sein, denn die Welt darf nicht pantheistisch verklärt gesehen werden. Über den Gegensatz zwischen Denken und Tun erhebt sich jedoch endlich die Freiheit des Gläubigen. »Ein Mensch soll in allen seinen Werken seinen Willen Gott zukehren und Gott allein im Auge haben. Und so gehe er voran und hege keine Furcht, so daß er also nicht etwa überlege, ob's auch recht sei, auf daß er nicht etwas falsch mache. Denn wollte ein Maler gleich beim ersten Striche alle (weiteren) Striche bedenken, so würde nichts daraus.«

Die Anklage auf Ketzerei wiederholte sich, aber das dominikanische Wagnis gelang; seit etwa 1350 wandte sich die Deutsche Mystik von der visionären Schwärmerei ab zur praktischen Caritas. Das wurde, vermittelt durch den niederländischen Mystiker Jan van Ruijsbroeck, auch zum Stil der *Devotio moderna*, der nach 1380 von Gert Groote gegründeten neuen Gemeinschaft der »Brüder vom gemeinsamen Leben«. Handarbeit und Dienst für andere, besonders in der Schule, Demut und Herzenseinfalt sollten die Nachfolge Christi tragen, von der Thomas von Kempen schrieb. Diese »Fraterherren« aber gaben dem mittelalterlichen Mönchtum den Abschied; denn sie blieben in der Gemeinschaft der Mitmenschen, aus der sich Franziskaner und Dominikaner inzwischen gern zurückgezogen hatten. Die kleinen isolierten Konventikel der Beginen und der Ketzer vom Freien Geist bestanden freilich bis ins 15. Jahrhundert weiter, teils in büßender Armut, teils in gottgleicher Freiheit; der Überschwang der Geißler fand im Pestjahr 1348 und danach wiederholt neue Nahrung in ganz Europa. Auf die tätige Verwirklichung des Evangeliums kam es diesen Gruppen nicht mehr an; das irdische Dasein wurde nicht verworfen, aber auch nicht mehr verändert. Was auf Erden geschah, gehorchte anderen, irdischen Gesetzen; man meinte es an der Macht- und Finanzpolitik der katholischen Kirche selbst zu sehen. Von diesem Glauben an die Wirkungslosigkeit des Glaubens war nur ein kleiner Schritt zu einer ganz neuen Ketzerei, zur Häresie des Unglaubens.

Diese erst im Spätmittelalter auftretende Ketzerei knüpfte an beim Nominalismus der Franziskaner und beim Averroismus der Scholastiker und zog daraus politische Folgerungen. Der Pariser Professor Jean de Jandun und sein Freund Marsilius von Padua vertraten sie um 1324, noch eingekleidet in die Forderung nach der evangelischen und armen Kirche, aber um die Kirche aus der Welt hinauszudrängen und die Erde dem Staat zu übereignen. Die religiösen Folgerungen zog der 1327 verbrannte Bologneser Professor Cecco d'Ascoli, der rundheraus behauptete, Christus sei am Kreuz nicht freiwillig gestorben, denn dieser Tod sei ihm ebenso wie seine Weisheit von der weihnachtlichen Geburtsstunde, vom Lauf der Sterne also, vorherbestimmt gewesen. Ob der Mensch arm oder reich wird, ob ein Fürst eine Schlacht gewinnt oder verliert, das alles hängt nicht von der heilsgeschichtlichen Vorsehung Gottes oder von der Einsicht des Menschen ab, sondern allein von der astrologischen Konstellation. Wozu noch Armutsbewegung und Endzeiterwartung, wozu noch Christentum?

Inmitten solcher Stimmungen hat Ceccos Gegner Dante Alighieri zu Beginn des 14. Jahrhunderts noch einmal das fromme und weltliche Wissen der Zeit zusammengefaßt, in seiner italienischen Volkssprache und in Versen. Seine »Göttliche Komödie« verband noch einmal die Gegensätze der Zeit: die scholastische Gelehrsamkeit, die der Laie Dante von Thomas und Albert kannte; die humanistische Bildung des lateinischen Mittelalters; die höfische Zucht der Trobadors; die volkstümliche Anschaulichkeit. Aber auch Dante, der noch an die Macht des Kaisertums und an die Heiligkeit der armen Kirche glaubte, stand an der Grenze der Zeiten. Er gruppierte die übernatürlichen Einwirkungen auf die Geschichte um ihren Ursprung und um ihr Ziel; unterwegs wirkt nur der Mensch und die Natur. Ursprung und Ende halten das große Spiel zwischen Himmel und Erde zusammen und geben auch dem vergänglichsten Detail die Weihe des Lebendigen; insofern ist Dantes Werk noch einmal eine genuin hochmittelalterliche Synthese, die die Welt nicht ihrem Chaos überläßt und den Fakten nicht durch Theorie oder Mystik ausweicht. Aber eben die Hochschätzung des natürlichen Ablaufs deutet schon auf die Renaissance voraus. Der aus Florenz Verbannte liebte seine Vaterstadt und sein Italien, »die edelste Gegend Europas«; aber er gestand auch, daß er die ganze Welt zum Vaterland habe. Die irdischen Gemeinschaften waren keine bergende Heimat mehr; der Mensch stand allein. Das Einmalig-Endliche hatte ewige Bedeutung, Gott wollte es so; aber deshalb konnte und sollte der Mensch nicht im Allgemeinen bleiben. Das Bild des einzelnen Menschen, seiner Bewegungen und Leidenschaften, seines geschichtlichen Werdens und seines vielfältigen Lebens überstrahlte das Bild der göttlichen Weltordnung und jener religiösen und geistigen Bewegungen, die ihr zu dienen suchten.

Ähnliche Wandlungen kennzeichnen überhaupt die volkssprachlichen Literaturen des 14. Jahrhunderts, in denen das ritterliche Idealbild verblaßte und die bürgerliche Handgreiflichkeit hervortrat. Gleichzeitig verbreitete sich die Kenntnis von fernen Ländern, in die missionierende Mönche, aber auch Kaufleute wie Marco Polo zogen; auch fromme Pilger kamen welterfahren zurück. Die Bürger verschrieben sich dem Gedanken des Nationalstaates, gestalteten durch handwerkliche Tüchtigkeit und kaufmännischen Wagemut ihr irdisches Leben, ihre Rathäuser und Kaufhäuser; sie waren daneben devot und fromm, aber mehr im stillen Kämmerlein oder im Brauch der Gemeinde, auch in ihren Kunstwerken, die ihnen das Göttliche und das Teuflische kraß vor Augen stellten. Am eigenen Leibe aber würden diese Bürger das Wagnis des Valdes und Franziskus nicht wiederholen, denn sie wollten reich, nicht arm werden. Sie schätzten die praktische, didaktische Literatur; aber sie würden auch das reine Denken nicht wie die Vaganten zu ihrer Lebensaufgabe wählen, denn es brachte nichts ein. Die erstarrte Kirche wurde bitter kritisiert, aber für Ordensgründungen und Ketzerbewegungen, die das Leben an die Verwirklichung einer religiösen oder geistigen Idee setzten, fehlten die unbedingten Überzeugungen. Daß aus dieser vitalen, labilen Welt bald neue Abenteurer aufbrachen, Cola di Rienzo und die Humanisten Italiens, die französischen Naturwissenschaftler, die deutschen und italienischen Reformer der Benediktiner und Franziskaner, schließlich die Häretiker, die dem Engländer Wyclif und dem Tschechen Hus folgten, das steht auf einem anderen Blatt, das hier nicht mehr aufzuschlagen ist.

*

Blicken wir noch einmal zurück, so erschreckt uns die lange Strecke Wegs, die an vielen Stationen vorbeiführte: Klösterliche Gemeinschaft inmitten des Chaos; kaiserliche Kultur bei Hofe; Beginn geistlicher Weltordnung; Flucht der Geistlichen aus der Welt; Verinnerlichung des Einzelmenschen; geistige Umwandlung der ganzen Gemeinschaft; Aufspaltung von Leben und Lehre; neue Synthese von Tat und Gedanken; Rückzug in die Extreme des reinen Geistes oder der kalten Macht; Erstarrung des Lebens und Überschwang der Ekstase oder des Leidens; Wendung zum Diesseits und zum Individuum. An jedem Wendepunkt dieses zwischen Weltflucht und Weltbemächtigung pendelnden Weges tauchten neue Gemeinschaften auf, vor allem Mönchsorden und Ketzereien; immer höher hinauf trieben sie die Vergeistlichung des Glaubens; durch Auslegung und Geschichtsdenken suchten sie mit den divergierenden Traditionen, durch Aufrufe zur Tat mit den theoretischen Aporien, durch Verdichtung zu Symbolen mit den Abstraktionen fertig zu werden. Sie entbanden dabei das reine Denken; aber sie strebten weiter nach dem handgreiflichen Besitz des Geistes, bis sich die Häresie der Einzelgänger im mystischen Nebel verlor und die Kirche als Anstalt schwer in den Raum zurücksank. Bis dahin gehörten die Todfeinde zusammen und stachelten sich an; deshalb wohl fehlte dieser Epoche die Ruhe, die im Paradies und im Gefängnis herrscht. Immer wieder rang das Zeitalter um das Paradoxe, um die Verwirklichung gemeinsamer Gedanken. Was die Menschen mit dem Einsatz ihres Lebens erreichten, war freilich immer nur Fragment; denn diese Bewegungen wirkten fast nur im geschichtlichen Augenblick ihres Erscheinens; sie waren wie ein Blitz, nicht wie eine Kerze.

Wir vergessen daneben nicht die Unzeitgemäßen, die ihren Dienst trotzdem weitertaten, späte Benediktiner, Dorfkapläne, Hüter vergilbter Gelehrsamkeit und gekünstelter Dichtung; aber sie standen im Schatten der anderen, der Unbedingten. Je intensiver sie eine überzeitliche Idee vertraten, desto reiner verkörperten und verwandelten sie den Geist ihrer Gegenwart; was sie einmal im geschichtlichen Handeln gewannen, ist ein Besitz für immer geworden, auch für die Lauen.

Dem modernen Betrachter mögen die religiösen und geistigen Inhalte dieser Bewegungen fremd geworden sein; ihre Haltung kann ihn nicht gleichgültig lassen. Nicht nur, weil diese freiwilligen Gemeinschaften nahezu alle Möglichkeiten des Menschen erprobten, ein vom Gedanken geformtes Leben mit seinesgleichen zu führen. Wichtiger ist ihre Zuversicht, ohne den Fanatismus derer, die nichts mehr wissen wollen, und ihre Bescheidenheit, ohne die Resignation derer, die nichts mehr tun wollen. Wenn der Mensch das immer wieder unfertige und unbestimmte Wesen ist, dessen Würde und Gestalt erst im freien Hinausgreifen über die banalen Bedingungen seiner Umwelt lebendig wird, dann ist die Geschichte der religiösen und geistigen Bewegungen des Hochmittelalters ein Beitrag zum Selbstverständnis und zur Bildung des Menschen.

A. R. Myers

EUROPA IM 14. JAHRHUNDERT

Päpste in Avignon

Die zweihundert Jahre vom späten 11. bis zum späten 13. Jahrhundert waren für das westliche Christentum im ganzen eine Periode zunehmender Stärkung und Festigung. In vielem zeigte sich im 14. Jahrhundert eine bemerkenswerte Vitalität; hingegen büßten auch nicht wenige der Ideen, die bis dahin vorgeherrscht hatten, ihre Wirkungskraft ein. Die äußeren Formen freilich gewannen bisweilen mit der Verwitterung des geistigen Gehalts an Glanz und Geschlossenheit. Der Aufschwung der Wissenschaften im 12. und 13. Jahrhundert hatte dazu geführt, daß Logik und Recht stärker betont wurden. Ihr Gewicht vermehrte sich noch im 14. Jahrhundert, bis die Logik schließlich überspitzte, ja zersetzende Wirkungen hervorbrachte und die Rechtsformen den Idealen der früheren Zeiten Fesseln anlegten oder sie zu erdrücken begannen. Begeisterte Bekenntnisse, die vordem dynamische Kräfte ausgelöst hatten, wurden durch Alter, Kompromiß und Mißbrauch abgestumpft; sie wirkten kaum noch als einigende Schlachtrufe.

Manches davon wird in der Geschichte des Papsttums im 14. Jahrhundert deutlich sichtbar. Bonifatius VIII. (1294–1303) war brüsk und überheblich; aber sein Beharren auf der Freiheit der Kirche von weltlicher Beeinflussung und Besteuerung und auf dem Autoritätsanspruch des Papsttums gegenüber den weltlichen Herrschern war nur eine Bekräftigung der Position, die Theologen und Kirchenrechtler schon seit Gregors VII. *Dictatus Papae* – bald mit kühnem Nachdruck, bald mit vorsichtiger Zurückhaltung – vertreten und unter Berufung auf Logik und kanonisches Recht begründet hatten. Auf die Spitze getrieben, verloren aber diese Ideen an Werbekraft: das mußte Bonifatius zu seinem Leidwesen erfahren; auch war er den Widerständen nicht gewachsen, auf die er im Frankreich Philipps IV., des Schönen (1285–1314), stieß: der antiklerikalen Haltung und der unverbrüchlichen Treue, die dem Nachfahren des heiligen Ludwig allgemein entgegengebracht wurde. Daß Philipp den Papst in Anagni gefangennahm, fügte dem Prestige des Papsttums einen schweren Schlag zu. Dann starb Bonifatius, vielleicht an den Folgen dieses Schocks; sein Nachfolger Benedikt XI. (1303/04) schlug eine versöhnliche Politik ein, und der nächste Papst, Clemens V. (1305–1314), verdankte seine Wahl dem Einfluß Frankreichs.

Als Clemens V. der Kurie befahl, ihm über die Alpen nach Avignon zu folgen, wurden sogar seine Anhänger stutzig. Gewiß gab es für diesen Entschluß triftige Gründe. Philipp der Schöne drohte noch nachträglich Schritte gegen den verstorbenen Papst Bonifatius VIII. an, und man mußte ihm aus nächster Nähe auf die Finger sehen; Kaiser Heinrich VII. (1308–1313) war gerade dabei, in Italien einzurücken; der Krieg hatte die päpstlichen Staaten zerrüttet und der Armut preisgegeben; der gascognische Papst und die französischen Kardinäle befürworteten die Verlegung des päpstlichen Sitzes nach Frankreich. Dennoch war die Entscheidung ein Zeichen der Schwäche. Es stimmt zwar, daß Avignon ein Kirchenlehen und die Grafschaft, in der es lag, päpstlicher Besitz war; aber beherrscht wurde diese Grafschaft von regionalen Gebilden, die der französischen Krone unterstanden. Clemens V. war nicht imstande, den schändlichen Anschlag Philipps des Schönen auf die Tempelritter zu verhindern; er mußte sogar sein Plazet dazu geben.

Es ist richtig, daß innere und äußere Kämpfe ganz Italien und vor allem die päpstlichen Staaten in ständiger Unruhe hielten. Aber das war offensichtlich nicht der einzige Grund, warum die Päpste mehr als sieben Jahrzehnte in Avignon blieben. Und wenn sich die Päpste dieser Zeit auch oft Mühe gaben, die Sicherheit des gesamten Christentums im Auge zu behalten, was beispielsweise ihre mannigfachen Kreuzzugsprojekte bekunden, so war doch ihre Operationsbasis Avignon, sie waren alle Franzosen, und sie blieben in enger Fühlung mit dem französischen König. Das alles ließ die Feinde Frankreichs, so etwa Eduard III. von England (1327–1377) oder Kaiser Ludwig IV. (1314–1347) und ihre Anhänger, argwöhnen, daß die Päpste die Interessen Frankreichs besorgten, und das wiederum mußte notwendigerweise dem Einfluß des Papsttums auf die internationalen Angelegenheiten Abbruch tun.

In mancher Hinsicht behielt das Papsttum dieser Periode seine frühere Führungsrolle im westlichen Christentum oder versuchte wenigstens, sie zu behalten. Es propagierte weiterhin die Idee der Kreuzzüge: angesichts der wachsenden Türkengefahr und der Hilferufe des Ostreiches hielten die Päpste Kreuzzüge mehr denn je für geboten. Nach dem Fall Akkos (1291) hatte die Kreuzzugsbegeisterung der europäischen Fürsten einen schweren Rückschlag erlitten, und was immer sie beteuern mochten, wurde ihnen in der Praxis das Kriegführen in Europa zusehends wichtiger als jeglicher Kreuzzug im Nahen Osten. Doch ließen die Päpste trotz der immer frostigeren Stimmung in Europa von ihren Kreuzzugsbemühungen nicht ab. Ein schwacher Hoffnungsschimmer leuchtete zu Beginn des Jahrhunderts auf, als die Johanniter 1310 – mit Genehmigung des Papstes – die Insel Rhodos im Ägäischen Meer als Stützpunkt gegen die Türken eroberten. Und als schließlich feststand, daß auf wirksame Hilfe der westeuropäischen Fürsten nicht zu rechnen war, organisierte Papst Clemens VI. (1342–1352) seinen eigenen Kreuzzug. Eine gemeinsame Flotte des Papstes, Venedigs, der Johanniter und des Königs von Cypern entriß 1344 dem türkischen Korsarenführer Omar Bey die Hafenstadt Smyrna; aber schon wenige Jahre später war der Kreuzzug führerlos geworden, und die an ihn geknüpften großen Hoffnungen sanken in sich zusammen; nur Smyrna blieb in den Händen der Johanniter. In der Folgezeit waren die Päpste zu sehr mit ihrer europäischen Politik beschäftigt, als daß sie einen neuen Kreuzzug hätten in Angriff nehmen können; die ottomanische Eroberung Thrakiens und Serbiens und die immer dringlicher werdenden Hilferufe der Ostkaiser änderten daran nichts.

Ein wichtiges Anliegen neben den Kreuzzugsplänen war für die Päpste von Avignon die Bekehrung der Ungläubigen. Sie nahmen Verbindung mit fernöstlichen Herrschern auf, die dem Christentum gewogen schienen, und versuchten, die Heiden zu überzeugen. Wesentliche Anregungen gingen von Ramón Lull aus. Sein Bekehrereifer brachte ihm 1314 den Märtyrertod im Berberland; später wurde er seliggesprochen. Lull wußte, daß Bekehrungsversuche nur wirksam sein konnten, wenn die Missionare die Sprachen der Völker, die zu bekehren sie auszogen, beherrschten; er selbst sprach und lehrte Arabisch. Es gelang ihm, Clemens V. für seine Ideen zu gewinnen, der auf dem Konzil zu Vienne (1312) den Beschluß fassen ließ, sechs Schulen für orientalische Sprachen zu errichten. Papst Johannes XXII. (1316–1334) förderte und ermutigte Missionare, vor allem Franziskaner und Dominikaner; sie erzielten Erfolge in Persien, Turkestan, Indien und China. Indes wurde die christenfreundliche Mongolendynastie in China 1368 gestürzt, und der Aufstieg des fanatisch muslimischen Timur Leng führte zur Eroberung Mittelasiens durch den Islam und zum Niedergang der dort errichteten christlichen Missionen; auch wenn sie auf die Dauer zum Scheitern verurteilt waren, bezeugen diese Versuche den Missionseifer der Päpste von Avignon und ihre freundliche Haltung gegenüber den Ordensbrüdern.

Auch noch andere Erfolge hatte das Papsttum von Avignon zu verzeichnen. Dank der Reorganisation der kirchlichen Zentralverwaltung gelang es ihm, namentlich unter Johannes XXII. und Benedikt XII. (1334–1342), größere Leistungen und eine erfolgreichere Arbeit in den vier großen Abteilungen der Kurie zu erzielen: in der *Camera Apostolica*, dem päpstlichen Finanzministerium, in der Kanzlei, die einem Generalsekretariat entsprach, in der Gerichtsverwaltung und schließlich in der *Poenitentiaria*, zu deren Amtsbereich die Löschung von Kirchenstrafen und die Erteilung von Dispensen und Ablaßbriefen gehörten. Einige Päpste bemühten sich um Reformen auf verschiedenen Gebieten des kirchlichen Lebens: so versuchte Benedikt XII., die großen Mönchsorden zu reorganisieren; einige galten als Förderer der Wissenschaften: Benedikt XII. stiftete die Universität von Grenoble, und Urban V. (1362–1370) betätigte sich als Schirmherr anderer Hochschulen.

Trotz alledem läßt sich nicht leugnen, daß die Zeit von Avignon einen Rückgang der päpstlichen Autorität unter der Christenheit bedeutete. Nie zuvor hatte es eine so starke Zentralisierung innerhalb der Kirche gegeben; um Zentralisierung bemühten sich alle Päpste von Avignon, mochten sie in Charakter und Eigenarten noch so verschieden sein. Eine solche Entwicklung hätte erträglich gemacht werden können, wäre ihr Ziel das Wohl der Kirche gewesen und hätte sie mit einer günstigen Reaktion der gesellschaftlichen Kräfte außerhalb der Kirche rechnen können. Weder das eine noch das andere war der Fall. Clemens V. und seine Nachfolger dehnten das System der päpstlichen Pfründenverleihung auch auf die Benefizien aus, so daß um die Zeit Gregors XI. (1370–1378) die Austeilung fast aller Benefizien, deren Verleihung Geistlichen zustand, entweder zeitweilig oder für immer dem Papst vorbehalten war.

Auflehnung und Protest ergriffen ganz Europa. Überall mehrten sich die Klagen über die Häufung von Kirchenämtern in einer Hand, Vernachlässigung der Pfarreien und

Kirchspiele, Kauf und Verkauf von Benefizien, Übertragung von Präbenden an ständig Abwesende, Pfründenjagd in Avignon, übermäßige kirchengerichtliche Gebühren, endlose Rechtsverfahren vor der Kurie. Ohne Zweifel schossen manche Klagen übers Ziel hinaus. Im ganzen aber liegt genug Material vor, das ihre Berechtigung beweist; man kann sie nicht als unbegründet abtun. Die ungeheure Zunahme der Ernennungen aus päpstlicher Hand ging nicht nur auf das Verlangen zurück, die Ämterbesetzung innerhalb der Kirche zu kontrollieren, sondern vor allem auch auf den ständig wachsenden Bedarf an Mehreinnahmen. Ernennungen zu höheren Ämtern – Bistümern, Abteien – brachten an Gebühren, die an Papst, Kardinäle und Kirchenbeamte zu entrichten waren, viel Geld ein und machten die päpstliche Kurie entsprechend unpopulär.

Das war aber noch lange nicht alles. Da gab es die »Erstlingsfrüchte« der »Annaten«, den ersten Jahresertrag eines neuverliehenen Kirchenamtes, dessen Pflichtabführung unter Johannes XXII. zum System erhoben wurde; da gab es das Zehntel des Kirchenamtseinkommens, das für Kreuzzüge abgezweigt werden mußte, die möglicherweise unterblieben; da gab es Sonderabgaben; da gab es die herrenlose Hinterlassenschaft von Personen, die ohne testamentarische Verfügungen gestorben waren; da gab es das Vermögen der toten Prälaten; da gab es schließlich die »Prokurationen«, Unterhaltsgelder für bischöfliche Visitationsreisen, die jetzt der Papst einstrich, so daß bischöfliche Kontrollbesuche bei Pfarrämtern weitgehend ausfielen. Die Legaten und Abgabeneinnehmer wurden von der unteren Geistlichkeit bezahlt, und Schulden wurden weder erlassen noch vergessen. Zur Eintreibung der Rückstände trugen Kirchenbußen bei, die damit in Verruf kamen. Wegen unbezahlter Schulden an die päpstliche Kasse wurden 1328 an einem einzigen Tag ein Patriarch, fünf Erzbischöfe, dreißig Bischöfe und sechsundvierzig Äbte exkommuniziert. Diese Praxis hatte zur Folge, daß Avignons Habgier der gesamten Christenheit zum Stein des Anstoßes wurde; an einigen Stellen – so beispielshalber in England – kam es zu organisiertem Widerstand.

Was Empörung hervorrief, war nicht nur das drückende Gewicht der Abgabenlasten, sondern auch die Art der Verwendung der aufgebrachten Beträge. Nur ein geringer Teil der päpstlichen Einkünfte diente der Missionsarbeit und der Pflege von Erziehung und Unterricht. Die zunehmende Zentralisierung der kirchlichen Organisation brachte einen wachsenden bürokratischen Apparat hervor, der bezahlt werden mußte. Neu waren Habsucht und Vetternwirtschaft gewiß nicht; aber sie griffen desto mehr um sich, je größer die Kurie wurde. An allen Höfen Westeuropas wurde immer größerer Aufwand getrieben, und die Kurie, namentlich unter Clemens VI., gab dabei den Ton an. Der Papst hatte eine mehr als königliche Hofführung; die Kardinäle unterhielten einen fürstlichen Hofstaat; Festgelage und luxuriöses Gepränge bestimmten den Lebensstil. Petrarca nannte die päpstliche Kurie einen »Lasterpfuhl«; das englische Haus der Gemeinen prangerte in einer Parlamentspetition die »sündige Stadt Avignon« an und fügte hinzu: »Gott hat seine Schäflein dem Papst, unserem Heiligen Vater, zum Nähren und nicht zum Scheren befohlen.«

Aber während sich die Allgemeinheit über Glanz und Pomp der päpstlichen Kurie um so mehr entrüstete, als dieser Aufwand aus Einkünften bestritten wurde, die der Christenheit abgepreßt waren, verschlangen in Wirklichkeit die Kriege den größten Teil der päpstlichen Einnahmen. Die Kreuzzüge gegen die Türken, die sich am ehesten rechtfertigen ließen, waren davon noch die billigsten. Verhältnismäßig wenig kosteten die Päpste auch die Bemühungen um die Niederschlagung von Widerstandsbestrebungen, etwa der franziskanischen Spiritualen oder der Waldenser. Sehr viel kostspieliger waren dagegen die Kriege, die die Päpste führten, um ihre Ansprüche gegen die Kaiser durchzusetzen und ihre Autorität in Italien zu behaupten. Mit diesen Kriegen machte sich das Papsttum in steigendem Maße unbeliebt, nicht nur in Deutschland und Italien, sondern auch in anderen Ländern, wo sich erst recht die Vorstellung verbreitete, mit den Kräften und Potenzen des Christentums werde Mißbrauch getrieben.

Von Reichsträumen zur dynastischen Politik

Bei der ersten Königswahl des 14. Jahrhunderts (1308) setzte sich Papst Clemens V., um irgend etwas gegen die Vormachtstellung Philipps des Schönen zu unternehmen, insgeheim für die Kandidatur Heinrichs von Luxemburg ein. Der Luxemburger mit seiner unbedeutenden Familienerbschaft schien ungefährlich. Kurz nach seiner Wahl erhoben sich jedoch die Böhmen gegen ihren unpopulären König Heinrich von Kärnten und trugen Johann von Luxemburg, dem Sohn des neuen Kaisers, die Hand Elisabeths an, der Schwester König Wenzels III. und Schwägerin Heinrichs. Mit einem Schlag wurde das Haus Luxemburg zur führenden Macht im Reich. Aber Clemens V. lag so viel an der Wiederherstellung der Ordnung in Italien, daß er sogar bereit war, Heinrichs VII. italienische Heerfahrten zu billigen. Heinrich machte sich 1310 mit großen Hoffnungen auf den Weg, erfüllt von reichlich unzeitgemäßen Träumen vom Heiligen Römischen Reich und von der Sendung des Reiches in Italien. Aber sein Besuch löste in Italien Befürchtungen und Widerstand aus. Um einige Illusionen ärmer, sah sich Heinrich in einen Kampf mit Robert von Neapel, dem Schützling des Papstes, hineingezogen. Eine neue Kraftprobe zwischen Papsttum und Kaisertum schien bevorzustehen, als Heinrich 1313 bei Siena dem Fieber erlag.

Seine Herrschaft hatte in Deutschland die Kreise gestärkt, die für eine aristokratische Regierungsform unter der Leitung der Kurfürsten eintraten; immerhin hielt eine einflußreiche Partei noch zu den Habsburgern und zu der von ihnen vertretenen Politik einer starken monarchischen Zentralgewalt. Das Resultat war eine Doppelwahl: einige Kurfürsten entschieden sich für den Habsburger Friedrich den Schönen; die habsburgfeindliche Gegenpartei einigte sich, da der Luxemburger Johann von Böhmen zum Regieren zu jung schien, auf den Bayernherzog Ludwig. Zugute kam die Doppelwahl dem 1316 gewählten neuen Papst Johannes XXII. Er erinnerte sich voller Besorgnis an den Konflikt, der sich zwischen seinem Vorgänger Clemens V. und Kaiser Heinrich VII. aufgetan hatte; ihm lag an einem Interregnum: blieb der Kaiserthron unbesetzt, so hatte der Papst als Reichsvikar freie Hand in Italien, wo ihm mittlerweile Robert von Neapel zu schaffen machte. Indes war Friedrichs des Schönen tatkräftiger Bruder Leopold 1315 bei Morgarten in der Schweiz vernichtend geschlagen und damit die Sache Ludwigs des Bayern entscheidend vorangebracht worden.

Schon 1291 hatten die freien Bauern der Gebirgskantone Schwyz, Uri und Unterwalden, um sich gegen habsburgische Übergriffe zu wehren, einen »ewigen Bund« geschlossen. Natürlich unterstützten sie Ludwig den Bayern gegen die Habsburger; daß die im Kriegshandwerk geübten Ritter 1315 den unberittenen Gebirgsbauern, der »Waldstätte«, unterlagen, erregte nicht nur ganz Europa, sondern sicherte auch die Zukunft des bäuerlichen Trutzbundes, des Kerns der späteren Schweiz. Ludwig und sein bester Bundesgenosse, König Johann von Böhmen, überrumpelten dann 1322 den Gegenkönig Friedrich von Österreich bei Mühldorf in Bayern; Friedrich erlitt eine schwere Niederlage und geriet in Gefangenschaft.

Nunmehr seiner Macht sicher, behauptete Ludwig der Bayer die kaiserliche Herrschaft sowohl in Deutschland als auch in Italien. Aufs höchste besorgt, verlangte Papst Johannes XXII. 1323, daß Ludwig auf die Kaiserwürde verzichte, und drohte mit Exkommunikation; der Papst nahm für sich das Recht in Anspruch, nicht nur Kaiserwahlen zu bestätigen, sondern auch einen von den Kurfürsten gewählten Kandidaten abzulehnen. Ludwig antwortete mit der Appellation von Sachsenhausen, worin er den Papst beschuldigte, sich Machtbefugnisse anzumaßen, die ihm nicht zuständen, und ihm vorwarf, er sei mit der Mißachtung des Armutsgebots Christi und seiner Jünger der Ketzerei verfallen.

Das war eine Anspielung auf den Zusammenstoß des Papstes mit den Spiritualen, die gerade erst verurteilt worden waren, weil sie sich in ihrem Orden an das Armutsgelübde sowohl der Form als auch der Sache nach hielten. Michael von Cesena, der revoltierende Ordensgeneral der Franziskaner, suchte 1328 Zuflucht am kaiserlichen Hof; ihn begleitete der bereits weithin bekannte Philosoph William von Ockham, auch ein Franziskaner, der am Hofe Ludwigs anfing, sich schriftstellerisch zu politischen Tagesfragen zu äußern. Er wandte sich gegen die extremen Ansprüche des Papsttums und verteidigte die Unabhängigkeit der weltlichen Gewalten. Jedes Argument untermauerte er mit sauberen Gründen und Gegengründen; sein subtiler Skeptizismus übte im 14. Jahrhundert einen stärkeren Einfluß aus als der entschiedenere Radikalismus seines Exilkollegen Marsilius von Padua.

Auf den Verlauf des Kampfes wirkten allerdings ihre philosophischen Theorien, so revolutionär sie auch sein mochten, weniger ein als geistige Beiträge ihrer Vorgänger auf frühere Auseinandersetzungen zwischen Päpsten und Kaisern. Johannes XXII. und Ludwig der Bayer konnten keine gewaltigen Kräfte gegeneinander aufbieten. Deutschland schenkte den Anordnungen und Verfügungen des Papstes nur geringe Beachtung; für die Kirche jedoch war Johannes weiterhin der Papst. Kaiser Ludwig IV. seinerseits versuchte nach dem Vorbild früherer Kaiser, seine Gegner mit einer Italien-Expedition zu treffen; aber obwohl er in Rom gekrönt wurde, hatte sein Vorstoß keinen großen Erfolg. Auf der anderen Seite stand fest, daß Ludwig mit der Abweisung der päpstlichen These, wonach die Wahl des Königs der Römer der Legitimierung durch den Papst bedürfe, Deutschland geschlossen hinter sich hatte. Die Kurfürsten beschlossen 1338 in Rhense eine feierliche Erklärung in diesem Sinne, und wenige Monate später wurde daraus auf dem Reichstag zu Frankfurt unter Zustimmung der Herzoge, Fürsten, Grafen, Ritter und Reichsstädte ein förmliches Reichsgesetz.

Daß Ludwig seinen Sieg nicht besiegeln konnte, lag zu einem erheblichen Teil an seinen politischen Fehlgriffen. Papst Benedikt XII., der versöhnlicher war als sein Vorgänger, war 1337 geneigt, Frieden zu schließen; in entgegengesetztem Sinne wirkten auf ihn Robert von Neapel (1309–1343) und mehr noch Philipp VI. von Frankreich (1328–1350) ein, und die Feindschaft Philipps wollte er sich nicht zuziehen. Gegen die Machtvermehrung des aggressiven Frankreichs erwarteten aber die Fürsten in westlichen deutschen Landen Schutz vom Kaiser. Zunächst schloß Ludwig tatsächlich ein Bündnis gegen Frankreich mit Eduard III. (1338); schon 1341 gab er es jedoch auf und akkordierte sich mit Philipp VI., in der vergeblichen Hoffnung, auch zu einer Verständigung mit dem Papst zu gelangen.

Außerdem wandte Ludwig in Deutschland nicht gerade die geschicktesten Mittel zur Stärkung der dynastischen Position seines Hauses an. Damit setzte er sich der Feindschaft der mächtigen Häuser von Luxemburg und Habsburg aus, die ihre Pläne in Brandenburg und Tirol und schließlich auch noch in Holland und im Hennegau durchkreuzt sahen. Den Luxemburger Johann von Böhmen, der ursprünglich sein wertvollster Verbündeter war, machte er sich zum erbitterten Gegner. Als das Kurkollegium 1346 von Papst Clemens VI. aufgefordert wurde, eine neue Kaiserwahl vorzunehmen, traf Johanns Sohn Karl, Regent von Böhmen, ein geheimes Abkommen mit dem Papst, dem er sich in allen entscheidenden Fragen unterwarf. Von den sieben Kurfürsten wählten ihn fünf zum Kaiser. Er wurde dennoch als Strohpuppe, als »Pfaffenkönig« bekämpft. Die Ereignisse kamen ihm zu Hilfe. Ludwig starb 1347, und sein Sohn wurde nicht zu seinem Nachfolger gewählt, denn das hätte die Verewigung des Streites mit dem Papst bedeutet; außer dem schon gewählten Karl aus dem Hause Luxemburg fand sich nur noch ein Kandidat: Günther von Schwarzburg, der aber kurz darauf verzichtete. So wurde Karl schließlich 1349 als deutscher König von allen akzeptiert und in Aachen gekrönt.

Die Regierungszeit Heinrichs VII. und Ludwigs IV. war die entscheidende Periode des Niedergangs der deutschen Monarchie. Seit Papst Gregor VII. und Kaiser Heinrich IV. im 11. Jahrhundert aneinandergeraten waren, hatten internationale Komplikationen immer wieder die Konsolidierung der Kaisermacht vereitelt. Dennoch gaben die Kaiser trotz wiederholter schwerer Erschütterung ihrer Machtposition die Hoffnung auf den Ausbau der Reichsgewalt nicht so leicht auf, und noch unter Albert von Österreich (1298 bis 1308) behauptete sich der Glaube an die Möglichkeit der Ausweitung des kaiserlichen Machtbereichs. Das war anders geworden: Heinrich VII. mag in Fragen der italienischen Politik konservativ, ja reaktionär gewesen sein; daheim warf er die Reichsinteressen unbesehen über Bord und benutzte die Monarchie nur noch für die Mehrung seiner Hausmacht. Ludwig der Bayer hielt es genauso: sofern deutsche Reichsinteressen während seiner Regierungszeit überhaupt noch zur Geltung kamen, wurden sie, wenn auch wenig konsequent, von den Fürsten, nicht vom Kaiser verteidigt. Um 1349 war deutlich sichtbar geworden, daß der monarchische Absolutismus nicht wiederbelebt werden konnte; Deutschland war unter die Herrschaft der fürstlichen Stände geraten.

Der unritterliche, geschäftsmännische Charakter Karls IV. fügte sich in diese neue Situation mit Leichtigkeit ein. Er wäre der letzte gewesen, sich an Luftgebilde zu halten und darüber das Wesen der Sache zu vergessen; er verzichtete kurzerhand auf alle Reichspläne in Italien und nahm die päpstliche Bestätigung seiner Wahl entgegen. Nachdem somit feststand, daß das Papsttum in Italien die Kaiser nicht mehr zu fürchten brauchte und daß die selbständige Macht des Kaisertums zur leeren Hülle geworden war, hatten die Päpste nichts mehr dagegen, den Kaisertitel in deutschen Händen zu belassen; das war jedenfalls die beste Garantie dafür, daß die Kaiserwürde nicht einem expansionswütigen Herrscher wie dem König von Frankreich anheimfallen würde, der mächtig genug sein könnte, sie dem Papsttum wieder bedrohlich werden zu lassen. So fanden sich die Päpste fortan damit ab, daß deutsche Reichstage und Reichsgesetze die päpstliche Oberhoheit verneinten und formale Konsequenzen daraus zogen; im stillen schwand der jahrhundertealte Wettstreit zwischen Kaisertum und Papsttum allmählich dahin. Die beiden Italien-Expeditionen Karls IV. – das erstemal mit päpstlicher Genehmigung zur Krönung in Rom, das zweitemal auf Ersuchen des Papstes – unterstrichen nur noch die Trennung zwischen Deutschland und Italien und die friedlichen Beziehungen von Papst und Kaiser.

Der Weg für eine verfassungsmäßige Regelung in Deutschland auf der Grundlage der Anerkennung der neuen Gegebenheiten war geebnet. Nun wurde 1356 die berühmte Goldene Bulle erlassen: sie schloß päpstliche Ansprüche, ohne einen Frontalangriff auf das Papsttum, aus, einfach dadurch, daß ein Verfahren festgelegt wurde, in dem für den Papst kein Platz blieb. Unmißverständlich wurden die sieben Kurfürsten als Wahlkollegium bezeichnet und ihre Rechte und Pflichten definiert. Die Goldene Bulle vermehrte nicht nur die Macht der Kurfürsten, indem sie ihnen eine gesicherte Rolle bei der Wahl des Kaisers zuwies, sondern sie festigte auch mit dem Verbot künftiger Teilungen der kurfürstlichen Gebiete ihre territoriale Position. Da sie den Machtbereich der Kurfürsten erweiterte, konnte sie nicht gleichzeitig Macht und Reichtum des Kaisers erhöhen. Sie versah gleichsam mit dem offiziellen Siegel Entwicklungstendenzen, die seit langem wirksam waren. Deutschland sollte nicht ein Einheitsstaat unter einer starken Monarchie sein, sondern der lose Zusammenschluß nahezu unabhängiger Fürsten und Städte; ihre private Politik und ihre privaten Kriege sollten auch weiterhin ihre zentrale Interessensphäre sein.

Einige Folgewirkungen dieser verfassungsmäßigen Regelung warfen schon vor dem Ende des Jahrhunderts ihre Schatten voraus. Zunächst einmal zeigten die Grenzgebiete Deutschlands die deutliche Tendenz, sich abzusondern und ein eigenes Dasein zu führen. Die Niederlande bildeten allmählich eine Vereinigung von Provinzen, die durch Nachbarschaftsbande und gemeinsame Existenzbedingungen, namentlich Schiffahrts- und Handelsinteressen, zusammengeführt wurden. In der Mehrzahl dieser Provinzen hatten die organisierten Stände – Adel, Geistlichkeit, Städte – Wurzeln geschlagen, und die Vorrechte, die sie den fürstlichen Gebietern abringen konnten, wie etwa die Brabant-Verfassung des »Frohen Einzugs« *(blijde inkomst)* von 1356, erhöhten ihr Selbstgefühl und ihren Unabhängigkeitssinn.

Weg vom deutschen Staatsgebilde strebten auch die habsburgischen Lande im Südosten, mit ihrer ganz anderen Sozialstruktur und Lebensweise. Vor allem aber hatten die Waldstättenkantone der Schweiz mit dem Morgarten-Sieg von 1315 nicht nur ihre Unabhängigkeit bewahrt, sondern sich auch eine Grundlage erkämpft, von der aus sie ihre Eidgenossenschaft durch Bündnisse ausweiten konnten: bald kamen Luzern, Bern und

Karl IV. und sein Sohn Wenzel zu seiten des heiligen Veit
Steinskulpturen von Peter Parler und seiner Werkstatt am Altstädter Brückenturm in Prag, um 1378

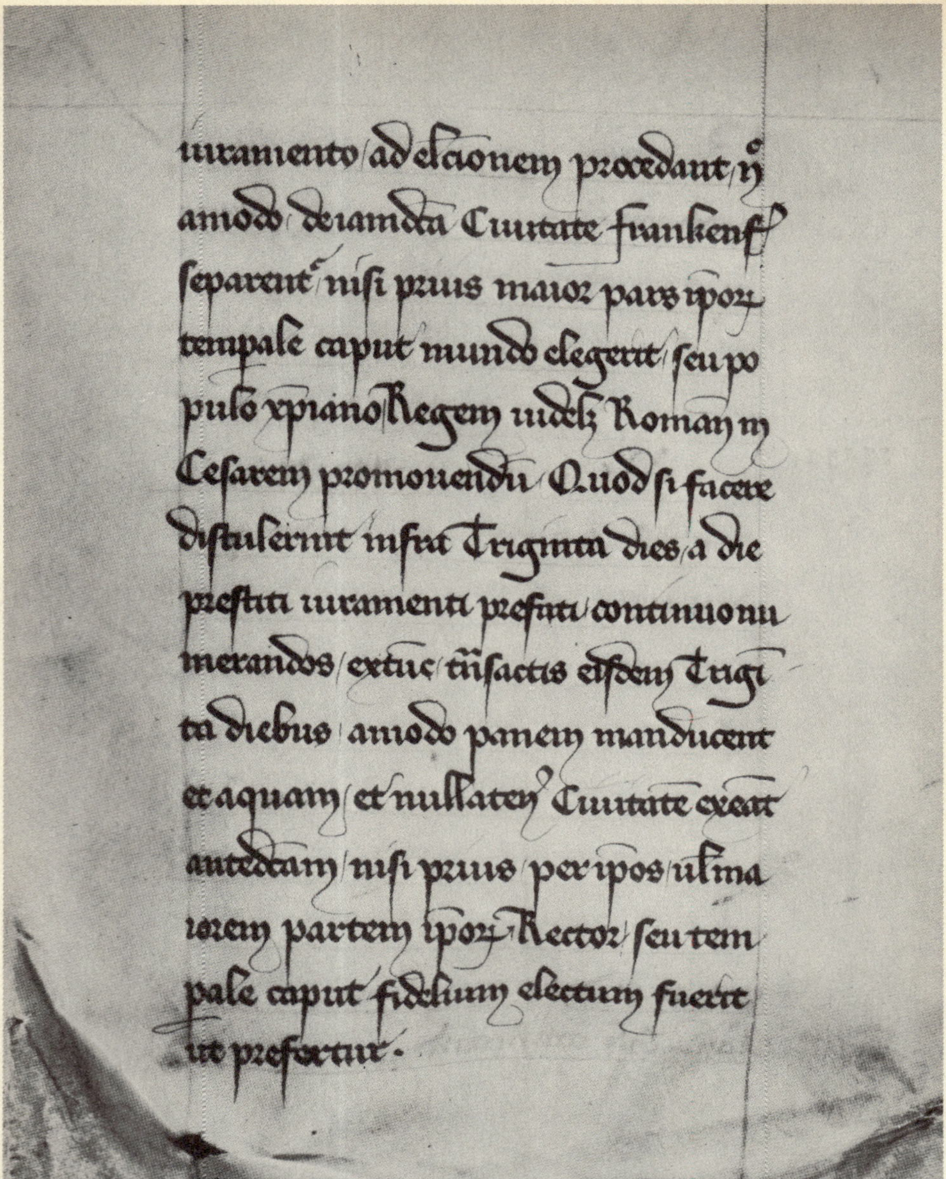

iuramento ad eleccionem procedant, et
amodo de iamdicta Ciuitate Frankenf
separent nisi prius maior pars ipsorum
temporale caput mundo elegerit seu po
pulo xpiano Regem videlicet Romanum in
Cesarem promouendum. Quod si facere
distulerint infra Triginta dies a die
prestiti iuramenti prefati continuo nu
merandos, extunc transactis eisdem Trigi
ta diebus amodo panem manducent
et aquam et nullatenus Ciuitate exeant
antedictam, nisi prius per ipsos vel maio
rem partem ipsorum Rector seu tem
porale caput fidelium electum fuerit
ut prefertur.

Die Goldene Bulle
Eine Seite in dem von Kaiser Karl IV. erlassenen Reichsgesetz
mit den Bestimmungen zum Mehrheitsprinzip bei der Wahl des deutschen Königs, 1356
Wien, Haus-, Hof- und Staatsarchiv

Zürich hinzu. Der »Pfaffenbrief« von 1370 mit seinen für alle Eidgenossen bindenden Bestimmungen gab ihnen ein gewisses Maß an innerer Einheit, die der Pakt von Sempach 1393 mit einer gemeinsamen Wehrverfassung untermauerte. Bei Sempach hatte 1386 Herzog Leopold III. von Österreich seine Kräfte mit denen der Schweizer messen wollen; seine Ritter wurden von den Gebirgsbauern geschlagen, und er selbst fiel im Kampf. Die Schweizer hatten ihre Solidarität und Unabhängigkeit gegen die Habsburger behauptet.

Mit der neuen Verfassungsentwicklung erhielten Macht und Machtstreben der deutschen Fürsten neuen Auftrieb. Die Umstände drängten sie dazu, sich um die Konsolidierung ihres Besitzes zu bemühen und aus ihren Ländern größere Einkünfte herauszuschlagen. Der Steuerdruck beschleunigte den Aufstieg der Ständevertretungen, ein charakteristisches Merkmal der deutschen Fürstenstaaten in dieser Zeit: da die Fürsten ihre Herrschaft über die Städte, in denen sie eine besonders ergiebige Einnahmequelle sahen, zu sichern und auszudehnen suchten, schlossen sich die Städte, wo es sich machen ließ, zur Verteidigung ihrer Rechte in Städtebünden zusammen. So gründeten die schwäbischen Städte 1376 einen Bund zur Wahrung ihrer Unabhängigkeit, und er wehrte sich wirkungsvoll sowohl gegen den Kaiser als auch gegen dessen fürstliche Verbündete. Der Bund der Hanse war zwar älter, aber seine Macht wuchs sichtbar gegen Ausgang des 14. Jahrhunderts; er trat gegenüber Dänemark, Norwegen, Schweden, England und dem Deutschen Orden als praktisch selbständige Macht auf, nicht ohne Erfolg.

Die Klasse, die unter dem Zerfall der monarchischen Macht am meisten litt, war das Bauerntum. Zur Finanzierung der Fürsten und ihrer Beamten wurden die Bauern schwerer besteuert; Kriege und Unruhen fügten ihnen den größten Schaden zu. Die am Ende des Jahrhunderts deutlich zunehmende Unzufriedenheit unter den deutschen Bauern ließ Schlimmes ahnen.

Italienische Wirren

Für Italien hatte der Wandel im Verhältnis von Kaisertum und Papsttum gewichtige Konsequenzen. Zum erstenmal in ihrer Geschichte erlebte die Halbinsel einen längeren Zeitraum ohne Papst und Kaiser. Nach der vergeblichen Italien-Fahrt Heinrichs VII. kamen die Kaiser nur noch gelegentlich und für kurze Zeit zu Besuch: entweder – wie Ludwig IV. – um dem Papst Ungelegenheiten zu bereiten oder – wie Karl IV. – um gekrönt zu werden, um sich durch Verkauf von Titeln Geldmittel zu beschaffen oder, um dem Papst einen Gefallen zu tun. Die französischen Päpste von Avignon hatten mit Italien nicht wenig Sorgen: sie mußten den Kaiser fernhalten, die Anjou in Neapel stützen oder unter Druck setzen, die Ordnung in den päpstlichen Staaten aufrechterhalten und ihnen Geld abnehmen, sich über die Rückkehr nach Rom Gedanken machen; trotz dieser ständigen Beschäftigung mit Italien blieben sie, von einem oder zwei Stippvisiten abgesehen, über sieben Jahrzehnte in der Fremde; das unterschied sie von ihren Vorgängern, die nie für längere Zeit außer Landes gegangen waren.

Mehr als je zuvor war Italien sich selbst überlassen; den Frieden brachte ihm das nicht. Die politische Landkarte des Landes war seit langem ein unbeständiges Nebeneinander verschiedenartiger Staatsgebilde mit stark partikularistischen Tendenzen, die zumeist durch Kriege und innere Zwistigkeiten in Spannung und Unfrieden gehalten wurden. Zwar schien das Königreich Neapel durch seine Größe, seine traditionsreiche Monarchie und sein Bündnis mit dem Papsttum dazu bestimmt, als stabilisierender Faktor zu wirken; aber die Natur hatte es arm gemacht, die Steuerlast war drückend, ein unsteter, streitsüchtiger Adel lähmte die aufbauwilligen Kräfte, das handeltreibende Bürgertum war schwach, und die Existenz der Staatsgewalt hing von unverläßlichen Söldnern ab.

Zu Beginn des Jahrhunderts wurde das nördliche Italien von relativem Wohlstand begünstigt; es zählte nicht wenige Städte, die auf ihre Unabhängigkeit und Selbstverwaltungstradition stolz waren. Indes hatten die vielen Kriege, die sie gegeneinander führten, und zahllose innere Fehden die Stadtrepubliken so zerklüftet, daß die Macht vielerorts an Tyrannen, *signori*, gefallen war, die mit eiserner Faust, wenn auch keineswegs unparteiisch, für Ordnung sorgten. Ohne in Recht oder Tradition verwurzelt zu sein, waren die *signori* von zügellosem Ehrgeiz beseelt, der nie und nirgends haltmachte. Daraus ging ein anderes Merkmal des Jahrhunderts hervor: die Machtentfaltung einiger weniger Staaten auf Kosten der anderen.

Allerdings gehörten nicht nur Staaten der Signorie zu den größten Machtgebilden. So war Venedig eine festgefügte aristokratische Republik, deren Stabilität nach der Verschwörung von Tiepolo 1310 dadurch zementiert wurde, daß der neue Rat der Zehn gleichsam als geheimer »Wohlfahrtsausschuß« regierte. Aber schon die Expansionslust der anderen hätte Venedig gezwungen, um der eigenen Verteidigung willen aggressiv zu werden, hätte es nicht ohnehin den Ehrgeiz entwickelt, die Po-Mündungen und damit alle östlichen Seewege der Lombardei unter seine Kontrolle zu bringen. Trotz manchen Niederlagen versuchte denn auch Venedig wiederholt, sein Herrschaftsgebiet zu halten und in der Lombardei und Dalmatien auszudehnen. Auch Florenz, das gelegentlich strauchelte und sich Despoten (unter anderen 1342/43 dem Feldherrn Walter de Brienne, »Herzog von Athen«) unterwarf, wahrte bei aller Turbulenz seiner Politik im großen und ganzen der republikanischen Regierungsform die Treue; seit 1308 war der streitbare halbfeudale Adel von der Staatsmacht ausgeschlossen. Und doch eroberte Florenz nach und nach große Teile der Toskana: es bemächtigte sich wichtiger Städte wie Pistoia, Volterra und Arezzo und warf lüsterne Blicke auf Lucca und Pisa, die es später ebenfalls annektieren sollte.

Die Lebenskraft der republikanischen Einrichtungen in Venedig und Florenz – und in geringerem Maße auch in Genua und toskanischen Städten wie Lucca und Siena – hob sich deutlich ab vom ausgeprägten Zug zur Signorie in den meisten übrigen Städten Norditaliens. Das entsprach einer unterschiedlichen gesellschaftlichen Schichtung. Zu Beginn des Jahrhunderts waren Venedig und Genua, Florenz und Lucca blühende Handels- und Industriezentren. Und obgleich das 14. Jahrhundert für Italien insgesamt eine Zeit wirtschaftlichen Niedergangs war, die Bevölkerung und die landwirtschaftliche und gewerbliche Erzeugung schrumpften, die Städte vom Schwarzen Tod aufs grausamste heimgesucht wurden und die Toskana und Florenz besonders schwer getroffen waren, beherrschten immer noch reiche Kaufleute und Bankiers die florentinische Gesellschaft und die Verwaltungsorganisation der florentinischen Städte. Für Städte wie Verona, Ferrara oder Mailand galt das lange nicht im selben Maße.

Einige *signori* wie die Este in Ferrara oder die Della Scala in Verona konnten sich am Anfang des Jahrhunderts lokale Erfolge verschaffen. Nicht für lange: am Ende fiel die Herrschaft über die Lombardei den Visconti von Mailand zu. Um 1316, als Johannes XXII. zum Papst gewählt wurde, hatten die Della Scala und Visconti ihre Machtpositionen so stark ausgebaut, daß der Papst sich arg bedrängt sah. Seine Politik, die auf die Wiederherstellung und Erweiterung der päpstlichen Vormachtstellung in Italien ausging, brachte Kriege, Söldnerregiment und ausländische Intervention mit sich. Das Ziel war die Zerschlagung der neuen Staaten, deren Expansion gleichermaßen die Anhänger des Papsttums und die päpstlichen Privilegien bedrohte. Gegen sie wurden sämtliche Mittel aufgeboten: von Kreuzzugsaufrufen und Bannflüchen bis zur Ernennung König Roberts von Neapel zum päpstlichen Vikar. Die gefährdeten *signori* widersetzten sich mit Entschlossenheit und Energie: bald riefen sie Kaiser Ludwig den Bayern zu Hilfe, bald vertrieben sie den päpstlichen Bundesgenossen Johann von Böhmen; als Johannes XXII. 1334 starb, zeigte sich, daß seine Aktion gescheitert war. Der wütende Kampf hatte dazu geführt, daß in der Lombardei kaum noch eine freie Gemeinde übrigblieb und daß die Visconti einen großen Teil der lombardischen Ebene in der Hand hatten. Bald, 1343, starb auch des Papstes glühendster Anhänger, Robert von Neapel, und sein Königreich wurde im Gefolge der Eheabenteuer seiner Erbin, Königin Joanna I. (1343–1382), zum Schauplatz eines dreißigjährigen Bürgerkrieges mit wiederholten Interventionen des Auslands.

Die Wirren in Nord- und Süditalien bedeuteten nicht etwa Ruhe und Frieden für die päpstlichen Staaten. Im Gegenteil: sie wurden zum Spielball unaufhörlicher Fehden des Adels; Rom verarmte, weil die Päpste nicht da waren, die ihm früher Reichtum und große Geschäftsumsätze beschert hatten. In dieser trostlosen Lage sehnten sich manche Römer nach der Wiedererweckung der glorreichen Vergangenheit. Als Petrarca 1341 den Poetenlorbeer erhielt, glaubte man an den Anbruch eines neuen Zeitalters; und 1347 riß Cola di Rienzo, ein beredter und gelehrter Visionär, die Macht an sich. Er träumte von der Wiedergeburt der alten Republik, von einer italienischen Föderation und von einem Reich des Friedens, der Gerechtigkeit und der Freiheit, an dessen Spitze er selbst stände. In einer Welt der Konflikte und Gegensätze war sein Traum erschütternd wirklichkeitsfremd. Der Träumer verlor mehr und mehr sein seelisches Gleichgewicht. Der Papst kehrte sich gegen ihn, und die Römer, die er vergöttert hatte, brachten ihn 1354 ums Leben.

Schon vorher hatte Papst Innozenz VI. die wilde Anarchie und die Raubzüge der Adligen in seiner ureigensten Domäne zum Anlaß einer Strafexpedition genommen. Er entsandte den kriegerischen Kardinal Albornoz zur Wiederherstellung der Ordnung und der Autorität des Papsttums in die päpstlichen Staaten. Mit Geld und Soldaten reichlich versehen, überraschte der staatsmännische Legat Italien mit dem Blitzestempo, in dem er im gesamten Patrimonium Petri und Umbrien wieder geordnete Verhältnisse schaffte. Angesichts dieses schlagartigen Erfolges dachte Papst Urban V. an die Rückkehr nach Italien. Aber Albornoz war auf seinem Siegesmarsch nördlich bis Bologna vorgedrungen: das war ein

Alarmzeichen für die Visconti, die auf die Chance gehofft hatten, in dieser Richtung vorstoßen zu können. Der Papst organisierte einen Kampfbund gegen sie; das bedeutete Krieg. Albornoz war inzwischen gestorben, und ein neuer, unfähiger Legat verhinderte nicht nur die Lieferung von Lebensmitteln an das mit dem Papst verbündete Florenz, sondern erlaubte auch noch den päpstlichen Söldnern, florentinische Ländereien zu verwüsten. Florenz, wutentbrannt, verbündete sich daraufhin mit den Visconti und stachelte die päpstlichen Staaten zum Aufstand auf. Die Rückkehr des Papstes wurde um so dringlicher; die heilige Katharina von Siena setzte ihr ganzes Prestige dafür ein. Die Entscheidung fiel 1377 unter dem neuen Papst Gregor XI. (1370–1378). Seine ungezähmt brutalen Söldner erfochten den Sieg über Florenz ungefähr um die Zeit, da Papst Gregor starb.

In Florenz löste der Krieg eine Revolution aus, die auf dem Nährboden scharfer Klassen- und Parteiengegensätze und wachsender Unzufriedenheit schon lange herangereift hatte. Die wütenden Arbeiter stürzten die regierenden Bankiers und bemächtigten sich der Staatsgewalt; sie konnten aber weder Arbeitsplätze noch Lebensmittel beschaffen noch auch den florentinischen Handel aufleben lassen. Die Folge war eine Gegenrevolution (1382), die einem kleinen Häuflein reicher Oligarchen die Macht wiedergab. Erfolgreich konnte Florenz, das auf Handel und Bankgeschäfte angewiesen war, von Arbeitern und kleinen Ladenbesitzern kaum regiert werden. Nach der Revolution wurde seine Regierung noch oligarchischer als zuvor.

Frankreich und der Hundertjährige Krieg

Ebenso wie Italien sollte sich Frankreich des 14. Jahrhunderts als einer Zeit des Krieges und der Verwüstung erinnern. Trotzdem waren die Geschicke der beiden Länder sehr verschieden. Zu Beginn des Jahrhunderts, als in Italien heftig gekämpft wurde, herrschte in Frankreich Frieden. Und während Italien in zahlreiche Staaten zerfiel, von denen viele entweder dem Papst oder dem Kaiser oder beiden umschichtig, häufig aber auch nur auf dem Papier Gehorsam schuldeten, kannte Frankreich bereits gemeinsame Bindungen an den König, der »in seinem Reich Kaiser« war. Gegen Ende des Jahrhunderts hatten sich Italiens sporadische Einheitshoffnungen zerschlagen; dagegen hatte Frankreich trotz inneren Wirren und zum Teil auch dank ihnen ein deutlicheres Einheitsbewußtsein und ein festeres Treueverhältnis zum König entwickelt.

Als das Jahrhundert noch jung war, hatte »die Monarchie« schon beachtliche Schritte in der Richtung auf Zentralisierung und königliche Alleinherrschaft gemacht. Im Verlauf des 13. Jahrhunderts hatten die Minister des Königs von Frankreich viel dazu getan, die Unabhängigkeit der Feudalen einzuschränken und die Sphäre der königlichen Eingriffe auszuweiten; sie hatten die Zentralverwaltung zu festgegliederten, ressortmäßig organisierten Ämtern ausgebaut; da gab es für die königlichen Finanzen die Rechnungskammer, für Sekretariatsarbeiten die Kanzlei, als obersten Gerichtshof das Parlament von Paris, als Ratgeberkollegium für Fragen der Politik und Verwaltung den königlichen Rat. So groß war die Macht der Krone, daß Philipp der Schöne der Christenheit als der König mit den größten Herrschaftsbefugnissen galt. Er brachte es fertig, Gebietserweiterungen auf Kosten des Reichs vorzunehmen, zwei mächtige und reiche Domänen, die Gascogne und Flandern, vorübergehend zu erobern und sich vor allem dem Papst zu einer Zeit zu widersetzen, da das Papsttum stärker war und größere Ansprüche anmeldete als je zuvor. Zwar mußte der König, um sich gegen Bonifatius VIII. durchzusetzen, an die aktive Mitwirkung der führenden Klassen im Lande appellieren und Geistlichkeit, Adel und Bürgertum zu Ständetagen zusammenholen, die zu Vorläufern der späteren Generalstände werden sollten; bezeichnend aber war, daß sich die Werbekraft der Krone im Kampf zwischen König und Papst als stärker erwies – auch der Geistlichkeit gegenüber – denn das Prestige des Papstes.

Die Kehrseite der Medaille waren die gewaltigen Kosten der Kriege, die Philipp führte. Um sie zu decken, verübte er seinen widerrechtlichen Anschlag auf die Templer und erhöhte Steuern und Abgaben in einem Maße, das am Ende seiner Regierungszeit mancherorts Widerstand hervorrief. Aber er setzte durch, was er wollte: der Templerorden wurde aufgelöst und enteignet – und der Papst gezwungen, dabei mitzutun. Die Widerstandsregungen der Spätzeit blieben zersplittert, lokal und größtenteils auf feudale Kreise beschränkt; die Protestbewegung ebbte bald ab, ohne große Wirkungen zu erzielen. Der königlichen Gewalt wurden keine Fesseln angelegt, und die Kampfbünde, die in den Provinzen ins Leben gerufen worden waren, hätten sich bald wieder aufgelöst, wäre nicht die Frage der Thronfolge akut geworden.

Bis dahin hatte jeder Kapetingerkönig einen Sohn hinterlassen, der seine Stelle einnehmen konnte. Aber Philipps IV. drei Söhne hatten (außer Knaben, die sie nicht überlebten) nur Töchter in die Welt gesetzt. Als der älteste Sohn, Ludwig X., 1316 starb, ließ sich sein Bruder Philipp V. (1316–1322) zum König ausrufen; Ludwigs kleine Tochter Jeanne wurde um ihr Erbrecht gebracht (und später mit dem Königreich Navarra abgefunden). Eine Versammlung von Prälaten, Magnaten, Pariser Bürgern und Doktoren der Universität Paris verkündete den Grundsatz, daß eine Frau die Krone Frankreichs nicht erben dürfe, und diese Entscheidung wurde vom Königreich akzeptiert. Als Philipp wiederum nur drei Töchter hinterließ, wurde dies Prinzip beibehalten, und den Thron bestieg als Karl IV. (1322–1328) der jüngste der Brüder. Auch er hatte nur Töchter, aber als er starb, war die Vorstellung von einer Frau auf dem französischen Thron bereits begraben. Fraglich blieb allerdings noch, ob sich die Thronfolge überhaupt in der weiblichen Linie vererben dürfe oder ob nur die männlichen Nachkommen männlicher Angehöriger des Königshauses thronberechtigt seien. Eduard III. von England behauptete, der legitime Thronerbe zu sein, denn seine Mutter Isabella war die Schwester der drei letzten Könige von Frankreich und seine Großmutter Marguerite die Schwester Philipps des Schönen; das Land wehrte sich jedoch instinktiv gegen einen fremden Herrscher, und eine Versammlung der französischen Magnaten sprach sich, ohne zu zögern, für Philipp von Valois aus, den Sohn des jüngeren Bruders Philipps des Schönen.

Um diese Zeit war Eduard III. noch ein Jüngling, bevormundet von einer schwachen Regierung und kaum in der Lage, für seine französischen Thronansprüche einzutreten. Er huldigte Philipp VI. 1329 und gab auch noch 1331 zu, daß es sich um einen Lehnseid mit eindeutigen Vasallenverpflichtungen gehandelt habe. Es dauerte jedoch nicht lange, bis die beiden Länder in einen Krieg gegeneinander hineinschlitterten. Eduard III. brauchte einen militärischen Erfolg, um sich eine starke Position in England zu verschaffen, und Kriegsspiele waren schon von Kindheit an seine Lieblingsbeschäftigung. Der alte Streit um die Gascogne hatte sich verschärft; in Flandern, das für beide Länder lebenswichtig war, waren Eduard III. und Philipp VI. heftig aneinandergeraten; Eduard hatte einem führenden französischen Rebellen, Robert von Artois, Asyl gewährt; Philipp wiederum hatte den Schotten zu einem Zeitpunkt seine Unterstützung geliehen, da Eduard den schottischen Widerstand schon fast niedergeschlagen zu haben glaubte. Im November 1337 begannen die Feindseligkeiten.

Im Vergleich zu Frankreich war England klein und schwach. Aber über die Gascogne konnte es bequem in Frankreich eindringen; Flandern war ein Bundesgenosse Englands, und auf die Bretagne konnte sich Philipp VI. nicht verlassen. Überdies waren seine finanziellen Reserven unzureichend und sein Heer altmodisch. Seine Kavallerie kannte keine Disziplin, und seine Infanterie bestand hauptsächlich aus fremden Söldnern. Dagegen hatte das englische Parlament Eduard für einen volkstümlichen Krieg beträchtliche Mittel bewilligt, und sein Heer war in verhältnismäßig guter Verfassung. Der kriegstüchtigste Teil setzte sich aus gepanzerten Reitern, leichter Reiterei und mit langen Bogen ausgerüsteten Schützen zusammen; sie wurden von bewährten Heerführern oder prominenten Feudalherren auf Grund vertraglicher Bindungen gegen Bezahlung gestellt. Hinzu kamen von Musterungskommissionen in den einzelnen Grafschaftsbezirken ausgehobene Bogenschützen.

Einige Jahre vergingen, ehe Eduard seine militärische Überlegenheit demonstrieren konnte. Nach einem fruchtlosen Feldzug in Flandern, in dem er sich, um die Bedenken der ihm verbündeten flämischen Städte zu zerstreuen, den französischen Königstitel zulegte, erzielte er größere Erfolge in einem Erbfolgekrieg in der Bretagne, der 1341 begann. Die sensationellsten englischen Siege wurden in »Reiterzügen« *(chevauchées)* erfochten, die nichts anderes waren als erbarmungslose Brandschatzungsexpeditionen kreuz und quer durch französisches Gebiet. Die »Reiterzüge« erfreuten sich großer Beliebtheit bei englischen Aristokraten und sonstigen Feldhauptleuten: hier gab es, wonach es sie gelüstete, Gefechte und Abenteuer, dazu aber auch noch die Gelegenheit, Schätze zu erbeuten und Lösegeld einzuheimsen. Auf einem dieser Reiterausflüge im Norden Frankreichs errang Eduard 1346 den überwältigenden Sieg von Crécy, auf den die Belagerung und Einnahme der Hafenstadt Calais folgte. Aber die Belagerung von Calais dauerte fast ein ganzes Jahr, und als sie zu Ende war, waren beide Seiten so erschöpft, daß sie einen Waffenstillstand vereinbarten, der bis 1351 in Kraft blieb. Bevor er abgelaufen war, starb 1350 Philipp VI.

So verhängnisvoll der Krieg mit England auch war, ganz ohne positive Ergebnisse war Philipps Regierungszeit nicht ausgegangen. Er hatte dem mittellosen König von Mallorca das Lehen Montpellier abgekauft. Wichtiger noch: er hatte 1349 für seinen Enkel, den späteren Karl V. (1364–1380), die Erbrechte der Dauphiné erstanden; eine Generation später sollte dieser neue Besitz die Grenze des Königreichs Frankreich bis an die Alpen vorschieben. Im Innern setzten Philipp und seine Ratgeber das Werk der Kapetinger fort: die bürokratische Organisation und der Verwaltungsaufbau wurden wesentlich verbessert. Der Krieg mit England verlangte indes die Vermehrung der Steuern und Abgaben, namentlich der Lasten des Salzmonopols und der Zehnten, die die Geistlichkeit Jahr für Jahr aufzubringen hatte; aus der drückenden finanziellen Belastung ergab sich die wachsende Bedeutung der Provinzialstände und der Generalstände, denn ihnen mußte immer häufiger die Bewilligung von Mitteln für die Kriegführung abgerungen werden. Die Kriegsverwüstungen hatten bereits dem Wohlstand Frankreichs ungeheuren Schaden zugefügt. Das Land brauchte dringend Frieden und eine gute Regierung.

Vom neuen König, Johann II. (1350–1364), wurde ihm weder das eine noch das andere beschert. Weniger tüchtig, wenn auch ritterlicher als sein Vater, zeigte er sich bald dumm, störrisch und habgierig; seine Fehlbeurteilung von Menschen wurde zur Katastrophe. Das belastete namentlich sein Verhältnis zu Karl dem Bösen, dem gefährlichen König von Navarra (1349–1387), Sohn der von der Thronfolge ausgeschlossenen französischen Königstochter Jeanne und väterlicherseits Enkel des jüngsten Bruders Philipps des Schönen. Diesen bösen Geist Frankreichs, der mit Eduard über eine Teilung des Königreichs zwischen England und Navarra verhandelte, hatte König Johann zu seinem Schwiegersohn gemacht. Als der Krieg mit England von neuem einsetzte, beschwor Johann mit seiner militärischen Unfähigkeit neues Unheil über das Land herauf. England setzte seine Raubzüge fort. Eduards ältester Sohn, der »Schwarze Prinz«, hatte 1356 einen solchen Raubzug an der Loire gerade zu Ende geführt und war auf dem Rückweg nach Bordeaux, als ihn Johann mit einem viel größeren Heer bei Poitiers abfing; aber das große französische Heer wurde vom englischen Prinzen überwältigt und König Johann gefangengenommen.

Der schwere Schlag veranlaßte den jungen Dauphin Karl, der während der Gefangenschaft seines Vaters die Regentschaft führte, die Generalstände des Languedoil nach Paris und die des Languedoc nach Toulouse einzuberufen. Die südlichen Stände bewilligten Steuern unter der Bedingung, daß sie unter ihrer Aufsicht erhoben und ausgegeben würden; die nördlichen Stände gingen viel weiter: unter der Führung des Pariser Kaufmanns Etienne Marcel verlangten sie die Durchführung eines Reformprogramms, das auf eine ständische Kontrolle der Regierung hinauslief. Karl der Böse schlug sich auf ihre Seite, und der Dauphin sah sich zu beträchtlichen Zugeständnissen gezwungen. Die Stimmung schlug jedoch bald zugunsten des Dauphins um; die Treuegefühle der Franzosen galten der Monarchie, nicht den Generalständen. Frühzeitig schon ließen Adel und Geistlichkeit die Reformanhänger im Stich, und sogar unter dem dritten Stand fand Marcel außerhalb von Paris nur wenig Unterstützung. Durch seine Verhandlung mit den Engländern trug Karl der Böse dazu bei, die Vorkämpfer der Reform in Verruf zu bringen. Die Folge war die Ermordung Marcels und die Hinrichtung seiner bedeutendsten Freunde. Die Monarchie war wiederhergestellt.

Nun hatte der Dauphin zwar die Treuegefühle der Franzosen für sich, aber weder Soldaten noch Geld. Vernünftigerweise mieden jetzt die französischen Truppen die offene Feldschlacht und zogen sich in befestigte Städte zurück, für deren Einnahme den Engländern Kraft und Zeit fehlten. Ein großer »Reiterzug«, den die Engländer 1359 unternahmen, verlief ohne Resultat. Im folgenden Jahr schlossen sie Frieden in Brétigny und Calais. Eduard III. verzichtete auf die Krone Frankreichs, während sich die Franzosen verpflichteten, drei Millionen Goldtaler als Lösegeld für Johann II. zu zahlen, und den Engländern die souveränen Rechte am Herzogtum Aquitanien und an Ponthieu und Calais abtraten. König Johann wurde freigelassen und belehnte seinen jüngsten Sohn Philipp zum Lohn für die bei Poitiers bewiesene Tapferkeit mit dem Herzogtum Burgund; für Frankreich sollten daraus gravierende Konsequenzen erwachsen. Indes entfloh einer der französischen Königssöhne, die als Geisel für das noch nicht bezahlte Lösegeld in englischem Gewahrsam gehalten wurden, worauf es der ritterliche König als Ehrensache ansah, in die Gefangenschaft nach England zurückzukehren. Er starb 1364 in London.

Karl V. war ganz anders als sein Vater: unritterlich, körperlich schwach, für einen Prinzen recht gelehrt, ein Verehrer von Ordnung und Repräsentation, arbeitsam, aufgeklärt, mitleidvoll, zugleich aber raffgierig und verschlagen; in seiner Politik verließ er sich nur zu häufig auf List und Tücke. Dennoch war er einer der erfolgreichsten Könige Frankreichs. Es gelang ihm, sein Land aus dem Unglück herauszuführen und wieder zum ersten Staat Europas zu machen. Zuallererst ging er daran, Karl den Bösen zu bezwingen, in der Bretagne Frieden zu stiften und die vielen »Freischaren« loszuwerden, die das Königreich verwüsteten; er schob diese Landsknechtsmeute nach Kastilien ab, wo sie seinem Bundesgenossen Heinrich von Trastamara gegen dessen Halbbruder König Peter den Grausamen (1350–1369) Beistand leisten sollte. Mit Hilfe des Schwarzen Prinzen erfocht Peter der Grausame einen durchschlagenden Sieg; aber der Feldzug hatte die Gesundheit des Prinzen untergraben, und Peter wurde bald getötet.

Kastilien war jetzt ein begeisterter Bundesgenosse Frankreichs, und seine Flotte tat sich mit der Flotte Frankreichs zusammen, um den Engländern die Seeherrschaft zu entreißen. Karl V. hatte dafür gesorgt, daß die wichtigsten Städte und Schlösser befestigt wurden, hatte das Heer reformiert und an dessen Spitze tüchtige Generale, darunter den berühmten Bertrand du Guesclin, gestellt. Als sich der unzufriedene Adel der Gascogne über die Steuern beschwerte, die der Schwarze Prinz verhängt hatte, um seine Spanien-Feldzüge zu finanzieren, fühlte sich König Karl stark genug, den englischen Heerführer und Thronfolger zur Rechenschaft zu ziehen, und lud ihn nach Paris vor. Der Schwarze Prinz sah darin eine ehrenrührige Herausforderung. Der Krieg kam 1369 von neuem in Gang.

Aber diesmal fiel der Sieg den Franzosen zu. Zugute kamen ihnen die frankreichfreundliche Stimmung in den umkämpften Gebieten, die von Karl V. durchgeführte Heeresreform, eine wirksamere Strategie zur Abwehr der englischen »Reiterzüge« und ein großer Sieg der vereinten französisch-kastilischen Flotte vor La Rochelle. Die Franzosen rieben die Widerstandskraft der Engländer auf und konnten all ihre Angriffe abwehren. Als 1375 ein zweijähriger Waffenstillstand zustande kam, hielten die Engländer nur noch Calais, Brest und einen schmalen Küstenstreifen zwischen Bordeaux und Bayonne besetzt. Im folgenden Jahr starb der Schwarze Prinz, und 1377 folgte ihm sein Vater, Eduard III., ins Grab. Auf den englischen Thron kam ein Kind, und England war nicht imstande, die Offensive gegen Frankreich erneut aufzunehmen.

König Karl benutzte seinen Erfolg dazu, gefährliche Vasallen loszuwerden, in erster Linie Karl den Bösen, der sich wieder mit den Engländern verbündet und dann den Versuch unternommen hatte, den französischen König zu vergiften. Karl V. und sein Bundesgenosse Heinrich von Kastilien besetzten 1378 sämtliche Ländereien Karls des Bösen; er starb völlig ruiniert 1387. Anschließend bemühte sich Karl V. um Frieden mit England, scheiterte aber an der Frage der Oberhoheit. Seine letzte bedeutende Äußerung war die Parteinahme für den französischen Papst im Kirchenschisma, das 1378 angefangen hatte.

Seine Regierungszeit hatte Frankreich Ordnung und geregelte Verwaltung wiedergegeben und militärische Erfolge gebracht. Die mißbräuchliche Ausnutzung der Steuerfreiheit der Geistlichkeit und der feudalen Vorrechte war abgestellt worden, und die Städte fanden freundliche Behandlung. Aber der Krieg und die prunkhafte Hofführung vermehrten die Steuerlast, die ein ausgepowertes und entvölkertes Land schwerlich bewältigen konnte. Viele mißmutige Franzosen warteten auf die Behebung ihrer Nöte unter dem Nachfolger Karls V.

Unglücklicherweise war Karl VI. (1380–1422), der Thronerbe, erst elf Jahre alt, als sein Vater starb. Sein Fluch waren – wie bei seinem englischen Anverwandten Richard II. (dem Sohn des Schwarzen Prinzen) – überzählige Onkel, die einander befehdeten und sonst jede Gelegenheit benutzten, dem Land Geld abzupressen. Karl V. hatte auf seinem Totenbett eine Senkung der Steuerlast versprochen; die neue Regierung löste das Versprechen nicht ein. In Rouen, in Paris und im Languedoc brachen Aufstände aus; sie wurden schonungslos niedergeworfen. Aufrührerische Regungen galten als unverzeihlich; gegen Untertanen, die Widerstand leisteten, durfte ohne Nachsicht mit Gewalt oder Betrug vorgegangen werden. So wurde mit den Stadtbewohnern Flanderns verfahren: sie hatten sich gegen ihren Grafen, dessen Erbe Herzog Philipp von Burgund, ein Onkel des Königs, war, aufgelehnt und wurden grausam unterdrückt. Von diesem Erfolg in Flandern abgesehen, war die Außenpolitik der Königsonkel so unrühmlich, besonders gegenüber England und Neapel, so kostspielig, fruchtlos und lähmend, daß allgemeine Freude herrschte, als sich Karl VI. 1388 für volljährig erklärte.

Der neue König, der gutmütig und willensschwach war, geriet unter den Einfluß seines Bruders Ludwig, Herzog der Touraine (später von Orleans). Das Land hätte dringend eine sparsame Wirtschaft gebraucht; statt dessen veranstaltete Ludwig am königlichen Hof wahre Verschwendungsorgien, wie sie Frankreich noch nie erlebt hatte. Die Außenpolitik war ebenso ruinös wie das Hofleben. Das zügellose Leben und die außenpolitischen Enttäuschungen trieben den König in einen seelischen Zusammenbruch hinein. Ab 1392 kamen immer häufiger Wahnsinnsausbrüche, und schließlich war er nur noch selten bei klarem Bewußtsein. Der Verfall Karls VI. brachte seine beiden überlebenden Onkel, die Herzoge von Burgund und Berry, wieder an die Macht; die Zwistigkeiten zwischen dem Herzog von Burgund und dem Königsbruder Ludwig trieben Frankreich in wenigen Jahrzehnten bis an den Rand des Abgrunds.

In England war das 13. Jahrhundert mit der Herrschaft eines großen Königs zu Ende gegangen. Eduard I. (1272–1307) hatte Sinn für Ordnung und System gezeigt, und was Rechtsordnung und Organisation anging, war seine Regierungszeit zu einem Meilenstein geworden. Seinem Vater hatte man vorgeworfen, die Rechte der Krone preisgegeben zu haben. Diesem Vorwurf wollte er sich nicht aussetzen, und da er die legalistische Haltung teilte, die in der Luft lag, schöpfte er bis zum äußersten jeden Rechtsanspruch aus, den er geltend machen konnte. Das löste nicht nur – in seinen späten Jahren – eine schwere Verstimmung im Lande aus, sondern verstrickte ihn auch in eine Außenpolitik, die sich die Krone kaum leisten konnte. Namentlich war das in Schottland der Fall: er wollte unbedingt auf seinem Recht – wie er es auffaßte – bestehen und brach damit einen gewaltigen Kampf um die Unabhängigkeit des Landes vom Zaun.

Seinem Sohn Eduard II. (1307–1327) fiel infolgedessen ein schweres Erbe zu. Eduard I. hatte eine beträchtliche Schuldenlast hinterlassen; seine Politik konnte ohne Prestigeverlust nicht aufgegeben, aber auch nicht mit Aussicht auf Erfolg fortgesetzt werden. Dem Gedenken der Menschen hatte er sich, auch wenn man über seine autokratische Art klagte, als bedeutender König eingeprägt; keinem Nachfolger konnte es leichtfallen, ihm nachzueifern. Nun erwies sich aber sein Nachfolger – schmerzlicher konnte der Kontrast nicht ausfallen – als besonders schwach. Eduard II. als Athlet war ein schöner und stattlicher Mann, was für einen König im 14. Jahrhundert gewiß ein Vorzug war: zugleich aber war er mit fatalen Charakterfehlern behaftet. In einem Zeitalter, in dem ein Land nur gut regiert sein konnte, wenn sich der König auf sein Geschäft verstand, war er von einer unüberwindlichen Faulheit. Im Angesicht einer übermächtigen Aristokratie gab er sich Liebhabereien hin, die ganz und gar unaristokratisch waren: statt sich mit Kriegführung und Jagd zu beschäftigen, vergnügte er sich mit Rudern oder Theaterspielen, was als verächtlich galt. Zu alledem entwickelte er eine ungezügelte Leidenschaft für schöne junge Männer; diese Schwäche verleitete ihn dazu, die jeweiligen Günstlinge, die von allen gehaßt wurden, mit greifbaren Beweisen seiner Zuneigung zu überhäufen und den Magnaten, die sich als seine natürlichen Gefährten und Ratgeber betrachteten, die kalte Schulter zu zeigen.

Die Barone wehrten sich ihrer Haut: 1311, drei Jahre nach seinem Regierungsantritt, mußte der König Verfügungen über sich ergehen lassen, die alle Bereiche der königlichen Regierung bis ins einzelne regelten. Im schottischen Krieg ging es von Jahr zu Jahr schlechter, und 1314 erlitten die Engländer eine vernichtende Niederlage bei Bannockburn. Die Unabhängigkeit Schottlands war gesichert. Die Schotten drehten nun den Spieß um; sie plünderten die nördlichen Bezirke Englands und richteten Verheerungen in Irland an. Sogar die extremen Gegner des Königs verloren an Ansehen, denn auch sie konnten gegen diese Überfälle, deren Wirkungen durch die Folgen einer dreijährigen Hungersnot und an Anarchie grenzende innere Wirren verschärft wurden, nichts ausrichten. Die extreme Partei unter Thomas von Lancaster, einem Vetter des Königs, die sich 1311 durchgesetzt hatte, wurde 1318 von einer gemäßigten Magnatengruppe gestürzt. Ihre Herrschaft war von kurzer Dauer. Als seinem neuen Günstling Hugh Despenser 1322 Gefahr drohte, raffte sich der König dazu auf, gegen seine Feinde energisch vorzugehen. Er bezwang einen nach dem anderen und ließ viele hinrichten, darunter auch Thomas von Lancaster.

Die siegreichen Königstreuen wollten nun beweisen, daß sie tüchtiger seien als ihre Gegner. Im Schatzamt, in der Staatskanzlei und im königlichen Haushalt wurden wichtige Reformen durchgeführt. Doch konnten Verbesserungen im zentralen bürokratischen Apparat den Haß nicht beschwichtigen, den sich die Regierenden mit anderen Dingen zuzogen. Die Despensers waren habgierig und bedienten sich des Königs, um sich zu bereichern. Namentlich in Südwales machten sie sich damit die mächtigen Herren der Grenzmarken zu gefährlichen Feinden. Im Lande herrschten weiterhin chaotische Zustände; das galt erst recht für die nördlichen Bezirke, wo die Schotten ihre Raubzüge fortsetzten. Außenpolitisch – vor allem Schottland und Frankreich gegenüber – erntete die Regierung nur Mißerfolge. Aufgebracht über die verfahrene Lage, ließ sich Königin Isabella als Friedensstifterin zu ihrem Bruder Karl IV. nach Frankreich entsenden; der einfältige König ließ sie ziehen, und anschließend durfte auch sein ältester Sohn Eduard die Reise nach Frankreich antreten. Isabella machte bald gemeinsame Sache mit den Aristokraten, die in Frankreich im Exil lebten; ihre Hauptstütze – und ihr Geliebter – wurde Roger Mortimer, ein großer Feudalherr aus der walisischen Grenzmark. Mit seiner Hilfe wagte sie – im Namen des jungen Eduard – einen bewaffneten Einfall in England. Wie schmal die Grundlage war, auf die sich die Regierung Eduards II. stützte, zeigte sich sehr schnell: binnen wenigen Wochen brach sie zusammen. Die Minister und Günstlinge des Königs wurden ermordet. Der König mußte unter schwerem Druck zugunsten seines ältesten Sohnes abdanken. Als Fünfzehnjähriger kam Eduard III. (1327–1377) auf den Thron.

Dem abgesetzten König wurde lebenslängliche Haft zudiktiert. Die brutale Behandlung, die ihm zuteil wurde, brachte ihm nicht den Tod, und solange er noch lebte, fühlten sich Isabella und Mortimer nicht sicher. Sie ließen ihn umbringen. Das trug ihnen noch mehr Haß ein. Um für die Unterdrückung aller Oppositionsregungen im Innern die Hände frei zu haben, mußten sie mit dem Schottenkönig Robert Bruce (1306–1329) und mit Frankreich Frieden schließen, was heftige Empörung auslöste. Schließlich brachte ihre Willkürherrschaft den jungen König und den Adel dazu, gemeinsam zu handeln. Die verhaßte Regierung wurde 1330 gestürzt. Jetzt erst konnte Eduard III. die Regierung wirklich antreten.

Das entscheidende Erlebnis, das die Politik Eduards III. bestimmte, war die Absetzung und Ermordung seines Vaters: die unheilvollen Ereignisse von 1326/27 durften sich nie und nimmer wiederholen. Darum mußten alle Zwistigkeiten im Innern vermieden und alle einflußreichen Kreise und Gruppen, in erster Linie der Adel, in einem gemeinsamen Unterfangen zusammengebracht werden. Eduard verdankte die Macht einem Bündnis mit Heinrich von Lancaster, dem Bruder des größten Widersachers seines Vaters; mit der Zeit begnadigte er die Erben der einstigen Hochverräter und gab ihnen ihre Ländereien und Ämter wieder. Er band den Adel an sich, indem er die Ideale des Rittertums verkündete, die Legenden von König Artus und seiner Tafelrunde belebte, mit einer galanten Geste den Hosenbandorden stiftete und die Nachfahren der alten Ritter in neue Kriegsabenteuer hineinzog. Zuerst wurde in Schottland Krieg geführt: Eduard Balliol und andere große Herren, die Robert Bruce entrechtet hatte, sollten wiedereingesetzt werden und sich dafür mit Schlössern und Gütern erkenntlich zeigen. Dann drängten sich ab 1336 die ungleich größeren Kämpfe in Frankreich in den Vordergrund. Die Magnaten hatten nun reichlich Gelegenheit, im führenden christlichen Königreich Heldentaten zu vollbringen, in einem viel reicheren und schöneren Land als Schottland Beute zu machen und Lösegelder einzutreiben.

Ein Menschenalter lang brachte der Krieg mit Frankreich nicht nur militärische Siege, sondern auch Prestigegewinne für den König und Einigkeit im Innern. Die Erben der Widersacher Eduards II. dienten als Truppenführer in den königlichen Armeen, und des Königs Sinn für Pracht und Schaustellung, für Turniere, Festgelage und Jagdveranstaltungen befriedigte den Hunger der Aristokratie nach farbigem Gepränge und standesgemäßen Vergnügungen. Dafür mußte freilich der König gewichtige Zugeständnisse machen: er konnte einen erfolgreichen Krieg im Ausland nicht führen, ohne allen ernsten Konflikten im Inland auszuweichen; das unterstrich 1341 ein krisenhafter Zusammenstoß, bei dem sich die Magnaten unmißverständlich auf die Verfügungen von 1311 beriefen. Fürderhin mußte Eduard von vornherein nachgeben, wenn mächtige Klassen auf bestimmten Forderungen bestanden. Bei der Auswahl der Minister und Ratgeber berücksichtigte er grundsätzlich die Wünsche und Vorurteile der Aristokratie; der als Parlament geltende erweiterte Rat, der zu Zeiten Eduards I. im wesentlichen als Regierungswerkzeug des Königs gedient hatte, wurde jetzt von den Magnaten beherrscht. Immer häufiger mußte der König das Parlament um Geldmittel für den Krieg angehen, denn die Parlamentsmitglieder, insbesondere die Gemeindevertreter der Landbezirke und Städte, wünschten nicht, daß er sich anderweitig zusätzliche Mittel beschaffe. Angesichts der wiederholten Geldforderungen der Krone mußten sich Ritter und Bürger immer wieder miteinander verständigen, so daß sie am Ende nicht nur eine gemeinsame Körperschaft, das »Haus der Gemeinden«, bildeten, sondern am Ausgang der Regierungszeit Eduards III. auch eine Regelung durchsetzten, die es der Regierung untersagte, sich um außerordentliche Einnahmen auf anderen Wegen als über das Parlament zu bemühen.

Solche Konzessionen an das Parlament schienen, auch wenn sie widerwillig gemacht wurden, lohnend, solange damit Erfolge in Frankreich erzielt werden konnten; auf die Dauer ließen sich aber neue Erfolge nicht heimbringen: dazu reichten die Kräfte des englischen Staates nicht. Aber der Vertrag von Brétigny und Calais hatte England einen so strahlenden Erfolg bescheinigt, daß die Engländer, als nach 1369 schwere Rückschläge einsetzten, nicht glauben wollten, sie seien in ehrlichem Gefecht geschlagen worden. Sie suchten die Erklärung im Versagen der Führung und in Korruption. Dank den Zugeständnissen, die ihnen der König Jahrzehnte früher eingeräumt hatte, konnten Magnaten und Gemeinden ihre Kritik von einer viel günstigeren Ausgangsposition aus üben. Überdies fanden die Oppositionsgruppen, da Eduard III. seine Söhne mit Töchtern aus reichen und mächtigen Häusern verheiratet hatte, in der Königsfamilie selbst die unabhängigen und unerschrockenen Führer, die sie brauchten. Eduard, einst leuchtendes Vorbild des Rittertums, war vorzeitig senil geworden; er ließ sich von einer unbedeutenden Mätresse gängeln und konnte

Ein Ritter der Stadt Prato
Miniatur in einer Huldigungsadresse der Stadt an König Robert von Neapel, 1335–1340
London, British Museum

Richard II. von England mit seinen Schutzheiligen im Gebet
Aus dem linken Flügel des Wilton-Diptychons, 1380–1390
London, National Gallery

weder der verschiedenen Richtungen Herr werden, die um Einfluß auf die Regierung kämpften, noch die Angriffe des Parlaments auf seine Minister und Freunde abwehren.

Als er starb, fiel der Thron an seinen zehnjährigen Enkel Richard II. (1377–1399). Unter dem Regentschaftsrat, in dem verschiedene Parteien miteinander stritten, verschlechterte sich die Kriegslage immer mehr. Die militärischen Operationen in Frankreich, zu denen auch noch der Seekrieg und die ständigen Kämpfe gegen die Schotten kamen, zogen neue finanzielle Belastungen der Bevölkerung nach sich. Eine Kopfsteuer wurde eingeführt, die so ungerecht eingetrieben wurde, daß sie 1381 einen Bauernaufstand auslöste. Außer dem vierzehnjährigen König, der mutig und der Lage gewachsen schien, zeigten sich im Verlauf des Aufstands so gut wie alle Angehörigen der Regierung und der herrschenden Klassen untätig und kampfunlustig.

Diese Erfahrung mag Richard II. die Gefahren der aristokratischen Mißwirtschaft klar vor Augen geführt haben. Überzeugt davon, daß Gott ihn – trotz der Machenschaften seines Oheims Johann von Gent, des Herzogs von Lancaster – auf den Thron gebracht habe, hatte er sich schon als leicht beeinflußbarer Halbwüchsiger an die dem König gezollte Ehrerbietung gewöhnt; da er regierender Monarch sein wollte, aber körperlich zu schwach war, um gleich Vater und Großvater Kriegslorbeeren zu ernten, legte er bewußt gesteigerten Wert auf Königswürde und königliche Vorrechte und forderte sie taktlos und ungeschickt. Schon binnen wenigen Jahren hatte er Magnaten und Gemeindevertreter im »Erbarmungslosen Parlament« von 1388 zu entschlossenem Widerstand gereizt, an dessen Spitze sich sein Onkel Thomas von Gloucester stellte; alle seine Freunde wurden ermordet, gefangengesetzt, verbannt oder um Hab und Gut gebracht. Sieben Jahre lang lebte der König von Rachegelüsten; dabei baute er ein Privatheer auf und versuchte, den Papst und den König von Frankreich als Bundesgenossen zu gewinnen. Dann schlug er auf seine Feinde los und hatte Spaß daran, sie nach der Methode verurteilen zu lassen, die 1388 gegen seine Freunde angewandt worden war. Der Erfolg ließ ihn glauben, daß sein königliches Vorrecht genügen müsse, noch brutalere Maßnahmen gegen Personen von Rang und Einfluß zu rechtfertigen; unter den ausersehenen Opfern war auch der älteste Sohn und Erbe Johanns von Gent, Heinrich von Lancaster (später Heinrich IV.), der mächtigste Magnat im Lande. Damit erschütterte Richard das Fundament seines Herrschaftsgebäudes, das sofort zusammenstürzte, als Heinrich von Lancaster 1399 rebellierte und seinen Anspruch auf den Thron anmeldete. In das System der autokratischen Monarchie schlug die Absetzung Richards II. eine große Bresche.

Bei allen Schwierigkeiten war Richard II. eine nicht ganz so prekäre Rolle zugefallen wie den schottischen Königen. Die Folgen der zähen Kämpfe mit England waren Armut, Fehden und Gewalt; daß David II. aus dem Hause Bruce (1329–1371) lange Zeit als Minderjähriger den Thron innehatte, machte die Dinge nicht besser. Dadurch vermehrte sich die Übermacht der ungestümen Stammeshäuptlinge und Grundherren; ihre Tapferkeit und Kampfeslust trugen zwar zur Erhaltung der Unabhängigkeit Schottlands bei, aber ihre unaufhörlichen Fehden und ihr unersättlicher Land- und Machthunger machten jede Hoffnung auf inneren Frieden zunichte. Das größte dieser Herrengeschlechter war das Haus Douglas.

Als Eduard III. im vierten Jahrzehnt des 14. Jahrhunderts in Schottland einfiel, wurde die Situation so bedenklich, daß der junge König David zür Sicherheit nach Frankreich gebracht werden mußte. Er konnte zwar 1341 zurückkehren, geriet aber 1346, als er den Franzosen mit einem Einfall in England zu Hilfe zu kommen suchte, bei Neville's Cross in englische Gefangenschaft. Die Engländer ließen ihn erst frei (1357), nachdem er sich verpflichtet hatte, ein erdrückendes Lösegeld zu zahlen, und er verbrachte den Rest seines Lebens damit, diese Schuld zu tilgen und sich mit den unbotmäßigen Vasallen auseinanderzusetzen, die das Königtum terrorisierten. Er starb 1371, ohne Kinder zu hinterlassen, und an seine Stelle trat der Sohn seiner Schwester, Robert II. Stewart (1371–1390), der Träger des erblichen Hofmeisteramtes *(stewardship)*.

Es fiel Robert nicht leicht, sich gegen die Vasallen zu behaupten; am widerspenstigsten führte sich das Geschlecht der Douglas auf, das sich 1388 mit einem unvergeßlichen Sieg über England Ruhm und Glanz gesichert hatte. Noch geringere Macht hatte sein Sohn und Nachfolger Robert III. (1390–1406), ein entschlußloser Krüppel. Auf ihn drückten nicht nur die großen Lords, sondern auch sein ehrgeiziger Bruder, der anscheinend Roberts ältesten Sohn ermorden ließ. Der König wollte nun seinen einzigen überlebenden Sohn Jakob in Frankreich in Sicherheit bringen und starb plötzlich, als Jakob unterwegs den Engländern in die Hände fiel.

Trotz allen Wirren gab es auch in dieser Periode der schottischen Geschichte mäßige Fortschritte auf dem Wege zum Verfassungsstaat und einigen kulturellen Aufschwung. Die Vertreter der Städte wurden zur Teilnahme an Parlamentstagungen aufgefordert, und einige wohnten auch tatsächlich neben Beauftragten der Geistlichkeit den Beratungen bei. Allerdings wurde 1367 ein besonderer Ausschuß mit der Ausübung der Rechte des Parlaments beauftragt, und die übrigen Parlamentsmitglieder – Barone, Prälaten und Bürger – zogen zur Erntearbeit nach Hause. Das wiederholte sich mit der Zeit immer häufiger; dem Ausschuß überließ das Parlament aus freien Stücken seine sämtlichen Befugnisse, bisweilen sogar das Recht der Mittelbewilligung. Ruhmvoller war die Entwicklung einer schottischen Literatur im nordenglischen Dialekt; John Barnours *Bruce*, ein Epos des Aufbegehrens gegen ein ungerechtes Schicksal, fand wie das Rolandslied in Frankreich allgemeinen Anklang als große nationale Dichtung.

Für Irland war Robert Bruce, den Schottland als Heros feierte, ein Unglück. Nach dem Sieg von Bannockburn legte sein Bruder Eduard Bruce Irland in Schutt und Asche; unter seiner Herrschaft brachen über das Land Raub, Hunger und Mord herein. Als er 1381 starb, schrieb ein irischer Chronist: »Keine größere Wohltat ist den Menschen von ganz Erin seit der Entstehung der Welt widerfahren.« Von den Folgewirkungen der Bruce-Heimsuchung sollte sich die anglo-normannische Herrschaft in Irland nicht mehr erholen. Die Einschmelzung der einstigen englischen Eroberer schritt so rasch fort, daß Lionel von Clarence, der englische Gouverneur, 1366 das »Gesetz von Kilkenny« veranlaßte, womit jede Vermischung von Engländern und Iren (Mischehen, Pflegekinder und ähnliches), ferner in den englischen Bezirken die Benutzung der gälischen Sprache und Rechtsprechung nach irischem *brehon*-Recht verboten wurden. Aber die Verbote versagten, die englisch-irischen Barone wurden immer mehr zu bewußten Iren, und die Zone mit englischer

Verwaltung, das »englische Gehege«, schrumpfte stetig zusammen. Auf Richard II. machte die akute Krisensituation in Irland einen so großen Eindruck, daß er das Land zweimal besuchte, 1394 und 1399; während seines zweiten Besuches fiel Heinrich von Lancaster in England ein, und Richard mußte vorzeitig heimkehren. Damit endeten zunächst für ein Jahrhundert die englischen Versuche, Irland zu »befrieden« oder direkter englischer Herrschaft zu unterwerfen.

Pyrenäen-Kontraste

Gegen Ende des 13. Jahrhunderts hatten sich die Königreiche der Pyrenäenhalbinsel weitgehend gefestigt. Freilich blieb die Tatsache, daß die Gebirgszüge die Landschaft in relativ isolierte Teile gliederten. Die staatliche Sonderung und der lang währende wütende Kampf gegen die Araber hatten – vor allem in Kastilien – eine kriegerische Aristokratie gestärkt. Das ganze 14. Jahrhundert hindurch mußten daher die Könige gegen eine mächtige Adelsschicht ankämpfen; in den einzelnen Königreichen nahm diese Auseinandersetzung allerdings verschiedene Formen an.

Im Königreich Aragon hatte die Rolle Kataloniens im Seeverkehr Reichtum und Gewicht der Städte, in erster Linie Barcelonas, vermehrt und das ehrgeizige Streben der Könige nach Beherrschung des Mittelmeers angespornt. Die Städte waren gerade zu der Zeit mächtiger geworden, da die Könige ihr Geld brauchten. Dadurch wurde die Entstehung der einflußreichen Ständeversammlungen, der Cortes, in Aragon und den ihm angegliederten Territorien Katalonien und Valencia gefordert. Eine entscheidende Schwäche der Cortes sollte später deutlich zutage treten: die Mittel, die sie den Königen bewilligten, mußten von den Städten aufgebracht werden, da die Verpflichtungen des Adels und der Ritterschaft durch persönliche Dienste abgegolten wurden. Außerdem entsprach die Vertretung der Städte eher der des dritten Standes in Frankreich als etwa der Vertretung der Gemeinden in den Grafschaftsbezirken Englands; und obgleich der Zuständigkeitsbereich der Städte in der Regel über die Stadtmauern hinausgriff, fanden die Stadtbürger in den Cortes nicht die Unterstützung der Ritter; es entstand kein gemeinsames Unterhaus.

Immerhin waren die Befugnisse der Cortes von Aragon im 14. Jahrhundert recht eindrucksvoll. Weder in Katalonien noch im eigentlichen Aragon konnte ein Gesetz ohne die Zustimmung der Cortes Rechtskraft erlangen; die Cortes konnten den Königen die förmliche Anerkennung mancher wesentlichen Rechte abringen, die über die Befugnisse des englischen Parlaments zur selben Zeit weit hinausgingen. Im Kampf um solche Rechte spielten die Beauftragten der Städte eine bedeutende Rolle. Nach dem *Privilegio de la Unión* von 1288 durften die Cortes einen König absetzen, der ihre Rechte verletzte; die Cortes Aragons durften einen Ausschuß berufen, der in der Zeit zwischen den Cortes-Tagungen die Verwendung der von ihnen bewilligten Mittel zu beaufsichtigen und über den Vollzug der von ihnen beschlossenen Gesetze zu wachen hatte.

Der erste König von Aragon im 14. Jahrhundert, Jakob II. (1291–1327), brachte es fertig, sich über einige der extremen Bestimmungen des *Privilegio de la Unión* hinwegzusetzen, weil er seinen Untertanen ein größeres Maß an Recht und Ordnung gewährte und die zentrale und lokale Verwaltung wie auch die Gerichte ausbaute. Bis auf die Teileroberung Sardiniens war seine Außenpolitik nicht sehr ergebnisreich, aber es war ihm gelungen, der Krone größere Autorität im Innern zu verschaffen. Dieses Mehr an Prestige wurde von seinem Sohn Alfons IV. (1327–1336) wieder verschlissen: seine Herrschaft stand im Zeichen der Wirren, die seine zweite Frau mit ihren Bemühungen, den Thron für ihre Söhne zu erobern, heraufbeschworen hatte. Dennoch folgte ihm der legitime Thronerbe Peter IV. (1336–1387), der sich als eine gebieterische Gestalt erwies.

Peter IV. annektierte das Königreich Mallorca und erwarb das katalonische Herzogtum Athen. Folgenreicher noch als seine Kriege war sein entscheidender Sieg über den aufsässigen Adel Aragons und Valencias. Als er unter Mißachtung des Gesetzes seine Tochter als Erbin einsetzen wollte, begann ein schwerer Kampf, der nach vielen Rückschlägen 1348 mit dem Sieg des Königs endete. Peter IV. widerrief das *Privilegio de la Unión* und verhängte grausame Strafen über seine führenden Widersacher; klugerweise verzichtete er jedoch darauf, die alten Freiheitsgarantien anzutasten. Er erweiterte sogar die Befugnisse des *justizïa mayor*, dessen Aufgabe es war, jede Verletzung verbriefter Rechte zu verhindern und jeden Angeklagten, solange er nicht gesetzlich verurteilt war, zu schützen. Als dieser kraftvolle, grausame und skrupellose König starb, hatte er allerdings allen Anhang verloren; trotzdem hinterließ er die Monarchie machtvoller, als er sie vorgefunden hatte. Sein Sohn Johann I. (1387–1395) konnte sogar daran denken, das Königreich Sizilien durch Heirat zu erwerben.

Von der Achtung für Recht und verfassungsmäßig gesicherte Freiheit, die die aragonische Föderation kennzeichnete, hob sich sichtbar das anarchische Durcheinander in dem nur lose zusammengefügten Königreich Kastilien ab. Die durch natürliche Barrieren und einschneidende Klimaunterschiede bedingte Uneinigkeit vervielfachte die Machtansprüche der widerspenstigen Feudalherren und der allzu stürmischen Kirchenführer; die langen Kriege der Reconquista hatten diese Ansprüche groß und größer werden lassen. Eine gewisse Rechtsgrundlage fand die Neigung des Adels zu nackter Gewalt darin, daß Privatkriege als erlaubt galten und Lehnsverpflichtungen nicht anerkannt wurden; das machte es für den König nicht einfacher, das Land zu regieren. Die Städte waren zu schwach und zu sehr auf lokale Interessen bedacht, als daß sie der Monarchie im Kampf gegen Adel und Prälaten hätten wirksam beistehen können; die Risse im Staatsgefüge wurden dadurch vertieft, daß sich verschiedene Rechtssysteme – germanischen, königlichen, regionalen, ständischen oder kommunalen Ursprungs – überschnitten und daß das Königreich zahlenmäßig starke Gemeinschaften von Muslimen und Juden beherbergte. Es gab zwar die Institution der Cortes, aber ihr fehlte die Organisation, die den Cortes Aragons ihre Aktionsfähigkeit sicherte; eine Gemeinsamkeit der Interessen bestand um so weniger, als Adel und Geistlichkeit volle Steuerfreiheit genossen.

In der Praxis war deswegen die theoretisch starke kastilische Monarchie ungewöhnlich schwach: ihr standen übermächtige Untertanen gegenüber; sie stieß oft auf Gehorsamsverweigerung der Provinzen; politische Mißgriffe lähmten ihre zersplitterten Energien. Ferdinand IV. (1295–1312) hatte die Regierung als Minderjähriger inmitten wütender Richtungskämpfe angetreten; er hinterließ die Regierung einem einjährigen Sohn, Alfons XI. Die lange Zeit der Minderjährigkeit des neuen Königs machte Kastilien zur Beute der Adelsfehden und der arabischen Vorstöße. Als Alfons älter wurde, erwies er sich als ungewöhnlich begabt und tüchtig. Er unterwarf den Adel, schlug die Araber zurück, führte eine strengere Aufsicht über die Städte ein, beschaffte zusätzliche Mittel mit Hilfe einer Umsatzsteuer und vereinheitlichte die Gesetze im *Ordenamiento de Alcalá* von 1348.

Nach seinem Tode rief die ungezähmte Brutalität und Gewaltsucht seines Sohnes Peter des Grausamen (1350–1369) Aufstände hervor. Sie führten schließlich dazu, daß Peters Halbbruder Heinrich von Trastamara Thronansprüche geltend machte und dabei von Aragon und Frankreich unterstützt wurde. Den König retteten sein Bündnis mit dem Schwarzen Prinzen und der Sieg von Nájera (1367); da er aber anschließend Hinrichtungsorgien veranstaltete und seine Schulden an den Schwarzen Prinzen nicht bezahlte, verlor er seinen einzigen Bundesgenossen. Er wurde von seinem Halbbruder besiegt und getötet. Gegen Heinrich (1369–1379), den Frankreich protegierte, wandten sich indes nicht nur Portugal und England, sondern auch sein früherer Verbündeter Aragon. Um sich auf dem schwankenden Thron zu behaupten, mußte er die Adligen mit üppigen Ländereien und Einkünften beschenken. Die Krone wurde weiter geschwächt.

Unter dem tüchtigen Regiment Johanns I. (1379–1390) konnte die Krone zwar einiges zurückgewinnen, aber nach Johanns Tod kam wieder eine längere Zeit der Herrschaft eines Minderjährigen und damit eine noch schlimmere Anarchie. In den Jugendjahren Heinrichs III. (1390–1406) führten die Adligen von neuem Kriege gegeneinander, die den Menschen Not und Elend brachten. Aus Heinrich wurde ein charakterfester Herrscher: er hielt die Adligen in Schach, wehrte einen portugiesischen Angriff ab und vernichtete die marokkanischen Seeräuber. Aber er hatte keine kräftige Konstitution; er starb 1407, noch nicht dreißig Jahre alt, mitten in Vorbereitungen zu einem Einfall in Granada. Die Lösung der brennenden Fragen, Sicherung von Ordnung und Einheit und Vertreibung der Araber aus Spanien, blieb späteren Generationen vorbehalten.

Ein geruhsameres und freundlicheres Schicksal war Portugal beschieden. Es erfreute sich einer Einheit, die Kastilien nicht erlangen konnte; das Land war fruchtbarer; den atlantischen Winden verdankte es ein gleichmäßigeres Klima. An den Mündungen der großen Flüsse Douro und Tejo hatte die Natur in Oporto und Lissabon vorzügliche Häfen für das fruchtbare Hinterland und für die Seefahrt geschaffen, deren Schiffe das Mittelmeer und den Atlantik bis nach Flandern und England befuhren. Mit einer Ausnahme konnten Portugals Könige im 14. Jahrhundert den Wohlstand des Landes heben und die Monarchie stärken. Der erste König des Jahrhunderts, Diniz (1279–1325), kümmerte sich um die friedliche Entfaltung des Landes und hatte so große Erfolge in der Land- und Forstwirtschaft, im Bergbau, in der Fischerei und Schiffahrt, daß er den Grund legte für Portugals große Unternehmungen im 15. Jahrhundert. Er war ein Dichter, und in seiner Regierungszeit entwickelte sich der portugiesische Dialekt zu einer nationalen Schriftsprache mit eigener Literatur. Sein Sohn Alfons IV. (1325–1357) war angriffslustiger; aber sowohl er als auch sein Sohn Peter I. (1357–1367) führten die gute Arbeit der Regierungszeit Diniz' fort; sie kodifizierten die Gesetze, regelten die Beziehungen zwischen Staat und Kirche, reorganisierten die Verwaltung und förderten das Wachstum der Städte.

Rückschläge kamen unter Ferdinand I. (1367–1383). Er war verschwenderisch, unbeständig und untüchtig und forderte bald kastilische Einfälle heraus; fast wurde Portugal überwältigt. Nach Ferdinands Tod weigerten sich die Portugiesen allerdings, die Herrschaft Kastiliens hinzunehmen, und ihre Cortes wählten Ferdinands illegitimen Sohn Johann (1385–1433) zum König. Sein Regierungsantritt stand im Zeichen eines glänzenden Sieges über das kastilische Heer bei Aljubarotta. Das war der Beginn einer langen und weisen Herrschaft, die so erfolgreich war, daß sie dem König das Prädikat des »Großen« eintrug.

Aber sogar den blühenden Wohlstand Portugals stellte das kleine arabische Königreich Granada in den Schatten. Dank der Schwäche Kastiliens und den Bruderkriegen der christlichen Staaten vor dem Untergang bewahrt, konnte die Nasridendynastie in Ruhe regieren. Unter ihrer segensreichen Herrschaft, von der als unvergängliches Denkmal der Alhambra-Palast bleibt, wurde das ganze Genil-Tal ein üppiger Garten. Granada erlebte seinen Altweibersommer.

Skandinavische Union?

Wenn die Länder Skandinaviens auch in vielem anders waren als die iberischen, so gab es doch zwischen ihnen manche Berührungspunkte. Alle gehörten sie der Gemeinschaft des Christentums an, die im Alltag immer noch ein wirksames Bindeglied war: für die heilige Birgitta von Schweden war es 1341 etwas Selbstverständliches, eine Pilgerfahrt nach Spanien zum Schrein des heiligen Jakobus von Compostela zu unternehmen. Wie in Kastilien und Aragon war auch in Skandinavien der Kampf des Adels um die Beherrschung der Monarchie und die Behauptung seiner Selbständigkeit und Unabhängigkeit im lokalen Rahmen eins der zentralen Themen des Jahrhunderts.

Skandinavien – das galt vor allem für Norwegen und Schweden – lag im 14. Jahrhundert noch abseits der Hauptzentren der westlichen Kultur, und die Verkehrsverbindungen in den skandinavischen Ländern – nur Dänemark war eine Ausnahme – ließen viel zu wünschen übrig. Darum blieb die Gesellschaftsstruktur Skandinaviens – wiederum bis auf Dänemark – in hohem Maße konservativ. Der Feudalismus war hier später emporgekommen als in den südlicheren Ländern Westeuropas; noch waren die bürokratischen Tendenzen im Staatsgebilde schwach. Doch gab es Bestrebungen, das Staatsganze fester zusammenzufügen. Im großen und ganzen weiteten die Adligen ihre Herrschaft über die Bauernschaft aus. Die größten Adelsgeschlechter gingen nicht nur eheliche Verbindungen mit dem skandinavischen Adel jenseits der Landesgrenzen ein, sondern erwarben auch Grundbesitz in ganz Skandinavien. Über die Grenzen hinweg wuchs das Bewußtsein der Klassensolidarität des Adels. Den Königen kam die Intensivierung des Handels mit den wirtschaftlich erstarkenden europäischen Ländern nur in begrenztem Umfang zugute, denn ihre Gläubiger, in erster Linie der Hansebund der norddeutschen Städte, steckten die meisten Gewinne ein und brachten allmählich den Handel und die Fischerei Skandinaviens unter ihre Kontrolle. Für die skandinavischen Monarchen war das 14. Jahrhundert eine Zeit der Ohnmacht.

Erik V. von Dänemark wurde, von der Kirche und vom Adel besiegt, 1286 ermordet, und auf den Thron kam ein Säugling, Erik VI. (1286–1319). Damit begann eine Kette von Kriegen, die dem Adel in allen drei Königreichen zugute kamen. Erik VI. wehrte sich tapfer, nahm sich aber zuviel vor, und als er kinderlos starb, diktierte der Adel seinem aufsässigen Bruder Christoph die Bedingungen, unter denen er König werden durfte. Er war der erste dänische König, der bei seiner Wahl Kapitulationsartikel beeiden mußte, mit denen er sich einem alljährlich zusammentretenden Parlament aus Adligen und Prälaten unterwarf. Sein Versuch, neue Steuern zu erheben, führte zum Bürgerkrieg, der ihn aus dem Land trieb. Er hatte, als er 1332 starb, alles Krongut verloren. Acht Jahre lang gab es überhaupt keinen König.

Erst 1340 wurde Waldemar IV. (1340–1375), Eriks einzig überlebender Sohn, aus Deutschland zurückgerufen. Der neue König zeichnete sich durch staatsmännische Eigenschaften und unbezwingbare Beharrlichkeit aus; er erhielt den Beinamen *Atterdag*, weil er zu sagen pflegte: »Morgen kommt noch ein anderer Tag.« Mit Hilfe der Kirche kam er nach und nach zu Vereinbarungen mit seinen schlimmsten Rivalen und eroberte für die Krone sogar einige der verlorenen Einnahmequellen zurück. Aber auch er konnte die Umstände nicht bezwingen. Er versuchte, sein unzureichendes Einkommen durch Erhebung von Zöllen im Sund zu erhöhen, was ihn in einen Konflikt mit der mächtigen Hanse brachte, und seine ungetreuen Adligen schlugen sich auf die Seite des Feindes. Auf die früheren Erfolge folgte eine schwere Niederlage; im Frieden von Stralsund (1370) erreichte die Hanse niedrigere Zölle und vollen Schutz für ihren Handel. Für die Dauer von sechzehn Jahren trat Dänemark der Hanse die wichtigsten Städte in Schonen und zwei Drittel der Einkünfte des Bezirks ab. Dänische Könige durften hinfort nur mit Zustimmung der Hanse gewählt werden.

Fast ebenso gefahrenreich war das Jahrhundert für die anderen skandinavischen Monarchien. Der Versuch Håkons V. von Norwegen (1299–1319), alle Lehen wieder an sich zu ziehen, scheiterte; nach seinem Tode konnte sich der Adel von neuem der Herrschaft bemächtigen, denn sein Nachfolger Magnus II. (1319–1363), Sohn seiner Tochter Ingeborg und eines schwedischen Herzogs, war noch ein Kind. In Schweden versuchte König Birger (1290–1318), seine Machtstellung dadurch zu festigen, daß er 1317 seine rebellischen Brüder gefangennahm und ums Leben brachte; aber der Sohn eines der Ermordeten war der neue norwegische König Magnus, und mit norwegischer Hilfe vertrieben die schwedischen Adligen König Birger und erhoben Magnus auch auf den schwedischen Thron. Nachdem er volljährig geworden war, kümmerte er sich tatsächlich um schwedischen Interessen. Er führte 1347 die Kodifizierung des vielgestaltigen Rechts für ganz Schweden durch und festigte damit die Einheit des Landes. Er erkannte, daß Schweden die dänische Provinz Schonen mit ihrer Fischereiwirtschaft als westlichen Zugang zur See brauchte, und kaufte sie 1333 dem Grafen von Holstein ab. Der Kaufpreis überstieg jedoch seine schwachen finanziellen Kräfte. Der Adel empörte sich über die dafür erhobenen

Steuern, Waldemar Atterdag von Dänemark wollte Schonen für sich haben, und die heilige Birgitta unterstützte den Adel gegen Magnus. Die Adligen erhoben sich 1363 und machten Magnus' Neffen Albrecht von Mecklenburg zum König. Magnus wurde 1365 gefangengenommen und zog es vor, sich nach Norwegen zurückzuziehen.

In der Regierungszeit Albrechts (1363–1389) sank die Königsmacht auf ihren tiefsten Stand; der König mußte das Regieren dem Rat der Adligen überlassen. Unterdes zeichnete sich am Horizont ein neuer Stern ab: in Norwegen hatte 1363 der neue König Håkon VI. Waldemar Atterdags Tochter, Margarete, geheiratet; ebenso ehrgeizig und zielbewußt wie ihr Vater, war sie geschickter und diplomatischer im Umgang mit Menschen und hatte mehr staatsmännischen Sinn fürs Manipulieren widerstreitender Interessen. Sie erreichte, daß ihr Sohn Olaf, als Atterdags Enkelkind seit 1376 auf dem dänischen Thron, 1380 unter ihrer Regentschaft auch König von Norwegen wurde. Als der Schwedenkönig Albrecht 1386 den Kampf gegen den mächtigsten Feudalherrn im Land aufnahm, wurde Olaf vom schwedischen Adel zu Hilfe gerufen, starb aber schon im folgenden Jahr. Dennoch gelang es Margarete, Albrecht zu stürzen und 1389 auch gefangenzunehmen.

Jetzt ging sie daran, eine dauerhafte Vereinigung der drei Königreiche zu verwirklichen. Sie brachte es zuwege, ihren (und Albrechts) siebenjährigen Großneffen Erich von Pommern (Erik XIII.) zum König aller drei Länder ausrufen zu lassen, und 1397 wurde der Fünfzehnjährige in Kalmar im Beisein der großen Adelsherren aus allen skandinavischen Bezirken als König ganz Skandinaviens gekrönt. Eine Unionsakte schrieb eine gemeinsame Thronfolgeregelung und ein Dauerbündnis der drei Länder vor, wiewohl jeder der drei Staaten seine eigenen Gesetze behalten sollte. Margarete blieb weiter an der Regierung: Erik XIII. war ihr gelehriger Schüler. Als das reichste und am weitesten ausgebaute der drei Königreiche wurde Dänemark zum Zentrum der Regierungsgewalt. Dänen besetzten alle freien Bischofssitze und fast alle norwegischen und schwedischen Regierungsämter; in beträchtlichem Umfang wurde daneben auf deutsche Einwanderer zurückgegriffen, die als loyal und tüchtig galten. Margarete setzte die von ihrem Vater begonnene Politik der Rückeroberung der Güter, Schlösser und Lehen fort, die der Krone in den Jahrzehnten zuvor genommen worden waren. Als sie 1412 starb, schienen die Macht der Krone und die Union der drei Länder gesichert zu sein.

Doch hatten sich die Norweger mit der Union nie abgefunden, und die Schweden fanden immer mehr an ihr auszusetzen. Ein Menschenalter nach Margaretes Tod brachten Aufstände in Schweden und Norwegen Erik XIII. zu Fall. Die Kalmarer Union war zerbrochen, und der Adel saß wieder fest im Sattel.

Osten und Südosten am Vorabend des Türkeneinbruchs

Schneller als in Skandinavien breitete sich die lateinische Zivilisation im Osten Mitteleuropas aus. An den südlichen Gestaden der Ostsee war die Herrschaft der Deutschordensritter und des Bundes der Hansestädte ein Sieg für die Kultur des Abendlandes.

Mit ihr kamen zwei wesentliche Bestandteile der westlichen Daseinsform ins Land: die Feudalherren und die handeltreibenden freien Städte. In Polen, Böhmen und Ungarn brachte der Prozeß der Zivilisierung im Sinne des christlichen Abendlandes die Königsgewalt und die Aristokratie nach westlichem Modell mit sich, förderte zugleich aber auch die Entwicklung der Nationalkulturen, der slawischen ebenso wie der magyarischen. Obgleich sie ihre eigenen nationalen Einrichtungen entwickelten, schlossen sich diese Länder im 14. Jahrhundert enger an den Westen an. Ihre Religion war das katholische Christentum, ihre Zivilisation wurde zunehmend lateinisch und westlich, und sie unterlagen in höherem Maße dem Einfluß des französischen Rittertums, der französischen Kunst und der abendländischen Frömmigkeit.

Das 14. Jahrhundert war die Zeit der höchsten Blüte des Deutschen Ordens. Er bemächtigte sich 1309 Pommerellens und schnitt damit Polen vom Zugang zur See ab; um 1310 beherrschte er die gesamte südöstliche Ostseeküste: Pommerellen, Preußen, die Küstenbezirke Samogitiens, Kurland und Livland. Was die Polen mit erbittertem Kampf und religiöser Inbrunst nicht erreicht hatten, erreichten die Ordensritter mit dem Bau von Festungen, mit der Beherrschung der Seeschiffahrt, mit Methode und Disziplin.

Dem Orden standen aber weiterhin zwei starke und böse Feinde entgegen, die Polen und die Litauer. Obgleich die litauischen Bauern zumeist dem griechisch-orthodoxen Glauben anhingen, war die herrschende Klasse Litauens zu Beginn des 14. Jahrhunderts noch überwiegend heidnisch, was dem Deutschen Orden den Vorwand zu brutal rücksichtslosem Vorgehen lieferte. Sein Ziel war die Ausrottung der Litauer geworden; zur Vergeltung wurden gefangengenommene Ordensritter von den Litauern in voller Rüstung verbrannt. Der Orden ging zunächst auf die Eroberung der Inlandsbezirke Samogitiens aus und rückte von dort gegen das eigentliche Litauen vor. Zu Hilfe kamen ihm Kreuzfahrerscharen aus allen Ländern, denn auf Kreuzzüge in Preußen auszuziehen war die Rittermode Europas geworden.

Ungeachtet eines grimmigen Bauernaufstands in Livland (1343), dem Schwarzen Tod trotzend, schob sich der Orden immer weiter vor. Er konnte 1346 sein Herrschaftsgebiet im Norden abrunden, indem er den Dänen Estland abkaufte. Unter dem Hochmeister Winrich von Kniprode (1351–1382) erreichte der Orden den Höhepunkt seiner Machtentfaltung. Mit Hilfe seßhaft werdender deutscher Adliger, freier deutscher Bauern und sechzig blühender deutscher Städte wurde Preußen weitgehend germanisiert. Aber zwei Jahre nach Winrichs Tod bekehrte sich Jagiello, der Großfürst von Litauen, zum katholischen Christentum und heiratete die polnische Thronfolgerin Jadwiga. Die Christianisierung Litauens konnte nicht mehr das Ziel des Deutschen Ordens oder der Antrieb zu Kreuzzügen sein; dem Deutschen Orden aber war ein beängstigend gefährlicher Feind erstanden.

Die Ausbreitung der Ordensherrschaft war durch die Uneinigkeit Polens begünstigt worden. Der Tod des letzten Böhmenkönigs aus der Přemyslidendynastie, Wenzels III. (1305/06), der das südliche Polen beherrscht hatte, gab Wladislaw I. (1306–1333) die Chance, Polen zu einigen. Obgleich er Pommerellen an den Deutschen Orden abgeben mußte, besiegte er die Deutschen von Posen und Klein-Polen und behauptete sich gegen die Ansprüche König Johanns von Böhmen. Er war 1320 stark genug, sich als König von Polen krönen zu lassen.

Hatte sich Wladislaw I. durch seine Hartnäckigkeit ausgezeichnet, so zeigte sich sein Sohn Kasimir III. (»der Große«, 1333–1370) als der listenreichere Staatsmann: er hielt es für richtiger, mit den Deutschordensrittern und mit König Johann Frieden zu schließen, um Polen einigen und gegen die weniger gefährlichen östlichen Mächte vorrücken zu können. Er fand sich also mit dem Verlust Pommerellens und Schlesiens ab, nahm aber dafür den Litauern das ruthenische Galizien ab.

Unter ihm erlebte Polen einen allgemeinen wirtschaftlichen Aufstieg, der sich in allen Teilen der Gesellschaft auswirkte. Der ländliche Kleinadel profitierte am meisten; künftighin sollten alle Personen adliger Abstammung als Angehörige der *szlachta* in den Genuß gleicher Vorrechte kommen. Die Bauern standen unter dem Schutz des königlichen Hofes. Begünstigt wurde die Einwanderung von Juden, die in anderen Reichen verfolgt wurden. Die Städte wurden eifrig gefördert, aber dem Verbot unterworfen, sich bei Rechtsstreitigkeiten an deutsche Städte zu halten. In der Pflege des Rittertums, des Bauwesens und der Wissenschaften folgte Kasimir westlichen Vorbildern; in Krakau stiftete er eine polnische Universität. Zugleich wirkte er auf die Vereinheitlichung des Landes hin; die Verwaltung wurde in jedem Bezirk einem königlichen Gouverneur *(starosta)* unterstellt, das geltende Recht in einem systematisierten Kodex zusammengefaßt.

Hatte Kasimir für den Wohlstand Polens viel Positives getan, so schadete er, ohne es zu ahnen, dem Land und der Monarchie mit seinem dynastischen Plan. Da er keinen Sohn hatte, vererbte er die Krone seinem Schwiegersohn Ludwig dem Großen von Ungarn (1370–1382), der aber wiederum nur Töchter hinterließ. Traditionell galt in Polen der Grundsatz der männlichen Thronfolge. Um trotzdem einer seiner Töchter den polnischen Thron verschaffen zu können, mußte Ludwig 1374 der Schlachta Steuerfreiheit und den Provinzen die Besetzung aller Beamtenposten mit Einheimischen zusichern. Die Schlachta erhielt damit eine besonders bevorzugte Position – zum Schaden der Krone und ihrer Finanzen. Mit der gesicherten Erbschaft war allerdings Ludwigs Tochter Jadwiga zur idealen Partie für den litauischen Großfürsten Jagiello geworden, der um der polnischen Heirat willen sogar zum Katholizismus übertrat. Aus den bis dahin getrennten Nachbarländern wurde ein großer und mächtiger Staat, der es nun auch mit dem Deutschen Orden aufnehmen konnte. Aber im Endergebnis ebneten die Zugeständnisse, zu denen sich Ludwig der Große hatte 1374 bequemen müssen, den Weg für eine Wahlmonarchie.

Noch mehr als in Polen machte sich der Einfluß des christlichen Abendlandes in Böhmen geltend. Die deutsche Einwanderung und die Politik der Přemyslidenkönige hatten bereits die Grundlagen einer feudalen Ordnung geschaffen und das Land zweisprachig gemacht. Als Wenzel III., der letzte Přemyslide, 1306 ohne männliche Erben starb, zog unter der schwachen Regierung seines Schwagers Heinrich von Kärnten eine Zeit der Wirren herauf. Heinrich wurde 1310 abgesetzt und die Krone Böhmens Johann von Luxemburg angeboten. Er war der Sohn Kaiser Heinrichs VII. und hatte Wenzels jüngste Schwester Elisabeth geheiratet.

Weil er die Deutschen begünstigte, geriet Johann bald in Konflikt mit dem tschechischen Adel. Im Gefolge eines Bürgerkrieges mußte er sich 1318 verpflichten, nur noch Tschechen in Staatsämter zu berufen. Nach dieser Niederlage lebte er meistens außerhalb Böhmens, auch wenn er der böhmischen Krone zu Eger, der Oberlausitz und fast ganz Schlesien verhalf. Er, der blinde Ritter, fiel 1346 als Verbündeter der Franzosen auf dem Schlachtfeld von Crécy. Das war das Sinnbild seines ganzen Lebens: er war ein glanzvoller, unbekümmerter, leichtfertiger Jünger des Rittertums, ganz der französischen Kultur seiner Kindheit und Jugend verhaftet. Seinen ältesten Sohn Wenzel hatte er in Paris erziehen lassen, wo aus Wenzel Karl wurde. Der künftige Kaiser wurde in Paris, ohne Böhmen vergessen zu können, ein begeisterter Verehrer der französischen Kultur; in dieser Zeit entstand aber auch sein enges Verhältnis zur päpstlichen Kurie in Avignon. Solche Bande sind wichtig; sie erwiesen sich als nützlich nach 1338, da Karl die Regentschaft in Böhmen – Johann war seit 1340 völlig erblindet – antreten mußte.

Karl I. von Böhmen (1346–1378) – Karl IV. als Kaiser des Heiligen Römischen Reiches – war das extreme Gegenteil seines Vaters: ein Verstandesmensch, praktisch, kalt, verschlagen, unritterlich; er hing an Böhmen und bewunderte die Werke Frankreichs. Böhmen brachte er Frieden, Gerechtigkeit und Wohlstand. Vor ihm waren die Städte Böhmens hauptsächlich Niederlassungsstätten für Deutsche; seine Neustadt in Prag öffnete Karl den Tschechen von Anfang an. Dort gründete er 1348 die Universität Prag, die erste Hochschule östlich des Rheins und nördlich der Alpen, die bald zum geistigen Mittelpunkt Böhmens und ganz Mitteleuropas wurde. Er war ein großer Bauherr und ein Förderer der Künste, vor allem der französischen Gotik.

König Karls ständig wachsender Geldbedarf beschleunigte den Aufstieg der Ständevertretungen, die einen immer größeren Einfluß auf die Staatsgeschäfte erhielten und zum Sprachrohr tschechischer Haltungen wurden. Seine guten Beziehungen zu Avignon benutzte Karl dazu, die böhmische Kirche von Deutschland unabhängig zu machen; er erhob Prag zum Erzbistum mit den böhmischen Landen als Kirchenprovinz. Mit seinem ersten Erzbischof bemühte er sich um Reformen in der böhmischen Kirche, die als Eigentümerin der Hälfte des gesamten Grundbesitzes Böhmens ungeheuer reich und ob des luxuriösen Wohllebens und der Sittenlosigkeit ihrer Mönche und Geistlichen verrufen war. Diese Bemühungen waren zu bescheiden und kamen zu spät. Viel größere Wirkungen erzielten die Ankläger der Kirche: Konrad von Waldhausen (gestorben 1369) mit seinen deutschen, Milič von Kremsier (gestorben 1374) und Thomas von Stitny (gestorben 1401) mit ihren tschechischen Predigten. Sie weckten eine leidenschaftliche religiöse Bewegung, die sich bald mit dem wachsenden tschechischen Nationalismus verbündete. Die Folgen dieser Bewegung hätten den kühlen und frömmelnden König Karl in Erstaunen versetzt.

Gleich Böhmen und Polen gewann auch Ungarn im 14. Jahrhundert Einigkeit und Macht wieder; ebenso erfuhr es den zunehmenden Einfluß der westlichen Kultur. Der Tod Andreas' III., des letzten Königs aus dem Arpadengeschlecht, lieferte das Land ab 1301 dem Bürgerkrieg und den Machtgelüsten der großen Magnaten aus. Zu guter Letzt beschloß ein Adelstag 1307, Karl Robert von Anjou als König Karl I. (1308–1342) auf den Thron zu heben. Er brauchte fünfzehn Jahre, um die Macht der Magnaten, die Ungarn untereinander aufgeteilt hatten, zu brechen, und er griff dabei wirklich durch. Er reorganisierte die königlichen Domänen und erhöhte ihre Produktivität durch Ansiedlung von Einwanderern und sorgsame Bodenbebauung, so daß er zum reichsten Grundbesitzer des Landes wurde. Er förderte die Städte, indem er die Binnenzölle abschaffte und Handelsverträge mit den Nachbarländern schloß. Er stellte die Münzprägung auf eine neue Grundlage und führte seiner Kasse ein Drittel der Kirchenzehnten zu, so daß die Monarchie nicht mehr vom Landtag abhing. Für die Zwecke der lokalen Verwaltung schuf er Bezirksgerichte, für das gesamte Königreich eine königliche Gerichtskammer. Außerdem baute er das Heer um.

Die Früchte dieser Wiedergeburt des Landes erntete Karls Sohn Ludwig der Große (1342–1382), der die Kultur des französischen Rittertums nach Ungarn brachte. Ludwig galt als gerechter König. Ihm verdankte Ungarn seine erste Universität. Er sammelte Handschriften im modischen französischen Stil. Gleich seinem Vater baute er gotische Kirchen. Er förderte den französischen Ritterkult im höfischen Leben und in der Literatur. Für seine Außenpolitik war wichtig, daß er sein Herrschaftsgebiet nach Süden ausdehnte: der Republik Venedig nahm er Dalmatien weg und eroberte damit den Zugang zur See. Als in Serbien der große Zar Stefan Dušan starb, annektierte Ludwig Belgrad und das nördliche Bulgarien und wurde zum Lehnsoberherrn Bosniens und der Walachei. König von Polen wurde er, wie gesagt, 1370. Im letzten Jahrzehnt seiner Regierungszeit stellte der König von Ungarn und Polen die größte Macht in Osteuropa dar.

Wie viele seiner Zeitgenossen war er indes merkwürdig blind gegenüber der Gefahr des Vordringens der Türken. Schon 1353 hatten sich die osmanischen Türken mit der Besetzung Gallipolis, des Schlüssels zu den Dardanellen, einen europäischen Stützpunkt gesichert. Danach fiel es ihnen nicht schwer, Thrakien zu überwältigen. Eine Zeitlang behinderte das Serbische Reich ihren Vormarsch, aber 1371 vernichteten sie das serbische Heer an der Maritza. Dann unterwarf sich dem Sultan ganz Makedonien (bis auf Saloniki); der bulgarische Zar und der byzantinische Kaiser wurden türkische Vasallen. Der serbische Herrscher Lazar I. versuchte noch einmal, den Widerstand zu organisieren, wurde aber 1389 bei Kosovo besiegt und gefangengenommen.

Da erst erkannte Ludwigs Nachfolger in Ungarn, Sigismund von Luxemburg (1387–1437), die Alarmzeichen und rief zum Kreuzzug auf. Dem Appell Ungarns und dem Drängen der Kirche folgte ein Aufgebot von Rittern aus Italien, Deutschland, England und – vor allem – Frankreich: die Türken sollten aus Europa hinausgedrängt werden. Durch einige kleinere Erfolge ermutigt, belagerten die christlichen Verbündeten Nikopolis an der Donau. Zur Befreiung der Stadt führte Sultan Bajazet 1396 sein Heer herbei. Strategisch wie taktisch war er den Kreuzfahrern bei weitem überlegen; die Schlacht endete mit einer vernichtenden Niederlage für den Westen. Sigismund gelang es gerade noch, in einem Boot donauabwärts zu entkommen; zahlreiche führende Kreuzfahrer fielen in die Hände der Türken und mußten losgekauft werden. Dann besiegten die Türken Bosnien, bedrohten sogar schon Konstantinopel und wären bald in Ungarn eingefallen.

Dann aber wurden sie von einem viel gewaltigeren Gegner abgelenkt, wie ihm Bajazet noch nicht begegnet war: dem schrecklichen Timur Leng, dem Eroberer Indiens, Persiens,

Handelsprivileg Kasimirs III. von Polen für die Nürnberger Kaufleute
Urkunde aus dem Jahr 1365
München, Bayerisches Hauptstaatsarchiv, Allgemeines Staatsarchiv

Bankett bei König Karl V. aus Anlaß des Besuchs Kaiser Karls IV. und seines Sohnes Wenzel in Paris
Miniatur in den »Grandes Chroniques de France«, um 1380
Paris, Bibliothèque Nationale

Syriens und Armeniens. Das war nur ein Aufschub: um die Mitte des folgenden Jahrhunderts sollte Ungarn um der nackten Existenz willen in den Kampf gegen die Türken hineingezwungen werden.

Schisma und Konzilbewegung

Dem Widerstand Europas gegen die Türken fehlte am Ausgang des 14. Jahrhunderts die wirksame Hilfe des Papsttums: als politischer Faktor war die Kirche durch das große Schisma lahmgelegt. Der Bruch hatte sich schon lange abgezeichnet. Gleichwohl kam die offene Spaltung (1378) fast zufällig.

Zu der Zeit, da die Päpste in Avignon residierten, schien das Papsttum weniger universal als früher zur römischen Zeit. Die französischen Bindungen der Päpste und Kardinäle hatten in England und Deutschland Mißtrauen aufkommen lassen. Rom und Italien waren verärgert, denn für sie bedeutete die Abwesenheit des Papstes fühlbare Einbußen an Ansehen und Einkünften; ihr Zorn wuchs in dem Maße, wie sich die Päpste von Avignon in die italienische Politik einmischten. Gerade weil die Mißstimmung in Italien so gefährlich geworden war, mußte sich Gregor XI. 1377 entschließen, nach Rom zurückzukehren; aber die französischen Kardinäle, die zahlenmäßig überwogen, waren sichtlich abgeneigt, Avignon zu verlassen, und die französische Regierung wollte sie nicht gern ziehen lassen.

Gregor XI. starb 1378 in Rom, als er dabei war, die Rückkehr nach Avignon ernsthaft zu erwägen; in Rom mußte die Wahl des neuen Papstes vorgenommen werden. Stürmische Ausbrüche der Massenstimmung setzten die Kardinäle unter schweren Druck: die Römer waren entschlossen, die Rückkehr der Kurie nach Avignon zu verhindern, und forderten einen wenn nicht gar römischen, so doch wenigstens italienischen Papst. Dennoch wurden die Wahlvorschriften korrekt befolgt; die Kardinäle erklärten mit Nachdruck und Beharrlichkeit, sie hätten ihre Stimmen in voller Freiheit abgegeben. Aber der neue Papst, Urban VI. (1378–1389), zeigte sich, kaum daß er gewählt worden war, launisch, gewalttätig und grausam. Bald bereuten viele Kardinäle ihre Wahlentscheidung. Sie schlichen sich aus Rom fort und traten in Fondi zu einer Sitzung zusammen. Dreizehn Kardinäle erklärten die Wahl Urbans für ungültig und beschlossen, einen anderen Papst zu bestimmen. Ihre Wahl fiel auf Robert von Genf, den tüchtigsten aus ihrer Mitte, der sein Amt als Clemens VII. (1378–1394) antrat. Beide Parteien stellten Heere auf; doch als Clemens VII. sah, daß er es nicht schaffte, seinen Gegner abzusetzen, schiffte er sich nach Avignon ein.

Die einzelnen Länder trafen ihre Entscheidung weniger aus rechtlichen als aus politischen Erwägungen. England, fast das gesamte Reich, Skandinavien, Polen, Böhmen und Ungarn hielten zu Urban. Italien war gespalten. Frankreich (aber nicht die Gascogne und auch nicht Flandern) begrüßte Clemens VII. mit Begeisterung und forderte die anderen Staaten auf, sich ihm anzuschließen. Nacheinander entschieden sich Schottland, Navarra, Kastilien und Aragon für Clemens VII.

Zu Anfang versuchten noch beide Parteien, Anhänger mit Argumenten zu gewinnen; als aber die gewünschten Resultate ausblieben, griffen sie zur Gewalt. Urbans wachsende

Zügellosigkeit, die an Wahnsinn grenzte, brachte ihn um Unterstützung in Italien; das einzige nennenswerte Ergebnis seiner Kreuzzüge gegen Clemens war, daß sich Portugal erneut entschloß, auf seiner Seite zu bleiben. Die sich zuspitzenden Konflikte schürten den gegenseitigen Haß so sehr, daß die Kardinäle in Rom und Avignon nach dem Tod der beiden Päpste an der Spaltung festhielten: für beide wurden Nachfolger gewählt: für Urban VI. Bonifatius IX. (1389), für Clemens VII. Benedikt XIII. (1394). Das rief unter der lateinischen Christenheit weit und breit Erbitterung hervor. Das Schisma lastete schwer auf Geistlichen und Laien in Westeuropa, denn jeder Papst suchte die Tätigkeit der Kirche in vollem Umfang, als sei sie nicht geteilt, aufrechtzuerhalten und wollte zugleich auch noch den Krieg gegen die andere Partei führen, während er doch bestenfalls nur über die Hälfte der Kirche, ihrer Einrichtungen und ihrer Einkünfte verfügte. Außerdem war das Bekenntnis zur Einheit des Christentums noch lebendig, und auch aus diesem Grund rief die Fortdauer der Spaltung bei vielen Mißbehagen und Sorge hervor. Was geschähe, wenn sich das Schisma – wie die Trennung der römischen und der griechischen Kirche – verewigte?

Wie aber sollte die Spaltung beigelegt werden? Nach und nach wurden mancherlei Lösungsvorschläge gemacht, vor allem aus den Reihen der Pariser Universitätstheologen. Das kanonische Recht, das eigene Gesetz der Kirche, schrieb für den Fall einer gegen den Papst erhobenen Anklage wegen Ketzerei vor, daß die Untersuchung und Aburteilung in den Händen eines ökumenischen Konzils liegen sollte. War aber beharrliches Festhalten am Schisma nicht gleichbedeutend mit Ketzerei? Überdies könnte ein Konzil, das sich mit dem Schisma zu beschäftigen hätte, auch Reformen einführen und einen Umbau der Kirchenverfassung beschließen, um eine Wiederholung des Unheils unmöglich zu machen. An der Universität Paris wurden solche Überlegungen von manchen gelehrten Doktoren angestellt; einige von ihnen – Jean Gerson, Pierre d'Ailly und Jean Petit – genossen hohes Ansehen.

Wer aber war befugt, ein ökumenisches Konzil einzuberufen, sofern sich die beiden Päpste nicht darauf einigten? Das Problem war schwierig und Übereinstimmung kaum zu erzielen. Andere Pläne kamen auf. Manche befürworteten den »Weg des Kompromisses«, also Schlichtung; aber auch in dieser Richtung erschien den meisten eine Einigung als wenig wahrscheinlich. Ein dritter Plan, der immer größere Zustimmung fand, der »Weg der Zession«, sah die Abdankung der beiden Päpste vor. Beide sollten freiwillig abtreten und die beiden Kardinalskollegien gemeinsam einen Papst wählen, dessen legitime Stellung unanfechtbar wäre. Verweigerte einer der beiden Päpste den Rücktritt, so wäre es für die Gläubigen Rechtens, ihm den Gehorsam aufzukündigen.

Der »Weg der Zession« fand nach der Wahl Benedikts XIII. besonders warme Unterstützung in Frankreich, namentlich bei der Universität Paris und beim Herzog von Burgund. Die französische Regierung gab sich Mühe, andere Länder – sowohl »urbanistischer« als auch »clementistischer« Observanz – zu ihrem Standpunkt zu bekehren, fand jedoch nur geringen Widerhall. Trotzdem trat 1398 ein großes Konzil der französischen Kirche in Paris zusammen und beschloß, die Gläubigen von der Gehorsamspflicht gegenüber Benedikt XIII. zu entbinden. Dieser Kurs fand fürs erste beträchtlichen Anklang.

Aber Benedikt war hartnäckig und geschickt, und 1403 war die Stimmung zu seinen Gunsten umgeschlagen. Herzog Ludwig von Orléans, Bruder des Königs und Hauptgegner des Herzogs von Burgund, forderte die Wiederverkündung der Gehorsamspflicht und redete dem geisteskranken Karl VI. in einem seiner lichten Augenblicke ein, daß die große Mehrheit der französischen Geistlichkeit dafür eintrete. Benedikt, so hieß es, habe dem Herzog von Orléans zugesagt, er werde im Falle des Todes, Verzichts oder Sturzes des Gegenpapstes zurücktreten; das war, wie sich später herausstellte, nichts als ein diplomatisches Manöver. Benedikt unternahm allerdings einige Schritte zur Aufnahme von Verhandlungen, aber Bonifatius IX. starb schon 1404, und sein Nachfolger Innozenz VII. war zum Verhandeln zu alt und zu sehr damit beschäftigt, die Republikaner in Rom zu bekämpfen; er mochte wohl auch keine Neigung zu Kompromissen verspüren, da Benedikt eben dabei war, ein Heer gegen ihn aufzustellen.

Bessere Verständigungsaussichten zeigten sich 1406. Innozenz war gestorben, und sein Nachfolger Gregor XII., der als rechtschaffen und aufrichtig galt, hatte wie alle Kardinäle geschworen, als Papst abzudanken, wenn auch der Gegenpapst zurückträte, und auf jeden Fall in den ersten fünfzehn Monaten nach der Wahl keine neuen Kardinäle zu ernennen; bei seiner Wahl hatte er seinen dringenden Wunsch nach Einheit beteuert. Als aber Benedikt XIII. ein Treffen auf Genueser Gebiet vorschlug, lehnte es Gregor XII. ab, sich zum Treffpunkt zu begeben, obgleich ihm freies Geleit zugesichert wurde. Zum Frühjahr 1408 hatte das Verhalten der beiden Päpste die Empörung allgemein werden lassen, und im Mai 1408 verkündete Frankreich seine Neutralität: die Untertanen Karls VI. durften weder dem einen noch dem anderen Papst Gehorsam erweisen. Im selben Monat ernannte Gregor XII. vier neue Kardinäle.

Mit der Begründung, daß er damit seinen Eid gebrochen habe, verließen ihn acht Kardinäle. Sie gingen nach Pisa, wo sich auch viele Beamte der Kurie und sechs Kardinäle Benedikts XIII. einfanden. Gemeinsam erließen die Kardinäle der beiden Kollegien ein Manifest, in dem sie sich zum »Weg der Zession und des Generalkonzils« bekannten. Nun waren die beiden Päpste klug genug, ihrerseits ökumenische Konzilien einzuberufen. Die weitere Entwicklung hing von der Reaktion der Staaten auf die dreifache Konzileinladung ab. Zum Schaden der Kircheneinheit hatten die Kardinäle, auch wenn sie über eine größere Gefolgschaft als jeder der beiden Päpste verfügten, keinen entscheidenden Einfluß auf die überwältigende Mehrheit der katholischen Christen: Kastilien, Aragon und Schottland nahmen Partei für Benedikt, während auf der anderen Seite Neapel, die meisten päpstlichen Staaten, Venedig, Ungarn, Carlo Malatesta von Rimini und die Pfalz für Gregor eintraten.

Das von den Kardinälen nach Pisa einberufene und gut beschickte Konzil zeigte sich entschlußfreudig: es beschloß die Absetzung der beiden Päpste und übertrug die Papstwürde auf einen neuen Mann, Alexander V. Freilich war das Schisma damit nicht beendet: anstelle zweier Päpste gab es jetzt drei. Im Namen Alexanders V. vertrieb der kriegseifrige Kardinal Baldassare Cossa den König von Neapel aus Rom, und als Alexander 1410 starb, überredete er das heilige Kollegium in Rom, ihn selbst zum Papst zu wählen. Er nannte sich Johannes XXIII.

Es besteht allgemeine Übereinstimmung darüber, daß eine anstößigere Wahl nicht hätte getroffen werden können. Johannes, der ein tüchtiger Organisator und Heerführer war, hatte sich seine ersten Lorbeeren als Seeräuber verdient; an Fähigkeiten konnte er sich gerade noch mit den kleinen italienischen Tyrannen seiner Zeit messen; die meisten übertraf er allerdings an Schläue und Verderbtheit. Er machte kaum einen Hehl daraus, daß ihm Einheit und Reform der Kirche gleichgültig waren; das trug dazu bei, daß allenthalben das Verlangen nach einem neuen Konzil laut wurde, das eine unparteiische Lösung der Krise finden sollte. Viele wandten sich hilfesuchend an den neugewählten Kaiser Sigismund, der sich nur zu gern – das entsprach seinem Charakter – in den Streit hineinziehen ließ. Lag es nicht nahe, mit der Einberufung des Konzils in einer Zeit der schwersten Bedrängnis der Kirche dem Beispiel Konstantins zu folgen und den Ruhm des Reiches neu erstrahlen zu lassen? Die Ereignisse spielten Sigismund in die Hand: der König von Neapel hatte Rom genommen, und Papst Johannes floh schutzflehend zum Kaiser, der ihn sofort und ohne Umstände nötigte, zum November 1414 ein Konzil nach Konstanz einzuberufen.

Als das Konzil zusammentrat, war es nur spärlich besucht; aber im neuen Jahr trafen viele Delegierte ein, und es ergab sich sogleich, daß das Konzil in weitem Umkreis begrüßt wurde, ja daß fast alle seine Mitglieder die Einheit der Kirche über alles stellten. Johannes erschrak und bemühte sich um eine für seine Sache günstige Verfahrensordnung. Aber das Konzil beschloß, die Abstimmung nach »Nationen« vorzunehmen und die Italiener, Deutschen, Franzosen und Engländer ihr eigenes Wahlverfahren bestimmen zu lassen. Nun versuchte Johannes, das Konzil durch seine Abreise zu sprengen; er grub sich aber nur sein eigenes Grab. Das Konzil erklärte, seine Machtbefugnisse stammten unmittelbar von Gott und alle Gläubigen seien ihm in Fragen des Glaubens, der Beilegung des Schismas und der Kirchenreform zu Gehorsam verpflichtet. Johannes wurde verfolgt, festgenommen und unter Anklage gestellt. Nach sorgfältiger Untersuchung wurden auf Grund zahlreicher Zeugenaussagen von den siebzig gegen ihn erhobenen Beschuldigungen vierundfünfzig für erwiesen erklärt; im Mai 1415 verfügte das Konzil seine Absetzung. Papst Gregor XII. zog die Konsequenzen und dankte im Juli ab. In der Schwebe blieb die Beseitigung Benedikts XIII. Im Juli begab sich Kaiser Sigismund nach Perpignan, um mit ihm zu verhandeln. Er kehrte erst im Januar 1417 zurück.

Das Ergebnis seiner Reisen war nicht eindeutig. Er hatte zwar erreicht, daß die meisten Anhänger Benedikts, Kastilien, Aragon, Navarra und Foix, den Konzilbeschlüssen beitraten; aber die Wiederaufnahme des Krieges zwischen England und Frankreich im Sommer 1415 hatte das Konzil in eine schwierige Situation versetzt und Sigismund veranlaßt, sich um eine Verständigung zu bemühen, und da die englische Diplomatie geschickter war als die französische, kam er als Bundesgenosse Englands wieder. Das schwächte seinen Einfluß in Konstanz, wo sich erhebliche Spannungen zeigten: zwischen Franzosen und Spaniern auf der einen, Engländern und Deutschen auf der anderen Seite. Damit schien ein anderer Zwiespalt zusammenzufallen: zwischen den Kurialisten, die eine Papstwahl vor der Behandlung der Reformfrage forderten, und den Reformanhängern, die auf einer Reform vor der Wahl bestanden.

Eine erbitterte Auseinandersetzung zwischen der englisch-deutschen Partei, die von den Anhängern Burgunds unterstützt wurde, und den drei lateinischen »Nationen«, um die sich die Kardinäle scharten, schien unausweichlich. Da starb im September 1417 der überaus gewandte Führer der englischen Delegation. An seine Stelle trat der ehrgeizige Onkel Heinrichs V., Heinrich von Beaufort, Bischof von Winchester, der sich sofort mit aller Macht für frühe Wahlen einsetzte und einen raschen Erfolg davontrug. Ein neues Dekret, das unter der Kurzbezeichnung *Frequens* in die Geschichte eingehen sollte, sicherte die periodische Einberufung des Konzils, worauf mit den Vorbereitungen für die sofortige Wahl eines neuen Papstes begonnen wurde. Die Wahl fiel am St.-Martinstag 1417 auf Otto Colonna, der den Namen Martin V. annahm.

Der neue Papst bemühte sich, die vielen Reformideen, die vorgebracht worden waren, auf einen gemeinsamen Nenner zu bringen, aber nur ganz wenige Vorschläge fanden allseitige Zustimmung. Fast allen Konzilmitgliedern ging es nur noch darum, möglichst bald nach Hause zu kommen. Die sieben Reformbeschlüsse, die im März zustande kamen, hatten kaum mehr als die Anerkennung bereits geltenden Rechts zum Inhalt. Mit den lateinischen »Nationen« und mit den Deutschen wurden Reformkonkordate abgeschlossen; sie waren jedoch befristet und sind nie wirksam geworden. Unbefristet sollte das englische Konkordat gelten; aber es bezog sich nur auf Nebensächliches und geriet bald in Vergessenheit. Mit dem Versprechen, das nächste Konzil fünf Jahre später in Pavia abzuhalten, schloß Martin V. die Konstanzer Beratungen im April 1418.

Trotz großen Schwierigkeiten hatte das Konzil ausgeharrt und das Schisma geheilt. Eine Reform der Kirche hatte es nicht zuwege gebracht; freilich lag das im wesentlichen an politischen Einflüssen. Schon die Zusammensetzung des Konzils und seine Verfahrensordnung hatten das große Gewicht der einzelnen christlichen Staaten hervortreten lassen. Ihre Herrscher waren der Wirren des Schismas müde; ihm wurde ein Ende bereitet. Sie hatten einen größeren Einfluß auf die Kirche in ihren Herrschaftsbereichen und auf die päpstliche Finanzpolitik angestrebt; dies Ziel wurde weitgehend verwirklicht. Was dagegen die allgemeine Reform anging, waren sie lau und uneinig; trotz weitverbreiteten Reformsehnsüchten wurden keine echten Reformen in Angriff genommen.

Politische Auflehnung gegen das Papalsystem

In der Hauptsache war der Zivilisationsaufschwung in Westeuropa das Werk der Kirche, innerhalb der Kirche aber das Werk der Geistlichkeit. Seit der Mitte des 11. Jahrhunderts war der Mittelpunkt der Organisation und Lebensordnung der Geistlichkeit die reorganisierte päpstliche Gewalt; deswegen sprachen sich die gelehrten Schriftsteller des 12. und 13. Jahrhunderts vorwiegend für eine Verstärkung der Macht der Geistlichkeit und namentlich des Papsttums aus; das galt für Kirchenrecht und Theologie ebenso wie für die Hauptrichtung des politischen Denkens. Gegen Ende des 13. Jahrhunderts konnte ein Papalist wie Gilles von Rom (Aegidius Romanus, 1243–1316) die These vertreten, daß die weltlichen

Herrscher keine legitime Herrschaftsgewalt ausüben könnten, wenn sie nicht gefügige Diener der Kirche seien, deren Machtvollkommenheit der Papst als Stellvertreter Gottes verkörpere. Noch zwei Jahrzehnte später konnte ein anderer Papalist, Agostino Trionfo, lehren, alle weltlichen Herrscher seien Beauftragte und Untergebene des allzuständigen Papstes, von dem sich die Rechte und das Besitztum aller Christen herleiteten.

Aber es hatte auch schon eine unmißverständliche Reaktion auf solche Theorien und auf die politischen Ansprüche der zeitgenössischen Päpste gegeben. Besonders deutlich war diese ältere Kritik an den Ansprüchen des Papalsystems in Dantes Flugschrift *De Monarchia* zum Ausdruck gekommen, die um 1312 als Parteinahme für Kaiser Heinrich VII. entstanden sein muß. Dante bestritt den Anspruch des Papstes auf Allzuständigkeit und alleinige Führung des Christentums und berief sich sowohl auf kanonisches Recht und allegorische Auslegungen der Heiligen Schrift als auch auf die scholastische Unterscheidung der beiden Zwecke des menschlichen Daseins, Frieden im Zeitlichen und Heil in der Ewigkeit, mit ihren voneinander unabhängigen Lenkungsorganen, Kaisertum und Papsttum. Dante übernahm aber noch die Voraussetzungen und Methoden seiner Gegner und machte sich damit unvermeidlich zum Fürsprecher einer Sache, die intellektuell auf schwachen Füßen stand.

Radikalerer und kräftigerer Widerspruch gegen die Theorien der Papalisten wurde hörbar, als für Philipp den Schönen in seinem Konflikt mit Bonifatius VIII. Stellung bezogen wurde. Die wichtigste Arbeit in dieser Richtung war die Schrift des Dominikaners Johannes von Paris (1260–1306) *De potestate regia et papali* (1302/03). Anders als bei Dante oder den Papalisten galten hier allegorische Bibeldeutungen nicht mehr als beweiskräftige Argumente. Nach Ansicht des französischen Dominikaners stammte das weltliche Besitztum der Kirche aus Zuwendungen weltlicher Gewalten und sollte es der Geistlichkeit lediglich ermöglichen, ihre seelsorgerische Arbeit zu tun; infolgedessen könne die rechtliche Aufsicht über Besitz und Eigentum auch nur bei weltlichen Herrschaftsorganen liegen. Die geistliche Autorität sei überhaupt keine gesetzliche Macht und Zwangsausübung ausschließlich Sache des weltlichen Armes. Im Primat des Papstes sah Johannes von Paris nur eine administrative Regelung; nur die Kirche als Kollektivgebilde sei Trägerin der geistlichen Autorität. Demnach konnte es für ihn nicht zweifelhaft sein, daß der Papst vom ökumenischen Konzil abgesetzt werden durfte; dem sollte in der Verfassung der Kirche die Stellung des Kollegiums der Kardinäle als Vertretungskörperschaft entsprechen.

Begabter und noch radikaler waren die Traktate, in denen Kaiser Ludwig IV. gegen Papst Johann XXII. verteidigt wurde. Mit Johannes von Jandun (um 1280–1328) vollendete 1324 Marsilius von Padua (etwa 1270–1342/43) die große Abhandlung *Defensor pacis*. Mit Hinweisen auf die *Politeia* des Aristoteles und auf die ihm wohlvertraute Praxis der lombardischen Stadtstaaten entwickelte Marsilius die These, daß die Quelle aller Macht in der Kirche wie im Staat die Gesamtheit der Staatsbürger und Gläubigen sei und daß der Exekutivgewalt die Oberhoheit über alle und alles – auch über die Geistlichkeit – zustehe. Die Vorherrschaft des Papstes und das kanonische Recht seien eine Verfälschung des Evangeliums und bedrohten den Frieden der Christenheit. Die Priester hätten kein Recht, Zwang auszuüben, keine Exkommunikations- und Interdiktbefugnisse, und könnten weder Besitz noch Eigentum haben. Für die Universalkirche, ihre Lehren und Riten sei die rechte Autorität das aus Priestern und Laien zusammengesetzte und von Staatsbürgereinheiten gewählte Generalkonzil.

Für Marsilius' Zeitgenossen war dieser umfassende Radikalismus zu neuartig: sie waren weniger beeindruckt als abgestoßen. Viel schneller setzten sich die zahlreichen Werke des Franziskaners William von Ockham, eines Exilgenossen des Marsilius, durch, deren tastend-zweiflerische Haltung damals schon und lange danach eine nachhaltige Wirkung ausübte. William von Ockham leugnete die Allmacht des Papstes und behauptete die Selbständigkeit der weltlichen Gewalt. Aber er wollte das Dogma nicht angreifen, und sein vorsichtiger, zurückhaltender Skeptizismus zersetzte die ererbten Lehren unmittelbarer und wirksamer, als es die kategorischen Behauptungen des Marsilius vermochten.

Auf dem Nährboden der innerkirchlichen Mißstände und Wirren erwuchsen aus dieser Kritik am Papsttum in der zweiten Hälfte des Jahrhunderts sehr viel massivere Angriffe, darunter die aufrüttelnden Schriften über die Herrschaftsordnung aus der Feder des Oxforder Kirchengelehrten John Wyclif (um 1330–1384). Herrschaft, lehrte Wyclif, sei durch Recht legitimierter Besitz; während aber Besitz in der Sphäre der offensichtlich unvollkommenen weltlichen Reiche nicht gerechtfertigt zu werden brauche, könne Besitz in der Kirche, die eine vollkommene Gesellschaft sein solle, nur durch persönliche Rechtschaffenheit legitimiert werden. Da die Hierarchie sündig und durch weltliche Gier korrumpiert worden sei, habe sie das Recht eingebüßt, Macht auszuüben und das ihr überlassene Eigentum zu besitzen. In England wurden Wyclifs Ideen von Königtum und Kirche zu unterirdischem Dasein verurteilt. Dafür verpflanzten sie sich nach Böhmen, wo der gewaltige Eindruck, den sie auf den Reformator und nationalen Führer Jan Hus machten, explosive Ergebnisse zeitigen sollte.

Bei den meisten Zeitgenossen stießen Wyclifs revolutionäre Ideen auf entschiedene Ablehnung. Aber auf die traditionelle Ergebenheit und Unterwürfigkeit der Gläubigen wirkte als zusätzliches Lösungsmittel das große Schisma ein, das die mächtigen organisatorischen Bande des Papsttums und der Kirche fast schlagartig zerriß. Am Ende sollten davon die Kräfte des Königtums und des Nationalismus profitieren; unmittelbar und akut wurde damit aber das Problem der Autorität in der Kirche aufgeworfen. Schon 1381 vertrat Heinrich von Langenstein (1325–1397) in seinem *Concilium pacis* die Auffassung, daß ein ökumenisches Konzil dem Papst übergeordnet, daß es unfehlbar sei und daß es von weltlichen Herrschern einberufen werden könne. Für den Augenblick wurde dieser Gedankengang nicht weiter verfolgt: man war dabei, den »Weg der Zession« zu beschreiten; das Generalkonzil als bestes Heilmittel gegen das Schisma bemächtigte sich jedoch bald des Denkens der Kirchengelehrten.

Vor allem erwärmten sich für diesen Gedanken konservative Denker, die an die sichtbare Kirche, an ihre Einheit und an das Papsttum glaubten. Dabei gab es gewiß Akzentunterschiede zwischen den gemäßigteren Denkern Jean Gerson (1363–1429) und Francesco Zabarella (1339–1417), dem entschiedeneren Pierre d'Ailly (1350–1420) und dem eifrigen Verfechter der Kirchenreform Dietrich von Nieheim (1340–1418). Einig waren sie sich aber alle darüber, daß die Kirche als Ganzes, vertreten durch ihr ökumenisches Konzil, die eigentliche und entscheidende Quelle der von Gott gesetzten Autorität sei und das Recht habe, den Papst abzusetzen und mit ihren Anordnungen seine übergroße Macht zu begrenzen. Da das kanonische Recht und alle bekannten Präzedenzfälle für den Papst zu sprechen schienen, beriefen sich die Vorkämpfer der Konzilvorrechte auf das Naturrecht: positives Recht sei nur gültig, wenn es mit dem Naturrecht übereinstimme; sei aber der Papst nach dem Naturrecht wesensmäßig nicht der Herr der Kirche, sondern ihr Diener, so dürfe die Kirche ihn im Notfall seiner Würde entkleiden und sein Amt neu organisieren; die oberste Macht gehe von der christlichen Gemeinschaft aus, und jede Regierung müsse auf der Zustimmung der Regierten beruhen.

Stände und Königsmacht

Nicht nur der Einfluß älterer Autoren wie Johannes von Paris und Marsilius von Padua, nicht nur das Zwingende des innerkirchlichen Geschehens hatte in die konzilfreundliche Geisteshaltung politische Elemente hineingetragen; in derselben Richtung wirkte auch die staatliche und gesellschaftliche Entwicklung: immer häufiger wurde die Regierungsgewalt auf der Grundlage von Beratungen mit den Regierten im Rahmen der Ständeversammlungen ausgeübt. Vertretungsinstitutionen westeuropäischer Art, wie sie für die Länder des lateinischen Christentums charakteristisch sind, entfalteten ihre größte Lebenskraft und Standhaftigkeit im 14. und 15. Jahrhundert. Sichtbar traten sie zum erstenmal im 12. Jahrhundert im spanischen Königreich León hervor; bis zum Ende des 14. Jahrhunderts hatten sie bereits im Gesamtbereich des lateinischen Christentums bis auf Randgebiete wie Polen und Skandinavien Wurzeln geschlagen, und auch diese periphere Zone sollten sie im folgenden Jahrhundert erfassen.

Wollte man genau erklären, warum die Repräsentation der Stände gerade um diese Zeit erblühte, so müßte man nicht nur die Besonderheiten der Parlamentsgeschichte in jedem der zahlreichen Königreiche und jeder der noch zahlreicheren Provinzen der lateinisch-christlichen Staaten darstellen, sondern auch die besondere Eigenart der Entwicklung in jedem europäischen Gemeinwesen berücksichtigen: seit eh und je bestand Europa aus verschiedenartigen Gebilden selbständiger Prägung. Nur einige gemeinsame Elemente des kulturellen und politischen Werdens Westeuropas lassen sich hier hervorheben.

In der modernen europäischen und amerikanischen Welt finden sich Institutionen des Repräsentativsystems sehr oft in Symbiose mit der republikanischen Staatsform. Im Europa des 13. und 14. Jahrhunderts entstanden sie in der Regel in Monarchien, in denen der Fürst, der die Einheit des Staates vertrat, und die Stände, die die mannigfaltigen Interessen innerhalb des Staates vertraten, einander feindlich gegenüberstanden und dennoch mit Notwendigkeit einen einheitlichen organischen Körper bildeten. Schon frühzeitig hatte unter den germanischen Völkern die Ansicht Anklang gefunden, daß der König kein absoluter Herrscher sei, der mit den Untertanen nach eigenem Gutdünken verfahren dürfe, sondern lediglich der Hüter der Bräuche und Sitten; die Lehnspflichten banden die Untertanen

Der Papst im Rat geistlicher und weltlicher Würdenträger
Miniatur in einer spanischen Ausgabe des »Decretum Gratiani«, Ende 14. Jahrhundert
London, British Museum

Schwertleite des heiligen Martin
Aus einem Wandgemälde von Simone Martini in San Francesco in Assisi, zweites Viertel 14. Jahrhundert

nur unter der Voraussetzung, daß auch der König seine Pflichten erfüllte. Gefestigt wurde diese Auffassung durch die zunehmend akzeptierte Vorstellung von der Kirche als Interpretin des göttlichen Gesetzes und des Naturrechts, nach deren Geboten der König regieren müsse.

Nun hatte die Feudalordnung die Gegenseitigkeit der Rechte und Pflichten von Lehnsherr und Vasall in den Mittelpunkt gerückt. Und wenngleich die Konsolidierung Europas im 12. und 13. Jahrhundert die Entwicklung der königlichen Verwaltung und königlichen Justiz förderte, so erwuchs daraus nicht unbedingt ein Übergewicht der Königsmacht. Solange das Nebeneinanderbestehen gesonderter und miteinander rivalisierender Staaten den Charakter der gesellschaftlichen Kultur bestimmte, brachte die Verselbständigung der königlichen Gewalt immer längere und kostspieligere Kriege mit sich und unterwarf das Königtum dem unausweichlichen Zwang, sich immer höhere Einnahmen zu verschaffen. Diese Not brach über die Monarchen in einem so stürmischen Tempo herein, daß sie nicht mehr dazu kamen, die herkömmlichen Vorstellungen zu verdrängen, denen zufolge den Untertanen oder doch mindestens den Prälaten und Magnaten das unverbrüchliche Recht zustand, zur Inanspruchnahme ihrer Finanzkraft durch den Monarchen ja oder nein zu sagen.

In den einzelnen Gesellschaftsschichten – unter Adligen, Geistlichen, Stadtbürgern – wuchs im 13. und 14. Jahrhundert der Gemeinschaftssinn, das Bewußtsein der Gruppensolidarität. Der Kasten- oder Klassenstolz machte sich um so stärker bemerkbar, je mehr es diesen Schichten gelang, gesetzlich verbriefte oder im Gewohnheitsrecht verankerte Gruppenprivilegien zu erringen. Unter diesen Umständen konnten die Monarchen ihr Verlangen nach Mehreinnahmen und aktiverer Mitwirkung und Mitberatung der mächtigeren gesellschaftlichen Gruppierungen nur auf die Weise zur Geltung bringen, daß sie ihre politisch und wirtschaftlich gewichtigen Untertanen zu Versammlungen zusammentreten ließen oder, wenn diese Untertanen dafür zu zahlreich waren, ihre Vertreter zu Tagungen zusammenholten.

Die im 14. Jahrhundert meistverbreitete Regelung war die Aufteilung der Stände in drei Häuser oder Kammern, gewöhnlich die Vertretungen der Geistlichen, der Adligen und der Städte. Manchmal gab es vier Kammern: in Aragon tagten die Ritter getrennt von den Magnaten, und in Tirol bildete sich allmählich eine Bauernkammer heraus. Häufig vertraten die Abgesandten der Städte auch die Landbevölkerung der näheren Umgebung; anderseits herrschte in der stark aristokratisch gefärbten Gesellschaft des 14. Jahrhunderts nicht selten die Auffassung vor, daß die Adligen berufen seien, die Interessen der Gesamtbevölkerung mit Ausnahme nur der bevorrechteten Gruppen – der Geistlichkeit oder der freien Städte – wahrzunehmen. Bisweilen tagte das Parlament in zwei Kammern: das war in einigen der französischen Provinzialstände der Fall, wo die herrschenden Klassen ein gemeinsames Oberhaus und die Gemeinen ein Unterhaus bildeten; mitunter gab es aber auch nur eine einzige Kammer für alle Stände: das galt für Schottland, das Languedoc, Neapel.

Sehr verschieden waren die Befugnisse der Ständeversammlungen; fast überall aber hatten sie das Recht, Steuern zu bewilligen oder zu verweigern und dem Monarchen

Petitionen oder Beschwerden zu unterbreiten. In vielen Fällen wurde die Bewilligung der Geldmittel von einer Behebung der beklagten Mißstände abhängig gemacht; in vielen Fällen sahen die Stände darauf, daß die Gesetze genau ihren Wünschen entsprächen: sie formulierten eigene Gesetzentwürfe, die zum Inkrafttreten nur der Zustimmung des Königs bedurften. In Aragon konnte im 14. Jahrhundert kein Gesetz ohne die Zustimmung der Cortes verabschiedet werden; außerdem schloß jede Parlamentstagung mit einer offiziellen Zusammenkunft mit dem König, wobei die während der Sitzungsperiode beschlossenen Maßnahmen feierlich verkündet wurden.

Zur Gesetzgebung und Steuerbewilligung kamen bei den Cortes Aragons und bei manchen deutschen Landtagen auch die Funktionen eines obersten Gerichtshofes: die Ständeversammlung saß zu Gericht über Rechtsverletzungen des Königs, seiner Amtsträger oder der Stände – sei es in ihren Beziehungen zueinander, sei es gegenüber Einzelpersonen oder Personengruppen aller Rangklassen; es war ihr gutes Recht, zu verlangen, daß der Gerechtigkeit Genüge getan werde. Die meisten Parlamente äußerten ihre Ansichten über Krieg und Frieden, Verträge und Bündnisse. Sie bestanden häufig auf ihrem Recht, für einen unmündigen Fürsten einen Regenten zu berufen, die Thronfolge zu bestimmen, die Voraussetzungen des Regierungsantritts eines neuen Herrschers festzulegen oder sogar – wie in Pommern und Aragon – einen neuen Monarchen zu wählen, falls der alte seine Versprechungen nicht gehalten oder den Untertanen Unrecht zugefügt hatte.

Prunkendes Rittertum

Den regierenden Fürsten gegenüber kühn und wagemutig aufzutreten fiel den Ständeversammlungen deswegen leicht, weil ihre tragenden Stützen die kriegstüchtigen Aristokraten waren, die sich selbst mit Waffen und Rüstung versahen und bei aller Anerkennung der Lehnsverpflichtungen auf ihre Ehre und ihre Rechte pochten; mit ihnen mußten die Monarchen rechnen, denn sie bildeten das Rückgrat der Heere, ohne die kein Monarch etwas ausrichten konnte.

Obgleich die Aristokratie im 14. Jahrhundert noch ebenso kriegerisch war wie im 12., hatten sich ihre Vorstellungen und Anschauungen nicht unwesentlich gewandelt. Als Ideale des 12. Jahrhunderts hatten die *Chansons de Geste* ungestüme Mannhaftigkeit, rücksichtslosen und starrköpfigen Mut, fanatischen Unabhängigkeitsdrang und ehrliche Gläubigkeit besungen. Die Kirche hatte es als Pflicht der Ritter hingestellt, einer christlichen Sache mit der Waffe zu dienen, sich für christliche Zwecke zu schlagen. Aber Mönche wie Bernhard von Clairvaux betonten die Tugenden der Selbstzucht und Selbstbeherrschung, der Rechtlichkeit im Verkehr mit anderen, der Hilfs- und Schutzbereitschaft gegenüber Witwen, Kindern und Bedrückten. Von den Minnesängern kamen die Ideale der höfischen Liebe; dazu gehörte eine gewisse Verfeinerung der Sitten, eine Verhaltensweise, die sich im Begriff Courtoisie niedergeschlagen hat. Diese Regungen und Einflüsse hatten sich bis zum 14. Jahrhundert ineinander verflochten und hatten ein Rittertum hervorgebracht, das weit mehr differenziert und vergeistigt war als das des 12. Jahrhunderts, aber zugleich auch strikteren, veräußerlichenden Formen unterworfen.

Gewiß gab es auch jetzt noch große Ritter wie Jean Boucicault oder Heinrich von Lancaster, die ihrem Ideal aufrichtig ergeben blieben und es im täglichen Leben zu praktizieren suchten. Aber für Adlige von gröberem Zuschnitt war das Rittertum zum bloßen Vorschriftenkatalog, zu einem Wegweiser für die Wahrung von Form und Haltung geworden, normalen Durchschnittsfähigkeiten durchaus angepaßt. In der Befolgung solcher Vorschriften rückte das lateinische Christentum, das politisch in Nationalstaaten zu zerfallen drohte, enger zusammen. Mit manchen lokalen Variationen verbreitete sich derselbe Verhaltenskodex der Ritterlichkeit über ganz Europa, bis er schließlich überall galt: von England bis Polen und von Skandinavien bis Spanien.

Darum richtete sich der Ritter des 14. Jahrhunderts mehr als sein Vorgänger im 12. nach genau festgelegten Konventionen. Er wurde erst als Page, dann als Schildknappe im Adelshaushalt eines Freundes oder Schirmherrn seines Vaters ausgebildet und erhielt angemessenen Unterricht in der Reitkunst, in Kriegsübungen und in höfischem Benehmen. Zunehmend wurde von ihm – ein wichtiger Fortschritt! – erwartet, daß er sich auch einige Bildungsrudimente aneigne. Im allgemeinen gehörte es sich für den jungen Ritter, am Kampf gegen die Ungläubigen – in Spanien, in Preußen oder im Nahen Osten – teilzunehmen, und sei es auch nur für kurze Zeit.

Der junge Adlige focht in Turnieren, die weniger barbarisch waren als im Jahrhundert zuvor. Damals wurde in Turnieren auf Leben und Tod, oft im Gruppengefecht, gekämpft; das Turnier war fast wie eine Schlacht und endete tödlich oder mit schweren Verstümmelungen. Das hatte sich geändert: das Turnier war zum stilisierten Waffengang geworden, in dem nur einzelne einander gegenübertraten, nach Vorschrift, oft mit stumpfen Waffen. Dieser Zweikampf wurde immer mehr zur Schaustellung mit Pomp und Prunk, großem Aufgebot an Heraldik, dekorativem Blendwerk, glanzvoll ausstaffierten Schildknappen und Herolden, Geschenken für die Bedienten, geschmückten Zuschauertribünen für Personen von Rang und Ansehen. Bisweilen ging das Turnier mit stilgerechten konventionellen Liebesbezeigungen gegenüber vornehmen Zuschauerinnen einher; auf jeden Fall mußte den anwesenden Damen mit überschwenglicher Höflichkeit gehuldigt werden.

Im echten Krieg zog der ritterliche Krieger den Zweikampf an einer vereinbarten Stelle oder den berittenen Angriff im verwegenen Ansturm vor. Der gefangene Feind wurde, sofern er ein Adliger war, mit erlesener Höflichkeit behandelt, aber nur gegen Zahlung eines seinem Rang angemessenen Lösegeldes freigelassen. Die Behandlung, die der Schwarze Prinz dem Franzosenkönig Johann II. bei seiner Gefangennahme in Poitiers 1356 zuteil werden ließ, entsprach aufs genaueste dem geltenden Kodex; die aristokratische Gesellschaft fand, daß sich beide rührend schicklich verhalten hätten.

Besonders charakteristisch für das Rittertum des 14. Jahrhunderts waren äußeres Gepränge, Drang zum Hofleben und Klassendünkel. Das Verlangen nach Prunk und Schaustellung wurde vom Turnier allein nicht mehr befriedigt; Froissarts »Chroniken« schildern die unzähligen Gelegenheiten, die der König der Ritter immer wieder benutzte, um den schillernden Glanz aufleuchten zu lassen: Prozessionen, Gastmähler, Bälle, Jagdveranstaltungen. Der Kodex der Rittersitte schrieb die großzügigste Freigebigkeit vor, aber Ritter sein kostete mehr als je zuvor, zumal die Rüstung mit der größeren Zahl getriebener Harnischplatten, die den Kettenpanzer verstärkten, ständig teurer wurde.

Dem gesteigerten Bedürfnis nach prunkhafter Repräsentation konnten am ehesten noch die regierenden Fürsten Geltung verschaffen. In zunehmendem Maße wurden die Zeremonien des Rittertumskults an die Höfe verlegt. Auf die Stiftung des Hosenbandordens folgte die Gründung weiterer Orden, die nicht mehr wie früher (etwa die Johanniter und Templer) wohltätigen Zwecken im internationalen Rahmen dienten, sondern primär dazu, den Ruhm des königlichen Stifters und den Glanz des nationalen Hofes, den der Orden zum Schauplatz hatte, zu mehren. Ähnlich wurde der Hof zur Organisationsbasis der immer ausgiebigeren Wappenkunde, was im folgenden Jahrhundert noch deutlicher hervortreten sollte.

Auf diese Weise band das Rittertum den monarchischen Herrscher und die Aristokratie enger aneinander. Damit vertiefte es die Kluft zwischen Monarchie und Adel auf der einen, der Masse der Nichtadligen auf der anderen Seite. Für die ritterlichen Adligen waren die Bauern die Zielscheibe von Spott und Hohn; weder sie noch ihre Frauen und Töchter zählten zum Geltungsbereich der ritterlichen Tugenden Höflichkeit, Barmherzigkeit und Großzügigkeit. Man richtete sein Verhalten nach dem Kodex der Rittersitte aus, wenn es sich um andere Ritter und ihre Damen handelte, nicht um ungeschlachte Bauern.

Dennoch hat das Ritterwesen zur Kultur Westeuropas Wichtiges beigesteuert. Es lehrte Ehrenhaftigkeit, loyales Verhalten, *fair play*, höfliches Benehmen. Daß seine Gebote in einem immer weiteren Umkreis galten, bedeutete, daß sich auch immer mehr Adlige und Ritter wenigstens in ihrem äußeren Verhalten nach ihnen richten mußten. In diesem Sinne förderte das Rittertum die Verbreitung verfeinerter Sitten und guter Manieren und trug dazu bei, daß eine noch vor kurzem halbbarbarische Aristokratie in beschleunigtem Tempo vom Zivilisierungsprozeß erfaßt wurde.

Weltliche Bildung

Der zivilisierende Einfluß der Rittersitte hing eng mit einem anderen Wesenszug des 14. Jahrhunderts zusammen: der Ausbreitung der Bildung, namentlich unter den herrschenden Klassen der Laiengesellschaft. Beim Ritter des 12. Jahrhunderts hatte niemand Bildung erwartet; wem daran lag, lesen zu lernen, der wurde *clerc*, Geistlicher oder Kanzlist. Gewiß gab es auch noch im 14. Jahrhundert und später Adlige und Ritter, die nicht lesen konnten; aber Chaucers Schildknappe und Ritter lassen uns ahnen, daß allmählich auch das Lesenkönnen zu einem Element des ersehnten Ideals wurde.

Erstrebenswert war normalerweise allerdings nicht das Wissen des Geistlichen, das Latein, Grammatik und Logik umfaßte; es ging darum, Französisch und die eigene Umgangssprache lesen zu können. Französisch war besonders wichtig. Unter den Volksdialekten des 13. Jahrhunderts war es führend geworden. In Frankreich hatten die großen Zyklen des

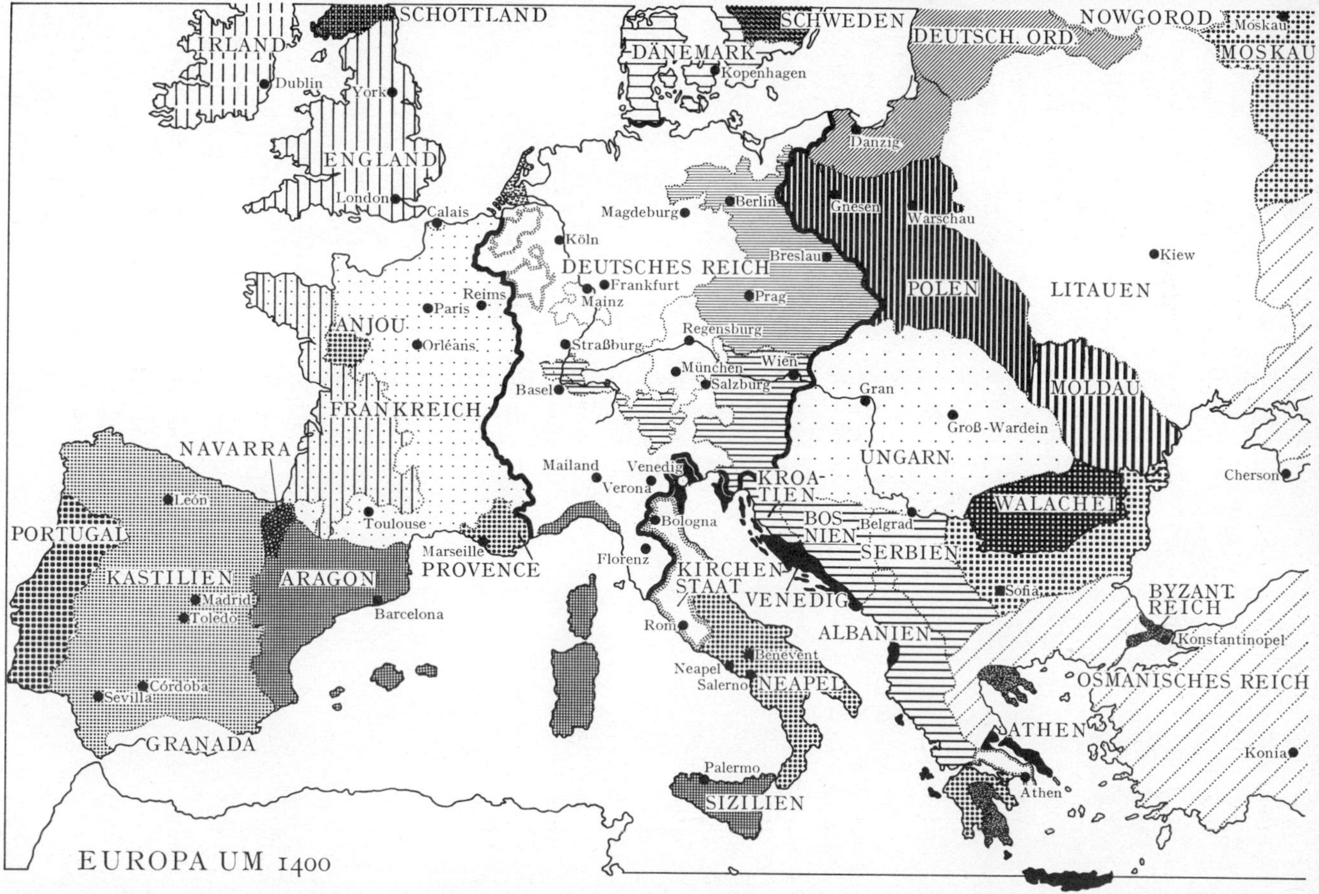

EUROPA UM 1400

Epos und der Romanze ihre höchstentwickelte Form gefunden: der Zyklus von Karl dem Großen, die Geschichten von Artus und seiner Tafelrunde, die Legenden von Alexander und den Römern. Der größten Beliebtheit erfreuten sich im 14. Jahrhundert die Artus-Erzählungen; in ihnen verflocht sich vieles, was die ritterliche Gesellschaft anzog: das Thema der höfischen Liebe, wunderliche und wundersame Abenteuer, kriegerische Heldentaten im Sinne des ritterlichen Kodex, schließlich die im 13. Jahrhundert eingefügte Gralssage, die der mystischen Frömmigkeit des 14. Jahrhunderts erst recht zusagte. Dazu hatten die Franzosen andere dichterische Formen entwickelt, die auf die aristokratische Gesellschaft Eindruck machten: ausgesponnene Allegorien wie den *Roman de la Rose*, der auch im 14. Jahrhundert volkstümlich blieb; Lehrgedichte, die religiöse Lehren, Etikette- und Hygienevorschriften und Allgemeinwissen popularisierten; neue Typen des Gedichts, das Lai, die Ballade, das Ringelgedicht. Französisch wurde weit über Frankreichs Grenzen hinaus wichtig, und man lernte es sogar in entlegenen Ländern wie Böhmen, Polen oder Ungarn.

Vielerlei Konsequenzen erwuchsen aus der Verbreitung des Lesens. Beeinflußt wurde die dichterische Form, denn die Tage des fahrenden Spielmanns, der die Zuhörer mit Singsang erfreute, waren gezählt, und Gedichte wurden jetzt zum Lesen im stillen Kämmerlein oder zum Vorlesen im kleineren Kreis geschrieben. Je mehr Menschen lesen konnten, um so kräftiger entwickelte sich Prosa mit einer Vielfalt von Formen: die französische Literatur bereicherten Chroniken wie die von Jean le Bel und Jean Froissart, Erzählungen über erstaunliche Vorkommnisse und ferne Länder wie Sir John Mandevilles Reiseberichte, belehrende Bücher über Gewohnheitsrecht und Güterbewirtschaftung.

Daß jetzt nicht nur Geistliche lesen konnten, trug zur Entstehung literarischer Werke auch in anderen Volksdialekten bei. Am Ende des 13. Jahrhunderts verfaßte König Jakob I. von Aragon die Chronik seiner Regierungszeit auf Katalanisch, und unmittelbar nach dem Ende des 14. schrieb König Jakob I. von Schottland die Geschichte seines Liebeswerbens um die Königin auf Nordenglisch. Dante schrieb nicht nur sein größtes Werk auf Italienisch, sondern verteidigte auch in einer besonderen Abhandlung die Daseinsberechtigung der »Volkssprache«. Von gewaltigem Einfluß war Petrarcas italienische Dichtung mit der verinnerlichten Behandlung der Laura-Liebe, der ich-bezogenen Würdigung des vergänglichen Augenblicks und der lyrischen Gestaltung eines ästhetischen Naturempfindens. Auch Petrarcas Freund und Bewunderer Boccaccio schrieb sein bedeutendstes Werk auf Italienisch; der *Decamerone* schilderte das Leben des italienischen Alltags mit einer Lebendigkeit, Farbenfreudigkeit und Schärfe der Detailbeobachtung, von der gerade im 14. Jahrhundert eine besondere Anziehungskraft ausging.

Petrarcas Bildung stellte, wiewohl er Geistlicher war, keineswegs ein typisches Produkt der kirchlichen Erziehung seiner Zeit dar. Freilich hatten sich Geistliche wie John of Salisbury schon im 12. Jahrhundert für die Literatur der Antike interessiert, aber doch nur aus zutiefst christlichen Motiven. Für Mönche des 14. Jahrhunderts wie Robert Holcot oder Thomas Waley in England war die Antike nur als möglicher Beitrag zu christlicher Apologetik von Bedeutung. Umgekehrt bemühte sich Petrarca um das Verständnis der Philosophie, des Stils, der Gedankenführung und der Lebensanschauung des klassischen Altertums im Hinblick auf ihren eigenständigen Wert. Daß sich Petrarca und Boccaccio in den Geist der Antike versenkten, mag gewiß nur ein frühes Lebenszeichen der Renaissance gewesen sein; indes mußte die Wiedererweckung des Interesses an der Zivilisation Griechenlands und Roms in Italien in der Tat auf einen fruchtbareren Boden fallen als in Frankreich oder England. Was wesentlich dazu beitrug, war die Tatsache, daß sich in Italien viel zahlreichere Laien die Kunst des Lesens angeeignet hatten.

Lesekundiger wurde in diesem Zeitalter nicht nur der Adel. In dem Maße, wie die königliche Verwaltung in den Monarchien größer und vielgestaltiger wurde, wuchs der Bedarf an Staatsbediensteten, die zum allergrößten Teil keine Analphabeten mehr sein durften. Außer in Italien mußten sie, weil Erziehung und Tradition kirchlich waren, wenigstens formal Geistliche sein, und wo die weltlichen Herrscher genug Einfluß hatten, sorgten sie dafür, daß ihre Bediensteten auch aus kirchlichen Pfründen besoldet wurden. In Wirklichkeit war der geistliche Charakter dieser Pseudokleriker oft nur noch Formsache; wenn sie, was häufig der Fall war, nur die niederen Weihen empfangen hatten, hatten sie die Möglichkeit, eine Ehe einzugehen und legal eine Familie zu gründen, und manche von ihnen machten davon Gebrauch.

Aber nicht nur die weltlichen Herrscher brauchten des Lesens und Schreibens kundige Bedienstete; das galt genauso für Bischöfe und Äbte und außerhalb der Kirche für viele Grundherren. Es gab viele neue Posten und eine immer größere Nachfrage nach Menschen, die lesen und schreiben konnten. Da die verschiedenen nebeneinanderbestehenden Rechtssysteme immer komplizierter wurden und eine eigene Fachtechnik entwickelten, erhöhte sich – zumal der Umfang der Rechtsstreitigkeiten mit dem höheren Zivilisationsgrad zunahm – der Bedarf an Rechtskundigen für die Posten von Richtern, Rechtsvertretern, Kanzlei- und Registraturbeamten. Es konnte sich dabei um Geistliche handeln, die häufig ihre Ausbildung als Kirchenrechtler an Universitäten erhielten, oder um Laien, die – wie englische Zivilrechtler in den Londoner Inns of Court – ihre Fachkenntnisse in entsprechenden weltlichen Institutionen erwarben. Mit der wachsenden Zahl der Rechtskundigen stieg in der europäischen Gesellschaft der Anteil der mehr oder minder spezialisierten, an gewisse Bildungsvoraussetzungen geknüpften Berufe.

Auch in den oberen Gesellschaftsschichten der Städte zogen die Anfangsgründe der Bildung größere Kreise. Vor allem in den führenden Städten Italiens wie Florenz und Venedig machten die bedeutenderen Kaufleute Geschäfte in größerem Rahmen und wurden auf diese Weise – oft mit weitreichenden Konsequenzen – in internationale Angelegenheiten hineingezogen. Sie hatten die Mittel – und Anlaß genug –, sich eine bessere Bildung anzueignen und mit größerem Wissen und Verständnis an Staatsgeschäften und kulturellen Problemen Anteil zu nehmen. Die aus dem 14. Jahrhundert stammende Literatur in der italienischen Volkssprache umfaßt beachtliche Chroniken florentinischer Kaufleute: die Aufzeichnungen von Villani offenbaren die Weite des Horizonts eines übernationalen Christentums, die von Compagni klugen Weitblick in der Wahrnehmung weitläufiger lokaler Interessen; der Briefwechsel des Großkaufmanns Francesco di Marco Datini bezeugt weitverzweigte Handelsbeziehungen, die von England bis zum Schwarzen Meer reichten.

Vielleicht konnte Florenz im folgenden Jahrhundert gerade deswegen zur ersten großen Entfaltungsstätte der Renaissance werden, weil die Kultur seiner Kaufleute so entwickelt und vielseitig war. Weil sie Bildung hatten, auf Florenz und seine internationale Bedeutung stolz waren und in den klerikalen, monarchischen und aristokratischen Traditionen Europas kein zeitgerechtes Vorbild fanden, suchten sie die Sinngebung ihrer kulturellen Position in der Geschichte der Stadtstaaten der Antike und entnahmen der Literatur Roms und Athens und der von ihrem Geist beflügelten Kunst eine Fülle von Anregungen.

Daß die Kaufmannschaft Bildung zu erwerben begann, war keine ausschließlich italienische, sondern eine allgemein europäische Erscheinung von so großer Reichweite, daß ihre Ausstrahlungen das Wesen der europäischen Literatur und verwandte Aspekte des kulturellen Lebens beeinflußten. Viele der Bücher, die Allgemeinwissen und lebenskundliche Fragen behandelten, waren offensichtlich auf aufstiegsfreudige Kaufleute oder ihre Frauen und Töchter zugeschnitten, und bestimmte Literaturgattungen – Satiren und realistische Darstellungen des städtischen Lebens – schienen sich vor allem an eine großbürgerliche Leserschaft zu wenden. In den Städten entstand das religiöse Schauspiel, namentlich in der Form von Mysterienspielen; in den Zünften nährte es den Bürgerstolz, förderte den Drang zur Bildung und spornte zum Nacheifern an. Die Städte, vornehmlich in England, den Niederlanden und Deutschland, erzielten bemerkenswerte Fortschritte im Schulwesen.

Allmählich zog die Ausbreitung des Lesens in der Stadt wichtige wirtschaftliche und gesellschaftliche Folgen nach sich. Der Kaufmann des 11. Jahrhunderts hatte unter dem Zwang gestanden, seine Ware persönlich an den Kunden heranbringen zu müssen, so entfernt das Ziel und so beschwerlich die See- oder Landreise zum Markt auch sein mochte. Nun gab es im 14. Jahrhundert viel mehr Lese- und Schreibkundige, und die großen Kaufleute konnten zu Hause bleiben, ihre Unternehmungen vom Kontor aus leiten und die Märkte von Gehilfen und Agenten aufsuchen lassen; für die Aufgaben der Geschäftsführung und Aufsicht leisteten schriftliche Instruktionen, Briefe und Geschäftsbücher ihre neuartigen guten Dienste. Der Bildungsanstieg der städtischen Bevölkerung ermöglichte organisatorische Verbesserungen, namentlich in den höherentwickelten städtischen Geschäftszentren Norditaliens und Süddeutschlands. Handelskompanien wurden gegründet, die auch Kreditgeschäfte und sonstige finanzielle Transaktionen besorgten, und die überseeische Warenbeförderung übernahmen selbständige Reeder.

Wirtschaft im Niedergang?

Die Ausbreitung der Bildung im Großbürgertum hing, so paradox es zunächst anmuten mag, mit schweren Rückschlägen in der Entwicklung des europäischen Handels zusammen. Was darüber bekannt ist, ist allerdings so uneinheitlich und äußerlich widerspruchsvoll, daß man sich vor vereinfachenden Feststellungen hüten muß. Immerhin gibt es genug Anzeichen dafür, daß der bemerkenswerte wirtschaftliche Aufschwung, den Westeuropa seit der zweiten Hälfte des 12. Jahrhunderts genommen hatte, um etwa 1320 aus verschiedenen

Anlässen ins Stocken geriet. Die Bevölkerungsvermehrung kam zum Stillstand, die landwirtschaftlich genutzte Fläche dehnte sich nicht weiter aus, und bei vielen Waren zeigte der internationale Handel einen sichtbaren Rückgang. Ab Mitte des Jahrhunderts führten Hungersnöte, Kriege und Seuchen dazu, daß die Felder in vielen Gegenden nicht mehr beackert wurden, die gesamte gewerbliche Erzeugung zurückging und die Städte zu schrumpfen begannen.

Wo das wirtschaftliche Siechtum das städtische Leben traf, blieben weitreichende gesellschaftliche Folgewirkungen nicht aus. Die Aussichten, mit Unternehmungsgeist große Vermögen zusammenzuscharren, waren geringer geworden. Instinktiv dachten Kaufleute und Gewerbetreibende eher daran, sich vor Verlusten zu schützen, als nach schnellem Aufstieg zu haschen, der kaum noch erreichbar schien. Das Sicherungsbedürfnis führte zu strafferer und dichterer Organisation: einerseits schlossen sich Großkaufleute zu umfassenden Handelskompanien zusammen, anderseits erstarkten die Zünfte, die Gewerbe, Handwerk und Handel reglementierten, fremde Eindringlinge mit Strafen belegten und die verfügbaren Beschäftigungs- und Gewinnmöglichkeiten zu strecken suchten. Diese Tendenz zum Monopol bewirkte eine weitere Streuung, aber auch ein mäßigeres Gesamtniveau des Wohlstands unter den herrschenden Elementen; wer daran teilhatte, klammerte sich mehr, als es frühere Generationen getan hatten, an die Sicherheit des Erreichten und die Annehmlichkeiten einer garantierten sozialen Position.

In England strebten die wohlhabenden Kaufleute danach, zur Gentry zu werden. In der weniger geschmeidigen und weniger zusammenhängenden Gesellschaft Deutschlands wurden sie zu Rentnern. In beiden Fällen zeigte sich bei wohlhabenden Kaufleuten die Tendenz, zu einem »bürgerlichen Adel« zu werden; man versuchte, die Kultur der Aristokratie zu übernehmen, indem man für Gepränge und Lebensgenüsse Geld ausgab und sich um Bildung bemühte. Kaufleute, die mit dem Stadtleben verbunden blieben, gaben ihrer Bedeutung und ihrem Kollektivstolz einen monumentalen Ausdruck: sie bauten Kirchen für die Gemeinde und Domaltäre für die Zunft oder ließen eindrucksvolle Bauwerke für die Stadtregierung errichten. Der Dogenpalast in Venedig, die Rathäuser von Stralsund und Hannover sind typische Sinnbilder zur Schau gestellten bürgerlichen Wohlstands und Machtwillens.

In der Stadt konnten die herrschenden Klassen die Konsequenzen des wirtschaftlichen Rückgangs besser abwehren als auf dem flachen Lande: Kaufleute und Handwerker waren besser organisiert als der ländliche Kleinadel. Freilich besiegelte die bessere Organisation nicht selten den Untergang; so beschleunigten die Schutzmaßnahmen, mit denen die englischen Tuchmacherstädte ihre Existenz zu behaupten suchten, nur die Abwanderung des Gewerbes in ländliche Bezirke. Zu gleicher Zeit konzentrierten sich bestimmte Produktionszweige in einigen größeren Städten, so beispielsweise in London die Herstellung von Kunsterzeugnissen aus Alabaster sowohl für den Inlandsbedarf als auch für die europäischen Märkte. Kennzeichnend für das städtische Handwerk waren oft technische Fertigkeiten und Qualitätsarbeit. Die Grundherren deckten infolgedessen einen großen Teil ihres Bedarfs an gewerblichen Erzeugnissen nicht mehr aus der Eigenproduktion der Gutswirtschaft, sondern kauften, was sie brauchten, von fahrenden Handelsleuten, auf Märkten und Messen

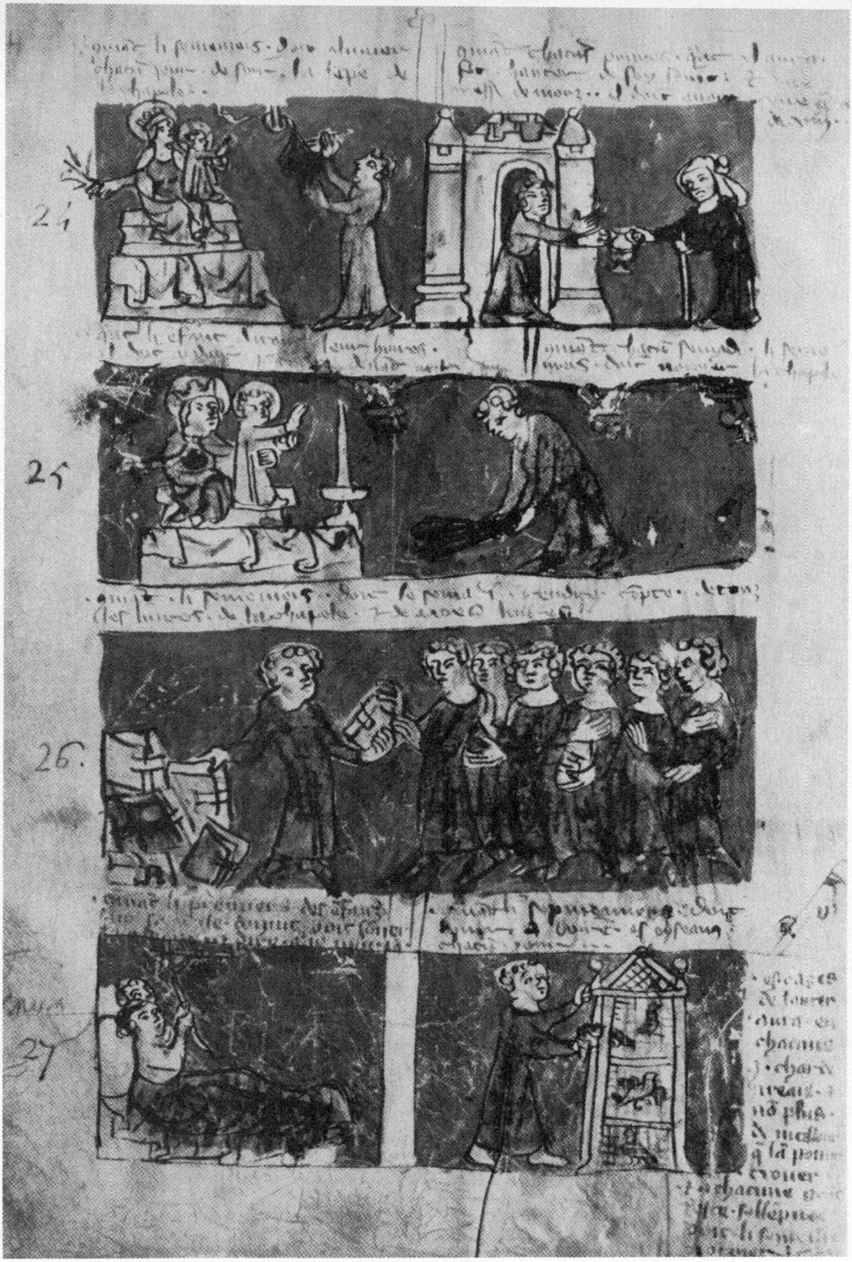

Schüler eines Kollegs bei der Erfüllung ihrer Tagespflichten
Morgenandacht, Almosenspende, Reinemachen, Bücherausgabe, Wecken, Vogelfüttern
Kolorierte Zeichnungen in dem Statutenbuch
des von Jean de Hubant in Paris gegründeten Kollegs Ave Maria, 1387. Paris, Archives Nationales

Schneiderwerkstatt
Miniatur in dem Hausbuch der veronesischen Familie Cerruti, Ende 14. Jahrhundert
Wien, Österreichische Nationalbibliothek

oder direkt in den städtischen Werkstätten. Der Geldbedarf des flachen Landes nahm spürbar zu.

In der expandierenden Wirtschaft des 13. Jahrhunderts hatte die wachsende Geldknappheit manche Grundherren dazu verleitet, Naturalabgaben und Fronden in Barzahlungsverpflichtungen umzuwandeln. In manchen Gegenden, unter anderem in England, suchten viele Grundherren ihren Bauern größere Frondienste aufzuerlegen, um für den Markt produzieren und Gewinne in klingender Münze erzielen zu können. Im 14. Jahrhundert setzten die Rückschläge ein; mit den schweren Hungersnöten der Jahre 1315–1317 hatte vermutlich das Abflauen des Bevölkerungszuwachses angefangen. Dann kam der Schwarze Tod, der sich zwischen 1347 und 1351 von einem Ende Europas zum andern verbreitete; im Gefolge der Seuche schrumpfte die Bevölkerung Westeuropas binnen fünfzig Jahren um ein Drittel oder sogar um die Hälfte zusammen. In Frankreich folgten die furchtbaren Verwüstungen des Hundertjährigen Krieges, die aus dem reichsten Land Europas das ärmste machten. Vom Jahreseinkommen des Bischofs von Chartres, das hauptsächlich aus Pachtzinsen bestand, hieß es (allerdings in einem Steuernachlaßgesuch an den Papst!), es sei von zehntausend auf sieben Livres gesunken.

Diese Heimsuchungen verringerten die Bauernbevölkerung so einschneidend, daß es in der zweiten Jahrhunderthälfte oft an landwirtschaftlichen Arbeitskräften mangelte; die Knappheit wurde dadurch verschärft, daß viele Bauern, von günstigeren Aussichten angelockt, in die Städte flohen. Mit allen Mitteln versuchten die herrschenden Klassen, ihren verbrieften Ansprüchen und Forderungen den Bauern gegenüber Geltung zu verschaffen oder von ihnen gar noch größere Leistungen zu verlangen. Immer mehr Zündstoff wurde zusammengetragen; er flammte in Bauernaufständen in verschiedenen Ländern empor: in Frankreich 1358 und 1382, in England 1381.

Am Ende des Jahrhunderts gab es allerdings Anzeichen dafür, daß die einheitliche Haltung der Grundherren einer regionalen Differenzierung wich. In Polen und im ostelbischen Deutschland, wo Getreidebau und Großgüter überwogen, wurden bei Anwendung einer arbeitsextensiven Agrartechnik unzählige Arbeitskräfte benötigt. Da die Aristokratie hier über beträchtliche politische Macht verfügte, konnten die Grundherren auch von den bis dahin freien Bauern Arbeitsleistungen auf ihren Großgütern fordern. Später, im 15. Jahrhundert, führte das zu großen Bauernaufständen; mit ihrer Niederschlagung wurde indes die Bahn frei für den Siegeszug der Leibeigenschaft, die erst mit dem 19. Jahrhundert ihr Ende finden sollte.

Anders in Westeuropa: auf die Agrarkrise des 14. Jahrhunderts reagierten hier die Grundherren zumeist damit, daß sie auf die zentrale einheitliche Leitung ihrer Domänen und auf die Eigenbewirtschaftung des Herrschaftsgutes verzichteten; das heißt: sie wurden in der Tendenz zu Rentenbeziehern. In Frankreich hatte das zur Folge, daß sich viele Bauern praktisch in selbständige Hofbesitzer verwandelten; allerdings blieben sie mit vielerlei Abgaben und Dienstleistungen belastet, die um so anstößiger schienen, als sie nach und nach als Brandmale einer überholten Sklaverei empfunden wurden. Ungleichförmiger war die Entwicklung in Westdeutschland: mit dem Niedergang der Kaisermacht erstarkten manche Fürsten auf Kosten anderer; wo das der Fall war, hatten sie auch eher die Möglichkeit, ihre politische Herrschaft zu nutzen, um die Bauern einem wirksameren wirtschaftlichen Zwang zu unterwerfen.

Wieder anders verlief die Entwicklung in England. Nach dem ersten Einbruch des Schwarzen Todes 1348/49 und nach dem Bauernaufstand von 1381 versuchten manche Grundherren, gegen die Bauern mit schweren Repressalien vorzugehen. Bald aber setzte sich weit und breit die Tendenz durch, das Herrschaftsgut zu verpachten und die Bauern dazu zu bringen, Fronden mit Geldzahlungen abzulösen. Dort, wo die Grundherren die Bewirtschaftung des Herrschaftsgutes in eigener Regie behielten, züchteten sie Rinder und Schafe, denn die Nachfrage nach Fleisch und Wolle wuchs fortgesetzt. Da die Viehzucht keinen großen Arbeitsaufwand erforderte, begegnete weder der Übergang vom Ackerbau zur Viehwirtschaft noch das Bauernlegen großen Schwierigkeiten.

Schon diese Unterschiede weisen darauf hin, daß sich die europäische Wirtschaft im 14. Jahrhundert durchaus nicht einheitlich entwickelte. Allerdings beziehen sich die meisten überlieferten Nachrichten über Verfalls- und Niedergangserscheinungen auf England, Frankreich und die Niederlande. Über die Landwirtschaft Spaniens, Italiens und Skandinaviens in dieser Periode ist bis jetzt wenig bekannt, und neue Erkenntnisse könnten das Gesamtbild korrigieren. In Holland, in dessen Landwirtschaft die Rinderzucht eine große Rolle spielte, stand der agrarische Aufschwung unmittelbar bevor. Der unverkennbare wirtschaftliche Niedergang Frankreichs war vielleicht nichts anderes als eine besonders gravierende Folgewirkung des Hundertjährigen Krieges.

Anzeichen eines schrumpfenden Wirtschaftsvolumens beweisen nicht unbedingt einen allgemeinen wirtschaftlichen Verfall; es kommt auch noch darauf an, mit welchen Maßstäben gesellschaftlicher Fortschritt gemessen wird. Dem Bevölkerungsrückgang, dem sinkenden Einkommen der agrarischen Oberschicht und dem Niedergang bestimmter Städte stehen andere Faktoren gegenüber: Vermehrung der Handwerker in Stadt und Land, größere Vielfalt der handwerklichen Berufszweige, Aufstieg ländlicher Industrien wie der Tuchmacherei mit entsprechend wachsendem Reichtum des Tuch- und Wollhandels, schließlich beschleunigter Übergang zur Geldwirtschaft, belegt durch das gewaltig gesteigerte Aufkommen der in bar erhobenen Steuern. Auch dem Rückgang des Außenhandels zwischen bestimmten Regionen läßt sich anderes entgegenhalten: größere Vielfalt des Warensortiments im internationalen Handelsverkehr, Ausdehnung des europäischen Handelsnetzes, stärkere Einbeziehung von Randgebieten wie Skandinavien, Polen, Böhmen und Ungarn in den europäischen Wirtschaftszusammenhang. Zum Teil war der Aufschwung des Hansebundes der norddeutschen Städte das Ergebnis dieser engeren wirtschaftlichen Verflechtung.

Bauern und Kleinbürger

Einheitlich waren auch die Schicksale der Bauern nicht. In mancher Hinsicht und in verschiedenen Regionen waren ihnen die Zeitläufte abhold. Bleibt man dabei stehen, so gewahrt man ein bedrückend düsteres Bild ohne Lichtblick. Auf den Bauern hatte im 13. Jahrhundert die rapide Zunahme der Bevölkerung in den meisten Teilen Westeuropas besonders schwer gelastet. Der Kampf um den Boden, über den zumeist die Grundherren verfügten, wurde schärfer; Bauern, die wenig oder gar kein Land hatten, mußten einander die Arbeitsplätze auf den Gütern der großen Herren streitig machen, und die Grundherren nutzten das aus, um ihnen mehr Arbeit abzupressen und sie schlechter zu bezahlen. Die agrarische Hochkonjunktur hatte Mehrerzeugung für den Markt zur Folge; da aber viele Bauern nur wenig kaufen konnten, entstand zu Beginn des 14. Jahrhunderts eine Überproduktion an Getreide; den unterernährten Bauern blieb wenig Widerstandskraft.

Es gab genug Gründe für eine Landwirtschaftskrise; ausgelöst wurde sie offenbar durch die Mißernten der Jahre 1315–1317, in denen viele Bauern Hungers starben. In einigen Teilen Europas versuchten die Grundherren, das Absinken der Erträge durch neue Fronden und erhöhte Naturalabgaben aufzuhalten. In Flandern führte 1332 die versuchte Wiedereinführung der Leibeigenschaft zu einem wütenden Bauernaufstand; der Graf von Flandern und der König von Frankreich unterdrückten ihn mit noch größerer Wut. In Norditalien wollten die in den Städten lebenden Grundherren zu ihren eigenen und der Städte Gunsten den Bauern der umliegenden Dörfer zusätzliche Lasten auferlegen. In Frankreich litten die Bauern im Hundertjährigen Krieg bittere Not infolge der Einfälle der Engländer und der Raubzüge der Söldnerscharen. Sie erhoben sich in der »Jacquerie« von 1358; ihr Aufstand wurde mit einer Brutalität niedergeschlagen, der gegenüber alle Gewalttaten der Bauern verblaßten. Nach Berichten der Chronisten sind dabei zwanzigtausend Bauern ums Leben gekommen.

Dazu kamen die Verheerungen, die der Schwarze Tod anrichtete. Auf den Handelswegen aus dem Osten eingeschleppt und von Ratten und Flöhen verbreitet, überfiel er die Länder Osteuropas zwischen 1348 und 1350 und kehrte in der zweiten Jahrhunderthälfte in Abständen wieder. Der ersten Heimsuchung fiel ein erheblicher Teil – vielleicht ein Drittel – der Bevölkerung zum Opfer. Daß kerngesunde Menschen von der Seuche in wenigen Stunden hinweggerafft wurden, löste Panik und Wahnerscheinungen aus. Juden wurden in Massen niedergemetzelt, weil sie, um die Pest zu verbreiten, Brunnen vergiftet haben sollten. Scharen halbnackter Geißler zogen durch die Städte und Dörfer Deutschlands und anderer Länder, um in irrer Selbstzüchtigung Buße zu tun. Die Zahl der Todesfälle war so groß, daß aus dem Bevölkerungsüberschuß vielfach Knappheit an Arbeitskräften wurde. In mehreren Ländern folgten Versuche der Grundherren, die Bauern von neuem zu versklaven oder halbvergessene Frondienste und Abgaben wiedereinzuführen; mancherorts – so in England und Dänemark – antworteten die Bauern mit Aufständen. Die Ideen des Rittertums förderten eine gewisse Selbsteinkehr: so manchem Adligen wurde die Tiefe der Kluft und der Interessengegensätze zwischen Adel und Bauerntum bewußt.

In dieser Perspektive erscheint das Schicksal der europäischen Bauern im 14. Jahrhundert als ununterbrochene Abfolge von wirtschaftlichen Nöten, Seuchen, Kriegen und verschärfter Ausbeutung. In Wirklichkeit hatte das Bild auch andere Seiten. Auch wenn die Grundherren der Agrarkrise in vielen Gegenden zunächst nur neue Versklavungsversuche entgegenzusetzen wußten, fanden sie in der Regel eine Lösung des Problems nur, wenn sie gutsherrliches Land verpachteten. Vom Schicksal begünstigte, verständigere oder skrupellosere Bauern erhielten damit die Möglichkeit, ihren Landbesitz auszudehnen, ihre Wirtschaft der neuen Situation anzupassen, alte rechtliche und wirtschaftliche Fesseln zu zerreißen und ihre wirtschaftliche Position zu festigen. In England begann der Aufstieg der Freisassen, und bald unterschied sich ihre wohlhabende Oberschicht, was Wohlstand und gesellschaftliche Position anging, kaum noch von der unteren Schicht der Ritter.

In unserer Zeit heißt es bei P. T. Bauer und B. S. Yamey über die Wirtschaft unterentwickelter Länder: »Die Vergrößerung der Reichweite wirksamer freier Auswahl ist das wichtigste Ziel der wirtschaftlichen Entwicklung und zugleich der beste Maßstab, an dem sich messen läßt, ob das Ziel erreicht worden ist.« Legt man diesen Maßstab an das 14. Jahrhundert an, so erscheint es als ein Zeitalter, in dem viele Bauern wirtschaftlich aufsteigen konnten: dank höherem Einkommen und verschiedenen Beschäftigungsmöglichkeiten konnten sie auch zwischen mehr Waren eine freie Wahl treffen.

Gewiß bedeutete die zunehmende Mobilität der Bauernbevölkerung, daß die einen ihr Land verloren, während die anderen neues erwerben konnten; aber die Verknappung auf dem ländlichen Arbeitsmarkt nach dem Schwarzen Tod brachte höhere Löhne für die Überlebenden, auch wenn sich die herrschenden Klassen alle Mühe gaben, die Löhne auf dem Niveau zu halten, auf dem sie sich vor der Seuche bewegt hatten. Die zunehmende Nachfrage nach größeren Warenmengen und bunterem Warensortiment ließ neue Gewerbe entstehen; auch in den Dörfern eröffneten sich Beschäftigungsaussichten in mehr Berufen als zuvor: gebraucht wurden Stellmacher, Grobschmiede, Lohgerber, Böttcher, Töpfer, Müller, Bäcker, Stroh- und Ziegeldachdecker, Zimmerer. Manche Techniken – zum Beispiel Ziegelbrennerei – fanden weitere Verbreitung, andere – wie die Zimmererkunst – wurden verbessert.

Da in England die Walkerei mehr beansprucht wurde, verlagerte sich die Tuchmacherei auf das flache Land; es gab neue Arbeit für die Landleute: Kämmen, Krempeln und Spinnen der Wolle für die Frauen; Weben, Walken, Färben, Zurichten des Gewebes für die Männer. Größerer Bedarf an Metallen wie Eisen und Kupfer – sei es für alltägliche Geräte und Werkzeuge wie Töpfe und Pflüge, sei es für Kanonen, die in die Kriegführung eindrangen – bedeutete vermehrten Auftrieb für den Bergbau in verschiedenen Ländern; in der vordersten Reihe standen Schweden, Deutschland, Österreich, Böhmen, Lothringen, die Dauphiné, Ungarn; das trug überall, vor allem aber in Schweden, zur wirtschaftlichen Unabhängigkeit und politischen Bedeutung der Bergleute bei.

Nicht minder buntscheckig waren die Schicksale der unteren Schichten in der Stadt. Unter den schweren Schlägen der Seuche litten sie noch mehr als die Bauern: die überfüllten, vollgestopften Häuser, die engen Gassen und sanitätswidrigen Zustände der mittelalterlichen Städte schufen ideale Voraussetzungen für galoppierende Epidemien. Nach manchen Berechnungen hinterließ die durchschnittliche Londoner Kaufmannsfamilie in dieser Periode nur einen einzigen männlichen Abkömmling; trotz frühen und häufigen Heiraten starben die meisten Kaufmannsfamilien in der männlichen Linie nach kaum mehr als zwei Generationen aus. Galt das schon für die herrschende Klasse, so mußte das Leben der unteren Schichten noch viel gefahrenreicher sein: sie waren in der Regel unterernährt, hatten kaum die Möglichkeit, der Seuche zu entfliehen, und waren auf Wasser angewiesen, das von Kloaken verpestet wurde; Unrat wurde auf die Straße geworfen und nährte Ratten und Ungeziefer, die Krankheitskeime weitertrugen.

Die Kaufmannsaristokratie, die die Städte beherrschte, wurde immer exklusiver. Das wurde allerdings nicht überall so deutlich demonstriert wie in Venedig, wo der Große Rat die künftige Mitgliedschaft schon 1297 auf die in seiner Mitte bereits vertretenen Kaufmannsfamilien beschränkt hatte. Größere Verbreitung fanden die komplizierteren Techniken des Herrschaftsmonopols, die Großkaufleute in englischen und deutschen Städten ersonnen hatten: Kooptation, Verbot des Grundstückserwerbs, unerschwingliche Zunftbeiträge. In den größeren Städten wuchs die Unzufriedenheit, namentlich in Flandern und Norditalien, wo die Unterschiede in der Lebenshaltung zwischen Reichen und Armen exorbitant geworden waren.

Daß mehr Qualitätsware auf entlegenen Märkten abgesetzt wurde, versprach zwar größeren Reichtum, brachte aber auch Absatzstockungen und Arbeitslosigkeit mit sich. In den flämischen Städten entbrannten heftige Machtkämpfe nicht nur zwischen Patriziern auf der einen und kleinen Meistern oder Arbeitern auf der anderen Seite, sondern auch zwischen den Tuchmachern und anderen Zünften. In Italien führte die Auflehnung der Armen gegen die Reichen zu Revolten in mehreren Städten; am bedeutendsten war der Aufstand der Ciompi in Florenz 1378. In anderen Ländern fanden Unruhen anderen Ursprungs lebhaften Widerhall in den unteren Bevölkerungsschichten der größeren städtischen Zentren: der französischen Jacquerie von 1358 erstand ein Bundesgenosse in Étienne Marcel, dem Führer des dritten Standes in Paris, und der englische Bauernaufstand von 1381 wurde in seinen Anfängen von vielen Angehörigen der unteren Stände Londons unterstützt. Nur selten waren Revolten der kleinen Leute so erfolgreich wie 1382 in Lüttich; gewöhnlich wurden sie niedergeschlagen und die arbeitenden Massen von den Stadtbehörden von neuem an die Kandare genommen.

Auch dies Bild zeigt indes einige andere Aspekte. In manchen Ländern – so in England – gelang es den kleinen Handwerksleuten hin und wieder, sich einen Anteil an der Stadtregierung, wenn auch keinen übermächtigen, zu erkämpfen. Und gewiß wehrten sich nicht nur die großen Kaufleute mit Reglementierung und Wettbewerbsbeschränkungen gegen wirtschaftlichen Abstieg. Überall erstarkten die Zünfte, und überall führten sie strikte Vorschriften zur Fernhaltung der Konkurrenz, zur Sicherung einer Monopolstellung für ihre Mitglieder und zur Ausschaltung von Preisunterbietung und Kundenfang ein. Den Mitgliedern der Zünfte wurden in gewissen Grenzen Lebensunterhalt und gesellschaftliche Position garantiert, und die Nachfrage nach einem vielfältigeren und qualitativ besseren Warenangebot verhieß bescheidene Vergrößerungsaussichten. Sogar in London, das an Einwohnerzahl und Wohlstand hinter anderen Städten zurückblieb, waren Besucher durch Zahl und Reichtum der Gold- und Silberschmiede beeindruckt.

Mitunter kamen auch den unteren Schichten die Reformmaßnahmen der Stadtbehörden zugute: Ordnung und Sicherheit, verbesserte Wasserversorgung, sanitäre Anlagen, Straßensäuberung und Straßenbeleuchtung, Versorgung der Märkte, Schulen und Krankenhäuser. Auch den Benachteiligten ermöglichte die Verfeinerung der Lebensart der europäischen

Gesellschaft die Teilnahme an Lebensgenüssen, die das Leben erträglicher machten: jeder konnte sich an den großen prunkvollen Straßenprozessionen erfreuen und als Zuschauer die von den Zünften aufgeführten Mysterienspiele genießen, und es gab auch noch große Feste anläßlich der Kirchenfeiertage wie das Mittsommerfest am Vorabend des Johannistages. Das flache Land war für die kleinen Leute der Stadt noch nicht – wie später im 19. Jahrhundert – in unerreichbare Ferne gerückt, und im übrigen galt der Grundsatz »Stadtluft macht frei«.

Nach heutigen Maßstäben mag das Leben der kleinen Leute im 14. Jahrhundert kurz und primitiv gewesen sein; doch war es meistens sicherer, angenehmer und bequemer als im 12. Jahrhundert. Zu den heftigen Konflikten und Zusammenstößen der flämischen und norditalienischen Städte gab es kein Gegenstück in England oder im Bereich der Hanse.

Die Bauern und die städtischen Kleinbürger verband manches Gemeinsame mit anderen Lebensbereichen Europas im 14. Jahrhundert. Noch herrschte die Einheit eines universalen Glaubens und einer verbindlichen Zivilisation, die ständigen Austausch und ständiges Aufeinanderwirken von Ideen, Institutionen, Bewegungen und Bräuchen mit sich brachte. Innerhalb dieser grundlegenden Einheit gab es aber auch Verschiedenartigkeit und Vielfalt, mancherlei Unterschiede nicht nur von Land zu Land, zwischen Nord und Süd, Ost und West, sondern auch innerhalb der einzelnen Länder. Von der bunten und wechselvollen Szenerie der Zeit gilt, was William Langland, ein großer englischer Dichter des Jahrhunderts, in dem Stabreimgedicht *Vision of Piers Plowman* festzuhalten wußte:

Ein fein' Feld voller Volk fand ich da bei ihnen:
Menschen aller Maße, mindere und reiche,
Am Werk und im Wandern, wie die Welt es wohl wünscht.

UNIVERSALGESCHICHTE
IN STICHWORTEN

NAMEN- UND SACHREGISTER

QUELLENVERZEICHNIS
DER ABBILDUNGEN

UNIVERSALGESCHICHTE IN STICHWORTEN

510–519

Der Merowinger *Chlodwig I.*, König der Franken, stirbt (27. 11. 511); er hatte erstmals die fränkischen Stämme zu einem Reich geeint; die Herrschaft wird unter seine vier Söhne geteilt. *Sigismund*, König der Burgunder und Konvertit vom Arianismus zum Katholizismus, sucht sich Byzanz anzunähern und erregt damit den Zorn seines Schwiegervaters *Theoderichs des Großen* (517). *Iustinus I.*, seit dem Vorjahr oströmischer Kaiser, schließt Frieden mit Papst *Hormisdas* und beendet so das Schisma der Kirche (519). Im Dokument »regula fidei« wird das römische Dogma voll anerkannt; *Iustinus* sucht Annäherung an *Theoderich* und ernennt *Eutharich*, den Gemahl der Tochter *Theoderichs*, *Amalaswintha*, zum Konsul; *Theoderich* stimmt dem Kirchenfrieden zu.
Byzanz: siehe Band IV, S. 667.

520–529

Chlothar I., *Chlodomer* und *Childebert I.*, Könige im Frankenreich, überfallen Burgund (523), während König *Sigismund* durch das Zerwürfnis mit *Theoderich dem Großen* und dessen Kriegsvorbereitungen aufs äußerste bedroht ist; *Sigismund* und sein Bruder *Godomar* werden von den Franken geschlagen, können jedoch entkommen. *Sigismund* wird an den Frankenkönig *Chlodomer* verraten und gefangengenommen; die Herrschaft tritt dessen Bruder *Godomar* an. Im Vandalenreich besteigt *Hilderich*, Enkel des Reichsgründers *Geiserich*, den Thron (6. 5. 523). *Godomar*, König der Burgunder, schlägt die Franken unter König *Chlodomer* bei Véseronce, *Chlodomer* fällt. *Chlodomers* Herrschaftsgebiet in Aquitanien teilen, nachdem seine Erben umgebracht worden sind, seine Brüder *Childebert I.* und *Chlothar I.* unter sich auf (524). *Boëthius*, vornehmer Römer und einst an *Theoderichs des Großen* Hof, wird des Hochverrats angeklagt und auf *Theoderichs* Geheiß ungehört in Pavia hingerichtet (524). Papst *Johannes I.* wird von *Theoderich* nach Byzanz entsandt, um Kaiser *Iustinus I.* zur Einstellung der Maßnahmen gegen die Arianer in seinem Reich zu veranlassen (525). Er kehrt von seiner Mission zurück, nachdem er *Iustinus I.* gekrönt hat; unzufrieden mit dem Erreichten, läßt *Theoderich* den Papst ins Gefängnis werfen, der nach wenigen Tagen stirbt (18. 5. 526). *Theoderich der Große* stirbt (30. 8. 526); sein zehnjähriger Enkel *Athalarich* tritt unter der Regentschaft seiner Mutter *Amalaswintha* die Nachfolge an. *Iustinus I.* stirbt (1. 8. 527); Nachfolger wird sein Neffe *Justinian I.*, dessen Gemahlin *Theodora* großen Einfluß auf ihn ausübt. Die Hochschule in Athen wird als heidnisches Überbleibsel von Kaiser *Justinian I.* geschlossen (529); *Benedikt von Nursia* begründet Monte Cassino, das Mutterkloster des Benediktinerordens (529).
Byzanz: siehe Band IV.

530–539

Godomar, König der Burgunder, hat sich mit *Amalaswintha*, Tochter *Theoderichs des Großen* und Regentin der Ostgoten, zum Schutz gegen die Franken verbündet; *Amalaswintha* läßt das von ihrem Vater besetzte burgundische Gebiet wieder räumen (530). Der Vandale *Hilderich* hat durch seine Unterwürfigkeit gegenüber Rom und Byzanz wie durch seine Unfähigkeit, die Mauren im Zaum zu halten, die Anführer der Vandalen gegen sich aufgebracht; sie scharen sich um *Gelimer*, Urenkel des Reichsgründers *Geiserich*, der *Hilderich* stürzt (19. 5. 530). *Bonifatius II.*, ein in Rom geborener Gote, wird Papst (22. 9. 530); *Theuderich I.*, König der Ostfranken, unternimmt einen Feldzug gegen die Thüringer, an dem sich auch *Chlothar I.*, König im salischen Kernland, beteiligt; dieser erste Angriff schlägt fehl (531). *Amalarich*, König der Westgoten, selbst Arianer, sucht durch Mißhandlungen seine Gemahlin *Chrodechildis*, Tochter *Chlodwigs I.*, vom katholischen Glauben abzubringen; deren Bruder König *Childebert I.*, überzieht ihn dafür mit Krieg und schlägt ihn bei Narbonne (531); während *Childebert* sich zurückzieht, ohne den Sieg zu nutzen, stirbt *Amalarich* in Barcelona; mit ihm erlischt das Geschlecht *Alarichs*. *Chlothar I.* und *Childebert I.*, Könige der Franken, greifen noch einmal das Burgunderreich an; sein König *Godomar* wird bei Autun vernichtend geschlagen; Burgund fällt den Franken zu (532). *Belisar* schifft sich mit etwa 20000 Mann zu Byzanz ein (Ende Juni); nach der Landung in Nordafrika (Anf. Sept.) marschiert er auf Karthago, wo es beim zehnten Meilenstein (»ad decimum«) vor der Stadt zur Schlacht kommt, *Gelimer* wird geschlagen (13. 9.), *Belisar* zieht in Karthago ein (15. 9.). In einer neuen Schlacht (bei Tricamarum) werden die Vandalen wieder besiegt, *Gelimer* entflieht; das Vandalenreich ist zerschlagen (Mitte Dez. 533). Papst *Johannes II.* besteigt den Stuhl Petri, nachdem er den heidnischen Namen *Mercurius* abgelegt hat; er ist der erste Papst, der einen neuen Namen annimmt (2. 1. 533). König *Theuderich I.* führt mit Unterstützung *Chlothars I.* und wohl auch mit sächsischer Hilfe die Franken nochmals gegen Thüringen; eine Schlacht in der Unstrutgegend (534) besiegelt das Schicksal Thüringens, das bis zur Mitte des 11. Jahrhunderts keine Rolle mehr spielt. Burgund wird unter den fränkischen Königen *Chlothar I.* und *Childebert I.* und ihrem Neffen *Theudebert I.* aufgeteilt (534). *Athalarich*, König der Ostgoten, stirbt (2. 10.); seine Mutter *Amalaswintha* läßt sich zur Königin ausrufen; die dadurch ausgelöste Unruhe sucht *Amalaswintha* zu dämpfen, indem sie ihren Vetter *Theodahad* zum Regenten bestellt. Er reißt jedoch mit Hilfe des ostgotischen Adels die Herrschaft an sich und setzt *Amalaswintha* gefangen (Nov. 534). *Gelimer*, letzter Vandalenkönig, hat sich in eine Bergfeste geflüchtet, wo er sich den Belagerern unter *Belisar* ergibt (etwa April 534); bei seiner Rückkehr nach Byzanz führt ihn *Belisar* im Triumphzug mit. *Amalaswintha* wird im Bade ermordet (30. 4. 535), wohl auf Betreiben des neuen Königs *Theodahad; Justinian I.* tritt als ihr Rächer auf; *Theodahad* sendet Papst *Agapet I.* zu *Justinian*; dennoch rüstet der Kaiser zum Krieg; *Belisar* erhält den Oberbefehl, besetzt Sizilien (535) und erobert Neapel. Die Ostgoten setzen nun *Theodahad* ab und erheben *Witiges*, einen Heerführer *Theoderichs*, zum König. Vor dem anrückenden *Belisar* zieht *Witiges* nach Norden ab; *Belisar* erobert Rom (9. 12. 536); die byzantinische Herrschaft in Italien beginnt. *Witiges* führt das gotische Heer wieder nach Süden und nimmt die Belagerung des von *Belisar* besetzten Roms auf (Febr. 537). Er muß die Belagerung ergebnislos abbrechen (März 538), nachdem in seinem Rücken byzantinische Truppen Ravenna bedrohen. Inzwischen dringen fränkische Heerhaufen unter *Theudebert I.* ins Ostgotenreich ein und schlagen sich mit den byzantinischen Truppen und den von ihnen bedrängten Goten; *Witiges* muß sich nach Ravenna zurückziehen und wird dort von den Byzantinern belagert; die Ostgoten, von kriegerischen Mißerfolgen und Hungersnot zermürbt, geben *Witiges* preis und tragen dem byzantinischen Heerführer *Belisar* die Herrschaft an (539); *Belisar* geht zum Schein darauf ein und kann Ravenna ungehindert einnehmen.

Byzanz: siehe Band IV.

540–549

Justinian I., in Kämpfe mit den Persern verwickelt, ruft *Belisar* zurück, der das Königspaar *Witiges* und *Mataswintha* sowie den Kronschatz der Ostgoten mit nach Byzanz nimmt (540). Die Ostgoten erheben den Adligen *Baldwila (Totila)* zum König, der *Theoderichs des Großen* Politik fortsetzt, indem er die einheimische Bevölkerung zu gewinnen sucht und besonders das von Byzanz unterdrückte Landvolk der Gotenherrschaft geneigt macht; zugleich vertritt er energisch seinen Herrschaftsanspruch gegenüber Byzanz. *Totila* erobert große Teile Süditaliens mit Neapel zurück (543). *Justinian I.* entsendet daraufhin *Belisar* aufs neue nach Italien (544), der sich, von Byzanz ungenügend mit Truppen und Ausrüstung versehen, nur schwer behaupten kann. *Totila* zieht zur Belagerung vor Rom (545) und nimmt es durch List (546); *Justinian I.* weist *Totilas* Herrschaftsansprüche zurück, bestärkt von den nach Byzanz emigrierten, gotenfeindlichen italischen Großgrundbesitzern und von *Mataswintha*, der in Byzanz lebenden Witwe des Gotenkönigs *Witiges*. *Belisars* Truppen haben sich wieder in Rom festgesetzt (547). *Theudebert I.*, König im Ostteil des Frankenreiches, stirbt (548). *Belisar* wird nach Byzanz zurückgerufen, die gotische Herrschaft festigt sich weiter (548). Die Ostgoten unter *Totila* können noch einmal Rom einnehmen, erobern zudem noch eine Anzahl wichtiger Hafenplätze (549).

Byzanz: siehe Band IV.

550–559

Justinian entsendet seinen Feldherrn *Narses* zur endgültigen Niederwerfung der Ostgoten nach Italien, während *Totila* mit einer Flotte Sizilien erobert hat und auf Sardinien und Korsika erscheint; ein Seesieg der Byzantiner bei Sena Gallica macht die gotischen Erfolge zunichte; *Narses* nimmt Ravenna und zieht nach Süden. Bei Tadinae kommt es zur Schlacht, in der *Totila* fällt (551); auch das von einer schwachen gotischen Garnison verteidigte Rom wird genommen; in Pavia wählen die Ostgoten noch einmal einen König, den Heerführer *Teja*, der sich bis Kampanien durchschlägt und nach tapferem Kampf am Fuß des Vesuv fällt (1. 10. 552). *Prokopios*, Geheimschreiber im Stabe des byzantinischen Feldherrn *Belisar*, beschreibt in seinem Geschichtswerk Kampf und Untergang des Vandalen- und des Ostgotenreiches. Fränkisch-alemannische Heerhaufen fallen, das Ende des Ostgotenreiches nutzend, in Italien ein. Sie werden aber von den kaiserlichen Truppen unter *Narses* bald wieder vertrieben (554), nachdem Seuchen in dem verwüsteten Land viele Opfer unter den Franken gefordert haben; *Justinian I.* ernennt *Narses* zum Exarchen in Italien. In Spanien landet eine byzantinische Expedition und unterstützt den (551 erhobenen) Gegenkönig *Athanagild*, sie erobert den Süden zwischen Cartagena und Cádiz und stößt bis Córdoba vor; *Athanagild* wird Alleinherrscher (555).

Byzanz: siehe Band IV.

560–569

Chlothar I., König der Franken, unter dem 558 das Frankenreich noch einmal vereinigt wurde, stirbt (561). Das Reich wird erneut unter seine Söhne geteilt; *Charibert* erhält ein Gebiet im Westen mit Paris, *Guntchramn* Burgund, *Sigibert I.* den östlichen Teil (Austrien) und *Chilperich I.* den übrigen Westen, das alte salische Franken, mit Soissons. *Albuin*, der Schwiegersohn des Frankenkönigs *Chlothar I.* und Sieger über die Gepiden, wird König der Langobarden (561). Die Awaren fallen zum ersten Male ins Frankenreich ein, in der Nähe von Regensburg schlägt *Sigibert I.* sie zurück (562). Der irische Mönch *Columba* gründet auf der Insel Iona vor der schottischen Küste ein Kloster, das zum Ausgangspunkt der Missionierung Schottlands wird (563). *Columba* beginnt seine Mission unter den Pikten (565). *Charibert*, Sohn *Chlothars I.* und Frankenkönig in Paris, stirbt; sein Herrschaftsgebiet fällt an seinen Bruder *Chilperich I.*, der damit das Gebiet im Westen (Neustrien) zusammenfaßt; die so entstandene Gliederung des Frankenreiches in Austrien, Neustrien und Burgund bleibt für die Zukunft maßgebend (567). *Radegunde*, einstige Gemahlin König *Chlothars I.*, gründet das Kloster Sainte-Croix zu Tours (567). *Athanagild*, König der Westgoten, der seine Töchter *Brunhilde* und *Gailswintha* mit den Frankenkönigen *Chilperich I.* und *Sigibert* vermählt hat, stirbt; um die Nachfolge kommt es zum Streit (567). *Leowigild* wird König der Westgoten; er vermählt sich mit *Athanagilds* Witwe *Goeswintha* (568). Die Langobarden unter ihrem König *Albuin* rücken vor den von Osten vordringenden Awaren, denen sie Pannonien preisgeben, nach Süden ab; sie erobern Nord- und Mittelitalien bis auf Rom und Ravenna und nehmen Mailand (4. 9. 569).

Byzanz: siehe Band IV.

570–579

Die Langobarden erobern Pavia (572), das *Albuin* zur Hauptstadt seines Reiches erhebt; er wird ermordet (573?), das Reich löst sich in zahlreiche Herzogtümer auf. *Chilperich I.* läßt seine Gemahlin *Gailswintha* ermorden, um seine Konkubine *Fredegunde* zu heiraten; *Brunhilde*, *Gailswinthas* Schwester und Gemahlin *Sigiberts I.*, treibt zur Blutrache an. *Sigibert I.* wendet sich gegen seinen Bruder *Chilperich I.*, die Ermordung *Gailswinthas* zu rächen. Er erobert Paris, wird aber auf Anstiften *Fredegundes* in der Pfalz von Vitry ermordet, *Brunhilde* gerät in Gefangenschaft; die Nachfolge im Osten tritt *Sigiberts* Sohn *Childebert II.* an (575). Gegen *Leowigild*, König der Westgoten, empört sich sein Sohn *Hermenigild*, den er zum Mitregenten erhoben hat (572), der aber inzwischen zum Katholizismus übergetreten ist.

Byzanz: siehe Band IV.

580–589

Chilperich I. wird in Chelles, unweit Paris, ermordet; sein Sohn, der spätere König *Chlothar II.*, ist noch kein halbes Jahr alt; *Brunhilde*, seine Gegenspielerin, seit 576 im Westen festgehalten, kehrt wieder in den Osten des Reiches zurück, wo sie sich zusammen mit ihrem Sohn *Childebert II.* mit dem aufsässigen Adel auseinanderzusetzen hat (584). Die Langobarden wählen angesichts der Bedrohung durch das byzantinische Exarchat und König *Childebert II.* von Austrien *Authari* zu ihrem König, der das Reich wieder zusammenfaßt (584). *Leowigild*, König der Westgoten, unterwirft die Sueben in Galicien und drängt den fränkischen Einfluß in Nordspanien zurück; er wirft die Empörung seines Sohnes *Hermenigild* nieder und läßt ihn in Tarragona hinrichten (585). *Authari*, König der Langobarden, schließt mit dem byzantinischen Exarchen *Smaragdus* einen dreijährigen Waffenstillstand (585). *Leowigild* hat als König der Westgoten den Byzantinern die meisten ihrer Eroberungen in Südspanien einschließlich Córdobas wieder entrissen, das alte Eheverbot zwischen Goten und Romanen aufgehoben und sein Reich gefestigt; er stirbt in Toledo (586). Ihm folgt sein Sohn *Rekkared;* er tritt zum Katholizismus über (587).

Byzanz: siehe Band IV.

590–599

Gregor I. (der spätere *Gregor der Große*) wird gegen seinen Willen zum Papst gewählt (3. 9. 590). *Authari*, König der Langobarden, hat sich mit der Bayernprinzessin *Theudelinde* vermählt. Er hat sich der Franken unter *Childebert II.* zu erwehren, der sich mit dem byzantinischen Exarchat verbündet hat; während der Verhandlungen über einen Frieden mit *Childebert* stirbt er in Pavia (5. 9. 590); sein Nachfolger *Agilulf*, der nun *Theudelinde* heiratet, schließt den Frieden und erkennt die fränkische Oberhoheit an; Byzanz, nun isoliert, muß sich mit dem Fortbestehen des Langobardenreiches abfinden. Der Ire *Columban* trifft in Burgund ein (um 590), wo er seine Mission beginnt und mehrere Klöster gründet. Der fünfundzwanzigjährige *Muhammad*, aus ärmlichen Verhältnissen stammend, heiratet die reiche Kaufmannswitwe *Chadidscha*, in deren Haus er vorher gedient hat, und wird sozial unabhängig (594). *Childebert II.*, König im Osten des Frankenreiches, stirbt; *Brunhilde* übernimmt nach dem Tode ihres Sohnes *Childebert II.* (596) die Regentschaft für dessen Söhne, von denen *Theudebert II.* König in Austrien, *Theuderich II.* König von Burgund wird. *Fredegunde*, Witwe des ermordeten *Chilperich I.*, nutzt die nach dem Tode *Childeberts II.* im Osten entstandenen Wirren und führt ein Heer gegen *Brunhilde* und ihre Enkel; *Fredegundes* Tod bringt das Ende des Krieges (597). *Augustin* wird von Papst *Gregor I.* zur Mission nach England entsandt und mit seinen Mönchen von König *Ethelbert* von Kent freundlich empfangen (597). *Ethelbert* nimmt die Taufe und fördert die Mission.

Byzanz: siehe Band IV.

600–609

Papst *Gregor I.* ordnet das Kirchenwesen; er beginnt mit der Mission unter den Angelsachsen (um 600). Papst *Gregor* läßt in einem »Antiphonar« die unter vielfältigen Einflüssen entstandene einstimmige Musik des Christentums – den »Gregorianischen Gesang« – zusammenfassen. *Isidorus* wird Erzbischof von Sevilla, er läßt antike Schriften sammeln und verfaßt eine

Enzyklopädie des Wissens seiner Zeit. *Augustin*, Bischof und Missionar in Canterbury, wird von Papst *Gregor I.* zum Erzbischof und Metropoliten der Kirche in England ernannt (601). In Arles wird mit dem Bau der Kathedrale begonnen (um 600). *Columban* wird von einer fränkischen Synode wegen seines Festhaltens an den Gebräuchen der irischen Kirche angeklagt (602). Die Langobarden nehmen Mantua und Cremona (603). Die »Crwth«, ein harfenähnliches Streichinstrument der keltischen Barden, wird 909 von *Venantius Fortunatus* erwähnt; aus ihr entwickelten sich die späteren Streichinstrumente.

Byzanz: siehe Band IV.

610–619

Frankenreiche, Papsttum, der Westen: *Columban* wird von den seiner Anklagen gegen *Brunhilde* und *Theuderich II.* wegen ergrimmten Merowingern verhaftet; er verläßt Burgund und zieht zur Missionierung weiter zu den Alemannen (610). Die Westgoten vertreiben die Byzantiner aus Südostspanien; Byzanz hält nur noch ein Stück der spanischen Südwestküste (612). *Arnulf* wird Bischof von Metz (612); er ist der Stammvater der Arnulfinger und Karolinger. Der irische Mönch *Gallus* läßt sich als Einsiedler unter den Alemannen nieder (613); aus seiner Zelle entstehen später Kloster und Stadt St. Gallen. Nach dem Tode *Theuderichs II.*, ihres Enkels (613), will *Brunhilde* dessen Sohn *Sigibert* zum König im Osten des Frankenreiches erheben; da ruft der Adel unter Führung des Hausmeiers *Pippin ›des Älteren‹* und *Arnulfs Chlothar II.*, den König im Westen, herbei; *Brunhilde* wird gestürzt, an *Chlothar* ausgeliefert und von ihm zu Tode geschleift; *Chlothar II.*, der Sohn von *Brunhildes* ermordetem Gegenspieler, wird zum König im gesamten Frankenreich erhoben. Er muß aber das »edictum Chlotarii« unterzeichnen (18. 10. 614), das die Königsgewalt gegenüber dem Adel einschränkt. *Columban* stirbt im von ihm gegründeten Kloster Bobbio in der Lombardei (23. 11. 615). Der junge Prinz *Oswald* von Northumbrien findet als Flüchtling im Kloster Iona Aufnahme und wird von den irischen Mönchen zum Christentum bekehrt. *Chlothar II.*, König des Westreiches (Neustrien), erreicht die Wiedervereinigung des Frankenreiches (618); jeder der drei Reichsteile Austrien, Neustrien und Burgund wird von einem Hausmeier (»majordomus«) als Vorstand der Hofhaltung verwaltet.

Byzanz: Gegen die Schreckensherrschaft des byzantinischen Kaisers *Phokas* erhebt sich *Herakleios*, Exarch von Karthago; er beseitigt dessen Regiment und empfängt die Kaiserkrone (5. 10. 610). Die Byzantiner erobern Caesarea von den Persern zurück (611). Dennoch breitet sich die persische Eroberung über Vorderasien aus. Die Byzantiner werden bei Antiocheia von den Persern geschlagen; die Perser erobern Damaskus (613). Die Perser marschieren in Kilikien ein, nehmen Tarsos und erstürmen und plündern Jerusalem (614). Sie dringen wieder in Kleinasien ein und stoßen bis zum Bosporus vor; gleichzeitig verstärkt sich im Norden der Druck der Awaren und Slawen gegen Byzanz (615). Die Awaren plündern die Vorstädte von Konstantinopel (Juni); *Herakleios* erkauft einen Frieden (619); die Perser treten zur Eroberung Ägyptens an.

Islam: *Muhammad* verkündet die Lehre von Allah, dem alleinigen Gott (um 610).

620–629

Frankenreiche, Papsttum, der Westen: *Chlothar II.* gibt auf Betreiben *Pippins des Älteren* die Herrschaft im Osten des Reiches seinem Sohn *Dagobert I.*: Stellung des Königs und Reichseinheit sind wiederum zugunsten der Macht der Hausmeier und des Adels geschwächt (625). *Samo*, ein fränkischer Kaufherr, vernichtet mit westslawischen Stämmen die Oberherrschaft der durch den byzantinischen Sieg geschwächten Awaren (626) und macht sich zum König eines Slawenreiches, das sich zeitweilig von Südböhmen bis in die Magdeburger Gegend erstreckt. *Dagobert I.*, seit 625 schon König des Ostreiches, tritt nach dem Tode seines Vaters *Chlothars II.* die Herrschaft auch im Westen an (629). Die Westgoten vertreiben die Byzantiner aus ihren letzten Stützpunkten an der Südwestküste Spaniens.

Byzanz: *Herakleios* bricht zum Krieg gegen die Perser auf (5. 4. 622); die Byzantiner stoßen bis nach Armenien durch, wo die Perser geschlagen werden; Kleinasien ist wieder byzantinisch. Bei einem neuen Vorstoß gegen die Perser (März 623) fällt Ganzak, der Feuertempel *Zarathustras* wird zur Vergeltung für die Plünderung Jerusalems zerstört. Die Awaren erscheinen vor Konstantinopel (27. 7. 626) und schließen die Stadt ein; die byzantinische Flotte vernichtet die Slawenflotte endgültig (10. 8.), auch zu Lande werden die Awaren zurückgeschlagen. Die Perser werden wieder aus Kleinasien vertrieben. *Herakleios* zieht aufs neue gegen die Perser (Herbst 627); bei Ninive schlägt er (Anf. Dez.) die Perser vernichtend. Er dringt weiter südwärts vor; die persische Macht zerfällt (628). Ein Jahr später wird Jerusalem besetzt.

Islam: *Muhammad* wandert von Mekka nach Medina aus (15. 6. 622): die »Hidschra« wird zum Ausgangspunkt der Zeitrechnung des Islams. *Muhammad* heiratet die zehnjährige *A'ischa*, die seine Lieblingsfrau wird (624). Medina wird vergeblich von *Muhammad*-feindlichen Mekkanern belagert (627). *Muhammad* tritt die »kleine Pilgerfahrt« nach Mekka an (629).

630–639

Frankenreiche, Papsttum, der Westen: *Sigibert III.* (Austrien) und *Chlodwig II.* (Neustrien und Burgund) sind nach dem Tode ihres Vaters *Dagobert I.* nur noch Scheinkönige gegenüber der erstarkenden Macht der Hausmeier. Die Westgoten beschließen auf der Synode von Toledo (633), am Wahlkönigtum festzuhalten; nur Goten sind wählbar; das Fehlen der Kontinuität eines Königshauses führt zum fortschreitenden Verfall der Königsmacht (633).

Byzanz: *Herakleios* läßt in der Hagia Sophia die »Ekthesis« anschlagen, ein Edikt, das die »monotheletische« Lehre von den zwei Naturen, aber dem einen Willen Christi verkündet (638).

Islam: *Muhammad* erscheint mit einem Heer vor Mekka und nimmt die Stadt gegen geringen Widerstand ein (11. 1. 630); Stadt und Ka'ba werden vom Götzendienst gereinigt, der Islam behauptet sich siegreich in Arabien. *Muhammad* stirbt in Medina (632), ebenso seine jüngste Tochter *Fātima*, die als Gattin des Kalifen *Alī* Ahnfrau der Nachkommen des Propheten wird. *Abū Bakr*, Vater der *A'ischa*, wird erster Kalif. Medina wird Sitz des Kalifen. Nach *Abū Bakrs* Tod (634) wird *'Umar I.* neuer Kalif; er leitet die Eroberung Syriens, Ägyptens und Persiens ein. Die Araber unter *'Umar* fallen in byzantinisches Gebiet ein (634). Damaskus, von den Muslimen erobert, wird Sitz des Kalifen (635). Die Araber schlagen die Byzantiner am Jarmūk (20. 8. 636); mit Antiocheia fällt bald ganz Syrien den Arabern zu, wenig später auch Jerusalem und Teile Syriens (637). Das neugegründete Basra wird Umschlagplatz für den Handel mit Indien. Edessa, Hauptsitz christlich-syrischer Gelehrsamkeit, wird von den Arabern erobert (639), die auch das byzantinische Mesopotamien besetzen und unter *'Amr ibn al-'Ās* in Ägypten eindringen.

640–649

Frankenreiche, Papsttum, der Westen: *Grimoald*, der Sohn *Pippins des Älteren*, wird Hausmeier in Austrien; sein Streben gilt ebenso der Mehrung seiner Macht wie der Lösung Austriens von Neustrien (642). *Rothari*, König der Langobarden, läßt zum ersten Male das langobardische Volksrecht aufzeichnen (»Edictus Rotharii«, 643). Papst *Martin I.* besteigt ohne Genehmigung des Exarchen den Stuhl Petri (5. 7. 649), womit er *Constans II.* gegen sich aufbringt; *Martin* hält eine Synode im Lateran, die die von Byzanz vertretene Theologie ablehnt (Okt.); *Constans* entsendet *Olympios*, den Exarchen von Ravenna, um *Martin* zu verhaften. *Olympios* stellt sich jedoch gegen *Constans* und sucht in Italien die Macht zu übernehmen.

Byzanz: *Herakleios* stirbt (11. 2. 641) und hinterläßt die Regierung als Samtherrschaft seinen Söhnen *Konstantin III.* und *Heraklonas*. *Konstantin* stirbt (25. 5.), *Heraklonas* tritt mit seiner Mutter *Martina* die Alleinherrschaft an, doch werden beide gestürzt, verstümmelt und verbannt (Sept.); *Constans II.* tritt die Regierung an; der Krieg mit den Arabern wird mit einem von *Martina* vorbereiteten Frieden beendet (Nov.). Die Byzantiner räumen gemäß einem Vertrag mit den Muslimen Alexandreia (12. 9. 642).

Islam: Die Araber fallen über Mesopotamien in Armenien ein und erobern die Festung Dwin (Okt. 640), besetzen die Pentapolis und nehmen Tripolis an der Syrte (643). Der Kalif *'Umar I.* wird ermordet (Nov. 644); neuer Kalif wird *'Uthmān*; er setzt seinen Feldherrn *'Amr* ab, was Byzanz zu einer Gegenoffensive ermutigt. Ägypten gelangt endgültig unter arabische Herrschaft (646). Die Araber unter *Mu'āwija*, Statthalter in Syrien, fallen in Kappadokien ein und nehmen Caesarea (647). *Mu'āwija* läßt eine Flotte bauen und nimmt den Seekrieg gegen Byzanz auf (649).

650–659

Frankenreiche, Papsttum, der Westen: Papst *Eugen I.* stirbt, als ihm die Deportation durch die Byzantiner droht (2. 6. 657); Nachfolger wird *Vitalianus* (30. 7.), der sich Byzanz gegenüber nachgiebig zeigt.

Byzanz: Dreijähriger Waffenstillstand mit den Arabern (650). *Constans II.* läßt Papst *Martin I.* durch den neuernannten Exarchen *Theodoros Kalliopa* verhaften und nach Konstantinopel bringen (18. 6. 653), wo *Martin* des Hochverrats angeklagt und verurteilt wird (20. 12.). Auf des Kaisers Gebot hin wird in Rom Papst *Eugen I.* gewählt (10. 8. 654). *Constans II.* krönt seinen Sohn *Konstantin IV.* zum Mitregenten (Ostern 654). Unter Führung *Constans' II.* liefern die Byzantiner den Arabern eine Seeschlacht und werden geschlagen (655).

Islam: Der Kalif *'Uthmān* wird ermordet (17. 6. 656). Während *'Alī*, Schwiegersohn des Propheten, in Medina zum Kalifen erhoben wird, ruft *Mu'āwija* in Syrien zur Rache für *'Uthmān* auf; *'Alī* erringt einen Sieg in der »Kamelschlacht« bei Basra (9. 12.). Ein Teil der Anhänger des Kalifen *'Alī*, die Chāridschiten, sagt sich von ihm los und wird bald darauf von *'Alīs* Truppen niedergemetzelt (17. 7. 658); *Mu'āwija* kann sich in den Besitz Ägyptens setzen, muß sich aber durch einen Friedensschluß mit den Byzantinern den Rücken frei machen (659).

660–669

Frankenreiche, Papsttum, der Westen: Königin *Balthildis*, die Gemahlin *Chlodwigs II.*, gründet die Benediktinerabtei Corbie (662). Die Synode von Streaneshalch, 664 von König *Oswy* von Northumbrien einberufen, bringt eine Wende in den Auseinandersetzungen zwischen irisch-schottischem und römisch-katholischem Christentum; *Oswy* und die Synode entscheiden sich für »die Ansicht der ganzen katholischen Welt«.

Byzanz: *Constans II.* beginnt Krieg gegen die Langobarden, muß aber nach Anfangserfolgen aufgeben (663); er besucht Rom (5. 7.), wo er Papst *Vitalianus* beschenkt, aber kostbare Kunstwerke entführt. *Constans II.* verfügt die Trennung der Landeskirche im Exarchat Ravenna von Rom (1. 3. 666). In einer Verschwörung am Hof in Syrakus wird *Constans* im Bad ermordet (15. 9. 668); die Verschwörung wird niedergeschlagen; *Constans'* Sohn *Konstantin IV.* besteigt den Thron.

Islam: Der Kalif *'Alī* wird von einem Chāridschiten ermordet (24. 1. 661), damit findet der Bürgerkrieg rasch ein Ende; mit dem Kalifat *Mu'āwijas* beginnt die Herrschaft der *Umajjaden*-Dynastie. Die Araber fallen in Chalkedon ein und bedrohen Konstantinopel 667; erster Vorstoß gegen Sizilien.

670–679

Frankenreiche, Papsttum, der Westen: *Theodor*, Erzbischof von Canterbury, leitet die Synode von Hertford, die erste Synode Südenglands (673). *Pippin der Mittlere*, der Enkel *Arnulfs* von Metz, schart in Austrien Anhänger um sich und tritt den Herrschaftsansprüchen Neustriens entgegen (678).

Byzanz: Die Araber müssen ihre vergeblichen Flottenangriffe auf Konstantinopel einstellen; *Konstantin IV.* gewährt dem Kalifen *Mu'āwija* gegen jährliche Geldzahlungen einen dreißigjährigen Frieden (678); *Konstantin* rüstet zum Kampf gegen die auf dem Balkan vorgedrungenen Bulgaren.

Islam: Die Araber erobern die Halbinsel Kyzikos, von wo aus sie Konstantinopel unmittelbar bedrohen (670). Smyrna und die Küsten Lykiens und Kilikiens werden besetzt (672). Die Araber erscheinen zum erstenmal mit einer großen Flotte vor Konstantinopel (Frühjahr 674).

680–689

Frankenreiche, Papsttum, der Westen: Papst *Leo II.* kann, nachdem Byzanz endlich die Bestätigung erteilt hat, den Stuhl Petri besteigen (17. 8. 682). *Benedikt II.* wird Papst (26. 6. 684); der Kaiser verzichtet erstmals auf sein Recht der Bestätigung der Wahl, das er dem Exarchen von Ravenna überträgt. *Pippin der Mittlere* muß eine neue Niederlage durch Neustrien hinnehmen (686). Sussex bekennt sich als letztes Reich der Angelsachsen zum Christentum (686). *Pippin der Mittlere* schlägt Neustriens Hausmeier *Berthar* bei Tertry entscheidend (687) und tritt an die Spitze des Frankenreiches, wenn auch noch *Theuderich III.* die Krone trägt. Der Schwerpunkt des Reiches verlagert sich von Paris nach Metz. *Pippin der Mittlere* nimmt den Titel Hausmeier auch für Neustrien an und regiert das Frankenreich als »princeps regiminis« (688); in Neustrien wird *Berthar* ermordet. *Pippin* schlägt den Friesen-Herzog *Radbod* bei Wijkbij-Duurstede (689); Westfriesland kommt zum Frankenreich.

Byzanz: *Konstantin IV.* geht mit Flotte und Heer gegen die Bulgaren vor, wird aber zurückgeschlagen (680). Das sechste ökumenische Konzil wird von *Konstantin IV.* einberufen, um den theologischen Streit zu schlichten (7. 11. 680); Papst *Agathon* sendet Legaten. *Konstantin IV.* schließt mit den Bulgaren Frieden und verpflichtet sich zu jährlichen Zahlungen (681). Kaiser und Papst verdammen die Lehre der Monotheleten; Papst *Honorius I.* wird als Ketzer verurteilt; der theologische Streit ist beigelegt, aber der päpstliche Anspruch auf unfehlbare Lehrautorität erschüttert (681). Erfolgreicher Feldzug gegen die Slawen bis nach Thessalonike (688), die Slawenstämme müssen die Oberhoheit des Kaisers anerkennen; viele Slawen werden als »Stratioten« auf Soldatengüter in die von den Arabern verwüsteten Gebiete umgesiedelt.

Islam: Kalif *Mu'āwija* stirbt (18. 4. 680); gegen seinen Sohn *Jazīd* erhebt sich *'Alīs* Sohn *Husain*, der im Kampf fällt (10. 10.); er wird zum großen Märtyrer der Schī'a. Der Aufstand in Kūfa unter *Muchtār* zur »Rache für Husain« gegen das Kalifat bricht zusammen (687).

690–699

Frankenreiche, Papsttum, der Westen: *Willibrord*, Benediktinermönch aus Northumbrien, beginnt unter *Pippins des Mittleren* Schutz die Mission unter den Friesen (690). *Willibrord* wird auf Wunsch *Pippins* von Papst *Sergius I.* in Rom zum Erzbischof geweiht (695). Das Bistum Utrecht gegründet, *Willibrord* wird von *Pippin* als Bischof eingesetzt (696).

Byzanz: Neue Auseinandersetzungen zwischen Byzanz und den Arabern; der byzantinische Teil Armeniens unterstellt sich wieder dem Kalifat (691). Unter *Justinian II.* wird in Konstantinopel ein Konzil, das »Quinisextum«, abgehalten (692). Papst *Sergius I.* verwirft sämtliche Beschlüsse; die daraufhin von *Justinian* befohlene Festnahme *Sergius'* wird mit Waffengewalt vereitelt. *Justinian II.* wird verbannt und *Leontios*, der Stratege des Themas Hellas, zum Kaiser erhoben (Jahresende 695). Die Araber besetzen Karthago; Kaiser *Leontios* entsendet eine Flotte, die die Araber noch einmal zurückwerfen kann (697). Karthago und Nordafrika fallen endgültig den Arabern zu (698). Daraufhin empört sich die Flotte gegen *Leontios* und erhebt *Apsimaros* als *Tiberios II.* zum Kaiser.

Islam: *'Abd al-Malik* baut die Moschee des Felsendomes zu Jerusalem aus (691). Mekka wird von den Truppen des Kalifen unter *Haddschādsch ibn Jūsuf* gestürmt, mit dem Ende des Gegenkalifats ist der Weg zur Wiederherstellung der arabischen Einheit frei (692). *'Abd al-Malik* prägt die ersten arabischen Münzen (693).

700–709

Frankenreiche, Papsttum, der Westen: Auf einer englischen Synode in Northumbrien gewinnt die Opposition gegen *Wilfrid*, Erzbischof von York, die Oberhand (702). *Wilfrid* wendet sich an Papst *Johannes VI.*, der den Synodenbeschluß verwirft und *Wilfrid* in seinem Amt bestätigt (703); mit dieser Anrufung des Papstes als der höchsten Autorität schafft *Wilfrid* einen Präzedenzfall.

Byzanz: *Justinian II.* verbündet sich mit dem Bulgarenchan *Tervel* und erscheint mit einem bulgarisch-slawischen Heer vor Konstantinopel (Herbst 705); durch List gelangt er in die Stadt und besteigt abermals den Thron. Der Kaiser übt blutige Rache.

Islam: Unter *Mūsa ibn Nusair* Abschluß der arabischen Eroberung Nordafrikas bis an die Atlantikküste (708). Die Araber erobern das befestigte Tyana im Grenzgebiet Kappadokiens (709).

710–719

Frankenreiche, Papsttum, der Westen: *Pippin der Mittlere* stirbt (16. 12. 714); seine Witwe *Plektrudis* übernimmt die Regentschaft für *Dagobert III.* und ihren Enkel *Theudebald*, dessen Vater *Grimoald* ermordet wurde; *Karl Martell, Pippins* und der Nebenfrau *Alpheid* Sohn, wird in Austrien zum Hausmeier gewählt; *Plektrudis* läßt *Karl Martell* gefangensetzen, der aber entkommen kann (715). Papst *Konstantin* stirbt (9. 4.); zum neuen Papst wird *Gregor II.* gewählt (19. 5. 715). Die Neustrier unter *Chilperich II.*, den *Plektrudis* anerkennen muß, marschieren auf Köln; *Karl Martell* schlägt sie am Amblève (716); entscheidende Niederlage der Neustrier bei Vincy (717); *Karl Martell* erklärt *Chilperich II.* für abgesetzt und ernennt *Chlothar IV.*, angeblich Sohn *Theuderichs III.*, zum König. *Bonifatius* beginnt seine Mission auf friesischem Boden (718). *Chlothar IV.* stirbt; *Karl Martell* erkennt *Chilperich II.* wieder an (719).

Byzanz: *Justinian II.* sucht den Konflikt mit Rom zu lösen; auf seine Einladung hin erscheint Papst *Konstantin* in Konstantinopel (710). Der Armenier *Philippikos Bardanes* wird zum Kaiser ausgerufen; er erscheint mit der Flotte vor Konstantinopel (711), *Justinian* wird ermordet; der neue Kaiser erhebt den Monotheletismus wieder zur rechten Lehre; Papst *Konstantin* erkennt daraufhin den Kaiser nicht an. Der Bulgarenchan *Tervel* schwingt sich zum Rächer des ermordeten *Justinian II.* auf, seine plündernden und mordenden Horden ziehen durch Thrakien bis vor Konstantinopel (712). *Philippikos* bringt Truppen aus dem Thema Opsikion heran, die aber meutern; *Philippikos* wird gestürzt und geblendet (3. 6. 713); der Beamte *Artemios* besteigt als *Anastasios II.* den Thron. Die Truppen des Themas Opsikion rebellieren abermals und rufen den widerstrebenden Steuerbeamten *Theodosios III.* zum Kaiser aus (715); es kommt zum Bürgerkrieg, in dem sich die Opsikianer mit Hilfe der in ihrem Thema ansässigen Gotennachkommen durchsetzen; *Anastasios* zieht sich als Mönch zurück. *Leon*, Stratege des Themas Anatolikon, erhebt sich gegen *Theodosios III.*, durch ein Abkommen mit den Arabern gedeckt; *Theodosios* wird Mönch; *Leon* läßt sich in der Hagia Sophia als *Leon III.* krönen (717). Die Araber greifen Konstantinopel erfolglos an. *Leon* gewinnt den Bulgarenchan *Tervel* als Bundesgenossen gegen die Araber, die, von einer Seuche geschwächt und von den Bulgaren wiederholt geschlagen, die Belagerung aufheben (15. 8. 718).

Islam: Die Araber nehmen Septem (das heutige Ceuta) und halten damit die gesamte nordafrikanische Küste. Ein arabischer Heerführer, *Tāriq*, unternimmt einen Beutezug nach Spanien; er besiegt die Westgoten unter König *Roderich* bei Jerez de la Frontera (19.–25. 7. 711). *Mūsa ibn Nusair*, der Statthalter in Nordafrika, vollendet die arabische Eroberung Südspaniens im nächsten Jahr. Er erobert Barcelona und stößt über die Pyrenäen vor (713); Spanien außer dem christlichen Asturien im Norden und Septimanien sind in arabischer Hand; *Mūsa* wird abberufen.

720–729

Frankenreiche, Papsttum, der Westen: *Chilperich II.* stirbt; *Karl Martell* ist Hausmeier und Herr des ganzen Frankenreiches (720). *Odo*, Herzog von Aquitanien, schlägt die Araber bei Toulouse und treibt sie zurück (721). Papst *Gregor II.* tritt mit *Karl Martell* in Verbindung: erste Hinwendung Roms zum Frankenreich (722). *Bonifatius* fährt zum zweitenmal nach Rom und wird von Papst *Gregor II.* zum Bischof geweiht (30. 11. 722); er leistet dem Papst – das hatten bisher nur die dem Papst unmittelbar unterstehenden Bischöfe Italiens getan – einen Gehorsamseid und bindet damit sich und seine Mission an den Stuhl Petri. Auf der Insel Reichenau im Bodensee wird eine Benediktinerabtei gegründet (724), die später zu einem Mittelpunkt karolingisch-ottonischer Kunst wird.

Byzanz: *Leon III.* und sein Sohn *Konstantin* veröffentlichen die »Eklogé«, eine Sammlung des byzantinischen Rechts (726, oder erst 740/41?); *Leon* tritt erstmals öffentlich gegen die Bilderverehrung auf; hierüber folgt bald ein scharfer Briefwechsel mit Papst *Gregor II.*

Islam: *'Umar II.* bestätigt in einer Steuerreform die Steuerfreiheit aller Gläubigen (720). Die Araber erobern von Spanien aus Narbonne und belagern Toulouse (720). Kalif *Jazīd II.* läßt aus allen christlichen Kirchen in seinem Reich die Bilder entfernen (723). Die Araber fallen wieder in Südfrankreich ein, erobern Carcassonne, zerstören Autun (725). *Hasan al-Basrī*, der bedeutendste Mystiker des frühen Islams, stirbt (728).

730–739

Frankenreiche, Papsttum, der Westen: *Bonifatius* wird von Papst *Gregor III.* zum Erzbischof und Metropoliten Germaniens erhoben (732). Die Franken unter *Karl Martell* unterwerfen Aquitanien und Südburgund (735). *Beda*, ein gelehrter Mönch aus Northumberland, stirbt in Jarrow (26. 5. 735), sein Hauptwerk ist eine Geschichte Englands, die bis ins Jahr 731 geführt ist. Der Frankenkönig *Theuderich IV.* stirbt (737); der Hausmeier *Karl Martell* regiert nun ohne einen König. *Liutprand*, König der Langobarden, unterstützt dessen Kampf gegen die Araber, die bei seinem Anrücken die Provence räumen (738). Papst *Gregor*, von den Langobarden bedrängt, wendet sich um Hilfe an *Karl Martell; Karl*, mit *Liutprand* versippt und befreundet, greift jedoch nicht ein; *Liutprand* zieht wieder ab (739). *Willibrord*, Bischof von Utrecht und erfolgreicher Missionar der

Friesen, stirbt in dem von ihm begründeten Kloster Echternach (7. 11. 739). *Bonifatius* wird nach seinem dritten Besuch in Rom von Papst *Gregor III.* die Erzbischofswürde verliehen (739); er legt die Rechte der bayerischen Diözesen Passau, Regensburg, Freising und Salzburg fest.

Byzanz: *Leon III.* entfesselt mit einem Edikt den »Ikonoklasmus« (Bilderstreit, 730). Papst *Gregor II.* widersetzt sich entschieden, stirbt aber (11. 2. 731); sein Nachfolger *Gregor III.* (18. 3.) verdammt den Ikonoklasmus. *Leon III.* vermählt seinen Sohn *Konstantin (V.)* mit einer Tochter des Khagans der Chazaren und bekräftigt damit das Bündnis (733).

Islam: Die Araber schlagen *Odo* von Aquitanien bei Bordeaux und brennen die Stadt nieder; *Odo* ruft *Karl Martell* zu Hilfe. *Karl* tritt ihnen mit einem Reichsaufgebot bei Poitiers entgegen, ihre Angriffe scheitern an der Abwehr der Christen; nach dem Verlust des Anführers ziehen sie in der Nacht ab (Okt. 732 oder 733?). Die Araber besetzen auf einem Beutezug Avignon, ziehen sich aber rasch wieder zurück (737).

740–749

Frankenreiche, Papsttum, der Westen: *Karl Martell* stirbt (22. 10. 741), als Hausmeier erhalten seine Söhne *Karlmann* Austrien, *Pippin der Kleine* Neustrien. In Erfurt errichtet *Bonifatius* ein Bistum (741, 755 an Mainz), ebenso in Würzburg. Der Langobardenkönig *Liutprand* unterwirft Spoleto und Benevent, die sich mit Papst *Gregor III.* gegen ihn verbündet hatten; mit Papst *Zacharias* schließt er einen zwanzigjährigen Frieden (742). *Pippin* und *Karlmann* setzen, um den Schein der Legalität zu wahren, den Merowingerabkömmling *Childerich III.* zum König ein. Herzog *Odilo* von Bayern sucht im Einverständnis mit Papst *Zacharias* die Frankenherrschaft abzuschütteln, wird aber am Lech von *Karlmann* und *Pippin* geschlagen; er behält sein Herzogtum, verliert aber die Nordmark (743). Auf dem »concilium Germanicum«, der ersten deutschen Synode, ordnet *Bonifatius* mit *Karlmann* die Kirchenverhältnisse in Austrien; er läßt die Bischöfe Gehorsam gegenüber dem Papst schwören. *Bonifatius* ordnet mit *Pippin dem Kleinen* auf der Synode von Soissons die Kirchenverhältnisse in Neustrien (744). *Sturmi*, ein Schüler des *Bonifatius*, gründet die Benediktinerabtei Fulda (744) und wird deren erster Abt. Die aufsässigen Alemannen unterliegen *Karlmann* bei Cannstatt (746). Der siebenjährige *Tassilo III.* wird von *Pippin* unter dessen Vormundschaft wieder in sein bayerisches Herzogtum eingesetzt (749).

Byzanz: *Leon III.* schlägt bei Akroinon die Araber (740); fortan hören deren Einfälle in Kleinasien auf. *Konstantin V. Kopronymos* zieht gegen die Araber (Juni 742); beim Durchmarsch durch das Thema Opsikion wird er von dem dortigen Befehlshaber *Artabasdos*, einem Bilderverehrer, angegriffen und geschlagen; *Artabasdos* läßt sich zum Kaiser ausrufen und zieht in Konstantinopel ein; *Konstantin V.* flieht und rüstet zum Gegenschlag. *Artabasdos* wird bei Sardes geschlagen (Mai 743); nach seinem Einzug in die Hauptstadt (2. 11.) hält *Konstantin V.* blutiges Strafgericht, *Artabasdos* wird geblendet. Die Byzantiner vernichten eine arabische Flotte vor Cypern (747).

Islam: *Abū Muslim* sammelt die schī'itische Opposition um das Zentrum Chorasan (746). Kalif *Marwān II.* kann nach Unterdrückung eines Chāridschitenaufstandes im Irak noch einmal die Einheit des Kalifats wiederherstellen (747). Die Schī'iten von Chorasan erheben sich jedoch unter dem Banner der Abbasiden gegen ihn (9. 6. 747). *Abū Muslim* besetzt Nīschāpūr (Juni 748). Die Anhänger der Abbasiden siegen in der Schlacht von Dschabalq bei Isfahān (18. 3. 749); sie nehmen Kūfa (2. 9.), wo sie *Abū 'l-'Abbās* huldigen (28. 9.).

750–759

Frankenreiche, Papsttum, der Westen: *Pippin der Kleine* setzt mit Billigung des Papstes *Zacharias* den letzten Merowinger *Childerich III.* ab und läßt sich selbst in Soissons zum König der Franken »dei gratia« krönen (Jahresende 751, Anfang 752?). Die Langobarden unter König *Aistulf* erobern Teile des Exarchats Ravenna zurück (751); mit der Eroberung Ravennas (753) endet die byzantinische Herrschaft in Mittelitalien; Venedig tritt als Handelspartner die Nachfolge Ravennas an. Papst *Stephan II.* erscheint bei König *Pippin*, um Hilfe gegen den Langobardenkönig *Aistulf* zu erbitten (6. 1. 754); auf dem Reichstag zu Quierzy (14. 4.) macht *Pippin* dem Papst territoriale Versprechungen in Mittelitalien (Ostern) – die »Pippinsche Schenkung« wird in den folgenden Jahren erweitert und legt den Grund zum Kirchenstaat; *Pippin* läßt sich mit seinen Söhnen in St. Denis vom Papst nochmals salben (28. 7.) und die Würde eines »patricius Romanorum« übertragen. Hierauf zieht *Pippin* nach Italien gegen *Aistulf*, der sich, in Pavia belagert, *Pippin* und dem Papst (Okt.) unterwirft, aber nach *Pippins* Abzug wieder erhebt. *Bonifatius* wird mit seinen Begleitern von heidnischen Friesen bei Dokkum erschlagen (5. 7. 754); sein Leichnam wird in Fulda beigesetzt. *Aistulf* rückt entgegen seinen Zusagen vor Rom und belagert Papst *Stephan II.* (756); daraufhin zieht *Pippin* noch einmal nach Italien, *Aistulf* muß die fränkische Oberhoheit anerkennen und das Exarchat von Ravenna und andere eroberte byzantinische Gebiete dem Papst übergeben; Forderungen Kaiser *Konstantins V.*, diese Gebiete an Byzanz zurückzugeben, weist *Pippin* zurück. *Tassilo III.* tritt die Regierung in Bayern an (757); auf der Pfalz von Compiègne leistet er *Pippin* den Vasalleneid. Siegreicher Feldzug *Pippins* gegen die sich der Missionierung widersetzenden Sachsen (758). *Pippin* erobert den letzten Waffenplatz der Araber, Narbonne (759); Septimanien wird dem Frankenreich einverleibt.

Byzanz: Kaiser *Konstantin V.* dringt in Armenien und Mesopotamien ein, Melitene und Theodosiopolis werden besetzt (752). Der Beschluß der Synode von

Hiereia (10. 2.–8. 8. 754), alle Bilder religiösen Inhalts zu vernichten, löst einen neuen Bildersturm aus.

Islam: Kalif *Marwān II.* wird von den Anhängern der Abbasiden am Großen Zāb entscheidend geschlagen (25. 1. 750); *Marwān*, der letzte Umajjade, wird ermordet (Aug.); unter dem Kalifat des *Abū 'l-'Abbās* beginnt die Zurückdrängung der Araber. Die Abbasiden vernichten am Talas eine gegen Zentralasien gerichtete chinesische Expedition (751): die Chinesen kommen nie mehr wieder. *al-Mansūr* wird Kalif (754); die Abbasiden lösen sich von der radikalen Schī'a. *'Abd ar-Rahmān* begründet als Emir von Córdoba die spanische Umajjadendynastie (755).

760–769

Frankenreiche, Papsttum, der Westen: *Pippin* besiegt Herzog *Waifar* von Aquitanien (760); *Waifar* leistet noch acht Jahre erbitterten Widerstand. *Tassilo III.* verläßt das Heer *Pippins* auf einem Feldzug gegen *Waifar* (763) und schließt sich dem Langobardenkönig *Desiderius* an, der *Tassilos* Politik der Lösung Bayerns vom Frankenreich unterstützt und ihm seine Tochter *Liutbirga* zur Frau gibt (766). *Waifar* wird ermordet; nun wird auch Aquitanien dem Frankenreich einverleibt, dessen Grenzen sich damit bis an die Pyrenäen vorschieben (768). Eine römische Synode unter *Stephan III.* bestimmt, daß nur Kardinalpriester zum Papst gewählt werden können (769).

Byzanz: *Konstantin V.* geht zu Wasser und zu Land gegen die Bulgaren vor; an der Schwarzmeerküste bei Anchialos bereitet er ihnen eine vernichtende Niederlage (30. 6. 763).

Islam: Bagdad wird neugegründet und Hauptstadt der Abbasiden (762). Der Kalif *al-Mansūr* wirft Aufstände der Aliden nieder (763).

770–779

Frankenreiche, Papsttum, der Westen: König *Karl* sucht die Freundschaft der Langobarden und heiratet eine Tochter des *Desiderius* (770). Sein Bruder *Karlmann* stirbt (4. 12. 771); *Karl* übernimmt dessen Gebiet und vereinigt damit wieder das ganze Frankenreich unter einer Krone. Nun ergreift er Partei für den Papst gegen die Langobarden und schickt seine Gemahlin ihrem Vater zurück. Der neue Papst *Hadrian I.* (seit 1. 2. 772) wird von *Desiderius* bedrängt, der für die Rechte der Kinder *Karlmanns* gegenüber *Karl* eintritt. *Karl* zieht gegen die Sachsen und zerstört die sächsische Grenzfeste Eresburg und das benachbarte Heiligtum der Irminsul (772): der dreißigjährige Kampf zur Unterwerfung und Christianisierung der Sachsen beginnt. Auf die Hilferufe Papst *Hadrians I.* hin zieht *Karl* nach Oberitalien (773). Er belagert und nimmt Pavia, *Desiderius* muß auf sein Königtum verzichten (Juni 774); *Karl* wird mit der eisernen Krone der Langobarden gekrönt. In der Peterskirche in Rom erneuert er die Pippinsche Schenkung von 754 und verleiht Papst *Hadrian I.* das »Patrimonium Petri« (Ostern 774). Die Sachsen fallen in Hessen ein und zerstören Fritzlar (774). *Karl* nimmt den Krieg gegen die Sachsen wieder auf, die Hohensyburg wird erobert (775). Reichstag zu Paderborn (777); die Sachsen müssen sich in Scharen der Taufe unterziehen. In Aachen beginnt *Karl* den großangelegten Neubau einer Pfalz (777). *Karl* nutzt Wirren unter den Arabern in Spanien und erobert Pamplona, belagert Saragossa; auf dem Rückmarsch fällt *Hruodland (Roland)*, Markgraf der Bretagne, im Kampf gegen die Waskonen (Basken) im Tal von Roncesvalles (15. 8. 778), die spanischen Eroberungen *Karls* gehen wieder an die Araber verloren. Die Sachsen stoßen unter Führung des Westfalen *Widukind* gegen die Franken bis Koblenz vor. Sieg *Karls* über *Widukind* (779).

Byzanz: Feldzug *Konstantins* gegen die Bulgaren (Frühj. 773). *Konstantin* stirbt auf dem Feldzug (14. 9. 775); sein Sohn *Leon IV.* tritt die Nachfolge an; er hält am Verbot der Bilderverehrung fest, ohne sie aber zu verfolgen. *Leon* krönt seinen Sohn *Konstantin (VI.)* zum Mitkaiser (24. 4. 776) und unterdrückt die Rebellion seiner Stiefbrüder. *Leon* fällt in Syrien ein; bei Germanikeia erringt er einen Sieg über die Araber (778).

780–789

Frankenreiche, Papsttum, der Westen: *Karl* reist abermals nach Rom; von Papst *Hadrian I.* läßt er seinen Sohn *Karlmann* auf den Namen *Pippin* taufen und zum König der Langobarden salben (781); die Beziehungen *Karls* zum Papst und der Umfang der dem Papst unterstellten Gebiete werden geregelt. Der Angelsachse *Alkwin* tritt in den Dienst *Karls.* An dessen Hofe erscheint eine Gesandtschaft der Kaiserin *Eirene* und hält um die Hand *Rotruds*, *Karls* ältester Tochter, für *Eirenes* Sohn *Konstantin VI.* an (781); *Karl* gibt seine Zusage. Die Sachsen unter *Widukind* vernichten die Truppen einer fränkischen Strafexpedition (782); *Karl* läßt in Verden an der Aller Tausende sächsischer Geiseln hinrichten; die »Capitulatio de partibus Saxoniae« (782 oder erst 785?) droht den Sachsen schärfste Strafen für kirchliche Vergehen an. *Widukind* unterwirft sich *Karl* und wird in Attigny getauft (785). *Adalgis*, Sohn des *Desiderius*, muß für sein Herzogtum Benevent die fränkische Oberhoheit anerkennen (787); der mit *Adalgis*, seinem Schwager, verbündete Bayernherzog *Tassilo III.* wird auf dem Lechfeld geschlagen und unterwirft sich. Die Verlobung *Rotruds* mit *Konstantin VI.* aufgelöst. Auf dem Reichstag von Ingelheim geht *Tassilo III.* seines Herzogtums verlustig (788); damit ist das letzte Stammesherzogtum in *Karls* Reich beseitigt. *Karl* bekriegt die slawischen Liutizen (789); er zwingt die Liutizenfürsten zur Stellung von Geiseln und zum Treuegelöbnis. *Karl* erläßt die »Ammonitio generalis« (789): überall sollen Schulen errichtet, jeder Priester soll von den Bischöfen in Theologie geprüft werden.

Byzanz: *Leon IV., der Chazar,* stirbt (8. 9. 780); seine Gemahlin *Eirene* aus dem bilderfreundlichen Athen tritt für ihren Sohn *Konstantin VI.* die Regentschaft an. Die Bulgaren dringen bis an den Bosporus vor; die Araber nehmen Chrysopolis (782). Der byzantinische Patricius *Staurakios* zieht gegen die Slawen in Griechenland und auf dem Peloponnes, die Tributpflicht und byzantinische Oberhoheit anerkennen müssen (783). Ein Konzil wird von *Eirene* und dem Patriarchen einberufen (31. 7. 786), aber von den bilderfeindlichen Truppen der Hauptstadt gesprengt, die *Eirene* durch bilderfreundliche Truppen aus Thrakien ersetzt. Das siebente ökumenische Konzil von Nicaea verurteilt die ikonoklastische Synode von 754 zugunsten der Bilderverehrung (24. 9.–13. 10. 787); Papst *Hadrian I.* anerkennt den Beschluß.

Islam: Die Araber unter *Hārūn ar-Raschīd* dringen plündernd in das Reich von Byzanz ein (781). In Córdoba Baubeginn der Umajjadenmoschee (785). Der Kalif *al-Hādī* wird ermordet (15. 9. 786); sein Bruder *Hārūn ar-Raschīd* tritt das Kalifat an.

790–799

Frankenreiche, Papsttum, der Westen: Feldzug *Karls* gegen die Awaren zwischen Enns und Raab (791). *Karl* läßt in den »libri Carolini« (791) die Stellung des Reiches im Bilderstreit festlegen; er tritt dem Papst ebenso wie dem byzantinischen Kaiser als Oberhaupt der Kirche gegenüber. *Alkwin* wird Abt von St. Martin in Tours (793). *Wilhelm,* Graf von Toulouse, wird am Orbieu von den Südfrankreich bedrängenden Arabern besiegt. Normannen aus dem skandinavischen Raum landen auf Lindisfarne; Beginn der normannischen Fahrten und Staatengründungen (793). *Karl* leitet die Synode von Frankfurt am Main (»Gegensynode von Frankfurt«, 794), zu der auch *Hadrians I.* Legaten erscheinen; die Synode verwirft die Beschlüsse des nicaeanischen Konzils von 787 und wendet sich gegen Bilderverehrung wie gegen Bilderzerstörung. Paderborn wird von *Karl* zum Bischofssitz erhoben (795). Papst *Hadrian I.* stirbt (25. 12. 795); Nachfolger wird Papst *Leo III.* (26. 12.), der dem Kaiser als »patricius Romanorum« die Schlüssel zum Grabe *Petri* und das römische Banner übersendet und damit die königliche Oberhoheit anerkennt. Die Hauptburg der Awaren, der »Ring« in der Puszta, wird von den Franken unter *Karls* Sohn *Pippin* zerstört (796), der Awarenschatz erbeutet, der Awarenherzog *Zodan* nimmt in Aachen die Taufe. *Karl* erläßt sein »capitulare Saxonicum«, in dem das sächsische Recht dem fränkischen angeglichen wird (797).

Byzanz: *Eirene* verlangt vom Heer einen Treueid (Frühj. 790), den die Truppen in Kleinasien der bilderfreundlichen Kaiserin verweigert hatten; *Eirene* muß abtreten, *Konstantin VI.* wird Alleinherrscher (Okt.). Die Bulgaren bringen den Byzantinern eine Niederlage bei (792), Byzanz muß seine Tributzahlungen wieder aufnehmen. *Konstantin VI.* wird auf Geheiß seiner Mutter *Eirene* geblendet (15. 8. 797), die nun als erste Frau allein und in eignem Namen das Reich regiert.

800–809

Frankenreiche, Papsttum, der Westen: Papst *Leo III.* kehrt unter dem Schutz des Reiches nach Rom zurück; *Karl* reist ebenfalls nach Rom und wird von *Leo* in der Peterskirche zum »imperator Romanorum« gekrönt (25. 12.); die Annahme des Titels beschwört Auseinandersetzungen mit Byzanz herauf; *Karls* Siegel verkündet die »renovatio Romani imperii« *Konstantins des Großen.* Seine Gesandten verhandeln am Hof der Kaiserin *Eirene* ergebnislos über die neue Lage (801). *Ludwig der Fromme* beginnt den Feldzug gegen die Araber in Spanien (801). *Karl der Große* läßt sich von allen Franken den Treueeid schwören (802). *Ludwig* erobert Barcelona, das Hauptstadt der neubegründeten spanischen Mark wird (803). Im Diedenhofener Kapitular läßt *Karl* die Reichsgrenze gegenüber den Slawen festlegen (805). *Karl der Große* verfügt in dem Kapitular »Divisio regnorum« die Reichsteilung nach seinem Tode (806). *Karl,* sein ältester Sohn, unterwirft die Wenden zwischen Saale und Elbe (806). Venedig und Dalmatien, im Kampf mit Byzanz, huldigen Kaiser *Karl* (806). *Karl der Große* läßt Itzehoe als Festung zur Sicherung des rechtselbischen Gebiets gegen die Dänen anlegen (809).

Byzanz: *Eirene* wird von dem Großschatzmeister *Nikephoros* gestürzt (31. 10. 802), der selbst Kaiser wird; *Eirene* wird verbannt. Die Bulgaren in Pannonien haben nach der Zerschlagung der awarischen Macht durch *Karl den Großen* das awarische Joch abgeschüttelt; ihr Stammesfürst *Krum* wird Herrscher eines Bulgarenreiches, das neue Gefahr für Byzanz heraufbeschwört (802). Venedig erhebt sich gegen Byzanz (803). Die Bulgaren unter *Krum* vernichten die Byzantinerfeste Serdica (Frühj. 809); *Nikephoros I.* stößt beim Gegenschlag tief ins Bulgarenreich hinein, Serdica wird wiederaufgebaut.

Islam: Die Muslime unter *Hārūn ar-Raschīd* bedrängen Byzanz (806), sie nehmen Tyana und stoßen bis Ankyra vor. *Hārūn ar-Raschīd* stirbt (809); unter ihm erlebte das Kalifat eine Hochblüte. Sein Sohn *al-Amīn* folgt als Kalif, der arabische Einfluß in der islamischen Herrschaft erlischt.

810–819

Frankenreiche, Papsttum, der Westen: *Karl,* der Sohn Kaiser *Karls,* stirbt (4. 12. 811); *Ludwig* ist nun einziger Thronerbe. Friede mit den Dänen (811). Kaiser *Karl* handelt im Vertrag von Aachen mit dem byzantinischen Kaiser *Michael I.* die Herrschaftsverhältnisse aus (812): Venedig und die Küste Dalmatiens bleiben bei Byzanz; *Karl,* von *Michael* als Imperator und Basileus gegrüßt, bezeichnet sich als »imperator Romanum gubernans imperium«; Unterscheidung eines östlichen und eines westlichen Kaiserreichs. Kaiser *Karl* designiert seinen Sohn *Ludwig* zum Mitkaiser und Nachfolger, er krönt ihn und seinen Enkel *Bernhard*, seit dem Vorjahr König der Langobarden, eigenhändig (11. 11. 813). *Karl der Große* stirbt in Aachen (28. 1. 814); der sittenstrenge *Ludwig I. der Fromme* folgt ihm auf dem Thron; er schickt *Karls* Töchter ins Kloster; bei Auseinandersetzungen mit dem Adel wird sein Oheim *Adalhard*, Abt von Corbie, verbannt. *Benedikt* von Aniane wird von Kaiser *Ludwig* zum Abt von Maursmünster berufen (814), *Ludwig I.* gründet für ihn die Abtei Kornelimünster (815). Abt *Adalhard* von Corbie und Graf *Wala*, Vettern *Karls des Großen*, gründen ein Kloster im Solling (815), das 822 nach Corvey verlegt wird. *Ludwig I.* läßt sich in Reims von Papst *Stephan IV.* krönen (Okt. 816). Auf der Reichsversammlung in Aachen (816/817) wird über die Klosterreform beschlossen; *Benedikt* von Aniane wird zum Oberaufseher der Klöster bestellt, *Ebo*, deutscher Bauernsohn, wird Erzbischof von Reims. Auf dem Reichstag von Aachen regelt Kaiser *Ludwig* in der »Ordinatio imperii« die Nachfolge: der älteste Sohn, *Lothar I.*, wird zum Mitkaiser und zu späterer Vorherrschaft über seine Brüder bestimmt, *Bernhard* rebelliert; dem neugewählten *Paschalis I.* (25. 1.) bestätigt der Kaiser im »Pactum Hludovicianum« den päpstlichen Territorialbesitz (817). *Bernhard* wird verurteilt und geblendet, er stirbt (17. 4. 818). *Lothar I.* tritt die ihm im Vorjahr zugesicherte Herrschaft in Italien an, *Irmingard*, seine Gemahlin, stirbt (3. 10.); er heiratet *Judith*, die Tochter des schwäbischen Grafen *Welf* (Febr. 819).

Byzanz: *Nikephoros I.* zieht abermals gegen die Bulgaren (Frühj. 811); das Byzantinerheer wird niedergemacht, *Nikephoros* fällt (26. 7.); sein Sohn *Staurakios* entkommt und wird in Adrianopel zum Kaiser erhoben; Heer und Senat rufen in Konstantinopel *Michael Rhangabe* zum Kaiser aus, *Staurakios* stirbt bald darauf. Die Bulgaren unter *Krum* besetzen Mesembria (Anf. Nov. 812); die beiden Heere begegnen sich unweit Adrianopel (Mitte Juni 813); eine byzantinische Niederlage (22. 6.) bringt den Sturz *Michaels I.*; *Leon der Armenier* wird zum Kaiser ausgerufen (11. 7.). *Krum* belagert Adrianopel und erscheint vor Konstantinopel, wird aber bei Mesembria besiegt (Herbst). Die Bulgaren stoßen abermals bis nach Konstantinopel vor (Frühj. 814); mit ihrem neuen Chan *Omurtag* schließt Kaiser *Leon V.* einen dreißigjährigen Frieden.

Islam: Gegen den Kalifen *al-Amīn* zieht sein Bruder *al-Ma'mūn* von Chorasan und verdrängt ihn (813); *al-Ma'mūn* hat sich mit den Aliden verständigt. Der Perser *Bābak al-Khurramī* und seine sozial inspirierte Sekte legen zwanzig Jahre lang die Macht des Kalifats in Āserbaidschān und bis nach Westpersien hinein lahm (816).

820–829

Frankenreiche, Papsttum, der Westen: *Ludwig I.* erhebt den Karolinger *Bernhard* zum Grafen von Barcelona, Regenten Septimaniens und der spanischen Mark (820). Auf der Synode von Attigny leistet er öffentlich Buße für die 817 an seinem Neffen *Bernhard* begangene Untat (822). *Hrabanus Maurus*, Schüler *Alkwins*, wird Abt von Fulda. *Lothar I.*, *Ludwigs* ältester Sohn, wird von Papst *Paschalis I.* zum Kaiser gekrönt (5. 4. 823). *Ebo*, Erzbischof von Reims und päpstlicher Legat für den Norden, reist ins Dänenland: Beginn der nordischen Mission (823). *Lothar I.* sichert sich in der »Constitutio Romana« Rechte über Kirchenstaat und Papstwahl (824). Aufstand gegen die Franken in der spanischen Mark, in die Muslime eingedrungen sind (826); *Bernhard* von Septimanien schlägt sie vor Barcelona (827). Bulgareneinfall in Oberitalien (827). *Gregor IV.* Papst (Okt. 827). Fränkische Schiffe überfallen die nordafrikanische Küste (828). Auf dem Reichstag in Worms (829) vergibt *Ludwig* Schwaben, das Elsaß und Teile von Burgund an seinen Sohn *Karl den Kahlen*; *Lothar I.*, dem diese Gebiete zugesprochen waren, rebelliert; *Ludwig* schickt ihn nach Italien zurück.

Byzanz: *Leon V.* wird wegen seiner ikonoklastischen Politik von Anhängern des Amoriers *Michael* am Altar der Hagia Sophia ermordet (25. 12. 820); *Michael II.*, *der Stammler*, besteigt den Thron. Gegen ihn sammelt *Thomas*, ein Slawe aus Kleinasien, eine Aufstandsbewegung; *Thomas* wird in Antiocheia zum Kaiser ausgerufen, die Flotte geht zu ihm über; Belagerung Konstantinopels (Dez. 821), die *Thomas* aber aufheben muß (Frühj. 823); die Aufstandsbewegung wird zerschlagen, *Thomas* hingerichtet (Okt.), seine Truppen werden vor Konstantinopel aufgerieben, zumal der Bulgarenchan *Omurtag Michael II.* zu Hilfe gekommen ist. Araber aus Nordafrika erscheinen auf Sizilien (827); ohne Flotte ist Byzanz machtlos.

Islam: Chorasan erlangt unter den Tāhiriden eine nahezu selbständige Stellung (821). Der Kalif *al-Ma'mūn*, der sich mit der Lehre der Mu'taziliden befreundet hat, verkündet mit der »mihna« den Glauben an die Geschaffenheit des Korans (827).

830–839

Frankenreiche, Papsttum, der Westen: *Bernhard*, Graf von Barcelona, Günstling *Judiths* und Erzieher *Karls des Kahlen*, erregt den lange schon mit *Judith* unzufriedenen Adel, der *Lothar* aus Italien zurückruft; es kommt zur Rebellion gegen *Ludwig*, der sich auch dessen zweiter Sohn *Pippin* anschließt; *Judith* wird ins Kloster gebracht, *Bernhard* flieht zurück nach Septimanien; eine Adelsversammlung in Compiègne (830) bestätigt *Lothar* als Kaiser, doch wird der Adel rasch unzufrieden mit ihm, eine Versammlung in Nimwegen (Okt.) bestätigt *Ludwig* als Kaiser und ruft *Judith* zurück. Der Reichstag zu Aachen bestätigt den Kaiser noch einmal (831). Hamburg wird Bistum (831), *Ansgar* wird dessen erster Bischof; drei Jahre später wird Hamburg Erzbistum. *Bernhard* wird von Kaiser *Ludwig* seiner Ämter enthoben; *Ludwig* nimmt seinem Sohn *Pippin* Aquitanien, um es seinem und

Judiths Sohn *Karl* zu geben (832). *Pippin* und *Ludwig der Deutsche* empören sich abermals gegen ihren Vater, auch *Lothar* kehrt aus Italien zurück; bei Colmar geht *Ludwigs* Heer zu *Lothar* über (29. 6. 833), *Ludwig*, *Judith* und *Karl* ergeben sich: *Ludwig* muß vor *Lothar* und den Großen Kirchenbuße tun und wird für regierungsunfähig erklärt (Okt.). *Einhard* schließt seine »vita Caroli Magni« ab (wahrscheinlich um 833). Streit unter den Kaisersöhnen; in Saint-Denis wird Kaiser *Ludwig* wieder eingesetzt (1. 3. 834); *Lothar* wird auf sein italienisches Königtum beschränkt. Raubzüge der Normannen in Friesland und im Loiregebiet (834). Eine Reichsversammlung in Diedenhofen (835) verwirft Kaiser *Ludwigs* Absetzung, in Metz wird *Ludwig* feierlich als Kaiser geehrt. Die Normannen setzen sich auf der Insel Noirmoutier vor der Loiremündung fest (836). Kaiser *Ludwig* bestimmt *Karl den Kahlen* zum König im Westen des Frankenreiches (837). *Pippin* stirbt (13. 12. 838); *Ludwig* teilt das Reich bis auf Bayern neu unter *Lothar und Karl* auf (838); *Ludwig der Deutsche*, der weiterhin auf Bayern beschränkt bleibt, rebelliert.

Islam: *Ma'mūn* nimmt den Kleinkrieg gegen Byzanz wieder auf (830). Die Araber dringen gegen byzantinischen Widerstand auf Sizilien weiter vor und nehmen Palermo (831). Muslime plündern Marseille (838) und beginnen, sich in Süditalien festzusetzen. Feldzug des Kalifen *Mu'tasim* gegen Byzanz, dessen Heer bei Dazimon geschlagen wird (22. 7. 838), die Muslime besetzen Ankyra; *Mu'tasim* nimmt mit Amorium die wichtigste Festung im Thema Anatolikon (12. 8.); Byzanz sendet Hilferufe ins Abendland.

840–849

Frankenreiche, Papsttum, der Westen: Kaiser *Ludwig* führt einen Feldzug gegen *Ludwig den Deutschen* und stirbt, bevor er die Zustände im Reich ordnen kann, bei Ingelheim (20. 6. 840); *Lothar* verlangt nun die volle kaiserliche Oberhoheit: Bruderkrieg zwischen *Lothar* und dem mit *Karl dem Kahlen* verbündeten *Ludwig dem Deutschen*. Kaiser *Lothar I.* wird in der Schlacht von Fontenoy entscheidend geschlagen (25. 6. 841). In den »Straßburger Eiden« beschwören *Karl* und *Ludwig* ihr Bündnis gegen den Kaiser (14. 2. 842); die Eide werden von *Karl* in althochdeutscher, von *Ludwig* in altfranzösischer Sprache gesprochen. Die Sachsen erheben sich noch einmal gegen die Franken, werden aber von *Ludwig dem Deutschen* besiegt (842). Vertrag von Verdun (10. 8. 843): *Lothar I.* erhält das Mittelreich von Friesland bis zur Küste der Provence und Italien mit der damit verbundenen Kaiserwürde, *Karl der Kahle* Westfranken, *Ludwig der Deutsche* Ostfranken; *Ludwig II.* wird von Papst *Sergius II.* zum König der Langobarden gekrönt (15. 6. 844). *Karl der Kahle* zieht gegen die Aquitanier, die *Pippin*, Enkel *Ludwigs des Frommen*, zu ihrem König erhoben haben; er belagert Toulouse; *Bernhard*, Graf von Barcelona, der sich dem Aufstand angeschlossen hat, wird gefangengenommen und hingerichtet (Mai 844). *Karl* wird von *Pippin*, der Toulouse entsetzt hat, geschlagen und muß in Saint-Benoît-sur-Loire dessen Herrschaft anerkennen (845). Die Normannen plündern Paris (845) und zerstören Hamburg (845); das Erzbistum Hamburg wird zwei Jahre später mit dem Bistum Bremen zum neuen Erzbistum mit Sitz in Bremen vereinigt. *Hinkmar*, aus fränkischem Adel, wird Erzbischof von Reims (845) und ein energischer Berater *Karls des Kahlen*. *Ludwig der Deutsche* setzt nach einem Feldzug den Christen *Rastislaw* in Mähren als Herzog ein (846). Die Araber landen in Ostia und plündern in Rom (Aug. 846), Papst *Leo IV.* läßt das Vatikanviertel, die »Leostadt«, befestigen (847). *Hrabanus Maurus* wird Erzbischof von Mainz (847). *Ludwig II.* erobert Benevent von den Arabern zurück (847), das aber wieder verlorengeht (849).

Byzanz: Eine Synode proklamiert die Bilderverehrung (März 843); dieser Akt — die griechische Kirche feiert ihn heute noch als »Fest der Rechtgläubigkeit« — bezeichnet das Ende des Ikonoklasmus; die byzantinische Kirche bleibt seitdem Staatskirche.

Islam: Dem Kalifen *al-Mu'tasim*, der den Regierungssitz nach Samarrā verlegt hat und die türkischen Söldnertruppen einführte, folgt sein Sohn *al-Wāthiq* (842); unter ihm führt der Anführer dieser Leibgarde erstmals den Titel »Sultan«. Ein muslimisches Heer plündert Arles (842). *Wāthiq* muß sich mit Byzanz verständigen (845).

850–859

Frankenreiche, Papsttum, der Westen: König *Ludwig II.* wird von Papst *Leo IV.* zum Kaiser gekrönt (6. 4. 850). Die Normannen haben sich an Seine- und Loiremündung festgesetzt und erheben in Friesland Tribut (850). *Karl der Kahle* erkennt die Bretagne als selbständiges Lehen an (851). Der Ire *Johannes Scotus Eriugena*, Leiter der Hofschule in Paris, schreibt sein Werk über die Vorherbestimmungslehre, »De divina praedestinatione« (um 851). Der Sachsenfürst *Liudolf* gründet eine Abtei (852), die 856 nach Gandersheim verlegt wird. *Lothar* teilt sein Reich unter seine Söhne und zieht sich in das Kloster Prüm zurück, wo er bald darauf stirbt (29. 9. 855); *Ludwig II.* behält Italien und die Kaiserkrone, *Lothar II.* wird König im Nordteil (»Lotharingien«), *Karl* im Südteil (Burgund).

Byzanz: Eine byzantinische Flotte erscheint vor der ägyptischen Küste, Damiette wird genommen und niedergebrannt; die Araber in Ägypten beginnen mit dem Aufbau einer Flotte (853). *Michael III.* macht sich mit Hilfe *Bardas'*, des Bruders seiner Mutter *Theodora*, zum Alleinherrscher; *Theodora* muß sich zurückziehen. Ein Feldzug gegen die Muslime stößt bis in die Gegend von Samosata und Amida vor (856). *Michael III.* erhebt den Gelehrten *Photios* zum Patriarchen von Konstantinopel (25. 12. 858); Papst *Nikolaus I.* verweigert *Photios* wegen dessen unkanonischer Erhebung die Anerkennung. *Michael* und *Bardas* stoßen bis in das Gebiet von Samosata vor; byzantinische Schiffe erscheinen wieder vor Damiette (859).

860–869

Frankenreiche, Papsttum, der Westen: *Ludwig der Deutsche* verzichtet in einem Vertrag mit *Karl dem Kahlen* auf seine Ansprüche auf Aquitanien (7. 6. 860). *Lothar II.* läßt sich in Aachen mit Zustimmung fränkischer Geistlicher mit seiner Konkubine *Waldrada* trauen, seine verstoßene Gemahlin *Theutberga* wendet sich an Papst *Nikolaus I.* (862). Die Normannen dringen rheinaufwärts vor, lagern bei Neuß, zerstören Xanten (863). *Waldrada* wird von Papst *Nikolaus I.* exkommuniziert (865); in diesem Ehestreit bedient sich der Papst erstmals der 852 in Westfranken aufgetauchten »pseudoisidorischen Dekretalen«. *Lothar II.* kommt in Monte Cassino mit dem neuen Papst *Hadrian II.* zusammen; auf der Heimreise stirbt er in Piacenza (8. 8. 869); *Karl der Kahle* läßt sich in Metz von Erzbischof *Hinkmar* krönen (9. 9.); *Hadrians* Einspruch wird von *Hinkmar* abgewiesen, der Papst verspricht schließlich *Karl* die Kaiserkrone. Papst *Hadrian II.* verdammt auf einer Synode in Rom (869) die Beschlüsse des *Photios* von 865; auf Einladung des Kaisers *Basileios I.* kann *Hadrian* auf dem achten ökumenischen Konzil in Konstantinopel das Schisma zwischen Ost- und Westrom noch einmal abwenden.

Byzanz: Die warägischen Rus verheeren die Umgebung Konstantinopels (860); *Michael III.* leitet mit dem Patriarchen *Photios* die Verteidigung. Zwei Jahre später haben sich die Waräger unter ihrem Anführer *Rjurik* in Nowgorod festgesetzt. Auf *Rastislaws*, des mährischen Herzogs, Bitten hin entsendet *Michael III.* die Missionare *Kyrillos* und *Methodios* nach Pannonien und Mähren (864 oder 863?); die Bulgaren empfangen das Christentum aus Konstantinopel, wo ihr Fürst *Boris* getauft wird und den Namen *Michael* annimmt. Der Kirchenstreit zwischen Rom und Byzanz hat sich vertieft, vor allem nachdem sich *Boris-Michael* Rom zugewendet hat; eine Synode in Konstantinopel verwirft die Glaubensformel der Frankfurter Synode von 794 und erklärt Papst *Nikolaus I.* für abgesetzt (865). *Basileios*, ein Günstling *Michaels III.*, räumt *Bardas*, *Michaels* Oheim, aus dem Wege (21. 4.); *Michael* erhebt ihn zum Mitkaiser (26. 5. 866), wird aber nachts in der Trunkenheit ermordet (23./24. 9. 867); *Basileios* besteigt den Thron und verbannt *Photios* ins Kloster. Die Beziehungen zu Rom werden wieder aufgenommen.

Islam: Muslimische Truppen des Emirats von Melitene dringen bis ans Schwarze Meer vor, wo sie Amisos besetzen; der byzantinische Gegenschlag vernichtet sie (3. 9. 863); es ist der Auftakt zur byzantinischen Offensive in Asien. *Ahmad ibn Tūlūn* wird Statthalter in Ägypten (868); unter den Tūlūniden erhält das Land weitgehende Selbständigkeit. Negersklaven im Südirak erheben sich und werden erst nach vierzehn Jahren niedergeschlagen (869).

870–879

Frankenreiche, Papsttum, der Westen: Im Vertrag von Mersen (9. 8. 870) erhält *Ludwig der Deutsche* die Osthälfte Lothringens und den Großteil Frieslands, *Karl* die Westhälfte. *Rastislaw*, Herzog von Mähren, wird von seinem Neffen *Swatopluk* gestürzt und nach Bayern an *Ludwigs* Sohn *Karlmann* ausgeliefert (870). *Methodios*, Missionar in Mähren, wird von Papst *Hadrian II.* zum Erzbischof der Slawen geweiht (870), was die Hinwendung der slawischen Kirche zu Byzanz fördert. Kaiser *Ludwig II.* nimmt den Arabern Bari ab (871). *Otfrid*, Mönch in Weißenburg, beendet seinen »Krist«, eine Evangeliendichtung in rheinfränkischer Mundart (um 871). *Karl II., der Kahle*, erhebt seinen Schwager *Boso* zum Grafen von Vienne (871). Benevent lehnt sich gegen *Ludwig II.* auf und unterstellt sich byzantinischem Schutz (873). Nach Kaiser *Ludwigs II.* Tod (12. 8. 875) eilt *Karl II., der Kahle*, nach Italien und läßt sich von Papst *Johannes VIII.* zum Kaiser krönen (25. 12.), die westfränkische Synode von Ponthion huldigt dem neuen Kaiser (Juni). König *Ludwig II., der Deutsche*, stirbt (28. 8. 876); das Ostfrankenreich wird unter seine Söhne geteilt; *Karl II., der Kahle*, von Westfranken sucht sich des ostfränkischen Teils Lothringens bis zum Rhein zu bemächtigen, wird aber von *Ludwig III.* bei Andernach entscheidend geschlagen (8. 10.). *Boso*, Graf von Vienne, erhält die Herrschaft in Italien und den Herzogstitel (876). *Karl* zieht wieder nach Italien, um dem bedrängten *Johannes VIII.* zu Hilfe zu kommen; *Karlmann* zieht ihm entgegen, *Karl* weicht aus und stirbt auf dem Rückmarsch (6. 10. 877); sein Sohn *Ludwig II.* tritt die Herrschaft in Westfranken an; er wird von Erzbischof *Hinkmar* gekrönt (8. 12.). Papst *Johannes VIII.* flieht ins Westfrankenreich, wo er *Ludwigs II.* Königskrönung wiederholt (Sept. 878). *Boso* läßt sich zum König von Niederburgund erheben (879).

Byzanz: Die bulgarische Kirche wird gegen den Widerspruch der Legaten *Hadrians II.* dem byzantinischen Patriarchat unterstellt (870). *Photios*, von Kaiser *Basileios* zurückgerufen, besteigt wieder den Patriarchenthron (877). Das byzantinische Syrakus wird nach langem Kampf von den Arabern genommen (878).

Osteuropa: *Swatopluk*, Herzog von Mähren, überfällt verräterisch ein bayerisches Heer und reibt es auf; die mährische Expansion führt nach dem Verfall der karolingischen Herrschaft zum Zusammenschluß west- und südslawischer Stämme in einem mährischen Reich (871).

Islam: Araber aus Süditalien besetzen Malta (870). Die Kämpfe um das Kalifat erlauben es *Ja'qūb as-Saffār*, von afghanischem Boden aus seine Herrschaft auszudehnen (873); er beendet das Regiment der Tāhiriden in Chorasan. *Ja'qūb al-Kindī*, der erste arabische Philosoph, stirbt (873); in seinem Denken sind griechische Traditionen verarbeitet. Den Sāmāniden wird vom Kalifen *Mu'tamid* die Statthalterschaft in Buchārā übertragen (875). *Muslim ibn al-Hajjāj* stirbt

(875); seine Sammlung islamischer Überlieferung zeigt ebenso wie die des *Buchārī* (gest. 870) den Beginn kritischer und systematisierender Arbeit. *Ahmad ibn Tūlūn* reißt die Statthalterschaft in Damaskus an sich (877).

880–889

Frankenreiche, Papsttum, der Westen: Im Vertrag von Ribemont (880) legen *Ludwig III.* und *Karlmann* die Teilung des Westfrankenreiches fest. Sachsenherzog *Brun* fällt bei der Abwehr dänischer Normannen (2. 2. 880). *Karl III., der Dicke*, und die Söhne *Ludwigs des Stammlers* ziehen gegen *Boso* von Vienne. *Karl III.* wird in Rom von Papst *Johannes VIII.* als erster ostfränkischer Karolinger zum Kaiser gekrönt (12. 2. 881). *Ludwig III.*, westfränkischer König, besiegt die Normannen bei Saucourt (3. 8. 881); im »Ludwigslied« besingt ein Geistlicher den Sieg. Die Ungarn fallen in die bayerische Ostmark ein, bei Wien kommt es zu einem Treffen (881). Nach dem Tod *Ludwigs III.* (882) wird *Karlmann*, sein Bruder, König in ganz Westfranken. Vienne muß sich ergeben, doch zwingen Normanneneinfälle die Karolinger zum Abzug (882); *Boso* kann seine Königsherrschaft in Niederburgund ausbauen. Papst *Johannes VIII.* wird ermordet (26. 12. 882). Die Normannen plündern Köln, Aachen, Trier (882). Herzog *Wido* von Spoleto bedroht den Kirchenstaat und unterhält Beziehungen zu Byzanz; als *Karl III.* gegen ihn vorgeht, entflieht er zu den Arabern (883). *Notker der Stammler*, Mönch in St. Gallen, wird von *Karl III.* bei dessen Besuch im Kloster zu seinem Buch über *Karl den Großen*, »De gestis Karoli Magni«, angeregt (883). *Karl* gewinnt die Herrschaft auch über das Westfrankenreich (885); das Reich *Karls des Großen* ist — bis auf Niederburgund — noch einmal vereinigt. Die Normannen belagern Paris; *Karl* entsetzt die Stadt und erkauft den Abzug der Normannen (885). Markgraf *Arnulf* von Kärnten marschiert gegen Tribur, wo die Fürsten zu einem Reichstag versammelt sind: *Karl* wird zur Abdankung gezwungen (Nov. 887); die ostfränkischen Großen wählen *Arnulf* in Frankfurt am Main zum König. *Boso* stirbt (11. 1. 887), sein minderjähriger Sohn wird 900 als *Ludwig III.* König von Italien. *Odo*, Graf von Paris, wird in Compiègne zum westfränkischen König erhoben (888). *Wido*, Herzog von Spoleto, schlägt *Berengar* von Friaul und läßt sich von italienischen Bischöfen in Pavia zum König von Italien krönen (Febr. 889), König *Arnulf* versagt ihm aber die Anerkennung; Papst *Stephan V.* adoptiert *Wido*, um sich seiner Hilfe gegen *Berengar* zu versichern.

Islam: Der Negersklaven-Aufstand im Südirak endgültig niedergeworfen (883).

890–899

Frankenreiche, Papsttum, der Westen: *Arnulf* erringt in der Schlacht bei Löwen einen glänzenden Sieg über die Normannen (1. 9. 891), die fortan das Ostfrankenreich verschonen. *Wido* läßt sich von Papst *Stephan V.* in Rom zum Kaiser krönen (21. 2. 891). Endlich greift König *Arnulf* in Italien ein und entsendet seinen unehelichen Sohn *Zwentibold* gegen *Wido*, doch kehrt dieser erfolglos zurück (893). Nun zieht *Arnulf* selbst nach Oberitalien, ohne jedoch etwas auszurichten; *Wido* stirbt (Dez. 894), sein Sohn *Lambert* und *Berengar I.* von Friaul verbünden sich (Okt./Nov.) und teilen sich die Lombardei. *Arnulf* zieht abermals nach Italien (895), um in den Streit zwischen *Berengar*, der sich 888 zum König von Italien gemacht hat und nach der Kaiserkrone strebt, und anderen Großen des Landes einzugreifen. *Zwentibold* erhält im selben Jahr Lothringen als Königtum. *Arnulf* läßt sich von Papst *Formosus* zum Kaiser krönen (22. 2. 896), muß jedoch krank nach Deutschland zurückkehren. Der neue Papst *Stephan VI.* läßt die Leiche des *Formosus* aus dem Grab holen und eine Synode in Sankt Peter Gericht über den Toten halten. Die »Leichensynode von Rom« erregt die Römer, *Stephan* wird in den Kerker geworfen (Aug. 897) und erwürgt. Als Schützling *Lamberts* erlangt *Johannes IX.* die Papstwürde (Jan. 898). *Berengar* wird von den nach Oberitalien einbrechenden Ungarn an der Brenta geschlagen (899). Kaiser *Arnulf* stirbt in Regensburg (8. 12. 899); ihm folgt sein Sohn *Ludwig das Kind.*

Osteuropa: *Symeon*, Sohn des *Boris-Michael*, gelangt im Bulgarenreich zur Herrschaft (893). *Swatopluk*, Herzog von Mähren, stirbt (894). *Symeon* fällt mit seinen Bulgaren in byzantinisches Gebiet ein und schlägt die byzantinischen Truppen (894); Byzanz wendet sich um Hilfe an die Ungarn, die jenseits der Donau aufgetaucht sind. Die Ungarn, dem Ruf Kaiser *Leons VI.* folgend, fallen in Nordbulgarien ein (895). *Symeon* schließt Waffenruhe mit Byzanz und ruft seinerseits die Petschenegen gegen die Ungarn zu Hilfe; die Ungarn werden zurückgetrieben. *Symeon* überfällt wieder Byzanz, das sich nach einer schweren Niederlage bei Bulgarophygon den Frieden mit jährlichen Zahlungen erkaufen muß (896). Die Petschenegen, die sich am Dnjepr niedergelassen haben, überfallen die Ungarn, die unter Führung *Arpads* in das heutige Ungarn ziehen (897).

Islam: *Hamdān Qarmat* tritt in der Gegend von Kūfa auf (um 890); von ihm geht die Sekte der Qarmaten aus.

900–909

Frankenreiche, Papsttum, der Westen: *Ludwig IV. das Kind*, der Sohn *Arnulfs*, wird unter dem Einfluß Erzbischofs *Hatto I.* von Mainz zum König von Ostfranken gewählt und in Forchheim gekrönt (Jan. 900); *Hatto* leitet zusammen mit Bischof *Salomon III.* von Konstanz die Geschicke des Reiches für den siebenjährigen *Ludwig*. *Zwentibold* fällt im Kampf um Lothringen an der Maas (13. 8. 900). *Ludwig III.*, Sohn *Bosos* von Vienne, wird in Pavia zum König von Italien erhoben (900). *Ludwig das Kind* wird in Rom von Papst *Benedikt IV.* zum Kaiser gekrönt und nimmt den Kampf gegen *Berengar* von Friaul auf (901). *Sergius III.* wird Papst (29. 1. 904); es beginnt das Regiment des »Senators« *Theophylakt*, seiner Frau *Theodora* und ihrer Töchter *Marozia* und *Theodora*. *Ludwig III.* wird in Verona von *Berengar* geblendet (905) — er trägt den Beinamen »der Blinde« — und zieht sich aus Italien zurück, wo *Berengar* weiterhin herrscht. Die Ungarn fallen in die pannonische Ostmark des Frankenreiches ein (906). Pannonien geht verloren, die Reichsgrenze verläuft wieder an der Enns. *Arnulf*, Sohn Markgraf *Liutpolds*, schlägt die Ungarn ostwärts Freising an der Rott (909). Herzog *Heinrich* von Sachsen vermählt sich mit *Mathilde*, der Tochter des sächsischen Grafen *Dietrich* aus dem Geschlecht *Widukinds* (909).

Byzanz: Kaiser *Leon VI.* wendet sich in einem Streit mit der Kirche an Rom und findet die Unterstützung von Papst *Sergius III.*; er besetzt das Patriarchat um (Febr. 907). Eine byzantinische Flotte erringt im Ägäischen Meer einen Seesieg über die Araber (Okt. 908).

Osteuropa: Die Ungarn fallen in Mähren ein und zerschlagen die Reste des Reiches *Swatopluks* (907). *Oleg*, Herrscher von Kiew, erscheint vor Konstantinopel, um für die russischen Kaufleute Privilegien zu erzwingen (907).

Islam: Auf Sizilien erobern die Araber Taormina, den letzten Stützpunkt der Byzantiner (1. 8. 902). Chorasan geht von den Saffāriden an die Sāmāniden über (903). Eine arabische Flotte besetzt Attaleia und belagert Thessalonike, das verwüstet wird (904). Das Kalifat *al-Muqtafī* ist vom Kampf mit der Geheimsekte der Qarmaten bestimmt; ihm folgt sein Bruder *al-Muqtadir* (908). *Abū 'Abdallāh* vertreibt den letzten Aghlabiden und entzieht Nordafrika endgültig dem abbasidischen Einfluß (909).

910–919

Frankenreiche, Papsttum, der Westen: *Ludwig IV., das Kind*, stirbt (24. 9. 911); mit ihm erlischt das Geschlecht der Karolinger im ostfränkischen Reich; der Frankenherzog *Konrad I.* wird auf dem Reichstag in Forchheim zum König gewählt (8. 11.). *Reginar*, Graf vom Hasbengau, hat sich zum mächtigsten Mann Lothringens aufgeschwungen; er führt, mit *Konrad* verfeindet, das Land dem Westreich zu (um 911). *Otto der Erlauchte*, Herzog von Sachsen, stirbt; sein Sohn und Nachfolger *Heinrich* kämpft gegen *Konrad I.* (um Thüringen?) (912). *Arnulf* besiegt die Ungarn am Inn bei Ötting und schwingt sich zum Herzog von Bayern auf (913). In einem Konflikt mit *Konrad I.* wird er von ihm aus seiner Residenz Regensburg vertrieben (914). *Johannes X.* wird Papst (März 914). *Eberhard*, *Konrads* Bruder, wird von *Heinrich* von Sachsen bei Stadtberge geschlagen; *Konrad*, im Süden des Reiches arg bedrängt, verständigt sich mit *Heinrich* (915). Papst *Johannes X.* und *Theophylakt* ziehen gegen die Araber in Süditalien, schlagen sie am Garigliano (Aug. 915); der Papst krönt *Berengar I.* von Friaul zum Kaiser (Jahresende). Auf der Synode von Hohenaltheim stimmt der Klerus des Reiches — in Anwesenheit eines päpstlichen Legaten — einhellig für die Vorrechte der Krone gegenüber den Stammesherzögen (20. 9. 916). *Arnulf* von Bayern, vorgeladen, erscheint nicht und entweicht zu den Ungarn; *Erchanger* und *Berchtold*, schwäbische »Kammerboten«, die den Bischof *Salomon III.* von Konstanz, Berater und Freund des Königs, gefangengesetzt haben, stellen sich und werden zu lebenslänglicher Klosterhaft verurteilt. *Konrad I.* läßt sie bald darauf enthaupten (21. 1. 917). Er ernennt seinen Kaplan *Unni* zum Bischof in Bremen (918). König *Konrad I.* zieht gegen *Arnulf*, der mit Hilfe der Ungarn nach Bayern zurückgekehrt ist; in der Schlacht verwundet, stirbt *Konrad* (23. 12. 918), nachdem er seinen einstigen Widersacher *Heinrich* von Sachsen zum Nachfolger designiert hat, und wird in Fulda beigesetzt. *Heinrich I.* wird in Fritzlar zum König gewählt (14. 4. 919). *Burchard I.*, der sich nach *Erchangers* und *Berchtolds* Tod zum Herzog von Schwaben aufgeschwungen hat, besiegt *Rudolf II.* von Hochburgund bei Winterthur (919); *Burchard* unterwirft sich König *Heinrich I.* und erlangt seine Anerkennung. Bischof *Salomon* von Konstanz stirbt (5. 1. 919); unter ihm erlebte das Kloster St. Gallen, dessen Abt er war, seine Blütezeit.

Byzanz: Eine byzantinische Flotte erobert Cypern zurück und besetzt von dort aus Laodikeia (910). Sie wird auf dem Rückmarsch von den Arabern, die inzwischen Cypern wieder genommen haben, bei Samos vernichtet (Okt. 911). *Leon VI.* krönt seinen Sohn *Konstantin* zum Mitkaiser (9. 6. 911). Unter ihm ist die Neubearbeitung des »Codex Iustinianus« mit der Veröffentlichung der »Basiliká« abgeschlossen worden; sein Bruder *Alexander* führt für den sechsjährigen *Konstantin VII.* die Regentschaft; er stellt die Zahlungen an die Bulgaren ein, stirbt aber kurz darauf (6. 6. 913); *Symeon* nutzt dies als Vorwand und zieht vor Konstantinopel; nach Verhandlungen erhält *Symeon* die Kaiserkrone als »Basileus« der Bulgaren und zieht wieder ab. *Symeon* wird die Kaiserwürde abgesprochen. *Romanos Lakapenos*, Oberbefehlshaber der byzantinischen Flotte, schwingt sich zum Regenten au ; *Konstantin VII.* vermählt sich mit dessen Tochter *Helene* (Mai 919).

Osteuropa: *Oleg*, Herrscher des Kiewer Reiches, schließt einen Handelsvertrag mit Byzanz (Sept. 911). *Symeon* verheert byzantinisches Gebiet und nimmt Adrianopel (Sept. 914). Ein Heer wird von ihm bei Acheloos vernichtend geschlagen (20. 8. 917), ein weiterer Sieg folgt; *Symeon* ist im Besitz der Balkanhalbinsel. Er dringt in Nordgriechenland ein und stößt bis zum Golf von Korinth vor (918).

Islam: *'Ubaidallāh* wird von *Abū 'Abdallāh* zum Herrscher in Nordafrika erhoben und nimmt den Kalifentitel an (910). *'Abd ar-Rahmān III.* tritt in Córdoba das Emirat an (912).

920–929

Reich, Papsttum, der Westen: *Giselbert* von Lothringen läßt sich zum König erheben; gegen *Karl den Einfältigen* von Westfranken sucht er Rückhalt bei *Heinrich I.* (920). *Heinrich I.* zieht gegen *Arnulf* von Bayern, der den Vasalleneid leistet und Sonderrechte erhält. *Heinrich* schließt mit *Karl III.* von Westfranken bei Bonn einen Freundschaftsvertrag (7. 11. 921), der westfränkische Karolinger erkennt das ostfränkische Königtum an. *Rudolf II.* von Hochburgund, von Markgraf *Adalbert* von Ivrea gegen *Berengar I.* gerufen, läßt sich zum König von Italien wählen (Jan. 922) und in Pavia krönen. Gegen *Karl den Einfältigen* erhebt sich der westfränkische Adel mit *Robert* von Franzien, *Rudolf*, Herzog von Burgund, *Giselbert* von Lothringen (922); *Robert* wird in Reims zum König gekrönt. *Karl* zieht gegen die Aufrührer und siegt bei Soissons, *Robert* fällt (15. 6. 923); doch gerät *Karl* in die Hände der Aufrührer und wird eingekerkert; *Rudolf* wird zum König erhoben. *Giselbert* schließt sich nach *Karls* Sturz wieder dem deutschen König an. *Rudolf II.* von Burgund schlägt bei Fiorenzuola (17. 7. 923) *Berengar*, der in Verona ermordet wird (7. 4. 924); seine Partei ruft *Hugo*, Graf von Arles, herbei. *Giselbert* wird in seinem Herzogtum Lothringen bestätigt und erkennt *Heinrichs* Oberhoheit an. *Burchard I.* vereinigt das Elsaß mit seinem Herzogtum Schwaben (925). *Heinrich I.* erlangt von den Ungarn, die in ständigen Raubzügen das Land verheeren, einen neunjährigen Waffenstillstand, muß aber dafür jährlich Tribut zahlen (926 oder 924?). *Burchard I.*, der in Italien *Rudolf II.* von Burgund unterstützt, wird bei Ivrea von Lombarden ermordet (29. 4. 926). *Hugo*, Graf von Arles, wird in Pavia zum König gewählt (7. 7.); der Konradiner *Hermann I.* erhält das Herzogtum Schwaben. *Heinrich I.* vermählt seine Tochter *Gerberga* mit *Giselbert* von Lothringen (928). Er zieht gegen die slawischen Heveller und nimmt deren Hauptfeste Brennabor (Brandenburg, 928); er gründet die Burg Meißen, die als Mittelpunkt der Mark Meißen später den Kern Kursachsens bildet (929).

Byzanz: *Romanos Lakapenos* wird von *Konstantin VII.* zum Mitkaiser erhoben (17. 12. 920). Er erläßt ein Dekret zur Sicherung des bäuerlichen Kleingrundbesitzes (April 922).

Osteuropa: *Symeon* verheert die byzantinischen Grenzgebiete und besetzt abermals Adrianopel (923); mit Heeresmacht erscheint er vor Konstantinopel; in Verhandlungen mit *Romanos* kommt es zur Verständigung (Herbst 924); *Symeon* wird als Zar der Bulgaren anerkannt. Nach seinem Tod (27. 5. 927) hält sein Sohn und Nachfolger *Peter* Frieden mit Byzanz, er vermählt sich mit *Maria Lakapene*, der Enkelin Kaiser *Romanos' I.*

Islam: *'Abd ar-Rahmān III.*, der Emir von Córdoba, unter dem das spanische Umajjadenreich den Höhepunkt seiner Macht und seiner Kultur erreicht, nimmt den Titel eines Kalifen und Beherrschers der Gläubigen an (929).

930–939

Reich, Papsttum, der Westen: *Heinrich I.* unterwirft die Böhmen und erscheint vor Prag (930). In Rom läßt *Marozia* ihren Sohn als *Johannes XI.* zum Papst erheben (März 931). *Heinrich I.* verweigert den Ungarn den Tribut (932) und läßt die Ostgrenze befestigen; in der Schlacht bei Riade, auf dem Ried an der Unstrut oder der Saale, schlägt er die Ungarn vernichtend (15. 3. 933). *Heinrich I.* unterwirft den Herrscher von Haithabu, König *Knuba*, der das Christentum annehmen muß und tributpflichtig wird (935). Beim Königstreffen in Ivois (935) kommt *Heinrich I.* mit den Königen *Rudolf* von Frankreich und *Rudolf II.* von Hochburgund zusammen, ein Freundschaftsbund wird besiegelt; *Heinrichs* Stellung und sein Anspruch auf Lothringen werden anerkannt; *Arnulf* von Bayern designiert seinen Sohn *Eberhard* zum Nachfolger im »bayerischen Königreich«. *Wenzel I., der Heilige*, Herzog von Böhmen, wird von seinem Bruder *Boleslaw I.* ermordet (935). *Hugo der Große*, Herzog von Franzien, und andere Große wählen *Ludwig IV.*, den aus England heimgekehrten Sohn *Karls des Einfältigen*, der zu Laon zum König gekrönt wird (19. 6. 936). König *Heinrich I.* designiert auf dem Hoftag von Erfurt seinen Sohn *Otto* zu seinem Nachfolger; er stirbt bald darauf in Memleben (2. 7. 936) und wird in Quedlinburg beigesetzt. *Otto I., der Große*, wird im Münster von Aachen zum König gekrönt und auf den Thron *Karls des Großen* erhoben (8. 8. 936). Er setzt den sächsischen Herzog *Hermann Billung* zum Markgrafen über Ostholstein, Mecklenburg und Teile Brandenburgs ein (936); unter den dort ansässigen Obotriten beginnt die christliche Mission. *Otto der Große* setzt *Gero* als Markgrafen über die Ostmark ein (937), das von Liutizen und Wenden besiedelte Gebiet zwischen Vorpommern und dem Erzgebirge. Nach dem Tod *Arnulfs* von Bayern (14. 7. 937) weigert sich sein Sohn und Nachfolger *Eberhard*, dem König die alleinige Hoheit über die Kirche von Bayern zu überlassen. Die Herzöge empören sich gegen die Stärkung der Königsmacht *Ottos*, *Thankmar*, dessen Halbbruder, und *Eberhard*, Frankenherzog und Bruder König *Konrads I.*, verbünden sich gegen *Otto*; *Eberhard* kann dessen jüngeren Bruder *Heinrich* gefangennehmen; *Thankmar* wird ermordet (28. 7. 938); durch Freilassung *Heinrichs* erlangt *Eberhard Ottos* Verzeihung; Herzog *Eberhard* von Bayern wird verjagt, zu seinem Nachfolger wird sein Oheim *Berchtold* bestellt, der König *Otto* die geforderten Rechte über die bayerische Kirche abtritt. König *Ludwig IV.* von Frankreich sucht die deutschen Auseinandersetzungen zur Eroberung Lothringens zu nutzen; der Gegenstoß der Deutschen führt sie bis vor Paris (938). *Eberhard* von Franken verbündet sich mit *Ottos* Bruder *Heinrich* und *Giselbert* von Lothringen; sie ziehen gegen den König, der ihr Heer beim Rheinübergang unweit Xanten schlägt; ein neues Heer der Aufrührer wird von *Otto* mit Hilfe Herzog *Hermanns* von Schwaben bei Andernach vernichtet, *Eberhard* wird von Verwandten erschlagen, *Giselbert* ertrinkt im Rhein (2. 10. 939).

Heinrich erlangt bald darauf Verzeihung von seinem königlichen Bruder. Das Herzogtum Franken fällt an das Reich.

Byzanz: Die Byzantiner stoßen gegen Mesopotamien vor und besetzen vorübergehend Melitene (931). Sie besetzen abermals Mesopotamien und nehmen Melitene endgültig (19. 5. 934). *Romanos I.* erläßt neue Maßnahmen zur Sicherung der kleineren Bauern- und Soldatengüter (Sept. 934).

Islam: Die Qarmaten bedrohen die Städte im Irak; auf einem Streifzug gegen Mekka verwüsten sie die heilige Stadt und die Ka'ba und entführen für Jahrzehnte den heiligen Stein (930). *Saif ad-Daula*, Emir von Mossul und Aleppo, fügt Byzanz in der oberen Euphratgegend eine Niederlage zu (Sept. 938).

940–949

Reich, Papsttum, der Westen: *Ludwig IV.* von Frankreich vermählt sich mit *Gerberga*, der Witwe *Giselberts* von Lothringen, und erhebt Anspruch auf Lothringen; *Otto* zieht gegen Frankreich, wo ihm *Hugo der Große*, Herzog von Franzien und Schwager *Ottos*, huldigt (940). *Heinrich* empört sich noch einmal gegen seinen Bruder und gerät in Gefangenschaft, *Otto* vergibt ihm (941). Lothringen wird von *Ludwig* endgültig als zum Herrschaftsbereich *Ottos des Großen* gehörend anerkannt (942). *Konrad der Rote*, Graf von Worms, erhält Lothringen (944). *Hugo* von Franzien setzt König *Ludwig IV.* von Frankreich gefangen (945). *Otto der Große* zieht zur Unterstützung seines Schwagers *Ludwig IV.* abermals nach Frankreich; Reims wird genommen, *Otto* sucht zwischen *Ludwig IV.* und *Hugo* zu vermitteln. *Otto* gründet das Bistum Havelberg, es wird dem Erzbistum Magdeburg unterstellt (946). Nach dem Tod *Berchtolds* ernennt *Otto* seinen Bruder *Heinrich* zum neuen Herzog von Bayern (947). Auf der Pfalz von Ingelheim beruft er eine Synode ein, wo in Anwesenheit eines päpstlichen Legaten *Ludwig IV.* Klage gegen *Hugo* führt, *Hugo* wird exkommuniziert (Juni 948). Die Synode von Ingelheim (948) beschließt die Gründung von Bistümern im wagrischen und hevellischen Land; so entstehen die Bistümer Oldenburg und Brandenburg.

Byzanz: Die Byzantiner stoßen nach Mesopotamien vor; Amida und Nisibis werden genommen (943). Auf ihrem Feldzug zwingen sie die Stadt Edessa zur Herausgabe des Bildes *Christi*; Konstantinopel holt das Bild feierlich ein (15. 8. 944). *Romanos' I.* Söhne *Stephan* und *Konstantin* suchen sich der Herrschaft zu bemächtigen, sie lassen *Romanos* festnehmen und deportieren (16. 12. 944). Kaiser *Konstantin VII. Porphyrogennetos* setzt die Empörer fest und verbannt sie (27. 1. 945); er übernimmt selbständig die Regierung; sein Sohn *Romanos (II.)* erhält die Kaiserwürde (6. 4.). Vergeblicher Feldzug gegen die Piraten auf Kreta; die Feldzüge in Mesopotamien werden fortgesetzt, Germanikeia wird erobert (949).

Osteuropa: Die Russen überfallen Byzanz und verheeren die asiatische Küste des Bosporus (Juni 941); sie werden von den Byzantinern vertrieben, ihre Flotte wird vernichtet.

Islam: *Saif ad-Daula* fällt in byzantinisches Gebiet ein und stößt bis in die Gegend von Koloneia vor; die mit dem Tode des Kalifen *ar-Rādī* ausbrechenden Wirren veranlassen ihn zum Rückmarsch (940). Kalif *al-Mustakfī* verleiht dem Būjiden *Mu'izz ad-Daula* den Titel eines »Emirs der Emire«; in der Praxis übt der Būjide die Macht aus, der Kalif bleibt auf die geistliche Autorität beschränkt (945).

950–959

Reich, Papsttum, der Westen: *Otto der Große* besiegt die Böhmen unter ihrem Herzog *Boleslaw I.* (950). *Hugo der Große* unterwirft sich dem König *Ludwig IV.* und erkennt dessen Oberhoheit an. *Otto* zieht zum ersten Male nach Italien; *Berengar II.* von Ivrea hat nach dem Tod *Hugos* von Italien und dessen Sohnes, *Lothar*, die Krone Italiens genommen (15. 12. 950) und *Lothars* Witwe *Adelheid* gefangengesetzt; *Adelheid*, die sich an *Otto* um Hilfe gewandt hatte, wird befreit, *Berengar* auf seine Bergfesten zurückgedrängt (951). *Otto* läßt sich in Pavia als Nachfolger der Karolinger zum König der Langobarden ausrufen und vermählt sich mit *Adelheid* (951). Zum Reichstag auf dem Lechfeld bei Augsburg müssen *Berengar II.* von Ivrea und sein Sohn *Adalbert* erscheinen und sich *Otto* unterwerfen, der sie daraufhin mit dem Königreich Italien ohne dessen östlichen Teil (bis zur Etsch) belehnt, während die Mark Verona zu Bayern kommt (7.–9. 8. 952). *Liudolf*, *Ottos* Sohn, Herzog von Schwaben, erhebt sich gegen seinen Vater. *Otto* ernennt *Hermann Billung* zu seinem Stellvertreter in Sachsen (953). Ein neuer Ungarneinfall bringt die Wende im »Liudolfingischen Aufstand«; der Aufrührer *Konrad der Rote* unterwirft sich, sein Herzogtum Lothringen erhält *Brun*, der Erzbischof von Köln und *Ottos* Bruder (954). *Heinrich I.*, Herzog von Bayern, stirbt; das Herzogtum geht an seinen Sohn *Heinrich II., den Zänker* (955). Die Ungarn belagern Augsburg; *Otto* erscheint mit einem Aufgebot aller deutschen Stämme außer den Sachsen und schlägt sie in der Schlacht auf dem Lechfeld vernichtend; *Konrad der Rote*, der zur Entscheidung beigetragen hat, fällt (10. 8. 955). Nach dem Sieg setzt die deutsche Kolonisation im Südosten Europas wieder ein; die bayerische Ostmark wiederhergestellt. *Otto* wirft mit Markgraf *Gero* und den Sachsen unter *Hermann Billung* in der Schlacht an der Recknitz einen Aufstand der Slawen in Mecklenburg nieder (955). *Otto der Große* sendet seinen Sohn *Liudolf* nach Italien, um den rebellierenden König *Berengar II.* zu unterwerfen (956). *Liudolf* besiegt ihn, stirbt aber in Italien (957).

Byzanz: Der Thronfolger *Romanos II.* heiratet *Anastaso*, die als Kaiserin den Namen *Theophano* erhält (um 956). Die Ungarn werden aus Thrakien verjagt (958). *Konstantin VII. Porphyrogennetos* stirbt (9. 11. 959); sein Sohn *Romanos II.* besteigt den Thron. Neuer

Angriff auf Mesopotamien, *Johannes Tzimiskes* nimmt nach harter Schlacht Samosata wieder ein (959).

Osteuropa: *Olga*, die Witwe *Igors I.* und Regentin der Russen, hat die Taufe angenommen und erscheint zu einem Staatsbesuch in Konstantinopel (Herbst 957).

Islam: *Saif ad-Daula* schlägt die Byzantiner in Mesopotamien zurück, Germanikeia wird wiedererobert (953).

960–969

Reich, Papsttum, der Westen: Markgraf *Gero* stiftet das Nonnenkloster Gernrode (960). *Adalbert*, Mönch in Trier, wird auf *Olgas* Bitten von *Otto* als Missionar nach Rußland entsandt (961). *Otto der Große* zieht zum zweitenmal nach Italien, veranlaßt durch Hilferufe wegen des grausamen Regiments *Berengars II.* (961). In Rom läßt er sich von Papst *Johannes XII.* zum Kaiser krönen (2. 2. 962) und erneuert Schenkungsversprechen seiner Vorgänger (»privilegium Ottonianum«, 13. 2.). Während der Kaiser gegen *Berengar II.* zieht, verschwört sich *Johannes XII.* mit *Berengars* Sohn *Adalbert* gegen ihn. *Siegfried*, Graf aus dem Moselgau, erwirbt die Lützelburg (12. 4. 963); er wird Ahnherr des Hauses Luxemburg. Kaiser *Otto* nimmt *Berengar* gefangen und verbannt ihn nach Bamberg. *Otto* läßt den inzwischen mit *Berengars* Sohn *Adalbert* geflohenen *Johannes XII.* absetzen (6. 9. 963) und als neuen Papst *Leo VIII.* wählen (4. 12.); nachdem der Kaiser wieder abgezogen ist, kehrt *Johannes XII.* nach Rom zurück und übt blutige Rache, *Leo VIII.* kann entfliehen. Markgraf *Gero* unterwirft die Wenden in der (Nieder-) Lausitz und gliedert das Gebiet seiner Mark ein (963); er bezwingt *Miseko I.* von Polen, das Land zwischen Oder und Warthe wird zinspflichtig. Die Römer wählen eigenmächtig einen neuen Papst, *Benedikt V.* (22. 5. 964); Kaiser *Otto* rückt wieder in Rom ein, verbannt *Benedikt V.* (23. 6.) und setzt *Leo VIII.* wieder ein. Nach Deutschland zurückgekehrt, erreicht *Otto* die Nachricht vom Tode Papst *Leos VIII.* (1. 3. 965); mit *Ottos* Zustimmung wird *Johannes XIII.* zum neuen Papst gewählt (1. 10.). Nach *Geros* Tode wird seine Mark aufgeteilt: die Nordmark, die spätere Mark Brandenburg, die Ostmark, das Gebiet um die Niederlausitz, und die Mark Meißen. *Otto der Große* zieht zum drittenmal nach Italien, um dem von einer Gegenpartei vertriebenen Papst *Johannes XIII.* zu Hilfe zu kommen (966). *Ottos* Tochter *Mathilde* wird erste Äbtissin von Quedlinburg. Auf dem Reichstag von Ravenna (967) verwirklicht *Otto* einen Teil der im »privilegium Ottonianum« versprochenen Schenkungen an den Papst, der jedoch die Herrschaft Ravenna sogleich der Kaiserin *Adelheid* »auf Lebenszeit« verleihen muß. *Otto* erscheint in Kampanien, wo ihm langobardische Fürsten mit ihren Städten — Benevent, Capua, Salerno — huldigen (967). Feldzüge gegen die byzantinische Herrschaft in Kalabrien und Apulien folgen, da Byzanz die Oberhoheit über die langobardischen Fürstentümer beansprucht. Am Weihnachtsfest 967 läßt Kaiser *Otto* seinen zwölfjährigen Sohn *Otto II.* von Papst *Johannes XIII.* zum Kaiser krönen. Auf der Synode von Ravenna (968) regelt *Otto der Große* mit Papst *Johannes XIII.* die kirchliche Gliederung der slawisch besiedelten Reichsgebiete: Stiftung des Erzbistums Magdeburg; zu dieser Zeit etwa entsteht auch das Bistum Posen. *Otto* entsendet *Liutprand* von Cremona zu *Nikephoros II. Phokas* (968), um durch die Vermählung einer byzantinischen Prinzessin mit seinem Sohn *Otto* den Streit über Italien beizulegen. *Adalbert* wird von *Otto dem Großen* zum Erzbischof von Magdeburg erhoben (968).

Byzanz: *Nikephoros Phokas* führt die byzantinische Flotte gegen Kreta (Sommer 960); Kreta wird wieder byzantinisch (März 961). *Nikephoros Phokas* nimmt in Asien den Kampf mit *Saif ad-Daula* auf, er erobert Germanikeia; nach harter Belagerung ergibt sich ihm Aleppo, die Hauptstadt des Hamdāniden (Dez. 962). Die Witwe des Kaisers *Romanos II.*, *Theophano*, tritt für die Söhne *Basileios II.* und *Konstantin VII.* die Regentschaft an; im Einvernehmen mit ihr läßt sich *Nikephoros Phokas* zum Kaiser ausrufen, zieht in Konstantinopel ein (14. 8. 963) und wird in der Hagia Sophia gekrönt (16. 8.); er vermählt sich mit *Theophano* (20. 9.). Ein Gesetz soll der Mehrung des weithin unproduktiven kirchlichen Grundbesitzes steuern (964). Der Kaiser führt den Kampf gegen die Muslime in Kilikien fort; Tarsos und Mopsuestia werden genommen (Sommer 965), Cypern wiedererobert. Auf einem Feldzug nach Syrien wird Antiocheia vergeblich belagert (Okt. 966). Endlich gelingt der Sturm (28. 10. 969), die dreihundertjährige Muslimherrschaft in der Metropole ist zu Ende. Auf Anstiften *Theophanos* ermordet deren Geliebter, der Feldherr *Johannes Tzimiskes*, den Kaiser (10./11. 12. 969); *Tzimiskes* muß, vom Patriarchat gezwungen, *Theophano* verbannen und wird selbst Kaiser.

Osteuropa: Die Bulgaren fordern erneut Tribut von Byzanz; *Nikephoros* weist sie ab (965). *Swjatoslaw* von Kiew schlägt die Chazaren und nimmt deren Festung Sarkel. *Swjatoslaw* fällt, von Byzanz herbeigerufen, im östlichen Bulgarien ein und dringt bis zur Donau vor, das Bulgarenreich zerfällt (967). Ein Angriff der Petschenegen auf Kiew veranlaßt seine Rückkehr (968). *Swjatoslaw* erscheint wieder in Bulgarien und macht sich zum Herrn des Landes (969).

Islam: *'Abd ar-Rahmān III.* stirbt; unter ihm ist die große Moschee von Córdoba vollendet worden. *Hakam II.* wird Kalif zu Córdoba (961). Der türkische Heerführer *Alptegin* hat Ghazna erobert und schafft sich hier eine vom Kalifat unabhängige Herrschaft (962). Muslime haben von Nordafrika aus die letzten Reste der alten Herrschaft auf Sizilien beseitigt (965). Die Fātimiden erobern Ägypten (969).

970–979

Reich, Papsttum, der Westen: *Otto II.* wird in Rom von Papst *Johannes XIII.* mit der byzantinischen Prinzessin *Theophano* vermählt (19. 4. 972). *Otto I.* hat sich aus Apulien und Kalabrien zurückgezogen, die mit Neapel und Salerno bei Byzanz verbleiben; Capua und Benevent fallen an das Reich. Mit *Ottos* Billigung wird *Benedikt VI.* zum Papst gewählt (19. 1. 973); *Crescentius de Theodora*, Oberhaupt einer kaiserfeindlichen Partei, schwingt sich zum Herrn der Stadt auf, läßt *Benedikt VI.* einkerkern und erhebt *Bonifatius VII.* zum Papst. Letzter Reichstag Kaiser *Ottos* in Quedlinburg; in Böhmen wird das Bistum Prag gegründet und dem Erzbistum Mainz unterstellt. *Otto der Große* stirbt in Memleben (7. 5. 973) und wird im Dom zu Magdeburg neben seiner ersten Frau *Edgitha* beigesetzt. Eine Gesandtschaft von *Geisa*, dem Herrscher der Ungarn, erscheint vor *Otto II.* in Quedlinburg (973). Ein Abgesandter König *Ottos II.* vertreibt *Bonifatius* mit Hilfe der Gegner des *Crescentius*, der ins Kloster geht; mit *Ottos II.* Billigung besteigt *Benedikt VII.* den päpstlichen Stuhl (Okt.). *Heinrich der Zänker* von Bayern zettelt eine Verschwörung gegen *Otto II.* an (974). *Harald Blauzahn* von Dänemark fällt mit den unter dänischer Oberhoheit stehenden Norwegern unter *Jarl Håkon* in Nordalbingien ein; *Harald* muß die deutsche Oberhoheit anerkennen (974). *Otto II.* rückt in Böhmen ein, dessen Herzog *Boleslaw II., der Fromme*, im Bunde mit dem aufrührerischen *Heinrich dem Zänker* steht (975). *Heinrich* wird abgesetzt (976); Bayern verliert die oberpfälzische Nordmark, die Ostmark und Kärnten mit der italischen Mark; Kärnten, mit der italischen Mark vereinigt, wird selbständiges Herzogtum. *Otto II.* unterstützt *Karl*, den Bruder König *Lothars* von Frankreich, und macht ihn zum Herzog von Niederlothringen (977). *Boleslaw II.*, Herzog von Böhmen, unterwirft sich Kaiser *Otto II.* (977). *Heinrich der Zänker* findet noch einmal Verbündete gegen den Kaiser; von *Otto* geschlagen (978), verliert er alle seine Güter. König *Lothar* von Frankreich erhebt Ansprüche auf Lothringen und überfällt Aachen und die dortige Kaiserpfalz (978); *Otto* beschließt einen Feldzug gegen Frankreich und gelangt bis vor das von *Hugo Capet* verteidigte Paris.

Byzanz: Die Byzantiner nehmen Aleppo; ein Teil Syriens mit Antiocheia wird dem Reich eingegliedert (970). *Johannes I. Tzimiskes* schlägt *Swjatoslaw* bei Silistria vernichtend (Ende Juli 971); der Handelsvertrag mit den Russen wird erneuert. Auf einem Feldzug nach Vorderasien (April 975) geraten Baalbek, Damaskus, Nazareth, Akko, Caesarea unter byzantinische Oberhoheit. Kaiser *Johannes I. Tzimiskes* stirbt (10. 1. 976); *Basileios II.* und sein Bruder *Konstantin VIII.* treten die Herrschaft an; *Bardas Skleros*, Schwiegersohn des *Tzimiskes* und Oberbefehlshaber des Ostens, läßt sich von seinen Truppen zum Kaiser ausrufen. Er dringt in Kleinasien vor (977), erobert Nicaea und bedroht Konstantinopel; *Bardas Phokas*, der Neffe Kaiser *Nikephoros' II.*, nimmt den Kampf gegen ihn auf (978) und besiegt *Bardas Skleros* unweit Amorions (24. 5. 979); der Bürgerkrieg in Byzanz ist beendet.

Osteuropa: *Swjatoslaw* wird auf dem Rückmarsch nach Kiew im Kampf mit den Petschenegen erschlagen (972). *Geisa* von Ungarn nimmt mit seiner Familie die Taufe und schließt das ungarische Christentum der deutschen Kirche an (975). Die Bulgaren sammeln sich nach dem Tode *Tzimiskes'* wieder unter ihrem Fürsten *Samuel* (977).

Islam: *Hakam II.*, umajjadischer Kalif in Córdoba, stirbt (976). Unter ihrem Emir *Abu'l Kasim* überschreiten die Muslime auf Sizilien die Straße von Messina und greifen die langobardischen Fürstentümer in Unteritalien an (976). Auf *Alptegin* folgt in Ghazna *Subuktegin*, der die Ghaznawidenherrschaft weiter ausdehnt und festigt (977).

980–989

Reich, Papsttum, der Westen: *Otto II.* und *Lothar* von Frankreich treffen sich am Chiers, nahe der Grenze, und schließen Frieden (980), *Lothar* verzichtet auf alle Ansprüche auf Lothringen. Italienzug *Ottos* (980); in Ravenna, wo die Kaiserfamilie das Weihnachtsfest verbringt, nimmt Kaiser *Otto* Anteil an einem Streitgespräch zwischen dem Reimser *Gerbert*, dem späteren Papst *Sylvester II.*, und dem Magdeburger *Ochtrich* über den Rang der Wissenschaften. Auf einem Zug gegen die Muslime in Süditalien kommt es in Apulien zu Kämpfen mit den Byzantinern; *Otto* nimmt die befestigten Plätze Bari und Tarent (981). Bei Cotrone, wohl am Kap Colonne, erleidet das kaiserliche Heer durch die Muslime eine vernichtende Niederlage (13. 7. 982). Auf dem Reichstag zu Verona läßt *Otto II.* seinen Sohn zum König wählen (Juni 983). Während *Otto* in Italien ist, kommt es zum Aufstand der slawischen Liutizen und der mit ihnen verwandten Heveller; die Heveller erstürmen Havelberg und Brandenburg und bedrohen Magdeburg; der Aufstand bricht aber zusammen, die Sachsen werfen die Slawen über die Elbe zurück, aber die Billungische und die Nordmark gehen für lange Zeit verloren. *Otto II.* zieht noch einmal gegen die Muslime, doch ruft ihn der Tod des Papstes *Benedikt VII.* (10. 7. 983) nach Rom zurück; er setzt seinen italienischen Erzkanzler, den Bischof *Petrus* von Pavia, als Papst *Johannes XIV.* ein (10. 12.). Kaiser *Otto II.* stirbt in Rom (7. 12. 983), wo er in der Vorhalle der Peterskirche beigesetzt wird; sein Sohn *Otto III.* wird – dreijährig – in Aachen zum König gekrönt (25. 12.). Im Kloster Reichenau wird für *Otto III.* ein Evangeliar angefertigt (der »Codex aureus«, 983). *Heinrich der Zänker* von Bayern beansprucht die Vormundschaft über *Otto III.* und sucht Unterstützung bei Frankreich; seine Pläne scheitern, vor allem dank dem Eingreifen des Erzbischofs *Willigis* (984). *Bonifatius VII.* kehrt nach Rom zurück, setzt den von *Otto II.* eingesetzten Papst *Johannes XIV.* gefangen (Aug. 984). *Erik der Rote*, norwegischer Normanne, entdeckt und besiedelt Grönland (um 984). *Heinrich II., der Zänker*, erhält das Herzogtum Bayern zurück (985). König *Lothar* von Frankreich sucht sich Lothringens zu bemächtigen; gegen ihn steht aber *Hugo Capet* und die deutsch-freundliche Partei unter

Adalbero, Erzbischof von Reims. Mit *Ludwig V.*, *dem Faulen*, erlischt auch im Westfrankenreich der Stamm der Karolinger (Mai 987); unter *Adalberos* Einfluß und mit Hilfe der Kaiserin *Theophano* wird der Sohn *Hugos des Großen*, *Hugo Capet*, zum König gewählt und gekrönt (3. 7.). *Heinrich der Zänker* erwirbt noch einmal Kärnten für Bayern (989); es wird jedoch bald nach seinem Tode endgültig selbständig. *Hugo Capet* setzt *Arnulf*, einen illegitimen Sohn König *Lothars*, als Erzbischof von Reims ein, um die Karolingerpartei zu schwächen.

Byzanz: *Basileios* unternimmt einen Feldzug gegen *Samuel* von Bulgarien, wird jedoch zurückgeschlagen (Aug. 986); der Mißerfolg führt zu neuem Bürgerkrieg in Byzanz. *Basileios II.* ruft *Wladimir* von Kiew zu Hilfe; Waräger und Russen schlagen unter Führung des *Basileios* die Rebellen bei Chrysopolis vernichtend (988). In der Schlacht bei Abydos, in der der Usurpator *Bardas Phokas* ums Leben kommt, wirft *Basileios* die Rebellion nieder (13. 4. 989); *Wladimir* soll zum Lohn die »purpurgeborene« *Anna*, die Schwester des Kaisers, zur Frau erhalten unter der Bedingung, daß er für sich und sein Volk die Taufe nimmt; als *Basileios* zögert, besetzt *Wladimir* Cherson, bis ihm *Anna* zugeführt wird (Sommer).

Osteuropa: *Samuel*, Zar der Bulgaren, vereinigt ein Reich von der Donau über Nordgriechenland bis zur Adria; in seiner Hauptstadt Ochrid hat sich auch das bulgarische Patriarchat angesiedelt; *Samuel* belagert Thessalonike und erobert Larissa (985). *Miseko*, Herrscher der Polen, leistet Kaiser *Otto III.* den Vasalleneid (986).

990–999

Reich, Papsttum, der Westen: Auf der Synode von St. Basle zu Verzy (991) wird *Arnulf* zum Verzicht auf das Erzbistum Reims gezwungen; neuer Erzbischof wird *Gerbert*, der nachmalige Papst *Silvester II.* (Beginn des Reimser Kirchenstreits.) *Bernward*, aus sächsischem Adel und bislang Kaplan am Königshof, wird Bischof von Hildesheim (993). *Odilo*, Mönch aus der Auvergne, nimmt als Abt von Cluny maßgeblichen Einfluß auf Kloster- und Kirchenreform (994). Normannen aus Norwegen und Dänemark erweitern ihre Herrschaft in England; die Dänen unter *Sven Gabelbart* belagern vergeblich London; auf dem Kontinent fallen die Normannen in Hadeln und Friesland ein (994). *Otto III.* tritt die Regierung an (995); seine Großmutter *Adelheid*, die Regentin, zieht sich in ein Kloster zurück. Auf der Synode von Mouzon erscheint *Gerbert* vor einem päpstlichen Legaten und wird suspendiert (995). Nach dem Tod *Heinrichs des Zänkers* geht Bayern an dessen Sohn *Heinrich*, den späteren Kaiser *Heinrich II.*, über. Die Regierungsgeschäfte in Deutschland überträgt *Otto III.* für die Zeit seiner Abwesenheit seiner Tante *Mathilde*, Äbtissin zu Quedlinburg (996). Er zieht nach Italien; in Rom läßt er seinen Vetter *Brun* von Kärnten als Nachfolger des verstorbenen *Johannes XV.* zum neuen Papst *Gregor V.* wählen (3. 5. 996) – es ist der erste Deutsche auf dem Papstthron; *Otto* läßt sich von *Gregor* zum Kaiser krönen (21. 5.). *Gerbert* erscheint in Rom, um dem Papst seinen Fall vorzutragen; *Gregor V.* erkennt die Absetzung *Arnulfs* entgegen dem Wunsch *Ottos III.* nicht an. Kaum ist *Otto III.* nach Aachen zurückgekehrt, vertreibt *Johann Crescentius* Papst *Gregor V.* aus der Stadt (996). *Johann Crescentius* konspiriert mit *Johannes Philagathos*, Erzbischof von Piacenza, der sich als *Johannes XVI.* zum Papst weihen läßt (997); die Empörer hoffen auf Unterstützung aus Byzanz; *Otto III.* zieht wieder nach Italien. Auf der Synode von Pavia verhängt Papst *Gregor V.* die Suspension über den französischen Klerus, der an der Synode von St. Basle teilgenommen hat (997); *Gerbert* verzichtet auf den Reimser Erzbischofsstuhl und folgt einem Ruf *Ottos III.* an dessen Hof nach Deutschland. Kaiser *Otto* läßt *Johannes XVI.* auf einer Synode absetzen und ins Gefängnis werfen; *Johannes Crescentius* wird enthauptet (998); Kaiser *Otto* macht *Gerbert* zum Erzbischof von Ravenna. Auf der Synode von Pavia erläßt er Bestimmungen zur Kirchenreform: Kirchenland soll nur noch auf Lebenszeit vergeben werden. *Gerbert* wird als *Silvester II.* Nachfolger Papst *Gregors V.* (2. 4. 999) – der erste Franzose auf dem Heiligen Stuhl. *Otto III.* setzt sich die Erneuerung des Römischen Reiches zum Ziele, er bestimmt Rom zur Residenz und errichtet eine Kaiserpfalz; Deutschland und Italien sollen gemeinsam von Rom aus regiert werden. *Otto* macht den sächsischen Grafen *Ziazo* zum Patricius. Papst *Silvester II.* erkennt *Arnulf* als Erzbischof von Reims an: Ende des »Reimser Kirchenstreits«. Der Kaiser unternimmt eine Pilgerfahrt nach Monte Cassino und Monte Gargano.

Byzanz: Feldzug gegen *Samuel* von Bulgarien in Makedonien (991). Die Fātimiden bedrohen die byzantinische Herrschaft in Syrien; *Basileios II.* muß den Kampf gegen *Samuel* unterbrechen, um dort einzugreifen (994). Er erscheint in Syrien, verjagt die Muslime und besetzt Emesa (995). Er erläßt Bestimmungen, die das Bauernland vor den Großen und der Kirche sichern sollen (996). *Basileios II.* erscheint nochmals in Syrien, um Antiocheia gegen die Fātimiden beizustehen (999).

Osteuropa: *Miseko I.* vermacht Polen dem Stuhl Petri und stirbt bald darauf (25. 5. 992); sein Sohn *Boleslaw I. Chrobry* setzt sich gegen seine Brüder durch. *Boleslaw* erobert Hinterpommern und gewinnt damit die Küste (996). *Stephan* von Ungarn, der spätere König *Stephan I.*, heiratet *Gisela*, Tochter *Heinrichs des Zänkers* (996). *Adalbert*, einst Bischof von Prag, der mit Hilfe *Boleslaws* im Preußenland missioniert, wird von den heidnischen Preußen erschlagen; seinen Leichnam löst *Boleslaw* aus und läßt ihn in Gnesen beisetzen (997). In Ungarn stirbt *Geisa*, die Nachfolge tritt sein Sohn *Stephan I., der Heilige*, an (997). *Samuel* von Bulgarien dringt wieder in byzantinisches Gebiet ein; er wird geschlagen (997).

Islam: Das fātimidische Gegenkalifat tritt *al-Hākim* an; er verliert sich in Spekulationen über das Gottesgnadentum seines Geschlechts und seiner Person (996). Auf den Ghaznawiden *Subuktegin* folgt sein Sohn *Mahmūd*, der die von seinem Vater begonnene Ausdehnung nach Nordwestindien fortsetzt (998). Er beseitigt die auch von den turkestanischen Ilchānen bedrängte Sāmānidenherrschaft (999).

1000–1009

Reich, Papsttum, der Westen: *Otto III.* zieht durch Deutschland nach Gnesen (1000); am Grabe *Adalberts* stiftet er das Erzbistum Gnesen, dem die neuen Bistümer Kolberg, Breslau und Krakau, später das Bistum Posen unterstellt werden; damit sind diese Gebiete der Mission und dem Einfluß von Magdeburg entzogen. Von Gnesen aus zieht er nach Aachen, wo er das Grab *Karls des Großen* öffnen läßt; nach kurzem Aufenthalt in Deutschland kehrt der Kaiser nach Italien zurück. *Sancho III., der Alte*, König von Navarra, gliedert die selbständige Grafschaft Aragon seinem Reich ein (um 1000). *Otto III.* verwirft die »Konstantinische Schenkung« als Fälschung: kein Kaiser kann Rom, das Zentrum des Reiches, an die Päpste verschenkt haben; als Gnadenerweis übermacht der Kaiser seinerseits dem Papst *Silvester II.* Gebiete, die der Kirchenstaat beansprucht hatte (1001). Das Erzbistum Gran als nationales Erzbistum für Ungarn von Papst *Silvester II.* gestiftet (1001); *Stephan I., der Heilige*, läßt sich mit der von *Silvester* übersandten Krone zum König des Ungarnreiches krönen und vermacht sein Land dem Stuhle Petri. Tivoli erhebt sich gegen den Kaiser, der den Aufstand niederwirft; doch die Römer, auf die sich der Kaiser stützte, fallen von ihm ab; *Otto III.* und Papst *Silvester* entkommen nur mit Mühe nach Ravenna; auch in Deutschland ist man mit der römischen Politik unzufrieden. Kaiser *Ottos* Brautwerbung in Byzanz ist freundlich aufgenommen worden, eine Gesandtschaft *Ottos* führt die erkorene Prinzessin nach Italien. *Otto III.* sammelt Truppen, um einen Aufstand in Rom niederzuwerfen, stirbt jedoch in Paterno, in der Nähe des Soracte (24. 1. 1002); kämpfend müssen die deutschen Truppen seinen Leichnam über die Alpen zurückführen, wo er in Aachen an der Seite *Karls des Großen* beigesetzt wird (5. 4.). Mit dem Tode Kaiser *Ottos* ist die direkte Linie der Ottonen erloschen; *Heinrich* von Bayern wird als König *Heinrich II.* von Erzbischof *Willigis* in Mainz gekrönt. Einen Monat nach *Ottos* Tod läßt sich *Arduin*, Markgraf von Ivrea, in Pavia von der deutschfeindlichen Partei zum König von Italien krönen. König *Heinrich* schlägt den in seinen Hoffnungen auf das bayerische Herzogtum enttäuschten *Heinrich*, Markgraf von Schweinfurt (1003), der sich mit anderen Großen gegen den König verschwört; die Burg Schweinfurt wird geschleift. *Arduin* von Ivrea besiegt ein von *Heinrich II.* nach Italien entsandtes Heer. Neuer Papst wird der Römer *Phasanus* als *Johannes XVIII.* (Jan. 1004), der ganz der Crescentier-Partei folgt. *Heinrich II.* zieht nach Italien und verjagt *Arduin* von Ivrea; in Pavia läßt er sich zum König der Langobarden krönen (1004), muß aber eine Erhebung in Pavia niederschlagen; die italienischen Städte huldigen ihm. *Heinrich II.* schließt mit dem kinderlosen *Rudolf III.*, König von Burgund, einen Erbfolgevertrag, wonach Burgund bei *Rudolfs* Tode an das Reich fallen soll (1006); Basel kehrt zum Reich zurück. *Balduin IV.*, Graf von Flandern und französischer Lehnsmann, greift Niederlothringen an (1006). Auf der Synode von Frankfurt stiftet *Heinrich II.* das Bistum Bamberg (1. 11. 1007); es soll der Sicherung des Obermaingebietes – besonders gegen Markgraf *Heinrich* von Schweinfurt – dienen. *Heinrich II.* vertreibt *Balduin* aus Lothringen und nimmt ihm das eroberte Valenciennes wieder ab (1007). *Boleslaw Chrobry* besetzt die Lausitz (1007); in den folgenden zehn Jahren bemüht sich *Heinrich II.*, ihn zu vertreiben. *Crescentius* setzt Papst *Sergius IV.* ein (31. 7. 1009).

Byzanz: *Basileios II.* zieht aus ins Kaukasusgebiet, um die Verhältnisse in Armenien und Iberien zu ordnen (1000). Aus dem Kaukasus zurückgekehrt, nimmt er energisch den Kampf gegen die Bulgaren auf; er stößt gegen Serdica vor und trennt *Samuel* in Makedonien von den Donaubulgaren (1001). *Basileios II.* schlägt *Samuels* Heer am Vardar, Skoplje ergibt sich dem Kaiser (1004).

Osteuropa: *Boleslaw I. Chrobry* von Polen nutzt die deutschen Thronauseinandersetzungen und die Ermordung Markgraf *Ekkehards* von Meißen, um die Nieder- und Teile der Oberlausitz zu besetzen (1002). Er erobert Böhmen (1003); die bislang reichsfeindlichen Liutizen werden Bundesgenossen des Kaisers. *Boleslaw Chrobry* wird wieder aus Böhmen vertrieben (1004), das Herzogtum unter der deutschen Krone bleibt; *Boleslaw Chrobry* verzichtet unter dem deutschen Druck auf seine Ansprüche auf die Lausitz (1005). Nach der Niederlage am Vardar hat *Samuel* von Bulgarien auch im Inneren Schwierigkeiten; Dyrrhachion, vor Jahren von ihm erobert, fällt durch Verrat an Byzanz zurück (1005).

1010–1019

Reich, Papsttum, der Westen: In Rom stirbt Papst *Sergius IV.* (12. 5. 1012), *Johannes Crescentius* stirbt ebenfalls bald darauf, seine Anhänger werden entmachtet. *Balduin IV.* von Flandern erhält von *Heinrich II.* das Gebiet von Seeland mit der Insel Walchern und das Gebiet von Valenciennes zu Lehen (1012). König *Heinrich II.* zieht zum zweitenmal nach Italien; er erscheint in Rom und erkennt Papst *Benedikt VIII.* an (1013). *Heinrich* läßt sich mit seiner Gemahlin *Kunigunde* von *Benedikt VIII.* zum Kaiser krönen (14. 2. 1014). Die Dänen haben sich in England festgesetzt (1014). Kaiser *Heinrich* führt ein starkes Heeresaufgebot gegen *Boleslaw Chrobry* (1015). Von Sardinien aus verheeren die Araber die italienischen Küstenstädte; Genua und Pisa verjagen sie (1015). Sardinien ist abermals von den Arabern besetzt; unter Führung Papst *Benedikts VIII.* erringen die vereinigten Flotten Genuas und Pisas einen entscheidenden Sieg und vertreiben sie endgültig (1016). Das Flottenunternehmen legt den Grund zur Seegeltung Genuas und Pisas. *Knut der Große* wird König von England (1017) und tritt im Jahr darauf auch in Dänemark die Herrschaft an. Bari und Salerno erheben sich gegen die byzantinische Herrschaft; sie werden von Normannen unterstützt, die von einer Pilgerfahrt aus Jerusalem zurückkehren. Sie werden vom byzantinischen Statthalter bei Cannae vernichtend geschlagen; die kleinen Langobarden-Fürstentümer Süditaliens – außer Benevent und Monte Cassino – geraten unter byzantinische Oberhoheit; Byzanz bedroht die Grenzen des Kirchenstaates (1018).

Byzanz: *Basileios II.* holt zum letzten Schlag gegen *Samuel* von Bulgarien aus; dessen Heer wird am Struma niedergemacht oder gefangengenommen; *Samuel* entkommt; *Basileios* läßt die Gefangenen blenden und sendet sie dem Zaren nach, der bei ihrer Ankunft stirbt (6. 10. 1014); die Tat bringt *Basileios* den Beinamen »Bulgarentöter« ein. *Basileios II.* zieht in Ochrid ein und durchzieht Griechenland bis nach Athen; die Balkanhalbinsel ist wieder byzantinisch (1018).

Osteuropa: In Merseburg erkennt *Boleslaw Chrobry* *Heinrich II.* als Lehnsherrn an und erhält dafür die Lausitz (1013). *Wladimir der Heilige* von Kiew stirbt (15. 7. 1015); sein Reich, unter seine Nachkommen geteilt, zerfällt. *Boleslaw Chrobry* erringt am Dnjepr einen Sieg über *Jaroslaw* und dringt nach Rußland vor (1017). *Boleslaw* erhält im Frieden von Bautzen die lausitzischen Gebiete vom Kaiser zu Lehen (30. 1. 1018). Er besetzt Kiew (1018), zieht sich aber im nächsten Jahr wieder aus diesem Gebiet zurück; *Jaroslaw* erobert Kiew.

Islam: Der Dichter *Firdausī* hat das »Schāu-Māme« vollendet, das die altpersische Geschichte besingt (um 1010).

1020–1029

Reich, Papsttum, der Westen: Papst *Benedikt VIII.* erscheint bei *Heinrich II.* in Bamberg, um des Kaisers Hilfe zu erbitten; auf *Heinrichs* Wunsch weiht er den Dom in Bamberg; das Bistum wird unmittelbar dem Stuhl Petri unterstellt; der Kaiser bestätigt das »privilegium Ottonianum« (1020). *Heinrich II.* zieht zum drittenmal mit einem großen Aufgebot gegen die Byzantiner in Süditalien (1021). Der Hofkaplan *Aribo* wird von *Heinrich II.* zum Erzbischof von Mainz erhoben (1021). *Heinrichs* deutsche Truppen, unterstützt von Papst *Benedikt VIII.* und normannischen Rittern, drängen die Byzantiner zurück (1022); Capua, Salerno, Neapel kehren unter die Oberhoheit des Kaisers zurück. Auf der Synode von Pavia (1022) beschließen Kaiser und Papst Maßnahmen zur Kirchenreform. *Notker der Deutsche* stirbt in St. Gallen (29. 6. 1022). Kaiser *Heinrich II.* und König *Robert II.* von Frankreich treffen sich auf Einladung *Heinrichs* bei Ivois nahe der Grenze, um, beeinflußt von Abt *Odilo* von Cluny, über die Kirchenreform zu beraten (1023). Erzbischof *Aribo* von Mainz fordert die deutschen Bischöfe auf, sich den zentralistischen Ansprüchen des Papstes zu widersetzen; es kommt zum Streit zwischen Papst und deutscher Kirche, Kaiser *Heinrich* stellt sich auf die Seite des Papstes (1023). Papst *Benedikt VIII.* stirbt in Rom (9. 4. 1024); sein Bruder *Romanus* wird als *Johannes XIX.* Papst (Mai). Mit *Heinrichs II.* Tod (13. 7. 1024) erlischt das sächsische Kaiserhaus; auf der Wahlversammlung der deutschen Fürsten in Kamba am Rhein wird *Konrad II.*, Urenkel *Konrads des Roten* von Lothringen und der *Liutgard*, der Tochter *Ottos des Großen*, zum König erhoben (8. 9.); die Herzöge von Ober- und Niederlothringen erkennen *Konrads II.* Wahl nicht an; auf einem Umritt durch Deutschland nimmt *Konrad* die Huldigung entgegen, die ihm schließlich auch in Lothringen nicht versagt wird. Der Adel der Lombardei sucht bei Frankreich Unterstützung gegen Deutschland. *Konrad II.* macht seine Ansprüche auf Burgund aus dem Erbschaftsvertrag *Heinrichs II.* geltend; gleichzeitig beansprucht Herzog *Ernst II.* von Schwaben Burgund; einer Bedrohung durch *Knut den Großen* von Dänemark und *Miseko II.* von Polen wirkt *Konrad II.* entgegen, indem er auf Ansprüche auf die Gebiete nördlich der Eider verzichtet (1025). *Konrad II.* zieht nach Italien, nachdem er seinen Sohn *Heinrich (III.)* vor den Fürsten zu seinem Nachfolger designiert hat; von Erzbischof *Aribert* läßt er sich in Mailand mit der Eisernen Krone krönen (1026); einen Aufstand in Ravenna wirft der Kaiser selbst nieder, Pavia unterwirft sich. *Konrad* wird in Rom von Papst *Johannes XIX.* zum Kaiser gekrönt (26. 3. 1027); auf dem Zug nach Mittel- und Süditalien huldigen die langobardischen Fürstentümer dem Kaiser. *Ernst II.* von Schwaben hat sich mit Graf *Welf II.* und *Werner* von Kyburg gegen den Kaiser erhoben und ist ins Elsaß und in Burgund eingefallen. Der Kaiser beruft einen Hoftag nach Ulm ein (1027), auf dem sich *Ernst* unterwerfen muß, *Welf* verliert große Teile seiner Güter. *Heinrich III.*, der zehnjährige Thronfolger, erhält das Herzogtum Bayern. *Rudolf III.* von Burgund erkennt in Basel den Kaiser und dessen Sohn als die rechtmäßigen Erben Burgunds an (1027). *Konrads II.* Sohn *Heinrich III.* wird in Aachen von Erzbischof *Pilgrim* von Köln zum König gekrönt (14. 4. 1028); fortan beanspruchen die Erzbischöfe von Köln das Recht der Königskrönung. *Knut der Große* erobert Norwegen; unter seiner Herrschaft sind Dänemark, England und Norwegen vereinigt (1028). *Sancho III. der Alte* von Navarra erwirbt durch seinen Sohn *Ferdinand I.* Kastilien, das er seinem Reich einverleibt (1028).

Byzanz: Das Gebiet von Vaspurkan und ein Teil Iberiens werden byzantinische Themen (1020). *Basileios II.* stirbt (15. 12. 1025) mitten in den Rüstungen für einen Feldzug gegen die Araber auf

Sizilien; sein Bruder *Konstantin VIII.* tritt die Nachfolge an. Der Kaiser vermählt auf dem Sterbebett seine Tochter *Zoë* mit *Romanos Argyros*, dem Eparchen von Konstantinopel (12. 11. 1028); *Romanos* besteigt den Thron (15. 11.).

Osteuropa: An der Kertscher Meerenge haben sich die Russen mit dem Fürstentum Tmutarakan festgesetzt (1022). *Boleslaw I. Chrobry* von Polen benutzt den Thronwechsel und die Auseinandersetzungen im Reich, um sich zum König zu machen (1025); er stirbt jedoch bald darauf; neuer Herrscher in Polen wird sein Sohn *Miseko II.* Er fällt in die Gebiete der Elbslawen ein (1028), mit denen *Konrad II.* die alten Bündnisverträge erneuert. *Bretislaw I.*, der spätere Herzog von Böhmen, zieht gegen *Miseko II.* und entreißt ihm Mähren (1029).

Islam: Der Ghaznawide *Mahmūd* ist im »Heiligen Krieg« bis weit über den Ganges nach Indien eingedrungen; Gujarat wird besetzt (1025).

1030–1039

Reich, Papsttum, der Westen: *Konrad II.* schließt Frieden mit Ungarn und tritt einen Grenzstreifen der Mark Österreich an der Donau um Preßburg ab; nun zieht er gegen *Miseko*; auch die Russen unter *Jaroslaw* von Kiew bedrängen Polen (1031). *Konrad II.* zwingt *Miseko II.* zum Frieden (1032); *Miseko* muß die besetzten lausitzischen Gebiete wieder herausgeben; *Konrad* belehnt den Grafen *Dietrich* von Wettin mit der Ostmark. *Rudolf III.* von Burgund stirbt (6. 9. 1032); sein Krondiadem wird Kaiser *Konrad* als dem Nachfolger überbracht; sogleich fällt *Odo*, Graf von der Champagne, in Burgund ein; es folgen langwierige Kämpfe. König *Heinrich I.* von Frankreich siegt gegen eine Verschwörung seiner Mutter Konstanze und tritt die Herrschaft an (1032). Kaiser *Konrad* läßt sich im Kloster zu Peterlingen am Neuenburger See zum König von Burgund krönen (2. 2. 1033); er trifft mit König *Heinrich I.* von Frankreich in Deville an der Maas zusammen, wo ein Bündnis gegen Graf *Odo* geschlossen wird. *Odo* muß seine Ansprüche auf Burgund fallenlassen (1034). In der Lombardei kommt es zu einem Aufstand der Ritterschaft (der »Valvassoren«), die um ihre Lehen bangt; mit ihr verbündet sich die aufstrebende Bürgerschaft; beide Parteien rufen den Kaiser an (1035). König *Heinrich III.*, der Sohn Kaiser *Konrads*, heiratet die Tochter König *Knuts des Großen* von Dänemark (Juni 1036). *Konrad II.* zieht zum zweitenmal nach Italien, um die lombardische Ritterschaft gegen *Aribert* zu unterstützen; auf dem Hoftag von Pavia empört sich *Aribert* und wird festgesetzt; er entkommt jedoch nach Mailand, wo sich Adel und Bürgerschaft unter ihm zusammenschließen; im Heerlager vor Mailand erläßt *Konrad* das Lehensgesetz, die »Constitutio de feudis«, das die Erblichkeit der mittelbaren Lehen verfügt (28. 5. 1037). *Odo* wird bei Bar-le-Duc von Herzog *Gozelo* von Lothringen und dessen Sohn *Gottfried dem Bärtigen* geschlagen (15. 11.). *Ferdinand I.* von Kastilien erobert León, Asturien und Galicien, die er mit seiner Grafschaft zum Königreich Kastilien vereinigt (1038). Kaiser *Konrad II.* stirbt in Utrecht (4. 6. 1039) und wird im Dom von Speyer beigesetzt, zu dem er 1030 den Grundstein gelegt hat; sein Sohn *Heinrich III.* tritt die Nachfolge an.

Byzanz: Die Byzantiner unter dem Heerführer *Georgios Maniakes* erobern Edessa (1032). *Romanos III.* wird im Bade ermordet, am selben Abend vermählt sich Kaiserin *Zoë* mit dem Paphlagonier *Michael*, der nun den Thron besteigt (11. 4. 1034).

Osteuropa: *Miseko II.* von Polen dringt bis an Weiße Elster und Saale vor; ein deutscher Gegenangriff bleibt erfolglos, das deutsche Heer wird bei Wien aufgerieben (1030). *Miseko II.* unterwirft sich aber auf einem Hoftag in Merseburg Kaiser *Konrad II.* und erkennt dessen Oberhoheit an (1033). *Jaroslaw* von Kiew schlägt die Petschenegen (1036). *Bretislaw I.* wird mit dem verwaisten Herzogtum Böhmen belehnt (1037). Er fällt in Polen ein und läßt aus Gnesen die Gebeine *Adalberts*, des einstigen Bischofs von Prag, nach Prag bringen (1039).

Islam: Mit dem Tode *Hischāms III.* endet die Umajjadenherrschaft in Spanien; das muslimische Reich löst sich in Teilherrschaften auf (1031). Der persische Arzt und Philosoph *Ibn Sīnā (Avicenna)* stirbt in Hammadan (1037). Die Seldschuken entreißen den Ghaznawiden Chorasan und stoßen weiter nach Westen vor (1037).

1040–1049

Reich, Papsttum, der Westen: König *Heinrich III.* begnadigt *Aribert* (1040). *Heinrich III.* zieht gegen *Bretislaw I.* von Böhmen, der Polen besetzt hält; sein Heer wird im Böhmerwald zum Rückzug gezwungen (1040). *Duncan*, König von Schottland, von den normannischen Herren von Caithness und den Orkneys bedrängt, wird von *Macbeth* erschlagen, der sich der Herrschaft bemächtigt (um 1040). *Heinrich III.* zieht abermals nach Böhmen und erscheint vor Prag; *Bretislaw* muß sich unterwerfen, Polen wieder freigeben und die Lehnshoheit des Königs anerkennen (1041). *Heinrich III.* trifft mit *Heinrich I.* von Frankreich bei Ivois nahe der Grenze zusammen (1043). *Heinrich III.* vermählt sich in Ingelheim mit *Agnes* von Poitou (Nov. 1043). *Gottfried II. der Bärtige* erhält nur Oberlothringen zu Lehen und sucht mit Frankreichs und Burgunds Hilfe ganz Lothringen zu gewinnen (1044). Er wird im Jahr darauf besiegt. Der geflohene *Benedikt IX.* kehrt nach Rom zurück und vergibt die Papstwürde an *Johannes Gratianus*, der als *Gregor VI.* zum Papst gekrönt wird (5. 5. 1045). *Heinrich III.* zieht nach Italien; in Piacenza empfängt er Papst *Gregor VI.*; die Synode von Sutri (1046) setzt ihn ab (20. 12.), die Synode von Rom erklärt auch *Benedikt IX.* für abgesetzt (23. 12.) und erhebt Graf *Suidger*, den Bischof von Bamberg, als *Clemens II.* zum Papst (24. 12.), der *Heinrich* und seine Gemahlin *Agnes* zum Kaiser krönt

(25. 12.). Papst *Clemens II.* stirbt (9. 10. 1047); *Heinrich* ernennt *Poppo*, den Bischof von Brixen, als *Damasus II.* zum Papst, inzwischen ist *Benedikt IX.* wieder nach Rom gekommen. *Gottfried der Bärtige* erhebt sich als Vorkämpfer für die Fürstengewalt wieder gegen den Kaiser (1047). Das Herzogtum Kärnten mit der Mark Verona verleiht *Heinrich III.* an *Welf III.*, Bayern erhält der rheinische Pfalzgraf *Konrad*. Papst *Damasus II.* zieht mit kaiserlichen Truppen gegen Rom, der Gegenpapst *Benedikt IX.* flieht; *Damasus* wird inthronisiert (27. 7. 1048), stirbt jedoch kurz danach (9. 8.). *Heinrich III.* unterwirft *Gottfried den Bärtigen*, der seines Besitzes verlustig geht; gegen den Grafen *Balduin V.* von Flandern versichert sich der Kaiser der Unterstützung König *Eduards* von England und *Sven Estrithssons* von Dänemark (1049). Das Herzogtum Schwaben verleiht *Heinrich III.* an den Babenberger *Otto III.*, Markgrafen von Schweinfurt (1049). Der zum Papst ausersehene *Brun*, Bischof von Toul, geht nach Italien; auf dem Zuge gewinnt er den Mönch *Hildebrand* von Soana und *Humbert*, den späteren Bischof von Silva Candida; *Brun* läßt sich als *Leo IX.* zum Papst krönen (12. 2. 1049).

Byzanz: Die Slawen auf dem Balkan erheben sich, auch Nordgriechenland wird vom Aufstand erfaßt (1040). Der Heerführer *Georgios Maniakes* wird von *Michael IV.* gegen die Araber auf Sizilien entsandt; er entreißt den Arabern Ostsizilien, erobert Messina und Syrakus (1040). Die Normannen fallen in das byzantinische Apulien ein (1041). Der Slawenaufstand gegen Byzanz bricht zusammen. *Zoë* adoptiert den kaiserlichen Neffen *Michael Kalaphates*. *Michael IV.* stirbt (10. 12. 1041); *Michael V. Kalaphates* besteigt den Thron. Er läßt *Zoë* in ein Kloster einschließen; ob dieses Frevels erhebt sich Konstantinopel, *Michael* wird abgesetzt und geblendet (20. 4. 1042); *Zoë* vermählt sich mit dem vornehmen *Konstantin Monomachos* (11. 6.), der den Thron besteigt (12. 6.). *Georgios Maniakes* führt die byzantinischen Truppen gegen die Normannen, die er bei Neapel schlägt (1042); von dem neuen Kaiser *Konstantin IX.* nach Konstantinopel zurückbeordert, läßt er sich vom Heer zum Kaiser ausrufen und marschiert auf Thessalonike; er fällt im Kampf, ehe es ihm gelingt, *Konstantin IX.* zu stürzen (1043). *Michael Kerullarios* wird Patriarch von Konstantinopel. In Konstantinopel werden eine Hochschule für Philosophie und eine für Rechtswesen gegründet (1045). Die Petschenegen betreten byzantinischen Boden; Byzanz sucht sie anzusiedeln und als Soldaten zu verwenden (1048).

Osteuropa: In Ungarn kommt es zum Aufstand, König *Peter* wird vertrieben und flieht zu *Heinrich III.*, der zur Wiedereinsetzung *Peters* nach Ungarn kommt (1041). Nach einem weiteren Feldzug kommt es zu einem vorläufigen Frieden (1043); die Gebiete zwischen Fischa und Leitha fallen ans Reich zurück. Neuer Aufstand in Ungarn gegen König *Peter*, der wieder vertrieben wird; *Andreas I.* aus dem Haus der Arpaden tritt die Herrschaft an; die Oberhoheit des Reiches geht wieder verloren (1047).

1050–1059

Reich, Papsttum, der Westen: *Heinrich III.* unterwirft mit Hilfe englischer und dänischer Schiffe den rebellischen Grafen *Balduin V.* von Flandern (1050). König *Heinrich I.* von Frankreich vermählt sich mit *Anna*, der Tochter *Jaroslaws* von Kiew (1051). Erzbischof *Adalbert* von Bremen wird von *Leo IX.* zum päpstlichen Vikar für Nordeuropa ernannt (6. 1. 1053). Papst *Leo*, vom Kaiser zum Schutzherrn des von den Normannen bedrängten Benevent bestimmt, wird von ihnen bei Civitate geschlagen und gefangengenommen (23. 6. 1053). *Heinrich IV.* wird in Aachen zum deutschen König gekrönt (17. 7. 1054). Als Legat Papst *Leos IX.* erscheint *Humbert*, Bischof von Silva Candida, in Konstantinopel und legt auf dem Altar der Hagia Sophia eine Bannbulle gegen *Kerullarios* nieder (16. 7. 1054): der Bruch zwischen Papsttum und Patriarchat ist endgültig. *Gottfried der Bärtige* von Lothringen vermählt sich mit *Beatrix*, der Markgräfin von Tuscien, und erwirbt damit eine starke Hausmacht. König *Ferdinand I.* von Kastilien erobert den rechts des Ebro liegenden Teil Navarras. Bischof *Gebhard* von Eichstätt besteigt als *Viktor II.* den Stuhl Petri (16. 4. 1055); Kaiser *Heinrich III.* erscheint in Italien; auf einer Synode in Florenz beraten Kaiser und Papst über die Kirchenreform. Der fünfjährige Thronfolger *Heinrich IV.* wird mit *Bertha*, der Tochter des Grafen *Otto* von Savoyen und Turin, verlobt. Bei Ivois treffen noch einmal *Heinrich III.* und *Heinrich I.* von Frankreich zusammen, wohl um über die lothringischen Wirren und die Streitigkeiten an der westlichen Reichsgrenze zu beraten; statt zur Erneuerung des Bündnisses kommt es aber zum Bruch (1056). Kaiser *Heinrich III.* stirbt auf der Pfalz Bodfeld (5. 10. 1056); für seinen fünfjährigen Sohn *Heinrich IV.* tritt seine Witwe *Agnes* die Regentschaft an. *Rudolf von Rheinfelden* wird von ihr mit dem Herzogtum Schwaben belehnt (1057). Papst *Viktor II.* stirbt (28. 7. 1057); unter Mithilfe *Gottfrieds des Bärtigen* wird dessen Bruder, Kardinal *Friedrich*, als Papst *Stephan IX.* gewählt (3. 8.); *Agnes* gibt widerspruchslos ihre Zustimmung; *Gottfried* erhält Oberlothringen wieder. Dem neugewählten Papst *Nikolaus II.* verschafft *Gottfried* Eingang in Rom (1058). *Humbert* veröffentlicht seine Schrift »Adversus simoniacos«; Vorkämpfer der kurialen Reformpartei, lehnt er Simonie, Laieninvestitur und Eigenkirchenrecht ab (1058). Das Papstwahldekret, maßgeblich von *Humbert* beeinflußt, wird auf der Ostersynode im Lateran angenommen (14. 4. 1059). *Rudolf von Rheinfelden* vermählt sich mit *Mathilde*, der Schwester *Heinrichs IV.* (1059), die aber schon im folgenden Jahr stirbt. *Robert Guiscard* wird von Papst *Nikolaus II.* zum Herzog von Apulien und Sizilien erhoben und schwört dem Papst den Lehnseid (Aug. 1059).

Byzanz: Der Stratege *Isaak Komnenos* wird zum Kaiser ausgerufen, *Michael VI.* muß abdanken (8. 6. 1057); *Isaak Komnenos* zieht in Konstantinopel ein und wird vom Patriarchen *Kerullarios* gekrönt (1. 9.).

Zwischen *Isaak I. Komnenos* und dem Patriarchen *Kerullarios* kommt es zum Streit (8. 11. 1058). *Isaak Komnenos* wird der Unruhe in Konstantinopel nicht mehr Herr; auf Anraten des *Michael Psellos* dankt er ab und wird Mönch (Dez. 1059); zum Kaiser wird – maßgeblich durch *Psellos* – *Konstantin X. Dukas* erhoben.

Osteuropa: *Jaroslaw*, Großfürst von Kiew, stirbt (20. 2. 1054), nachdem er eine Nachfolgeordnung erlassen hat.

Islam: Die Seldschuken unter *Tughril Beg*, vom Kalifen *al-Qā'im* um Unterstützung gebeten, ziehen in Bagdad ein; *Tughril Beg* wird die Stellung der Bujiden übertragen (1055).

1060–1069

Reich, Papsttum, der Westen: Papst *Alexander II.* wird gewählt (1. 10. 1061); die Synode von Basel wählt *Honorius (II.)* zum Papst (28. 10.). *Berthold I.* von Zähringen wird von Kaiserin *Agnes* zur Entschädigung für das ihm entgangene Schwaben mit dem Herzogtum Kärnten belehnt; *Otto*, Graf von Northeim, erhält Bayern (1061). Der junge *Heinrich IV.* wird in Kaiserswerth von Erzbischof *Anno* von Köln entführt (Mai 1062); *Anno* übt jetzt die Regentschaft aus. Erzbischof *Adalbert* von Bremen nimmt seinem Rivalen *Anno* von Köln die Regentschaft ab (1063). Die Synode von Mantua bestätigt *Alexander II.* als rechtmäßigen Papst (31. 5. 1064). Der dreizehnjährige *Heinrich IV.* wird nach siegreicher Heimkehr von einem Ungarnfeldzug von Erzbischof *Adalbert* von Bremen für mündig erklärt (29. 3. 1065). *Gottfried der Bärtige* wird mit Niederlothringen belehnt. Nach dem Tod *Ferdinands I.* von Kastilien (27. 12. 1065) droht sein Reich zu zerfallen, sein Sohn *Alfons VI.* setzt schließlich die Einheit durch. *Harold*, der Sohn des Earls *Godwin*, wird König von England. *Wilhelm* von der Normandie erhebt Anspruch auf die Krone; die Norweger unter *Harald Hardrada* fallen im Norden ein, *Harold* besiegt sie bei Stamford Bridge, *Harald* fällt (25. 9. 1066); *Wilhelm* landet mit den Normannen (29. 9.), unweit Hastings kommt es zur Schlacht, die Engländer werden geschlagen, *Harold* fällt (14. 10.); *Wilhelm der Eroberer* nimmt London und wird in Westminster zum König von England gekrönt (25. 12.). *Sancho II. Ramirez*, König von Aragon, nimmt sein Königreich als Lehen von Papst *Alexander II.* (1068).

Byzanz: Die Kaiserinwitwe *Eudokia* vermählt sich mit dem Heerführer *Romanos Diogenes*, der zum Kaiser gekrönt wird (1. 1. 1068); er vermag vorübergehend die Seldschuken aufzuhalten.

Osteuropa: In Ungarn gewinnt *Bela I.* mit Hilfe seines Oheims *Boleslaw II.* von Polen den Thron gegen seinen Bruder *Andreas I.*, den er an der Theiß besiegt (1061). Die Ungarn besetzen Belgrad; die Uzen aus Südrußland überfluten die Balkanhalbinsel (Herbst 1064); Byzanz wird durch eine Seuche unter den Uzen gerettet. Die Petschenegen fallen in Ungarn ein und werden von *Ladislaus I.* geschlagen (1067).

Islam: Dem Seldschukensultan *Tughril Beg* folgt sein Neffe *Alp Arslan*; unter ihm dringen die Türken nach Westen gegen Byzanz vor (1063). *Alp Arslan* durchzieht Armenien und nimmt Ani (1065). Kilikien wird verheert und Caesarea im östlichen Kleinasien genommen (1067).

1070–1079

Reich, Papsttum, der Westen: Dem Grafen *Otto* von Northeim wird das Herzogtum Bayern genommen (2. 8. 1070); sein Schwiegersohn *Welf IV.* schlägt sich auf die Seite *Heinrichs IV.*, der ihn mit Bayern belehnt. Die Normannen unter *Robert Guiscard* nehmen Bari und Brindisi; der byzantinische Besitz in Italien ist endgültig in normannischen Händen (1071). *Wilhelm der Eroberer* zieht gegen *Malcolm III.* von Schottland; in Abernethy leistet *Malcolm* den Vasalleneid (1072). *Hildebrand* besteigt als *Gregor VII.* den Stuhl Petri (22. 4. 1073). Die Sachsen unter *Otto* von Northeim erheben sich gegen *Heinrich IV.* und die salische Reichspolitik, es kommt zu Kämpfen (Aug. 1073). *Alfons VI.* wird König von Kastilien und León (1073). Papst *Gregor VII.*, an den sich Kaiser *Michael VII.* mit der Bitte um Hilfe gewandt hat, ruft in der Hoffnung auf eine neue Kirchenunion zur Verteidigung von Byzanz auf (1. 3. 1074). *Heinrich IV.*, von den Sachsen und Thüringern auf der Harzburg eingeschlossen, schließt in Gerstungen Frieden (1074), doch brechen die Kämpfe alsbald wieder aus, in denen *Heinrich* bei Homburg an der Unstrut siegt (9. 6. 1075); *Otto* von Northeim unterwirft sich. Papst *Gregor VII.* verkündet das Verbot der »Laieninvestitur«. *Anno*, Erzbischof von Köln, stirbt (4. 12. 1075); ihn besingt ein Siegburger Geistlicher im »Annolied« (um 1105?). König *Heinrich IV.* beruft einen Reichstag und eine Synode nach Worms, die aufgebrachten Bischöfe erklären Papst *Gregor VII.* für abgesetzt (24. 1. 1076); *Gregor* antwortet mit dem Bann über *Heinrich* (Febr.); die deutschen Fürsten treffen sich mit päpstlichen Legaten in Tribur (16. 10.). *Heinrich* bricht nach Italien auf, um sich mit *Gregor* zu verständigen (Winter). Niederlothringen geht an den zweijährigen *Konrad*, den Sohn *Heinrichs IV.* Die aufständischen Sachsen werden bei Homburg an der Unstrut von den Truppen des Königs unter *Rudolf von Rheinfelden* geschlagen (9. 6. 1076). *Heinrich IV.* zieht im Büßergewand durch Italien; in Canossa wird er nach dreitägigem Warten vom Bann gelöst (28. 1. 1077); die fürstliche Opposition Süddeutschlands wählt *Rudolf von Rheinfelden* zum König (15. 3.); er wird in Mainz gekrönt, muß sich aber bald auch aus Schwaben zurückziehen. Die Kunde von der Eroberung Jerusalems durch die Seldschuken löst im Abendland heftige religiöse Bewegung aus (1077). König *Philipp I.* von Frankreich nimmt Verbindung mit *Rudolf von Rheinfelden* auf (1078).

Byzanz: *Romanos IV. Diogenes* wird bei Manzikert vom türkischen Heer *Alp Arslans* vernichtend geschlagen, der Kaiser gerät in Gefangenschaft (19. 8. 1071); *Romanos* schließt mit *Alp Arslan* einen entwürdigenden Vertrag und wird freigelassen; inzwischen ist *Michael VII. Dukas* zum Alleinherrscher ausgerufen worden (24. 10.), der den heimkehrenden *Romanos* blenden läßt; *Alp Arslan* nimmt dem Vertrag zum Trotz den Krieg wieder auf. Raubzüge der Petschenegen und Ungarn schwächen das Land; es kommt zu Aufständen der Militärs; *Nikephoros Bryennios* zieht als Gegenkaiser in Adrianopel ein (Nov. 1077); *Nikephoros Botaneiates*, der Stratege des Themas Anatolikon, läßt sich zum Kaiser ausrufen (7. 1. 1078); er hat sich der Unterstützung *Sulaimāns*, eines Vetters *Alp Arslans*, versichert; in Konstantinopel bricht der Aufstand aus, *Michael VII.* dankt ab und geht ins Kloster, *Botaneiates* läßt sich krönen (24. 3.) und heiratet *Maria*, Gemahlin *Michaels VII.*; der Aufstand des *Nikephoros Bryennios* bricht zusammen.

Osteuropa: In Ungarn kommt es zur Revolte der Söhne *Belas I.*, *Geisa I.* und *Ladislaus I.*, gegen den König *Salomon*, ihren Vetter; *Salomon* muß fliehen, und *Geisa I.* nimmt die Krone (1073); ein deutsches Heer, von *Heinrich IV.* seinem Schwiegersohn *Salomon* zu Hilfe geschickt, wird geschlagen. *Boleslaw II.* von Polen unterstützt Papst *Gregor VII.* und nimmt mit dessen Billigung den Königstitel an (1076). *Boleslaw II.* von Polen wird wegen seiner Grausamkeit von Adel und Kirche verjagt; sein Bruder *Wladislaw I.* verzichtet auf den Königstitel (1079).

Islam: *Alp Arslan*, Seldschukensultan, stirbt; die Herrschaft übt als Regent der Wezir *Nizām al-Mulk* aus (1072). Die Seldschuken nehmen Damaskus (1076).

1080–1089

Reich, Papsttum, der Westen: Papst *Gregor VII.* verhängt abermals den Bann über *Heinrich IV.* (März 1080); *Heinrich* erklärt auf einer Synode in Mainz *Gregor* für abgesetzt (Pfingsten); in Brixen wird *Wibert* von Ravenna, der Kanzler *Heinrichs*, als *Clemens (III.)* gewählt (25. 6.); *Rudolf von Rheinfelden* wird an der Elster geschlagen (15. 10.) und stirbt an einer Verwundung. *Heinrich IV.* zieht gegen *Gregor VII.* nach Italien (März 1081); Graf *Hermann von Salm* wird als Gegenkönig aufgestellt (9. 8.), bleibt jedoch bedeutungslos. Die Schiffe Venedigs verjagen die Flotte *Robert Guiscards*, der aber das kaiserliche Heer besiegt und Dyrrhachion nimmt (Okt. 1081). Seine Normannen dringen bis nach Thessalien vor und besetzen Larissa (1082). Venedig erhält weitgehende Handelsprivilegien im byzantinischen Reich (Mai 1082). *Heinrich IV.* nimmt Rom und besetzt die Leostadt (1083). Der Gegenpapst *Clemens (III.)* wird in Rom inthronisiert (24. 3. 1084); er krönt *Heinrich IV.* zum Kaiser (31. 3.). *Robert Guiscard* kommt Papst *Gregor VII.* zu Hilfe; nach ausgiebiger Plünderung Roms ziehen die Normannen ab, *Gregor* flieht mit ihnen (Mai 1084) und stirbt ein Jahr darauf in Salerno (25. 5. 1085). *Alfons VI.* von Kastilien und León erobert Toledo von den Muslimen (25. 5. 1085). In England wird für *Wilhelm den Eroberer* aller Grundbesitz im »Domesday Book« aufgezeichnet (1086). Kaiser *Heinrich IV.* läßt seinen Sohn *Konrad* in Aachen zum deutschen König krönen (1087). *Wilhelm der Eroberer* fällt in Französisch-Vexin ein und zerstört Mantes; er stirbt in Rouen (9. 9. 1087); sein Sohn *Wilhelm II. Rufus* wird in Westminster zum König von England gekrönt (26. 9.), während sein ältester Sohn *Robert Curthose* Herzog der Normandie wird. *Urban II.* wird zum Papst gewählt (12. 3. 1088); mit normannischer Hilfe dringt er in Rom ein, wo er auf der Tiberinsel lebt, während *Clemens (III.)* die Stadt beherrscht. *Mathilde* von Tuszien heiratet *Welf V.*, den Sohn des Herzogs von Bayern (1089). *Wilhelm II. Rufus* landet in der Normandie (1089). *Heinrich IV.* vermählt sich in Köln mit *Praxedis* von Kiew, die den Namen *Adelheid* erhält (Aug.? 1089). *Sancho II. Ramirez* von Aragon tritt Papst *Urban II.* die Oberhoheit über sein Reich ab, das er von ihm als zinspflichtiges Lehen nimmt (1089).

Byzanz: Die Kaiserin *Maria* adoptiert *Alexios Komnenos*; *Botaneiates* muß abdanken; *Alexios I. Komnenos* wird zum Kaiser erhoben (4. 4. 1081).

Osteuropa: Die Kumanen fallen erneut in Ungarn ein, sie werden am Temes von König *Ladislaus I.* geschlagen (1089); einen Teil der Gefangenen macht *Ladislaus* in Ungarn seßhaft.

Islam: *Sulaimān*, ein Vetter des *Alp Arslan*, von beiden Parteien in Byzanz um Unterstützung angegangen, hat ganz Westkleinasien in der Hand; er ist der Gründer des Reiches von Ikonion (1080).

1090–1099

Reich, Papsttum, der Westen: *Heinrich IV.* zieht abermals gegen seine Gegner in Italien, nimmt Mantua und schlägt *Welf V.*; Papst *Urban II.* entflieht aus Rom zu den Normannen (1090). *Raimund Berengar II.*, Graf von Barcelona, wird päpstlicher Vasall (1090). *Wilhelm II. Rufus* von England schließt Frieden mit *Robert II.* von der Normandie und zieht gegen *Malcolm III.* von Schottland, der in seiner Abwesenheit Nordengland überfallen hat; *Malcolm* unterwirft sich (Aug. 1091). *Heinrichs IV.* Sohn *Konrad* läßt sich in Mailand zum König der Langobarden krönen (1093). *Urban II.* kehrt nach Rom zurück (Herbst 1093); der Gegenpapst *Clemens (III.)* flieht zum Kaiser. Der *Cid* nimmt nach langem Kampf Valencia (Juni 1094). König *Philipp I.* wird von Papst *Urban II.* wegen seiner Ehe mit der entführten *Bertrada* gebannt (1095). Vor Papst *Urban II.* erscheinen auf einer Synode in Piacenza Gesandte des Kaisers *Alexios I. Komnenos*, die Hilfe gegen die Türken erbitten; *Urban* faßt den Plan zu einem Kreuzzug; auf der Synode von Clermont verkündet er den Ersten Kreuzzug (27. 11. 1095), die Ritterzüge brechen auf (1096), an ihrer Spitze *Gottfried von Bouillon*. Der Kaiser von

Byzanz läßt sich von den Fürsten den Lehnseid für die zurückzuerobernden byzantinischen Gebiete schwören. Nicaea wird den Seldschuken abgenommen (19. 6. 1097), die bei Dorylaeum geschlagen werden (1. 7.). *Heinrich IV.* läßt auf einem Reichstag in Mainz seinen Sohn *Konrad* durch Hofgerichtsspruch absetzen (1098); *Welf V.* schließt Frieden mit dem Kaiser. *Bohemund* nimmt Antiocheia (3. 6. 1098) und macht sich zum Herrn eines Fürstentums. *Heinrichs IV.* Sohn *Heinrich V.* wird in Köln zum deutschen König gewählt (6. 1. 1099). Die Kreuzfahrer erstürmen Jerusalem (15. 7. 1099); *Gottfried von Bouillon* wird zum Beschützer des heiligen Grabes ernannt (22. 7.); das Kreuzheer schlägt die Ägypter bei Askalon entscheidend (12. 8.).

Byzanz: Im Bunde mit den Petschenegen legt sich die Flotte des Seldschukenemirats von Smyrna vor Konstantinopel (1090). *Alexios Komnenos* schließt mit den Kumanen ein Bündnis gegen die Petschenegen, die besiegt werden (29. 4. 1091); die Seldschukenschiffe ziehen sich zurück. Die Kumanen dringen bis in die Gegend von Konstantinopel vor (1094).

Osteuropa: Die Kumanen fallen in Ungarn ein und erleiden eine schwere Niederlage durch *Ladislaus I.* (1091); *Ladislaus* erwirbt das Siebenbürger Land. Die russischen Fürsten einigen sich in Ljubetsch auf ein Erbfolgeprinzip für die Territorialherrschaften (1097).

Islam: Der Almoravidenanführer *Jûsuf ibn Tâschfîn* begründet in Spanien ein eigenes Reich (1090). *Kilidsch Arslan, Sulaimâns* Sohn, tritt das Sultanat von Nikaia an; Kaiser *Alexios Komnenos* schließt mit ihm ein Bündnis gegen die anderen Seldschukenherrschaften (1092). Der Geheimbund der *Haschschâschîn*, der »Assassinen«, unterhöhlt die Seldschukenherrschaft; ihre Anhänger ermorden den Wezir *Nizâm al-Mulk* (1092). *Malikschâh*, Herr des syrischen Seldschukensultanats, stirbt (1092); der Nachfolgestreit führt zu Teilungen.

1100–1109

Reich, Papsttum, der Westen: *Lothar*, Graf von Supplinburg, vermählt sich mit *Richenza*, Enkelin *Ottos* von Northeim, die ihm weite Gebiete zwischen Braunschweig und dem Harz einbringt (1100). *Wilhelm II. Rufus* stirbt (2. 8. 1100); sein jüngster Bruder, *Heinrich I.*, läßt sich zum König krönen, während sein ältester Bruder, *Robert Curthose*, noch auf dem Kreuzzug ist; er sucht in einer vergeblichen Invasion *Heinrich I.* die Krone wieder zu entreißen (1101). Auf einem Reichstag zu Mainz verkündet *Heinrich IV.* einen vierjährigen Reichsfrieden (1103). König *Heinrich V.* erhebt sich gegen den Kaiser (1104). *Bohemund* wird von den Türken bei Harrân geschlagen; er wirbt in Italien und Frankreich für den Krieg gegen Byzanz und vermählt sich mit *Konstanze*, der Tochter des französischen Königs *Philipp I.* (1104). *Heinrich IV.* ist *Heinrich V.* in die Hände gefallen; auf dem Reichstag zu Ingelheim muß er seine Abdankung erklären (31. 12. 1105), entkommt aber aus der Haft und stirbt (7. 8. 1106); sein Sarg wird in einer ungeweihten Kapelle des unter ihm vollendeten Doms in Speyer aufgestellt. *Lothar* von Supplinburg wird von König *Heinrich V.*, den er unterstützt hat, zum Herzog von Sachsen erhoben (23. 8. 1106). König *Heinrich I.* von England landet in der Normandie; in der Schlacht bei Tinchebray besiegt er *Robert II. Curthose* (28. 9. 1106); die Normandie bleibt bei der englischen Krone. *Bohemund* landet an der östlichen Adriaküste (Okt. 1107), unterliegt aber den Byzantinern; als Lehnsmann des Kaisers bleibt er im Besitz von Antiocheia (1108). König *Heinrich V.* wird in Schlesien vor Glogau und bei Breslau von den Polen unter Herzog *Boleslaw III.* abgewiesen, der dem Reich den fälligen Tribut verweigert (1109).

Islam: *Jûsuf ibn Tâschfîn* stirbt (1106); das von ihm geschaffene Almoravidenreich in Spanien zerfällt.

1110–1119

Reich, Papsttum, der Westen: König *Heinrich V.* ordnet die Verhältnisse in Böhmen; inzwischen ist es zum Streit mit dem Papst um die Investitur gekommen; *Heinrich* zieht nach Italien (1110). In Sutri einigt er sich mit Papst *Paschalis II.* (4. 2. 1111): der König soll auf die Investitur verzichten, der Papst ihn zum Kaiser krönen, die Regalien aller Geistlichen sollen an die Krone zurückgehen; *Paschalis* verweigert aber die Krönung und wird von *Heinrich* fortgeführt (12. 2.); er muß nachgeben, in einem Privileg (12. 4.) gesteht er *Heinrich* die Investitur zu und krönt ihn zum Kaiser (13. 4.); auf dem Rückmarsch nach Deutschland zwingt *Heinrich Mathilde* von Tuszien zur Unterwerfung, wohl damals setzt sie ihn zum Erben der »Mathildeschen Güter« ein. *Heinrich IV.* wird von Papst *Paschalis II.* vom Bann gelöst und in der Krypta des Speyerer Doms neben seinem Vater beigesetzt (1111). *Lothar* von Sachsen belehnt *Adolf* von Schauenburg mit Holstein (1110? 1111). Pisa erhält Handelsprivilegien im byzantinischen Reich (Okt.). Papst *Paschalis II.* bannt Kaiser *Heinrich V.* (22. 3. 1112). *Lothar* schlägt kaiserliche Truppen am Welfesholz (11. 2. 1115). *Heinrich V.* eilt nach Italien, um Reichslehen und Eigenbesitz der verstorbenen *Mathilde* von Tuszien einzuziehen (1115); *Paschalis II.* widerruft seine Zugeständnisse an den Kaiser (1116). *Heinrich* läßt sich mit seiner Gemahlin *Mathilde*, der Tochter des englischen Königs *Heinrich I.*, in der Peterskirche von Erzbischof *Mauritius* von Braga noch einmal zum Kaiser krönen (1117). *Heinrich V.* setzt Erzbischof *Mauritius* von Braga als Papst *Gregor VIII.* ein (8. 3.). König *Alfons I.* von Aragon erobert Saragossa von den Mauren (1118); es wird die Hauptstadt des Königreiches. In Cluny wird *Guido*, Erzbischof von Vienne, als Papst *Calixtus II.* gewählt (2. 2. 1119); er erklärt sich auf einer Synode zu Reims gegen die Laieninvestitur und bannt den Kaiser aufs neue. In Jerusalem gründen französische Ritter eine Gesellschaft zum Schutze der Pilger, die »Templer« (1119).

Byzanz: *Alexios I.* schlägt die Seldschuken bei Philomelion; zu Akroinon wird der Friede geschlossen, durch den das Küstengebiet Kleinasiens und nahezu ganz Bithynien und Pamphylien wieder Byzanz zufallen (1116). *Alexios I. Komnenos* stirbt (15. 8. 1118); sein Sohn *Johannes II.* tritt die Nachfolge an; seine Tochter *Anna* zieht sich nach vergeblichem Versuch, ihrem Gemahl, *Nikephoros Bryennios,* die Krone zu verschaffen, zurück; sie verfaßt »Alexias«, die Lebensgeschichte ihres Vaters.

Osteuropa: *Wladimir Monomach,* der Sohn *Wsewolods* von Kiew, wirft die aus der Steppe westwärts dringenden Polowzer nieder (1111) und tritt die Herrschaft in Kiew an (1113).

Islam: *Muhammad ibn Malikschāh,* unter dem das Seldschukenreich noch einmal geeint worden ist, stirbt; während im Osten sein Sohn *Sandschar* den Besitz wahren kann, löst sich das übrige Seldschukenreich unter *al-Mustarschid* auf (1118).

1120–1129

Reich, Papsttum, der Westen: Papst *Calixtus II.* wird in Rom freudig aufgenommen; die Bulle »Etsi Judaeis« soll den Juden Schutz gewähren; der kaiserliche Gegenpapst *Gregor (VIII.)* ist zu den Normannen entflohen (1120); die Normannen liefern *Gregor (VIII.)* aus, den *Calixtus* einkerkern läßt; der Kaiser greift nicht ein (1121). *Abaelard* wird auf einer Synode zu Soissons wegen seiner theologischen Ansichten verurteilt (1121). Auf dem Reichstag zu Worms kommt es dank der Vermittlung der deutschen Fürsten zu einer Einigung zwischen Kaiser und Papst: im »Wormser Konkordat« (23. 9. 1122) verzichtet der Kaiser auf Investitur der Bischöfe und Reichsäbte, bei deren Wahl er jedoch anwesend sein darf; die Belehnung mit den Regalien vor der Weihe erfolgt in Deutschland durch den König. *Otto,* Bischof von Bamberg, beginnt seine Mission in Pommern (1124). Kaiser *Heinrich V.* stirbt kinderlos in Utrecht (23. 5. 1125) und wird in Speyer beigesetzt; gegen die Ansprüche *Friedrichs II.* von Schwaben wird *Lothar von Supplinburg* zum König gewählt (30. 8.). König *Alfons I.* von Aragon führt einen großangelegten Feldzug gegen die Muslimherrschaft von Granada; er stößt bis Córdoba vor (1126). *Konrad,* der Sohn *Friedrichs I.* von Schwaben, wird als Gegenkönig zum König ausgerufen (1127). König *Heinrich I.* von England zwingt den Adel, seine Tochter *Mathilde,* die Witwe Kaiser *Heinrichs V.,* als Erbin der Krone anzuerkennen (1. 1. 1127). *Mathilde* heiratet *Gottfried Plantagenet,* den Erben von Anjou und Maine (1128). Papst *Honrius II.* bestätigt die Belehnung *Rogers II.* von Sizilien mit dem Herzogtum Apulien (1128).

Byzanz: *Johannes II. Komnenos* schlägt die Petschenegen, die noch einmal über die Donau bis nach Thrakien vorgestoßen sind (1122). *Johannes,* mit *Eirene,* der Tochter des Ungarnkönigs *Ladislaus,* vermählt, hat in die ungarischen Thronstreitigkeiten eingegriffen; unter *Stephan II.* fallen die Ungarn in byzantinisches Gebiet ein (1128); *Johannes* schlägt sie zurück, im Jahr darauf schließt er Frieden mit *Stephan II.*

Osteuropa: *Wladimir II. Monomach* von Kiew hinterläßt seinen Söhnen eine »Belehrung«, eine Art Fürstenspiegel (1125).

1130–1139

Reich, Papsttum, der Westen: Als Papst werden *Innozenz II.* und *Anaklet (II.)* aufgestellt (14. 2. 1130), der sich dank der Unterstützung *Rogers II.* von Sizilien in Rom durchsetzt; *Innozenz* flieht nach Frankreich, wo *Bernhard* von Clairvaux und König *Ludwig VI.* ihn anerkennen. *Roger* läßt sich von *Anaklet (II.)* als päpstlicher Lehnsmann in Palermo zum König von Sizilien krönen (25. 12. 1130). *Innozenz II.* sucht bei König *Lothar III.* Unterstützung (22. 3.); *Bernhard* von Clairvaux gewinnt den König für *Innozenz* (1131), der *Lothar III.* in der Lateranbasilika zum Kaiser krönt (4. 6.); der Papst erkennt die »Mathildeschen Güter« als rechtmäßigen Besitz der Krone an. Nach des Kaisers Abzug muß *Innozenz* abermals aus Rom flüchten, wo sich *Anaklet* behauptet. *Albrecht der Bär* wird Markgraf der erledigten sächsischen Nordmark (1134). *Lothar III.* söhnt sich mit den Staufern aus, die sich unterwerfen; in Bamberg wird der Frieden beschworen (März 1135). Der Kaiser hält Hoftag in Merseburg (1135); König *Erik II.* von Dänemark leistet ihm den Vasalleneid; auch *Boleslaw III.,* Herzog von Polen, erkennt die deutsche Oberhoheit an, erhält Pommern und Rügen zu Lehen und nimmt die Tributzahlungen wieder auf. König *Heinrich I.* von England stirbt (1. 12. 1135); *Stephan* von Blois eilt nach England und wird von der Londoner Bürgerschaft und dem Adel zum König ausgerufen. König *Alfons VII.* von Kastilien nimmt den Kaisertitel an (1135). Kaiser *Lothar III.,* dessen Hilfe gegen *Roger II.* von Sizilien *Johannes Komnenos* von Byzanz erbeten hat, zieht abermals nach Italien (Aug. 1136). Die Lausitz fällt an Markgraf *Konrad I.* von Meißen (1136). *Roger II.* wird aus Apulien vertrieben. *Lothar* stirbt in Breitenwang (3./4. 12. 1137). *Ludwig VII.* besteigt den französischen Thron (1137); er vermählt sich mit *Eleonore* von Poitou, der Erbin Aquitaniens. *Konrad,* der Sohn *Friedrichs I.* von Schwaben, wird von einigen Fürsten in Koblenz als *Konrad III.* zum deutschen König gewählt (7. 3. 1138); er ist bald weithin anerkannt. *Heinrich der Stolze* von Bayern wird in die Acht getan, sein Herzogtum Sachsen geht vorübergehend an *Albrecht den Bären* (Sommer 1138); nach einem Fürstengericht verliert er auch Bayern (Dez.). Der Babenberger *Liutpold IV.,* Markgraf von Österreich, erhält Bayern (1139). *Mathilde* erscheint wieder in England (30. 9. 1139); sie gewinnt Anhang, es beginnen jahrelange Kämpfe mit dem zum König gewählten *Stephan.* Papst *Innozenz II.* leitet das zehnte ökumenische Konzil im Lateran (April 1139); die Gegenpäpste werden verurteilt, die Simoniebestimmungen verschärft; die Lehren *Arnolds* von Brescia, eines Schülers *Abaelards*, werden als Irrlehren verdammt; *Innozenz* greift die unteritalienischen Normannen an und wird gefangengenommen (22. 7.).

Byzanz: *Johannes Komnenos* zieht gegen Antiocheia, Tarsos und Adana werden genommen; das kleinarmenische Kilikien, das sich selbständig gemacht hatte, wird unterworfen; Antiocheia wird belagert (Aug. 1137), *Raimund von Poitiers* huldigt dem Kaiser.

Osteuropa: Herzog *Boleslaw III. Krzywousty* von Polen stirbt; zwar hat er die Erbteilung seiner Herrschaft verfügt, zugleich aber den Grundsatz des Seniorats aufgestellt: das jeweils älteste Glied der Dynastie soll die Oberhoheit über die übrigen Teilfürstentümer ausüben (1138).

1140–1149

Reich, Papsttum, der Westen: *Welf VI.*, ein Bruder *Heinrichs des Stolzen*, hat den Kampf gegen König *Konrad III.* um Bayern aufgenommen; er wird in der Schlacht von Weinsberg geschlagen (21. 12. 1140). *Hugo*, Leiter der Klosterschule von St. Victor in Paris, stirbt (11. 2. 1041). *Heinrich der Löwe*, der Sohn *Heinrichs des Stolzen*, erhält das Herzogtum Sachsen (Mai 1142). *Stephan* von England wird von *Mathilde* vor Lincoln geschlagen (Febr. 1141), besiegt sie aber bei Winchester (Sept.). *Abaelard* stirbt im Kloster Saint-Marcel bei Chalon-sur-Saône (21. 4. 1142). Lübeck wird von *Adolf von Schauenburg*, dem Grafen von Holstein, gegründet (1143). *Heinrich Jasomirgott*, Markgraf von Österreich, erhält auch Bayern (1143). In Rom hat *Arnold* von Brescia einen Aufstand gegen den Papst entfesselt; *Innozenz II.* stirbt (24. 9. 1143). In Rom führt *Giordano Pierleone*, der Bruder des einstigen Gegenpapstes *Anaklet (II.)*, als Patricius eine Senatsregierung (Okt. 1144), die Republik wird ausgerufen. Der neue Papst *Eugen III.* muß fliehen und empfängt die Weihen außerhalb Roms; nach Anerkennung der Republik (Dez. 1145) kehrt er zurück. Er fordert in einer Bulle König *Ludwig VII.* und die Franzosen zum Kreuzzug auf (1. 12. 1145). *Bernhard* von Clairvaux entflammt die französische Ritterschaft für die Kreuznahme (31. 3. 1146); im Dom zu Speyer reißt seine Predigt auch König *Konrad III.* mit (27. 12.); *Konrads III.* Sohn *Heinrich* wird zum König erhoben. Von Regensburg aus zieht das Kreuzheer auf dem Landweg nach Kleinasien; bei Dorylaeum erleidet es eine blutige Niederlage (26. 10. 1147), die Reste weichen nach Nicaea zurück; die Fußtruppen unter *Otto von Freising* werden bei Laodikeia geschlagen (Jahresende). *Heinrich der Löwe* söhnt sich mit *Konrad* aus; im »Wendenkreuzzug« zwingt *Heinrich* die Obotriten zu Tributzahlung und Ächtung des Götzendienstes (1147). *Ludwig VII.* von Frankreich nimmt das Kreuz; von Saint-Denis aus zieht das Heer den Deutschen nach; unter schweren Verlusten marschiert es nach Attaleia, wo sich der Adel einschifft; das Heer wird auf dem Weitermarsch vernichtet; *Suger*, Abt von Saint-Denis, leitet während *Ludwigs* Kreuzfahrt dessen Reich (1147). *Roger II.* von Sizilien besetzt Korfu und plündert Korinth und Theben (1147). *Mathilde*, die englische Thronprätendentin, kann sich nicht durchsetzen und verläßt England (1147). *Konrad III.* und *Otto von Freising* treffen in Jerusalem mit *Ludwig VII.* von Frankreich zusammen; *Konrad* kehrt nach Deutschland zurück (Sept. 1148). *Heinrich Jasomirgott* von Österreich, Teilnehmer am Kreuzzug *Konrads*, vermählt sich auf dem Heimweg in Konstantinopel mit *Theodora*, einer Nichte Kaiser *Manuels* (8. 9. 1148). *Heinrich*, der Sohn *Gottfrieds Plantagenet* und *Mathildes*, erscheint in England und nimmt den Kampf mit König *Stephan* auf (1149).

Byzanz: Byzanz nimmt mit Unterstützung Venedigs Korfu den Normannen wieder ab (1149).

Osteuropa: *Geisa II.* besteigt den ungarischen Thron (1141); er veranlaßt die Ansiedlung von Deutschen (besonders vom Niederrhein) in Siebenbürgen und (Schlesier, Mitteldeutsche) in der Zips.

Islam: In Chwārezm hat sich die Dynastie der Chwārezmschāhs durchgesetzt, die sich mit den aus Asien bis nach Turkestan vorgestoßenen Karachitai gegen die Seldschuken verbündet (1140). Die Seldschuken unter *Sandschar* erleiden im Oxusgebiet von den Karachitai eine schwere Niederlage (1141). *Zankī*, Emir von Mosul, erobert Edessa (25. 12. 1144). Die Macht der Almoraviden in Spanien erlischt mit dem Tode des *Tāschfīn ibn 'Alī* (1145). Die Almohaden beginnen auf spanischem Boden die Wiedererrichtung der islamischen Macht (1147).

1150–1159

Reich, Papsttum, der Westen: *Konrads III.* Sohn *Heinrich* stirbt (1150). *Heinrich*, Sohn *Gottfrieds Plantagenet*, erhält die Grafschaft Normandie. König *Konrad* stirbt in Bamberg (15. 2. 1152); vor seinem Tod designiert er seinen Neffen, Herzog *Friedrich III.* von Schwaben, zu seinem Nachfolger, der in Frankfurt am Main gewählt (4. 3.) und in Aachen als *Friedrich I.* zum König gekrönt wird (9. 3.). *Friedrich* verleiht *Welf VI.*, seinem Neffen, die Markgrafschaft Tuszien und das Herzogtum Spoleto (1152) und erhebt *Wichmann*, den Bischof von Naumburg, auf den Magdeburger Stuhl; Papst *Eugen III.* muß es hinnehmen, daß *Friedrich* ihm seine Wahl nur anzeigt, dank seiner Mitwirkung kehrt *Eugen* nach Rom zurück (1152). *Eleonore* von Poitou wird von *Ludwig VII.* von Frankreich geschieden und heiratet *Heinrich*, den Sohn *Gottfrieds Plantagenet*, dem sie Aquitanien – Poitou, Guyenne und die Gascogne – zubringt (1152). *Friedrich I.* schließt mit Papst *Eugen III.* einen Vertrag in Konstanz (März 1153): der König sagt dem Papst Hilfe gegen alle Gegner zu, der Papst verspricht die Kaiserkrone. Papst *Eugen III.* stirbt in Tivoli (8. 7. 1153), *Bernhard* in Clairvaux (20. 8.). *Heinrich* erscheint wieder in England; *Stephan* erkennt ihn als den Erben der Krone an (Nov. 1153). Nach seinem Tod (25. 10. 1154) tritt *Heinrich II.* die Nachfolge an. *Heinrich der Löwe* gründet das Bistum Ratzeburg (1154). Der Engländer *Nicolaus Breakspeare*, Legat der Kurie in Norwegen, wird als *Hadrian IV.* zum Papst gewählt (4. 12. 1154). *Friedrich* zieht in die Leostadt ein und wird von *Hadrian* zum Kaiser gekrönt (18.6.1155); er kehrt nach Deutschland zurück, ohne, wie in Konstanz zugesichert, den Papst gegen die Normannen zu unterstützen. Papst *Hadrian IV.* erzwingt die Vertreibung *Arnolds* von Brescia aus Rom (Jahresanf. 1155), der, von *Friedrich I.* ausgeliefert, in Rom gehenkt wird. *Thomas Becket*, Archidiakon zu Canterbury, wird Kanzler König *Heinrichs II.* von England (1155). Kaiser *Friedrich* vermählt sich in zweiter Ehe mit *Beatrix*, der Erbin von Hochburgund (10. 6. 1156). *Heinrich II. Jasomirgott* verzichtet endgültig auf Bayern, das *Heinrich der Löwe* erhält; dafür wird seine Mark Österreich selbständiges Herzogtum; im »Privilegium minus« werden dem Herzog und seiner Gemahlin *Theodora* besondere Rechte zuteil: *beide* werden mit dem Herzogtum belehnt bei Einführung der weiblichen Erbfolge. *Konrad*, ein Stiefbruder *Friedrichs I.*, wird lothringischer Pfalzgraf; sein Besitz umfaßt die spätere Rheinpfalz (1156). *Rainald von Dassel* wird Kanzler *Friedrichs I.* (1156). Nach des Kaisers Abzug verständigt sich Papst *Hadrian* mit *Wilhelm I.* von Sizilien, der die Griechen zurückgeschlagen und Brindisi genommen hat (Mai 1156); im Vertrag von Benevent erkennt *Hadrian* den Normannen als König und päpstlichen Lehnsmann an. Auf dem Reichstag zu Besançon (Okt. 1157) erscheint der Kardinal *Roland* als päpstlicher Legat und Vertreter der sizilischen Politik *Hadrians IV.*; Kaiser und Fürsten weisen den Anspruch des Papstes auf Oberhoheit über das Reich zurück. *Friedrich* unternimmt einen Feldzug gegen Polen, *Boleslaw IV.* unterwirft sich und huldigt ihm (1157). *Otto* von Freising übergibt *Friedrich I.* die Neubearbeitung seiner »Chronik«, die den Zwiespalt zwischen irdischem Reich und Gottesreich herausstellt (1157). *Friedrich I.* bricht abermals nach Italien auf (Juni 1158); zum Reichstag auf den Ronkalischen Feldern (Nov.) fordert *Friedrich* die Regalien für die Krone zurück. Die kaiserlichen Rechte in den Städten sollen von Reichsbeamten (Podestà) wahrgenommen werden. *Rainald von Dassel* wird Erzbischof von Köln (1159). *Hadrian IV.*, der mit *Wilhelm I.* und den lombardischen Rebellen ein gemeinsames Vorgehen gegen Kaiser *Friedrich* plant, stirbt (1. 9. 1159); bei der Neuwahl entscheidet sich eine Mehrheit für den reichsfeindlichen Kardinal *Roland* als *Alexander III.*, eine Minderheit für den Gegenpapst *Viktor (IV.)*, der *Friedrichs* Anerkennung erhält; *Alexander* flieht in die Engelsburg, während *Viktor* geweiht wird (4. 10.).

Byzanz: *Manuel Komnenos* schließt mit *Wilhelm I.* von Sizilien Frieden; die byzantinischen Truppen haben Italien geräumt; *Manuel* bringt Kilikien wieder unter byzantinische Oberhoheit und geht gegen Antiocheia vor (1158). *Manuel I. Komnenos* zieht in Antiocheia ein, wo ihm *Rainald von Chatillon* und *Balduin III.*, König von Jerusalem, huldigen (1159).

Islam: Die Seldschuken unter *Nūr ad-Dīn* erobern Damaskus (1154).

1160–1169

Reich, Papsttum, der Westen: Das aufständische Mailand muß sich nach einer Belagerung dem Kaiser ergeben (März 1162). *Alexander III.* flieht mit seinen Kardinälen nach Frankreich; in Chouzè-sur-Loire söhnt er *Ludwig VII.* mit *Heinrich II.* von England aus (Sept. 1162), beide Könige leisten ihm den Marschalldienst. *Thomas Becket* wird auf Betreiben des Königs Erzbischof von Canterbury (1162). *Friedrich I.* regelt mit Polen die Herrschaftsrechte in Schlesien (1163). Dritter Italienzug *Friedrichs* (Okt. 1163). Papst *Alexander III.* hält in Tours eine Synode ab (Mai 1163). Neuer Papst der Kaiserlichen wird nach *Viktors* Tod auf Betreiben *Rainalds von Dassel Paschalis (III.)* (22. 4. 1164). Verona, Padua und Vicenza schließen sich gegen den Kaiser zum »Veroneser Bund« zusammen (März 1164), dem bald auch Venedig beitritt. *Heinrich der Löwe* führt einen siegreichen Feldzug gegen die Slawen (1164). *Thomas Becket* flieht nach Frankreich zu *Ludwig VII.* (Nov. 1164). Papst *Alexander III.* zieht mit normannischer Hilfe in Rom ein (27. 11. 1165). Auf dem Reichstag zu Würzburg (Pfingsten 1165) fordert *Rainald von Dassel* den Eid, Papst *Alexander III.* nicht anzuerkennen. Vierter Italienzug des Kaisers (Okt. 1166). Die Römer werden von den Kaiserlichen unter *Rainald von Dassel* bei Tusculum geschlagen (29. 5. 1167); *Alexander III.* flieht zu den Normannen nach Benevent; *Friedrich I.* stürmt die Leostadt; *Paschalis (III.)* wird eingesetzt; im Heer bricht eine Seuche aus (2. 8.), der *Rainald von Dassel* (14. 8.) und *Welf VII.* erliegen. Die Städte in der Lombardei schließen gegen den Kaiser den Lombardischen Bund (1167). Neuer kaiserlicher Papst wird *Calixtus (III.)* (1168). *Friedrichs I.* Sohn *Heinrich (VI.)* wird in Bamberg zum deutschen König gewählt (15. 8. 1169).

Byzanz: *Manuel I. Komnenos* vermählt sich mit *Maria*, der Tochter *Raimunds* von Antiocheia (1161). *Manuel* schließt nach langen Kämpfen Frieden mit Ungarn; Dalmatien, Kroatien, Bosnien und Sirmium kommen unter byzantinische Oberhoheit (1167).

Osteuropa: In Ungarn stirbt König *Geisa II.*; Kaiser *Manuel Komnenos* sucht den Nachfolgestreit für Byzanz zu entscheiden; es kommt zu Kämpfen (1161).

Islam: *Kilidsch Arslan*, Sultan von Ikonion, verpflichtet sich in Konstantinopel zu militärischer Unterstützung und Grenzkorrekturen (1162). Der Almohadenfürst *'Abd al-Mu' min* stirbt (1163); unter ihm hat sich die Muslimherrschaft in Nordafrika und Spanien gefestigt und fast die Grenzen des Umajjadenreiches erreicht.

1170–1179

Reich, Papsttum, der Westen: *Thomas Becket*, Erzbischof von Canterbury, wird in seiner Kirche ermordet (29. 12. 1170). *Alfons VIII.* von Kastilien vermählt sich mit *Eleonore*, der Tochter *Heinrichs II.* von England (1170). *Heinrich II.* leitet die Eroberung

Irlands ein (Okt. 1171). *Heinrich der Löwe* unternimmt eine Fahrt ins Heilige Land (1172). *Friedrich I.* nimmt Beziehungen zu *Kilidsch Arslan*, dem Seldschukensultan von Ikonion, auf (1173). *Heinrichs II.* von England Söhne erheben sich gegen ihren Vater (1173). Die Grafschaft Toulouse kommt unter englische Oberhoheit (1173). Fünfter Italienzug des Kaisers; Belagerung von Alessandria (Okt. 1174). Kaiser *Friedrich* erwirbt durch Kauf von *Welf VI.* dessen Rechte auf Tuszien, Spoleto, Sardinien, Korsika und die Mathildeschen Güter (um 1174). *Heinrich II.* von England tut Buße am Grabe *Thomas Beckets* in Canterbury (12. 7. 1174). Seine Truppen schlagen *Wilhelm* von Schottland bei Alnwick (13. 7. 1174); *Wilhelm* erkennt im Vertrag von Falaise die englische Oberhoheit an (Dez.). Im Vertrag von Montebello (Apr. 1175) sucht *Friedrich I.* einen Sonderfrieden mit den lombardischen Städten zu erlangen. Venedig verbündet sich mit *Wilhelm II.* von Sizilien gegen Kaiser *Manuel I. Komnenos* (1175). *Heinrich der Löwe* verweigert *Friedrich* die Heerfolge; bei Legnano wird der Kaiser von den Lombarden entscheidend geschlagen (29. 5. 1176); *Friedrich* schließt mit Papst *Alexander III.* den Sonderfrieden von Anagni (Nov.), *Calixtus (III.)* wird fallengelassen. Der Friede von Venedig (Juli/Aug. 1177) schließt einen Waffenstillstand mit der Lombardei und Sizilien ein, der Kaiser behält die Nutznießung der Mathildeschen Güter bis zu einem Schiedsspruch; Reichstruppen führen den Papst nach Rom zurück. *Wilhelm II.* von Sizilien vermählt sich mit *Johanna*, der Tochter *Heinrichs II.* von England (Febr. 1177). *Friedrich I.* läßt sich in Arles zum König von Burgund krönen (30. 7. 1178). *Heinrich der Löwe* wird in die Reichsacht getan (Aug. 1179). *Ludwig VII.* von Frankreich läßt seinen Sohn *Philipp August* zu Reims als Mitregent zum König krönen (1. 11. 1179). Das elfte ökumenische Konzil unter Papst *Alexander III.* im Lateran (März 1179): der Friedensschluß wird bestätigt, die Papstwahl nach dem Mehrheitsprinzip neu geregelt, die Waldenser, Katharer und Albigenser werden verurteilt; der römische Adel stellt mit *Innozenz (III.)* abermals einen Gegenpapst auf (22. 9.). *Hildegard* von Bingen, Benediktinerin, stirbt in dem von ihr gegründeten Kloster auf dem Rupertsberg bei Bingen (17. 9. 1179).

Byzanz: Kaiser *Manuel Komnenos* sucht die byzantinische Wirtschaft von der venezianischen Vorrangstellung zu befreien, er läßt alle Venezianer im Reich verhaften und ihren Besitz einziehen (12. 3. 1171); daraufhin besetzen die Venezianer Ragusa, brandschatzen Chios und Lesbos. Serbien wird unterworfen (1172). *Manuel I. Komnenos* führt ein großes Heer gegen Ikonion; seine Truppen werden bei Myriokephalon von den Seldschuken vernichtet (17. 9. 1176). *Manuel Komnenos* muß Venedig die alten Privilegien zurückgeben (1179).

Osteuropa: In Ungarn tritt *Bela III.* mit Unterstützung Kaiser *Manuels Komnenos*, an dessen Hof er aufwuchs, die Regierung an (1173).

Islam: *Saladin* beseitigt die Fatimidenherrschaft in Ägypten (1171). *Nūr ad-Dīn*, Emir von Mosul, stirbt (1174); *Saladin* bemächtigt sich Syriens. Der Seldschukensultan *Kilidsch Arslan* hat entgegen seinen vertraglichen Zusicherungen seine Herrschaft weiter ausgedehnt, ermutigt durch sein Einvernehmen mit Kaiser *Friedrich I.*; es kommt zum Bruch zwischen Byzanz und Ikonion (1175). *Saladin* wird als Sultan von Ägypten, Syrien, Mesopotamien und Palästina vom Kalifat anerkannt (1175).

1180–1189

Reich, Papsttum, der Westen: *Heinrichs des Löwen* Reichslehen werden eingezogen (Jan. 1180), Sachsen geht an *Bernhard*, Grafen von Anhalt, den Sohn *Albrechts des Bären*; *Otto von Wittelsbach* erhält Bayern (Sept.), die Steiermark wird selbständiges Herzogtum. Auf dem Reichstag zu Gelnhausen erhält der Kanzler *Philipp von Heinsberg*, Erzbischof von Köln, die Herzogswürde für Westfalen und einen Teil von Engern (13. 4.). *Philipp II. August* tritt die Herrschaft in Frankreich an (18. 9.). *Friedrich I.* erkennt *Bogislaw I.* von Pommern als Reichsfürsten an, die Lehnshoheit über Pommern geht an die Mark Brandenburg (1181). *Heinrich der Löwe* unterwirft sich auf dem Reichstag zu Erfurt (Nov. 1181) und behält seine Erbgüter in Braunschweig und Lüneburg. Im Vertrag von Konstanz (Juni 1183) schließt *Friedrich I.* Frieden mit den Lombarden; der Lombardische Städtebund wird anerkannt und erkennt seinerseits die Oberhoheit des Kaisers an. In Verona kann der Kaiser mit Papst *Lucius III.* keine Einigung über die Mathildeschen Güter erzielen. *Urban III.* wird zum Papst gewählt (1185). *Friedrich I.* hat sich mit Mailand verbündet; dort wird *Heinrich VI.* zum König von Italien gekrönt, zum Mitregenten des Vaters erhoben und mit *Konstanze* von Sizilien vermählt (27. 1. 1186). In Pisa wird *Clemens III.* zum Papst gewählt (19. 12. 1187). *Heinrichs II.* von England Sohn *Richard* hat sich mit *Philipp II. August* von Frankreich gegen seinen Vater verschworen (1187). Auf dem Reichstag zu Mainz, dem »Hoftag Jesu Christi«, nimmt *Friedrich* das Kreuz (1188). In Nürnberg wird mit Kaiser *Isaak II.* ein Vertrag über den Durchmarsch des Kreuzfahrerheeres geschlossen. *Heinrich der Löwe* wird nochmals auf drei Jahre verbannt (Aug.). *Alfons IX.* besteigt den Thron von León. *Friedrich I.* bricht von Regensburg zum Kreuzzug auf (Mai 1189); die Serben und Bulgaren bieten *Friedrich* Lehnseid und Bündnis gegen Byzanz an, das sich mit *Salāh ad-Dīn* verständigt, um *Friedrich* am Durchzug zu hindern. *Heinrich der Löwe* kehrt vorzeitig aus der Verbannung zurück (Okt. 1189) und nimmt den Kampf gegen *Heinrich VI.* auf; er zerstört Bardowick (29. 10.). *Heinrich II.* von England schließt mit *Philipp II. August* einen demütigenden Frieden; er stirbt in Chinon (6. 7. 1189); *Richard I. Löwenherz* tritt die Nachfolge an und übernimmt die von seinem Vater eingegangene Verpflichtung zum Kreuzzug. *Wilhelm I.* von Sizilien stirbt kinderlos (Nov. 1189), Sizilien fällt als Erbschaft *Konstanzens* Gemahl *Heinrich VI.* zu, *Tancred* von Lecce, Enkel *Rogers II.*, besteht auf Erbansprüchen. In Deutschland hat sich *Heinrich der Löwe* noch einmal erhoben, um Sachsen wiederzugewinnen.

Byzanz: In Konstantinopel bricht ein Aufstand gegen die lateinerfreundliche Regentschaft für *Alexios II.* aus (2. 5. 1182), dessen Onkel, *Andronikos Komnenos*, dringt in die Stadt ein, Blutbad unter den Abendländern; *Andronikos* läßt sich zum Mitkaiser seines Neffen *Alexios II.* krönen (Sept. 1183), der bald ermordet wird (Nov.); *Andronikos* vermählt sich mit der dreizehnjährigen Witwe des *Alexios*, *Agnes*, der Tochter *Ludwigs VII.* von Frankreich. Die Normannen unter *Wilhelm II.* von Sizilien erobern Dyrrhachion (Juni), besetzen Korfu und Zakynthos, belagern Thessalonike, das sie erobern und ausplündern (24. 8. 1185); in Konstantinopel bricht ein Aufstand los; *Andronikos Komnenos* wird gestürzt und ermordet (12. 9.), neuer Kaiser wird *Isaak II. Angelos*. Die Byzantiner schlagen die Normannen am Strymon (7. 11.). *Isaak II. Angelos* schließt Frieden mit *Wilhelm II.* von Sizilien, der auf seine Eroberungen verzichtet (1189).

Osteuropa: *Bela III.* von Ungarn nimmt den Byzantinern Dalmatien, einen Teil Kroatiens und Sirmium ab (1181). Er fällt in Byzanz ein (1183); Belgrad, Sofia, Nisch, Braničevo werden verwüstet. Bulgarien erhebt sich unter den Brüdern *Peter* und *Asen* gegen Byzanz; *Isaak Angelos* rückt in Bulgarien ein (Sommer 1186); die Aufrührer werden mit Mühe abgedrängt. Im Jahr darauf kommt es zu einem Vergleich: Bulgarien wird selbständig.

Islam: Angriffe *Saladins* auf Nazareth, Tiberias, Beirut (1182). *Ibn Ruschd (Averroës)* wird Leibarzt des Almohaden *Abū Ja'qūb Jūsuf* (1183). *Saladin* erobert Aleppo (1183) und vernichtet das christliche Heer bei Hattīn (4. 7.); er erobert Jerusalem (2. 10. 1187).

1190–1199

Reich, Papsttum, der Westen: *Friedrich* setzt nach Kleinasien über (März 1190); bei Philomelion kommt es zur Schlacht mit den Seldschuken (7. 5.); Ikonion wird genommen (14. 5.), der Taurus überschritten; Kaiser *Friedrich I.* ertrinkt im Saleph (10. 6.); sein Sohn *Friedrich V.* von Schwaben führt das Heer zur Belagerung von Akko (Anf. Okt.). In Sizilien wird *Tancred* von Lecce vom normannischen Adel zum König ausgerufen (Jan.). *Heinrich VI.* tritt zur Sicherung seines sizilischen Erbes den Italienzug an (Winter). *Heinrich VI.* zieht in Rom ein und wird von dem kurz zuvor (30. 3. 1191) gewählten Papst *Coelestin III.* zum Kaiser gekrönt (15. 4.). Die Kreuzfahrer nehmen Akko (12. 7.). *Richard Löwenherz* segelt von Sizilien zum Kreuzzug ab (10. 4. 1191); er besetzt Cypern (April); bei Arsuf schlägt er *Saladin* (7. 9.); Jaffa und Askalon werden erobert. Kaiser *Heinrich VI.* ist nach der Rückkehr nach Deutschland in heftige Kämpfe mit *Heinrich dem Löwen* verwickelt, der sich unter Beistand des Papstes mit niederrheinischen Fürsten verbündet. Der Babenberger *Leopold V.*, Herzog von Österreich, wird mit der Steiermark belehnt (1192). *Richard Löwenherz* hat mit *Saladin* einen dreijährigen Waffenstillstand geschlossen (1192); er wird auf dem Rückweg gefangen und *Heinrich VI.* ausgeliefert (Febr. 1193). *Heinrich* entläßt ihn nach Lehnshuldigung, Entrichtung eines Lösegeldes und Abgabe bestimmter Zusicherungen (4. 2. 1194); er söhnt sich mit *Heinrich dem Löwen* aus (März); der Kaiser bricht abermals nach Italien auf (Mai), wo inzwischen (20. 2.) *Tancred* gestorben ist; in Palermo wird *Heinrich* zum König von Sizilien gekrönt (25. 12.); in Jesi bringt *Konstanze* ihren Sohn *Friedrich* zur Welt (26. 12. 1194). König *Richard* kehrt nach England zurück (13. 3.) und unterwirft seinen aufrührerischen Bruder *Johann Ohneland*. *Heinrich VI.* gelobt einen Kreuzzug (Karfreitag 1195), bricht aber den zur Rache für den gestürzten *Isaak II.* geplanten Feldzug gegen Byzanz nach Einspruch des Papstes ab. *Friedrich II.* wird in Frankfurt zum deutschen König gewählt (Dez. 1196). Am Hofe Herzog *Friedrichs I.* in Wien erscheint *Walther von der Vogelweide*, der Sohn eines Ministerialen (1196). Nach Unterdrückung des sizilischen Normannenaufstandes stirbt *Heinrich VI.* in Messina (28. 9. 1197); *Konstanze* übernimmt für *Friedrich II.* die Regentschaft in Sizilien. *Heinrichs VI.* Bruder *Philipp*, Herzog von Schwaben, heiratet *Maria (Eirene)*, die Tochter Kaiser *Isaaks II.* von Byzanz (Mai). Der siebenunddreißigjährige *Innozenz III.* wird zum Papst gewählt (8. 1. 1198); *Walther von der Vogelweide* beklagt die Wahl. *Friedrich II.* wird in Palermo zum König von Sizilien gekrönt (17. 5.); Kaiserin *Konstanze* stirbt (27. 11.); sie hat Papst *Innozenz III.* zum Vormund *Friedrichs* eingesetzt. *Philipp* von Schwaben, nach seines Bruders Tod Haupt der Staufer, wird in Mainz zum König gekrönt (8. 9. 1198); inzwischen haben die Staufergegner unter Erzbischof *Adolf* von Köln *Otto*, *Heinrichs des Löwen* Sohn, in Köln zum König erhoben (9. 6.). Der Deutsche Orden wird in Akko durch Beschluß der Fürsten in einen geistlichen Ritterorden umgewandelt (5. 3.), dessen Regel Papst *Innozenz III.* bestätigt (19. 2. 1199). In der Speyerer Erklärung (28. 5. 1199) protestieren Fürsten und die staufisch gesinnten Bischöfe Deutschlands gegen die Einmischung des Papstes in den deutschen Kronstreit. *Johann Ohneland* besteigt den Thron (1199), Anjou, Maine und Touraine verweigern ihm die Anerkennung und unterstellen sich *Arthur*, Herzog der Bretagne, der sich zum Vasallen *Philipps II. August* von Frankreich erklärt.

Byzanz: *Isaak II. Angelos* führt einen Feldzug gegen Serben und Bulgaren; die Serben, an der Morava geschlagen (Herbst 1190), müssen Frieden schließen. *Isaak* rüstet zu einem Feldzug gegen Bulgarien, als sein Bruder *Alexios* ihn stürzt (8. 4. 1195).

Osteuropa: Die Bulgaren schlagen die Byzantiner bei Adrianopel (1194).

Islam: *Saladin* stirbt in Damaskus (3. 3. 1193); sein Reich zerfällt. Die Almohaden unter *Ja'qūb al-Mansūr* schlagen *Alfons VIII.* von Kastilien bei Alarcos (1195).

1200–1209

Reich, Papsttum, der Westen: Papst *Innozenz III.* nimmt offen für *Otto IV.* Stellung. *Johann I. Ohneland* von England schließt in Andelys Frieden mit *Philipp II. August* von Frankreich (22. 5. 1200); *Johann* muß für seinen Besitz in Frankreich *Philipp* als Lehnsherrn anerkennen und verpflichtet sich, nicht in den deutschen Thronstreit einzugreifen. *Otto IV.* schließt mit *Innozenz III.* das Konkordat von Neuß (8. 6. 1201), worin er die Lehnshoheit der Kurie über Sizilien anerkennt; *Innozenz* bannt *Philipp* und seinen Anhang und nimmt im Dekretale »Venerabilem« die päpstliche Oberhoheit über den Kaiser in Anspruch; die staufisch gesinnten Fürsten erheben Protest gegen diese Einmischung (1202). *Johann* von England erscheint in Andelys vor *Philipp August* (25. 5. 1202), der von ihm Anjou, Poitou und die Normandie für *Arthur* von der Bretagne fordert; nach *Johanns* Weigerung fällt *Philipp* in die Normandie ein. Zum Vierten Kreuzzug sammeln sich die Kreuzfahrer in Venedig, das die Flotte stellen soll; Venedig lenkt zunächst den Zug gegen Zara, das erstürmt wird (Nov.). *Otto IV.* drängt mit Hilfe Thüringens und Böhmens den König *Philipp* aus Sachsen und Thüringen zurück (1203). *Bonifatius von Montferrat* und Venedig ziehen gegen Konstantinopel, um den Prätendenten *Alexios Angelos* zurückzuführen; die Kreuzfahrerflotte dringt in den Hafen von Konstantinopel ein; die Stadt fällt (17. 7. 1203); *Alexios III.* flieht, *Isaak II.* wird wieder Kaiser, sein Sohn *Alexios IV.* Mitkaiser. Die Kreuzfahrer belagern abermals die rebellierende Stadt (Anf. April 1204), die Lateiner stürmen Konstantinopel (13.4.), plündern und morden; nach dem Willen des Dogen *Dandolo* wird *Balduin IX.*, Graf von Flandern, zum Kaiser des lateinischen Reiches von Konstantinopel in der Hagia Sophia gekrönt (16. 5. 1204). *Philipp II. August* dringt in der Normandie weiter vor; *Johann* flieht nach England (1203). Thüringen unterwirft sich König *Philipp*. *Philipp II. August* erobert Château Gaillard (April 1204); Rouen ergibt sich (24. 6.); damit ist die Normandie in *Philipps* Hand, Maine, Touraine, Anjou und Poitou folgen bald darauf; England behält nur einen Teil der Guyenne. König *Peter II.* von Aragon läßt sich von *Innozenz III.* in Rom krönen (1204). König *Philipp* läßt sich in Aachen von Erzbischof *Adolf* von Köln – den der Papst dafür bannt – nochmals krönen (6. 1. 1205). Die Hauptmasse des Kreuzheeres ist nach Thrakien gezogen, der griechische Adel Thrakiens erhebt sich und ruft *Kalojan* von Bulgarien ins Land, dessen Truppen unweit Adrianopel das lateinische Ritterheer vernichten, Kaiser *Balduin* gerät in ihre Gefangenschaft (14. 4. 1205); sein Bruder *Heinrich* wird als sein Nachfolger eingesetzt. König *Philipp* schlägt *Otto IV.* bei Wassenberg an der Rur (27. 7. 1206); *Otto* zieht sich in sein braunschweigisches Allod zurück. *Heinrich* von Flandern wird zum Kaiser von Konstantinopel gekrönt (20. 8. 1206); er stellt die Herrschaft in Thrakien wieder her und rückt in Kleinasien vor. König *Philipp* zieht in Köln ein; der welfische Widerstand ist gebrochen; *Innozenz III.* findet sich zu Verhandlungen mit *Philipp* bereit (1207). König *Philipp* hat von Papst *Innozenz III.* die Krone zugesagt erhalten (Mai 1208); er rüstet zur Unterwerfung *Ottos* in Braunschweig, als er in Bamberg von dem bayerischen Pfalzgrafen *Otto* von Wittelsbach ermordet wird (21.6.); *Otto IV.* wird in Frankfurt nochmals zum König gewählt (12. 11.). Die Ermordung eines päpstlichen Legaten am Hof *Raimunds* von Toulouse gibt den Anlaß für den Kampf gegen die Albigenser in Südfrankreich (1208). Papst *Innozenz* läßt den Kreuzzug gegen sie predigen; das Kreuzheer aus Nordfrankreich unter *Simon von Montfort* verbrennt Béziers (Juli), Carcassonne wird erobert. *Otto IV.* zieht nach Italien und läßt sich in Rom von *Innozenz III.* zum Kaiser krönen (4. 10. 1209). *Friedrich II.* wird mit *Konstanze*, der Tochter *Alfons' II.* von Aragon, vermählt. *Franziskus* von Assisi erscheint vor *Innozenz III.*, der die Regel der neuen Bruderschaft bestätigt. *Hermann von Salza* wird Hochmeister des Deutschen Ordens.

Byzanz: *Alexios Angelos*, der Sohn des gestürzten Kaisers *Isaak II.*, entkommt aus der Haft nach Deutschland zu seinem Schwager König *Philipp* von Schwaben (1201). In Konstantinopel bricht der Aufstand gegen die *Angeloi* los, die die den Kreuzfahrern zugesagten Mittel einzutreiben suchen (Ende Jan. 1204); sie werden gestürzt, *Alexios V. Murtzuphlos*, der Schwiegersohn *Alexios' III.*, nimmt die Krone (5. 2.) und läßt *Alexios IV.* ermorden; *Isaak II.* stirbt im Kerker. Byzanz löst sich nach Gründung des lateinischen Kaiserreiches mit Gewinn für Venedig in Teilherrschaften auf. *Theodoros Laskaris*, ein Schwiegersohn *Alexios' III.*, muß nach einer Niederlage Bithynien den französischen und flandrischen Rittern überlassen (1204); er behauptet sich in Nikaia und wird dort zum Kaiser gekrönt (um Ostern 1208).

Osteuropa: Serbien erkennt die Oberhoheit Ungarns an und unterstellt sich der römischen Kurie (1202). In Riga wird der Orden der Schwertbrüder zum Kampf gegen die livländischen Heiden gegründet (1202). Bosnien erlangt das Schutzversprechen Ungarns und unterstellt sich der römischen Kurie (1203). *Kalojan* von Bulgarien hat die Kirche der römischen Kurie unterstellt; ein Kardinal *Innozenz' III.* weiht einen Primas für Bulgarien (7. 11. 1204) und krönt *Kalojan* in Trnovo (8. 11.).

Islam: *Maimonides*, der bedeutendste jüdische Philosoph des Mittelalters, stirbt in der Nähe von Kairo (13. 12. 1204).

1210–1219

Reich, Papsttum, der Westen: Kaiser *Otto IV.* beansprucht Sizilien; es kommt zum Bruch, *Innozenz III.* bannt ihn (Nov. 1210). Der Albigenserkrieg verheert Südfrankreich; *Simon von Montfort* beherrscht weite Teile des Languedoc. *Johann von Brienne* erwirbt die Krone von Jerusalem (8. 10. 1210), ohne seinem Anspruch Geltung verschaffen zu können. Auf Vorschlag Papst *Innozenz' III.* wählen einige deutsche

Fürsten in Nürnberg dessen Mündel *Friedrich II.* zum deutschen König (Anf. Sept. 1211). *Heinrich*, Kaiser von Konstantinopel, schlägt die Byzantiner am Rhyndakos (15. 10. 1211), in einem Kleinkrieg stößt er bis Pergamon und Nymphaion vor. *Friedrich II.* zieht nach Deutschland, nachdem er seinen Sohn *Heinrich* zum König von Sizilien gekrönt und die päpstliche Lehnshoheit anerkannt hat (März 1212); er nimmt Konstanz und Breisach, Schwaben geht zu ihm über; er wird in Frankfurt zum König gewählt und in Mainz gekrönt (9. 12.). *Simon von Montfort* schlägt *Raimund* von Toulouse bei Castelnaudary (1212). Zum »Kinderkreuzzug« ziehen Tausende von Knaben und Mädchen aus Frankreich und Deutschland nach Italien und Marseille; sie kommen auf dem Zug um oder werden als Sklaven verkauft. *Alfons VIII.* von Kastilien besiegt die Almohaden bei las Navas de Tolosa (16. 7. 1212). *Friedrich II.* erläßt in Eger die »Goldene Bulle« (12. 7. 1213): die geistlichen Wahlen werden frei und weite Reichsgebiete in Mittelitalien preisgegeben. *Peter II.* von Aragon eilt seinem bedrängten Schwager *Raimund* von Toulouse zu Hilfe; sie werden in der Schlacht von Muret von *Simon von Montfort* geschlagen (13. 9. 1213). *Philipp II. August* rüstet eine Flotte zur Invasion Englands; *Johann* unterwirft sich dem Papst und nimmt England von ihm zu Lehen (Mai 1213). Mit *Ferdinand* von Flandern haben sich Kaiser *Otto IV.* und andere Fürsten verbündet; *Philipp II. August* wird mit seiner Armee an der Brücke von Bouvines überrascht, gewinnt aber die Schlacht (27. 7.); *Ferdinand* wird gefangen nach Paris geführt. Der Ausgang der Schlacht setzt der Herrschaft *Ottos IV.* ein Ende. *Ludwig I.*, Herzog von Bayern, wird mit der Rheinpfalz belehnt. Die Lateiner von Konstantinopel und die Byzantiner schließen in Nymphaion einen Frieden; die Lateiner erhalten Nordwestkleinasien bis Adramyttion (Jahresende 1214). Gegen König *Johann* von England erhebt sich der Adel; in Runnimede bei Windsor muß der König die »Magna Charta« gewähren (15. 6. 1215), die die Rechte der Vasallen gegenüber der Krone erweitert; *Johann* wendet sich an den Papst, der die Charta aufhebt. *Innozenz III.* eröffnet das zwölfte ökumenische Konzil im Lateran, in dem über die Anerkennung *Friedrichs II.* beschlossen werden soll (11. 11.). Im Albigenserkrieg nimmt *Simon von Montfort* Toulouse, *Raimund* flieht nach England; der Papst muß *Simon* in seinem eroberten Besitz in Südfrankreich bestätigen (1215). Papst *Innozenz III.* stirbt (16. 7. 1216), zum neuen Papst wird *Honorius III.* gewählt (18. 7.). *Johann Ohneland* stirbt (19. 10. 1216); sein neunjähriger Sohn *Heinrich III.* wird in Gloucester gekrönt (28. 10.). *Peter von Courtenay* wird auf dem Weg nach Konstantinopel von Papst *Honorius III.* in Rom zum lateinischen Kaiser gekrönt (1217). *Philipps II.* von Frankreich Sohn *Ludwig* übernimmt die Führung im Albigenserkrieg. Erfolgloser Kreuzzug des ungarischen Königs *Andreas II.* (1217). Neu eingetroffene Kreuzfahrer erobern Damiette (1219).

Byzanz: Die Byzantiner schlagen in einer Schlacht am Mäander die Seldschuken von Ikonion (Frühj. 1211). *Theodoros Laskaris* gewährt den Venezianern die gleichen Handelsprivilegien im Reich von Nikaia wie vordem in Byzanz (1219).

Osteuropa: König *Andreas II.* von Ungarn ruft den Deutschen Orden zum Schutz Siebenbürgens ins Land (1211) und überträgt ihm das Burgenland, das er ihm aber, kaum daß das Land besiedelt und kultiviert ist, wieder entreißt.

Islam: Die Mongolen unter *Thschinghiz Chan* fallen in Transoxanien ein und bedrängen die Chwārezmier (1218).

1220–1229

Reich, Papsttum, der Westen: *Heinrich (VII.)* wird in Frankfurt zum König gewählt (April), nachdem *Friedrich* mit dem Privileg »In favorem principum ecclesiasticorum« (26. 4. 1220) die Zustimmung der geistlichen Fürsten erkauft hat; *Friedrich* zieht wieder nach Italien (Aug.), er wird mit seiner Gemahlin *Konstanze* von Papst *Honorius III.* in Rom zum Kaiser gekrönt (22. 11.), wobei *Friedrich* sein Kreuzzugsgelübde erneuert. Kaiser *Friedrich II.* begibt sich nach Sizilien, um dort die Verhältnisse zu ordnen (1221). Die Kreuzfahrer müssen vor den Muslimen Damiette wieder räumen (1221). *Heinrich (VII.)* wird in Aachen von Erzbischof *Engelbert* von Köln gekrönt (8. 5. 1222), der für den Knaben die Regentschaft führt. *Ferdinand*, Graf von Flandern, erhält seine Grafschaft zurück, nachdem er den Vasalleneid an *Philipp II. August* erneuert hat (1223). Die Ordensregel des *Franziskus* von Assisi (1221) wird von Papst *Honorius III.* in neuer Fassung in der Bulle »Solet annuere« bestätigt (29. 11.). *Friedrich II.* vermählt sich in zweiter Ehe mit *Jolante*, der Tochter *Johanns* von Brienne, des Titularkönigs von Jerusalem (9. 11. 1225). Herzog *Ludwig I.* von Bayern wird Vormund *Heinrichs (VII.)*, der mit *Margarete*, der Tochter *Leopolds VI.* von Österreich, vermählt wird. Der Deutsche Ritterorden wird von Masowien um Hilfe gegen die heidnischen Pruzzen angegangen. *Friedrich II.* einigt sich mit Papst *Honorius III.* im Vertrag von San Germano über seinen immer wieder hinausgeschobenen Kreuzzug, den er für das nächste Jahr, bei Strafe des Banns, zusagt (1226). Die lombardischen Städte widersetzen sich dem Kaiser und erneuern den alten Bund; der Kaiser verhängt den Bann über die Bündnispartner. Der Deutsche Orden wird von *Friedrich II.* in der Goldenen Bulle von Rimini (März 1226) mit der Eroberung des heidnischen – daher als herrenlos dem Kaiser verfallen angesehenen – Preußen beauftragt. *Ludwig IX.* wird in Reims gekrönt (29. 11.); seine Mutter *Blanca* von Kastilien übernimmt die Regentschaft. *Friedrich II.* verständigt sich mit den lombardischen Städten (Jan. 1227); nach dem Tod seiner Gemahlin *Jolante* nimmt *Friedrich* den Titel eines Königs von Jerusalem an; Papst *Honorius III.* stirbt (18. 3.), *Gregor IX.* wird zum Papst gewählt (19. 3.); *Friedrich* segelt von Brindisi zum Kreuzzug ab (8. 9.), kehrt jedoch einer Seuche wegen wieder um (11. 9.); daraufhin wird er von *Gregor* wegen Bruchs des Kreuzzugsversprechens gebannt (29. 9.). *Heinrich Raspe* bemächtigt sich Thüringens. *Waldemar II.* von Dänemark wird von den norddeutschen Fürsten und Lübeck bei Bornhöved entscheidend geschlagen (22. 7. 1227) und muß bis auf Rügen und Estland auf alle Eroberungen verzichten; Lübeck begründet seine Vorrangstellung im Ostseeraum. Papst *Gregor IX.* muß vor den aufgebrachten Römern nach Viterbo fliehen; *Friedrich* bricht zum Kreuzzug auf (Ende Juni 1228); in Jaffa schließt er einen Vertrag mit dem Sultan *al-Kāmil* (Febr. 1229), der ihm die Herrschaft über Jerusalem, Bethlehem und Nazareth einbringt; in der Grabeskirche zu Jerusalem krönt sich *Friedrich* selbst zum König (18. 3.); inzwischen hat Papst *Gregor IX.* Sizilien angegriffen; nach der Landung in Brindisi (Juni) treibt der Kaiser die päpstlichen Truppen zurück und bedroht den Kirchenstaat. Die Albigenserkriege werden mit einem in Paris geschlossenen Vertrag formell beendet; der Adel Südfrankreichs zugunsten der Krone entmachtet.

Byzanz: *Johannes Vatatzes* von Nikaia schlägt das Lateinerheer *Roberts von Courtenay* bei Poimanenon (1223). *Theodoros Laskaris* von Nikaia ist in Thrakien eingefallen und hat Adrianopel besetzt (1224), da er aber bald vor *Theodoros Angelos* von Epirus wieder räumen muß.

Osteuropa: *Andreas II.* von Ungarn räumt in seiner Goldenen Bulle – fortan dem Grundgesetz Ungarns – dem Adel bedeutende Vorrechte ein (1222).

Islam: Das Reich des Chwārezmschāhs *Muhammad II.* ist von den Mongolen erobert worden; der geflüchtete *Muhammad* stirbt auf einer Insel im Kaspischen Meer (1220).

1230–1239

Reich, Papsttum, der Westen: Im Vertrag von San Germano (Juli 1230) und den Vereinbarungen von Ceprano (28. 8.) wird *Friedrich II.* vom Bann gelöst, dem Papst werden Sonderrechte über die sizilische Kirche eingeräumt. *Ferdinand III.* von Kastilien vereinigt nach dem Tod seines Vaters *Alfons IX.* León wieder mit Kastilien (1230). Der Přemislide *Wenzel I.* wird König von Böhmen. *Friedrich II.* faßt in den »Konstitutionen von Melfi« die Gesetze für Sizilien zusammen (1231). Der Deutsche Ritterorden hat die Eroberung Preußens begonnen; die Burgsiedlungen Kulm und Thorn werden gegründet. *Ferdinand III.* von Kastilien schlägt die Mauren am Guadalete (1231). *Heinrich (VII.)* muß den Fürsten nachgeben, seine städtefreundliche Politik scheitert; auf dem Hoftag zu Worms wird das »Statutum in favorem principum« erlassen (1. 5. 1231), die den Fürsten territoriale Herrschaftsrechte einräumt. *Heinrich* fügt sich in Aquileia seinem Vater; *Friedrich II.* bestätigt in Cividale die Constitutio (Mai 1232). *Eike von Repgow* hat mit seinem Sachsenspiegel das bedeutendste Rechtsbuch des deutschen Mittelalters geschaffen. *Heinrich (VII.)* erhebt sich in Boppard offen gegen seinen Vater (Sept. 1234) und schließt ein Bündnis mit den lombardischen Städten (Dez.). *Friedrich II.* zieht nach Deutschland (Frühj. 1235); *Heinrich* verliert seinen Anhang, unterwirft sich und wird gefangengesetzt (Juni); *Friedrich* heiratet *Isabella*, die Tochter *Johanns* von England (Juli). Reichstag zu Mainz (Aug.): *Otto das Kind*, der Enkel *Heinrichs des Löwen*, wird mit Braunschweig-Lüneburg belehnt; »Mainzer Reichslandfrieden«; der Krieg gegen die lombardischen Städte wird beschlossen. *Friedrichs* Sohn *Konrad* wird mit dem Herzogtum Schwaben belehnt und mit *Elisabeth*, der Tochter *Ottos II.* von Bayern, verlobt, der damit wieder für den Kaiser gewonnen wird. Córdoba wird von *Ferdinand III.* von Kastilien erobert (29. 6. 1236). Herzog *Friedrich II.* von Österreich ist in Konflikt mit dem Kaiser geraten; *Friedrich* zieht gegen Österreich (Herbst); in Wien wird sein Sohn *Konrad* zum »römischen König und zukünftigen Kaiser« gewählt (Ende Febr. 1237); Österreich wird reichsunmittelbares Territorium. *Friedrich* zieht gegen die lombardischen Städte (Sept.), die er bei Cortenuova vernichtend schlägt (27. 11.). Der Orden der Schwertbrüder in Livland schließt sich dem Deutschen Orden an. *Enzio*, ein Sohn *Friedrichs II.*, vermählt sich mit *Adelheid*, der Erbin Sardiniens, und nennt sich König von Sardinien, obwohl die Insel päpstliches Lehen ist. *Hermann von Salza*, der Hochmeister des Deutschen Ordens und Berater *Friedrichs II.*, der zwischen Kaiser und Papst zu vermitteln suchte, stirbt in Salerno (20. 3. 1239). *Gregor IX.* bannt den Kaiser aufs neue. *Enzio* wird Generallegat in Italien. Die Universität von Palencia (1208 gegründet) wird von *Ferdinand III.* von Kastilien nach Salamanca verlegt.

Byzanz: Zwischen *Theodoros Angelos* und *Iwan Asen II.* von Bulgarien ist es zu einem Konflikt gekommen; *Theodoros* wird in der Schlacht bei Klokotnica geschlagen und gefangengenommen (1230); Epirus löst sich rasch auf. *Johannes Vatatzes* schließt in dem eben eroberten Kallipolis ein Bündnis mit dem Bulgarenzar *Iwan Asen II.* gegen die Lateiner (Frühj. 1235); Belagerung Konstantinopels durch Bulgaren und Byzantiner; *Balduin II.* eilt in den Westen, um Hilfe zu erbitten (1236).

Osteuropa: *Jaroslaw II.* von Nowgorod besteigt den Thron von Susdal, sein Sohn *Alexander* erhält das Fürstentum Nowgorod (1236). Die Tataren setzen sich an der unteren Wolga fest (Herbst 1237) und nehmen Rjasan (21. 12.).

Islam: In Granada haben sich die Nasriden durchgesetzt (1238), unter denen sich dieses letzte muslimische Teilreich in Spanien noch lange behauptet.

1240–1249

Reich, Papsttum, der Westen: Kaiser *Friedrich* erklärt Spoleto und Ancona zu Kronlehen (1240). In Schlesien fallen die Tataren ein, nachdem sie Südpolen überrannt haben; *Heinrich der Fromme* unterliegt ihnen auf der Wahlstatt bei Liegnitz und fällt (9. 4. 1241); die Tataren dringen weiter südlich bis nach Ungarn vor. *Enzio* besiegt mit kaiserlichen und pisanischen Schiffen vor der Insel Montecristo die Flotte der Genueser (3. 5. 1241). Papst *Gregor IX.* stirbt (22. 8.); die Wahl des neuen Papstes *Coelestin IV.* (25. 10.) findet zum ersten Male im Konklave statt. *Coelestin* stirbt bald danach (10. 11.). *Heinrich Raspe*, Landgraf von Thüringen, wird von *Friedrich II.* zum Reichsverweser für König *Konrad IV.* ernannt (Frühj. 1242?). Kaiser *Friedrich* will mit dem neuen Papst *Innozenz IV.* zu Gesprächen über die Lösung vom Bann zusammenkommen, als der Papst sich (28. 6. 1244) nach Lyon begibt, wohin er ein Konzil einberuft. Jerusalem wird von den Chwärezmiern erobert (23. 8. 1244) und geht den Christen endgültig verloren. Das 13. Ökumenische Konzil in Lyon (21. 6. 1245); nach vergeblichem Vermittlungsversuch *Ludwigs IX.* von Frankreich verhängt der Papst erneut Bann und Exkommunikation über den Kaiser und setzt ihn ab (17. 7.). Aufruhr des apulischen Adels niedergeschlagen (1246). *Heinrich Raspe* wird von geistlichen Fürsten in Veitshöchheim als Gegenkönig aufgestellt (22. 5.); er schlägt König *Konrad IV.* an der Nidda bei Frankfurt (5. 8.). *Karl* von Anjou, der Bruder *Ludwigs IX.* von Frankreich, erwirbt durch Heirat die Provence. *Heinrich Raspe* stirbt (16. 2. 1247); geistliche Fürsten wählen den Grafen *Wilhelm* von Holland zum neuen Gegenkönig (3. 10.). *Friedrich II.* belagert Parma; das kaiserliche Lager wird zerstört, wobei die Reichsinsignien in die Hände der Feinde fallen (Febr. 1248). Erzbischof *Konrad* von Hochstaden legt in Köln den Grundstein zum Dom (15. 8. 1248). König *Ludwig IX.* von Frankreich bricht zum Kreuzzug auf (Aug. 1248). Sevilla wird von *Ferdinand III.* von Kastilien den Arabern abgenommen (22. 11.). *Petrus von Vinea* wird wegen Verschwörung auf Geheiß *Friedrichs II.* geblendet (Jan./Febr. 1249). *Enzio* wird von den Bolognesern gefangengenommen (26. 5.). *Ludwig IX.* landet vor Damiette und erobert die Stadt (6. 6.). *Birger Jarl* von Schweden unternimmt einen Kreuzzug in Finnland, wo er die schwedische Herrschaft befestigt und das Christentum einführt.

Byzanz: *Johannes Vatatzes* erobert Thessalonike; der Mongoleneinfall zwingt ihn zur Heimkehr nach Nikaia (1242); er schließt mit dem Seldschukensultanat von Ikonion ein Bündnis gegen die Mongolen (1243). *Johannes Vatatzes* hat freundschaftliche Beziehungen mit Kaiser *Friedrich II.* aufgenommen, er vermählt sich mit dessen Tochter *Konstanze* (um 1244). *Vatatzes* nimmt den Kampf gegen die inzwischen den Tataren tributpflichtigen Bulgaren wieder auf. Mit dem Einzug in Thessalonike (Dez. 1246) endet die Herrschaft von Epirus in Thrakien.

Osteuropa: Der Sieg *Alexanders* von Nowgorod über die Schweden unter *Birger Jarl* an der Newa (15. 7. 1240) trägt ihm den Beinamen *Newskij* ein. *Alexander Newskij* schlägt auf dem Eis des Peipus-Sees ein Heer des Schwertbrüderordens (5. 4. 1242). Die Tataren ziehen sich aus dem westlichen Osteuropa zurück, da ihr Anführer *Batu* mit Thronstreitigkeiten in der Goldenen Horde zu kämpfen hat; sie erobern Kiew (Dez.). *Jaroslaw II.*, Großfürst von Susdal, wird auf der Reise zur Goldenen Horde vergiftet (1246). *Alexander Newskij* begibt sich nach dem Tod seines Vaters zur Goldenen Horde (1247).

1250–1259

Reich, Papsttum, der Westen: Kaiser *Friedrich II.* stirbt auf seinem Jagdschloß Fiorentino in Apulien (13. 12. 1250) und wird im Dom von Palermo beigesetzt. *Ludwig IX.* wird auf dem Zug nach Kairo von den Muslimen geschlagen und gefangengenommen (5. 4.). König *Konrad IV.*, durch das Testament seines Vaters zum Nachfolger in Deutschland und Sizilien bestimmt, zieht gegen *Wilhelm* von Holland (Frühj. 1251), wird aber bei Oppenheim geschlagen. *Ludwig IX.* landet in Akko und nimmt Tyros und Caesarea. Im Einvernehmen mit seinem Vater *Wenzel I.* besetzt *Ottokar II.* von Böhmen, von den österreichischen Ständen gerufen, das als Reichslehen eingezogene Österreich. *Alfons III.* von Portugal hat im Kampf mit den Mauren Algarbien erobert. *Ottokar II.* vermählt sich mit *Margarete*, der Witwe König *Heinrichs (VII.)*. Papst *Innozenz IV.* führt die Folter bei den Inquisitionsgerichten ein (15. 5. 1252). *Konrad IV.* hat mit Hilfe seines Stiefbruders *Manfred* Apulien wieder unterworfen, er nimmt Capua und erobert Neapel (10. 10. 1253). *Robert de Sorbon*, Hofkaplan *Ludwigs IX.*, gründet in Paris eine Theologenschule, die sich später mit anderen Lehranstalten zu einer Hochschule zusammenschließt: die »Sorbonne«. *Konrad IV.* stirbt in Lavello (21. 5. 1254); er hinterläßt seinen zweijährigen Sohn *Konradin*. Die Städte Mainz, Worms, Oppenheim und Bingen schließen sich zum Rheinischen Städtebund zusammen. *Manfred* wird von Papst *Innozenz IV.* zum Vikar für Tuszien und Oberitalien ernannt und erkennt die päpstliche Lehnshoheit über einen Teil Siziliens an; es kommt gleichwohl zum Bruch, *Manfred* schlägt die Päpstlichen bei Foggia (2. 12.); *Innozenz* stirbt in Neapel (7. 12.); Nachfolger wird *Alexander IV.* (12. 12.). *Wilhelm* von Holland erkennt den Rheinischen Städtebund an (1255). Königsberg entsteht als Gründung des Deutschen Ordens an der Stelle einer preußischen Fluchtburg. *Alfons X.* von Kastilien erobert Cádiz. *Wilhelm* von Holland kann sich in Deutschland nicht durchsetzen; er wird unweit Alkmaar erschlagen (28. 1. 1256). *Richard* von Cornwall wird von einem Teil der deutschen Fürsten unter Führung des Kölner Erzbischofs *Konrad von Hochstaden* zum deutschen König gewählt (13. 1. 1257); andere Fürsten wählen in Frankfurt *Alfons X.* von Kastilien, einen Urenkel *Barbarossas* (1. 4.). *Manfred* eröffnet mit der Besetzung Korfus und Dyrrhachions den Kampf gegen die Byzantiner. *Heinrich III.* von England muß unter dem Druck der von *Simon von Montfort* geführten Opposition die »Provisionen von Oxford« gewähren (11. 6.

1258), die den »Baronen« praktisch die Regierungsgewalt übertragen. Im Frieden von Paris (Dez.) muß *Heinrich III.* von England auf die Normandie, Maine, Anjou und Poitou verzichten und für Aquitanien *Ludwig IX.* von Frankreich als Lehnsherrn anerkennen.

Byzanz: Die Byzantiner schlagen die in Makedonien eingefallenen Epiroten; Makedonien wird dem Reich von Nikaia zurückgewonnen (1252). Abwehr der nochmals nach Thrakien und Makedonien vorgedrungenen Bulgaren (1256). Unter der Regentschaft des *Michael Palaiologos* wird sein Sohn *Johannes IV.* Kaiser, doch nimmt der Palaiologe bald als Mitregent selbst die Krone (Jahresende 1258). Die Byzantiner schlagen die Sizilianer und ihre nordgriechischen Verbündeten zurück (1259).

Osteuropa: *Alexander Newskij* vereitelt den Versuch des Papstes *Innozenz IV.*, die russische Kirche in römische Abhängigkeit zu bringen (1251). Er kehrt von einem Besuch bei der Goldenen Horde mit einem Tatarenheer zurück und gewinnt auch die Herrschaft von Wladimir (1252).

Islam: Nach dem Tode des Ajjūbiden *as-Sālih* (1249) tritt seine Gemahlin *Schadschar ad-Durr* die Regentschaft für ihren Sohn *Tūrānschāh* an, der Damiette zurückgewinnt, jedoch von dem Mamlūken *Baibars* erschlagen wird (1250). Die Führung der Mongolen übernimmt *Hülägü*, Enkel *Tschinghiz Chans*, der sich in Persien eine unabhängige Herrschaft zu erobern sucht; er vernichtet die Assassinen und zerstört deren Feste Ālamūt (1256). *Hülägü* erobert Bagdad (17. 1. 1258); der letzte Abbasidenkalif *al-Mustasim* wird getötet. *Hülägü* und seine Nachfolger herrschen etwa hundert Jahre lang als »Ilchane« über Persien.

1260–1269

Reich, Papsttum, der Westen: *Manfred* siegt bei Montaperti (4. 9. 1260), Florenz muß sich wieder unterwerfen. *Ottokar II.* von Böhmen zieht gegen Ungarn, um sich auch der Steiermark zu bemächtigen, und schlägt sie bei Kroissenbrunn (12. 7.), er erhält die Steiermark (31. 3. 1261). *Richard* von Cornwall bestätigt *Ottokar II.* in seinen Lehen Böhmen und Mähren und belehnt ihn mit Österreich und der Steiermark (9. 8. 1262). *Albertus Magnus*, zwei Jahre zuvor von Papst *Alexander IV.* zum Bischof von Regensburg erhoben, legt dieses Amt nieder, um sich in Köln ganz der Wissenschaft widmen zu können (1262). Die Flotte Venedigs schlägt die Genuesen im Golf von Nauplia (Frühj. 1263). *Rudolf*, Graf von Habsburg, erwirbt Kyburg; seine Herrschaft reicht damit von Zürich und Luzern bis ins Elsaß und nach Schwaben (1264). *Heinrich III.* von England sucht die Provisionen von Oxford aufzuheben; er wird von *Simon von Montfort* bei Lewes geschlagen (14. 5.). *Clemens IV.*, einst Jurist *Ludwigs IX.* von Frankreich, wird Papst (5. 2. 1265); er belehnt *Ludwigs* Bruder *Karl* von Anjou mit Neapel und Sizilien (21. 6.). *Eduard, Heinrichs III.* Sohn, besiegt *Simon von Montfort* bei Evesham und erschlägt ihn (4. 8.). *Karl* von Anjou fällt in Neapel ein (Ende Jan. 1266), in der Schlacht bei Benevent besiegt er *Manfred*, der im Kampf fällt (26. 2.). *Niccolo Pisano* arbeitet zusammen mit seinem Sohn und Schüler *Giovanni Pisano* die Marmorkanzel für den Dom von Siena (bis 1268). *Konradin*, der Enkel *Friedrichs II.*, wird von den Ghibellinen nach Italien gerufen (1267). *Karl* von Anjou schließt mit dem vertriebenen Kaiser *Balduin II.* vor Papst *Clemens IV.* in Viterbo ein Bündnis zur Wiedereroberung und Aufteilung von Byzanz (27. 5.). *Konradin* bricht zum Zug gegen Apulien auf (11. 8. 1268), wird aber unweit Tagliacozzo von *Karl* von Anjou geschlagen (23. 8.); er fällt in *Karls* Hände und wird enthauptet (29. 10.). Papst *Clemens IV.* stirbt in Viterbo (29. 11.); er hat Rom als Papst nie betreten. *Ottokar II.* von Böhmen erwirbt Kärnten und Krain (1269).

Byzanz: Nach kurzem Kampf ziehen die Byzantiner in das von lateinischen Truppen entblößte Konstantinopel ein (25. 7. 1261), Kaiser *Balduin II.* entflieht; *Michael Palaiologos* hält triumphalen Einzug (15. 8.) und läßt sich mit seiner Gemahlin *Theodora* in der Hagia Sophia nochmals krönen (Sept.). Der Vertrag von Nymphaion begründet die Vorrangstellung Genuas im Osten. Die Byzantiner dringen gegen die Bulgaren vor und besetzen Anchialos und Mesembria (1262). Bei dem Versuch, die Peloponnes zu erobern, werden sie geschlagen und müssen sich zurückziehen (1264). *Michael Palaiologos* weist den Genuesen Galata als Handelsplatz zu (1267).

Osteuropa: *Alexander Newskij* stirbt auf der Heimkehr von einem letzten Besuch bei der Horde in Gorodez (14. 11. 1263); sein Tod führt zur Zersplitterung Mittelrußlands. Die Tataren Südrußlands überfallen im Bunde mit den Bulgaren die Byzantiner in Thrakien und verwüsten das Land (1264).

Islam: Die Mamlūken schlagen die Mongolen vernichtend bei Ain Dschalut (3. 9. 1260) und treiben sie schließlich über den Euphrat zurück; *Baibars* bemächtigt sich gewaltsam der Herrschaft (23. 10.).

1270–1279

Reich, Papsttum, der Westen: *Ludwig IX.* von Frankreich unternimmt einen Kreuzzug gegen Tunis; dort erliegt er einer Seuche (25. 8. 1270). *Gregor X.* wird nach fast dreijähriger Sedisvakanz zum neuen Papst gewählt (1. 9. 1271). *Rudolf* von Habsburg wird in Frankfurt von dem Kurfürstenkollegium zum deutschen König gewählt (1. 10. 1273) und in Aachen gekrönt (24. 10.). *Eduard I.* von England zieht auf der Heimreise durch Paris und huldigt *Philipp III.* für Aquitanien (26. 7. 1273). *Karl* von Anjou entsendet Truppen zu den byzanzfeindlichen Fürsten Griechenlands, in Albanien nimmt er die Huldigung der katholischen Einwohner entgegen. *Thomas* von Aquino stirbt im Kloster Fossanova (6. 3. 1274). Papst *Gregor X.* leitet das zweite Konzil zu Lyon, auf dem mit Gesandten des Kaisers *Michael VIII. Palaiologos* die neue Kirchenunion beschworen wird (6. 7.); im

Dekretale »Ubi periculum maius« schreibt *Gregor* das Konklave bei der Papstwahl vor. *Rudolf I.* wird von Papst *Gregor X.* förmlich anerkannt (26. 9.). Gegen *Ottokar II.* von Böhmen, der Anerkennung und Huldigung verweigert, wird ein Prozeß eingeleitet (Dez.). *Peter III.* tritt die Regierung in Aragon an (1276). *Ottokar II.* von Böhmen sind alle Reichslehen abgesprochen worden; König *Rudolf I.* verhängt über ihn die Reichsacht (24. 6.) und eröffnet den Krieg; *Ottokar* unterwirft sich (21. 11.) und wird von *Rudolf* mit Böhmen und Mähren belehnt. *Ottokar* erhebt sich nochmals gegen das Reich; er wird bei Dürnkrut auf dem Marchfeld besiegt (26. 8. 1278) und auf der Flucht erschlagen. *Rudolf I.* vermählt seine Tochter mit *Wenzel II.* von Böhmen. *Rudolf* muß dem Papst *Nikolaus III.* die Unabhängigkeit des Kirchenstaates bestätigen (1279). *Eduard I.* von England und *Philipp III.* von Frankreich schließen in Amiens einen Vertrag, der Englands Besitz in Südfrankreich bestätigt.

Byzanz: *Michael Palaiologos* sichert sich durch einen Vertrag mit dem Tatarenführer *Nogaj* die Hilfe der Goldenen Horde gegen die Bulgaren (1272).

Islam: Der Mamlūkensultan *Baibars* von Ägypten unterwirft die letzten Reste der Assassinen (1273). Er stirbt in Damaskus (1277).

1280–1289

Reich, Papsttum, der Westen: *Albertus Magnus*, Hochschullehrer in Paris und Köln, »doctor universalis« der mittelalterlichen Kirche, stirbt in Köln (15. 11. 1280). *Karl* von Anjou schließt in Orvieto mit Venedig ein Bündnis zur Wiedereroberung von Byzanz (3. 7. 1281); unter seinem Einfluß muß Papst *Martin IV.* die Kirchenunion mit Byzanz aufkündigen. *Rudolf I.* belehnt seinen Sohn *Albrecht* mit Österreich (27. 12. 1282), Steiermark und Krain werden habsburgisch, Kärnten kommt unter habsburgischer Oberhoheit zu Tirol. In Palermo erheben sich die Sizilianer gegen die Franzosenherrschaft (30. 3.); die »Sizilianische Vesper« ist das Zeichen zum Aufruhr in ganz Sizilien; *Peter III.* von Aragon wird von den Sizilianern gerufen (Aug.); er läßt sich in Palermo mit der Krone *Manfreds* krönen. Die Serben, mit *Karl* im Bunde, fallen in Makedonien ein und nehmen Skoplje. Im Rostocker Bund schließen sich unter Führung Lübecks Städte und Fürsten an der Ostsee zur Wahrung des Friedens zusammen (1283). *Peter III.* von Aragon schlägt die französische Flotte vor Malta und vor Neapel (Juni 1284). *Philipp III.* von Frankreich stirbt nach einer verfehlten Expedition gegen Sizilien in Perpignan (5. 10.); sein Sohn *Philipp IV. der Schöne* tritt die Regierung an. Auf dem Reichstag zu Würzburg erläßt König *Rudolf I.* einen Landfrieden für das Reich (1287). In der Schlacht von Worringen schlägt mit brabantischer und bergischer Hilfe die Kölner Bürgerschaft den Erzbischof *Siegfried* von Köln und Graf *Adolf* von Nassau (5. 6. 1288). König *Rudolf I.* verhindert mit einem Feldzug die Auslieferung Burgunds an Frankreich; Burgund erkennt die Oberhoheit des Reiches an (1290).

Osteuropa: Moskau, bislang nur befestigter Außenposten Susdals, erhält mit der Erhebung *Daniels*, des jüngsten Sohnes *Alexander Newskijs*, einen eigenen Fürsten (um 1280).

1290–1299

Reich, Papsttum, der Westen: *Wenzel II.* von Böhmen wird von *Rudolf I.* die siebente Kurwürde übertragen (1290). *Rudolf I.* stirbt in Speyer (15. 7. 1291). Die Waldstätte Schwyz, Uri und Nidwalden schließen den »Ewigen Bund«, der ihnen die Reichsfreiheit sichern soll (1. 8. 1291). Akko wird von den Mamlūken erobert (18. 5.); der Fall der Stadt bezeichnet das Ende der Kreuzfahrerstaaten. Die deutschen Kurfürsten wählen den Grafen *Adolf* von Nassau zum König (5. 5. 1292). Florenz schließt mit den »Ordinamenti della guistizia« den Adel von der Stadtregierung aus (1293). *Bonifatius VIII.* wird Papst (24. 12. 1294). *Philipp der Schöne* besetzt das englische Aquitanien. *Johann Baliol* von Schottland verbündet sich mit *Philipp* gegen *Eduard I.* Papst *Bonifatius VIII.* verbietet Maßnahmen gegen Frankreich und untersagt den Kurfürsten, König *Adolf* Gefolgschaft zu leisten (1295). *Eduard I.* ruft angesichts der Bedrohung das »Modell-Parlament« ein (1295). *Marco Polo*, ein Kaufherr, kehrt nach 24jähriger Abwesenheit in seine Heimat Venedig zurück. König *Adolf* hat sich Meißens bemächtigt (1296). *Bonifatius VIII.* erläßt die Bulle »Clericis laicos« (25. 2.), in der er den Fürsten die Besteuerung der Kirche untersagt; *Philipp* antwortet mit einem Verbot von Abgaben an die Kurie. *Johann Baliol* von Schottland muß sich unterwerfen (10. 7. 1296) und auf die Krone verzichten. Baubeginn des Domes in Florenz unter Leitung *Arnolfos di Cambio* (1296). *Philipp IV.* fällt in das mit England verbündete Flandern ein (1297). König *Adolf*, der der Vorladung vor ein Fürstengericht nicht gefolgt ist, wird für abgesetzt erklärt (23. 5. 1298); er fällt in der Schlacht bei Göllheim (2. 7.); der Habsburger *Albrecht* wird in Frankfurt zum König gewählt (27. 6.). *Wenzel II.* von Böhmen wird von *Albrecht I.* mit Eger, dem Pleißnerland und Meißen belehnt. *Albrecht I.* erreicht ein besonders gegen *Bonifatius VIII.* gerichtetes Bündnis mit König *Philipp dem Schönen* (1299). *Philipp IV.* und *Eduard I.* schließen den Vertrag von Montreuil (19. 6.); *Eduard* erhält Aquitanien wieder.

1300–1309

Reich, Papsttum, der Westen: Die rheinischen Kurfürsten schließen in Heimbach am Rhein ein Schutzbündnis gegen König *Albrecht I.* (14. 10.). Papst *Bonifatius VIII.* verkündet das erste Jubeljahr der katholischen Kirche (22. 2. 1300). *Philipp IV. der Schöne* von Frankreich bemächtigt sich ganz Flanderns. *Wenzel II.*, König von Böhmen, erlangt die polnische Königskrone. König *Albrecht I.* erklärt den rheinischen Kurfürsten den Krieg (7.5.1301). Papst *Bonifatius VIII.* verkündet (5.12.), daß der Papst Oberherr jeglicher weltlichen Gewalt sei, und lädt *Philipp IV.* nach Rom vor. Die rheinischen Kurfürsten müssen sich nach schweren Niederlagen dem König beugen (Okt. 1302). Die Flamen erheben sich gegen die Franzosen im Brüsseler Volksaufstand (17. 5. 1302); bei Kortrijk werden die französischen Ritter vom flämischen Bürgerheer geschlagen (11. 7.). *Philipp IV.* läßt auf einer Reichsversammlung die päpstliche Anmaßung zurückweisen (April); *Bonifatius VIII.* verkündet seine Bulle »Unam sanctam« (18.11.), in der er sich selbst die geistliche und die weltliche Gewalt zuspricht. *Albrecht I.* beendet das Bündnis mit *Philipp IV.* und leistet dem Papst den Vasalleneid (1303); *Philipp* und *Eduard I.* von England besiegeln im Vertrag von Paris den Frieden (20. 5.); *Philipps* Großsiegelbewahrer, *Wilhelm von Nogaret,* überfällt in Anagni den Papst und setzt ihn gefangen (7. 9.), muß aber vor den aufgebrachten Bürgern weichen (9. 9.); *Bonifatius VIII.* stirbt in Rom (11. 10.), sein Nachfolger *Benedikt XI.* (22. 10.) widerruft viele Maßnahmen *Bonifatius'*. *Benedikt XI.* stirbt in Perugia, wohin er vor Unruhen in Rom ausgewichen ist (7. 7. 1304). Der neue Papst *Clemens V.* (5. 6. 1305) begibt sich zur Weihe nach Lyon und verläßt Frankreich nicht wieder. *Philipp der Schöne* schließt in Athis einen Vertrag mit *Robert von Bethune,* dem Grafen von Flandern; *Robert* muß sich unterwerfen und Teile Flanderns (Wallonisch-Flandern) abtreten. *Albrecht I.*, der bereits Eger, Vogtland und anderes Reichsgut zurückgenommen hat, zieht Böhmen und Mähren als Reichsgut ein (1306); er bewegt die Böhmen zur Wahl seines Sohnes *Rudolf* zum König, der sich mit *Wenzels II.* Witwe *Elisabeth* vermählt. *Philipp IV.* läßt alle Templer festsetzen und das große Ordensvermögen zugunsten der Krone einziehen (12. 10.). Sein Sohn *Philipp der Lange* vermählt sich mit der burgundischen Pfalzgrafentochter *Johanna,* die Pfalzgrafschaft Burgund (Franche-Comté) fällt an Frankreich. König *Rudolf* von Böhmen stirbt (4. 7. 1307); in Prag wird von einem Teil der böhmischen Stände Herzog *Heinrich* von Kärnten — vermählt mit *Anna,* der Tochter *Wenzels II.* — zum König gewählt. *Albrecht I.* wird auf der Habsburg von seinem Neffen *Johann Parricida* ermordet (1. 5. 1308); nach Beratungen in Rhense wird in Frankfurt der Luxemburger *Heinrich VII.* zum König gewählt (27. 11.). *Eduard (II.),* der Sohn *Eduards I.* von England, heiratet in Boulogne *Isabella,* die Tochter *Philipps IV.* von Frankreich (25. 1. 1308). *Johannes Duns Scotus,* der schottische Scholastiker, stirbt in Köln (8. 11.). *Heinrich VII.* erkennt gegenüber habsburgischen Ansprüchen die Reichsunmittelbarkeit von Schwyz, Uri und Unterwalden an (3. 6. 1309). *Clemens V.* verlegt den Sitz des Papstes nach Avignon: Beginn der »babylonischen Gefangenschaft der Kirche«. Der Deutsche Orden verlegt den Sitz des Hochmeisters von Venedig nach der Marienburg.

Byzanz: *Andronikos II. Palaiologos* besiegt mit Hilfe eines Söldnerheeres aus Katalonien die Türken, die sich in ganz Kleinasien verbreitet haben (1304). Der Mitkaiser *Michael IX.* wird von den katalanischen Söldnern entscheidend geschlagen (1305).

Osteuropa: Die Bulgaren haben Gebiete an der Schwarzmeerküste besetzt. In einem Vertrag müssen die Byzantiner auf diese Gebiete verzichten (1307).

Islam: Türkische Freibeuter erobern Chios (1308).

1310–1319

Reich, Papsttum, der Westen: *Johann* von Luxemburg wird mit dem Königreich Böhmen belehnt und in Speyer mit *Elisabeth,* der Tochter *Wenzels II.*, vermählt (30. 8. 1310); *Heinrich* von Kärnten ist in Böhmen abgesetzt worden; *Heinrich VII.* strebt nun nach der Kaiserkrone. Er zieht nach Italien (Okt.) und läßt sich in Mailand mit der Langobardenkrone krönen (6. 1. 1311). *Johann* läßt sich in Prag zum König von Böhmen krönen (Febr.). Das 15. Ökumenische Konzil wird in Vienne von Papst *Clemens V.* eröffnet (16. 10.); es soll über den Templerprozeß entscheiden. *Heinrich VII.* wird im Lateran von den Legaten *Clemens' V.* zum Kaiser gekrönt (29. 6. 1312). Kaiser *Heinrich VII.* rüstet zum Kampf gegen *Robert* von Neapel und gerät damit in Konflikt mit dem Papst, als er bei Siena stirbt (28. 8. 1313). *Friedrich der Schöne* wird in Sachsenhausen von einem Teil der Kurfürsten (19. 10. 1314), *Ludwig der Bayer* im gegenüberliegenden Frankfurt am Main von der luxemburgischen Partei zum König gewählt (20. 10). Der Katalane *Ramón Lull* wird in Bougie von den Heiden gesteinigt (29. 6. 1315). Die Waldstätte stellen sich im Thronstreit auf seiten *Ludwigs des Bayern*; Herzog *Leopold I.* von Österreich zieht gegen die Waldstätte und erleidet eine blutige Niederlage am Morgarten (15. 11. 1315); die Waldstätte erneuern in Brunnen den »Ewigen Bund« (9. 12.). Unter maßgeblichem Einfluß *Philipps V.* von Frankreich wird der Franzose *Johannes XXII.* zum Papst gewählt (7. 8. 1316). *Waldemar,* Markgraf von Brandenburg, wird von den Dänen und Mecklenburgern unweit Gransee geschlagen (Aug.). *Eduard II.* von England schränkt die den deutschen Kaufleuten zugestandenen Privilegien auf die Mitglieder der Hanse ein (7. 12. 1317).

Byzanz: *Andronikos II. Palaiologos* schließt mit Venedig einen Waffenstillstand (1310). Das katalanische Söldnerheer schlägt die Lateinertruppen Athens am Kephissos (15. 3. 1311) und errichtet in Athen ein katalanisches Fürstentum. Nach dem Erlöschen der Dynastie der *Angeloi* in Epirus und Thessalien wenden sich diese Gebiete wieder Byzanz zu (1318).

1320–1329

Reich, Papsttum, der Westen: Der Dichter *Dante Alighieri* stirbt in Ravenna (14. 9. 1321). *Philipp V.* von Frankreich stirbt kinderlos (4. 5. 1322); ihm folgt sein Bruder *Karl IV.*, der mit *Maria,* der Schwester *Johanns* von Böhmen, verheiratet ist. *Ludwigs des Bayern* Sieg über *Friedrich den Schönen* bei

Mühldorf beendet den Streit um die deutsche Krone (28. 9.). Papst *Johannes XXII.* ernennt *Robert* von Neapel zum Vikar von Italien und sanktioniert dessen Annexion von Reichsrechten (1323). Papst *Johannes* klagt *Ludwig den Bayern* an, er habe sich ohne päpstliche Bestätigung der Krone bemächtigt (8. 10.); *Ludwig* antwortet mit der Nürnberger Appellation (18. 12.). Er belehnt seinen Sohn *Ludwig den Älteren* mit der Markgrafschaft Brandenburg. *Johann* von Böhmen söhnt sich mit Habsburg aus; seinen siebenjährigen Sohn *Wenzel* (später *Karl IV.*) bringt er an den Hof von Paris. *Ludwig der Bayer* weist in der Appellation von Frankfurt nochmals den Approbationsanspruch des Papstes zurück (5. 1. 1324); *Johannes XXII.* belegt ihn daraufhin mit dem Bann (23. 1.); *Ludwig* antwortet in der Appellation von Sachsenhausen mit der Anrufung des Konzils (24. 5.); *Johannes* erklärt ihn für abgesetzt (11. 7.). *Marsilius* von Padua vollendet seine Schrift »Defensor pacis«, die dem Papst nur noch geistliche Funktionen zuweist. *Ludwig der Bayer* bricht zum Romzug auf (Jan. 1327); in Mailand läßt er sich zum König von Italien krönen (31. 5.). Die Fürsten in Oberschlesien erkennen den Luxemburger *Johann* von Böhmen als Lehnsherrn an. *Johannes XXII.* verdammt die Thesen des *Marsilius* von Padua (23. 10.). *Eduard II.* von England wird vom Parlament zur Abdankung gezwungen (7. 1. 1327), den Thron besteigt sein Sohn *Eduard III.* *Ludwig der Bayer* zieht in Rom ein und läßt sich von »Vertretern des römischen Volkes« mit seiner Gemahlin *Margarete* zum Kaiser krönen, gemäß den Thesen des *Marsilius* von der »Volkssouveränität« (17. 1. 1328); *Johannes XXII.* hat das Interdikt über Rom verhängt; *Ludwig* erklärt den Papst in Avignon für abgesetzt (18. 4.) und erhebt mit *Nikolaus (V.)* einen Gegenpapst (12. 5.). *Karl IV.* stirbt ohne männliche Erben (31. 1.); sein Oheim *Philipp VI.* von Valois wird in Reims zum König gekrönt (23. 3.). Der Franziskaner *Wilhelm* von Occam ist seiner Lehre wegen vor das päpstliche Gericht in Avignon zitiert worden; er flüchtet zu *Ludwig dem Bayern* und bleibt bis zu seinem Tode (1349) in München. Papst *Johannes XXII.* verdammt in der Bulle »In agro dominico« (27. 3. 1329) Lehrsätze Meister *Eckharts.*

Byzanz: *Andronikos II.* und der Thronfolger *Andronikos III.*, der eine Armee bei Adrianopel versammelt hat, teilen sich das Reich, um einen Bürgerkrieg zu vermeiden (1321). *Andronikos III.* wird als Mitkaiser seines Großvaters *Andronikos II.* gekrönt (2. 2. 1325). Zwischen den beiden Kaisern kommt es zum Bruch (1327): Serbien unterstützt den alten Kaiser, *Andronikos III.* verbündet sich mit den Bulgaren und dringt kampflos in Konstantinopel ein (24. 5. 1328); sein Großvater muß abdanken.

Islam: Die Türken breiten sich weiter in Kleinasien aus; sie nehmen Brussa (6. 4. 1326), das *Urchan*, der Sohn des gerade verstorbenen *Osman*, zu seiner Hauptstadt macht. Die Türken belagern Nikaia; *Andronikos III.* bricht mit einem Heer zum Entsatz auf (1329).

1330–1339

Reich, Papsttum, der Westen: Der Gegenpapst *Nikolaus (V.)* unterwirft sich in Avignon *Johannes XXII.* (1330). *Friedrich der Schöne* von Habsburg stirbt (13. 1.); im Vertrag von Hagenau (6. 8.) söhnt sich *Ludwig der Bayer* mit den Habsburgern aus. *Margarete Maultasch*, die Erbin der Grafschaft Tirol, wird in Innsbruck mit dem Sohn *Johanns* von Böhmen, *Johann Heinrich*, vermählt. Luzern, bisher habsburgisch, tritt der Eidgenossenschaft bei (7. 11. 1332). *Johannes XXII.* stirbt (4. 12. 1334); Papst *Benedikt XII.* sucht die Mißstände aus der Zeit seines Vorgängers zu beseitigen und sich mit *Ludwig dem Bayern* zu verständigen. Der Maler *Giotto di Bondone* wird von der Stadt Florenz zum Leiter des Bauwesens, vornehmlich der Dombauhütte, bestellt (April 1334). *Ludwig der Bayer* belehnt Habsburg mit dem Herzogtum Kärnten (1335). *Johann* von Böhmen gewinnt für seinen Sohn *Johann Heinrich* die Grafschaft Tirol (1336). Die Bemühungen *Ludwigs des Bayern* und *Benedikts XII.* um Frieden scheitern am Einspruch *Philipps VI.* von Frankreich, unter dessen Einfluß *Benedikt* steht (1337). Die deutschen Kurfürsten versammeln sich auf *Ludwigs* Appell hin und verkünden in Rhense (»Kurverein von Rhense«, 16. 7. 1338), der gewählte König bedürfe keinerlei »Nomination, Konfirmation, Zustimmung oder Autorität der Kurie«. *Eduard III.* von England schließt mit *Ludwig* ein Bündnis; in Verfolgung seiner französischen Thronansprüche unternimmt er mit seinen flämischen und deutschen Verbündeten einen vergeblichen Invasionsversuch in Nordfrankreich. Beginn des »Hundertjährigen Kriegs« zwischen England und Frankreich (1339).

Osteuropa: Die Serben überfallen Bulgarien; bei Velbužd (dem heutigen Kjustendil) vernichten sie das bulgarische Heer (28. 7. 1330). In Polen gelangt *Kasimir III.* zur Regierung (1333); er vergleicht sich mit *Johann* von Böhmen und verzichtet auf die Lehnshoheit über Schlesien (1335).

Byzanz: Die Byzantiner haben Thessalien unter ihre Herrschaft gebracht; ein Vorstoß in das Despotat von Epirus bringt ihnen auch dort Erfolg (1337).

Islam: Die Türken schlagen das byzantinische Heer, *Urchan* zieht in Nikaia ein (2. 3. 1331). Die Türken erobern Nikomedeia (1337); ihre Herrschaft dehnt sich bald bis an die Propontis aus.

1340–1349

Reich, Papsttum, der Westen: Die Flotte Englands und Flanderns schlägt unter Führung *Eduards III.* die französische Flotte bei Sluis (24. 6. 1340). *Eduard* muß aber nach einem neuen vergeblichen Invasionsversuch seine französischen Pläne zunächst zurückstellen. *Waldemar IV. Atterdag* besteigt den dänischen Thron; unter ihm erstarkt die dänische Macht wieder. *Margarete Maultasch* verjagt mit Hilfe der Bevölkerung ihren Gemahl *Johann Heinrich* (1341). *Francesco Petrarca* wird auf dem Kapitol in Rom nach altrömischer Sitte als Dichter geehrt (8. 4. 1341). *Ludwig der Bayer* scheidet, von *Marsilius* von Padua und *Wilhelm* von Occam beraten, aus kaiserlichem Recht die Ehe der *Margarete Maultasch* (Febr. 1342) und vermählt sie mit seinem Sohn *Ludwig dem Älteren;* beide werden mit Tirol und Kärnten belehnt. *Ludwig der Bayer* überträgt seiner Gemahlin *Margarete* deren väterliches Erbe Holland, Seeland und Friesland als Reichslehen (1346); damit verschärft sich Frankreichs Gegnerschaft aufs neue. *Karl IV.* wird, von Papst *Clemens VI.* unterstützt, von den meisten Kurfürsten in Rhense zum König gewählt (11. 7. 1346); sein Vater *Johann* fällt in der Schlacht von Crécy gegen die Engländer (26. 8.); *Karl* besteigt den böhmischen Thron. *Eduard III.* landet mit seinem Sohn *Eduard,* dem Schwarzen Prinzen, wieder in der Normandie (Juli) und stößt fast bis nach Paris vor; englische Truppen schlagen die Schotten bei Neville's Cross (17. 10). Estland, bislang dänisch, wird von *Waldemar Atterdag* an den Deutschen Orden verkauft. Genua bemächtigt sich wieder der Insel Chios. *Ludwig der Bayer* stirbt auf der Jagd (11. 10. 1347), ehe es zum Kampf mit *Karl IV.* kommt. In Rom bricht unter der Führung *Cola di Rienzos* ein Volksaufstand gegen die Adelsherrschaft aus (20. 5.), *Cola* ruft den Volksstaat aus und nimmt den Titel »Volkstribun« an; eine Erhebung des Adels zwingt ihn zur Flucht (15. 12. 1347). Der Schwarze Tod, die Pest, tritt seuchenartig in Sizilien, in Handelsplätzen Italiens und in Marseille auf. *Karl IV.* erhebt Mecklenburg zum Herzogtum (8. 7. 1348). In Prag gründet er die erste deutsche Universität (7. 4.). Der Schwarze Tod erfaßt bald alle Teile Europas.

Osteuropa: Serben und Seldschuken ergreifen in den byzantinischen Wirren Partei (1342). König *Kasimir III.* von Polen schließt mit dem Deutschen Orden in Kalisch Frieden (1343); der Orden verzichtet auf das inzwischen eroberte Kujawien, Polen gibt seine Ansprüche auf das Kulmer Land und Pommern auf. *Kasimir* greift in die Nachfolgewirren des Gebietes von Halitsch ein; nach mehreren Feldzügen nimmt er es in Besitz (1349).

Byzanz: *Andronikos III. Palaiologos* stirbt (15. 6. 1341); sein Sohn *Johannes V.* ist erst neunjährig; der Heerführer *Johannes Kantakuzenos* wird zum Gegenkaiser ausgerufen (26. 10.). *Kantakuzenos* hat einen Bündnisvertrag mit dem Osmanen *Urchan* geschlossen, der den Türken den Weg nach Europa ebnet (1345). Die Palaiologenpartei, auf das Gebiet von Konstantinopel beschränkt, ruft die Seldschuken herbei, die jedoch Raubzüge nach Bulgarien dem Kampf im verheerten Thrakien vorziehen (1346).

1350–1359

Reich, Papsttum, der Westen: *Winrich von Kniprode* wird Hochmeister des Deutschen Ordens (1351). Die Reichsstadt Zürich tritt der Eidgenossenschaft bei (1. 5. 1351). Konflikt zwischen Venedig und Genua, das nach Beherrschung des Handels im Schwarzen Meer strebt; im Bosporus kommt es zur Schlacht zwischen der Flotte Genuas und venezianischen, aragonischen und byzantinischen Schiffen (13. 2. 1352), die keine Entscheidung bringt. Kardinal *Albornoz* wird von Papst *Innozenz VI.* zum Legaten und Generalvikar in Italien bestellt (1353). Die Reichsstadt Bern tritt der Eidgenossenschaft bei (6. 3. 1353). *Peter Parler* aus Gmünd wird von *Karl IV.* zum Dombaumeister in Prag bestellt. *Karl IV.* zieht zur Erlangung der Kaiserwürde nach Italien; auf der Reise empfängt er den Dichter *Petrarca,* der sich vom Kaisertum die Wiederherstellung der römischen Weltherrschaft verspricht (1354). *Cola di Rienzo,* von Papst *Innozenz VI.* im Gefolge des *Albornoz* als päpstlicher »Senator« nach Rom entsandt, wird von einer Erhebung des Adels verjagt und auf der Flucht ermordet (8. 10.); *Albornoz* stellt in Rom die päpstliche Autorität wieder her. *Boccaccio* erscheint als Gesandter der Stadt Florenz am Hofe Papst *Innozenz' VI.* in Avignon. *Karl IV.* läßt sich in Mailand mit der Langobardenkrone (6. 1. 1355), in Rom von Legaten Papst *Innozenz' VI.* zum Kaiser krönen (5. 4.). Kaiser *Karl IV.* erläßt in Nürnberg (10. 1. 1356) und Metz (25. 12.) die »Goldene Bulle«, in der die Bestimmung der Kurfürsten und die Vorgänge der Königswahl festgelegt werden; dieses »Reichsgrundgesetz« behält bis 1806 Gültigkeit. Der Schwarze Prinz schlägt in der Schlacht von Maupertuis (19. 9.), der wichtigsten des Hundertjährigen Krieges, die Franzosen und nimmt *Johann II.* von Frankreich gefangen. Kardinal *Albornoz* erläßt nach Ordnung der Verhältnisse in Italien die »Constitutiones Aegidianae« (1357). Die Hanse wird zum erstenmal im Ostseeraum erwähnt (1358). *Ludwig I.* von Ungarn entreißt den Venezianern Dalmatien (1358).

Byzanz: *Johannes VI. Kantakuzenos* muß mit den Genuesen Frieden schließen (1352); gleichzeitig erreicht der Palaiologe *Johannes V.* einen Vertrag mit Venedig; der Bürgerkrieg beginnt aufs neue. *Johannes Kantakuzenos* hat durch sein Bündnis mit den Türken, die sich ständig weiter nach Europa hin ausbreiten, an Anhang verloren; mit genuesischer Hilfe dringt *Johannes V. Palaiologos* schließlich in Konstantinopel ein (Nov. 1354) und zwingt *Kantakuzenos* zur Abdankung. *Johannes V.* ersucht für das allseits bedrängte Byzanz Papst *Innozenz VI.* um Waffen- und Geldhilfe gegen das Versprechen der Kirchenunion (15. 12. 1355), Verhandlungen führen aber zu keinem Ergebnis.

Islam: *Sulaimān,* Sohn *Urchans,* setzt sich in Kallipolis fest (1356), nachdem es von den Byzantinern nach einem Erdbeben verlassen worden ist. Die Herrschaft geht mit dem Tode *Urchans* an dessen Sohn *Sulaimān* über; die Türken erscheinen erstmals vor den Mauern Konstantinopels (1359).

1360–1369

Reich, Papsttum, der Westen: Friede von Brétigny (8. 5. 1360): *Eduard III.* verzichtet auf seine französischen Thronansprüche, wird aber in seinem Besitz in Frankreich bestätigt, *Johann* kehrt aus englischer Gefangenschaft zurück. Die Kriegsflotte der Hanse wird von den Dänen vor Helsingborg geschlagen (1362). Der Deutsche Orden liegt in schweren Kämpfen mit den Litauern; *Winrich von Kniprode* stürmt und zerstört ihre Festung Kowno. *Johann II.* von Frankreich vermag das im Vertrag von Brétigny festgesetzte Lösegeld nicht zu zahlen und kehrt in die Gefangenschaft nach England zurück (Jan. 1364), wo er stirbt (8. 4.); sein Sohn *Karl V.* besteigt den Thron. Zug wird eidgenössisch (1364). In Krakau gründet *Kasimir III.* von Polen eine Universität (1364). *Karl IV.* läßt sich in Arles zum König von Burgund krönen (4. 6. 1365) und betont damit die Herrschaft des Reiches gegenüber französischen Ansprüchen. Papst *Urban V.* kehrt mit der Kurie nach Italien zurück; er zieht in Rom ein (16. 10. 1367), von *Petrarca* jubelnd begrüßt. Die Hansestädte schließen in Köln mit Holland und Seeland eine Konförderation (19. 11. 1367), der sich bald Holstein und Mecklenburg anschließen, und eröffnen den Krieg gegen *Waldemar Atterdag*. *Karl IV.* zieht zur Krönung seiner Gemahlin *Elisabeth* von Pommern nach Rom (1368). In Schlesien fällt das letzte selbständige Herzogtum Schweidnitz an *Karl IV.*, als Erbe seiner verstorbenen Gemahlin *Anna*.

Byzanz: *Johannes V. Palaiologos* unternimmt eine vergebliche Fahrt zu König *Ludwig I.* von Ungarn, um ihn zum Kreuzzug gegen die Türken zu bewegen (1366).

Islam: Sultan *Murād I.* macht (das 1361 eroberte) Adrianopel zu seiner Residenz (um 1365); die türkischen Eroberer verschleppen die einheimische Bevölkerung nach Kleinasien in die Sklaverei und bringen türkische Kolonisten ins Land.

1370–1379

Reich, Papsttum, der Westen: Papst *Urban V.* kehrt, von Rom enttäuscht, nach Avignon zurück (24. 9. 1370). Der Deutsche Orden schlägt unter *Winrich von Kniprode* die eingefallenen Litauer bei Rudau (17. 2. 1370). Die Hanse hat über Dänemark und Norwegen gesiegt; der Friede von Stralsund (24. 5.) leitet die große Zeit der Hanse ein. *Karl IV.* verlobt seinen Sohn *Sigismund* mit *Ludwigs I.* von Ungarn Erbtochter *Maria* (1372). *Karl IV.* erwirbt Brandenburg von den Wittelsbachern (15. 8. 1373). Florenz und bald auch andere italienische Städte erheben sich gegen die Herrschaft der französischen Legaten in Italien (1374). *Giovanni Boccaccio*, der Dichter des »Decamerone«, stirbt in Florenz (21. 12. 1375). *Karl IV.* läßt seinen Sohn *Wenzel* in Frankfurt zum deutschen König wählen (10. 6. 1376). Papst *Gregor XI.* bricht nach Rom auf. Im »Guten Parlament« (Frühj. 1376) räumen die Gemeinen mit Unterstützung *Eduards*, des Schwarzen Prinzen, mit der Klüngelwirtschaft *Johanns* von Gent auf, doch ermöglicht der Tod des Schwarzen Prinzen (8. 7.) die Rückkehr *Johanns* an die Macht. *Gregor XI.* landet in Ostia (14. 1. 1377) und zieht in Rom ein (17. 1.). Gründung des Schwäbischen Städtebundes. *Eduard III.* von England stirbt (21. 6.); *Richard II.*, der Sohn des Schwarzen Prinzen, besteigt den Thron; ein neues Parlament macht die Beschlüsse des »Guten Parlaments« wieder rückgängig. Kaiser *Karl IV.* stirbt in Prag (29. 11. 1378); bei der Erbteilung erhält sein Sohn *Wenzel* Böhmen und Schlesien, *Sigismund* Brandenburg: die luxemburgische Hausmacht ist zersplittert; *Wenzel* tritt die Nachfolge im Reich an. *Gregor XI.* stirbt in Anagni (26. 3. 1378); in Rom wird neuer Papst *Urban VI.* (8. 4.); die französischen Kardinäle wählen in Fondi Kardinal *Robert* von Genf zum Gegenpapst *Clemens (VII.)* (21. 9.), der seine Residenz in Avignon aufschlägt. König *Wenzel* hält in Frankfurt seinen ersten Reichstag ab (Febr. 1379).

Osteuropa: *Kasimir III. der Große* von Polen stirbt söhnelos (5. 11. 1370); damit erlischt die männliche Linie der Piasten; *Ludwig I.* von Ungarn, als Neffe von *Kasimir* zum Erben eingesetzt, wird zum König von Polen gewählt (1370). Er greift Mähren an, um *Karls IV.* Absichten auf Brandenburg zu hintertreiben (1371).

Byzanz: *Johannes V. Palaiologos* hat für Rest-Byzanz die türkische Hoheit anerkennen müssen; während er *Murād I.* Heeresfolge leistet, erhebt sich eine byzantinisch-osmanische Revolution, die von beiden Herrschern niedergeschlagen wird; *Johannes'* Sohn *Manuel* wird zum Mitkaiser gekrönt (25. 9. 1373).

1380–1389

Reich, Papsttum, der Westen: *Karl V.* von Frankreich stirbt (16. 9. 1380); sein zwölfjähriger Sohn *Karl VI.* besteigt den Thron. *Olaf V.*, Sohn *Margaretes*, König von Dänemark (seit 1376), besteigt auch den Thron von Norwegen (1380); die tatsächliche Regierung im vereinigten Reich führt *Margarete*. Der Rheinische Städtebund wird gegründet (1. 3. 1381), der sich bald darauf mit dem Schwäbischen Städtebund verbündet (17. 6.). König *Wenzel* erläßt in Nürnberg einen allgemeinen Landfrieden, den »Nürnberger Herrenbund« (11. 3. 1383); die Städte lehnen den Landfrieden ab, da er den Zusammenschluß zu Bünden untersagt. In der »Heidelberger Stallung« beschließen Fürsten und Städte gemeinsam den Landfrieden (26. 7. 1384). Konstanz, Zürich, Bern, Luzern und andere eidgenössische Städte treten dem Schwäbischen und Rheinischen Städtebund bei (24. 2. 1385). Die Eidgenossenschaft nimmt den Kampf gegen Österreich wieder auf. *Leopold III.* von Österreich wird mit seinem Ritterheer bei Sempach vernichtend geschlagen und fällt im Kampf (9. 7. 1386), Glarus hat sich dem Bund angeschlossen. Zwischen Fürsten und Städten im Reich bricht offener Kampf aus, der Schwäbische Städtebund wird bei Döffingen von einem Fürstenheer unter *Eberhard II. dem Greiner* von Württemberg geschlagen (23. 8. 1388); die rheinischen Städte werden bei Worms besiegt (6. 11.). In der Schlacht bei Näfels erleidet ein österreichisches Ritterheer eine vernichtende Niederlage durch die eidgenössischen Glarner (9. 4. 1388). König *Wenzel* verkündet den Reichslandfrieden von Eger (5. 5. 1389), der alle Städtebünde untersagt. Papst *Urban VI.* stirbt in Rom (15. 10. 1389); *Bonifatius IX.* wird zum Papst gewählt (2. 11.). König *Albrecht* von Schweden wird von *Margarete* von Dänemark bei Falköping geschlagen und gefangengenommen (24. 2.). *Margarete*, die »*Semiramis* des Nordens«, gewinnt bis auf Stockholm ganz Schweden.

Osteuropa: Die Russen unter *Dimitrij Donskoj* schlagen die Tataren bei Kulikowo Pole (8. 9. 1380). *Ludwig I. der Große*, König von Ungarn und Polen, stirbt (11. 9. 1382); unter Übergehung seiner Erbtochter *Maria* zwingen die polnischen Fürsten seine Tochter *Jadwiga*, die Regierung zu übernehmen; damit soll die Verbindung mit Ungarn gelöst werden, das *Sigismund* von Luxemburg zusteht. *Sigismund* vermählt sich mit *Maria*, der Erbtochter *Ludwigs*, in Ofen (Sept.? 1385), doch gelingt es ihm nur allmählich, das Land unter seine Herrschaft zu bringen. *Jagiello* von Litauen tritt zum katholischen Glauben über, vermählt sich mit *Jadwiga* und wird als *Wladislaw II. Jagiello* zum König von Polen gekrönt (1386). *Sigismund* kann sich endlich in Ungarn durchsetzen und wird in Stuhlweißenburg gekrönt (1387).

Islam: Die Osmanen erobern Nisch; Sofia ist kurz zuvor gefallen (1386). Die Osmanen erobern Thessalonike (1387). Auf dem Amselfeld schlagen die Türken unter *Murād I.* die Serben (15. 9. 1389); unter *Murāds* Sohn, Sultan *Bajazet*, dringen die Türken weiter vor.

1390–1399

Reich, Papsttum, der Westen: König *Wenzel* wird von seinem Vetter *Jobst* von Mähren gefangengesetzt (8. 5. 1394) und erst nach Einschreiten der Reichsfürsten freigelassen. *Wenzel* muß dem Drängen der Kurfürsten nachgeben und mit ihnen zu Nürnberg zusammentreffen (Sept. 1397). *Margarete* hat die Reichsräte von Dänemark, Norwegen und Schweden nach Kalmar berufen, wo in der »Kalmarischen Union« die untrennbare Vereinigung der drei Reiche und die Regelung der Thronfolge beschlossen wird (20. 6. 1397). König *Wenzel* trifft mit *Karl VI.* von Frankreich in Reims zusammen (1398), um über die Beendigung des Schismas zu beraten. Die Kurfürsten beschließen auf einem Treffen in Boppard die Absetzung König *Wenzels* (Apr. 1399). *Johann* von Gent stirbt (3. 2. 1399); König *Richard II.* zieht ungerechtfertigt dessen Besitz ein; *Johanns* Sohn *Heinrich* landet in England; *Richard* muß sich ihm in Flint unterwerfen (19. 8.), nach *Richards* Abdankung beansprucht *Heinrich* wegen seiner Abstammung von *Heinrich III.* die Krone und wird vom Parlament als König *Heinrich IV.* anerkannt.

Osteuropa: *Witold* von Litauen verbündet sich im Vertrag von Königsberg mit dem Deutschen Orden (24. 5. 1390). *Timur Leng* überfällt die Goldene Horde und stößt bis in das Gebiet von Rjasan vor; der Chan *Tochtamysch* entflieht nach Litauen. König *Sigismund* hat nach dem Tode seiner Gemahlin *Maria* (1395) neue Kämpfe um die Herrschaft in Ungarn gegenüber dem Adel und seiner Schwägerin *Jadwiga* von Polen zu bestehen. Er führt ein Kreuzheer gegen die Türken, wird aber bei Nikopolis von Sultan *Bajazet* geschlagen (28. 9. 1396). Die Litauer versuchen noch einmal, sich nach Osten auszudehnen und ein Großreich zu errichten; sie werden an der Worskla von den Tataren vernichtend geschlagen (12. 8. 1399).

Islam: Sultan *Bajazet* besteht auf absoluter Unterwerfung des byzantinischen Kaisers; *Manuel II.* herrscht nach dem Tod seines Vaters *Johannes V.* (16. 2. 1391) als Vasall des Sultans. Die Osmanen erobern Trnovo (17. 7. 1393) und zerstören die Zarenstadt; rasch fällt ganz Bulgarien den Türken zu.

1400–1409

Reich, Papsttum, der Westen: König *Wenzel* wird von den vier rheinischen Kurfürsten nach Oberlahnstein geladen, erscheint aber nicht (11. 8. 1400); nach Verlesung einer Anklage wird *Wenzel* für abgesetzt erklärt (20. 8.); in Rhense wird *Ruprecht* von der Pfalz zum König gewählt (21. 8.). *Ruprecht I.* wird in Köln gekrönt (Jan. 1401); im Reich verweigert man ihm vielfach die Anerkennung; *Ruprecht* zieht zum Erwerb der Kaiserkrone mit kleinem Heer nach Italien (Sept.); er wird von den Mailändern bei Brescia zurückgeschlagen (Okt.), ein weiterer Vorstoß von Tirol aus bleibt erfolglos (Nov.). Der Deutsche Orden erwirbt von König *Sigismund* die Neumark, von den Litauern Samogitien, die Landverbindung zwischen Preußen und Livland (1404). *Gregor XII.* wird zum neuen Papst gewählt (30. 11. 1406), verweigert aber die versprochene Resignation, als *Benedikt (XIII.)* bereit ist zurückzutreten; Kardinäle aus beiden Kurien berufen deshalb ein Konzil ein (29. 6. 1408). Das Konzil von Pisa setzt die nicht erschienenen *Gregor XII.* und *Benedikt (XIII.)* ab (5. 6. 1409) und wählt *Alexander (V.)* (26. 6.). Die Polen unter *Wladislaw Jagiello* und die Litauer fallen in das Ordensland ein (1409).

1410–1419

Reich, Papsttum, der Westen: Papst *Alexander (V.)* stirbt (3. 5. 1410); zum Nachfolger läßt sich Kardinal *Cossa* als *Johannes (XXIII.)* wählen (17. 5.). *Sigismund* wird nach dem Tode *Ruprechts* von der Pfalz (18. 5.) deutscher König (20. 9.). In der Schlacht bei Tannenberg unterliegt der Deutsche Orden *Wladislaw Jagiello* völlig (15. 7.), *Heinrich* von Plauen hält die Marienburg gegen den Ansturm *Jagiellos*, der nach vergeblicher Belagerung abzieht (Ende Sept.); *Heinrich* wird zum Hochmeister gewählt (9. 11.) und befreit bald darauf das Ordensland wieder. Über *Jan Hus* wird vom Erzbischof von Prag der Bann verhängt

(18. 7. 1410). Der Deutsche Orden schließt mit Polen und Litauen den (Ersten) Frieden von Thorn (1. 2. 1411): der Orden muß Samogitien an *Jagiello* für dessen Lebenszeit abtreten und eine große Zahlung leisten. *Johannes (XXIII.)* exkommuniziert *Jan Hus*, der einer Vorladung an die Kurie nicht gefolgt ist (15. 3.). König *Sigismund* beruft ein Ökumenisches Konzil nach Konstanz ein (30. 10. 1413); dem zu ihm geflüchteten *Johannes (XXIII.)* nötigt er die Einwilligung ab (9. 12.). *Heinrich* von Plauen sucht den Deutschen Orden zu reformieren; Polen und Litauen erheben neue territoriale Forderungen; *Heinrich* beschließt den Krieg, wird aber abgesetzt (7. 1. 1414); der Niedergang des Ordens beginnt. Das Konzil von Konstanz wird eröffnet (5. 11. 1414); *Sigismund* und seine Gemahlin *Barbara* lassen sich in Aachen krönen (8. 11.); *Jan Hus* erscheint unter freiem Geleit (3. 11.) und wird von *Johannes (XXIII.)* widerrechtlich festgenommen (28. 11.). Die Lehre *John Wyclifs* wird vom Konzil verworfen (4. 5. 1415). *Jan Hus* verweigert den Widerruf; eine Sitzung des Konzils verurteilt ihn, er stirbt auf dem Scheiterhaufen (6. 7.); seine Anhänger unter dem Adel bilden einen Bund und protestieren beim Konzil (2. 9.); mit der Bildung eines katholischen Gegenbundes steuert Böhmen auf den Bürgerkrieg zu. *Friedrich VI.* von Hohenzollern, im erb- und eigentümlichen Besitz des Kurfürstentums Brandenburg (seit 30. 4. 1415), wird in Konstanz von *Sigismund* feierlich belehnt (18. 4. 1417). Das Konzil beschließt die Absetzung *Benedikts (XIII.)*, der sich aber weiter in Spanien hält (26. 7.); Papst *Martin V.* wird gewählt (11. 11.). Während in Prag die Hussitenkämpfe (bis 1436) wüten, stirbt der abgesetzte *Wenzel* (16. 8. 1419); Böhmen fällt an seinen Bruder *Sigismund*. Neue Kämpfe zwischen dem Deutschen Orden und Polen.

NAMEN- UND SACHREGISTER

A

B

C

D

F

G

H

K

M

N

O

Q

R

S

T

U

V

W

X

Y

Z

QUELLENVERZEICHNIS DER ABBILDUNGEN

Die Aufnahmen stammen von: Fratelli Alinari, Florenz (296, 457, 485, 605) – Anderson, Rom (445) – Bauer, Bamberg (353) – Bildarchiv Foto Marburg (341, 372, 557) – Bildstelle und Denkmalsarchiv im Hauptamt für Hochbauwesen, Nürnberg (532) – Ann Bredol-Lepper, Aachen (432 innen) – Dr. Heinrich Decker, Ostermiething/O. Ö., nach »Italia Romanica«, 1958, mit Erlaubnis des Verlags Anton Schroll & Co, Wien (373) – Jean Dieuzaide mit Erlaubnis von Cosmopress, Genf, nach »Hispania Romanica« bei Braun & Cie, Mühlhausen, und Anton Schroll & Co., Wien, 1962 (393) – Fréderique Duran, Paris (25, 40, 41, 76) – Adolf Düringer, Wien (573) – Editori di S. Tommaso, Rom (548) – Garzón, Granada, nach Kühnel »Kunst des Islam«, Kröners Taschenausgaben Band 326, mit Erlaubnis des Alfred Kröner Verlags, Stuttgart (116) – Dr. Georg Gerster, Zürich (184) – Giraudon, Paris (204) – Prof. Dr. Adolf Grohmann, Innsbruck (69, 100) – Roger Guyard, Paris (612) – Dipl.-Ing. W. Harth, Wiesbaden, mit Erlaubnis des Otto Müller Verlags, Salzburg (533) – Konrad Helbig, Frankfurt a. M. (432) – Dr. Hellmut Hell, Reutlingen (225, 276, 521, 536, 537) – Hirmer Fotoarchiv, München (224) – Friedrich C. Hohnholt, Bremen (500) – Dipl.-Ing. Jos. Jeiter, Hadamar/Nassau (176, 416) – Landesmuseum für Vor- und Frühgeschichte, Münster (277) – Kurt Lange †, Oberstdorf i. A. (368, 460) – Lichtbildarchiv Wallisfurth, Aachen (233, 245) – Enrico Mariani, Como (224 innen) – Mas, Barcelona (117) – Leonard von Matt, Buochs/Schweiz (401) – N. Natali, Ravenna (456) – Mario Perotti, Mailand (340, 433 innen) – Jean Roubier, Paris, nach »Gallia Romanica«, 1962, mit Erlaubnis des Verlags Anton Schroll & Co, Wien (392, 501, 504) – Prof. Dr. Berthold Rubin, Berlin/Köln (205) – Prof. Dr. Daniel Schlumberger, Straßburg (153) – Helga Schmidt-Glassner, Stuttgart (297, 433, 572 nach Karl M. Swoboda »Peter Parler«, mit Erlaubnis des Verlags Anton Schroll & Co, Wien) – H. W. Silvester, Lioux/Vaucluse (77) – Soprintendenza dei Monumenti del Lazio, Rom (352) – Thierstein & Co Microfilma, Bern (444) – Freda Unger, Zürich (108) – Universitetets Oldsaksamling, Oslo (232, 417) – Gebrüder Zumbühl, St. Gallen (309) – Alle anderen Fotos verdanken wir den in den Bildunterschriften genannten Museen und Archiven.